LES MANUELS DE RÉFÉRENCE

Le Grand Manuel du TAGE MAGE®

7e ÉDITION – 2023 – NOUVEAU PROGRAMME OFFICIEL

Joachim **PINTO** & Arnaud **SÉVIGNÉ**

18 TESTS
200 FICHES
2 200 VIDÉOS

ellipses

ISBN 9782340-070295
©Ellipses Édition Marketing S.A., 2022
8/10 rue la Quintinie 75015 Paris

www.editions-ellipses.fr

Table des matières

Sous-test 2. CALCUL 93

1 Mot de bienvenue

Ami(e)s lecteurs / lectrices et surtout futur(e)s candidat(e)s,

Nous sommes **heureux** et **fiers** de vous présenter **Le Grand Manuel du TAGE MAGE® – N° 1 des VENTES**, un livre qui sera votre **plus fidèle allié** dans votre préparation au TAGE MAGE®.

Tout d'abord, parce qu'il est **le seul ouvrage de sa catégorie à renvoyer vers un espace e-learning avec des cours en vidéo** (www.monsieur-tage-mage.com) : cours en vidéo, remise à niveau mathématique en vidéo, corrigés des questions en vidéo, documents supplémentaires de préparation au TAGE MAGE®, etc.

Ensuite, parce que le **Grand Manuel du TAGE MAGE® – N° 1 des VENTES** est **le fruit d'un travail acharné**. Une année complète a été nécessaire pour rédiger l'ouvrage et une **mise à jour est effectuée chaque année** durant 2 à 3 mois **grâce à vos retours de sessions** au sein de **nos communautés d'entraide Facebook / Instagram : Monsieur TAGE MAGE (+ de 25 000 membres). Ce sont vos retours issus de toutes les sessions de TAGE MAGE® de toute la France qui font que cet ouvrage est le plus à jour du marché !**

Enfin, parce que nous nous engageons à vous **accompagner** tout au long de l'année dans **votre préparation aux concours** en étant **100 % disponibles** pour **répondre à vos questions** et **vous conseiller** au sein de nos communautés d'entraide sur Facebook / Instagram / Linkedin / Twitter : Monsieur TAGE MAGE ou Monsieur Ecoles de commerce (+ de 40 000 membres).

Qu'il s'agisse d'une question sur le TAGE MAGE®, sur votre préparation aux concours, sur votre dossier, sur vos oraux, etc. nous saurons vous répondre !

À bientôt ! Au plaisir de vous rencontrer !

Joachim Pinto (HEC Paris) & Arnaud Sévigné (HEC Paris)

- Auteurs du **Grand Manuel du TAGE MAGE® – N° 1 des VENTES**
- Auteurs du **Manuel des entretiens de motivation – N° 1 des VENTES**
- Fondateur du **média étudiant Monsieur Ecoles de commerce**
- Fondateur des **communautés d'entraide Facebook / Instagram / Linkedin / Twitter** (+ de 40 000 membres) : Monsieur TAGE MAGE et Monsieur Ecoles de commerce

Votre préparation aux concours

2

Pour **préparer au mieux vos concours** aux écoles de commerce, nous mettons à votre disposition de **nombreux moyens / outils** :

1. LE GRAND MANUEL DU TAGE MAGE® – N° 1 DES VENTES

Ouvrage N° 1 des ventes, le Grand Manuel du TAGE MAGE® fournit une **préparation complète** au TAGE MAGE® avec 18 TAGE MAGE blancs, 200 fiches de cours, 2 200 vidéos (remise à niveau mathématiques + cours + corrigés des questions), un espace e-learning, etc.

2. LES COMMUNAUTÉS D'ENTRAIDE

Instagram / Facebook / Linkedin / Twitter

Rejoins nos **communautés d'entraide « Monsieur TAGE MAGE »** et **« Monsieur Ecoles de commerce » (+ de 40 000 membres)** sur **Instagram / Facebook / Linkedin / Twitter** afin de **poser toutes tes questions sur ta préparation aux concours** et de **suivre l'actualité des concours et des écoles de commerce.**

3. LE STUDYGRAM MONSIEUR TAGE MAGE (SUR INSTAGRAM)

Qu'est-ce qu'un **studygram** ? Un studygram est un **compte Instagram** qui permet de **réviser une matière** (le TAGE MAGE® de juillet à mars et l'entretien de motivation d'avril à juin). Ainsi, **chaque jour**, nous publions une question de TAGE MAGE® (avec réponse), une astuce ou un moyen mnémotechnique. L'objectif est de vous faire des « piqûres de rappel » quotidiennes pour **« booster » votre score !**

4. LE MÉDIA MONSIEUR ECOLES DE COMMERCE

Le **média étudiant www.monsieur-ecoles-de-commerce.com** publie régulièrement des articles, analyses, reportages sur les concours et les écoles de commerce. De plus, chaque année, nous publions le **classement des écoles de commerce** afin de vous **conseiller** et **orienter**.

5. LA CHAÎNE YOUTUBE MONSIEUR ECOLES DE COMMERCE

Abonnez-vous !

La chaîne Youtube Monsieur Ecoles de commerce partage régulièrement des **reportages vidéo sur les PGE** (Programme Grande Ecole) des écoles de commerce. Abonnez-vous et **prenez le maximum de notes pour bien préparer vos concours.**

3 Les 7 avantages de ce livre

200 FICHES DE COURS

Ce livre est composé de 200 fiches de cours qui détaillent l'ensemble du programme du TAGE MAGE®. Aucun sous-test n'est négligé. De plus, une attention particulière a été portée aux sous-tests « Calcul » et « Conditions minimales » (les plus difficiles) et au sous-test « Logique » (seul sous-test où tout candidat doit viser le sans-faute).

18 TESTS BLANCS

Pour que votre préparation soit optimale, nous avons rédigé **16 tests blancs de TAGE MAGE®** pour que vous puissiez vous entraîner en conditions réelles de concours. Tous ces tests ont été testés sur des centaines d'étudiants avant d'être publiés dans cet ouvrage. La difficulté de chaque test est donc identique à celle de l'examen.

PLUS DE 250 ASTUCES ET CONSEILS

La principale difficulté du TAGE MAGE® est la **contrainte du temps.** Vous êtes limité à 20 minutes par sous-test. Il est donc primordial de gagner le maximum de temps, afin de pouvoir traiter le plus de questions possible. Apprenez donc par cœur nos astuces !
La différence entre un score de 300/600 et un score de 400/600 est le **temps de résolution des questions**, et non le niveau de maîtrise du cours !

2 200 VIDÉOS

2 200 vidéos de cours, de résolution d'exercices, d'astuces et de conseils d'entraînement sont accessibles dans cet ouvrage sur notre site Internet www.monsieur-tage-mage.com.

3 C : CONCIS, CLAIR, COMPLET

Les révisions du TAGE MAGE® étant longues, nous avons fait le choix d'être le plus concis et le plus clair possible tout en étant complet. **Pas de « blabla » dans cet ouvrage.** Nous allons **« droit au but » dans chaque fiche pour optimiser votre temps de travail.**
L'important est que vous soyez à 100 % de vos capacités le jour J.

DISPONIBILITÉ DES AUTEURS

Nous sommes 100 % disponibles pour répondre à toutes vos questions. Qu'il s'agisse de questions sur le TAGE MAGE®, sur vos concours, sur votre choix d'école ou autre, n'hésitez pas à nous écrire **sur le groupe FACEBOOK « Monsieur TAGE MAGE ».**

WWW.MONSIEUR-TAGE-MAGE.COM

Abonnez-vous gratuitement à notre Newsletter et recevez chaque semaine des **conseils de préparation**, des **exercices inédits** (non présents dans le livre) ainsi que des sous-tests exclusifs corrigés.

Au travers de cette Newsletter, nous vous accompagnerons tout au long de votre préparation.

4 Les auteurs du livre : Joachim Pinto & Arnaud Sévigné

	Joachim PINTO	Arnaud SÉVIGNÉ
Nos « têtes »		
	Score record de 507/600 au TAGE MAGE®	
Expert TAGE MAGE® à…	**2015 – Auj.** : Admissions Parallèles	
	2013 – 2015 : Aurlom **2012** : CAP HEC	**2012 – 2015** : Aurlom
Années d'expérience	11 années d'expérience	11 années d'expérience
Formation	**2010 – 2015 : HEC Paris** Master Grande École (Majeure Entrepreneurs). **2013 – 2014** : 2 années de césure – Asie du Sud-Est. **2008 – 2010 : Classe préparatoire ECE** (Ipesup).	**2012 – 2015 : HEC Paris** Master Grande École (Majeure International Business). **2011** : Année de césure – New York. **2007 – 2010 : Licence Économie-Gestion** (Spécialité Finance).
Facebook Instagram Linkedin Youtube Twitter	Monsieur TAGE MAGE et Monsieur Ecoles de commerce	
Nous contacter ?	**N'hésitez pas !** Vous avez des questions sur le TAGE MAGE®, le livre, vos concours, votre choix d'école ou de prépa, nous sommes 100 % disponibles et répondrons à vos messages sur le groupe Facebook « Monsieur TAGE MAGE – Écoles de commerce » ou en DM sur l'Instagram « Monsieur TAGE MAGE / TAGE 2 » ou « Monsieur Écoles de commerce. »	
Un conseil en particulier ?	« Planifiez vos révisions. »	« Gagnez du temps en apprenant nos astuces. »
Un site en particulier ?	www.monsieur-tage-mage.com Toutes les fiches de cours en vidéo + 100% des questions corrigées en vidéo.	

TAGE MAGE®

5 Présentation du TAGE MAGE®

TAGE MAGE®	Test d'**A**ptitude aux études de **G**estion et au **M**anagement des **E**ntreprises.
Année de création	1996
Organisme de création	**FNEGE** (Fondation Nationale pour l'Enseignement de la Gestion des Entreprises).
Pour quelles écoles ?	**Écoles de commerce** : HEC, ESSEC, ESCP, EM Lyon, EDHEC, Audencia, EM Grenoble, NEOMA, etc. **IAE** : Institut d'Administration des Entreprises. **Universités** : Master de Gestion, Master d'Économie, etc.
Pour quels concours ?	Tremplin 2, Passerelle 2, EM Lyon, EDHEC, Audencia, HEC-ESCP, Skema, ESC Toulouse, etc.
Inscription	Sur le site www.tagemage.fr
Combien de fois par an ?	On peut passer le TAGE MAGE® **2 fois par an** (1 fois par semestre : 1 fois entre janvier et juin inclus et 1 fois entre juillet et décembre inclus).
Nombre de candidats/an	Environ 20 000 candidats par an.

Durée du test	**2 heures** (6 sous-tests de 20 minutes chacun = 120 minutes).
Nombre de questions	**90** (6 sous-tests de 15 questions chacun = 90 questions).
Nombre de sous-tests	**6** (Compréhension de textes, **Calcul**, Raisonnement et argumentation, Conditions minimales, **Expression** et **Logique**).
Nombre de réponses possibles/question	**5** (A, B, C, D et E). **1 seule bonne réponse/question** (A, B, C, D ou E).
Bonne réponse	+ 4 points
Aucune réponse	0 point
Mauvaise réponse	–1 point
Score maximum	600 points
Score minimum	–150 points
Moyenne nationale	280 – 300 (selon les sessions et les années)

Sous-tests	Nombre de questions	Durée (min)	Score	Score Moyen	Score TAGE MAGE®
Compréhension de textes	15	20	/60		
Calcul	15	20	/60		
Raisonnement & argumentation	15	20	/60	/60	**/600**
Conditions minimales	15	20	/60		
Expression	15	20	/60		
Logique	15	20	/60		
Total	**90**	**120**	**/360**		

Aptitudes évaluées	**Aptitudes directes :** • Partie 1 : Résolution de problèmes (Calcul + Conditions Minimales). • Partie 2 : Aptitudes verbales (Compréhension de textes + Expression). • Partie 3 : Raisonnement logique (Raisonnement & Argumentation + Logique). **Aptitudes indirectes :** Fixation d'objectifs, Planification des révisions, Connaissance de soi, Apprentissage des méthodes de résolution et du cours, etc.

Posez toutes vos questions (concours, écoles, dossiers, TAGE MAGE®, etc.) au sein des **communautés d'entraide Facebook et Instagram « Monsieur TAGE MAGE » et « Monsieur Ecoles de commerce » (+ de 40 000 membres).**

6 Grille officielle + Attestation de score officielle

GRILLE OFFICIELLE DE TAGE MAGE®

Nom

Nom de jeune fille

Prénoms

j j m m a a a a

Date de naissance

j j m m a a a a

Date d'examen

Pour ne pas répondre Faire	A B C D E
Pour répondre Faire[1]	A B C D E
Pour changer Faire[1]	A B C D E
Pour annuler Faire	A B C D E

[1] Réponse valide

Sous test 1: Compréhension d'un texte écrit	Sous test 2: Calcul	Sous test 3: Raisonnement/ Argumentation	Sous test 4: Condition minimale	Sous test 5: Expression	Sous test 6: Logique
1 A B C D E	16 A B C D E	31 A B C D E	46 A B C D E	61 A B C D E	76 A B C D E
2 A B C D E	17 A B C D E	32 A B C D E	47 A B C D E	62 A B C D E	77 A B C D E
3 A B C D E	18 A B C D E	33 A B C D E	48 A B C D E	63 A B C D E	78 A B C D E
4 A B C D E	19 A B C D E	34 A B C D E	49 A B C D E	64 A B C D E	79 A B C D E
5 A B C D E	20 A B C D E	35 A B C D E	50 A B C D E	65 A B C D E	80 A B C D E
6 A B C D E	21 A B C D E	36 A B C D E	51 A B C D E	66 A B C D E	81 A B C D E
7 A B C D E	22 A B C D E	37 A B C D E	52 A B C D E	67 A B C D E	82 A B C D E
8 A B C D E	23 A B C D E	38 A B C D E	53 A B C D E	68 A B C D E	83 A B C D E
9 A B C D E	24 A B C D E	39 A B C D E	54 A B C D E	69 A B C D E	84 A B C D E
10 A B C D E	25 A B C D E	40 A B C D E	55 A B C D E	70 A B C D E	85 A B C D E
11 A B C D E	26 A B C D E	41 A B C D E	56 A B C D E	71 A B C D E	86 A B C D E
12 A B C D E	27 A B C D E	42 A B C D E	57 A B C D E	72 A B C D E	87 A B C D E
13 A B C D E	28 A B C D E	43 A B C D E	58 A B C D E	73 A B C D E	88 A B C D E
14 A B C D E	29 A B C D E	44 A B C D E	59 A B C D E	74 A B C D E	89 A B C D E
15 A B C D E	30 A B C D E	45 A B C D E	60 A B C D E	75 A B C D E	90 A B C D E

ATTESTATION DE SCORE OFFICIELLE (SCORE RECORD : 507/600)

TEST D'APTITUDE AUX ETUDES
SUPERIEURES DE GESTION

TAGE MAGE®

PINTO JOACHIM

Résultat au test
TAGE MAGE 2015 - Semestre 2

Nom :	PINTO	
Prenom :	JOACHIM	Date de naissance : 24/06/1991

Session de test	N° d'inscription
08/09/2015	980-1013650

Score final : 507 sur 600

Résolution de problèmes	Aptitudes verbales	Raisonnement logique
52 sur 60	48 sur 60	52 sur 60

Toute déclaration fausse, erronée, falsification de documents, attestation de résultats TAGE MAGE ® entraînera des poursuites pénales. Il est ainsi rappelé que toute personne effectuant une fausse déclaration ou falsifiant les attestations délivrées par la FNEGE est susceptible d'être poursuivie des chefs d'escroquerie, faux et usage de faux conformément aux dispositions des articles 313-1 et 441-1 du Code Pénal.

FNEGE - 2, avenue Hoche 75008 Paris
www.tagemage.fr

7 Quel score pour quelle école ?

SCORE MINIMUM & SCORE CONSEILLÉ (OBJECTIF) AU TAGE MAGE® POUR ÊTRE ADMISSIBLE

À partir de nos expériences de professeurs de TAGE MAGE® (10 années d'expérience et des milliers de candidats préparés) et d'anciens candidats aux concours, voici les 2 types de scores par école :

- **Les scores minimums (SM)** : Moyenne des 10% des scores de TAGE MAGE® les moins élevés des admissibles dans l'école.
- **Les scores conseillés (SC)** : Score que nous vous recommandons de viser (objectif) pour être « très probablement » admissible avec l'hypothèse d'un score de 950/990 au TOEIC et/ou 14/20 aux autres épreuves (synthèse, QCM d'anglais, dossier, etc.).

	SM	SC		SM	SC
HEC Paris (Master Grande École)	400	440	**NEOMA (Rouen + Reims)**	240	320
ESSEC (Master Grande École)	380	400	**KEDGE (Marseille + Bordeaux)**	240	320
ESCP (Master Grande École)	360	400	**ESC Toulouse**	240	320
EM LYON (Master Grande École)	260	360	**IAE Aix-en-Provence**	240	320
EDHEC (Master Grande École)	300	360	**SKEMA**	240	320
Audencia	260	340	**Autres IAE**	220	300
HEC / ESSEC / ESCP (Mastères Spécialisés)	300	350	**EDHEC / EM LYON (Mastères Spécialisés)**	300	330

RÉPARTITION DES SCORES AU TAGE MAGE®

Score	< 240	240 – 280	280 – 320	320 – 360	360 – 400	400 – 440	> 440
% des candidats	9	17	29	20	16	7	2

Source : Rapport « Scores TAGE MAGE® 2021 » (Monsieur TAGE MAGE).

ATTENTION Le niveau de difficulté du TAGE MAGE® a augmenté depuis 2017 (surtout en Compréhension de textes et en Expression).

CONVERSION DU SCORE TAGE MAGE® EN NOTE SUR 20 (ESTIMATION)

De nombreuses écoles et concours convertissent votre score de TAGE MAGE® en note sur 20. Cela permet de comparer votre score de TAGE MAGE® avec les notes des autres épreuves et donc de calculer une moyenne générale.

À partir de notre base de données de plusieurs milliers d'étudiants, voici nos estimations de formules de conversion :

Concours	Formule
Tremplin 2	$\frac{(\text{Score TM} + 0{,}36 \times (\text{Score TM} - 300))}{30} + 1 = \text{note}/20$

8 Avant/pendant/après le TAGE MAGE®

AVANT LE TAGE MAGE®

Inscription	Sur le site www.tagemage.fr
Coût	• 65 € en France • 130 € à l'étranger
Recommandation	Lors de votre inscription à une session de TAGE MAGE®, choisissez la possibilité que les écoles consultent votre score en ligne en cochant la totalité des écoles de la liste proposée par la FNEGE.
Nombre de passages par an	On peut passer le TAGE MAGE® **2 fois par an** (1 fois par semestre : 1 fois entre janvier et juin inclus et 1 fois entre juillet et décembre inclus).
Conseils	• Repérez sur Google Maps la localisation de votre centre d'examen, ainsi que le moyen de vous y rendre. • Prévoyez au moins 30 minutes d'avance.

LE JOUR DU TAGE MAGE®

Documents nécessaires	Convocation à l'examen et carte d'identité.
Matériel autorisé	Stylo-bille noir.
Matériel interdit	Calculatrice, brouillon, surligneur, effaceur, Typex, téléphone et tout type de montre.
Rôle des surveillants	Le surveillant lit les consignes de chaque sous-test, donne l'autorisation de commencer un sous-test, annonce à haute voix le temps restant (10 minutes, puis 5 minutes, puis 2 minutes) et enfin annonce la fin du sous-test (et du test).
En cas de triche	Toute triche est **éliminatoire**.
Déroulement	Pendant un sous-test, il est interdit de revenir à un sous-test précédent ou de commencer un sous-test suivant.

FEUILLE DE RÉPONSE DU TAGE MAGE®

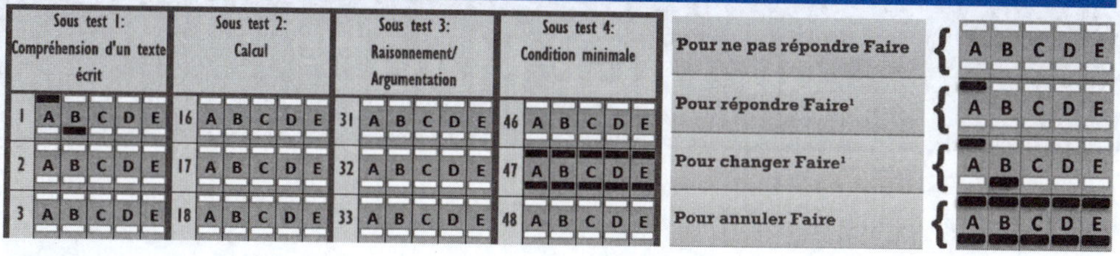

1re ligne	**Réponse A**. 1er choix de réponse.
2e ligne (optionnel)	**Réponse B**. 2e choix de réponse (= 2e chance). Si vous décidez de **modifier** votre réponse de la 1re ligne (Ici, réponse A), répondez dans la 2e ligne (Ici, réponse B). Si vous ne souhaitez **pas modifier** votre réponse de la 1re ligne, gardez votre réponse en 1re ligne (Ici, réponse A). Vous ne pouvez pas modifier une 2e fois votre réponse.
Annuler sa réponse	Si vous décidez d'**annuler** votre réponse (= 0 point), coloriez toutes les cases de la question (1re et 2e lignes). **Exemple :** Question 47.

CONSEIL Reportez vos réponses sur la feuille au fur et à mesure. N'attendez pas le dernier moment pour tout reporter.

APRÈS LE TAGE MAGE®

Publication des résultats	10 à 15 jours après l'examen, sur le site www.tagemage.fr.

Posez toutes vos questions (concours, écoles, dossiers, TAGE MAGE®, etc.) au sein des **communautés d'entraide Facebook et Instagram « Monsieur TAGE MAGE »** et **« Monsieur Ecoles de commerce » (+ de 40 000 membres)**.

9 La veille du TAGE MAGE®

1 – Décontractez-vous.

Vous êtes la veille d'un examen très important. Il est primordial de vous relaxer afin de ne pas être trop stressé le lendemain. N'hésitez donc pas à aller marcher, à aller au cinéma avec des amis pour « vous changer les idées ». Cela permettra de vous ressourcer avant le jour J.

2 – Désacralisez le TAGE MAGE®.

Le TAGE MAGE® est un test important pour vos concours. Toutefois, nous vous conseillons de relativiser. Votre score au TAGE MAGE® ne va pas déterminer votre carrière professionnelle et encore moins votre personnalité, votre caractère, votre projet de vie, etc. Ainsi, partez du principe que le TAGE MAGE® est un test comme les autres examens, comme le brevet.

3 – Repérez le lieu du centre d'examen sur Internet.

Afin de réduire au maximum votre niveau de stress, soyez prévoyant en repérant sur Internet le lieu de votre centre d'examen. Prévoyez également le trajet à effectuer (bus ? métro ? voiture ?) et le temps nécessaire pour vous y rendre, en prévoyant une marge de sécurité.

4 – Préparez les documents nécessaires.

Tout comme le conseil n° 3, soyez prévoyant en préparant à l'avance les documents nécessaires pour passer le TAGE MAGE® : convocation et carte d'identité. Sans ces 2 documents, il vous sera impossible de passer le TAGE MAGE®.

5 – Réveillez-vous tôt la veille.

Nous vous conseillons de vous réveiller tôt la veille du TAGE MAGE®. Pourquoi ? Il est très fréquent que les candidats aient du mal à s'endormir la veille à cause du stress et du manque de fatigue. En vous levant tôt la veille (7 heures du matin par exemple), vous serez donc assez fatigué pour vous endormir à une heure raisonnable (22 heures par exemple).
Cela vous permettra d'être en forme le jour J !

6 – Ne vous couchez pas tard.

Conseil classique mais souvent oublié... Il va de soi qu'il est préférable de ne pas se coucher tard pour être en forme le lendemain, d'autant plus si vous passez le TAGE MAGE® le matin.

7 – Ne changez pas vos habitudes.

Un des meilleurs moyens de ne pas être stressé est de ne pas changer ses habitudes. Donc, faites ce que vous avez l'habitude de faire un jour « normal » la veille du TAGE MAGE®. Ni plus, ni moins.

8 – Mangez équilibré.

La nourriture est aussi importante que le sommeil. En effet, pensez à manger équilibré la veille, à ne pas tomber malade et surtout à bien prendre un petit-déjeuner le jour J pour éviter toute baisse de forme.

9 – Lisez mais ne vous exercez pas.

Il est inutile de s'exercer la veille du TAGE MAGE®. Cela fait déjà plusieurs semaines, voire plusieurs mois, que vous vous entraînez. Vous êtes à présent prêt pour passer le TAGE MAGE®. Relisez donc simplement les « fiches récapitulatives » de notre livre pour vous « rafraîchir la mémoire ».

10 – Soyez optimiste !

N'imaginez pas le pire scénario... pensez plutôt aux écoles que vous pouvez intégrer en atteignant votre score ! Vous avez beaucoup révisé, ce qui n'est pas le cas de tous les candidats. Soyez donc optimiste quant à vos chances d'atteindre un bon score !

10 7 idées reçues sur le TAGE MAGE®

1 – Le TAGE MAGE® est fait pour les « matheux » : FAUX.

Le TAGE MAGE® évalue aussi bien vos aptitudes calculatoires (sous-tests « Calcul » et « Conditions minimales ») que vos aptitudes verbales (sous-tests « Compréhension de textes » et « Expression »). Il est donc FAUX de croire que les étudiants qui ont un baccalauréat Scientifique réussissent mieux que les étudiants qui ont un baccalauréat Littéraire.
Tout est une question de préparation !

2 – Il est impossible d'intégrer l'EM Lyon ou l'EDHEC avec un score inférieur à 300 : FAUX.

L'EM Lyon et l'EDHEC sont considérées comme des écoles « d'élite ». Un bon score au TAGE MAGE® (= score > 330/600) est préférable. Toutefois, les écrits des concours ne sont pas uniquement composés du TAGE MAGE®. Il y a également votre note de dossier, votre score au TOEIC, votre note de synthèse, etc. **Il est donc tout à fait possible d'être admissible** (puis admis) **à l'EM Lyon ou à l'EDHEC avec un score au TAGE MAGE® inférieur à 300/600**, à condition que vous réussissiez vos autres épreuves (note supérieure à 14/20).

3 – Il est impossible de traiter les 15 questions de chaque sous-test en 20 minutes : FAUX.

Bien que cela soit difficile, il est tout à fait possible de traiter les 15 questions de chaque sous-test dans le temps imparti. Pour cela, faut être rapide, astucieux et stratège.
En d'autres termes, apprenez par cœur l'ensemble des **formules** et des **méthodes de résolution rapide** détaillées dans nos 200 fiches. L'ensemble de nos **astuces** qui vous feront gagner un temps précieux. Enfin, appliquez bien nos **stratégies** selon votre profil pour maximiser votre score. Cependant, visez un score cohérent avec votre profil.

4 – Le TAGE MAGE® est similaire à un test de QI : FAUX.

Le test évalue vos capacités de résolution de calculs et vos aptitudes verbales. En aucun cas le TAGE MAGE® n'est un bon indicateur pour évaluer votre « Quotient Intellectuel » (QI). Il s'agit simplement de sélectionner les étudiants avec le meilleur potentiel managérial pour intégrer des écoles de commerce.

5 – Le TAGE MAGE® ne nécessite pas de préparation spécifique : FAUX.

Le TAGE MAGE® est un test qui évalue vos **aptitudes verbales** et vos **aptitudes calculatoires.** En ce sens, il est tout simplement **impossible** d'avoir un bon score au TAGE MAGE® (> 350) sans réelle préparation. Le format du test est très particulier (**Exemples :** Le sous-test « Conditions minimales » ou le sous-test « Logique ») et nécessite donc une préparation en amont avec un planning de révision et d'entraînement à définir selon **vos ambitions** et **votre profil** (voir la fiche « Votre profil de candidat »).

6 – Il faut souvent répondre au feeling : FAUX.

De nombreux candidats vous diront que vous pouvez répondre au feeling à beaucoup de questions. Nous sommes dans le regret de vous annoncer que cela est **totalement faux.** Certes, vous pouvez répondre intuitivement pour plusieurs questions. Toutefois, nous vous conseillons de ne répondre à une question que si vous êtes sûr de la réponse ou si vous hésitez entre 2 réponses (au maximum). Si vous hésitez entre 3 réponses ou plus, ne répondez pas.

7 – Il faut répondre à toutes les questions : FAUX.

Dernière idée reçue sur le TAGE MAGE®... **Non, il n'est pas obligatoire de répondre à toutes les questions.** Il est préférable de prendre un peu plus de temps par question et de répondre correctement à 11 questions que se dépêcher de répondre aux 15 questions et d'avoir 10 bonnes réponses et 5 fautes. Soyez donc **stratège** et sélectionnez vos questions ! N'oubliez pas que les mauvaises réponses sont pénalisées !

11 7 conseils pour réussir le TAGE MAGE®

Conseil n° 1 : Établissez un programme de révisions.

Le TAGE MAGE® est un test qui se prépare en amont. Les 2 heures d'examen le jour J ne sont que « la partie émergée de l'iceberg ». Le TAGE MAGE® évalue davantage vos capacités de planification les mois qui précèdent le jour J que vos capacités de calcul. Il est donc primordial que vous établissiez un programme de révision pour être à 100 % de vos capacités le jour J. Les révisions du TAGE MAGE® sont longues. Prenez-y vous à l'avance !

C'est la raison pour laquelle nous vous proposons plusieurs programmes de révision selon **votre profil**, **vos ambitions** et **votre temps de révision et d'entraînement au TAGE MAGE®** – voir la fiche « Votre profil de candidat ».

Conseil n° 2 : Fixez-vous un objectif selon les écoles visées.

Sans objectif, vous aurez du mal à vous motiver... Ainsi, dès le commencement de votre préparation aux concours (et donc au TAGE MAGE®), fixez-vous un « objectif A » (**Exemple :** Intégrer l'EM Lyon ou l'EDHEC), un « objectif B » (**Exemple :** Intégrer Audencia ou GEM Grenoble) et un « objectif C » (**Exemple :** Intégrer une école du concours Tremplin ou Passerelle). Une fois ces objectifs établis, fixez-vous un objectif de score au TAGE MAGE® selon la fiche « Quel score pour quelle école ? ».

Conseil n° 3 : Apprenez les 200 fiches du livre.

Nous avons décidé de vous faire gagner du temps en rédigeant 200 fiches de cours, méthodes de résolution rapides et astuces. **Plus besoin de faire des fiches de révisions !** Nous avons rédigé des fiches de cours concises, complètes et claires. Chacune de ces fiches contient des conseils, des formules à connaître par cœur, des moyens mnémotechniques, etc. qui vous permettront de maximiser votre score et de gagner du temps (temps de révision ou temps de résolution durant l'examen). Apprenez donc bien les 200 fiches de ce livre qui traitent toutes les notions abordées au TAGE MAGE®.

Conseil n° 4 : Entraînez-vous en conditions réelles de concours.

Beaucoup de candidats sont « piégés » par le temps imparti de 20 minutes par sous-test. Cela provient généralement du fait qu'ils ne se sont pas assez entraînés en conditions réelles de concours. Il est donc très important que vous vous exerciez en vous chronométrant. Cela vous habituera au format de l'épreuve, à être plus rapide dans vos résolutions de questions et à appliquer nos astuces et moyens mnémotechniques. Souvenez-vous que la grande difficulté au TAGE MAGE® est le temps imparti de 20 minutes par sous-test.

Conseil n° 5 : Sélectionnez vos questions.

Si après plusieurs semaines de révision et d'entraînement dans un sous-test, vous éprouvez toujours des difficultés à avoir la moyenne, **sélectionnez vos questions !** Vous n'aurez pas le temps de traiter les 15 questions. Sélectionnez les questions que vous allez traiter en priorité, c'est-à-dire les questions « faciles » ou « moyennes ». Pour cela, au début du sous-test (**Exemple :** Sous-test « Calcul »), regardez rapidement l'ensemble des 15 questions et **mettez un rond à côté de celles que vous souhaitez traiter en priorité et des croix à côté des autres.** Comment reconnaître une question « facile » ou « moyenne » ? Ce sont généralement des **questions courtes** ou des **questions abordant une notion que vous maîtrisez parfaitement.**

Conseil n° 6 : Ne répondez jamais au hasard… sauf si…

Ne répondez jamais au hasard à une question… sauf si vous hésitez entre 2 réponses seulement. Répondre au hasard à une question vous fera perdre plus de points que vous pouvez potentiellement en gagner, sauf si vous hésitez entre 2 réponses. Dans ce cas, nous vous recommandons de répondre au hasard en choisissant l'une des 2 réponses. Vous avez 1 chance sur 2 de gagner 4 points, tentez votre chance !

Conseil n° 7 : Travaillez en groupe.

Nous vous conseillons de ne pas uniquement apprendre et réviser seul. Le TAGE MAGE® est un test qui nécessite de nombreuses heures de révision. Pour éviter toute baisse de motivation, n'hésitez pas à réviser et à apprendre en groupe, avec d'autres amis ou d'autres étudiants rencontrés sur les salons ou dans un institut de préparation aux concours. En plus d'échanger entre vous les meilleures méthodes de résolution et astuces, vous pourrez comparer vos scores. Cela vous permettra de connaître **vos points forts** et **vos points faibles.**

Posez toutes vos questions (concours, écoles, dossiers, TAGE MAGE®, etc.) au sein des **communautés d'entraide Facebook et Instagram « Monsieur TAGE MAGE »** et **« Monsieur Ecoles de commerce » (+ de 40 000 membres).**

PLANNINGS DE RÉVISION (selon votre profil)

12 Votre profil de candidat

UN PROFIL DE CANDIDAT = UN PLANNING DE RÉVISIONS

Chaque candidat est unique. C'est la raison pour laquelle nous avons créé **15 profils de candidat** (selon les **3 critères** ci-dessous).

Chaque **profil de candidat a son planning de révisions** (voir le tableau) que nous vous recommandons de suivre pour arriver à **100 % de vos capacités le jour J** !

DÉTERMINEZ VOTRE PROFIL DE CANDIDAT

<table>
<tr><td>Score visé au TAGE MAGE</td><td>> 300 / 600</td><td>> 350 / 600</td><td>> 400 / 600</td></tr>
<tr><td>Temps de préparation disponible d'ici le jour J</td><td>1 mois</td><td>3 mois</td><td>5 mois</td></tr>
<tr><td>Nombre de fois que vous souhaitez passer le TAGE MAGE</td><td colspan="3">1 | 2</td></tr>
</table>

CHOISISSEZ VOTRE PLANNING DE RÉVISIONS

Score visé	Temps de préparation	Nombre de fois	Type de profil	En téléchargement ou dans le livre	Planning de révision
> 400 / 600	5 mois	1	Roger Federer	Téléchargeable	N° 1
		2	Rafael Nadal	Livre / Téléchargeable	N° 2
	3 mois	1	Serena Williams	Téléchargeable	N° 3
		2	Novak Djokovic	Téléchargeable	N° 4
	1 mois	1	J.-W. Tsonga	Téléchargeable	N° 5
> 350 / 600	5 mois	1	Lionel Messi	Téléchargeable	N° 6
		2	Cristiano Ronaldo	Téléchargeable	N° 7
	3 mois	1	Zinédine Zidane	Téléchargeable	N° 8
		2	Neymar Jr.	Téléchargeable	N° 9
	1 mois	1	Kylian Mbappé	Téléchargeable	N° 10
> 300 / 600	5 mois	1	Teddy Riner	Téléchargeable	N° 11
		2	Mike Tyson	Téléchargeable	N° 12
	3 mois	1	Tiger Woods	Téléchargeable	N° 13
		2	Michael Jordan	Téléchargeable	N° 14
	1 mois	1	Usain Bolt	Téléchargeable	N° 15

REMARQUE Pour **réduire le volume et le poids** du livre, les plannings de révisions N° 1 à 15 sont **téléchargeables sur le site www.monsieur-tage-mage.com !** (Rubrique « Nos documents » → « Plannings de révision »).

13-2 Planning de révision n° 2

RAFAEL NADAL - 5 MOIS DE PRÉPARATION – 2 FOIS – > 400/600

Semaine - Jour		Durée heures	Fiches : Cours + Exercices ou CB	Fiches + Vidéos	Exercices faits
1	Mercredi	1	**Intro** – Fiches 1 à 4.	✔	✔
	Weekend	2	**TAGE MAGE** – Fiches 5 à 13.		
2	Mercredi	2	**C.D.T** – Fiches 14 à 19.		
	Weekend	**2**	**TAGE MAGE n° 1 et 2 – C.D.T**		
3	Mercredi	3	**Calcul** – Fiches 20 à 33.		
	Weekend	4	**Calcul** – Fiches 34 à 53.		
4	Mercredi	**2**	**TAGE MAGE n° 1 et 2 – Calcul**		
	Weekend	4	**C.M.** – Fiches 98 à 112.		
5	Mercredi	2	**C.M.** – Fiches 113 à 122.		
	Weekend	4	**R&A** – Fiches 71 à 86.		
6	Mercredi	3	**R&A** – Fiches 87 à 97.		
	Weekend	**2**	**TAGE MAGE n° 1 et 2 – R&A** **TAGE MAGE n° 1 et 2 – C.M.**		
7	Mercredi	4	**Expression** – Fiches 123 à 135.		
	Weekend	5	**Expression** – Fiches 136 à 156.		
8	Mercredi	4	**Logique** – Fiches 157 à 169.		
	Weekend	7	**Logique** – Fiches 170 à 199.		
9	Mercredi	5	**Calcul** – Fiches 54 à 70.		
	Weekend	**2**	**TAGE MAGE n° 1 et 2 – Expression** **TAGE MAGE n° 1 et 2 – Logique**		
10	Mercredi	**4**	**Tage Mage n° 3 + Corrigé.**		
	Weekend	**8**	**Tage Mage n° 4 + Corrigé.** **Tage Mage n° 5 + Corrigé.**		
11	Mercredi	**4**	**Tage Mage n° 6 + Corrigé.**		
	Weekend	**4**	**Tage Mage n° 7 + Corrigé.**		
Passage du 1er TAGE MAGE					

Semaine - Jour		Durée heures	Fiches : Cours + Exercices ou CB	Fiches + Vidéos	Exercices faits
12	Mercredi	2	**Calcul** – Révisions des fiches.		
	Weekend	2	**C.M.** – Révisions des fiches.		
13	Mercredi	2	**R&A** – Révisions des fiches.		
	Weekend	2	**Logique** – Révisions des fiches.		
14	Mercredi	2	**Expression** – Révisions des fiches.		
	Weekend	2	**TAGE MAGE** – Révisions des fiches.		
15	Mercredi	1	**TAGE MAGE** – Révisions des fiches.		
	Weekend	2	**TAGE MAGE** – Révisions des fiches.		
16	Mercredi	1	**TAGE MAGE** – Révisions des fiches.		
	Weekend	**4**	**Tage Mage n° 8 + Corrigé.**		
17	Mercredi	**4**	**Tage Mage n° 9 + Corrigé.**		
	Weekend	**4**	**Tage Mage n° 10 + Corrigé.**		
18	Mercredi	**4**	**Tage Mage n° 11 + Corrigé.**		
	Weekend	**4**	**Tage Mage n° 12 + Corrigé.**		
19	Mercredi	**4**	**Tage Mage n° 13 + Corrigé.**		
	Weekend	**4**	**Tage Mage n° 14 + Corrigé.**		
20	Mercredi	**4**	**Tage Mage n° 15 + Corrigé.**		
	Weekend	**4**	**Tage Mage n° 16 + Corrigé.**		
TOTAL		130 heures		16 TAGE MAGE	
Semaine 21 = Passage du 2e TAGE MAGE					

BILAN

	Fiches (en heures)	+ TAGE MAGE (en heures)	= TOTAL	% du TOTAL
C.D.T.	3 heures.	16 TAGE MAGE + Corrigé = 64 heures	13 heures.	10 %
Calcul	18 heures.		29 heures.	22 %
R&A	10 heures.		20 heures.	16 %
C.M.	11 heures.		23 heures.	17 %
Expression	9 heures.		19 heures.	16 %
Logique	15 heures.		26 heures.	19 %
TOTAL	**66 heures**	**64 heures**	**130 heures**	**100 %**
BILAN		**6,5 heures en moyenne / semaine**		

REMARQUE Pour **réduire le volume et le poids** du livre, les plannings de révisions N° 1 à 15 sont **téléchargeables sur le site www.monsieur-tage-mage.com !** (Rubrique « Nos documents » → « Plannings de révision »).

Sous-test 1

COMPRÉHENSION DE TEXTES

14 Présentation du sous-test

Monsieur TAGE MAGE

Monsieur ÉCOLES de COMMERCE

COMPRÉHENSION DE TEXTES

FORMAT

Durée du sous-test	20 minutes
Nombre de questions	15
Bonne réponse	+ 4 points
Aucune réponse	0 point
Mauvaise réponse	–1 point
Nombre de textes	2 à 3 (souvent 3)
Longueur d'un texte	300 à 500 mots (1/2 page A4)
Nombre de questions par texte	5 questions (si 3 textes) ou 7/8 questions (si 2 textes)

CONTENU

Type de texte	Difficulté	Thèmes abordés
Interviews/Discours	Moyen (★★☆☆☆ ou ★★★★☆)	Économie, actualité, culture, environnement, sciences humaines, débats de société, management, histoire, géographie, sciences, sport, discours politique, etc. **Sources** : *Le Monde*, *Courrier International*, *Le Figaro*, *Historia*, revues spécialisées, etc.
Articles de presse/ Magazines spécialisés	Moyen (★★★☆☆ ou ★★★★★)	
Extraits d'ouvrages/ Revues académiques	Difficile (★★★★☆ ou ★★★★★)	

Types de questions	Difficulté	Exemple
Repérage d'informations	Facile (★☆☆☆☆ ou ★★☆☆☆)	Quelle est la nationalité la plus représentée au conseil d'administration de PSA ?

Types de questions	Difficulté	Exemple
Interprétation des propos	Moyen (★★☆☆☆ ou ★★★☆☆)	Quel est le sous-entendu du directeur commercial d'Airbus à travers les propos : « Airbus n'a aucun trou dans sa raquette » ?
Définition		Que signifie le mot « lunatique » ?
Destinataire		À qui est destiné ce texte ?
Source		Qui est l'auteur de ce texte ?
Choix multiple	Moyen (★★★☆☆ ou ★★★★☆)	3 à 5 affirmations dans la question. Lesquelles sont vraies (ou fausses) ? (A) 1 + 2 (B) 2 + 3 (C) 3 + 4 + 5 (D) 1 + 5 (E) 1 + 4
Titre		Quel est le titre le plus adapté pour ce texte ?
Conclusion		Quelle est la conclusion la plus appropriée pour ce texte ?
Résumé	Difficile (★★★★☆ ou ★★★★★)	Quel est le meilleur résumé de ce texte ?
Texte à trous		Quelle réponse conviendrait le mieux au lieu de « Question 1 » dans le texte ?

OBJECTIFS DE SCORE

Objectif TAGE MAGE®	Objectif sous-test « C.D.T »
> 400/600	> 38/60
350 < X < 400	> 33/60
300 < X < 350	> 28/60

Score moyen des candidats	**32/60**
Temps de révision nécessaire	**Apprentissage du cours :** 1 - 2 heures **Entraînement :** 1 - 3 heures

Le sous-test « Compréhension de textes » est souvent sous-estimé par les candidats. À tort. Ce sous-test est souvent composé de textes assez techniques avec des questions où **les réponses sont très similaires les unes aux autres**. C'est la raison pour laquelle nous avons consacré 6 fiches de méthodologie et d'entraînement.

15

7 conseils pour réussir le sous-test

Monsieur TAGE MAGE

Monsieur ÉCOLES de COMMERCE

COMPRÉHENSION DE TEXTES

Conseil n° 1 : Soyez stratège.

La stratégie est une attitude à adopter pour l'ensemble du sous-test selon son déroulement. Bien que le sous-test « Compréhension de textes » ne soit pas le plus difficile, il est important d'adopter une stratégie pour maximiser son score. Pour cela, **rendez-vous à la fiche « Les 5 étapes de la stratégie gagnante » !**

Conseil n° 2 : Soyez méthodique.

Une méthode de résolution est une technique à adopter pour une série de questions (5 questions par texte) pour répondre le plus rapidement et le plus efficacement possible. Sans méthode de résolution efficace, vous ne maximiserez pas votre score... **Rendez-vous donc à la fiche « La méthode de l'entonnoir »** pour découvrir la méthode de résolution des questions à appliquer !

Conseil n° 3 : Lisez de manière sélective.

Vous avez 3 textes de 400 à 600 mots à lire (1/2 à 3/4 d'une page A4). Il est donc fondamental que vous lisiez de manière sélective et non « routinière ». Pour cela, vous devez connaître le type d'informations à chercher et mémoriser les mots-clés utiles, ainsi que comprendre la structure de l'argumentation. **Rendez-vous donc à la fiche « Exercice de perfectionnement »** pour plus de détails !

Conseil n° 4 : Analysez la stucture du texte.

Tout texte au TAGE MAGE® est composé d'une argumentation, d'un message ou d'un échange. Il y a donc obligatoirement une structure à chaque texte. Cette structure permet de lister les différents arguments d'un auteur ou d'échanger plusieurs arguments entre plusieurs individus. Il est donc important de bien suivre cette structure. Cela vous permettra de décomposer le texte en différentes parties, ce qui vous sera très utile pour les questions de résumé (questions difficiles).

Conseil n° 5 : Concentrez-vous sur les mots-clés.

Chaque argument ou partie d'un texte est relié par des mots-clés. Ces mots clés permettent d'analyser la structure du texte : 2 parties ? 3 parties ? 4 parties ? Un argument ? Un contre-argument ? Une conclusion ? Un sous-entendu ?

Les mots-clés fréquemment utilisés sont : donc, en conclusion, toutefois, néanmoins, cependant, de surcroît, de plus, en revanche, a priori, a fortiori, à l'instar, etc.

Conseil n° 6 : Ne soyez pas influencé par l'actualité.

Les thèmes abordés dans les textes peuvent être d'ordre économique, politique, géopolitique, managérial, etc. Vous risquez donc de lire des opinions, des avis ou des informations concernant des individus, des organisations ou des entreprises qui sont souvent cités dans l'actualité.

ATTENTION **Restez bien concentré sur le contenu/le message/l'argumentation du texte**, sans être influencé par ce que vous pouvez lire dans les journaux ou entendre à la radio ou à la télévision.

Conseil n° 7 : Pas de réponses extrêmes/radicales.

Le TAGE MAGE® est un test de sélection pour faire des études supérieures de management. Ce test est passé par des milliers de candidats chaque année. **Il est donc impossible que vous ayez une bonne réponse qui soit une réponse extrême**, politiquement incorrecte (**Exemple :** Les malades sont responsables du déficit de la Sécurité Sociale). Cela créerait une polémique. La FNEGE (organisateur du test) évite donc de considérer les réponses extrêmes comme des bonnes réponses. Vous pouvez donc directement les éliminer.

16 Les 5 étapes de la stratégie gagnante

Monsieur TAGE MAGE

Monsieur ÉCOLES de COMMERCE

COMPRÉHENSION DE TEXTES

Pour le sous-test « Compréhension de textes », nous vous recommandons d'adopter la **stratégie gagnante** ci-dessous afin de :

- **Perdre le moins de temps possible** (en lecture et en résolution de questions).
- **Bien débuter votre TAGE MAGE.**
- **Mieux comprendre** les arguments, les informations et les enjeux des textes.

> **REMARQUE** Les **2 principales causes de perte de temps** sont les **trop nombreux allers-retours entre les questions et le texte** et les **« scans » trop longs du texte** pour retrouver des informations.

Étape 1 : Commencez directement par le 1er texte

Ne tentez pas de sélectionner le texte le moins « difficile ». **Impossible de savoir quel texte est difficile ou pas.** Tout dépend des questions (faciles / moyennes / difficiles). Il est possible d'avoir un texte facile avec des questions difficiles ou vice-versa. Donc impossible de savoir la « difficulté d'un texte ». Par conséquent, ne perdez pas de temps à vérifier le thème / le sujet de chaque texte. **Débutez directement votre sous-test par le 1er texte,** puis le 2e et enfin le 3e (et dernier) texte.

Étape 2 : Lisez les 2 premières questions (sans les réponses).

Lisez les **2 premières questions** du texte. Lisez **uniquement les questions, pas les réponses,** car 4 réponses sur 5 sont fausses.

Mémorisez les questions pour **adopter une lecture sélective et intelligente** du texte. Vous savez à présent **quelles informations chercher** et vous connaissez **le thème du texte.** Vous lirez donc **plus rapidement** et **retiendrez mieux** les informations.

Étape 3 : Lisez le texte EN ENTIER à vitesse « normale ».

Lisez le texte en entier à vitesse « normale ». Ne vous précipitez pas dans votre lecture. Lire en diagonale ou lire très rapidement ne vous fera pas gagner de temps, car vous mémoriserez mal les informations et ferez donc beaucoup d' « allers-retours » entre les questions et le texte.

REMARQUE Il est fondamental de lire le texte en entier car les éléments de réponses d'une question peuvent être répartis à différents endroits du texte. Une partie de la réponse peut être située dans le premier paragraphe et une autre partie dans le dernier paragraphe.

Étape 4 : Soulignez les éléments de réponse / mots-clés + écrivez 2/3 mots par paragraphe.

Pendant la lecture du texte, il est important de :

- **Souligner les éléments de réponse / mots-clés** afin de vous y reporter rapidement lorsque vous traitez une question. Vous savez que cet élément vous aidera à répondre à la question 2 ? **Soulignez-le et mettez en exposant le numéro de la question.**
- **« Quadriller » le texte** en écrivant **2 à 3 mots-clés à côté de chaque paragraphe.** Cela vous permet de **mieux comprendre la structure du texte / l'argumentation de l'auteur.** Il sera plus aisé de répondre aux questions de résumé, de « soutient le plus » ou de « Selon l'auteur » (questions de niveau « difficile »).

ASTUCE **Soulignez** les **classements**, les **listes d'adjectifs** et les **données / statistiques.** Ces informations sont souvent utiles pour les questions à choix multiple (1 + 2 ; 2 + 3 ; etc.). Rendez-vous à la fiche « Aperçu visuel d'un texte ».

Étape 5 : Appliquez la « méthode l'entonnoir » pour répondre à chaque question (fiche « La méthode de l'entonnoir »).

17 La méthode de l'entonnoir

COMPRÉHENSION DE TEXTES

Les **réponses des sous-tests verbaux** (Compréhension de textes, Raisonnement & Arugmentation et Expression) sont **très similaires** entre elles. Il est **difficile de distinguer** la **bonne réponse** des **mauvaises réponses.**

Ainsi, nous vous recommandons d'appliquer notre **« méthode de l'entonnoir »** qui consiste à **choisir la bonne réponse par élimination. Aucune réponse n'est parfaite.** Ainsi, la **bonne réponse est la moins mauvaise des réponses.**

La « méthode de l'entonnoir » est composée de **2 étapes** (avec 2 filtres) :

ÉTAPE 1 ÉLIMINATION des mauvaises réponses avec le filtre sur le FOND (avec les « critères éliminatoires »).

ÉTAPE 2 COMPARAISON des réponses restantes avec le filtre sur la FORME (avec les « critères de forme ») pour sélectionner la bonne réponse.

ÉTAPE 1 : ÉLIMINATION : FILTRE SUR LE FOND

Supprimez les mauvaises réponses avec les « critères éliminatoires ».

Les « **critères éliminatoires** » ci-dessous permettent d'**éliminer** les **mauvaises réponses**.

Critères éliminatoires	Explications
1. Hors-sujet.	Réponse **hors-sujet** = mauvaise réponse.
2. Réponse **fausse** / Information **fausse**.	Une **partie** ou la **totalité** de la réponse est **fausse** = mauvaise réponse (même si certains éléments sont vrais).
3. Une **partie** de réponse fausse.	
4. Réponse **partielle**.	Il **manque** une **information importante** ou un **acteur important** dans la réponse = mauvaise réponse.
5. Réponse **trop précise**.	La réponse se concentre sur **un détail** ou **une partie trop précise** du texte (exemple : une seule ligne du texte) = mauvaise réponse. Même si la réponse est vraie, **ce n'est pas la meilleure réponse.**
6. Réponse **trop vague**.	La réponse pourrait être vraie pour **n'importe quel texte ou thème abordé** = mauvaise réponse.
7. Réponse **trop générale**.	

Critères éliminatoires	Explications
8. Réponse **radicale / extrême**.	La réponse est **extrême** ou **radicale** = mauvaise réponse (sauf si le texte est extrême ou radical, ce qui est rarement le cas). **Remarque** : Les réponses extrêmes / radicales contiennent souvent un des adverbes ou un des adjectifs suivants : toujours, jamais, forcément, exclusivement, uniquement, nécessairement, obligatoirement, seul(e), l'unique, etc.
9. Réponse **vraie** mais qui **ne correspond pas** à la question posée.	La réponse est **composée d'informations vraies** (issues du texte) <u>**mais**</u> elle **ne correspond pas à la question posée.** **Exemple :** Une conclusion n'est pas la bonne réponse à une question de résumé. **Exemple :** Un titre n'est pas la bonne réponse à une question de conclusion.
10. Réponse **connotée** / avec **jugement** de valeurs	La réponse est **connotée** ou est composée d'**un jugement de valeurs** = mauvaise réponse. Aucun élément subjectif ou personnel de votre part ne doit être ajouté.

Une fois les **mauvaises réponses éliminées, il reste** généralement **2 à 3 réponses (potentiellement bonnes). Passez à l'étape 2** pour choisir la bonne réponse !

ÉTAPE 2 : COMPARAISON : FILTRE SUR LA FORME

Choisissez la réponse qui correspond le plus à la FORME / STYLE du texte.

Les **réponses restantes** correspondent sur le fond à la question posée. Elles sont donc **potentiellement des bonnes réponses**. Pour les départager, **choisissez la réponse** avec les **« critères de forme » qui correspondent le plus au texte.**

Critères de forme	Explications
1. Le vocabulaire	Le **type de vocabulaire** utilisé dans la bonne réponse doit être **identique / similaire** à celui utilisé dans le texte. **Exemple :** Si le texte utilise un **vocabulaire riche et varié**, choisissez la réponse qui utilise le plus un vocabulaire riche et varié.
2. Le jargon	Le **jargon** est le **vocabulaire spécialisé** d'une profession ou d'une activité. Le **jargon** utilisé dans la bonne réponse doit être identique à celui utilisé dans le texte. **Exemple :** Si le texte utilise un jargon **spécifique au monde des start-up** (business angel, levée de fonds, fonds d'investissement, etc.), choisissez la réponse qui utilise le plus un jargon spécifique au monde des start-up.
3. Le style	Le **style d'écriture** utilisé dans la bonne réponse doit être identique à celui utilisé dans le texte. **Exemple :** Si le texte utilise un **style direct / explicite / affirmatif**, choisissez la réponse qui utilise le plus un style direct / explicite / affirmatif (souvent le cas des interviews).
4. Niveau de langue / Tonalité	Il existe 2 niveaux de langue : **courant** (style direct, souvent les interviews) ou **soutenu** (vocabulaire riche et varié, souvent les textes d'experts avec beaucoup de données et de statistiques). **Exemple :** Si le texte utilise un **niveau de langue courant**, choisissez la réponse qui utilise le plus un niveau de langue courant.
5. La construction de la réponse.	La **construction de la réponse** doit reprendre – si possible – la construction du texte (chronologie des arguments / idées). Cela est surtout valable pour les questions de résumé.

MÉTHODE DE L'ENTONNOIR : ÉTAPE 1 (FOND) + ÉTAPE 2 (FORME)

Nombre de réponses	Étape 1 : ÉLIMINATION Filtres sur le FOND Critères éliminatoires	Nombre de réponses restantes	Étape 2 : COMPARAISON Filtres sur la FORME	Bonne réponse
5	**1.** Hors-sujet. **2.** Réponse fausse / Information fausse. **3.** Une partie de réponse fausse. **4.** Réponse partielle. **5.** Réponse trop précise. **6.** Réponse trop vague. **7.** Réponse trop générale. **8.** Réponse radicale / extrême. **9.** Réponse vraie mais qui ne correspond pas à la question posée. **10.** Réponse connotée / avec jugement de valeurs	2 ou 3	**1.** Le vocabulaire. **2.** Le jargon. **3.** Le style. **4.** Niveau de langue / Tonalité. **5.** Construction de la réponse.	1

CONSEIL Appliquez notre **méthode de l'entonnoir** en Compréhension de textes, en Raisonnement & Argumentation et en Expression.

ATTENTION N'oubliez pas qu'aucune réponse n'est parfaite pour les sous-tests verbaux. **La bonne réponse est la moins mauvaise des réponses.**

18 Aperçu visuel d'un texte

Monsieur TAGE MAGE

Monsieur ÉCOLES de COMMERCE

En appliquant nos conseils des fiches précédentes, voici un aperçu d'un texte après sa lecture au cours du test (Source : *Maddyness*).

Mots à écrire sur votre sujet (surlignés en bleu)	TEXTE - 407 mots (Mots à souligner en bleu)
Idée du paragraphe n° 1 : Numérique = amélioration de la relation clients.	Microsoft et Ipsos Mori ont conduit une étude sur l'appropriation du numérique par les PME/TPE. Si on en doutait encore, l'étude révèle que le numérique constitue un levier fort dans le développement d'un capital relationnel solide avec les clients. PME à vos claviers !
Idée du paragraphe n° 2 : Objectifs de la transformation digitale des TPE/PME. **Souligner les objectifs** (en bleu dans le texte) = probablement une question du type « 1 + 2 + 3 ».	Difficile d'échapper à la transformation digitale, cette lame de fond qui est d'une importance cruciale pour les grands groupes mais aussi pour les TPE/PME. Ces dernières doivent répondre aux demandes de clients de plus en plus connectés, et gérer des collaborateurs familiers et adeptes des nouvelles technologies. L'étude Microsoft sur les challenges des PME à l'ère du numérique, souligne la place importante prise par le numérique, pour prospecter et améliorer les relations clients, mais aussi pour être plus compétents et motivés au travail.
1re idée du paragraphe n° 3 : Objectif = Pourcentage (cela permet de classer par ordre d'importance les objectifs du numérique) = probablement une question.	**Améliorer la relation client grâce au numérique** L'acquisition de nouveaux clients est considérée comme le défi majeur pour 42 % des collaborateurs de TPE-PME en 2016, et le numérique y joue un rôle important. Pour plus de la moitié (52 %), le numérique leur permet d'améliorer les relations avec leurs clients, mais aussi de mieux les connaître et de mieux connaître leurs besoins (47 %). 45 % se sentent également mieux à même d'engager les clients et de développer le chiffre d'affaires grâce au numérique.

Mots à écrire sur votre sujet (surlignés en bleu)	TEXTE (suite) (Mots à souligner en bleu)
2e idée du paragraphe n° 3 : Source d'inquiétude : Protection des données. **Attention** au « **toutefois** » (connecteur logique qui marque l'opposition).	La protection des données est toutefois un point majeur pour toutes les générations, puisque 84 % des 35-84 ans s'y déclarent attachés, et 75 % des 18-34 ans. Connaître le client et accéder à ses demandes, voire devancer ses besoins est attendu. En revanche, les PME doivent porter une attention particulière à la protection de ces données qui est un point de vigilance de plus en plus important des consommateurs. **Le numérique, facteur de motivation et de flexibilité** 54 % des interrogés estiment que les nouvelles technologies leur permettent d'être plus compétents dans leur travail. Pour 49 %, les outils numériques font qu'ils sont plus motivés au travail, et améliorent leurs capacités à innover. Le numérique rend également possible et plus aisé le télétravail et 64 % des collaborateurs estiment qu'il est important de pouvoir travailler depuis n'importe où. En revanche, l'accès aux emails à distance, et autres outils de travail numérique, est plus utilisé par les 45-54 ans (48 %), alors que seulement 39 % des 18-34 ans les utilisent. Si le numérique transforme les outils de travail des TPE/PME depuis plusieurs années, on remarque qu'il change aussi beaucoup les manières d'y travailler. Ainsi les collaborateurs deviennent plus mobiles et plus à même d'améliorer leurs compétences.

19 Exercice de perfectionnement

Monsieur TAGE MAGE

Monsieur ÉCOLES de COMMERCE

COMPRÉHENSION DE TEXTES

Afin d'améliorer votre **rapidité de lecture** et vos **capacités de mémorisation** des informations d'un texte, réalisez notre **exercice de perfectionnement**.

Pour cela, suivez les étapes ci-dessous :

- **Étape 1 : Téléchargez les textes** (articles, interviews, etc.) **sur www.monsieur-tage-mage.com** dans la rubrique « CDT Exercices » de **votre espace E-LEARNING**.
- **Étape 2 : Remplissez les tableaux** ci-dessous en respectant les consignes. Il y a **4 niveaux de difficulté** : « Débutant », « Intermédiaire », « Confirmé » et « Expert ».

CONSEIL Les arguments sont souvent construits comme ci-après : Émetteurs des arguments => Arguments => Exemples / Données.

NIVEAU 1 : DÉBUTANT

1) Consigne : Lisez les 2 textes et **remplissez les cases du tableau** pour chaque texte.
2) Report aux textes : AUTORISÉ. Vous avez le droit de vous reporter aux textes pendant votre lecture pour vérifier ou mémoriser des informations / idées / arguments.
3) Temps : 8 minutes.

Texte n°	Personnes / États / Entreprises / ONG	Arguments / Explications	Exemples / Données
1	✔	✔	✔
2	✔	✔	✔

Si vous avez écrit au minimum 75 % des informations importantes des textes, **passez au niveau 2** (3 textes). Sinon, retentez le niveau 1.

NIVEAU 2 : INTERMÉDIAIRE

1) Consigne : Lisez les 3 textes et **remplissez les cases du tableau** pour chaque texte.
2) Report aux textes : AUTORISÉ. Vous avez le droit de vous reporter aux textes pendant votre lecture pour vérifier ou mémoriser des informations / idées / arguments.
3) Temps : 10 minutes.

Texte n°	Personnes / États / Entreprises / ONG	Arguments / Explications	Exemples / Données
1	✔	✔	✔
2	✔	✔	✔
3	✔	✔	✔

Si vous avez écrit au minimum 75 % des informations importantes des textes, **passez au niveau 3**. Sinon, retentez le niveau 2.

NIVEAU 3 : CONFIRMÉ

1) Consigne : Lisez les <u>**2 textes**</u> et **remplissez les cases du tableau** pour chaque texte.

2) Report aux textes : <u>INTERDIT</u>. Vous n'avez pas le droit de vous reporter aux textes. Vous devez donc tenter de <u>**mémoriser les informations**</u> en lisant **une seule fois le texte.**

3) Temps : 8 minutes.

Texte n°	Personnes / États / Entreprises / ONG	Arguments / Explications	Exemples / Données
1	✔	✔	✔
2	✔	✔	✔

Si vous avez écrit au minimum 75 % des informations importantes des textes, **passez au niveau 4** (3 textes). Sinon, retentez le niveau 3.

NIVEAU 4 : EXPERT

1) Consigne : Lisez les <u>**3 textes**</u> et **remplissez les cases du tableau** pour chaque texte.

2) Report aux textes : <u>INTERDIT</u>. Vous n'avez pas le droit de vous reporter aux textes. Vous devez donc tenter de <u>**mémoriser les informations**</u> en lisant **une seule fois le texte.**

3) Temps : 10 minutes.

Texte n°	Personnes / États / Entreprises / ONG	Arguments / Explications	Exemples / Données
1	✔	✔	✔
2	✔	✔	✔
3	✔	✔	✔

TAGE MAGE® N° 1/2/3

COMPRÉHENSION DE TEXTES

TAGE MAGE® N° 1

1 COMPRÉHENSION DE TEXTES

CONSIGNES

15 questions	20 minutes	Calculatrice interdite	Chronomètre recommandé

BARÈME

Bonne réponse : +4 points	Aucune réponse : 0 point	Mauvaise réponse : –1 point

TEXTE 1

Depuis la naissance de la société industrielle, le secteur financier est sans doute l'un des plus importants pour l'économie car de lui dépend l'irrigation des acteurs économiques. Malheureusement, depuis une vingtaine d'années, ce secteur est devenu bien trop puissant et s'est détourné de son indispensable vocation.

Le premier problème concerne la pression court-termiste que ce secteur exerce sur les entreprises, au détriment de l'investissement et des autres parties prenantes.

Le deuxième problème est le détournement des ressources et la ponction que la finance opère sur l'économie réelle, à son seul avantage. Il est évident au vu de sa taille (moins de 5 % de la population active) que le secteur financier ne peut atteindre cette situation sans vampiriser, au sens propre, tant les consommateurs que les entreprises des autres secteurs.

Troisième problème : le détournement de talents qu'elle opère à son profit, en particulier par les salaires démesurés qu'elle peut offrir. La spéculation financière a fini par phagocyter de nombreux talents, qui ont préféré aller y faire fortune plutôt que travailler pour deux ou trois fois moins dans la recherche ou l'ingénierie, grevant nos chances de découvrir de nouveaux progrès techniques.

Quatrième problème : la stabilité des économies. Cette toute puissance des mouvements de capitaux a entraîné des crises à répétition depuis vingt ans, qui n'existaient plus depuis la crise des années 1930.

Le cinquième et dernier problème posé par la nouvelle finance est démocratique, par son influence sur les pouvoirs publics en raison de son poids et de ses ressources. Après avoir obtenu une large déréglementation, puis une liberté absolue de circulation des capitaux, il y eut ensuite le temps des chantages aux États pour obtenir des fonds faramineux pour sauver ce système.

Question 1. Quel est le sentiment de l'auteur vis-à-vis du secteur financier ?

(A) L'auteur semble condamner les pratiques du secteur financier dans son ensemble.
(B) L'auteur distingue d'une part une spéculation néfaste et d'autre part une finance utile à l'économie réelle.
(C) L'auteur condamne davantage la passivité des acteurs publics que les acteurs de la finance.
(D) L'auteur estime que le secteur financier est l'unique responsable de la situation économique actuelle.
(E) Aucune de ces réponses ne convient.

Question 2. Que signifie le terme « phagocyter » ?

(A) Contaminer économiquement.
(B) Neutraliser par absorption.
(C) Repousser par allergie.
(D) Attirer par attrait.
(E) « Magouiller » de l'argent.

Question 3. Comment l'auteur pourrait-il définir la spéculation ?

(A) Activité « vampire » des économies capitalistes.
(B) Activité florissante mais néfaste pour les entreprises.
(C) Activité condamnée par les acteurs publics.
(D) Activité « improductive » du système économique.
(E) Activité financière de moyen et long-terme.

Question 4. Quel serait le meilleur titre pour ce texte ?

(A) La finance est l'ennemi de l'économie.
(B) La prolifération du secteur financier.
(C) Les 5 principaux problèmes dans le secteur financier.
(D) La finance : un problème pour tous.
(E) Le cœur du problème de la finance.

Question 5. Quels sont les domaines abordés dans ce texte ?

1. L'économie
2. La politique
3. La finance
4. La démocratie
5. Les sciences

(A) 1 + 2 + 3
(B) 2 + 3 + 4
(C) 1 + 3 + 4
(D) 1 + 3
(E) 1 + 2 + 3 + 4

TEXTE 2

Le Programme Européen d'Aide aux plus Démunis (PEAD) est un programme créé en 1987, à la demande, du Président de la Commission Européenne Jacques Delors et de Coluche. Il utilisait les stocks d'invendus issus de la PAC (Politique Agricole Commune) en les redistribuant à des associations caritatives agréées. En 2011, le PEAD a distribué une aide alimentaire à plus de 13 millions de personnes dans 19 États de l'Union Européenne (UE), en particulier en France, en Pologne et en Italie.

En 2008, 7 pays européens, menés par l'Allemagne et la Suède, ont déposé un recours contre la Commission Européenne tendant à l'annulation du PEAD. En effet, depuis plusieurs années, la diminution du nombre de stocks d'invendus issus de la PAC était complétée par l'achat direct des produits par l'Union Européenne.

En 2011, la Cour de Justice des Communautés Européennes (CJCE), a rendu son arrêt, en faveur de l'Allemagne, annulant le règlement financier, au motif que l'importance prise par les achats complémentaires est devenue telle que le PEAD n'était plus lié à la PAC mais relevait de l'aide sociale directe, et devait donc être financée dans ce cadre, lequel n'est pas communautarisé.

La Commission Européenne a annoncé en juin 2011, une réduction drastique du programme d'aide alimentaire destiné aux plus démunis : l'enveloppe financière serait divisée par 4, passant de 500 millions à 113 millions en 2012.

En novembre 2011 est intervenu un accord entre la France et l'Allemagne sur l'avenir du PEAD. Cette dernière accepte une prolongation pour les deux prochaines années – 2012 et 2013 – en l'échange d'un abandon de ce programme à partir de 2014.

La Commission Européenne en accord avec le Parlement Européen et le Conseil Européen a proposé, en octobre 2012, un nouveau fonds visant à remplacer le PEAD à partir de 2014. Ce nouveau fonds a été dénommé Fonds Européen d'Aide aux plus Démunis (FEAD). (...)

Question 6. Quelle est la raison de la demande d'arrêt du PEAD ?

(A) Ce programme est trop coûteux pour l'Union Européenne.
(B) La réalisation de ce programme n'est plus du ressort de l'UE mais des États.
(C) Plusieurs États sont défavorables à soutenir une aide importante aux plus démunis.
(D) Les pays Nordiques ne souhaitent plus financer ce programme.
(E) Ce programme ne fait pas partie des objectifs des pays de l'UE.

Question 7. D'après cet article, que peut-on déduire des relations entre États européens ?

(A) Les États européens préfèrent garder leur souveraineté nationale.
(B) Les États européens éprouvent des difficultés économiques.
(C) Les États européens sont en faveur d'un État européen fédéral.
(D) Les États européens manquent de solidarité entre eux.
(E) Les États européens ne sont pas favorables à un État fédéral.

Question 8. Quel pourrait être le titre de ce texte ?

(A) Bras de fer européen pour l'aide aux plus démunis.

(B) L'Union Européenne face aux pays membres.

(C) Causes et conséquences du Programme Européen d'Aide aux plus Démunis.

(D) L'avenir du Programme Européen d'Aide aux plus Démunis.

(E) Le Programme Européen d'Aide aux plus Démunis.

Question 9. Quel est le meilleur résumé de ce texte ?

(A) Plusieurs États européens estiment que le PEAD est trop onéreux et demandent donc sa suppression. Après un vote du Parlement Européen, le PEAD est supprimé.

(B) Quelques États européens demandent la suppression du PEAD. Après des négociations entre plusieurs pays, ce programme est remplacé par un autre programme avec moins de moyens financiers.

(C) Après des années de débats et négociations, le Programme Européen d'Aide aux plus Démunis est supprimé. À présent, chaque pays est responsable de l'aide aux plus démunis.

(D) Après de nombreux mois d'échanges et de pressions, le Programme Européen d'Aide aux plus Démunis (PEAD) est maintenu mais avec moins de moyens financiers.

(E) Deux groupes d'États européens s'affrontent pour la suppression du PEAD. Toute la question est de savoir si son financement relève du droit européen ou du droit national.

Question 10. Quelle conclusion aurait-on pu mettre à la fin du texte à la place de (...) ?

(A) Ce Fonds Européen d'Aide aux plus Démunis (FEAD) sera géré en collaboration par la France et l'Allemagne.

(B) À présent, les États européens doivent trouver un accord sur le financement de ce fonds.

(C) Dès lors, la question se pose de savoir si les États européens vont compenser la baisse des sommes allouées à ce fonds.

(D) Ainsi, les États européens ont réussi à solutionner le problème du financement d'aide aux plus démunis.

(E) Les États européens ont donc réussi à solutionner le problème de la suppression du PEAD avec la création du FEAD.

TEXTE 3

Titre : Question 13.

Plusieurs pays ont mis en œuvre avec succès une fiscalité environnementale, en faisant la transparence sur l'utilisation des recettes.

« Le ministre des finances de la Colombie-Britannique a conditionné 15 % de son salaire au fait que tout l'argent issu de la taxe carbone serait reversé aux habitants, soit sous forme de baisse d'autres taxes, soit sous forme d'aides à la transition écologique. » L'anecdote, relatée par Benoît

Leguet, directeur de l'institut I4CE (Institute for Climate Economics), souligne la nécessaire transparence dans l'affectation du produit de la fiscalité environnementale, afin qu'elle serve bien la transition annoncée. Contrairement à ce qui se passe en France.

La province de l'Ouest canadien fait figure de pionnière. Depuis 2008, elle applique une taxe carbone sur les énergies fossiles utilisées pour le chauffage, l'électricité et le transport. Lancée à 10 dollars canadiens la tonne, cette taxe couvrant 70 % du total des émissions de la province a été réévaluée de 5 dollars par an, jusqu'à atteindre 30 dollars (20 euros) la tonne en 2012.

« Or, que s'est-il passé entre 2008 et 2012 ? La consommation d'énergies fossiles a baissé de 17 % en Colombie-Britannique alors que, pendant la même période, le reste du Canada a vu ses émissions grimper de 1 % », témoigne Tzeporah Berman, professeure de sciences de l'environnement à l'université de York (Toronto). *« Durant cette même période, l'économie de la Colombie-Britannique a connu une croissance de 16 % et affiché le taux de chômage le plus bas du pays »*, poursuit l'enseignante, également conseillère auprès du gouvernement de Victoria.

En 2014, changement de cap : la nouvelle administration décide de geler la taxe carbone pour cinq ans. *« Les émissions ont commencé à augmenter de nouveau en Colombie-britannique »*, relate Tzeporah Berman, qui en déduit que *« si l'on veut tirer vers le bas les émissions de gaz à effet de serre, il faut continuer à tirer vers le haut le montant de la taxe carbone »*.

Question 11. Selon l'auteur :

1. La Colombie-Britannique est une région pionnière sur la mise en place de la taxe carbone.
2. Il existe une corrélation entre le montant de la taxe carbone et la consommation des énergies fossiles.
3. Les États-Unis sont en retard par rapport aux autres pays du continent sur la lutte contre le réchauffement climatique.

(A) 1 + 2 + 3.
(B) 1 + 2.
(C) Uniquement 1.
(D) Uniquement 2.
(E) 1 + 3.

Question 12. Quelle est la meilleure conclusion pour ce texte ?

(A) Ainsi, un moyen efficace de lutter contre la consommation d'énergies fossiles est d'instaurer une fiscalité sur ces produits ou services.
(B) En résumé, ne pas lutter contre le réchauffement climatique est néfaste pour l'économie des pays développés.
(C) En somme, le Canada est le seul pays au monde à avoir pris des mesures pour lutter contre la consommation d'énergies fossiles.
(D) En définitive, la lutte contre le réchauffement climatique dépend du contexte géopolitique mondial.
(E) Aucune de ces réponses ne convient.

Question 13. Quel titre conviendrait le mieux pour ce texte ?

(A) Réchauffement climatique : le Canada vs les autres pays.
(B) Les politiques de lutte contre le réchauffement climatique.
(C) Le Canada à la pointe du réchauffement climatique.
(D) Réchauffement climatique et décisions politiques.
(E) Climat : la taxe carbone efficace à l'étranger.

Question 14. Quels sont les acteurs / protagonistes concernés par la taxe carbone dans ce texte ?

1. Les habitants de la Province de la Colombie-Britannique au Canada.
2. Les différents gouvernements du Canada.
3. Les pays exportateurs de pétrole et d'hydrocarbures.
4. Les producteurs et distributeurs d'énergies fossiles au Canada.

(A) 1 + 2 + 4.
(B) 1 + 2 + 3 + 4.
(C) 1 + 4.
(D) 1 + 3 + 4.
(E) Uniquement 1.

Question 15. Quel est le raisonnement de Tzeporah Berman au sujet des émissions de gaz à effet de serre ?

(A) Il n'existe pas de relation de cause à effet entre les émissions de gaz à effet de serre et la taxe carbone.
(B) Il n'existe aucune corrélation entre le montant de la taxe carbone et les émissions de gaz à effet de serre.
(C) Moins la taxe carbone est faible, plus les émissions de gaz à effet de serre augmentent.
(D) Plus la taxe carbone est élevée, plus les émissions de gaz à effet de serre diminuent.
(E) Plus la taxe carbone est faible, plus les émissions de gaz à effet de serre diminuent.

TAGE MAGE® N° 1

1 CORRIGÉ « COMPRÉHENSION DE TEXTES »

Difficulté	NORMAL													
Question	1	2	3	4	5	6	7	8	9	10	11	12	13	14	15
Réponse	A	B	D	B	E	B	D	E	B	C	B	A	E	A	D

TEXTE 1

Question 1 — Réponse A — ★★★☆☆ — 30 sec. – 2 min. — Fiche 17

(A) L'auteur semble condamner les pratiques du secteur financier dans son ensemble. **Bonne réponse.**

(B) L'auteur distingue d'une part une spéculation néfaste et d'autre part une finance utile à l'économie réelle. **Réponse fausse.**

(C) L'auteur condamne davantage la passivité des acteurs publics que les acteurs de la finance. **Hors-sujet.**

(D) L'auteur estime que le secteur financier est l'unique responsable de la situation économique actuelle. **Réponse extrême.**

(E) Aucune de ces réponses ne convient. **Mauvaise réponse.**

Bonne réponse : A. Avec un ton accusateur et un vocabulaire péjoratif, l'auteur condamne en effet les pratiques du secteur financier dans son ensemble. Pour cela, il utilise les termes « La finance », « Le secteur financier », « Vampiriser », « Phagocyter », « Chantage », etc.

Hésitation possible : D. Aucun élément ne nous permet de conclure que l'auteur considère que le secteur financier est le **seul et unique** responsable de la situation économique actuelle. Il affirme simplement que le secteur financier est responsable de troubles économiques.

Autres réponses : B, C et E. La réponse B est fausse. L'auteur n'établit aucune distinction entre les 2 types de finance. La réponse C est également fausse. L'auteur ne mentionne nullement la passivité des acteurs publics. La réponse E est bien entendu mauvaise.

Question 2 — Réponse B — ★★★☆☆ — 15 sec. – 1 min. — Fiche 17

« **Phagocyter** » signifie « Neutraliser par absorption ». Dans le contexte du texte, cela signifie que la finance attire de nombreux talents qui ne peuvent être mis au service de l'ingénierie et du progrès technique. **Réponse B.**

Question 3	Réponse D	★★★☆☆	15 sec. – 1 min.	Fiche 17

La bonne réponse est la réponse D : Activité « Improductive » du système économique. L'auteur l'oppose en effet aux activités productives (recherche et ingénierie).

La réponse A est fausse car l'expression « Activité vampire » n'a pas de sens, bien que le terme « Vampiriser » soit utilisé.

La réponse B est fausse car la spéculation est (selon l'auteur) positive pour le secteur financier, donc les banques et hedge fund. La spéculation n'est donc pas néfaste pour toutes les entreprises (seulement celles de l'économie réelle selon l'auteur).

La réponse C est hors-sujet car le texte ne mentionne pas le fait la spéculation est condamnée par les acteurs publics.

La réponse E est fausse. La spéculation concerne le court-terme.

Question 4	Réponse B	★★★☆☆	30 sec. – 2 min.	Fiche 17

(A) La finance est l'ennemi de l'économie. **Réponse extrême.**

(B) La prolifération du secteur financier. **Titre. Bonne réponse.**

(C) Les 5 principaux problèmes dans le secteur financier. **Contre-sens.**

(D) La finance : un problème pour tous. **Réponse extrême.**

(E) Le cœur du problème de la finance. **Contre-sens.**

Bonne réponse : B. L'auteur critique l'expansion et l'influence du secteur financier dans de nombreux domaines (économie réelle, orientation professionnelle, sphère politique, etc.).

Hésitations possibles : A et D. Les réponses A et D sont extrêmes. Déclarer que la finance est l'ennemi de l'économie est trop radical à la lecture du texte. Le raisonnement est identique pour la réponse D (trop radicale).

Autres réponses : C et E. La réponse C est un contre-sens. Le texte n'aborde pas les 5 problèmes dans le secteur financier, mais les 5 problèmes dus au secteur financier. La réponse E est également un contre-sens. Le texte ne traite pas du point central du problème de la finance, mais des problèmes causés par la finance.

Question 5	Réponse E	★★★☆☆	30 sec. – 2 min.	Fiche 17

Dans le texte, les conséquences néfastes de la finance sur l'économie sont expliquées. De plus, l'auteur explique dans le dernier paragraphe les chantages exercés par le secteur financier sur les pouvoirs publics.

La bonne réponse est donc la **réponse E : 1 + 2 + 3 + 4 : Économie, Politique, Finance et Démocratie. Réponse E.**

TEXTE 2

Question 6 — Réponse B — ★★★☆☆ — 30 sec. – 2 min. — Fiche 17

(A) Ce programme est trop coûteux pour l'Union Européenne. **Réponse fausse.**

(B) La réalisation de ce programme n'est plus du ressort de l'UE mais des États. **Bonne réponse.**

(C) Plusieurs États sont défavorables à soutenir une aide importante aux plus démunis. **Réponse fausse.**

(D) Les pays Nordiques ne souhaitent plus financer ce programme. **Réponse fausse.**

(E) Ce programme ne fait pas partie des objectifs des pays de l'UE. **Réponse fausse.**

Bonne réponse : B. Comme indiqué dans le texte : « Le PEAD n'était plus lié à la PAC mais relevait de l'aide sociale directe, et devait donc être financée dans ce cadre, lequel n'est pas communautarisé ». La raison de la demande d'arrêt du programme provient donc du fait que la dépense de l'UE en faveur du PEAD était trop importante pour que ce programme soit rattaché à la PAC. Il doit être rattaché à l'aide sociale directe, relevant de chaque État.

Hésitation possible : A. La réponse A est une mauvaise interprétation du texte. « Au motif que l'importance prise par les achats complémentaires est devenue telle » ne signifie pas que le programme est trop coûteux pour les États, mais que l'importance des dépenses engagées change la nature de cette dépense (c'est-à-dire quel acteur gère la dépense). En d'autres termes, l'augmentation des achats directs de nourriture de l'UE pour le PEAD fait que cette dépense doit être assurée par chaque État (aide sociale directe) et non par l'UE.

Autres réponses : C, D et E. On élimine la réponse C. Aucun élément ne nous permet d'affirmer que des États souhaitent réduire l'aide aux plus démunis. Le texte traite le sujet de qui contrôle quelle dépense. La réponse D est fausse. « Les pays Nordiques » est une généralité qui n'est pas forcément vraie. La réponse E est fausse car ce programme est un objectif pour une partie des pays de l'UE (France, Pologne, etc.).

Question 7 — Réponse D — ★★★☆☆ — 30 sec. – 2 min. — Fiche 17

(A) Les États européens préfèrent garder leur souveraineté nationale. **Réponse fausse.**

(B) Les États européens éprouvent des difficultés économiques. **Mauvaise interprétation.**

(C) Les États européens sont en faveur d'un État fédéral européen. **Réponse fausse.**

(D) Les États européens manquent de solidarité entre eux. **Bonne réponse.**

(E) Les États européens ne sont pas favorables à un État fédéral. **Hors-Sujet.**

Bonne réponse : D. En effet, il s'agit d'un programme d'aide aux plus démunis dont bénéficient principalement la France, la Pologne et l'Italie. On peut donc légitimement penser que la contestation de ce programme par l'Allemagne et la Suède provient d'un manque de solidarité entre États européens.

Hésitation possible : A. Le fait que l'aide aux plus démunis doive être gérée par les États et non par l'UE peut nous faire penser que la réponse A est correcte. Toutefois, on peut aussi légitimement penser que cette réponse n'est qu'un prétexte pour supprimer le programme.

Autres réponses : B, C et E. Les réponses B, C et E sont fausses. Aucun élément ne nous permet d'affirmer que les États sont en difficulté économique et encore moins désireux d'un État fédéral européen (ou l'inverse).

Question 8 Réponse E ★★★☆☆ 15 sec. – 1 min. Fiche 17

(A) Bras de fer européen pour l'aide aux plus démunis. **Réponse extrême.**
(B) L'Union Européenne face aux pays membres. **Réponse radicale.**
(C) Causes et conséquences du Programme Européen d'Aide aux plus Démunis. **Hors-Sujet.**
(D) L'avenir du Programme Européen d'Aide aux plus Démunis. **Trop précis.**
(E) Le Programme Européen d'Aide aux plus Démunis. **Titre. Bonne réponse.**

Bonne réponse : E. Le texte traite du Programme Européen d'Aide aux plus Démunis (son origine, son histoire, son évolution et son avenir).

Hésitation possible : D. La réponse D est trop précise et se concentre trop sur l'avenir du programme (2e partie du texte).

Autres réponses : A, B et C. Il ne s'agit pas d'un bras de fer européen (réponse A - réponse extrême). La réponse C sur les « Causes et conséquences » est hors-sujet. Ce n'est pas le thème du texte. Enfin, la réponse B est trop radicale.

Question 9 Réponse B ★★★☆☆ 30 sec. – 2 min. Fiche 17

(A) Plusieurs États européens estiment que le PEAD est trop onéreux et demandent donc sa suppression. Après un vote du Parlement Européen, le PEAD est supprimé. **Faux.**
(B) Quelques États européens demandent la suppression du PEAD. Après des négociations entre plusieurs pays, ce programme est remplacé par un autre programme avec moins de moyens financiers. **Résumé. Bonne réponse.**
(C) Après des années de débats et négociations, le Programme Européen d'Aide aux plus Démunis est supprimé. À présent, chaque pays est responsable de l'aide aux plus démunis. **Faux.**
(D) Après de nombreux mois d'échanges et de pressions, le Programme Européen d'Aide aux plus Démunis (PEAD) est maintenu mais avec moins de moyens financiers. **Faux.**
(E) Deux groupes d'États européens s'affrontent pour la suppression du PEAD. Toute la question est de savoir si son financement relève du droit européen ou du droit national. **Faux.**

Bonne réponse : B. Toutes les informations de cette réponse sont correctes et résument bien le texte.

Autres réponses : A, C, D et E. La réponse A est fausse car ce n'est pas après un vote du Parlement européen que le PEAD a été supprimé, mais après une décision de la Cour de Justice des Communautés Européennes (CJCE).
La réponse C est fausse car l'information « chaque pays est responsable de l'aide aux plus démunis » est fausse. L'Union Européenne continue de gérer une partie de cette aide avec le nouveau programme FEAD.
La réponse D n'est pas correcte car le programme PEAD n'est pas maintenu mais remplacé par le programme FEAD.
Certes, la réponse E ne contient aucune mauvaise information. Toutefois, cette réponse est partielle. La CJCE a tranché et a estimé que le financement du PEAD ne doit pas être communautarisé.

Question 10	Réponse C	★★★☆☆	30 sec. – 1 min.	Fiche 17

(A) Ce Fonds Européen d'Aide aux plus Démunis (FEAD) sera géré en collaboration par la France et l'Allemagne. **Hors-Sujet.**

(B) À présent, les États européens doivent trouver un accord sur le financement de ce fonds. **Réponse fausse.**

(C) Dès lors, la question se pose de savoir si les États européens vont compenser la baisse des sommes allouées à ce fonds. **Bonne réponse.**

(D) Ainsi, les États européens ont réussi à solutionner le problème du financement d'aide aux plus démunis. **Réponse trop optimiste.**

(E) Les États européens ont donc réussi à solutionner le problème de la suppression du PEAD avec la création du FEAD. **Réponse approximative.**

Bonne réponse : C. En effet, après avoir délégué à chaque État la gestion d'une grande part de l'aide aux plus démunis et avoir drastiquement diminué le budget communautaire pour cette mission, la question se pose de savoir si les États vont compenser cette baisse de budget de l'UE.

Hésitations possibles : D et E. On aurait pu hésiter avec la réponse D qui considère que les États ont résolu le problème du financement d'aide aux plus démunis. Peut-on considérer que la suppression du fonds et la baisse du budget communautaire soit une solution ? Pas vraiment... Même raisonnement pour la réponse E. Supprimer un fonds (PEAD) et en créer un autre (FEAD) n'est pas une réelle solution si les financements ne sont pas maintenus.

Autres réponses : A et B. Les réponses A et B sont fausses. La réponse A est presque hors-sujet. En aucun cas, la France et l'Allemagne ne sont amenées à gérer ce nouveau fonds. La réponse B est fausse car un accord financier a bien été trouvé (réduction du budget alloué).

TEXTE 3

Question 11 Réponse B ★★★☆☆ **30 sec. – 2 min.** **Fiche 17**

1. La Colombie-Britannique est une région pionnière sur la mise en place de la taxe carbone. **VRAI.** « *La province de l'Ouest canadien fait figure de pionnière* » (3e paragraphe).
2. Il existe une corrélation entre le montant de la taxe carbone et la consommation des énergies fossiles. **VRAI.** « *de 5 dollars par an, jusqu'à atteindre 30 dollars (20 euros) la tonne en 2012. Or, que s'est-il passé entre 2008 et 2012 ? La consommation d'énergies fossiles a baissé de 17 % en Colombie-Britannique* » = corrélation entre le montant de la taxe et la consommation des énergies fossiles.
3. Les États-Unis sont en retard par rapport aux autres pays du continent sur la lutte contre le réchauffement climatique. **FAUX.** Les États-Unis ne sont pas mentionnés, donc hors-sujet.

Bonne réponse : B (1 + 2).

Question 12 Réponse A ★★★☆☆ **30 sec. – 2 min.** **Fiche 17**

(A) Ainsi, un moyen efficace de lutter contre la consommation d'énergies fossiles est d'instaurer une fiscalité sur ces produits ou services. **Bonne réponse.**

(B) En résumé, ne pas lutter contre le réchauffement climatique est néfaste pour l'économie des pays développés. **Hors-sujet. Mauvaise réponse.**

(C) En somme, le Canada est le seul pays au monde à avoir pris des mesures pour lutter contre la consommation d'énergies fossiles. **Réponse extrême et information fausse. Mauvaise réponse.**

(D) En définitive, la lutte contre le réchauffement climatique dépend du contexte géopolitique mondial. **Hors-sujet. Mauvaise réponse.**

(E) Aucune de ces réponses ne convient. **Mauvaise réponse.**

Bonne réponse : A. Selon le texte, plus le niveau de la taxe carbone était élevé, moins les énergies fossiles étaient utilisées. A contrario, après un gel de la taxe carbone (dernier paragraphe), les émissions de carbone ont recommencé à augmenter. C'est bien la preuve que la fiscalité est une arme efficace.

Hésitation possible : D. La réponse D n'est pas la meilleure réponse car elle est trop générale et en partie fausse. « Le réchauffement climatique » est un terme trop général pour ce texte et le « contexte géopolitique mondial » n'est pas abordé dans le texte, donc hors-sujet.

Autres réponses : B, C et E. La réponse B est hors-sujet. On ne sait pas si c'est néfaste ou pas pour l'économie. La réponse C est extrême et fausse. On ne sait pas si le Canada est le <u>seul</u> pays au monde à avoir pris des mesures contre la consommation d'énergies fossiles. De plus, il y a écrit dès la 1re ligne : « *Plusieurs pays ont mis en œuvre avec succès une fiscalité environ-*

nementale ». La réponse E est fausse. En effet, il y a toujours une « moins bonne réponse » parmi les réponses proposées.

Question 13 Réponse E ★★★☆☆ **30 sec. – 2 min.** **Fiche 17**

(A) Réchauffement climatique : le Canada vs les autres pays. **Trop vague. Mauvaise réponse.**
(B) Les politiques de lutte contre le réchauffement climatique. **Trop vague. Mauvaise réponse.**
(C) Le Canada à la pointe du réchauffement climatique. **Contresens. Mauvaise réponse.**
(D) Réchauffement climatique et décisions politiques. **Trop général. Mauvaise réponse.**
(E) Climat : la taxe carbone efficace à l'étranger. **Titre. Bonne réponse.**

Bonne réponse : E. La réponse reprend le terme « taxe carbone » (sujet principal du texte) et évoque l'efficacité de la taxe carbone au Canada, donc à l'étranger.

Hésitations possibles : A, B et D. La réponse A oppose le Canada et les autres pays, ce qui n'est pas vraiment l'objet de ce texte. Les réponses B et D sont trop vagues / générales. Elles ne mentionnent pas le Canada (acteur principal du texte).

Autre réponse : C. La réponse C n'a pas vraiment de sens. Dire qu'un pays est « à la pointe » du réchauffement climatique n'a pas de sens.

Question 14 Réponse A ★★☆☆☆ **30 sec. – 2 min.** **Fiche 17**

1. Les habitants de la Province de la Colombie-Britannique au Canada. **VRAI.**
2. Les différents gouvernements du Canada. **VRAI.**
3. Les pays exportateurs de pétrole et d'hydrocarbures. **FAUX. Interprétation hâtive.**
4. Les producteurs et distributeurs d'énergies fossiles au Canada. **VRAI.**

Bonne réponse : A : 1 + 2 + 4. Les acteurs / protagonistes concernés par la taxe carbone dans ce texte sont les habitants du Canada (avec la taxe carbone), les différents gouvernements (qui appliquent ou non la taxe carbone).

REMARQUE Les pays exportateurs de pétrole et d'hydrocarbures ne sont pas cités ou évoqués dans le texte. On considère donc qu'ils ne sont pas concernés par la taxe carbone mise en place au Canada.

Question 15 Réponse D ★★☆☆☆ **30 sec. – 2 min.** **Fiche 17**

Bonne réponse : D. Dans le dernier paragraphe, Tzeporah Berman indique : « *Si l'on veut tirer vers le bas les émissions de gaz à effet de serre, il faut continuer à tirer vers le haut le montant de la taxe carbone* ». Ainsi, plus la taxe carbone est élevée, plus les émissions de gaz à effet de serre diminuent. **Réponse D.**

TAGE MAGE® N° 2

1 COMPRÉHENSION DE TEXTES

CONSIGNES			
15 questions	20 minutes	Calculatrice interdite	Chronomètre recommandé

BARÈME		
Bonne réponse : +4 points	Aucune réponse : 0 point	Mauvaise réponse : –1 point

TEXTE 1

Les petits écrans affectent le sommeil des enfants, à la fois en quantité et en qualité. Les enfants qui possèdent dans leur chambre à coucher un smartphone ou une tablette dorment en moyenne 21 minutes de moins par jour que ceux qui s'endorment loin de tout écran. Les petits écrans engendrent une privation de sommeil encore plus accentuée que le grand écran : la présence de la télévision dans la chambre réduit, elle, de 18 minutes le sommeil quotidien des enfants.

Par contre, même les enfants qui regardent énormément la télévision ne déclarent pas avoir des difficultés à s'endormir ou se réveiller la nuit, alors que les enfants qui emmènent tablettes et téléphones dans leur lit sont 40 % plus nombreux à souffrir de ce genre de troubles du sommeil.

La lumière bleue émise par les écrans à LED des dispositifs électroniques est la principale incriminée. Par rapport à la lumière blanche, elle réduit de manière plus forte la production de mélatonine (hormone du sommeil) par le cerveau. Or, de plus en plus d'écrans incorporent cette technologie, en raison du bon rendu des couleurs et de la bonne définition qu'elle offre, tout en étant économe en énergie.

Une autre étude avait conclu que lire un e-book sur une tablette rétroéclairée dans les heures avant le coucher perturbe le sommeil, de la même manière que semblent le faire smartphones et tablettes. Par rapport à la lecture d'un livre en papier, les participants voyaient leur rythme circadien prendre du retard, leur sécrétion de mélatonine chuter, et leur attention le lendemain se détériorer.

Plus inquiétant, l'Institut de la vision a observé un effet délétère des longueurs d'ondes bleues de la lumière sur les cellules de la rétine de porc : elles provoquent l'accumulation dans les cellules pigmentaires d'un composé appelé lipofuscine, responsable d'une maladie appelée DMLA (Dégénérescence Maculaire Liée à l'Âge) qui provoque une forte baisse de la vision, et ce dès la première utilisation. À haute dose, cette lumière bleue peut aller jusqu'à provoquer la mort des cellules, d'après l'Institut de la vision. Mais des études supplémentaires restent nécessaires avant d'affirmer qu'elle rend aveugle.

D'autant que selon les auteurs de l'étude américaine, il est possible, et simple, de se prémunir contre les dégâts des écrans : par exemple, en arrêtant de les utiliser au moins une demi-heure avant d'aller se coucher, et en les retirant des chambres des enfants. **(Question 5).**

Question 1. D'après l'auteur, quelles sont les conséquences sur la santé des smartphones ?

1. Perturbation du sommeil.
2. Diminution de l'attention.
3. Diminution de la vision.
4. Réduction du sommeil.
5. Augmentation du risque de maladies.

(A) 1 + 2 + 3 + 4
(B) 2 + 4 + 5
(C) 2 + 3 + 4 + 5
(D) 2 + 3 + 4
(E) 1 + 2 + 3 + 4 + 5

Question 2. Quel est le titre le plus approprié pour ce texte ?

(A) Les smartphones réduisent le temps et la qualité de sommeil des enfants.
(B) Les NTIC sont nuisibles pour la vue.
(C) Dangers et conseils d'utilisation des smartphones et des tablettes.
(D) Les dangers de la lumière bleue émise par les petits et grands écrans.
(E) L'utilisation des nouvelles technologies par les enfants est dangereuse.

Question 3. Que peuvent faire les adultes afin de se prémunir contre les dégâts des écrans ?

(A) Le meilleur moyen est de contrôler l'usage des smartphones et des tablettes selon la période de la journée.
(B) Les adultes doivent réduire leur utilisation d'objets technologiques composés d'écran à LED.
(C) Rien. Les dégâts des écrans sont présents dès la première minute d'utilisation, en particulier sur les yeux.
(D) Le meilleur moyen est de porter des lunettes adaptées à l'émission de lumière bleue des écrans de smartphones et tablettes.
(E) Les producteurs de smartphones et tablettes devraient prendre en compte les retours d'expérience des parents.

Question 4. Que véhicule l'auteur au sujet des smartphones ?

(A) De la confiance
(B) De la méfiance
(C) De la défiance
(D) Une mise en garde
(E) De la peur

Question 5. Quelle conclusion pourrait-on insérer à la place de **(Question 5)** à la fin du texte ?

(A) Ainsi, la routine de l'endormissement du soir ne subit pas d'interférences, et la qualité du sommeil s'en retrouve préservée.

(B) En effet, les enfants sont les principaux responsables de l'utilisation de smartphones. Ils doivent donc être contrôlés par leurs parents pour limiter les dégâts.

(C) Ainsi, en appliquant ces mesures, on privilégie la santé des enfants plutôt que leur habileté avec les NTIC.

(D) Pour conclure, l'utilisation des NTIC est à bannir dans la chambre des enfants, d'autant plus lorsqu'il s'agit d'écrans avec lumière bleue.

(E) Enfin, on peut se poser la question de savoir si ce sont les parents ou les fabricants de smartphones qui sont les plus responsables.

TEXTE 2

Titre : Question 7.

Les business schools vantent un retour sur investissement indéniable pour leurs formations à plusieurs dizaines de milliers d'euros. « ROI ». *« Return on investment »*, disent les financiers. C'est le nouveau mantra des grandes écoles. A l'attention des investisseurs potentiels mais aussi, et surtout, des clients potentiels – ces familles *« prêtes à se saigner aux quatre veines »*, selon les termes de Marie-Christine Levet, du fonds Educapital, pour offrir un avenir à leurs enfants.

Le calcul est simple, presque trop. Le ratio retenu est celui du salaire de sortie rapporté au coût total des études. A Rennes School of Business, affirme le directeur général, Thomas Froehlicher, un étudiant peut tabler sur *« 37 000 euros pour son premier emploi »*. De quoi rembourser peu ou prou ses trois années d'études du programme grande école (PGE, post-prépa), facturées par l'établissement 13 000 euros par an. CQFD.

Une évolution à l'américaine assumée, car, en toile de fond, se profile un risque lui aussi « à l'américaine », celui de l'endettement des étudiants. On est certes encore très loin, en France, des niveaux atteints outre-Atlantique. Le rapport qualité-prix des grandes écoles françaises est indéniable, qui les voit caracoler au sommet de classements comme celui du *Financial Times*. L'ESCP Europe, alors l'école de commerce la plus chère de France, facturait environ 48 000 euros les trois ans de son cycle PGE. A titre de comparaison, les frais de scolarité à la prestigieuse London School of Economics (LSE) tournent autour de 24 000 euros pour une seule année.

Quant à l'endettement, le premier prêteur en France demeure la famille, dont *« l'aide représente 37,9 % des ressources mensuelles moyennes des étudiants »*, rappelle la dernière enquête de l'Observatoire de la vie étudiante. Alice Guilhon, à la tête du Chapitre écoles de management de la CGE, suggère de mettre à l'étude une déduction fiscale des droits d'inscription.

Une façon de renvoyer la balle dans le camp de l'Etat, incontournable dans l'enseignement supérieur français.

José Milano, le patron de Kedge Business School, pose la question autrement : « *L'éducation est un investissement d'avenir. Pourquoi serait-il plus acceptable de s'endetter à long terme pour acquérir un logement que pour assurer l'avenir de ses enfants ?* » Pour lui, l'urgence est de remettre à zéro le logiciel du « modèle » français. « *La "méritocratie républicaine", pourtant financée en grande partie par l'argent public, ne comprend pas "la masse"* », tacle cet ancien cadre supérieur d'Axa – lui-même diplômé de l'hypersélective Ecole Normale Supérieure...

Question 6. Selon l'auteur :

1. Il existe une sélection financière des étudiants souhaitant intégrer une école de commerce.
2. Il existe une « américanisation » du financement des études en France.
3. La grande majorité des écoles de commerce en France ont un retour sur investissement positif.

(A) 1 + 2 + 3.
(B) Uniquement 2.
(C) 1 + 2.
(D) 2 + 3.
(E) Uniquement 1.

Question 7. Quel serait le titre le plus approprié pour ce texte ?

(A) L'enseignement privé en France de plus en plus répandu.
(B) La privatisation progressive des écoles de commerce françaises.
(C) Les écoles de commerce sont-elles synonymes de surendettement ?
(D) Les écoles de commerce sont-elles rentables pour les étudiants ?
(E) L'endettement des étudiants en France.

Question 8. Quelle proposition correspond le plus à l'idée développée par José Milano ?

(A) Un investissement dans l'immobilier est plus rentable qu'un investissement dans l'éducation.
(B) José Milano semble surpris que certains parents considèrent l'éducation comme un investissement d'avenir.
(C) José Milano est choqué par le fait que l'éducation soit aussi rentable que l'achat d'un logement.
(D) L'éducation de ses enfants doit être plus importante que l'achat d'un logement.
(E) L'éducation est un produit d'investissement comme les autres, avec un marché.

Question 9. Selon l'auteur :

1. La majorité des dépenses d'un étudiant français est assurée par ses parents ou sa famille.
2. Les business schools anglaises semblent plus onéreuses que les business schools françaises.
3. La rentabilité d'une école de commerce se calcule avec le ratio : salaire moyen de sortie/coût de la scolarité.

(A) Uniquement 1.
(B) Uniquement 3.
(C) 2 + 3.
(D) 1 + 2.
(E) 1 + 2 + 3.

Question 10. Quel est le meilleur résumé de ce texte ?

(A) Les étudiants, leurs familles et les directeurs d'écoles de commerce trouvent justifié un investissement financier par l'endettement dans l'éducation.
(B) Malgré un coût de scolarité et un endettement importants, les écoles de commerce françaises sont toujours rentables pour les étudiants et leurs familles.
(C) Malgré une hausse des frais de scolarité, les business schools françaises sont encore moins chères que leurs homologues anglaises.
(D) L'endettement est le seul et l'unique moyen de garantir le financement des études en écoles de commerce en France.
(E) Plus un étudiant s'endette pour investir dans son éducation, meilleur sera son retour sur investissement, particulièrement dans une business school française.

TEXTE 3

Au terme de 12 jours de débats, les représentants de 195 États regroupés ont finalement réussi à trouver un accord pour tenter de stabiliser le climat. Cet accord devrait rentrer en vigueur en 2020 après un processus de ratification qui semble acquis. Quel bilan tirer de cet évènement sur lequel étaient braqués les yeux du monde entier ?

Tout d'abord, la science a triomphé. Alors que bien des réunions internationales précédentes avaient fait l'objet d'offensives « climatosceptiques », rien de tel n'a eu lieu cette fois-ci. La science du climat, telle qu'elle a été expertisée et résumée par le travail du GIEC (Groupe d'Experts Intergouvernemental sur l'Évolution du Climat), a servi de base à l'ensemble des travaux et n'a été contestée par aucun des 195 États présents.

Qu'il s'agisse de la nécessité de rester « nettement en dessous de 2°C » de réchauffement, du risque d'atteindre un réchauffement global de 4 à 5°C en l'absence d'action, de la probabilité d'une hausse du niveau marin de l'ordre du mètre à la fin du siècle, des différents risques climatiques... tout ce qui a été évoqué repose sur l'état actuel du savoir scientifique. Les participants ont même reconnu l'insuffisance, au regard de la science, des engagements qu'ils ont pris – engagements qui sont pour l'instant trop modestes pour atteindre l'objectif visé, puisqu'en l'absence d'améliorations ultérieures ils se traduisent par un réchauffement probablement proche de 3°C.

Toutefois, à Paris, les États se sont donné un objectif commun de 2°C, ont reconnu une responsabilité « partagée » quoique « différenciée », promis des efforts, des fonds et de la transparence. La délivrance d'un tel message, endossé par les chefs des États les plus puissants de la planète, de Vladimir Poutine à Barack Obama, en passant par Xi Jinping, est un acquis énorme.

Mais chacun sait que la pression du court terme et la tentation d'oublier les promesses seront fortes. Une politique environnementale qui occupera les prochaines décennies, et qui ne pourra pas être gagnée sans continuer à développer, et sans écouter davantage, une science vivante et dynamique, indispensable aussi bien pour affiner les diagnostics que pour inventer les solutions.

Question 11. Comment qualifierez-vous la lutte contre le réchauffement climatique ?

(A) Un combat de boxe.
(B) Une partie de poker.
(C) Un match de football.
(D) Une partie d'échecs.
(E) Un marathon.

Question 12. Que ressent l'auteur à la suite de l'accord signé par les 195 États ?

(A) Scepticisme et joie
(B) Optimisme et scepticisme
(C) Joie et bienveillance
(D) Soulagement et doute
(E) Satisfaction et attentisme

Question 13. Quelles ont été les promesses faites par les chefs d'État durant ce sommet ?

1. Une réduction de la température de l'atmosphère de 2°C.
2. Une augmentation de la coopération scientifique entre États.
3. Une augmentation des fonds alloués à la lutte contre le réchauffement climatique.

(A) 1 + 2 + 3
(B) 2 + 3
(C) Uniquement 1
(D) Uniquement 2
(E) Uniquement 3

Question 14. Quel pourrait être le titre de ce texte ?

(A) Sommet climatique : des promesses et des engagements.
(B) Réunion entre États : l'avenir du climat.
(C) Sommet du climat : espoirs et optimisme.
(D) Sommet du climat : une victoire de la science.
(E) Réchauffement climatique : l'heure des décisions.

Question 15. Quel résumé correspondrait le plus à ce texte ?

(A) Les chefs d'État et les scientifiques du monde entier ont signé un accord approuvant la limitation de hausse du réchauffement climatique grâce à une série de mesures. La question se pose à présent de savoir si cela sera suffisant.

(B) Grâce aux études scientifiques, les États ont pris conscience du dérèglement climatique et ont signé un accord qui s'engage à limiter le réchauffement climatique. Reste à présent à mettre en pratique les promesses tenues.

(C) En signant un accord contraignant sur le réchauffement climatique, les États s'engagent sur l'avenir de la planète. Les scientifiques ont donc à présent la mission de proposer des mesures aux responsables politiques.

(D) Avec cet accord signé par 195 États, l'avenir climatique de la planète est assuré. Les scientifiques ont constaté les dégâts causés par la hausse de la température. Les chefs d'État ont donc pris leurs responsabilités et ont acté un certain nombre d'engagements.

(E) Après avoir expliqué les conséquences dramatiques du réchauffement climatique, le GIEC a proposé des mesures aux 195 chefs d'État réunis.

TAGE MAGE® N° 2

1 CORRIGÉ « COMPRÉHENSION DE TEXTES »

Difficulté	NORMAL														
Question	1	2	3	4	5	6	7	8	9	10	11	12	13	14	15
Réponse	E	A	C	D	A	B	D	E	C	B	E	E	E	D	B

TEXTE 1

Question 1 — Réponse E — ★★★★☆ — 15 sec. – 1 min. — Fiche 17

1. Perturbation du sommeil : **Vrai.** « Sont 40 % plus nombreux à souffrir de ce genre de troubles du sommeil ».
2. Diminution de l'attention : **Vrai.** « Ils voient leur attention le lendemain se détériorer ».
3. Diminution de la vision : **Vrai.** « Qui provoque une forte baisse de la vision ».
4. Réduction du sommeil : **Vrai.** « Dorment en moyenne 21 minutes de moins par jour ».
5. Augmentation du risque de maladies : **Vrai.** « Responsable d'une maladie appelée DMLA ».

La bonne réponse est la réponse E : 1 + 2 + 3 + 4 + 5.

Question 2 — Réponse A — ★★★☆☆ — 30 sec. – 2 min. — Fiche 17

(A) Les smartphones réduisent le temps et la qualité de sommeil des enfants. **Titre. Bonne réponse.**
(B) Les NTIC sont nuisibles pour la vue. **Réponse fausse.**
(C) Dangers et conseils d'utilisation des smartphones et des tablettes. **Trop précis.**
(D) Les dangers de la lumière bleue émise par les petits et grands écrans. **Trop général.**
(E) L'utilisation des nouvelles technologies par les enfants est dangereuse. **Réponse extrême.**

Bonne réponse : A. Le texte traite en effet de la réduction de la qualité et de la quantité du sommeil des enfants à cause des smartphones, tablettes et télévisions.

Hésitations possibles : C et D. Les réponses C et D ne mentionnent pas les enfants, qui sont un point essentiel du texte.

Autres réponses : B et E. Les NTIC (Nouvelles Technologies de l'Information et de la Communication) regroupent de nombreux types d'appareils, avec ou sans écran. Il est donc faux d'affirmer que les NTIC sont nuisibles pour la vue. La réponse E est fausse car il s'agit d'une réponse extrême.

Question 3 Réponse C ★★★★☆ 30 sec. – 2 min. Fiche 17

(A) Le meilleur moyen est de contrôler l'usage des smartphones et des tablettes selon la période de la journée. **Mauvaise réponse.**

(B) Les adultes doivent réduire leur utilisation d'objets technologiques composés d'écrans à LED. **Réponse fausse.**

(C) Rien. Les dégâts des écrans sont présents dès la première minute d'utilisation, en particulier sur les yeux. **Bonne réponse.**

(D) Le meilleur moyen est de porter des lunettes adaptées à l'émission de lumière bleue des écrans de smartphones et tablettes. **Hors-sujet.**

(E) Les producteurs de smartphones et tablettes devraient prendre en compte les retours d'expérience des parents. **Hors-sujet.**

Bonne réponse : C. En effet, selon le texte, les écrans des smartphones et tablettes « provoquent l'accumulation dans les cellules pigmentaires d'un composé appelé lipofuscine, responsable d'une maladie appelée DMLA qui provoque une forte baisse de la vision, et ce dès la première utilisation ». La seule solution serait de ne pas utiliser ces appareils.

Hésitations possibles : A et B. Les réponses A et B sont fausses. En effet, ne pas utiliser un smartphone une demi-heure avant de se coucher est bénéfique. Toutefois, la période d'utilisation ne change rien sur les dégâts sur la vue dus à la lumière bleue. Il en va de même pour la réduction de l'utilisation.

Autre réponse : D et E. Ni les lunettes de protection (réponse D) ni les producteurs (réponse E) ne sont évoqués dans le texte.

Question 4 Réponse D ★★★☆☆ 15 sec. – 1 min. Fiche 17

L'auteur souhaite adresser une mise en garde concernant l'utilisation des smartphones, particulièrement pour les enfants. **Réponse D.**

Question 5 Réponse A ★★★★☆ 15 sec. – 1 min. Fiche 17

(A) Ainsi, la routine de l'endormissement du soir ne subit pas d'interférences, et la qualité du sommeil s'en retrouve préservée. **Conclusion. Bonne réponse.**

(B) En effet, les enfants sont les principaux responsables de l'utilisation de smartphones. Ils doivent donc être contrôlés par leurs parents pour limiter les dégâts. **Réponse extrême.**

(C) Ainsi, en appliquant ces mesures, on privilégie la santé des enfants plutôt que leur habileté avec les NTIC. **Hors-sujet.**

(D) Pour conclure, l'utilisation des NTIC est à bannir dans la chambre des enfants, d'autant plus lorsqu'il s'agit d'écrans avec lumière bleue. **Hors-sujet.**

(E) Enfin, on peut se poser la question de savoir si ce sont les parents ou les fabricants de smartphones qui sont les plus responsables. **Réponse extrême.**

Bonne réponse : A. En effet, en n'utilisant pas les smartphones la dernière demi-heure avant le sommeil, la qualité du sommeil est moins perturbée.

Hésitations possibles : B et E. La réponse B est extrême. Affirmer que les enfants sont les principaux responsables est un peu extrême. La réponse E est un peu trop radicale. L'auteur du texte ne cherche pas un coupable ou un responsable en particulier.

Autres réponses possibles : C et D. Le texte n'aborde ni l'habileté des enfants avec les NTIC (réponse C), ni les NTIC (réponse D). Le texte traite seulement du cas des smartphones, tablettes et télévisions.

TEXTE 2

Question 6	Réponse B	★★★☆☆	30 sec. – 2 min.	Fiche 17

1. Il existe une sélection financière des étudiants souhaitant intégrer une école de commerce. **FAUX.**
2. Il existe une « américanisation » du financement des études en France. **VRAI.**
3. La grande majorité des écoles de commerce en France ont un retour sur investissement positif. **FAUX.**

Bonne réponse : B.

1 – FAUX. Il existe une sélection financière des étudiants souhaitant intégrer une école de commerce. **FAUX.** Bien que l'investissement pour financer une école de commerce soit très important, le texte n'indique pas ou ne sous-entend pas qu'il y a une « sélection financière » des étudiants. Attention à ne pas émettre de jugement de valeur sur le texte.

2 – VRAI. Il existe une « américanisation » du financement des études en France. **VRAI.** Selon le texte, il existe bien une « américanisation » du financement des études en France avec un endettement de plus en plus important.

3 – FAUX. La grande majorité des écoles de commerce en France ont un retour sur investissement positif. **Réponse radicale et fausse.** Affirmer que « la grande majorité des écoles de commerce en France » est une réponse extrême / radicale. On n'a pas d'informations sur les autres écoles. En début de texte, l'auteur précise « *les business schools vantent un retour sur investissement indéniable* » mais on ne sait pas s'il s'agit d'une critique.

Question 7	Réponse D	★★★☆☆	30 sec. – 2 min.	Fiche 17

(A) L'enseignement privé en France de plus en plus répandu. **Hors-sujet.**
(B) La privatisation progressive des écoles de commerce françaises. **Hors-sujet.**
(C) Les écoles de commerce sont-elles synonymes de surendettement ? **Réponse radicale.**
(D) Les écoles de commerce sont-elles rentables pour les étudiants ? **Titre. Bonne réponse.**
(E) L'endettement des étudiants en France. **Trop général.**

Bonne réponse : D. Le texte s'intéresse au ROI (« Return On Investment ») des études en écoles de commerce et de l'investissement réalisé par les étudiants et familles dans ce type de formation. Le meilleur titre est donc la réponse D.

Hésitations possibles : C et E. La réponse C est trop radicale / extrême avec le terme « surendettement », qui n'est pas abordé dans le texte. La réponse E est trop vague / générale en oubliant de mentionner le terme « écoles de commerce ».

Autres réponses : A et B : Les réponses A et B sont hors-sujet.

Question 8	Réponse E	★★★☆☆	30 sec. – 2 min.	Fiche 17

(A) Un investissement dans l'immobilier est plus rentable qu'un investissement dans l'éducation. **Hors-sujet.**

(B) José Milano semble surpris que certains parents considèrent l'éducation comme un investissement d'avenir. **Faux.**

(C) José Milano est choqué par le fait que l'éducation soit aussi rentable que l'achat d'un logement. **Faux.**

(D) L'éducation de ses enfants doit être plus importante que l'achat d'un logement. **Jugement de valeur.**

(E) L'éducation est un produit d'investissement comme les autres, avec un marché. **Vrai. Bonne réponse.**

Bonne réponse : E. José Milano déclare : « *L'éducation est un investissement d'avenir. Pourquoi serait-il plus acceptable de s'endetter à long terme pour acquérir un logement que pour assurer l'avenir de ses enfants ?* ». En faisant une analogie entre un logement et l'éducation, José Milano considère l'éducation comme un bien / produit comparable aux autres.

Hésitation possible : D. La réponse établit une hiérarchie entre l'éducation de ses enfants et l'achat d'un logement, ce qui n'est pas le propos de José Milano.

Autres réponses : A, B et C. La réponse A est hors-sujet. La rentabilité d'un investissement dans l'immobilier n'est pas abordée dans le texte. La réponse B est fausse. José Milano ne semble pas surpris que certains parents considèrent l'éducation comme un investissement. C'est le contraire. Enfin, la réponse C est fausse. José Milano n'est pas choqué.

Question 9	Réponse C	★★★★☆	30 sec. – 2 min.	Fiche 17

1. **FAUX.** La majorité des dépenses d'un étudiant français est assurée par ses parents ou sa famille. Le texte indique : « Le premier prêteur en France demeure la famille, dont *« l'aide représente 37,9 % des ressources mensuelles moyennes des étudiants ». ». Ainsi, ce n'est pas la majorité des dépenses (> 50%) qui est prise en charge par les parents ou la famille (37,9 %).*
2. **VRAI.** Les business schools anglaises semblent plus onéreuses que les business schools françaises. *Selon l'auteur : « À titre de comparaison, les frais de scolarité à la prestigieuse London School of Economics (LSE) tournent autour de 24 000 euros pour une seule année. ».*

Aucune autre école de commerce française citée dans le texte n'a un coût annuel supérieur à 24 000 €. Il semble donc que les business schools anglaises soient plus onéreuses que les business schools françaises. On met le terme « semble » car on ne connaît pas le coût de toutes les business schools mais la formulation du texte le sous-entend.

3. **VRAI.** La rentabilité d'une école de commerce se calcule avec le ratio : salaire moyen de sortie / coût de la scolarité. *L'auteur indique : « Le ratio retenu est celui du salaire de sortie rapporté au coût total des études. ».*

Question 10 Réponse B ★★★★☆ 30 sec. – 2 min. Fiche 17

(A) Les étudiants, leurs familles et les directeurs d'écoles de commerce trouvent justifié un investissement financier par l'endettement dans l'éducation. **Faux. Jugement de valeur.**

(B) Malgré un coût de scolarité et un endettement importants, les écoles de commerce françaises sont toujours rentables pour les étudiants et leurs familles. **Résumé. Bonne réponse.**

(C) Malgré une hausse des frais de scolarité, les business schools françaises sont encore moins chères que leurs homologues anglaises. **Résumé partiel.**

(D) L'endettement est le seul et l'unique moyen de garantir le financement des études en écoles de commerce en France. **Réponse radicale.**

(E) Plus un étudiant s'endette pour investir dans son éducation, meilleur sera son retour sur investissement, particulièrement dans une business school française. **Faux.**

Bonne réponse : B. La réponse reprend bien les principaux développements du texte : le coût important de la scolarité en business school, la rentabilité, l'endettement et enfin les principaux acteurs concernés : les étudiants et les familles.

Hésitations possibles : C et D. La réponse C est vraie mais se concentre sur un détail (la comparaison entre le coût des business schools en France et au Royaume-Uni). Il ne s'agit donc pas d'un résumé. La réponse D est radicale avec la formule « le seul et l'unique moyen ». De plus, cette réponse est incomplète : il manque des informations importantes.

Autres réponses : A et E. La réponse A est fausse et comporte un jugement de valeur qui n'est pas dans le texte. On ne sait pas si les étudiants et les familles trouvent « justifié » un investissement par endettement dans l'éducation. La réponse E est fausse. Il n'y a aucune corrélation étudiée dans le texte entre l'endettement d'un étudiant et son retour sur investissement en business school.

TEXTE 3

Question 11 Réponse E ★★★☆☆ 15 sec. – 1 min. Fiche 17

La bonne réponse est la **réponse E : « Un marathon ».** Les termes suivants confirment cette réponse : « À la fin du siècle », « Mais chacun sait que la pression du court terme et la tentation d'oublier les promesses seront fortes. », etc. **Réponse B.**

Question 12 Réponse E ★★★☆☆ 30 sec. – 2 min. Fiche 17

L'auteur est partagé entre **satisfaction et attentisme.** L'auteur est **satisfait** (« Tout d'abord, la science a triomphé ») puis **attentiste** (« Mais chacun sait que la pression du court terme et la tentation d'oublier les promesses seront fortes »). **Réponse E.**

Question 13 Réponse E ★★★★☆ 30 sec. – 2 min. Fiche 17

1. Une réduction de la température de l'atmosphère de 2° C. **Faux.** Les chefs d'État s'engagent à limiter la hausse à 2° C, pas à une réduction de 2° C.
2. Une augmentation de la coopération scientifique entre États. **Pas précisé.** Aucune information n'est précisée sur cette affirmation.
3. Une augmentation des fonds alloués à la lutte contre le réchauffement climatique. **Vrai.** « Promis des efforts, des fonds et de la transparence. ».

Réponse E : Uniquement 3.

Question 14 Réponse D ★★★★☆ 30 sec. – 2 min. Fiche 17

(A) Sommet climatique : des promesses et des engagements. **Trop général.**
(B) Réunion entre États : l'avenir du climat. **Trop général.**
(C) Sommet du climat : espoirs et optimisme. **Trop vague.**
(D) Sommet du climat : une victoire de la science. **Titre. Bonne réponse.**
(E) Réchauffement climatique : l'heure des décisions. **Trop général.**

Bonne réponse : D. L'auteur explique que la science a été mise à l'honneur lors du sommet.

Autres réponses : A, B, C et E. On élimine les réponse A et E, qui sont trop générales. On élimine la réponse B, qui est également trop générale. La réponse C ne se concentre pas suffisamment sur la science.

Question 15 Réponse B ★★★★☆ 30 sec. – 2 min. Fiche 17

(A) Les chefs d'État et les scientifiques du monde entier ont signé un accord approuvant la limitation de hausse du réchauffement climatique grâce à une série de mesures. La question se pose à présent de savoir si cela sera suffisant. **Réponse fausse.**

(B) Grâce aux études scientifiques, les États ont pris conscience du dérèglement climatique et ont signé un accord qui s'engage à limiter le réchauffement climatique. Reste à présent à mettre en pratique les promesses tenues. **Résumé. Bonne réponse.**

(C) En signant un accord contraignant sur le réchauffement climatique, les États s'engagent sur l'avenir de la planète. Les scientifiques ont donc à présent la mission de proposer des mesures aux responsables politiques. **Réponse fausse.**

(D) Avec cet accord signé par 195 États, l'avenir climatique de la planète est assuré. Les scientifiques ont constaté les dégâts causés par la hausse de la température. Les chefs d'État ont donc pris leurs responsabilités et ont acté un certain nombre d'engagements. **Réponse fausse.**

(E) Après avoir expliqué les conséquences dramatiques du réchauffement climatique, le GIEC a proposé des mesures aux 195 chefs d'État réunis. **Réponse vague.**

Bonne réponse : B. Grâce aux études scientifiques du GIEC (Groupe d'Experts Intergouvernemental sur l'Évolution du Climat), les chefs d'État ont pris des engagements, qu'ils doivent à présent respecter.

Hésitation possible : E. La réponse E est une réponse trop vague pour être un résumé.

Autres réponses : A, C et D. La réponse A est fausse car les scientifiques n'ont pas signé l'accord. De même, la réponse C est fausse car les scientifiques n'ont pas la mission de proposer des mesures aux responsables politiques. Enfin, la réponse D est erronée également car aucun élément ne permet d'affirmer que l'avenir climatique de la planète est assuré.

TAGE MAGE® N° 3

1 COMPRÉHENSION DE TEXTES

CONSIGNES			
15 questions	20 minutes	Calculatrice interdite	Chronomètre recommandé

BARÈME		
Bonne réponse : +4 points	Aucune réponse : 0 point	Mauvaise réponse : –1 point

TEXTE 1

Plus de deux cents ans après sa création, le baccalauréat reste une des institutions napoléoniennes à laquelle les Français sont le plus attachés. Il suffit de voir les réactions qu'entraîne toute proposition de suppression de cet examen, qui continue à être un point d'ancrage soit vers la vie active soit vers l'enseignement supérieur. Pourtant, le baccalauréat a beaucoup évolué.

En 2015, plus de 585 000 Français ont été reçus à cet examen qui se décline désormais en de multiples variantes. En 1813, ils étaient 1 656 à être reçus bacheliers en lettres, année la plus faste de l'Empire. La nature de l'examen a changé, mais hier comme aujourd'hui, il reste le premier grade de l'Université. Reste à comprendre comment il a été créé et comment les lycéens se préparaient à l'examen à la fin de l'Empire.

Napoléon a entrepris en 1806 une profonde réforme de l'enseignement en donnant naissance à l'Université, institution regroupant l'ensemble des formations dispensées en France, de l'enseignement primaire jusqu'à l'enseignement supérieur. De fait, l'Université obtient le monopole de l'enseignement, lequel est donc donné au nom de l'État. En 1808, plusieurs décrets d'application entrent dans le détail de son organisation. Parmi eux, un décret crée le baccalauréat, considéré comme le premier grade de l'enseignement supérieur. C'était une nécessité pour marquer la fin des études secondaires. En 1802, lorsqu'avaient été créés les lycées, rien n'avait été prévu pour sanctionner les études qui y étaient dispensées. Une partie des élèves devaient passer dans les écoles spéciales, notamment l'école spéciale militaire créée par la même loi, les autres devant se contenter d'un simple certificat d'études délivré par le lycée.

Question 1. Selon l'auteur, pourquoi le baccalauréat a-t-il été créé ?

(A) Pour évaluer les connaissances des lycéens.

(B) Pour être plus facilement embauché dans une entreprise d'État.

(C) Pour valider l'entrée dans un établissement d'enseignement supérieur.

(D) Pour donner une reconnaissance juridique aux lycéens.

(E) Pour augmenter le nombre de diplômés d'État.

Question 2. Par quel moyen a été créé le baccalauréat ?

(A) Par directive du Président.
(B) Par vote du parlement.
(C) Par directive de Napoléon.
(D) Par décret.
(E) Aucune de ces réponses ne convient.

Question 3. Quel serait le meilleur titre pour ce texte ?

(A) Napoléon, fondateur du baccalauréat.
(B) Le baccalauréat d'hier et d'aujourd'hui.
(C) Évolutions du baccalauréat depuis Napoléon.
(D) Napoléon, le Français et le baccalauréat.
(E) Programme d'Histoire au baccalauréat.

Question 4. Quel rapport les Français ont-ils au baccalauréat ?

(A) Ils souhaitent sa suppression.
(B) Ils souhaitent son évolution.
(C) Ils y sont fortement attachés.
(D) Ils souhaitent sa modification.
(E) Ils y sont plutôt indifférents.

Question 5. Quel pourrait être le profil de l'auteur de ce texte ?

(A) Un historien.
(B) Un admirateur de Napoléon.
(C) Un journaliste.
(D) Un étudiant d'Histoire.
(E) Aucune de ces réponses.

TEXTE 2

L'expression a tout juste un an mais elle fait déjà trembler entreprises et salariés : l' « ubérisation ». « L'ubérisation » est l'arrivée de nouvelles plateformes en ligne bouleversant les circuits de distribution et court-circuitant des acteurs traditionnels, a commencé à ébranler les circuits économiques. L'idée est toujours la même : de nouveaux venus se mettent à commercialiser des produits ou des services par internet avec une offre plus pertinente et moins chère. Le symbole de cette petite révolution, qui lui a donné son nom, est la société californienne Uber, devenue le numéro un mondial de la commande de voitures avec chauffeur.

Classiquement, le développement de ces nouveaux intermédiaires s'appuie sur un abondant financement fourni par quelques fonds de capital-risque qui leur permet de tenir longtemps avant de faire des bénéfices, mais aussi de casser les prix et de se développer rapidement à l'international.

« L'ubérisation va toucher tous les secteurs de l'économie. Personne n'est épargné ou ne sera épargné », prévient l'économiste Pierre-Jean Benghozi.

De la plomberie à la publicité en passant par les transports, le sexe, les prêts, les services juridiques, les pompes funèbres, la livraison de paquets, la location d'objets ou encore l'immobilier, on en est encore à des stades plus ou moins avancés, avec plus ou moins d'acteurs.

Outre les structures traditionnelles qui crient à la distorsion de concurrence parce que les nouveaux entrants ne payent pas les mêmes charges, le phénomène fait aussi trembler bien des salariés. En effet, s'il permet davantage de flexibilité, il semble prendre ses aises avec le code du travail.

« L'arrivée de la concurrence a redynamisé très fortement les secteurs concernés », constate Pierre-Jean Benghozi, qui trouve notamment les taxis parisiens plus accueillants depuis l'arrivée d'Uber. « La concurrence a du bon, parce qu'elle force à remettre en cause les positions installées où le consommateur devait s'adapter à l'offre ». « Toutefois, cela ne veut pas dire qu'il faut faire n'importe quoi et qu'il ne faille pas mettre en place une réglementation composée d'obligations », ajoute l'économiste. Les pouvoirs publics ont donc un rôle à jouer dans la régulation de cette nouvelle économie.

Question 6. Selon l'auteur, quels sont les principaux concernés de l'ubérisation de l'économie ?

1. Les organisations non gouvernementales (ONG).
2. Les acteurs traditionnels de l'économie.
3. Les contribuables.
4. Les salariés.
5. Les clients.

(A) 1 + 2 + 4 + 5
(B) 2 + 3 + 4
(C) 1 + 2 + 5
(D) 2 + 4
(E) 2 + 4 + 5

Question 7. Comment pourrait-on définir l'ubérisation de l'économie ?

(A) Une numérisation de l'économie via le mass market.
(B) Un effet de mode pour les clients connectés.
(C) Une révolution industrielle dans les pays développés.
(D) L'essor d'un secteur quaternaire grâce à Internet.
(E) L'apparition de monopoles détenus par des start-up numériques.

Question 8. Selon l'auteur, quelle est la stratégie des acteurs de l'ubérisation de l'économie ?

(A) Favoriser le développement d'internet (ordinateurs, tablettes et smartphones) pour que les usagers achètent leurs biens et services.

(B) Ne pas respecter les lois sociales et fiscales des pays concernés et en tirer profit, contrairement aux acteurs traditionnels de l'économie.

(C) Casser les prix des secteurs traditionnels et offrir une offre de biens et de services adéquate accessible par Internet.

(D) Dupliquer l'offre des acteurs économiques traditionnels sur de nouvelles plateformes (ordinateurs, tablettes, smartphones).

(E) Maximiser le retour sur investissement des fonds de capital-risque quelque soient les moyens employés.

Question 9. Quelles sont les conséquences de l'ubérisation de l'économie ?

1. Une baisse des prix.
2. Une offre plus adéquate.
3. Une concurrence déloyale.
4. Une diminution du salariat.

(A) 1 + 2

(B) 1 + 2 + 3

(C) 1 + 2 + 3 + 4

(D) 2 + 3 + 4

(E) Uniquement 1

Question 10. Quel serait le meilleur titre pour ce texte ?

(A) L'ubérisation de l'économie : avantages et désavantages.

(B) Les conséquences sociales de l'ubérisation de l'économie.

(C) Optimisme et inquiétudes suscités par l'ubérisation de l'économie.

(D) Mode d'emploi de l'ubérisation.

(E) Les acteurs de l'ubérisation sur la défensive face aux syndicats.

TEXTE 3

Le site de location de logements AirBnb publie une étude selon laquelle l'impact économique de ses services sur la France serait de 2,5 milliards d'euros par an. Grâce à AirBnb, un hôte français gagne en moyenne 1 970 euros par an, correspondant à 26 nuitées. C'est ce qui ressort d'une étude publiée par le site de location de logements sur un échantillon de 3 600 personnes.

« Quand on voit que 83 millions de personnes visitent la France cette année, et que 100 millions sont attendus à horizon 2020, AirBnb contribue à faire grossir ce chiffre », s'est targué Nicolas Ferrari, directeur France de AirBnb. Le site se vante également d'avoir contribué à un impact économique de 2,5 milliards d'euros sur un an en France, son deuxième marché après les États-Unis.

« Il s'agit de retombées économiques directes, avec l'argent gagné par les hôtes et indirectes, qui correspondent aux dépenses faites durant le séjour, comme les restaurants ou les commerces de bouche par exemple », a expliqué Nicolas Ferrari. Ces retombées économiques « induisent 13 300 emplois, liés aux revenus des hôtes et aux dépenses des voyageurs du site », précise-t-il, qui souligne que le nombre de logements disponibles sur AirBnb en France « s'élève aujourd'hui à 200 000 » et « 60 000 à Paris et en Ile-de-France ».

À Paris, ville la plus visitée par les voyageurs AirBnb, 1,3 million de personnes y ont séjourné en 2015, ce qui représente 218 millions d'euros de revenus pour les hôtes parisiens et une dépense globale de 980 millions d'euros sur la ville, assure le site.

Dans la capitale française, 93 % des hôtes ont un seul hébergement sur le site et la durée moyenne de séjour est de 4,2 nuitées, contre 2,3 nuitées pour les voyageurs qui séjournent dans un hôtel, poursuit l'étude.

Une étude qui tombe à point nommé. L'Umih, principale organisation patronale de l'hôtellerie-restauration a récemment dénoncé « l'industrialisation » de la location d'hébergements meublés de courte durée sur les plateformes en ligne.

Le groupement national des indépendants (GNI), qui représente les hôteliers et restaurateurs indépendants, ainsi que le Synhorcat (Syndicat National des Hôteliers Restaurateurs Cafetiers Traiteurs), dénoncent eux aussi les pratiques « déloyales » de AirBnb, rappelant que ce dernier « a l'obligation de communiquer l'ensemble des informations légales, réglementaires et fiscales à ses utilisateurs, en demandant par exemple si l'hôte a pensé à déclarer en mairie le logement qu'il propose à la location », souligne Didier Chenet, Président du GNI.

Question 11. Comment qualifierez-vous le marché français pour AirBnb ?

(A) Un des marchés les plus en croissance.
(B) Un des marchés les plus complexes.
(C) Un des marchés les plus importants.
(D) Un des marchés les plus profitables.
(E) Un des marchés les plus compétitifs.

Question 12. Selon le texte, quelles sont les « retombées économiques indirectes » ?

1. L'argent gagné par les hôtes.
2. L'argent généré dans les restaurants.
3. L'argent des prélèvements obligatoires.
4. Les impôts payés par AirBnb.

(A) 1 + 2
(B) 2 + 3 + 4
(C) 2 + 3
(D) Uniquement 2
(E) Uniquement 1

Question 13. Pour quelle raison le terme « déloyales » est-il entre guillemets dans la phrase : « les pratiques « déloyales » de AirBnb » ?

(A) L'auteur souhaite souligner que le terme est exagéré.

(B) L'auteur trouve les critiques un peu trop virulentes.

(C) L'auteur met le terme entre guillemets car il ne correspond pas au jargon syndical.

(D) L'auteur cite les responsables syndicaux.

(E) Aucune de ces réponses ne convient.

Question 14. Quel titre conviendrait le mieux à ce texte ?

(A) Enrichissement des propriétaires immobiliers avec AirBnb.

(B) AirBnb : nouvelle forme d'hôtellerie.

(C) AirBnb : l'hôtellerie 2.0 entre particuliers.

(D) AirBnb : nouvel eldorado.

(E) Aucune de ces réponses ne convient.

Question 15. Selon vous, de quel type de texte s'agit-il ?

(A) Texte d'analyse économique.

(B) Texte d'actualité.

(C) Texte de blog.

(D) Texte issu d'un ouvrage d'économie.

(E) Article d'une revue scientifique.

TAGE MAGE® N° 3

1 CORRIGÉ « COMPRÉHENSION DE TEXTES »

Difficulté	NORMAL														
Question	1	2	3	4	5	6	7	8	9	10	11	12	13	14	15
Réponse	C	D	A	C	A	E	A	C	A	A	C	D	D	E	B

TEXTE 1

Question 1 Réponse C ★★☆☆☆ 15 sec. – 1 min. Fiche 17

Le baccalauréat a été créé pour **valider l'entrée dans un établissement d'enseignement supérieur :** « La nature de l'examen a changé, mais hier comme aujourd'hui, il reste le premier grade de l'Université » et « un décret crée le baccalauréat, considéré comme le premier grade de l'enseignement supérieur. ». **Réponse C.**

Question 2 Réponse D ★★☆☆☆ 15 sec. – 1 min. Fiche 17

Le baccalauréat a été créé **par décret :** « En 1808, plusieurs décrets d'application entrent dans le détail de son organisation. Parmi eux, un décret crée le baccalauréat. ». **Réponse D.**

Question 3 Réponse A ★★★★☆ 30 sec. – 2 min. Fiche 17

(A) Napoléon, fondateur du baccalauréat. **Titre. Bonne réponse.**
(B) Le baccalauréat d'hier et d'aujourd'hui. **Trop vague.**
(C) Évolutions du baccalauréat depuis Napoléon. **Trop précis.**
(D) Napoléon, le Français et le baccalauréat. **Hors-Sujet.**
(E) Programme d'Histoire au baccalauréat. **Hors-Sujet.**

Bonne réponse : A. Le texte est centré à la fois sur Napoléon et sur la création du baccalauréat.

Hésitations possibles : B et C. La réponse B oublie de mentionner Napoléon. La réponse C se concentre trop sur les évolutions du baccalauréat et pas suffisamment sur sa création.

Autres réponses : D et E. La réponse D mentionne « Le Français » qui est un terme hors-sujet. De même, la réponse E relative au programme d'Histoire est hors-sujet.

Question 4 Réponse C ★★☆☆☆ 15 sec. – 1 min. Fiche 17

Les Français sont **attachés au baccalauréat :** « Le baccalauréat reste une des (...) napoléoniennes à laquelle les Français sont le plus attachés. ». **Réponse C.**

Question 5	Réponse A	★★★☆☆	15 sec. – 1 min.	Fiche 17

L'auteur pourrait être un **historien**. Le texte est trop détaillé historiquement pour que l'auteur soit un journaliste (réponse C). Le texte est objectif, sans terme mélioratif, donc l'auteur n'est probablement pas un admirateur de Napoléon (réponse B).
Un historien peut tout à fait avoir écrit ce texte pour son analyse historique de la création du baccalauréat. C'est la réponse la plus crédible. **Réponse A.**

TEXTE 2

Question 6	Réponse E	★★★☆☆	15 sec. – 1 min.	Fiche 17

1. Les organisations non gouvernementales (ONG) : **Faux.** Aucune information sur les organisations non gouvernementales (ONG) dans le texte.
2. Les acteurs traditionnels de l'économie : **Vrai.** « L'ubérisation est l'arrivée de nouvelles plateformes en ligne bouleversant les circuits de distribution et **court-circuitant des acteurs traditionnels.** »
3. Les contribuables : **Faux.** Aucune information sur les contribuables dans le texte.
4. Les salariés : **Vrai.** « Le phénomène fait aussi **trembler bien des salariés. »**
5. Les clients : **Vrai.** « De nouveaux venus se mettent à commercialiser des produits ou des services par internet avec une offre plus pertinente et souvent moins chère. ». Cela impacte donc nécessairement les clients.

Réponse E : 2 + 4 + 5.

Question 7	Réponse A	★★★☆☆	15 sec. – 1 min.	Fiche 17

(A) Une numérisation de l'économie via le mass market. **Bonne réponse.**
(B) Un effet de mode pour les clients connectés. **Faux.**
(C) Une révolution industrielle dans les pays développés. **Aucune information sur ce sujet.**
(D) L'essor d'un secteur quaternaire grâce à Internet. **Aucune information sur ce sujet.**
(E) L'apparition de monopoles détenus par des start-up numériques. **Réponse fausse.**

Bonne réponse : A. En effet, l'ubérisation est une numérisation de l'économie (« De nouveaux venus se mettent à commercialiser des produits ou des services par internet ») qui s'adresse au plus grand nombre (mass market) : « De la plomberie à la publicité en passant par les transports, le sexe, les prêts, les services juridiques, les pompes funèbres, la livraison de paquets, la location d'objets ou encore l'immobilier. ».

Autres réponses : B, C, D et E. L'ubérisation n'est pas un effet de mode selon le texte mais un « Phénomène » qui concerne beaucoup de secteurs pour longtemps (réponse B). Aucun élément ne nous permet d'affirmer qu'il s'agit d'une révolution industrielle (réponse C). Cela est une interprétation. Même raisonnement pour la réponse D. Concernant la réponse E, l'auteur ne mentionne nullement que ces start-up détiennent un monopole.

Question 8	Réponse C	★★★★☆	30 sec. – 2 min.	Fiche 17

(A) Favoriser le développement d'internet (ordinateurs, tablettes et smartphones) pour que les usagers achètent leurs biens et services. **Contre-sens.**

(B) Ne pas respecter les lois sociales et fiscales des pays concernés et en tirer profit, contrairement aux acteurs traditionnels de l'économie. **Mauvaise interprétation.**

(C) Casser les prix des secteurs traditionnels et offrir une offre de biens et de services adéquate accessible par Internet. **Bonne réponse.**

(D) Dupliquer l'offre des acteurs économiques traditionnels sur de nouvelles plateformes (ordinateurs, tablettes, smartphones). **Trop vague.**

(E) Maximiser le retour sur investissement des fonds de capital-risque quels que soient les moyens employés. **Trop radical.**

Bonne réponse : C. Selon le texte, la stratégie des acteurs de l'ubérisation est en effet de « commercialiser des produits ou des services par internet avec une offre plus pertinente et souvent moins chère » et « mais aussi de casser les prix ».

Hésitation possible : D. La réponse D est vraie mais elle est trop vague. Elle décrit le phénomène de manière trop peu détaillée.

Autres réponses : A, B et E. Les réponses A et B sont fausses. La réponse E est trop extrême à cause des termes « quels que soient les moyens employés ».

Question 9	Réponse A	★★★☆☆	15 sec. – 1 min.	Fiche 17

1. Une baisse des prix. **Vrai** « Moins chère ».
2. Une offre plus adéquate. **Vrai.** « Offre plus pertinente ».
3. Une concurrence déloyale. **Faux.** Certes, « les structures traditionnelles qui crient à la distorsion de concurrence », mais affirmer qu'il s'agit objectivement d'une concurrence déloyale est une interprétation. Il ne s'agit que de propos tenus par les structures traditionnelles. Le texte ne développe pas ce sujet. **Attention** à ne pas vous laisser influencer par l'actualité.
4. Une diminution du salariat. **Faux. Aucune information.**

Réponse A : 1 + 2.

Question 10	Réponse A	★★★☆☆	15 sec. – 1 min.	Fiche 17

(A) L'ubérisation de l'économie : avantages et désavantages. **Titre. Bonne réponse.**

(B) Les conséquences sociales de l'ubérisation de l'économie. **Trop précis.**

(C) Optimisme et inquiétudes suscités par l'ubérisation de l'économie. **Peu élégant.**

(D) Mode d'emploi de l'ubérisation. **Hors-Sujet.**

(E) Les acteurs de l'ubérisation sur la défensive face aux syndicats. **Mauvaise réponse.**

Bonne réponse : A. L'auteur liste en effet les avantages (nombreux selon l'auteur) et les désavantages (moins nombreux et plutôt subjectifs) de l'ubérisation de l'économie.

Hésitations possibles : C et E. La réponse C reprend bien le fond du texte mais n'est pas très élégante stylistiquement pour un titre. La réponse E est mauvaise. Certes, les syndicats critiquent vivement les acteurs de l'ubérisation ; toutefois, le texte est plutôt « Pro-ubérisation ».

Autres réponses : B et D. La réponse B est trop précise (seulement quelques lignes de ce texte). La réponse D est hors-sujet.

TEXTE 3

Question 11	Réponse C	★★★☆☆	15 sec. – 1 min.	Fiche 17

Le marché français est **l'un des marchés les plus importants pour Airbnb :** « En France, son deuxième marché après les États-Unis ».

Aucune information sur le taux de croissance du marché français comparativement aux autres (réponse A). La réponse B est purement subjective et aucun élément sur ce sujet. Même raisonnement pour la réponse D. On choisit donc la **réponse C.**

Question 12	Réponse D	★★★☆☆	30 sec. – 2 min.	Fiche 17

Bonne réponse : D. Uniquement 2 : « Indirectes, qui correspondent aux dépenses faites durant le séjour, comme les restaurants ou les commerces de bouche par exemple ».

L'argent gagné par les hôtes correspond aux retombées économiques directes. L'argent des prélèvements obligatoires et des impôts payés par Airbnb ne sont pas mentionnés dans le texte.

Question 13	Réponse D	★★★☆☆	30 sec. – 2 min.	Fiche 17

(A) L'auteur souhaite souligner que le terme est exagéré. **Mauvaise réponse.**
(B) L'auteur trouve les critiques un peu trop virulentes. **Mauvaise réponse.**
(C) L'auteur met le terme entre guillemet car ne correspond pas au jargon syndical. **Hors-sujet.**
(D) L'auteur cite les responsables syndicaux. **Bonne réponse.**
(E) Aucune de ces réponses ne convient. **Mauvaise réponse.**

Bonne réponse : D. Comme écrit dans le texte : « Dénoncent eux aussi les pratiques 'déloyales' ». L'auteur cite les syndicaux. De plus, le dernier paragraphe est également entre guillemets et se conclut par « souligne Didier Chenet, Président du GNI ».

Hésitations possibles : A et B. Le terme n'est pas « exagéré » selon l'auteur. Aucun élément ne nous permet de choisir la réponse A. De même, pour la réponse B, rien n'indique que les critiques sont trop « virulentes ». Attention aux interprétations.

Autres réponses : C et E. La réponse C est hors-sujet et la réponse E est fausse.

Question 14 Réponse E ★★★★☆ **15 sec. – 1 min.** **Fiche 17**

(A) Enrichissement des propriétaires immobiliers avec AirBnb. **Trop précis.**

(B) AirBnb : nouvelle forme d'hôtellerie. **Réponse partielle.**

(C) AirBnb : l'hôtellerie 2.0 entre particuliers. **Hors-Sujet.**

(D) AirBnb : nouvel eldorado. **Réponse extrême.**

(E) Aucune de ces réponses ne convient. **Bonne réponse.**

Bonne réponse : E. Aucune de ces réponses ne convient comme titre de ce texte. En effet, le texte traite de l'opposition entre les syndicats hôteliers et AirBnb. L'auteur présente les avantages d'AirBnb (retombées économiques) et présente les contestations des syndicats.

Autres réponses : A, B, C et D. La réponse A est fausse car le sujet du texte n'est pas l'enrichissement des propriétaires immobiliers grâce à Airbnb, qui est une petite partie du texte. Les réponses B et C sont fausses car, certes, Airbnb est une nouvelle forme d'hôtellerie, mais il ne s'agit pas du thème du texte. La réponse D est trop radicale.

Question 15 Réponse B ★★★☆☆ **15 sec. – 1 min.** **Fiche 17**

(A) Texte d'analyse économique. **Trop de témoignages.**

(B) Texte d'actualité. **Bonne réponse.**

(C) Texte de blogs. **Mauvaise réponse. Aucun élément.**

(D) Texte issu d'un ouvrage d'économie. **Trop synthétique.**

(E) Article d'une revue scientifique. **Hors-Sujet.**

Bonne réponse : B. Il s'agit très probablement d'un texte d'actualité étant donné le nombre important de témoignages et le compte-rendu d'une situation donnée.

Hésitations possibles : A et C. La réponse A est fausse. Le vocabulaire employé n'est pas assez pointu et les témoignages en trop grand nombre pour qu'il s'agisse d'un texte d'analyse économique. La réponse C est fausse. Aucun élément ne nous permet d'affirmer qu'il s'agit d'un texte de blog.

Autres réponses : D et E. Le texte est trop synthétique et l'analyse économique pas assez poussée pour choisir la réponse D. De plus, il ne s'agit pas d'un article issue d'une revue scientifique. Le thème traité étant les start-up.

Sous-test 2

CALCUL

Remise à niveau mathématiques

Avant de débuter ta préparation du sous-test « Calcul », nous te **recommandons** d'effectuer la **remise à niveau mathématiques (10 heures)** disponible sur ton **espace e-learning sur www.monsieur-tage-mage.com** (rubrique : Grand Manuel du TAGE MAGE → Remise à niveau mathématiques).

COURS N° 1

Calcul mental et opérations

- Calcul mental
- Les multiplications et divisions
- Les moyennes
- Les identités remarquables
- Carrés, cubes, nombres premiers
- Parité

COURS N° 2

Fractions / Puissances / Pourcentages

- Additions / soustractions / multiplications / divisions de fractions
- Les puissances
- Les pourcentages / ratios

COURS N° 3

Équations et inéquations

- Les inconnues
- Les équations et inéquations
- Systèmes d'équations à 2 et 3 inconnues
- Proportionnalité simple et multiple

COURS N° 4

Géométrie

- Périmètres
- Aires / Surfaces
- Volumes
- Équivalence / Découpages

20 Présentation du sous-test

Monsieur TAGE MAGE

Monsieur ÉCOLES de COMMERCE

CALCUL

Le sous-test « **Calcul** » est le sous-test **le plus redouté** des candidats (score moyen de **24/60**). Toutefois, **ce n'est pas une raison pour baisser les bras !** C'est justement le sous-test parfait pour **faire la différence** (si vous êtes d'un bon niveau) ou pour « limiter la casse » (si vous êtes d'un niveau moyen) par rapport aux autres candidats qui vont perdre beaucoup de points. **Pas de panique !** Les notions de mathématiques à connaître sont au maximum de niveau seconde (lycée).

FORMAT

Durée du sous-test	20 minutes
Nombre de questions	15
Bonne réponse	+ 4 points
Aucune réponse	0 point
Mauvaise réponse	–1 point
Nombre de questions faciles/moyennes/difficiles	5 faciles/5 moyennes/5 difficiles (dans le désordre)

CONTENU

Types de questions	Notions abordées
Calcul (mental)	Carrés, cubes, tables de multiplication, multiplications et divisions avec ou sans virgule, identités remarquables, décompositions un calcul, nombres décimaux/premiers/entiers/réels/consécutifs, etc.
Fractions	Additions/soustractions/multiplications/divisions/simplifications de fractions, critères de divisibilité, etc.
Proportionnalité	Proportionnalité simple et multiple, produit en croix, etc.
Moyennes	Moyennes arithmétiques/pondérées/harmoniques, barycentres, sommes des n premiers entiers, etc.
Équations/ Inéquations	Équations, inéquations, systèmes d'équations, systèmes d'inéquations, etc.

Vitesse, Temps, Distance	Calcul de la vitesse/temps/distance, cas de rattrapage, cas de croisement, cas aller-retour, etc.
Unités et conversions	Tableaux de conversion, équivalence d'unités, conversion de temps, échelles, etc.
Géométrie	Aires, surfaces, angles, cercles, carrés, rectangles, triangles, parallélogrammes, diamètres, hauteurs, hypoténuses, losanges, bissectrices, médianes, etc.

OBJECTIFS DE SCORE

Nous vous recommandons de vous fixer les **objectifs suivants selon votre objectif au TAGE MAGE®.**

Objectif TAGE MAGE®	Objectif sous-test « Calcul »
> 400/600	> 36/60
350 < X < 400	> 31/60
300 < X < 350	> 26/60

Score moyen des candidats	**24/60**
Temps de révision nécessaire	**Apprentissage du cours :** 3 - 8 heures **Entraînement :** 3 - 10 heures

En définitive, que vous ayez un niveau moyen, bon ou très bon, ne baissez surtout pas les bras face à ce sous-test. Fixez-vous un objectif et faites votre possible pour l'atteindre. Un score de 30/60 est atteignable quel que soit votre niveau. Le sous-test « Calcul » nécessite de nombreuses heures de préparation, n'hésitez donc pas à vous y prendre à l'avance !

Bon courage !

Posez toutes vos questions (concours, écoles, dossiers, TAGE MAGE®, etc.) au sein des **communautés d'entraide Facebook et Instagram « Monsieur TAGE MAGE »** et **« Monsieur Ecoles de commerce » (+ de 40 000 membres).**

21 7 conseils pour réussir le sous-test

Monsieur TAGE MAGE

Monsieur ÉCOLES de COMMERCE

CALCUL

Conseil n° 1 : Faites attention au temps !

Le temps imparti de 20 minutes est **la plus grande difficulté du sous-test « Calcul »**. En effet, vous devrez être efficace et rapide pour ce sous-test. Gérez donc bien votre temps en consacrant au maximum 2 minutes à chaque question. Si après 1 minute, vous n'avez pas identifié la méthode de résolution à appliquer, passez à la question suivante !

Conseil n° 2 : Sélectionnez vos questions.

Nous vous conseillons de sélectionner vos questions selon votre niveau.

Si vous êtes d'un **très bon niveau** (score visé > 40/60), traitez les questions **dans l'ordre**.

Si vous êtes d'un **bon niveau** (score visé entre 30 et 40/60), sélectionnez et traitez en priorité les questions « **faciles** » et « **moyennes** ». Comment reconnaître ces questions ? En fonction de la longueur de l'énoncé et de la notion abordée (**Objectif :** Traiter 10 questions en priorité).

Si vous êtes d'un **niveau moyen** (score visé < 30/60), sélectionnez et traitez en priorité les questions « **faciles** » puis traitez les questions « **moyennes** » (**Objectif** : Traiter 8 questions en priorité).

Conseil n° 3 : Identifiez la théorie sous-jacente.

La méthode la plus efficace pour répondre correctement à une question est d'identifier la théorie mathématique sous-jacente. **Un énoncé = une histoire + une théorie mathématique**. Vous devez donc très rapidement **faire abstraction de l'histoire** et **identifier la théorie mathématique ou la méthode de résolution à appliquer**. Pour cela, pour chaque théorie ou méthode, listez les 2 ou 3 éléments nécessaires pour l'appliquer.

Conseil n° 4 : Apprenez par cœur nos astuces/les formules/carrés/cubes/multiples/etc.

Il est fondamental de **connaître par cœur les astuces et les formules** de ce livre. Toutes nos astuces et formules vous permettront de bien répondre aux questions et de gagner énormément de temps.

Cela vous permettra de traiter **2 à 4 questions supplémentaires en moyenne**.

Conseil n° 5 : Schématisez l'énoncé.

Afin de ne pas relire plusieurs fois l'énoncé, nous vous recommandons de schématiser les données de votre énoncé. Réalisez un schéma pour représenter les questions de rattrapage, de croisement, de proportionnalité, de concentration, de volume, etc.
Cela facilitera la résolution de la question.

Conseil n° 6 : Ne répondez jamais au hasard… sauf si…

Ne répondez jamais au hasard… sauf si vous hésitez entre 2 réponses seulement. En effet, si vous n'avez éliminé aucune réponse, ne répondez surtout pas. Vous perdrez des points. Cependant, si vous hésitez entre 2 réponses, vous pouvez répondre au hasard, vous gagnerez des points au final (bonne réponse : + 4 points, mauvaise réponse : – 1 point).

Conseil n° 7 : Améliorez votre calcul mental !

Développez au quotidien vos capacités de calcul mental en effectuant mentalement le plus de calculs possibles. On vous rend la monnaie ? Calculez le montant mentalement. Vous effectuez un achat sur Internet ? Calculez le montant de votre achat de tête !
Tous les moyens sont bons pour améliorer vos capacités de calcul mental.

22 Calcul mental (1/2)

Monsieur TAGE MAGE

Monsieur ÉCOLES de COMMERCE

CALCUL Fréquence ●●●●● Difficulté ★★☆☆☆

ASTUCES DE CALCUL MENTAL

Opération	Astuce	Exemple
Multiplier un nombre entier par 10	Ajoutez un « 0 » à la fin.	$45 \times 10 = 450$
Diviser un nombre entier par 10	Ajoutez une virgule avant le dernier chiffre.	$\frac{45}{10} = 4{,}5$
Multiplier un nombre décimal par 10	Décalez la virgule d'un « rang » vers la droite.	$45{,}5 \times 10 = 455$
Diviser un nombre décimal par 10	Décalez la virgule d'un « rang » vers la gauche.	$45{,}5 \div 10 = 4{,}55$
Multiplier un ou plusieurs nombres décimaux	Effectuez l'opération comme s'il n'y avait pas de virgule et replacer la virgule ensuite.	$3{,}4 \times 9 = \frac{(34 \times 9)}{10} = 30{,}6$
Diviser un ou plusieurs nombres décimaux	Multipliez par 10 « en haut et en bas » pour éliminer les virgules.	$\frac{34}{0{,}6} = \frac{340}{6} = 56{,}7$
Multiplier plus de 2 nombres	Commencez toujours par multiplier les petits facteurs entre eux.	$54 \times 2 \times 5 = 54 \times 10 = 540$
« Découpez » les opérations pour les rendre plus faciles.		$21 \times 9 = 21 \times (10 - 1) = 210 - 21 = 189$
Quand 2 nombres sont « situés » à égale distance d'un même nombre, utilisez l'identité remarquable suivante : **$(a - b) \times (a + b) = a^2 - b^2$**		$13 \times 17 = (15 - 2) \times (15 + 2) = 15^2 - 2^2 = 221$

DÉVELOPPEMENTS ET PRIORITÉS

Addition	
Commutativité	$A + B = B + A$
Associativité	$(A + B) + C = A + (B + C)$

REMARQUE La **soustraction** n'est :

- **ni commutative :** $A - B \neq B - A$
- **ni associative :** $(A - B) - C \neq A - (B - C)$

Multiplication	
Commutativité	$A \times B = B \times A$
Associativité	$(A \times B) \times C = A \times (B \times C)$
Distributivité	$A \times (B + C) = A \times B + A \times C$
	$(A + B) \times (C + D) = A \times C + A \times D + B \times C + B \times D$

REMARQUES

1. La **division** n'est :
   - **ni commutative :** $\frac{A}{B} \neq \frac{B}{A}$
   - **ni associative :** $\frac{A - B}{C} \neq A - \left(\frac{B}{C}\right)$
   - **ni distributive :** $\frac{A}{(B + C)} \neq \frac{A}{B} + C$
2. En l'absence de parenthèses, **la multiplication et la division sont prioritaires** sur l'addition et la soustraction.
   Exemple : $3 + 4 \times 3 = 3 + 12 = 15$ (et non 21).

23 Calcul mental (2/2)

Monsieur TAGE MAGE

Monsieur ÉCOLES de COMMERCE

CALCUL Fréquence ●●●●● Difficulté ★★★☆☆

3 MINUTES

27 + 33 =	31 + 47 =	62 + 64 =	35 + 28 =
14 + 29 =	57 + 96 =	65 + 67 =	41 + 25 =
37 + 16 =	90 + 79 =	56 + 95 =	36 + 48 =
67 + 52 =	82 + 100 =	61 + 77 =	18 + 29 =
43 + 28 =	69 + 86 =	62 + 63 =	23 + 36 =

3 MINUTES

34 – 26 =	49 – 67 =	97 – 61 =	18 – 35 =
43 – 12 =	17 – 76 =	70 – 50 =	85 – 48 =
46 – 32 =	77 – 70 =	9 – 60 =	56 – 26 =
32 – 17 =	58 – 17 =	96 – 87 =	74 – 47 =
24 – 18 =	8 – 57 =	38 – 29 =	23 – 11 =

4 MINUTES

10 × 6 =	7 × 7 =	19 × 14 =	12 × 13 =
8 × 7 =	6 × 9 =	11 × 19 =	15 × 19 =
6 × 4 =	11 × 17 =	18 × 19 =	20 × 18 =
18 × 12 =	12 × 16 =	15 × 14 =	22 × 8 =
19 × 16 =	17 × 17 =	16 × 16 =	15 × 11 =

4 MINUTES

$16 \div 8 =$	$270 \div 15 =$	$272 \div 16 =$	$220 \div 20 =$
$24 \div 4 =$	$280 \div 14 =$	$247 \div 13 =$	$132 \div 12 =$
$30 \div 6 =$	$204 \div 12 =$	$132 \div 11 =$	$168 \div 8 =$
$64 \div 8 =$	$208 \div 16 =$	$220 \div 20 =$	$176 \div 8 =$
$72 \div 9 =$	$288 \div 18 =$	$324 \div 18 =$	$91 \div 13 =$

2 MINUTES

Quelle est la racine carrée du carré de la racine carrée de 16 ?

(A) 2 (B) 4 (C) 8 (D) 16 (E) 32

Que vaut $1^2 + 2^2 - 3^2 + 4^2$?

(A) 3 (B) 6 (C) 9 (D) 12 (E) 25

Que vaut $21^2 - 19^2$?

(A) 4 (B) 80 (C) 120 (D) 6 (E) 25

---

5 MINUTES

$1{,}6 \times 8 =$	$2{,}70 \div 15 =$	$2{,}4 \times 1{,}5 =$
$2{,}4 \times 4{,}2 =$	$2{,}8 \div 1{,}4 =$	$3 \times 1{,}8 =$
$30 \times 6{,}4 =$	$200 \times 1{,}2 =$	$6 \times 2{,}2 =$
$6{,}4 \div 0{,}8 =$	$28 \div 1{,}6 =$	$4 \times 4{,}1 =$
$72 \times 5 =$	$28{,}8 \div 1{,}8 =$	$8 \times 1{,}8 =$

CONSEIL Téléchargez de nombreuses autres questions de calcul mental sur le site www.monsieur-tage-mage.com (rubrique « Calcul mental » dans votre espace lecteur) !

CORRIGÉ FICHE 200

24 Multiplications et divisions (sans virgule)

Monsieur TAGE MAGE

Monsieur ÉCOLES de COMMERCE

CALCUL Fréquence ●●●●○ Difficulté ★★☆☆☆

POSER UNE MULTIPLICATION

Exemple : 664 × 36

Étape 1	Étape 2	Étape 3
Chiffre de droite du membre inférieur (6) × **3 chiffres du membre supérieur** (664)	**Chiffre de gauche du membre inférieur** (3) × **3 chiffres du membre supérieur** (664)	**Addition des 2 résultats intermédiaires**
664 × 36 3 984	664 × 36 3 984 19 920	664 × 36 3 984 + 19 920 = 23 904
Ici : 6 × 664	**Ici :** 3 × 664 sans oublier de poser un « 0 » à chaque nouvelle ligne.	**Ici :** 3 984 + 19 920 = 23 904

POSER UNE DIVISION

Exemple : 6 640 ÷ 362

Opération	Méthode & Réalisation
6 6 4 0 362	Choisissez le premier nombre divisible par 362. 6 n'est pas divisible par 362 ; 66 non plus ; **on choisit donc 664.**
6 6 4 0 362 – 3 6 2 1 = 3 0 2	**Combien de fois peut-on « mettre » 362 dans 664 ?** On peut le mettre 1 fois, il reste 302 (664 – 362 = 302).
6 6 4 0 362 – 3 6 2 18 = 3 0 2 0 – 2 8 9 6 = 1 2 4	**On a descendu le « 0 »** de 6 640 ce qui fait 3 020. **Combien de fois peut-on « mettre » 362 dans 3 020 ?** On peut le mettre 8 fois, il reste 124 (3 020 – 2 896 = 124).
6 6 4 0 362 – 3 6 2 18,3 = 3 0 2 0 – 2 8 9 6 = 1 2 4 0 – 1 0 8 6 = 1 5 4	**On a ajouté un « 0 », ce qui fait 1 240.** **On compense en ajoutant une « , » au quotient.** **Combien de fois peut-on « mettre » 362 dans 1 240 ?** On peut le mettre 3 fois, il reste 154 (1 240 – 1 086).
6 6 4 0 362 – 3 6 2 18,34 = 3 0 2 0 – 2 8 9 6 = 1 2 4 0 – 1 0 8 6 = 1 5 4 0 – 1 4 4 8 = 9 2	**On a ajouté un « 0 »**, ce qui fait 1 540. **Cette fois-ci, on ne compense pas en ajoutant une « , » car on l'a déjà fait.** **Combien de fois peut-on « mettre » 362 dans 1 540 ?** On peut le mettre 4 fois, il reste 92 (1 540 – 1 448 = 92). **Conclusion : 6 640 = (18,34 × 362) + 92.**

25 Multiplications (avec virgule(s))

Monsieur TAGE MAGE

Monsieur ÉCOLES de COMMERCE

CALCUL Fréquence ●●●●○ Difficulté ★★☆☆☆

POSER UNE MULTIPLICATION À VIRGULE(S)

Exemple : 66,4 × 3,6

Étape 1 **« Éliminons les virgules » (en multipliant par 10, 100, 1 000, etc).**

66,4 × 3,6 → 664 × 36

Décalez la virgule vers la droite d'un rang aux 2 nombres afin qu'il n'y ait plus de virgule. (On remettra la virgule à l'étape 5).

Étape 2	Étape 3	Étape 4
Chiffre de droite du membre inférieur (6) × **3 chiffres du membre supérieur** (664)	**Chiffre de gauche du membre inférieur** (3) × **3 chiffres du membre supérieur** (664)	**Addition des 2 résultats intermédiaires**
664 × 36 ——— 3 984 . . . . . . ———	664 × 36 ——— 3 984 19 920 ———	664 × 36 ——— 3 984 + 19 920 ——— = 23 904
Ici : 6 × 664	**Ici :** 3 × 664 sans oublier de poser un « 0 » à chaque nouvelle ligne.	**Ici :** 3 984 + 19 920 = 23 904

Étape 5 **« Remettons » la virgule.**

Il y avait 2 chiffres après la virgule à l'étape 1. On doit donc avoir 2 chiffres après la virgule : **239,04**

EXERCICES

3,2 × 18,1 =	0,8 × 5,2 =	5,9 × 7,8 =
2,2 × 4,8 =	1,9 × 3,2 =	2,4 × 3,4 =
5,9 × 1,6 =	1,1 × 2,2 =	1,1 × 1,1 =
3,8 × 4,05 =	1,9 × 3,8 =	2,4 × 6,9 =
6,9 × 1,1 =	4,9 × 0,6 =	12,4 × 2,8 =

Question 1 ★★★☆☆ **1 min. – 2 min.**

Elisabeth a 3,25 Livres Sterling dans son porte-monnaie. Elle souhaite les échanger contre des euros. Sachant que le taux de change est de 1 livre sterling pour 1,32 euro, combien Elisabeth aura-t-elle d'euros ?

(A) 4,14 €
(B) 4,21 €
(C) 4,29 €
(D) 4,35 €
(E) 4,41 €

Question 2 ★★★★☆ **1 min. – 3 min.**

Un commerçant réalise une marge de 50 % sur la vente de ses légumes. Combien ce commerçant payera-t-il son fournisseur pour une commande d'un client de 24,6 kg de courgettes de 250 grammes chacune et qui seront vendues au client final 0,6 € l'unité ?

(A) 39,26 €
(B) 39,31 €
(C) 39,36 €
(D) 39,41 €
(E) 39,46 €

CORRIGÉ FICHE 200

Toutes les questions sont corrigées en vidéo dans votre espace **E-LEARNING sur www.monsieur-tage-mage.com**

26 Divisions (avec virgule(s))

CALCUL Fréquence ●●●●○ Difficulté ★★★☆☆

POSER UNE DIVISION À VIRGULE(S)

Opération	Méthode & Réalisation
$\frac{66{,}4}{3{,}62}$ $= \frac{66{,}4 \times 100}{3{,}62 \times 100} = \frac{6\,640}{362}$	**Transformez la division initiale en division sans virgule.** **Multipliez le numérateur et le dénominateur par la même valeur** (Ici : 100). Cela ne change pas la valeur de la division mais permet d'éliminer les « virgules ». On a alors 6 640 ÷ 362, c'est-à-dire une division sans virgule.
6 6 4 0 | 362	**Choisissez le premier nombre divisible par 362.** 6 n'est pas divisible par 362 ; 66 non plus ; **on choisit donc 664.**
6 6 4 0 | 362 – 3 6 2 | 1 = 3 0 2	**Combien de fois peut-on « mettre » 362 dans 664 ?** On peut le mettre 1 fois, il reste 302 (664 – 362 = 302).
6 6 4 0 | 362 – 3 6 2 | 18 = 3 0 2 0 – 2 8 9 6 = 1 2 4	**On a descendu le « 0 »** de 6 640 ce qui fait 3 020. **Combien de fois peut-on « mettre » 362 dans 3 020 ?** On peut le mettre 8 fois, il reste 124 (3 020 – 2 896 = 124).
6 6 4 0 | 362 – 3 6 2 | 18,3 = 3 0 2 0 – 2 8 9 6 = 1 2 4 0 – 1 0 8 6 = 1 5 4	**On a ajouté un « 0 », ce qui fait 1 240.** **On compense en ajoutant une « , » au quotient.** **Combien de fois peut-on « mettre » 362 dans 1 240 ?** On peut le mettre 3 fois, il reste 154 (1 240 – 1 086 = 154).

Opération	Méthode & Réalisation
6 6 4 0 | 362 – 3 6 2 | 18,34 = 3 0 2 0 – 2 8 9 6 = 1 2 4 0 – 1 0 8 6 = 1 5 4 0 – 1 4 4 8 = 9 2	**On a ajouté un « 0 »,** ce qui fait 1 540. **Cette fois-ci, on ne compense pas en ajoutant une « , » car on l'a déjà fait.** **Combien de fois peut-on « mettre » 362 dans 1 540 ?** On peut le mettre 4 fois, il reste 92 (1 540 – 1 448 = 92). **Conclusion : 6 640 = (18,34 × 362) + 92.**

EXERCICES

Question 1 ★★★☆☆ **45 sec. – 1 min.**

Marc-Antoine va au marché et achète 12,3 kg de pommes de terre pour 19,6 euros.

Quel est le prix au kg des pommes de terre ?

(A) 1,57 €
(B) 1,59 €
(C) 1,62 €
(D) 1,66 €
(E) 1,69 €

Question 2 ★★★★☆ **45 sec. – 3 min.**

Julien part en voyage aux États-Unis et décide de changer ses euros en dollars à un bureau de change. Il échange donc 125 euros contre 132,78 dollars. Quel est le taux de change euro/dollar ?

(A) 0,89
(B) 0,91
(C) 0,94
(D) 1,02
(E) 1,06

➔ **CORRIGÉ FICHE 200**

27 Carrés, cubes, nombres premiers et tables de multiplication

Monsieur TAGE MAGE

Monsieur ÉCOLES de COMMERCE

CALCUL Fréquence ●●●●○ Difficulté ★★☆☆☆

CARRÉS ET CUBES

Les carrés (1 à 25)			
$1^2 = 1$	$8^2 = 64$	**$15^2 = 225$**	$22^2 = 484$
$2^2 = 4$	$9^2 = 81$	$16^2 = 256$	$23^2 = 529$
$3^2 = 9$	**$10^2 = 100$**	$17^2 = 289$	$24^2 = 576$
$4^2 = 16$	$11^2 = 121$	$18^2 = 324$	**$25^2 = 625$**
$5^2 = 25$	$12^2 = 144$	$19^2 = 361$	
$6^2 = 36$	$13^2 = 169$	**$20^2 = 400$**	
$7^2 = 49$	$14^2 = 196$	$21^2 = 441$	

Les cubes (1 à 20)		
$1^3 = 1$	$8^3 = 512$	**$15^3 = 3\ 375$**
$2^3 = 8$	$9^3 = 729$	$16^3 = 4\ 096$
$3^3 = 27$	**$10^3 = 1\ 000$**	$17^3 = 4\ 913$
$4^3 = 64$	$11^3 = 1\ 331$	$18^3 = 5\ 832$
$5^3 = 125$	$12^3 = 1\ 728$	$19^3 = 6\ 859$
$6^3 = 216$	$13^3 = 2\ 197$	**$20^3 = 8\ 000$**
$7^3 = 343$	$14^3 = 2\ 744$	

5 propriétés sur les carrés	Exemples
Un carré se termine nécessairement par 0, 1, 4, 5, 6 ou 9.	25, 36, 64, 81, etc.
Si l'**unité d'un carré est 6**, alors le chiffre des dizaines est **impair**.	36, 256, etc.
Si l'**unité d'un carré est 0, 1, 4, 5 ou 9**, le chiffre des dizaines est **pair**.	64, 289, 324, etc.
Le carré d'un nombre dont l'unité est 5 se termine par 25.	$35^2 = 1\ 225$
Égalité de Carroll : 3 fois la somme de 3 carrés est aussi la somme de 4 autres carrés.	$3 \times (5^2 + 6^2 + 7^2) = 15^2 + 8^2 + 5^2 + 4^2$

LES NOMBRES PREMIERS

Les **nombres premiers** sont les nombres **divisibles uniquement par 1 et par eux-mêmes** : 2, 3, 5, 7, 11, 13, 17, 19, 23, 29, 31, 37, 41, 43, 47, 53, 59, 61, 67, 71, 73, 79, 83, 89, 97, 101.

REMARQUE Tous les nombres **premiers** sont **impairs** sauf « 2 ».

TABLES DE MULTIPLICATION (1 à 10)

×	1	2	3	4	5	6	7	8	9	10
1	1	2	3	4	5	6	7	8	9	10
2	2	4	6	8	10	12	14	16	18	20
3	3	6	9	12	15	18	21	24	27	30
4	4	8	12	16	20	24	28	32	36	40
5	5	10	15	20	25	30	35	40	45	50
6	6	12	18	24	30	36	42	48	54	60
7	7	14	21	28	35	42	49	56	63	70
8	8	16	24	32	40	48	56	64	72	80
9	9	18	27	36	45	54	63	72	81	90
10	10	20	30	40	50	60	70	80	90	100

TABLES DE MULTIPLICATION (10 à 20)

×	11	12	13	14	15	16	17	18	19	20
11	121	132	143	154	165	176	187	198	209	220
12	132	144	156	168	180	192	204	216	228	240
13	143	156	169	182	195	208	221	234	247	260
14	154	168	182	196	210	224	238	252	266	280
15	165	180	195	210	225	240	255	270	285	300
16	176	192	208	224	240	256	272	288	304	320
17	187	204	221	238	255	272	289	306	323	340
18	198	216	234	252	270	288	306	324	342	360
19	209	228	247	266	285	304	323	342	361	380
20	220	240	260	280	300	320	340	360	380	400

28 Astuces de calcul

Monsieur TAGE MAGE
Monsieur ÉCOLES de COMMERCE

CALCUL Fréquence ●●●●○ Difficulté ★★☆☆☆

Astuce n° 1 : Calculer les carrés de nombres qui se terminent par 5. Exemple : 105^2

Étape 1	**Isolez** le(s) chiffre(s) situés avant le dernier 5.	10
Étape 2	**Multipliez-les** par le nombre suivant.	10 × 11 = **110**
Étape 3	« **Collez** » 25 au résultat de l'étape 2.	105^2 = **11 025**

Astuce n° 2 : Calculer une multiplication avec « l'astuce de l'équidistance ».

Quand 2 nombres sont « situés » à égale distance d'un même nombre, alors on utilise l'identité remarquable suivante : $\mathbf{(a - b) \times (a + b) = a^2 - b^2}$

Exemple : $13 \times 17 = (15 - 2) \times (15 + 2) = 15^2 - 2^2 = 225 - 4 = \mathbf{221}$

Astuce n° 3 : Calculer un carré avec la « méthode des carrés consécutifs ».

Si vous connaissez le carré d'un nombre N, il suffit d'ajouter 2N + 1 au résultat pour trouver le carré de (N + 1).

Exemple : $15^2 = 225$. Donc $16^2 = 15^2 + (2 \times 15) + 1 = 225 + 30 + 1 = \mathbf{256}$

Astuce n° 4 : Calculer une multiplication avec « l'astuce de l'écart ».

Quand on multiplie 2 nombres proches, on peut passer par l'écart avec le carré.

Exemple : $15 \times 16 = 15 \times (15 + 1) = 15^2 + 15 = 225 + 15 = \mathbf{240}$

Astuce n° 5 : Calculer un pourcentage avec la « méthode de la décomposition ».

Pour calculer un « pourcentage complexe », décomposez ce pourcentage en « pourcentages simples » (10 %, 5 % et 1 %).

Exemple : 16 % de 15 = (10 % + 5 % + 1 %) de 15 = 1,5 + 0,75 + 0,15 = **2,4**

Astuce n° 6 : Calculer un multiple avec la « méthode de la décomposition ».

Pour calculer un « multiple complexe », on peut passer par la décomposition de ce multiple en « multiple simples » ou « multiples connus ». **Exemple :** Combien vaut 3 × 46 ?

Étape 1 : 3 × 40 (les dizaines) = **120** puis 3 × 6 (les unités) = **18. Étape 2 :** 120 + 18 = **138.**

Astuce n° 7 : Retrouver la valeur de départ après une variation de 1/N.

1) Quand une valeur **diminue de** $\mathbf{\frac{1}{N}}$, alors on doit **augmenter** le résultat de $\mathbf{\frac{1}{N-1}}$ pour **retrouver la valeur de départ.**

Exemple : Si le chiffre d'affaires **diminue de 1/5** (20 %), alors il faut **l'augmenter de 1/4**, c'est-à-dire 25 %, car $\frac{1}{N-1} = \frac{1}{5-1}$ pour **retrouver sa valeur de départ.**

2) Quand une valeur **augmente de $\frac{1}{N}$**, alors on doit **diminuer** le résultat de $\frac{1}{N+1}$ po… **retrouver la valeur de départ.**

Exemple : Si le chiffre d'affaires **augmente de 1/4** (25 %), alors il faut le **diminuer** d… **1/5**, c'est-à-dire 20 %, car $\frac{1}{N+1} = \frac{1}{4+1}$ = 20 % pour **retrouver sa valeur de départ.**

Astuce n° 8 : Utiliser la base 100 pour les pourcentages.

Pour les exercices avec des pourcentages, nous vous recommandons de partir d'une **base 100**, c'est-à-dire que **le total est toujours égal à 100.** Ainsi, 40 % des personnes = 40 personnes, 25 % de la distance = 25 km, 30 % de son épargne = 30 €. **Vos calculs seront beaucoup plus simples à effectuer par la suite !**

Astuce n° 9 : Découpez votre multiplication (ou division) en 2.

Pour diviser par ...	
4	**Divisez** par 2 puis **redivisez** par 2.
5	**Divisez** par 10 puis **multipliez** par 2.
6	**Divisez** par 2 puis **redivisez** par 3.
8	**Divisez** par 2 puis **redivisez** par 2 puis **redivisez** par 2.
Pour multiplier par ...	
4	**Multipliez** par 2 puis **remultipliez** par 2.
5	**Multipliez** par 10 puis **divisez** par 2.
6	**Multipliez** par 2 puis **remultipliez** par 3.
8	**Multipliez** par 2 puis **remultipliez** par 2 puis **remultipliez** par 2.

Astuce n° 10 : Inversez les pourcentages.

Pour calculer X % de Y, on peut calculer Y % de X quand c'est plus simple.

Exemples : 1) 4 % de 75 = 75 % de 4 = 3 ; **2)** 18 % de 50 = 50 % de 18 = 9 ; etc.

EXERCICES

25^2 =	95^2 =	65^2 =
35^2 =	45^2 =	75^2 =
23 × 27 =	11 × 19 =	18 × 22 =
15 × 17 =	21 × 25 =	16 × 22 =

Question 1 ★★☆☆☆ **30 sec. – 1 min.**

Pierre constate que son poids a augmenté de 25 % entre janvier et mars. Il décide d'entamer un régime. De quel pourcentage son poids doit-il diminuer pour retrouver sa valeur de janvier ?

(A) Il manque des informations. (B) 15 % (C) 20 % (D) 25 % (E) 30 %

➔ CORRIGÉ FICHE 200

29 Critères de divisibilité

CALCUL Fréquence ●●●●○ Difficulté ★★☆☆☆

Les critères de divisibilité d'un nombre sont à connaître par cœur ! **Un nombre N est...**

Divisible par ...	Si ...	Exemples
2	**N est pair** ⇔ N se termine par 0, 2, 4, 6 ou 8.	10, 34, 108
3	**La somme des chiffres de N est divisible par 3.** 348 → 3 + 4 + 8 = 15. 15 est divisible par 3. 348 est donc divisible par 3 (348 ÷ 3 = 116).	126, 342, 561
4	**Les 2 derniers chiffres de N forment un nombre divisible par 4.** 424 → 24 est divisible par 4. 424 est donc divisible par 4 (424 ÷ 4 = 106).	316, 588, 904
5	**Si N se termine par 0 ou par 5.**	155, 800, 345
6	**Si N est divisible par 2 et par 3.** ⇔ Si N est pair et si la somme des chiffres de N est divisible par 3. 654 est pair et 6 + 5 + 4 = 15 (divisible par 3). 654 est donc divisible par 6 (654 ÷ 6 = 109).	654, 336, 222
7	**Nombre de dizaines – (Chiffre des unités × 2) = 0 ou un multiple de 7** (–14, –7, 0, 7, 14, etc.). 413. 41 dizaines – (3 unités × 2) = 41 – 6 = 35. 35 est divisible par 7. 413 est donc divisible par 7 (413 ÷ 7 = 59).	8 981, 245, 287, 336
8	**Les 3 derniers chiffres de N forment un nombre divisible par 8.** 2 **072** → 072 est divisible par 8. 2 072 est donc divisible par 8 (2 072 ÷ 8 = 259).	1 **816**, **424**
9	**La somme des chiffres de N est divisible par 9.** 1 089 → 1 + 0 + 8 + 9 = 18. 18 est divisible par 9. 1 089 est donc divisible par 9 (1 089 ÷ 9 = 121).	324, 1 125
10	**N se termine par 0.**	120, 360, 890

Divisible par ...	Si ...	Exemples
11	**Somme des chiffres de rangs impairs – Somme des chiffres de rangs pairs = 0 ou un multiple de 11** (–22, –11, 0, 11, 22, etc.) 13 431. Somme des rangs impairs (n° 1, 3, 5) = 1 + 4 + 1 = 6. Somme des rangs pairs (n° 2, 4) = 3 + 3 = 6. Donc : 6 – 6 = 0 (multiple de 11). 13 431 est donc divisible par 11 (13 431 ÷ 11 = 1 221).	528, 1 353

EXERCICES

Question 1 ★★★☆☆ **1 min. – 3 min.**

Entourez les nombres divisibles par 7 :

14 – 45 – 54 – 32 – 123 – 280 – 98 – 143 – 1 134 – 115 – 444

Question 2 ★★★★☆ **1 min. – 3 min.**

Entourez les nombres divisibles par 3, 7 et 11.

1 134 – 2 133 – 2 079 – 77 – 33 – 21 – 462

Question 3 ★★☆☆☆ **15 sec. – 1 min.**

Dans une classe, 2/3 des enfants sont bruns, 1/4 sont blonds et le reste sont roux. Quel peut-être le nombre d'enfants de cette classe ?

(A) 12

(B) 24

(C) 36

(D) 40

(E) Plusieurs réponses sont possibles.

Question 4 ★★★★☆ **45 sec. – 2 min.**

Lequel des nombres suivants ne peut pas être la somme de 3 entiers consécutifs ?

(A) 3 027

(B) 3 636

(C) 3 366

(D) 3 313

(E) 3 009

➔ **CORRIGÉ FICHE 200**

30 PPCM et PGCD

Monsieur TAGE MAGE
Monsieur ÉCOLES de COMMERCE

CALCUL Fréquence ●●○○○ Difficulté ★★★☆☆

PPCM

Le plus petit commun multiple (**PPCM**) de 2 nombres A et B est le plus petit entier naturel à la fois **multiple** de A et de B.

Méthode des diviseurs		Exemple (PPCM de 60 et 153)
Étape 1	**Décomposez** chaque entier en facteurs de nombres premiers.	$60 = 3 \times 5 \times 2 \times 2 = 2^2 \times 3 \times 5$ $153 = 17 \times 9 = 17 \times 3^2$
Étape 2	**Multipliez les facteurs** entre eux, en prenant à chaque fois **le plus grand exposant** des 2 décompositions.	PPCM (60 ; 153) = $2^2 \times 3^2 \times 5 \times 17$ = **3 060**

CONSEIL Le **PPCM** est utile pour trouver un **dénominateur commun entre des fractions.**

PGCD

Le plus grand commun diviseur (**PGCD**) de 2 nombres A et B est le plus grand entier naturel qui **divise** simultanément A et B.

Méthode des diviseurs		Exemple (PGCD de 60 et 150)
Étape 1	**Décomposez** chaque entier en facteurs de nombres premiers.	$60 = 3 \times 5 \times 2 \times 2 = 2^2 \times 3 \times 5$ $150 = 2 \times 3 \times 5 \times 5 = 2 \times 3 \times 5^2$
Étape 2	**Multipliez les facteurs communs** entre eux, en prenant à chaque fois **le plus petit exposant** des 2 décompositions.	PGCD (60 ; 150) = $2 \times 3 \times 5$ = **30**

CONSEIL Le **PGCD** est utile pour **simplifier des fractions.**

ATTENTION

1. Contrairement à ce que son nom semble indiquer, le **PPCM** (plus petit commun multiple) est **toujours supérieur aux nombres** dont on cherche le PPCM.
2. Contrairement à ce que son nom semble indiquer, le **PGCD** (plus grand commun diviseur) est **toujours inférieur aux nombres** dont on cherche le PGCD.

EXERCICES

Question 1 ★★★☆☆ **45 sec. – 2 min.**

Quel est le PGCD de 96 et de 40?

(A) 4
(B) 7
(C) 8
(D) 9
(E) 12

Question 2 ★★★★☆ **1 min. – 3 min.**

Afin d'avoir une terrasse, les Dupont souhaitent carreler une partie de leur jardin à l'aide de carreaux identiques de forme carrée. La partie du jardin qu'ils souhaitent carreler mesure 70 décimètres de long et 60 décimètres de large. Les Dupont souhaitent utiliser les plus grands carreaux possibles. Quelle est la longueur maximale possible du côté d'un carreau?

(A) 1,5 m
(B) 1 m
(C) 0,8 m
(D) 0,6 m
(E) 0,4 m

CORRIGÉ FICHE 200

Toutes les questions sont corrigées en vidéo dans votre espace E-LEARNING sur www.monsieur-tage-mage.com

31 Opérations à trous

Monsieur TAGE MAGE

Monsieur ÉCOLES de COMMERCE

CALCUL Fréquence ●●○○○ Difficulté ★★★☆☆

Il existe 3 types de questions d'opérations à trous : les multiplications, les divisions et les additions/soustractions.

Opérations à trous : Trouver les valeurs numériques qui permettent de compléter l'opération.

LES MULTIPLICATIONS

Application ★★★☆☆ **30 sec. – 2 min.**

```
      6 6 4
×       a a
    -------
    1 3 a 8
  1 3 a 8 0
    -------
  1 4 6 0 8
```

Que vaut « a » ?

(A) 1 (B) 2 (C) 3 (D) 4 (E) 5

Méthode de résolution conseillée : Backsolving : Tester les réponses, en commençant par la réponse C (milieu) (voir la fiche « Technique du backsolving »).

Si « a » = 3, alors $3 \times 4 = 12$, mais le dernier chiffre de la 1re ligne est 8. **Mauvaise réponse.**

Si « a » = 2, alors $2 \times 4 = 8$. Le dernier chiffre de la 1re ligne est bien égal à 8.

On effectue le même raisonnement pour la seconde ligne. **Bonne réponse. Réponse B.**

LES ADDITIONS/LES SOUSTRACTIONS

Application ★★☆☆☆ **30 sec. – 2 min.**

$$\begin{array}{r} 8\,8\,a \\ +\quad 1\,a\,2\,a \\ \hline 2\,3\,0\,8 \end{array}$$

Que vaut « a » ?

(A) 2 (B) 3 (C) 4 (D) 5 (E) 6

En testant les réponses (méthode du backsolving), **la bonne réponse est C.**
(En effet, 884 + 1 424 = 2 308).

LES DIVISIONS

Application ★★★★☆ **1 min. – 3 min.**

6 7 a	1 6
- - -	a b
- - -	
2	

(quotient × diviseur) + reste = dividende
(16 × ab) + 2 = 672

Que valent « a » et « b » ?

(A) 4 et 2 (B) 4 et 3 (C) 3 et 5 (D) 5 et 2 (E) 4 et 4

Pour ce type de questions, la méthode de résolution la plus rapide est d'effectuer la multiplication suivante :

(diviseur × quotient) + reste = dividende

Soit ici :

ab × 16 + 2 = 67a

Donc « ab » multiplié par 16 auquel on ajoute 2 est égal à un résultat compris entre 670 et 679.
En testant par tâtonnement, on trouve : 16 × 42 = 672 (seul multiple de 16 compris entre 670 et 679) et donc 16 × 42 + 2 = 674.
On en conclut que a = 4 et b = 2. **Réponse A.**

32 Astuces du premier et du dernier chiffre

Monsieur TAGE MAGE

Monsieur ÉCOLES de COMMERCE

CALCUL Fréquence ●●●○○ Difficulté ★★★☆☆

ASTUCE DU DERNIER CHIFFRE

Cette astuce consiste à trouver la **bonne réponse** en vérifiant <u>**uniquement**</u> **le dernier chiffre des réponses proposées. Le dernier chiffre du produit** ***(ou de la somme)*** **de 2 nombres est égal au dernier chiffre du produit** ***(ou de la somme)*** **des 2 derniers chiffres de ces nombres.**

ATTENTION Cette astuce n'est utilisable **que si le dernier chiffre de chaque réponse proposée est** ***différent*****.**

Étape 1

Vérifiez que toutes les réponses ont un dernier chiffre différent.

Étape 2

Calculez le produit des deux derniers chiffres des deux nombres mutipliés.
(**Exemple**: 42<u>2</u> × 5<u>9</u> ⇔ <u>2</u> × <u>9</u> = 1<u>8</u>)

Interprétation

42<u>2</u> × 5<u>9</u> ⇔ <u>2</u> × <u>9</u> = 1<u>8</u> ⇔ On en déduit donc que le dernier chiffre du résultat de la multiplication 42<u>2</u> × 5<u>9</u> se termine par <u>**8**</u>.

Étape 3

Comparez ce résultat avec le dernier chiffre de chacune des réponses.

En résumé

Le dernier chiffre du produit ***(ou de la somme)*** **de 2 nombres est égal au produit** ***(ou la somme)*** **des 2 derniers chiffres de ces nombres.**

Application 1 ★★★☆☆ **1 min. – 3 min.**

Anne, propriétaire d'un haras, souhaite partir à la retraite et vendre l'ensemble de ses chevaux à Antoine, un autre passionné de courses. Antoine propose de racheter les 47 chevaux d'une même race à un prix de 1 455 euros chacun, et les 36 autres chevaux à 746 euros chacun. Quel est le montant total de la proposition d'achat d'Antoine ?

(A) 89 732 € (B) 90 000 € (C) 91 505 € (D) 92 378 € (E) 95 241 €

Étape 1 Vérifions que les 5 réponses ont bien un dernier chiffre différent.

Étape 2 Trouvons le dernier chiffre du résultat du produit 47 × 1 455.

7 × 5 = 35. Donc 47 × 1 455 = un nombre qui se termine par 5.

Étape 3 Trouvons le dernier chiffre du résultat du produit 36 × 746.

6 × 6 = 36. Donc 36 × 746 = un nombre qui se termine par 6.

Étape 4 Déduisons le dernier chiffre de la bonne réponse.

Un nombre qui se termine par 5 + un nombre qui se termine par 6 = un nombre qui se termine par 1 (car 6 + 5 = 11). **Réponse E.**

ASTUCE DU PREMIER CHIFFRE

Cette astuce consiste à trouver la **bonne réponse** en vérifiant **uniquement le premier chiffre après la virgule**, c'est-à-dire sans calculer les chiffres suivants.

ATTENTION Cette astuce n'est utilisable **que si le premier chiffre après la virgule de chaque réponse proposée est *différent*.**

Application 2 ★★☆☆☆ **30 sec. – 2 min.**

André achète sept planches de bois identiques pour un total de 745 euros.
Combien coûte une planche de bois ?

(A) 105,55 € (B) 105,76 € (C) 106,10 € (D) 106,43 € (E) 106,82 €

Étape 1 Vérifions que les 5 réponses ont bien un dernier chiffre différent.

Étape 2 Calculons le résultat avec une précision de 10^{-1}.

André achète 7 planches pour 745 €. Donc, chaque planche vaut $\frac{745}{7}$ €.

$$\frac{745}{7} = \frac{700 + 45}{7} = \frac{700}{7} + \frac{45}{7} = 100 + \frac{45}{7} = 100 + 6{,}4... = 106{,}\underline{4}..$$

Étape 3 Concluons. Il y a donc un 4 après la virgule. Réponse D.

33 Puissances et racines carrées

Monsieur TAGE MAGE
Monsieur ÉCOLES de COMMERCE

CALCUL Fréquence ●●●●○ Difficulté ★★★☆☆

PUISSANCES

Égalités	$a^0 = 1$	$a^{-n} = \frac{1}{a^n}$
	$\sqrt{a} = a^{1/2}\ (a > 0)$	$(a^n)^p = a^{n \times p}$
Multiplications	$a^n = a \times a \times \ldots \times a$ (n fois)	$a^n \times b^n \times c^n = (a \times b \times c)^n$
	$a^n \times a^p = a^{n+p}$	$a^n \times a^{-n} = 1$
Divisions	$\frac{a^n}{b^n} = \left(\frac{a}{b}\right)^n$	$\frac{a^n}{a^p} = a^{n-p}$

ATTENTION

1. Un nombre élevé à une **puissance paire** est **toujours positif**.
   Exemple : $(-7)^2 = 49$ ou encore $(-12)^2 = 144$.
2. Un nombre élevé à une **puissance impaire conserve son signe**.
   Exemple : $(-7)^3 = -343$ ou encore $-3^3 = -27$.

5 IDENTITÉS REMARQUABLES

Au carré	Au cube
$(a + b)^2 = a^2 + 2ab + b^2$	$(a + b)^3 = a^3 + 3a^2b + 3ab^2 + b^3$
$(a - b)^2 = a^2 - 2ab + b^2$	$(a - b)^3 = a^3 - 3a^2b + 3ab^2 - b^3$
$(a + b) \times (a - b) = a^2 - b^2$	

RACINES CARRÉES

Opérations
$\sqrt{a} = a^{1/2}$
$\sqrt{a^2} = a$
$\left(\sqrt{a}\right)^n = a^{n/2}$
$\sqrt{a \times b} = \sqrt{a} \times \sqrt{b}$
$\sqrt{\frac{a}{b}} = \frac{\sqrt{a}}{\sqrt{b}}$
$\left(\sqrt{a} \times \sqrt{b}\right)^2 = \left(\sqrt{a}\right)^2 \times \left(\sqrt{b}\right)^2$ $= a \times b$

Équivalences numériques
$\sqrt{2} \approx 1{,}414$
$\sqrt{3} \approx 1{,}732$
$\sqrt{5} \approx 2{,}236$
$\sqrt{7} \approx 2{,}646$
$\sqrt{10} \approx 3{,}162$
$\sqrt{15} \approx 3{,}872$

ATTENTION Une racine carrée est toujours positive !

EXERCICE

Question 1 ★★★☆☆ **2 min. – 4 min.**

Remplissez le tableau suivant :

a	b	$\sqrt{a}$	$\sqrt{b}$	$a \times b$	$\sqrt{a \times b}$	$\sqrt{a} \times \sqrt{b}$	$a \div b$	$\sqrt{\frac{a}{b}}$	$\frac{\sqrt{a}}{\sqrt{b}}$
9	16								
25	4								
36	64								
49	81								

CORRIGÉ FICHE 200

34 Pourcentages et ratios

Monsieur TAGE MAGE

Monsieur ÉCOLES de COMMERCE

CALCUL Fréquence ●●●●● Difficulté ★★★☆☆

POURCENTAGES/FRACTIONS/NOMBRES DÉCIMAUX

Il existe 3 manières d'exprimer un pourcentage. À connaître par cœur !

Pourcentage	Fraction	Nombre décimal
X %	**X/100**	**0,0X ou 0,X**
1 %	1/100	0,01
2 %	2/100	0,02
4 %	1/25	0,04
5 %	1/20	0,05
10 %	1/10	0,1
12,5 %	1/8	0,125
16,66 %	1/6	0,166
20 %	1/5	0,2
25 %	1/4	0,25
33,33 %	1/3	0,333
37,5 %	3/8	0,375
40 %	2/5	0,4
50 %	1/2	0,5
60 %	3/5	0,6
62,5 %	5/8	0,625
66,66 %	2/3	0,666
75 %	3/4	0,75
80 %	4/5	0,8
100 %	1	1
200 %	2	2

ATTENTION

Doubler une quantité	+ 100 %
Tripler une quantité	+ 200 %
Quintupler une quantité	+ 400 %
Décupler une quantité	+ 900 %

CALCUL DE VARIATIONS

	FORMULE	EXEMPLE
Variation en pourcentage	$\frac{\text{Variation}}{\text{Total}} \times 100$	Réduction de 100 € sur 430 €. **Variation** = $\frac{\mathbf{-100}}{\mathbf{430}}$ = **– 23,2 %**
Variation en pourcentage	$\frac{(\text{Valeur}_{\text{arrivée}} - \text{Valeur}_{\text{départ}})}{\text{Valeur}_{\text{départ}}} \times 100$	Un objet valait 65 € l'an dernier et vaut 58 € cette année. **Variation** = $\frac{\mathbf{58 - 65}}{\mathbf{65}}$ = **– 10,8 %**
Variation en valeur absolue (VA)	Total × Variation en %	Une robe valait 36 € l'an dernier. Son prix a diminué de 10 % cette année. $P_{\text{cette année}} = P_{\text{an dernier}} \times 0{,}9 =$ **32,4 €**
Ancien total (avant variation)	Ancien total = $\frac{\text{Nouveau total}}{1 \pm \text{Variation en \%}}$	Après une augmentation de 15 %, le prix d'une tonne de fer est de 200 €. $P_{\text{an dernier}} = \frac{P_{\text{cette année}}}{1{,}15} = \frac{200}{1{,}15} =$ **173,9 €**
Nouveau total (après variation)	Nouveau total = Ancien total × (1 ± Variation %)	
Variations successives	Variation 1 × Variation 2 × …	Le prix du kilo de maïs a augmenté de 10 % puis a baissé de 14 %. **Variation** = (+ 10 %) × (– 14 %) = 1,1 × 0,86 = 0,946 = **–5,4 %**

35 Intérêts simples et composés

Monsieur TAGE MAGE

Monsieur ÉCOLES de COMMERCE

CALCUL Fréquence ●●●●● Difficulté ★★★☆☆

INTÉRÊTS	SIMPLES	COMPOSÉS
Le taux d'intérêt s'applique …	**Uniquement** sur le **capital initial mais pas** sur les **intérêts générés.**	**À la fois** sur le **capital initial** et sur les **intérêts générés réinvestis.**
Conséquence	Pas d'intérêts sur les intérêts.	Intérêts sur les intérêts.
Éléments à prendre en compte	**K_0 = Capital initial** (investi) **n = Durée de placement** (en jours , mois, trimestres, années, etc.) **r = Taux d'intérêt**, en % **K_n = Capital final**	
Valeur du capital final (K_n)	$K_n = K_0 \times (1 + n \times r)$	$K_n = K_0 \times (1 + r)^n$
Valeur du capital initial (K_0)	$K_0 = \frac{K_n}{1 + n \times r}$	$K_0 = \frac{K_n}{(1 + r)^n}$
Valeur du capital en année 1 (K_1)	$K_1 = K_0 \times (1 + r)$	

Exemple 1: Combien rapporte un investissement de 1 000 € au taux d'intérêt simple de 5 % pendant 5 ans?

Capital final: $K_5 = K_0 \times (1 + 5 \times r)$ = 1 000 € × (1 + 5 × 5 %) = 1 000 × 1,25 = **1 250 €.**

Gain final: $K_5 - K_0$ = 1 250 € – 1 000 € = **250 €.**

Exemple 2: Quel est le montant du capital final après un investissement de 1 000 € au taux d'intérêt composé de 10 % pendant 2 ans?

Capital final: $K_2 = K_0 \times (1 + r)^2$ = 1 000 € × (1 + 10 %)² = 1 000 € × 1,21 = **1 210 €.**

REMARQUE Si l'énoncé ne précise pas si les intérêts sont « simples » ou « composés », considérez qu'ils sont **composés**.

EXERCICES

Question 1 ★★☆☆☆ **45 sec. – 2 min.**

Pauline a placé 4 500 € au taux d'intérêt simple de 2 %.
Combien Pauline a-t-elle d'argent sur ce compte après 10 ans ?

(A) 5 400 €

(B) 5 600 €

(C) 5 900 €

(D) 7 000 €

(E) 7 500 €

Question 2 ★★★★☆ **1 min. – 3 min.**

Corentin dispose d'un capital de 6 000 €. Il peut placer son argent sur un compte A où le capital est rémunéré en intérêts simples ou sur un compte B, rémunéré en intérêts composés. Le taux de rémunération est de 6 % annuels pour les deux comptes.
À combien s'élèverait la différence de capital accumulé entre les valeurs des deux placements après 3 ans ?

(A) ≈ 20 €

(B) ≈ 34 €

(C) ≈ 66 €

(D) ≈ 95 €

(E) ≈ 118 €

Question 3 ★★★★☆ **1 min. – 3 min.**

Jean dispose d'un capital de 40 000 €. Il investit une partie de ce capital sur un compte rémunéré à 3 % annuels et le reste sur une assurance-vie rémunérée à 8 % annuels. Les intérêts acquis au bout d'un an s'élèvent à 1 800 €.
Quelle proportion du capital a été placée sur l'assurance-vie ?

(A) 25 %

(B) 30 %

(C) 32 %

(D) 35 %

(E) 40 %

➔ **CORRIGÉ FICHE 200**

36 Proportionnalité simple/ Règle de trois/Produit en croix

Monsieur TAGE MAGE

Monsieur ÉCOLES de COMMERCE

CALCUL Fréquence ●●●●○ Difficulté ★★☆☆☆

DÉFINITION ET CAS D'UTILISATION

On utilise la méthode du **produit en croix (ou règle de 3)** pour **les questions de proportionnalité** quand **3 données sur 4** sont connues.

	Étape 1		Étape 2
Méthode	**Synthétisez** les données dans un tableau		**Liez** les inconnues entre elles
Réalisation	**Unité 1**	**Unité 2**	On a : **$a \times d = b \times c$**
	a	b	
	c	d	
Remarques	a et c doivent être de la **même unité.** Idem pour b et d. **Exemple :** en €, etc. **L'inconnue cherchée** peut être a, b, c ou d (selon l'énoncé).		Adaptez la formule selon l'inconnue cherchée. $a = \frac{b \times c}{d}$ $b = \frac{a \times d}{c}$ $c = \frac{a \times d}{b}$ $d = \frac{b \times c}{a}$

APPLICATION

Application ★★★☆☆ **1 min. – 3 min.**

Les États-Unis et la France sont les deux plus grands consommateurs de fast-food au monde. Leur population est proportionnelle au nombre de fast-foods présents sur leur territoire. Il y a 64 millions d'habitants en France, contre 320 millions aux États-Unis.
Combien y a-t-il de fast-foods en France sachant qu'il y en a 260 000 aux États-Unis ?

(A) 35 000 (B) 43 000 (C) 52 000 (D) 55 000 (E) 63 000

ASTUCE Pour simplifier les calculs en milliers ou en millions, **supprimez les zéros** !

Étape 1 **Construisons un tableau avec les données de l'énoncé.**

	Population du pays (en millions d'habitants)	Nombre de fast-foods (en milliers)
France	64	X
États-Unis	320	260

Étape 2 **Calculons l'inconnue à l'aide du produit en croix.**

$X \times 320 = 260 \times 64 \Leftrightarrow X = \dfrac{260 \times 64}{320} = \mathbf{52}$

Étape 3 **Concluons.**

Il y a **52 000 fast-foods** en France. **Réponse C.**

EXERCICES

Question 1 ★★☆☆☆ **15 sec. – 1 min.**

Camille achète une boîte de 25 chocolats pour 15 €. Maxime, quant à lui, achète une boîte de chocolats qui coûte 21 €. Sachant que le prix de la boîte est proportionnel au nombre de chocolats qu'elle contient, combien y a-t-il de chocolats dans la boîte de Maxime ?

(A) 33
(B) 34
(C) 35
(D) 36
(E) 37

Question 2 ★★★☆☆ **30 sec. – 2 min.**

Une école est composée de 2 classes : une petite d'une superficie de 28 m^2 et une grande d'une superficie de X m^2. On peut placer 36 élèves dans la grande classe et 21 élèves dans la petite classe. Que vaut X sachant que le nombre de places dans chaque classe est proportionnel à leur superficie ?

(A) 40 m^2
(B) 48 m^2
(C) 50 m^2
(D) 58 m^2
(E) 60 m^2

➔ **CORRIGÉ FICHE 200**

37 Proportionnalité multiple

Monsieur TAGE MAGE

Monsieur ÉCOLES de COMMERCE

CALCUL Fréquence ●●●○○ Difficulté ★★★★☆

Proportionnalité simple (produit en croix): 1 lien de proportionnalité entre **2 types de données** (voir la fiche « Proportionnalité simple »).

Proportionnalité multiple: 2 liens de proportionnalité entre **3 types de données.**

Étape 1 Synthétisez les données de l'énoncé dans un tableau.

Unité 1	Unité 2	Unité 3
a	b	e
c	d	f (inconnue)

REMARQUE L'inconnue cherchée peut être a, b, c, d, e ou f.

Étape 2 Calculez les coefficients « intermédiaires » et le coefficient « final ».

	Unité 1	Unité 2	Unité 3
	a	b	e
	c	d	f (inconnue)
Coefficients « intermédiaires »	$\times \frac{c}{a}$	$\times \frac{d}{b}$	
Coefficient « final »	$\times \frac{c}{a} \times \frac{d}{b}$ = coefficient final		
Coefficient « final » = Coefficient « intermédiaire » × Coefficient « intermédiaire ».			

Étape 3 Calculez le résultat final avec le coefficient « final ».

f (inconnue) = e × coefficient final

ATTENTION

1. « a » et « c », « b » et « d » et « e » et « f » doivent respectivement être exprimés dans la **même unité** (heures, jours, kg, grammes, nombre, etc.).
2. Pour les questions de temps, pensez à inverser les informations.
   Mettre 2 fois moins de temps à réaliser une action, c'est la faire 2 fois plus vite.

APPLICATION

Application ★★★★☆ **1 min. – 3 min.**

La société TransportExpress emploie 30 conducteurs de camions en 2015. Ces routiers parcourent en moyenne 400 km/jour et transportent 20 tonnes de marchandises par jour au total. La société réalise de bons profits et décide d'embaucher 30 conducteurs supplémentaires pour 2016.

Combien de tonnes de marchandises l'entreprise TransportExpress sera-t-elle en mesure de transporter entre le 1er mars 2016 et le 30 octobre 2016 ?

(A) 5 500 (B) 6 600 (C) 7 800 (D) 8 400 (E) 9 600

Étape 1 Synthétisons les données de l'énoncé dans un tableau.

Nombre de routiers	Durée	Marchandises transportées
30	1 jour	20 tonnes
60	8 mois ≈ 240 jours	?

Étape 2 Calculons les coefficients « intermédiaires » et le coefficient « final ».

	Nombre de routiers	Durée	Marchandises transportées
	30	1 jour	20 tonnes
	60	env. 240 jours	?
Coefficients « intermédiaires »	× 2	× 240	
Coefficient « final »	× 2 × 240 = × 480		

Étape 3 Calculons le résultat final avec le coefficient « final ».

20 × 480 = **9 600 tonnes. Réponse E.**

38 Les moyennes

Monsieur TAGE MAGE

Monsieur ÉCOLES de COMMERCE

CALCUL   Fréquence ●●●●●   Difficulté ★★★☆☆

MOYENNE ARITHMÉTIQUE, PONDÉRÉE ET HARMONIQUE

MOYENNE	FORMULE	APPLICATION
Arithmétique (sans coefficient)	$\dfrac{\textbf{Somme des termes}}{\textbf{Nombre de termes}}$	Paul a 120 timbres, Samuel en a 500 et Bernard en a 1 000. En moyenne, chacun en a : $\dfrac{1000+500+120}{3}=\dfrac{1620}{3}=\mathbf{540}$
Pondérée (avec coefficient)	**X :** Valeur numérique **P :** Son « poids » (coefficient) **N :** Nombre de termes $\dfrac{X_1 \times P_1 + X_2 \times P_2 + \ldots + X_N \times P_N}{\text{Somme des coefficients}}$	Arnaud calcule sa moyenne générale. Il a eu 14/20 (coefficient 3), 16/20 (coefficient 2) et 17/20 (coefficient 6). Quelle est sa moyenne générale ? $\dfrac{(14\times3)+(16\times2)+(17\times6)}{3+2+6}=\mathbf{16}$
Harmonique	**X :** Valeur numérique **N :** Nombre de termes $\dfrac{N}{\left(\dfrac{1}{X_1}\right)+\left(\dfrac{1}{X_2}\right)+\ldots+\left(\dfrac{1}{X_N}\right)}$	Jean conduit entre 2 villes distantes de 10 km à 80 km/h de moyenne (aller) puis conduit le retour à 120 km/h en moyenne. Quelle est sa vitesse moyenne ? $\dfrac{2}{\left(\dfrac{1}{80}\right)+\left(\dfrac{1}{120}\right)}=\mathbf{96\ km/h}$

ASTUCE Quand tous les coefficients sont identiques, la moyenne pondérée est égale à la moyenne arithmétique.

EXERCICES

Question 1 ★★☆☆☆ **30 sec. – 2 min.**

Les parents de Martin ont promis de lui offrir une moto s'il avait 400/600 ou plus au TAGE MAGE®. Le score du TAGE MAGE® se décompose en 3 notes sur 200, toutes affectées au même coefficient. Il connaît déjà 2 de ses 3 notes : 150/200 et 50/200.
Quel score au minimum doit-il obtenir à la 3e épreuve pour recevoir sa moto ?

(A) 50

(B) 100

(C) 150

(D) 200

(E) Aucune de ces notes ne convient.

Question 2 ★★☆☆☆ **30 sec. – 2 min.**

À l'adolescence, Baptiste a connu une croissance fulgurante. L'année de ses 14 ans, il a grandi de 8 cm. L'année suivante, il a grandi de 10 cm. Enfin, l'année de ses 16 ans, Baptiste a grandi de 18 cm. Quelle a été sa croissance annuelle moyenne entre 14 ans et 16 ans ?

(A) 10 cm

(B) 12 cm

(C) 14 cm

(D) 16 cm

(E) 18 cm

Question 3 ★★★★☆ **1 min. – 3 min.**

Thomas a renversé du café sur son bulletin de notes de BTS. La note d'économie et son coefficient ne sont plus lisibles. Toutefois, il sait qu'il a 13 de moyenne générale, 14 en comptabilité et 12 de moyenne dans les autres matières (Statistiques, Histoire, Anglais), dont la somme des coefficients est de 20 sur un total de 30.
Ainsi, quel couple (note ; coefficient) Thomas peut-il avoir obtenu en économie ?

(A) (15,5 ; 5)

(B) (16 ; 6)

(C) (16,5 ; 4)

(D) (17 ; 3)

(E) (18,5 ; 2)

➔ **CORRIGÉ FICHE 200**

39 Le barycentre

Monsieur TAGE MAGE
Monsieur ÉCOLES de COMMERCE

CALCUL Fréquence ●●●○○ Difficulté ★★★★☆

DÉFINITION

Le **barycentre est le point d'équilibre/le centre de gravité de 2 points ou plus** qui soutient des « poids différents ». On utilise le barycentre dans les exercices qui demandent d'évaluer le poids relatif de 2 groupes par rapport à une moyenne générale. Plus un groupe « pèse » dans la moyenne et plus il est présent relativement à l'autre groupe. Plus un groupe est graphiquement proche de la moyenne générale, plus ce groupe est présent comparativement à l'autre groupe.

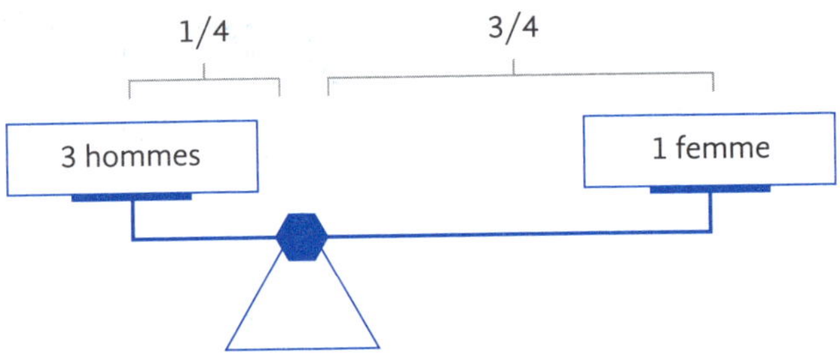

$$\text{Proportion d'un des 2 groupes} = \frac{\text{Moyenne générale} - \text{Moyenne mini}}{\text{Moyenne maxi} - \text{Moyenne mini}}$$

ASTUCE Pour trouver auquel des 2 groupes cette proportion correspond, on observe son poids. Si **la proportion est inférieure à 1/2**, alors elle désigne le groupe **le moins proche** de la moyenne générale. Si **la proportion est supérieure à 1/2**, alors elle désigne le groupe **le plus proche** de la moyenne générale.

Application ★★★☆☆ **30 sec. – 3 min.**

L'équipe de France de rugby a marqué en moyenne 4 essais par match sur un total de 30 matchs joués en 2015. Les jours de pluie, le XV de France a marqué 2 essais en moyenne, contre 5 en moyenne les jours sans pluie. Combien de matchs ont-été joués sous la pluie ?

(A) 9 (B) 10 (C) 11 (D) 12 (E) 13

Étape 1 Schématisons les données de l'énoncé.

2	4	5
Moyenne mini « Jours de pluie »	Moyenne «Année 2015»	Moyenne maxi « Jours sans pluie »

ASTUCE La moyenne générale (4) est plus proche de la moyenne des jours sans pluie (5) que de la moyenne des jours de pluie (2). Donc, il y a eu plus de jours sans pluie que de jours avec pluie.

Étape 2 Calculons la proportion d'un des 2 groupes.

$$\frac{\text{Moyenne générale} - \text{Moyenne mini}}{\text{Moyenne maxi} - \text{Moyenne mini}} = \frac{4-2}{5-2} = \frac{2}{3}$$

REMARQUE 2/3 > 1/2 donc 2/3 est la proportion des matchs sans pluie (voir astuce).

Étape 3 Calculons le nombre de matchs sans pluie.

Proportion (2/3) × Effectif total (30 matchs) = (2/3) × 30 = **20 matchs sans pluie.**

Étape 4 Concluons.

Nombre de matchs avec pluie = Nombre total de matchs – Nombre de matchs sans pluie, soit : 30 – 20 = **10 matchs avec pluie. Réponse B.**

EXERCICES

Question 1 ★★★★☆ **30 sec. – 3 min.**

Victor fête son anniversaire chez lui et reçoit 10 invités. Les filles offrent en moyenne 2 cadeaux chacune tandis que les garçons offrent en moyenne 1 cadeau chacun. Sachant que chaque invité offre en moyenne 1,4 cadeau, combien de filles y a-t-il à cette soirée ?

(A) 1 (B) 2 (C) 3 (D) 4 (E) 5

Question 2 ★★★☆☆ **30 sec. – 2 min.**

Dans une entreprise, la taille moyenne des hommes est de 176 cm, alors que celle des femmes est de 160 cm. Quelle est la taille moyenne des employés de l'entreprise (hommes et femmes), sachant qu'il y a 3 fois plus d'hommes que de femmes ?

(A) 166 cm (B) 168 cm (C) 170 cm (D) 172 cm (E) 174 cm

CORRIGÉ FICHE 200

40 Contenance, concentration, flux et débit

Monsieur TAGE MAGE

Monsieur ÉCOLES de COMMERCE

CALCUL Fréquence ●●○○○ Difficulté ★★★★☆

Contenance	Quantité de liquide que peut contenir un contenant. **Exemple** : 30 cL pour un verre.
Concentration	Proportion d'un liquide dans un volume total. **Exemple** : 20 % de vinaigre dans la vinaigrette.
Flux	Écoulement d'un liquide.
Débit	Liquide qui s'écoule en un point donné par unité de temps. **Exemple** : 8 cL/minute.

CAS DE FLUX/DÉBIT

Application ★★★☆☆ **45 sec. – 2 min.**

Un réservoir de 2500 litres est percé et perd 3 litres par minute. Le liquide du réservoir percé s'écoule dans un autre réservoir, troué lui aussi, qui perd 2 litres par minute.
Si on met un seau sous ce 2e réservoir pour récolter l'eau qui s'écoule, au bout de combien de temps aura-t-on récolté 15 L d'eau ?

(A) 5 minutes (B) 6 minutes (C) 6,5 minutes (D) 7 minutes (E) 7,5 minutes

Étape 1 Réalisons un schéma de la situation.

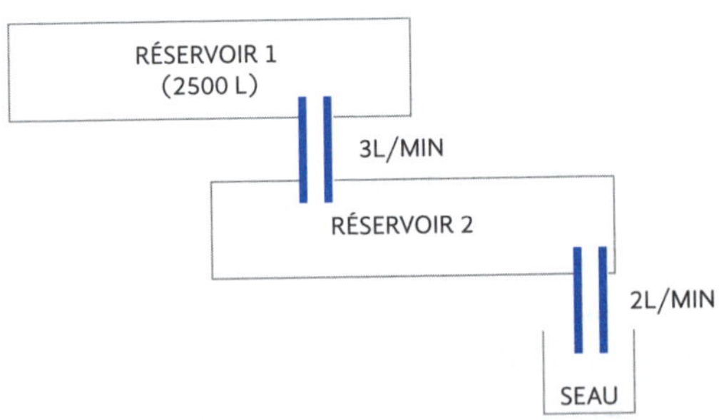

Étape 2 Calculons le temps nécessaire.

On comprend (voir schéma) que seulement 2 litres par minute s'écoulent par le 2e trou. Ainsi, au rythme de 2 litres/minute, il faudra 15 ÷ 2 = **7,5 minutes** pour récolter 15 litres. **Réponse E.**

CAS D'ÉVAPORATION ET DE CONCENTRATION

Application ★★★☆☆ **45 sec. – 2 min.**

Un réservoir contient 1000 litres d'une solution qui est un mélange d'eau et d'essence. La concentration d'essence est de 10 % en volume. Si 400 litres d'eau s'évaporent du réservoir, quelle sera la concentration en essence de la solution ?

(A) 15 % (B) 12,5 % (C) 20 % (D) 16,5 % (E) 11,5 %

Étape 1 Calculons la quantité de l'élément cherché avant évaporation.

La quantité initiale d'essence est 10 % × 1000 = **100 L.**

Étape 2 Calculons la concentration de l'élément cherché dans la quantité après évaporation.

Il y a 100 L d'essence et la nouvelle quantité de liquide est : 1000 – 400 = 600 L.

La concentration en essence est donc de : $\frac{100}{600} = \frac{1}{6} \approx$ **16,5 %. Réponse D.**

CAS DE CONCENTRATION DE 2 LIQUIDES

Application ★★★☆☆ **45 sec. – 2 min.**

2 bouteilles contiennent de l'huile et de l'eau. La 1re bouteille contient 1 litre dont 20 % d'huile. La 2e bouteille contient 1,5 litre dont 2/3 d'huile.
On mélange le contenu des deux bouteilles. Quelle est la concentration en huile du mélange ?

(A) 18 % (B) 34 % (C) 43 % (D) 48 % (E) 58 %

Étape 1 Calculons la quantité d'huile contenue dans chacune des 2 bouteilles.

La 1re contient : $\frac{20}{100} \times 1\text{L} =$ **0,2 L d'huile**. La 2e contient : $\frac{2}{3} \times \frac{3}{2}$ L = **1 litre d'huile.**

Étape 2 Calculons la concentration du mélange des 2 bouteilles.

En mélangeant, on obtient 1 + 1,5 L = **2,5 L de liquide** dont 0,2 + 1 = 1,2 L d'huile.

La concentration en huile est donc : $\frac{1,2}{2,5} =$ **48 %. Réponse D.**

41 Échelle (proportion)

Monsieur TAGE MAGE

Monsieur ÉCOLES de COMMERCE

CALCUL Fréquence ●○○○○ Difficulté ★★★☆☆

DÉFINITION ET FORMULE

Échelle : Rapport entre la mesure d'un objet réel et la mesure de sa représentation (carte géographique, maquette, etc.).

Une échelle est exprimée par une valeur numérique, généralement sous forme de fraction.

Échelle : X/100 ou X : 100 ou au Xe.

$$\textbf{Dimension apparente} = \textbf{Dimension réelle} \times \frac{X}{100}$$

CARTE OU PLAN

Application 1 ★★★☆☆ **30 sec. – 2 min.**

2 amis partent en randonnée pour la journée mais leur GPS tombe en panne. Heureusement, l'un d'eux a pris sa carte à l'échelle 1 : 1800. Sur la carte, ils sont à 48 centimètres du refuge où ils doivent passer la nuit. À quelle distance du refuge se situent-ils réellement ?

(A) 180 mètres
(B) 320 mètres
(C) 598 mètres
(D) 864 mètres
(E) 1 014 mètres

Étape 1 Interprétons l'énoncé.

La carte est à l'échelle 1 : 1 800. Chaque centimètre sur la carte correspond donc à 1 800 centimètres dans la réalité.

Étape 2 Calculons la dimension réelle.

$48 \times 1\,800 = 86\,400$ centimètres = **864 mètres.**

Étape 3 Concluons. Réponse D.

MAQUETTE

Application 2 ★★★☆☆ **30 sec. – 2 min.**

Thibault est collectionneur. Il peint des figurines à l'échelle 1/122. Sa plus grande figurine mesure 0,023 mètres. Quelle serait la taille réelle de cette figurine ?

(A) 2,806 m

(B) 28 m

(C) 280 dm

(D) 0,286 hm

(E) 28 000 mm

Étape 1 Interprétons l'énoncé.

La figurine est à l'échelle 1/122. Chaque centimètre de la figurine correspond donc à 122 centimètres dans la réalité.

Étape 2 Calculons la dimension réelle.

$0{,}023 \times 122 =$ **2,806 mètres.**

Étape 3 Concluons. Réponse A.

EXERCICES

Question 1 ★★★☆☆ **30 sec. – 2 min.**

Sur un plan, on veut représenter à l'échelle 1/500 000 une distance réelle de 7,5 km. Quelle est la longueur correspondante sur le plan ?

(A) 7,5 cm

(B) 0,000015 cm

(C) 15 cm

(D) 1,5 cm

(E) Aucune de ces réponses.

Question 2 ★★★☆☆ **30 sec. – 2 min.**

À Paris, la tour Montparnasse mesure 300 mètres de hauteur. Si l'on construit un modèle réduit qui mesure 24 cm de haut, quelle a été l'échelle choisie ?

(A) 0,08 % (B) 0,12 % (C) 0,18 % (D) 0,22 % (E) 0,28 %

➔ **CORRIGÉ FICHE 200**

42 Équations et inéquations

Monsieur TAGE MAGE

Monsieur ÉCOLES de COMMERCE

CALCUL Fréquence ●●●●● Difficulté ★★★☆☆

ÉQUATIONS

Une **équation** est une **égalité** liant **une ou plusieurs inconnues. Exemple**: $X + 4Y = 16$.

ASTUCE

1. Dans une équation, on peut intervertir les termes à gauche et à droite du « = ».
2. Dans une équation, il est possible d'ajouter le même terme des deux côtés du « = » ou de multiplier par le même nombre (positif ou négatif) des deux côtés du « = ».
3. **Utilisez des initiales pour simplifier les équations**, sauf lorsque deux éléments ont la même initiale ! (**Exemple** : Arnaud ⇔ A).

ÉQUATIONS DU PREMIER DEGRÉ

Une **équation du premier degré** est une équation de la forme : **aX + b**.

Méthode : Il faut isoler l'inconnue cherchée (souvent X) à gauche.

Exemple de résolution : $9X = 33 \Leftrightarrow X = \frac{33}{9} = \frac{3 \times 11}{3 \times 3} \Leftrightarrow \mathbf{X = \frac{11}{3}}$

ATTENTION Quand on passe un terme de l'autre côté du signe « = », son **signe change**.
Exemple de résolution : $X - 5 = 3 \Leftrightarrow X = 3 + 5 = 8$.

ÉQUATIONS DU SECOND DEGRÉ

Une **équation du second degré** est une équation de la forme : $\mathbf{aX^2 + bX + c = 0}$

Exemple de résolution quand b = 0 : $6X^2 = 96 \Leftrightarrow X^2 = \frac{96}{6} = 16 \Leftrightarrow \mathbf{X = 4 \text{ ou } X = -4}$

Exemple de résolution quand b ≠ 0 : $6X^2 - 4X + 16 = 0$. Il faut calculer le **discriminant** Δ.

$$\mathbf{\Delta = b^2 - 4 \times a \times c}$$

3 cas se présentent selon le signe de Δ		
Si $\Delta < 0$	**Si $\Delta = 0$**	**Si $\Delta > 0$**
0 solution	**1 solution :** $X = \frac{-b}{2a}$	**2 solutions :** $X_1 = \frac{-b - \sqrt{\Delta}}{2a}$ et $X_2 = \frac{-b + \sqrt{\Delta}}{2a}$

Exemple : Résoudre l'équation : $-X^2 + 4X + 12 = 0$

Calculons le **discriminant** Δ : $\Delta = 4^2 - 4 \times (-1) \times (12) = 16 + 48 = 64$ (> 0).

$\Delta > 0$. Donc l'équation admet deux solutions, X_1 et X_2.

$$X_1 = \frac{-4 - \sqrt{64}}{-2} = 6 \text{ et } X_2 = \frac{-4 + \sqrt{64}}{-2} = -2$$

INÉQUATIONS

Une **inéquation** est une **inégalité** liant **une ou plusieurs inconnues. Exemple** : $X + 4Y < 16$.

Méthode : Il faut isoler l'inconnue cherchée (souvent X) à gauche.

Exemple de résolution : $3Z > 16 - 3Z \Leftrightarrow 6Z > 16 \Leftrightarrow Z > 16/6$

ATTENTION

1. Les deux membres ne sont pas interchangeables (**Exemple** : $3 < 5 \neq 5 < 3$) !
2. Dans une inéquation, il est possible **d'ajouter le même terme** des deux côtés du « > » (ou « < ») mais **on ne peut multiplier des deux côtés que par un nombre positif.** Lorsque l'on multiplie par un nombre négatif, on inverse l'inégalité : si $a > b$, alors $-a < -b$ (**inversion !**). De la même manière, si $a > b$, alors $\frac{1}{a} < \frac{1}{b}$ (**inversion !**).
3. Quand on passe un terme de l'autre côté du signe « = », son **signe change.** **Exemple de résolution** : $X - 5 > 3 \Leftrightarrow X > 3 + 5$

EXERCICE

Question 1 ★★★☆☆ **30 sec. – 2 min.**

Sachant que $X > Y > 3$ et que $Z > 2$, que peut-on conclure ?

(A) $X > Y > Z$ (B) $Z < 3$ (C) $X > Z > 2$ (D) $Y < Z$ (E) On ne peut pas savoir.

CORRIGÉ FICHE 200

43 Systèmes d'équations

Monsieur TAGE MAGE

Monsieur ÉCOLES de COMMERCE

CALCUL Fréquence ●●●●● Difficulté ★★★★☆

INTRODUCTION ET DÉFINITIONS

Un **système d'équations** est un **ensemble de plusieurs équations à plusieurs inconnues** (X, Y, Z, etc.) relatives à un **même problème**.

Exemple : $\begin{cases} X + 2Y = 5 \\ 5X + 4Y = 10 \end{cases}$ est un système d'équations.

ATTENTION Pour qu'un système d'équations **admette une solution, le nombre d'inconnues doit être égal au nombre d'équations non proportionnelles (ou différentes).**

Définitions	Exemples
2 équations sont « **proportionnelles** » (**ou « liées »**) si elles apportent **la même information**.	**(1)** $X + Y = 2$ et **(2)** $3X + 3Y = 6$ (car (2) = 3 × (1)).
2 équations sont « **incompatibles** » si elles apportent **2 informations contradictoires**.	**(1)** $2X + 2Y = 0$ et **(2)** $X + Y = 3$ (car (1) ⇔ $X + Y = 0$ mais (2) ⇔ $X + Y = 3$).
2 équations sont « **indépendantes** » si elles ne sont **ni proportionnelles/liées, ni incompatibles**.	**(1)** $X + Y = 5$ et **(2)** $3X + 4Y = 18$

OPÉRATIONS AUTORISÉES DANS UN SYSTÈME D'ÉQUATIONS

Dans un système d'équations, on peut :	$\mathbf{X + Y = Z}$
Ajouter la même quantité aux 2 membres.	$X + Y + \mathbf{4} = Z + \mathbf{4}$
Soustraire la même quantité aux 2 membres.	$X + Y - \mathbf{5} = Z - \mathbf{5}$
Multiplier les 2 membres par la même quantité.	$\mathbf{3} \times (X + Y) = \mathbf{3} \times Z$
Diviser les 2 membres par la même quantité (≠ 0).	$\frac{X+Y}{\mathbf{4}} = \frac{Z}{\mathbf{4}}$

MÉTHODES DE RÉSOLUTION : SUBSTITUTION ET COMBINAISON

	Méthode	Exemple
SUBSTITUTION	**(1) Isolez** une des inconnues. (Ici, on isole X)	$\begin{cases} 2X + Y = 4{,}2 \\ X + 3Y = 7{,}1 \end{cases} \Leftrightarrow \begin{cases} 2X + Y = 4{,}2 & (1) \\ \mathbf{X = 7{,}1 - 3Y} & (2) \end{cases}$
	(2) Insérez-la dans l'autre équation. ((2) dans (1))	$\Leftrightarrow \begin{cases} 2 \times \mathbf{(7{,}1 - 3Y)} + Y = 4{,}2 \\ X = 7{,}1 - 3Y \end{cases}$
	(3) Développez les calculs.	$\Leftrightarrow \begin{cases} 14{,}2 - 5Y = 4{,}2 \\ X = 7{,}1 - 3Y \end{cases}$
	(4) Trouvez une des deux inconnues.	$\Leftrightarrow \begin{cases} 5Y = 10 \\ X = 7{,}1 - 3Y \end{cases} \Leftrightarrow \begin{cases} \mathbf{Y = 2} \\ X = 7{,}1 - 3Y \end{cases}$
	(5) Insérez cette inconnue dans la 2e équation.	$\Leftrightarrow \begin{cases} Y = 2 \\ X = 7{,}1 - 3 \times 2 \end{cases}$
	(6) Concluez.	$\Leftrightarrow \begin{cases} \mathbf{Y = 2} \\ \mathbf{X = 1{,}1} \end{cases}$

COMBINAISON	**(1) Faites apparaître** le même coeff. devant une des deux inconnues dans les 2 équations (Ici, 2X).	$\begin{cases} 2X + Y = 4{,}2 \\ X + 3Y = 7{,}1 \end{cases} \Leftrightarrow \begin{cases} \mathbf{2X + Y = 4{,}2} & (1) \\ \mathbf{2X + 6Y = 14{,}2} & (2) \end{cases}$ *(On a multiplié la 2e équation par 2 pour faire apparaître 2X)*
	(2) Soustrayez les 2 équations. ((2) – (1))	$\Leftrightarrow \begin{cases} 2X + Y = 4{,}2 \\ 2X + 6Y - 2X - Y = 14{,}2 - 4{,}2 \end{cases}$ $\Leftrightarrow \begin{cases} 2X + Y = 4{,}2 \\ 5Y = 10 \end{cases}$
	(3) Trouvez une des deux inconnues.	$\Leftrightarrow \begin{cases} 2X + Y = 4{,}2 \\ Y = 2 \end{cases}$
	(4) Insérez cette inconnue dans la 1re équation.	$\Leftrightarrow \begin{cases} 2X + 2 = 4{,}2 \\ Y = 2 \end{cases}$
	(5) Concluez.	$\Leftrightarrow \begin{cases} \mathbf{Y = 2} \\ \mathbf{X = 1{,}1} \end{cases}$

44 Les fractions

Monsieur TAGE MAGE

Monsieur ÉCOLES de COMMERCE

CALCUL Fréquence ●●●●● Difficulté ★★★☆☆

DÉFINITION

$$\frac{a}{b} = \frac{\text{Numérateur}}{\text{Dénominateur}}\text{ ; « b » différent de 0.}$$

OPÉRATIONS (À CONNAÎTRE PAR CŒUR)

	Additions de fractions	Soustractions de fractions
Dénominateurs différents	$\frac{a}{b}+\frac{c}{d}=\frac{a \times d + c \times b}{b \times d}$	$\frac{a}{b}-\frac{c}{d}=\frac{a \times d - c \times b}{b \times d}$
Dénominateurs identiques	$\frac{a}{b}+\frac{c}{b}=\frac{a+c}{b}$	$\frac{a}{b}-\frac{c}{b}=\frac{a-c}{b}$

REMARQUE Pour additionner ou soustraire 2 fractions, **les mettre au même dénominateur.**

	Multiplications de fractions	Divisions de fractions
Dénominateurs différents ou identiques	$\frac{a}{b} \times \frac{c}{d} = \frac{a \times c}{b \times d}$	$\frac{\frac{a}{b}}{\frac{c}{d}} = \frac{a}{b} \times \frac{d}{c}$

REMARQUES

1. Multiplier 2 fractions, c'est multiplier leur numérateur et leur dénominateur.
2. Diviser par une fraction, c'est **multiplier par l'inverse de cette fraction.**

Égalité de fractions	
$c = a \times b \Leftrightarrow a = \frac{c}{b} \Leftrightarrow b = \frac{c}{a} \Leftrightarrow \frac{a}{c} = \frac{1}{b} \Leftrightarrow \frac{b}{c} = \frac{1}{a}$	$\frac{a}{b} = \frac{c}{d} \Leftrightarrow a \times d = b \times c$

ASTUCE Simplifiez vos fractions en divisant le numérateur et le dénominateur par un multiple commun. **Exemple :** $\frac{35}{49} = \frac{5 \times 7}{7 \times 7} = \frac{5}{7}$

ATTENTION Toutes les fractions ne sont pas simplifiables. **Exemple :** 3/5.

ASTUCE Pour les fractions avec des nombres décimaux, faites disparaître la ou les virgules en multipliant les chiffres/nombres par 10, 100 ou 1 000, « en haut et en bas ».
Exemple : $\frac{20{,}9}{1{,}1} = \frac{20{,}9 \times 10}{1{,}1 \times 10} = \frac{209}{11} = 19.$

EXERCICES

Question 1 ★★☆☆☆ **30 sec. – 1 min.**

Un nombre augmenté de son quart donne 20. Quel est ce nombre ?

(A) 16 (B) 15 (C) 14 (D) 13 (E) 12

Question 2 ★★★☆☆ **30 sec. – 2 min.**

Jacques vient de fêter ses 50 ans en famille. Sa fille Marie est âgée du tiers de la différence entre les quatre cinquièmes et la moitié de l'âge de son père. Quel est l'âge de Marie ?

(A) 4 (B) 5 (C) 6 (D) 7 (E) 10

Question 3 ★★★★☆ **45 sec. – 3 min.**

Andrew MacDonald est un producteur de whisky pur malt depuis 1832. À la suite d'une mauvaise récolte, il ne parvient à remplir sa cuve de chêne de 1 000 litres qu'aux trois quarts. Il doit ensuite attendre 3 ans avant d'effectuer la mise en bouteille. Durant ces trois années, une partie du volume d'alcool s'évapore, si bien que le volume de whisky dans la cuve baisse de 25 %.
Combien de bouteilles de whisky de 25 cl Andrew MacDonald peut-il remplir après 3 ans ?

(A) 2 150 (B) 2 200 (C) 2 250 (D) 2 300 (E) 2 350

➔ **CORRIGÉ FICHE 200**

45 Vitesse, distance et temps

Monsieur TAGE MAGE

Monsieur ÉCOLES de COMMERCE

CALCUL Fréquence ●●●●● Difficulté ★★★★☆

VITESSE MOYENNE SANS CHANGEMENT DE VITESSES

CAS DE 1 ÉLÉMENT SANS CHANGEMENT DE VITESSES

On cherche	On connaît	Formule	Exemple
Vitesse	Temps, Distance	$V = \frac{D}{T}$	Si on parcourt 10 kilomètres en 30 minutes (= 0,5 h), la vitesse est de : $V = \frac{D}{T} = \frac{10}{0{,}5} = \mathbf{20\ km/h}$
Temps	Vitesse, Distance	$T = \frac{D}{V}$	Si on parcourt 90 kilomètres à 45 km/h, on met : $T = \frac{D}{V} = \frac{90}{45} = \mathbf{2\,h}$
Distance	Vitesse, Temps	$D = V \times T$	Si on se déplace à 100 km/h pendant 4 heures, on parcourt : $D = V \times T = 100 \times 4 = \mathbf{400\ km}$

ATTENTION Les unités doivent être identiques ! (km/h avec h, m/sec avec sec.).

CAS DE 2 ÉLÉMENTS SANS CHANGEMENT DE VITESSES

ASTUCE Synthétisez les données dans un tableau.

	Vitesse	Distance	Temps
Personne 1	V_1	D_1	T_1
Personne 2	V_2	D_2	T_2

VITESSE MOYENNE AVEC CHANGEMENT DE VITESSES

ATTENTION Dans un cas de changement de vitesses, la vitesse moyenne n'est pas la moyenne des vitesses.

VITESSE MOYENNE AVEC CHANGEMENT DE VITESSES QUAND $D_1 = D_2$

$$\text{Vitesse moyenne A/R} = \frac{2 \times V_{Aller} \times V_{Retour}}{V_{Aller} + V_{Retour}}$$

REMARQUE Utilisez cette formule pour les trajets qui sont de **distances égales (Exemples** : Des aller-retour, des tours de circuit, etc.).

VITESSE MOYENNE AVEC CHANGEMENT DE VITESSES QUAND $D_1 \neq D_2$

$$\text{Vitesse moyenne} = \frac{D_1 + D_2}{\left(\frac{D_1}{V_1}\right) + \left(\frac{D_2}{V_2}\right)}$$

REMARQUE Utilisez cette formule pour les trajets qui ne sont **pas de distances égales.**

EXERCICES

Question 1 ★★★☆☆ **30 sec. – 1 min.**

Caroline a effectué un trajet de 45 minutes en voiture entre son domicile et Paris, distants de 40 kilomètres. Quelle a été sa vitesse moyenne en km/h ?

(A) ≈ 44 km/h (B) ≈ 47 km/h (C) ≈ 50 km/h (D) ≈ 53 km/h (E) ≈ 56 km/h

Question 2 ★★★★☆ **45 sec. – 3 min.**

À la sortie des cours, Arnaud propose à ses amis de faire un tour dans sa nouvelle voiture. Pour les impressionner, il roule à une vitesse de 120 km/h sur une distance de 10 kilomètres. Voyant au loin une voiture de police, il décide de ralentir et roule à 60 km/h sur une distance de 2 kilomètres. Ensuite, à cette même vitesse, il effectue un demi-tour et emprunte le même chemin pour le retour. Quelle est la vitesse moyenne d'Arnaud sur ce trajet ?

(A) ≈ 72 km/h (B) ≈ 76 km/h (C) ≈ 77 km/h (D) ≈ 79 km/h (E) ≈ 82 km/h

➔ **CORRIGÉ FICHE 200**

46 Partage du temps de travail

Monsieur TAGE MAGE

Monsieur ÉCOLES de COMMERCE

CALCUL Fréquence ●●●●○ Difficulté ★★★☆☆

PARTAGE DU TEMPS DE TRAVAIL ENTRE « N » PERSONNES

T_{Total} = Temps total mis par « **n** » **personnes** (**ensemble**) pour réaliser une **même action.**

Exemple : Ranger une chambre.

T_1 = Temps mis par la **personne 1** pour réaliser l'action **seule**.

T_2 = Temps mis par la **personne 2** pour réaliser l'action **seule**.

T_n = Temps mis par la **personne « n »** pour réaliser l'action **seule**.

$$\frac{1}{T_{Total}} = \frac{1}{T_1} + \frac{1}{T_2} + \ldots + \frac{1}{T_n}$$

ATTENTION

1. Les temps doivent être **exprimés dans la même unité** (heures, minutes, etc.).
2. Cette formule permet d'obtenir $1/T_{Total}$ (et non T_{Total} directement).
   Inversez la fraction à la fin du calcul pour trouver $\mathbf{T_{Total}}$.

PARTAGE DU TEMPS DE TRAVAIL ENTRE 2 PERSONNES

La majorité des exercices de partage du temps de travail au TAGE MAGE® concerne le cas de **2 personnes**. Dans ce cas, la formule est :

$$\frac{1}{T_{Total}} = \frac{1}{T_1} + \frac{1}{T_2}$$

APPLICATION

Application ★★★☆☆ **30 sec. – 2 min.**

Joachim et Arnaud mettent respectivement 2 mois et 90 jours pour écrire un livre de TAGE MAGE®. Combien de temps mettraient-ils s'ils écrivaient ensemble le livre ?

(A) 5 mois

(B) ≈ 1,6 mois

(C) ≈ 135 jours

(D) ≈ 1 mois et 6 jours

(E) 2 mois

Étape 1 Traduisons l'énoncé.

On pose $T_1 = 2$ mois et $T_2 = 90$ jours ≈ 3 mois.

Étape 2 Calculons le temps mis par les 2 ensemble.

$\frac{\mathbf{1}}{\mathbf{T}} = \frac{1}{T_1} + \frac{1}{T_2} = \frac{1}{2} + \frac{1}{3} = \frac{\mathbf{5}}{\mathbf{6}}$ **mois** ⇔ $T = \frac{6}{5}$ mois ⇔ $T = \frac{5+1}{5}$ mois ⇔ $\mathbf{T} = \frac{5}{5} + \frac{1}{5}$ mois = **1 mois et 6 jours. Réponse D.**

PRODUCTION, PRODUCTIVITÉ ET TEMPS DE TRAVAIL

	Définition	Formule	Exemple
Production	Quantité de biens produits	Productivité × Temps de travail	4 voitures
Productivité	Production réalisée au cours d'une période	$\frac{\text{Production}}{\text{Temps de travail}}$	2 voitures/30 min
Temps de travail	Temps consacré à la production	$\frac{\text{Production}}{\text{Productivité}}$	1 heure

ATTENTION Utilisez les **mêmes unités de temps** (heures, minutes, etc.).

47 Cas de rattrapage

Monsieur TAGE MAGE

Monsieur ÉCOLES de COMMERCE

CALCUL Fréquence ●●●●○ Difficulté ★★★★☆

DÉFINITION ET ÉLÉMENTS NÉCESSAIRES

Les **cas de rattrapage** consistent à calculer le temps (*ou la distance*) que met un « poursuivant » à rattraper un « poursuivi », parti avant et dans la même direction.

Les éléments nécessaires pour traiter un cas de rattrapage sont :

- la vitesse du poursuivant et du poursuivi ou la différence de vitesses entre les 2.
- le retard que compte le poursuivant sur le poursuivi au début de la poursuite (en temps ou en distance).

ATTENTION Si **vitesse du poursuivant < vitesse du poursuivi**, alors le poursuivant ne rattrapera jamais le poursuivi !

APPLICATION

Joachim part de Paris en direction de Marseille à 10 heures à la vitesse de 56 km/h. Arnaud part de Paris à midi en direction de Marseille à 70 km/h.

À quelle heure Arnaud aura-t-il rattrapé Joachim ? Combien de kilomètres aura-t-il parcouru ?

MÉTHODE À APPLIQUER

Étape 1 Calculez la distance d'avance du poursuivi sur le poursuivant, au moment de son départ.

Joachim part de Paris à 10 heures. Arnaud part de Paris à 12 heures. Joachim part donc 2 heures avant et avance à 56 km/h.

Il a donc 56km/h × 2 heures = **112 km d'avance sur Arnaud**, au moment de son départ.

Étape 2 Calculez l'écart de vitesses entre Arnaud et Joachim.

Arnaud avance à 70 km/h. Joachim avance à 56 km/h.

Arnaud rattrape donc Joachim de 70 – 56 = **14 km/h.**

Étape 3 Divisez le résultat de l'étape 1 par le résultat de l'étape 2.

Selon la formule **T = D/V**, on a : **Temps de rattrapage = (Distance d'avance)/(Écart de vitesses)** Soit **Temps de rattrapage = (Étape 1) / (Étape 2).**

Donc, on a : Temps de rattrapage = 112/14 = **8 heures.** Arnaud met 8 heures pour rattraper Joachim. Il le rattrapera à 12 h (départ) + 8 h (de rattrapage) = **20h.**

Arnaud aura parcouru : 8 heures de rattrapage × 70 km/h = **560 km.**

EXERCICES

Question 1 ★★★☆☆ **30 sec. – 2 min.**

2 cyclistes font la course sur un circuit circulaire de 800 mètres de circonférence en partant du même point. Sachant que l'un des 2 cyclistes avance 4 km/h plus vite que l'autre, en combien de temps le plus rapide aura-t-il un tour d'avance sur le moins rapide ?

(A) 10 minutes.
(B) 12 minutes.
(C) 15 minutes.
(D) 20 minutes.
(E) 25 minutes.

Question 2 ★★★★☆ **30 sec. – 2 min.**

Paul débute son jogging à 10h00 à la vitesse de 12 km/h. Partie 15 minutes plus tard, Marianne le rattrape à 10h45. Quelle est la vitesse de Marianne ?

(A) 14 km/h.
(B) 15 km/h.
(C) 16 km/h.
(D) 18 km/h.
(E) 20 km/h.

➔ **CORRIGÉ FICHE 200**

Toutes les questions sont corrigées en vidéo dans votre espace **E-LEARNING sur www.monsieur-tage-mage.com**

48 Cas de croisement : Départ simultané

Monsieur TAGE MAGE

Monsieur ÉCOLES de COMMERCE

CALCUL Fréquence ●●●●○ Difficulté ★★★★☆

Définition	Les 2 éléments partent **en même temps** (départ simultané) et se croisent.
Schéma	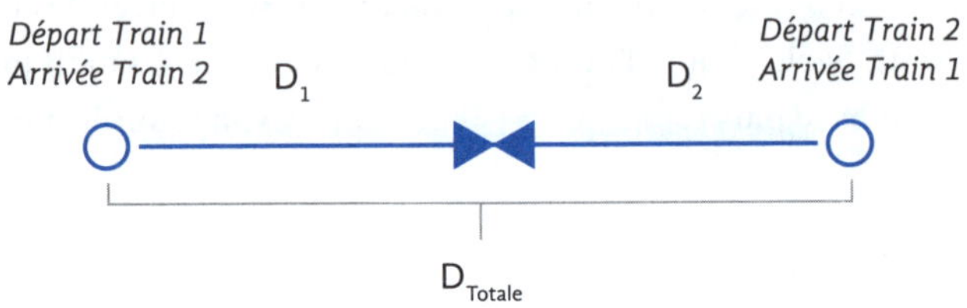
Élements	$\mathbf{D_1}$ = Distance entre le départ du train 1 et le lieu de croisement. $\mathbf{D_2}$ = Distance entre le départ du train 2 et le lieu de croisement. $\mathbf{D_{Totale}}$ = Distance entre le lieu de départ du train 1 et le lieu de départ du train 2.

MÉTHODE 1 Valeur cherchée : Durée du trajet avant le croisement

$$\text{Durée du trajet avant le croisement (T)} = \frac{\text{Distance entre les deux éléments (D)}}{\text{Somme des vitesses des deux éléments (V)}}$$

MÉTHODE 2 Valeurs cherchées : D_1 ou D_2

$$D_1 = \frac{V_1}{(V_1 + V_2)} \times \text{Distance Totale ou } D_2 = \frac{V_2}{(V_1 + V_2)} \times \text{Distance Totale}$$

MÉTHODE 3 Valeur cherchée : Durée de croisement des 2 éléments

$$\text{Durée de croisement des 2 éléments} = \frac{\text{Somme des longueurs des 2 éléments}}{\text{Somme des vitesses des 2 éléments}}$$

MÉTHODE 4 Valeur cherchée : Durée du dépassement

$$\text{Durée de dépassement des 2 éléments} = \frac{\text{Somme des longueurs des 2 éléments}}{\text{Écart de vitesses entre les 2 éléments}}$$

EXERCICES

Question 1 ★★★☆☆ **30 sec. – 2 min.**

Deux voitures partent simultanément de deux villes A et B et se croisent au bout de 45 minutes. Sachant que la 1re voiture roule à 100 km/h et que la 2e voiture roule 20 % plus vite, quelle distance sépare les 2 villes ?

(A) 155 km
(B) 165 km
(C) 175 km
(D) 180 km
(E) 185 km

Question 2 ★★★☆☆ **30 sec. – 2 min.**

Deux voitures partent simultanément de deux villes différentes A et B, distantes de 320 km. Elles se croisent à 80 km de A. Quelle est la vitesse de la voiture qui est partie de la ville A exprimée en proportion de la vitesse de la voiture qui est partie de la ville B ?

(A) 1/6
(B) 1/5
(C) 1/4
(D) 1/3
(E) 1/2

➔ **CORRIGÉ FICHE 200**

Toutes les questions sont corrigées en vidéo dans votre espace **E-LEARNING sur www.monsieur-tage-mage.com**

49 Cas de croisement : Départ différé

CALCUL Fréquence ●●○○○ Difficulté ★★★★☆

Définition	Les 2 éléments **ne partent pas en même temps** (départ **différé**) et se croisent.
Schéma	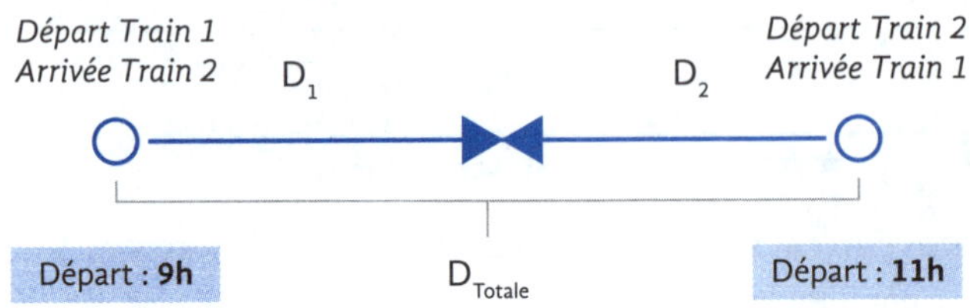
Élements	**D_1** = Distance entre le départ du train 1 et le lieu de croisement. **D_2** = Distance entre le départ du train 2 et le lieu de croisement. **D_{Totale}** = Distance entre le lieu de départ du train 1 et le lieu de départ du train 2.

MÉTHODE : DÉPART DIFFÉRÉ

Dans le cas d'un **départ différé, appliquez les 2 étapes ci-dessous** avant d'appliquer les formules de la fiche précédente pour trouver la bonne réponse.

Étape 1 Laissez partir l'élément qui part en avance (train 1) et calculez la distance parcourue par cet élément (train 1) au moment où l'autre élément part (train 2).

Par exemple, en reprenant le schéma, si le train 1 avance à 120 km/h, il aura parcouru (11h – 9h) × 120 km/h = **240 km seul** (car parti en avance).

Étape 2 Retirez cette distance parcourue à la distance totale.

On retire donc **240 km à la distance totale.**

Par exemple, si la distance totale séparant les 2 trains était de 700 km, on prendra en compte une distance totale restante de 700 – 240 = 460 km.

Une fois cette modification de distance totale effectuée, appliquez les formules de la fiche précédente « Cas de croisement départ simultané » pour trouver la bonne réponse.

REMARQUE La formule ne peut être appliquée que si les 2 éléments partent en même temps. Cela explique notre modification initiale de la distance totale.

EXERCICES

Question 1 ★★★☆☆ **30 sec – 2 min.**

A 9h00, un randonneur qui se déplace à la vitesse de 4 km/h s'élance du point X pour rejoindre le point Y, situé à 18 km. 1 heure plus tard, un autre randonneur part de Y pour rejoindre X en marchant à la vitesse de 6 km/h. À quelle heure vont-ils se croiser ?

(A) 10h34
(B) 11h24
(C) 11h54
(D) 12h17
(E) 12h37

Question 2 ★★★★☆ **30 sec – 2 min.**

Une voiture effectue un trajet de 300 km, partant de A pour rejoindre B en 3 heures. Un train effectuant le chemin inverse part 45 minutes après, à une vitesse 25 % supérieure à la voiture. À quelle distance de B vont-ils se croiser ?

(A) 100 km
(B) 125 km
(C) 225 km
(D) 150 km
(E) 175 km

CORRIGÉ FICHE 200

Toutes les questions sont corrigées en vidéo dans votre espace **E-LEARNING sur www.monsieur-tage-mage.com**

50 Tableaux de conversion (Unités)

Monsieur TAGE MAGE
Monsieur ÉCOLES de COMMERCE

CALCUL — Fréquence ●●●●○ — Difficulté ★★☆☆☆

LONGUEUR/DISTANCE, MASSE ET CAPACITÉ

Longueur	km	hm	dam	m	dm	cm	mm
Distance	1	0	0	0	0	0	0

1 kilomètre = 10 hm = 100 dam = 1 000 m = 10 000 dm = 100 000 cm = 1 000 000 mm.

Masse	kg	hg	dag	g	dg	cg	mg
	1	0	0	0	0	0	0

1 kilogramme = 10 hg = 100 dag = 1 000 g = 10 000 dg = 100 000 cg = 1 000 000 mg.
1 quintal = 100 kg, 1 tonne = 1 000 kg = 10 quintaux.

Capacité	kL	hL	daL	L	dL	cL	mL
	1	0	0	0	0	0	0

1 kilolitre = 10 hL = 100 daL = 1 000 L = 10 000 dL = 100 000 cL = 1 000 000 mL.

REMARQUE Les multiples vont **de 10 en 10** car l'unité (m, g ou L) est à la **puissance 1.**

AIRE

Aire	km^2		hm^2		dam^2		m^2		dm^2		cm^2		mm^2	
		1	0	0	0	0	0	0	0	0	0	0	0	0

1 kilomètre^2 = 100 hm^2 = 10 000 dam^2 = 1 000 000 m^2 = 100 000 000 dm^2
= 10 000 000 000 cm^2 = 1 000 000 000 000 mm^2.
1 are = 100 m^2, 1 hectare = 10 000 m^2, 1 centiare = 1 m^2.

REMARQUE Les multiples vont **de 100 en 100** car l'unité (mètre carré) est à la **puissance 2.**

VOLUME

Volume	km³			hm³			dam³			m³			dm³			cm³			mm³		
			1	0	0	0	0	0	0	0	0	0	0	0	0	0	0	0	0	0	0

1 kilomètre^3 = 1 000 hm^3 = 1 000 000 dam^3 = 1 000 000 000 m^3 = 1 000 000 000 000 dm^3 = 1 000 000 000 000 000 cm^3 = 1 000 000 000 000 000 000 mm^3.

REMARQUE Les multiples vont **de 1 000 en 1 000** car l'unité (mètre cube) est à la **puissance 3.**

VOLUME - CAPACITÉ

Volume	m³			dm³			cm³		
Capacité			kL	hL	daL	L	dL	cL	mL

REMARQUE **1 L = 1 dm^3, 1 000 L = 1 m^3.**

LA CONVERSION DE TEMPS

CORRESPONDANCES					
6 min	1/10 h	**20 min**	1/3 h	**45 min**	3/4 h
10 min	1/6 h	**30 min**	1/2 h	**50 min**	5/6 h
15 min	1/4 h	**40 min**	2/3 h	**60 min**	1 h
1 jour = 24 h = 1440 min = 86 400 secondes					

ASTUCES

1. Pour passer de **m/s à km/h, multipliez par 3,6.**
2. Pour passer de **km/h à m/s, divisez par 3,6.**

ATTENTION 2,5 h ≠ 2 h 50. **2,5 h = 2 h 30.**

51 Suites arithmétiques

Monsieur TAGE MAGE

Monsieur ÉCOLES de COMMERCE

CALCUL — Fréquence ●●●○○ — Difficulté ★★★☆☆

SUITE ARITHMÉTIQUE

Définition	Une **suite** (ou progression) **arithmétique** est une **suite de nombres dans laquelle on ajoute toujours le même nombre (la raison r) pour passer d'un élément de la suite à l'élément suivant.**
Schéma	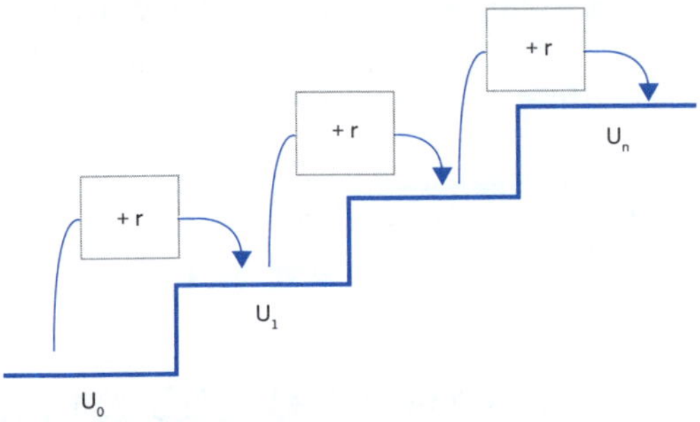
Formule	$\mathbf{U_0}$ = Premier terme de la suite $\mathbf{U_n}$ **n** = Nombre de termes de la suite $\mathbf{U_n}$ **r** = Raison de la suite $\mathbf{U_n}$ $\mathbf{U_n = U_0 + n \times r}$
Exemple	$U_n = 3 + 8n$ est la suite de premier terme 3 et de raison 8. La suite arithmétique sera 3 – 11 – 19 – etc.
Somme des N premiers termes	$\frac{1}{2} \times$ **nombre de termes** $\times$ **(1er terme + dernier terme)**
Somme des N premiers entiers naturels	$\frac{N \times (N+1)}{2}$
Nombre d'éléments entre A et B	Soit B le plus grand nombre et A le plus petit. Il y a : **B – A + 1 éléments entre A et B.** **Exemple** : Entre les pages 40 et 80, il y a 80 – 40 + 1 = **41 pages.**

EXERCICES

Question 1 ★☆☆☆☆ **15 sec. – 1 min.**

Calculez la somme des termes suivants : 3 – 6 – 9 – 12 – 15 – 18 – 21.

(A) 81
(B) 82
(C) 83
(D) 84
(E) 85

Question 2 ★★★☆☆ **30 sec. – 2 min.**

Un professeur demande à ses élèves de lire les pages 122 à 157 et les pages 168 à 185 pour le prochain cours. Finalement, les élèves n'ont lu qu'un tiers des pages demandées.
Combien de pages ont été lues par les élèves ?

(A) 54
(B) 36
(C) 18
(D) 52
(E) 17

Question 3 ★★★☆☆ **30 sec. – 2 min.**

On considère 5 nombres consécutifs. Sachant que la moyenne du plus grand et du plus petit est de 36, quelle est la somme de ces 5 nombres ?

(A) 108
(B) 120
(C) 156
(D) 180
(E) 200

➔ **CORRIGÉ FICHE 200**

52 Suites géométriques

CALCUL Fréquence ●●○○○ Difficulté ★★★☆☆

SUITE GÉOMÉTRIQUE

Définition	Une **suite** (ou progression) **géométrique est une suite de nombres dans laquelle on multiplie toujours par le même nombre (la raison q) pour passer d'un élément de la suite à l'élément suivant.**
Schéma	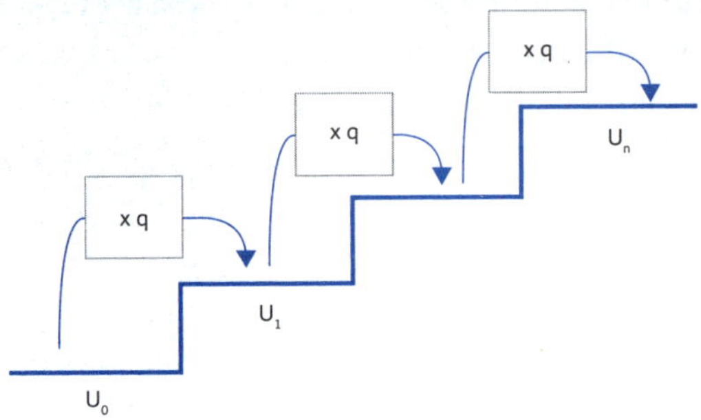
Formule	$\mathbf{U_0}$ = Premier terme de la suite $\mathbf{U_n}$ **n** = Nombre de termes de la suite $\mathbf{U_n}$ **q** = Raison de la suite $\mathbf{U_n}$ $\mathbf{U_n = U_0 \times q^n}$
Exemple	$\mathbf{U_n = 3 \times 8^n}$ est la suite de premier terme 3 et de raison 8. La suite géométrique sera 3 – 24 – 192 – 1536 – etc.
Somme des N premiers termes	$\mathbf{1^{er}\ terme \times \frac{\left(q^{\text{nombre de termes}} - 1\right)}{q - 1}}$

EXERCICES

Question 1 ★★☆☆☆ **30 sec. – 1 min.**

Calculez la somme des termes suivants :

3 – 6 – 12 – 24 – 48 – 96 – 192

(A) 379

(B) 380

(C) 381

(D) 382

(E) 383

Question 2 ★★★★☆ **1 min. – 3 min.**

Un professeur organise une compétition d'entrepreneuriat pour les étudiants de sa classe dont l'effectif est compris entre 60 et 120. Les règles sont les suivantes : chaque étudiant commence par présenter un projet. À chaque phase de sélection, seule la moitié des projets sont retenus et chaque perdant ou équipe perdante rejoint une équipe gagnante. La compétition se poursuit jusqu'à ce qu'il n'y ait plus que deux équipes en compétition.
Combien y a-t-il d'équipes à la troisième phase de la compétition ?

(A) 4

(B) 8

(C) 16

(D) 24

(E) 32

CORRIGÉ FICHE 200

Toutes les questions sont corrigées en vidéo dans votre espace **E-LEARNING sur www.monsieur-tage-mage.com**

53 Suites de nombres

Monsieur TAGE MAGE

Monsieur ÉCOLES de COMMERCE

CALCUL Fréquence ●●●○○ Difficulté ★★☆☆☆

Les questions de « **suites de nombres** » sont de plus en plus fréquentes au TAGE MAGE®. Il s'agit d'**une succession de nombres qui forment une suite logique (= selon un lien logique à trouver).**

CRITÈRES (= LIEN LOGIQUE)

Critère	Exemple	Réponse
Progression arithmétique écart constant	3 – 6 – 9 – 12 – 15 – ???	**18** (écart de +3)
Progression arithmétique écart croissant	6 – 8 – 11 – 15 – 20 – ???	**26** (écart de +2, +3, +4, +5, +6)
Progression arithmétique écart décroissant	18 – 14 – 11 – 9 – 8 – ???	**8** (écart de −4, −3, −2, −1, −0)
Progression géométrique écart constant	3 – 6 – 12 – 24 – 48 – ???	**96** (écart de ×2)
Progression géométrique écart croissant	5 – 5 – 10 – 30 – 120 – ???	**600** (écart de ×1, ×2, ×3, ×4, ×5)
Progression géométrique écart décroissant	4 – 20 – 80 – 240 – 480 – ?	**480** (écart de ×5, ×4, ×3, ×2, ×1)
Puissances	5 – 6 – 11 – 36 – ???	**161** (écart de + 5^0, $+5^1$, $+5^2$, $+5^3$)
Addition – Soustraction (ou vice-versa)	5 – 15 – 14 – 24 – ???	**23** (écart de +10, −1, +10, −1)

REMARQUE L'ensemble des écarts possibles sont ceux décrits dans les fiches 180 et 181.

ATTENTION Les critères précédents sont les principaux critères d'une suite logique de nombres au TAGE MAGE®. Il existe une multitude de critères qui permettent de faire une suite logique de nombres. La seule limite est l'imagination du concepteur !

EXERCICES

Question 1 ★★☆☆☆ **15 sec. – 1 min.**

Trouvez l'élément manquant qui respecte la suite logique.

8 – 13 – 19 – 26 – 34 – ???

(A) 45

(B) 44

(C) 43

(D) 42

(E) 41

Question 2 ★★★☆☆ **15 sec. – 2 min.**

Trouvez l'élément manquant qui respecte la suite logique.

4 – 12 – 9 – 27 – 24 – ???

(A) 27

(B) 29

(C) 62

(D) 72

(E) 51

Question 3 ★★★★☆ **30 sec. – 3 min.**

Trouvez l'élément manquant qui respecte la suite logique.

1 – 1 – (–2) – (–8) – (–11) – ???

(A) –1331

(B) 121

(C) 1

(D) 22

(E) –111

➔ **CORRIGÉ FICHE 200**

Toutes les questions sont corrigées en vidéo dans votre espace **E-LEARNING sur www.monsieur-tage-mage.com**

54 Géométrie : cercle, sphère et arc de cercle (1/4)

CALCUL Fréquence ●●●●● Difficulté ★★★★☆

PÉRIMÈTRE, AIRE ET VOLUME

Figure	Définition	Périmètre	Aire
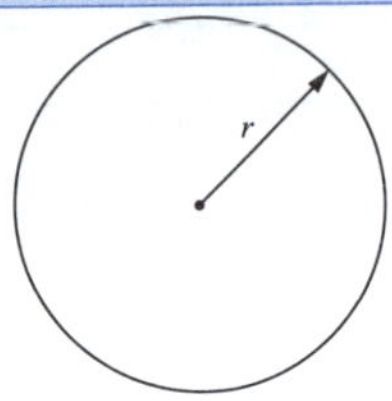	C = **Cercle** r = rayon d = diamètre 2r = d	$2 \times \pi \times r$	$\pi \times r^2$
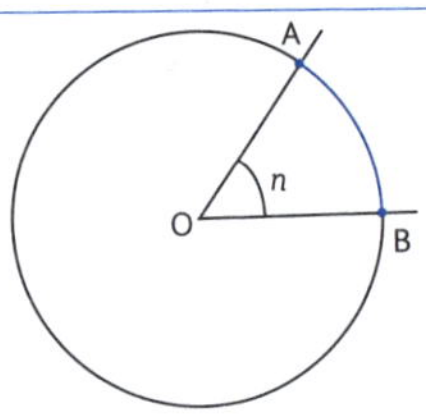	A à B = **Arc de cercle** n = angle en degrés.	$2 \times \pi \times r \times \frac{n}{360}$	$\pi \times r^2 \times \frac{n}{360}$
		Volume	
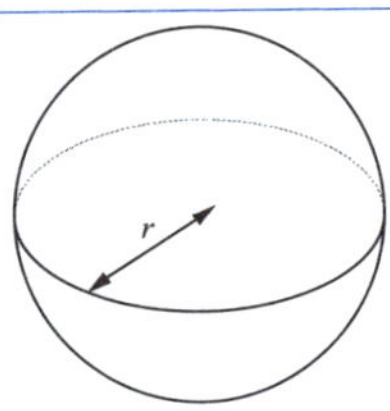	**Sphère/boule/globe**	$\frac{4}{3} \times \pi \times r^3$	
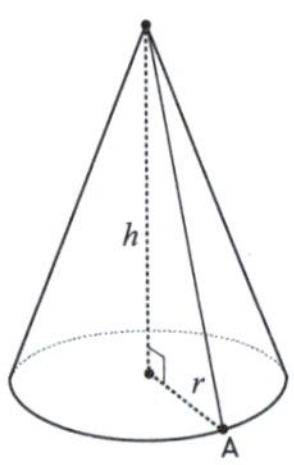	**Cône**	$\frac{1}{3} \times \pi \times r^2 \times h$	
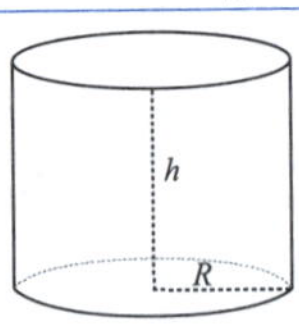	**Cylindre**	$\pi \times r^2 \times h$	

REMARQUES

1. Pour un même centre, il existe une infinité de cercles et pour un même cercle, il existe une infinité de rayons, de diamètres et d'arcs de cercle.
2. Le centre du cercle est le milieu de tous ses diamètres.

PROPRIÉTÉS

Figure	Propriété
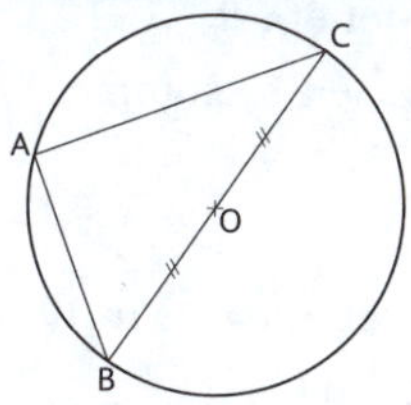	Si un **triangle** est **inscrit dans un cercle** et que l'un des côtés du triangle est le **diamètre du cercle**, alors le triangle est **rectangle** et ce côté est l'**hypoténuse**.
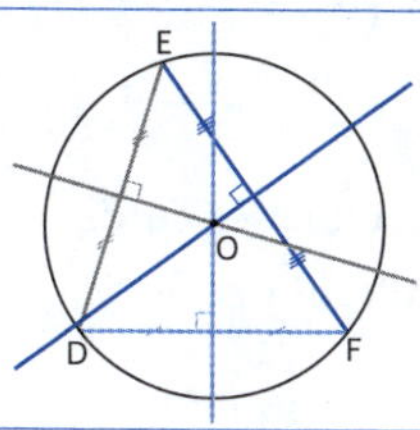	Si un **triangle** est **inscrit dans un cercle**, alors les **3 médiatrices** des côtés du triangle **se croisent en un point** qui est le **centre du cercle.**
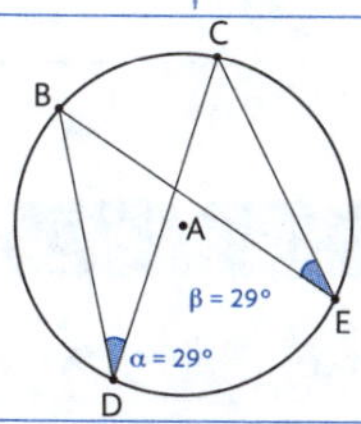	**Deux angles inscrits** dans un cercle et qui interceptent le **même arc de cercle** ont la **même valeur (Exemple:** 29°).
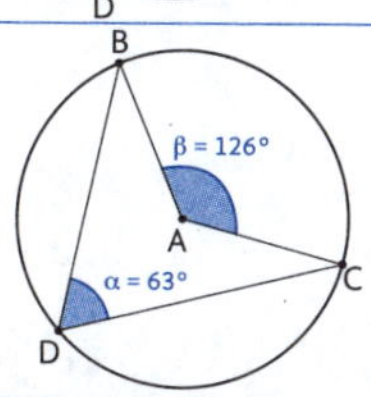	Dans un cercle, un **angle inscrit** est égal à la **moitié** de **l'angle au centre** qui intercepte le **même arc de cercle.**
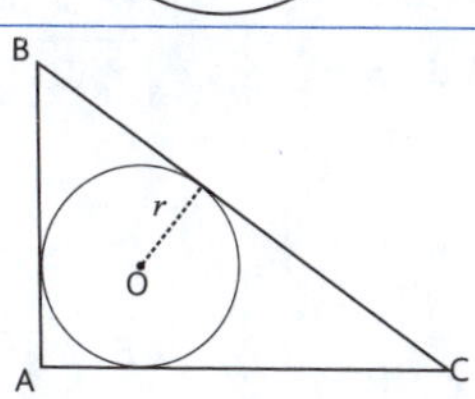	**La longueur du rayon** d'un **cercle inscrit** dans un **triangle rectangle** est: $$\textbf{Rayon} = \frac{\textbf{2 × Surface du triangle}}{\textbf{Périmètre du triangle}}$$

55 Géométrie : les triangles (2/4)

CALCUL — Fréquence ●●●●● — Difficulté ★★★★☆

VOCABULAIRE

Hauteur	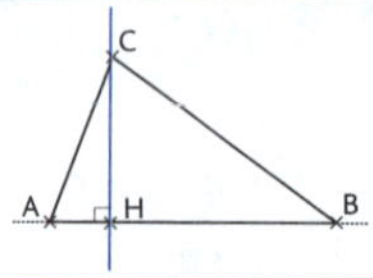	Droite qui passe par un **sommet** et est **perpendiculaire** au **côté opposé** à ce sommet.
Médiane	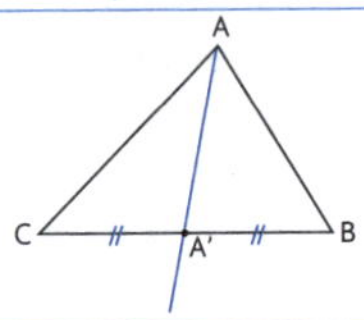	Droite qui passe par un **sommet** et par **le milieu du côté opposé** à ce sommet.
Médiatrice	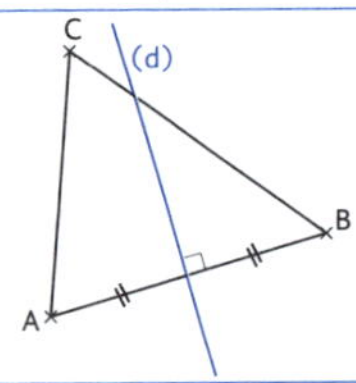	Droite qui passe par le **milieu** d'un des **côtés du triangle** et qui est **perpendiculaire** à ce même côté.

PÉRIMÈTRE, AIRE ET VOLUME

Figure	Définition	Périmètre	Aire
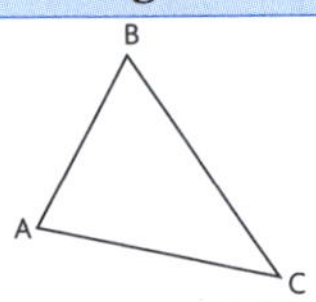	**Triangle quelconque :** 3 côtés différents, 3 angles différents, 3 sommets.	**AB + BC + AC**	b : base h : hauteur $\frac{\mathbf{(b \times h)}}{\mathbf{2}}$
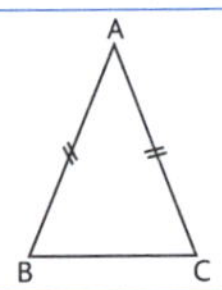	**Triangle isocèle (en A) :** 2 côtés égaux (AB et AC) 2 angles égaux (B et C)	**(2 × AB) + BC**	
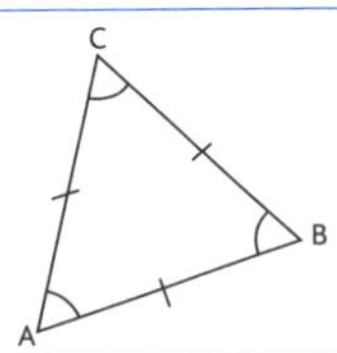	**Triangle équilatéral :** 3 côtés égaux 3 angles égaux (= 60°)	**3 × AB**	$\frac{\sqrt{3}}{4} \times AB^2$

Figure	Définition	Périmètre	Aire
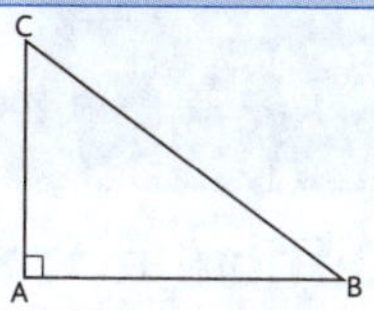	**Triangle rectangle en A :** 1 angle droit (A)	**AB + BC + AC**	$\mathbf{\dfrac{AB \times AC}{2}}$
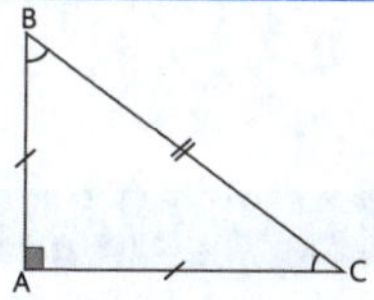	**Triangle rectangle isocèle :** 1 angle droit (A) 2 côtés égaux (AB et AC) 2 angles égaux (B et C) (= 45°)	$\mathbf{AB \times (2 + \sqrt{2})}$	$\mathbf{\dfrac{AB^2}{2}}$

Figure	Nom	Volume
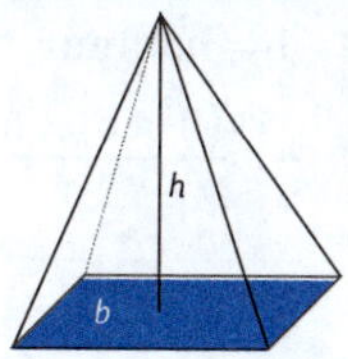	**Pyramide**	$\mathbf{V = \dfrac{1}{3} \times}$ **Aire de la base × hauteur**

PROPRIÉTÉS

Figure	Propriété
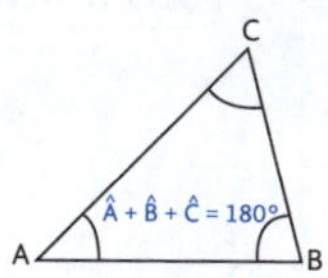	La somme des **angles d'un triangle est égale à 180°.** Triangle **isocèle** : 2 angles égaux. Triangle **équilatéral** : 3 angles égaux (60° chacun). Triangle **rectangle** : 1 angle de 90°. Triangle **rectangle isocèle** : 1 angle de 90°, 2 angles de 45° chacun.
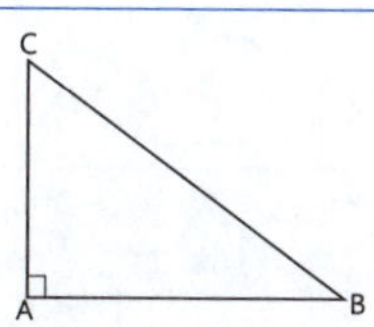	**Théorème de Pythagore** (voir la fiche « Pythagore ») $\mathbf{AB^2 + AC^2 = BC^2}$
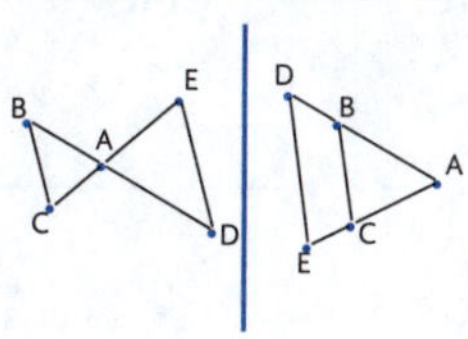	**Théorème de Thalès** (voir la fiche « Thalès ») Si BC est parallèle à DE, alors : $\mathbf{\dfrac{BC}{ED} = \dfrac{AB}{AD} = \dfrac{AC}{AE}}$

56 Géométrie : les quadrilatères (3/4)

CALCUL Fréquence ●●●●○ Difficulté ★★★★☆

PÉRIMÈTRE, AIRE ET VOLUME

Figure	Définition	Périmètre	Aire
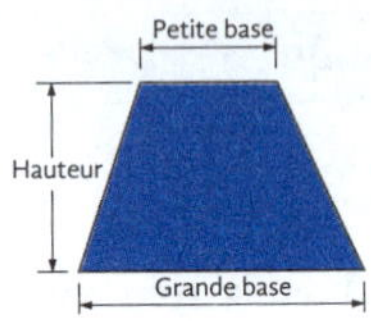	**Trapèze** : 2 côtés opposés parallèles.	**Somme des 4 côtés**	**B = grande base** **b = petite base** **h = hauteur** $\frac{(B+b)\times h}{2}$
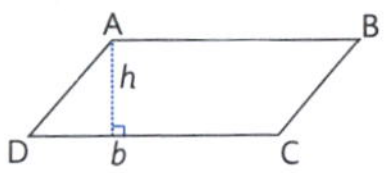	**Parallélogramme** : Côtés opposés parallèles 2 à 2 et les diagonales se coupent en leur milieu.		**Base × Hauteur**
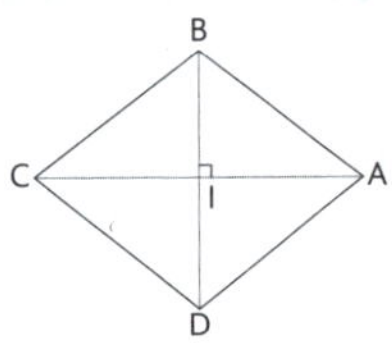	**Losange** : 4 côtés de même longueur **et** les diagonales se coupent perpendiculairement en leur milieu.	**4 × côté**	$\frac{AC \times BD}{2}$
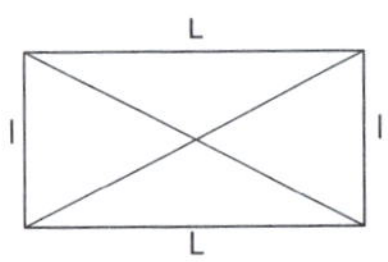	**Rectangle** : 4 angles droits **et** les diagonales (tailles égales) se coupent en leur milieu.	**2 × (L + l)**	**L × l**
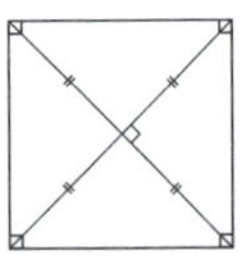	**Carré** : 4 angles droits, 4 côtés égaux **et** les diagonales (tailles égales) se coupent perpendiculairement en leur milieu.	**4 × côté**	**Côté²**

Figure	Nom	Aire des surfaces externes	Volume
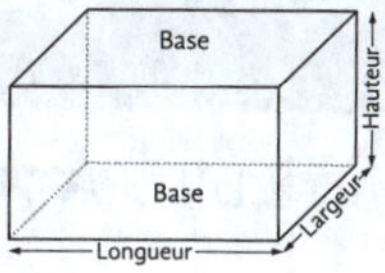	**Pavé droit**	$2 \times (L \times l) + 2 \times (L \times h) + 2 \times (l \times h)$	$L \times l \times h$
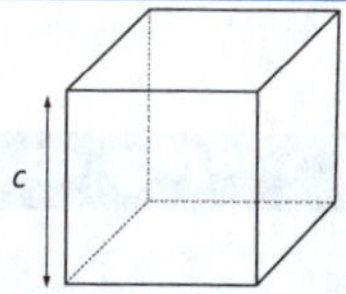	**Cube**	$6 \times$ côté^2	Côté^3

REMARQUES

1. Le **losange**, le **rectangle** et **le carré** sont des **parallélogrammes particuliers.**
2. Un **carré** est à la fois un **losange** et un **rectangle.**

PROPRIÉTÉS

Figure	Propriété
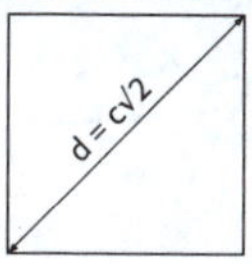	**Diagonale d'un carré de côté c : d =** $c\sqrt{2}$.
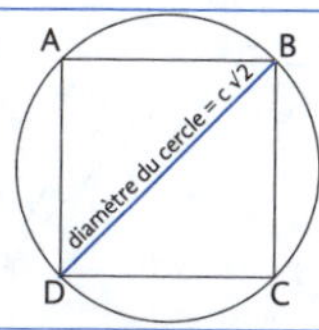	Quand un **carré est inscrit dans un cercle,** alors **sa diagonale est le diamètre du cercle.**
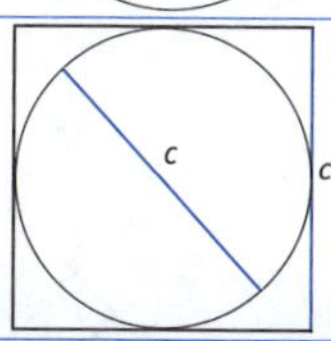	Quand un cercle est inscrit dans un carré, alors **son côté est le diamètre du cercle.**

AUTRES FIGURES (PLUS DE 4 CÔTÉS)

Pentagone	Hexagone	Heptagone	Octogone	Nonagone	Décagone
5 côtés	**6 côtés**	**7 côtés**	**8 côtés**	**9 côtés**	**10 côtés**
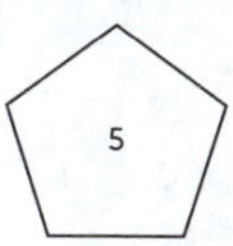	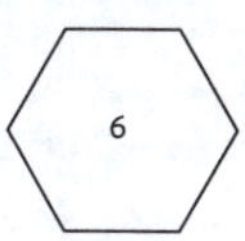	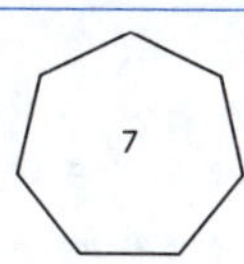	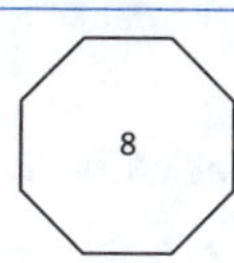	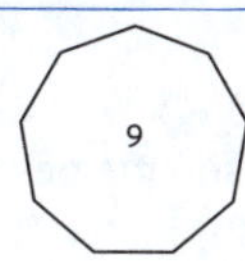	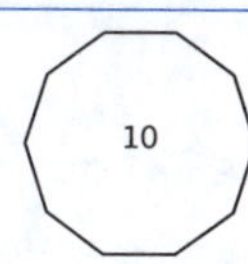

57 Géométrie : astuces géométriques (4/4)

Monsieur TAGE MAGE

Monsieur ÉCOLES de COMMERCE

CALCUL Fréquence ●●●○○ Difficulté ★★★★☆

PROPRIÉTÉS SUR LES ANGLES

Propriété	Schéma
Angles opposés par le sommet : Lorsque 2 droites se croisent, elles forment des angles opposés par le sommet **égaux 2 à 2**.	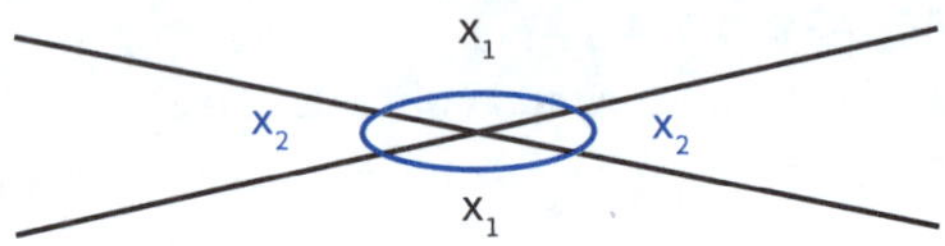
Angles alternes internes : Si 2 droites parallèles sont toutes les 2 coupées par une même autre droite, les angles formés **sont égaux 4 à 4**.	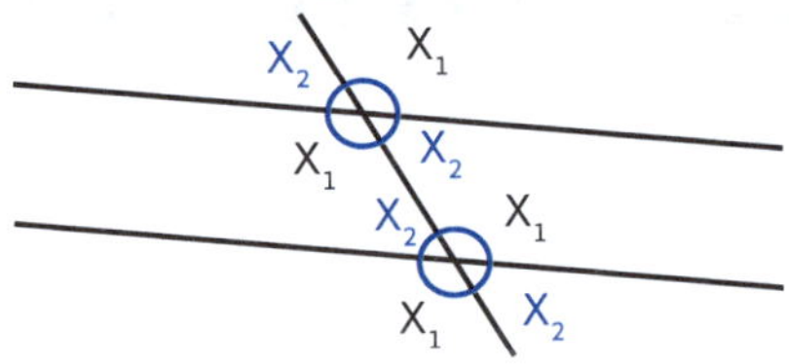
Somme des angles d'une figure : Dans une figure de N côtés, la somme S des angles est égale à : **S = 180° × (N – 2)**	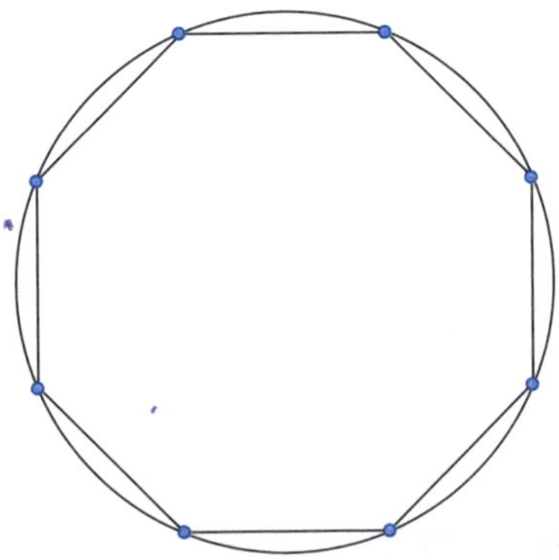 La somme des angles d'un octogone est donc 180 × (8 – 2) = **1080°**.

REMARQUE La **somme des angles d'un triangle** est : **S = 180° × (3 – 2) = 180°.**

PROPRIÉTÉS SUR LES FIGURES

Propriété	Schéma
Toutes les données d'un triangle **équilatéral** (aire, périmètre, hauteur, médiane, bissectrice, médiatrice) peuvent s'obtenir avec le théorème de **Pythagore** si on connaît la **longueur d'un côté**.	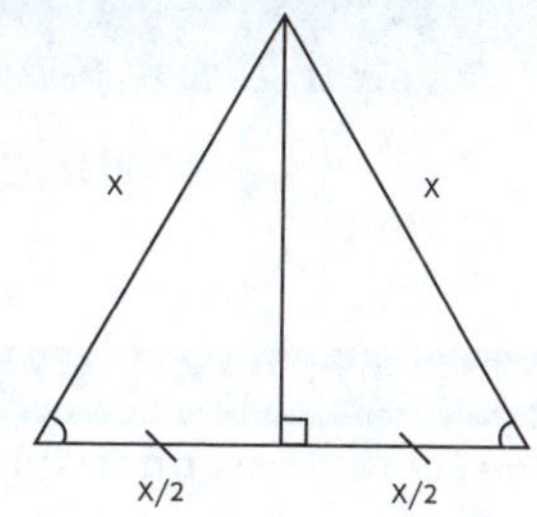
Dans un triangle **isocèle ou équilatéral** coupé en 2 par la bissectrice d'un angle, l'aire du triangle à gauche (S_1) est **égale** à l'aire du triangle à droite (S_2) : $S_1 = S_2$	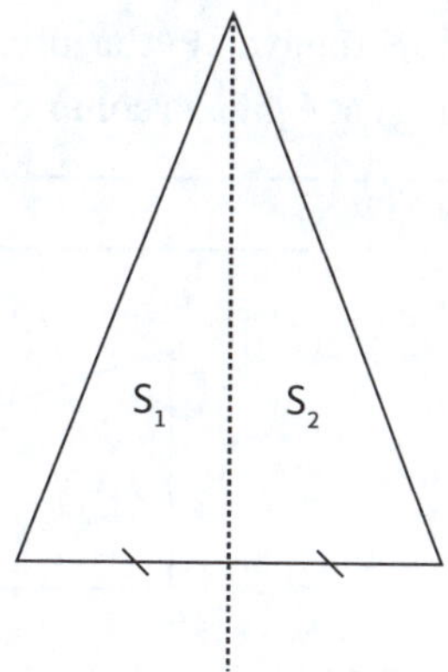
Si un carré de côté c est inscrit dans un cercle de diamètre d, alors le diamètre du cercle est égal à la diagonale du carré : **Diamètre = diagonale du carré = $c \times \sqrt{2}$** **Rayon du cercle = 1/2 diagonale = $\frac{c \times \sqrt{2}}{2}$**	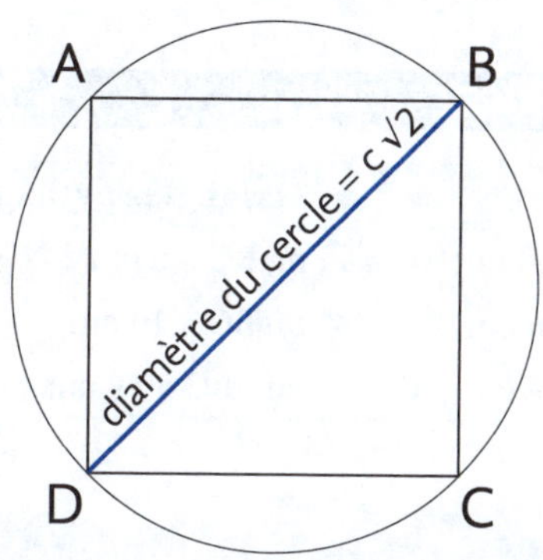

58 Le théorème de Pythagore

Monsieur TAGE MAGE

Monsieur ÉCOLES de COMMERCE

CALCUL Fréquence ●●●●● Difficulté ★★★☆☆

THÉORÈME DE PYTHAGORE

Un **triangle rectangle** est un triangle avec un **angle droit**. Le côté opposé à l'angle droit est **l'hypoténuse**.

D'après le théorème de Pythagore, dans un triangle rectangle, **le carré de la longueur de l'hypoténuse est égal à la somme des carrés des longueurs des deux autres côtés.**

$$AB^2 + AC^2 = BC^2$$

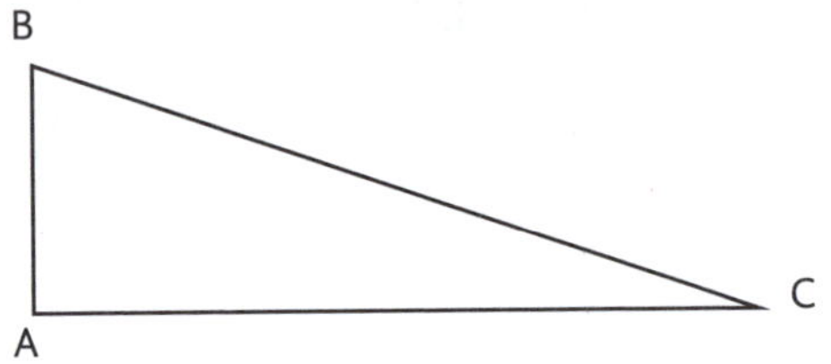

Réciproque du théorème de Pythagore : Si $AB^2 + AC^2 = BC^2$, alors le triangle est **rectangle**.

PROPRIÉTÉS

5 triangles pythagoriciens à connaître par cœur	
AB = 3 cm, AC = 4 cm, BC = 5 cm	AB = 5 cm, AC = 12 cm, BC = 13 cm
AB = 6 cm, AC = 8 cm, BC = 10 cm	AB = 8 cm, AC = 15 cm, BC = 17 cm
AB = 9 cm, AC = 12 cm, BC = 15 cm	

ASTUCES

1. Dans un **triangle équilatéral**, la longueur d'un seul côté permet de déduire la totalité des données du triangle en appliquant le **théorème de Pythagore.**
2. Tout **triangle inscrit dans un cercle** et dont un des côtés est le diamètre du cercle est **rectangle.**
3. Si un **rectangle est inscrit dans un cercle**, alors ses diagonales se coupent au **centre du cercle** et chaque diagonale correspond à un **diamètre du cercle.**
4. Un **triangle rectangle** correspond à la **moitié d'un rectangle.** Ainsi, la surface d'un triangle rectangle multipliée par 2 correspond à la surface d'un rectangle (et vice-versa).

EXERCICES

Question 1 ★★☆☆☆ **15 sec. – 45 sec.**

L'hypoténuse d'un triangle rectangle mesure 17 cm et un autre de ses côtés mesure 8 cm. Quelle est la longueur du troisième côté ?

(A) 6 cm
(B) 9 cm
(C) 12 cm
(D) 15 cm
(E) 18 cm

Question 2 ★★☆☆☆ **15 sec. – 45 sec.**

Le plus petit côté d'un triangle rectangle mesure 6 cm. Le plus long côté mesure 10 cm. Combien mesure le dernier côté du triangle ?

(A) 4 cm
(B) 5 cm
(C) 6 cm
(D) 7 cm
(E) 8 cm

Question 3 ★★★☆☆ **30 sec. – 2 min.**

Ferdinand vient d'acheter un studio de 48 m^2 dans le 2e arrondissement de Paris. Il s'agit d'une grande pièce rectangulaire, dont la largeur est égale aux trois quarts de la longueur. Combien mesure la diagonale du studio de Ferdinand ?

(A) 7 mètres
(B) 8 mètres
(C) 9 mètres
(D) 10 mètres
(E) 11 mètres

➔ CORRIGÉ FICHE 200

Toutes les questions sont corrigées en vidéo dans votre espace E-LEARNING sur www.monsieur-tage-mage.com

59 Le théorème de Thalès

Monsieur TAGE MAGE

Monsieur ÉCOLES de COMMERCE

CALCUL Fréquence ●●●●○ Difficulté ★★★★☆

DÉFINITION

D'après le **théorème de Thalès**, dans un plan, toute droite parallèle à l'un des côtés d'un triangle sépare ce dernier en un triangle de **proportions identiques**.

REMARQUE Toute droite qui passe par les milieux de deux côtés d'un triangle est parallèle au troisième côté de ce triangle.

CAS N° 1 : LE TRIANGLE SIMPLE

Si (DE) est parallèle à (CB), alors on a :

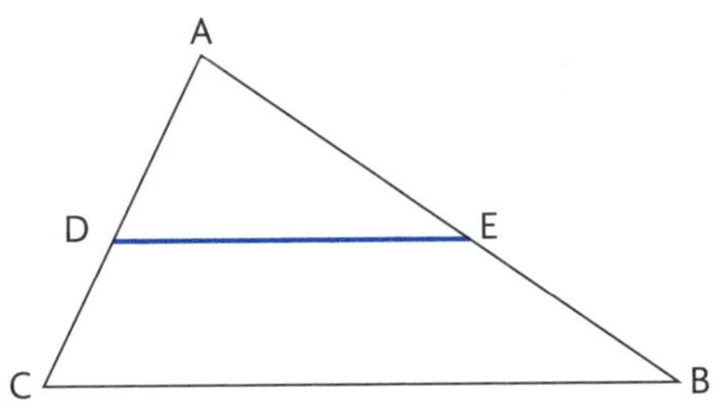

$$\frac{AD}{AC} = \frac{AE}{AB} = \frac{DE}{CB} = \frac{\text{Petit côté}}{\text{Grand côté}}$$

CAS N° 2 : LE « NŒUD PAPILLON »

Si (AD) est parallèle à (BC), alors on a :

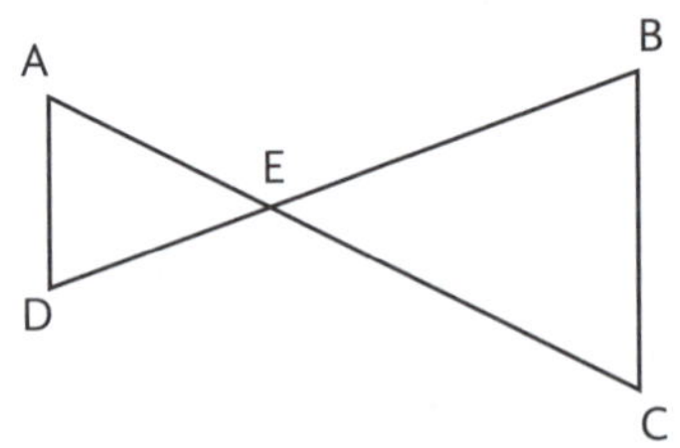

$$\frac{EA}{EC} = \frac{ED}{EB} = \frac{AD}{BC} = \frac{\text{Petit côté}}{\text{Grand côté}}$$

CAS N° 3 : LE THÉOREME DE THALÈS « IMAGINAIRE » (LE CERCLE)

Soit AB un diamètre du cercle de centre E. En plaçant D tel que (ED) soit parallèle à (AC), on a :

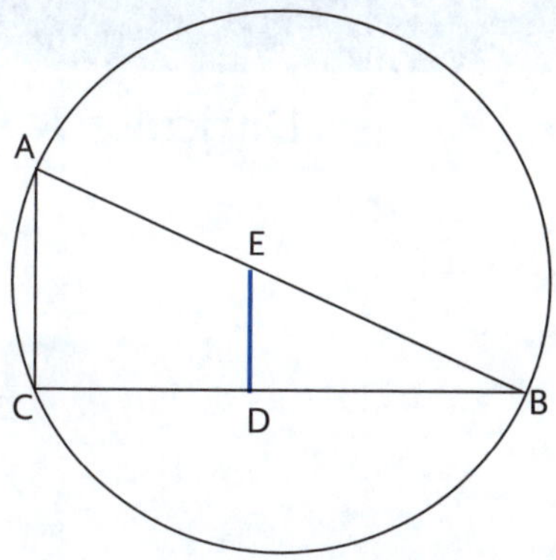

$$\frac{ED}{AC} = \frac{BE}{BA} = \frac{BD}{BC} = \frac{\text{Rayon}}{\text{Diamètre}} = \frac{1}{2}$$

EXERCICE

Question 1 ★★★★☆ **1 min. – 3 min.**

Dans la figure suivante, AB est parallèle à EF.

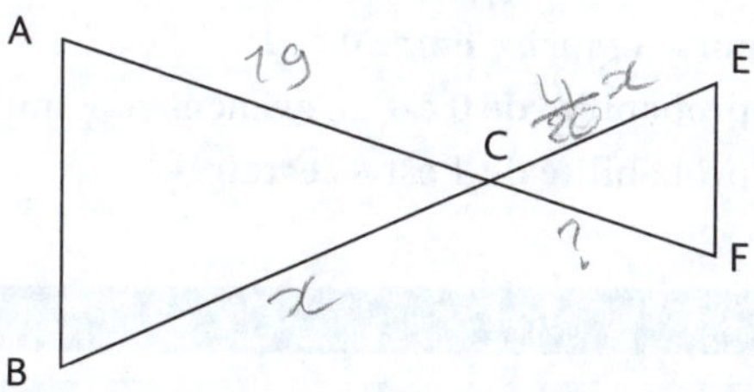

AC mesure 19 cm et EC mesure 4/20 de BC. Quelle est la longueur de CF ?

(A) 1,6 cm
(B) 2,2 cm
(C) 3,8 cm
(D) 4 cm
(E) 9,5 cm

➔ **CORRIGÉ FICHE 200**

60 Probabilités : les pièces (1/3)

Monsieur TAGE MAGE

Monsieur ÉCOLES de COMMERCE

CALCUL Fréquence ●●●●○ Difficulté ★★★★☆

Il existe **5 cas de questions de probabilités** au TAGE MAGE :

1) Les **pièces** : pile / face.

2) Les **enfants** : garçons / filles.

3) La **loterie / les boules**.

4) Les **dés** : pipés ou non.

5) Les **cartes** : jeu de cartes.

Pour chacun des cas, nous avons développé une méthode qui vous permet de trouver la bonne réponse, quel que soit votre niveau en calcul ! **Nos méthodes sont pragmatiques / concrètes et non théoriques.** Aucune connaissance en mathématiques n'est nécessaire !

VOCABULAIRE

La **probabilité d'un événement** est le pourcentage de chances qu'il a de se réaliser.
Cette probabilité est toujours **comprise entre 0 et 1**.
Un **événement** qui a une **probabilité de 0** est un événement « **impossible** ».
Un **événement** qui a une **probabilité de 1** est « **certain** ».

FORMULES DE BASE

La probabilité	est :
d'un événement A	$p(A)=\frac{\text{Nombre de cas correspondant à A}}{\text{Nombre total de cas}}$
de l'inverse de A	$p(\bar{A})=1-p(A)$
de $A\cup B$ (= A ou B)	$p(A\cup B)=p(A)+p(B)-p(A\cap B)$
de $(A\cap B)$ (= A et B)	$P(A\cap B)=P(A)\times P_A(B)$ La probabilité de $(A\cap B)$ est la probabilité de réaliser A $\times$ la probabilité de réaliser B sachant que A est réalisé. Si A et B sont **indépendants**, alors on a : $p(A\cap B)=p(A)\times p(B)$

CAS N° 1 : LES PIÈCES (PILE / FACE)

Application

Julien lance 3 pièces en même temps. Quelle est la probabilité d'avoir au moins 2 fois pile ?

(A) 1/2 (B) 1/3 (C) 3/8 (D) 5/8 (E) 3/4

Méthode 1 L'arbre de probabilité

Un **arbre de probabilité est un schéma** permettant de résumer une expérience aléatoire avec des probabilités. Établissons un arbre de probabilité pour l'exercice :

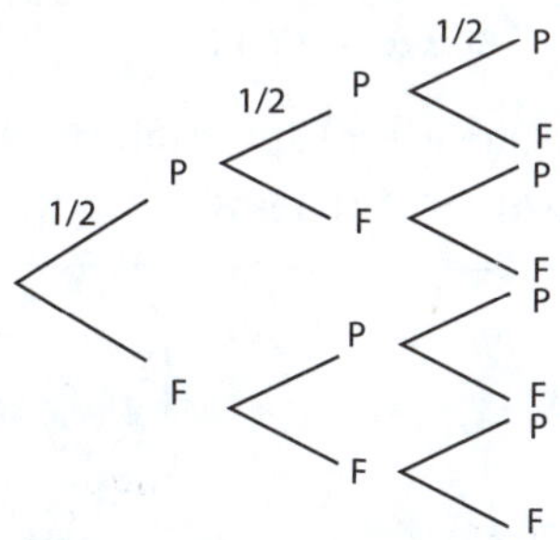

1) « Au moins 2 fois pile » (énoncé) signifie « 2 fois pile ou plus ».

2) **Chaque branche a une probabilité de** 1/2 × 1/2 × 1/2 = **1/8.**

3) Il y a **4 branches qui contiennent « au moins 2 fois pile »** : PPP, PPF, PFP, FPP.

Donc, la bonne réponse est : 1/8 + 1/8 + 1/8 + 1/8 = 4/8 = **1/2. Réponse A.**

CONSEIL Vous devez **obligatoirement** appliquer cette méthode si la probabilité des 2 événements (pile et face) **n'est pas** de 0,5 et 0,5 (exemple : 0,4 et 0,6 par exemple).

Méthode 2 La liste des cas

$$\textbf{Probabilité de l'événement demandé dans l'énoncé} = \frac{\textbf{(1) Nombre de cas correspondants}}{\textbf{(2) Nombre total de cas}}$$

(1) Nombre de cas avec « au moins 2 piles » : PPP, FPP, PFP, PPF (le F se décale vers la droite) = **4 cas** qui correspondent à l'énoncé.

(2) Nombre total de cas : 3 lancers, 2 résultats possibles (pile ou face) = 2 × 2 × 2 = **8 cas** au total.

La bonne réponse est donc : **Probabilité « au moins 2 fois pile »** = $\frac{\mathbf{(1)}}{\mathbf{(2)}} = \frac{\mathbf{4}}{\mathbf{8}} = \frac{\mathbf{1}}{\mathbf{2}}$. **Réponse A**

61 Probabilités : les enfants & la loterie (2/3)

Monsieur TAGE MAGE

Monsieur ÉCOLES de COMMERCE

CALCUL Fréquence ●●●●○ Difficulté ★★★★☆

CAS N° 2 : LES ENFANTS (GARÇONS/FILLES)

Application ★★★☆☆ **30 sec. – 2 min.**

Audrey et Arnaud ont 3 enfants. Quelle est la probabilité d'avoir 2 filles et 1 garçon ?

(A) 1/3 (B) 2/4 (C) 3/8 (D) 5/8 (E) 1/2

Méthode 1 L'arbre de probabilité

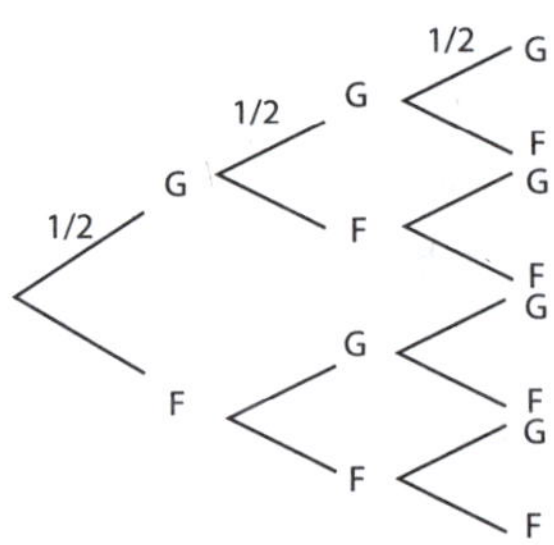

1) Chaque branche a une probabilité de 1/2 × 1/2 × 1/2 = **1/8.**

2) Il y a **3 branches qui contiennent « 2 filles et 1 garçon »** : FFG, FGF, GFF.

Donc, la bonne réponse est : 1/8 + 1/8 + 1/8 = 3/8 = 3/8. **Réponse C.**

CONSEIL Vous devez **obligatoirement** appliquer cette méthode si la probabilité des 2 événements (garçon ou fille) **n'est pas** de 0,5 et 0,5 (exemple : 0,4 et 0,6 par exemple).

Méthode 2 La liste des cas

(1) **Nombre de cas avec « 2 filles et 1 garçon »** : GFF, FGF, FFG (le G se décale vers la droite) = **3 cas** qui correspondent à l'énoncé.

(2) **Nombre total de cas** : 3 enfants, 2 résultats possibles (fille ou garçon) = 2 × 2 × 2 = **8 cas** au total.

La bonne réponse est donc : **Probabilité « 2 filles et 1 garçon »** = $\frac{(1)}{(2)} = \frac{3}{8}$. **Réponse C.**

CAS N° 3 : LA LOTERIE / LES BOULES

Application ★★★★☆ **45 sec. – 2 min.**

Juliette participe à une loterie composée de boules numérotées de 0 à 104. Elle a parié 20 € sur les boules qui ont un nombre pair et sont des multiples de 13.
Quelle probabilité Juliette a-t-elle de gagner 20 € ?

(A) 1/26 (B) 1/15 (C) 13/100 (D) 1/21 (E) 1/20

Méthode **La liste des cas**

(1) **Nombre de cas avec « nombre pair + multiples de 13 »** : 0 (multiple de n'importe quel nombre), 26, 52, 78, 104 = **5 cas** qui correspondent à l'énoncé.

(2) **Nombre total de cas** : de 0 à 104, il y a **105 boules** (Formule utilisée : B – A + 1).

La bonne réponse est donc :

Probabilité « nombre pair + multiple de 13 » $= \frac{(1)}{(2)} = \frac{5}{105} = \frac{1}{21}$. **Réponse D.**

EXERCICES

Question 1 ★★★☆☆ **30 sec. – 2 min.**

Si une famille a 4 enfants, quelle est la probabilité qu'au moins l'un des enfants de cette famille soit une fille ?

(A) 1/4 (B) 1/8 (C) 10/16 (D) 15/16 (E) 3/4

Question 2 ★★★☆☆ **30 sec. – 2 min.**

Lors d'une loterie, le candidat fait face à 40 jetons numérotés de 1 à 40. Quelle est la probabilité, pour le candidat, que le nombre tiré soit un nombre premier ?

(A) 20 % (B) 25 % (C) 30 % (D) 35 % (E) 40 %

Question 3 ★★★★☆ **45 sec. – 3 min.**

Muriel est face à une urne remplie de 6 boules numérotées de 0 à 5. Si Muriel tire 2 boules sans remise, quelle est la probabilité que la somme des 2 numéros obtenus soit inférieure ou égale à 6 ?

(A) 1/2 (B) 9/15 (C) 11/15 (D) 7/12 (E) 3/5

➔ **CORRIGÉ FICHE 200**

Monsieur TAGE MAGE

Monsieur ÉCOLES de COMMERCE

62 Probabilités : les dés & les cartes (3/3)

CALCUL Fréquence ●●●●○ Difficulté ★★★★☆

CAS N° 4 : LES DÉS – NON PIPÉS

Application ★★★★☆ **45 sec. – 2 min**

Thomas lance 2 dés non pipés de 6 faces numérotées de 1 à 6. Quelle est la probabilité d'obtenir 2 chiffres dont la somme fait 6 ?

(A) $\frac{1}{36}$ (B) $\frac{5}{12}$ (C) $\frac{1}{6}$ (D) $\frac{1}{12}$ (E) $\frac{5}{36}$

Méthode La liste des cas

(1) Nombre de cas avec « 1er chiffre + 2^e^ chiffre = 6 » : (1,5), (2,4), (3,3), (4,2), (5,1) = **5 cas** correspondent à l'énoncé.

(2) Nombre total de cas : 6 faces × 6 faces = **36 cas** au total.

La bonne réponse est : **Probabilité « 1er chiffre + 2^{e} chiffre = 6 » =** $\frac{(1)}{(2)} = \frac{5}{36}$. **Réponse E.**

CAS N° 4 : LES DÉS – PIPÉS

Application ★★★★★ **45 sec. – 3 min**

Sacha lance 2 dés pipés dont les chiffres pairs ont deux fois plus de chances de s'afficher que les chiffres impairs. Quelle est la probabilité d'obtenir 2 chiffres identiques ?

(A) $\frac{2}{9}$ (B) $\frac{9}{19}$ (C) $\frac{11}{25}$ (D) $\frac{5}{27}$ (E) $\frac{1}{4}$

Méthode Le tableau

(1) Calculons la probabilité de chaque face dans un tableau en affectant des coefficients.

	N° 1	N° 2	N° 3	N° 4	N° 5	N° 6	TOTAL (= somme)
Coefficient	1	2	1	2	1	2	9
Probabilité	$\frac{1}{9}$	$\frac{2}{9}$	$\frac{1}{9}$	$\frac{2}{9}$	$\frac{1}{9}$	$\frac{2}{9}$	$\frac{9}{9}$

(2) Nombre de cas avec « 1er chiffre = 2^e chiffre » : (1,1), (2,2), (3,3), (4,4), (5,5), (6,6) = **6** cas correspondent à l'énoncé.

(3) Calculons la probabilité de « 1er chiffre = 2^e chiffre » :

	(1 ; 1)	(2 ; 2)	(3 ; 3)	(4 ; 4)	(5 ; 5)	(6 ; 6)
Probabilité P(X) × P(X)	$\frac{1}{81}$	$\frac{4}{81}$	$\frac{1}{81}$	$\frac{4}{81}$	$\frac{1}{81}$	$\frac{4}{81}$

Probabilité de 2 chiffres identiques = $\frac{1}{81} + \frac{4}{81} + \frac{1}{81} + \frac{4}{81} + \frac{1}{81} + \frac{4}{81} = \frac{15}{81} = \frac{5}{27}$. **Réponse D.**

CAS N° 5 : LES CARTES

Application ★★★★☆ **45 sec. – 3 min**

Marie a 2 jeux de cartes composés de 52 cartes chacun. Sachant que Marie tire une carte dans chaque paquet, quelle est la probabilité de tirer un cœur dans le 1er paquet et une carte rouge dans le 2e paquet ?

(A) $\frac{1}{8}$ (B) $\frac{1}{4}$ (C) $\frac{1}{16}$ (D) $\frac{1}{5}$ (E) $\frac{1}{6}$

Méthode **Formules de base (fiche « Probabilités 1 sur 3 »).**

Théorie : $P(A \cap B) = p(A) \times p(B)$ (événements indépendants)

Evénement A = Tirer un cœur dans le 1er paquet.

Evénement B = Tirer une carte rouge dans le 2e paquet.

Pratique : $P(A \cap B) = \frac{1}{4} \times \frac{1}{2} = \frac{1}{8}$. **Réponse A.**

EXERCICE

Question 1 ★★★★★ **45 sec. – 3 min.**

Victor disposé d'un dé truqué. La probabilité qu'une face tombe correspond au chiffre inscrit sur cette face. Si on lance 42 fois le dé, combien de fois est-on censé obtenir le chiffre 2 ?

(A) 2 fois (B) 4 fois (C) 6 fois (D) 8 fois (E) 10 fois

➔ **CORRIGÉ FICHE 200**

63 Combinaisons, arrangements et anagrammes

Monsieur TAGE MAGE

Monsieur ÉCOLES de COMMERCE

CALCUL Fréquence ●○○○○ Difficulté ★★★★★

COMBINAISONS ET ARRANGEMENTS

	Combinaison	Arrangement
Définition	Sélection de p éléments parmi n éléments, **sans relation d'ordre**.	Sélection de p éléments parmi n éléments, **avec relation d'ordre**.
Cas d'utilisation	**Exemples**: Poignée de jetons dans un tas, tiercé dans le désordre, etc.	**Exemples**: Jetons piochés un par un dans un tas, tiercé dans l'ordre, etc.
Ordre important?	NON	OUI
Formule	Le nombre de combinaisons de p éléments parmi n est: $C_n^p = \dfrac{n!}{p! \times (n-p)!}$	Le nombre d'arrangements de p éléments parmi n est: $A_n^p = \dfrac{n!}{(n-p)!}$
Énoncé	On organise une course avec 10 participants. Les 3 premiers remportent un lot. Quel est le nombre de combinaisons de gagnants possibles?	
Réponse	Si chacun des gagnants **gagne le même lot, l'ordre n'importe pas.** $C_{10}^3 = \dfrac{10!}{3! \times (10-3)!} = \dfrac{10!}{3! \times 7!}$ $= \dfrac{10 \times 9 \times 8 \times \ldots \times 1}{3 \times 2 \times 1 \times 7 \times 6 \times \ldots \times 1}$ $= \dfrac{720}{6}$ **= 120 possibilités**	Si chacun des gagnants **remporte un lot différent, l'ordre importe.** $A_{10}^3 = \dfrac{10!}{(10-3)!} = \dfrac{10!}{7!}$ $= \dfrac{10 \times 9 \times 8 \times 7 \times \ldots 1}{7 \times 6 \times \ldots \times 1}$ **= 720 possibilités**

REMARQUE $n! = n \times (n\text{-}1) \times (n\text{-}2) \times \ldots \times 2 \times 1$

ANAGRAMMES

Une **anagramme** est un mot obtenu par la **permutation des lettres** d'un autre mot. Ils peuvent avoir un sens ou non. **Exemple** : CHIEN – NICHE – EINCH.

Pour calculer le nombre d'anagrammes d'un mot, on a la formule suivante :

$$\textbf{Nombre d'anagrammes} = \frac{\textbf{(Nombre total de lettres)!}}{\textbf{(Répétition de la lettre 1)!} \times \ldots \times \textbf{(Répétition de la lettre n)!}}$$

Application ★★★★☆ **45 sec. – 3 min.**

Quel est le nombre d'anagrammes du mot ESPECES ?

Réponse : Ce mot comporte 7 lettres dont E (répétée 3 fois), S (2 fois), P (1 fois) et C (1 fois). On a donc :

$$\textbf{Nombre d'anagrammes} = \frac{7!}{3! \times 2! \times 1! \times 1!} = \frac{7\times6\times5\times4\times3\times2}{3\times2\times2} = \textbf{420 anagrammes.}$$

EXERCICES

Question 1 ★★★★☆ **45 sec. – 3 min.**

Quel est le nombre d'anagrammes du mot ANAGRAMME ?

(A) 18 350

(B) 20 740

(C) 22 500

(D) 28 560

(E) 30 240

Question 2 ★★★★★ **45 sec. – 3 min.**

Un code d'accès est composé de 3 chiffres. Les chiffres vont de 0 à 9 compris et sont différents. Ignorant le bon code, combien de tentatives au maximum Marc devra t-il effectuer pour ouvrir la porte ?

(A) 319

(B) 637

(C) 720

(D) 936

(E) 1 000

➔ CORRIGÉ FICHE 200

64 Nombre de rencontres et nombre de salutations

Monsieur TAGE MAGE

Monsieur ÉCOLES de COMMERCE

CALCUL Fréquence ●●○○○ Difficulté ★★★☆☆

NOMBRE DE RENCONTRES DANS UN TOURNOI

Le **nombre total de matchs joués au cours d'un tournoi avec N joueurs (Exemple** : Tournoi de tennis) **en simple** (un joueur contre un joueur) **à élimination directe** (c'est à dire que dès qu'un joueur perd, il est éliminé et ne joue plus de match) est :

$$\mathbf{N - 1}$$

Application : Si 64 joueurs participent au tournoi d'échecs de l'école, le nombre total de matchs joués sera : 64 – 1 = **63**.

NOMBRE DE POIGNÉES DE MAINS/MATCHS DE CHAMPIONNAT (ALLER)/ COUPLES

Le **nombre de poignées de mains au cours d'une soirée entre N personnes** (chaque personne ne salue toutes les personnes qu'une seule fois) est :

$$\frac{\mathbf{N \times (N - 1)}}{\mathbf{2}}$$

Application : Dans une soirée avec 44 invités, il y a : $\frac{44 \times 43}{2} = 946$ poignées de main.

REMARQUE On utilise la même formule pour calculer :

- **Le nombre de matchs disputés entre N équipes de football dans le cadre d'un championnat** (*lorsque chaque équipe rencontre toutes les équipes* ***une seule fois***).
- **Le nombre de couples différents qu'il est possible de constituer au cours d'une soirée avec N personnes.**

Application ★★☆☆☆ **15 sec. – 1 min.**

Combien de matchs sont joués dans un championnat composé de 30 équipes (chaque équipe rencontre toutes les équipes une seule fois ?

Réponse : N = 30 donc on a : $\frac{\mathbf{N \times (N-1)}}{\mathbf{2}} = \frac{30 \times (30 - 1)}{2} = \frac{30 \times 29}{2} = \mathbf{435}$ **matchs joués.**

NOMBRE DE BISES/MATCHS DE CHAMPIONNAT (ALLER - RETOUR)

Le **nombre de bises au cours d'une soirée entre N personnes** (chaque personne fait 2 bises à chaque autre) est :

$$N \times (N - 1)$$

REMARQUES

1. On utilise la même formule pour calculer **le nombre de matchs disputés entre N équipes de football dans le cadre d'un championnat** (*lorsque chaque équipe rencontre toutes les équipes **2 fois***).
2. C'est 2 fois plus que la formule des poignées de mains car il y a 2 fois plus de bises que de poignées de mains.

EXERCICES

Question 1 ★★☆☆☆ **30 sec. – 1 min.**

Lors d'un championnat départemental de rugby, 12 équipes se rencontrent. Le championnat est aller-retour : chaque équipe rencontre toutes les autres équipes deux fois, une fois à domicile et une fois à l'extérieur. Combien de matchs sont joués lors de ce championnat ?

(A) 66
(B) 72
(C) 132
(D) 144
(E) 156

Question 2 ★★★☆☆ **30 sec. – 1 min.**

Avant le début d'un match, chaque membre d'une équipe serre la main des membres de son équipe et de l'autre équipe. Sachant qu'il y a eu 66 poignées de main en tout et que chaque équipe a le même nombre de joueurs, combien de joueurs y a-t-il dans chaque équipe ?

(A) 6
(B) 8
(C) 10
(D) 12
(E) 14

➔ **CORRIGÉ FICHE 200**

65 Les questions rares

CALCUL Fréquence ●○○○○ Difficulté ★★★☆☆

Plusieurs questions sont **atypiques** et ne correspondent pas aux questions classiques.

LE CARRÉ MAGIQUE

10	2	8
13	11	21
24	9	16

Énoncé : Quelle **somme minimale** peut-on obtenir en utilisant uniquement un chiffre par colonne et par ligne ?

> **ATTENTION** Si vous utilisez un chiffre, il n'est pas autorisé d'utiliser un autre chiffre de la même ligne ou de la même colonne. Par exemple, si on prend 10, on ne peut pas utiliser le 2 et le 8 de la ligne et le 13 et le 24 de sa colonne.

Réponse : La plus petite somme est : $13 + 9 + 8 = \mathbf{30}$.

LES RECTANGLES « IMBRIQUÉS »

Énoncé : Quel est le nombre de rectangles différents dans la figure ci-dessous ?

Soit **C le nombre de colonnes** et **L le nombre de lignes** du grand rectangle. La formule pour calculer le nombre N de rectangles différents dans ce grand rectangle est :

$$N = \frac{\mathbf{C \times (C + 1) \times L \times (L + 1)}}{\mathbf{4}}$$

Ainsi, la réponse est : $\frac{4 \times 5 \times 2 \times 3}{4}$ = **30 rectangles différents.**

LES CARRÉS « IMBRIQUÉS »

Énoncé : Quel est le nombre de carrés différents dans la figure ci-dessous ?

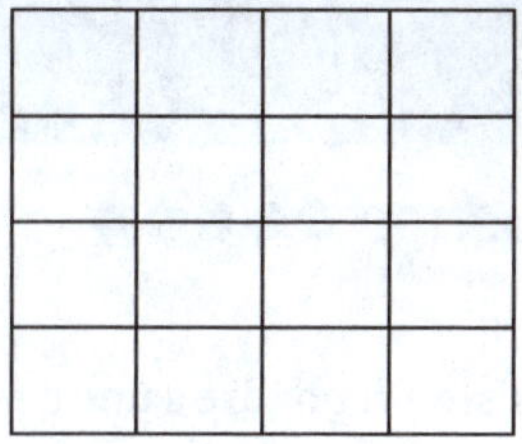

Soit **n le nombre de petits carrés par côté**. Ici, on a : **n = 4.**

$$\textbf{Nombre de carrés « imbriqués »} = \frac{\mathbf{n \times (n+1) \times (2n+1)}}{\mathbf{6}}$$

La bonne réponse est donc : $\frac{\mathbf{4 \times (4+1) \times (8+1)}}{\mathbf{6}} = \frac{\mathbf{20 \times 9}}{\mathbf{6}}$ = **30 carrés imbriqués.**

LES TRIANGLES « IMBRIQUÉS »

Énoncé : Quel est le nombre de triangles différents dans la figure ci-dessous ?

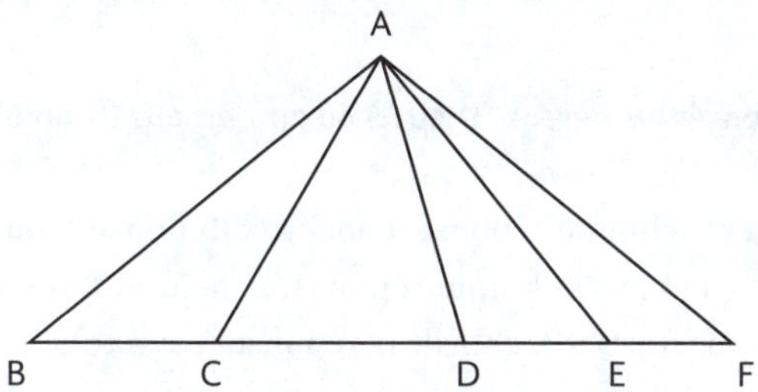

Soit **n le nombre de points à la base du triangle qui relient le sommet A.** Ici, on a : **n = 5** (les points B, C, D, E et F « relient » le sommet A).

$$\textbf{Nombre de triangles « imbriqués »} = \frac{\mathbf{n \times (n-1)}}{\mathbf{2}}$$

La bonne réponse est donc : $\frac{\mathbf{5 \times (5-1)}}{\mathbf{2}}$ = **10 triangles imbriqués.**

ATTENTION Cette formule est uniquement valable pour ce type de triangles (cas le plus fréquent). Sinon, vous devrez compter manuellement le nombre de triangles « imbriqués ».

66 Technique du backsolving

Monsieur TAGE MAGE
Monsieur ÉCOLES de COMMERCE

CALCUL Fréquence ●●●●● Difficulté ★★★☆☆

La technique du **backsolving** consiste à répondre à une question en **testant les réponses.** Il y a des **informations intermédiaires** et un **résultat final** dans l'énoncé. **Problème** : il **manque une information intermédiaire** – que vous devez trouver (= la bonne réponse). **Testez les réponses !** La réponse testée doit donner un résultat identique au résultat final de l'énoncé.

> Si **résultat trouvé > résultat final**, alors la valeur testée est **trop grande.**
> Si **résultat trouvé = résultat final**, alors c'est la **bonne réponse !**
> Si **résultat trouvé < résultat final**, alors la valeur testée est **trop petite.**

LE BACKSOLVING : TECHNIQUE CLASSIQUE

Étape 1 Testez la réponse C.

Si **le résultat trouvé = résultat final de l'énoncé**, alors c'est la **bonne réponse !** Sinon, passer à l'étape 2.

Étape 2 Testez les réponses au-dessus (D ou E) ou en-dessous (A ou B) selon le résultat trouvé avec la réponse C.

Si la 2e réponse testée est la bonne réponse, conclure. **Réponse B ou D.**

Si la 2e réponse testée n'est pas la bonne réponse, conclure. **Réponse A ou E** (selon si le résultat est trop grand ou trop petit, choisir la réponse restante).

LE BACKSOLVING : TECHNIQUE AVANCÉE

Étape 1 Testez la réponse B.

Si **le résultat trouvé = résultat final de l'énoncé**, alors c'est la **bonne réponse !** Si c'est trop grand, il faut une réponse plus petite, donc **réponse A.** Sinon, passer à **l'étape 2.**

Étape 2 Testez la réponse D.

Si **le résultat trouvé = résultat final de l'énoncé**, alors c'est la **bonne réponse !**

Si le résultat est trop grand, il faut une réponse plus petite, donc **réponse C.**

Si le résultat est trop petit, il faut une réponse plus grande, donc **réponse E.**

ATTENTION Les réponses ne sont pas forcément classées par ordre croissant.

REMARQUES

1. Au maximum, on teste 2 réponses pour conclure.
2. La **technique avancée augmente vos chances de rapidement répondre correctement**. En effet, en testant B en premier, on a 2 chances sur 5 d'avoir la bonne réponse directement (réponse A ou B). Avec la méthode classique (tester C), on a 1 chance sur 5.

EXERCICE D'APPLICATION

Application ★★★☆☆ **45 sec. – 2 min.**

Max n'a pas suffisamment d'argent pour faire le plein de sa voiture. Il dépense la somme d'argent qu'il a pour mettre le maximum d'essence. Avec 4 fois plus d'argent, il aurait pu mettre 48 litres en plus et parvenir à faire le plein.
Quelle est la contenance (en litres) de son réservoir ?

(A) 32
(B) 44
(C) 52
(D) 62
(E) 64

Étape 1 Testons la réponse du milieu (réponse C) (52).

Si Max peut mettre 48 L de plus avec 4 fois plus d'argent et ainsi remplir le réservoir, cela signifie qu'initialement, il avait mis : 52 L – 48L = 4 L
Donc, avec 4 fois plus d'argent, la contenance du réservoir serait de 4 × 4 = **16 L (≠ 52 L).**
La réponse est trop petite. On teste donc une des deux réponses supérieures.

Étape 2 Testons la réponse D (62).

Si Max peut mettre 48 L de plus avec 4 fois plus d'argent et ainsi remplir le réservoir, cela signifie qu'initialement, il avait mis 62L – 48L = 14 L
Donc, avec 4 fois plus d'argent, la contenance serait de 14 × 4 = **56 L (≠ 62 L). La réponse est trop petite.**

Étape 3 Concluons. Réponse E.

La réponse E est supérieure à C (étape 1).
La réponse E est supérieure à D (étape 2).
On en déduit que la bonne réponse est E (pas besoin de tester). **Réponse E.**

67 Les arbres

CALCUL Fréquence ●●●○○ Difficulté ★★★★☆

LES ARBRES EN « V »

Exemple

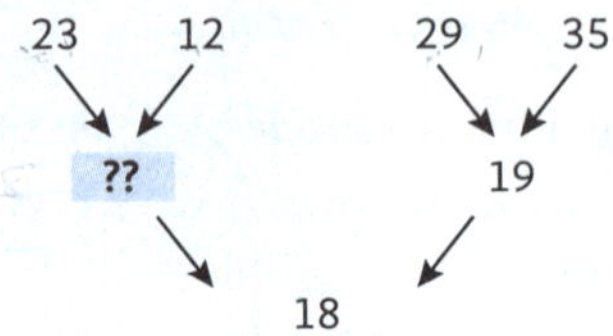

ASTUCE 23 peut être lu comme **« 23 » (nombre entier)** ou comme **2 et 3 côte à côte.**

Méthode

Identifiez le lien qui relie les chiffres/nombres entre eux, en faisant fonctionner une **calculatrice imaginaire** (+, –, ×, /) pour tester toutes les combinaisons possibles.

ATTENTION Dans les arbres en V, l'opération de la partie gauche correspond forcément à celle de la partie droite.

Application

Ici, lisez les nombres comme **2 chiffres mis côte à côte**. Il fallait identifier :

À droite : (1er chiffre + 2^{e} chiffre) + (3e chiffre + 4^{e} chiffre) = **2 + 9 + 3 + 5 = 19.**

À gauche : (1er chiffre + 2^{e} chiffre) + (3e chiffre + 4^{e} chiffre) = **??, soit ?? = 2 + 3 + 1 + 2 = 8.**

En bas : 8 + 1 + 9 = **18.**

LES ARBRES EN « A »

Exemple

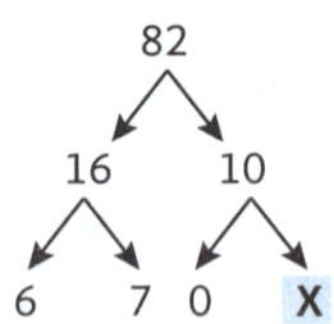

ASTUCE 82 peut être lu comme **« 82 » (nombre entier)** ou comme **8 et 2 côte à côte.**

Méthode

Identifiez le lien qui relie les chiffres/nombres entre eux, en faisant fonctionner une **calculatrice imaginaire (+, –, ×, /)** pour tester toutes les combinaisons possibles.

ATTENTION Dans les arbres en A, l'opération de la branche gauche et celle de la branche droite sont souvent **différentes**.

Application

Ici, lisez les nombres comme **2 chiffres mis côte à côte**. Il fallait identifier :

Partie haute : $8 \times 2 = \mathbf{16}$ et $8 + 2 = \mathbf{10}$.

Partie basse : $1 \times 6 = \mathbf{6}$; $1 + 6 = \mathbf{7}$ et $1 \times 0 = \mathbf{0}$.

On comprend que le nombre est séparé en 2 : à gauche, la multiplication de ses 2 chiffres, à droite la somme de ses 2 chiffres. Ainsi, ?? = 1 + 0 = **1.**

EXERCICES

Question 1 ★★☆☆☆ 15 sec. – 45 sec.

Par quel nombre faut-il remplacer les points d'interrogation ?

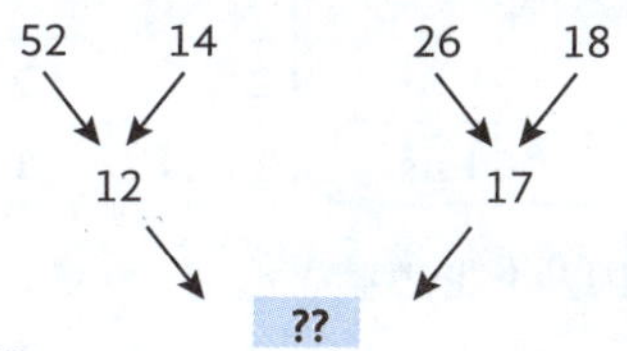

(A) 09 (B) 10 (C) 11 (D) 12 (E) 13

Question 2 ★★★★★ 45 sec. – 2 min.

Par quel nombre faut-il remplacer les points d'interrogation ?

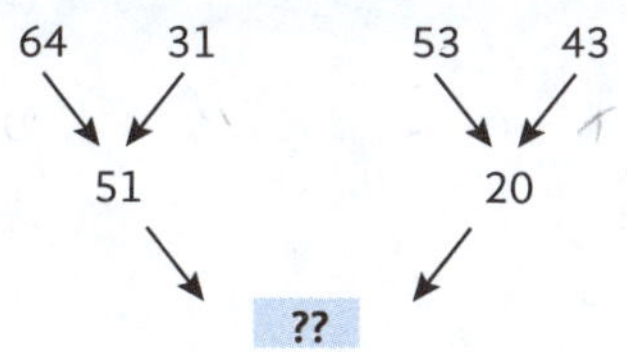

(A) 91 (B) 87 (C) 59 (D) 78 (E) 85

➔ CORRIGÉ FICHE 200

68 Les bases

Monsieur TAGE MAGE

Monsieur ÉCOLES de COMMERCE

CALCUL Fréquence ●○○○○ Difficulté ★★★★☆

Définition : Les **bases** consistent à exprimer n'importe quel nombre avec **les chiffres 0 et 1.** Ainsi, exprimer **un nombre en base 2** (par exemple), c'est exprimer ce **nombre comme somme de puissances de 2** (par exemple), en **partant toujours de la plus grande puissance possible.**

EXERCICE D'APPLICATION

Application ★★★★☆ **15 sec. – 45 sec.**

Combien vaut 28 en base 2 ?

(A) 11100 (B) 10100 (C) 11100 (D) 10101 (E) 10001

Étape 1 Exprimons 28 sous la forme d'une somme de puissances de 2.

$\mathbf{28} = \mathbf{1} \times 2^4 + \mathbf{1} \times 2^3 + \mathbf{1} \times 2^2 + \mathbf{0} \times 2^1 + \mathbf{0} \times 2^0 = 16 + 8 + 4 = \mathbf{28}.$

Étape 2 Établissons la base 2.

Combien de fois a-t-on utilisé ?	2^4	2^3	2^2	2^1	2^0
	1 fois	**1 fois**	**1 fois**	**0 fois**	**0 fois**

Étape 3 La réponse est donc 11100. Réponse A.

REMARQUES

1. Si l'énoncé demande en base 3, exprimez le nombre sous la forme d'une somme de puissances de 3.
2. Un nombre à la puissance 0 est toujours égal à 1.

EXERCICES

Question 1 ★★★☆☆ **15 sec. – 45 sec.**

Combien vaut 17 en base 2 ?

(A) 11100 (B) 11001 (C) 10001 (D) 10101 (E) 10011

Question 2 ★★★☆☆ **15 sec. – 45 sec.**

Combien vaut 37 en base 3 ?

(A) 1101 (B) 1010 (C) 1001 (D) 1110 (E) 1111

Question 3 ★★★☆☆ **15 sec. – 45 sec.**

Combien vaut 21 en base 4 ?

(A) 101 (B) 111 (C) 100 (D) 110 (E) 011

Question 4 ★★★★☆ **15 sec. – 45 sec.**

Combien vaut 31 en base 2 ?

(A) 10111 (B) 10011 (C) 10101 (D) 11001 (E) 11111

Question 5 ★★★★☆ **15 sec. – 45 sec.**

Combien vaut 31 en base 3 ?

(A) 1111 (B) 1101 (C) 1001 (D) 1011 (E) 1000

CORRIGÉ FICHE 200

Toutes les questions sont corrigées en vidéo dans votre espace **E-LEARNING sur www.monsieur-tage-mage.com**

69 Les inconnues entières

Monsieur TAGE MAGE

Monsieur ÉCOLES de COMMERCE

CALCUL Fréquence ●●●●● Difficulté ★★★☆☆

DÉFINITION

Une **inconnue entière** est une **valeur mathématique définie (Exemple**: 16 ans, 1 mètre, 16 €, etc.). Une **inconnue entière** n'est **jamais**, par définition, **un nombre à virgule. (Exemple**: 1,52 m ou 16,33 € ne sont pas des inconnues entières).

	Inconnues entières	Exemple(s)
Inconnues **toujours entières**	Les êtres	5 personnes, 3 enfants, 8 invités
	Les capacités	12 L, 2 dL
	Les éléments/objets	146 voitures, 6 verres, 2 trains
	Les âges	12 ans, 96 ans
Inconnues **le plus souvent entières**	Les vitesses	36,5 km/h, 225 km/h , 16 m/s
	Les longueurs/distances	25 km, 12,5 cm
	Les aires et les volumes	282 m^2, 1m^3
	Les horaires	1,3 heure, 28 minutes
	Les masses	1 tonne, 3,5 kg
	Les sommes d'argent	1 254 €, 9,75 $

ASTUCE Si les **données de l'énoncé** et les résultats **des étapes intermédiaires** sont entiers, alors **l'inconnue cherchée (réponse)** est entière.

TRANSFORMEZ LES INCONNUES NON ENTIÈRES EN INCONNUES ENTIÈRES

Il est toujours plus facile de travailler avec des **inconnues entières** qu'avec des **inconnues décimales. Créez donc vous-même vos propres inconnues entières.** Cela vous fera gagner du temps et réduira le risque d'erreurs de calcul ! **Exemple**: 6,5 minutes = 390 secondes.

APPLICATION

Application ★★★☆☆ **45 sec. – 3 min.**

On sait que le produit de 2 nombres A et B est égal à 96 et que leur différence est égale à 20. Que vaut A + B ?

(A) 16 (B) 20 (C) 24 (D) 28 (E) 32

Étape 1 Listons les nombres dont le produit est égal à 96.

A ou B	B ou A	A × B
1	96	96
2	48	96
3	32	96
4	24	96
6	16	96
8	12	96

REMARQUE Si l'on ne fait pas l'hypothèse que l'inconnue est entière, il existe une infinité de nombres décimaux dont le produit est égal à 96. La question serait donc insoluble.

Étape 2 Calculons les différences B – A associées aux nombres trouvés ci-dessus.

A ou B	B ou A	A × B	B – A
1	96	96	95
2	48	96	46
3	32	96	29
<u>4</u>	<u>24</u>	<u>96</u>	<u>20</u>
6	16	96	10
8	12	96	4

Parmi les couples dont le produit est égal à 96, un seul correspond au critère « leur différence est égale à 20 » : (4 ; 24).

Étape 3 Concluons.

Le couple solution est donc (4; 24) et A + B = 4 + 24 = **28. Réponse D.**

70 Base 100 ou 1 000

Monsieur TAGE MAGE
Monsieur ÉCOLES de COMMERCE

CALCUL Fréquence ●●●●○ Difficulté ★★★☆☆

Quand **les données sont des pourcentages** ou **des fractions**, partez d'une **« base » 100 (ou 1 000)**, c'est-à-dire qu'il faut considérer que la valeur de départ / de référence est 100 (ou 1 000).

CAS N° 1 : LES % ET LES VARIATIONS EN %

Application ★★☆☆☆ **30 sec. – 1 min.**

Alban, Béatrice et Christine se partagent un magot. Béatrice en reçoit 40 %, Alban en a 2 fois plus que Christine. Quel pourcentage a reçu Christine ?

(A) 12 % (B) 15 % (C) 20 % (D) 25 % (E) 30 %

Étape 1 Modélisons la situation avec la base 100.

Toutes les données de l'énoncé sont des pourcentages. On peut donc considérer que les 3 personnes doivent se partager 100 euros (= base 100).
Si Béatrice a 40 euros (40 %), alors il reste 60 euros à se répartir entre Alban et Christine.

Étape 2 Concluons

Sachant qu'Alban a 2 fois plus que Christine, Alban a reçu 40 euros et Christine 20 euros (soit 20 %). **Réponse C.**

Application ★★☆☆☆ **30 sec. – 1 min.**

Une réserve d'eau diminue d'un quart, puis encore d'un tiers et enfin triple.

Quelle est sa variation en % ?

(A) – 20 % (B) + 15 % (C) + 25 % (D) + 50 % (E) + 75 %

Étape 1 Modélisons la situation avec la base 100.

Toutes les données de l'énoncé sont des pourcentages. On peut donc considérer que la réserve contenait 100 L initialement (100 litres = 100 % = base 100).

Étape 2 Appliquons les différentes variations et concluons.

« Diminue d'un quart » : 100 – 25 = **75.** « Diminue d'un tiers » : 75 – 25 = **50.** « Triple » : 50 × 3 = **150.** Ainsi, la réserve est passée de 100 L à 150 L soit **+ 50 %. Réponse D.**

CAS N° 2 : LES PRIX (HT ET TTC)

Application ★★★☆☆ **30 sec. – 1 min.**

La taxe sur les aspirateurs passe de 10 % à 21 %. De combien le prix final augmente-t-il ?

(A) 11 % (B) 10 % (C) 9 % (D) 8 % (E) 7 %

Étape 1 Modélisons la situation à l'aide de la base 100.

Toutes les données de l'énoncé sont des pourcentages. On peut donc considérer que l'aspirateur coûtait initialement 100 euros hors-taxes (= base 100).
Ainsi, avec une taxe de 10 %, il coûtait 110 euros contre 121 euros avec une taxe de 21 %.

Étape 2 Concluons grâce à la formule de la variation en %.

Variation en % = $\frac{V_F - V_D}{V_D} \times 100 = \frac{121-110}{110} \times 100 = \frac{11}{110} \times 100 =$ **10 %. Réponse B.**

CAS N° 3 : LES TABLEAUX

Application ★★★★☆ **30 sec. – 2 min.**

Dans une maternité, 50 % des bébés sont bruns, 35 % sont blonds et 15 % sont roux. La moitié des bruns sont des garçons. 4/7 des blonds sont des garçons et 1 roux sur 5 est un garçon. Quelle est la probabilité en prenant un garçon au hasard de tomber sur un roux ?

(A) 1/12 (B) 1/14 (C) 1/16 (D) 1/18 (E) 1/20

Étape 1 Modélisons la situation dans un tableau à l'aide de la base 100.

Toutes les données de l'énoncé sont des pourcentages. On peut donc considérer qu'il y a 100 enfants dans la maternité (= base 100).

	Bruns	Blonds	Roux	TOTAL
Garçons	25	20	3	48
Filles	25	15	12	52
TOTAL	**50**	**35**	**15**	**100**

Étape 2 Concluons.

Il y a 48 garçons au total dont 3 roux. Donc, en choisissant un garçon au hasard, la probabilité qu'il soit roux est 3/48 = **1/16. Réponse C.**

EXERCICE

Question 1 ★★★★☆ **1 min. – 2 min.**

La gérante d'un péage constate que, malgré une baisse du prix du ticket de 10 %, son chiffre d'affaires a augmenté de 17 %. De combien le nombre de clients a-t-il augmenté ?

(A) 20 % (B) 25 % (C) 30 % (D) 35 % (E) 40 %

➔ **CORRIGÉ FICHE 200**

TAGE MAGE® N° 1/2/3

CALCUL

TAGE MAGE® N° 1

2 CALCUL

CONSIGNES			
15 questions	20 minutes	Calculatrice interdite	Chronomètre recommandé

BARÈME		
Bonne réponse : +4 points	Aucune réponse : 0 point	Mauvaise réponse : –1 point

Question 16. Un homme a vécu 45 ans, 38 mois, 41 semaines et 34 jours. Quel âge a-t-il ?

(A) 46 ans
(B) 47 ans
(C) 48 ans
(D) 49 ans
(E) 50 ans

Question 17. Arnaud doit ranger une immense pile de documents. Si Arnaud travaille 9 heures par jour, il met 40 jours pour accomplir sa tâche.

S'il décide de travailler 10 heures par jour, combien de temps mettra-t-il ?

(A) 38 jours
(B) 36 jours
(C) 34 jours
(D) 32 jours
(E) 30 jours

Question 18. 2 cyclistes partent d'un même point de départ mais se dirigent dans des directions opposées : l'un part vers le Nord, l'autre vers le Sud.

Sachant que celui qui va vers le Nord roule à la vitesse de 28 km/h et que celui qui va vers le Sud se déplace à la vitesse de 22 km/h, au bout de combien de temps seront-ils séparés de 625 kilomètres ?

(A) 12,5 heures
(B) 13 heures
(C) 13,5 heures
(D) 14 heures
(E) 14,5 heures

Question 19. Lors d'un dîner, les invités ont tous trinqué ensemble. Chacun a trinqué exactement 1 fois avec tous les autres invités.

Combien d'invités étaient présents sachant que l'on a dénombré 55 tintements de verre ?

(A) 8
(B) 9
(C) 10
(D) 11
(E) 12

Question 20. Une boîte cubique contient exactement 18 cubes identiques.

Combien de ces cubes peut-on placer dans une boîte dont les arêtes sont 4 fois plus grandes que celles de la première boîte ?

(A) 72
(B) 288
(C) 886
(D) 1 152
(E) 1 456

Question 21. Alexandre, Bruno et Claire ont 17 ans de moyenne à eux trois.

Quelle est la nouvelle moyenne d'âge si on ajoute Damien qui a 13 ans ?

(A) 13 ans et demi
(B) 14 ans
(C) 15 ans et demi
(D) 16 ans
(E) 17 ans

Question 22. Dans une famille, il y a un pot de bonbons. Chacun des 2 fils ainsi que le père prennent 3 bonbons par jour. La mère prend 1 bonbon par jour. Le pot est vidé en 30 jours.

En combien de jours serait vidé le pot si la mère prenait 3 bonbons par jour également ?

(A) 27
(B) 26
(C) 25
(D) 24
(E) 23

Question 23. On lance simultanément deux dés non pipés, quelle est la probabilité de ne pas obtenir 2 chiffres identiques ?

(A) 27/36
(B) 30/36
(C) 32/36
(D) 33/36
(E) 35/36

Question 24. À 9 heures, un motard part de Paris vers Lille, à 90 km/h. Plus tard, un autre motard part de Lille en direction de Paris, à 120 km/h. Ils se rencontrent à mi-chemin entre les 2 villes à 10h20. À quelle heure le 2e motard est-il parti ?

(A) 9 h
(B) 9h10
(C) 9h20
(D) 9h30
(E) 9h40

Question 25. Un smartphone et sa coque de protection pèsent ensemble 610 grammes. Le smartphone pèse 600 grammes de plus que la coque. Quel est le poids de la coque ?

(A) 20 grammes
(B) 15 grammes
(C) 10 grammes
(D) 5 grammes
(E) 2 grammes

Question 26. Une somme placée sur un compte à taux d'intérêt composé rapporte 180 euros d'intérêts la première année et 185,4 euros d'intérêts la deuxième année.

Quelle est la somme de départ ?

(A) 7 200
(B) 6 600
(C) 6 000
(D) 5 400
(E) 5 000

Question 27. Le professeur de mathématiques de Romain lui demande de tracer un triangle en respectant les instructions suivantes. Le plus petit angle est 3 fois plus petit que le plus grand angle, qui est lui-même 1,5 fois plus grand que l'angle moyen.

On peut dire que ce triangle est :

(A) Isocèle
(B) Équilatéral
(C) Quelconque
(D) Rectangle
(E) Isocèle rectangle

Question 28. Dans une entreprise, 2 réunions ont lieu en même temps. Dans la première salle de réunion, la moyenne d'âge des 8 employés est 25 ans. Dans la deuxième salle de réunion, la moyenne d'âge des 12 employés est 35 ans.

Quelle serait la moyenne d'âge si l'on fusionnait les 2 salles ?

(A) 28 ans
(B) 29 ans
(C) 30 ans
(D) 31 ans
(E) 32 ans

Question 29. Un cinéma propose 2 types de formules. Une formule A, dans laquelle chaque spectateur paye 8,5 euros par place et une formule B, dans laquelle le spectateur paye un abonnement de 45 euros et paye alors chaque place à 5 euros.

À partir de combien de places achetées, le tarif avec abonnement est-il plus intéressant ?

(A) 10
(B) 11
(C) 12
(D) 13
(E) 14

Question 30. Au marché, un acheteur dépense 11,5 euros pour 3 kilos de légumes et 2 kilos de fruits. Pour 2 kilos de légumes et 1 kilo de fruits, il dépense 7 euros.

Combien coûte 1 kilo de légumes ?

(A) 1,5 euros
(B) 2 euros
(C) 2,5 euros
(D) 3 euros
(E) 3,5 euros

Difficulté	FACILE													
Question	16	17	18	19	20	21	22	23	24	25	26	27	28	29	30
Réponse	D	B	A	D	D	D	C	B	C	D	C	D	D	D	C

Question 16 Réponse D ★★★★☆ 1 min. – 3 min. Fiche 22

Étape 1 Convertissons les mois, semaines et jours en jours.

38 mois	38 × 30 jours = 1 140 jours
41 semaines	41 × 7 = 287 jours
34 jours	34 jours
Total	**1 461 jours**

Étape 2 Concluons.

Cet homme a donc vécu 45 ans + 1 461 jours. Il s'agit maintenant d'évaluer combien d'années représentent 1 461 jours.

1 461 jours représentent exactement : 365 + 365 + 365 + 366 jours soit **exactement 4 ans.**

Attention : Tous les 4 ans, il y a une année bissextile. On ne sait pas laquelle mais en 4 ans il n'y a pas 1 460 jours mais bien 1 461 jours.

Au final, il a donc vécu : 45 + 4 = **49 ans. Réponse D.**

Astuce Retenez par cœur que **1 461 jours** forment un **intervalle d'exactement 4 ans.**

Question 17 Réponse B ★★☆☆☆ 30 sec. – 2 min. Fiche 36

- **Rappel de cours** **Production = Temps de travail × Productivité**

Étape 1 Calculons d'abord le nombre d'heures nécessaires pour tout ranger.

Si Arnaud travaille 9 heures par jour, il mettra 40 jours pour tout ranger. En tout, il lui faudra donc : 40 × 9 = 360 heures de travail cumulées pour venir à bout du rangement.

Étape 2 Divisons ce nombre d'heures global par le temps de travail quotidien.

Pour effectuer 360 heures de travail en travaillant 10 heures par jour, il lui faudra :

$\frac{360}{10}$ = **36 jours. Réponse B.**

Question 18 Réponse A ★★★☆☆ **30 sec. – 2 min.** **Fiche 48**

- **Rappel de cours** Pour trouver le moment du croisement, on a : $\mathbf{m} = \dfrac{\textbf{Distance totale}}{\textbf{Somme des vitesses}}$

Étape 1 Modélisons la situation.

Nous cherchons à savoir au bout de combien de temps les 2 cyclistes seront séparés de 625 kilomètres. Cela revient à se demander au bout de combien de temps, en additionnant la distance parcourue par chacun, on aura atteint 625 kilomètres.

C'est exactement la même démarche que pour un cas de croisement : il faut diviser la distance totale à parcourir (625 km) par la somme des vitesses de chacun (28 km/h + 22 km/h = 50 km/h). En effet, chaque heure, l'écart qui les sépare se creuse de 28 + 22 = 50 km.

Étape 2 Calculons le temps nécessaire pour qu'ils soient séparés de 625 km.

On a : $\mathbf{m} = \dfrac{\textbf{Distance totale}}{\textbf{Somme des vitesses}} = \dfrac{625 \text{ km}}{50 \text{ km/h}} = \mathbf{12{,}5\ h}$. **Réponse A.**

Astuce Diviser par 50, c'est diviser par 100 et multiplier par 2.

Question 19 Réponse D ★★☆☆☆ **30 sec. – 2 min.** **Fiche 64**

- **Rappel de cours** La formule pour le nombre de salutations / poignées de mains / tintements de verres / etc. au cours d'une soirée entre N personnes est : $N \times \dfrac{(N-1)}{2}$

Appliquons la formule pour trouver le nombre de convives.

On sait que : $N \times \dfrac{(N-1)}{2} = 55 \Leftrightarrow N \times (N-1) = 110 \Leftrightarrow$ **N = 11. Réponse D.**

> **REMARQUE** Pas besoin de poser d'équation pour trouver N = 11. En effet, 11 × 10 est le seul produit de nombres consécutifs qui donne 110.

Question 20 Réponse D ★★★☆☆ **30 sec. – 2 min.** **Fiche 56**

- **Rappel de cours** Le volume d'un cube dont on multiplie par X la taille des arêtes est multiplié par X^3.

Appliquons la formule pour trouver le nombre de cubes qui tiennent dans la boîte.

On multiplie la longueur des arêtes par 4 donc le volume total est multiplié par $4^3 = 64$.

Ainsi, on peut mettre 18 × 64 = **1 152 cubes** dans le grand cube. **Réponse D.**

> **REMARQUE** La surface d'un carré dont on multiplie par X la longueur des arêtes est multipliée par X^2.

Question 21 **Réponse D** ★★★☆☆ **30 sec. – 2 min.** **Fiche 38**

■ **Rappel de cours** Lorsque les coefficients sont identiques : **Moyenne** $= \dfrac{\textbf{Somme des termes}}{\textbf{Nombre de termes}}$

Étape 1 **Déterminons la somme des âges des 3 premiers.**

D'après la formule de la moyenne arithmétique, on sait que :

$17 = \dfrac{A+B+C}{3} \Leftrightarrow A + B + C = 17 \times 3 = 51.$

Étape 2 **Déterminons la somme des âges des 4 individus.**

$A + B + C = 51$ et $D = 13 \Leftrightarrow A + B + C + D = 64$. Ils ont donc 64 ans à eux 4.

Étape 3 **Calculons la moyenne de leurs âges en divisant par 4.**

$A + B + C + D = 64 \Leftrightarrow \dfrac{A+B+C+D}{4} = \mathbf{16}$. Ils ont donc **16 ans de moyenne. Réponse D.**

Question 22 **Réponse C** ★★★☆☆ **30 sec. – 2 min.** **Fiche 36**

Étape 1 **Déterminons le nombre de bonbons dans le pot.**

Les 2 fils et le père consomment 3 bonbons chacun par jour pendant 30 jours.

La mère consomme 1 bonbon par jour pendant 30 jours.

En tout, ils consomment 10 bonbons par jour pendant 30 jours. Donc, le pot contient :

$10 \times 30 =$ **300 bonbons.**

Étape 2 **Déterminons le temps pour vider le pot si chacun prenait 3 bonbons par jour.**

Si les 2 fils, le père et la mère consommaient 3 bonbons chacun par jour, cela donnerait 12 bonbons par jour. Le pot se viderait donc en : $\dfrac{300}{12} =$ **25 jours. Réponse C.**

Question 23 **Réponse B** ★★★☆☆ **45 sec. – 2 min** **Fiche 62**

■ **Rappel de cours** **Probabilité d'un événement** $= \dfrac{\textbf{Nombre de cas favorables}}{\textbf{Nombre de cas possibles}}$

Étape 1 **Modélisons la situation.**

On lance 2 dés non pipés (= non truqués). On cherche la probabilité que les 2 chiffres soient différents.

Étape 2 **Concluons grâce à la formule.**

Sur les $6 \times 6 =$ **36 situations possibles**, seules 6 situations correspondent à 2 chiffres identiques : (1,1) ; (2, 2) ; (3, 3) ; ... ; (6 ; 6).

Autrement dit, $36 - 6 =$ **30 situations avec 2 chiffres différents.**

Ainsi, la probabilité que les 2 chiffres soient différentes est : $\mathbf{P = \dfrac{30}{36}}$. **Réponse B.**

Question 24	Réponse C	★★★☆☆	30 sec. – 2 min.	Fiche 45

■ **Rappel de cours** Vitesse = $\frac{\text{Distance}}{\text{Temps}}$

Étape 1 Déterminons la distance parcourue par le 1er motard.

Le 1er motard a roulé 1 heure et 20 minutes (= 1 heure + 1/3 heure = 4/3 d'heure) à la vitesse de 90 km/h.

Il a donc parcouru : D = V × T = 90 km/h × 4/3 h = 360/3 = **120 km.**

Étape 2 Déterminons le temps mis par le 2e motard pour parcourir cette distance.

Étant donné qu'ils se retrouvent à mi-chemin, on comprend que le 2e motard a lui aussi parcouru 120 km.

À la vitesse de 120 km/h, le 2e motard met 1 heure pour parcourir 120 kilomètres. Il est donc parti 1 heure avant l'heure du croisement, soit à **9h20. Réponse C.**

REMARQUE Au moment du croisement (à 10h20), le 1er motard aura roulé 1h20 à 90 km/h et le 2e motard aura roulé 1 heure à 120 km/h.

Question 25	Réponse D	★★★☆☆	30 sec. – 2 min.	Fiche 43

Étape 1 Modélisons la situation.

Soit S le poids du smartphone et C celui de la coque. On sait que : $\begin{cases} S+C=610 & \textbf{(1)} \\ S=C+600 & \textbf{(2)} \end{cases}$

Étape 2 Résolvons le système.

En insérant **(2)** dans **(1)**, on obtient :

(C + 600) + C = 610 ⇔ 2 C + 600 = 610 ⇔ 2 C = 10 ⇔ C = **5 grammes. Réponse D.**

REMARQUE On peut trouver la réponse sans poser de système, en voyant immédiatement que la seule solution est : S = 605 grammes et C = 5 grammes.

Attention toutefois à ne pas vous précipiter et répondre 10 grammes en allant trop vite. En effet, si C = 10 alors S = 600 (on a bien S + C = 610) mais il n'y a pas 600 grammes d'écart entre les 2 éléments.

Question 26 Réponse C ★★★★☆ 1 min. – 2 min. Fiche 35

- **Rappel de cours** **K × (1 + TI) = Total** et **K × TI = Bénéfice.**

Étape 1 Modélisons la situation.

La 1re année, la somme placée a rapporté 180 euros. La 2e année, la somme placée a rapporté 185,4 euros, soit 5,4 euros de plus que la 1re année. Ces 5,4 euros correspondent aux intérêts des 180 euros nouvellement placés.

Pour trouver le taux d'intérêt, il faut calculer : **Taux d'intérêt** = $\dfrac{\textbf{Intérêts supplémentaires}}{\textbf{Somme supplémentaire}}$.

Étape 2 Calculons le taux d'intérêt.

Taux d'intérêt = $\dfrac{5,4}{180} = \dfrac{54}{1800} = \dfrac{3\times 18}{100\times 18} = \dfrac{\mathbf{3}}{\mathbf{100}}$ **= 3 %.**

Étape 3 Calculons la somme de départ.

Puisque le taux d'intérêt est de 3 %, il faut résoudre :

$K \times \dfrac{3}{100} = 180 \Leftrightarrow K = 180 \times \dfrac{100}{3} \Leftrightarrow$ **K = 6 000. Réponse C.**

Question 27 Réponse D ★★★☆☆ 30 sec. – 2 min. Fiche 43

- **Rappel de cours** La somme des angles d'un triangle est égale à 180°.

Étape 1 Modélisons la situation.

Soit P, M et G les mesures respectives du petit angle, de l'angle moyen et du grand angle.

On sait que : $\begin{cases} P+M+G=180° & \mathbf{(1)} \\ G=3P & \mathbf{(2)} \\ G=1{,}5M & \mathbf{(3)} \end{cases}$

Étape 2 Résolvons le système.

En utilisant **(2)** et **(3)** ensemble, on sait que : G = 3 P = 1,5 M ⇔ M = $\dfrac{3}{1,5}$ P = 2 P.

En insérant **(2)** et **(3)** dans **(1)**, on a : P + 2 P + 3 P = 180° ⇔ 6 P = 180° ⇔ P = 30°.

Puisque P = 30°, on peut conclure que M = 2 P = 60 ° et G = 3 P = 90°. Un des angles mesure 90° donc le triangle est **rectangle. Réponse D.**

REMARQUE Le triangle n'est pas isocèle car il ne comporte pas 2 angles égaux.

Question 28 Réponse D ★★★☆☆ 30 sec. – 2 min. Fiche 38

- **Rappel de cours** Lorsque les coefficients sont identiques : **Moyenne** = $\dfrac{\textbf{Somme des termes}}{\textbf{Nombre de termes}}$

Étape 1 Calculons la somme des âges des participants de chacune des 2 salles.

Salle 1 : 8 participants en moyenne âgés de 25 ans : Somme des âges = 8 × 25 = **200.**

Salle 2 : 12 participants en moyenne âgés de 35 ans : Somme des âges = 12 × 35 = **420.**

Étape 2 Concluons.

La somme totale des âges des 20 participants (12 + 8 = 20) est donc : 200 + 420 = 620.

En moyenne, si on fusionnait les 2 salles, la moyenne d'âge des 20 personnes serait de :

$\frac{620}{20}$ = **31 ans. Réponse D.**

Question 29	Réponse D	★★★☆☆	30 sec. – 2 min.	Fiche 42

Étape 1 Modélisons la situation.

Soit X : le nombre de tickets de cinéma achetés.

Avec la formule A, pour X tickets achetés, le spectateur débourse : 8,5 × X.

Avec la formule B, pour X tickets achetés, le spectateur débourse : 5 × X + 45.

Étape 2 Résolvons l'inéquation.

On cherche à partir de combien de tickets l'abonnement (formule B) devient plus intéressant, c'est-à-dire moins cher. On résout donc :

$$8{,}5 \times X > 5 \times X + 45 \iff 3{,}5\,X > 45 \iff X > \frac{45}{3{,}5} = 12{,}9$$

La formule B devient plus intéressante quand le nombre de tickets achetés est strictement supérieur à 12,9, c'est-à-dire **à partir de 13 entrées. Réponse D.**

Question 30	Réponse C	★★★☆☆	30 sec. – 2 min.	Fiche 43

Étape 1 Modélisons la situation.

D'après l'énoncé, on a : $\begin{cases} 3L + 2F = 11{,}5 & \textbf{(1)} \\ 2L + F = 7 & \textbf{(2)} \end{cases}$

Étape 2 Résolvons le système.

En isolant F dans **(2)**, on trouve : 2 L + F = 7 ⇔ F = 7 – 2 L.

En insérant **(2)** dans **(1)**, on a :

3 L + 2 × (7 – 2 L) = 11,5 ⇔ 3 L + 14 – 4 L = 11,5 ⇔ 14 – L = 11,5 ⇔ **L = 2,5.**

Le kilo de légumes coûte donc **2,5 euros. Réponse C.**

TAGE MAGE® N° 2

2 CALCUL

CONSIGNES			
15 questions	20 minutes	Calculatrice interdite	Chronomètre recommandé

BARÈME		
Bonne réponse : +4 points	Aucune réponse : 0 point	Mauvaise réponse : –1 point

Question 16. Pierre est puni. Son professeur lui demande d'écrire sur une feuille tous les nombres de 1 à 1 253. Combien de chiffres Pierre écrira-t-il ?

(A) 3 905
(B) 1 253
(C) 1 254
(D) 2 986
(E) 1 252

Question 17. Arnaud et Jean comparent leur fortune respective. Ils remarquent qu'Arnaud a 200 euros de plus que Jean. Ils observent également que si Jean dépense 400 euros, alors Arnaud a 4 fois plus d'argent que Jean.

Combien Jean possède-t-il ?

(A) 600 euros
(B) 700 euros
(C) 800 euros
(D) 900 euros
(E) 1 000 euros

Question 18. On lance simultanément deux dés non pipés, quelle est la probabilité d'obtenir un résultat qui soit le double de l'autre ?

(A) 1/6
(B) 2/5
(C) 4/6
(D) 3/4
(E) 2/24

Question 19. Une conserve de haricots verts est composée d'eau à hauteur de 2/7 de son poids. Combien de kilos de haricots en conserve doit-on acheter pour obtenir 6 kilogrammes de haricots égouttés ?

(A) 7,8 kilos
(B) 8 kilos
(C) 8,2 kilos
(D) 8,4 kilos
(E) 8,6 kilos

Question 20. Dans une usine automobile, on pèse les pièces nécessaires à la réalisation de l'aile d'une voiture. Il y a 5 pièces. On les pèse 2 par 2, en pesant toutes les combinaisons possibles et on obtient : 200 grammes, 600 grammes, 700 grammes, 800 grammes, 1,2 kilogrammes, 1,4 kilogrammes, 2 kilogrammes, 2,5 kilogrammes, 3 kilogrammes et 3,7 kilogrammes.

Quel est le poids cumulé des 5 pièces en question ?

(A) 3 000 grammes
(B) 3 220 grammes
(C) 4 025 grammes
(D) 16 100 grammes
(E) 8 050 grammes

Question 21. 2 élèves travaillent sur des exercices de logique. Ils commencent en même temps. L'élève le plus expérimenté met 12 minutes par question, alors que l'élève débutant met 19 minutes par question.

Quand auront-ils terminé un exercice en même temps pour la première fois ?

(A) Quand le 2e aura terminé son 4e exercice.
(B) Quand le 1er aura terminé son 6e exercice.
(C) Au bout de 3 heures et 48 minutes.
(D) Au bout de 4 heures et 18 minutes.
(E) Au bout de 6 heures et 16 minutes.

Question 22. Le panneau routier ci-dessous est un cercle de rayon 10 cm. Chacune des zones noires représente un quart d'un même disque et la somme des aires noires est égale à l'aire de la zone claire.

Quel est le rayon du disque noir ?

(A) $5\sqrt{2}$ cm
(B) $\sqrt{10}$ cm
(C) $5 \times (\pi - 2)$ cm
(D) π^2 cm
(E) $\pi^2/2$ cm

Question 23. Les chefs d'État de 15 pays exportateurs de pétrole décident d'intensifier leurs relations. Pour cela, ils décident d'installer une ligne téléphonique directe reliant tous les chefs d'État entre eux, de sorte que chaque chef d'État ait une ligne directe avec chacun de ses 14 homologues. Combien de lignes faut-il installer ?

(A) 15
(B) 30
(C) 90
(D) 105
(E) 115

Question 24. Dans une réunion de 30 employés (ouvriers et cadres) assis par 2, exactement un tiers des ouvriers sont assis à côté d'un cadre et exactement la moitié des cadres sont assis à côté d'un ouvrier. Combien y a-t-il d'ouvriers à cette réunion ?

(A) 12
(B) 15
(C) 18
(D) 20
(E) 22

Question 25. À la mi-temps d'un match, 12 amis se rendent à la buvette. 2 d'entre eux ne prennent que de l'eau, alors que les autres prennent 1 ou 2 bières chacun. En moyenne, le groupe a consommé 1 bière et demi par personne.

Combien d'amis ont pris seulement 1 bière ?

(A) 2
(B) 3
(C) 4
(D) 5
(E) 6

Question 26. Mathilde observe sa boîte de trombones colorés. Elle constate qu'elle a 50 trombones dont 49 rouges et 1 blanc.

Combien doit-elle retirer de trombones rouges pour que le pourcentage de trombones rouges dans la boîte tombe à 90 % ?

(A) 4
(B) 10
(C) 29
(D) 40
(E) 49

Question 27. Soit 2 nombres dont le produit est égal à 70 et la différence est égale à 3.

Quel est le plus petit de ces 2 nombres ?

(A) 5
(B) 7
(C) 10
(D) 15
(E) 35

Question 28. Que représente l'aire de la partie hachurée par rapport à la figure entière ?

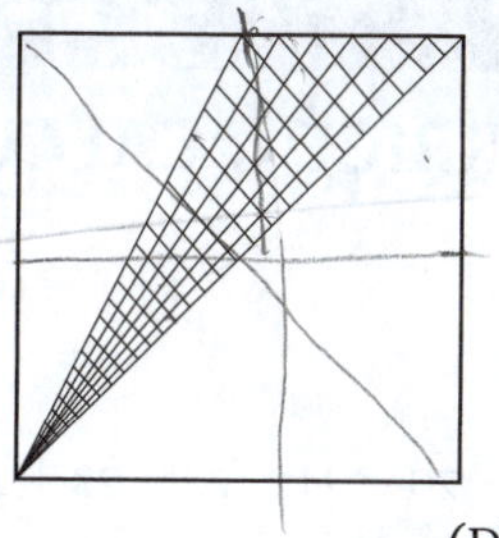

(A) 1/2
(B) 1/3
(C) 1/4
(D) 1/5
(E) 1/6

Question 29. Une personne a investi 1 200 euros : une partie au taux de 3 % et l'autre partie au taux de 7 %. À la fin de l'année, la personne a 1 250 euros sur son compte.

Quelle somme a été placée à 7 % ?

(A) 350 euros
(B) 500 euros
(C) 700 euros
(D) 750 euros
(E) 850 euros

Question 30. Pour faire face à une baisse de son chiffre d'affaires, le directeur d'un cinéma décide d'augmenter ses tarifs de 35 %. Cependant, le chiffre d'affaires n'a progressé que de 21,5 %. De combien le nombre d'acheteurs a-t-il diminué ?

(A) 5 %
(B) 10 %
(C) 15 %
(D) 20 %
(E) 25 %

Difficulté	DIFFICILE														
Question	16	17	18	19	20	21	22	23	24	25	26	27	28	29	30
Réponse	A	A	A	D	C	C	A	D	C	A	D	B	C	A	B

Question 16 Réponse A ★★★★☆ 30 sec. – 2 min. Fiche 51

- **Rappel de cours** Pour calculer le nombre de termes entre A et B compris, on a la formule :

B – A + 1

où B est le plus grand nombre et A le plus petit nombre.

Étape 1 Regroupons les nombres selon le nombre de chiffres qui les composent.

Nombre de chiffres	Groupe de nombres	Nombre de nombres	Nombre de chiffres
1	1 à 9	9 – 1 + 1 = **9**	9 × 1 = **9**
2	10 à 99	99 – 10 + 1 = **90**	90 × 2 = **180**
3	100 à 999	999 – 100 + 1 = **900**	900 × 3 = **2 700**
4	1 000 à 1 253	1 253 – 1 000 + 1 = **254**	254 × 4 = **1 016**
Total		**1 253**	**3 905**

Étape 2 Concluons.

Si Pierre écrit tous les nombres de 1 à 1 253, il aura écrit **3 905 chiffres. Réponse A.**

Question 17 Réponse A ★★★☆☆ 30 sec. – 2 min. Fiche 43

Étape 1 Modélisons la situation sous forme de système d'équations.

D'après l'énoncé, on a : $\begin{cases} A = J + 200 & \textbf{(1)} \\ A = 4 \times (J - 400) & \textbf{(2)} \end{cases}$

Étape 2 Concluons.

En insérant **(1)** dans **(2)**, on a :

$J + 200 = 4 \times (J - 400) \Leftrightarrow J + 200 = 4J - 1\,600 \Leftrightarrow 3J = 1\,800 \Leftrightarrow J = 600.$

Jean possède donc **600 euros. Réponse A.**

Question 18 Réponse A ★★★☆☆ 30 sec. – 1 min. Fiche 62

■ **Rappel de cours** Probabilité d'un événement = $\dfrac{\text{Nombre de cas favorables}}{\text{Nombre de cas possibles}}$

Étape 1 Modélisons la situation.

On lance 2 dés. On cherche la probabilité que l'un des 2 chiffres soit le double de l'autre.

Étape 2 Résolvons l'équation.

Sur 6 × 6 = **36 situations possibles**, seules **6 situations** correspondent à un résultat qui est le double de l'autre : (1,2) ; (2, 4) ; (3, 6) ; (2,1) ; (4, 2) ; (6, 3).

Ainsi, la probabilité que l'un des 2 chiffres soit le double de l'autre est : $\mathbf{P = \dfrac{6}{36} = \dfrac{1}{6}}$. **Réponse A.**

Question 19 Réponse D ★★★☆☆ 30 sec. – 2 min. Fiche 42

Déterminons le poids nécessaire d'haricots en conserve pour obtenir 6 kilos égouttés.

Soit X le nombre de kilogrammes non égouttés nécessaires. Sur ce poids X, $\dfrac{2}{7}$ de X sont de l'eau. Il reste donc $\dfrac{5}{7}$ de X qui représentent le poids des haricots égouttés.

On résout donc : $\dfrac{5}{7}X = 6 \Leftrightarrow X = \dfrac{(6\times 7)}{5} = \dfrac{42}{5} = \dfrac{40}{5} + \dfrac{2}{5}$ = **8,4 kilos.**

Il faut donc **8,4 kilos de produit non égoutté** pour obtenir 6 kilos de haricots une fois l'eau retirée. **Réponse D.**

Question 20 Réponse C ★★★★★ 1 min. – 3 min. Fiche 42

Étape 1 Calculons la somme totale des poids de tous les éléments.

Au total, en additionnant toutes les pesées 2 à 2, on trouve : 16 100 grammes au total des 10 pesées.

Étape 2 Concluons en identifiant à quoi correspond cette somme de poids.

Il faut bien identifier que chaque élément a été pesé 4 fois. Par exemple, le 1er élément a été pesé 1 fois avec le 2e, 1 fois avec le 3e, 1 fois avec le 4e et 1 fois avec le 5e. Soit 4 pesées. Idem pour le 2e, le 3e le 4e et le 5e éléments.

Autrement dit, ce poids total de 16 100 grammes correspond à 4 fois la somme des poids de chaque élément, c'est-à-dire que ce poids total est 4 fois plus grand que la somme des 5 poids des 5 éléments ensemble.

Ainsi, les 5 éléments ensemble pèsent : $\dfrac{16\,100}{4}$ = **4 025 grammes. Réponse C.**

Question 21 Réponse C ★★★★☆ 1 min. – 3 min. Fiche 30

■ **Rappel de cours** Pour trouver le PPCM d'un couple de nombres, il faut :

1) Décomposer chaque entier en facteurs de nombres premiers.

2) Multiplier les facteurs entre eux, en prenant à chaque fois **le plus grand exposant** des 2 décompositions.

Étape 1 Modélisons la situation.

L'élève expérimenté termine un exercice toutes les 12 minutes. Il aura donc terminé un exercice au bout de 12, 24, 36, 48, 60, 72, 84,... minutes.

L'élève débutant termine un exercice toutes les 19 minutes. Il aura donc terminé un exercice au bout de 19, 38, 57, 76, 95, 114,... minutes.

Étape 2 Calculons le PPCM de 12 et 19.

Plutôt que de lister les éléments comme ci-dessus (méthode longue), on peut directement calculer le PPCM de 12 et 19.

$$12 = 2 \times 6 = 2 \times 2 \times 3 = 2^2 \times 3$$

$$19 = 19 \times 1 \text{ (nombre premier)}$$

$$\textbf{PPCM (12, 19)} = 2^2 \times 3 \times 19 = 12 \times 19 = \textbf{228.}$$

Étape 3 Concluons.

Ils auront terminé un exercice en même temps au bout de 228 minutes soit 180 + 48 minutes, soit encore **3 heures et 48 minutes.** À ce moment, l'élève expérimenté aura terminé 19 exercices alors que l'élève débutant en aura terminé 12. **Réponse C.**

Question 22 Réponse A ★★★★☆ **1 min. – 3 min.** **Fiches 33/54**

- **Rappel de cours** L'aire d'un cercle de rayon R est : $\boldsymbol{\pi \times R^2}$

  On a aussi : $\sqrt{\mathbf{a \times b}} = \sqrt{\mathbf{a}} \times \sqrt{\mathbf{b}}$

Étape 1 Modélisons la situation.

On appelle N : l'aire noire, C : l'aire claire et P : l'aire totale du panneau.

On sait que : N + C = P **(1)**. On sait également que : N = C **(2)**.

En insérant **(2)** dans **(1)**, on a donc : $N + N = 2N = P \;\Leftrightarrow\; N = \frac{P}{2}$.

En résumé, l'aire noire est égale à la moitié de l'aire totale du panneau.

Étape 2 Calculons l'aire noire.

Le panneau est un cercle de rayon 10 cm donc : $P = \pi \times 10^2 = 100 \times \pi$ cm^2.

Ainsi, l'aire noire étant moitié moins étendue, elle mesure : $N = 50 \times \pi$ cm^2.

Étape 3 Déduisons-en le rayon du disque noir (= les 4 zones noires rassemblées).

On sait que l'aire noire est égale à $50 \times \pi$, mais on sait également qu'elle est égale à : $\pi \times R^2$ avec R le rayon du disque noir. On a donc :

$50 \times \pi = \pi \times R^2 \;\Leftrightarrow\; R^2 = 50 \;\Leftrightarrow\; R = \sqrt{50} = \sqrt{25 \times 2} = \sqrt{25} \times \sqrt{2} = \mathbf{5\sqrt{2}}$ **cm. Réponse A.**

Question 23	Réponse D	★★★☆☆	30 sec. – 2 min.	Fiche 64

■ **Rappel de cours** La formule pour le nombre de salutations / poignées de mains / tintements de verres / etc. entre N personnes est : $\mathbf{N \times \frac{(N-1)}{2}}$

On utilise la même formule pour le nombre de lignes reliant N personnes.

Appliquons la formule pour trouver le nombre de lignes à installer.

Trouver le nombre de lignes à installer revient à trouver le nombre de liens à établir pour relier une à une toutes les personnes. On applique donc la formule du nombre de salutations.

Ici, N = 15. Ainsi, la formule donne : $15 \times \frac{(15-1)}{2} = 15 \times 7 = 105$.

Il faut **105 lignes téléphoniques** pour relier 2 à 2 chacun des 15 chefs d'État. **Réponse D.**

Question 24	Réponse C	★★★☆☆	30 sec. – 2 min.	Fiche 43

Étape 1 Modélisons la situation.

D'après l'énoncé, on sait qu'un tiers des ouvriers sont assis à côté d'un cadre et qu'1 cadre sur 2 est assis à côté d'un ouvrier. Étant donné qu'il y a autant d'ouvriers assis à côté de cadres que de cadres assis à côté d'ouvriers, on comprend qu'un tiers des ouvriers est égal à la moitié des cadres, soit : $\frac{1}{3}O = \frac{1}{2}C \Leftrightarrow \frac{2}{3}O = C$ (on a multiplié par 2 à gauche et à droite).

D'autre part, on sait également que : O + C = 30.

Étape 2 Résolvons le système.

En résumé, on a : $\begin{cases} O + C = 30 & \textbf{(1)} \\ \frac{2}{3}O = C & \textbf{(2)} \end{cases}$

En insérant **(2)** dans **(1)**, on a : $O + \frac{2}{3}O = 30 \Leftrightarrow \frac{5}{3}O = 30 \Leftrightarrow O = 30 \times \frac{3}{5} = 18$.

Il y a donc **18 ouvriers à la réunion. Réponse C.**

Question 25	Réponse A	★★★☆☆	30 sec. – 2 min.	Fiche 38

■ **Rappel de cours** Lorsque les coefficients sont identiques : $\textbf{Moyenne} = \frac{\textbf{Somme des termes}}{\textbf{Nombre de termes}}$

Étape 1 Modélisons la situation.

En moyenne, le groupe de 12 amis a consommé 1 bière et demi, soit 12 × 1,5 = 18 bières au total. **Attention :** La moyenne concerne le groupe entier (12 personnes) et pas uniquement ceux qui ont pris de la bière (10 personnes).

2 des amis n'ont pris que de l'eau donc 0 bière.

Il reste donc 10 amis qui ont bu 18 bières à eux 10.

Étape 2 Testons la réponse A.

2 amis boivent 1 seule bière donc 10 – 2 = 8 amis en boivent 2 ⇔ 2 × 1 + 8 × 2 = **18.**

Bonne réponse. Réponse A.

Question 26 Réponse D ★★★★☆ 1 min. – 3 min. Fiche 66

- **Rappel de cours** La technique du backsolving consiste à tester la réponse du milieu (C), puis à tester les réponses au-dessus ou en dessous, en fonction du résultat de la première étape.

Étape 1 Testons la réponse C.

Si Mathilde retire 29 trombones rouges, il restera 20 trombones rouges et 21 trombones en tout dans la boîte. La proportion de trombones rouges sera alors de 20/21 ≠ 90 %.

On élimine la réponse C.

Étape 2 Testons la réponse D.

Si Mathilde retire 40 trombones rouges, il restera 9 trombones rouges et 10 trombones en tout dans la boîte. La proportion de trombones rouges sera alors de 9/10 = 90 %. **Bonne réponse. Réponse D.**

Question 27 Réponse B ★★☆☆☆ 30 sec. – 1 min. Fiche 32

Étape 1 Listons les nombres dont le produit est égal à 70.

Nombre 1	Nombre 2	Produit
1	70	70
2	35	70
5	14	70
7	10	70

Étape 2 Calculons les différences pour chacun des couples possibles.

Nombre 1	Nombre 2	Produit	Différence
1	70	70	69
2	35	70	33
5	14	70	9
7	10	70	**3**

Seul le couple (7 ; 10) respecte les 2 informations de l'énoncé (produit égal à 70 et différence égale à 3).

En effet, 10 – 7 = 3 et 10 × 7 = 70. Le plus petit des 2 nombres est donc égal à **7. Réponse B.**

Question 28 **Réponse C** ★★★☆☆ **1 min. – 3 min.** **Fiches 55/57**

- **Rappel de cours** L'aire d'un carré de côté c est égale à : c^2.

  L'aire d'un triangle rectangle est égale à la moitié de l'aire d'un rectangle, soit : $\frac{(\text{Longueur} \times \text{largeur})}{2}$.

Étape 1 **Modélisons la situation.**

Soit c le côté du carré. L'aire de la figure globale est donc : c^2.

L'aire de la partie grisée est égale à l'aire de la figure globale à laquelle on retranche l'aire blanche supérieure et l'aire blanche inférieure.

Étape 2 **Calculons les aires des parties blanches (supérieure et inférieure).**

Partie blanche inférieure : C'est la moitié de l'aire d'un carré de côté c, soit : $\frac{c^2}{2}$.

Partie blanche supérieure : C'est l'aire d'un triangle rectangle de côtés c (le côté gauche du carré) et $\frac{c}{2}$ (le côté supérieur du carré coupé en 2 parties égales).

Son aire est donc : $\frac{c \times \left(\frac{c}{2}\right)}{2} = \frac{c^2}{4}$.

Étape 3 **Concluons.**

Aire grise = Aire globale – Aire blanche sup – Aire blanche inf = $c^2 - \frac{c^2}{2} - \frac{c^2}{4} = \frac{c^2}{4}$.

Rapportée à l'aire totale, cette aire grisée représente donc **1/4 du total. Réponse C.**

Question 29 **Réponse A** ★★★★☆ **1 min. – 3 min.** **Fiche 35**

- **Rappels de cours** Soit K le capital placé, TI le taux d'intérêt et T le total sur le compte. On a :

$$K \times (1 + TI) = T$$

Étape 1 **Modélisons la situation.**

Soit X la somme placée à 7 %. La somme placée à 3 % est donc : 1 200 – X.

Étape 2 **Posons l'équation.**

On a :

$X \times (1 + 0{,}07) + (1\,200 - X) \times (1 + 0{,}03) = 1\,250$

⇔ $1{,}07\,X + 1{,}03 \times (1\,200 - X) = 1\,250$

⇔ $1{,}07\,X + 1\,200 \times 1{,}03 - 1{,}03\,X = 1\,250$

⇔ $0{,}04\,X + 1\,236 = 1\,250$

⇔ $0{,}04\,X = 14$

⇔ $4\,X = 1\,400$ (on a multiplié par 100 à gauche et à droite)

⇔ $X = 350$. Ce sont donc **350 euros qui ont été placés à 7 %. Réponse A.**

Question 30 Réponse B ★★★★☆ **1 min. – 3 min.** **Fiche 42**

■ **Rappels de cours** On a : **Chiffre d'affaires = Nombre d'acheteurs × Prix de vente.**

Étape 1 Modélisons la situation.

Considérons qu'il y avait avant : 100 acheteurs, à un prix 100, pour un chiffre d'affaires égal à : 100 × 100 = 10 000.

Le prix de vente est passé de 100 à 135 (+ 35 %).

Le chiffre d'affaires est passé de 10 000 à 12 150 (+ 21,5 %).

On cherche le nouveau nombre d'acheteurs, nommée X.

	Nombre de clients	Prix de vente	CA
Avant	100	100	10 000
Après	X	135	12 150

Étape 2 Posons l'équation.

On a : $X \times 135 = 12\,150 \iff X = \frac{12\,150}{135} = 90.$

Le nouveau nombre d'acheteurs est donc 90, soit 10 % de moins que 100. Le nombre d'acheteurs a donc **diminué de 10 %. Réponse B.**

TAGE MAGE® N° 3

2 CALCUL

CONSIGNES			
15 questions	20 minutes	Calculatrice interdite	Chronomètre recommandé

BARÈME		
Bonne réponse : +4 points	Aucune réponse : 0 point	Mauvaise réponse : –1 point

Question 16. Complétez la suite de nombres suivante : 2 – 3 – 7 – 16 – 32 – ? ? ?

(A) 39
(B) 47
(C) 51
(D) 57
(E) 78

Question 17. Combien existe-t-il de nombres à 2 chiffres dont la somme des chiffres est paire et qui ne sont pas des multiples de 11 ?

(A) 50
(B) 45
(C) 39
(D) 36
(E) 29

Question 18. Une carte à l'échelle 1 : 800 fait apparaître un carré de surface 0,16 cm^2.

Quelle est la surface de ce carré en taille réelle ?

(A) 10 240 cm^2
(B) 1 240 cm^2
(C) 102 400 cm^2
(D) 1 024 000 cm^2
(E) 1 024 cm^2

Question 19. Chacun des cercles ci-dessous mesure 4 cm de diamètre. Les triangles sont équilatéraux. Quelle est la surface de cette étoile ?

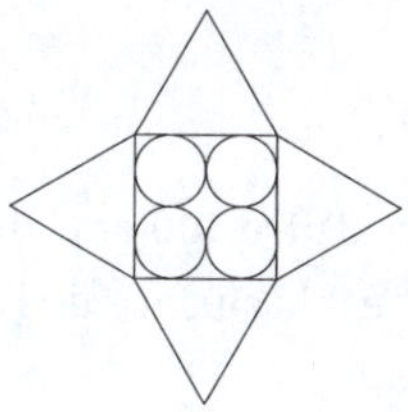

(A) $64 + \sqrt{2}$ cm^2
(B) $2 \times \pi \times \sqrt{3}$ cm^2
(C) $64 \times (1 + \sqrt{3})$ cm^2
(D) $64 + 4 \times \pi$ cm^2
(E) $\pi \times 64$ cm^2

Question 20. Deux trains de même longueur circulent en sens opposé, le premier à 100 km/h, l'autre à 120 km/h. Un passager du 1er train constate qu'il faut 6 secondes pour que le 2e train passe complètement devant lui.

Combien de temps faut-il à un passager du 2e train pour que le 1er train passe devant lui entièrement ?

(A) 4 secondes
(B) 5 secondes
(C) 6 secondes
(D) 7 secondes
(E) 8 secondes

Question 21. Si $3^x = 11$ et $11^y = 729$. Combien vaut le produit $x \times y$?

(A) 124
(B) 62
(C) 36
(D) 6
(E) 2

Question 22. Une baignoire peut se remplir grâce à 2 robinets. Le 1er robinet seul remplit la baignoire en 12 minutes. Le second robinet seul la remplit en 0,6 heures.

Combien de temps faut-il pour remplir la baignoire en ouvrant les 2 robinets ?

(A) 3 minutes
(B) 5 minutes et 8 secondes
(C) 9 minutes
(D) 11 minutes et 18 secondes
(E) 24 minutes

Question 23. A et B sont strictement positifs.

Laquelle de ces fractions représente le plus petit nombre ?

(A) $A / (B - 1)$
(B) $A / (B + 1)$
(C) $2A / (2B + 1)$
(D) $2A / (2B - 1)$
(E) $3A / (3B + 1)$

Question 24. On colorie les cases situées sur les diagonales d'un carré quadrillé. Sachant que 25 cases sont coloriées, quelle est la dimension du carré ?

(A) 5×5
(B) 8×8
(C) 11×11
(D) 13×13
(E) 15×15

Question 25. Jean a dessiné un carré d'aire 100 cm^2. Il le découpe en 2 rectangles dont un qui a un périmètre de 24 cm. Quelle est la surface de l'autre rectangle ?

(A) 80 cm^2
(B) 70 cm^2
(C) 50 cm^2
(D) 36 cm^2
(E) 24 cm^2

Question 26. Kévin a 8 ans. La mère de Kévin est 5 fois plus âgée que lui.

Quel âge Kévin aura-t-il quand sa mère aura 100 ans ?

(A) 20 ans
(B) 42 ans
(C) 64 ans
(D) 68 ans
(E) 80 ans

Question 27. Trois réels A, B et C sont tels que : $A \times B \times C^2 = 8^3$ et $A^2 \times B^2 \times C = 8^6$.

Que vaut $A \times B \times C$?

(A) 8
(B) 512
(C) 64
(D) 88
(E) 80

Question 28. Il y a 5 ans, la somme des âges d'Alex et de Sacha était de 18 ans. Aujourd'hui, Sacha a 16 ans. Quel est l'âge d'Alex ?

(A) 12 ans
(B) 13 ans
(C) 14 ans
(D) 15 ans
(E) 16 ans

Question 29. Dans le magasin de Sophie, chaque client achète soit 8 vestes soit 3 pantalons. Aujourd'hui, elle a eu 5 clients. Elle a vendu 20 articles en tout.

Combien Sophie a-t-elle vendu de pantalons ?

(A) 0
(B) 3
(C) 12
(D) 15
(E) 18

Question 30. Sachant que le carré (de côté 6 cm) et le triangle ont le même périmètre, quel est le périmètre de la figure ?

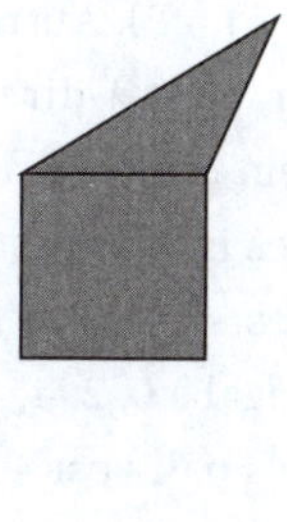

(A) 48 cm
(B) 42 cm
(C) 40 cm
(D) 36 cm
(E) 30 cm

2 CORRIGÉ « CALCUL »

Difficulté	NORMAL														
Question	16	17	18	19	20	21	22	23	24	25	26	27	28	29	30
Réponse	D	D	C	C	C	D	C	B	D	A	D	B	A	C	D

Question 16 Réponse D ★★☆☆☆ **30 sec. – 1 min.** **Fiche 53**

Étape 1 Calculons les écarts entre les éléments.

Les écarts successifs sont : 2 → 3 : **+1** ; 3 → 7 : **+4** ; 7 → 16 : **+9** ; 16 → 32 : **+16**.

Étape 2 Identifions la suite logique et concluons.

Les écarts successifs sont des carrés : +1 (= $+1^2$) ; +4 (= $+2^2$) ; +9 (= $+3^2$) ; +16 (= $+4^2$). L'écart suivant devra donc être +25 (= $+5^2$). 32 + 25 = **57. Réponse D.**

Question 17 Réponse D ★★★★☆ **1 min. – 3 min.** **Fiche 29**

- **Rappel de cours** **Multiplication :** Pair × Impair = Pair, I × I = I, P × P = P.

  Somme : Pair + Impair = Impair, P + P = P, I + I = P.

Étape 1 Modélisons la situation.

On cherche les nombres compris entre 10 et 99, tels que la somme de leurs chiffres est paire et qui ne sont pas multiples de 11.

Étape 2 Calculons d'abord le nombre de nombres de 2 chiffres dont la somme des chiffres est paire.

Pour qu'une somme de chiffres soit paire, il faut que les 2 chiffres qui composent ce nombre soient de la même parité (P + P = P et I + I = P). Autrement dit :

Soit le nombre des dizaines est impair, c'est-à-dire 1, 3, 5, 7 ou 9 : **5 possibilités** et dans chacun des cas, le chiffre des unités peut être égal à 1, 3, 5, 7, ou 9 : **5 possibilités**.

Ainsi, le nombre de nombres à 2 chiffres impairs est 5 × 5 = **25**.

Soit le nombre des dizaines est pair, c'est-à-dire 2, 4, 6 ou 8 : **4 possibilités** et dans chacun des cas, le chiffre des unités peut être égal à 0, 2, 4, 6, ou 8 : **5 possibilités**.

Ainsi, le nombre de nombres à 2 chiffres pairs est 4 × 5 = **20**.

Attention : Le nombre des dizaines ne peut pas être 0, sinon ce ne serait pas un nombre à 2 chiffres.

Finalement, le nombre de nombres à 2 chiffres dont la somme est paire est 25 + 20 = **45 possibilités.**

Étape 3 Calculons maintenant le nombre de multiples de 11 à 2 chiffres.

Entre 10 et 99, il y a 11, 22, 33, 44, 55, 66, 77, 88 et 99, soit 9 multiples de 11, qu'il faut retrancher.

Étape 4 Concluons.

Au final, il y a : 45 – 9 = **36 nombres** qui correspondent aux critères recherchés. **Réponse D.**

Question 18 Réponse C ★★★☆☆ 1 min. – 3 min. Fiche 56

- **Rappel de cours** La surface d'un carré de côté C est : $\mathbf{C^2}$

Étape 1 Interprétons l'énoncé.

La carte est à l'échelle 1 : 800, donc chaque centimètre sur la carte correspond à 800 centimètres dans la réalité.

Étape 2 Calculons la dimension réelle d'un côté du carré.

La surface du carré dessiné est 0,16 cm^2. On a donc : $C^2 = 0{,}16\ cm^2 \Leftrightarrow C = 0{,}4$ cm.

Ainsi, le carré dessiné mesure 0,4 cm de côté.

Étape 3 Calculons la surface réelle du carré.

Le carré dessiné mesure 0,4 cm donc, en réalité, il mesure : 0,4 × 800 = 320 cm de côté.

Sa surface est donc : 320 × 320 = **102 400 cm^2. Réponse C.**

> **REMARQUE** On aurait pu exploiter le fait que si on multiplie par X le côté d'un carré, on multiplie par X^2 sa surface.

Ici, si l'échelle est à 1 : 800, cela signifie que chaque côté du carré est dans la réalité 800 fois plus grand que le carré dessiné.

Ainsi, on aurait directement pu multiplier 0,16 (la surface dessinée) par 800^2.

Question 19 Réponse C ★★★★☆ 1 min. – 3 min. Fiches 55/56

- **Rappel de cours** La surface d'un carré de côté C est : $\mathbf{C^2}$

  La surface d'un triangle équilatéral de côté A est : $\frac{\sqrt{3}}{4} \times A^2$

Étape 1 Décomposons l'aire de l'étoile en aires plus facilement identifiables.

L'aire de cette étoile correspond à l'aire du carré central + 4 × l'aire d'un triangle équilatéral.

Étape 2 Calculons l'aire du carré central.

Le côté du carré mesure exactement 2 fois le diamètre d'un cercle, soit : 2 × 4 cm = 8 cm.

Le côté du carré mesure 8 cm, donc la surface du carré est : 8^2 = **64 cm^2.**

Étape 3 Calculons l'aire des 4 triangles équilatéraux.

Les 4 triangles équilatéraux sont identiques, donc l'aire des 4 triangles est égale à 4 fois l'aire d'un triangle équilatéral.

Le triangle équilatéral est également de côté 8 cm (car il a un côté commun avec le carré).

Son aire est donc : $\frac{\sqrt{3}}{4} \times 8^2 = \frac{\sqrt{3}}{4} \times 64 = 16 \times \sqrt{3}$.

Comme il y a 4 triangles identiques, la somme de leurs aires est : $4 \times 16 \times \sqrt{3}$ = $\mathbf{64 \times \sqrt{3}}$ **cm²**.

Étape 4 Concluons.

La surface occupée par l'étoile est donc : $64 + 64 \times \sqrt{3}$ cm² = $\mathbf{64 \times (1 + \sqrt{3})}$ **cm². Réponse C.**

Question 20 Réponse C ★★★★★ 1 min. – 3 min. Fiche 48

- **Rappel de cours** Quand 2 trains se croisent, un passager présent dans un des trains les voit défiler devant lui à une vitesse égale à la somme des vitesses de chacun des trains.

Étape 1 Identifions ce que perçoit le passager du 1er train.

Le passager du 1er train voit le 2e train défiler à la vitesse de 120 + 100 = 220 km/h en 6 secondes.

Étape 2 Identifions ce que perçoit le passager du 2e train.

Le passager du 2e train voit exactement la même chose que celui du 1er train. Il voit le 1er train défiler à la vitesse de 120 + 100 = 220 km/h. Comme les 2 trains sont de même longueur, le 2e train mettra également **6 secondes pour passer entièrement devant le passager. Réponse C.**

Question 21 Réponse D ★★★★★ 1 min. – 3 min. Fiche 33

- **Rappel de cours** $a^b = a^c \Leftrightarrow b = c$

  $(a^b)^c = a^{b \times c}$

Calculons la valeur de x × y.

On sait que : $11^y = 729$ **(1)**. Or, $3^x = 11$ **(2)**. Donc, en remplaçant 11 par 3^x dans **(1)**, on a :

$(3^x)^y = 729 \Leftrightarrow 3^{x \times y} = 3^6 \Leftrightarrow$ $\mathbf{x \times y = 6}$**. Réponse D.**

Question 22 Réponse C ★★☆☆☆ 1 min. – 2 min. Fiche 46

- **Rappel de cours** Pour connaître le temps T que vont mettre N personnes ensemble pour réaliser un travail, appliquez la formule :

$$\frac{1}{T} = \frac{1}{T_1} + \frac{1}{T_2} + \dots + \frac{1}{T_N}$$

Étape 1 Exprimons les unités en minutes.

Le 1er robinet remplit la baignoire en 12 minutes.

Le second robinet la remplit en : 0,6 × 60 = 36 minutes.

On appelle T le temps que mettent les 2 robinets ensemble, à remplir la baignoire.

Étape 2 Appliquons la formule du partage du temps de travail au cas de 2 personnes.

$$\frac{1}{T}=\frac{1}{12}+\frac{1}{36}=\frac{3}{36}+\frac{1}{36}=\frac{4}{36}=\frac{1}{9}$$

Étape 3 Concluons.

$\frac{1}{T}=\frac{1}{9}$ ⇔ **T = 9 minutes. Réponse C.**

Question 23	Réponse B	★★★★☆	1 min. – 3 min.	Fiche 44

Étape 1 Mettons toutes les expressions au même numérateur : A.

(A) $\frac{A}{B-1}$; **(B)** $\frac{A}{B+1}$; **(C)** $\frac{A}{B+\frac{1}{2}}$; **(D)** $\frac{A}{B-\frac{1}{2}}$; **(E)** $\frac{A}{B+\frac{1}{3}}$

Étape 2 Choisissons la plus petite expression.

Tous les numérateurs sont identiques, il faut donc comparer les dénominateurs.

Le plus petit nombre est donc celui qui a le plus grand dénominateur : $\mathbf{\frac{A}{B+1}}$. **Réponse B.**

Question 24	Réponse D	★★★★☆	1 min. – 3 min.	Fiche 56

Étape 1 Modélisons la situation.

Il y a autant de cases dans une diagonale que dans un côté du carré.

Attention : Comme le carré (25) est impair, on sait qu'il y aura une case commune aux 2 diagonales (celle du milieu, au croisement des 2 diagonales).

Étape 2 Concluons.

S'il y a 25 cases coloriées dont 1 commune (coloriée 2 fois), cela fait 26 soit 13 cases dans chaque diagonale. C'est donc un **carré 13 × 13. Réponse D.**

Question 25	Réponse A	★★★★☆	1 min. – 3 min.	Fiche 56

- **Rappel de cours** La surface d'un carré de côté C est : $\mathbf{C^2}$

  La surface d'un rectangle de longueur L et de largeur l est : **L × l**

  Le périmètre d'un rectangle de longueur L et de largeur l est : **2 × (L + l)**

Étape 1 Calculons la taille du côté C du carré.

L'aire du carré est 100 cm^2 donc C^2 = 100 cm^2 donc C = 10 cm.

Le côté du carré mesure donc 10 centimètres.

Étape 2 Calculons les mesures du rectangle dont le périmètre est 24 cm^2.

On sait que la longueur du rectangle est exactement égale au côté du carré, soit 10 cm.

Donc on a : longueur = 10 centimètres et largeur = « l » centimètres.

Comme le périmètre du rectangle est : 2 × (L + l) = 24 cm, on a 2 × (10 + l) = 24 cm soit (10 + l) = 12 cm et donc l = 2 cm.

Étape 3 Concluons quant au 2e rectangle.

Puisque le 1er rectangle a une largeur égale à 2 cm, on en déduit que le 2e rectangle a une largeur égale à $10 - 2 = 8$ centimètres. Il a également, comme le 1er rectangle, une longueur exactement égale au côté du carré, soit 10 cm.

Sa surface est donc : $L \times l = 10 \times 8 =$ **80 cm². Réponse A.**

Question 26	Réponse D	★★☆☆☆	1 min. – 3 min.	Fiche 42

Étape 1 Calculons l'âge de la mère de Kévin.

Kévin a 8 ans. Sa mère est 5 fois plus âgée. Elle a donc : $8 \times 5 = 40$ ans.

Étape 2 Calculons l'âge qu'aura Kévin quand sa mère aura 100 ans.

Sa mère a 40 ans, elle aura donc 100 ans dans 60 ans.

À ce moment-là, Kévin aura donc : $8 + 60 =$ **68 ans. Réponse D.**

Question 27	Réponse B	★★★★☆	1 min. – 3 min.	Fiches 33/42

- **Rappel de cours** $A^B \times A^C = A^{B+C}$

  $(A^B)^C = A^{B \times C}$

  $A^B \times C^B = (A \times C)^B$

  Si A = B et C = D, alors A × C = B × D

Rapprochons les 2 équations pour déterminer la valeur de A × B × C.

On a : $\begin{cases} A \times B \times C^2 = 8^3 \\ A^2 \times B^2 \times C = 8^6 \end{cases}$

En multipliant entre elles les équations à gauche et à droite, on a :

$A \times A^2 \times B \times B^2 \times C^2 \times C = 8^3 \times 8^6 \Leftrightarrow A^3 \times B^3 \times C^3 = 8^9 \Leftrightarrow (A \times B \times C)^3 = (8^3)^3$

$\Leftrightarrow (A \times B \times C) = 8^3 =$ **512. Réponse B.**

Question 28	Réponse A	★★☆☆☆	30 sec. – 1 min.	Fiche 43

Étape 1 Traduisons l'énoncé sous forme d'équations.

Soit A l'âge d'Alex aujourd'hui et S l'âge de Sacha aujourd'hui.

On a : $\begin{cases} (A-5)+(S-5)=18 & \textbf{(1)} \\ S=16 & \textbf{(2)} \end{cases}$

Étape 2 Résolvons le système ci-dessus.

En insérant **(2)** dans **(1)**, on a :

$(A - 5) + (16 - 5) = 18 \Leftrightarrow A + 6 = 18 \Leftrightarrow$ **A = 12 ans. Réponse A.**

Question 29 Réponse C ★★★☆☆ **30 sec. – 1 min.** **Fiche 43**

Étape 1 Traduisons l'énoncé sous forme d'équations.

Soit V le nombre de clients ayant acheté des vestes et P le nombre de clients ayant acheté des pantalons.

On a : $\begin{cases} 8V + 3P = 20 & \textbf{(1)} \\ V + P = 5 & \textbf{(2)} \end{cases}$

Étape 2 Résolvons le système ci-dessus.

En insérant **(2)** dans **(1)**, on a :

$8 \times (5 - P) + 3 \times P = 20 \Leftrightarrow 40 - 8\,P + 3\,P = 20 \Leftrightarrow \mathbf{P = 4.}$

Sophie a donc eu 4 clients sur 5 qui ont acheté 3 pantalons chacun.

Elle a donc vendu 4 × 3 = **12 pantalons. Réponse C.**

Question 30 Réponse D ★★★★☆ **1 min. – 2 min.** **Fiche 56**

- **Rappel de cours** Le périmètre d'un carré de côté C est : **4 × C**

Étape 1 Calculons le périmètre du carré.

Le côté du carré est égal à C = 6 cm. Son périmètre est donc égal à : 6 × 4 = 24 cm.

On en déduit (d'après l'énoncé) que le triangle a également un périmètre égal à 24 cm.

Étape 2 Calculons le périmètre de la figure globale.

Le périmètre ne comptabilise que les contours de la figure, pas les segments intérieurs.

Il faut donc retirer du calcul le segment commun au carré et au triangle (= le segment supérieur du carré). Celui-ci mesure 6 cm (énoncé). Attention à bien le retirer 2 fois car il est compté une fois pour le carré et une fois pour le triangle.

Ainsi, le périmètre de la figure est égal à : P = 24 + 24 – 6 – 6 = **36 cm. Réponse D.**

Sous-test 3

RAISONNEMENT ET ARGUMENTATION

71 Présentation du sous-test

Monsieur TAGE MAGE

Monsieur ÉCOLES de COMMERCE

RAISONNEMENT ET ARGUMENTATION

Le sous-test « **Raisonnement et argumentation** » est important car il est situé après le sous-test « Calcul ». Ne vous relâchez pas et continuez à gagner le **maximum de points** !

ATTENTION Ce sous-test est **déséquilibré**. Il y a une **majorité de questions d'argumentation** (10 à 12, paragraphe + question) et une **minorité de questions de raisonnement** (3 à 5, énigmes à résoudre). Apprenez donc par coeur nos méthodes de raisonnement et appliquez la méthode de l'entonnoir pour les questions d'argumentation.

FORMAT

Durée du sous-test	20 minutes
Nombre de questions	15
Nombre de questions Raisonnement/ Argumentation	**3 à 5** questions de raisonnement (énigmes à résoudre) **10 à 12** questions d'argumentation (paragraphe + question)
Sources	*Le Monde*, *Courrier International*, *Le Figaro*, etc.

CONTENU

Type de questions	Exemples
Familles et liens de parenté	Qui est le fils de la sœur du père de mon grand-père ?
Placements	Marielle a 4 verres. Le verre rouge (...). Où se trouve le verre vert ?
Logique formelle	La négation de « Toutes les voitures sont rouges » est...
Optimisation	Un sac contient 20 billes : 10 bleues et 10 rouges. Combien de billes faut-il piocher pour être certain d'avoir une bille de chaque couleur ?
Menteur/Vérité	John ne dit jamais la vérité. Il affirme que Manon ment toujours. Que peut-on en conclure ?
Diagramme d'Euler-Venn	Tous les hommes ont une voiture. Certains hommes ont une voiture de sport. Que peut-on déduire ?

Type de questions	Exemples
Séries	Complétez la série suivante : BOUGER – DORMIR – RANGER -???
Coupable/Innocent	Avant-hier, Martin est resté chez lui. Le soir, il constate que sa carte bancaire a disparu (...) Qui est le coupable ?
Calendrier	Nous sommes le jeudi 27 Mai. Quel jour serons-nous dans 82 jours ?
Les logigrammes	Martin, Maxime et Meredith sont amis. Ils sont avocat, médecin et professeur (...). Laquelle de ces affirmations est forcément vraie ?
Les classements	Arthur a un plus gros salaire qu'Arnaud. Arnaud a un salaire plus faible que celui de Sylvie. Qui a le plus gros salaire ?
Les inclassables	Quel mot faut-il écrire à la place du point d'interrogation pour que la phrase suivante soit vraie. « Cette courte phrase comporte ? lettres ».
Les proverbes	Quel proverbe correspond le mieux à « L'argent ne fait pas le bonheur » ?
Conclusion	Parmi les propositions suivantes, laquelle est la meilleure conclusion ?
Résumé	Parmi les propositions suivantes, laquelle résume le mieux cet extrait ?
Présupposé	Quel est le présupposé de ce paragraphe ?
Soutient le plus / Correspond le plus / Le plus en adéquation	Quelle affirmation soutient le plus la thèse de l'auteur ?
Contredit / S'oppose	Quelle affirmation s'oppose aux propos du texte ?

OBJECTIFS DE SCORES

Nous vous recommandons de vous fixer les **objectifs suivants selon votre objectif au TAGE MAGE®**.

Objectif TAGE MAGE®	Objectif sous-test « R&A »
> 400/600	> 41/60
350 < X < 400	> 36/60
300 < X < 350	> 33/60

Score moyen des candidats	**33/60**
Temps de révision nécessaire	**Apprentissage du cours :** 3 - 8 heures **Entraînement :** 3 - 8 heures

72 7 conseils pour réussir le sous-test

Monsieur TAGE MAGE

Monsieur ÉCOLES de COMMERCE

RAISONNEMENT ET ARGUMENTATION

Conseil n° 1 : Répondez d'abord aux questions de Raisonnement.

Contrairement au sous-test « Calcul », vous serez moins soumis à la pression du temps. Toutefois, nous vous conseillons de **traiter en priorité les questions de Raisonnement** qui sont plus formatées. Ensuite seulement, traitez les questions d'Argumentation.

Conseil n° 2 : Lisez attentivement l'énoncé.

Nous vous recommandons de **lire lentement et attentivement chaque énoncé** du sous-test « Raisonnement et Argumentation » afin de n'oublier aucune information essentielle à la résolution de la question. Les énoncés de ce sous-test sont généralement très longs. Soyez vigilant !

Conseil n° 3 : Schématisez !

De nombreuses questions sont bien plus abordables lorsque vous schématisez votre raisonnement. En effet, que ce soit les questions de liens de parenté, de placements, de menteurs ou encore de coupables, **schématisez le plus possible vos raisonnements**. Cela vous permettra d'avoir une vue d'ensemble et d'être logique dans votre résolution.

Conseil n° 4 : Repérez les informations utiles.

Il n'est pas rare que les concepteurs du TAGE MAGE® insèrent des informations inutiles dans les énoncés afin de vous induire en erreur. Soyez donc vigilant à sélectionner uniquement les informations utiles pour la résolution de la question.

Conseil n° 5 : Apprenez par cœur nos méthodes.

Nous avons testé nos méthodes de résolution sur plusieurs centaines d'étudiants afin d'optimiser tous les raisonnements. **Nous vous recommandons donc d'apprendre par cœur l'ensemble de nos méthodes.** Soyez rigoureux et appliqué et vous aurez un excellent score !

Conseil n° 6 : Soyez astucieux !

Il s'agit d'un des sous-tests (avec « Calcul » et « Logique ») dans lequel vous pouvez gagner le plus de temps en appliquant nos astuces. Ce sous-test est constitué de nombreuses méthodes de résolution qui nécessitent l'application de plusieurs étapes. Nos astuces seront donc des « raccourcis » à prendre pour trouver la bonne réponse en réduisant au strict minimum votre temps de résolution.

Conseil n° 7 : Faites attention au vocabulaire.

Faites attention au vocabulaire employé par les concepteurs du TAGE MAGE® dans les énoncés. La formulation de la question peut totalement changer votre choix de bonne réponse. À titre d'exemple, il y a une différence entre « Quelle proposition **soutient le plus** l'argumentation de l'auteur ? » et « Quelle proposition **conclut le mieux** l'argumentation de l'auteur ? ».

Raisonnement

73 Logique formelle

Monsieur TAGE MAGE

Monsieur ÉCOLES de COMMERCE

RAISONNEMENT Fréquence ●●●●● Difficulté ★★★★☆

VOCABULAIRE ET NOTIONS DE BASE

1. On appelle **A** un événement ou une situation et $\overline{A}$ la négation de l'événement A.

Exemple : Soit A : « Il pleut » et $\overline{A}$: « Il ne pleut pas ».

2. « A implique B » (A → B) si **la réalisation de A entraîne la réalisation de B.**

En d'autres termes, on peut affirmer : « **Si A est vrai, alors B est aussi forcément vrai** ».

Exemple : Soit A : « Il pleut » ; soit B : « Je suis mouillé ».

A → B se lit : « S'il pleut, alors je suis forcément mouillé ».

> **ATTENTION** Le mot « **forcément** » est crucial. En logique, il n'y a pas d'alternative possible à une implication. S'il pleut, alors je suis **forcément** mouillé. Je ne peux pas m'abriter pour éviter la pluie par exemple.

ÉQUIVALENCE LOGIQUE FONDAMENTALE

$$A \rightarrow B \Leftrightarrow \overline{B} \rightarrow \overline{A}$$

Si A implique B, alors si B est faux, A est forcément faux.

Exemple : Mes parents me disent : « Si tu as HEC, alors tu auras une voiture ».

On appelle A : « Avoir HEC » et B : « Avoir une voiture ». On a alors : A → B.

L'équivalence $\overline{B} \rightarrow \overline{A}$ signifie : « Si je n'ai pas de voiture, alors c'est que je n'ai pas eu HEC ».

En effet, si j'avais eu HEC, alors j'aurais (forcément) eu une voiture.

> **ATTENTION** **Erreur classique : Ne PAS conclure que si A → B, alors $\overline{A} \rightarrow \overline{B}$.**
> Dans l'exemple ci-dessus, il se peut que je n'aie pas HEC mais que je reçoive tout de même une voiture. En effet, je peux très bien me faire offrir une voiture sans avoir eu HEC.
> Je sais simplement que si je n'ai pas de voiture, c'est que je n'ai pas eu HEC.
> Dans le cas contraire, mes parents m'auraient **forcément** offert une voiture.

LES PRINCIPES DE LOGIQUE FORMELLE

Principe	Explication	Exemple
Double négation	La négation de « $\overline{A}$ » est A.	La négation de « Il ne pleut pas » est « Il pleut ».
Transitivité	Si $A \rightarrow B$ **et** $B \rightarrow C$, alors $A \rightarrow C$.	S'il pleut (A), alors je suis mouillé (B). Si je suis mouillé (B), alors j'ai froid (C). Donc, s'il pleut (A), alors j'ai froid (C) .

LES LOIS DE MORGAN

Principe	Explication	Exemple
$\overline{A \textbf{ et } B} \Leftrightarrow \overline{A} \text{ \underline{ou} } \overline{B}$	« A **<u>et</u>** B » n'est plus vrai dès que l'un des deux éléments n'est plus vrai. $\overline{A \textbf{ et } B}$ signifie donc que soit A, soit B, soit les 2 ne sont pas réalisés.	La **négation** de « Arnaud a une voiture rouge <u>et</u> une voiture bleue » **n'est pas** « Arnaud n'a ni une voiture rouge ni une voiture bleue » **mais** « Arnaud n'a pas de voiture rouge » <u>ou</u> « Arnaud n'a pas de voiture bleue ».
$\overline{A \textbf{ ou } B} \Leftrightarrow \overline{A} \text{ \underline{et} } \overline{B}$	$\overline{A \textbf{ ou } B}$ signifie que ni A ni B ne sont vrais.	La **négation** de « Arnaud a une voiture rouge <u>ou</u> une voiture bleue » **est** « Arnaud n'a **ni** une voiture rouge **ni** une voiture bleue ».

ASTUCES

La négation de	Est	Et non	Exemple
Tous	**Au moins 1**	**Aucun**	La **négation** de « Tous les chats sont gris » est : « Au moins un chat n'est pas gris » et non « Aucun chat n'est gris ».
Certains **Au moins 1**	**Aucun**	**Certains**	La **négation** de « Certains chats sont gris » est : « Aucun chat n'est gris » et non « Certains chats ne sont pas gris ». Idem pour « Au moins 1 ».
$A > B$	$B \geq A$	$B > A$	La **négation** de « Alexandre est plus riche que Bernard » est « Alexandre est moins riche ou aussi riche que Bernard » et non « Alexandre est moins riche que Bernard ».

Monsieur TAGE MAGE

Monsieur ÉCOLES de COMMERCE

RAISONNEMENT Fréquence ●●●●● Difficulté ★★★★☆

TABLEAU D'ÉQUIVALENCES

Type de personne	Propos tenu	Conclusion
Vérité	« Il/elle dit la vérité »	La personne dit vraiment la vérité
	« Il/elle ment »	La personne ment vraiment
Menteur	« Il/elle dit la vérité »	La personne ment
	« Il/elle ment »	La personne dit la vérité

ASTUCES

1. Remplacez les « Vérité » et « Il/Elle dit la vérité » par « + » et les « Menteur » et « Il/Elle ment » par « - ». Puis, multipliez **« type de personne » × « Propos tenu » = « Conclusion »**.
   Exemple : « - » × « - » = « + » : Un menteur qui accuse quelqu'un de mentir désigne en fait quelqu'un qui dit la vérité.
2. La réalité est toujours le contraire des propos tenus par un menteur.
3. La réalité correspond toujours aux propos tenus par une personne honnête (Vérité).

MÉTHODE DES IMPLICATIONS SUCCESSIVES

Pour trouver la solution, on peut raisonner grâce à la logique formelle (voir la fiche « Logique formelle »).

Cette méthode est utile pour les énoncés qui donnent **des informations en fonction d'autres informations. Exemple :** Si Arnaud ment, alors Joachim dit la vérité.

Application ★★★★★ **45 sec. – 3 min.**

Dans une queue de 27 personnes devant un cinéma, chacun affirme que son voisin de devant ment, sauf le premier qui affirme que tous ceux de derrière lui mentent.

Combien y a-t-il de menteurs dans la queue ?

(A) 1 (B) 10 (C) 13 (D) 14 (E) 27

Étape 1 Schématisons l'énoncé.

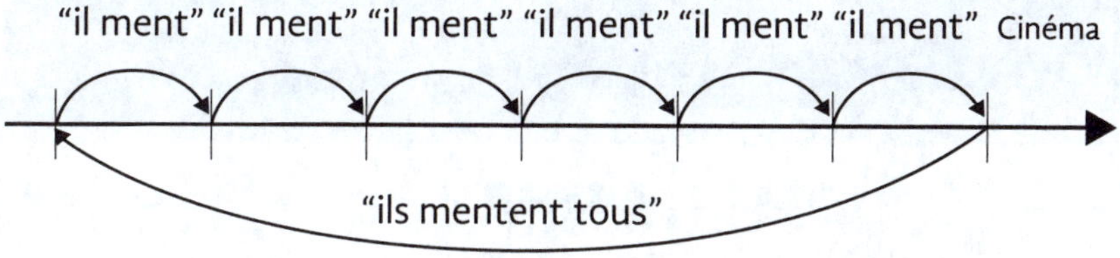

> **ASTUCE** Ne représentez pas 27 personnes. Contentez-vous d'un nombre impair.
> **Exemple :** 7.

Étape 2 Choisissons une hypothèse et supposons-la vraie. C'est le postulat de départ.

Ici, supposons que la personne en bout de file (la plus loin du cinéma) dit la vérité.

Étape 3 En partant de ce postulat, avançons d'implication en implication.

Si la personne en bout de file dit la vérité, alors le suivant dans la file ment vraiment (puisque quelqu'un qui dit la vérité l'accuse de mentir).
Cela signifie que le suivant dit la vérité (puisqu'un menteur l'accuse de mentir), etc.

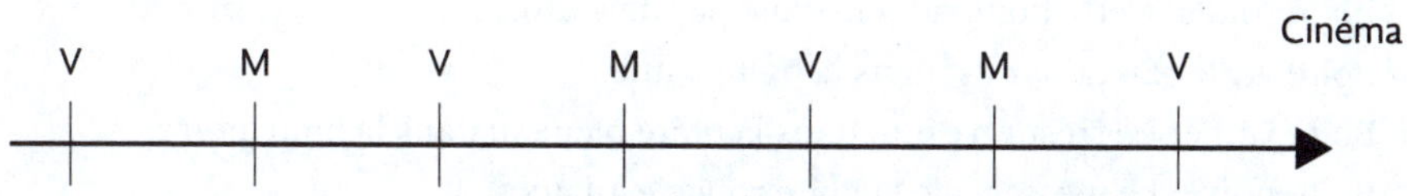

Étape 4 Concluons.

Avec ce postulat, on aboutit à une **contradiction.** En effet, le 1er de la file est censé dire vrai. Cela signifie que tout le monde derrière lui devrait mentir (énoncé), ce qui n'est pas le cas (M-V-M-etc.).
On comprend donc que **notre postulat de départ** (la personne en bout de file dit la vérité) était faux. **Cela signifie que cette personne ment.** Ainsi, le schéma correct est :

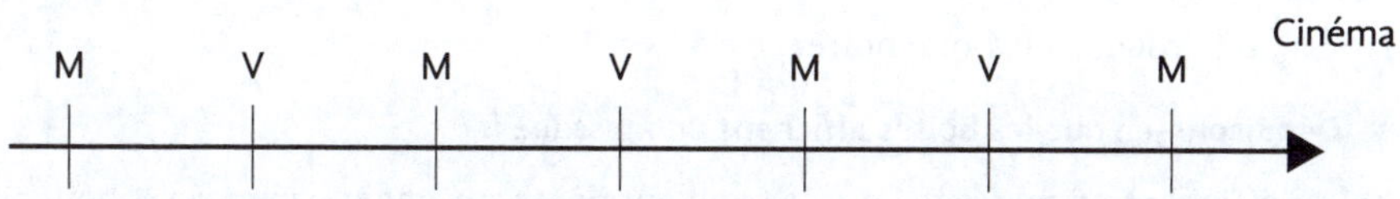

Il y a donc 1 personne sur 2 qui ment, incluant la dernière et la première, soit 4 personnes sur 7.
Sur 27 personnes, il y en aura donc 13 + 1 = **14. Réponse D.**

> **REMARQUE** Si le 1er ment en disant « Tous ceux derrière moi mentent », cela signifie qu'**au moins un derrière dit vrai** et non qu'ils disent tous vrai (voir la fiche « Logique formelle »).

75 Menteur/Vérité (2/2)

Monsieur TAGE MAGE

Monsieur ÉCOLES de COMMERCE

RAISONNEMENT Fréquence ●●●●● Difficulté ★★★★☆

MÉTHODE DES PROPOS CONTRADICTOIRES

Pour trouver la solution, on peut confronter des propos contradictoires. Cette méthode est utile pour les énoncés qui donnent **plusieurs informations à la suite.**

Exemple : Les propos « Cette voiture est rouge » et « cette voiture n'est pas rouge » sont contradictoires, c'est-à-dire que si l'un est vrai, l'autre est nécessairement faux.

Application 1 ★★★★☆ **45 sec. – 3 min.**

5 boîtes opaques affichent chacune un message. 1 seule renferme un trésor. 2 messages sur 5 sont faux.

- Boîte bleue : Le trésor est dans cette boîte.
- Boîte rouge : Cette boîte ne renferme pas de trésor.
- Boîte verte : Le trésor est dans la boîte jaune.
- Boîte jaune : Le trésor n'est ni dans la boîte bleue ni dans la boîte noire.
- Boîte noire : Le message de la boîte rouge est faux.

Dans quelle boîte se trouve le trésor ?

(A) La bleue (B) La rouge (C) La verte (D) La jaune (E) La noire

Étape 1 Identifions les propos contradictoires.

2 paires de propos sont contradictoires :

1re paire : La boîte bleue et la boîte jaune.

2e paire : La boîte rouge et la boîte noire.

Étape 2 Déduisons-en quelles boîtes affichent un message faux.

Les 2 boîtes affichant un message faux se trouvent nécessairement parmi ces 4 boîtes. En effet, dans une paire de propos contradictoires, **si l'un est vrai alors l'autre est forcément faux,** donc sur les 2 paires, il y a 2 messages faux (et 2 messages vrais).

Étape 3 Concluons.

La dernière boîte (la verte) affiche donc un message juste. Ce qui est écrit dans la boîte verte est donc vrai. Le trésor est donc dans la boîte jaune. **Réponse D.**

LES MENTEURS ET LES CALENDRIERS

Dans certains énoncés, la nature d'une même personne (vérité ou menteur) évolue au fil de la semaine. Pour résoudre ces questions, réalisez **un calendrier de la semaine** qui indique si la personne ment (M) ou dit la vérité (V).

	lundi	mardi	mercredi	jeudi	vendredi	samedi	dimanche
Pers. 1	M ou V	M ou V	M ou V	M ou V	M ou V	M ou V	M ou V
Pers. 2	M ou V	M ou V	M ou V	M ou V	M ou V	M ou V	M ou V

Application 2 ★★★☆☆ **30 sec. – 2 min.**

Valentin ment le lundi, le mardi et le mercredi, mais dit la vérité le reste de la semaine.
Il dit à Chloé : « Hier j'ai menti » et « Je mentirai encore deux jours après demain ».
Quel jour sommes-nous ?

(A) lundi
(B) jeudi
(C) mercredi
(D) vendredi
(E) dimanche

Étape 1 **Synthétisons les informations de l'énoncé dans un calendrier.**

Jour	lundi	mardi	mercredi	jeudi	vendredi	samedi	dimanche
Valentin	M	M	M	V	V	V	V

Étape 2 **Utilisons la 1re information.**

Ici, trouvons les jours qui vérifient « Hier j'ai menti ».

Seuls lundi et jeudi conviennent. En effet, le jeudi, Valentin dit vrai, il a donc bien menti le mercredi. Sur le même modèle, le lundi, Valentin ment. Il a donc bien dit la vérité dimanche.

Étape 3 **Concluons avec la 2e information.**

Ici, trouvons les jours qui vérifient « Je mentirai encore deux jours après-demain ».

Valentin dit : « Je mentirai encore deux jours après demain ».

Valentin dit la vérité jeudi et dira encore la vérité dimanche (soit deux jours après vendredi), donc jeudi ne peut pas être la bonne réponse.

En revanche, Valentin ment le lundi. Il dit lundi qu'il mentira jeudi (soit deux jours après mardi). Il dira donc la vérité jeudi, ce qui est bien le cas. **Lundi est donc la bonne réponse.**

Réponse A.

76 Coupable/Innocent

Monsieur TAGE MAGE

Monsieur ÉCOLES de COMMERCE

RAISONNEMENT Fréquence ●●●●○ Difficulté ★★★★☆

MÉTHODE DES IMPLICATIONS SUCCESSIVES

La méthode des **implications sucessives** utilise la **logique formelle** (voir la fiche « Logique formelle »).

Cette méthode est utile pour les énoncés qui donnent **des informations en fonction d'autres d'informations (Exemple:** Si Arnaud est coupable, alors Joachim est innocent).

Étape 1 **Traduisez l'énoncé à l'aide de la logique formelle.**

Étape 2 **Choisissez une hypothèse et supposez-la vraie. C'est le postulat de départ.**

Étape 3 **Testez les implications.**

Si on aboutit à une **contradiction**, alors **l'hypothèse de départ est fausse.**

Si on n'aboutit pas à une contradiction, alors **l'hypothèse de départ est vraie.**

MÉTHODE DE « LA LISTE DES CAS »

Une autre méthode pour trouver la bonne réponse est de **lister les possibilités et d'éliminer les cas impossibles** au fur et à mesure de la lecture des informations.

APPLICATION (2 MÉTHODES)

Application ★★★★☆ **45 sec. - 3 min.**

Un vol a été commis dans une banque et 3 suspects ont été mis en garde à vue. On sait que:

(1) Si Franck est innocent, Séb est coupable.

(2) Si Franck est coupable, Charles l'est aussi.

(3) Si Charles est coupable, Séb est innocent.

(4) Si Charles est innocent, Franck est coupable.

Laquelle de ces propositions est vraie?

(A) Les trois sont coupables.

(B) Charles est innocent.

(C) Franck est coupable.

(D) Il y a un seul coupable.

(E) Séb est coupable.

MÉTHODE n° 1 : Implications successives (X = X coupable, $\overline{X}$ = X innocent)

Étape 1 Traduisons l'énoncé à l'aide de la logique formelle.

(1) $\overline{F} \rightarrow S$; (2) $F \rightarrow C$; (3) $C \rightarrow \overline{S}$; (4) $\overline{C} \rightarrow F$

Et, comme $\mathbf{A} \rightarrow \mathbf{B} \Leftrightarrow \overline{\mathbf{B}} \rightarrow \overline{\mathbf{A}}$, on a aussi : (1) $\overline{S} \rightarrow F$; (2) $\overline{C} \rightarrow \overline{F}$; (3) $S \rightarrow \overline{C}$; (4) $\overline{F} \rightarrow C$

Étape 2 Supposons que Franck est innocent (postulat de départ).

Si Franck est innocent, alors Séb coupable (1). Alors Charles est innocent (3). Alors Franck est coupable (4). **Contradiction.** Donc notre postulat de départ est faux et donc Franck n'est pas innocent. Il est coupable.

Étape 3 Supposons que Charles est innocent.

Si Charles est innocent, alors Franck est coupable (4). Alors Charles est coupable (2). **Contradiction.** Donc Charles n'est pas innocent : il est coupable.

Étape 4 Supposons que Séb est innocent.

Si Séb est innocent, alors Franck est coupable (1). Alors Charles est coupable (2). Ce qui est vrai. **Pas de contradiction.** Donc, Séb est innocent.

Étape 5 Concluons.

Charles et Franck sont coupables. Séb est innocent. Réponse C.

> **REMARQUE** Si on aboutit à une contradiction, c'est que l'hypothèse de départ est fausse. Sinon, c'est que l'hypothèse de départ est vraie.

MÉTHODE n° 2 : Liste des cas

Étape 1 Listons tous les cas possibles (X = X coupable, $\overline{X}$ = X innocent).

$\overline{FCS}$, FCS, $F\overline{C}S$, $FC\overline{S}$, $\overline{F}CS$, $F\overline{CS}$, $\overline{F}C\overline{S}$, $\overline{FC}S$.

Étape 2 Éliminons les cas impossibles.

$\overline{FCS}$ et $\overline{F}C\overline{S}$ sont impossibles d'après (1). $F\overline{C}S$ et $F\overline{CS}$ sont impossibles d'après (2).
FCS et $\overline{F}CS$ sont impossibles d'après (3). $\overline{FC}S$ est impossible d'après (4).
Le seul cas restant est : **$FC\overline{S}$: Charles et Franck sont coupables.**
Séb est innocent. Réponse C.

77 Familles et liens de parenté

Monsieur TAGE MAGE

Monsieur ÉCOLES de COMMERCE

RAISONNEMENT Fréquence ●●●●○ Difficulté ★★★★☆

Les questions de « familles et liens de parenté » vous demandent de trouver le statut familial d'une personne selon une personne de référence (souvent « moi »).

MÉTHODE DE RÉSOLUTION

Application ★★☆☆☆ **15 sec. – 1 min.**

Qui est le fils de la sœur du père de mon grand-père ?

Étape 1 Trouvons la personne de référence.

Dans cet exercice, la personne de référence est « **moi** » car il s'agit de « **mon** » grand-père.

Étape 2 Lisons l'énoncé « à l'envers » (de la droite vers la gauche).

Partons de mon grand-père.
Puis, le père de celui-ci (= mon arrière-grand-père),
Puis, sa sœur (= mon arrière-grande tante),
Enfin, le fils de celle-ci (= **le cousin de mon grand-père**).

REMARQUE Il est fondamental de connaître par cœur tous les liens familiaux (voir arbre généalogique ci-contre).

ATTENTION Certains **prénoms** sont **mixtes**, c'est-à-dire qu'ils peuvent désigner aussi bien des hommes que des femmes : Camille, Claude, Dominique, Jackie, Leslie, Maxime, Sacha, etc. Ainsi, si la question de l'énoncé vous demande le nombre de garçons dans la famille de Claude, il faut être vigilant car on ne connaît pas le sexe de Claude.

QUELQUES DÉFINITIONS

Couple	Union d'une femme et d'un homme, de deux hommes ou de deux femmes. Cela peut être une union libre, un PACS ou un mariage.
Famille	Communauté de personnes réunies par des liens de parenté.
Cousin germain	Fils du frère ou de la sœur de ma mère ou de mon père.
Fratrie • Aîné • Cadet • Benjamin	Frères et sœurs issus d'une même famille. Le + âgé Le 2e Le + jeune
Bru	Femme du fils.
Gendre	Mari de la fille.
Grand-oncle	Frère d'un grand-parent.
Grand-tante	Sœur d'un grand-parent.

ARBRE GÉNÉALOGIQUE

Pour répondre rapidement à ces questions, aidez-vous de l'arbre généalogique ci-dessous.

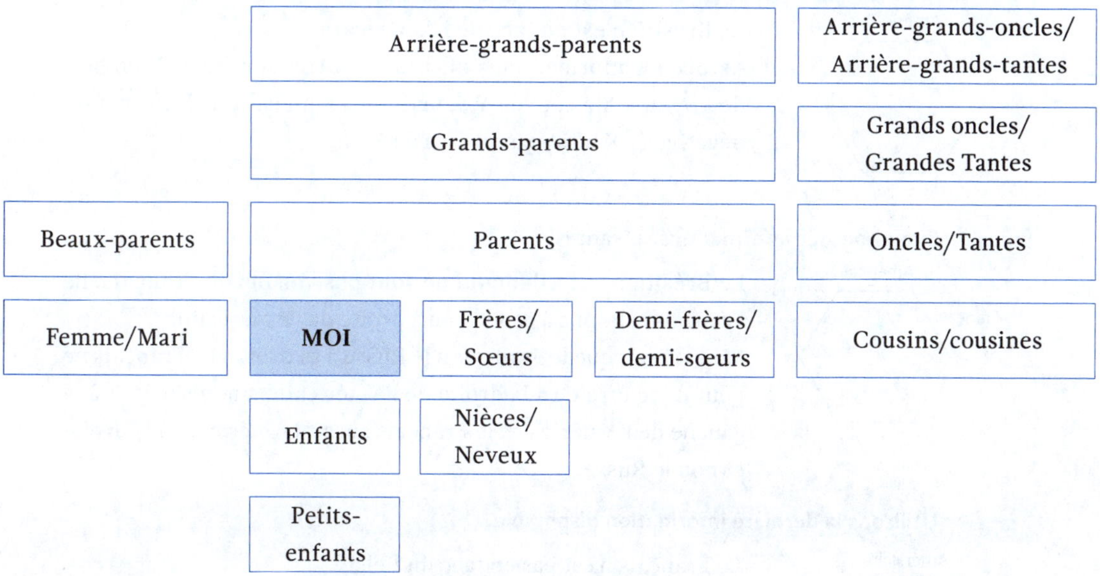

78 Placements

Monsieur TAGE MAGE

Monsieur ÉCOLES de COMMERCE

RAISONNEMENT Fréquence ●●●●○ Difficulté ★★★★☆

Les questions de placement consistent à déterminer les positions relatives d'élèments grâce aux informations de l'énoncé.

MÉTHODE DE RÉSOLUTION

Application ★★★☆☆ **45 sec. - 2 min.**

Autour d'une table hexagonale, le Français n'est pas en face du Belge. Le Brésilien et l'Allemand ne sont pas voisins du Français. Le Brésilien est en face de l'Américain. Le Français a le Russe à sa droite. Qui est juste à droite du Brésilien ?

Étape 1 Schématisons l'énoncé en partant de l'information la plus sûre.

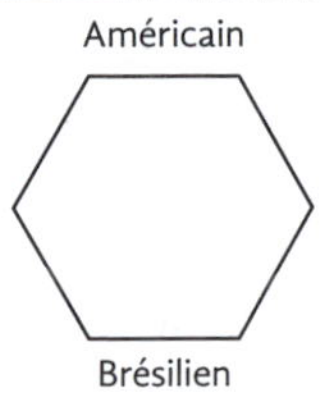

Le Brésilien est en face de l'Américain.

Astuce : L'information la plus sûre est très souvent « X en face de Y » ou « X à côté de Y », mais en aucun cas une information négative (« X n'est pas en face de Y »).

Étape 2 Exploitons les informations suivantes.

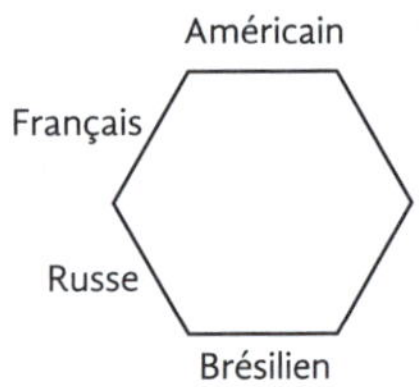

Le Brésilien et l'Allemand ne sont pas voisins du Français. Le Français est donc à gauche ou à droite de l'Américain.
Mais on sait que le Français a le Russe à sa droite. Le Français ne peut donc être qu'à la droite de l'Américain, sinon s'il était à la gauche de l'Américain, le Français aurait l'Américain à la droite et non le Russe.

Étape 3 Utilisons la dernière information disponible.

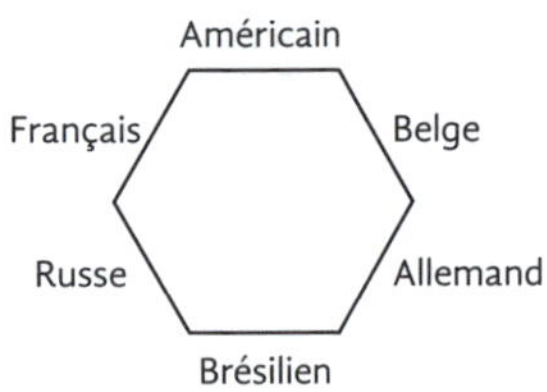

Le Français n'est pas en face du Belge.
C'est donc **l'Allemand qui est en face du Français** et c'est donc **l'Allemand qui est à droite du Brésilien**.

ASTUCE Pour les cas de placements, schématisez l'énoncé en partant de l'information la plus sûre.

ATTENTION

1. Sur une table hexagonale, « être en face » signifie être sur 2 côtés parallèles.
2. Sur une ligne, ne confondez pas « **à gauche** » et « **juste à gauche** » ou « **à droite** » et « **juste à droite** ». Cette distinction n'est pas valable pour les tables rondes.

ASTUCE Pour gagner du temps, **remplacez les prénoms ou les nationalités par les initiales.** Cette technique n'est possible qui si les prénoms ou les nationalités n'ont pas la même initiale.

EXERCICES

Question 1 ★★★☆☆ **45 sec. - 2 min.**

3 gobelets retournés contiennent chacun un objet : une pièce, une bille et un bonbon. Le gobelet rouge est à droite de la bille. Le gobelet vert est à gauche du gobelet bleu. Le bonbon est à droite du gobelet rouge. La pièce est à gauche du bonbon. Où est la pièce ?

(A) Sous le gobelet rouge.
(B) Sous le gobelet vert.
(C) Sous le gobelet bleu.
(D) On ne peut pas savoir.
(E) Les quatre conditions sont incompatibles.

Question 2 ★★★★☆ **45 sec. - 3 min.**

Sur une étagère sont alignés quatre livres de genres différents. Le roman est en deuxième position en partant de la droite. Le livre pour enfants n'est pas à côté de l'essai. Enfin, le recueil de poèmes n'est pas à côté du livre pour enfants.
Parmi les propositions suivantes, laquelle est forcément vraie ?

(A) Le roman se trouve à côté du recueil de poèmes.
(B) Le recueil de poèmes se trouve à côté de l'essai.
(C) L'essai se trouve tout à droite.
(D) Le roman se trouve à côté de l'essai.
(E) Le livre pour enfants se trouve tout à gauche.

➔ **CORRIGÉ FICHE 200**

79 Classements

RAISONNEMENT Fréquence ●●●○○ Difficulté ★★★☆☆

Les **questions de classement** consistent à déterminer le classement final d'une course ou d'un concours grâce à des informations contenues dans l'énoncé (nombre de dépassements, positions relatives, etc.).

LA MÉTHODE DE « L'AXE GRADUÉ »

Application 1 ★★★☆☆ **30 sec. – 2 min.**

Au départ d'une course, Paul est 1er, Michel est 2e et Louis est 3e.
Sachant que Paul et Michel se sont dépassés 8 fois, Michel et Louis se sont dépassés 11 fois et Paul et Louis se sont dépassés 6 fois, quel est le classement final ?

Étape 1 Traçons un axe gradué.

Étape 2 Schématisons la situation initiale.

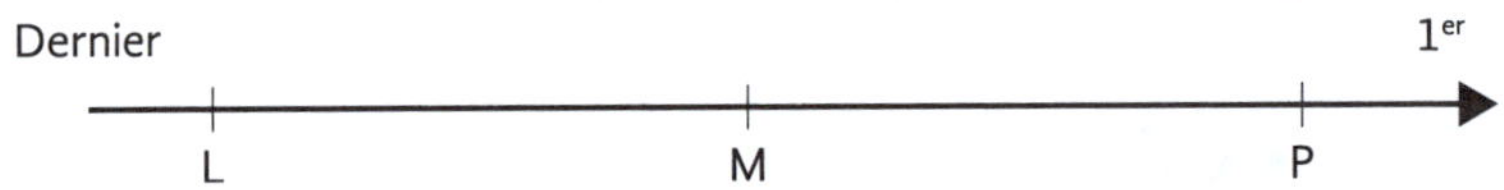

Étape 3 Interprétons l'énoncé.

« Paul et Michel se sont dépassés 8 fois » : Paul est resté devant Michel.
« Michel et Louis se sont dépassés 11 fois » : Louis est passé devant Michel.
« Paul et Louis se sont dépassés 6 fois » : Paul est resté devant Louis.

> **ASTUCE** Quand le nombre de dépassements entre 2 personnes ou éléments est **pair**, leur classement reste **inchangé**. Quand le nombre de dépassements entre 2 personnes ou éléments est **impair**, leur classement s'**inverse**.

Étape 4 Concluons.

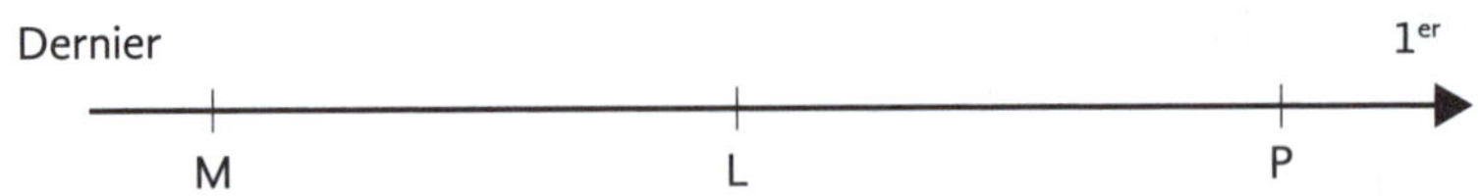

Paul est 1er, Louis est 2e et Michel 3e.

ATTENTION Utilisez les initiales pour gagner du temps mais vérifiez bien que plusieurs personnes n'ont pas la même initiale. Si c'est le cas, écrivez les noms en entier.

LA MÉTHODE DES INÉQUATIONS

Application 2 ★★★☆☆ **30 sec. – 2 min.**

Au départ d'une course, Paul est 1er, Michel est 2e et Louis est 3e.
Sachant que Paul et Michel se sont dépassés 8 fois, Michel et Louis se sont dépassés 11 fois et Paul et Louis se sont dépassés 6 fois, quel est le classement final ?

Étape 1 Traduisons la situation initiale avec des inéquations.

$$P > M\ ;\ P > L\ ;\ M > L$$

Étape 2 Transformons les inéquations selon les informations de l'énoncé.

« Paul et Michel se sont dépassés 8 fois » : Paul est resté devant Michel : $P > M$.
« Michel et Louis se sont dépassés 11 fois » : Louis est passé devant Michel : $L > M$.
« Paul et Louis se sont dépassés 6 fois » : Paul est resté devant Louis : $P > L$.

Étape 3 Concluons.

On a donc : $P > L > M$. Donc, **Paul est 1er, Louis est 2e et Michel 3e**.

EXERCICE

Question 1 ★★★☆☆ **1 min. – 3 min.**

Trois clients A, B et C font la queue à la caisse d'un supermarché. A est en 1re position, B en 2e et C en 3e. Chacun veut arriver en premier à la caisse. Sachant que les clients A et C se doublent 5 fois, que les clients B et C se dépassent 8 fois, quel client arrive en dernière position à la caisse ?

(A) A
(B) B
(C) C
(D) Impossible de répondre à la question.
(E) Plusieurs solutions sont possibles.

CORRIGÉ FICHE 200

80 Relations d'ordre

Monsieur TAGE MAGE

Monsieur ÉCOLES de COMMERCE

RAISONNEMENT Fréquence ●●●●○ Difficulté ★★★☆☆

Les questions de relations d'ordre demandent de **classer des individus selon un critère** (richesse, poids, taille, capacité, etc.). Il existe 2 méthodes pour répondre à ce type de question : « **l'axe gradué** » et « **les inéquations** ».

LA MÉTHODE DE « L'AXE GRADUÉ »

Application 1 ★★☆☆☆ **15 sec. – 1 min.**

Paul est moins bon que Thibault qui est moins bon que Quentin qui réussit moins bien que Romain. Sébastien est entre Paul et Thibault. Qui est le meilleur ?

	Procédé	Résolution de l'exercice
Étape 1	**Traçons un axe gradué.**	
Étape 2	**Ajoutons les informations de l'énoncé.**	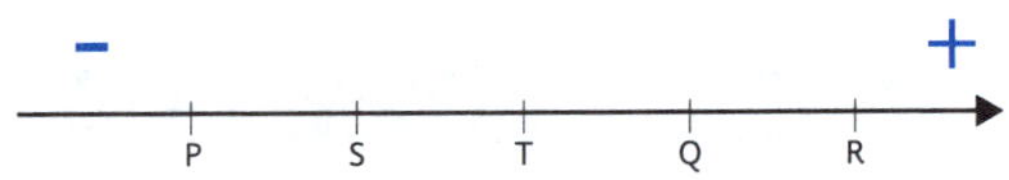
Étape 3	**Concluons.**	Le meilleur est Romain.

ATTENTION Utilisez les initiales pour gagner du temps mais vérifiez bien que plusieurs personnes n'ont pas la même initiale. Si c'est le cas, écrivez les noms en entier.

LA MÉTHODE DES INÉQUATIONS

Application 2 ★★★☆☆ **45 sec à 1 min.**

Alain et Bertrand ont à eux deux plus d'argent que Christophe et Denis réunis.
Denis et Étienne ont à eux deux plus d'argent qu'Alain et Francis réunis.
Que peut-on en conclure ?

	Procédé	Résolution de l'exercice
Étape 1	**Traduisons l'énoncé sous forme d'inéquations.**	A + B > C + D D + E > A + F
Étape 2	**Transformons les inéquations.**	En additionnant les 2 inéquations, on a : A + B + D + E > C + D + A + F Puis, en simplifiant, on a : ~~A~~ + B + ~~D~~ + E > C + ~~D~~ + ~~A~~ + F ⇔ B + E > C + F
Étape 3	**Concluons.**	À eux deux, Bertrand et Étienne ont plus d'argent que Christophe et Francis réunis.

ATTENTION On ne peut **additionner des inégalités que si le signe des inéquations sont dans le même sens.**

REMARQUE La **méthode des inéquations** est particulièrement efficace pour les **comparaisons 2 à 2** (comme dans l'exemple ci-dessus).

EXERCICE

Question 1 ★★★☆☆ **30 sec. – 2 min.**

Adrien n'est pas le plus riche. Bruno est plus riche qu'Adrien. Guillaume n'est pas le plus pauvre. Il est plus riche que Thomas et moins que Bruno. Adrien est moins pauvre que Guillaume. Quel est le classement des richesses (du plus riche au moins riche) ?

(A) Adrien, Bruno, Guillaume, Thomas
(B) Bruno, Adrien, Guillaume, Thomas
(C) Bruno, Guillaume, Adrien, Thomas
(D) Thomas, Adrien, Bruno, Guillaume
(E) Guillaume, Thomas, Bruno, Adrien

➔ **CORRIGÉ FICHE 200**

81 Optimisation ou pire tirage possible

RAISONNEMENT Fréquence ●●●●○ Difficulté ★★★☆☆

DÉFINITION ET MÉTHODE DE RÉSOLUTION

Les **questions d'optimisation ou de pire tirage possible** consistent à répondre aux questions de la forme : « Combien de tirages au minimum faut-il pour être sûr que ... ? ».
Pour résoudre ces questions, il faut imaginer « **le pire tirage possible** », c'est-à-dire adopter **le comportement le plus malchanceux possible. La réponse que vous donnez doit être certaine, quoi qu'il arrive** (c'est-à-dire en intégrant les pires scénarios possibles).

LES DIFFÉRENTS TYPES DE QUESTIONS D'OPTIMISATION

Application ★★★☆☆ **30 sec. - 2 min.**

Un sac contient 3 billes blanches (B), 4 billes noires (N), 6 billes rouges (R) et 8 billes vertes (V). **Combien de tirages au minimum faut-il pour être sûr d'avoir...**

Question (suite)	Réponse	Formule
2 éléments différents (Ici : 2 billes de couleurs différentes)	**= Nombre du plus grand élément + 1**	
	Ici : 8 billes vertes + 1 = **9 tirages** **Pire cas (exemple) :** V-V-V-V-V-V-V-V-R	
3 éléments différents (Ici : 3 billes de couleurs différentes)	**= Nbre du + grand élément + Nbre du 2e + grand élément + 1**	
	Ici : 8 billes vertes + 6 rouges + 1 = **15 tirages** **Pire cas (exemple) :** V-V-V-V-V-V-V-V-R-R-R-R-R-R-N	
2 éléments similaires (Ici : 2 billes de couleur identique)	**= Nombre d'éléments différents + 1**	
	Ici : 4 couleurs de billes + 1 = **5 tirages** **Pire cas (exemple) :** V-R-N-B-V	
3 éléments similaires (Ici : 3 billes de couleur identique)	**= 2 × Nombre d'éléments différents + 1**	
	Ici : 2 × 4 couleurs de billes + 1 = **9 tirages** **Pire cas (exemple) :** V-R-N-B-V-R-N-B-V Le pire cas est de tirer 4 fois 2 éléments similaires. Après 8 tirages, nous aurons donc, au pire, 2 éléments de chacune des 4 couleurs. Le 9e tirage sera donc le bon.	

<table>
<tr><th>Question (suite)</th><th>Réponse</th><th>Formule</th></tr>
<tr><td rowspan="2">Au moins 1 fois chaque élément
(Ici : 1 bille de chaque couleur)</td><td colspan="2">= Nombre du plus grand élément
+ Nombre du 2e plus grand élément
+ Nombre du 3e plus grand élément
+ 1</td></tr>
<tr><td colspan="2">Ici : 8V + 6R + 4N + 1 = 19 tirages
Pire cas (exemple) : V-V-V-V-V-V-V-V-R-R-R-R-R-R-N-N-N-N-B</td></tr>
<tr><td rowspan="2">2 paires d'éléments similaires
(Ici : 2 paires de billes de couleur identique)</td><td colspan="2">= Nombre d'éléments différents
+ Nombre du plus grand élément</td></tr>
<tr><td colspan="2">Ici : 4 couleurs de billes + 8 = 12 tirages
Pire cas (exemple) : V-R-N-B-V-V-V-V-V-V-V-N</td></tr>
</table>

EXERCICES

Question 1 ★★★☆☆ **30 sec. – 2 min.**

Monsieur Dupond a 6 chaussettes rouges, 3 chaussettes bleues et 10 noires. Il est dans le noir donc il ne voit pas les chaussettes qu'il prend. Combien de chaussettes au minimum doit-il prendre pour être sûr d'en avoir 2 de même couleur ?

(A) 2 (B) 3 (C) 4 (D) 9 (E) 16

Question 2 ★★★☆☆ **1 min. – 3 min.**

Soit un groupe d'étudiants internationaux comprenant 10 Français, 6 Italiens, 3 Belges et 4 Anglais. Combien d'étudiants doit-on contacter au minimum pour être certain d'en contacter au moins 2 de nationalité identique ?

(A) 2
(B) 3
(C) 4
(D) 5
(E) 6

➔ **CORRIGÉ FICHE 200**

82 Diagrammes et tableaux

RAISONNEMENT Fréquence ●●●○○ Difficulté ★★★★☆

DIAGRAMMES D'EULER – VENN

Les **diagrammes d'Euler-Venn** sont des schémas utilisés pour représenter des relations entre plusieurs ensembles. Ce sont souvent des cercles ou des rectangles qui représentent des **inclusions** ou des **exclusions de groupes**.

Application 1 ★★★☆☆ **45 sec. - 2 min.**

Certains conducteurs d'ambulances ne sont pas vaccinés. Tous les conducteurs d'ambulances rouges sont vaccinés. Quelques femmes sont conductrices d'ambulances rouges.
Que peut-on en déduire avec certitude ?

(A) Certains travailleurs vaccinés sont des femmes.
(B) Certaines femmes sont conductrices d'ambulances non rouges et vaccinées.
(C) Toutes les femmes sont des travailleuses vaccinées.
(D) Aucun travailleur vacciné n'est une femme.
(E) Tous les travailleurs vaccinés sont des ambulances rouges.

Étape 1 Schématisons la situation.

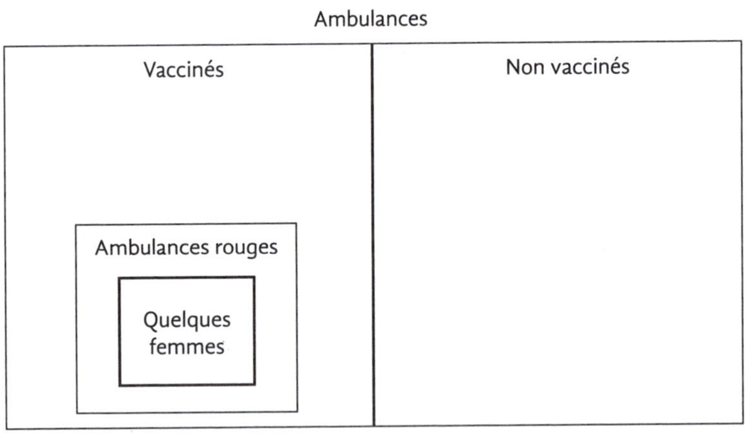

Étape 2 Concluons.

La seule information sur les femmes est que quelques-unes d'entre elles sont conductrices d'ambulances rouges (donc vaccinées). On ne sait pas si certaines sont conductrices d'ambulances non rouges et vaccinées ou conductrices d'ambulances non rouges et non vaccinées. On élimine les réponses B, C et D.

On élimine également la réponse E. On remarque sur le schéma que les ambulances rouges ne constituent qu'une partie des vaccinés. **Réponse A.**

DIAGRAMMES SIMPLES/TABLEAUX

ASTUCE Certaines questions sont plus simples en transformant l'énoncé sous forme de tableau.

Application 2 ★★★★☆ 45 sec. - 3 min.

Dans un groupe de scientifiques français et anglais, 60 % sont des hommes et 20 % des scientifiques sont Français. On sait également que 60 % des Français sont des hommes.
Ainsi, quelle est la proportion d'Anglaises parmi les femmes ?

(A) 50 % (B) 60 % (C) 70 % (D) 80 % (E) 90 %

Étape 1 Mettons l'énoncé sous forme de tableau vierge.

	Hommes	Femmes	Total
Français			
Anglais			
Total			100

Astuce : On ne connaît pas le nombre de scientifiques et on doit trouver une proportion. Pour simplifier les calculs, prenez l'hypothèse qu'il y a 100 scientifiques dans le groupe.

Étape 2 Remplissons le tableau avec les données de l'énoncé.

	Hommes	Femmes	Total
Français	= 60 % × 20 = 12	= 40 % × 20 = 8	= 20 % × 100 = **20**
Anglais	= 60 – 12 = 48	= 40 – 8 = 32	= 80 % × 100 = **80**
Total	= 60 % × 100 = **60**	= 40 % × 100 = **40**	**100**

Étape 3 Concluons.

Sur les 40 femmes du groupe, 32 sont Anglaises. La proportion d'Anglaises parmi les femmes est donc de : $\frac{32}{40} = \frac{16}{20} = \frac{80}{100}$ = **80 %. Réponse D.**

83 Les séries de mots

Monsieur TAGE MAGE

Monsieur ÉCOLES de COMMERCE

RAISONNEMENT Fréquence ●●○○○ Difficulté ★★★☆☆

Les « séries de mots » sont **des suites de mots à compléter** selon un **lien logique** à trouver qui relie tous les mots de la série.
Il existe 2 types de questions de « séries de mots » : « les mots seuls » (suite de mots uniques) et « les couples de mots » (suite de couples de mots).

Application ★★★☆☆ **15 sec. - 2 min.**

Complétez la série : AGACER – CABOSSER – PRATIQUER – DÉRAILLER – ?

(A) ALERTER
(B) DÉGRADER
(C) TARDER
(D) BRAISER
(E) BOMBARDEMENT

Étape 1 Trouvons le(s) lien(s) logique(s) entre les mots de la série.

1. Tous les mots sont des infinitifs en –ER

2. Le nombre de lettres avant le premier « A » augmente d'un rang d'un mot sur le suivant (0, 1, 2, 3).

Étape 2 Déduisons-en la caractéristique du « mot solution ».

Le mot doit être un infinitif en –ER.
Il doit y avoir 4 lettres avant le premier « A ».

Étape 3 Concluons.

« Dégrader » est bien un infinitif en –ER et il y a bien 4 lettres avant le premier « A ».
C'est le seul mot qui respecte ces 2 critères. **Réponse B.**

REMARQUE La question peut aussi porter sur un couple de mots qui complète une série de couples de mots.

LISTE DE CRITÈRES POSSIBLES

Séries de 1 mot	
Critère	**Exemple**
Nombre de lettres identiques	ACHAT – BOSSU – RÉELS – NABAB – CARIE
Nombre de consonnes identiques	CAR – CARIE – CRU – PUR – PAR
Nombre de voyelles identiques	CRAN – PRIS – CRU – PLAN – DOS
Positions des consonnes identiques	CERF – FARD – FERS – CARTON – PART
Positions des voyelles identiques	BALLE – MALLE – RESTER – ROSSER – SORTI
Première lettre identique	FER – FARD – FÉE – FAUX – FLAMME
Dernière lettre identique	TROP – POP – DROP – COUP – GALOP
Nombre de syllabes identiques	CARTON – BÉBÉ – SANTÉ – MONNAIE
Genre des mots identique (masculin/féminin)	ANAGRAMME – FAUNE – CRAIE – BRU – POIRE
Nature des mots identique (verbe, adverbe, adjectif, etc.)	ÉPAIS – GROS – FIN – COLORÉ – FIER
Champ lexical identique	MAISON – MUR – JARDIN – FENÊTRE – PORTE
Anagrammes (permutations de lettres)	ANCRE – CRANE – ECRAN – ENCRA – NACRE
Palindromes (mots qui peuvent se lire dans les 2 sens)	ROTOR – KAYAK – SELLES – ÉTÉ – RADAR

Séries de couples de mots	
Critère	**Exemple**
1re lettre du 1er mot = 1re lettre du 2e mot.	PIÉTON – PORTE ; ROBE - RARE
1re lettre du 1er mot = dernière lettre du 2e mot.	PIÉTON – COUP ; ROBE - CRÉER
Dernière lettre du 1er mot = 1re lettre du 2e mot.	PIÉTON – NUIT ; VIN – NUÉE
Dernière lettre du 1er mot = dernière lettre du 2e mot.	PIÉTON – NAIN ; CRAN - CALIN

ATTENTION Plusieurs critères sont souvent à prendre en compte en même temps pour trouver la bonne réponse.

84 Les intrus

Monsieur TAGE MAGE

Monsieur ÉCOLES de COMMERCE

RAISONNEMENT Fréquence ●●●○○ Difficulté ★★☆☆☆

Les « questions d'intrus » consistent à **trouver l'intrus dans une série de 5 mots.**

La meilleure méthode pour trouver l'intrus est de se concentrer sur :

– Le **fond** des mots
– La **forme** des mots

CRITÈRES (FOND DU MOT)

Critère	Exemple	Intrus
Sens du mot **Champ lexical**	BATEAU – VOITURE - ROUTE – AVION	ROUTE (Les autres mots sont des moyens de transport)

CRITÈRES (FORME DU MOT)

Critère	Exemple	Intrus
Nombre de lettres identiques	DUR – BAR – NON – MILLE	MILLE (Les autres mots ont 3 lettres)
Nombre de consonnes identiques	HUIT – LOT – BRAS – FIL	BRAS (Les autres mots ont 2 consonnes)
Nombre de voyelles identiques	EAU – GRUE – HIBOU – UNIE	GRUE (Les autres mots ont 3 voyelles)
Positions des consonnes identiques	CERF – FORT – PERD – CARIE	CARIE (Les autres mots ont une consonne en 1re, 3e et 4e position)

Critère	Exemple	Intrus
Positions des voyelles identiques	BALLE – BELLE – MALLE – BÛCHE – AVION	AVION (Les autres mots ont une voyelle en 2e et 5e position).
Première lettre identique	MAISON – TOIT – MARRE – MASSE	TOIT (Les autres mots ont la même première lettre : M)
Dernière lettre identique	MANGER – AVALER – PLUIE – ÉMIR	PLUIE (Les autres mots ont la même dernière lettre : R)
Lettre centrale identique	ALLER – RÂLER – FAUTE – COLIS	FAUTE (Les autres mots ont la même lettre centrale : L)
Nombre de syllabes identiques	HARICOT – DEBOUT – ALLER – DEHORS	HARICOT (Les autres mots ont 2 syllabes)
Genre des mots identique (masculin/féminin)	MER – BOUÉE – BATEAU – RIVIÈRE	BATEAU (Les autres mots sont féminins)
Nature des mots identique (verbe, adverbe, adjectif, etc.)	PASSAGER – ALLER – BOIRE – VOIR	PASSAGER (Les autres mots sont des verbes)
Anagrammes	CHIEN – NICHE – DÉNICHER – CHINE	DÉNICHER (Les autres mots sont des anagrammes)

EXERCICE

Question 1 ★★★★☆ **1 min. – 3 min.**

Parmi cette liste d'espèces animales, quel est l'intrus ?

Dauphin – Girafe – Chien – Crocodile – Chat

(A) Dauphin (B) Girafe (C) Chien (D) Crocodile (E) Chat

➔ **CORRIGÉ FICHE 200**

85-1 Calendrier (1/2)

Monsieur TAGE MAGE

Monsieur ÉCOLES de COMMERCE

RAISONNEMENT Fréquence ●●●●○ Difficulté ★★★☆☆

Il existe 2 types de questions de « calendrier » au TAGE MAGE®: les **questions de « projection »** et **les questions « d'agencement »**.

Il est fondamental de connaître par cœur le nombre de jours par mois et les années bissextiles.

CALENDRIER

Mois	Nombre de jours	Mois	Nombre de jours	Mois	Nombre de jours
Janvier	31	**Mai**	31	**Septembre**	30
Février	28 ou 29	**Juin**	30	**Octobre**	31
Mars	31	**Juillet**	31	**Novembre**	30
Avril	30	**Août**	31	**Décembre**	31

ATTENTION Les **années bissextiles** comptent 366 jours au lieu de 365 (29 jours en février). Les années bissextiles sont divisibles par 4 mais pas par 100.
Années bissextiles à connaître par cœur : 2008, 2012, 2016, 2020, etc.

ASTUCE **Comptez sur vos mains !** En mettant vos poings fermés côte à côte, les bosses des phalanges correspondent aux mois de 31 jours et les creux entre chacune aux mois de 30 jours ou moins. Il suffit de lire de gauche à droite : Janvier = 31 jours (car il y a une bosse de phalange), Février = moins de 31 jours (car il y a un creux), etc.

QUESTIONS DE PROJECTION

2 types de « projection » : **projection du jour de la semaine** et **projection de la date.**

PROJECTION DU JOUR DE LA SEMAINE

L'énoncé vous demandera de trouver le jour de la semaine à telle date ou dans X jours « de projection ».

Exemple : Nous sommes samedi 10 juin. Quel **jour de la semaine** serons-nous le 8 octobre ?

Étape 1 Calculons le nombre de jours de projection.

Entre le 10 juin et le 8 octobre, il y a : 20 jours en juin, 31 en juillet, 31 en août, 30 en septembre et 8 en octobre = 20 + 31 + 31 + 30 + 8 = **120 jours « de projection »**.

Étape 2 Divisons le résultat obtenu par 7 (car 1 semaine = 7 jours).

120 ÷ 7 = 17 et il reste 1.

Étape 3 Interprétons et concluons.

Quotient de 17 = 17 semaines pleines.
Reste de 1 = 18ᵉ semaine entamée de 1 jour (à la suite des 17 semaines pleines).
Dans 17 semaines pleines, on sera à nouveau un samedi (17 × 7). Donc, avec 1 jour de plus dans la semaine entamée, on a : **samedi + 1 = dimanche.**
La bonne réponse est donc **dimanche**.

PROJECTION DE LA DATE (= JOUR + MOIS + ANNÉE)

Exemple : Nous sommes lundi 3 février 2016. Quelle **date** serons-nous dans 100 jours ?

Étape 1 Trouvons la date selon le nombre de jours de projection.

Depuis le 3 février, il y a 26 jours en février (année bissextile !), 31 jours en mars, 30 jours en avril = 26 + 31 + 30 = **87 jours de projection.**
Dans 87 jours, on sera le 1er mai. Ainsi, dans 100 jours (87 + 13), nous serons le **13 mai.**

Étape 2 Trouvons le jour de la semaine.

100 ÷ 7 = 14 et il reste 2.
Quotient de 14 = 14 semaines pleines.
Reste de 2 = 15ᵉ semaine entamée de 2 jours (à la suite des 14 semaines pleines).
Dans 14 semaines pleines, on sera à nouveau un lundi (14 × 7). Donc, avec 2 jours de plus dans la semaine entamée, on a : **lundi + 2 = mercredi.**

Étape 3 Concluons.

La bonne réponse est donc **mercredi 13 mai.**

85-2 Calendrier (2/2)

RAISONNEMENT Fréquence ●●●●○ Difficulté ★★★☆☆

QUESTIONS « D'AGENCEMENT »

Les **questions d'agencement** consistent à déterminer la configuration de mois dans laquelle nous sommes.

Exemple : En décembre, il y a 5 jeudis dont 3 impairs. Quel(s) jour(s) tombe(nt) le 16 ?

Étape 1 Listons les configurations de mois avec 5 fois le même jour (Ici, jeudi).

Pour un mois de 31 jours, **3 configurations** avec 5 jours identiques sont possibles.

Configurations de mois avec 5 jours identiques		
n° 1	**n° 2**	**n° 3**
1	2	3
8	9	10
15	16	17
22	23	24
29	30	31

REMARQUE Pour qu'il y ait 5 jours identiques (ici, jeudi) dans le mois, il faut que ce jour soit le 1er du mois, ou le 2 du mois ou le 3 du mois. Sinon, le jour n'apparaît que 4 fois.

Étape 2 Identifions les configurations de mois comportant 3 jeudis impairs.

Ici, 2 configurations avec 3 jeudis impairs sont possibles (la configuration n° 2 ne contient que 2 jeudis impairs).

Configurations de mois		
n° 1	**n° 2**	**n° 3**
1	2	3
8	9	10
15	16	17
22	23	24
29	30	31

ASTUCES Si 3 jours sont **impairs**, tenez uniquement compte des **configurations n° 1 et n° 3 (impaires).**
Si 3 jours sont **pairs**, tenez uniquement compte de la **configuration n° 2 (paire).**
Si 3 jours sont des **nombres premiers**, tenez uniquement compte de la **configuration n° 3.**

Étape 3 Interprétons et concluons.

Dans la **configuration n° 1**, le 15 est un jeudi. Donc, on sera **vendredi 16.**
Dans la **configuration n° 3**, le 17 est un jeudi. Donc, on sera **mercredi 16.**
Réponse : Le 16 du mois est donc mercredi ou vendredi.

EXERCICES

Question 1 ★★☆☆☆ **30 sec. – 2 min.**

Nous sommes lundi. Quel jour de la semaine serons-nous dans 1 000 jours ?

(A) dimanche (B) mardi (C) lundi (D) mercredi (E) vendredi

Question 2 ★★★☆☆ **30 sec. – 2 min.**

En avril prochain, on comptera 5 lundis dont 3 impairs.
Quel(s) jour(s) tombe(nt) le 18 de ce mois ?

(A) lundi (B) mardi (C) jeudi (D) mardi ou jeudi (E) mercredi ou vendredi

Question 3 ★★★☆☆ **1 min. – 3 min.**

Jérémy et Arnaud conviennent de se revoir et fixent un RDV pour « le surlendemain de la veille du surlendemain d'avant-hier ». Si nous sommes mardi, quel jour ont-ils prévu de se revoir ?

(A) Lundi (B) Mercredi (C) Jeudi (D) Vendredi (E) Samedi

CORRIGÉ FICHE 200

86 Les analogies

Monsieur TAGE MAGE

Monsieur ÉCOLES de COMMERCE

RAISONNEMENT Fréquence ●●●○○ Difficulté ★★★☆☆

Une **analogie** est un processus de pensée par lequel on remarque **un lien/une similitude** entre **2 mots** ou **2 éléments**. Une analogie peut être une **comparaison**.

Au TAGE MAGE, une fois ce lien/cette similitude identifié(e) dans l'énoncé, sélectionnez la réponse qui respecte le même lien (la bonne réponse).

EXERCICE D'APPLICATION

Application ★★★☆☆ **30 sec. – 1 min.**

« Rouge » est à « colère » ce que (...).

(A) « bleu » est à « stupéfaction ».

(B) « vert » est à « nature ».

(C) « bronzage » est à « peau ».

(D) « couleur » est à « émotion ».

(E) « noir » est à « soleil ».

Réponse D

Il existe un **lien entre la couleur et l'émotion ressentie**. Ainsi, la bonne réponse est D : une couleur est associée à l'émotion.

La réponse A est fausse. Aucun lien entre « bleu » et « stupéfaction ».

La réponse B n'est pas une émotion, bien que le lien de couleur soit correct.

La réponse C n'est pas la meilleure réponse possible, car n'est pas associée à une émotion.

La réponse E est fausse car contradictoire.

EXERCICES

Question 1 ★★☆☆☆ 15 sec. – 45 sec.

(..) est à « canidé » ce que « chat » est à (...)

(A) Chien	Félin
(B) Labrador	Tigre
(C) Aboyer	Miauler
(D) Chat	Chien
(E) Labrador	Miauler

Question 2 ★★★☆☆ 15 sec. – 45 sec.

« Théâtre » est à « art » ce que « rempart » est à ...

(A) Moyen-âge
(B) Sécurité
(C) Pont-levis
(D) Aéroport
(E) Base navale

Question 3 ★★★★☆ 15 sec. – 45 sec.

« Artificiel » est à (...) ce que (...) est à « profond ».

(A) Mer	Arbre
(B) Réalité	Biologie
(C) Vérité	Personnel
(D) Naturel	Superficiel
(E) Terre	Mer

Question 4 ★★★★★ 15 sec. – 45 sec.

« Chariot » est à (...) ce que (...) est à « Poire ».

(A) Pomme	Mûr
(B) Haricot	Proie
(C) Boîtes	Cagette
(D) Légume	Fruits
(E) Fin	Dure

➔ CORRIGÉ FICHE 200

87 Nombre de lettres

Monsieur TAGE MAGE

Monsieur ÉCOLES de COMMERCE

RAISONNEMENT Fréquence ●●○○○ Difficulté ★★★★★

QUESTIONS NON LIÉES

Vous devez trouver le **nombre d'éléments** (mots, lettres, consonnes, voyelles, etc.) qui composent une phrase, **en intégrant les réponses.**

Application 1 ★★★★☆ **45 sec. – 3 min.**

Quel mot faut-il écrire à la place des points d'interrogation pour que la phrase suivante énonce une vérité ?

« Le nombre de lettres dans la phrase s'élève à ??? »

(A) Trente-six
(B) Quarante-huit
(C) Cinquante
(D) Cinquante-deux
(E) Cinquante-trois

Étape 1 Comptons le nombre de lettres dans l'énoncé (sans la réponse).

La phrase (sans la réponse) : « Le nombre de lettres dans la phrase s'élève à » comporte **36 lettres.** On élimine donc la réponse A car la réponse sera nécessairement supérieure à 36. En effet, on va ajouter des lettres à une phrase qui en contient déjà 36.

Étape 2 Testons les réponses et vérifions que le compte est bon.

« Quarante-**huit** » comporte 12 lettres.
La phrase complète : « Le nombre de lettres dans la phrase s'élève à **quarante-huit** » comporte donc 36 + 12 = 48 lettres. **Le compte est bon : la phrase énonce une vérité.**

Étape 3 Concluons. Réponse B.

QUESTIONS LIÉES

Vous devez trouver le **nombre d'éléments** (mots, lettres, consonnes, voyelles, etc.) qui composent 2 phrases liées entre elles, en intégrant les réponses.

REMARQUE La phrase 1 est un commentaire de la phrase 2, et inversement.

Application 2 ★★★★★ **1 min. - 3 min.**

Quels nombres faut-il écrire en toutes lettres à la place des points d'interrogation pour que les phrases entre guillemets soient vraies ?

« La phrase suivante est composée de ??? consonnes.

La phrase précédente est composée de ??? voyelles. »

(A) Seize et vingt-deux

(B) Vingt-deux et seize

(C) Vingt-sept et dix-neuf

(D) Vingt-six et dix-huit

(E) Vingt-neuf et vingt-trois

Étape 1 Comptons le nombre de voyelles dans la phrase 1 et le nombre de consonnes dans la phrase 2 (sans la réponse).

« La phrase suivante est composée de ??? consonnes » contient **16 voyelles.**

« La phrase précédente est composée de ??? voyelles » contient **22 consonnes.**

Étape 2 Éliminons les réponses absurdes.

« La phrase précédente est composée de ??? voyelles » contient **22 consonnes**. donc on élimine les réponses A et B (Seize et vingt-deux, Vingt-deux et seize) car il y aura nécessairement plus de 22 consonnes en tout.

Étape 3 Testons les réponses et vérifions que le compte est bon.

« Vingt-six » comporte 2 voyelles.

Cela porte à 16 + 2 = 18 le nombre de voyelles de la phrase 1.

« Dix-huit » comporte 4 consonnes.

Cela porte à 22 + 4 = 26 le nombre de consonnes de la phrase 2.

La phrase complète :

« La phrase suivante est composée de **vingt-six** consonnes. » (ce qui est bien le cas).

« La phrase précédente est composée de **dix-huit** voyelles » (ce qui est également le cas).

Le compte est bon.

Étape 4 Concluons. Réponse D.

ATTENTION Le mot « et » de chaque réponse ne doit pas être comptabilisé.

88 Logigrammes : Niveau 1 (simple)

Monsieur TAGE MAGE

Monsieur ÉCOLES de COMMERCE

RAISONNEMENT Fréquence ●●●○○ Difficulté ★★★☆☆

Les questions de type « **Logigrames niveau 1 (simple)** » demandent de mettre en relation différentes informations.
Par exemple, l'énoncé peut donner une liste de métiers et une liste de prénoms et vous demander de trouver qui exerce quel métier.

MÉTHODE DE RÉSOLUTION

Étape 1

Réalisez un logigramme vierge avec les informations de l'énoncé. (1 type d'information en colonne et 1 type d'information en ligne)

Étape 2

Insérez les informations de l'énoncé dans le logigramme, à l'aide de **ronds** (informations vraies) ou de **croix** (informations fausses).

Étape 3

Concluez.

REMARQUE Dès qu'un rond est placé dans une case (information vraie), placez des croix (informations fausses) dans toutes les cases des lignes et des colonnes correspondantes.

APPLICATION

Application ★★★☆☆ **45 sec. – 3 min.**

Raphaëlle, Vincent, Gabriel, Caroline et Joy ont des métiers différents : professeur, architecte, sportif professionnel, ingénieur et chercheur. Si Raphaëlle travaille dans une salle de classe, ce n'est pas le cas de Joy qui aime la quiétude de son laboratoire. Enfin, Caroline souffre de son manque d'activité physique tandis que Vincent se rend souvent à la salle de sport de l'entreprise informatique qui l'emploie.
Qui est architecte ?

(A) Caroline
(B) Gabriel
(C) Joy
(D) Raphaëlle
(E) Vincent

Étape 1 Réalisons un logigramme vierge.

	Chercheur	Ingénieur	Sportif	Architecte	Professeur
Caroline					
Gabriel					
Joy					
Raphaëlle					
Vincent					

Étape 2 Insérons chaque information de l'énoncé dans le logigramme.

Raphaëlle travaille dans une salle de classe : elle est professeur.
Joy travaille dans un laboratoire : elle est chercheuse.
Vincent est employé par une entreprise informatique : il est ingénieur.
Caroline ne fait pas de sport : elle n'est pas sportive. Gabriel est donc le sportif.
Caroline est donc architecte.

	Chercheur	Ingénieur	Sportif	Architecte	Professeur
Caroline	x	x	x	o	x
Gabriel	x	x	o	x	x
Joy	o	x	x	x	x
Raphaëlle	x	x	x	x	o
Vincent	x	o	x	x	x

Étape 3 Concluons. Réponse A.

REMARQUE Interprétez les énoncés. Raphaëlle travaille dans une salle de classe, on en déduit qu'elle est professeur. Vincent travaille dans une entreprise informatique, il est ingénieur.

EXERCICE

Question 1 ★★★★☆ **45 sec. – 3 min.**

Quatre jeunes frères ont des défauts différents qui mettent en colère leurs parents : l'un est paresseux, l'autre capricieux, l'autre malpoli et le dernier rebelle. Hier soir, Gaspard est rentré deux heures après l'heure autorisée par ses parents, Gaëtan a été envoyé dans sa chambre car il n'aimait aucun des plats préparés pour le dîner. Ce matin, Adam ne s'est pas réveillé pour aller en cours. Lequel des frères n'a pas été poli avec les invités de ses parents ?
(A) Adam (B) Gaëtan (C) Gaspard (D) Jules (E) On ne peut pas savoir.

CORRIGÉ FICHE 200

89 Logigrammes : Niveau 2 (difficile)

Monsieur TAGE MAGE

Monsieur ÉCOLES de COMMERCE

RAISONNEMENT Fréquence ●●○○○ Difficulté ★★★★★

Les questions de type « **Logigrammes (niveau 2 - difficile)** » vous demandent de lier **3 types d'informations** (contrairement aux questions de « **logigrammes (niveau 1 – facile)** » qui lient **2 types d'informations**).

MÉTHODE DE RÉSOLUTION

Étape 1

Réalisez un logigramme vierge avec les informations de l'énoncé.
(2 types d'informations en colonne et 2 types d'informations en ligne)

Étape 2

Insérez les informations de l'énoncé dans le logigramme, à l'aide de **ronds** (informations vraies) ou de **croix** (informations fausses).

Étape 3

Concluez.

ATTENTION Dès qu'un rond est placé dans une case (information vraie), placez des croix (informations fausses) dans toutes les cases des lignes et des colonnes correspondantes.

APPLICATION

Application ★★★★☆ **1 min. – 3 min.**

Adrien, Bernard et Claude sont 3 amis venant de Paris, Lyon et Marseille. Ils ont chacun une passion différente : la photographie, le sport et l'Histoire.

– Adrien et le passionné de sport passent leurs vacances chez le Lyonnais.
– Bernard, qui ne vient pas de Lyon, n'est pas passionné de photographie.
– Le passionné d'Histoire ne vient ni de Marseille ni de Paris.

Quelle est la seule proposition vraie ?

(A) Claude est féru d'Histoire.
(B) Adrien est sportif.
(C) Bernard est photographe.
(D) Le photographe est marseillais.
(E) Le sportif est lyonnais.

Étape 1 Créons un logigramme vierge.

	Sport	Photo	Histoire	Paris	Lyon	Marseille
Adrien						
Bernard						
Claude						
Paris				Ces cases ne sont pas à remplir		
Lyon						
Marseille						

Étape 2 Insérons chaque information de l'énoncé dans le logigramme.

« *Adrien et le passionné de sport passent leurs vacances chez le Lyonnais* »
= Adrien n'est ni passionné de sport, ni lyonnais et le passionné de sport n'est pas lyonnais.

« *Bernard, qui ne vient pas de Lyon, n'est pas passionné de photographie* »
= Bernard n'est ni lyonnais ni passionné de photographie. En remplissant le logigramme, on en déduit que Claude est lyonnais.

« Le passionné d'*Histoire ne vient ni de Marseille ni de Paris* »
= Le passionné d'Histoire vient de Lyon.
En remplissant le logigramme, on en déduit que Claude, lyonnais, est passionné d'Histoire.
Réponse A.

	Sport	Photo	Histoire	Paris	Lyon	Marseille
Adrien	x	o	x		x	
Bernard	o	x	x		x	
Claude	x	x	o	x	o	x
Paris			x	Ces cases ne sont pas à remplir		
Lyon	x	x	o			
Marseille			x			

REMARQUE Interprétez les énoncés. Si Adrien passe ses vacances chez le Lyonnais, cela signifie qu'il n'est pas lyonnais.

90 2D et 3D

Monsieur TAGE MAGE

Monsieur ÉCOLES de COMMERCE

RAISONNEMENT Fréquence ●●○○○ Difficulté ★★★★☆

Les questions de « 2D et 3D » consistent à visualiser une figure dans l'espace.

ASTUCE Transformez la question de vision 3D en une question de vision 2D.

Application 1 ★★★★☆ **45 sec. – 3 min.**

3 graphistes sont assis autour d'un cube dont chacune des faces est d'une couleur différente. Chacun des graphistes voit 3 faces du cube.
Alain voit les faces violette, jaune et orange. Chris voit les faces marron, rouge et jaune. Bernard voit les faces orange, noire et rouge.
Quelle est la couleur en face du violet?

(A) Marron
(B) Noire
(C) Jaune
(D) Rouge
(E) Orange

Étape 1 Transformons la figure géométrique 3D en 2D.

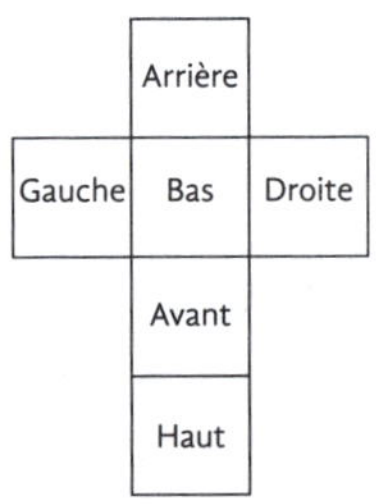

Le cube (3D) devient un patron (2D). Cela facilitera la résolution de la question.

REMARQUE Toute figure en 3D peut être représentée par une figure en 2D.

Étape 2 Complétons le schéma avec les données concernant Alain.

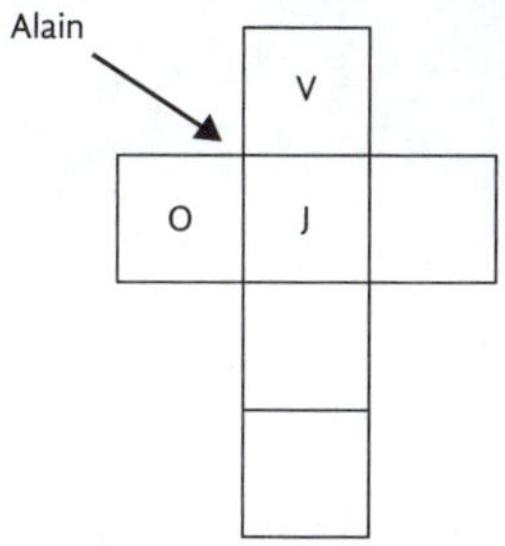

« **Alain voit les faces violette, jaune et orange** ».
S'il voit les faces violette, jaune et orange en même temps, c'est qu'elles sont côte à côte (et non l'une en face de l'autre).
En effet, sur un cube on ne peut voir en même temps que des faces qui ne sont pas l'une en face de l'autre.

REMARQUE Peu importe où vous placez V, J et O, ce qui compte, c'est que les lettres ne soient pas l'une en face de l'autre.

ASTUCE Placez au centre la lettre commune aux 2 premières personnes (Ici, le jaune).

Étape 3 Complétons le schéma avec les données concernant Bernard et Chris.

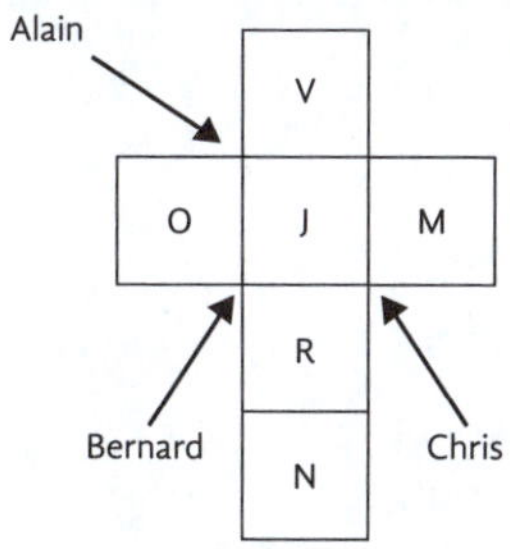

On applique le même raisonnement pour :
« **Chris voit les faces marron, rouge et jaune** ».
« **Bernard voit les faces orange, noire et rouge** ».

REMARQUE Attention à bien placer les éléments de sorte qu'une personne ne voie jamais 2 éléments l'un en face de l'autre.

Étape 4 Concluons.

La couleur en face du violet est le rouge. **Réponse D.**

Question 1 ★★★★☆ **45 sec. – 3 min.**

Combien de cubes cette pyramide à base et étages carrés compte-t-elle ?

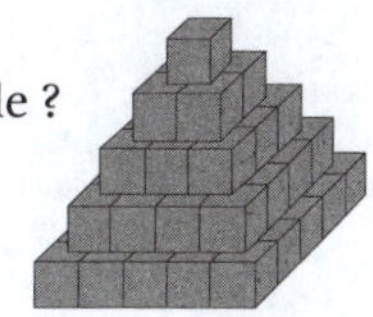

(A) 100 (B) 85 (C) 70 (D) 55 (E) 40

CORRIGÉ FICHE 200

Argumentation

91 Proverbes

Monsieur TAGE MAGE

Monsieur ÉCOLES de COMMERCE

ARGUMENTATION Fréquence ●●●●○ Difficulté ★★★☆☆

REMARQUE Apprenez nos listes de proverbes par cœur (voir les fiches 149 à 151).

LES QUESTIONS DE SENS

Expliciter le sens d'un proverbe parmi 5 propositions.

Application 1 ★★★☆☆ **15 sec. - 2 min.**

Que signifie le proverbe « Tel père, tel fils » ?

(A) Un fils ressemble plus à son père qu'à sa mère.
(B) On est tous le fils de quelqu'un.
(C) On hérite des qualités et défauts de ses parents.
(D) Il est difficile de s'affirmer en tant qu'individu.
(E) Les filles ressemblent à leur mère.

LES QUESTIONS DE RAPPROCHEMENT OU D'ÉLOIGNEMENT

Trouver le proverbe dont le sens **se rapproche (ou s'éloigne) le plus** du proverbe proposé.

Application 2 ★★★☆☆ **15 sec. - 2 min.**

Quel proverbe se rapproche le plus du proverbe « Chat échaudé craint l'eau froide » ?

(A) « Qui a fait naufrage redoute la mer, même calme ».
(B) « On est plus souvent dupé par la défiance que par la confiance ».
(C) « L'enfer est pavé de bonnes intentions ».
(D) « Un tiens vaut mieux que deux tu l'auras ».
(E) « Lâcher la proie pour l'ombre ».

Application 3 ★★★☆☆ **15 sec. - 2 min.**

Lequel de ces proverbes s'oppose au sens du proverbe : « Le chat mordu par un serpent craint même une corde » ?

(A) « Chat échaudé craint l'eau froide ».
(B) « Si la falaise te fait peur, confronte-toi à la falaise ».
(C) « Qui a fait naufrage redoute la mer, même calme ».
(D) « Qui s'est brûlé la langue n'oublie plus de souffler sur la soupe ».
(E) « Qui a été brûlé par un tison s'enfuit à la vue d'une luciole ».

LES QUESTIONS DE DESCRIPTION

Trouver le proverbe qui **décrit le mieux une situation.**

Application 4 ★★★☆☆ **15 sec. - 2 min.**

Alors qu'il racontait son histoire de la veille, il s'est soudain mis à raconter ses vacances. Quelle expression décrit le mieux cette situation ?

(A) « Tomber sur un os ».
(B) « Passer du coq à l'âne ».
(C) « Couper la poire en deux ».
(D) « Abondance de biens ne nuit pas ».
(E) « Se tailler la part du lion ».

LES QUESTIONS DE TERMINAISON

Compléter le proverbe de l'énoncé.

Application 5 ★★☆☆☆ **15 sec. - 1 min.**

Complétez le proverbe suivant : « Qui ne dit mot (...) » :

(A) Refuse.
(B) Affirme.
(C) Condamne.
(D) Bégaye.
(E) Consent.

➔ **CORRIGÉ FICHE 200**

92 Conclusion

Monsieur TAGE MAGE

Monsieur ÉCOLES de COMMERCE

ARGUMENTATION Fréquence ●●●●○ Difficulté ★★★★☆

DÉFINITION

Les **questions de conclusion** consistent à **trouver la meilleure conclusion à un court texte.** Une conclusion doit s'inscrire dans la suite logique du texte que vous venez de lire, en suivant le fil conducteur de la pensée de l'auteur.

REMARQUE Il s'agit souvent de la vraie conclusion de l'auteur, supprimée par le concepteur du sujet.

Méthode: Vous devez vous demander quel objectif poursuit l'auteur en développant ses arguments. **Quel message souhaite-t-il faire passer?**
Ensuite, confrontez votre conclusion personnelle aux propositions.

Application ★★★☆☆ **1 min. – 3 min.**

Des chercheurs britanniques ont étudié 27 000 femmes atteintes d'un cancer de l'endomètre dans 36 pays. Ils ont calculé qu'en l'espace de cinquante ans, 400 000 cas de cancers de l'endomètre, sur les 3,4 millions recensés dans ces pays, avaient pu être évités grâce à l'utilisation de contraceptifs oraux dont 200 000 au cours des 10 dernières années.
Parmi les propositions suivantes, laquelle serait la meilleure conclusion?

(A) Selon une étude britannique, 400 000 femmes dans le monde sont atteintes d'un cancer de l'endomètre.
(B) La pilule contraceptive constitue un élément protecteur contre le cancer de l'endomètre.
(C) La pilule contraceptive est responsable d'une légère augmentation du risque de cancer.
(D) Le cancer de l'endomètre n'existe pas en Amérique du Sud.
(E) Les moyens de contraception constituent un vaccin contre le cancer de l'endomètre.

Réponse B

L'étude explique que la pilule (contraceptif oral) a évité plus de 400 000 cancers. Elle constitue donc non pas un vaccin (qui aurait évité tous les cancers) mais bien un élément protecteur contre le cancer. **Réponse B.**

(A) Selon une étude britannique, 400 000 femmes dans le monde sont atteintes d'un cancer de l'endomètre. **Faux.**

(B) La pilule contraceptive constitue un élément protecteur contre le cancer de l'endomètre. **Conclusion. Bonne réponse.**

(C) La pilule contraceptive est responsable d'une légère augmentation du risque de cancer. **Faux.**

(D) Le cancer de l'endomètre n'existe pas en Amérique du Sud. **Hors-sujet.**

(E) Les moyens de contraception constituent un vaccin contre le cancer de l'endomètre. **Conclusion approximative.**

EXERCICE

Question 1 ★★★☆☆ **1 min. – 3 min.**

Les chercheurs ont demandé à quelques dizaines de volontaires d'évaluer, sur une échelle de – 10 à + 10, leur attrait pour un stimulus visuel (photos de visages, de maisons ou de tableaux). Ils devaient aussi estimer leur degré de confiance dans leur jugement. Résultat : une très belle courbe en U lie nos jugements de valeur à notre confiance. Quand nous n'avons pas confiance en nos choix, nos notes sont moyennes. Mais quand nous sommes en confiance, nos jugements sont plus extrêmes.

Parmi les propositions suivantes, laquelle serait la meilleure conclusion ?

(A) Il faut avoir confiance en ses jugements.

(B) Les chercheurs sont des neurologues.

(C) Les jugements de valeur ne sont pas fiables.

(D) Trop (ou pas assez) de confiance en soi nuit au jugement.

(E) Une personne à forte personnalité est plus apte à donner un jugement extrême sur les choses.

CORRIGÉ FICHE 200

Toutes les questions sont corrigées en vidéo dans votre espace E-LEARNING sur www.monsieur-tage-mage.com

93 Résumé

Monsieur TAGE MAGE

Monsieur ÉCOLES de COMMERCE

ARGUMENTATION Fréquence ●●●●○ Difficulté ★★★★☆

DÉFINITION

Les **questions de résumé** consistent à **trouver le meilleur résumé d'un court texte.**
Le résumé doit correspondre le plus possible au texte que vous venez de lire, en en reprenant les principaux éléments, idéalement dans l'ordre des arguments.

> **ATTENTION** Ne confondez pas « résumé » et « conclusion ». Un résumé est une synthèse du texte. Une conclusion est une phrase à ajouter après le texte.

Méthode : Faites comme si vous deviez résumer le texte en 1 phrase à un ami qui ne l'a pas lu. Ensuite, confrontez cette réponse aux propositions.

Application ★★★★☆ **1 min. – 3 min.**

Sans les océans, notre planète serait déjà en proie à un réchauffement climatique accéléré. Cette énorme masse liquide a absorbé en effet l'essentiel de la chaleur rejetée dans l'atmosphère depuis la révolution industrielle. Elle a également capté le quart du gaz carbonique émis depuis 1750. Mais l'augmentation du CO_2 dissout dans les océans entraîne aussi leur acidification, ce qui nuit au développement de la vie animale et finira par affecter les pêches.

Parmi les propositions suivantes, laquelle résume le mieux cet extrait ?

(A) Les océans demeurent certes des remparts naturels contre l'augmentation de la température, mais ils en sont aussi de plus en plus affectés.

(B) Les rejets de CO_2 d'origine animale affectent aussi bien la température de l'atmosphère que l'acidité des océans.

(C) Les océans ralentissent le réchauffement climatique, mais ce rôle pourrait être mis à mal dans les décennies à venir.

(D) La protection des océans est un des enjeux majeurs des années à venir.

(E) L'océan, modérateur du changement climatique, en est aussi une des premières victimes.

Réponse A

La réponse A résume bien les 2 parties du texte : « remparts naturels » et « affectés par ce réchauffement ».
La réponse E a un vocabulaire inadapté (« victimes »). **Réponse A.**

(A) Les océans demeurent certes des remparts naturels contre l'augmentation de la température, mais ils en sont aussi de plus en plus affectés. **Résumé. Bonne réponse.**

(B) Les rejets de CO_2 d'origine animale affectent aussi bien la température de l'atmosphère que l'acidité des océans. **Hors-sujet.**

(C) Les océans ralentissent le réchauffement climatique, mais ce rôle pourrait être mis à mal dans les décennies à venir. **Faux.**

(D) La protection des océans est un des enjeux majeurs des années à venir. **Conclusion.**

(E) L'océan, modérateur du changement climatique, en est aussi une des premières victimes. **Résumé approximatif.**

EXERCICE

Question 1 ★★★★☆ **1 min. – 3 min.**

La catastrophe nucléaire japonaise a relancé le débat sur les modes de production de l'énergie. L'équation est complexe. On peut envisager la fermeture de toutes les centrales nucléaires en France et couvrir le territoire de panneaux solaires et d'éoliennes. C'est théoriquement possible mais pratiquement très problématique. Mais les Français devraient d'abord accepter que la fourniture d'énergie ne serait pas constante et de plus que le prix de l'électricité augmenterait très significativement. Le gain est évident au niveau de l'environnement et de la sécurité. Une autre alternative serait un mixage nucléaire-énergie propre. Le coût de l'électricité augmenterait mais moins que dans le premier cas mais le danger nucléaire demeurerait. Il reste la solution de maintenir la prédominance du nucléaire en améliorant toujours la sécurité.
Quelle est la proposition qui résume le mieux le texte ?

(A) L'énergie nucléaire est risquée mais il est difficile de s'en passer : elle permet de stabiliser les prix et assure une fourniture d'énergie constante. C'est pour ces raisons qu'il semble difficile de s'en passer.

(B) Remplacer le nucléaire par du solaire ou des éoliennes est possible en théorie mais compliqué dans les faits.

(C) L'énergie nucléaire fait peser un risque sécuritaire, comme l'a montré la catastrophe nucléaire japonaise.

(D) En matière d'énergie, il faut admettre que le risque zéro n'existe pas.

(E) Concernant la production d'énergie, 3 solutions sont possibles : passer aux énergies renouvelables (coûteux et peu fiable) ; mixer les énergies ; améliorer la sécurité du nucléaire.

➔ **CORRIGÉ FICHE 200**

94 Présupposés/Sous-entendus

Monsieur TAGE MAGE

Monsieur ÉCOLES de COMMERCE

ARGUMENTATION Fréquence ●●●●○ Difficulté ★★★★☆

DÉFINITION

Un **présupposé** est **ce qui est supposé vrai, préalablement à une action ou une démonstration (Source :** *Larousse*). Il s'agit d'une opinion que l'on suppose avant d'avoir réfléchi, d'un point de départ de la réflexion.

Les **questions de présupposé** consistent à trouver le présupposé sur lequel est fondée l'argumentation de l'auteur.

Vous devez donc identifier le **point de départ implicite** sur lequel s'appuie l'auteur dans son raisonnement.

Application ★★★☆☆ 1 min. – 3 min.

La réforme territoriale entreprise par le gouvernement est guidée par la volonté d'accroître l'efficacité de l'action publique dans les territoires, en concentrant davantage les moyens et en clarifiant les rôles de chaque niveau d'administration.

Laquelle de ces propositions est présupposée dans le texte ?

(A) Le gouvernement souhaite améliorer l'efficacité de l'action publique sur l'ensemble du territoire.
(B) L'économie française doit repartir.
(C) Les territoires ne sont pas gérés aussi bien qu'ils pourraient l'être.
(D) Le gouvernement français est en difficulté sur la scène internationale.
(E) L'activité économique est la même sur tout le territoire français.

Réponse C

Ici, le présupposé est que les territoires français ne sont pas gérés parfaitement, sinon on n'aurait pas besoin d'une réforme. **Réponse C.**

(A) Le gouvernement souhaite améliorer l'efficacité de l'action publique sur l'ensemble du territoire. **Soutient le plus.**
(B) L'économie française doit repartir. **Hors-sujet.**
(C) Les territoires ne sont pas gérés aussi bien qu'ils pourraient l'être. **Présupposé. Bonne réponse.**
(D) Le gouvernement français est en difficulté sur la scène internationale. **Hors-sujet.**
(E) L'activité économique est la même sur tout le territoire français. **Contredit.**

EXERCICES

Question 1 ★★★★☆ **1 min. – 3 min.**

Amazon est-il un lieu de travail qui maltraite ses salariés, ou un centre d'innovation qui les pousse pour qu'ils atteignent leur potentiel ? La polémique est relancée après un article du *New York Times*.

Le géant américain de la distribution en ligne mène « une expérience pour voir jusqu'où il peut pousser ses cols-blancs », concluait le quotidien ce week-end après avoir interrogé plus d'une centaine de salariés présents et passés.

Parmi les propositions suivantes, laquelle est un présupposé à cet article ?

(A) Amazon doit revoir son fonctionnement interne et offrir plus d'aménités à ses employés.

(B) Amazon a déjà eu à répondre à des critiques qui remettent en cause les conditions de travail dans l'entreprise.

(C) Amazon risque de perdre quelques clients à cause des conditions de travail trop dures imposées à ses employés.

(D) Le *New-York Times* s'est déjà attaqué aux conditions de travail au sein d'Amazon.

(E) Jeff Bezos, dirigeant d'Amazon, ne perçoit pas la frontière entre une émulation efficace et une ambiance délétère de concurrence entre les employés.

Question 2 ★★★★☆ **1 min. – 2 min.**

On ne savait pas jusqu'à quel point l'homme de Neandertal nous était proche. Récemment, une équipe internationale de scientifiques a réalisé le séquençage de son code génétique. Les premiers résultats sont étonnants. Tout d'abord, il apparaît qu'il aurait pu faire des enfants avec nous. Certains groupes humains ont des gènes qui en témoignent. Au plan intellectuel, il semble qu'il produisait un langage articulé. Mais le plus étonnant c'est que sa différence essentielle serait dans sa socialité et sa personnalité. Il se pourrait qu'il ait présenté des caractères autistiques voire schizophréniques.

Laquelle des propositions suivantes est sous-entendue par l'auteur dans ce passage ?

(A) L'homme de Neandertal a longtemps été un mystère.

(B) Le séquençage du code génétique permet de découvrir certaines caractéristiques d'une espèce.

(C) L'homme de Neandertal présente beaucoup de caractéristiques communes avec nous.

(D) L'homme de Neandertal savait sans doute parler.

(E) L'homme de Neandertal est proche de nous.

➔ **CORRIGÉ FICHE 200**

95 Soutient le plus/Correspond le plus/Le plus en adéquation

Monsieur TAGE MAGE

Monsieur ÉCOLES de COMMERCE

ARGUMENTATION Fréquence ●●●●● Difficulté ★★★☆☆

DÉFINITION

Les questions de type « **Soutient le plus** » consistent à identifier la proposition qui soutient le mieux l'argumentation de l'auteur. C'est la proposition qui va **le plus dans le sens de l'auteur, parmi celles qui vont dans son sens** (!).

ATTENTION Quand une question est posée avec les termes « soutient le plus », il y a plusieurs réponses qui soutiennent l'auteur. Il faut choisir celle qui le soutient le plus.

Une proposition qui :	Signification
Soutient le plus **Convient le mieux** **Correspond le plus** **Est la plus en adéquation**	**Confirme/Soutient** avec **conviction**, **force**, de manière **directe** et **explicite** l'avis de l'auteur ou l'argumentation développée dans le texte.

MÉTHODE DE RÉSOLUTION

Étape 1	**Isolez** les réponses qui vont **dans le sens de l'énoncé.**
Étape 2	**Choisissez**, parmi ces réponses, **la réponse la plus franche, la plus directe.**

Application ★★★☆☆ 45 sec à 1 min.

« Être seul, c'est être soi, rien d'autre. Comment serait-on autre chose ? Personne ne peut vivre à notre place ni mourir à notre place, ni souffrir à notre place, et c'est ce qu'on appelle la solitude : ce n'est qu'un autre nom pour l'effort d'exister. Personne ne viendra porter votre fardeau, personne. Si l'on peut parfois s'entraider, cela suppose l'effort solitaire de chacun, et ne saurait – sauf illusions – en tenir lieu. »

Laquelle de ces propositions soutient le plus les propos du texte ?

(A) L'entraide entre les hommes est une illusion.
(B) Tout effort se fait en solitude.
(C) La solitude est un fardeau que portent aussi les animaux.
(D) L'Homme est seul.
(E) L'entraide entre les hommes leur permet de se débarrasser de leur solitude.

Réponse B

La bonne réponse est B car c'est la réponse qui **va le plus dans le sens** des propos du texte. La réponse B est plus précise que la réponse D. **Réponse B.**

(A) L'entraide entre les hommes est une illusion. **Contredit.**

(B) Tout effort se fait en solitude. **Soutient le plus. Bonne réponse.**

(C) La solitude est un fardeau que portent aussi les animaux. **Hors-sujet.**

(D) L'Homme est seul. **Soutient.**

(E) L'entraide entre les hommes leur permet de se débarrasser de leur solitude. **Contredit.**

EXERCICE

Question 1 ★★★☆☆ **45 sec à 1 min.**

Chaque année, 60 milliards d'animaux terrestres sont tués pour notre consommation. L'élevage industriel offre au bétail des conditions de vie et de mort très contestées et les scientifiques s'accordent à dire que la production massive de viande est une catastrophe écologique pour la planète. Pourtant, quand ils en ont les moyens, la plupart des hommes continuent de manger de la viande.

Parmi les propositions suivantes, laquelle soutient le plus les propos de cet extrait ?

(A) Le nombre d'animaux tués pour l'alimentation des hommes est en augmentation constante.

(B) L'élevage respectueux de la bête et de la terre refait son apparition dans les pays industrialisés sous l'effet d'une prise de conscience collective.

(C) La plupart des hommes ont du mal à réagir aux grands problèmes du XXIe siècle car ils n'en perçoivent pas les conséquences directes sur leur vie.

(D) Malgré notre parfaite connaissance des problèmes environnementaux et éthiques qui entourent aujourd'hui la consommation de viande, seul un nombre restreint d'hommes se privent de cet aliment.

(E) L'Humanité a aujourd'hui pris conscience des enjeux éthiques et environnementaux de la consommation de viande, et les comportements alimentaires évoluent de ce fait nettement.

➔ **CORRIGÉ FICHE 200**

96 Affaiblit le plus

Monsieur TAGE MAGE

Monsieur ÉCOLES de COMMERCE

ARGUMENTATION Fréquence ●●●●○ Difficulté ★★★★★

DÉFINITION

Les **questions de type « Affaiblit le plus »** consistent à identifier la **proposition qui affaiblit l'argumentation de l'auteur**, c'est-à-dire qui permet **d'atténuer ou de nuancer** la force et le bien-fondé des propos ou des écrits de l'auteur.

ATTENTION Ne confondez pas « **S'oppose/Contredit** » et « **Affaiblit le plus** ».
Une réponse qui « **s'oppose/contredit** » va **dans le sens contraire** au texte.
Une réponse qui « **affaiblit le plus** » est souvent un élément qui **atténue l'argumentation** de l'auteur, sans la contredire.

MÉTHODE DE RÉSOLUTION

Étape 1	**Éliminez** les réponses qui sont **hors-sujet/fausses/partielles** ou du type **soutient le plus/s'oppose/contredit.**
Étape 2	**Choisissez**, parmi les réponses restantes, **la réponse qui affaiblit le plus.**

Application ★★★★☆ 1 min. – 3 min.

Tesla est un constructeur nouveau dans le paysage automobile mondial. Son fondateur, Elon Musk, souhaite justement révolutionner cette industrie. C'est pourquoi Tesla propose des voitures électriques dont les performances et la fiabilité n'avaient jusque là pas été atteintes. D'ici peu, Tesla pourrait devenir une alternative plausible aux constructeurs habituels.

Quelle proposition affaiblit le plus la thèse de l'auteur ?

(A) Elon Musk a connu des succès et des échecs en tant que serial entrepreneur.

(B) Développer un véhicule électrique performant requiert des sommes importantes d'argent.

(C) Les constructeurs concurrents investissent massivement dans le véhicule électrique.

(D) La question est de savoir si la voiture de Tesla sera bien acceptée par les consommateurs.

(E) Tesla commercialise des voitures électriques mais aucune voiture « classique ».

Réponse C

Les **réponses A, B, C et D affaiblissent les propos de l'auteur** mais **la réponse C est la meilleure réponse**. En effet, en plus d'affaiblir l'argumentation de l'auteur, les termes utilisés sont ceux du texte et il s'agit d'une suite logique à la dernière phrase.

(A) Elon Musk a connu des succès et des échecs en tant que serial entrepreneur. **Affaiblit.**

(B) Développer un véhicule électrique performant requiert des sommes importantes d'argent. **Affaiblit.**

(C) Les constructeurs concurrents investissent massivement dans le véhicule électrique. **Affaiblit le plus. Bonne réponse.**

(D) La question est de savoir si la voiture de Tesla sera bien acceptée par les consommateurs. **Affaiblit.**

(E) Tesla commercialise des voitures électriques mais aucune voiture « classique ». **Hors-sujet.**

EXERCICE

Question 1 ★★★☆☆ **1 min. – 2 min.**

La loi du plus fort, avec des pastilles de toutes les couleurs. Ce jeu en ligne, multi-joueurs et entièrement gratuit, repose sur un principe d'une simplicité folle : dans la peau d'une cellule circulaire colorée, vous devez gober les cellules plus petites, plus rapides, pour grandir, et éviter d'être absorbé par les plus grosses, plus lentes, pour survivre.

Parmi les propositions suivantes, laquelle affaiblit le plus l'extrait ci-dessus ?

(A) La vitesse de la connexion Internet est un élément à prendre en compte dans le jeu.

(B) Ce jeu en ligne consiste à se nourrir des cellules plus petites que nous, mais plus rapides, et à éviter les plus grosses.

(C) Les joueurs peuvent utiliser des codes pour débuter le jeu avec une grande cellule.

(D) Le principe de ce jeu pourrait être qualifié de cannibalisme cellulaire.

(E) L'intérêt de ce jeu réside dans sa simplicité et son aspect addictif.

CORRIGÉ FICHE 200

97 Contredit/S'oppose

Monsieur TAGE MAGE

Monsieur ÉCOLES de COMMERCE

ARGUMENTATION Fréquence ●●●●● Difficulté ★★★☆☆

DÉFINITION

Les questions de « **contradiction/d'opposition** » consistent à identifier la **proposition qui contredit ou s'oppose à l'argumentation de l'auteur.**

Situation : Il fait beau.	
Soutient le plus/Confirme/Renforce/Est le plus en adéquation	« Le temps est radieux ».
Contredit/S'oppose	« Il ne fait pas beau ».

MÉTHODE DE RÉSOLUTION

Étape 1	**Éliminez** les réponses hors-sujet, extrêmes/radicales ou qui soutiennent l'argumentation de l'auteur.
Étape 2	**Choisissez** la réponse qui **contredit/s'oppose** à l'argumentation de l'auteur.

Application ★★★★☆ **1 min. – 3 min.**

Jusqu'ici, les voitures autonomes de Google n'avaient jamais été responsables d'accident de la route, en près de six ans de circulation. Le 7 janvier, pour la première fois, une Google car s'est retrouvée en faute dans un accident mineur en Californie.

La voiture, bloquée sur la file de droite par des sacs de sable, a laissé passer plusieurs voitures sur la file de gauche avant de tenter de s'insérer dans cette file, alors qu'un bus approchait. La personne qui se trouvait dans la voiture autonome a, selon ce rapport, « *vu le bus approcher dans le rétroviseur gauche mais a cru que le bus s'arrêterait ou ralentirait pour permettre à la Google car de continuer* ».

Quelle proposition contredit les propos du paragraphe ?

(A) La Google car n'est pas une voiture fiable.
(B) La Google car est en partie responsable de l'accident.
(C) La Google car avait un conducteur à son bord.
(D) Le conducteur de la Google car est responsable de l'accident.
(E) Le conducteur du bus est responsable de l'accident.

Réponse E

L'auteur dit clairement que : « Pour la première fois, une Google car s'est retrouvée en faute dans un accident mineur en Californie ». Il est donc faux d'affirmer que c'est le conducteur du bus qui est responsable de l'accident. **Réponse E.**

(A) La Google car n'est pas une voiture fiable. **Hors-sujet.**
(B) La Google car est en partie responsable de l'accident. **Partiellement vrai.**
(C) La Google car avait un conducteur à son bord. **Vrai.**
(D) Le conducteur de la Google car est responsable de l'accident. **Vrai.**
(E) Le conducteur du bus est responsable de l'accident. **Contredit.**

EXERCICE

Question 1 ★★★★☆ **1 min. – 3 min.**

Le pétrole, selon les experts, est condamné à voir son prix tendanciellement augmenter dans les années à venir. Les autorités politiques s'en inquiètent officiellement au regard de la place tenue par les dépenses de carburant dans le budget des familles. Mais la voiture est une véritable aubaine pour les rentrées fiscales de l'État. L'automobiliste est un excellent contribuable. L'économie des pays riches repose largement sur la voiture. Quelle est la proposition qui contredit le mieux ce propos ?

(A) Les transports publics permettent de limiter l'impact de la hausse des taxes.
(B) L'État a intérêt à maîtriser l'augmentation des prix du pétrole.
(C) L'État ne prend pas de mesure pour maîtriser l'augmentation des prix du pétrole.
(D) Les gouvernements sont hypocrites au sujet du prix du carburant.
(E) Les rentrées fiscales liées au carburant ne sont pas les plus importantes dans le budget de l'État.

CORRIGÉ FICHE 200

Toutes les questions sont corrigées en vidéo dans votre espace **E-LEARNING sur www.monsieur-tage-mage.com**

TAGE MAGE® N° 1/2/3

RAISONNEMENT ET ARGUMENTATION

CONSIGNES

15 questions	20 minutes	Calculatrice interdite	Chronomètre recommandé

BARÈME

Bonne réponse : +4 points	Aucune réponse : 0 point	Mauvaise réponse : –1 point

Question 31. Depuis 2016, le nombre d'étudiants étrangers en Chine a augmenté de 6 %. Beaucoup d'entre eux espèrent pouvoir trouver du travail dans le pays à la fin de leurs études, mais se voient contraints de réviser leurs ambitions. Pour le moment, les possibilités de carrière ouvertes aux étudiants étrangers diplômés en Chine ne sont pas nombreuses à cause des contraintes administratives.

Quelle proposition soutient le plus la thèse de l'auteur ?

(A) Les étudiants chinois ont peu d'opportunités professionnelles à l'étranger.
(B) Les expatriés en Chine ont peu de chance de trouver un travail.
(C) Les étudiants étrangers ont des difficultés à s'insérer sur le marché du travail en Chine.
(D) Les expatriés chinois éprouvent des difficultés administratives pour trouver un travail.
(E) Les contraintes administratives empêchent les diplômés de trouver un travail.

Question 32. De nombreux fans suivent les grands événements sportifs de leur équipe au bureau. Bien que l'essentiel des matchs aient lieu en soirée, nombre de postes en 3 × 8 vont voir fleurir à 21 heures des smartphones plus ou moins discrets, aux dépens parfois de la sécurité. Avec tout au long de la journée, tchats sur les sites spécialisés et partages sur Facebook.

Quelle interprétation peut-on faire de l'argumentation de l'auteur ?

(A) Les compétitions sportives dégradent l'ambiance au travail entre salariés.
(B) Il faudrait supprimer les diffusions de rencontres sportives au bureau.
(C) Les salariés devraient travailler plutôt que de se divertir en regardant du sport.
(D) Les périodes d'événements sportifs sont synonymes de baisse de la productivité.
(E) La productivité est influencée par les grands tournois sportifs.

Question 33. Complétez le proverbe suivant : « La fortune vient en ... » :

(A) Travaillant.

(B) Dormant.

(C) Se levant tôt.

(D) Prenant des risquant.

(E) Prévoyant.

Question 34. Ryan et Olivier sont frères. Ryan a pour habitude de mentir mardi, vendredi, samedi et dimanche et de dire la vérité les autres jours de la semaine. Olivier ne ment que le weekend. Ryan affirme : « Olivier mentira le lendemain d'après-demain ». Olivier affirme : « Ryan a menti avant-hier. ». Quel(s) jour(s) de la semaine sommes-nous ?

(A) Mardi, jeudi ou samedi.

(B) Mardi, mercredi ou jeudi.

(C) Lundi, mardi ou samedi.

(D) Jeudi ou samedi.

(E) Lundi, mardi, mercredi ou jeudi.

Question 35. Les conséquences d'un départ du Royaume-Uni de l'Union Européenne apparaissent de prime abord négatives pour la France, et plus incertaines à moyen-terme dans leurs éventuels bienfaits. La France ferait partie des six pays les plus touchés par un Brexit couplé à l'absence d'accord ultérieur de libre-échange conclu avec l'Union Européenne. En effet, le commerce extérieur hexagonal avec le Royaume-Uni est actuellement bénéficiaire. Les entreprises françaises pourraient enregistrer jusqu'à 3,5 milliards d'euros de pertes additionnelles à l'export d'ici 2020 dans le pire des cas, soit 0,6 % du total des exportations de biens et services.

Parmi les propositions suivantes, laquelle est le meilleur résumé de ce paragraphe ?

(A) L'Union Européenne n'a pas d'intérêt à ce que le Royaume-Uni quitte l'UE.

(B) Le Royaume-Uni n'a aucun intérêt à quitter l'UE sur le plan économique.

(C) La France serait perdante sur le plan économique mais gagnante sur le plan politique en cas de Brexit.

(D) Une majorité des pays de l'UE n'est pas favorable à un Brexit.

(E) La France serait perdante économiquement en cas de Brexit.

Question 36. C'est un secteur qui ne connaît pas la crise. Il faut dire qu'il est tout neuf, la libéralisation du marché des autocars. Depuis 2015, les compagnies d'autocars sont autorisées à transporter des voyageurs d'une ville française à une autre et elles ne s'en privent pas.

L'ARAFER, l'autorité de régulation des activités ferroviaires et routières, recensait 188 lignes nationales créées à la fin mars. Et encore 174 déclarations de projets de liaisons de moins de 100 km en juin dernier.

Quelle proposition soutient le plus le texte ?

(A) Le secteur des autocars est un secteur d'activité économique en plein essor.
(B) De plus en plus de passagers sont transportés par autocars au détriment du train.
(C) Les autocars sont les moyens de transport les plus économiques.
(D) Voyager en autocar entre toutes les grandes et moyennes villes en France sera possible.
(E) Les autocars sont le moyen de transports de l'avenir.

Question 37. Parmi la série de mots ci-dessous, quel est l'intrus ?

Manager – Messager – Mouiller – Malaxer – Marcher

(A) Manager
(B) Messager
(C) Mouiller
(D) Malaxer
(E) Marcher

Question 38. Julie a réussi ses concours et a intégré l'école de commerce de ses rêves. À présent, elle doit donc choisir ses cours pour la rentrée :

- Elle ne choisit pas Négociation internationale,
- Si elle ne choisit pas Anglais, alors elle choisit Espagnol,
- Si elle choisit Anglais alors elle choisit Mathématiques,
- Si elle choisit Espagnol, alors elle choisit Négociation internationale.

Parmi les propositions ci-dessous, laquelle est vraie ?

1. Julie choisit 2 matières.
2. Julie choisit soit 2 matières, soit 3 matières.
3. Julie choisit Anglais et Mathématiques.
4. Julie choisit Espagnol et Mathématiques.

(A) Uniquement 1
(B) Uniquement 3
(C) 2 + 4
(D) 1 + 3
(E) 1 + 4

Question 39. Albert, Bob, Daniel et Tom comptent leurs billes. Albert et Bob ont 1 bille d'écart. Bob et Daniel ont 2 billes d'écart. Daniel et Tom ont 3 billes d'écart. Tom et Albert ont 4 billes d'écart. Laquelle des affirmations suivantes est impossible ?

(A) Bob est celui qui a le moins de billes.
(B) Albert est celui qui a le plus de billes.
(C) Tom est celui qui a le plus de billes.
(D) Daniel n'est pas celui qui a le plus de billes.
(E) Daniel et Tom n'ont pas le même nombre de billes.

Question 40. Les pastilles de couleur en fonction du niveau de pollution des véhicules s'appliqueront à Paris à partir du mois prochain. L'objectif est de repérer les voitures les plus polluantes.

Les pastilles seront de 6 couleurs différentes, du vert pour les voitures électriques au gris pour les diesels de 15 ans et plus. Elles feront leur apparition sur les pare-brises dès le 1er juillet à Paris. C'est la Ministre de l'Environnement qui l'a confirmé lors d'une conférence de presse commune avec la maire de Paris.

Parmi les propositions suivantes, laquelle contredit le texte ?

(A) La Mairie de Paris a pour objectif de lutter contre la pollution.
(B) La lutte contre la pollution est un enjeu prioritaire pour le Ministère de l'Environnement.
(C) La lutte contre la pollution vise principalement le parc automobile.
(D) Les voitures diesel de 15 ans et plus n'auront plus le droit de circuler.
(E) Aucune de ces réponses ne convient.

Question 41. Devenu discret depuis son conflit avec la Commission Européenne sur fond d'abus de position dominante dans les années 2000 et après quelques choix stratégiques plutôt hasardeux comme son incursion dans le hardware et l'intégration chaotique de Nokia, Microsoft vient brusquement de se rappeler au bon souvenir des autres géants du numérique (Google, Apple, Facebook et Amazon) avec le rachat de LinkedIn, le premier réseau social professionnel au monde. Ce n'est pas tant le montant colossal de la transaction – 26 milliards de dollars – qui doit surprendre que son caractère inattendu et spectaculaire.

Parmi les propositions suivantes, laquelle est présupposée dans le texte ?

(A) Les marchés boursiers ont bien accueilli le rachat de LinkedIn par Microsoft.
(B) Malgré quelques déboires avec les instances politiques, Microsoft prospère.
(C) Microsoft est en train de devenir une entreprise aussi importante que Google.
(D) Microsoft était en déclin dans les années 2000.
(E) Les géants du numérique sont tous situés aux États-Unis.

Question 42. Qui peut-être la grand-tante de la grand-mère de la sœur du fils du petit-fils du père de mon frère ?

(A) Ma tante
(B) Ma nièce
(C) Ma grand-mère
(D) Ma sœur
(E) Ma mère

Question 43. Assis seul sur un banc, Kevin fait face à quatre commerces différents. Il remarque que de son point de vue, un café se trouve juste à droite du snack. Il remarque également que le tabac se situe à gauche du restaurant bien que ces deux commerces ne soient pas côte à côte. Il décide alors de se rendre au restaurant pour déjeuner.

Quelle proposition est forcément vraie ?

(A) Quand Kevin sortira du restaurant, le café sera immédiatement sur sa droite.
(B) Attablé au restaurant, Kevin se trouve entre le tabac et le café.
(C) Si Kevin souhaite se rendre au tabac en sortant du restaurant, il devra se diriger sur sa gauche.
(D) Attablé au restaurant, Kevin se trouve entre le snack et le café.
(E) Le restaurant et le snack sont côte à côte.

Question 44. Philadelphie est devenue la première grande ville américaine à voter une taxe sur les sodas et boissons sucrées, à l'issue de plusieurs mois de bras de fer avec le lobby de cette industrie multi-milliardaire. La taxe sera de 0,51 dollar (0,45 euro) par litre de soda et autres boissons sucrées, y compris celles basses en calories, à l'exception de celles composées d'au moins 50 % de lait ou de fruits frais.

Parmi les propositions suivantes, laquelle est sous-entendue dans le texte ?

(A) Philadelphie a des problèmes financiers.
(B) Les sodas sont moins chers que l'eau à Philadelphie.
(C) Les habitants de Philadelphie ont des problèmes de santé.
(D) La taxe sur les sodas est due à l'initiative des lobbys.
(E) Philadelphie souhaite favoriser le lait plutôt que les sodas.

Question 45. « Laconique » est à (...) ce que (...) est à « Ambigu ».

(A)	Frisé	Chauve
(B)	Concis	Similaire
(C)	Différent	Semblable
(D)	Court	Incomparable
(E)	Succinct	Équivoque

3 CORRIGÉ « RAISONNEMENT ET ARGUMENTATION »

Difficulté	NORMAL														
Question	31	32	33	34	35	36	37	38	39	40	41	42	43	44	45
Réponse	C	D	B	A	E	A	B	D	B	D	D	C	A	C	E

Question 31 Réponse C ★★☆☆☆ 45 sec. – 3 min. Fiche 95

(A) Les étudiants chinois ont peu d'opportunités professionnelles à l'étranger. **Contre-sens.**

(B) Les expatriés en Chine ont peu de chance de trouver un travail. **Réponse fausse.**

(C) Les étudiants étrangers ont des difficultés à s'insérer sur le marché du travail en Chine. **Soutient le plus. Bonne réponse.**

(D) Les expatriés chinois éprouvent des difficultés administratives pour trouver un travail. **Hors-sujet.**

(E) Les contraintes administratives empêchent les diplômés de trouver un travail. **Réponse fausse.**

Bonne réponse : C. En effet, le paragraphe aborde le thème de l'insertion sur le marché du travail chinois des étudiants étrangers.

Hésitations possibles : B et E. La réponse B est fausse. Il ne s'agit pas des expatriés (toute catégorie d'âge) mais des étrangers diplômés en Chine (catégorie d'âge jeune).
La réponse E est fausse. Il ne s'agit pas de tous les diplômés mais uniquement des diplômés étrangers (pas chinois).

Autres réponses : A et D. Les réponses A et D sont fausses. Le texte n'aborde pas le sort des expatriés chinois ou des étudiants chinois.

Question 32 Réponse D ★★★★☆ 45 sec. – 3 min. Fiche 96

(A) Les compétitions sportives dégradent l'ambiance au travail entre salariés. **Hors-Sujet.**

(B) Il faudrait supprimer les diffusions de rencontres sportives au bureau. **Réponse extrême.**

(C) Les salariés devraient travailler plutôt que de se divertir en regardant du sport. **Jugement de valeur.**

(D) Les périodes d'événements sportifs sont synonymes de baisse de la productivité. **Bonne interprétation. Bonne réponse.**

(E) La productivité est influencée par les grands tournois sportifs. **Mauvaise interprétation.**

Bonne réponse : D. En indiquant que les salariés sont régulièrement sur leur smartphone durant les événements sportifs et sur des chats spécialisés, on peut interpréter le fait qu'il y a une baisse de la productivité des salariés durant les périodes d'événements sportifs.

Hésitation possible : E. Affirmer que la « Productivité » est influencée par « Les grands tournois sportifs » sous-entend qu'il y a un lien direct entre la productivité des salariés et l'importance d'un événement sportif ou les résultats d'une équipe lors d'un événement sportif. Le lien de causalité est trop direct et explicite dans ce cas. Enfin, d'un point de vue stylistique, la réponse D est plus élégante.

Autres réponses : A, B et C. La réponse A est hors-sujet. Le texte n'aborde pas la question de l'ambiance au travail. La réponse B est une réponse extrême. Le texte n'aborde pas les solutions envisagées. La réponse C est fausse car il s'agit d'un jugement de valeur.

Question 33	Réponse B	★★★☆☆	30 sec. – 2 min.	Fiche 91

« La fortune vient en dormant » signifie qu'une personne devient riche sans rien faire. Pour s'enrichir, le meilleur moyen serait de ne rien faire, en attendant un heureux coup du sort, ou en laissant son argent travailler. **Réponse B.**

Question 34	Réponse A	★★★★☆	30 sec. – 2 min.	Fiche 75

Étape 1 Réalisons un tableau de la semaine.

	Lundi	Mardi	Mercredi	Jeudi	Vendredi	Samedi	Dimanche
Ryan	V	M	V	V	M	M	M
Olivier	V	V	V	V	V	M	M

Étape 2 Testons chaque jour de la semaine pour Ryan.

Le Lundi, Ryan dit la vérité. On s'attend donc à ce que dans 3 jours (jeudi), Olivier mente vraiment. Or, ce n'est pas le cas. Donc on ne peut pas être lundi.

Le mardi, Ryan ment. On s'attend donc à ce que dans 3 jours (vendredi), Olivier ne mente pas. C'est bien le cas, il est donc possible que l'on soit mardi.

On répète le raisonnement et on trouve que : mardi, mercredi, jeudi, vendredi, samedi et dimanche sont possibles pour Ryan.

Étape 3 Testons chaque jour de la semaine pour Olivier.

On ne teste pas le lundi (éliminé).

Le mardi, Olivier dit la vérité. On s'attend donc à ce que 2 jours avant (dimanche), Ryan mente vraiment. C'est bien le cas, il est donc possible que l'on soit mardi.

Le mercredi, Olivier dit la vérité. On s'attend donc à ce que 2 jours avant (lundi), Ryan mente vraiment. Or, ce n'est pas le cas. Donc on ne peut pas être mercredi.

On répète le raisonnement et on trouve que : mardi, jeudi et samedi sont possibles pour Olivier.

Étape 3 Concluons.

Avec les affirmations de Ryan et Olivier, les jours de la semaine possibles sont **mardi, jeudi ou samedi. Réponse A.**

Question 35	Réponse E	★★☆☆☆	45 sec. – 3 min.	Fiche 93

(A) L'Union Européenne n'a pas d'intérêt à ce que le Royaume-Uni quitte l'UE. **Réponse fausse.**

(B) Le Royaume-Uni n'a aucun intérêt à quitter l'UE sur le plan économique. **Hors-sujet.**

(C) La France serait perdante sur le plan économique mais gagnante sur le plan politique en cas de Brexit. **Hors-sujet.**

(D) Une majorité des pays de l'UE n'est pas favorable à un Brexit. **Réponse fausse.**

(E) La France serait perdante économiquement en cas de Brexit. **Résumé. Bonne réponse.**

Bonne réponse : E. Le texte aborde bien les pertes économiques subies par la France.

Hésitations possibles : A et B. La réponse A est fausse car le texte n'aborde pas les intérêts de l'UE. La réponse B est fausse car aucun élément ne mentionne le Royaume-Uni sur le plan économique. Seule la France et 5 autres pays sont abordés.

Autres réponses : C et D. La réponse C est hors-sujet. Le plan politique n'est pas abordé. La réponse D est fausse. Nous n'avons aucun élément sur les avis des pays de l'UE.

Question 36	Réponse A	★★☆☆☆	45 sec. – 3 min.	Fiche 95

(A) Le secteur des autocars est un secteur d'activité économique en plein essor. **Soutient le plus. Bonne réponse.**

(B) De plus en plus de passagers sont transportés par autocars au détriment du train. **Hors-sujet.**

(C) Les autocars sont les moyens de transport les plus économiques. **Hors-sujet.**

(D) Voyager en autocar entre toutes les grandes et moyennes villes en France sera possible. **Réponse fausse et radicale.**

(E) Les autocars sont le moyen de transport de l'avenir. **Réponse fausse.**

Bonne réponse : A. Le texte confirme en effet que le secteur est en plein développement avec l'ouverture d'un grand nombre de lignes depuis 2015.

Hésitations possibles : B et E. La réponse B est hors-sujet. Aucune comparaison avec le train n'est effectuée. Il s'agit d'une interprétation du texte. La réponse E est fausse. Ce n'est pas parce que les autocars sont de plus en plus nombreux qu'il s'agit du moyen de transport du futur. Qu'en est-il de l'aviation ? de l'automobile ? etc.

Autres réponses : C et D. La réponse C est hors-sujet. Aucune information n'est donnée dans le texte. La réponse D est une réponse fausse et radicale avec le terme « Toutes ». On ne sait pas s'il s'agit de toutes les moyennes et grandes villes de France.

Question 37	Réponse B	★★☆☆☆	30 sec. – 2 min.	Fiche 84

- **Rappel de cours** Les 2 principaux types de critères pour trouver un intrus sont **le fond** (= sens des mots / champ lexical) ou **la forme** (= position des lettres, nombres de lettres, nature du mot, genre du mot, etc.).

L'intrus est « Messager » car c'est un **nom commun**. Les autres mots sont des **verbes**. **Réponse B.**

Question 38	Réponse D	★★★☆☆	30 sec. – 2 min.	Fiche 73

- **Rappel de cours** $A \rightarrow B \Leftrightarrow \overline{B} \rightarrow \overline{A}$

Étape 1 **Établissons les logiques formelles (A = elle choisit Anglais ; $\overline{A}$ = elle ne choisit pas).**

$\overline{NI}$ **(1)**

$\overline{A} \rightarrow E$ **(2)** $\Leftrightarrow \overline{E} \rightarrow A$

$A \rightarrow M$ **(3)** $\Leftrightarrow \overline{M} \rightarrow \overline{A}$

$E \rightarrow NI$ **(4)** $\Leftrightarrow \overline{NI} \rightarrow \overline{E}$

Étape 2 **Interprétons les logiques formelles.**

On sait qu'elle ne choisit pas négociation internationale, donc on a :

$$\overline{NI}\ \mathbf{(1)} \rightarrow \overline{E}\ \mathbf{(4)} \rightarrow A\ \mathbf{(2)} \rightarrow M\ \mathbf{(3)}$$

Donc, Julie a choisi 2 matières (Anglais et Mathématiques). **Réponse D : 1 + 3.**

Question 39	Réponse B	★★★★★	45 sec – 3 min.	Fiche 80

Étape 1 **Plaçons les individus par rapport à Albert.**

Tout d'abord, on sait que Bob a 1 bille d'écart avec Albert. Mais on ne sait pas si c'est en plus ou en moins. Donc, si Albert occupe la case 0, Bob occupe la case + 1 ou – 1

–6	–5	–4	–3	–2	–1	0	+ 1	+ 2	+ 3	+ 4	+ 5	+ 6
						A						
					B		B					

Ensuite, Daniel a 2 billes d'écart avec Bob. **Attention :** Il faut prendre en compte les 2 placements possibles pour Bob et les 2 placements possibles à chaque fois pour Daniel.

–6	–5	–4	–3	–2	–1	0	+ 1	+ 2	+ 3	+ 4	+ 5	+ 6
						A						
					B		B					
			D		D		D		D			

Enfin, en appliquant le même raisonnement pour placer Tom, on obtient :

−6	−5	−4	−3	−2	−1	0	+ 1	+ 2	+ 3	+ 4	+ 5	+ 6
						A						
					B		B					
			D		D		D		D			
T		T		T		T		T		T		T

Étape 2 Vérifions le(s) cas qui vérifie(nt) l'affirmation Tom et Albert ont 4 billes d'écart.

Si Albert est en 0 et que Tom a 4 billes d'écart, alors Tom est en 4 ou en -4.
Si Tom est en 4 ou en -4, alors Daniel est en -1 ou en 1 (« D et T ont 3 billes d'écart »).
2 scénarios sont donc possibles : Si D est en 1, alors B est en -1 et si D est en -1 alors B est en 1. Les **2 ordres possibles** sont donc : **T – D – A – B** ou **B – A – D – T.**
Attention : Les ordres **T – B – A – D** ou **D – A – B – T** ne respectent pas le fait que Daniel et Tom ont 3 billes d'écart.

Étape 3 Concluons.
Dans les 2 cas, **Albert n'est jamais celui qui a le plus de billes. Réponse B.**
En revanche, il est possible que Bob soit celui qui ait le moins de billes, Tom soit celui qui en ait le plus, que Daniel ne soit pas celui qui en ait le plus et que Daniel et Tom n'aient pas autant de billes chacun.

Question 40 Réponse D ★★☆☆☆ **45 sec. – 3 min.** **Fiche 97**

(A) La Mairie de Paris a pour objectif de lutter contre la pollution. **Soutient le texte.**
(B) La lutte contre la pollution est un enjeu prioritaire pour le Ministère de l'Environnement. **Soutient le texte.**
(C) La lutte contre la pollution vise principalement le parc automobile. **Soutient le texte.**
(D) Les voitures diesel de 15 ans et plus n'auront plus le droit de circuler. **Contredit. Bonne réponse.**
(E) Aucune de ces réponses ne convient. **Réponse fausse.**

Bonne réponse : D. Les voitures diesel de 15 ans et plus pourront rouler avec une pastille grise selon le texte. Donc, contradiction avec la réponse D.

Autres réponses : A, B, C et E. Les réponses A, B et C vont dans le sens du texte. La réponse E est fausse car la bonne réponse est D.

Question 41	Réponse D	★★★☆☆	45 sec. – 3 min.	Fiche 94

(A) Les marchés boursiers ont bien accueilli le rachat de LinkedIn par Microsoft. **Hors-sujet.**

(B) Malgré quelques déboires avec les instances politiques, Microsoft prospère. **Résumé.**

(C) Microsoft est en train de devenir une entreprise aussi importante que Google. **Interprétation.**

(D) Microsoft était en déclin dans les années 2000. **Présupposé. Bonne réponse.**

(E) Les géants du numériques sont tous situés aux États-Unis. **Hors-sujet.**

Bonne réponse : D. Des « Choix stratégiques hasardeux », une « Intégration chaotique » et la phrase « Vient brusquement de se rappeler au bon souvenir des géants du numérique » présuppose que Microsoft était en déclin dans les années 2000.

Hésitations possibles : A et E. Aucune information n'est donnée sur la réaction des marchés hormis le fait qu'ils soient surpris (réponse A). La réponse E est une interprétation de votre part à partir de vos connaissances. Aucune information du texte ne mentionne la nationalité des entreprises.

Autres réponses : B et C. La réponse B est un résumé du texte. La réponse C est une interprétation de votre part.

Question 42	Réponse C	★★★☆☆	30 sec. – 2 min.	Fiche 77

- **Astuce** Raisonnez par ligne de génération. Chaque ligne au-dessus de la personne de référence (souvent vous) correspond à +1. Chaque ligne en dessous correspond à –1. La somme vous donnera la ligne de génération du résultat.

Calculons la ligne de génération finale et concluons.

La grand-mère (+2) de la grand-tante (+2) de la sœur (+0) du fils (–1) du petit-fils (–2) du père (+1) de mon frère (+0) = $2 + 2 + 0 - 1 - 2 + 1 + 0 = +2$. Ainsi, la bonne réponse est sur la ligne de génération +2.

La seule réponse sur la ligne de génération +2 est « Ma grand-mère » (+2). **Réponse C.**

Question 43	Réponse A	★★★★★	1 min. – 3 min.	Fiche 78

Étape 1 Plaçons les éléments grâce aux informations de l'énoncé.

Pour que le snack et le café (le snack à droite du café) soient côte à côte sachant que le tabac et le restaurant ne sont pas côte à côte, il faut que le snack et le café soient au centre. En effet, s'ils étaient côte à côte à gauche ou à droite, cela impliquerait que le tabac et le restaurant soient également côte à côte.

Kevin observe donc que le tabac est à l'extrémité gauche, le restaurant à l'extrémité droite et les deux autres commerces les séparent.

On a donc :

Tabac	Snack	Café	Restaurant

Étape 2 **Concluons.**

Donc, quand Kevin sortira du restaurant, le café se trouvera immédiatement à sa droite. Attention à bien penser à inverser les positions : le café est à gauche du restaurant, donc en sortant du restaurant il faut aller à droite. **Réponse A.**

Question 44 Réponse C ★★★☆☆ 45 sec. – 2 min. Fiche 94

(A) Philadelphie a des problèmes financiers. **Hors-sujet.**
(B) Les sodas sont moins chers que l'eau à Philadelphie. **Interprétation.**
(C) Les habitants de Philadelphie ont des problèmes de santé. **Sous-entendu. Bonne réponse.**
(D) La taxe sur les sodas est due à l'initiative des lobbys. **Réponse fausse.**
(E) Philadelphie souhaite favoriser le lait plutôt que les sodas. **Réponse fausse.**

Bonne réponse : C. En augmentant le prix des sodas (boissons sucrées), la ville de Philadelphie souhaite très probablement lutter contre l'obésité. C'est le sous-entendu le plus probable à partir de ce texte.

Hésitations possibles : A, B et E. La réponse A est une interprétation hâtive du texte. Le lien entre la taxe sur les sodas et les déficits publics est trop incertain. La réponse B est fausse. Aucune information sur le prix de l'eau n'est donné à Philadelphie. Il s'agit d'une interprétation / supposition de votre part. La réponse E n'est pas sous-entendue et est écrite dans la dernière phrase du paragraphe.

Autre réponse : D. Les lobbys ont lutté contre cette taxe. Ils ne sont donc pas à l'origine de celle-ci.

Question 45 Réponse E ★★★☆☆ 30 sec. – 1 min. Fiche 86

« **Laconique** » est à « **Succinct** » ce que « **Équivoque** » est à « **Ambigu** ».

« **Succinct** » est **synonyme** de « **Laconique** ». Ces mots signifient qu'un message est exprimé en peu de mots. « **Ambigu** » est **synonyme** de « **Équivoque** ». Ces mots signifient qu'un message peut avoir plusieurs interprétations. **Réponse E.**

TAGE MAGE® N° 2

3 RAISONNEMENT ET ARGUMENTATION

CONSIGNES

15 questions	20 minutes	Calculatrice interdite	Chronomètre recommandé

BARÈME

Bonne réponse : +4 points	Aucune réponse : 0 point	Mauvaise réponse : –1 point

Question 31. Un groupe de 6 amis va au ski. Chaque personne a le même équipement et les mêmes vêtements. Un matin, Anne décide d'aller skier plus tôt que les autres. Afin de ne pas réveiller ses amis, elle n'allume pas la lumière pour se préparer. Sachant que tous les gants sont rangés dans le même tiroir, combien doit-elle tirer de gants au minimum pour être sûre d'avoir une paire de gants utilisable ?

(A) 2
(B) 3
(C) 6
(D) 7
(E) 12

Question 32. Que signifie le proverbe « Faute de grives, on mange des merles » ?

(A) Les meilleurs repas sont les moins copieux.
(B) C'est avec le moins que l'on fait le plus.
(C) Qui peut le plus peut le moins.
(D) En visant la Lune, on atterrit dans les étoiles.
(E) Il faut se contenter de ce que l'on a.

Question 33. Quel est le proverbe dont le sens se rapproche le plus du proverbe « Paris ne s'est pas fait en un jour » ?

(A) « Tous les chemins mènent à Rome »
(B) « Petit à petit, l'oiseau fait son nid »
(C) « L'enfer est pavé de bonnes intentions »
(D) « Un tiens vaut mieux que deux tu l'auras »
(E) « Lâcher la proie pour l'ombre »

Question 34. L'issue du référendum sur le Brexit en Grande-Bretagne reste incertaine. Impossible pour le moment de déterminer un favori entre les pros et les anti-européens alors que les sondages prédisent un résultat très serré. Face à cette incertitude, les expatriés s'inquiètent et notamment les quelque 350 000 Français qui vivent dans le pays.

Parmi les propositions suivantes, laquelle serait la meilleure conclusion ?

(A) Les Français doivent donc attendre l'issue du vote pour en savoir davantage.

(B) Les Français ont raison de s'inquiéter étant donné que le résultat est incertain.

(C) Les Français sont d'autant plus inquiets qu'ils ne peuvent pas prendre part au vote.

(D) Les Français surestiment leur inquiétude.

(E) Les Anglais devraient être plus inquiets que les Français quant à l'issue de ce référendum.

Question 35. Le PIB (Produit Intérieur Brut) de la Californie a dépassé celui de la France en 2017. Si cet État de la côte sud-ouest des États-Unis ne compte que 40 millions d'habitants et est un tiers plus petit que la France, il a engendré des richesses pour un total de 2 500 milliards de dollars en 2017. Sans être un pays, la Californie pourrait donc se placer 6e du classement des économies les plus puissantes du monde après les États-Unis, la Chine, le Japon, l'Allemagne et le Royaume-Uni. Et dépasserait ainsi la France et son PIB de 2 423 milliards de dollars en 2017.

Quelle proposition est la plus en adéquation avec les propos du texte ?

(A) La richesse par habitant est plus importante en Californie qu'en France.

(B) La Californie est en passe de devenir la 5e puissance économique mondiale.

(C) Les indicateurs économiques de la Californie sont au beau fixe.

(D) La Californie n'est pas un réel État mais a un poids économique d'ordre mondial.

(E) La Californie est plus riche que la France.

Question 36. Charlotte est née le 28 février 2015. Elle est plus âgée que Martin d'un an et deux jours. Quel jour est né Martin ?

(A) 28 février 2016.

(B) 29 février 2016.

(C) 1er mars 2016.

(D) 2 mars 2014.

(E) 2 mars 2016.

Question 37. Le néolibéralisme est un mouvement divisé, mais il a au moins deux invariants : la défense de l'économie de marché et la réduction du périmètre d'intervention de l'État.

« Néolibéralisme » est l'une de ces étiquettes trompeusement transparentes. En apparence, tout est pourtant si simple avec ce petit « néo » indiquant une nouveauté par rapport au libéralisme classique. En gros, le libéralisme serait une doctrine qui, depuis le XVIIe siècle, veut promouvoir partout la liberté – droits fondamentaux, tolérance, libre marché – en bridant le pouvoir arbitraire de l'État. Par contraste, le néolibéralisme contemporain serait une forme d'extrémisme : centré sur la seule économie, attaché à promouvoir partout le libre marché et la concurrence, il serait porteur d'un antiétatisme beaucoup plus dogmatique.

Quelle proposition soutient le plus les propos du texte ?

(A) Le libéralisme critique les pratiques des États.
(B) Le libre marché est difficilement compatible avec un État fort.
(C) Le libéralisme du XVIIe siècle est moins radical que le néolibéralisme.
(D) Le libéralisme est opposé à l'État.
(E) Le libéralisme est un courant de pensée moins extrême que le néolibéralisme.

Question 38. Louis XVI n'a que 20 ans lorsqu'il succède à son grand-père. Il se retrouve face à une situation difficile : désordre financier, révoltes des privilégiés avec à leur tête la noblesse de robe des parlements et discrédit de la couronne. Louis XV a été enterré de nuit pour éviter des hostilités. Pourtant, en 1774, le royaume accueille avec enthousiasme le nouveau règne. Malgré de bonnes intentions, cet homme doux et affectueux manque cruellement de courage pour soutenir les réformes de ses ministres et tenir tête aux privilégiés.

Parmi les propositions suivantes, laquelle serait la meilleure conclusion ?

(A) En effet, le fils de Louis XV aurait été plus qualifié pour gérer la situation.
(B) En définitive, Louis XVI n'aura eu aucun impact sur la Révolution à venir.
(C) En un mot, Louis XVI n'est pas l'homme de la situation.
(D) Par conséquent, le pouvoir a été confié à des nobles de la Cour.
(E) Bref, le royaume cédera sa place à une République.

Question 39. Claude a cinq sœurs. La famille comprend en tout 8 personnes, y compris les parents, Edith et Alioune.

Quelle conclusion peut être tirée avec certitude quant à cette famille ?

(A) Il n'y a pas d'homme dans cette famille.
(B) Il y a 6 femmes et 2 hommes dans la famille.
(C) Il n'y a aucun enfant mâle.
(D) Il y 4 sœurs et 2 frères.
(E) Aucune des conclusions proposées ci-dessus n'est certaine.

Question 40. Le XVe et le XVIe siècle sont une période de transition entre le Moyen Âge et les Temps Modernes. Cette période, appelée Renaissance est caractérisée par une série de changements politiques, économiques, sociaux et intellectuels. À cette époque apparaît par exemple le mouvement humaniste : une philosophie qui place l'être humain et les valeurs humaines au centre de la pensée. L'humanisme se caractérise par un retour aux textes antiques, et par la modification des modèles de vie, d'écriture et de pensée.

Parmi les propositions suivantes, laquelle est le meilleur résumé de ce paragraphe ?

(A) La Renaissance est une période de transition vers la modernité et le développement économique.

(B) L'humanisme est un courant de pensée qui apparaît au XVe et XVIe siècle en opposition à la religion.

(C) L'humanisme est un courant de pensée ancestral qui puise ses sources de réflexion à l'époque Antique.

(D) À partir du XVe siècle, de nouveaux courants de pensées provoquent des changements profonds de la société.

(E) L'humanisme est un courant de pensée apparu à la Renaissance qui prône des changements économiques.

Question 41. En octobre prochain, on comptera 5 lundis dont 3 ont des dates qui sont des nombres premiers. Quel(s) jour(s) tombe(nt) le 23 de ce mois ?

(A) Dimanche ou mardi

(B) Mardi

(C) Dimanche

(D) Samedi ou lundi

(E) Lundi

Question 42. Comment lutter contre la crise du logement qui affecte une grande ville comme Auckland, où vivent 30 % des Néo-Zélandais et où les prix de l'immobilier ont flambé depuis quelques années ? Pour remédier à ce problème récurrent de logement dans la principale ville du pays, le gouvernement néo-zélandais tente une nouvelle approche : proposer une prime à ceux qui acceptent de déménager. Depuis 2016, une prime équivalente à 3 000 euros est proposée à chaque habitant d'Auckland qui acceptera de quitter la ville.

Quelle proposition soutient le plus les propos du texte ?

(A) Le gouvernement néo-zélandais souhaite lutter contre le mal-logement à Auckland.

(B) Le gouvernement accorde une prime financière pour lutter contre la hausse des prix immobiliers à Auckland.

(C) Les Néo-Zélandais qui habitent Auckland ont vu la valeur de leur patrimoine fortement augmenter ces dernières années.

(D) De nombreux Néo-Zélandais n'ont plus les moyens financiers de se loger à Auckland.

(E) Un exode citadin se produit actuellement en Nouvelle-Zélande du fait de la hausse des prix de l'immobilier à Auckland.

Question 43. Parmi la série de mots ci-dessous, quel est l'intrus ?

Pelle – Toit – Marteau – Râteau – Tournevis

(A) Pelle
(B) Toit
(C) Marteau
(D) Râteau
(E) Tournevis

Question 44. Dans une maternité, une infirmière se place derrière 3 enfants assis côte à côte pour les surveiller. Elle fait les observations suivantes. L'enfant à la couche verte est à gauche de l'enfant à la couche blanche. L'enfant blond est à droite de l'enfant à la couche rouge. L'enfant à la couche blanche est à droite du blond. Le brun est à gauche du roux.

Qui porte la couche blanche ?

(A) Le brun.
(B) Le roux.
(C) Le blond.
(D) On ne peut pas savoir.
(E) Le brun ou le roux.

Question 45. Dans une Accorderie, on échange des services, mais pas d'argent. L'unité de compte, c'est l'heure. Valoriser et échanger des services en heures plutôt qu'en monnaie : cette idée est apparue pour la première fois au Japon dans les années 1970, au sein des Fureai Kippu, des réseaux d'entraide dédiés notamment aux échanges de soins aux personnes âgées. Mais c'est surtout par l'intermédiaire des time dollars états-uniens qu'elle s'est diffusée à l'échelle internationale à partir des années 1990. On compte aujourd'hui dans le monde quelque 1 700 dispositifs fondés sur la monnaie-temps. Dans la grande majorité des cas, ils s'adressent exclusivement aux particuliers et opèrent à une échelle purement locale.

Parmi les propositions suivantes, laquelle contredit le texte ?

(A) Les Japonais sont les pionniers en matière d'innovation sociale.
(B) Sans le dollar, aucun dispositif fondé sur la monnaie-temps n'aurait pu voir le jour.
(C) Les systèmes d'entraide fondé sur le temps ont connu un succès planétaire ces dernières décennies.
(D) Les systèmes d'entraide sont majoritairement utilisés par des particuliers à destination des personnes âgées.
(E) Les Accorderies ont le potentiel pour remplacer les banques à terme.

3 CORRIGÉ « RAISONNEMENT ET ARGUMENTATION »

Difficulté	NORMAL														
Question	31	32	33	34	35	36	37	38	39	40	41	42	43	44	45
Réponse	D	E	B	A	D	C	A	C	E	D	C	B	B	B	B

Question 31 — Réponse D ★★★☆☆ 30 sec. – 2 min. Fiche 81

Étape 1 Adoptons le comportement du malchanceux.

Imaginez le pire tirage possible vis à vis de l'objectif d'Anne qui est d'obtenir une paire de gants utilisable, c'est-à-dire un gant gauche et un gant droit.

Il y a 6 amis, soit 6 gants gauches et 6 gants droits.

Dans le pire cas, Anne prendrait 6 gants de la même main (par exemple, main gauche) lors de ses 6 premiers tirages. Après 6 tirages, elle n'a toujours pas de paire de gants exploitable.

Étape 2 Calculons le nombre de tirages correspondant à cette éventualité malchanceuse.

Donc, Anne devra tirer 6 gants + 1, soit **7 gants** pour être sûre à 100 % d'avoir une paire de gants complète. En effet, au 7e tirage elle aura forcément au moins 1 gant gauche et 1 gant droit. **Réponse D.**

Question 32 — Réponse E ★★★☆☆ 30 sec. – 2 min. Fiche 91

La signification du proverbe « **Faute de grives, on mange des merles** » est qu'il faut savoir se contenter de ce que l'on a. **Réponse E.**

Question 33 — Réponse B ★★★☆☆ 30 sec. – 2 min. Fiche 91

Le proverbe : « **Paris ne s'est pas fait en un jour** » signifie qu'il faut laisser le temps aux choses de se faire. C'est un éloge de la patience. Parmi les proverbes proposés, « **Petit à petit, l'oiseau fait son nid** » est celui qui s'en rapproche le plus.

Ces deux proverbes signifient qu'il faut de la patience pour accomplir un grand projet. **Réponse B.**

« **Tous les chemins mènent à Rome** » : Il existe de multiples moyens d'atteindre son but.

« **L'enfer est pavé de bonnes intentions** » : Ce n'est pas parce que l'intention est bonne, que le résultat le sera forcément.

« **Un tiens vaut mieux que deux tu l'auras** » : Mieux vaut un bien modeste de manière certaine qu'un bien supérieur de manière incertaine.

« Lâcher la proie pour l'ombre » : Abandonner une chose réelle pour une chose incertaine.

Question 34	Réponse A	★★★☆☆	45 sec. – 3 min.	Fiche 92

(A) Les Français doivent donc attendre l'issue du vote pour en savoir davantage. **Conclusion. Bonne réponse.**

(B) Les Français ont raison de s'inquiéter étant donné que le résultat est incertain. **Résumé.**

(C) Les Français sont d'autant plus inquiets qu'ils ne peuvent pas prendre part au vote. **Hors-sujet.**

(D) Les Français surestiment leur inquiétude. **Hors-sujet.**

(E) Les Anglais devraient être plus inquiets que les Français quant à l'issue de ce référendum. **Hors-sujet.**

Bonne réponse : A. En effet, les Français sont inquiets du fait de l'incertitude du vote. Donc, on peut en conclure qu'ils doivent attendre l'issue du vote pour en savoir davantage.

Hésitation possible : B. La réponse B est un résumé du paragraphe et non une conclusion.

Autres réponses : C, D et E. Les réponses C, D et E sont hors-sujet car elles traitent soit des Anglais (réponse E), soit d'une surestimation (réponse D) soit d'informations qui ne sont pas mentionnées dans le texte (réponse C).

Question 35	Réponse D	★★★☆☆	45 sec. – 3 min.	Fiche 95

(A) La richesse par habitant est plus importante en Californie qu'en France. **On ne sait pas.**

(B) La Californie est en passe de devenir la 5e puissance économique mondiale. **Trop extrême.**

(C) Les indicateurs économiques de la Californie sont au beau fixe. **Trop vague.**

(D) La Californie n'est pas un réel État mais a un poids économique d'ordre mondial. **Soutient le plus. Bonne réponse.**

(E) La Californie est plus riche que la France. **Conclusion partielle.**

Bonne réponse : D. La réponse D reprend bien les 2 éléments essentiels du texte : la Californie ne peut pas être considérée comme un État à part entière, mais, si elle l'était, elle serait classée devant certaines grandes puissances comme la France.

Hésitations possibles : A et E. Réponse A : on ne connaît pas le nombre d'habitants en France, donc on ne sait pas si le PIB / habitant est supérieur en Californie. La réponse E est une conclusion, mais partielle car elle ne s'attarde que sur un point du texte (position Californie vs France).

Autres réponses : B et C. La réponse B est une interprétation un peu extrême, car rien ne nous renseigne sur la dynamique de la Californie et sur son écart avec la 5e puissance. La réponse C est trop vague.

Question 36 Réponse C ★★★★☆ 45 sec. – 3 min. Fiche 85

Charlotte est née le 28 février 2015. Si elle était plus vieille que Martin d'un an pile, il serait né le 28 février 2016.
Comme elle est plus vieille que lui d'un an et 2 jours, on comprend qu'il est né 2 jours après le 28 février. Soit le 1er mars 2016 (car 2016 est une année bissextile = 29 février).
Martin est donc né le **1er mars 2016. Réponse C.**

Question 37 Réponse A ★★★★☆ 45 sec. – 3 min. Fiche 95

(A) Le libéralisme critique les pratiques des États. **Soutient le plus. Bonne réponse.**
(B) Le libre marché est difficilement compatible avec un État fort. **Sous-entendu.**
(C) Le libéralisme du XVIIe siècle est moins radical que le néolibéralisme. **Faux.**
(D) Le libéralisme est opposé à l'État. **Soutient.**
(E) Le libéralisme est un courant de pensée moins extrême que le néolibéralisme. **Faux.**

Bonne réponse : A. La réponse A est bien celle qui « Soutient le plus » les propos de l'auteur, car le texte aborde bien l'hostilité des courants libéraux envers l'État.

Hésitations possibles : B et D. La réponse B est un sous-entendu : les deux courants « Libéralisme » et « Néolibéralisme » critiquent l'action de l'État pour donner davantage de place au libre marché et à la libre concurrence. Donc, on en déduit (raisonnement implicite) que le libre marché est difficilement compatible avec un État fort. La réponse D va bien dans le sens du texte mais est moins précise que la réponse A.

Autres réponses : C et E. Les réponses C et E sont fausses. Par l'utilisation du conditionnel, l'auteur nous fait bien comprendre qu'il est opposé à cette vision selon laquelle le libéralisme serait une version « light » du néolibéralisme. Il est critique à l'égard de cette théorie.

Question 38 Réponse C ★★★☆☆ 45 sec. – 3 min. Fiche 92

(A) En effet, le fils de Louis XV aurait été plus qualifié pour gérer la situation. **Hors-sujet.**
(B) En définitive, Louis XVI n'aura eu aucun impact sur la Révolution à venir. **Réponse radicale.**
(C) En un mot, Louis XVI n'est pas l'homme de la situation. **Conclusion. Bonne réponse.**
(D) Par conséquent, le pouvoir a été confié à des nobles de la Cour. **Hors-sujet.**
(E) Bref, le royaume cédera sa place à une République. **Hors-sujet.**

Bonne réponse : C. La conclusion « D'un manque de courage » et « De bonnes intentions » est la réponse C : Louis XVI n'était pas l'homme de la situation.

Autres réponses : A, B, D et E. Les réponses A, B, D et E sont toutes fausses. En effet, le fils de Louis XV n'est pas mentionné dans le texte (réponse A). La réponse B est radicale avec le mot « Aucun ». La réponse D est hors-sujet. Aucun pouvoir n'a été délégué ou allait l'être selon le texte. La réponse E est hors-sujet.

Question 39 Réponse E ★★★☆☆ 30 sec. – 2 min. Fiche 77

Étape 1 Interprétons l'énoncé.

La famille comprend deux parents : Edith (une femme) et Alioune (un homme). La famille comporte 8 personnes : il y a donc 6 enfants. Parmi ces enfants, il y a au moins 5 filles. Le dernier des 6 enfants s'appelle Claude et peut donc être soit une fille, soit un garçon.

Étape 2 Concluons.

On peut donc conclure que la fratrie peut-être composée de 5 filles et 1 garçon ou de 6 filles. On ne peut donc tirer aucune des conclusions proposées. **Réponse E.**

Question 40 Réponse D ★★★☆☆ 45 sec. – 3 min. Fiche 93

(A) La Renaissance est une période de transition vers la modernité et le développement économique. **Interprétation. Réponse fausse.**

(B) L'humanisme est un courant de pensée qui apparaît au XVe et XVIe siècle en opposition à la religion. **Interprétation. Réponse fausse.**

(C) L'humanisme est un courant de pensée ancestral qui puise ses sources de réflexion à l'époque Antique. **Réponse fausse.**

(D) À partir du XVe siècle, de nouveaux courants de pensées provoquent des changements profonds de la société. **Résumé. Bonne réponse.**

(E) L'humanisme est un courant de pensée apparu à la Renaissance qui prône des changements économiques. **Réponse fausse.**

Bonne réponse : D. Le texte précise en effet que de nouveaux mouvements ou courants de pensées sont apparus dès le XVe siècle et que cela a eu pour conséquence « Une série de changements politiques, économiques, sociaux et intellectuels. ».

Hésitations possibles : A, B et C. La réponse A est fausse car il s'agit d'une interprétation. Aucune information dans ce texte ne nous indique que la Renaissance est une période de transition vers la modernité. Le texte précise simplement qu'il s'agit d'une période de changements. La réponse B est également fausse pour la même raison. Aucun élément ne nous précise que l'humanisme s'oppose à la religion. Enfin, l'humanisme apparaît au XVe siècle. Ce n'est donc pas un courant de pensée ancestral (réponse C).

Autre réponse : E. La réponse E précise que l'humanisme prône des changements économiques. Or, il s'agit plutôt de changements concernant les valeurs humaines.

Question 41 Réponse C ★★★☆☆ 30 sec. – 2 min. Fiche 86

Étape 1 Listons les configurations de mois avec 5 fois le même jour (Ici, lundi).

Pour un mois de 31 jours (octobre), 3 configurations avec 5 lundis sont possibles.

Configurations de mois		
n° 1	**n° 2**	**n° 3**
1	2	3
8	9	10
15	16	17
22	23	24
29	30	31

Étape 2 Identifions les configurations de mois avec 3 lundis qui ont des dates de nombres premiers.

La seule configuration de mois avec 3 dates qui sont des nombres premiers est la **configuration n° 3 : 3 – 17 – 31.**

Configurations de mois		
~~**n° 1**~~	~~**n° 2**~~	**n° 3**
~~1~~	~~2~~	**3**
~~8~~	~~9~~	10
~~15~~	~~16~~	**17**
~~22~~	~~23~~	24
~~29~~	~~30~~	**31**

Étape 3 Concluons.

D'après la configuration n° 3, nous serons lundi 24 donc **dimanche 23 octobre.**

Réponse C.

Question 42 Réponse B ★★★☆☆ **45 sec. – 3 min.** **Fiche 95**

(A) Le gouvernement néo-zélandais souhaite lutter contre le mal-logement à Auckland. **Réponse fausse.**

(B) Le gouvernement accorde une prime financière pour lutter contre la hausse des prix immobiliers à Auckland. **Soutient le plus. Bonne réponse.**

(C) Les Néo-Zélandais qui habitent Auckland ont vu la valeur de leur patrimoine fortement augmenter ces dernières années. **Réponse fausse.**

(D) De nombreux Néo-Zélandais n'ont plus les moyens financiers de se loger à Auckland. **Soutient.**

(E) Un exode citadin se produit actuellement en Nouvelle-Zélande du fait de la hausse des prix de l'immobilier à Auckland. **Réponse fausse.**

Bonne réponse : B. Les prix de l'immobilier ont flambé à Auckland ces dernières années. Le gouvernement propose donc une prime de 3 000 euros pour favoriser les déménagements hors de la ville et ainsi lutter contre la hausse des prix.

Hésitations possibles : A, C et D. La réponse A est fausse. Aucun élément ne nous indique qu'il s'agit de mal-logement. La réponse C est « trompeuse ». Tous les habitants d'Auckland ne sont pas propriétaires de leur appartement. De plus, le patrimoine n'est pas seulement immobilier, mais peut être financier (actions, etc.). Enfin, la réponse D est une réponse qui « Soutient » les propos de l'auteur. En effet, on suppose que la mesure du gouvernement vise à lutter contre la hausse des prix de l'immobilier, car de plus en plus de néo-zélandais n'ont plus assez de moyens financiers pour se loger à Auckland.

Autre réponse : E. La réponse E est fausse. En effet, aucune information concernant un exode citadin – du fait de la prime accordée – n'est donnée dans le texte.

Question 43 Réponse B ★★☆☆☆ **30 sec. – 2 min.** **Fiche 84**

▪ **Rappel de cours** Les 2 principaux types de critères pour trouver un intrus sont **le fond** (= sens des mots / champ lexical) ou **la forme** (= position des lettres, nombres de lettres, nature du mot, genre du mot, etc.).

L'intrus est **« Toit ». Réponse B.**
En effet, les autres mots sont tous des outils (champ lexical identique).

Question 44 Réponse B ★★★☆☆ **30 sec – 2 min.** **Fiche 78**

Étape 1 Modélisons l'ensemble des situations possibles.

	Place 1	**Place 2**	**Place 3**
Couleur couche	Blanche Verte Rouge	Blanche Verte Rouge	Blanche Verte Rouge
Couleur cheveux	Brun Blond Roux	Brun Blond Roux	Brun Blond Roux

Étape 2 Exploitons les informations de l'énoncé.
Attention : « Être à droite de quelqu'un » ne signifie pas forcément **« être juste à droite »** de cette personne.
« L'enfant à la couche verte est à gauche de l'enfant à la couche blanche » = l'enfant à la couche verte n'est pas tout à gauche (place 1) et l'enfant à la couche blanche n'est pas tout à droite (place 3). **Attention :** Il faut se placer dans la position de l'observateur qui est derrière les enfants, pas en face d'eux (car on les observe de dos).
« L'enfant blond est à droite de l'enfant à la couche rouge » = l'enfant blond n'est pas en place 3 et l'enfant à la couche rouge n'est pas en place 1.
En place 1, il n'y a ni l'enfant à la couche verte, ni celui à la couche rouge. **Il y a donc l'enfant à la couche blanche.**

« L'enfant à la couche blanche est à droite du blond » = le blond n'est pas en place 1. Comme il n'est pas non plus en place 3, il est en place 2. On comprend également que l'enfant à la couche blanche n'est pas le blond.
« Le brun est à gauche du roux » = le brun est en place 3 et le roux est en place 1.

	Place 1	Place 2	Place 3
Couleur couche	**Blanche** ~~Verte~~ ~~Rouge~~	~~Blanche~~ Verte Rouge	~~Blanche~~ Verte Rouge
Couleur cheveux	~~Brun~~ ~~Blond~~ **Roux**	~~Brun~~ **Blond** ~~Roux~~	**Brun** ~~Blond~~ ~~Roux~~

Étape 3 Concluons.
La couche blanche est portée par **l'enfant roux. Réponse B.**

Question 45 Réponse B ★★★☆☆ 45 sec. – 3 min. Fiche 97

(A) Les Japonais sont les pionniers en matière d'innovation sociale. **Réponse vraie.**
(B) Sans le dollar, aucun dispositif fondé sur la monnaie-temps n'aurait pu voir le jour. **Contradiction. Bonne réponse.**
(C) Les systèmes d'entraide fondé sur le temps ont connu un succès planétaire ces dernières décennies. **Réponse vraie.**
(D) Les systèmes d'entraide sont majoritairement utilisés par des particuliers à destination des personnes âgées. **Réponse vraie.**
(E) Les Accorderies ont le potentiel pour remplacer les banques à terme. **Hors-sujet.**

Bonne réponse : B. Les Accorderies ont été créées au Japon. Donc, l'utilisation du dollar comme référence de monnaie-temps n'était pas primordiale pour la création de ces systèmes. C'est leur diffusion mondiale qui a nécessité l'utilisation du dollar.

Hésitation possible : E. La réponse E est hors-sujet. On ne parle pas des banques dans ce texte.

Autres réponses : A, C et D. La réponse A est plutôt vraie. Bien qu'il s'agisse d'une extrapolation d'affirmer que les Japonais sont pionniers en matière d'innovation sociale, le texte en donne un exemple. Les réponses C et D sont vraies et écrites dans le texte.

TAGE MAGE® N° 3

3 RAISONNEMENT ET ARGUMENTATION

CONSIGNES

15 questions	20 minutes	Calculatrice interdite	Chronomètre recommandé

BARÈME

Bonne réponse : +4 points	Aucune réponse : 0 point	Mauvaise réponse : –1 point

Question 31. Antoine, Thierry, Jean, Arnaud, Sébastien et Thomas sont les six participants d'un concours de mangeur de hot-dogs. Une fois le concours fini, Jérôme appelle sa mère et lui dit : « Antoine n'est pas vainqueur mais n'est pas dernier. Sébastien est meilleur que Thomas. Thomas est moins bon qu'Arnaud, qui est lui-même meilleur qu'Antoine. Thierry a mieux réussi qu'Arnaud et arrive à égalité avec Sébastien et Jean les a tous battus. Enfin, Thomas n'est pas dernier ». Quel est le classement final de ce concours ?

(A) Jean, Thierry, Sébastien, Arnaud, Thomas et Antoine.
(B) Jean, Sébastien, Thierry, Arnaud, Thomas et Antoine.
(C) Jean, Thierry, Thomas, Sébastien, Antoine et Arnaud.
(D) Jean, Thierry, Thomas, Sébastien, Arnaud et Antoine.
(E) Les informations de Jérôme sont erronées.

Question 32. Lequel de ces proverbes s'oppose au sens du proverbe : « Pierre qui roule n'amasse pas mousse » ?

(A) « À l'impossible nul n'est tenu »
(B) « Tel père, tel fils »
(C) « Abondance de biens ne nuit pas »
(D) « Les voyages forment la jeunesse »
(E) « Qui cesse d'être ami ne l'a jamais été »

Question 33. L'essor de l'industrie du drone dépend pour une large partie de la réglementation définissant les usages à caractère professionnel qui doit respecter les impératifs de sécurité sans brider la croissance du secteur. Les États-Unis viennent de définir de nouvelles normes unanimement saluées comme l'ouverture officielle du ciel américain aux drones commerciaux. La réglementation allège fortement les contraintes concernant les drones de moins de 25 kilos.

Quelle proposition soutient le plus les propos du texte ?

(A) Tous les types de drones pourront à présent être vendus aux États-Unis.
(B) Les drones sont l'avenir de l'aviation commerciale.

(C) L'industrie du drone est dépendante du bon vouloir des avocats.
(D) L'industrie du drone représente l'avenir du transport de marchandises.
(E) Aucune de ces réponses ne convient.

Question 34. En dépit des politiques et des discours sur l'égalité des chances, le système scolaire français reste fortement marqué par des écarts de réussite. Il ne parvient pas à réduire ce « noyau dur » d'élèves en difficulté, qui sont en grande majorité issus de milieu social défavorisé. En effet, à la fin de l'école primaire, près de 20 % des élèves n'ont pas les bases suffisantes en Français. Ils sont environ 30 % dans ce cas en mathématiques et en sciences. Entre enfants de milieu favorisé et enfants d'origine défavorisée, c'est le grand écart : quand 90 % environ des premiers ont les *« acquis attendus »* dans les deux domaines, ils sont moins de 70 % en Français et seulement 55 % en mathématiques et en sciences, dans les familles les plus modestes.

Parmi les propositions suivantes, laquelle serait la meilleure conclusion ?

(A) En définitive, le système éducatif privé est plus efficace que le système éducatif public.
(B) En somme, le système éducatif français est de moins en moins efficace.
(C) Le Ministre de l'Éducation Nationale va donc prochainement annoncer de nouvelles mesures pour tenter de réduire ces inégalités.
(D) Le système éducatif français est donc loin d'être un exemple de système efficace.
(E) En fait, le niveau éducatif d'un pays dépend de son niveau de richesse.

Question 35. Qwant est un moteur de recherche classique, qui classe les résultats par grandes catégories : Web, actualités, réseaux sociaux, images, shopping, musique... Mais en coulisses, il est très différent de Google et des autres moteurs commerciaux. Qwant ne traque pas ses utilisateurs avec des cookies (des petits fichiers qui stockent des informations), ne collecte aucune donnée personnelle de navigation ou de localisation, n'effectue pas de profilage.

Parmi les propositions suivantes, laquelle est sous-entendue dans le texte ?

(A) Qwant est un moteur de recherche avec les mêmes atouts que Google.
(B) Qwant est un moteur de recherche européen alors que Google est un moteur de recherche américain.
(C) Google est un moteur de recherche qui collecte des informations personnelles.
(D) Qwant est un moteur de recherche qui souhaite concurrencer Google.
(E) Aucune de ces réponses ne convient.

Question 36. Après un hold-up, trois suspects sont arrêtés par la police : Alain, Bernard et Johan. Ils sont chacun placés dans une pièce différente et sont interrogés par un inspecteur.

Voici ce que chacun déclare :

- Alain : « Si je suis coupable, alors Bernard l'est aussi. »
- Bernard : « Si l'un de nous trois est coupable, alors nous sommes tous coupables ».
- Johan : « Si je suis innocent, alors Bernard est innocent mais Alain est coupable. »

Laquelle des affirmations ci-dessous est vraie ?

(A) Johan est innocent.
(B) Bernard et Johan sont coupables.
(C) Les 3 suspects sont coupables.
(D) Alain et Bernard sont innocents.
(E) Johan et Alain sont coupables.

Question 37. Si la Grande Barrière de corail continue de subir des épisodes de blanchiment importants – phénomène de dépérissement des coraux –, l'Australie perdra chaque année 180 000 touristes étrangers et 1,3 milliard de dollars de recettes, en ne comptant que les trois premiers pays visiteurs : les Etats-Unis, la Chine et le Royaume-Uni. C'est ce qu'expose un rapport de l'Australian Institute qui mesure les potentiels impacts du blanchiment de la Grande Barrière de corail sur les activités du secteur touristique australien. Ces conclusions ont été tirées d'études scientifiques et économiques, mais aussi d'une série de sondages réalisée par ce think thank auprès de touristes étrangers et australiens.

Parmi les propositions suivantes, laquelle est présupposée dans le texte ?

(A) Le tourisme est un secteur d'activité important en Australie.
(B) Les touristes dépenseront moins si le phénomène de dépérissement des coraux s'accentue.
(C) Tout pays qui connaît un dépérissement de ses coraux subira une baisse des revenus touristiques.
(D) La Grande Barrière de corail est une attraction touristique phare en Australie.
(E) Les touristes américains sont ceux qui dépensent le plus en Australie.

Question 38. Selon l'organisme American Tortoise Rescue, 90 % des tortues achetées après chaque film *Tortue Ninja* ont fini par mourir, tuées délibérément par leurs propriétaires ou abandonnées dans la nature. Il y a eu les chouettes, après *Harry Potter*. Fascinantes à l'écran, pas si faciles à vivre au quotidien, puisque ces animaux demandent beaucoup de soins et peuvent vivre jusqu'à vingt ans. Résultat : des dizaines de chouettes ont été abandonnées dans la campagne anglaise, et la plupart, nées en captivité, en sont mortes. Enfin, il y a eu *Le Monde de Nemo* et son héros : un petit poisson clown. Lors de la sortie du film, en 2003, la demande de poissons-clowns avait fortement augmenté dans les animaleries en Angleterre et aux États-Unis, de 30 à 40 % selon les estimations.

Parmi les propositions suivantes, laquelle serait la meilleure conclusion ?

(A) Ainsi, un film à succès avec un animal a pour conséquence directe une augmentation des ventes réelles de ce dernier.
(B) En fait, les enfants n'ont pas réellement conscience de la difficulté d'élever un animal chez soi.
(C) Les films avec des animaux ont toujours eu un succès retentissant à l'international.
(D) Plus un film connaît un succès au box-office, plus des animaux sont achetés.
(E) En conclusion, le film sur les tortues Ninja a connu un plus grand succès que *Le Monde de Nemo*.

Question 39. Dans un match de football constitué de 2 équipes de 10 joueurs, la proportion de joueurs qui peuvent jouer du pied droit est identique à la proportion de joueurs qui peuvent jouer du pied gauche, soit 60 %. De plus, 20 % des joueurs peuvent jouer des deux pieds.

Quel est le nombre de joueurs uniquement gauchers ?

(A) Aucun
(B) 4
(C) 8
(D) 12
(E) Impossible de répondre

Question 40. « Paix » est à (...) ce que (...) est à « Olivier ».

(A) Passion Raison
(B) Froid Chaud
(C) Guerre Histoire
(D) Colère Joie
(E) Colombe Longévité

Question 41. Le palmarès des lycées ou les comparaisons de performances entre les collèges français ont le mérite d'apporter chaque année de riches enseignements. Malheureusement, lorsque ces études sont rendues publiques, l'attention est polarisée sur les établissements collectionnant les médailles ou sur ceux se battant pour éviter le bonnet d'âne. Pourtant, ces classements nous indiquent aussi, par exemple, que deux établissements distants de quelques centaines de mètres, de populations comparables à la fois en termes de taille et de niveau socio-économique obtiennent parfois des résultats diamétralement opposés. C'est un constat d'autant plus surprenant que ces établissements sont censés faire face aux mêmes difficultés et devraient donc obtenir des performances assez proches.

Quelle proposition contredit le texte ?

(A) Les collégiens et lycéens français ont des résultats inférieurs à la moyenne européenne.
(B) Le niveau socio-économique des parents influence les résultats scolaires.
(C) Les équipes de professeurs ont très peu d'impact sur le niveau des élèves.
(D) Les classements de performances éducatives sont des mauvais indicateurs.
(E) Il n'y a aucun intérêt à rendre publique les études d'évaluations des lycées.

Question 42. Pour investir en Bourse, rien de plus naturel que de s'intéresser aux actions, mais la chose n'est pas toujours aisée. Par manque de connaissance ou de temps, mieux vaut le plus souvent se tourner vers des fonds dédiés plus connus sous les acronymes de SICAV (Société d'Investissement à Capital Variable) ou FCP (Fonds Commun de Placement). Mais derrière ces noms, se cache une kyrielle de placements collectifs... De quoi décourager l'investisseur néophyte, à moins de se poser les bonnes questions pour trouver le placement le mieux adapté.

Quel serait le meilleur résumé de ce paragraphe ?

(A) Seuls les professionnels ont de bons rendements en Bourse.

(B) Avoir de bons rendements en Bourse est difficile.

(C) Investir en Bourse n'est pas à la portée de chacun.

(D) Investir en Bourse est davantage destiné aux professionnels.

(E) Les professionnels ont de meilleurs retours sur investissements que les particuliers.

Question 43. Le code de conduite des usagers est bien connu de tous dans le métro. À Londres comme à Paris, mieux vaut ne pas s'aviser de rester en travers du chemin de ceux qui veulent monter plus vite, sur la file de gauche de l'escalator. Si vous voulez rester debout et attendre indéfiniment, libre à vous, mais tenez votre droite. La règle est stricte, et tout contrevenant se verra notifier son erreur, au mieux par un soupir d'exaspération, au pire par un petit coup d'attaché-case dans les mollets.

Quelle proposition contredit le texte ?

(A) Des habitudes précises et strictes sont respectées par les usagers du métro.

(B) Chacun est libre de sa conduite dans les escalators du métro parisien et londonien.

(C) Les usagers du métro peuvent – s'ils le souhaitent – ne pas respecter le code de conduite.

(D) Toute personne ne respectant pas le code de conduite aura une contravention.

(E) La majorité des usagers crée un code de conduite qui est appliqué à la minorité.

Question 44. Victoire a un paquet de bonbons. Il contient 10 bonbons rouges, 7 bonbons verts, 5 bonbons jaunes et 4 bonbons noirs.

En tout, combien de bonbons au minimum Victoire doit-elle tirer pour être assurée d'en avoir 3 de la même couleur ?

(A) 4

(B) 5

(C) 6

(D) 9

(E) 12

Question 45. Complétez le proverbe suivant : « Au royaume des aveugles, ... »

(A) Les borgnes sont rois.

(B) Les voyants sont des dieux.

(C) Seuls les ignorants peuvent voir.

(D) Les sourds sont inoffensifs.

(E) Aucune de ces réponses ne convient.

3 CORRIGÉ « RAISONNEMENT ET ARGUMENTATION »

Difficulté	NORMAL														
Question	31	32	33	34	35	36	37	38	39	40	41	42	43	44	45
Réponse	E	D	E	D	C	C	D	A	C	E	C	D	B	D	A

Question 31 Réponse E ★★★★☆ 30 sec. – 2 min. Fiche 79

Étape 1 Traduisons l'énoncé sous forme d'inégalités.

- Antoine n'est ni 1er ni dernier **(1)**
- Sébastien > Thomas **(2)**
- Arnaud > Thomas **(3)**
- Arnaud > Antoine **(4)**
- Thierry > Arnaud **(5)**
- Thierry = Sébastien **(6)**
- Jean = 1er **(7)**
- Thomas n'est pas dernier **(8)**

Étape 2 Déterminons les classements possibles.

- On sait que **Jean est 1er (7)**.
- On sait que Sébastien = Thierry **(6)** sont mieux classés que : Thomas **(2)**, Arnaud **(5)** et donc Antoine **(4)**. Autrement dit, Sébastien et Thierry sont mieux classés que les 3 autres restants, **Sébastien et Thierry sont donc tous les 2 en position n° 2.**

Il reste Arnaud, Antoine et Thomas.

- On sait que : Arnaud > Thomas **(3)** et Arnaud > Antoine **(4)** donc **Arnaud est 3e.**

Il reste Thomas et Antoine pour occuper les 2 dernières places. Or, aucun des 2 n'est dernier **(1)** et **(8)**. Il y a donc une ou plusieurs erreurs dans les informations de Jérôme. **Réponse E.**

Question 32 Réponse D ★★★☆☆ 30 sec. – 2 min. Fiche 91

Le proverbe « **Pierre qui roule n'amasse pas mousse** » signifie que si on voyage trop, on n'accumule rien et que, pour prospérer, mieux vaut rester vivre au même endroit.
Par opposition, le proverbe « **Les voyages forment la jeunesse** » signifie que la découverte d'autres façons de vivre et de penser est utile et nécessaire et donc il vaut mieux voyager.
Réponse D.

« **À l'impossible nul n'est tenu** » : On ne peut pas exiger de quelqu'un qu'il réussisse une tâche impossible.

« **Tel père, tel fils** » : Un fils hérite souvent des qualités et des défauts de son père.
« **Abondance de biens ne nuit pas** » : On préfère avoir trop que pas assez.
« **Qui cesse d'être ami ne l'a jamais été** » : Les amitiés sincères durent toute la vie.

Question 33	Réponse E	★★★★☆	45 sec. – 3 min.	Fiche 95

(A) Tous les types de drones pourront à présent être vendus aux États-Unis. **Hors-sujet.**
(B) Les drones sont l'avenir de l'aviation commerciale. **Hors-sujet.**
(C) L'industrie du drone est dépendante du bon vouloir des avocats. **Hors-sujet.**
(D) L'industrie du drone représente l'avenir du transport de marchandises. **Hors-sujet.**
(E) Aucune de ces réponses ne convient. **Bonne réponse.**

Bonne réponse : E. Aucune des réponses proposées ne convient.

Autres réponses : A, B, C et D. Les réponses A, B, C et D sont hors-sujet. Elles abordent des thèmes qui ne sont nullement traités dans le texte, de manière implicite ou explicite.

Question 34	Réponse D	★★★☆☆	30 sec. – 2 min.	Fiche 92

(A) En définitive, le système éducatif privé est plus efficace que le système éducatif public. **Hors-sujet.**
(B) En somme, le système éducatif français est de moins en moins efficace. **Réponse fausse.**
(C) Le Ministre de l'Éducation Nationale va donc prochainement annoncer de nouvelles mesures pour tenter de réduire ces inégalités. **Hors-sujet.**
(D) Le système éducatif français est donc loin d'être un exemple de système efficace. **Conclusion. Bonne réponse.**
(E) En fait, le niveau éducatif d'un pays dépend de son niveau de richesse. **Réponse fausse.**

Bonne réponse : D. La réponse D retranscrit bien l'esprit du texte : tout n'est pas si rose dans le système éducatif français.

Hésitation possible : B. La réponse B est fausse car on n'a pas de recul concernant les résultats. Donc, on ne peut pas affirmer « de moins en moins efficace ».

Autres réponses : A, C et E. Les réponses A et C sont hors-sujet. Ni le système éducatif privé ni les éventuelles réformes ne sont abordés dans le texte. La réponse E est fausse. Aucune corrélation n'est établie dans le texte entre le niveau de richesse d'un pays et la réussite des élèves.

Question 35	Réponse C	★★☆☆☆	45 sec. – 3 min.	Fiche 94

(A) Qwant est un moteur de recherche avec les mêmes atouts que Google. **Réponse fausse.**
(B) Qwant est un moteur de recherche européen alors que Google est un moteur de recherche américain. **Hors-sujet.**

(C) Google est un moteur de recherche qui collecte des informations personnelles. **Sous-entendu. Bonne réponse.**

(D) Qwant est un moteur de recherche qui souhaite concurrencer Google. **Soutient le plus.**

(E) Aucune de ces réponses ne convient. **Réponse fausse.**

Bonne réponse : C. Le texte affirme que Qwant « est très différent de Google » et que Qwant ne traque pas ses utilisateurs. Donc, le sous-entendu est que Google collecte des informations personnelles sur ses utilisateurs.

Hésitation possible : D. La réponse D est une réponse qui « soutient le plus » les propos de l'auteur, expliquée concrètement dans le texte.

Autres réponses : A, B et E. La réponse A est fausse. Qwant n'a pas les mêmes atouts que Google. Ils sont différents. La réponse B est hors-sujet. Les nationalités des moteurs de recherche ne sont jamais abordées dans ce paragraphe. La réponse E est fausse étant donné que la réponse C est bonne.

Question 36	Réponse C	★★★★☆	30 sec. – 2 min.	Fiche 73

- **Rappel de cours** Pour les questions « Coupable / Innocent », sélectionnez un personnage et supposez-le soit innocent, soit coupable.

  $A \rightarrow B \;\Leftrightarrow\; \overline{B} \rightarrow \overline{A}$

Étape 1 Résumons l'énoncé (A = A coupable ; $\overline{A}$ = A innocent).

$A \rightarrow B$ (1) ($\Leftrightarrow \overline{B} \rightarrow \overline{A}$)

$\overline{J} \rightarrow \overline{B}$ (2) ($\Leftrightarrow B \rightarrow J$)

$\overline{J} \rightarrow A$ (3) ($\Leftrightarrow \overline{A} \rightarrow J$)

Enfin, ils sont soit tous coupables, soit tous innocents.

Étape 2 Supposons J innocent ($\overline{J}$).

$\overline{J} \rightarrow A$ (3) $\rightarrow B$ (1) $\rightarrow J$ **(contraposée de 2).**

On part de J innocent et on aboutit à J coupable. Il y a donc une **contradiction logique.** Donc notre postulat de départ est faux : J n'est pas innocent, il est coupable.

Étape 3 Concluons.

Bernard nous a dit que si l'un était coupable, alors ils l'étaient tous.

Or, on vient de voir que J est coupable. On en déduit qu'Alain et Bernard le sont aussi.

Réponse C.

Question 37	Réponse D	★★★☆☆	30 sec. – 2 min.	Fiche 96

(A) Le tourisme est un secteur d'activité important en Australie. **Soutient le plus.**

(B) Les touristes dépenseront moins si le phénomène de dépérissement des coraux s'accentue. **Réponse fausse.**

(C) Tout pays qui connaît un dépérissement de ses coraux subira une baisse des revenus touristiques. **Réponse fausse.**

(D) La Grande Barrière de corail est une attraction touristique phare en Australie. **Présupposé. Bonne réponse.**

(E) Les touristes américains sont ceux qui dépensent le plus en Australie. **Réponse fausse.**

Bonne réponse : D. Si le dépérissement de la Grande Barrière de corail a pour conséquence une baisse du nombre de touristes étrangers, cela présuppose bien qu'il s'agit d'une attraction touristique phare en Australie.

Hésitations possibles : A et B. La réponse A est une réponse qui « soutient le plus » les propos de l'auteur. Les chiffres du texte prouvent bien qu'il s'agit d'un secteur d'activité important. La réponse B est fausse. Les dépenses globales issues du tourisme diminueront mais concernant les dépenses des touristes, nous n'avons aucune information.

Autres réponses : C et E. La réponse C est hors-sujet. Le texte aborde simplement le cas de l'Australie, pas de tous les pays. La réponse E est fausse. On sait simplement que les touristes les plus nombreux sont Américains. On ne connaît pas la nationalité des touristes qui dépensent le plus.

Question 38	Réponse A	★★☆☆☆	30 sec. – 2 min.	Fiche 92

(A) Ainsi, un film à succès avec un animal a pour conséquence directe une augmentation des ventes réelles de ce dernier. **Conclusion. Bonne réponse.**

(B) En fait, les enfants n'ont pas réellement conscience de la difficulté d'élever un animal chez soi. **Hors-sujet.**

(C) Les films avec des animaux ont toujours eu un succès retentissant à l'international. **Réponse radicale et fausse.**

(D) Plus un film connaît un succès au box-office, plus des animaux sont achetés. **Réponse fausse.**

(E) En conclusion, le film sur les tortues Ninja a connu un plus grand succès que *Le Monde de Nemo*. **Réponse fausse.**

Bonne réponse : A. Le texte donne trois exemples de films avec animaux qui ont eu pour conséquence une augmentation du nombre de ventes de ces animaux. On peut donc en déduire la théorie suivante : un film à succès avec un animal a pour conséquence directe une augmentation des ventes des animaux en question.

Hésitations possibles : D et E. La réponse D est fausse. On n'a aucune information sur le fait qu'il existe une corrélation entre le succès d'un film et les ventes d'animaux. La réponse E est fausse. Aucune comparaison entre les deux films n'est effectuée dans le texte.

Autres réponses : B et C. La réponse B est hors-sujet. Le texte n'aborde pas la conscience des enfants. La réponse C est fausse et radicale avec le terme « toujours », ce qui n'est pas vrai.

Question 39 **Réponse C** ★★★☆☆ **30 sec. – 2 min.** **Fiche 82**

Étape 1 Synthétisons les informations dans un tableau.

60 % de 20 = 12. Il y a donc 12 gauchers et 12 droitiers, soit 8 non-droitiers et 8 non-gauchers. De plus, il est impossible d'avoir un footballeur ne jouant ni avec le pied gauche, ni avec le pied droit (case avec une croix).

	Droitier	Pas droitier	TOTAL
Gaucher	4	**8**	12 (60 % de 20)
Pas gaucher	8	X	8
TOTAL	12 (60 % de 20)	8	**20**

Étape 2 Concluons.

Ainsi, le nombre de joueurs uniquement gauchers (= gaucher mais pas droitier) est de 8. **Réponse C.**

Question 40 **Réponse E** ★★★☆☆ **30 sec. – 1 min.** **Fiche 86**

« **Paix** » est à « **Colombe** » ce que « **Longévité** » est à « **Olivier** ».

La « **Paix** » est représentée par une « **Colombe** ».
La « **Longévité** » est représentée par un « **Olivier** ». **Réponse E.**

Question 41 **Réponse C** ★★★☆☆ **45 sec. – 3 min.** **Fiche 97**

(A) Les collégiens et lycéens français ont des résultats inférieurs à la moyenne européenne. **Hors-sujet.**

(B) Le niveau socio-économique des parents influence les résultats scolaires. **Soutient le texte.**

(C) Les équipes de professeurs ont très peu d'impact sur le niveau des élèves. **Contredit. Bonne réponse.**

(D) Les classements de performances éducatives sont des mauvais indicateurs. **Réponse fausse.**

(E) Il n'y a aucun intérêt à rendre publique les études d'évaluations des lycées. **Réponse fausse et radicale.**

Bonne réponse : C. Le texte explique que deux établissements avec des populations d'élèves identiques ont des résultats différents. Cela prouve que le corps enseignant a un réel impact sur la performance des élèves. La réponse C affirme le contraire.

Hésitations possibles : D et E. La réponse D est fausse. Aucun élément du texte ne nous indique que les classements sont de mauvais ou de bons indicateurs. Cela est une interprétation. La réponse E est également fausse et radicale avec le terme « aucun ».

Autres réponses : A et B. La réponse A est hors-sujet. Aucune information dans le texte à ce sujet. La réponse B est une réponse qui soutient le texte.

Question 42	Réponse D	★★★☆☆	45 sec. – 3 min.	Fiche 93

(A) Seuls les professionnels ont de bons rendements en Bourse. **Réponse fausse et radicale.**
(B) Avoir de bons rendements en Bourse est difficile. **Sous-entendu.**
(C) Investir en Bourse n'est pas à la portée de chacun. **Jugement de valeur.**
(D) Investir en Bourse est davantage destiné aux professionnels. **Résumé. Bonne réponse.**
(E) Les professionnels ont de meilleurs retours sur investissements que les particuliers. **Réponse fausse.**

Bonne réponse : D. Le texte avertit les lecteurs qu'investir en Bourse n'est pas destiné aux particuliers du fait de la complexité des produits financiers.

Hésitations possibles : B et C. La réponse B est un sous-entendu du texte mais pas un résumé. La réponse C est correcte sur le fond mais avec un jugement de valeur.

Autres réponses : A et E. La réponse A est fausse et radicale avec le terme « seuls ». La réponse E est fausse. Aucune comparaison n'est effectuée entre les professionnels et les particuliers. Il peut s'agir d'un sous-entendu mais pas d'un résumé.

Question 43	Réponse B	★★★☆☆	45 sec. – 3 min.	Fiche 97

(A) Des habitudes précises et strictes sont respectées par les usagers du métro. **Soutient le plus.**
(B) Chacun est libre de sa conduite dans les escalators du métro parisien et londonien. **Contredit. Bonne réponse.**
(C) Les usagers du métro peuvent – s'ils le souhaitent – ne pas respecter le code de conduite. **Soutient.**
(D) Toute personne ne respectant pas le code de conduite aura une contravention. **Réponse fausse.**
(E) La majorité des usagers crée un code de conduite qui est appliqué à la minorité. **Hors-sujet.**

Bonne réponse : B. Le texte nous indique qu'il y a un code de conduite des usagers à respecter avec des règles strictes. Chacun n'est donc pas « libre » de sa conduite dans les escalators. La pression sociale fait que chacun se comporte d'une certaine manière.

Hésitation possible : C. La réponse C est une réponse qui « soutient » les propos de l'auteur car le texte nous informe que la tenue à droite dans les escalators est une norme sociale mais pas une obligation légale. Donc, les usagers peuvent s'ils le souhaitent ne pas respecter cette norme sociale (contre des protestations des usagers).

Autres réponses : A, D et E. La réponse A est indiquée dans le texte. C'est une réponse qui « soutient le plus » les propos de l'auteur. La réponse D est fausse. Aucune contravention n'est appliquée. La réponse E est hors-sujet, bien que vraie.

Question 44 Réponse D ★★★★☆ **45 sec. – 2 min.** **Fiche 81**

- **Rappel de cours** Pour obtenir 3 éléments identiques avec certitude, il faut au minimum : **(2 × Nombre d'éléments différents) + 1 tirages.**

Étape 1 Adoptons le comportement du malchanceux.

Imaginez le pire tirage possible vis à vis de l'objectif de Victoire qui est d'obtenir 3 bonbons de la même couleur.

Dans le pire cas, Victoire tirerait :

- 4 couleurs différentes lors de ses 4 premiers tirages (**Exemple :** R – V – J – N)
- 4 couleurs différentes lors des 4 tirages suivants (**Exemple :** R – V – J – N)

Étape 2 Calculons le nombre de tirages correspondant à cette éventualité malchanceuse.

Après 8 tirages, elle aurait 2 bonbons de chaque couleur.

Donc, **au 9e tirage**, elle aura forcément un bonbon d'une couleur qu'elle avait déjà en 2 exemplaires et donc elle aura bien 3 fois la même couleur. **Réponse D.**

Question 45 Réponse A ★★☆☆☆ **15 sec. – 1 min.** **Fiche 91**

« **Au royaume des aveugles, les borgnes sont rois** » est un proverbe qui signifie que, quand elle est entourée de personnes stupides, une personne peu cultivée passe pour un génie. **Réponse A.**

Sous-test 4

CONDITIONS MINIMALES

98 Présentation du sous-test

Monsieur TAGE MAGE

Monsieur ÉCOLES de COMMERCE

CONDITIONS MINIMALES

FORMAT

Durée du sous-test	20 minutes
Nombre de questions	15
Bonne réponse	+4 points
Aucune réponse	0 point
Mauvaise réponse	–1 point
Format de la question	Question + Information (1) + Information (2) **Exemple :** Quel est l'âge de Pierre ? (1) L'âge de Pierre est un carré. (2) L'âge de Pierre est un cube.

RÉPONSES

Les réponses A, B, C, D et E ont toujours la même signification quelle que soit la question.

Réponse A	**(1)** ~~(2)~~	L'information **1 seule est suffisante** pour répondre à la question. L'information **2 seule est insuffisante** pour répondre à la question.
Réponse B	~~(1)~~ **(2)**	L'information **1 seule est insuffisante** pour répondre à la question. L'information **2 seule est suffisante** pour répondre à la question.
Réponse C	~~(1)~~ ~~(2)~~ **(1 et 2)**	L'information **1 seule** est **insuffisante**. L'information **2 seule est insuffisante**. Les informations **1 et 2 ensemble sont suffisantes** pour répondre à la question.
Réponse D	**(1)** **(2)**	L'information **1 seule est suffisante** pour répondre à la question. L'information **2 seule est suffisante** pour répondre à la question.
Réponse E	~~(1)~~ ~~(2)~~ ~~(1 et 2)~~	L'information **1 seule** est **insuffisante**. L'information **2 seule est insuffisante**. Les informations **1 et 2 ensemble sont insuffisantes** pour répondre à la question.

OBJECTIF

L'objectif du sous-test « conditions minimales » est de déterminer à partir de quand on a assez d'éléments **pour répondre avec certitude à la question posée.**

ATTENTION Il ne faut pas trouver le résultat mais savoir qu'il en existe un unique.

CONTENU

Type de questions	Notions abordées
Calcul (mental)	Carrés, cubes, tables de multiplication, multiplications avec virgule, identités remarquables, nombres décimaux/premiers/entiers/réels/consécutifs, etc.
Fractions	Additions/soustractions/multiplications/divisions de fractions, critères de divisibilité, simplification de fractions, etc.
Proportionnalité	Proportionnalité simple et multiple, produit en croix, etc.
Moyennes	Moyennes arithmétiques/pondérées/harmoniques, barycentres, sommes des termes dans une moyenne arithmétique, etc.
Équations/ Inéquations	Équations, inéquations, systèmes d'équations, systèmes d'inéquations, équation du premier et second degré, etc.
Vitesse, Temps, Distance	Calculs de la vitesse/temps/distance, cas de rattrapage, cas de croisement, cas aller-retour, etc.
Unités et conversions	Tableaux de conversion, conversions de temps, etc.
Géométrie	Aires, surfaces, angles, cercle, carré, rectangle, triangles, parallélogrammes, diamètres, hauteurs, médianes, etc.
+ quelques notions du sous-test « **Raisonnement & Argumentation** » (menteurs/vérité, liens familiaux, etc.).	

OBJECTIFS DE SCORE

Le sous-test « Conditions minimales » est un sous-test difficile (score moyen de **27/60**) qui nécessite une bonne préparation. Il est impératif de **bien comprendre la méthodologie** de résolution des questions (fiche « Méthodes de résolution »), de **ne jamais répondre « au feeling »** et de **ne pas répondre C ou E par « facilité »**.

Nous vous recommandons de vous fixer les **objectifs suivants selon votre objectif au TAGE MAGE®.**

Objectif TAGE MAGE®	Objectif sous-test « R&A »
> 400/600	> 37/60
350 < X < 400	> 32/60
300 < X < 350	> 27/60

Score moyen des candidats	**27/60**
Temps de révision nécessaire	**Apprentissage du cours :** 2 - 4 heures **Entraînement :** 2 - 10 heures

99 7 conseils pour réussir le sous-test

Monsieur TAGE MAGE

Monsieur ÉCOLES de COMMERCE

CONDITIONS MINIMALES

Conseil n° 1 : Soyez à l'aise avec le format du sous-test.

Le sous-test « Conditions minimales » a un format très spécifique et original. Les énoncés sont très courts. Vous n'avez que 2 informations pour vous aider à savoir si vous pouvez trouver le résultat unique. Enfin, les réponses A, B, C, D et E ont la même signification quelle que soit la question. Lisez donc attentivement la fiche « Méthode de résolution ».

Conseil n° 2 : Devinez la réponse (A, B, C, D ou E).

L'essentiel n'est pas de trouver le résultat de la question mais de savoir qu'il y a un résultat unique. Si **oui**, l'information est **suffisante**. Si **non**, l'information est **insuffisante**. Essayez donc de deviner mentalement si votre équation ou raisonnement débouche sur un **résultat unique** (= information suffisante) ou non (= information insuffisante).

Conseil n° 3 : Faites attention aux contraintes de l'énoncé.

La majorité des énoncés comportent des **contraintes**, c'est-à-dire des restrictions mathématiques qui réduisent le nombre de possibilités de réponses. À titre d'exemple : « Soit X un cube à 3 chiffres inférieur à 300 ». Il y a **3 contraintes** dans cet énoncé : X est un cube (**15 solutions** au TAGE MAGE®) => X a 3 chiffres (plus que **11 solutions**) => X < 300 (plus que **2 solutions** : 125 et 216).

Conseil n° 4 : Traitez d'abord l'information (1) puis l'information (2).

Dans un premier temps, ne prenez en compte que l'information 1. Puis, ne prenez en compte que l'information 2. **Attention** à ne pas prendre en compte l'information 1 lorsque vous lisez l'information 2. Vous devez les lire séparement l'une de l'autre. Si aucune des informations 1 et 2 seule ne permet de répondre, alors traitez les informations ensemble.

Conseil n° 5 : Maîtrisez le vocabulaire.

Un vocabulaire spécifique est régulièrement utilisé dans les énoncés.

Vous devez connaître par cœur leur signification :

– **Entiers naturels** : Tous les nombres entiers positifs (0, 1, 2, 3, (...), + l'infini).

– **Entiers relatifs** : Tous les nombres entiers naturels et tous les nombres entiers négatifs (–1287, –6, 47, 345, etc.).
– **Nombres rationnels** : Tous les nombres qui peuvent s'écrire sous forme de fractions. Les nombres rationnels sont soit des nombres entiers, soit des nombres décimaux.

Conseil n° 6 : Faites attention aux réponses C et E.

Attention à ces 2 réponses « piégeuses ». En effet, les candidats ont souvent tendance à répondre par « facilité » la **réponse C** (les 2 informations ensemble sont suffisantes pour répondre à la question) ou la **réponse E** (les 2 informations ensemble sont insuffisantes pour répondre à la question). Soyez rigoureux dans vos raisonnements. Ne vous dites pas qu'avec l'ensemble des informations, il y a forcément une réponse unique (réponse C) ou le contraire (réponse E). Si vous n'êtes pas sûr de vous, ne répondez pas.

Conseil n° 7 : Faites attention aux systèmes d'équations.

Il est fréquent que l'information 1 soit une équation à 2 inconnues et l'information 2 une autre équation à 2 inconnues. Ne répondez pas la réponse C par précipitation en pensant qu'il y a 2 équations à 2 inconnues, donc forcément une unique réponse.
Vérifiez bien que les 2 équations ne sont pas identiques ou proportionnelles. Si tel est le cas, la bonne réponse est E.

100 Méthodes de résolution

CONDITIONS MINIMALES

Après avoir appris la signification des réponses A, B, C, D et E, voici la **méthode de résolution** d'une question de Conditions minimales.

Il existe **2 différentes manières d'expliquer la méthode de résolution** :

- Sous forme d'un **tableau**
- Sous forme d'un **schéma**

Utilisez la méthode qui vous convient le mieux !

TABLEAU

Question		**Étape 1**	**Étape 2**	**Étape 3 (facultatif)**
		L'information 1 seule est-elle suffisante ?	L'information 2 seule est-elle suffisante ?	Les 2 informations ensemble sont-elles suffisantes ?
Réponse A	**(1)** ~~(2)~~	OUI	NON	/
Réponse B	~~(1)~~ **(2)**	NON	OUI	/
Réponse C	~~(1)~~ ~~(2)~~ **(1 et 2)**	NON	NON	OUI
Réponse D	**(1) (2)**	OUI	OUI	/
Réponse E	~~(1)~~ ~~(2)~~ ~~(1 et 2)~~	NON	NON	NON

ATTENTION Il est très fréquent d'avoir des **contraintes** dans les énoncés de « Conditions minimales ». Une **contrainte** est une **condition imposée** par le concepteur du TAGE MAGE® qui réduit le nombre de possibilités de réponses.

Exemple : ABC est un cube à 3 chiffres inférieur à 300 → Il y a **3 contraintes** dans cet énoncé : cube, 3 chiffres, < 300. On n'a que **2 solutions** : $5^3 = 125$ et $6^3 = 216$.

Soyez donc vigilant à bien prendre en compte les contraintes !

SCHÉMA

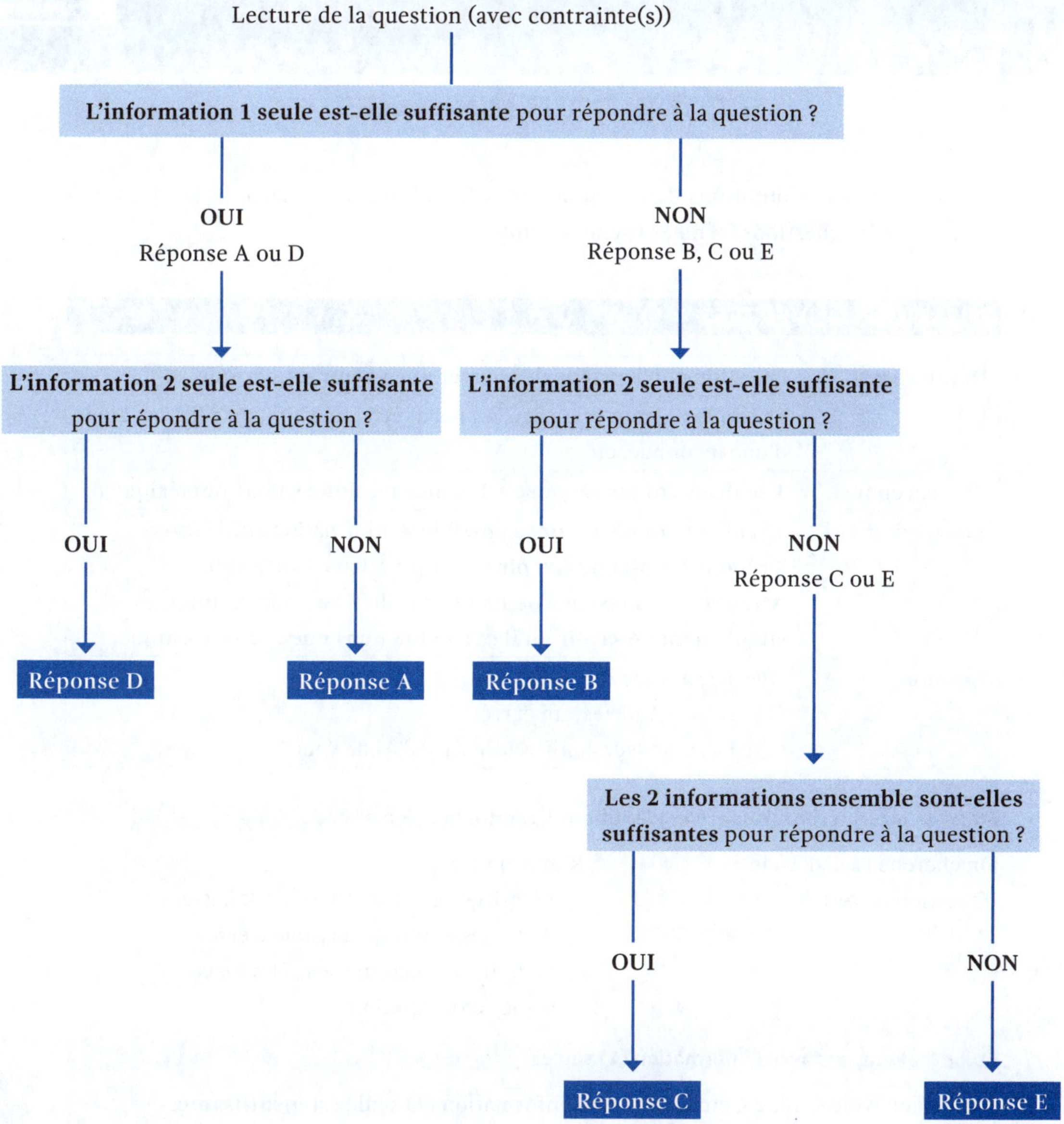

REMARQUE Ne traitez les 2 informations ensemble que si ni l'information 1 seule ni l'information 2 seule ne permettent de répondre à la question (= réponse unique).

101 Questions ouvertes

Monsieur TAGE MAGE

Monsieur ÉCOLES de COMMERCE

CONDITIONS MINIMALES

Il existe 2 types de questions dans le sous-test « Conditions minimales » : les questions **ouvertes** et les questions **fermées** (fiche suivante).

QUESTIONS OUVERTES

Définition	Question qui demande de trouver une **valeur numérique**. **Exemples :** Trouver un âge, un périmètre, une aire, un prix, la valeur d'une inconnue, etc.
Bonne réponse ?	**1 seule et unique réponse = 1 seule et unique valeur numérique !**
Conclusion	**1 seule et unique réponse possible** = information **suffisante.** **2 réponses possibles ou plus** = information **insuffisante.** **Attention : On ne vous demande pas de trouver le résultat, simplement de savoir qu'il existe (ou non) une réponse unique.**
Exemple	Quel âge a Aude ? (1) L'âge d'Aude est un carré. (2) La somme des chiffres de l'âge d'Aude vaut 7.

Étape 1 Interprétons l'énoncé et identifions l'information demandée.

On cherche l'âge d'Aude (Question ouverte).

Remarques :
- Identifier la valeur cherchée fait gagner du temps et réduit le risque d'erreurs.
- Certains énoncés ne se prêtent pas à une reformulation.

Étape 2 Essayons avec l'information (1) seule.

Aude peut avoir 9, 16, 25, etc. ans.

L'information (1) seule est **insuffisante.**
On garde les réponses B, C et E.

Étape 3 Essayons avec l'information (2) seule.

Aude peut avoir 16 ans ou 61 ans par exemple.

L'information (2) seule est **insuffisante.**
On garde les réponses C et E.

Étape 4 Essayons avec les informations (1) et (2) ensemble.

Aude peut avoir 16 ans ou 25 ans. (carré dont la somme est égale à 7)	Les informations (1) et (2) ensemble ne permettent pas de répondre.

Étape 5 Concluons. Réponse E.

EXERCICES

Question 1 ★★☆☆☆ **30 sec. – 2 min.**

Quel est l'âge de Nicolas ?

(1) Dans cinq ans, l'âge de Nicolas sera deux fois l'âge actuel de Caroline.

(2) L'âge de Christophe est la moyenne des âges de Nicolas et Caroline.

Question 2 ★★★☆☆ **45 sec. – 2 min.**

X est un entier compris entre 1 et 7. Y est un entier compris entre 1 et 9. Que vaut X ?

(1) Si on multiplie X par Y, on obtient un multiple de 7.

(2) Y est un nombre pair.

➔ **CORRIGÉ FICHE 200**

Toutes les questions sont corrigées en vidéo dans votre espace E-LEARNING sur www.monsieur-tage-mage.com

102 Questions fermées

Monsieur TAGE MAGE
Monsieur ÉCOLES de COMMERCE

CONDITIONS MINIMALES

Il existe 2 types de questions dans le sous-test « Conditions minimales » : les questions **ouvertes** (fiche précédente) et les questions **fermées**.

QUESTIONS FERMÉES

Définition	Question où l'on répond par « **oui** » **ou** « **non** », « **pair** » **ou** « **impair** », « **supérieur** » **ou** « **inférieur** », etc. **Exemples :** X > Y ? ou X × (Y – 3)^2 est-il pair ? ou Y est-il impair ? etc.
Bonne réponse ?	**Toujours la même réponse** quel que soit le scénario/la valeur de l'inconnue. Par exemple, X est **toujours pair**, ou **toujours impair** ou **toujours négatif**, etc.
Conclusion	La réponse est toujours la même = information **suffisante.** La réponse varie selon le cas/valeur de l'inconnue = information **insuffisante.** **Attention : On ne vous demande pas de trouver le résultat, simplement de savoir qu'il existe (ou non) une réponse unique.**
Exemple	X est-il positif ? (1) $X^2 = 9$ (2) X est un nombre premier.

Étape 1 Interprétons l'énoncé et identifions l'information demandée

On cherche à savoir si X > 0
(Question fermée).

Remarques :
- Certains énoncés ne se prêtent pas à une reformulation.
- Identifier la valeur cherchée fait gagner du temps et réduit le risque d'erreurs.

Étape 2 Essayons avec l'information (1) seule.

$X^2 = 9 \Leftrightarrow X = 3$ ou $X = -3$

Si $X = 3$, alors $X > 0$ mais

Si $X = -3$, alors $X < 0$.

On ne peut pas répondre à la question.

L'information (1) seule est **insuffisante.**

On garde les réponses B, C et E.

Étape 3 Essayons avec l'information (2) seule.

X est un nombre premier donc X est nécessairement positif.

L'information (2) seule est **suffisante.**

Étape 4 Concluons. Réponse B.

EXERCICES

Question 1 ★★☆☆☆ **30 sec. – 2 min.**

Deux motards font le même trajet long de 70 km. Le premier part 40 minutes avant le second. Le second pourra-t-il rattraper le premier ?

(1) Le premier motard roule à 80 km/h.

(2) Le deuxième motard roule à 130 km/h.

Question 2 ★★★★☆ **30 sec. – 3 min.**

X et Y sont deux nombres entiers positifs. $X^3 \times Y^4$ est-il pair ?

(1) $X + Y$ est pair.

(2) X^7 est pair.

CORRIGÉ FICHE 200

Toutes les questions sont corrigées en vidéo dans votre espace E-LEARNING sur www.monsieur-tage-mage.com

103 Réponse A

Monsieur TAGE MAGE

Monsieur ÉCOLES de COMMERCE

CONDITIONS MINIMALES

En Conditions minimales, la réponse A correspond à la situation **(1)** ~~(2)~~ :
L'information 1 seule est **suffisante** pour répondre à la question.
L'information 2 seule est **insuffisante** pour répondre à la question.

MÉTHODE DE RÉSOLUTION

Application ★★★★☆ **45 sec. – 3 min.**

Si $X + Y \neq 0$, que vaut $\dfrac{X^2 - Y^2}{X + Y}$?

(1) $X = 4 + Y$

(2) $Y = -12 + X + Z$

Étape 1 Interprétons l'énoncé et identifions l'information demandée.

Simplifions l'énoncé :

$$\frac{X^2 - Y^2}{X + Y} = \frac{(X - Y) \times (X + Y)}{X + Y} = \mathbf{X - Y}$$

On cherche donc la valeur : X – Y

Remarques :
- Certains énoncés ne se prêtent pas à une reformulation.
- Identifier la valeur cherchée fait gagner du temps et réduit le risque d'erreur.

Étape 2 Essayons avec l'information (1) seule.

$X = 4 + Y \Leftrightarrow \mathbf{X - Y = 4}$
La valeur cherchée vaut donc : **X – Y = 4.**
On peut donc répondre à la question.

L'information (1) seule est **suffisante.**
On garde les réponses A et D.

Étape 3 Essayons avec l'information (2) seule.

(2) $Y = -12 + X + Z \Leftrightarrow \mathbf{X - Y = 12 - Z}$
La valeur cherchée est donc : **X – Y = 12 – Z.**
12 – Z n'est pas une valeur numérique.
On ne peut pas répondre à la question.

L'information (2) seule est **insuffisante.**

Étape 4 Concluons. Réponse A.

EXERCICES

Question 1 ★★★☆☆ **30 sec. – 3 min.**

Une course d'athlétisme oppose 15 participants, qui portent les dossards 1 à 15.
Quel est le tiercé gagnant dans le désordre ?

(1) La somme des dossards des 3 gagnants est égale à 6.

(2) Le dossard 1 a gagné la course et le dossard 3 est troisième.

Question 2 ★★★☆☆ **30 sec. – 2 min.**

Albert est né au XXe siècle. Quelle est son année de naissance ?

(1) Le nombre formé par les 2 premiers chiffres de son année de naissance est égal à la moitié du nombre formé par les 2 derniers chiffres.

(2) La somme des chiffres de son année de naissance est égale à 21.

Question 3 ★★★☆☆ **30 sec. – 2 min.**

Y et Z sont deux nombres positifs. Quel est le plus grand des deux ?

(1) $\frac{Y}{Z} = 2{,}5$

(2) $Y \times Z = 1{,}6$

➔ CORRIGÉ FICHE 200

Toutes les questions sont corrigées en vidéo dans votre espace **E-LEARNING sur www.monsieur-tage-mage.com**

104 Réponse B

Monsieur TAGE MAGE

Monsieur ÉCOLES de COMMERCE

CONDITIONS MINIMALES

En Conditions minimales, la réponse B correspond à la situation ~~(1)~~ **(2)** :
L'information 1 seule est **insuffisante** pour répondre à la question.
L'information 2 seule est **suffisante** pour répondre à la question.

MÉTHODE DE RÉSOLUTION

Application ★★★☆☆ **30 sec. – 2 min.**

a est un entier positif. Que vaut a ?

(1) $(a-6)^2 = 1$

(2) $(a-2)^2 = 25$

Étape 1 Interprétons l'énoncé et identifions l'information demandée.

On cherche la valeur de a, sachant que $a > 0$.

Remarques :

- Certains énoncés ne se prêtent pas à une reformulation.
- Identifier la valeur cherchée fait gagner du temps et réduit le risque d'erreur.

Étape 2 Essayons avec l'information (1) seule.

$(a-6)^2 = 1$

$\Leftrightarrow$ $a - 6 = -1$ ou $a - 6 = 1$

$\Leftrightarrow$ $a = 7$ ou $a = 5$

On ne peut pas répondre (2 solutions possibles).

L'information (1) seule est **insuffisante**.

On garde les réponses B, C et E.

Étape 3 Essayons avec l'information (2) seule.

$(a-2)^2 = 25$

$\Leftrightarrow$ a – 2 = 5 ou a – 2 = –5

$\Leftrightarrow$ a = 7 ou a = –3

Selon l'énoncé, a > 0 (« entier positif »), ce qui nous permet d'éliminer la solution (a = –3).

Donc, a = 7. On peut conclure.

L'information (2) seule est **suffisante**.

Étape 4 Concluons. Réponse B.

EXERCICES

Question 1 ★★★☆☆ **30 sec. – 2 min.**

Soit N un nombre entier. N est-il divisible par 5 ?

(1) N est divisible par 7.

(2) $\frac{N}{49} = 55$.

Question 2 ★★★☆☆ **30 sec. – 2 min.**

Quelle est l'aire du rectangle ABCD ?

(1) La largeur mesure 2/5 de la longueur.

(2) La longueur est égale à 4 cm et vaut 5/2 de la largeur.

Question 3 ★★★☆☆ **30 sec. – 2 min.**

Alban et Ben comptent leurs billes. Au total, ils en ont 30. Sachant qu'Alban a davantage de billes que Ben, combien en a-t-il ?

(1) Si Alban et Ben avaient chacun 2 fois plus de billes, ils en auraient 60 au total.

(2) Celui qui a le plus de billes en a 4 fois plus que celui qui en a le moins.

➔ CORRIGÉ FICHE 200

105 Réponse C

Monsieur TAGE MAGE

Monsieur ÉCOLES de COMMERCE

CONDITIONS MINIMALES

En Conditions minimales, la réponse C correspond à la situation ~~(1)~~ ~~(2)~~ **(1 et 2)** :
L'information 1 seule est **insuffisante** pour répondre à la question.
L'information 2 seule est **insuffisante** pour répondre à la question.
Les informations 1 et 2 ensemble sont **suffisantes** pour répondre à la question.

MÉTHODE DE RÉSOLUTION

Application ★★★☆☆ **30 sec. – 2 min.**

Quelle est la hauteur de la pyramide de Khéops, dont la base est carrée ?

(1) Sa base mesure 200 m de côté.
(2) Son volume est de 2 600 000 m^3.

Rappel de cours : La hauteur d'une pyramide est : **h** = $\dfrac{\textbf{3} \times \textbf{Volume de la pyramide}}{\textbf{Aire de la base de la pyramide}}$

Étape 1 Interprétons l'énoncé et identifions l'information demandée.

On cherche la valeur de la hauteur h ($h > 0$).
On cherche donc $\dfrac{3 \times V}{B}$, avec V le volume de la pyramide et B l'aire de sa base.

Remarques :
- Certains énoncés ne se prêtent pas à une reformulation.
- Identifier la valeur cherchée fait gagner du temps et réduit le risque d'erreur.

Étape 2 Essayons avec l'information (1) seule.

On a la taille d'un côté de la base (= 200 m), donc on peut trouver B, l'aire de la base (= 40 000 m^2). Il nous manque donc V.

L'information (1) seule est **insuffisante.**
On garde les réponses B, C et E.

Étape 3 Essayons avec l'information (2) seule.

On a : V = 2 600 000 m^3.
Il nous manque donc B.

L'information (2) seule est **insuffisante.**
On garde les réponses C et E.

Étape 4 Essayons avec les informations (1) et (2) ensemble.

On a maintenant tous les éléments.
On peut conclure.
(En l'occurrence : $h = \dfrac{3 \times 2\,600\,000}{200^2} = 195$ m).

Les informations (1) et (2) ensemble sont **suffisantes.**

Étape 5 Concluons. Réponse C.

EXERCICES

Question 1 ★★★☆☆ **30 sec. – 2 min.**

De Axel, Marc et Tiffany, qui a obtenu la meilleure note sur 20 ?

(1) Marc a obtenu un quart de la note de Tiffany.

(2) Axel a obtenu deux fois la note de Marc.

Question 2 ★★★☆☆ **30 sec. – 2 min.**

Alexandre a acheté un chapon et une bouteille de vin rouge pour le réveillon.
Quel est leur prix respectif ?

(1) Le chapon et la bouteille de vin rouge ont coûté 80 € au total.

(2) Le lot constitué d'un chapon et de 3 bouteilles de vin est en promotion à 97 € avec une des 3 bouteilles offerte.

Question 3 ★★★☆☆ **30 sec. – 2 min.**

Quel est le nombre entier compris entre 100 inclus et 400 inclus ?

(1) Le nombre est un carré.

(2) Le nombre est un multiple de 17.

➔ **CORRIGÉ FICHE 200**

106 Réponse D

Monsieur TAGE MAGE

Monsieur ÉCOLES de COMMERCE

CONDITIONS MINIMALES

En Conditions minimales, la réponse D correspond à la situation : **(1) (2)** :
L'information 1 seule est **suffisante** pour répondre à la question.
L'information 2 seule est **suffisante** pour répondre à la question.

MÉTHODE DE RÉSOLUTION

Application ★★★☆☆ **30 sec. – 2 min.**

Combien vaut l'entier négatif X ?

(1) $3X^2 + 6X + 3 = 0$

(2) $(X + 1)$ n'a qu'un seul multiple.

Étape 1 Interprétons l'énoncé et identifions l'information demandée.

On cherche la valeur de X, sachant que $X < 0$.

Remarques :

- Certains énoncés ne se prêtent pas à une reformulation.
- Identifier la valeur cherchée fait gagner du temps et réduit le risque d'erreur.

Étape 2 Essayons avec l'information (1) seule.

Équation du second degré :
$3X^2 + 6X + 3 = 0 \Leftrightarrow aX^2 + bX + c = 0$,
avec $a = 3$, $b = 6$ et $c = 3$.

Discriminant : $\Delta = b^2 - 4 \times a \times c$
$\Delta = 6^2 - 4 \times 3 \times 3 = 36 - 36 = \mathbf{0}$
$\mathbf{\Delta = 0}$. Il y a donc une **unique solution** à cette équation. En l'occurrence, cette solution est $X = -1$. On peut donc répondre.

L'information (1) seule est **suffisante**.
On garde les réponses A et D.

Étape 3 Essayons avec l'information (2) seule.

0 est le seul nombre à n'avoir qu'un seul multiple : lui-même. Donc X + 1 = 0 et par conséquent X = –1. On peut donc répondre.	L'information (2) seule est **suffisante.**

Étape 4 Concluons. Réponse D.

EXERCICES

Question 1 ★★★☆☆ **30 sec. – 2 min.**

Que vaut le nombre X composé de trois chiffres qui est le cube d'un entier naturel ?

(1) X est compris entre 300 et 400.

(2) Le chiffre des centaines de X est égal à son chiffre des unités.

Question 2 ★★★★☆ **45 sec. – 3 min.**

Lors d'une compétition, une prime totale de 7 000 € est distribuée aux trois premiers. Le premier reçoit la prime la plus importante.
Combien reçoit le premier ?

(1) Chaque compétiteur reçoit deux fois moins que celui qui le précède.

(2) L'un des trois premiers compétiteurs reçoit 4 000 €.

Question 3 ★★★☆☆ **30 sec. – 2 min.**

Je jette 3 dés. Y a-t-il au moins une fois « 6 » parmi les trois chiffres sortis ?

(1) La somme de tous les chiffres sortis est égale à 16.

(2) La multiplication de tous les nombres sortis est égale à 150.

➔ **CORRIGÉ FICHE 200**

Toutes les questions sont corrigées en vidéo dans votre espace **E-LEARNING sur www.monsieur-tage-mage.com**

107 Réponse E

CONDITIONS MINIMALES

En Conditions minimales, la réponse E correspond à la situation ~~(1)~~ ~~(2)~~ ~~(1 et 2)~~ :
L'information 1 seule est **insuffisante** pour répondre à la question.
L'information 2 seule est **insuffisante** pour répondre à la question.
Les informations 1 et 2 ensemble sont **insuffisantes** pour répondre à la question.

MÉTHODE DE RÉSOLUTION

Application ★★★☆☆ **30 sec. – 2 min.**

Que vaut le nombre à trois chiffres Y, compris entre 100 et 200 ?

(1) Y est divisible par 6.

(2) Y est divisible par 11.

Étape 1 Interprétons l'énoncé et identifions l'information demandée.

On cherche Y, sachant que Y est compris entre 100 et 200

Remarques :
- Certains énoncés ne se prêtent pas à une reformulation.
- Identifier la valeur cherchée fait gagner du temps et réduit le risque d'erreur.

Étape 2 Essayons avec l'information (1) seule.

Nombres divisibles par 6 compris entre 100 et 200 : 102, 108, 114, 120, etc. Il y a plusieurs solutions. On ne peut pas répondre.

L'information (1) seule est **insuffisante.**
On garde les réponses B, C et E.

Étape 3 Essayons avec l'information (2) seule.

Nombres divisibles par 11 compris entre 100 et 200 : 110, 121, 132, 143, etc. Il y a plusieurs solutions. On ne peut pas répondre.

L'information (2) seule est **insuffisante.**
On garde les réponses C et E.

Étape 4 Essayons avec les informations (1) et (2) ensemble.

Nombres divisibles par 6 et par 11 et compris entre 100 et 200 : $6 \times 22 = 6 \times 11 \times 2 = 132$ $6 \times 33 = 6 \times 11 \times 3 = 198$ **2 solutions possibles :** 132 et 198. On ne peut pas répondre.	Les informations (1) et (2) ensemble sont **insuffisantes.**

Étape 5 Concluons. Réponse E.

EXERCICES

Question 1 ★★☆☆☆ **30 sec. – 2 min.**

Qui est la plus âgée : Cécile, Julie ou Camille ?

(1) Camille est la sœur ainée de Julie.

(2) Cécile est née avant Julie.

Question 2 ★★★☆☆ **30 sec. – 2 min.**

Charlotte est-elle ma cousine ?

(1) Charlotte et moi avons la même grand-mère maternelle.

(2) Julie est à la fois ma cousine et la cousine de Charlotte.

Question 3 ★★★☆☆ **30 sec. – 2 min.**

Sophie est née au XXe siècle. En quelle année est-elle née ?

(1) La somme des chiffres de l'année de naissance est égale à 19.

(2) La multiplication des 2 derniers chiffres de l'année de naissance est égale à 20.

➔ **CORRIGÉ FICHE 200**

108 Équations et inéquations

Monsieur TAGE MAGE

Monsieur ÉCOLES de COMMERCE

COND. MIN. Fréquence ●●●●○ Difficulté ★★★☆☆

SYSTÈMES D'ÉQUATIONS DU 1ER DEGRÉ

Pour résoudre un système, il faut **autant d'équations non proportionelles que d'inconnues.**

Application 1 ★★★☆☆ **30 sec. – 2 min.**

La somme des âges de Thomas, Adrien et François est de 54 ans. Quel est l'âge de chacun ?

(1) Thomas a quatre ans de plus qu'Adrien.

(2) Adrien est deux fois plus âgé que François.

Étape 1 Interprétons l'énoncé et identifions l'information demandée.

Soient T, A et F les âges respectifs de Thomas, Adrien et François. On a T + A + F = 54.

Étape 2 Essayons avec l'information (1) seule.

On a : $\begin{cases} T = A + 4 \\ T + A + F = 54 \end{cases}$

On a 2 équations mais 3 inconnues.
On ne peut pas répondre.

L'information (1) seule est **insuffisante.**
On garde les réponses B, C et E.

Étape 3 Essayons avec l'information (2) seule.

On a : $\begin{cases} A = 2F \\ T + A + F = 54 \end{cases}$

On a 2 équations mais 3 inconnues.
On ne peut pas répondre.

L'information (2) seule est **insuffisante.**
On garde les réponses C et E.

Étape 4 Essayons avec les informations (1) et (2) ensemble.

On a 3 équations non proportionnelles et 3 inconnues : $\begin{cases} T + A + F = 54 \\ T = A + 4 \\ A = 2F \end{cases}$

En l'occurence : F = 10, A = 20 et T = 24.

Les informations (1) et (2) ensemble sont **suffisantes.**

Étape 5 Concluons. Réponse C.

ÉQUATIONS DU SECOND DEGRÉ

Pour trouver l'inconnue d'une équation du 2ᵉ degré $aX^2 + bX + c = 0$, il faut calculer le discriminant $\Delta = b^2 - 4 \times a \times c$

Si **Δ = 0,** alors on peut toujours répondre (car il n'y a qu'**une seule solution**).

Si **Δ ≠ 0,** alors on ne peut pas toujours répondre (car aucune solution ou 2 solutions). Pour répondre, il faut que l'énoncé ajoute une contrainte : par exemple, X est positif.

Application 2 ★★★☆☆ **45 sec. – 2 min.**

Quelle est la valeur exacte du nombre d'or φ ?

(1) φ est solution de l'équation $X^2 - X - 1 = 0$.

(2) $\varphi > 0$.

Étape 1 Interprétons l'énoncé et identifions l'information demandée.

On cherche la valeur du nombre d'or φ.

Étape 2 Essayons avec l'information (1) seule.

$\Delta = b^2 - 4 \times a \times c = (-1)^2 - 4 \times 1 \times (-1) = 5 > 0$.

$\Delta > 0$, donc l'équation admet 2 solutions :

$\frac{1+\sqrt{5}}{2}$ et $\frac{1-\sqrt{5}}{2}$.

On ne peut donc pas conclure.

L'information (1) seule est **insuffisante**.

On garde les réponses B, C et E.

Étape 3 Essayons avec l'information (2) seule.

Il existe une infinité de nombres positifs.

On ne peut donc pas conclure.

L'information (2) seule est **insuffisante**.

On garde les réponses C et E.

Étape 4 Essayons avec les informations (1) et (2) ensemble.

La seule solution possible est $\frac{1+\sqrt{5}}{2}$ car elle est solution de l'équation $X^2 - X - 1 = 0$ et est positive.

Les informations (1) et (2) ensemble sont **suffisantes**.

Étape 5 Concluons. Réponse C.

109 Vitesse, distance et temps

Monsieur TAGE MAGE

Monsieur ÉCOLES de COMMERCE

COND. MIN. Fréquence ●●●●○ Difficulté ★★★☆☆

VITESSE, DISTANCE ET TEMPS : ÉLÉMENTS NÉCESSAIRES

On connaît	On cherche	Formule
Temps, Distance	**Vitesse**	$V = \frac{D}{T}$
Vitesse, Distance	**Temps**	$T = \frac{D}{V}$
Vitesse, Temps	**Distance**	$D = V \times T$

Il faut **2 des 3 éléments suivants** : vitesse, distance et temps.

Application ★★☆☆☆ 30 sec. – 2 min.

Quelle est la distance parcourue par Fabien ?

(1) Fabien se déplace à la vitesse de 21 km/h.

(2) Fabien a roulé pendant 1 heure.

Étape 1 Interprétons l'énoncé et identifions l'information demandée.

On cherche la **distance** parcourue par Fabien. Il nous faut donc sa vitesse et son temps.

Étape 2 Essayons avec l'information (1) seule.

On connaît uniquement la **vitesse** de Fabien. Il nous manque son **temps** pour répondre.

L'information (1) seule est **insuffisante**. **On garde les réponses B, C et E.**

Étape 3 Essayons avec l'information (2) seule.

On connaît uniquement le **temps** de Fabien. Il nous manque sa **vitesse** pour répondre.

L'information (2) seule est **insuffisante**. **On garde les réponses C et E.**

Étape 4 Essayons avec les informations (1) et (2) ensemble.

On a désormais la vitesse et le temps de Fabien. On a 2 des 3 éléments nécessaires. On peut répondre.

Les informations (1) et (2) ensemble sont **suffisantes**.

Étape 5 Concluons. Réponse C.

EXERCICES

Question 1 ★★☆☆☆ **30 sec. – 2 min.**

Arnaud part en voiture vers le Sud de la France. Il roule à vitesse constante et sans interruption jusqu'à sa destination. À quelle heure arrivera-t-il ?

(1) Il part à 10 h 20 et a parcouru la moitié du trajet à 13 h 30.

(2) Le temps de trajet total est de 6 h 20.

Question 2 ★★★☆☆ **30 sec. – 2 min.**

Adrien voyage en voiture d'une ville A à une ville B. À quelle heure arrive-t-il ?

(1) Il part à 9 h 30 et fait une pause de 10 minutes.

(2) Il roule à une vitesse moyenne de 60 km/h quand il n'est pas arrêté.

Question 3 ★★★☆☆ **30 sec. – 2 min.**

Un joggeur vient de parcourir un trajet. Il a parcouru la 1re moitié du trajet en 1 heure et la 2e moitié du trajet en 2 heures. Quelle est la longueur du trajet ?

(1) Il a couru la 1re moitié du trajet à 14 km/h.

(2) Il a couru 2 fois moins vite pendant la 2e moitié du trajet que pendant la 1re moitié du trajet.

Question 4 ★★★☆☆ **30 sec. – 2 min.**

Sur un parcours de 200 km, un automobiliste a progressivement augmenté sa vitesse. Il a augmenté sa vitesse de 10 km/h à la fin du 1er quart du parcours, puis de nouveau à la fin du 2e quart, puis de nouveau à la fin du 3e quart. Quelle est sa vitesse moyenne sur l'ensemble du parcours ?

(1) La vitesse moyenne sur les premier et quatrième quarts est de 40 km/h.

(2) La vitesse moyenne sur les deuxième et troisième quarts est de 44,4 km/h.

➔ **CORRIGÉ FICHE 200**

110 Moyennes

Monsieur TAGE MAGE

Monsieur ÉCOLES de COMMERCE

COND. MIN. Fréquence ●●●●○ Difficulté ★★★☆☆

MOYENNE ARITHMÉTIQUE DE N ÉLÉMENTS

Application 1 ★★☆☆☆ **30 sec. – 2 min.**

Quelle est la moyenne d'Antoine, Frédéric, Pierre et Jean ?

(1) La moyenne de Frédéric, Pierre et Jean est de 8.

(2) Antoine a eu 10.

Étape 1 Interprétons l'énoncé et identifions l'information demandée.

On appelle A, F, P et J leur note respective. On cherche leur moyenne $m = \frac{A + F + P + J}{4}$, donc on cherche A + F + P + J.

Étape 2 Essayons avec l'information (1) seule.

On a : $\frac{F + P + J}{3} = 8$ donc F + P + J = 24.

Il nous manque la note d'Antoine.

L'information (1) seule est **insuffisante.**
On garde les réponses B, C et E.

Étape 3 Essayons avec l'information (2) seule.

On a la note d'Antoine (A = 10) mais il nous manque la somme des notes des 3 autres.

L'information (2) seule est **insuffisante.**
On garde les réponses C et E.

Étape 4 Essayons avec les informations (1) et (2) ensemble.

On a la note d'Antoine (A = 10) et la somme des notes des 3 autres (F + P + J = 24). On peut donc conclure.

Les informations (1) et (2) ensemble sont **suffisantes.**

Étape 5 Concluons. Réponse C.

MOYENNE PONDÉRÉE DE N ÉLÉMENTS

Application 2 ★★★☆☆ **45 sec. – 2 min.**

Quelle note Franck a-t-il en Mathématiques (coefficient 8) ?

(1) Franck a 6/20 de moyenne et ses autres notes sont 3/20 coefficient 6 en Économie et 7/20 coefficient 4 en Français.

(2) La somme des coefficients est de 18.

$\frac{x \times 8 + 3 \times 6 + 7 \times 4}{18} = 6$

Étape 1 Interprétons l'énoncé et identifions l'information demandée.

On appelle m, e et f les notes en mathématiques, économie et français. On cherche m.

Étape 2 Essayons avec l'information (1) seule.

On a 2 notes sur 3. On a tous les coefficients (= les pondérations) et la moyenne.

On peut conclure.

L'information (1) seule est **suffisante.**

On garde les réponses A et D.

Étape 3 Essayons avec l'information (2) seule.

Cette information n'est pas utile.

L'information (2) seule est **insuffisante.**

Étape 4 Concluons. Réponse A.

EXERCICES

Question 1 ★★★★☆ **45 sec. – 3 min.**

Dans une famille, le père, la mère et les 2 enfants ont en moyenne 22 ans.
Quel est l'âge du père ?

(1) Sans le père, l'âge moyen de la famille est de 18 ans.

(2) Les enfants ont respectivement 8 et 13 ans.

Question 2 ★★★☆☆ **30 sec. – 2 min.**

Soient X, Y et Z trois nombres entiers positifs. Quelle est leur moyenne ?

(1) La moyenne de X et Z est égale à Y.

(2) X, Y et Z sont des nombres consécutifs.

➔ **CORRIGÉ FICHE 200**

111 Capital et intérêts (simples et composés)

Monsieur TAGE MAGE

Monsieur ÉCOLES de COMMERCE

COND. MIN. Fréquence ●●●●○ Difficulté ★★★☆☆

TAUX D'INTÉRÊT SIMPLE OU COMPOSÉ

On cherche	Il faut les 3 éléments suivants :
La valeur du capital initial K_0	**n = Durée de placement** (en jours, mois, etc.) **r = Taux d'intérêt** (en %) K_n **= Capital final** ou B_n **= Bénéfice final**
La valeur du capital final K_n	K_0 **= Capital initial (investi)** **n = Durée de placement** (en jours, mois, etc.) **r = Taux d'intérêt** (en %)
Le taux d'intérêt (en %) r	K_0 **= Capital initial (investi)** **n = Durée de placement** (en jours, mois, etc.) K_n **= Capital final** ou B_n **= Bénéfice final**
La durée du placement n	K_0 **= Capital initial (investi)** **r = Taux d'intérêt** (en %) K_n **= Capital final** ou B_n **= Bénéfice final**

Application 1 ★★★☆☆ **30 sec. – 2 min.**

À quel taux d'intérêt Maxime a-t-il placé son capital ?

(1) Au bout d'un an, Maxime a 12 000 euros sur son compte.

(2) Maxime a initialement investi 11 000 euros.

Étape 1 Interprétons l'énoncé et identifions l'information demandée.

On cherche le taux auquel Maxime a placé son capital.

Étape 2 Essayons avec l'information (1) seule.

On a la durée (1 an) et le capital final (12 000 euros) mais il manque le capital initial.	L'information (1) seule est **insuffisante.** **On garde les réponses B, C et E.**

Étape 3 Essayons avec l'information (2) seule.

On a le capital initial (11 000 euros) mais il manque la durée et le capital final.	L'information (2) seule est **insuffisante.** **On garde les réponses C et E.**

Étape 4 Essayons avec les informations (1) et (2) ensemble.

On a la durée (1 an), le capital final (12 000 euros) et le capital initial (11 000 euros). On peut donc répondre.	Les informations (1) et (2) ensemble sont **suffisantes**.

Étape 5 Concluons. Réponse C.

Application 2 ★★★☆☆ **30 sec. – 2 min.**

Combien Alain et Paul ont-ils placé sur ce compte à 6 % ?

(1) Après 7 ans, ils avaient 10 000 euros sur leur compte.
(2) Si le taux d'intérêt avait été plus élevé, leur bénéfice aurait été plus élevé.

Étape 1 Interprétons l'énoncé et identifions l'information demandée.

On cherche la somme d'argent placée par Paul et Alain, c'est-à-dire K_0, leur capital initial.

Étape 2 Essayons avec l'information (1) seule.

On a la durée (7 ans), le capital final (10 000 euros) et le taux d'intérêt (6 %).	L'information (1) seule est **suffisante**. **On garde les réponses A et D.**

Étape 3 Essayons avec l'information (2) seule.

Cette information est inutile. C'est une vérité générale.	L'information (2) seule est **insuffisante**.

Étape 4 Concluons. Réponse A.

EXERCICE

Question 1 ★★★☆☆ **30 sec. – 2 min.**

Un capital est partagé en deux parts inégales selon les proportions 1/4 et 3/4. La plus importante part est placée à un taux annuel de 4 % et la plus petite à un taux annuel de 2 %.

Quel est le montant de la plus petite part ?

(1) Au bout d'une année, les deux parts ont rapporté 420 € au total.
(2) Au bout d'une année, la plus importante part a rapporté 360 €.

➔ **CORRIGÉ FICHE 200**

112 Pourcentages

Monsieur TAGE MAGE

Monsieur ÉCOLES de COMMERCE

COND. MIN. Fréquence ●●●○○ Difficulté ★★★☆☆

Il est très fréquent en Conditions minimales d'avoir des énoncés de type « Pourcentages ». Il est donc fondamental que vous soyez à l'aise avec ce format de question.

POURCENTAGES : ÉLÉMENTS NÉCESSAIRES

On connaît	On cherche	Formule
Valeur initiale Variation en %	**Valeur finale**	$V_f = V_i \times (1 \pm \text{Variation en \%})$
Valeur finale Variation en %	**Valeur initiale**	$V_i = \dfrac{V_f}{1 \pm \text{Variation en \%}}$
Valeur initiale Valeur finale	**Variation en %**	$\dfrac{\left(\text{Valeur}_{\text{finale}} - \text{Valeur}_{\text{initiale}}\right)}{\text{Valeur}_{\text{initiale}}} \times 100$

Il faut **2 des 3 éléments** : valeur initiale, valeur finale et variation en %.

APPLICATION

Application ★★☆☆☆ **30 sec. – 2 min.**

Quel est le prix de ce produit vendu en décembre 2016 ?

(1) En mars 2016, le produit valait 176 €.

(2) Entre mars et décembre, le produit a augmenté de 8 %.

Étape 1 Essayons avec l'information (1) seule.

On a la valeur initiale mais il nous manque les variations de prix entre mars et décembre pour conclure.

L'information (1) seule est **insuffisante.**
On garde les réponses B, C et E.

Étape 2 Essayons avec l'information (2) seule.

On a la variation de prix entre mars et décembre mais il nous manque la valeur initiale pour conclure.

L'information (2) seule est **insuffisante. On garde les réponses C et E.**

Étape 3 Essayons avec les informations (1) et (2) ensemble.

On a le prix initial et la variation de prix du produit. On peut conclure.
(En l'occurrence, $P_f = 176 \times (1 + 0{,}08) = 190{,}08$ €)

Les informations (1) et (2) ensemble sont **suffisantes.**

Étape 4 Concluons. Réponse C.

EXERCICES

Question 1 ★★★☆☆ **30 sec. – 2 min.**

Un philatéliste vend 3 timbres rares avec 10 % de bénéfice pour le premier, 20 % de bénéfice pour le deuxième et 30 % de bénéfice pour le troisième. Combien chaque timbre a-t-il été vendu ?

(1) La vente des trois timbres a rapporté 550 € au vendeur.
(2) Le bénéfice cumulé de la vente des trois timbres s'élève à 100 €.

Question 2 ★★★★☆ **30 sec. – 2 min.**

Dans un chenil, il y a 3 types de chiens : des bouledogues, des labradors et des bergers. Ces chiens sont beiges ou noirs. 2/5 des bouledogues sont de couleur beige, 4/5 des labradors sont de couleur beige et 2/7 des bergers sont de couleur beige. Y a-t-il plus de chiens de couleur beige que de chiens de couleur noire dans ce chenil ?

(1) 20 % des chiens du chenil sont des bouledogues.
(2) 65 % des chiens du chenil sont des labradors.

CORRIGÉ FICHE 200

Toutes les questions sont corrigées en vidéo dans votre espace **E-LEARNING sur www.monsieur-tage-mage.com**

113 Cas de rattrapage

Monsieur TAGE MAGE

Monsieur ÉCOLES de COMMERCE

COND. MIN. Fréquence ●●○○○ Difficulté ★★★★☆

CAS DE RATTRAPAGE : ÉLÉMENTS NÉCESSAIRES

On cherche	Il faut
La durée du rattrapage	La distance d'avance du poursuivi. L'écart de vitesses entre le poursuivant et le poursuivi.
La distance parcourue au moment du rattrapage	La distance d'avance du poursuivi. L'écart de vitesses entre le poursuivant et le poursuivi. La vitesse du poursuivi ou du poursuivant.

Application ★★★★☆ **30 sec. – 3 min.**

Jean se fait voler son portable. Quand il s'en rend compte, le voleur est à 100 m. Jean le poursuit. Quelle distance aura-t-il parcouru au moment où il aura rattrapé le voleur ?

(1) La vitesse du voleur est de 20 km/h.

(2) Jean court 10 km/h plus vite que le voleur.

Étape 1 Interprétons l'énoncé et identifions l'information demandée.

On cherche la distance parcourue par Jean au moment du rattrapage.
On a la distance d'avance du poursuivi (100 m). Il manque donc l'écart de vitesses entre les deux et la vitesse d'une des deux.

Étape 2 Essayons avec l'information (1) seule.

On a la vitesse du poursuivi et la distance d'avance du poursuivi (100 m). Il manque donc la différence de vitesses entre le poursuivant et le poursuivi. On ne peut pas conclure.

L'information (1) seule est **insuffisante**. **On garde les réponses B, C et E.**

Étape 3 Essayons avec l'information (2) seule.

On a la différence de vitesses et la distance d'avance du poursuivi. On peut trouver le temps de rattrapage mais pas la distance parcourue au moment du rattrapage.
Il manque la vitesse du poursuivi. On ne peut pas conclure.

L'information (2) seule est **insuffisante.**
On garde les réponses C et E.

Étape 4 Essayons avec les informations (1) et (2) ensemble.

On a la différence de vitesses entre le poursuivant et le poursuivi (10 km/h), la distance d'avance du poursuivi (100 m) et la vitesse du poursuivi (20 km/h). On peut donc conclure.

Les informations (1) et (2) ensemble sont **suffisantes**.

Étape 5 Concluons. Réponse C.

EXERCICE

Question 1 ★★★★☆ **30 sec. – 2 min.**

Fred et Franck ont le même trajet à parcourir. Fred part avant Franck. Au bout de combien de temps Franck a rattrapé Fred ?

(1) Fred part 15 minutes avant Franck.

(2) Franck avance 20 km/h plus vite que Fred.

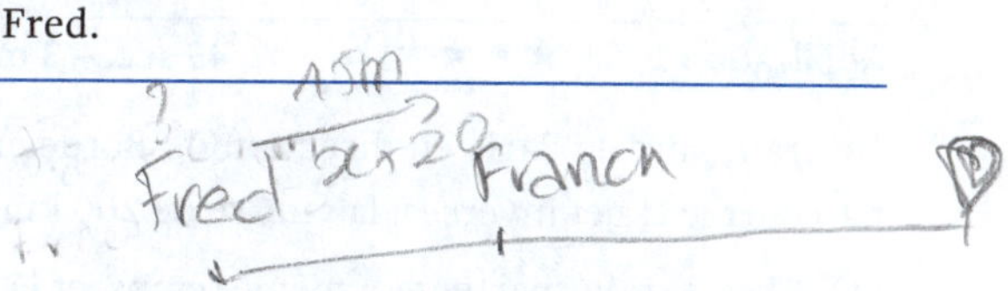

CORRIGÉ FICHE 200

Toutes les questions sont corrigées en vidéo dans votre espace E-LEARNING sur www.monsieur-tage-mage.com

114 Cas de croisement

Monsieur TAGE MAGE

Monsieur ÉCOLES de COMMERCE

COND. MIN. Fréquence ●●○○○ Difficulté ★★★★☆

CROISEMENT MOBILE : ÉLÉMENTS NÉCESSAIRES

On cherche	Il faut au minimum les éléments suivants
La durée du trajet avant le croisement	**Distance totale** = Distance entre l'élément 1 et l'élément 2. **V_1 et V_2** = Vitesses de chacun des 2 éléments ou **Somme des vitesses.** **H_1 et H_2** = Heures de départ des 2 éléments ou **Heures relatives.**
L'heure où les 2 éléments se croisent	**Distance totale** = Distance entre l'élément 1 et l'élément 2. **V_1 et V_2** = Vitesses de chacun des 2 éléments ou **Somme des vitesses.** **H_1 et H_2** = Heures de départ de chacun des 2 éléments.
Le lieu du croisement	**Distance totale** = Distance entre l'élément 1 et l'élément 2. **V_1 et V_2** = Vitesses de chacun des 2 éléments ou **Rapport des vitesses.** **H_1 et H_2** = Heures de départ des 2 éléments ou **Heures relatives.**

Application 1 ★★★★☆ **45 sec. – 3 min.**

Un train part de Paris en direction de Bordeaux à la vitesse de 100 km/h. Un autre train parcourt le trajet inverse à la vitesse de 200 km/h. Quand vont-ils se croiser ?

(1) Les 2 trains partent en même temps, et la distance totale est de 600 km.

(2) Le train en direction de Paris roule 2 fois plus vite que le train en direction de Bordeaux.

Étape 1 Interprétons l'énoncé et identifions l'information demandée.

On a V_1 (la vitesse du train qui part de Paris) et V_2 (la vitesse du train qui part de Bordeaux). On cherche le moment du croisement. Il nous manque donc H_1 et H_2 (ou les heures de départ relatives) et la distance totale qui sépare les éléments.

Étape 2 Essayons avec l'information (1) seule.

On a les heures de départ relatives (les 2 trains partent en même temps) ainsi que la distance totale. On a tous les éléments. On peut répondre.

L'information (1) seule est **suffisante.**
On garde les réponses A et D.

Étape 3 Essayons avec l'information (2) seule.

On savait déjà d'après l'énoncé que le train en direction de Paris roulait 2 fois plus vite que le train en direction de Bordeaux. Cette information ne nous apporte rien. On ne peut pas répondre.	L'information (2) seule est **insuffisante.**

Étape 4 Concluons. Réponse A.

CROISEMENT FIXE : ÉLÉMENTS NÉCESSAIRES

On cherche	Il faut au minimum les éléments suivants
La durée du trajet avant le croisement	Distance entre les 2 éléments. Vitesse de l'élément « mobile ».
La durée de croisement des 2 éléments	Longueur et vitesse de l'élément « mobile ». Longueur de l'élément « fixe ».

Application 2 ★★★☆☆ **30 sec. – 2 min.**

Une voiture roule à 70 km/h. Dans combien de temps va-t-elle croiser le radar fixe ?

(1) Le radar est situé à 3 km.

(2) Si elle roulait 2 fois plus vite, elle mettrait 2 fois moins de temps à croiser le radar.

Étape 1 Interprétons l'énoncé et identifions l'information demandée.

On a V et on cherche T, il nous manque donc D pour appliquer la formule : V = D/T.

Étape 2 Essayons avec l'information (1) seule.

On a D. On peut répondre.	L'information (1) seule est **suffisante.** **On garde les réponses A et D.**

Étape 3 Essayons avec l'information (2) seule.

Par définition, si un élément roule 2 fois plus vite, il met 2 fois moins de temps pour parcourir la même distance. C'est une vérité générale. On ne peut pas répondre.	L'information (2) seule est **insuffisante.**

Étape 4 Concluons. Réponse A.

115 Partage du temps de travail

Monsieur TAGE MAGE

Monsieur ÉCOLES de COMMERCE

COND. MIN. Fréquence ●●○○○ Difficulté ★★★☆☆

PARTAGE DU TEMPS DE TRAVAIL : ÉLÉMENTS NÉCESSAIRES

On connaît	On cherche	Formule
T_1 et T_2	T_{Total}	$\frac{1}{T_1}+\frac{1}{T_2}=\frac{1}{T_{total}}$
T_1 et T_{Total}	T_2	$\frac{1}{T_2}=\frac{1}{T_{total}}-\frac{1}{T_1}$
T_2 et T_{Total}	T_1	$\frac{1}{T_1}=\frac{1}{T_{total}}-\frac{1}{T_2}$

Il faut connaître **2 des 3 valeurs suivantes** : T_1, T_2 et T_{Total} pour répondre à la question.

Application 1 ★★★☆☆ **30 sec. – 2 min.**

Combien de temps Marie met-elle pour ranger le salon ?

(1) Aude seule met 30 minutes pour ranger le salon.

(2) Marie et Aude mettent ensemble 10 minutes pour ranger le salon, soit 3 fois moins de temps qu'Aude seule.

Étape 1 Interprétons l'énoncé et identifions l'information demandée.

Soit A le temps mis par Aude seule et M le temps mis par Marie seule.
On cherche la valeur de M, sachant que $M > 0$.

Étape 2 Essayons avec l'information (1) seule.

On connaît uniquement le temps d'Aude. Il nous manque le temps total pour répondre à la question.

L'information (1) seule est **insuffisante.** **On garde les réponses B, C et E.**

Étape 3 Essayons avec l'information (2) seule.

On connaît le temps d'Aude et le temps total. On peut donc répondre à la question.

L'information (2) seule est **suffisante.**

Étape 4 Concluons. Réponse B.

Application 2 ★★★★☆ **45 sec. – 2 min.**

Si Pierre était deux fois moins lent, il mettrait 10 minutes pour classer des documents par ordre alphabétique. Combien de temps Paul met-il pour ranger les documents ?

(1) Aidé par Paul, ils mettent ensemble 8 minutes.

(2) Paul va plus vite que Pierre.

Étape 1 Interprétons l'énoncé et identifions l'information demandée.

On cherche le temps de Paul. On connaît le temps de Pierre (20 minutes car s'il était 2 fois moins lent (= 2 fois plus rapide), il mettrait 10 minutes).

Étape 2 Essayons avec l'information (1) seule.

On connaît le temps de Pierre et le temps total. On peut donc répondre.	L'information (1) seule est **suffisante**. **On garde les réponses A et D.**

Étape 3 Essayons avec l'information (2) seule.

L'information (2) est trop vague. Paul peut mettre 12 minutes, 14 minutes, etc.	L'information (2) seule est **insuffisante**.

Étape 4 Concluons. Réponse A.

EXERCICE

Question 1 ★★★☆☆ **30 sec. – 2 min.**

3 vannes permettent d'alimenter une piscine en eau. La vanne 1 seule remplit la piscine en 1 heure. En combien de temps la piscine serait-elle remplie si on ouvrait les 3 vannes ?

(1) Ensemble, les vannes 1 et 2 rempliraient la piscine en 40 minutes.

(2) Ensemble, les vannes 1 et 3 rempliraient la piscine en 45 minutes.

➔ **CORRIGÉ FICHE 200**

Toutes les questions sont corrigées en vidéo dans votre espace E-LEARNING sur www.monsieur-tage-mage.com

116 Parité

Monsieur TAGE MAGE

Monsieur ÉCOLES de COMMERCE

COND. MIN. Fréquence ●●●○○ Difficulté ★★★★☆

RAPPELS SUR LA PARITÉ

Addition	Soustraction	Multiplication	Division
P + P = P	P – P = P	P × P = P	P ÷ P = P ou I
I + I = P	I – I = P	P × I = P	P ÷ I = P
P + I = I	P – I = I	I × I = I	I ÷ I = I

Addition ou soustraction de 2 nombres :	Produit ou division de 2 nombres :
– **De même parité** = Résultat **pair**	– **Dont au moins 1 est pair** = Résultat pair
– **De parité différente** = Résultat **impair**	– **Impairs** = Résultat impair

Application 1 ★★★☆☆ 45 sec. – 2 min.

La somme X + Y est-elle paire ?

(1) X est impair.

(2) X et Y sont de la même parité.

Étape 1 Interprétons l'énoncé et identifions l'information demandée.

On cherche à savoir si la somme X + Y est paire, c'est-à-dire si X et Y sont de même parité.

Étape 2 Essayons avec l'information (1) seule.

On connaît uniquement la parité de X.
La parité de X + Y dépend de celle de Y (car I + I = P mais I + P = I).

L'information (1) seule est **insuffisante.**
On garde les réponses B, C et E.

Étape 3 Essayons avec l'information (2) seule.

On sait que X et Y sont tous les 2 pairs ou tous les 2 impairs. Dans les 2 cas, leur somme est paire. En effet, I + I = P et P + P = P.

L'information (2) seule est **suffisante.**

Étape 4 Concluons. Réponse B.

Application 2 ★★★★☆ **45 sec. – 3 min.**

Si X et Y sont des nombres premiers, Y × (X – 3) est-il pair ?

(1) X > 11

(2) Y < 5 et Y ≠ 3

Étape 1 Interprétons l'énoncé et identifions l'information demandée.

On cherche à savoir si le produit Y × (X – 3) est pair (X et Y sont premiers), c'est-à-dire si soit Y soit (X – 3) sont pairs.

Étape 2 Essayons avec l'information (1) seule.

On a X > 11 et X premier, donc X est **forcément impair** car le seul premier pair est 2.
Comme X est impair, X – 3 est pair (car I – I = P).
Comme (X – 3) est pair, Y × (X – 3) est donc forcément pair quelle que soit la parité de Y.
(car P × I = P et P × P = P).

L'information (1) seule est **suffisante**.
On garde les réponses A et D.

Étape 3 Essayons avec l'information (2) seule.

On a Y < 5, Y ≠ 3 et Y premier, donc **Y = 2**.
On a donc : Y × (X – 3) pair, quelle que soit la parité de (X – 3) (car P × I = P et P × P = P).

L'information (2) seule est **suffisante**.

ATTENTION 1 n'est pas premier. Le premier nombre premier est 2.

Étape 4 Concluons. Réponse D.

EXERCICE

Question 1 ★★★★☆ **30 sec. – 2 min.**

CDU est un nombre entier positif à 3 chiffres. Est-il constitué de 3 chiffres pairs ?

(1) La multiplication du chiffre des centaines avec celui des dizaines est égale à 4.

(2) La multiplication du chiffre des dizaines avec celui des unités est égale à 8.

C D U

CORRIGÉ FICHE 200

I×P
P×P

117 Proportionnalité simple

Monsieur TAGE MAGE

Monsieur ÉCOLES de COMMERCE

COND. MIN. Fréquence ●●●○○ Difficulté ★★★☆☆

PROPORTIONNALITÉ SIMPLE

On connaît	On cherche	Formule
b, c et d	a	$a = \dfrac{b \times c}{d}$
a, c et d	b	$b = \dfrac{a \times d}{c}$
a, b et d	c	$c = \dfrac{a \times d}{b}$
a, b et c	d	$d = \dfrac{b \times c}{a}$

Il faut **3 des 4 éléments suivants** : a, b, c et d.

Application ★★☆☆☆ **20 sec. – 1 min.**

Au marché, combien coûtent 4 kg de confiture ?

(1) Avec 1,83 €, on a 1,8 kg de confiture.

(2) 1,2 kg de confiture vaut 1,22 €.

Étape 1 Interprétons l'énoncé et identifions l'information demandée.

On cherche le prix de 4 kg de confiture.

Étape 2 Essayons avec l'information (1) seule.

kg	€
1,8	1,83
4	X

On a 3 des 4 éléments. Produit en croix.

On peut conclure. (X = (4 × 1,83) ÷ 1,8)

L'information (1) seule est **suffisante**.

On garde les réponses A et D.

Étape 3 Essayons avec l'information (2) seule.

kg	€
1,2	1,22
4	X

L'information (2) seule est **suffisante**.

On a 3 des 4 éléments. Produit en croix.

On peut conclure. (X = (4 × 1,22) ÷ 1,2)

Étape 4 Concluons. Réponse D.

EXERCICES

Question 1 ★★☆☆☆ **30 sec. – 2 min.**

Jean a acheté une moto qui consomme beaucoup d'essence.
Combien sa moto consomme-t-elle aux 100 kilomètres ?

(1) En trois heures sur l'autoroute, sa moto a consommé 32 litres.

(2) Pour parcourir 150 kilomètres, sa moto a consommé 18 litres. rep B

Question 2 ★★★☆☆ **30 sec. – 2 min.**

Tous les employés d'une entreprise tapent leurs mails à la même vitesse.
Combien de temps mettraient 5 employés pour taper 82 mails ? rep A

(1) 10 employés tapent 10 mails en 10 minutes.

(2) 10 employés tapent 164 mails aussi vite que 5 autres employés qui tapent 82 mails.

Question 3 ★★★☆☆ **30 sec. – 2 min.**

Bruno, éleveur de 50 chèvres, produit chaque année 5 000 litres de lait. Il décide d'agrandir la taille de son exploitation en achetant des vaches. Quelle sera la nouvelle quantité de lait produite par l'exploitation de Bruno ? rep C

(1) Les vaches achetées produisent à l'unité deux fois plus de lait que les chèvres.

(2) Le nombre de vaches achetées est moitié moindre que le nombre de chèvres de Bruno.

➔ CORRIGÉ FICHE 200

118 Proportionnalité multiple

Monsieur TAGE MAGE

Monsieur ÉCOLES de COMMERCE

COND. MIN. Fréquence ●●●○○ Difficulté ★★★★☆

PROPORTIONALITÉ MULTIPLE

Unité 1	Unité 2	Unité 3
a	c	e
b	d	f

Il faut 5 des 6 éléments suivants : a, b, c, d, e et f.

Application ★★★★☆ **45 sec. – 3 min.**

Quelle quantité de foin faut-il pour nourrir 120 vaches pendant 14 jours ?

(1) Il faut 10 kg de foin pour nourrir 80 vaches pendant 21 jours.

(2) Il faut 30 kg de foin pour nourrir 80 vaches pendant 63 jours.

Étape 1 Interprétons l'énoncé et identifions l'information demandée.

On cherche la quantité de foin nécessaire pour nourrir 120 vaches pendant 14 jours.

Étape 2 Essayons avec l'information (1) seule.

Vaches	Jours	Foin (en kg)
80	21	10
120	14	X

On a 5 des 6 éléments. On peut conclure.

L'information (1) seule est **suffisante.**

On garde les réponses A et D.

Étape 3 Essayons avec l'information (2) seule.

Vaches	Jours	Foin (en kg)
80	63	30
120	14	X

On a 5 des 6 éléments. On peut conclure.

L'information (2) seule est **suffisante.**

Étape 4 Concluons. Réponse D.

EXERCICES

Question 1 ★★★☆☆ **30 sec. – 2 min.**

Combien de kg de laine produisent 12 moutons en 36 jours ?

rep D ✓

(1) En 18 jours, 6 moutons produisent 10 kg de laine.

(2) En 36 jours, 3 moutons produisent 10 kg de laine.

Question 2 ★★★★☆ **45 sec. – 3 min.**

rep C ✓

Combien de temps faut-il pour construire un immeuble de 120 étages ?

(1) Pour construire un immeuble de 180 étages, 200 ouvriers mettent 200 jours.

(2) Il y a 300 ouvriers sur le chantier.

Question 3 ★★★☆☆ **30 sec. – 2 min.**

Christophe et son équipe doivent construire 4 cabanes de jardin pour un particulier. Combien de temps vont-ils mettre ?

(1) L'équipe de Christophe est composée de 3 ouvriers.

rep C ✓

(2) 1 ouvrier construit en moyenne 1 cabane tous les 2 jours.

CORRIGÉ FICHE 200

Toutes les questions sont corrigées en vidéo dans votre espace **E-LEARNING sur www.monsieur-tage-mage.com**

119 Liens de parenté

Monsieur TAGE MAGE

Monsieur ÉCOLES de COMMERCE

COND. MIN. Fréquence ●●○○○ Difficulté ★★★★☆

Tout comme dans le sous-test « Raisonnement & Argumentation », les questions de liens de parenté se traitent en établissant un **arbre généalogique**.

Application 1 ★★★☆☆ **30 sec. – 2 min.**

Quel lien de parenté relie Paul et Arthur ?

(1) Paul est le frère de Martine, qui est la tante paternelle d'Arthur.

(2) Martine, la tante paternelle d'Arthur a deux sœurs et un frère.

Étape 1 Essayons avec l'information (1) seule.

Plusieurs solutions sont possibles : Paul peut être **l'oncle** ou **le père** d'Arthur.	L'information (1) seule est **insuffisante.** On garde les réponses B, C et E.

Étape 2 Essayons avec l'information (2) seule.

Nous n'avons aucune information concernant Paul, donc impossible de répondre.	L'information (2) seule est **insuffisante.** On garde les réponses C et E.

Étape 3 Essayons avec les informations (1) et (2) ensemble.

Si Martine, la tante paternelle d'Arthur, n'a qu'un seul frère (Paul), alors on peut en déduire que **Paul est forcément le père d'Arthur.**	Les informations (1) et (2) ensemble sont **suffisantes.**

Concluons Réponse C.

Application 2 ★★★☆☆ **30 sec. – 2 min.**

Quel lien de parenté relie Chloé et Oscar ?

(1) Chloé est l'unique sœur de Sylvain qui est l'oncle maternel d'Oscar.

(2) Sylvain, l'oncle maternel d'Oscar a trois frères et une sœur.

Étape 1 Essayons avec l'information (1) seule.

Sylvain est l'oncle maternel d'Oscar : c'est donc le frère de la mère d'Oscar. Chloé est donc la sœur du frère de la mère d'Oscar. Comme Sylvain n'a qu'une sœur, Chloé est forcément la mère d'Oscar.	L'information (1) seule est **suffisante.** **On garde les réponses A et D.**

Étape 2 Essayons avec l'information (2) seule.

Chloé n'étant pas mentionnée dans cette information, on ne peut évidemment pas répondre à la question.	L'information (2) seule est **insuffisante.**

Concluons Réponse A.

EXERCICE

Question 1 ★★★★☆ **30 sec. – 2 min.**

Jean et Fanny appartiennent à la même fratrie. Quel est le nombre d'enfants dans leur fratrie ?

(1) Fanny a le même nombre de sœur(s) que de frère(s).

(2) Jean a trois fois plus de sœur(s) que de frère(s).

CORRIGÉ FICHE 200

Toutes les questions sont corrigées en vidéo dans votre espace **E-LEARNING sur www.monsieur-tage-mage.com**

120 Centaines, dizaines, unités

Monsieur TAGE MAGE

Monsieur ÉCOLES de COMMERCE

COND. MIN. Fréquence ●●●●○ Difficulté ★★★☆☆

Il est très fréquent en Conditions minimales d'avoir des énoncés de type « Centaines, Dizaines, Unités ».
Vous devez trouver un ou des nombres qui correspond(ent) aux conditions de l'énoncé et des informations.
Ces conditions vous demandent d'effectuer des calculs avec **le chiffre des centaines, des dizaines ou des unités**. Soyez donc à l'aise avec ce format de question !

> **ATTENTION** N'oubliez pas de prendre en compte les contraintes de l'énoncé, qui réduisent le nombre de réponses possibles. Retenez que les chiffres des centaines, des dizaines et des unités sont forcément compris entre 0 et 9.

Application ★★★☆☆ **30 sec. – 2 min.**

Sachant que ABC est un nombre à 3 chiffres, que vaut B ?

(1) Le chiffre des dizaines est le double du chiffre des unités.
(2) Le chiffre des unités est le quart du chiffre des centaines.

Étape 1 Essayons avec l'information (1) seule.

Plusieurs solutions sont possibles : 8<u>63</u> ou 4<u>42</u> par exemple.	L'information (1) seule est **insuffisante.** **On garde les réponses B, C et E.**

Étape 2 Essayons avec l'information (2) seule.

Plusieurs solutions sont possibles : <u>8</u>6<u>2</u> ou <u>4</u>4<u>1</u> par exemple.	L'information (2) seule est **insuffisante.** **On garde les réponses C et E.**

Étape 3 Essayons avec les informations (1) et (2) ensemble.

2 solutions sont possibles : 842 et 421.	Les informations (1) et (2) ensemble sont **insuffisantes.**

Étape 4 Concluons. Réponse E.

EXERCICES

Question 1 ★★★★☆ **45 sec. – 3 min.**

m est un nombre à deux chiffres avec A pour chiffre des dizaines et B pour chiffre des unités. Que vaut B ?

(1) m^2 est un nombre à trois chiffres dont le chiffre des centaines est 2.

(2) m^2 est un nombre à trois chiffres inférieur à 300 dont le chiffre des dizaines est égal à B – A.

Question 2 ★★★★★ **1 min. – 3 min.**

Que vaut le nombre de trois chiffres XYZ ?

(1) X + Z = 11 + Y.

(2) XYZ est multiple de 83.

Question 3 ★★★☆☆ **30 sec. – 2 min.**

CDU est un nombre à 3 chiffres strictement décroissants, tel que C = D + U. Que vaut C ?

(1) L'addition des 3 chiffres de CDU est égale à 16.

(2) Les 3 chiffres qui composent CDU sont pairs.

Question 4 ★★★★★ **30 sec. – 2 min.**

Soit M un nombre a trois chiffres dont le chiffre des centaines est 3. Que vaut M ?

(1) La somme des trois chiffres de M est égale à 14.

(2) La somme des chiffres du résultat de M + 25 est égale à 12.

➔ **CORRIGÉ FICHE 200**

121 Théorèmes de Thalès et de Pythagore

COND. MIN. Fréquence ●●●○○ Difficulté ★★★★☆

THÉORÈME DE THALÈS : ÉLÉMENTS NÉCESSAIRES

On connaît	On trouve	Formule
5 longueurs sur 6	La 6^e	$\frac{AD}{AB} = \frac{AE}{AC} = \frac{DE}{BC}$
1 rapport entre 2 longueurs et la longueur en lien avec la longueur cherchée.	La 4^e	

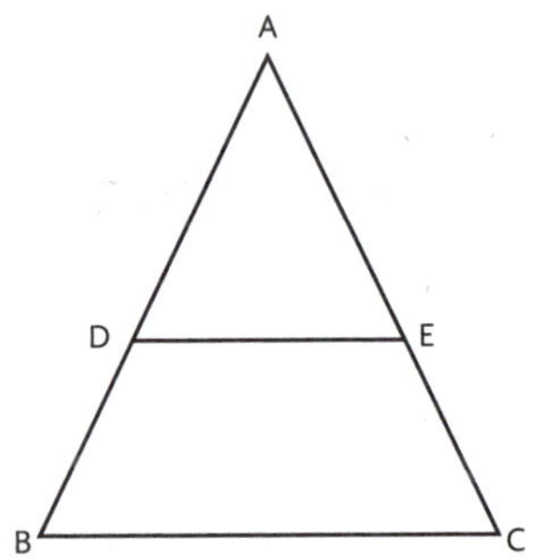

Application ★★★☆☆ **30 sec. – 2 min.**

Soit ABC un triangle. Soit DE parallèle à BC qui coupe AC en E et AB en D.
Que vaut AD ?

(1) AE = 1/2 AC et AB = 8 cm

(2) DE = 3 cm, BC = 6 cm et AB = 8 cm

Étape 1 Interprétons l'énoncé et identifions l'information demandée.

On cherche la longueur de AD.

Étape 2 Essayons avec l'information (1) seule.

On a un rapport entre 2 longueurs (AE = 1/2 AC) et la longueur en lien avec la longueur cherchée (AB = 8 cm). On peut répondre.
(En l'occurrence, AD = 4 cm).

L'information (1) seule est **suffisante.**
On garde les réponses A et D.

Étape 3 Essayons avec l'information (2) seule.

On a 1 rapport entre 2 longueurs (DE = 1/2 BC) et la longueur en lien avec la longueur cherchée (AB = 8 cm). On peut conclure. (En l'occurrence, AD = 4 cm).	L'information (2) seule est **suffisante**.

Étape 4 Concluons. Réponse D.

THÉORÈME DE PYTHAGORE : ÉLÉMENTS NÉCESSAIRES

On connaît	On cherche	Formule
2 des 3 longueurs	La 3e longueur	**$b^2 + c^2 = a^2$**
1 longueur et un rapport de 2 longueurs	Les 2 autres longueurs	
1 angle (en plus de l'angle droit) et 1 longueur.	Les autres longueurs	**Trigonométrie**

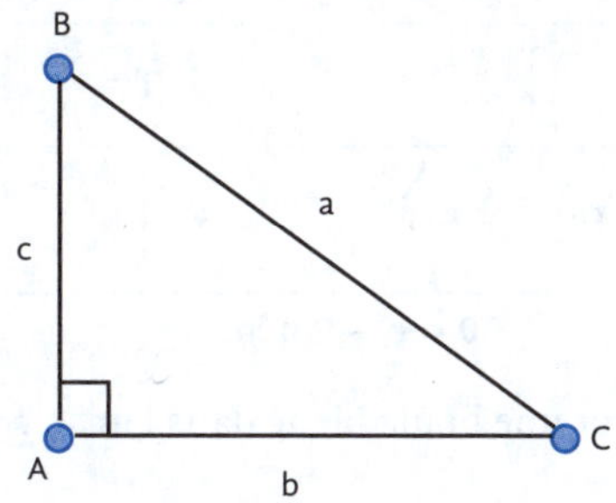

Application ★★★☆☆ **30 sec. – 2 min.**

Soit ABC un triangle rectangle en A. Que vaut AC ?

(1) L'angle $\widehat{ABC}$ vaut 50° et AB = 3 cm.

(2) AB = 3 cm et BC = 5 cm.

Étape 1 Essayons avec l'information (1) seule.

On a 1 angle et 1 longueur. On peut conclure (trigonométrie).	L'information (1) seule est **suffisante**. **On garde les réponses A et D.**

Étape 2 Essayons avec l'information (2) seule.

On a 2 des 3 longueurs. On peut conclure.	L'information (2) seule est **suffisante**.

Étape 3 Concluons. Réponse D.

122 Probabilités

Monsieur TAGE MAGE

Monsieur ÉCOLES de COMMERCE

COND. MIN. Fréquence ●●○○○ Difficulté ★★★★☆

PROBABILITÉS : ÉLÉMENTS NÉCESSAIRES

Soit **P** la probabilité d'un événement, **T** le nombre de cas total et **F** le nombre de cas favorables.

On connaît	On cherche	Formule
T et F	P	$\mathbf{P = \frac{F}{T}}$
T et P	F	$\mathbf{F = P \times T}$
F et P	T	$\mathbf{T = \frac{F}{P}}$

Il faut connaître **2 des 3 valeurs** : T, F et P.

Application 1 ★★★☆☆ **30 sec. – 2 min.**

Quelle est la probabilité de tirer une boule bleue dans l'urne ?

(1) Il y a 6 boules bleues.

(2) Il y a 16 boules au total, dont 6 boules bleues.

Étape 1 Interprétons l'énoncé et identifions l'information demandée.

On cherche la probabilité de tirer une bleue.

Étape 2 Essayons avec l'information (1) seule.

On connaît uniquement le nombre de cas favorables. En effet, on sait qu'il y a 6 boules bleues mais on ne sait pas s'il y a d'autres boules d'autres couleurs.

L'information (1) seule est **insuffisante.**
On garde les réponses B, C et E.

Étape 3 Essayons avec l'information (2) seule.

On connaît le nombre de cas favorables et le nombre de cas total. On peut donc trouver p.

L'information (2) seule est **suffisante.**

Étape 4 Concluons. Réponse B.

Application 2 ★★☆☆☆ **30 sec. – 2 min.**

Quelle est la probabilité de sélectionner une femme dans l'entreprise SA Rame ?

(1) Il y a autant d'hommes que de femmes.

(2) Quand la moitié des femmes est en vacances, il y a deux fois plus d'hommes que de femmes.

Étape 1 Interprétons l'énoncé et identifions l'information demandée.

On cherche la probabilité de tomber sur une femme en choisissant au hasard une personne de l'entreprise.

Étape 2 Essayons avec l'information (1) seule.

Il y a autant d'hommes que de femmes, donc le nombre de cas favorables vaut la moitié du nombre de cas total.	L'information (1) seule est **suffisante.** **On garde les réponses A et D.**

Étape 3 Essayons avec l'information (2) seule.

En temps normal (hors vacances), il y a donc autant de femmes que d'hommes. L'information (2) est identique à l'information (1).	L'information (2) seule est **suffisante.**

Étape 4 Concluons. Réponse D.

> **ASTUCE Si les informations (1) et (2) sont identiques**, on ne **garde** que les **réponses D et E.**
> En effet, si 1 est suffisante, alors 2 est également **suffisante** = **réponse D.**
> Si 1 est insuffisante, alors 2 est également **insuffisante** (et les réunir n'apporte rien dans ce cas) = **Réponse E.**

EXERCICE

Question 1 ★★★☆☆ **30 sec. – 2 min.**

Je tire 3 cartes au hasard dans un jeu classique de 52 cartes. Ai-je tiré au moins 1 carte de couleur rouge ?

(1) J'ai tiré 3 rois.

(2) J'ai tiré au moins 2 cartes noires.

➔ **CORRIGÉ FICHE 200**

TAGE MAGE® N° 1/2/3

CONDITIONS MINIMALES

CONSIGNES

15 questions	20 minutes	Calculatrice interdite	Chronomètre recommandé

BARÈME

Bonne réponse : +4 points	Aucune réponse : 0 point	Mauvaise réponse : –1 point

(A) **L'information 1 seule est suffisante** pour répondre à la question.
L'information 2 seule est insuffisante pour répondre à la question.

(B) **L'information 2 seule est suffisante** pour répondre à la question.
L'information 1 seule est insuffisante pour répondre à la question.

(C) **Les informations 1 et 2 ensemble sont suffisantes** pour répondre à la question.
L'information 1 seule ou l'information 2 seule est insuffisante pour répondre à la question.

(D) **L'information 1 seule est suffisante** pour répondre à la question.
L'information 2 seule est suffisante pour répondre à la question.

(E) **Les informations 1 et 2 ensemble sont insuffisantes** pour répondre à la question.
L'information 1 seule ou l'information 2 seule est insuffisante pour répondre à la question.

Question 46. On lance 2 fois de suite un dé équilibré. On note X le résultat du 1er lancer et Y le résultat du 2e lancer. Que vaut X × Y ?

(1) X + Y = 10

(2) X – Y = 2

Question 47. Combien valent X et Y ?

(1) 2 X + Y = 16

(2) 6 X – 48 = –3Y

Question 48. 3 amis ont fondé une start-up et reçoivent leurs dividendes au prorata de leur investissement initial. Qui a investi le moins ?

(1) Alain a reçu autant de dividendes que Bernard et Claude réunis.

(2) Bernard a touché plus que Claude.

Question 49. Quel est le périmètre du carré ABCD ?

(1) La valeur de sa surface en mètres carrés est égale à celle de son périmètre en mètres.

(2) Sa diagonale mesure $4\sqrt{2}$ mètres.

Question 50. Une baignoire se remplit à l'aide de 2 robinets. En combien de temps la baignoire sera-t-elle remplie uniquement à l'aide du 2e robinet ?

(1) Si on utilise uniquement le 1er robinet, la baignoire se remplit en 1 heure.

(2) Si on utilise les 2 robinets en même temps, la baignoire se remplit en 20 minutes.

Question 51. L'expression $X \times (Y - 2)$ est-elle paire ?

(1) X est un nombre premier inférieur strictement à 3.

(2) Y est impair.

Question 52. M est un multiple de 11 à 3 chiffres. Que vaut M ?

(1) M est un multiple de 13.

(2) M est un multiple de 5.

Question 53. Combien vaut A ?

(1) $A^2 = 3A$

(2) $A \times (A - 3) = 0$

Question 54. Un enfant a eu 9 ans le 14 janvier. Combien de jours a-t-il vécu jusqu'à ses 9 ans ?

(1) Dans 2 ans, il aura 11 ans.

(2) Il est né en 1904.

Question 55. A-t-on $A > B$?

(1) $A^2 > B^2$

(2) $A + 3 > B + 2$

Question 56. Dans un sac, il y a 3 bonbons bleus, 7 bonbons verts et 9 bonbons rouges. Si on pioche dans le sac, a-t-on pioché plus de bonbons rouges que de bonbons bleus ?

(1) On a pioché 7 bonbons verts.

(2) On a pioché 15 bonbons en tout.

Question 57. Le salaire moyen des ouvriers d'une entreprise est de 2 000 euros. Celui des cadres est de 3 000 euros. Sur les 60 salariés de l'entreprise, combien sont des ouvriers ?

(1) Le salaire moyen dans l'entreprise est de 2 200 euros.
(2) Il y a plus d'ouvriers que de cadres.

Question 58. Quelle est la surface de ce rectangle ?

(1) Sa longueur est 2 fois plus grande que sa largeur.
(2) Sa largeur est solution de l'équation : $l^2 - 3l + 2 = 0$.

Question 59. Il est cinq heures du matin. Les premiers trains de Gare de Lyon, Gare Montparnasse et Gare du Nord partent. Le train de Gare du Nord repart toutes les 72 minutes. Quel aura été le nombre de rotations du train de Gare de Lyon lorsque les trois trains repartiront ensemble au même moment pour la deuxième fois de la journée (la fois après 5 h 00 du matin), sachant que ces trains ont un cadencement régulier ?

(1) Le train pour Gare de Lyon repart toutes les douze minutes.
(2) Le train pour la Gare Montparnasse repart toutes les 45 minutes.

Question 60. Soit M un nombre à 3 chiffres. Que vaut M ?

(1) Le chiffre des centaines de M est égal à la somme de ses 2 autres chiffres.
(2) Le chiffre des dizaines de M est égal au double de son chiffre des unités.

Difficulté	FACILE													
Question	46	47	48	49	50	51	52	53	54	55	56	57	58	59	60
Réponse	C	E	C	D	C	A	C	E	B	E	B	A	E	C	E

Question 46 Réponse C ★★★☆☆ **30 sec. – 2 min.** **Fiche 108**

Information (1) seule Insuffisante.

Nous savons que la somme des 2 premiers lancers (X + Y) est égale à 10.

Il y a 2 résultats possibles : (6 ; 4) (et dans ce cas X × Y = 24) et (5 ; 5) (et dans ce cas X × Y = 25).

On ne peut pas conclure.

On garde les réponses B, C et E.

Information (2) seule Insuffisante.

Nous savons que la différence entre les 2 premiers lancers (X – Y) est égale à 2.

Il y a plusieurs résultats possibles : (6 ; 4) (et dans ce cas X × Y = 24), (5 ; 3) (et dans ce cas X × Y = 15), (4 ; 2) (et dans ce cas X × Y = 8) et (3 ; 1) (et dans ce cas X × Y = 3).

On ne peut pas conclure.

On garde les réponses C et E.

Informations (1) et (2) ensemble Suffisantes.

On sait maintenant que : X + Y = 10 et X – Y = 2. Le couple solution est le seul couple qui fonctionne à la fois pour l'information (1) et pour l'information (2).

En l'occurrence, c'est le couple (X ; Y) = (6 ; 4).

On peut donc conclure que X × Y = 6 × 4 = 24.

Conclusion Réponse C.

Question 47 Réponse E ★★★★☆ **30 sec. – 2 min.** **Fiche 108**

- **Rappel de cours** Un système d'équations (ou d'inéquations) a une solution si et seulement si il comporte autant d'inconnues que d'équations non proportionnelles.

Information (1) seule Insuffisante.

On a 1 équation mais 2 inconnues. On ne peut pas répondre.

On garde les réponses B, C et E.

Information (2) seule Insuffisante.

De même, on a 1 équation mais 2 inconnues. On ne peut pas répondre.

On garde les réponses C et E.

Informations (1) et (2) ensemble **Insuffisantes.**

On a maintenant 2 inconnues et 2 équations.

Pour pouvoir trouver X et Y, il faut que ces équations soient non proportionnelles.

En l'occurrence, l'équation (2) est exactement égale à 3 fois l'équation (1).

En effet, (2) $\Leftrightarrow$ $6X + 3Y = 48$ $\Leftrightarrow$ $2X + Y = 16$ (en divisant par 3 à gauche et à droite) donc finalement (2) $\Leftrightarrow$ (1).

Elles sont donc proportionnelles. On ne peut pas conclure.

Conclusion **Réponse E.**

Question 48	Réponse C	★★★☆☆	30 sec. – 2 min.	Fiche 108

Modélisons la situation.

Soit A le dividende d'Alain, B celui de Bernard et C celui de Claude.

Information (1) seule **Insuffisante.**

Nous savons qu'Alain a touché autant que Bernard et Claude réunis, soit $A = B + C$. On en déduit que : $A > B$ et $A > C$. Toutefois, on ne sait pas qui de Bernard ou Claude a touché le moins. On ne peut pas conclure.

On garde les réponses B, C et E.

Information (2) seule **Insuffisante.**

Nous savons que Bernard a reçu plus que Claude soit : $B > C$. Toutefois, on ne sait pas qui d'Alain ou Claude a reçu le moins. On ne peut pas conclure.

On garde les réponses C et E.

Informations (1) et (2) ensemble **Suffisantes.**

En résumé, on a : $A > B$; $A > C$ et $B > C$. On en déduit que : $A > B > C$. C'est donc Claude qui a reçu (et donc investi) le moins. On peut conclure.

Conclusion **Réponse C.**

Question 49	Réponse D	★★★☆☆	30 sec. – 2 min.	Fiche 108

- **Rappel de cours** Le périmètre d'un carré de côté C est : $\mathbf{4 \times C}$

  La surface d'un carré de côté C est : $\mathbf{C^2}$

  La diagonale d'un carré de côté C mesure : $\mathbf{C \times \sqrt{2}}$

Modélisons la situation.

Soit C le côté du carré. On cherche son périmètre soit $4 \times C$.

Information (1) seule **Suffisante.**

On apprend que : $C^2 = 4 \times C \Leftrightarrow C^2 - 4 \times C = 0 \Leftrightarrow C \times (C - 4) = 0 \Leftrightarrow C = 0$ ou $C = 4$.

En effet, un produit de facteurs est nul si et seulement si au moins un des facteurs est nul.

Or, C ne peut pas valoir 0 sinon le carré n'existe pas.

On conclut que C = 4 et donc P = 4 × C = 16.

On garde les réponses A et D.

Information (2) seule **Suffisante.**

La diagonale du carré mesure $4\sqrt{2}$ mètres. Or, cela correspond, par définition de la diagonale, à la diagonale d'un carré de côté 4 mètres (voir rappel de cours).

On conclut que C = 4 et donc P = 4 × C = 16.

Conclusion **Réponse D.**

Question 50	Réponse C	★★★☆☆	30 sec. – 2 min.	Fiche 115

- **Rappel de cours** Pour connaître le temps T que vont mettre 2 personnes ensemble pour réaliser un travail, appliquez la formule :

$$\frac{1}{T}=\frac{1}{T_1}+\frac{1}{T_2}$$

Modélisons la situation.

Soit T_1 le temps que met le 1er robinet seul, T_2 le temps que met le 2e robinet seul et T le temps mis pour remplir la baignoire par les 2 robinets en même temps.

On cherche T_2, le temps que met le 2e robinet seul pour remplir la baignoire.

Information (1) seule **Insuffisante.**

On apprend que : T_1 = 1 h. Il manque T pour obtenir T_2. On ne peut pas conclure.

On garde les réponses B, C et E.

Information (2) seule **Insuffisante.**

On apprend que : T = 20 minutes. Il manque T_1 pour obtenir T_2. On ne peut pas conclure.

On garde les réponses C et E.

Informations (1) et (2) ensemble **Suffisantes.**

En résumé, on a T et T_1. On peut donc trouver T_2 avec la formule du partage du temps de travail.

Conclusion **Réponse C.**

Question 51	Réponse A	★★★☆☆	30 sec. – 2 min.	Fiche 116

- **Rappel de cours** **Règles de parité :**

  Multiplication : Pair × Impair = Pair, I × I = I, P × P = P.

  Somme : Pair + Impair = Impair, P + P = P, I + I = P.

Information (1) seule **Suffisante.**

On sait que X est un nombre premier strictement inférieur à 3. On comprend que X est égal à 2 (seul nombre premier inférieur strictement à 3). $X = 2$ donc X est pair. D'après les règles de parité, on comprend que $X \times (Y - 2)$ est nécessairement pair, peu importe la parité de $(Y - 2)$.

On garde les réponses A et D.

Information (2) seule **Insuffisante.**

Le fait de savoir que Y est impair nous permet simplement de conclure que $Y - 2$ est impair également. La parité de $X \times (Y - 2)$ va donc dépendre de la parité de X. Si X est pair, alors $X \times (Y - 2)$ sera pair ; si X est impair, alors $X \times (Y - 2)$ sera impair.

On ne peut pas conclure.

Conclusion **Réponse A.**

Question 52	Réponse C	★★★☆☆	30 sec. – 2 min.	Fiche 108

- **Rappel de cours** Si un nombre est multiple de plusieurs nombres premiers, alors il est multiple du produit de ces nombres.

Information (1) seule **Insuffisante.**

M est un multiple de 11 et de 13. 11 et 13 sont premiers donc M est un multiple de 11×13. M peut donc valoir : 143, 286, 429, 572, 715 ou 858. On ne peut pas conclure.

On garde les réponses B, C et E.

Information (2) seule **Insuffisante.**

M est un multiple de 11 et de 5. 11 et 5 sont premiers donc M est un multiple de 11×5. M peut donc valoir : 55, 110, 165, 220, 275, 330, 385, 440, 495, 550, 605, 660, 715, 770, 825, 880, 935 ou 990. On ne peut pas conclure.

On garde les réponses C et E.

Informations (1) et (2) ensemble **Suffisantes.**

M est un multiple de 11, de 13 et de 5. 11, 13 et 5 sont premiers donc M est un multiple de $13 \times 11 \times 5 = 715$. Seul 715 correspond aux critères, sachant que M est un nombre à 3 chiffres. Tous les autres multiples de 13, 5 et 11 comportent 4 chiffres ou plus.

Conclusion **Réponse C.**

Question 53	Réponse E	★★★★☆	30 sec. – 2 min.	Fiche 108

- **Rappel de cours** Un produit de facteurs est nul si, et seulement si, au moins un des facteurs est nul.

Information (1) seule **Insuffisante.**

$A^2 = 3A \Leftrightarrow A^2 - 3A = 0 \Leftrightarrow A \times (A - 3) = 0 \Leftrightarrow A = 0$ ou $A = 3$.

A vaut donc soit 0 soit 3, on ne peut pas répondre.

On garde les réponses B, C et E.

Information (2) seule **Insuffisante.**

De même, $A \times (A - 3) = 0 \Leftrightarrow A = 0$ ou $A = 3$. On ne peut pas répondre.

On garde les réponses C et E.

Informations (1) et (2) ensemble **Insuffisantes.**

Les 2 informations sont identiques. En les combinant, on n'obtiendra rien de mieux qu'en les étudiant séparément. On ne peut pas conclure.

Conclusion **Réponse E.**

Question 54 — Réponse B — ★★★★☆ — 30 sec. – 2 min. — Fiche 104

- **Rappel de cours** Les années bissextiles (années divisibles par 4, non divisibles par 100, sauf celles divisibles par 400) comportent un jour de plus (29 février) et comptent donc 366 jours au lieu de 365.

Modélisons la situation.

L'enfant a vécu 9 ans. Chaque année vécue comporte 365 ou 366 jours selon si l'année est bissextile ou non.

Information (1) seule **Insuffisante.**

Cette information est une information de vérité générale. Elle n'apporte rien. Elle confirme simplement que l'enfant a 9 ans (9 + 2 = 11). On l'élimine immédiatement.

On garde les réponses B, C et E.

Information (2) seule **Suffisante.**

Le fait de connaître son année de naissance nous renseigne sur les années bissextiles. En effet, il a donc vécu de 1904 à 1913, soit 3 années bissextiles (1904, 1908 et 1912).

Ainsi, on peut calculer le nombre de jours vécus (366 + 365 + 365 + 365 + 366 + 365 + 365 + 365 + 366 + 365). On peut répondre.

Attention : Par exemple, s'il était né en 1906, le garçon n'aurait connu que 2 années bissextiles (1908 et 1912). Cela aurait réduit le nombre de jours.

Conclusion **Réponse B.**

Question 55 — Réponse E — ★★★★☆ — 30 sec. – 2 min. — Fiche 108

Information (1) seule **Insuffisante.**

Le fait d'avoir : $A^2 > B^2$ ne garantit pas que : $A > B$.

En effet, si $A = 2$ et $B = 1$, alors on a bien $A^2 > B^2$ et $A > B$ mais si $A = -2$ et $B = -1$ on a également $A^2 > B^2$ mais cette fois $A < B$. On ne peut pas conclure.

On garde les réponses B, C et E.

Information (2) seule **Insuffisante.**

$A + 3 > B + 2 \Leftrightarrow A + 3 - 2 > B + 2 - 2 \Leftrightarrow A + 1 > B$.

Si A = 1 et B = 0, alors on a bien $A + 1 > B$ et $A > B$ mais si A = 0,5 et B = 1, alors on a également $A + 1 > B$ mais $A < B$. On ne peut pas conclure.

On garde les réponses C et E.

Informations (1) et (2) ensemble **Insuffisantes.**

Si A = 1 et B = 0, alors on a : $A^2 > B^2$ et $A + 1 > B$. Dans ce cas, $A > B$.

Si A = –1 et B = –0,5, alors on a : $A^2 > B^2$ et $A + 1 > B$. Dans ce cas, $A < B$.

On ne peut pas conclure.

Conclusion **Réponse E.**

Question 56	Réponse B	★★★★☆	30 sec. – 2 min.	Fiche 122

Modélisons la situation.

Soit B, V et R le nombre de bonbons bleus, verts et rouges piochés.

On cherche à savoir si $R > B$.

Information (1) seule **Insuffisante.**

On apprend que V = 7. On n'a aucune information sur les couleurs qui nous intéressent (R et B). On ne peut pas conclure.

On garde les réponses B, C et E.

Information (2) seule **Suffisante.**

On apprend que : $V + R + B = 15$. Au maximum, on tire 3 bleus et 7 verts. Au minimum, on tire donc 5 rouges. Dans tous les cas, on a $R > B$. On peut conclure.

Conclusion **Réponse B.**

Question 57	Réponse A	★★★☆☆	30 sec. – 2 min.	Fiche 110

- **Rappel de cours** La formule du barycentre permet de trouver les proportions relatives de 2 ensembles :

$$\frac{\text{Moyenne générale} - \text{Moyenne mini}}{\text{Moyenne maxi} - \text{Moyenne mini}}$$

Modélisons la situation.

Soit O le nombre d'ouvriers et C le nombre de cadres. On a : $O + C = 60$.

Information (1) seule **Suffisante.**

On a : la moyenne du 1er groupe (ouvriers = 2 000 euros), la moyenne du 2e groupe (cadres = 3 000 euros), la moyenne générale (moyenne = 2 200 euros) et le nombre total d'employés. On peut donc utiliser la formule du barycentre pour trouver le nombre d'ouvriers et de cadres. (En l'occurrence : O = 48 et C = 12).

On garde les réponses A et D.

Information (2) seule **Insuffisante.**

Le fait de savoir que : O > C n'est pas suffisant. On pourrait avoir 50 ouvriers et 10 cadres ou 55 ouvriers et 5 cadres par exemple. On ne peut pas conclure.

Conclusion **Réponse A.**

Question 58 **Réponse E** ★★★★☆ **30 sec. – 2 min.** **Fiche 108**

- **Rappel de cours** L'aire d'un rectangle de longueur L et de largeur l est : **L × l**

  Soit une équation du type $aX^2 + bX + C = 0$.

  Le discriminant Δ est : $\mathbf{b^2 - 4 \times a \times c}$

  Si $\Delta < 0$ alors l'équation n'admet pas de solution.

  Si $\Delta > 0$ alors l'équation a 2 solutions : $X_1 = \frac{-b-\sqrt{\Delta}}{2a}$ et $X_2 = \frac{-b+\sqrt{\Delta}}{2a}$

  Si $\Delta = 0$, alors l'équation admet une unique solution : $X = \frac{-b}{2a}$

Modélisons la situation.

Soit L la longueur et l la largeur du rectangle. On cherche L × l.

Information (1) seule **Insuffisante.**

On apprend que : L = 2 × l. On a 2 inconnues mais 1 seule équation. On ne peut pas conclure.

On garde les réponses B, C et E.

Information (2) seule **Insuffisante.**

On a : $l^2 - 3l + 2 = 0$. $\Delta = \mathbf{b^2 - 4 \times a \times c} = (-3)^2 - 4 \times 1 \times 2 = 9 - 8 = 1 > 0$.

Le discriminant est > 0 donc l'équation admet 2 solutions :

$X_1 = \frac{-b-\sqrt{\Delta}}{2a} = \frac{-(-3)-\sqrt{1}}{2} = \mathbf{1}$ et $X_2 = \frac{-b+\sqrt{\Delta}}{2a} = \frac{-(-3)+\sqrt{1}}{2} = \mathbf{2}$

La largeur peut donc valoir 1 ou 2. On ne peut pas conclure.

On garde les réponses C et E.

Informations (1) et (2) ensemble **Insuffisantes.**

En combinant les 2 informations, on a 2 possibilités :

1) l = 1 et dans ce cas L = 2 et L × l = 2 ou **2)** l = 2 et dans ce cas L = 4 et L × l = 8.

On ne peut pas conclure.

Conclusion **Réponse E.**

Question 59 **Réponse C** ★★★★☆ **45 sec. – 3 min.** **Fiche 105**

Traduisons l'énoncé.

On cherche à savoir à quelle heure les 3 trains repartiront ensemble.

Fréquence Gare du Nord : 5 h 00, 6 h 12, 7 h 24, 8 h 36, 9 h 48, 11 h 00, etc.

Information (1) seule **Insuffisante.**

Fréquence Gare de Lyon : 5 h 00, 5 h 12, 5 h 24, 5 h 36, 5 h 48, 6 h 00, **6 h 12**, etc.

Le train de Gare de Lyon partant toutes les 12 minutes, il part exactement 5 fois par heure.

À 6 h 12, les trains de Gare du Nord et Gare de Lyon repartiront en même temps.

Toutefois, on ne sait pas quand repartira le train de Gare Montparnasse.
On ne peut pas répondre à la question. **On garde les réponses B, C et E.**

Information (2) seule **Insuffisante.**

Fréquence Gare Montparnasse : 5 h 00, 5 h 45, 6 h 30, 7 h 15, 8 h 00, 8 h 45, 9 h 30, 10 h 15, **11 h 00.**

Les trains de Gare du Nord et de Gare Montparnasse repartiront ensemble à 11 heures.
Mais on ne sait pas quand repartira le train de Gare de Lyon.
On ne peut pas répondre à la question. **On garde les réponses C et E.**

Informations (1) et (2) ensemble **Suffisantes.**

Avec l'information (1), on sait que le train à destination de Gare de Lyon repart toutes les 12 minutes. Il repartira donc à 11 heures également. En effet, on a vu à la 1re étape que le train pour Gare de Lyon repartait (entre autres) à toutes les heures pile.
À 11 heures, il y a également un départ des trains de Gare du Nord et de Gare Montparnasse (voir étape 2). Les trois trains repartiront donc simultanément à 11 heures.
Le train pour Gare de Lyon aura alors effectué 5 rotations par heure pendant 6 heures soit 30 rotations. On peut donc répondre à la question.

Conclusion **Réponse C.**

Question 60 Réponse E	★★★☆☆	30 sec. – 2 min.	Fiche 120

Modélisons la situation.

Soit C le chiffre des centaines, D le chiffre des dizaines et U le chiffre des unités.

Information (1) seule **Insuffisante.**

On apprend que : C = D + U. Il y a beaucoup de solutions. Par exemple, 211 (2 = 1 + 1) ou 422 (4 = 2 + 2). On ne peut pas conclure.

On garde les réponses B, C et E.

Information (2) seule **Insuffisante.**

On apprend que : D = 2 × U. On n'a aucune information sur C. On ne peut pas conclure.

On garde les réponses C et E.

Informations (1) et (2) ensemble **Insuffisantes.**

On sait que : C = D + U et D = 2 × U. On a 2 équations mais 3 inconnues donc on ne peut pas répondre. Par exemple, M peut valoir : 963 (9 = 6 + 3 et 6 = 2 × 3) ou 642 (6 = 4 + 2 et 4 = 2 × 2). On ne peut pas conclure.

TAGE MAGE® N° 2

4 CONDITIONS MINIMALES

CONSIGNES

15 questions	20 minutes	Calculatrice interdite	Chronomètre recommandé

BARÈME

Bonne réponse : +4 points	Aucune réponse : 0 point	Mauvaise réponse : –1 point

(A) **L'information 1 seule est suffisante** pour répondre à la question.
L'information 2 seule est insuffisante pour répondre à la question.

(B) **L'information 2 seule est suffisante** pour répondre à la question.
L'information 1 seule est insuffisante pour répondre à la question.

(C) **Les informations 1 et 2 ensemble sont suffisantes** pour répondre à la question.
L'information 1 seule ou l'information 2 seule est insuffisante pour répondre à la question.

(D) **L'information 1 seule est suffisante** pour répondre à la question.
L'information 2 seule est suffisante pour répondre à la question.

(E) **Les informations 1 et 2 ensemble sont insuffisantes** pour répondre à la question.
L'information 1 seule ou l'information 2 seule est insuffisante pour répondre à la question.

Question 46. Soit M un nombre à 3 chiffres. Que vaut le chiffre des centaines de M ?

(1) La somme des chiffres de M est égale à 20.

(2) Le produit des 2 derniers chiffres de M est égal à 40.

Question 47. Soit A un nombre premier à 2 chiffres. Que vaut A ?

(1) A est la somme de 2 carrés parfaits.

(2) La somme des chiffres de A est égale à 8.

Question 48. Alain a-t-il mangé de la pizza hier ?

(1) Stéphane n'a pas mangé de pizza.

(2) Si Alain ne mange pas de pizza, alors Stéphane n'en mange pas.

Question 49. Y est un cube non nul inférieur à 999. Que vaut Y ?

(1) Y est également un carré.

(2) La somme des chiffres de Y est égale à 10.

Question 50. Que vaut A + B + C ?

(1) A = 2B = 3C

(2) 4A + 4B = 44 – 4C

Question 51. Combien Arnaud a-t-il acheté de pains au chocolat ?

(1) Si Arnaud avait eu 3 fois plus d'argent, il aurait pu acheter 4 pains au chocolat de plus.

(2) Arnaud a 6 euros.

Question 52. Au bout de combien de temps le policier va-t-il rattraper Franck, le voleur ?

(1) Franck a 100 mètres d'avance sur le policier.

(2) Le policier se déplace 2 km/h plus vite que Franck.

Question 53. Les entrées plein tarif du musée coûtent 21 euros. Les entrées à tarif réduit coûtent 17 euros. Combien ce groupe a-t-il payé d'entrées à tarif réduit ?

(1) Le groupe a dépensé 224 euros.

(2) Il y a 12 personnes au total dans le groupe.

Question 54. 2 trains partent en même temps : l'un pour effectuer le trajet Paris-Marseille (800 km), l'autre pour effectuer le trajet Marseille-Paris.

Au bout de combien de temps se croiseront-ils ?

(1) Le train partant de Paris roule à 200 km/h, soit 2 fois plus vite que l'autre train.

(2) Au bout de 2 heures, le 1er train aura effectué 400 km et la distance entre les 2 trains ne sera plus que de 200 km.

Question 55. Étienne vend des blousons à 300 euros l'unité.

Quelle marge réalise-t-il sur chaque blouson ?

(1) S'il voulait doubler sa marge, il devrait augmenter son prix de vente d'un tiers.

(2) S'il triplait son prix de vente, il multiplierait sa marge par 7.

Question 56. X, Y et Z sont des nombres entiers tous strictement inférieurs à 20.

Sur les 3 nombres, combien sont positifs ?

(1) X + Y + Z < 60

(2) X + Y + Z = 39

Question 57. À l'approche de Noël, Laura décide d'acheter des cadeaux à ses amis : des cravates pour les garçons et des écharpes pour les filles. Combien a-t-elle d'amis ?

(1) Au total, les garçons reçoivent deux fois plus de cadeaux que les filles.

(2) Laura a acheté 12 cadeaux dont 4 écharpes.

Question 58. Arnaud est plus âgé que sa sœur Justine. Quel est l'âge d'Arnaud ?

(1) Arnaud a 6 ans de plus que Justine.

(2) Le produit des âges d'Arnaud et de Justine est égal à 391.

Question 59. On lance 3 dés équilibrés en même temps. Quels chiffres sont sortis ?

(1) Les 3 chiffres sortis sont tous différents.

(2) La somme des chiffres est égale à 15.

Question 60. Soit DU un nombre à deux chiffres. D est le chiffre des dizaines, U celui des unités. Que vaut ce nombre ?

(1) $4D - 3U = 4U + 3D$.

(2) Le nombre UD est un nombre premier.

Difficulté	NORMAL														
Question	46	47	48	49	50	51	52	53	54	55	56	57	58	59	60
Réponse	C	E	E	C	B	A	C	A	D	D	B	E	B	C	A

Question 46 Réponse C ★★★☆☆ 30 sec. – 2 min. Fiche 120

Modélisons la situation.

Soit C le chiffre des centaines de M, D son chiffre des dizaines et U son chiffre des unités.

Information (1) seule Insuffisante.

On apprend que : C + D + U = 20. Il y a trop de possibilités. Par exemple, 884 (8 + 8 + 4 = 20) et dans ce cas C = 8 ou 776 (7 + 7 + 6 = 20) et dans ce cas C = 7.

On ne peut pas conclure.

On garde les réponses B, C et E.

Information (2) seule Insuffisante.

On apprend que : D × U = 40.

On en déduit nécessairement que : D = 8 et U = 5 ou D = 5 et U = 8.

On n'a aucune information sur le chiffre C. On ne peut pas conclure.

On garde les réponses C et E.

Informations (1) et (2) ensemble Suffisantes.

On sait que : C + D + U = 20 et D × U = 40.

On a vu que : D × U = 40 ⇔ D = 8 et U = 5 ou D = 5 et U = 8.

Dans tous les cas, la somme D + U est égale à 8 + 5 = 13.

En utilisant cette information, on a : C + D + U = 20 et D + U = 13 ⇔ C + 13 = 20 ⇔ C = 7.

On peut conclure. (En l'occurence, le nombre cherché est 758 ou 785).

Conclusion Réponse C.

Question 47 Réponse E ★★★★☆ 30 sec. – 2 min. Fiche 120

- **Rappel de cours** Un nombre premier est un nombre qui n'est divisible que par 1 et lui-même. Par convention, 1 n'est pas premier. Le premier nombre premier est donc 2.

Information (1) seule Insuffisante.

Listons les carrés parfaits à 1 ou 2 chiffres : 1, 4, 9, 16, 25, 36, 49, 64, et 81.

Il y a plusieurs nombres premiers qui sont la somme de 2 carrés : 9 + 4 = 13 ou 16 + 1 = 17 par exemple. On ne peut pas conclure.

On garde les réponses B, C et E.

Information (2) seule **Insuffisante.**

A est un nombre premier dont la somme des chiffres est égale à 8. A peut valoir 17, 53 ou 71. On ne peut pas conclure.

On garde les réponses C et E.

Informations (1) et (2) ensemble **Insuffisantes.**

On sait que : A est la somme de 2 carrés et A vaut 17, 53 ou 71.

Il y a 2 possibilités : 17 (= 16 + 1) ou 53 (= 49 + 4). On ne peut pas conclure.

Conclusion **Réponse E.**

Question 48 Réponse E ★★★★☆ 30 sec. – 2 min. Fiche 73

- **Rappel de cours** $A \rightarrow B \Leftrightarrow \overline{B} \rightarrow \overline{A}$

Modélisons la situation.

Soit A l'événement : « Alain mange de la pizza » et soit $\overline{A}$ l'événement contraire.

Information (1) seule **Insuffisante.**

On apprend que Stéphane n'a pas mangé de pizza ($\overline{S}$) mais on ne peut rien en conclure.

On garde les réponses B, C et E.

Information (2) seule **Insuffisante.**

On apprend que : $\overline{A} \rightarrow \overline{S}$ mais on ne peut rien en conclure.

En effet, le fait de savoir que si Alain n'en mange pas, alors Stéphane n'en mange pas non plus ne nous indique pas si Stéphane en mange.

On garde les réponses C et E.

Informations (1) et (2) ensemble **Insuffisantes.**

On sait que : $\overline{A} \rightarrow \overline{S}$ et on a également $\overline{S}$.

Attention : On sait que si Alain ne mange pas de pizza, alors Stéphane n'en mange certainement pas. Pour autant, ce n'est pas parce que Stéphane n'en mange pas qu'Alain n'en n'a pas mangé. Le cas Alain mange et Stéphane ne mange pas n'est en aucun cas impossible.

On pourrait simplement dire que : $\overline{A} \rightarrow \overline{S} \Leftrightarrow S \rightarrow A$ et que donc, si Stéphane en mange, alors Alain en mange. On ne peut pas conclure.

Conclusion **Réponse E.**

Question 49 Réponse C ★★★☆☆ 30 sec. – 2 min. Fiche 27

Modélisons la situation.

Y est un cube inférieur à 999. Y peut valoir : 1, 8, 27, 64, 125, 216, 343, 512 ou 729.

Information (1) seule **Insuffisante.**

On apprend que : Y est à la fois un carré et un cube. 2 nombres ci-dessus fonctionnent : 1 et 64. On ne peut pas conclure.

On garde les réponses B, C et E.

Information (2) seule **Insuffisante.**

64 et 343 sont les 2 cubes de la liste ci-dessus dont la somme est égale à 10.

On ne peut pas répondre.

On garde les réponses C et E.

Informations (1) et (2) ensemble **Suffisantes.**

Seul 64 est à la fois un carré et un cube, dont la somme des chiffres est égale à 10.

On peut conclure.

Conclusion **Réponse C.**

Question 50 Réponse B ★★★★☆ **30 sec. – 2 min.** **Fiche 108**

Information (1) seule **Insuffisante.**

Le fait de savoir que : $A = 2B = 3C$ ne nous renseigne pas quant à la valeur de $A + B + C$. Par exemple, si $A = 6$, $B = 3$ et $C = 2$, alors $A + B + C = 11$ mais si $A = 12$, $B = 6$ et $C = 4$, alors $A + B + C = 22$. On ne peut pas conclure.

On garde les réponses B, C et E.

Information (2) seule **Suffisante.**

$4A + 4B = 44 - 4C \Leftrightarrow 4A + 4B + 4C = 44 \Leftrightarrow 4 \times (A + B + C) = 44 \Leftrightarrow A + B + C = 11.$

On peut conclure.

Conclusion **Réponse B.**

Question 51 Réponse A ★★★★☆ **30 sec. – 2 min.** **Fiche 108**

Information (1) seule **Suffisante.**

	Argent disponible	Pains au chocolats achetés
Sans apport extérieur	A	P
Avec apport extérieur	3A	P + 4
Différence	**3A – A = 2A**	**(P + 4) – P = 4**

Arnaud a une certaine quantité d'argent (A) qui lui permet d'acheter un certain nombre de pains au chocolat (P). S'il avait 3 fois plus d'argent (3A), il aurait pu acheter 4 pains au chocolat en plus (P + 4). Autrement dit, s'il reçoit 2A (= 3A – A), cela lui permet d'acheter 4 pains au chocolat supplémentaires (= P + 4 – P).

Conclusion : 2A permettent d'acheter 4 pains au chocolat.

Donc avec son argent initial (A), il pouvait acheter 2 fois moins de pains au chocolat, soit 2 pains au chocolat. On peut conclure.

On garde les réponses A et D.

Information (2) seule **Insuffisante.**

Arnaud a 6 euros sur lui mais on ne sait pas combien coûte un pain au chocolat. Sans cette donnée, impossible de savoir combien il en a acheté.

Conclusion **Réponse A.**

Question 52 Réponse C ★★★☆☆ **30 sec. – 2 min.** **Fiche 113**

- **Rappel de cours** **Cas de rattrapage :** Pour déterminer le temps que met un poursuivant à rattraper un poursuivi, on procède en 3 étapes :
  - **Étape 1 :** Calculez la distance d'avance du poursuivi au moment du départ du poursuivant.
  - **Étape 2 :** Calculez l'écart de vitesses entre le poursuivant et le poursuivi.
  - **Étape 3 :** Divisez le résultat obtenu en étape 1 par celui obtenu en étape 2 (les unités doivent être les mêmes).

Information (1) seule **Insuffisante.**

On a la distance d'avance du voleur (poursuivi) sur le policier (poursuivant) mais il nous manque l'écart entre leurs vitesses pour conclure.

On garde les réponses B, C et E.

Information (2) seule **Insuffisante.**

Inversement, on a l'écart entre leurs vitesses mais il nous manque la distance d'avance du voleur (poursuivi) sur le policier (poursuivant) pour conclure.

On garde les réponses C et E.

Informations (1) et (2) ensemble **Suffisantes.**

On a désormais les informations nécessaires : distance d'avance du poursuivi et écart de vitesses. On peut conclure. (En l'occurrence, il mettra : 0,1/2 = 0,05 h = 3 minutes).

Conclusion **Réponse C.**

Question 53 Réponse A ★★★★☆ **30 sec. – 2 min.** **Fiche 108**

Information (1) seule **Suffisante.**

On sait que la somme correspondant au nombre d'entrées plein tarif est un multiple de 21 : 0, 21, 42, 63, 84, 105, 126, 147, 168, 189 ou 210.

On sait que la somme correspondant au nombre d'entrées tarif réduit est un multiple de 17 : 0, 17, 34, 51, 68, 85, 102, 119, 136, 153, 170, 187 ou 204.

La seule combinaison qui fonctionne est 5 tarifs pleins et 7 tarifs réduits.

En effet, $5 \times 21 + 7 \times 17 = 105 + 119 = 224$. On peut conclure.

On garde les réponses A et D.

Information (2) seule **Insuffisante.**

On ne connaît pas la répartition au sein des 12 personnes. Il peut y avoir 10 tarifs pleins et 2 réduits ou 8 tarifs pleins et 4 réduits par exemple. On ne peut pas conclure.

Conclusion **Réponse A.**

Question 54	Réponse D	★★★☆☆	30 sec. – 2 min.	Fiche 114

■ **Rappel de cours** Pour trouver le moment du croisement, on a : $\mathbf{m} = \dfrac{\textbf{Distance totale}}{\textbf{Somme des vitesses}}$

Modélisons la situation.

On a la distance totale entre les 2 trains (800 km) et on sait qu'ils partent en même temps. Il nous manque donc uniquement la somme des vitesses des 2 trains.

Information (1) seule **Suffisante.**

On connaît désormais les vitesses respectives des 2 trains donc on peut calculer la somme de leurs vitesses et utiliser la formule. On peut conclure.

On garde les réponses A et D.

Information (2) seule **Suffisante.**

On apprend que le 1er train parcourt 400 km en 2 heures soit 200 km en 1 heure.

Après 2 heures, le 1er train a parcouru 400 km et la distance entre les trains n'est plus que de 200 km.

Cela signifie qu'en 2 heures, le 2e train a parcouru 200 km (800 – 400 – 200 = 200) soit 100 km en 1 heure.

On connaît désormais les vitesses respectives des 2 trains donc on peut calculer la somme de leurs vitesses et utiliser la formule. On peut conclure.

Conclusion **Réponse D.**

Question 55	Réponse D	★★★★☆	30 sec. – 2 min.	Fiche 108

■ **Rappel de cours** Un système d'équations (ou d'inéquations) a une solution si et seulement si il comporte autant d'inconnues que d'équations non proportionnelles.

Modélisons la situation.

Soit P le prix de vente du blouson, M la marge et C le coût d'un blouson pour Étienne.

On sait que P = 300. On sait également que : C + M = P ⇔ C + M = 300.

Information (1) seule **Suffisante.**

On apprend que : C + 2M = 400.

On sait déjà que : C + M = 300 (énoncé).

On a donc 2 équations non proportionnelles et 2 inconnues donc on peut conclure.

(En l'occurrence, M = 100 et C = 200).

On garde les réponses A et D.

Information (2) seule **Suffisante.**
On apprend que : C + 7M = 900.
On sait déjà que : C + M = 300 (énoncé).
On a donc 2 équations non proportionnelles et 2 inconnues donc on peut conclure.
(En l'occurrence, M = 100 et C = 200).

Conclusion **Réponse D.**

Question 56	Réponse B	★★★☆☆	30 sec. – 2 min.	Fiche 108

Information (1) seule **Insuffisante.**
On sait que X, Y et Z sont chacun strictement inférieurs à 20. Leur somme est donc nécessairement inférieure strictement à 60. Cette information n'apporte rien.
On ne peut pas conclure.
On garde les réponses B, C et E.

Information (2) seule **Suffisante.**
Le fait que X + Y + Z soit égal à 39 implique nécessairement que les 3 nombres entiers sont positifs.
En effet, au maximum X et Y valent 19. Donc, au maximum, X + Y est égal à 38.
Pour faire 39, la valeur minimum de Z est donc Z = 1.
Aucun des 3 nombres ne peut être négatif sinon le critère ne peut pas être réalisé.
On peut conclure.

Conclusion **Réponse B.**

Question 57	Réponse E	★★★☆☆	30 sec. – 2 min.	Fiche 108

Information (1) seule **Insuffisante.**
Il y a plusieurs solutions :
Solution 1 : 2 garçons ont pris 2 cravates chacun (donc 4 en tout) et 2 filles ont pris 1 écharpe chacune (donc 2 en tout) : **4 amis.**
Solution 2 : 2 garçons ont pris 3 cravates chacun (donc 6 en tout) et 3 filles ont pris 1 écharpe chacune (donc 3 en tout) : **5 amis.**
On ne peut pas répondre à la question. **On garde les réponses B, C et E.**

Information (2) seule **Insuffisante.**
Le nombre de cadeaux ne nous renseigne pas sur le nombre d'amis de Laura puisqu'on ne sait pas combien de cadeaux ils ont pris chacun.
Solution 1 : 4 garçons ont pris 2 cravates chacun (donc 8 en tout) et 4 filles ont pris 1 écharpe chacune (donc 4 en tout) : **8 amis.**
Solution 2 : 2 garçons ont pris 4 cravates chacun (donc 8 en tout) et 4 filles ont pris 1 écharpe chacune (donc 4 en tout) : **6 amis.**
On ne peut pas répondre à la question. **On garde les réponses C et E.**

Informations (1) et (2) ensemble **Insuffisantes.**

En combinant les 2 propositions, on obtient quand même plusieurs solutions :

Solution 1 : 4 garçons ont pris 2 cravates chacun (donc 8 en tout) et 4 filles ont pris une écharpe chacune (donc 4 en tout) : **8 amis.**

Solution 2 : 2 garçons ont pris 4 cravates chacun (donc 8 en tout) et 2 filles ont pris 2 écharpes chacune (donc 4 en tout) : **4 amis.**

On ne peut pas répondre à la question.

Conclusion **Réponse E.**

Question 58	Réponse B	★★★★☆	30 sec. – 2 min.	Fiche 108

- **Rappel de cours** **Identité remarquable : $a^2 - b^2 = (a - b) \times (a + b)$**

Modélisons la situation.

Soit A l'âge d'Arnaud ; J celui de sa sœur Justine.

Information (1) seule **Insuffisante.**

Le fait de savoir qu'Arnaud a 6 ans de plus que sa sœur ne suffit pas. Par exemple, Arnaud peut avoir 20 ans et sa sœur 14 ans ou bien Arnaud 21 ans et sa sœur 15 ans.

On ne peut pas conclure.

On garde les réponses B, C et E.

Information (2) seule **Suffisante.**

On apprend que : $A \times J = 391$. Or $391 = 400 - 9 = 20^2 - 3^2 = (20 - 3) \times (20 + 3) = 17 \times 23$ (identité remarquable). Or, 17 et 23 sont premiers. 17×23 est donc la décomposition unique de 391. On en déduit avec certitude qu'Arnaud a 23 ans, alors que sa sœur en a 17.

On peut conclure.

Conclusion **Réponse B.**

Question 59	Réponse C	★★★☆☆	30 sec. – 2 min.	Fiche 108

Information (1) seule **Insuffisante.**

Plusieurs situations sont possibles avec 3 nombres différents.

Par exemple, (1, 2, 3) ou (2, 3, 4). On ne peut pas conclure.

On garde les réponses B, C et E.

Information (2) seule **Insuffisante.**

3 situations sont possibles avec la somme des 3 nombres égale à 15 : (5, 5, 5), (6, 5, 4) ou bien (6, 6, 3). On ne peut pas conclure.

On garde les réponses C et E.

Informations (1) et (2) ensemble **Suffisantes.**

On sait que la somme des 3 nombres est égale à 15 et que les 3 nombres sortis sont différents. Seul le triplet (6, 5, 4) respecte ces 2 critères. On peut conclure.

Conclusion **Réponse C.**

Question 60	Réponse A	★★★☆☆	30 sec. – 2 min.	Fiche 120

Information (1) seule **Suffisante.**

Résolvons l'équation qui nous est proposée : 4D – 3U = 4U + 3D ⇔ D = 7U. Le chiffre des dizaines vaut 7 fois le chiffre des unités. Ainsi DU = 71 est la seule réponse possible.

On garde les réponses A et D.

Information (2) seule **Insuffisante.**

UD peut valoir n'importe quel nombre premier inférieur à 99. UD peut par exemple valoir 17 (et dans ce cas DU = 71) ou 53 (et dans ce cas DU = 35). On ne peut donc pas répondre à la question.

Conclusion **Réponse A.**

4 CONDITIONS MINIMALES

CONSIGNES

15 questions	20 minutes	Calculatrice interdite	Chronomètre recommandé

BARÈME

Bonne réponse : +4 points	Aucune réponse : 0 point	Mauvaise réponse : –1 point

(A) **L'information 1 seule est suffisante** pour répondre à la question.
L'information 2 seule est insuffisante pour répondre à la question.
(B) **L'information 2 seule est suffisante** pour répondre à la question.
L'information 1 seule est insuffisante pour répondre à la question.
(C) **Les informations 1 et 2 ensemble sont suffisantes** pour répondre à la question.
L'information 1 seule ou l'information 2 seule est insuffisante pour répondre à la question.
(D) **L'information 1 seule est suffisante** pour répondre à la question.
L'information 2 seule est suffisante pour répondre à la question.
(E) **Les informations 1 et 2 ensemble sont insuffisantes** pour répondre à la question.
L'information 1 seule ou l'information 2 seule est insuffisante pour répondre à la question.

Question 46. Un sportif court autour d'une piste circulaire. Quel est le diamètre de cette piste ?

(1) À la vitesse de 10 km/h, le coureur met 6 minutes pour faire un tour de piste.
(2) À la vitesse de 15 km/h, le coureur met 2 minutes pour faire un demi-tour de piste.

Question 47. Soit un nombre à 3 chiffres tel que le chiffre des dizaines est égal à la somme du chiffre des centaines et du chiffre des unités. Quel est ce nombre ?

(1) Si l'on intervertit l'ordre des 2 premiers chiffres du nombre, alors il augmente de 180.
(2) Si l'on intervertit l'ordre des 2 chiffres aux extrémités du nombre, alors il diminue de 297.

Question 48. On coupe une corde en 4 endroits. Combien mesure le plus grand morceau ?

(1) La corde mesurait 12 mètres avant d'être coupée.
(2) Le plus grand morceau mesure autant que les 4 autres morceaux réunis.

Question 49. Soit ABCD un rectangle dont les dimensions sont des nombres entiers.

Quelle est la surface de ABCD ?

(1) Les diagonales de ABCD mesurent 5 mètres chacune.

(2) Si la longueur de ABCD était 2 fois plus grande, alors sa surface doublerait.

Question 50. Alain est l'oncle maternel d'Hugo. Qui est Patricia pour Hugo ?

(1) Patricia est la sœur d'Alain.

(2) Alain a 3 frères et 1 sœur.

Question 51. Paul se rend d'un point A à un point C en passant par un point B.

Quelle est la vitesse moyenne de Paul sur son trajet A-C ?

(1) Sa vitesse moyenne sur le trajet A-B est 100 km/h et celle sur le trajet B-C est 120 km/h.

(2) La distance A-B est identique à la distance B-C.

Question 52. On procède à une tombola dans une entreprise. Tout le monde achète un billet.

Quelle est la probabilité que ce soit une femme qui gagne ?

(1) Il y a plus d'hommes que de femmes.

(2) Le nombre de femmes dans l'entreprise est égal aux 2/3 du nombre d'hommes.

Question 53. Quatre frères ont des âges en progression arithmétique. Quel est l'âge de l'aîné ?

(1) Dans 6 ans, la somme des âges sera de 102 ans.

(2) La somme de leurs âges est de 78 ans.

Question 54. Pierre a oublié son code de carte bancaire, à 4 chiffres. Quels sont ces chiffres ?

(1) Les 4 chiffres du code sont différents.

(2) La somme des 4 chiffres est égale à 30.

Question 55. A est un multiple de 19, inférieur à 200. Que vaut A ?

(1) L'un des chiffres de A est 2.

(2) L'un des chiffres de A est 5.

Question 56. Un marchand vend des billes de 3 couleurs différentes : rouges, bleues et vertes.

Combien de billes rouges vend-il ?

(1) Les billes rouges représentent 2/7 du total des billes vendues, et les billes bleues 3/7.

(2) Il a vendu autant de billes rouges que de billes vertes.

Question 57. Dans cet enclos contenant des chevaux et des poules, combien y a-t-il de chevaux ?

(1) Il y a 64 pattes en tout.

(2) Il y a 22 têtes.

Question 58. Combien y a-t-il de membres dans cette famille de moins de 7 membres, incluant les 2 parents et les enfants ?

(1) Le nombre de membres de la famille est un nombre impair.

(2) Le nombre de membres de la famille est un nombre premier.

Question 59. Quel est ce mois de l'année ?

(1) Ce mois se termine par un « e ».

(2) Le rang de ce mois est pair.

Question 60. Que vaut X ?

(1) $X^2 + 2X - 8 = 0$.

(2) $3X + 12 = 0$.

4 CORRIGÉ « CONDITIONS MINIMALES »

Difficulté	FACILE														
Question	46	47	48	49	50	51	52	53	54	55	56	57	58	59	60
Réponse	D	C	C	A	C	C	B	E	C	A	E	C	D	E	B

Question 46 Réponse D ★★★☆☆ 30 sec. – 2 min. Fiche 109

- **Rappel de cours** **Le périmètre d'un cercle** de rayon r vaut : $\mathbf{P = 2 \times \pi \times r}$

  L'aire d'un cercle de rayon r vaut : $\mathbf{A = \pi \times r^2}$

  $$\text{Vitesse} = \frac{\text{Distance}}{\text{Temps}}$$

Information (1) seule **Suffisante.**

À la vitesse de 10 km/h pendant 1/10 heure, le coureur parcourt :

$$D = V \times T = 10 \text{ km/h} \times 1/10 \text{ h} = 1 \text{ km}.$$

On comprend que le périmètre de la piste est de : 1 km. Autrement dit, $2 \times \pi \times r = 1$ km.

On pourra trouver la valeur de r (le rayon) et donc celle du diamètre ($d = 2 \times r$).

On garde les réponses A et D.

Information (2) seule **Suffisante.**

L'information (2) est exactement identique à l'information (1).

En effet, on comprend qu'à la vitesse de 15 km/h, il met 4 minutes pour faire un tour de piste.

Cette relation est strictement proportionnelle à la première. On peut donc conclure également.

Conclusion **Réponse D.**

Question 47 Réponse C ★★★★☆ 30 sec. – 2 min. Fiche 120

- **Rappel de cours** Un nombre CDU est égal : $(100 \times C) + (10 \times D) + U$.

  Exemple : $424 = (100 \times 4) + (10 \times 2) + 4$.

Modélisons la situation.

On sait que $D = C + U$.

Information (1) seule **Insuffisante.**

On sait que CDU + 180 = DCU. Cela donne :

$100 \times C + 10 \times D + \cancel{U} + 180 = 100 \times D + 10 \times C + \cancel{U} \Leftrightarrow 90 \times D - 90 \times C = 180$

$\Leftrightarrow 90 \times (D - C) = 180 \Leftrightarrow D - C = 2 \Leftrightarrow D = C + 2.$

On ne peut pas conclure car il existe plusieurs nombres à 3 chiffres qui respectent **D = C + 2** et **D = C + U**. Par exemple, 242 ou 352.

On ne peut pas conclure. **On garde les réponses B, C et E.**

Information (2) seule **Insuffisante.**

On sait que CDU = UDC + 297. Cela donne :

$100 \times C + \cancel{10 \times D} + U = 100 \times U + \cancel{10 \times D} + C + 297 \Leftrightarrow 99 \times C - 99 \times U = 297$

$\Leftrightarrow 99 \times (C - U) = 297 \Leftrightarrow C - U = 3 \Leftrightarrow C = U + 3.$

On ne peut pas conclure car il existe plusieurs nombres à 3 chiffres qui respectent **C = U + 3** et **D = C + U**. Par exemple, 451 ou 572.

On ne peut pas conclure. **On garde les réponses C et E.**

Informations (1) et (2) ensemble **Suffisantes.**

En prenant en compte les 2 informations, on a : **D = C + 2, C = U + 3 et D = C + U.**

Le seul nombre qui respecte ces 3 critères est **572.**

En effet, 5 + 2 = 7 ; 2 + 3 = 5 et 7 = 5 + 2. On peut donc conclure.

Conclusion **Réponse C.**

Question 48 Réponse C	★★★☆☆	30 sec. – 2 min.	Fiche 108

Information (1) seule **Insuffisante.**

La taille de la corde avant d'être coupée ne nous renseigne pas sur la taille du plus grand morceau. On ne peut pas conclure.

On garde les réponses B, C et E.

Information (2) seule **Insuffisante.**

On a : $M_1 = M_2 + M_3 + M_4 + M_5$. Cela ne suffit pas pour conclure.

On garde les réponses C et E.

Informations (1) et (2) ensemble **Suffisantes.**

On a désormais : $M_1 + M_2 + M_3 + M_4 + M_5 = 12$ et $M_1 = M_2 + M_3 + M_4 + M_5$.

On en conclut que $M_1 = \frac{12}{2} = 6$ mètres. On peut conclure.

Conclusion **Réponse C.**

Question 49 Réponse A	★★★☆☆	30 sec. – 2 min.	Fiche 121

- **Rappel de cours** **Théorème de Pythagore :** Dans un triangle rectangle, le carré de l'hypoténuse est égal à la somme des carrés des deux autres côtés.

  Aire d'un rectangle de longueur L et de largeur l : **L × l**

Modélisons la situation.

Information (1) seule **Suffisante.**

On sait que les diagonales mesurent 5 mètres. Par exemple, BD = 5 mètres.

Plaçons-nous dans le triangle BCD rectangle en C.

Le théorème de Pythagore dans ce rectangle nous donne : $BC^2 + CD^2 = 25$.

On sait que BC et CD ont des valeurs entières (énoncé) donc on a nécessairement BC = 3 et CD = 4. La surface du rectangle est donc égale à : $3 \times 4 = 12$ m^2. On peut conclure.

On garde les réponses A et D.

Information (2) seule **Insuffisante.**

Par définition, si on double la longueur d'un rectangle, sa surface double.

En effet, sa surface initiale est : $L \times l$. Si L double et devient 2L, alors sa surface devient : $2L \times l$ soit $2 \times (L \times l)$, soit le double de sa surface initiale.

Cette information n'apporte donc rien. Elle ne permet pas de conclure.

Conclusion **Réponse A.**

Question 50 Réponse C ★★★★☆ 30 sec. – 2 min. Fiche 119

Modélisons la situation.

Alain est l'oncle maternel d'Hugo. C'est donc le frère de la mère d'Hugo.

Information (1) seule **Insuffisante.**

Patricia est la sœur d'Alain. **Attention :** Patricia peut soit être la mère d'Hugo, soit une tante d'Hugo. En effet, la sœur de mon oncle maternel est soit ma mère, soit ma tante.

On ne peut pas conclure.

On garde les réponses B, C et E.

Information (2) seule **Insuffisante.**

On n'a aucune information sur Patricia. On ne peut pas conclure.

On garde les réponses C et E.

Informations (1) et (2) ensemble **Suffisantes.**

Alain n'a qu'une sœur. Puisqu'il est l'oncle maternel d'Hugo, cette sœur est nécessairement la mère d'Hugo. On comprend donc que Patricia est la mère d'Hugo. On peut conclure.

Conclusion **Réponse C.**

Question 51 Réponse C ★★★☆☆ **30 sec. – 2 min.** **Fiche 109**

- **Rappel de cours** Pour calculer la vitesse moyenne sur l'aller D_1 d'un parcours à une vitesse V_1 et le retour D_2 (= D_1) à une vitesse V_2, on a la formule :

$$\textbf{Vitesse moyenne A/R } (D_1 = D_2) = \frac{2 \times V_1 \times V_2}{V_1 + V_2}$$

Information (1) seule Insuffisante.

On a les vitesses de Paul sur les 2 trajets. **Attention :** on ne peut pas conclure, car la vitesse moyenne n'est pas la moyenne des vitesses ! Il est faux de dire que sa vitesse moyenne est de 110 km/h. Il nous manque la longueur des 2 distances AB et BC. On ne peut pas conclure.

On garde les réponses B, C et E.

Information (2) seule Insuffisante.

On a uniquement les mesures relatives des distances. Il nous manque la vitesse sur chacun des tronçons. On ne peut pas conclure.

On garde les réponses C et E.

Informations (1) et (2) ensemble Suffisantes.

On a toutes les informations. AB = BC donc on peut utiliser la formule de la vitesse moyenne avec changement de vitesses sur 2 distances identiques. On a la vitesse sur chacun des tronçons. On peut conclure.

Conclusion Réponse C.

Question 52 Réponse B ★★☆☆☆ **30 sec. – 2 min.** **Fiche 122**

- **Rappel de cours** La probabilité d'un événement est : $p = \frac{\text{Nombre de cas favorables}}{\text{Nombre de cas possibles}}$

Modélisons la situation.

Soit F le nombre de femmes, H le nombre d'hommes et T le nombre total d'employés.

On cherche : $p = \frac{F}{T}$.

Information (1) seule Insuffisante.

On sait que : F < H. Cela ne nous donne pas le pourcentage de chances de voir une femme gagner. Cela nous indique simplement que cette probabilité est inférieure à 50 %.

On garde les réponses B, C et E.

Information (2) seule Suffisante.

On apprend que : $F = \frac{2}{3} \times H$. On en déduit que toutes les 5 personnes, il y a 2 femmes, c'est-à-dire que les femmes représentent $\frac{2}{5}$ = 40 % des personnes dans l'entreprise.

Il y a donc 40 % de chances qu'une femme remporte la tombola.

On peut conclure.

Conclusion Réponse B.

Question 53 Réponse E ★★★★☆ **45 sec. – 3 min.** **Fiche 108**

Information (1) seule Insuffisante.

Chaque année, la somme des âges augmente de 4 (en effet, l'âge de chaque frère augmente d'un an chaque année). Donc, dans 6 ans, la somme des âges aura augmenté de $4 \times 6 =$ **24 ans.**
On comprend donc que la somme des âges actuels est : S = 102 – 24 = **78 ans.**
Cette information donne lieu à plusieurs possibilités comme : 18, 19, 20, 21 ou 15, 18, 21, 24 selon la raison de la suite arithmétique que forment leurs âges.
On ne peut pas répondre. **On garde les réponses B, C et E.**

Information (2) seule Insuffisante.

L'information (2) est identique à l'information (1). Sans surprise, elle donne lieu aux mêmes possibilités : 18, 19, 20, 21 ou 15, 18, 21, 24 selon la raison de la suite arithmétique que forment leurs âges.
On ne peut pas répondre à la question. **On garde les réponses C et E.**

Informations (1) et (2) ensemble Insuffisantes.

On ne peut choisir entre 18, 19, 20, 21 et 15, 18, 21, 24.

REMARQUE Quand les informations (1) et (2) amènent aux mêmes possibilités (ici 18, 19, 20, 21 ou 15, 18, 21, 24), leur réunion ne lève pas les doutes et amène à la même hésitation.

Conclusion Réponse E.

Question 54 Réponse C ★★★★☆ **30 sec. – 2 min.** **Fiche 120**

Modélisons la situation.

Soit (a, b, c, d) les 4 chiffres du code de la carte.
On cherche les chiffres qui composent le code mais pas nécessairement dans le bon ordre.

Information (1) seule Insuffisante.

Le simple fait de savoir que les 4 chiffres sont différents est insuffisant.
On ne peut pas conclure.
On garde les réponses B, C et E.

Information (2) seule Insuffisante.

Plusieurs combinaisons sont possibles : (9, 9, 9, 3) ou (9, 9, 8, 4), par exemple, ont bien leur somme égale à 30.
On garde les réponses C et E.

Informations (1) et (2) ensemble Suffisantes.

Le fait de savoir que la somme est égale à 30 et que les 4 chiffres sont différents donne une unique combinaison : (9, 8, 7, 6). En effet, 9 + 8 + 7 + 6 = 30. Toute autre combinaison de 4 chiffres différents donnerait une somme strictement inférieure à 30. On peut conclure.

Conclusion Réponse C.

Question 55 Réponse A	★★★☆☆	30 sec. – 2 min.	Fiche 27

Modélisons la situation.

A peut valoir : 0, 19, 38, 57, 76, 95, 114, 133, 152, 171 et 190.

Information (1) seule **Suffisante.**

Parmi les multiples de 19 listés ci-dessus, seul 15<u>2</u> comporte un 2. On peut conclure.

On garde les réponses A et D.

Information (2) seule **Insuffisante.**

En revanche, parmi les multiples de 19 listés ci-dessus, plusieurs comportent un 5 : <u>5</u>7, 9<u>5</u> et 1<u>5</u>2. On ne peut pas conclure.

Conclusion **Réponse A.**

Question 56 Réponse E	★★★☆☆	30 sec. – 2 min.	Fiche 108

- **Rappel de cours** Un système d'équations (ou d'inéquations) a une solution si et seulement si il comporte autant d'inconnues que d'équations non proportionnelles.

Modélisons la situation.

Soit V, R et B le nombre de billes vertes, rouges et bleues. Soit T le nombre total de billes.

Information (1) seule **Insuffisante.**

On sait que : $R = \frac{2}{7}T$ et $B = \frac{3}{7}T$ et donc $V = T - \frac{2}{7}T - \frac{3}{7}T = \frac{2}{7}T$.

On a 3 équations et 4 inconnues, donc on ne peut pas répondre.

On garde les réponses B, C et E.

Information (2) seule **Insuffisante.**

On sait que : R = V.

On a 1 équation et 2 inconnues, donc on ne peut pas répondre.

On garde les réponses C et E.

Informations (1) et (2) ensemble **Insuffisantes.**

En combinant les 2 informations on a :

$R = \frac{2}{7}T$, $B = \frac{3}{7}T$ et $R = V = \frac{2}{7}T$.

On a donc 3 équations mais 4 inconnues, donc on ne peut pas répondre.

Conclusion **Réponse E.**

Question 57 Réponse C	★★★☆☆	30 sec. – 2 min.	Fiche 108

Modélisons la situation.

Les chevaux ont 4 pattes chacun et les poules en ont 2 chacune.

Soit C le nombre de chevaux et P le nombre de poules.

Information (1) seule **Insuffisante.**

Il y a C chevaux qui ont 4 pattes chacun, donc les chevaux représentent $4 \times C$ pattes.
Il y a P poules qui ont 2 pattes chacune, donc les poules représentent $2 \times P$ pattes.
On sait que : $4 \times C + 2 \times P = 64$. On a 1 équation mais 2 inconnues donc on ne peut pas répondre.
On garde les réponses B, C et E.

Information (2) seule **Insuffisante.**
Il y a C chevaux qui ont 1 tête chacun, donc les chevaux représentent C têtes.
Il y a P poules qui ont 1 tête chacune, donc les poules représentent P têtes.
On sait que : $C + P = 22$. On a 1 équation mais 2 inconnues donc on ne peut pas répondre.
On garde les réponses C et E.

Informations (1) et (2) ensemble **Suffisantes.**
On a maintenant 2 équations non proportionnelles et 2 inconnues : $4 \times C + 2 \times P = 64$ et $C + P = 22$. On peut donc répondre à la question. (En l'occurrence, $C = 10$ et $P = 12$).

Conclusion **Réponse C.**

Question 58 Réponse D ★★★★☆ **30 sec. – 2 min.** **Fiche 119**

Modélisons la situation.
Listons les possibilités, en intégrant le fait qu'il y a 2 parents et plusieurs enfants (l'énoncé précise bien « les enfants ») : 4, 5, ou 6 membres (moins de 7).

Information (1) seule **Suffisante.**
Le fait de savoir que le nombre de membres de la famille est impair suffit. Seul 5 correspond au critère dans la liste ci-dessus. On peut répondre.
On garde les réponses A et D.

Information (2) seule **Suffisante.**
De même, le fait de savoir que le nombre de membres de la famille est premier suffit. Seul 5 correspond au critère dans la liste ci-dessus. On peut répondre.

Conclusion **Réponse D.**

Question 59 Réponse E ★★☆☆☆ **30 sec. – 1 min.** **Fiche 107**

Modélisons la situation.
Listons les mois de l'année : Janvier, Février, Mars, Avril, Mai, Juin, Juillet, Août, Septembre, Octobre, Novembre, Décembre.

Information (1) seule **Insuffisante.**
Plusieurs mois se terminent par un « e » : Septembr<u>e</u>, Octobr<u>e</u>, Novembr<u>e</u> et Décembr<u>e</u>.
On ne peut pas répondre.
On garde les réponses B, C et E.

Information (2) seule **Insuffisante.**

Plusieurs mois ont un rang pair : Février (2), Avril (4), Juin (6), Août (8), Octobre (10) et Décembre (12). On ne peut pas répondre.

On garde les réponses C et E.

Informations (1) et (2) ensemble **Insuffisantes.**

En combinant les 2 informations on hésite entre Octobre (10) et Décembre (12) qui sont tous les deux pairs et qui se terminent par un « e ». On ne peut pas répondre.

Conclusion **Réponse E.**

Question 60	Réponse B	★★☆☆☆	30 sec. – 1 min.	Fiche 108

- **Rappel de cours** Soit une équation du type $aX^2 + bX + C = 0$.

  Le discriminant $\boldsymbol{\Delta}$ est : $\mathbf{b^2 - 4 \times a \times c}$

  Si $\Delta < 0$ alors l'équation n'admet pas de solution.

  Si $\Delta > 0$ alors l'équation a 2 solutions : $\mathbf{X_1 = \frac{-b - \sqrt{\Delta}}{2a}}$ et $\mathbf{X_2 = \frac{-b + \sqrt{\Delta}}{2a}}$

  Si $\Delta = 0$, alors l'équation admet une unique solution : $\mathbf{X = \frac{-b}{2a}}$

Information (1) seule **Insuffisante.**

$X^2 + 2X - 8 = 0$ est une équation du type $aX^2 + bX + C = 0$, avec $a = 1$; $b = 2$ et $C = -8$.

Calculons le discriminant $\Delta = b^2 - 4 \times a \times c = 2^2 - 4 \times 1 \times (-8) = 4 + 32 = 36 > 0$.

$\Delta > 0$ donc l'équation admet 2 solutions. On ne peut pas déterminer la valeur de X.

(En l'occurrence, $X = -4$ ou $X = 2$).

On garde les réponses B, C et E.

Information (2) seule **Suffisante.**

$3X + 12 = 0$. On a 1 équation et 1 inconnue donc on peut répondre.

(En l'occurrence, $X = -4$).

Conclusion **Réponse B.**

Sous-test 5

EXPRESSION

123 Présentation du sous-test

Monsieur TAGE MAGE

Monsieur ÉCOLES de COMMERCE

EXPRESSION

Le sous-test **« Expression »** est l'avant-dernier sous-test du TAGE MAGE®.

Ce sous-test est généralement d'un niveau assez difficile car **les réponses sont très similaires**. Il est donc difficile de reconnaître la bonne réponse. Suivez donc bien nos conseils et appliquez notre «méthode l'entonnoir» (fiche « Méthode de l'entonnoir »).

FORMAT

Durée du sous-test	20 minutes
Nombre de questions	15
Bonne réponse	+ 4 points
Aucune réponse	0 point
Mauvaise réponse	–1 point
Sources	*Le Monde*, *Courrier International*, *Le Figaro*, etc.

CONTENU

Type de questions	Exemple
Synonymie	Choisissez la réponse dont le sens se rapproche le plus des mots soulignés. Il devrait vraiment arrêter d'<u>aduler</u> ce sportif au comportement plus que <u>douteux</u>.
Correction grammaticale	Combien y a-t-il de fautes de grammaire dans le passage suivant ?
Correction orthographique	Parmi les cinq propositions suivantes, une seule est correctement orthographiée. Laquelle ?
Reformulation	Choisissez la meilleure formulation du point de vue de l'orthographe, de la syntaxe et du style. La proposition A reprend l'énoncé.
Figures de style	Quelle figure de style est utilisée dans : « Ils ont mis le feu au stade de France ! » ?

Type de questions	Exemple
Cohérence textuelle (texte à trou(s))	Complétez le texte suivant : L'organisme sanitaire (...) de prendre des mesures de lutte anti-vectorielle, du type de celles prises pour lutter contre le chikungunya aux Antilles. Parmi celles-ci, figure l'isolement des cas suspects pour ne pas (...) la contamination de nouveaux moustiques.
Sens propre/figuré	Parmi les cinq propositions suivantes, laquelle relève du sens propre ?
Proverbes	Complétez le proverbe suivant : « Prudence est mère (...) ».
Expressions	Que signifie l'expression : « Voir midi à sa porte » ?
Locutions latines	Que signifie l'expression : « Alea jacta est » ?

OBJECTIFS DE SCORE

Nous vous recommandons de vous fixer les **objectifs suivants selon votre objectif de score au TAGE MAGE®.**

Objectif TAGE MAGE®	Objectif sous-test « Expression »
> 400/600	> 38/60
350 < X < 400	> 33/60
300 < X < 350	> 29/60

Score moyen des candidats	**28/60**
Temps de révision nécessaire	**Apprentissage du cours :** 1 - 3 heures **Entraînement :** 2 - 4 heures

124 7 conseils pour réussir le sous-test

Monsieur TAGE MAGE

Monsieur ÉCOLES de COMMERCE

EXPRESSION

Conseil n° 1 : Maîtrisez l'orthographe et la grammaire.

Il va de soi qu'une **bonne maîtrise de la langue française est indispensable** pour réussir ce sous-test. Cette maîtrise passe par l'**apprentissage de toutes les règles** d'orthographe et de grammaire.

Conseil n° 2 : Faites attention aux pièges de la langue française.

Comme vous le savez probablement, **la langue de Molière** repose sur de **nombreuses règles** mais également sur de **nombreuses exceptions**. Il est donc important de bien les connaître pour **ne pas tomber dans les pièges** des concepteurs du TAGE MAGE®.

Conseil n° 3 : Soyez méthodique.

Le sous-test « Expression » peut sembler facile car il concerne un domaine que tout candidat maîtrise plus ou moins de manière naturelle : **la langue française**. Toutefois, ne soyez pas trop confiant. Les règles de la langue française peuvent vous « jouer des tours ». Il est donc très important d'**être méthodique pour éliminer les mauvaises réponses**.

Conseil n° 4 : Éliminez les réponses extrêmes.

Une bonne réponse ne peut pas être une réponse extrême, radicale ou politiquement incorrecte (**Exemple :** Les malades sont responsables du déficit de la Sécurité Sociale). Une telle réponse pourrait créer une polémique. La FNEGE (organisateur du test) évite donc de considérer les réponses extrêmes comme des bonnes réponses. Les réponses extrêmes comportent souvent des mots-clés extrêmes tels « toujours », « jamais », « uniquement », etc. **Vous pouvez directement les éliminer.**

Conseil n° 5 : Faites attention à la conjugaison.

Les questions de correction grammaticale ou de concordance des temps font appel aux tableaux de conjugaison des verbes du 1er, 2e et 3e groupe.
N'hésitez pas à acheter un Bescherelle pour vous perfectionner.

Conseil n° 6 : Lisez beaucoup.

Conseil utile et évident. **Plus vous lisez, meilleur sera votre niveau de vocabulaire et votre maîtrise de la langue française.** N'hésitez donc pas à lire des journaux comme *Le Monde* ou des revues/magazines comme *Challenges*.

Conseil n° 7 : Apprenez par cœur nos listes.

De nombreuses listes sont à connaître dans les fiches suivantes : locutions latines, figures de style, proverbes, expressions françaises, périphrases, etc. **Vous devez les apprendre par cœur.**

125 Questions de correction grammaticale

Monsieur TAGE MAGE

Monsieur ÉCOLES de COMMERCE

EXPRESSION Fréquence ●●●●● Difficulté ★★★★☆

Les questions de « **Correction grammaticale** » consistent à **identifier les fautes de grammaire**.

Il existe **3 types de questions de « Correction grammaticale »** :

- La conjugaison d'un verbe (phrase).
- La concordance des temps (phrase).
- La correction grammaticale par paragraphe (paragraphe).

CONJUGAISON D'UN VERBE (PHRASE)

Il s'agit de choisir la réponse **grammaticalement correcte** ou la réponse **grammaticalement incorrecte** parmi les 5 réponses (**conjugaison d'un verbe**).

Application ★★★☆☆ **30 sec. – 2 min.**

Parmi les cinq propositions suivantes, laquelle est correcte d'un point de vue grammatical ?

(A) Il n'avait pas mangées ses oranges, c'est pour cela qu'il est tombé malade.
(B) Elle n'est pas stéréotypé malgré son envie de faire comme les autres.
(C) Il ne s'est pas rendu compte que ses jours étaient comptés.
(D) Elle a échoué à convaincre son père qui lui avait donnée sa confiance.
(E) Il n'est pas convaincu par les associations qui lui ont montrés leurs comptes.

Corrigé : (A) Il n'avait pas mangé ; (B) Elle n'est pas stéréotypée ; (C) OK
(D) Son père qui lui avait donné sa confiance ; (E) Elles lui ont montré. **Réponse C.**

➔ **Fiches utiles pour vos révisions : 126 à 129.**

LA CONCORDANCE DES TEMPS (PHRASE)

Il s'agit de choisir la réponse **grammaticalement correcte** ou la réponse **grammaticalement incorrecte** parmi les 5 réponses (**concordance des temps = conjugaison de 2 verbes**).

Application ★★★☆☆ **30 sec. – 2 min.**

Laquelle de ces propositions est grammaticalement correcte ?

(A) Quoiqu'il nous a fait, il faudra bien se résoudre à lui pardonner.
(B) Quoi qu'il nous a fait, il faudra bien se résoudre à le pardonné.
(C) Quoiqu'il nous aura fait, il nous faudra bien nous résoudre à lui pardonner.
(D) Quoiqu'il nous ait fait, il va nous falloir bien se résoudre à lui pardonner.
(E) Quoi qu'il nous ait fait, il nous faudra bien nous résoudre à lui pardonner.

Corrigé : Quoi qu'il nous ait fait, il nous faudra bien nous résoudre à lui pardonner. **Réponse E.**

Fiches utiles pour vos révisions : 126 à 129.

CORRECTION GRAMMATICALE (PARAGRAPHE)

Il s'agit de comptabiliser le **nombre de fautes de grammaire** dans un paragraphe.

Application ★★★☆☆ **30 sec. – 2 min.**

Combien de fautes de grammaire le passage suivant contient-il ?

Salomé fit l'achat d'une robe rouge à un prix exorbitant et son père la réprimandai sévèrement, avant d'être rassérénée par l'air contrit de sa fille.

(A) 1
(B) 2
(C) 3
(D) 4
(E) 5

Corrigé : Salomé fit l'achat d'une robe rouge à un prix exorbitant et son père la **réprimanda** sévèrement, avant d'être **rasséréné** par l'air contrit de sa fille. **2 fautes. Réponse B.**

Fiches utiles pour vos révisions : 126 à 129.

126 Principales fautes de grammaire (1/2)

Monsieur TAGE MAGE

Monsieur ÉCOLES de COMMERCE

LA CONCORDANCE DES TEMPS

La concordance des temps s'applique dans une phrase qui contient une **proposition principale** et une **proposition subordonnée.**

Proposition principale	Proposition subordonnée	Exemple
Présent	Présent	Je **pense** qu'il **travaille**.
Présent	Imparfait	Je **pense** qu'il **dormait**.
Présent	Passé composé	Je te **dis** ce que j'**ai acheté**.
Imparfait	Imparfait	Je te **disais** ce que j'**achetais**.
Imparfait	Plus-que-parfait	Je te **disais** ce que j'**avais acheté**.
Imparfait	Conditionnel présent	Je **savais** ce qu'il **dirait**.
Futur	Futur	Je te **dirai** ce que j'**achèterai**.
Futur	Futur antérieur	Je te **dirai** ce que j'**aurai acheté**.
Passé simple	Passé simple	Il **partit** dès qu'il **vit** la voiture.
Passé simple	Imparfait	Je **sus** qu'il **disait** des choses.
Passé composé	Conditionnel présent	J'ai **su** ce qu'il **choisirait**.
Passé simple	Conditionnel présent	Je **sus** ce qu'il **ferait**.
Conditionnel présent	Conditionnel passé	Il était convenu qu'il **viendrait** dès qu'il **aurait quitté** l'école.

FAUTES DE GRAMMAIRE

	Règle	Exemple
É/Er	**Terminaison en « é »** = Participe passé des verbes du 1er groupe. **Terminaison en « er »** = Infinitif des verbes du 1er groupe. **Astuce :** Pour savoir si le verbe doit être conjugué ou écrit à l'infinitif, remplacez-le par un verbe du 3e groupe comme « vendre ».	« J'ai appelé la police » (car on dit « j'ai vendu la police » et non « j'ai vendre la police », donc « é »).
Ai/Ais	**Terminaison en « ai »** = « Je » au **futur**. **Terminaison en « ais »** = « Je » au **conditionnel**. **Astuce :** Remplacez par la 1re personne du pluriel (ou la 3e du singulier), la différence sera alors bien plus évidente.	Je **devrai** faire les courses (= futur ; il devra). Je **devrais** faire les courses (= conditionnel ; il devrait).
Terminaisons des participes passés	**Astuce :** Pour connaître la terminaison d'un participe passé, mettez la phrase au féminin.	« J'ai retranscrit l'allocution présidentielle » (car elle est « retranscrite »). « J'ai appris ma leçon » (car ma leçon est « apprise »).

127 Principales fautes de grammaire (2/2)

Monsieur TAGE MAGE

Monsieur ÉCOLES de COMMERCE

EXPRESSION

Principales fautes de grammaire	Règle	Exemple
A/À	« **A** » est la conjugaison à la 3e personne du singulier de l'indicatif du verbe **avoir.** « **À** » est une préposition. **Astuce** : Si on peut utiliser « avait », alors on met « **a** ». Sinon, on met « **à** ».	Il **a** 17 ans (car on peut dire « il avait 17 ans »). Je vais **à** Paris (on ne peut pas dire « Je vais avait Paris »).
Sur/Sûr	« **Sur** » est une préposition qui indique une position. « **Sûr** » est un adjectif qui signifie « certain ». **Astuce** : Si on peut utiliser « sous », alors on met « **sur** ». Si on peut utiliser « certain », alors on met « **sûr** ». **Remarque** : « **Bien sûr** » est invariable.	Il est **sur** la table (car on peut dire **sous** la table). Il est **sûr** de ce qu'il dit (car on peut dire certain de ce qu'il dit).
Ou/Où	« **Ou** » est une conjonction de coordination, qui conditionne une alternative/un choix. « **Où** » est un adverbe ou un pronom, qui désigne un lieu, un moment ou une conséquence. **Astuce** : Si on peut utiliser « ou bien » , alors on met « **ou** ». Sinon, « **où** ».	Souhaites-tu aller à Paris **ou** (= ou bien) ailleurs ? Je vais **où** bon me semble (on ne peut pas dire : « Je vais ou bien bon me semble »).

Principales fautes de grammaire	Règle	Exemple
Quelque / Quel que	• « **Quel que** » est suivi du subjonctif. **Quel** s'accorde avec le sujet du verbe. • « **Quelque** » est : **1)** Un **adjectif variable** lorsqu'il est suivi d'un nom. Il peut être remplacé par « **plusieurs** ». **2)** Un **adverbe invariable** lorsqu'il est suivi d'un adjectif employé seul ou d'un adverbe. Il peut être remplacé par « **si** ». **3)** Un **adverbe invariable** lorsqu'il signifie **environ**.	**Quelles que soient** ses intentions, ... **Quelques** femmes célèbres. **Quelque** (durement) touché qu'il soit, ... (= **Si** (durement) touché qu'il soit, ...) **Quelque** 50 ans se sont écoulés.
Quoique / Quoi que	« **Quoi que** » est suivi du subjoncif. Il peut être remplacé par « **Peu importe ce que** ». « **Quoique** » est suivi du subjonctif ou du participe. C'est une conjonction de subordination. Il peut être remplacé par « **bien que** ».	**Quoi que** je fasse, il m'en voudra toujours. **Quoiqu'**il soit malade, il a pensé à appeler (= **Bien qu'**il soit malade)
Ce/Se	« **Se** » est un pronom personnel réfléchi qui ne s'emploie que dans les verbes pronominaux. « **Ce** » est un adjectif ou un pronom démonstratif. **Astuce** : Si on peut remplacer « **se** » par « me », alors on écrit « **se** ». Sinon « **ce** ».	Il **se** faufile parmi les arbres (On peut dire « je **me** faufile). J'aime ce que vous faites ; J'aime **ce** bijou.

128 Conjugaison : ÊTRE et AVOIR

Monsieur TAGE MAGE

Monsieur ÉCOLES de COMMERCE

EXPRESSION

AVOIR (AUXILIAIRE)

INFINITIF		PARTICIPE	
Présent	**Passé**	**Présent**	**Passé**
Avoir	Avoir eu	Ayant	Ayant eu

INDICATIF			
Présent	**Passé composé**	**Imparfait**	**Passé simple**
J'ai	J'ai eu	J'avais	J'eus
Tu as	Tu as eu	Tu avais	Tu eus
Il a	Il a eu	Il avait	Il eut
Nous avons	Nous avons eu	Nous avions	Nous eûmes
Vous avez	Vous avez eu	Vous aviez	Vous eûtes
Ils ont	Ils ont eu	Ils avaient	Ils eurent
Plus que parfait	**Passé antérieur**	**Futur**	**Futur antérieur**
J'avais eu	J'eus eu	J'aurai	J'aurai eu
Tu avais eu	Tu eus eu	Tu auras	Tu auras eu
Il avait eu	Il eut eu	Il aura	Il aura eu
Nous avions eu	Nous eûmes eu	Nous aurons	Nous aurons eu
Vous aviez eu	Vous eûtes eu	Vous aurez	Vous aurez eu
Ils avaient eu	Ils eurent eu	Ils auront	Ils auront eu

SUBJONCTIF			
Présent	**Passé**	**Imparfait**	**Plus que parfait**
Que j'aie	Que j'aie eu	Que j'eusse	Que j'eusse eu
Que tu aies	Que tu aies eu	Que tu eusses	Que tu eusses eu
Qu'il ait	Qu'il ait eu	Qu'il eût	Qu'il eût eu
Que nous ayons	Que nous ayons eu	Que nous eussions	Que nous eussions eu
Que vous ayez	Que vous ayez eu	Que vous eussiez	Que vous eussiez eu
Qu'ils aient	Qu'ils aient eu	Qu'ils eussent	Qu'ils eussent eu

CONDITIONNEL		IMPÉRATIF	
Présent	**Passé**	**Présent**	**Passé**
J'aurais	J'aurais eu	Aie	Aie eu
Tu aurais	Tu aurais eu		
Il aurait	Il aurait eu		
Nous aurions	Nous aurions eu	Ayons	Ayons eu
Vous auriez	Vous auriez eu	Ayez	Ayez eu
Ils auraient	Ils auraient eu		

ÊTRE (AUXILIAIRE)

INFINITIF		PARTICIPE	
Présent	**Passé**	**Présent**	**Passé**
Être	Avoir été	Étant	Ayant été

INDICATIF			
Présent	**Passé Composé**	**Imparfait**	**Passé Simple**
Je suis	J'ai été	J'étais	Je fus
Tu es	Tu as été	Tu étais	Tu fus
Il est	Il a été	Il était	Il fut
Nous sommes	Nous avons été	Nous étions	Nous fûmes
Vous êtes	Vous avez été	Vous étiez	Vous fûtes
Ils sont	Ils ont été	Ils étaient	Ils furent
Plus que parfait	**Passé antérieur**	**Futur**	**Futur antérieur**
J'avais été	J'eus été	Je serai	J'aurai été
Tu avais été	Tu eus été	Tu seras	Tu auras été
Il avait été	Il eut été	Il sera	Il aura été
Nous avions été	Nous eûmes été	Nous serons	Nous aurons été
Vous aviez été	Vous eûtes été	Vous serez	Vous aurez été
Ils avaient été	Ils eurent été	Ils seront	Ils auront été

SUBJONCTIF			
Présent	**Passé**	**Imparfait**	**Plus que parfait**
Que je sois	Que j'aie été	Que je fusse	Que j'eusse été
Que tu sois	Que tu aies été	Que tu fusses	Que tu eusses été
Qu'il soit	Qu'il ait été	Qu'il fût	Qu'il eût été
Que nous soyons	Que nous ayons été	Que nous fussions	Que nous eussions été
Que vous soyez	Que vous ayez été	Que vous fussiez	Que vous eussiez été
Qu'ils soient	Qu'ils aient été	Qu'ils fussent	Qu'ils eussent été

CONDITIONNEL		IMPÉRATIF	
Présent	**Passé**	**Présent**	**Passé**
Je serais	J'aurais été	Sois	Aie été
Tu serais	Tu aurais été		
Il serait	Il aurait été		
Nous serions	Nous aurions été	Soyons	Ayons été
Vous seriez	Vous auriez été	Soyez	Ayez été
Ils seraient	Ils auraient été		

129 Accord du participe passé

Monsieur TAGE MAGE

Monsieur ÉCOLES de COMMERCE

EXPRESSION

ACCORD DU PARTICIPE PASSÉ SANS AUXILIAIRE

Règle	Exemple
Sans auxiliaire, les participes passés **s'accordent** comme des adjectifs.	Des montres conçues pour résister à l'eau.

ATTENTION Les participes passés approuvé, attendu, certifié, communiqué, entendu, excepté, ôté, ouï, passé, lu, reçu, supposé, vu, étant donné, excepté que, ci-joint, **placés immédiatement avant le nom** précédé ou non d'un article, sont **invariables**.

Exemple : Toutes ses sœurs sont mariées, excepté la plus jeune.

En revanche, ils **s'accordent** s'ils sont placés **après le nom** auquel ils se rapportent.

Exemple : Toutes ses sœurs sont mariées, la plus jeune exceptée.

ACCORD DU PARTICIPE PASSÉ AVEC L'AUXILIAIRE ÊTRE

	Règle	Exemple
Verbes non pronominaux	Avec l'auxiliaire « être », le participe passé des verbes non pronominaux **s'accorde comme un adjectif.**	Elle est concernée. Elles sont exténuées.
Verbes essentiellement pronominaux	= Verbes qui n'existent qu'à la forme pronominale (se méfier, etc.) ou qui ont un sens particulier à la forme pronominale (se plaindre, etc.). Le participe passé **s'accorde avec le sujet.**	Ils se sont tus.

	Règle	Exemple
Verbes pronominaux réfléchis	= Verbes qui expriment une action faite par le sujet sur lui-même (se laver, etc.). Le participe passé **s'accorde** si **le complément d'objet direct (COD) est placé avant le verbe.** Si **le COD est placé après le verbe,** alors le participe passé **ne s'accorde pas.**	Elle s'est cachée. Elle s'est caché un œil.
Verbes pronominaux réciproques	Le participe passé **s'accorde** si **le complément d'objet direct (COD) est placé avant le verbe.** Si **le COD est placé après le verbe,** alors le participe passé **ne s'accorde pas.**	Ils se sont entendus. Ils se sont serré la main.

REMARQUE Les participes passés de verbes pronominaux qui ne peuvent pas avoir de COD sont **toujours invariables** : Ils se sont succédé, parlé, souri, menti, plu, rendu compte, etc.

ACCORD DU PARTICIPE PASSÉ AVEC L'AUXILIAIRE AVOIR

Règle	Exemple
Si **le COD précède l'auxiliaire « avoir »**, alors le **participe passé s'accorde** en genre et en nombre avec le COD.	Les champignons qu'elle a cuisinés.
Si **le COD est placé après l'auxiliaire « avoir »** ou s'il n'y a pas de COD, alors le **participe passé ne s'accorde pas.**	Elle a cuisiné les champignons.

REMARQUE Les participes passés qui ne peuvent pas avoir de COD sont **toujours invariables** : voyagé, cessé, disparu, agi, pu, ri, suffi, participé, plu, insisté, dormi, etc.

ATTENTION

1. Le participe passé **suivi d'un attribut du COD** s'accorde avec ce complément lorsque celui-ci précède le participe. **Exemple** : Je les avais crus opticiens.
2. **Le participe passé suivi d'un infinitif** s'accorde uniquement si le COD, placé avant le participe, fait l'action exprimée par l'infinitif. **Exemple :** La cantatrice que j'ai entendue chanter (car c'est elle qui chante).

130 Questions de correction orthographique

Monsieur TAGE MAGE
Monsieur ÉCOLES de COMMERCE

EXPRESSION Fréquence ●●●●● Difficulté ★★★★★

Les questions de « **Correction d'orthographe** » consistent à **identifier les fautes d'orthographe**.

Il existe **2 types de questions de « Correction d'orthographe »** :
- Correction d'orthographe par phrase.
- Correction d'orthographe par paragraphe.

CORRECTION D'ORTHOGRAPHE PAR PHRASE

Il s'agit de choisir la réponse **correctement orthographiée** ou la réponse **mal orthographiée** parmi les 5 réponses.

Application ★★★★☆ **1 min. – 3 min.**

Laquelle de ces propositions est bien orthographiée ?

(A) Neuf cent millions trois cent quatre-vingt mille sept cent euros.
(B) Neuf cents millions trois cent quatre-vingt mille sept cents euros.
(C) Neuf cents millions trois cents quatre-vingts mille sept cents euros.
(D) Neuf cent millions trois cent quatre-vingt mille sept cent euro.
(E) Neuf cents millions trois cent quatre-vingts mille sept cent euros.

Corrigé : Neuf **cents** millions trois **cent** quatre-**vingt** mille sept **cents** euros. **Réponse B.**

➔ **Fiches utiles pour vos révisions : 131 à 135.**

CORRECTION D'ORTHOGRAPHE PAR PARAGRAPHE

Il s'agit de comptabiliser le **nombre de fautes d'orthographe** dans un paragraphe.

Application ★★★★☆ **1 min. – 3 min.**

Dans le paragraphe suivant, combien y a-t-il de fautes d'orthographe ?

De grands hommes se sont succédés à la tète de ce ministère. M. Martin, réçamment nommé, a ainsi expliqué que c'était un honeur pour lui de poursuivre leur œuvre. Il a cepandent souligné qu'il lui faudrait pour cela résoudre quelque problèmes de fonctionnement récurents.

(A) 4 (B) 5 (C) 6 (D) 7 (E) 8

Corrigé : De grands hommes se sont **succédé** à la **tête** de ce ministère. M. Martin, **récemment** nommé, a ainsi expliqué que c'était un **honneur** pour lui de poursuivre leur œuvre. Il a **cependant** souligné qu'il lui faudrait pour cela résoudre **quelques** problèmes de fonctionnement **récurrents**. **7 fautes. Réponse D.**

ATTENTION On peut vous demander de repérer les fautes d'usage.
Exemple : Il parle parfaitement Espagnol, il est à l'aise avec la langue de Goethe.
C'est une faute d'usage, il aurait fallu dire la langue de Cervantes. En effet, la langue de Goethe est une périphrase qui désigne la langue allemande.
Il faut donc la compter comme une faute.

Fiches utiles pour vos révisions : 131 à 135.

EXERCICE

Question 1 ★★★☆☆ **30 sec. – 2 min.**

Combien de fautes d'orthographe le passage suivant contient-il ?

« Si je ne fais plus de cauchemards, c'est parce que ma maman laisse toujours la lumière allumée quand je m'endors. Ce n'est qu'une fois que je dors profondément, qu'elle entre à pas de loups dans ma chambre pour éteindre ma veilleuse. J'éspère ne plus avoir besoin de lumière pour dormir d'ici l'année prochaine. Les adultes sont censés s'endormir dans le noir. »

(A) 2
(B) 3
(C) 4
(D) 5
(E) 6

CORRIGÉ FICHE 200

Toutes les questions sont corrigées en vidéo dans votre espace **E-LEARNING sur www.monsieur-tage-mage.com**

131 Principales fautes d'orthographe

Monsieur TAGE MAGE

Monsieur ÉCOLES de COMMERCE

Principales fautes d'orthographe	Règle	Exemple
Les noms à double consonnes	**Astuces :** Apercevoir (je n'aperçois qu'un « p » à apercevoir), Chuter (on ne chute qu'une fois, un seul « t »), Nourrir (on se nourrit plusieurs fois par jour, deux « r »), Mourir (on ne meurt qu'une fois, un seul « r »).	
Les adverbes en -ment	Si la syllabe « -ment » est précédée du son « a » écrit avec un « e » ou un « a », l'adverbe prend **deux « m ».**	Évide**mm**ent, Éléga**mm**ent
	Si la syllabe « -ment » est précédée d'un son « e », l'adverbe prend **un seul « m ».**	Notable**m**ent
Terminaison en « -quant » ou « cant »	• **« quant »** est la marque du participe présent – donc invariable. • **« cant »** est la marque de l'adjectif. **Astuce** : Si on peut mettre la phrase au féminin (en prononçant « convaincante »), alors il faut utiliser « convaincant » avec un « c ».	« Convain**quant** son patron, Jean a obtenu une augmentation. » « Cet homme est convain**cant**. »
Les nombres	Les nombres sont **invariables sauf « vingt » et « cent ».** « Vingt » et « Cent » prennent un « s » lorsqu'ils sont multipliés **et** qu'ils ne sont pas suivis d'un autre chiffre.	Deux cents. Deux cent vingt-quatre.

Principales fautes d'orthographe	Règle	Exemple
Sensé/Censé	« **Sensé** » = « qui a du sens » ou « qui a du bon sens ». « **Censé** » = « supposé ». **Astuce** : Quand on peut remplacer « censé » par « supposé », on écrit « censé », avec un « c ».	C'est un homme **sensé**. (= qui a du bon sens) Je suis **censé** (= supposé) travailler.
Davantage/ D'avantage	« **Davantage** » = « plus ». « **D'avantage** » = « de profit ».	J'en connais maintenant **davantage** sur Pierre. Je n'ai pas tiré **d'avantage** (= de profit) de cette collaboration.
Or/Hors	« **Or** » est une conjonction de coordination. « **Hors** » est une préposition qui signifie « à l'extérieur de ».	« **Or**, à ce moment-là, il jouait. » « Il est **hors** du jardin. »

EXERCICES

Question 1 ★★★☆☆ **30 sec. – 2 min.**

Combien de fautes d'orthographe le passage suivant contient-il ?

« La rationnalité des individus est sensée amener à d'avantage de respect entre les gens. Cela reste a démontrer. »

(A) 2 (B) 3 (C) 4 (D) 5 (E) 6

Question 2 ★★★☆☆ **30 sec. – 2 min.**

Combien des mots suivants sont mal orthographiés ?

Espéré – voilà – déja – Circonflêxe – éffet – fete – Hôpital

(A) 2 (B) 3 (C) 4 (D) 5 (E) 6

➔ **CORRIGÉ FICHE 200**

132 Les pluriels

Monsieur TAGE MAGE

Monsieur ÉCOLES de COMMERCE

EXPRESSION

La plupart des noms forment leur pluriel en ajoutant un « s » au singulier.
Toutefois, des **exceptions sont à connaître**.

PLURIELS IRRÉGULIERS POUR CERTAINS NOMS

Les noms terminés par …	Forment leur pluriel en …	Exemples	Exceptions
-eu, -au, -eau	Ajoutant un « x »	Cheveu → Chev**eux** Carreau → Carr**eaux**	**Landau, sarrau, pneu** et **bleu** forment leur pluriel en ajoutant un « **s** ».
-ou	Ajoutant un « s »	Écrou → Écr**ous** Mérou → Mér**ous**	**Bijou, caillou, chou, genou, hibou, joujou** et **pou** prennent un « **x** » au pluriel.
-s, -x, ou -z	Ne changeant pas	Un gaz → Des gaz	
-al	-aux	Animal → Anim**aux** Cheval → Chev**aux**	**Bal, carnaval, chacal, festival, récital, régal, cal** et **serval** forment leur pluriel en « **als** ».
-ail	-ails	Portail → Port**ails** Éventail → Évent**ails**	**Bail, corail, émail, gemmail, soupirail, travail, vantail** et **vitrail** forment leur pluriel en « **aux** ».

REMARQUE **Pluriels irréguliers :** Monsieur → Messieurs, Madame → Mesdames, Mademoiselle → Mesdemoiselles, Ciel → Cieux, Aïeul → Aïeux, Ail → Aulx, Œil → Yeux.

LE PLURIEL DES NOMS COMPOSÉS

Les différents types de noms composés ne forment pas tous leur pluriel de la même manière.

Type de mot composé	Au pluriel ...	Exemples	Exceptions
Verbe + Nom	Le **verbe** reste **invariable**, Le **nom** se met au **pluriel** selon le sens.	Des chasse-neige Des tire-bouchons	Des touche-à-tout
Nom + Nom	Les **deux noms** prennent la marque du **pluriel**.	Des choux-fleurs	Des pauses-café (pour prendre **un** café), Des timbres-poste (de **la** poste).
Nom + Adjectif **Adjectif + Nom**	Les **deux éléments** prennent la marque du **pluriel**.	Des grands-mères Des belles-mères Des coffres-forts	Quand le 1er élément se termine par **-o**, il est invariable : des micro-ondes, etc.
Adverbe + Nom	L'**adverbe** est **invariable**. Le **nom** prend le **pluriel**.	Des en-têtes	
Verbe + Verbe	Les **2 verbes** restent **invariables**.	Des savoir-être	

LE PLURIEL DES ADJECTIFS

Règle n° 1	**L'adjectif s'accorde en genre et en nombre avec le nom qu'il accompagne.** **Exemple :** Un écrit intéressant, Une œuvre intéressante, Des œuvres intéressantes.
Règle n° 2	**Quand l'adjectif accompagne plusieurs noms de même genre, il prend le genre de ces noms et se met au pluriel.** **Exemple :** Un écrit et un auteur intéressants, Une œuvre et une auteure intéressantes.
Règle n° 3	**Quand l'adjectif accompagne plusieurs noms de genres différents, il se met au masculin pluriel. Exemple :** Un écrit et une auteure intéressants, Une œuvre et un scénario intéressants.
Règle n° 4	**Les noms utilisés comme adjectifs de couleur restent invariables (sauf rose, mauve, pourpre).** **Exemple :** Des pantalons marron, Des yeux noisette.

133 Les accents

Monsieur TAGE MAGE

Monsieur ÉCOLES de COMMERCE

EXPRESSION

L'ACCENT AIGU

L'accent aigu n'est utilisé que sur la lettre « e ». Il retranscrit le **son** [é].

Cas d'usage	Exemples
Lorsque « e » est la **première lettre** d'un mot.	Été, épreuve, édition, etc.
Lorsque « e » est la **dernière lettre** d'un mot (y compris si le mot se termine par un pluriel avec « s » ou un « e » muet).	Licencié, licenciés, etc. Lycée, lycées, etc.
Dans les préfixes « dé », « mé », « pré ».	Dérangé, méconnu, prévu, etc.
Dans les participes passés des verbes en « er » et du verbe « être ».	Chanté, donné, tué, été, etc.

Cas de non usage	Exemples
Pas d'accent sur la voyelle « e » si elle est suivie d'une consonne finale « d », « f », « r » ou « z ».	Clef, pied, chanter, nez, etc.
Jamais d'accent aigu devant un « x ».	Circonflexe, expédié, etc.
Jamais d'accent aigu devant une consonne double.	Efficace, étiquette, roulette, etc.
Exceptions	Pedigree, repartie, ère, etc.

L'ACCENT GRAVE

L'accent grave est utilisé sur les lettres « e », « a » ou « u ». Il retranscrit le **son** [è] quand il est sur le « e » mais n'induit pas de changement de prononciation quand il est sur « a » ou « u ».
Exemples : Le frère, là, où.

Cas d'usage	Exemples
Lorsque « e » est suivi d'un « e » muet.	Collège, avènement, complète, etc.
Lorsque « e » est suivi d'un « s » final (sauf le « s » du pluriel).	Près, abcès, très, etc.
Pour différencier des homonymes.	a et à ou et où

QUAND METTRE L'ACCENT AIGU OU GRAVE ?

Pour le savoir, il faut couper le mot par syllabes :

Si la syllabe qui contient le son « é/è » se termine par une **consonne**, on ne met pas d'accent.

Exemples : ter/ri/ble ef/fer/ves /cen/ce pa/ter/nel com/plet

Sinon, on met un accent.

Exemples : in/té/res/sant sé/ré/ni/té com/plè/te brè/ve

QUEL ACCENT METTRE : L'ACCENT AIGU OU GRAVE ?

Pour le savoir, il faut observer la syllabe suivante (à droite) :

Si elle contient un « e » muet, alors on met un accent grave « è ».

Exemples : pè/re der/niè/re chè/vre

Sinon, on met un accent aigu « é ».

Exemples : é/lé/phant l'hé/té/ro/gé/né/ité

L'ACCENT CIRCONFLEXE

L'accent circonflexe est utilisé pour toutes les voyelles sauf « y ».

Exemples : La tête, le râteau, mûr, drôle, l'abîme.

Cas d'usage	Exemples
Pour préciser la prononciation d'une lettre.	Gâteau, âme, etc.
Pour indiquer la disparition d'une lettre.	Hôpital (se disait hospital), Fête (se disait feste), etc.
Pour différencier des homonymes.	Sur et sûr Du et dû

Toutes les questions sont corrigées en vidéo dans votre espace E-LEARNING sur www.monsieur-tage-mage.com

134 Mots difficiles à orthographier

Monsieur TAGE MAGE

Monsieur ÉCOLES de COMMERCE

EXPRESSION

MOTS ET EXPRESSIONS DIFFICILES À ORTHOGRAPHIER

Abbaye	Dissymétrie
Aborigène	Ennuyer
Accueil	Erroné
Acoustique	Étymologie
Acquérir	Exaucer
Alizé	Exorbitant
Amygdale	Fanfaronnade
Appeler	Fioul
Astérisque	Fourmilière
Au temps pour moi	Frayeur
Bâiller	Gaufre
Balbutier	Geyser
Bayer aux corneilles	Graffiti
Boycotter	Hippopotame
Camelote	Houppette
Cannelle	Hypoténuse
Canule	Hypothèse
Carrousel	Illettrisme
Cassolette	Imbécilité
Cassonade	Indemne
Clown	Intéresser
Coccyx	Interroger
Dilemme	Inondation
Discerner	Intriguer
Dissonance	Joaillier
Écuyer	Kinésithérapeute
Embarrasser	Langage

En l'occurrence	Larynx
Lubie	Poliomyélite
Magazine	Poney
Malgré	Prohiber
Marchepied	Quinconce
Méditerranéen	Rapiécer
Misogynie	Rayure
Montgolfière	Recueillir
Mystère	Rhododendron
Nonne	Ruisseler
Obnubiler	Satellite
Obscurcir	Serpillière
Occurrence	Staphylocoque
Opprobre	Susurrer
Ornithorynque	Toboggan
Par acquit de conscience	Tressaillir
Parallélépipède	Triptyque
Parmi	Trottinette
Papyrus	Tutoiement
Philanthrope	Vraisemblable
Pittoresque	Ver
Phlébite	Yaourt
Plinthe	Zoo

EXERCICE

Question 1 ★★★☆☆ **30 sec. – 2 min.**

Combien de fautes d'orthographe le passage suivant contient-il ?

« L'enfant méditerranéen recueilli présentait des capacités mystérieuses et interessantes, notamment en ce qui concernait son language ».

(A) 2 (B) 3 (C) 4 (D) 5 (E) 6

➔ **CORRIGÉ FICHE 200**

135 Masculin/Féminin

Monsieur TAGE MAGE

Monsieur ÉCOLES de COMMERCE

EXPRESSION

RÈGLES GÉNÉRALES SUR LE GENRE DES NOMS

Terminaisons des mots masculins	-age, -al, -et, -ier, -isme, et -teur **sont des terminaisons de mots masculins.**
Terminaisons des mots féminins	-ade, -ance, -ation, -ence, -esse, -ette, -euse, -té et -ude **sont des terminaisons de mots féminins.**
Certains noms masculins se terminent par :	**-ée** : athée, apogée, musée, etc. **-eurre** : leurre, beurre. **-ette** : squelette (**c'est le seul**). **-ie** : génie, sosie, parapluie, etc. **-oire** : pourboire, déboire, territoire, etc.
Adjectifs masculins terminés par un « e » :	Les adjectifs masculins terminés par le **son** [**il**] s'écrivent -**ile** (agile, etc.) **sauf** civil, puéril, subtil, vil, volatil et tranquille.
Terminaisons trompeuses des noms féminins **Les noms féminins terminés par :**	– Le son [**tié**] ne prend **jamais de « e » final** : amitié, pitié, etc. – Le son [**té**] ne prennent **pas de « e » final** : beauté, rapidité, etc. **sauf** butée, dictée, jetée, montée, nuitée, pâtée, portée, tétée, potée, platée et assiettée. – Les **sons** [**i**], [**u**], [**è**], [**ou**], **prennent un « e » final sauf** : brebis, fourmi, nuit, perdrix, souris, bru, glu, tribu, vertu, forêt, paix et toux.

MOTS DONT LE GENRE CHANGE AU PLURIEL

Singulier masculin	Amour	Délice	Orgue
Pluriel féminin	Amours	Délices	Orgues

Exemple : Cet orgue est puissant. Ces orgues sont puissantes.

LISTE DE MOTS MASCULINS

Agrume	Aphte	Augure	Entracte	Hémisphère	Obélisque
Amalgame	Apogée	Cerne	Épilogue	Intervalle	Opuscule
Amiante	Appendice	Effluve	Équinoxe	Ivoire	Pétale
Antidote	Armistice	Éloge	Exécutoire	Interclasse	Planisphère
Antipode	Asphalte	Emblème	Exode	Interstice	Rail
Aparté	Astérisque	En-tête	Haltère	Méandre	Tentacule

LISTE DE MOTS FÉMININS

Acné	Anagramme	Atmosphère	Écritoire	Idylle	Omoplate
Aérogare	Alcôve	Câpre	Épithète	Interview	Orbite
Agora	Apothéose	Catacombes	Équivoque	Obsèques	Stalactite
Algèbre	Argile	Échappatoire	Icône	Octave	Ténèbres

LISTE DE MOTS UTILISABLES DANS LES 2 GENRES (SENS IDENTIQUE)

Alvéole	Enzyme	Oasis	Perce-neige
Après-midi	Météorite	Palabre	Réglisse

LISTE DE MOTS UTILISABLES DANS LES 2 GENRES (SENS DIFFÉRENT)

Mot	Signification
Livre	**Un livre** : Document écrit. ≠ **Une livre** : Unité de mesure de la masse.
Manche	**Un manche** : Partie d'un outil qui permet de le tenir. ≠ **Une manche** : 1) Partie d'un vêtement, 2) Partie d'un match
Voile	**Un voile** : 1) Étoffe, 2) Coiffure, 3) Tissu léger ≠ **Une voile** : Pièce de toile qui fait avancer un bateau.
Moule	**Un moule** : Objet creux destiné à donner une forme. ≠ **Une moule** : Mollusque marin comestible.
Poêle	**Un poêle** : Appareil de chauffage. ≠ **Une poêle** : Ustensile de cuisine qui sert à frire.

136 Questions de formulation et de reformulation

Monsieur TAGE MAGE

Monsieur ÉCOLES de COMMERCE

EXPRESSION Fréquence ●●●●● Difficulté ★★★★☆

QUESTIONS DE FORMULATION

Les questions de « **Formulation** » consistent à choisir la réponse **correcte** :

- Du point de vue orthographique.
- Du point de vue grammatical.
- Du point de vue syntaxique.
- Du point de vue stylistique.

Application ★★★☆☆ **45 sec. – 3 min.**

Choisissez la meilleure formulation du point de vue de l'orthographe, de la grammaire, de la syntaxe et du style.

(A) Un mouvement neuf voulait bouger l'Europe. Les institutions ont dit non.

(B) Un mouvement jeune et plein d'énergie entendait réveiller le Vieux Continent. L'Eurogroupe et le Fonds monétaire international ont écrasé cette espérance.

(C) Un mouvement jeune et plein d'une énergie nouvel entendait réveiller la Grèce et le Vieux Continent. L'Eurogroupe et le Fonds monétaire international ont écrasé cette espérance.

(D) Une impulsion voulait avoir un nouvel impact sur la Grèce et ses voisins. Mais la coalition a refusé ce mouvement.

(E) Un mouvement juvénile et fougueux entendait réformer une masse et réveiller le Vieux Continent. L'Eurogroupe et le Fonds monétaire international ont usé cette espérance.

Réponse B : La réponse B est la mieux formulée : c'est la plus complète et la plus précise. Les réponses A et D sont vagues. La réponse C contient une faute : une énergie nouvel<u>le</u>. La réponse E est inappropriée car l'espérance n'a pas été « usée » mais « écrasée ». **Réponse B.**

QUESTIONS DE REFORMULATION

Les questions de « **Reformulation** » consistent à choisir la réponse **correctement reformulée** :

- Du point de vue orthographique.
- Du point de vue grammatical.
- Du point de vue syntaxique.
- Du point de vue stylistique.

> **ATTENTION** La réponse A est toujours identique à l'énoncé. Il est possible qu'aucune reformulation ne soit meilleure. Dans ce cas, on choisit la réponse A.

Application ★★★☆☆ **45 sec. – 3 min.**

Choisissez la meilleure reformulation du point de vue de l'orthographe, de la grammaire, de la syntaxe et du style. La proposition A reprend l'énoncé.

Lors des récessions, le pouvoir d'achat des ménages faiblit. Ceci est dû à un taux de chômage élevé ainsi qu'à une production plus faible, faisant monter les prix.

(A) Lors des récessions, le pouvoir d'achat des ménages faiblit. Ceci est dû à un taux de chômage élevé ainsi qu'à une production plus faible, faisant monter les prix.

(B) Les gens peuvent acheter moins de choses en période de récession, car d'une part ils n'ont parfois pas de travail, d'autre part les producteurs produisent moins donc les prix augmentent.

(C) Une récession, c'est deux choses : une baisse du pouvoir d'achat dû au chômage, et une production moindre qui fait monter les prix.

(D) En période de récession, le pouvoir d'achat des ménages diminue, et ce pour plusieurs raisons. Tout d'abord, l'élévation de la courbe du chômage coupe la consommation. Ensuite, les entreprises produisant moins, les prix augmentent.

(E) On observe une baisse du pouvoir d'achat des ménages lors des épisodes de récessions économiques. Cela est dû à un taux de chômage élevé d'une part et à une baisse de la production des entreprises d'autre part.

Réponse E : La réponse E est celle qui reprend le mieux les éléments (baisse du pouvoir d'achat lors des récessions, baisse de la production des entreprises, hausse des prix, etc.). Elle est également la plus juste d'un point de vue syntaxique. **Réponse E.**

137 Principales fautes de syntaxe

Monsieur TAGE MAGE

Monsieur ÉCOLES de COMMERCE

EXPRESSION

	On ne dit pas ...	Mais ...
Absence d'un mot	Des connaissances, le système vise à nous en faire assimiler le **moins**.	Des connaissances, le système vise à nous en faire assimiler le **moins possible**.
Oubli du « ne » dans la négation	On **entend** pas les chants des supporters.	On **n'**entend **pas** les chants des supporters.
Mauvais emploi de l'auxiliaire dans les temps	Sans moi, ils **auraient** demeuré à la maison.	Sans moi, ils **seraient** demeurés à la maison.
Verbe transitif ou intransitif mal employé	L'enfant **débutera** l'école cette année.	L'enfant **commencera** l'école cette année.
Utilisation d'un mauvais pronom	Le système **que** je parle ici est celui que j'ai connu.	Le système **dont** je parle ici est celui que j'ai connu.
Utilisation erronée d'une préposition	Je vais **au** coiffeur.	Je vais **chez** le coiffeur.
Utilisation d'un mauvais mode ou d'un mauvais temps	Si vous **m'éliriez**, je serais président.	Si vous **m'élisiez**, je serais président.
Faute quant au référent	Nous serons capables de **s'**en servir.	Nous serons capables de **nous** en servir.

<table>
<tr><th></th><th>On ne dit pas ...</th><th>Mais ...</th></tr>
<tr><td rowspan="2">Malgré/Bien que</td><td>Malgré qu'il pleuve, il est sorti</td><td>Malgré la pluie, il est sorti.
ou
Bien qu'il pleuve, il est sorti.</td></tr>
<tr><td colspan="2">Remarques :
• « Malgré » est une préposition qui s'utilise de manière directe, c'est-à-dire non séparé du mot ou du groupe de mots qui le suit.
Attention : On n'utilise JAMAIS la formule « Malgré + que + subjonctif ».
• « Bien que » est une conjonction de subordination. Elle est suivie du subjonctif.
Remarque : Avec la formule « Bien que », on peut sous-entendre le verbe !
Exemple : Bien que souffrant, il est venu = Bien qu'il soit souffrant, il est venu.</td></tr>
</table>

Toutes les questions sont corrigées en vidéo dans votre espace **E-LEARNING sur www.monsieur-tage-mage.com**

138 Les majuscules

Monsieur TAGE MAGE

Monsieur ÉCOLES de COMMERCE

EXPRESSION

EMPLOI EN DÉBUT DE PHRASE

Emploi après	Exemple
Un point final	Hier je suis rentré tard. Aujourd'hui, je suis fatigué.
Un point d'interrogation	A-t-il répondu ? Oui.
Un point d'exclamation	Tenez bon ! Les renforts arrivent.
Des points de suspension	Nous comptions aller au bout... Nous n'avons pas pu.

ATTENTION On emploie une majuscule après un point d'interrogation, un point d'exclamation ou des points de suspension **uniquement s'ils terminent une phrase**.
Exemples de non utilisation : « Ô rage ! ô désespoir ! », « J'ai conduit vite... trop vite ».

EMPLOI POUR LES NOMS PROPRES

Emploi pour	Exemple
Les noms de famille	La famille Dupond.
Les prénoms	Joachim et Arnaud écrivent un livre.
Les noms d'œuvre	Elle a acheté un Rembrandt.
Les lieux géographiques	L'Europe, la Bretagne.
Les points cardinaux	Le Sud, l'hémisphère Sud.
Les marques	Une Mercedes.
Les planètes, les étoiles et les signes du zodiaque	Le Soleil, la Voie lactée.
Les fêtes religieuses ou nationales	Le Nouvel An, la Toussaint.
Les institutions	Le Département d'Économie de l'Université de Paris.
Les titres honorifiques	J'ai parlé au Président.
Les titres d'œuvres	Le journal *Le Monde*.
Les manifestations	Le Salon des Vins et de la Gastronomie.

ATTENTION Les points cardinaux portent une majuscule lorsqu'ils désignent **une région** (le Nord) mais pas lorsqu'ils désignent **une orientation** (aller vers le sud, l'aile est du palais, etc.)

EMPLOI DANS UNE CITATION

Emploi	Exemple
Dans une citation	Comme le disait Benjamin Constant : « La reconnaissance a la mémoire courte. »

ATTENTION Si la citation est intégrée dans la phrase, alors on ne met pas de majuscule.
Exemple : Marx décrit les chômeurs comme « l'armée de réserve du capitalisme ».

EMPLOI DANS DES CAS PARTICULIERS

Emploi pour	Exemple
Les noms et les adjectifs employés comme surnoms	Alexandre le Grand. Montréal la Chic.
Les adjectifs qui qualifient une montagne, un océan ou une manifestation	L'océan Pacifique. Les jeux Olympiques.
Les noms de peuples	Les Européens, les Français.
Les mots Dieu, Jésus et leurs synonymes	On aurait dit Jésus.

ATTENTION Les adjectifs de nationalité ne prennent pas de majuscule, sauf s'ils sont utilisés comme noms. **Exemple** : « Un journal français » mais « un Français ».

EMPLOI QUI FAIT CHANGER LE SENS

Emploi	Explication	Exemple
Église ≠ église	L'Église désigne l'ensemble des fidèles. L'église est le lieu de culte dans lequel on prie.	L'Église orthodoxe. Je vais à l'église.
État ≠ état	L'État désigne un pays ou son gouvernement. L'état désigne une situation.	Le chef de l'État. L'état de santé.
Saint ≠ saint	Saint désigne une fête, une rue, une ville, etc. saint désigne le saint lui-même.	La rue Sainte-Hélène. Prier saint-Augustin.

139 La ponctuation

Monsieur TAGE MAGE

Monsieur ÉCOLES de COMMERCE

EXPRESSION

LES SIGNES DE PONCTUATION

Signe de ponctuation	Utilisation	Exemple
Le point final	Marque la fin d'une phrase.	Je suis calme. Je vais bien.
La virgule	Sépare des mots ou des groupes de mots.	La Belgique, l'Allemagne et l'Espagne sont en Europe.
	Met en valeur un groupe nominal placé en tête de phrase ou entre virgules.	Cette semaine, nous avons beaucoup travaillé.
Le point-virgule	Sépare deux phrases qui ont un lien très étroit. On ne met pas de majuscule au mot qui suit le point-virgule.	Il les connaissait bien ; il savait comment ils allaient réagir.
Les deux points	Annoncent une énumération ou une citation encadrée par des guillemets.	Les nominés sont : Patrick, Jean et Paul. L'auteur affirme : « Je t'aime ».
	Marquent un lien logique entre deux propositions (conséquence, cause, etc.)	Il ne sera pas là : il n'a pas été prévenu.
Le point d'exclamation	Marque la fin d'une phrase exclamative.	Comme tu es belle !
	Marque la fin d'une interjection et est souvent repris en fin de phrase.	Mince ! je suis en retard !
Le point d'interrogation	Termine une interrogation directe.	Quand viendras-tu ?
Les points de suspension	Mentionnent un élément manquant (suppression, interruption, sous-entendu ou hésitation).	Je ne peux pas vous en dire plus...

Signe de ponctuation	Utilisation	Exemple
Les guillemets	Encadrent les paroles rapportées, les citations, les extraits d'un ouvrage qui sont annoncés par les deux points.	L'auteur affirme : « Je t'aime ».
	Marquent l'emploi de termes dans un sens particulier.	Il était comme « envoûté » par son parfum.
Les parenthèses	Encadrent un exemple ou un élément non indispensable à la phrase.	Les fruits rouges (fraises, framboises, etc.) sont de plus en plus rares.
Les crochets	Ouvrent une parenthèse dans la parenthèse.	L'Après-midi d'un faune (recueil de Mallarmé [1842-1898] paru en 1876).
	Encadrent les éléments extérieurs à une citation.	« Il [le professeur] ne leur faisait aucun cadeau. »
Le tiret	Employé seul, il marque le changement d'intervenant dans un dialogue.	« C'est tout ? – Oui. – Ah bon. »
	Employé par paire, il encadre des éléments annexes (même usage que la parenthèse).	Les fruits rouges – fraises, framboises, etc. – sont de plus en plus rares.

Toutes les questions sont corrigées en vidéo dans votre espace **E-LEARNING** sur **www.monsieur-tage-mage.com**

140 Questions de cohérence textuelle (1/2)

Monsieur TAGE MAGE

Monsieur ÉCOLES de COMMERCE

EXPRESSION Fréquence ●●●●● Difficulté ★★★☆☆

Les questions de « **Cohérence textuelle** » (textes à trous) consistent à **choisir le meilleur mot/groupe de mots/phrase** pour compléter une phrase ou un paragraphe.

Il existe **5 types de questions de « cohérence textuelle »** :
- 1 phrase et 1 trou (1 mot).
- 1 texte et 1 trou (1 mot).
- 1 texte et 2 trous (2 mots).
- 1 texte et 3 trous (3 mots).
- 1 texte et 1 phrase (groupe de mots).

Le choix de la bonne réponse s'effectue selon :
- **Le fond de la réponse** (= signification du mot ou du sens de la phrase).
- **La forme de la réponse** (= le champ lexical/jargon/ton de la réponse doit correspondre au texte).

MÉTHODE DE RÉSOLUTION (SIGNIFICATION DU MOT)

Application ★★★☆☆ **30 sec. – 2 min.**

Complétez avec les mots ou les expressions assurant la meilleure cohérence textuelle.
(...) Charlie est très différent. (...) il cherche à se faire des amis parmi ses camarades d'école, il se sent terriblement seul.

(A)	Heureusement que	Sinon
(B)	Bien qu'	Toutefois
(C)	C'est pourquoi	Cependant
(D)	Il est vrai que	Bien qu'
(E)	Depuis que	Avec ardeur

Étape 1 Analysez uniquement les mots de la 1re colonne + Éliminez les mauvaises réponses.

(A) Heureusement que

~~(B) Bien qu'~~ (Orthographe incorrecte)

~~(C) C'est pourquoi~~ (Réponse illogique)

(D) Il est vrai que

~~(E) Depuis que~~ (Phrase trop courte pour commencer par « Depuis que »).

Étape 2 Analysez uniquement les mots restants dans la 2e colonne + Choisissez la bonne réponse.

(A) ~~Sinon~~

(D) Bien qu'

Réponse D.

ATTENTION Veillez à ce que le(s) mot(s) à intégrer s'insèrent parfaitement dans la phrase. Faites particulièrement attention aux prépositions et à la concordance des temps.

Fiches utiles pour vos révisions : 142 à 145.

Toutes les questions sont corrigées en vidéo dans votre espace E-LEARNING sur www.monsieur-tage-mage.com

141 Questions de cohérence textuelle (2/2)

Monsieur TAGE MAGE

Monsieur ÉCOLES de COMMERCE

EXPRESSION Fréquence ●●●●● Difficulté ★★★☆☆

MÉTHODE DE RÉSOLUTION (SIGNIFICATION DE LA PHRASE)

Il s'agit généralement de questions de **variations sucessives.**

Application ★★★☆☆ **30 sec. – 2 min.**

Choisissez la réponse qui assure la meilleure cohérence textuelle.

C'est le (...) cheval de tous les temps, le (...) et le (...) à même d'écraser ses adversaires pendant la course.

(A)	Plus petit	plus mignon	plus
(B)	Meilleur	plus rapide	plus
(C)	Pire	plus laid	plus
(D)	Plus vieux	moins cher	presque
(E)	Plus intelligent	plus sage	plus

Étape 1 Testons chaque réponse en éliminant les réponses incohérentes.

Testons d'abord la réponse A. (Plus petit/Plus mignon/Plus)

Si c'est le plus petit cheval de tous les temps, il ne peut pas écraser ses adversaires pendant la course. On élimine la réponse A.

Étape 2 Sélectionnons la bonne réponse.

Testons la réponse B. (Meilleur/Plus rapide/Plus)

C'est le meilleur cheval de tous les temps, le plus rapide et le plus à même d'écraser ses adversaires pendant la course. La phrase est cohérente.

Réponse B.

Fiches utiles pour vos révisions : 142 à 145.

MÉTHODE DE RÉSOLUTION (SIGNIFICATION DU TEXTE)

Application ★★★☆☆ **30 sec. – 2 min.**

Choisissez la phrase de fin qui assure la meilleure cohérence textuelle.

L'alliance n'exclut pas la compétition, et les divergences sont même souvent de notoriété publique. Le renseignement, de par sa nature d'outil d'aide à la décision des responsables politiques, est donc une pratique courante, y compris entre alliés. C'est la raison pour laquelle l'indignation actuelle et les protestations officielles, logiques du point de vue de l'affichage politique, ont une portée limitée. (...)

(A) L'indignation des autorités est réelle et aura de lourdes conséquences sur les alliances actuelles.

(B) Le renseignement entre alliés continuera, malgré les protestations affichées.

(C) Le renseignement est une pratique essentielle pour un pays souhaitant être une puissance.

(D) Il a toujours été de notoriété publique que le renseignement se pratique aussi entre alliés.

(E) Le renseignement ne concerne que les ennemis d'un pays.

Corrigé

(A) L'indignation des autorités est réelle et aura de lourdes conséquences sur les alliances actuelles. **Contredit.**

(B) Le renseignement entre alliés continuera, malgré les protestations affichées. **Conclusion. Bonne réponse.**

(C) Le renseignement est une pratique essentielle pour un pays souhaitant être une puissance. **Hors-sujet.**

(D) Il a toujours été de notoriété publique que le renseignement se pratique aussi entre alliés. **Résumé.**

(E) Le renseignement ne concerne que les ennemis d'un pays. **Contredit.**

L'auteur explique que le renseignement entre alliés est une pratique commune, tolérée, pas hostile, et acceptée dans le milieu. L'indignation officielle est ainsi une façade. La réponse B est la réponse qui se rapproche le plus de cela : les renseignements n'auront aucune portée et les écoutes continueront. **Réponse B.**

REMARQUE Les questions de cohérence textuelle qui demandent de trouver une phrase finale sont très similaires aux questions de conclusions (fiche « Conclusion »).

Fiches utiles pour vos révisions : 142 à 145.

142 Les locutions latines

Monsieur TAGE MAGE

Monsieur ÉCOLES de COMMERCE

EXPRESSION

Cette fiche liste les locutions latines les plus fréquemment utilisées au TAGE MAGE®, en particulier dans les questions de cohérence textuelle.

Locution latine	Signification
A contrario	Inversement.
A fortiori	À plus forte raison.
A posteriori	Après coup.
A priori	Avant examen des faits.
Ad hoc	Chose parfaitement adaptée à un effet.
Ad hominem	Dirigé contre la personne.
Ad litteram	À la lettre.
Ad vitam aeternam	Pour toujours.
Alea jacta est	Advienne que pourra.
Alter ego	Un autre moi.
Carpe diem	Profite du jour.
Casus belli	Acte qui peut déclencher une guerre.
De facto	De fait.
De visu	Après avoir vu.
Et caetera	Et ainsi de suite.
Ex abrupto	Brusquement.
Ex æquo	À égalité.
Ex cathedra	Sur un ton professoral.
Ex nihilo	À partir de rien.
Grosso modo	Dans les grandes lignes.
In abstracto	Abstraitement.
In extenso	Intégralement.
In extremis	De justesse.
In fine	Finalement, tout compte fait.
In situ	Dans son milieu naturel.
In vitro	En milieu artificiel.
In vivo	Sur un organisme vivant.

Locution latine	Signification
Intra muros **(≠ extra muros)**	À l'intérieur de la ville.
Ipso facto	Par voie de conséquence.
Manu militari	De force.
Modus operandi	Mode opératoire. Compromis.
Nec plus ultra	Ce qu'il y a de mieux.
Nolens volens	Bon gré, mal gré.
Pro bono	Pour le bien public.
Pro domo	Pour sa propre cause.
Sic	En citant exactement.
Sine die	Sans préciser la date.
Sine qua non	Nécessaire.
Statu quo	État actuel des choses.
Stricto sensu (lato sensu)	Au sens propre.
Urbi et orbi	Partout.
Vice versa	Inversement.

Toutes les questions sont corrigées en vidéo dans votre espace **E-LEARNING sur www.monsieur-tage-mage.com**

143 Les connecteurs logiques

Monsieur TAGE MAGE

Monsieur ÉCOLES de COMMERCE

EXPRESSION

CONNECTEURS LOGIQUES DE CAUSE			
Prépositions	**Conjonctions de coordination**	**Conjonctions de subordination**	**Adverbes et locutions**
À cause de En raison de Grâce à Du fait de	Car En effet	Parce que Puisque Comme Étant donné que	Effectivement

CONNECTEURS LOGIQUES D'ADDITION			
Prépositions	**Conjonctions de coordination**	**Conjonctions de subordination**	**Adverbes et locutions**
	Et	De même que Sans compter que Ainsi que	Ensuite De plus De surcroît En outre

CONNECTEURS LOGIQUES D'OPPOSITION			
Prépositions	**Conjonctions de coordination**	**Conjonctions de subordination**	**Adverbes et locutions**
Malgré En dépit de	Mais Or	Bien que Quoique Tandis que Alors que Même si	Cependant Pourtant Toutefois Néanmoins En revanche

Définition	Mot	Mot	Définition
Concerne le cerveau	**Cérébral**	**Cervical**	Concerne la nuque
Amateur de cinéma	**Cinéphile**	**Cynophile**	Amateur de chiens
Choc brutal	**Collision**	**Collusion**	Entente secrète
Naïf	**Crédule**	**Crédible**	Que l'on peut croire
Découvrir	**Déceler**	**Desceller**	Ouvrir
Supprimer le caractère mystérieux	**Démystifier**	**Démythifier**	Supprimer le caractère mythique
Dépourvoir de	**Dénuer**	**Dénuder**	Se déshabiller
Relâcher ce qui est tendu	**Détendre**	**Distendre**	Soumettre à une forte tension
Advenir	**Échoir**	**Échouer**	Ne pas réussir
Ordonner par une loi	**Édicter**	**Éditer**	Publier
Bris de clôture, de serrure	**Effraction**	**Infraction**	Violation d'un règlement
Éviter	**Éluder**	**Élucider**	Rendre clair
Sortir de l'eau	**Émerger**	**Immerger**	Plonger dans l'eau
S'installer dans un logement	**Emménager**	**Aménager**	Disposer avec ordre
Jaillissement volcanique	**Éruption**	**Irruption**	Entrée soudaine
Dessiner	**Esquisser**	**Esquiver**	Éviter
Imprimer en relief	**Estamper**	**Estomper**	Effacer
Sortie	**Évasion**	**Invasion**	Entrée de force sur un territoire
Glorifier	**Exalter**	**Exulter**	Être très heureux
Accroissement progressif	**Gradation**	**Graduation**	Mesure des degrés
Adresse	**Habileté**	**Habilité**	Qui a l'autorisation de
Qui contient des images	**Imagé**	**Imaginé**	Inventé
Dérangeant	**Importun**	**Opportun**	Au bon moment
Causer du tort	**Léser**	**Lésiner**	Économiser en avare
Délivrer d'une oppression	**Libération**	**Libéralisation**	Rendre une économie libérale
Riche	**Luxueux**	**Luxurieux**	Débauché
Liquide organique	**Lymphe**	**Nymphe**	Divinité
Matière pour travailler	**Matériau**	**Matériel**	Outils, équipement
Changer de peau/de voix	**Muer**	**Muter**	Changer de lieu de travail
Renoncement avec regret	**Résignation**	**Résiliation**	Annulation d'un contrat
Qui peut être respecté	**Respectable**	**Respectueux**	Qui respecte
Qui doute	**Sceptique**	**Septique**	Qui produit une infection
Splendide	**Somptueux**	**Somptuaire**	Relatif aux lois

145 Questions liées

Monsieur TAGE MAGE

Monsieur ÉCOLES de COMMERCE

EXPRESSION Fréquence ●●●●● Difficulté ★★★★★

Les « **Questions liées** » sont des questions de cohérence textuelle qui consistent à choisir **le meilleur mot/groupe de mots/phrase** pour **compléter plusieurs phrases** qui forment un texte quand elles sont mises à la suite.

CONSEIL Nous vous recommandons de lire toutes les questions liées afin de connaître le sujet traité. Lire les réponses des questions permet également de trouver plus facilement la réponse de la 1re question liée.

APPLICATION

Complétez les phrases en remplaçant les (...) par la réponse adéquate.

Question 1.

Le (...) est très (...) : ...

(A)	Marché de l'édition	dynamique
(B)	Marché du livre	dynamique
(C)	Marché de l'éducation	concentré
(D)	Marché de l'édition	concentré
(E)	Marché du livre	concentré

Question 2. (suite de la question 1)

Les deux premiers groupes (...) (...) et Gallimard totalisent environ (...) des ventes de livres et ...

(A)	D'édition	Hachette Livre	37 %
(B)	De presse	Lagardère	49 %
(C)	D'édition	Lagardère	18 %
(D)	De presse	Hachette	75 %
(E)	D'impression	Lagardère Livre	59 %

Question 3. (suite de la question 2)

Les 12 premiers (...) (Hachette Livre, France Loisirs, Atlas, etc.) près de (...).

(A) Auteurs 49 %
(B) Éditeurs 82 %
(C) Éditeurs 36 %
(D) Distributeurs 92 %
(E) Maison de presse 56 %

Question 4. (suite de la question 3)

(...), l'édition française se caractérise aussi par l'existence de nombreux acteurs indépendants, aux dimensions variables.

(A) En définitive
(B) Par contre
(C) Cependant
(D) En revanche
(E) En conclusion

CORRIGÉ

Question 1. Réponse E. Toutes les réponses sont possibles. Il faut donc lire la 2e question pour comprendre qu'il s'agit de livres. Étant donné que **Gallimard est un éditeur,** on hésite entre les réponses A, B, D et E. La question 2 aborde la question des parts de marché (et non la croissance), donc la bonne réponse est **« concentré »** (plutôt que « dynamique »). Enfin, pour **éviter de répéter le mot « édition »**, on choisit le mot « livre ». **Réponse E.**

Question 2. Réponse A. Gallimard est un éditeur. Ainsi, la bonne réponse est « édition ». On hésite entre les réponses A et C. De plus, étant donné que le marché est « concentré », le pourcentage doit être élevé : **37 %. Réponse A.**

Question 3. Réponse B. On choisit « éditeurs » et un pourcentage encore plus élevé que la question 2, soit 82 %. **Réponse B.**

Question 4. Réponse C. Cette dernière phrase nuance les précédents propos en indiquant qu'il existe de nombreux acteurs indépendants à des tailles variables. Donc, « Cependant ». **Réponse C.**

146 Questions de figures de style

Monsieur TAGE MAGE

Monsieur ÉCOLES de COMMERCE

EXPRESSION Fréquence ●●●○○ Difficulté ★★★★☆

Les questions de « **Figures de style** » consistent à :

- **Cas n° 1 :** Trouver la bonne figure de style.
- **Cas n° 2 :** Trouver la mauvaise figure de style.

CAS N° 1 : LA BONNE FIGURE DE STYLE

Il s'agit de choisir la **bonne figure de style**, c'est-à-dire celle qui correspond à l'énoncé.

Question 1 ★★★☆☆ **30 sec. – 2 min.**

Quelle figure de style correspond le plus à la citation suivante ?

« Pour qui sont ces serpents qui sifflent sur vos têtes ? » (Jean RACINE, *Andromaque*, 1667)

(A) Allitération
(B) Oxymore
(C) Métaphore
(D) Antiphrase
(E) Métonymie

Corrigé : L'**allitération** consiste en la répétition d'une ou plusieurs consonnes à l'intérieur d'une même phrase. Ici, on a une répétition de la consonne « s ». **Réponse A.**

Fiche utile pour vos révisions : 147

CAS N° 2 : LA MAUVAISE FIGURE DE STYLE

Il s'agit de choisir la **mauvaise figure de style**, c'est-à-dire celle qui ne correspond pas à l'énoncé.

Question 2 ★★★☆☆ **30 sec. – 2 min.**

Parmi les expressions suivantes, laquelle n'utilise pas la figure de style de la métaphore ?

(A) Tu es lent, une vraie tortue !
(B) Paris est un véritable océan : profond et mystérieux.
(C) Tu es belle comme le jour.
(D) Ses cheveux sont couleur de blé.
(E) Un gros serpent de fumée noire.

Corrigé : « Tu es belle comme le jour » est une **comparaison** et non une métaphore.
La principale différence entre la métaphore et la comparaison est que la métaphore n'utilise pas d'outil de comparaison alors que la comparaison en utilise un (ici « comme »). **Réponse C.**

➔ **Fiche utile pour vos révisions : 147**

EXERCICE

Question 1 ★★★☆☆ **30 sec. – 2 min.**

Quelle figure de style est utilisée dans la phrase suivante ?

« La neige fait au Nord ce qu'au Sud fait le sable », Victor Hugo.

(A) Une litote.
(B) Une allitération.
(C) Un parallélisme.
(D) Un chiasme.
(E) Une assonance.

➔ **CORRIGÉ FICHE 200**

147 Les figures de style

Monsieur TAGE MAGE

Monsieur ÉCOLES de COMMERCE

EXPRESSION

FIGURES DE STYLE DE RÉPÉTITION

Figure de style	Définition	Exemple
Anaphore	**Répétition** d'un mot ou d'un groupe de mots **en début de phrase.**	« Paris outragé, Paris brisé, Paris martyrisé mais Paris libéré. »
Chiasme	**Croisement d'éléments** (modèle AB // BA).	« Il faut manger pour vivre, et non pas vivre pour manger. »
Énumération	**Liste** d'au moins 3 mots de même nature.	« J'ai acheté des pommes, des poires, des figues. »
Épiphore	**Répétition** d'un mot ou d'un groupe de mots **en fin de phrase.**	« Infiniment, la pluie, la longue pluie, la pluie. »
Pléonasme	Répétition de termes ou expressions qui ont le **même sens.**	« Monter en haut. »
Parallélisme	**Symétrie d'éléments** (modèle AB/AB).	« Et jamais je ne pleure, et jamais je ne ris. »

FIGURES DE STYLE DE CONSTRUCTION

Figure de style	Définition	Exemple
Antithèse	Parallèle entre **2 mots opposés.**	« Certains l'aiment chaud, d'autres l'aiment froid. »
Oxymore	Réunion de **2 mots opposés** dans une même expression.	« Un soleil froid. »
Allitération	**Répétition** d'une même **consonne.**	« Cassandre sous son Capuce. »
Assonance	**Répétition** d'une même **voyelle.**	« Ce rêve étrange et pénétrant. »

FIGURES DE STYLE D'ANALOGIE

Figure de style	Définition	Exemple
Allégorie	**Personnification** d'une **idée abstraite**.	« Ô Mort, vieux capitaine, il est temps ! »
Personnification	Attribution de caractéristiques humaines à un objet ou un animal.	« Cette rose aimable comme toi. »
Comparaison	Parallèle entre un comparé et un comparant **avec outil de comparaison** (comme, tel que, etc.)	« Elle est comme mon Soleil. »
Métaphore	Parallèle entre un comparé et un comparant **sans outil de comparaison.**	« Elle est mon Soleil. »
Métonymie	**Remplacement d'un mot par un autre mot** qui entretient un lien logique avec le premier.	« Faire de la voile » = « Faire du bateau à voile »
Synecdoque	**Cas particulier de métonymie** : Remplacement d'un mot par un autre mot qui a une relation d'**inclusion** avec celui-ci (la partie pour le tout ou le tout pour la partie).	« Boire un verre » = « Boire ce qui est contenu dans le verre ».
Périphrase	Remplacement d'un mot par un groupe de mots.	« La capitale de la France » pour Paris.

FIGURES DE STYLE D'ATTÉNUATION

Figure de style	Définition	Exemple
Litote	**Suggestion** de plus que ce qu'on ne dit réellement.	« Ce n'est pas mauvais » = « C'est bon ».
Euphémisme	**Atténuation** d'une réalité brutale.	« Il est parti » = Il est mort
Antiphrase	Figure ironique qui **exprime le contraire** de ce que l'on pense.	« Que tu es gentil ! »

FIGURE DE STYLE D'ÉXAGÉRATION

Figure de style	Définition	Exemple
Hyperbole	**Exagération** d'une idée pour la mettre en relief. Utile pour l'ironie ou la caricature.	« Je suis mort de rire. »

148 Questions de proverbes/d'expressions

Monsieur TAGE MAGE

Monsieur ÉCOLES de COMMERCE

EXPRESSION Fréquence ●●●●○ Difficulté ★★★☆☆

Les questions de « **Proverbes/d'expressions** » consistent à :

- **Cas n° 1** : Trouver le bon proverbe/la bonne expression.
- **Cas n° 2** : Trouver le mauvais proverbe/la mauvaise expression.
- **Cas n° 3** : Compléter un proverbe ou une expression.

CAS N° 1 : TROUVER LE BON PROVERBE/LA BONNE EXPRESSION

Il s'agit de choisir **le bon proverbe/la bonne expression**, c'est-à-dire celui/celle qui correspond à l'énoncé.

Application 1 ★★★☆☆ **30 sec. – 2 min.**

Laquelle des expressions suivantes désigne le fait de manquer de répartie ?

(A) « Avoir l'esprit de l'escalier ».
(B) « Avoir de l'esprit ».
(C) « Tomber de Charybde en Scylla ».
(D) « Passer du coq à l'âne ».
(E) « Voir midi à sa porte ».

Fiches utiles pour vos révisions : 149 à 153.

CAS N° 2 : TROUVER LE MAUVAIS PROVERBE/LA MAUVAISE EXPRESSION

Il s'agit de choisir **le mauvais proverbe/la mauvaise expression**, c'est-à-dire celui/celle qui ne correspond pas à l'énoncé.

Application 2 ★★☆☆☆ **15 sec. – 1 min.**

Parmi les expressions suivantes, laquelle n'utilise pas la figure de style de la métaphore ?

(A) Tu es lent, une vraie tortue !
(B) Paris est un véritable océan : profond, et mystérieux.
(C) Tu es belle comme le jour.
(D) Ses cheveux sont couleur de blé.
(E) Un gros serpent de fumée noire.

Fiches utiles pour vos révisions : 149 à 153.

CAS N° 3 : COMPLÉTER UN PROVERBE/UNE EXPRESSION

Il s'agit de compléter correctement **un proverbe/une expression**.

Application 3 ★★☆☆☆ **15 sec. – 1 min.**

Complétez le proverbe suivant : « La bave du crapaud n'atteint pas ... »

(A) Le haut de l'herbe.
(B) Le haut de sa taille.
(C) Sa proie tant désirée.
(D) La blanche colombe.
(E) L'humidité de l'eau.

Fiches utiles pour vos révisions : 149 à 153.

EXERCICES

Question 1 ★★★☆☆ **30 sec. – 2 min.**

Ayant été informé qu'il était surveillé par la professeure qui le suspectait de tricher pendant les contrôles, Jérémy a choisi délibérément de se placer au premier rang pour se faire passer pour l'élève idéal. Quel proverbe illustre le mieux le comportement de cette personne ?

(A) L'enfer est pavé de bonnes intentions.
(B) Mieux vaut prévenir que guérir.
(C) L'habit ne fait pas le moine.
(D) Un homme averti en vaut deux.
(E) Qui veut tuer son chien l'accuse de la rage.

Question 2 ★★★☆☆ **30 sec. – 2 min.**

Pour mieux infiltrer un réseau de revendeurs de drogue, Pierre s'est mis dans la peau du personnage. À tel point qu'il s'est laissé appâter par le gain, et a fini par prendre la tête du cartel.

De quelle expression cette histoire est-elle l'illustration la plus exacte ?

(A) C'est la quadrature du cercle.
(B) C'est l'arroseur arrosé.
(C) Se ranger des voitures.
(D) Parler de corde dans la maison d'un pendu.
(E) Être aux pièces.

CORRIGÉ FICHE 200

149 Proverbes (1/3)

EXPRESSION

Cette fiche liste les proverbes les plus fréquemment utilisés au TAGE MAGE®. Cette liste est donc à apprendre par cœur !

Proverbe	Signification
A beau mentir qui vient de loin.	Mentir devient plus aisé lorsque ce que l'on dit est difficilement vérifiable.
À bon chat, bon rat.	Les adversaires montrent la même force.
À cheval donné on ne regarde pas la denture.	On ne se montre pas exigeant sur un cadeau reçu.
À malin, malin et demi.	On trouve toujours plus fort que soi.
À la guerre comme à la guerre.	Tous les moyens sont bons pour atteindre une fin.
Aide-toi, le ciel t'aidera.	La Providence n'aide que ceux qui se donnent les moyens de réussir.
Au royaume des aveugles, les borgnes sont rois.	Les classements sont toujours relatifs.
Avec des « si » on mettrait Paris en bouteille.	On ne peut pas refaire l'Histoire.
Bien mal acquis ne profite jamais.	Une chose obtenue d'une mauvaise manière ne sert jamais.
C'est dans les vieux pots qu'on fait la meilleure soupe.	Les méthodes établies depuis longtemps sont les meilleures.
C'est en forgeant qu'on devient forgeron.	La maîtrise s'acquiert par la pratique.
C'est l'occasion qui fait le larron.	L'occasion peut pousser à faire des mauvaises choses.
C'est la goutte d'eau qui fait déborder le vase.	C'est l'élément de trop.
C'est l'hôpital qui se moque de la charité.	Il ne faut pas critiquer un défaut que l'on a soi-même.
Ce n'est pas à un vieux singe qu'on apprend à faire la grimace.	On n'apprend rien à quelqu'un de plus expérimenté que soi dans un domaine.

Proverbe	Signification
Chacun voit midi à sa porte.	Chacun analyse un fait par rapport à sa propre situation.
Charité bien ordonnée commence par soi-même.	Il faut penser à soi avant de penser aux autres. Il faut regarder ses propres défauts avant de critiquer.
Chassez le naturel, il revient au galop.	Nul ne peut cacher sa véritable nature.
Chat échaudé craint l'eau froide.	Quand on a été victime d'un phénomène, on devient trop prudent.
Déshabiller Pierre pour habiller Paul.	Régler un problème en en créant un autre.
Faute avouée à moitié pardonnée.	Pour se faire pardonner, rien de tel que d'avouer sa faute.
Faute de grives, on mange des merles.	Il faut se contenter de ce que l'on a.
Il faut battre le fer tant qu'il est chaud.	Il faut saisir sa chance quand elle se présente.
Il faut que jeunesse se passe.	La jeunesse amène à faire des erreurs.
Il faut se méfier de l'eau qui dort.	Même les choses apparemment inoffensives peuvent être dangereuses.
Il faut tourner sept fois sa langue dans sa bouche avant de parler.	Il faut prendre son temps pour penser à ce que l'on va dire.
Il ne faut pas dire : « Fontaine, je ne boirai pas de ton eau ».	Il ne faut jamais dire « jamais ».
Il ne faut pas mettre tous ses œufs dans le même panier.	Il faut diversifier les risques.
Il ne faut pas remettre au lendemain ce qu'on peut faire le jour même.	On ne sait pas ce qui nous attend demain donc autant se débarasser au plus vite de ce que l'on doit faire.
Il ne faut pas réveiller le chat qui dort.	Revenir sur une histoire passée ne peut que causer du tort.
Il ne faut pas vendre la peau de l'ours avant de l'avoir tué.	Il ne faut rien prendre pour acquis.
Il n'y a pas de fumée sans feu.	Toute rumeur a un fondement.
Il vaut mieux tenir que courir.	Mieux vaut avoir quelque chose de petit que d'essayer (en vain) d'obtenir quelque chose de plus grand.
Jamais deux sans trois.	Quelque chose qui s'est produit 2 fois, risque de se produire une 3e fois.

Proverbes (2/3)

EXPRESSION

Proverbe	Signification
Jeux de mains, jeux de vilains.	Les chamailleries se terminent souvent par des coups.
L'appétit vient en mangeant.	Plus on mange, plus on a faim. Plus on possède, plus on souhaite posséder.
L'argent n'a pas d'odeur.	Peu importe d'où provient l'argent.
L'avenir appartient à ceux qui se lèvent tôt.	Plus on se met tôt à la tâche, plus on augmente ses chances de réaliser ses objectifs.
L'argent est un bon serviteur et un mauvais maître.	L'argent doit être un moyen et non une fin.
L'enfer est pavé de bonnes intentions.	La volonté de bien faire aboutit parfois au résultat inverse.
L'habit ne fait pas le moine.	Il ne faut pas se fier aux apparences.
L'Homme est un loup pour l'Homme.	L'Homme nuit souvent à son semblable.
L'œil du maître engraisse le cheval.	Plus le maître va voir son cheval, plus les valets en prennent soin et donc mieux le cheval se porte.
La bave du crapaud n'atteint pas la blanche colombe.	Les critiques n'atteignent pas ceux qui n'ont rien à se reprocher.
La caque sent toujours le hareng.	On garde toujours une trace de son origine sociale.
La fin justifie les moyens.	Tous les coups sont permis pour atteindre son but.
La fortune sourit aux audacieux.	Plus on tente, plus on est récompensé.
La nuit, tous les chats sont gris.	La nuit, difficile de distinguer les choses.
La nuit porte conseil.	La nuit permet de réfléchir à la journée écoulée.
La parole est d'argent et le silence est d'or.	Parfois, il faut savoir se taire.
La plume est plus forte que l'épée.	Les mots sont plus forts que les armes.

Proverbe	Signification
La vengeance est un plat qui se mange froid.	Des représailles peuvent avoir lieu longtemps après l'affront subi.
Le chien aboie, la caravane passe.	Quand on est sûr de soi, les contestations ne nous atteignent pas.
Le malheur des uns fait le bonheur des autres.	Ce qui nuit à une personne avantage une autre.
Mieux vaut prévenir que guérir.	Mieux vaut éviter un danger que d'en subir les conséquences.
Mieux vaut tard que jamais.	Il vaut mieux faire une chose tardivement que ne pas la faire.
Nécessité fait loi.	Une situation extrême peut expliquer que l'on passe outre ses obligations.
Nul n'est prophète en son pays.	Le talent est plus souvent reconnu à l'étranger que dans son propre pays.
Nul n'est censé ignorer la loi.	Le crime ne peut pas se réfugier derrière l'ignorance de la loi.
Œil pour œil, dent pour dent.	La peine doit être égale au crime commis.
On ne fait pas d'omelette sans casser des œufs.	Certains sacrifices sont nécessaires pour obtenir des résultats.
On ne peut être à la fois au four et au moulin.	On ne peut pas faire plusieurs choses à la fois.
On ne peut pas avoir le beurre et l'argent du beurre.	Il faut faire des choix.
On ne prête qu'aux riches.	Le système avantage les gens les plus établis.
On voit la paille dans l'œil de son voisin et non la poutre dans le nôtre.	On est toujours plus critique envers les autres qu'envers soi-même.
Paris ne s'est pas fait en un jour.	Il faut de la patience pour accomplir un grand projet.
Petit à petit, l'oiseau fait son nid.	La patience et la persévérance permettent d'accomplir de grandes choses.
Pierre qui roule n'amasse pas mousse.	Si on voyage trop, on n'accumule rien.

151 Proverbes (3/3)

Monsieur TAGE MAGE

Monsieur ÉCOLES de COMMERCE

EXPRESSION

Proverbe	Signification
Plus on est de fous, plus on rit.	L'ambiance est d'autant meilleure que le nombre de personnes est grand.
Promettre ne ruine pas.	Promettre est moins compliqué que faire vraiment.
Quand le bateau coule, les rats partent les premiers.	Quand la situation dégénère, le chacun pour soi prévaut.
Quand le chat n'est pas là, les souris dansent.	Sans surveillance, on agit plus librement.
Quand le vin est tiré, il faut le boire.	Quand on a commencé quelque chose, il est trop tard pour revenir en arrière.
Quand on parle du loup, on en voit la queue.	Quand on parle de quelqu'un et qu'il arrive.
Qui aime bien, châtie bien.	Titiller quelqu'un est une preuve d'affection.
Qui dort dîne.	Dormir permet d'oublier la faim.
Qui trop embrasse mal étreint.	Il vaut mieux n'entreprendre qu'une chose et la réussir que d'en entreprendre trop.
Qui ne dit mot consent.	Celui qui ne dit pas « non » dit « oui ».
Qui paie ses dettes s'enrichit.	En remboursant ses dettes, on s'enlève un poids.
Qui peut le plus, peut le moins.	Si quelqu'un peut réaliser une tâche difficile, il peut a fortiori réaliser une tâche plus facile.
Qui sème le vent, récolte la tempête.	Quand on provoque de petits troubles, on en récolte de plus importants.
Qui veut la fin veut les moyens.	La fin justifie les moyens.
Qui veut la paix, prépare la guerre.	Le meilleur moyen de ne pas faire la guerre est d'être prêt à la faire.
Qui veut tuer son chien l'accuse de la rage.	On trouve aisément un prétexte pour justifier ses actes.

Proverbe	Signification
Qui veut voyager loin ménage sa monture.	Pour atteindre des objectifs lointains, il faut avancer pas à pas.
Qui vole un œuf vole un bœuf.	Ce qui est grave c'est l'acte de voler, pas l'objet volé.
Qui vivra verra.	Les pronostics sur l'avenir sont inutiles.
Rien ne sert de courir ; il faut partir à point.	Il faut accorder aux choses le temps qu'elles méritent.
Si jeunesse savait, si vieillesse pouvait.	Les jeunes manquent d'expérience et les personnes âgées manquent de force.
Tant va la cruche à l'eau, qu'à la fin elle se brise.	À force de braver le danger, on finit par se faire prendre.
Tel est pris qui croyait prendre.	Celui qui voulait piéger se retrouve pris à son propre piège.
Tous les chemins mènent à Rome.	Pour réussir une action, plusieurs moyens sont possibles.
Tous les goûts sont dans la nature.	Chacun ses goûts.
Tout ce qui brille n'est pas or.	Il ne faut pas se fier aux apparences.
Tout travail mérite salaire.	Tout travail effectué doit être récompensé.
Tout vient à point à qui sait attendre.	Pour atteindre son but, il faut être patient.
Un tiens vaut mieux que deux tu l'auras.	Il vaut mieux tenir que courir.
Une hirondelle ne fait pas le printemps.	Le cas particulier n'est pas le cas général.
Ventre affamé n'a point d'oreilles.	Impossible de raisonner quelqu'un qui a faim.

152 Les expressions françaises

Monsieur TAGE MAGE

Monsieur ÉCOLES de COMMERCE

EXPRESSION

PRINCIPALES EXPRESSIONS FRANÇAISES

Expression	Signification
Aller sur la haquenée des cordeliers.	Se déplacer à pied, un bâton à la main.
Au doigt mouillé.	Approximativement.
Autant que faire se peut.	Dans la mesure du possible.
Avoir de la bouteille.	Avoir de l'expérience.
Avoir du plomb dans l'aile.	Être mal en point.
Avoir les yeux plus gros que le ventre.	Voir trop grand, exagérer ses capacités.
Boire le calice jusqu'à la lie.	Subir une humiliation complète.
C'est blanc bonnet et bonnet blanc.	Se dit de 2 choses similaires qui sont présentées comme différentes.
Chercher la petite bête.	Chercher à tout prix une erreur.
Couper l'herbe sous le pied de quelqu'un.	L'empêcher de réussir en le devançant.
Couper la poire en deux.	Trouver un compromis.
Dire ses quatre vérités à quelqu'un.	Dire à quelqu'un ce que l'on pense de lui franchement.
Être aux pièces.	Être pressé, ne pas avoir tout son temps.
Être de mèche avec quelqu'un.	Être complice de quelqu'un.
Être connu comme le loup blanc.	Être très connu.
Être la bête noire de quelqu'un.	Être la chose ou la personne qui pose le plus de problèmes à quelqu'un.
Être la lanterne rouge.	Être le dernier.
Faire couler beaucoup d'encre.	Susciter de nombreux commentaires.
Faire le dos rond.	Laisser passer les critiques sans réagir.
Faire le pied de grue.	Attendre, debout, pendant longtemps.
Jouer des coudes.	Se frayer un passage dans une foule.
La cerise sur le gâteau.	Le petit détail qui parfait une réalisation.
La quadrature du cercle.	Un problème insoluble.
Laver son linge sale en famille.	Régler des affaires discrètement.
Mettre les bouchées doubles.	Redoubler d'efforts.
Ne pas y aller avec le dos de la cuillère.	Agir sans modération.

Expression	Signification
Ne pas y aller par 4 chemins.	Agir ou parler sans détour.
Pleurer comme une madeleine.	Pleurer abondamment.
Quand les poules auront des dents.	Jamais.
Rouler des mécaniques.	Avoir une attitude prétentieuse.
S'entendre comme larrons en foire.	S'entendre parfaitement.
Se faire mousser.	Se vanter exagérément.
Se noyer dans un verre d'eau.	Être débordé par pas grand chose.
Se ranger des voitures.	S'assagir, se calmer.
Tenir la dragée haute à quelqu'un.	Résister longtemps à quelqu'un.
Tiré par les cheveux.	Exagéré, alambiqué.
Tourner au vinaigre.	Mal tourner.
Voir midi à sa porte.	Juger selon son propre point de vue.

EXPRESSIONS AVEC LES ANIMAUX

Expression	Signification
Avoir des larmes de crocodile.	Feindre de pleurer pour obtenir quelque chose.
Avoir un caractère de cochon.	Avoir un caractère difficile à supporter.
Avoir un chat dans la gorge.	Être enroué.
Avoir une faim de loup.	Avoir très faim.
Avoir une mémoire d'éléphant.	Avoir une très bonne mémoire
Bayer aux corneilles.	Rêvasser, perdre son temps.
Donner sa langue au chat.	Demander la réponse.
Dormir comme un loir.	Dormir à poings fermés.
Être comme un poisson dans l'eau.	Être parfaitement à l'aise, dans son élément.
Être muet comme une carpe.	Ne pas dire un mot.
Être têtu comme une mule.	Être très têtu.
Faire mouche.	Tomber précisément.
Faire un froid de canard.	Faire très froid.
Marcher à pas de loup.	Se déplacer sans faire de bruit.
Monter sur ses grands chevaux.	S'emporter rapidement, se mettre en colère.
Noyer le poisson.	Embobiner quelqu'un, ne pas répondre à la question.
Poser un lapin.	Ne pas venir à un rendez-vous.
Prendre le taureau par les cornes.	Affronter les difficultés
Sauter du coq à l'âne.	Changer de sujet.
Se jeter dans la gueule du loup.	Se faire piéger.

153 Sens propre et sens figuré

Monsieur TAGE MAGE

Monsieur ÉCOLES de COMMERCE

EXPRESSION

Au TAGE MAGE®, de nombreuses questions portent sur **le sens des mots**. Il est donc fondamental de connaître la différence entre le **sens propre** et le **sens figuré**.

SENS PROPRE

Le **sens propre** d'un mot est son utilisation la plus courante, **la plus proche de la réalité** à laquelle se réfère le mot.

Exemple : Ma table est en **bois (Sens propre :** On parle bien du bois en tant que matière).

SENS FIGURÉ

Le **sens figuré** d'un mot est son utilisation **abstraite**, détournée pour imager un propos.

Exemple : Ce chèque est en **bois** (**Sens figuré :** Le chèque n'est pas « en bois » à proprement parler. Cette expression signifie que le chèque n'a aucune valeur).

EXPRESSIONS UTILISÉES AU SENS FIGURÉ

Expression	Signification
Accoucher d'une souris.	Tout ça pour ça !
Avoir d'autres chats à fouetter.	Avoir autre chose à faire.
Avoir la tête dans les nuages.	Être étourdi.
Avoir la puce à l'oreille.	Se douter de quelque chose.
Avoir du pain sur la planche.	Avoir à faire.
Avoir une langue de vipère.	Dire des méchancetés.
Avoir le bras long.	Avoir du pouvoir, des relations.
Décrocher la lune.	Obtenir l'impossible.
Déplacer des montagnes.	Faire des miracles.
Donner sa langue au chat.	Ne pas savoir.
Donner un coup de pouce.	Aider.
Être comme un poisson dans l'eau.	Être à l'aise.
Être copains comme cochons.	Être inséparables.
Être vert de jalousie.	Être très jaloux.
Etre sur la même longueur d'onde.	Être d'accord.

Expression	Signification
Etre comme les deux doigts de la main.	Être inséparables.
Être haut comme 3 pommes.	Être petit.
Faire l'autruche.	Faire semblant de ne pas voir.
Faire un tabac.	Avoir du succès.
Jeter de l'huile sur le feu.	Aggraver une situation.
Jeter l'argent par les fenêtres.	Dépenser sans compter.
Jouer avec le feu.	Être imprudent.
Les murs ont des oreilles.	On peut être entendus.
Mettre les pieds dans le plat.	Parler d'un sujet qui peut fâcher.
Monter sur ses grands chevaux.	S'emporter.
Passer du coq à l'âne.	Changer de sujet.
Passer un savon.	Gronder.
Passer sur le billard.	Se faire opérer.
Prendre la mouche.	Se vexer.
Ne pas avoir sa langue dans sa poche.	Être bavard.
Ne pas être dans son assiette.	Ne pas se sentir bien.
Raconter des salades.	Dire n'importe quoi.
Retourner sa veste.	Changer (radicalement) d'opinion.
Reprendre du poil de la bête.	Se ressaisir.
Se serrer la ceinture.	Réduire ses dépenses.
Se plier en quatre.	Se donner du mal.
Se dégonfler.	Ne pas tenir ses promesses.
Se faire du mauvais sang.	Être inquiet.
Tirer les vers du nez.	Faire avouer.
Tomber dans les pommes.	S'évanouir.
Vendre la mèche.	Trahir un secret.
Voir la vie en rose.	Voir les choses du bon côté.

154 Questions de synonymie

Monsieur TAGE MAGE

Monsieur ÉCOLES de COMMERCE

EXPRESSION Fréquence ●●●●● Difficulté ★★★☆☆

Les questions de « **Synonymie** » consistent à choisir la réponse dont **le sens se rapproche le plus du ou des mots soulignés.**

Il existe **3 types de questions de « Synonymie »** :

- Synonymie d'**un seul mot**.
- Synonymie de **plusieurs mots consécutifs**.
- Synonymie de **plusieurs mots non consécutifs**.

SYNONYMIE D'UN SEUL MOT

Application ★★☆☆☆ **15 sec. – 1 min.**

Choisissez le mot dont le sens se rapproche le plus du mot souligné.

Cet homme vit dans l'indigence.

(A) La grande pauvreté.
(B) Le bonheur.
(C) Une grande tristesse.
(D) La solitude.
(E) L'illégalité.

Corrigé : L'indigence désigne une grande pauvreté, qui va jusqu'à la privation du nécessaire. **Réponse A.**

Fiches utiles pour vos révisions : 155 et 156.

SYNONYMIE DE PLUSIEURS MOTS CONSÉCUTIFS

Application ★★☆☆☆ **15 sec. – 1 min.**

Choisissez la réponse dont le sens se rapproche le plus des mots soulignés.
José est passionné de piano, mais il en joue à un niveau amateur.

(A) Officieusement.
(B) Officiellement.
(C) Avec rémanence.
(D) En dilettant.
(E) En dilettante.

Corrigé : Faire quelque chose « **en dilettante** » signifie le faire en amateur, en tant que non-professionnel. **Réponse E.**
Remarque : La **rémanence** n'a aucun rapport : il s'agit de la propriété d'une sensation, notamment visuelle, de persister après la disparition du stimulus.

Fiches utiles pour vos révisions : 155 et 156.

SYNONYMIE DE PLUSIEURS MOTS NON CONSÉCUTIFS

Application ★★★☆☆ **30 sec. – 2 min.**

Choisissez les mots dont le sens se rapproche le plus des mots soulignés.
Bien qu'il ait toujours fait preuve d'innocuité, ses amis l'ont toujours considéré comme une personne sordide.

(A) De neutralité/Ignoble.
(B) De sympathie/Malveillant.
(C) De méchanceté/Agréable.
(D) De folie/Sage.
(E) De sagesse/Ignoble.

Corrigé : L'innocuité est le caractère inoffensif, non nocif. Une personne **sordide** est une personne sale, repoussante, répugnante. **Réponse A.**

Fiches utiles pour vos révisions : 155 et 156.

155 Remplacements de verbes

EXPRESSION

Certains verbes (**Exemples :** Être, faire, dire, mettre, etc.) sont très fréquemment utilisés dans les questions de style ou de reformulation. **Vous devrez les reformuler selon le contexte.**

VERBES PASSES-PARTOUT ET LEURS ÉQUIVALENTS

Verbe	Contexte	Verbe adapté
Avoir (un/une/des/de l'/de la)	Autorisation	Obtenir
	Conséquences	Provoquer, entraîner
	Difficultés	Rencontrer
	Influence	Exercer
	Profession	Exercer
	Responsabilités	Assumer
	Rôle	Tenir, Jouer
	Succès	Remporter
	Vêtement	Porter
	Visite	Recevoir
	Adresse	Donner, Indiquer
Dire (un/une/des/le/la)	Avis	Donner
	Histoire	Raconter, Narrer
	Pensée	Exprimer
	Plan	Exposer
	Projet	Dévoiler
	Secret	Confier
Donner (un/une/des/le/la)	Conseil	Prodiguer
	Sa confiance	Accorder
	Soin	Prodiguer
	Prix	Décerner
Faire + infinitif	Courir une rumeur	Propager
	Croire	Persuader, Convaincre
	Durer	Prolonger
	Échouer	Déjouer
	Naître un sentiment	Susciter
	Renaître un sentiment	Raviver
	Ressortir	Souligner

Verbe	Contexte	Verbe adapté
Faire (un/une/des/le/la/du)	Bijou	Confectionner
	Cercle	Former
	Connaissance	Rencontrer
	Critique	Émettre
	Cuisine	Cuisiner
	Discours	Prononcer
	Enquête	Mener
	Erreur	Commettre
	Excuses	Présenter
	Exploit	Réaliser, accomplir
	Pacte	Conclure
	Peur	Effrayer
	Poème, Morceau	Composer
	Procès	Intenter
	Recherches	Mener
	Reproches	Adresser
	Semblant	Feindre
	X distance	Parcourir
	+ Adjectif	Avoir l'air + Adjectif
Mettre (un/une/des/de/dans/du/en/sur)	Dans l'eau	Plonger
	Dans l'obscurité	Distinguer, Percevoir
	De l'énergie	Consacrer
	Du désordre	Semer
	En confiance	Rassurer
	En place	Installer
	Par terre	Poser
	Sur pied	Organiser
	Vêtement	Enfiler
Voir (un/une/des/dans)	Dans un livre	Consulter
	En détail	Examiner
	Des gens	Fréquenter, Rencontrer
	Médecin	Consulter
	Musée, site touristique	Visiter
	Phénomène	Observer
	Quelque chose d'anormal	Remarquer

156 Périphrases : les continents, les pays, les langues

Monsieur TAGE MAGE

Monsieur ÉCOLES de COMMERCE

EXPRESSION

Cette fiche liste les périphrases désignant des continents, des pays ou des régions utilisées pour des questions de synonymie au TAGE MAGE®. Cette liste est donc à apprendre par cœur !

PÉRIPHRASES DÉSIGNANT LES PAYS

Pays	Périphrase
Afrique du Sud	La nation arc-en-ciel
Albanie	La forteresse des Balkans
Allemagne	Outre-Rhin (pour les Français)
Australie	Le pays des kangourous
Belgique	Le plat pays
Chine	L'Empire du Milieu, L'Empire Céleste
Corée	Le pays du Matin calme
Costa Rica	La Suisse de l'Amérique Centrale
Espagne	Le pays de Cervantes, La péninsule ibérique
États-Unis	Le pays de l'oncle Sam
Finlande	Le pays des 1000 lacs
France	Le pays aux 300 fromages, Le pays des droits de l'Homme, L'Hexagone
Inde	La plus grande démocratie au monde
Italie	La Botte
Japon	Le pays du Soleil levant, L'Archipel
Liban	Le pays du Cèdre
Monaco	Le Rocher
Norvège	Le pays des Fjords
Nouvelle-Zélande	Le pays des kiwis
Ouganda	La perle de l'Afrique
Pays-Bas	Le pays des tulipes
Royaume-Uni	Le pays du thé
Roumanie	Le pays de Dracula
Russie	Le pays des tsars
Singapour	La Suisse d'Asie
Suisse	Confédération helvétique, Helvétie

Pays	Périphrase
Thaïlande	Le pays du Sourire
Tunisie	Le pays du Jasmin
Turquie	L'Anatolia
Ukraine	La petite Russie, Le panier d'Europe, Le grenier à blé de l'Europe
Uruguay	La Suisse d'Amérique du Sud
Vatican	Le Saint-Siège

PÉRIPHRASES DÉSIGNANT LES CONTINENTS

Continent	Périphrase
Europe	Le Vieux Continent
Les Amériques	Le Nouveau Monde, Outre-Atlantique (pour un Européen)
Asie	L'Orient
Afrique	Le berceau de l'Humanité

PÉRIPHRASES DÉSIGNANT LES LANGUES

Langue	Périphrase
Allemand	La langue de Goethe ; La langue de l'industrie.
Anglais	La langue de Shakespeare ; La langue du commerce.
Arabe	La langue du Coran.
Chinois	La langue de Confucius.
Espagnol	La langue de Cervantes ; La langue de la passion.
Français	La langue de Molière ; La langue de Voltaire ; La langue d'Hugo ; La langue de la diplomatie.
Grec	La langue d'Homère.
Hébreu	La langue de l'Ancien Testament.
Italien	La langue de Dante ; La langue de l'amour.
Japonais	La langue de Mishima.
Latin	La langue de Cicéron ; La langue de Virgile ; La langue de l'Église.
Néerlandais	La langue de Vondel.
Polonais	La langue de Mickiewicz.
Portugais	La langue de Camões.
Roumain	La langue d'Eminescu.
Russe	La langue de Tolstoï ; La langue de Pouchkine.
Suédois	La langue de Strindberg.
Ukrainien	La langue de Chevtchenko.

TAGE MAGE® N° 1/2/3

EXPRESSION

CONSIGNES			
15 questions	20 minutes	Calculatrice interdite	Chronomètre recommandé

BARÈME		
Bonne réponse : +4 points	Aucune réponse : 0 point	Mauvaise réponse : –1 point

Question 61. Choisissez la reformulation dont le sens se rapproche le plus des mots soulignés.

Il a <u>manifesté</u> <u>son acrimonie</u> à la fin du match.

(A)	Fait part de	Son arrogance
(B)	Affiché	Son amertume
(C)	Montré	Son aigreur
(D)	Fait montre de	Son empressement
(E)	Révélé	Sa grogne

Question 62. Que désigne un « rocher de Sisyphe » ?

(A) Une tâche toujours recommencée et interminable.
(B) Le pic d'une montagne.
(C) Un devoir imposé par la morale.
(D) Une tâche infaisable.
(E) Un énorme roc.

Question 63. Choisissez la reformulation dont le sens se rapproche le plus des mots soulignés.

La réponse se trouvait <u>dans l'incipit</u> du roman.

(A) À la fin
(B) Au milieu
(C) Au début
(D) Dans le titre
(E) Sur la quatrième de couverture

Question 64. Choisissez la reformulation dont le sens se rapproche le plus des mots soulignés.

Plus le temps passait, plus il ressemblait à un anachorète.

(A) S'apparentait à	Un ermite
(B) Se rapprochait d'	Un religieux
(C) Imitait	Un solitaire
(D) Il était comparable à	Un animal
(E) Devenait	Un ascète

Question 65. Parmi les cinq propositions suivantes, laquelle est correcte d'un point de vue grammatical ?

(A) Si elle avait gagnée, elle serait venue !
(B) Il avait décidé que nous aurions finis avant ce soir.
(C) Dès qu'il fut parti, son père se mit à le critiquer.
(D) Il aura fallu deux jours pour se rendre à l'évidence qu'il ne viendra pas.
(E) Elle a ouvert la porte en espérant que personne ne verrais son geste.

Question 66. Parmi les cinq propositions suivantes, laquelle est incorrecte d'un point de vue grammatical ?

(A) On dit que vous avez l'intention de démissionner.
(B) Il avait décidé que nous aurions fini avant ce soir.
(C) Avant-hier, au moment où j'allais m'endormir, mon enfant s'est réveillé.
(D) Nous serions arrivés une minute plus tard et il aurait été trop tard.
(E) Si tu avais pris ton ballon, vous aurez pu jouer sur la plage.

Question 67. Combien de fautes le passage suivant contient-il ?

Nous nous sommes arrêtés dans un restaurant de plage pour constater que nous avons oublié notre carte bancaire à la maison. Si Eva étais davantage concentrée, elle n'aurai pas oubliée la carte. Cet oubli n'était heureusement pas si grave car le restaurateur a accepté de lui faire crédit et qu'elle passe payer plus tard. C'est ce qu'elle a fait plus tard dans la journée.

(A) 1
(B) 2
(C) 3
(D) 4
(E) 5

Question 68. Laquelle de ces propositions est grammaticalement et orthographiquement incorrecte ?

(A) Quels que puissent être vos ennuis, ne perdez pas espoir.
(B) Quels que soient vos prétextes, je ne veux plus vous revoir.
(C) Les examens, quelqu'ils soient, doivent être révisés en amont.
(D) Quelques hommes ont marché sur la Lune.
(E) Quoi qu'il nous ait fait, il nous faudra bien nous résoudre à le pardonner.

Question 69. Quel mot est correctement orthographié ?

(A) Exausser
(B) Amydale
(C) Houpette
(D) Mnémotechnique
(E) Méditteranéen

Question 70. À quelle figure de style correspond la citation suivante :

« Cette obscure clarté qui tombe des étoiles » (Corneille) ?

(A) Anaphore
(B) Pléonasme
(C) Épiphore
(D) Oxymore
(E) Métonymie

Question 71. Parmi les expressions suivantes, laquelle utilise la figure de style de la synecdoque ?

(A) Il parut cent voiles à l'embouchure de la rivière.
(B) La neige fait au Nord ce qu'au Sud fait le sable.
(C) Elle n'est pas moche.
(D) Il est parti, il nous a quittés.
(E) Aucune de ces réponses ne convient.

Questions 72 à 75 : Complétez le texte avec le mot ou l'expression assurant la meilleure cohérence textuelle.

Question 72. Les Français font (...) sport. 80 % déclarent pratiquer un sport (...).

(A)	Énormément de	Peu fréquemment
(B)	Beaucoup de	Régulièrement
(C)	De temps à autre du	Fréquemment
(D)	Régulièrement du	Chaque semaine
(E)	Peu souvent du	Hebdomadaire

Question 73 (suite de la question 72). Les sports (...) tels le football ou le rugby sont pratiqués dans des clubs qui appartiennent à des fédérations. Il y a environ 10 millions de (...) en France.

(A)	Populaires	Abonnés
(B)	De ballon	Joueurs
(C)	D'équipe	Membres
(D)	Collectifs	Licenciés
(E)	En équipe	Sportifs

Question 74 (suite de la question 73). Le football est le sport le plus (...), avec 2 millions d'inscrits, loin devant le tennis (1 million) ou le judo (500 000).

(A) Vendu
(B) Populaire
(C) Pratiqué
(D) Médiatique
(E) Couru

Question 75 (suite de la question 74).

(...), les Français passent (...) beaucoup de temps à regarder des émissions sportives à la télévision.

(A)	En définitive	Énormément
(B)	En outre	Peu de
(C)	De plus	Naturellement
(D)	De surcroît	Évidemment
(E)	En fait	Assez

5 CORRIGÉ « EXPRESSION »

Difficulté	FACILE													
Question	61	62	63	64	65	66	67	68	69	70	71	72	73	74	75
Réponse	B	A	C	A	C	E	D	C	D	D	A	B	D	C	C

Question 61 Réponse B ★★★★☆ 30 sec. – 2 min. Fiche 154

« **Manifester** » : Laisser transparaître (une émotion,...).

« **L'acrimonie** » : Caractère agressif de quelqu'un, qui se manifeste dans l'humeur ou dans l'aigreur du langage. C'est une forme d'**amertume**.

1re colonne On garde les réponses A, B, C et D.

Les synonymes de « **Manifesté** » sont : « Fait part de », « Affiché », « Fait montre de » et « Montré ». On élimine « Révélé » qui est inadapté dans ce contexte.

On garde donc les réponses A, B, C et D.

2e colonne On garde les réponses B et C.

Les synonymes de « **Son acrimonie** » sont : « Son amertume », « Son aigreur » et « Sa grogne ».

« On garde donc les réponses B et C.

Conclusion On choisit la réponse B.

Les réponses B et C sont valables, mais le mot « Montré » est moins pertinent que « Affiché » dans ce contexte, donc on élimine la réponse C. **Réponse B.**

Question 62 Réponse A ★★★★☆ 30 sec. – 2 min. Fiche 154

« **Un rocher de Sisyphe** » est une tâche qui n'en finit jamais.

Elle est toujours recommencée et interminable. **Réponse A.**

Dans la mythologie, Sisyphe devait sans cesse porter un rocher en haut d'une montagne et, une fois au sommet, Sisyphe n'avait pas assez de place pour y bloquer son rocher qui redescendait aussitôt, obligeant Sisyphe à le remonter encore.

Question 63 Réponse C ★★★★☆ 30 sec. – 2 min. Fiche 154

« **L'incipit** » d'un roman correspond aux premiers mots du roman, c'est-à-dire **au début** du roman. **Réponse C.**

En latin, le mot « **Incipit** » signifie « Il commence ».

Question 64 Réponse A ★★★★☆ 30 sec. – 2 min. Fiche 154

« **Ressembler à** » : Devenir au fil du temps.

« **Anachorète** » : Personne qui se retire de la société pour vivre en ermite. Ce terme fait souvent référence à des religieux souhaitant s'isoler pour se consacrer à la prière.

1re colonne On garde les réponses A, B, D et E.

Les synonymes de « **Ressemblait à** » sont : « S'apparentait à », « Se rapprochait d' », « Il était comparable à » et « Devenait ». On élimine « Imitait » qui est inadapté dans ce contexte. On garde donc les réponses A, B, D et E.

2e colonne On garde les réponses A, B et E.

Les synonymes de « **Un anachorète** » sont : « Un ermite », « Un religieux », « Un solitaire » et « Un ascète ». On garde donc les réponses A, B et E.

Conclusion On choisit la réponse A.

Les réponses A, B et E sont valables, mais les mots « Religieux » (trop précis) et « Devenait » (mal employé) sont moins pertinents que « S'apparentait à » et « Ermite » dans ce contexte, donc on élimine les réponses B et E. **Réponse A.**

Question 65 Réponse C ★★★★☆ 30 sec. – 2 min. Fiche 125

- **Rappel de cours** Avec l'auxiliaire « Avoir », **le participe passé s'accorde si et seulement si le COD est placé avant le verbe.**

Dès qu'il fut parti (passé antérieur), son père se mit (passé simple) à le critiquer. **Réponse C.**

(A) Si elle avait gagn**é**, elle serait venue !
(B) Il avait décidé que nous aurions fin**i** avant ce soir.
(D) Il aura fallu deux jours pour se rendre à l'évidence qu'il ne viendr**ait** pas.
(E) Elle a ouvert la porte en espérant que personne ne verrai**t** son geste.

Question 66 Réponse E ★★★★☆ 30 sec. – 2 min. Fiche 125

Si tu **avais pris** (plus-que-parfait) ton ballon, vous **auriez pu** (conditionnel passé) jouer sur la plage. **Réponse E.**

Question 67	Réponse D	★★★☆☆	30 sec. – 2 min.	Fiche 125

- **Rappel de cours** Avec l'auxiliaire « Avoir », **le participe passé s'accorde si et seulement si le COD est placé avant le verbe.**

Le passage contient **4 fautes** grammaticales. **Réponse D.**

Nous nous sommes arrêtés dans un restaurant de plage pour constater que nous **avions** oublié notre carte bancaire à la maison. Si Eva **était** davantage concentrée, elle **n'aurait** pas **oublié** la carte. Cet oubli n'était heureusement pas si grave car le restaurateur a accepté de lui faire crédit et qu'elle passe payer plus tard. C'est ce qu'elle a fait plus tard dans la journée.

Question 68	Réponse C	★★★★☆	30 sec. – 2 min.	Fiche 127

- **Rappel de cours** **Quel / Quels / Quelque / Quel que :**

1) « Quel que » s'écrit en deux mots lorsqu'il est suivi d'un verbe au subjonctif. « Quel » s'accorde alors avec le sujet du verbe.
Exemple : **Quelles que soient** tes envies.
Hormis ce cas, quelque s'écrit en un mot et est adjectif ou adverbe.
2) « Quelque » est adjectif et variable lorsqu'il est suivi d'un nom ou d'un adjectif accompagné d'un nom. Il peut être remplacé par « Plusieurs ».
3) « Quelque » est adverbe et invariable lorsqu'il est suivi d'un adjectif employé seul ou d'un adverbe. Il peut alors être remplacé par « Si ».
4) « Quelque » est encore adverbe lorsqu'il signifie « Environ ».

Les examens, **quels qu'ils soient**, doivent être révisés en amont. **Réponse C.**

Question 69	Réponse D	★★★☆☆	30 sec. – 2 min.	Fiche 130

Le mot correctement orthographié est **« Mnémotechnique ». Réponse D.**

(A) Exaucer.
(B) Amygdale.
(C) Houppette.
(D) Mnémotechnique. **Bonne réponse.**
(E) Méditerranéen.

Question 70	Réponse D	★★★☆☆	15 sec. – 1 min.	Fiche 146

La figure de style utilisée par Corneille dans « Cette **obscure clarté** qui tombe des étoiles » est un **oxymore**, c'est-à-dire la réunion de 2 mots opposés dans une même expression.
Ici, les mots « Obscure » et « Clarté » sont opposés par leur sens. **Réponse D.**

Anaphore : Répétition d'un mot ou d'un groupe de mots en début de phrase.

Pléonasme : Répétition de termes ou expressions qui ont le même sens.
Épiphore : Répétition d'un mot ou d'un groupe de mots en fin de phrase.
Métonymie : Remplacement d'un mot par un autre mot qui entretient un lien logique avec le premier.

Question 71	Réponse A	★★★☆☆	15 sec. – 1 min.	Fiche 146

La « **Synecdoque** » est une figure de style qui consiste à remplacer le tout par la partie. Ici, « Il parut cent voiles à l'embouchure de la rivière » est une **synecdoque** car les « Voiles » sont utilisées pour désigner les bateaux à voile. **Réponse A.**

« La neige fait au Nord ce qu'au Sud fait le sable » : Chiasme : Structure AB/BA.
« Elle n'est pas moche » : Litote : Dire le moins pour signifier le plus.
« Il est parti, il nous a quittés » : Euphémisme : Atténuation d'une réalité brutale.

Question 72	Réponse B	★★★☆☆	15 sec. – 1 min.	Fiche 140

Les Français font **beaucoup** de sport. 80 % déclarent pratiquer un sport **régulièrement**.

1re colonne **On garde les réponses B et D.**
« Énormément de sport » (réponse A) et « Peu souvent » (réponse E) ne sont pas des formulations correctes d'un point de vue stylistique. « De temps à autre du sport » n'est pas correcte (réponse C).

2e colonne **On choisit la réponse B.**
Le terme « Régulièrement » est plus approprié que « Chaque semaine ». La pratique d'un sport 1 fois par semaine ne correspond pas tout à fait à la 1re partie de la phrase : « Beaucoup de sport ».

Question 73	Réponse D	★★★☆☆	15 sec. – 1 min.	Fiche 140

Les sports **collectifs** tels le football ou le rugby sont pratiqués dans des clubs qui appartiennent à des fédérations. Il y a environ 10 millions de **licenciés** en France.

1re colonne **On garde les réponses A et D.**
Les réponses B (« De ballon »), C (« D'équipe ») et E (« En équipe ») auraient pu convenir sur le fond (sens de la phrase) mais la forme (style de la phrase) ne convient pas. On garde donc les réponses A (« Populaires ») et D (« Collectifs »).

2e colonne **On choisit la réponse D.**
Un sportif membre d'un club ou d'une fédération se nomme un « Licencié » (réponse D) et non un « Abonné » (réponse A). **Réponse D.**

Question 74 Réponse C ★★★☆☆ **15 sec. – 1 min.** **Fiche 140**

Le football est le sport le plus **pratiqué**, avec 2 millions d'inscrits, loin devant le tennis (1 million) ou le judo (500 000).

La bonne réponse est la **réponse C :** « Pratiqué », car la question du nombre de pratiquants est abordé dans cette phrase.

Question 75 Réponse C ★★★☆☆ **15 sec. – 1 min.** **Fiche 140**

De plus, les Français passent **naturellement** beaucoup de temps à regarder des émissions sportives à la télévision.

1re colonne On garde les réponses C, D et E.

Aucun élément ne nous permet d'affirmer qu'il s'agit d'une conclusion. Donc, la réponse A (« En définitive ») est fausse.

La réponse B (« En outre ») est fausse car le connecteur logique « En outre » est un terme « Littéraire » inadapté au niveau de langue du passage.

2e colonne On choisit la réponse C.

La bonne réponse est C (« Naturellement ») car on peut déduire que si les Français pratiquement régulièrement un sport, ils regardent par conséquent fréquemment le sport à la télévision. La réponse D est fausse car le terme « Évidemment » est trop extrême. La réponse E est fausse car « Assez beaucoup de temps » n'est pas une formulation correcte.

CONSIGNES			
15 questions	20 minutes	Calculatrice interdite	Chronomètre recommandé

BARÈME		
Bonne réponse : +4 points	Aucune réponse : 0 point	Mauvaise réponse : –1 point

Question 61. Laquelle de ces expressions désigne le fait que les pronostics sur l'avenir sont inutiles ?

(A) « Un hirondelle ne fait pas le printemps »
(B) « Nécessité fait loi »
(C) « Un tiens vaut mieux que deux tu l'auras »
(D) « Qui vivra verra »
(E) « Si jeunesse savait, si vieillesse pouvait »

Question 62. Laquelle des expressions suivantes désigne le fait qu'une situation extrême peut expliquer que l'on passe outre ses obligations ?

(A) « On ne fait pas d'omelette sans casser des œufs »
(B) « Nécessité fait loi ».
(C) « Qui sème le vent, récolte la tempête »
(D) « Quand le vin est tiré, il faut le boire »
(E) « Paris ne s'est pas fait en un jour »

Question 63. Choisissez la reformulation dont le sens se rapproche le plus du mot souligné.

Le mariage du Prince avait été moins bon marché que prévu.

(A)	Plus négligeable	Qu'espéré
(B)	Moins inabordable	Que pressenti
(C)	Plus coûteux	Que pronostiqué
(D)	Plus dispendieux	Qu'escompté
(E)	Plus cher	Que promis

Question 64. Choisissez la reformulation dont le sens se rapproche le plus des mots soulignés.

Il devra répondre de ses actes avec honnêteté.

(A) Dédouanner	Humilité
(B) Clarifier	Décence
(C) Justifier	Honneur
(D) Assumer	Franchise
(E) Expliquer	Probité

Question 65. Combien de fautes d'orthographe et de grammaire le passage suivant contient-il ?

Afin de ravitailler le sous-marin en produits frais, de nombreux monte-charges ont été employiés à bon essient en transportant des choux-fleurs dans les arrière-cuisines. Pour cela, il a fallu atribuer plusieurs laissez-passer aux conducteurs. Malgré tout les efforts des employés, le ravitaillement a été réalisé au dernier moment et le sous-marin a pu partir à temps. La prochaine fois, il faudrait anticiper ce genre d'éléments pour ne pas avoir à tout gérer au pied levé.

(A) 2
(B) 3
(C) 4
(D) 5
(E) 6

Question 66. Parmi les cinq propositions suivantes, laquelle n'est pas correcte ?

(A) Je te dirai ce que j'aurai acheté le moment venu.
(B) Il était convenu qu'il viendrait dès qu'il avait quitté l'école.
(C) Quelque durement touché qu'il soit, il devra se relever et y faire face.
(D) Quoiqu'il soit malade, il a pensé à prévenir son directeur.
(E) Elles ont l'air conçues pour résister à l'eau.

Question 67. Parmi les cinq propositions suivantes, laquelle est correctement orthographiée ?

(A) Elle s'est concentré pour réussir son examen.
(B) Elle s'est cachée la main sous la table.
(C) Arthur et Antoine ont eus des moments de solitude durant leurs oraux.
(D) Ils se sont serré la main au début de la réunion.
(E) Les morceaux de viande qu'elle a réchauffé sont prêts.

Question 68. Combien de fautes d'orthographe et de grammaire le passage suivant contient-il ?

Antoine s'est apperçu que sa sœur avait chuté. Évidemment, il a immédiatement prévenu les secours. Heureusement que l'hôpital n'était qu'à trois cents cinquante mètres, sinon elle aurait pu mourrir. Elle devait cependant retourner consulter son spécialiste pour suivre l'évolution des séquelles et s'assurer qu'elle serait remise sur pied prochainement. Il ne faut pas prendre ce genre de choses à la légère.

(A) 1
(B) 2
(C) 3
(D) 4
(E) 5

Question 69. Quel mot n'est pas correctement orthographié ?

(A) Dissymétrie
(B) Étymologie
(C) Cannelle
(D) Illettrisme
(E) Carroussel

Question 70. À quelle figure de style correspond l'expression suivante : « Mourir de honte » ?

(A) Hyperbole
(B) Comparaison
(C) Personnification
(D) Litote
(E) Antiphrase

Questions 71 à 75 : Complétez le texte avec le mot ou l'expression assurant la meilleure cohérence textuelle.

Question 71. Comme chaque année, l'hôtellerie-restauration embauche des saisonniers, (...) des serveurs.

(A) Probablement
(B) Tels des
(C) À titre d'exemple
(D) Comme par exemple
(E) Particulièrement

Question 72 (suite de la question 71). Les opportunités sont (...) sur les régions touristiques (...) l'Ile-de-France, la région PACA, la côte atlantique ou la région Rhône-Alpes.

(A)	Présentes	Comme par exemple
(B)	Localisées	À l'exemple de
(C)	Trouvables	Telles
(D)	Concentrées	Comme
(E)	Identifiées	En ce qui concerne

Question 73 (suite de la question 72). Autre gros (...) d'emploi : le commerce de détail. Les boutiques de vêtements ou les supermarchés ont besoin de (...).

(A)	Bassin	Main-d'œuvre
(B)	Vivier	Bras
(C)	Pourvoyeur	Femmes et d'hommes
(D)	Marché	Salariés
(E)	Stock	Personnel

Question 74 (suite de la question 73). (...), pour décrocher un job d'été, il est recommandé de s'y prendre à l'avance.

(A) Seulement
(B) Bien que
(C) Parfois
(D) En tout cas
(E) Toutefois

Question 75 (suite de la question 74). (...) un candidat se prépare (...), (...) il a de chances d'être recruté.

(A)	Bien qu'	À l'avance	Plus
(B)	Moins	En aval	Moins
(C)	Plus	En amont	Plus
(D)	Moins	Auparavant	Plus
(E)	Bien qu'	Avant	Moins

TAGE MAGE® N° 2

5 CORRIGÉ « EXPRESSION »

Difficulté	FACILE														
Question	61	62	63	64	65	66	67	68	69	70	71	72	73	74	75
Réponse	D	B	D	D	C	B	D	C	E	A	E	D	B	E	C

Question 61 Réponse D ★★★☆☆ **30 sec. – 2 min.** **Fiche 161**

« **Qui vivra verra** » signifie que les pronostics sur l'avenir sont inutiles. Il vaut mieux laisser le temps au temps et voir comment les choses évoluent vraiment. **Réponse D.**

« **Un hirondelle ne fait pas le printemps** » **:** Le cas particulier n'est pas le cas général.

« **Un tiens vaut mieux que deux tu l'auras** » **:** Il vaut mieux tenir que courir.

« **Nécessité fait loi** » : Un besoin extrême peut justifier le fait de passer outre les obligations conventionnelles.

« **Si jeunesse savait, si vieillesse pouvait** » : Les jeunes manquent d'expérience et les personnes âgées manquent de force.

Question 62 Réponse B ★★★☆☆ **30 sec. – 2 min.** **Fiche 161**

« **Nécessité fait loi** » désigne le fait qu'une situation extrême peut expliquer que l'on passe outre ses obligations. C'est l'équivalent de « La fin justifie les moyens ». **Réponse B.**

« **On ne fait pas d'omelette sans casser des œufs** » : Certains sacrifices sont nécessaires pour obtenir des résultats.

« **Qui sème le vent, récolte la tempête** » **:** Quand on provoque de petits troubles, on en récolte de plus importants.

« **Quand le vin est tiré, il faut le boire** » **:** Quand on a commencé quelque chose, il est trop tard pour revenir en arrière.

« **Paris ne s'est pas fait en un jour** » **:** Il faut de la patience pour accomplir un grand projet.

Question 63 Réponse D ★★★★☆ **30 sec. – 2 min.** **Fiche 154**

« **Moins bon marché** » **:** Moins économique, plus cher.

« **Prévu** » **:** Anticipé.

1re colonne On garde les réponses C, D et E.

Les synonymes de « **Moins bon marché** » sont : « Plus coûteux », « Plus dispendieux » et « Plus cher ». **Attention** : « Moins inabordable » est un contresens.

On garde donc les réponses C, D et E.

2e colonne On garde les réponses C et D.

Les synonymes de **« Que prévu »** sont : « Qu'espéré », « Que pressenti », « Que pronostiqué » et « Qu'escompté ». « On garde donc les réponses C et D.

Conclusion On choisit la réponse D.

Les réponses C et D sont valables, mais « Pronostiqué », plus adapté au domaine sportif, est moins pertinent qu'« Escompté » dans ce contexte, donc on élimine la réponse C. **Réponse D.**

Question 64	Réponse D	★★★★☆	30 sec. – 2 min.	Fiche 154

« Répondre de quelque chose » : S'expliquer au sujet de quelque chose, assumer.

« Honnêteté » : Caractère de ce qui est conforme à la morale.

1re colonne On garde les réponses C, D et E.

Les synonymes de **« Répondre de »** sont « Justifier », « Assumer » et « Expliquer ».
On garde donc les réponses C, D et E.

2e colonne On garde les réponses D et E.

Les synonymes de **« Honnêteté »** sont « Franchise » et « Probité ».
On garde donc les réponses D et E.

Conclusion On choisit la réponse D.

Les réponses D et E sont valables, mais « Assumer » est plus adapté qu' « Expliquer » dans ce contexte, donc on élimine la réponse E. **Réponse D.**

Question 65	Réponse C	★★★★☆	30 sec. – 2 min.	Fiche 125

- **Rappel de cours** **Tout/Tous :** Quand on peut dire « Tous les », on écrit « Tous ». Sinon, on écrit « Tout ».
  A/À : On écrit « a » quand on peut le remplacer par « avait/avais » (verbe avoir). Sinon, on écrit « à » (préposition).

Le passage contient **4 fautes. Réponse C.**

Afin de ravitailler le sous-marin en produits frais, de nombreux monte-charges ont été **employés** à bon **escient** en transportant des choux-fleurs dans les arrière-cuisines. Pour cela, il a fallu **attribuer** plusieurs laissez-passer aux conducteurs. Malgré **tous** les efforts des employés, le ravitaillement a été réalisé au dernier moment et le sous-marin a pu partir à temps. La prochaine fois, il faudrait anticiper ce genre d'éléments pour ne pas avoir à tout gérer au pied levé.

Question 66 **Réponse B** ★★★★☆ **30 sec. – 2 min.** **Fiche 125**

La réponse qui n'est pas correcte grammaticalement est la réponse B :
Il était convenu qu'il **viendrait** (conditionnel présent) dès qu'il **aurait quitté** (conditionnel passé) l'école. **Réponse B.**

Question 67 **Réponse D** ★★★★☆ **30 sec. – 2 min.** **Fiche 125**

- **Rappel de cours** Avec l'auxiliaire « Avoir », **le participe passé s'accorde si et seulement si le COD est placé avant le verbe.**

  Avec l'auxiliaire « Être », pour les verbes pronominaux réfléchis ou réciproques, le participe passé **s'accorde** si **le complément d'objet direct (COD) est placé avant le verbe.** Si **le COD est placé après le verbe,** alors le participe passé **ne s'accorde pas.**

Ils se sont serré la main au début de la réunion. **Pas de faute. Réponse D.**

(A) Elle s'est concentr**ée** pour réussir son examen.
(B) Elle s'est cach**é** la main sous la table.
(C) Arthur et Antoine ont **eu** des moments de solitude durant leurs oraux.
(D) Ils se sont serr**é** la main au début de la réunion. **Réponse correcte.**
(E) Les morceaux de viande qu'elle a réchauff**és** sont prêts.

Question 68 **Réponse C** ★★★★☆ **30 sec. – 2 min.** **Fiche 125**

- **Rappel de cours** **Cent / Cents :** « Cent » prend un « s » quand il est multiplié par un autre nombre ET qu'il n'est pas suivi d'un autre chiffre (200 = deux cents, mais 203 = deux cent trois). Il en est de même pour **« Vingt ».**

Antoine s'est a**p**erçu que sa sœur avait chuté. Évidemment, il a immédiatement prévenu les secours. Heureusement que l'hôpital n'était qu'à trois cen**t** cinquante mètres, sinon elle aurait pu mou**r**ir. Elle devait cependant retourner consulter son spécialiste pour suivre l'évolution des séquelles et s'assurer qu'elle serait remise sur pied prochainement. Il ne faut pas prendre ce genre de choses à la légère.

REMARQUE « Se remettre sur pied » est une expression figée, dans laquelle « pied » est au singulier.

Question 69 **Réponse E** ★★★★☆ **30 sec. – 2 min.** **Fiche 130**

On écrit « Carrou**s**el » avec un seul « s ». **Réponse E.**

Question 70 Réponse A ★★★☆☆ **15 sec. – 1 min.** **Fiche 146**

« Mourir de honte » est une **hyperbole**, c'est-à-dire l'exagération d'une idée pour la mettre en relief. **Réponse A.**

Comparaison : Parallèle entre un comparé et un comparant avec outil de comparaison.
Personnification : Attribution de caractéristiques humaines à un objet ou un animal.
Litote : Dire le moins pour signifier le plus.
Antiphrase : Figure ironique qui exprime le contraire de ce que l'on pense.

Question 71 Réponse E ★★☆☆☆ **15 sec. – 1 min.** **Fiche 140**

Comme chaque année, l'hôtellerie-restauration embauche des saisonniers, **particulièrement** des serveurs.

Le terme « Particulièrement » est le terme le plus approprié d'un point de vue stylistique. **Réponse E.**

Question 72 Réponse D ★★★☆☆ **15 sec. – 1 min.** **Fiche 140**

Les opportunités sont **concentrées** sur les régions touristiques **comme** l'Ile-de-France, la région PACA, la côte atlantique ou la région Rhône-Alpes.

1re colonne On garde les réponses A, B et D.

Les termes « Trouvables » (réponse C) et « Identifiées » (réponse E) sont inadéquats d'un point de vue stylistique.

2e colonne On choisit la réponse D.

La réponse A « Comme par exemple » est une faute de français (courante). « Comme » et « Par exemple » ont un sens identique. La réponse B n'est pas la plus appropriée du fait que l'on cite plusieurs régions. On choisit donc la réponse D : « Comme ». **Réponse D.**

Question 73 Réponse B ★★★★☆ **15 sec. – 1 min.** **Fiche 140**

Autre gros **vivier** d'emploi : le commerce de détail. Les boutiques de vêtements ou les supermarchés ont besoin de **bras**.

1re colonne On garde les réponses B et C.

La réponse A est fausse car on ne parle de « Bassin d'emploi » que d'un point de vue géographique et non sectoriel (commerce de détail). L'expression « Marché d'emploi » (réponse D) existe mais cette réponse ne correspond pas au sens de la phrase. Enfin, la réponse E « Stock d'emploi » est incorrecte.

2e colonne On choisit la réponse B.

On a le choix entre « Bras » (réponse B) et « Femmes et d'Hommes » (réponse C). On choisit donc la réponse B. « Bras » est une expression qui signifie « Main-d'œuvre ». **Réponse B.**

Question 74 Réponse E ★★☆☆☆ **15 sec. – 1 min.** **Fiche 140**

Toutefois, pour décrocher un job d'été, il est recommandé de s'y prendre à l'avance.

Le terme le plus approprié est « Toutefois » qui exprime une forme de mise en garde.

Question 75 Réponse C ★★★☆☆ **15 sec. – 1 min.** **Fiche 140**

Plus un candidat se prépare **en amont**, **plus** il a de chances d'être recruté.

Il s'agit d'une question de cohérence textuelle avec des superlatifs et un lien logique.
La bonne réponse est C : Plus un candidat se prépare en amont (en avance), plus ses chances d'être recruté sont importantes. **Réponse C.**

5 EXPRESSION

CONSIGNES

15 questions	20 minutes	Calculatrice interdite	Chronomètre recommandé

BARÈME

Bonne réponse : +4 points	Aucune réponse : 0 point	Mauvaise réponse : –1 point

Question 61. Laquelle des expressions suivantes désigne le fait qu'il ne faille jamais dire « jamais » ?

(A) « Faute de grives, on mange des merles »
(B) « L'enfer est pavé de bonnes intentions »
(C) « Il ne faut pas dire : « Fontaine, je ne boirai pas de ton eau » »
(D) « Il n'y a pas de fumée sans feu »
(E) « Jamais deux sans trois »

Question 62. Choisissez la reformulation dont le sens se rapproche le plus des mots soulignés.

La maman de Camille en a marre que cette dernière <u>fasse la fine bouche</u>.

(A) Mange trop
(B) Soit trop exigeante
(C) Refuse de s'alimenter correctement
(D) Aime se pomponner
(E) Ne veuille pas se marier

Question 63. Quelques années après son ouverture, il devrait être possible de dépasser les <u>polémiques</u> qui ont accompagné la mise en œuvre du nouveau Musée national dédié aux « Arts premiers », et de porter sur lui un regard dénué de <u>préjugés</u>.

(A)	Crispations	Prémonitions
(B)	Échauffourées	Présomptions
(C)	Débats	Prétentions
(D)	Disputes	Préventions
(E)	Discussions	Prévisions

Question 64. Parmi les cinq propositions suivantes, laquelle est correcte ?

(A) Elsa s'est permis de lire le journal *Le Monde*.

(B) Antoine les avait cru experts en la matière.

(C) La dame que j'ai entendu chanter avait une voix magnifique.

(D) La directrice lui a élégament confirmé qu'il n'était pas convaincant.

(E) Il lui ressemblait bizzarement.

Question 65. Combien de fautes le passage suivant contient-il ?

« Professionel debarasse maison rapidement. Travail serieux, respect des lieux et du voisinnage. Devis gratuit et intervention rapide. Aucun souci à prévoir. Je fournis le camion et je m'occupe de tout. Paiement en liquide de préférence. Pour des raisons d'organisation, merci de me prévenir si vous souhaitez transporter des éléments fragiles. »

(A) 1

(B) 2

(C) 3

(D) 4

(E) 5

Question 66. Parmi les cinq propositions suivantes, combien sont incorrectement orthographiées ?

1. Elle a fait un tour du monde avec ses amies.
2. Bien que je réussisse dans ma vie professionnelle, ma vie personnelle patine.
3. Que tu le veuilles ou non, je ferai cette course.
4. C'est en forgeant que l'on devient forgeron.
5. Au vus des derniers résultats, il apparaît important de se méfier.

(A) 0

(B) 1

(C) 2

(D) 3

(E) 4

Question 67. Combien de fautes d'orthographe le passage suivant contient-il ?

« Maison de plain-pied, donnant sur cour, avec petit jardin en rez-de-chaussée. Importants travaux à prévoir au sous-sol, du fait d'une inondation l'an passé. Tous les matériaux sont d'une grande qualité et l'organisation a été pensée par un architecte d'intérieur diplômé d'État. Nous sommes joignables par courriel ou par téléphone pour plus de renseignements ».

(A) 0

(B) 1

(C) 2
(D) 3
(E) 4

Question 68. Laquelle de ces expressions est mal orthographiée ?

(A) Au temps pour moi.
(B) Autant que faire se peut.
(C) Qui peut le plus peut le moins.
(D) Qui sème le vent, récolte la tempète.
(E) Tout vient à point à qui sait attendre.

Question 69. Parmi les expressions suivantes, laquelle n'utilise pas la figure de style de la personnification ?

(A) « Vivez, froide Nature, et revivez sans cesse »
(B) « La nuit en son parc amassait un grand troupeau d'étoiles »
(C) « Le soleil s'amusait à faire des ombres »
(D) « La sonnerie du collège invite les élèves à entrer en classe »
(E) Toutes les expressions utilisent la figure de style de la personnification.

Question 70. Quelle figure de style correspond le plus à l'extrait suivant :

« Osez-vous, sans ma permission, ô vous, bouleverser le ciel et la terre et soulever de telles masses ? J'ai envie de vous (...) ! » Virgile, Chant I, vers 133-135 ?

(A) Antonomase
(B) Hyperbole
(C) Aposiopèse
(D) Antiphrase
(E) Litote

Questions 71 à 75 : Complétez le texte avec le mot ou l'expression assurant la meilleure cohérence textuelle.

Question 71. (...) de l'art de vivre à l'italienne, la Vespa célèbre cette année ses 70 ans et peut (...) d'être toujours dans l'air du temps.

(A)	Représentant	Se vanter
(B)	Symbole	S'enorgueillir
(C)	Egérie	Être fier
(D)	Image	Célébrer le fait
(E)	Objet	Être satisfait

Question 72 (suite de la question 71). Avec sa silhouette fuselée en forme de « guêpe » qui lui a donné son nom, le célèbre deux-roues s'est (...) depuis ses débuts à plus de 18 millions (...).

(A)	Vendu	De modèles
(B)	Exporté	De ventes
(C)	Écoulé	D'exemplaires
(D)	Acheté	De deux-roues
(E)	Importé	De pièces

Question 73 (suite de la question 72). Le 23 avril 1946, Enrico Piaggio dépose le (...) de la Vespa à Florence.

(A) Brevet
(B) Plan
(C) Nom de marque
(D) Prototype
(E) Modèle

Question 74 (suite de la question 73). Son objectif est de (...) son entreprise spécialisée dans l'aéronautique et qui a été durement endommagée par les raids de la (...).

(A)	Reconvertir	Deuxième Guerre mondiale
(B)	Revivifier	Première Guerre mondiale
(C)	Diversifier	Grande Guerre
(D)	Relancer	Seconde Guerre mondiale
(E)	Raviver	Grande Guerre mondiale

Question 75 (suite de la question 74). Il a alors demandé à l'un de ses ingénieurs, Corradino d'Ascanio, de créer un véhicule facile à produire et (...).

(A) Pas cher
(B) Abordable
(C) Bon marché
(D) Économique
(E) Accessible à tous

CORRIGÉ « EXPRESSION »

Difficulté	NORMAL														
Question	61	62	63	64	65	66	67	68	69	70	71	72	73	74	75
Réponse	C	B	D	A	D	B	A	D	E	C	B	C	A	D	C

Question 61 Réponse C ★★★☆☆ 15 sec. – 1 min. Fiche 148

« Il ne faut pas dire : « Fontaine, je ne boirai pas de ton eau » » signifie qu'il ne faut jamais dire « jamais », car on ne sait pas ce que l'avenir nous réserve. **Réponse C.**

« Faute de grives, on mange des merles » : Il faut se contenter de ce que l'on a.

« L'enfer est pavé de bonnes intentions » : La volonté de bien faire aboutit parfois au résultat inverse.

« Il n'y a pas de fumée sans feu » : Toute rumeur a un fondement.

« Jamais deux sans trois » : Quelque chose qui s'est produit 2 fois, risque de se produire une 3e fois.

Question 62 Réponse B ★★☆☆☆ 15 sec. – 1 min. Fiche 148

« Faire la fine bouche », c'est **se montrer exigeant**, faire le pénible. **Réponse B.**

À l'origine, cette expression désignait une personne qui mangeait seulement des choses très raffinées. C'est par la suite que l'expression a pris un sens plus général, désignant une personne très exigeante.

Question 63 Réponse D ★★★★☆ 45 sec. – 2 min. Fiche 154

« Polémique » : Débat écrit ou oral assez houleux.

« Préjugé » : Opinion préconçue souvent imposée par le milieu dans lequel on évolue.

1re colonne On garde les réponses A, C et D.

Les synonymes de **« Polémiques »** sont : « Crispations », « Débats » et « Disputes ».

On élimine « Échauffourées » (affrontement physique) et « Discussions » (trop neutre).

On garde donc les réponses A, C et D.

2e colonne On choisit la réponse D.

Les synonymes de **« Préjugés »** sont : « Présomptions » et « Prévention » (**Attention** : Un sens peu connu de « prévention » est « préjugé »). **Réponse D.**

Question 64 Réponse A ★★★★☆ 30 sec. – 2 min. Fiche 125

- **Rappel de cours**
  - **Avec l'auxiliaire « être » :**
    Pour les verbes pronominaux réfléchis ou réciproques, le participe passé **s'accorde** si **le complément d'objet direct (COD) est placé avant le verbe.** Si **le COD est placé après le verbe,** alors le participe passé **ne s'accorde pas.**
  - **Avec l'auxiliaire « avoir » :**
    Le participe passé suivi d'un attribut du COD s'accorde avec ce complément lorsque celui-ci précède le participe. Exemple : Je les avais crus opticiens.

  Le **participe passé suivi d'un infinitif** s'accorde uniquement si le COD, placé avant le **participe,** fait l'action exprimée par l'infinitif. **Exemple :** La cantatrice que j'ai entendue chanter (car c'est elle qui chante).

La réponse correcte est la **réponse A.**

(A) Elsa s'est permis de lire le journal *Le Monde*. **Phrase correcte.**

(B) Antoine les avait crus experts en la matière.

(C) La dame que j'ai entendue chanter avait une voix magnifique.

(D) La directrice lui a élégamment confirmé qu'il n'était pas convaincant.

(E) Il lui ressemblait bizarrement.

Question 65 Réponse D ★★★★☆ 45 sec. – 2 min. Fiches 125/130

Le passage comporte **4 fautes. Réponse D.**

« **Professionnel débarrasse** maison rapidement. Travail **sérieux**, respect des lieux et du **voisinage**. Devis gratuit et intervention rapide. Aucun souci à prévoir. Je fournis le camion et je m'occupe de tout. Paiement en liquide de préférence. Pour des raisons d'organisation, merci de me prévenir si vous souhaitez transporter des éléments fragiles. »

Question 66 Réponse B ★★★★☆ 30 sec. – 2 min. Fiche 125

- **Rappel de cours** « Au vu de » est invariable.

Il y a 1 seule phrase incorrecte : **la phrase numéro 5. Réponse B.**

---

1. Elle a fait un tour du monde avec ses amies. **Phrase correcte.**
2. Bien que je réussisse dans ma vie professionnelle, ma vie personnelle patine. **Phrase correcte.**
3. Que tu le veuilles ou non, je ferai cette course. **Phrase correcte.**
4. C'est en forgeant que l'on devient forgeron. **Phrase correcte.**
5. Au vu des derniers résultats, il apparaît important de se méfier. **Phrase incorrecte.**

Question 67	Réponse A	★★★☆☆	30 sec. – 2 min.	Fiche 125

Ce passage ne contient **aucune faute. Réponse A.**

Question 68	Réponse D	★★★★☆	45 sec. – 2 min.	Fiche 125

L'expression mal orthographiée est l'expression de la **réponse D : « Qui sème le vent, récolte** la tempête ». Les autres sont correctes. **Réponse D.**

Question 69	Réponse E	★★★☆☆	15 sec. – 1 min.	Fiche 146

La **« personnification »** est l'attribution de caractéristiques **humaines à un objet ou un animal.**

Ici, toutes les expressions utilisent la figure de style de la **personnification. Réponse E.**

Question 70	Réponse C	★★★★★	45 sec. – 2 min.	Fiche 146

L' **« aposiopèse »** consiste à interrompre son discours **pour laisser au lecteur le soin de** compléter la phrase. Ici, la phrase « J'ai envie de vous (...) **» n'est pas complète. C'est donc** la bonne réponse. **Réponse C.**

Antonomase : Utilisation d'un nom propre comme nom **commun, ou inversement, un nom** commun pour signifier un nom propre (« Un Don Juan », **« une poubelle », etc.).**
Hyperbole : Exagération d'une idée pour la mettre en relief. **Utile pour caricaturer.**
Antiphrase : Figure ironique qui exprime le contraire de **ce que l'on pense.**
Litote : Dire le moins pour signifier le plus.

Question 71	Réponse B	★★★☆☆	15 sec. – 1 min.	Fiche 140

Symbole de l'art de vivre à l'italienne, la Vespa célèbre cette **année ses 70 ans et peut s'enorgueillir** d'être toujours dans l'air du temps.

1re colonne **On garde les réponses A, B, D et E.**
On élimine la réponse C « Égérie ». En effet, en lisant la **question suivante, on se rend compte** que « la Vespa » est un deux-roues. Ainsi, il ne peut s'agir **d'une égérie. Une égérie est une** personne qui représente une marque. On garde donc les **réponses A, B, D et E.**

2e colonne **On choisit la réponse B.**
On hésite entre « Se vanter » (réponse A), « S'enorgueillir **» (réponse B) et « Être fier »** (réponse C). D'un point de vue stylistique, la réponse la **plus adaptée est « S'enorgueillir »** (= Tirer de l'orgueil de). **Réponse B.**

Question 72	Réponse C	★★★★☆	15 sec. – 1 min.	Fiche 140

Avec sa silhouette fuselée en forme de « guêpe » qui lui a **donné son nom, le célèbre deux-**roues s'est **écoulé** depuis ses débuts à plus de 18 millions **d'exemplaires.**

1re colonne On garde les réponses A, B, C et E.

On élimine la réponse D (« Acheté ») qui est inélégante d'un point de vue stylistique. On garde donc les réponses A, B, C et E.

2e colonne On choisit la réponse C.

On élimine les réponses B « De ventes » et E « De pièces » qui sont incorrectes. On hésite entre les réponses A (« De modèles ») et C (« D'exemplaires »). La réponse la plus appropriée est « D'exemplaires » (jargon économique). **Réponse C.**

Question 73	Réponse A	★★☆☆☆	15 sec. – 1 min.	Fiche 140

Le 23 avril 1946, Enrico Piaggio dépose le **brevet** de la Vespa à Florence.

La seule réponse qui a une réelle cohérence est la réponse A : « Brevet » (titre qui protège une invention). **Réponse A.**

Question 74	Réponse D	★★★★☆	15 sec. – 1 min.	Fiche 140

Son objectif est de **relancer** son entreprise spécialisée dans l'aéronautique et qui a été durement endommagée par les raids de la **Seconde Guerre mondiale**.

1re colonne On garde les réponses A, C et D.

La réponse B « Revivifier son entreprise » est incorrecte car elle n'a aucun sens. Même raisonnement pour « Raviver son entreprise » (réponse E). On garde les réponses A, C et D.

2e colonne On choisit la réponse D.

Afin d'exprimer le souhait que la Deuxième Guerre mondiale soit la dernière, on emploie le terme « Seconde » qui sous-entend qu'il n'y aura pas de Troisième Guerre mondiale, contrairement au terme « Deuxième ». **Réponse D.**

Question 75	Réponse C	★★☆☆☆	15 sec. – 1 min.	Fiche 140

Il a alors demandé à l'un de ses ingénieurs, Corradino d'Ascanio, de créer un véhicule facile à produire et **bon marché**.

La bonne réponse est **C** : « Bon marché » (jargon économique). **Réponse C.**

Sous-test 6

LOGIQUE

157 Présentation du sous-test

Monsieur TAGE MAGE

Monsieur ÉCOLES de COMMERCE

LOGIQUE

FORMAT

Durée du sous-test	20 minutes
Nombre de questions	15
– **Chiffres ou Lettres** – **Graphiques**	**7 ou 8** questions **7 ou 8** questions

CONTENU : 3 TYPES DE QUESTION (Q1, Q2 ET Q3)

Q1 : SÉRIES DE LETTRES/Q2 : SÉRIES DE CHIFFRES

2 séries (verticale et horizontale) **de 5 éléments** (composés de 2, 3 ou 4 lettres ou chiffres) se croisent en un **point d'intersection, matérialisé par un point d'interrogation.**

Vous devez alors trouver l'élément manquant qui respecte à la fois l**a suite logique de la série verticale et la suite logique de la série horizontale.**

V_1, V_2, V_3, V_4, V_5 = Éléments de la série **Verticale.** H_1, H_2, H_3, H_4, H_5 = Éléments de la série **Horizontale.** S_1, S_2, S_3, S_4, S_5 = **Solutions** proposées (A, B, C, D et E).

Exemple de séries	Q1 : Séries de lettres	Q2 : Séries de chiffres
V_1	JDU	58
V_2	KZL	75
H_1 H_2 **?** H_4 H_5	PDC POD **?** PMF TGG	64 81 **?** 49 9
V_4	MLE	56
V_5	NBW	24
S_1 S_2 S_3 S_4 S_5		

Question 1	Séries de lettres	★★☆☆☆
Logique Verticale	**1re lettre** : Écart de +1 : J – K – L – M – N (10, 11, **12**, 13, 14).	
Logique Horizontale	**3e lettre** : Écart de +1 : C – D – E – F – G (3, 4, **5**, 6, 7).	

Question 2	Séries de chiffres	★★☆☆☆
Logique Verticale	Petite diagonale avec un écart de -1 : 8 – 7 – <u>6</u> – 5 – 4.	
Logique Horizontale	Carrés (64, 81, <u>36</u>, 49, 9).	

Q3 : SÉRIES GRAPHIQUES

3 cadres se suivent. Vous devez trouver le 4e cadre grâce aux 2 suites logiques qui relient tous les cadres entre eux.

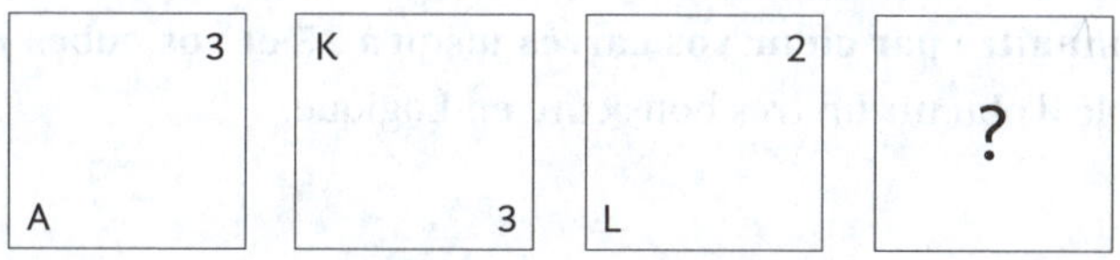

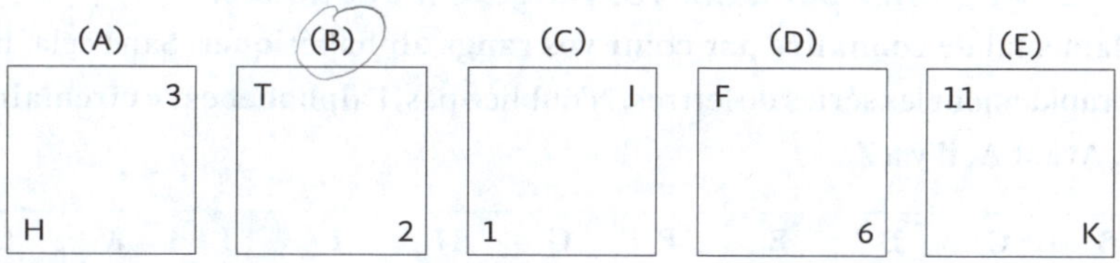

Application	Réponse B	★★★☆☆	30 sec. – 2 min.
Logique 1	Mouvement du « serpent » des éléments : diagonale montante, diagonale descendante, diagonale montante → diagonale descendante dans la réponse. On élimine les réponses A et C. On garde B, D et E.		
Logique 2	Chiffre = Nombre de barres de la lettre. On élimine les réponses D et E. **Réponse B.**		

OBJECTIFS DE SCORE

Le sous-test « Logique » est moins difficile que les autres sous-tests (score plus élevé que la moyenne). Nous vous recommandons de vous fixer les **objectifs suivants selon votre objectif au TAGE MAGE®.**

Objectif TAGE MAGE®	Objectif sous-test « Logique »
> 400/600	> 47/60
350 < X < 400	> 42/60
300 < X < 350	> 37/60

Score moyen des candidats	**37/60**
Temps de révision nécessaire	**Apprentissage du cours :** 2 - 8 heures **Entraînement :** 2 - 10 heures

158 7 conseils pour réussir le sous-test

Monsieur TAGE MAGE

Monsieur ÉCOLES de COMMERCE

LOGIQUE

Conseil n° 1 : Apprenez par cœur vos carrés et vos cubes.

Il est fondamental de connaître par cœur vos carrés jusqu'à 25 et vos cubes jusqu'à 20. Sans cela, il est impossible d'obtenir un très bon score en Logique.

Conseil n° 2 : Apprenez par cœur vos rangs alphabétiques.

Il est fondamental de connaître par cœur vos rangs alphabétiques. Sans cela, impossible **de réussir** rapidement les séries de lettres. N'oubliez pas, **l'alphabet est « circulaire »**. Après **Z, il y a A.** Avant A, il y a Z.

A	**B**	**C**	**D**	**E**	**F**	**G**	**H**	**I**	**J**	**K**	**L**	**M**
1	2	3	4	**5**	6	7	8	9	**10**	11	12	13

N	**O**	**P**	**Q**	**R**	**S**	**T**	**U**	**V**	**W**	**X**	**Y**	**Z**
14	**15**	16	17	18	19	**20**	21	22	23	24	**25**	26

ASTUCE Retenez le mot imaginaire « EJOTY », composé des lettres n° 5, 10, 15, 20 et 25 de l'alphabet.

Conseil n° 3 : Soyez stratège.

Nous vous recommandons d'adopter la stratégie suivante en Logique.

Commencez par la partie graphique qui est plus intuitive.

Puis, traitez les séries de chiffres.

Enfin, traitez les séries de lettres (plus longues et plus difficiles).

Cette stratégie permet de maximiser le score obtenu en commençant par le moins difficile **(graphique)** et en finissant par le plus difficile (séries de lettres).

Conseil n° 4 : Apprenez et appliquez nos méthodes dans l'ordre.

Nous avons classé **les méthodes de résolution par fréquence d'apparition au TAGE MAGE®**. Par conséquent, **nous vous recommandons d'apprendre et d'appliquer les méthodes dans l'ordre du livre**. Ainsi, vous augmentez vos chances de trouver **rapidement la bonne réponse.**

Conseil n° 5 : Entraînez-vous.

Le meilleur moyen de réussir ce sous-test est de **s'entraîner le plus possible afin de développer de nombreux automatismes**. En effet, il y a peu de réflexion **en Logique. Il s'agit essentiel**lement d'appliquer le plus rapidement possible des méthodes. **Donc, entraînez-vous le plus** possible afin **d'acquérir de nombreux automatismes et de voir le plus de cas possibles !**

Conseil n° 6 : Apprenez par cœur nos astuces.

Apprenez par cœur nos astuces et nos moyens mnémotechniques. Cela vous fera gagner beaucoup de temps et vous permettra de traiter davantage **de questions. N'oubliez pas, votre** pire enemi au TAGE MAGE® est le temps.

Conseil n° 7 : Commencez toujours par la logique verticale.

Pour les séries de lettres ou de chiffres, nous vous recommandons de toujours commencer par la logique verticale. En effet, la lecture est plus facile **et plus intuitive. Vous améliorez** donc votre rapidité de résolution et vos chances de trouver **la bonne suite logique.**

Posez toutes vos questions (concours, écoles, **dossiers, TAGE MAGE®, etc.)** au sein des **communautés d'entraide Facebook et Instagram « Monsieur** TAGE MAGE » et « Monsieur Ecoles de **commerce » (+ de 40 000 membres).**

Monsieur ÉCOLES de COMMERCE

Suivez l'actualité des concours et des écoles de commerce sur **www.monsieur-ecoles-de-**commerce.com et rejoignez nos **communautés d'entraide « Monsieur TAGE MAGE » et « Monsieur Ecoles de commerce » sur Facebook / Instagram / Youtube / Linkedin / Twitter (+ de 40 000 membres – Communauté N° 1 des candidats AST).**

159 Méthode de résolution générale (chiffres + lettres)

Monsieur TAGE MAGE

Monsieur ÉCOLES de COMMERCE

LOGIQUE

QU'EST-CE QU'UNE SUITE LOGIQUE ?

Une **suite logique** est une **règle** qui **relie l'ensemble des éléments ou d'une question de logique** (séries de chiffres ou séries de lettres).

La réponse cherchée se situe au croisement d'une série horizontale et d'une série verticale.

La **bonne réponse** doit **respecter les 2 suites logiques des 2 séries** (verticale et horizontale).

Pour trouver la bonne réponse, **apprenez par cœur nos méthodes classées par fréquence d'apparition au TAGE MAGE®** (Méthode 1 = suite logique la plus fréquente, etc.).

COMMENT TRAITER UNE QUESTION DE LOGIQUE ?

Étape 1 Commencez par la série verticale (plus facile à lire).

Trouvez la suite logique de la série verticale en appliquant les méthodes les unes après les autres. Après plusieurs heures d'entraînement, les suites logiques vous « sauteront aux yeux ». Faites abstraction de la série horizontale pour le moment.

Étape 2 Éliminez les mauvaises réponses.

Éliminez les réponses qui ne respectent pas la suite logique trouvée.

Il ne restera généralement que 2 ou 3 réponses possibles.

Étape 3 Trouvez la suite logique de la série horizontale.

Trouvez la suite logique de la série horizontale en appliquant les méthodes les unes après les autres. Après plusieurs heures d'entraînement, les suites logiques vous « sauteront aux yeux ».

Étape 4 Éliminez les mauvaises réponses.

Éliminez les réponses qui ne respectent pas la suite logique trouvée.

Il ne restera qu'une seule réponse possible.

Étape 5 Choisissez la bonne réponse !

APPLICATION

Application ★★★☆☆ **30 sec. – 2 min.**

		246			(A)	543
725	987	???	422	634	(B)	321
		813			(C)	444
		750			(D)	456
		165			(E)	852

Étape 1 Commençons par la série verticale.

La suite logique est : **Somme des chiffres de chaque élément = 12**
(2 + 4 + 6 = 12, 8 + 1 + 3 = 12, 7 + 5 + 0 = 12, 1 + 6 + 5 = 12).

Étape 2 Éliminons les mauvaises réponses.

On peut éliminer les réponses dont la somme des chiffres ne vaut pas 12 : B (3 + 2 + 1 = 6), D (4 + 5 + 6 = 15) et E (8 + 5 + 2 = 15). On garde les réponses A et C.

Étape 3 Trouvons la suite logique de la série horizontale.

La suite logique de la série horizontale est : Écart de –2 entre le 1er **et le 3e chiffres** (**725**, **987**, **422** et **634**).

Étape 4 Éliminons les mauvaises réponses.

On élimine la réponse C car il n'y a pas d'écart de –2 entre le 1er et le 3e chiffre.

Étape 5 Concluons. Réponse A.

REMARQUES

1. Nous vous recommandons de commencer par la série verticale (plus facile à lire).
2. La méthode de résolution d'une série graphique est identique.
   - La **1re suite logique trouvée permet d'éliminer les mauvaises réponses** (cadres).
   - La **2e suite logique trouvée permet de choisir la bonne réponse.**

160 Méthodes à appliquer (séries de chiffres)

Monsieur TAGE MAGE

Monsieur ÉCOLES de COMMERCE

LOGIQUE

Cet ordre d'application des méthodes a fait ses preuves sur des milliers d'étudiants. Il vous fera gagner un temps précieux !

Ordre d'application	Fiche n°	Nom de la fiche	Fréquence d'apparition
1	165	Méthode 1 : Les colonnes	●●●●●
2	166	Méthode 2 : Les lignes	●●●●●
3	167	Méthode 3 : Les grandes diagonales	●●●●●
4	168	Méthode 4 : Les diagonales moyennes	●●●●●
5	169	Méthode 5 : Les petites diagonales	●●●●○
6	170	Méthode 6 : Somme constante/croissante/décroissante – 1/2	●●●●○
7	171	Méthode 7 : Somme constante/croissante/décroissante – 2/2	●●●●○
8	172	Méthode 8 : Les énoncés à trous	●●●●○
9	173	Méthode 9 : Découpage (1/2) – Les chiffres	●●●○○
10	174	Méthode 10 : Découpage (2/2) – Les chiffres	●●●○○
11	177	Méthode 13 : Lecture à l'envers	●●●○○
12	178	Méthode 14 : Produit constant/croissant/décroissant – 1/2	●●○○○
13	179	Méthode 15 : Produit constant/croissant/décroissant – 2/2	●●○○○
14	180	Méthode 16 : Carrés/Cubes	●●●●○
15	181	Méthode 17 : Multiples simples/complexes et Nombres premiers.	●●●○○
16	182	Méthode 18 : Les puissances	●○○○○
17	187	Méthode 23 : La méthode du concepteur	●●○○○

ATTENTION Si vous avez des difficultés, **transformez vos séries horizontales de chiffres en séries verticales de chiffres.**

Vous perdrez 10 secondes au début mais gagnerez 10 à 30 secondes de temps de résolution ensuite.

AVANT	APRÈS
236 583 ??? 955 641	236 583 ? 955 641

161 Méthodes à appliquer (séries de lettres)

Monsieur TAGE MAGE

Monsieur ÉCOLES de COMMERCE

LOGIQUE

Cet ordre d'application des méthodes a fait ses preuves sur des milliers d'étudiants. Il vous fera gagner un temps précieux !

Ordre d'application	Fiche n°	Nom de la fiche	Fréquence d'apparition
1	165	Méthode 1 : Les colonnes	●●●●●
2	166	Méthode 2 : Les lignes	●●●●●
3	167	Méthode 3 : Les grandes diagonales	●●●●●
4	168	Méthode 4 : Les diagonales moyennes	●●●●●
5	169	Méthode 5 : Les petites diagonales	●●●●○
6	170	Méthode 6 : Somme constante/ croissante/décroissante – 1	●●●●○
7	171	Méthode 7 : Somme constante/ croissante/décroissante – 2	●●●●○
8	175	Découpage (1/2) – Les lettres	●●●○○
9	176	Découpage (2/2) – Les lettres	●●●○○
10	174	Méthode 14 : Produit constant/croissant/ décroissant – 1	●●○○○
11	177	Méthode 15 : Produit constant/croissant/ décroissant – 2	●●○○○
12	183	Méthode 19 : Voyelles/Consonnes	●●●○○
13	184	Méthode 20 : Nombre de barres	●●●○○
14	185	Méthode 21 : Nombre d'arrondis	●○○○○
15	186	Méthode 22 : Symétrie	●●○○○
16	187	Méthode 23 : La méthode du concepteur	●●○○○

CONSEIL Si vous avez des difficultés, **transformez vos séries horizontales et vos séries verticales de lettres en séries verticales de rangs alphabétiques.**

Vous perdrez 10 secondes au début mais gagnerez 20 à 30 **secondes de temps de résolution** ensuite.

RÉSUMÉ : MISE À LA VERTICALE + TRADUCTION EN RANG ALPHABÉTIQUE		
AVANT	**APRÈS**	
	Série horizontale	**Série verticale**
RUE	12-4-15	**18-21-5**
LDO MSL ? OHI PFA	13-19-12	**? ? ?**
KLC	? ? ?	**11-12-3**
PMB	15-8-9	**16-13-2**
NGA	16-6-1	**14-7-1**

ATTENTION **L'alphabet est « circulaire ».** Après Z, il y a A. **Avant A, il y a Z. Donc, avec la** traduction des lettres en rangs alphabétiques, après 26, **il y a 1. Avant 1, il y a 26.**

162 Les différents écarts

Monsieur TAGE MAGE

Monsieur ÉCOLES de COMMERCE

LOGIQUE

ÉCARTS CONSTANTS

9 - - - 7 - - - 5 - 3 - 1 - -	**L'écart entre chaque lettre (rang alphabétique) ou chaque chiffre d'une suite logique est constant**, c'est-à-dire toujours **identique**. +1 / +1 / +1 / +1 ou –1 / –1 / –1 / –1 +2 / +2 / +2 / +2 ou –2 / –2 / –2 / –2 +3 / +3 / +3 / +3 ou –3 / –3 / –3 / –3 +4 / +4 / +4 / +4 ou –4 / –4 / –4 / –4 +5 / +5 / +5 / +5 ou –5 / –5 / –5 / –5 **Exemple :** Écart constant de –2 : 9 – 7 – 5 – 3 – 1.

ÉCARTS PROGRESSIFS

B - - C - - E - - H - - L - -	**L'écart entre chaque lettre (rang alphabétique) ou chaque chiffre d'une suite logique est progressif**, c'est-à-dire que **l'écart augmente à chaque nouvel écart.** +1 / +2 / +3 / +4 ou –1 / –2 /–3 / –4 +2 / +4 / +6 / +8 ou –2 / –4 / –6 / –8 **Exemple :** Écart progressif de +1/+2/+3/+4 : B – C – E – H – L = 2 – 3 – 5 – 8 – 12.

ÉCARTS DÉGRESSIFS

- - W - - O - - I - - E - - C	**L'écart entre chaque lettre (rang alphabétique) ou chaque chiffre d'une suite logique est dégressif**, c'est-à-dire que **l'écart diminue à chaque nouvel écart.** +4 / +3 / +2 / +1 ou –4 / –3 / –2 / –1 +8 / +6 / +4 / +2 ou –8 / –6 / –4 / –2 **Exemple :** Écart dégressif de –8 / –6 / –4 / –2 : W – O – I – E – C = 23 – 15 – 9 – 5 – 3.

ÉCARTS POSITIFS / NÉGATIFS

- 5 - - - 7 - 5 - - - 7 - 5 -	**L'écart entre chaque lettre (rang alphabétique) ou chaque chiffre d'une suite logique est <u>positif</u> puis <u>négatif</u> (ou vice-versa).** **Constant :** +1 / –1 / +1 / –1 ou +2 / –2 / +2 / –2 ou +3 / –3 / +3 / –3 **Progressif :** +1 / –2 / +3 / –4 ou –1 / +2 / –3 / +4 etc. **Dégressif :** +4 / –3 / +2 / –1 ou –4 / +3 / –2 / +1 etc. **Exemple :** Écart positif / négatif constant de +2 / –2 : 5 – 7 – 5 – 7 – 5.

ÉCARTS DE NOMBRES PREMIERS

- - P - R - U - - - Z - - - G	**L'écart entre chaque lettre (rang alphabétique) est un <u>nombre premier</u>.** +2 / +3 / +5 / +7 ou –2 / –3 / –5 / –7 ou +2 / –3 / +5 / –7 **Exemple :** Écart de nombres premiers : P – R – U – Z – G = 16 – 18 – 21 – 26 – 7 = +2 / +3 / +5 / +7.

LA REDONDANCE (LETTRES / CHIFFRES)

A - - - A - - - A - A - A - -	La même lettre ou le même chiffre se répète dans chaque élément. **Exemple :** Redondance de la lettre A en diagonale.

CIRCULARITÉ NUMÉRIQUE (CHIFFRES)

8 - - 9 - - 0 - - 1 - - 2 - -	Après 9, il y a 0. Avant 0, il y a 9. **Exemple :** Écart progressif de +1 avec une **circularité numérique** : 8 – 9 – 0 – 1 – 2.

CIRCULARITÉ ALPHABÉTIQUE (LETTRES)

- - C - - B - - A - - Z - - Y	Après Z, il y a A. Avant A, il y a Z. **Exemple :** Écart décroissant de -1 avec une **circularité alphabétique** : C – B – A – Z – Y.

163 Les leurres

LOGIQUE

Un « **leurre** » est un « **dispositif destiné à tromper** ».
Les leurres sont placés par les concepteurs de TAGE MAGE® pour vous faire perdre du temps (dans le meilleur des cas) ou perdre des points (dans le cas où vous vous précipitez pour répondre).

Les 2 principaux leurres sont :

- **Volontaires :** Une **suite logique où seul le dernier élément est incorrect.**
- **Involontaires :** Une **suite logique qui ne correspond à aucune réponse**. Dans ce cas, ce n'est pas la suite logique qu'il fallait trouver. Vous devez donc continuer à chercher la bonne suite logique, c'est-à-dire celle qui vous permet de sélectionner une réponse.

Attention donc aux leurres ! Ne vous faites pas piéger.

SEUL LE DERNIER ÉLÉMENT EST INCORRECT

			951		(A)	333
			742		(B)	851
156	523	544	?	322	(C)	453
			124		(D)	335
			105		(E)	859

CORRIGÉ

Pour la logique verticale, **le concepteur a intégré un « leurre volontaire » pour le 2e chiffre.** En effet, on pourrait croire que la suite logique est 5-4-3-2-1. **Problème** : Le dernier chiffre est 0. Donc, ce n'est pas la bonne suite logique.
La (vraie) suite logique verticale concerne le 3e chiffre : 1-2-3-4-5.
Pour la logique horizontale, la suite logique est une grande diagonale 3e chiffre – 1er chiffre : 6-5-4-**3**-2. **Réponse A.**

			95**1**		**(A)**	**333**
			74**2**		(B)	851
15**6**	**5**23	54**4**	**???**	32**2**	(C)	45**3**
			12**4**		(D)	**3**35
			10**5**		(E)	859

SUITE LOGIQUE = AUCUNE RÉPONSE

	JNA				(A)	PML
	CMK				(B)	RNN
UON	???	NKQ	AIC	MGZ	(C)	KME
	GKA				(D)	OQE
	PJI				(E)	KTE

CORRIGÉ

Pour la logique verticale, on identifie bien une suite logique avec un écart constant de -1 pour la 2e lettre : N-M-L-K-J.

Problème : Aucune des réponses ne comporte de « L » au centre. Il s'agit donc d'un leurre – souvent involontaire – de la part du concepteur du TAGE MAGE®. Cela signifie que la suite logique trouvée n'est pas la bonne et qu'il faut continuer à chercher.

La (vraie) suite logique verticale est une grande diagonale avec un écart constant de +2 : A-C-E-G-I.

Pour la logique horizontale, la suite logique concerne la 2e lettre avec un écart constant de -2 : O-M-K-I-G. **Réponse C.**

	JN**A**				(A)	P**M**L
	CMK				(B)	RNN
U**O**N	?**??**	N**K**Q	A**I**C	M**G**Z	(C)	K**ME**
	GKA				(D)	OQE
	PJ**I**				(E)	KT**E**

EXERCICE

Question 1 ★★★☆☆ **30 sec. – 2 min.**

		CBE			(A)	FHJ
		XDC			(B)	ABL
		CFR			(C)	GHD
STQ	LMR	???	PQT	VWU	(D)	JKL
		CJK			(E)	HHD

➔ **CORRIGÉ FICHE 200**

Séries de lettres ou de chiffres (Méthodes communes)

164

7 manières de lire une lettre

Monsieur TAGE MAGE

Monsieur ÉCOLES de COMMERCE

LOGIQUE

Pour les **séries de lettres et de chiffres** du sous-test « Logique », il existe **7 manières de lire une lettre. Apprenez par cœur ce « soleil » !**

LE « SOLEIL » DE LA LETTRE « T »

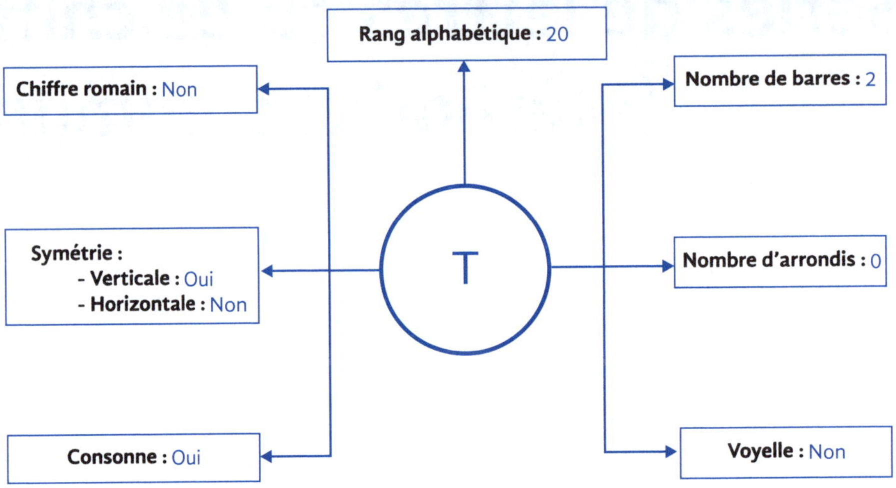

EXERCICE

Remplissez le tableau suivant :

Lettre	Rang alpha	Nombre barres	Nombre arrondis	Voyelle	Consonne	Symétrie	Chiffre romain
A							
B							
Y							
F							
R							
P							
S							
M							

Lecture de la lettre	Fiche(s) n°	Fréquence
Rang alphabétique	158	●●●●●
Nombre de barres	184	●●●○○
Nombre d'arrondis	185	●○○○○
Voyelles/Consonnes	183	●●●○○
Symétrie (V/H)	186	●●○○○
Chiffre romain	188	●○○○○

165 Méthode 1 : les colonnes

Monsieur TAGE MAGE

Monsieur ÉCOLES de COMMERCE

LOGIQUE Fréquence ●●●●● Difficulté ★★★☆☆

1RE COLONNE

Théorie	Exemple
X - -	T - -
X - -	Q - -
X - -	N - -
X - -	K - -
X - -	H - -

Théorie : Suite logique entre les **1re lettres (ou chiffres) de chaque élément.**

Exemple : T – Q – N – K – H = 20 – 17 – 14 – 11 – 8 (écart constant de -3).

2E COLONNE

Théorie	Exemple
- X	- 5
- X	- 6
- X	- 4
- X	- 7
- X	- 3

Théorie : Suite logique entre les **2e chiffres (ou lettres) de chaque élément.**

Exemple : 5 – 6 – 4 – 7 – 3 (écart positif / négatif progressif de +1 / -2 / +3 / -4).

3E COLONNE

Théorie	Exemple
- - X	- - C
- - X	- - E
- - X	- - G
- - X	- - I
- - X	- - K

Théorie : Suite logique entre les **3e lettres (ou chiffres) de chaque élément.**

Exemple : C – E – G – I – K = 3 – 5 – 7 – 9 – 11 (écart constant de +2).

4^{E} COLONNE

Théorie	Exemple
- - - **X**	- - - A
- - - **X**	- - - B
- - - **X**	- - - D
- - - **X**	- - - G
- - - **X**	- - - K

Théorie : Suite logique entre les **4e lettres (ou chiffres) de chaque élément.**

Exemple : A – B – D – G – K = 1 – 2 – 4 – 7 – 11 (écart progressif de +1 / +2 / +3 / +4).

EXERCICES

Question 1 ★★★☆☆ **30 sec. – 2 min.**

	134			
	175			
	201			
730	?	759	761	876
	749			

(A) 466
(B) 540
(C) 442
(D) 245
(E) 456

Question 2 ★★★★☆ **45 sec. – 3 min.**

133	140	729	?	111
			046	
			547	
			348	
			609	

(A) 855
(B) 445
(C) 453
(D) 325
(E) 952

Question 3 ★★★★☆ **30 sec. – 2 min.**

		DXO		
STQ	TMR	???	YQT	CWV
		CTR		
		PRT		
		SPA		

(A) PVA
(B) VVM
(C) DVS
(D) VRU
(E) VFA

➔ **CORRIGÉ FICHE 200**

166 Méthode 2 : les lignes

Monsieur TAGE MAGE

Monsieur ÉCOLES de COMMERCE

LOGIQUE Fréquence ●●●●● Difficulté ★★★☆☆

ÉCART À GAUCHE : 1RE ET 2E COLONNE

Théorie	Exemple
X X -	E I -
X X -	T X -
X X -	J N -
X X -	O S -
X X -	G K -

Théorie : Écart entre la 1re et la 2e lettre (ou chiffre) de chaque élément.

Exemple : E – I, T – X, J – N, O – S, G – K = 5 – 9, 20 – 24, 10 – 14, 15 – 19, 7 – 11 = écart constant de + 4.

ÉCART À DROITE : 2E (OU 3E) ET DERNIÈRE COLONNE

Théorie	Exemple
- X X	- 5 6
- X X	- 4 6
- X X	- 3 6
- X X	- 0 4
- X X	- 4 9

Théorie : Écart entre la 2e (ou 3e) et la dernière lettre (ou chiffre) de chaque élément.

Exemple : 5 – 6 , 4 – 6, 3 – 6, 0 – 4, 4 – 9 = écart progressif de +1 / +2 / +3 / +4 / +5.

ÉCART AU MILIEU : 2E ET 3E COLONNE

Théorie	Exemple
- X X -	- T V -
- X X -	- H J -
- X X -	- Z B -
- X X -	- E G -
- X X -	- P R -

Théorie : Écart entre la 2e et la 3e lettre (ou chiffre) de chaque élément.

Exemple : T – V, H – J, Z – B, E – G, P – R = 20 – 22, 8 – 10, 26 – 2, 5 – 7, 16 – 18 = écart constant de + 2.

GRAND ÉCART : 1RE ET DERNIÈRE COLONNE

Théorie	Exemple
X - **X**	2 - 6
X - **X**	4 - 8
X - **X**	3 - 7
X - **X**	5 - 9
X - **X**	1 - 5

Théorie : Écart entre la 1re et la dernière lettre (ou chiffre) de chaque élément.

Exemple : 2 – 6, 4 – 8, 3 – 7, 5 – 9, 1 – 5 = écart constant de + 4.

EXERCICES

Question 1 ★★★★☆ **45 sec. – 3 min.**

		176		
		380		
		591		
234	456	?	769	345
		798		

(A) 365
(B) 256
(C) 697
(D) 140
(E) 527

Question 2 ★★★☆☆ **30 sec. – 2 min.**

PTS	QMT	???	DQG	FJI
		POR		
		FES		
		QPE		
		MLD		

(A) ZYO
(B) ZVC
(C) VUY
(D) LMO
(E) NMA

Question 3 ★★★★☆ **30 sec. – 2 min.**

		PPT		
		PRR		
		FFS		
PTT	QMN	???	DQT	FJN
		MMD		

(A) MOQ
(B) FAC
(C) BDA
(D) GGI
(E) RTO

➔ CORRIGÉ FICHE 200

167 Méthode 3 : les grandes diagonales

Monsieur TAGE MAGE

Monsieur ÉCOLES de COMMERCE

LOGIQUE Fréquence ●●●●● Difficulté ★★★☆☆

GRANDE DIAGONALE GAUCHE-DROITE

Théorie	Exemple	
X - -	1 - -	**Grande diagonale entre la 1re lettre (ou chiffre) et la dernière lettre (ou chiffre).**
- - X	- - 3	**Exemple :** 1 – 3 – 5 – 7 – 9 (écart constant de +2).
X - -	5 - -	
- - X	- - 7	
X - -	9 - -	

GRANDE DIAGONALE DROITE-GAUCHE

Théorie	Exemple	
- - X	- - - 8	**Grande diagonale entre la dernière lettre (ou chiffre) et la 1re lettre (ou chiffre).**
X - -	7 - - -	**Exemple :** 8 – 7 – 6 – 5 – 4 (écart constant de -1).
- - X	- - - 6	
X - -	5 - - -	
- - X	- - - 4	

EXERCICES

Question 1 ★★☆☆☆ 30 sec. – 2 min.

	104				
	172				
	301				
432	?	744	579	876	
	599				

(A) 981
(B) 314
(C) 544
(D) 316
(E) 084

Question 2 ★★★★☆ **45 sec. – 3 min.**

CGF	EKU	LCD	?	FVB
			CRY	
			FHG	
			MPO	
			CPU	

(A) ABA
(B) CUT
(C) CRA
(D) CUN
(E) BUA

Question 3 ★★★★☆ **45 sec. – 3 min.**

		116		
958	737	?	564	984
		345		
		763		
		444		

(A) 146
(B) 621
(C) 636
(D) 667
(E) 456

Question 4 ★★★★☆ **30 sec. – 2 min.**

		TPT		
		PFP		
		LFS		
BTT	FMD	???	DQH	JLP
		DMD		

(A) POH
(B) FGH
(C) FPL
(D) FDX
(E) SLH

Question 5 ★★★★☆ **30 sec. – 2 min.**

TSF				
???	DSL	MQO	PRO	RAI
TFS				
DOP				
TND				

(A) DOP
(B) LIE
(C) DSP
(D) LLP
(E) LHA

➔ **CORRIGÉ FICHE 200**

168 Méthode 4 : les diagonales moyennes

Monsieur TAGE MAGE

Monsieur ÉCOLES de COMMERCE

LOGIQUE Fréquence ●●●●● Difficulté ★★★☆☆

DIAGONALE MOYENNE : DÉPART À GAUCHE

Théorie	Exemple
X - -	P - -
- X -	- P -
- - X	- - P
- X -	- P -
X - -	P - -

Théorie : Diagonale entre la 1re, puis 2e, puis 3e, puis 2e, puis 1re lettre (ou chiffre).

Exemple : Redondance de la lettre P en diagonale.

DIAGONALE MOYENNE : DÉPART À DROITE

Théorie	Exemple
- - X	- - Y
- X -	- T -
X - -	O - -
- X -	- J -
- - X	- - E

Théorie : Diagonale entre la 3e, puis 2e, puis 1re, puis 2e, puis 3e lettre (ou chiffre).

Exemple : Y – T – O – J – E = 25 – 20 – 15 – 10 – 5 = Écart constant de -5.

DIAGONALE MOYENNE : DÉPART AU CENTRE-GAUCHE

Théorie	Exemple
- X -	- A -
X - -	C - -
- X -	- E -
- - X	- - G
- X -	- I -

Théorie : Diagonale entre la 2e, puis 1re, puis 2e, puis 3e, puis 2e lettre (ou chiffre).

Exemple : A – C – E – G – I = 1 – 3 – 5 – 7 – 9 = Écart constant de +2.

DIAGONALE MOYENNE : DÉPART AU CENTRE – DROITE

Théorie	Exemple	
- **X** -	- E -	**Théorie : Diagonale entre la 2e, puis 3e puis 2e, puis 1re puis 2e lettre (ou chiffre).**
- - **X**	- - D	**Exemple :** E – D – F – C – G = 5 – 4 – 6 – 3 – 7 = Écart négatif / positif progressif de -1 / +2 / -3 / +4.
- **X** -	- F -	
X - -	C - -	
- **X** -	- G -	

EXERCICES

Question 1 ★★★☆☆ **30 sec. – 2 min.**

	106				(A) 149
	127				(B) 474
	803				(C) 544
770	?	152	493	233	(D) 746
	506				(E) 566

Question 2 ★★★★☆ **30 sec. – 2 min.**

BDA					(A) EFR
???	XJL	IPE	DHE	PSG	(B) BDK
KFS					(C) ESK
PEG					(D) EPO
RHS					(E) KKK

Question 3 ★★★★★ **30 sec. – 2 min.**

				046	(A) 165
				315	(B) 364
				443	(C) 335
321	425	398	246	???	(D) 963
				004	(E) 375

➔ **CORRIGÉ FICHE 200**

169 Méthode 5 : les petites diagonales

Monsieur TAGE MAGE
Monsieur ÉCOLES de COMMERCE

LOGIQUE Fréquence ●●●●○ Difficulté ★★★☆☆

PETITE DIAGONALE : DÉPART À GAUCHE

Théorie	Exemple
X - -	A - -
- **X** -	- Y -
X - -	F - -
- **X** -	- K -
X - -	Z - -

Théorie : Petite diagonale entre la 1re, puis 2e, puis 1re, puis 2e puis 1re colonne (lettre ou chiffre).

Exemple :

A – Y – F – K – Z

= 3 barres.

PETITE DIAGONALE : DÉPART À DROITE

Théorie	Exemple
- - **X**	- - 0
- **X** -	- 2 -
- - **X**	- - 4
- **X** -	- 6 -
- - **X**	- - 8

Théorie : Petite diagonale entre la 3e, puis 2e, puis 3e, puis 2e, puis 3^{e}colonne (lettre ou chiffre).

Exemple : 0 – 2 – 4 – 6 – 8

= Écart constant de +2.

PETITE DIAGONALE : DÉPART AU CENTRE-GAUCHE

Théorie	Exemple
- **X** -	- R -
X - -	O - -
- **X** -	- R -
X - -	O - -
- **X** -	- R -

Théorie : Petite diagonale entre la 2e, puis 1re, puis 2e, puis 1re, puis 2e colonne (lettre ou chiffre).

Exemple : R – O – R – O – R = 18 – 15 – 18 – 15 – 18 = Écart positif/négatif constant de +3/–3.

PETITE DIAGONALE : DÉPART AU CENTRE-DROITE

Théorie	Exemple	
- **X** -	- 2 -	**Théorie : Petite diagonale** entre **la 2**^{e}, puis **3**^{e}, puis **2**^{e}, puis **3**^{e} puis **2**^{e} **colonne (lettre ou chiffre).**
- - **X**	- - 3	**Exemple :**
- **X** -	- 4 -	2 – 3 – 4 – 5 – 6 = Écart de +1.
- - **X**	- - 5	
- **X** -	- 6 -	

EXERCICES

Question 1 ★★☆☆☆ **15 sec. – 1 min.**

		106			(A)	149
		127			(B)	145
		318			(C)	644
947	465	???	247	123	(D)	954
		567			(E)	005

Question 2 ★★★☆☆ **30 sec. – 2 min.**

				ABC	(A)	HSF
				DEL	(B)	DFF
				PFL	(C)	HRT
KOJ	PIR	LOH	CGP	???	(D)	KSF
				PJA	(E)	HEI

Question 3 ★★★★★ **30 sec. – 2 min.**

543	348	735	263	?? ?	(A)	227
				314	(B)	037
				347	(C)	546
				369	(D)	013
				004	(E)	023

➔ **CORRIGÉ FICHE 200**

170 Méthode 6 : somme constante/croissante/décroissante (1/2)

Monsieur TAGE MAGE
Monsieur ÉCOLES de COMMERCE

LOGIQUE Fréquence ●●●●○ Difficulté ★★★☆☆

SOMME CONSTANTE

SOMME CONSTANTE

Théorie	Exemple	
X + X + X = Y X + X + X = Y X + X + X = Y X + X + X = Y X + X + X = Y	6 2 8 3 6 7 4 9 3 7 8 1 2 9 5	**Théorie : La somme des chiffres de chaque élément est toujours identique.** **Exemple :** 6 + 2 + 8 = **16**, 3 + 6 + 7 = **16**, 4 + 9 + 3 = **16**, 7 + 8 + 1 =**16**, 2 + 9 + 5 = **16**.
X + X = Y X + X = Y X + X = Y X + X = Y X + X = Y	H P T D C U Q G O I	**Théorie : La somme des rangs alphabétiques de chaque élément est toujours identique.** **Exemple :** H + P = 8 + 16 = **24**, T + D = 20 + 4 = **24**, C + U = 3 + 21 = **24**, Q + G = 17 + 7 = **24**, O + I = 15 + 9 = **24**.

SOMME CROISSANTE

SOMME CROISSANTE AVEC ÉCART CONSTANT

Théorie	Exemple	
X + X = Y X + X = Y + ? X + X = Y + ? X + X = Y + ? X + X = Y + ?	5 3 5 5 9 3 8 6 7 9	**Théorie : La somme des chiffres (ou des rangs alphabétiques) de chaque élément est croissante avec un écart constant (Exemple : +2, +2, +2, +2).** **Exemple :** 5 + 3 = **8**, 5 + 5 = **10**, 9 + 3 = **12**, 8 + 6 = **14**, 7 + 9 = **16**. Somme croissante avec un écart constant de +2.

SOMME CROISSANTE AVEC ÉCART PROGRESSIF

Théorie	Exemple
X + X + X = Y	A J E
X + X + X = Y + ?	J B E
X + X + X = Y + ??	H H C
X + X + X = Y + ???	K J A
X + X + X = Y + ????	U B C

Théorie : La somme des rangs alphabétiques (ou des chiffres) de chaque élément est croissante avec un écart progressif (Exemple : +1, +2, +3, +4).

Exemple : A + J + E = **16**, J + B + E = **17**, H + H + C = **19**, K + J + A = **22**, U + B + C = **26**. Somme croissante avec un écart progressif de +1, +2, +3, +4.

SOMME CROISSANTE AVEC ÉCART DÉGRESSIF

Théorie	Exemple
X + X + X = Y	5 3 1
X + X + X = Y + ????	6 6 1
X + X + X = Y + ???	2 7 7
X + X + X = Y + ??	9 0 9
X + X + X = Y + ?	8 5 6

Théorie : La somme des chiffres (ou des rangs alphabétiques) de chaque élément est croissante avec un écart dégressif (Exemple : +4, +3, +2, +1).

Exemple : 5 + 3 + 1 = **9**, 6 + 6 + 1 = **13**, 2 + 7 + 7 = **16**, 9 + 0 + 9 = **18**, 8 + 5 + 6 = **19**. Somme croissante avec un écart dégressif de +4, +3, +2, +1.

REMARQUE On peut également uniquement considérer la somme de 2 des 3 chiffres (ou lettres) de l'élément.

ATTENTION Ne confondez pas la somme constante, croissante, décroissante et l'écart constant, progressif, dégressif. On peut avoir une somme croissante (le résultat augmente à chaque fois) avec un écart dégressif (écart de plus en plus petit à chaque fois).

171 Méthode 7 : somme constante/croissante/décroissante (2/2)

Monsieur TAGE MAGE

Monsieur ÉCOLES de COMMERCE

LOGIQUE Fréquence ●●●●○ Difficulté ★★★☆☆

SOMME DÉCROISSANTE

SOMME DÉCROISSANTE AVEC ÉCART CONSTANT

Théorie	Exemple
X + X = Y	4 9
X + X = Y – ?	6 6
X + X = Y – ?	7 4
X + X = Y – ?	5 5
X + X = Y – ?	3 6

Théorie : La somme des chiffres (ou des rangs alphabétiques) de chaque élément est décroissante avec un écart constant (Exemple : –1, –1, –1, –1).

Exemple : 4 + 9 = **13**, 6 + 6 = **12**, 7 + 4 = **11**, 5 + 5 = **10**, 3 + 6 = **9**.
Somme décroissante avec un écart constant de –1.

SOMME DÉCROISSANTE AVEC ÉCART PROGRESSIF

Théorie	Exemple
X + X + X = Y	G H C
X + X + X = Y – ?	K E A
X + X + X = Y – ??	C D H
X + X + X = Y – ???	I B A
X + X + X = Y – ????	B B D

Théorie : La somme des rangs alphabétiques (ou des chiffres) de chaque élément est décroissante avec un écart progressif (Exemple : –2, –4, –6, –8).

Exemple : G + H + C = 7 + 8 + 3 = **18**, K + E + A = 11 + 5 + 1 = **17**, C + D + H = 3 + 4 + 8 = **15**, I + B + A = 9 + 2 + 1 = **12**, B + B + D = 2 + 2 + 4 = **8**.
Somme décroissante avec un écart progressif de –1, –2, –3, –4.

SOMME DÉCROISSANTE AVEC ÉCART DÉGRESSIF

Théorie	Exemple
X + X + X = Y	8 4 3
X + X + X = Y – ????	5 6 0
X + X + X = Y – ???	5 1 2
X + X + X = Y – ??	2 2 2
X + X + X = Y – ?	1 2 2

Théorie : La somme des chiffres (ou des rangs alphabétiques) de chaque élément est décroissante avec un écart dégressif (Exemple : –8, –6, –4, –2).

Exemple : 8 + 4 + 3 = **15**, 5 + 6 + 0 = **11**, 5 + 1 + 2 = **8**, 2 + 2 + 2 = **6**, 1 + 2 + 2 = **5**.
Somme décroissante avec un écart dégressif de –4, –3, –2, –1.

REMARQUE On peut également considérer uniquement la somme de 2 des 3 chiffres ou lettres de l'élément.

ATTENTION Ne confondez pas la somme constante, croissante, décroissante et l'écart constant, progressif, dégressif. On peut avoir une somme décroissante (le résultat diminue à chaque fois) avec un écart progressif (écart de plus en plus grand à chaque fois).

EXERCICES

Question 1 ★★★★☆ **45 sec. – 3 min.**

		BCO			(A)	ZFC
		JJE			(B)	XIK
		ZBB			(C)	WLA
EPD	SMG	?	ZOE	PFN	(D)	OJJ
		ZJD			(E)	SOA

Question 2 ★★★★☆ **45 sec. – 3 min.**

		721			(A)	563
		840			(B)	369
		474			(C)	266
904	812	?	275	639	(D)	450
		543			(E)	187

➔ **CORRIGÉ FICHE 200**

Toutes les questions sont corrigées en vidéo dans votre espace **E-LEARNING sur www.monsieur-tage-mage.com**

172 Méthode 8 : les énoncés à trous

Monsieur TAGE MAGE

Monsieur ÉCOLES de COMMERCE

LOGIQUE Fréquence ●●●●○ Difficulté ★★★☆☆

Un énoncé à trous est un énoncé dans lequel le nombre de chiffres n'est pas identique dans chaque élément. Il manque donc soit le chiffre des centaines soit celui des dizaines.

Exemple : 343 8 216 49

Pour traiter ce type de série, **appliquez les 5 méthodes suivantes dans l'ordre** :

1. Carrés / Cubes
2. Multiples simples (2 à 10) / Multiples Complexes (11 à 20) / Nombres premiers (2 à 101)
3. Lecture à l'envers
4. Somme
5. Produit

ASTUCE Pour **trouver un multiple complexe, sélectionnez les 2 nombres les plus proches de votre série et calculez l'écart.** Si cet écart est de 19, le multiple complexe de la série est très probablement 19.

ATTENTION Si l'écart est de 38, le multiple complexe est 19 (car 2 × 19 = 38)

Application ★★★☆☆ **30 sec. – 2 min.**

		204			(A)	51
		85			(B)	333
		136			(C)	128
123	234	?	513	99	(D)	68
		170			(E)	159

Corrigé	Réponse A	★★★☆☆	30 sec. – 2 min.

		204			**(A)**	**51**
		85			(B)	333
		136			(C)	128
123	234	?	513	99	(D)	68
		170			(E)	159

V : Ce sont des multiples complexes de 17 (204 – 170 = 34 = 2 × 17).

H : Ce sont des multiples simples de 3.

EXERCICES

Question 1 ★★★☆☆ **30 sec. – 2 min.**

95	209	??	247	57	(A)	38
		67			(B)	19
		47			(C)	29
		02			(D)	23
		101			(E)	76

Question 2 ★★★★☆ **45 sec. – 3 min.**

??	38	416	83	1234	(A)	09
324					(B)	1318
25					(C)	641
81					(D)	64
256					(E)	36

➔ **CORRIGÉ FICHE 200**

173 Méthode 9 : découpage (Les chiffres) (1/2)

LOGIQUE Fréquence ●●●○○ Difficulté ★★★★☆

DÉCOUPAGE GAUCHE : 1ER CHIFFRE (X-XX OU X-XXX)

Opération	Exemple	Explication	
SOMME (ou soustraction)	6 3 3 8 5 3 5 1 4	**6** = 3 + 3 **8** = 5 + 3 **5** = 1 + 4	1er chiffre = 2^{e} chiffre + 3^{e} chiffre.
PRODUIT (ou division)	6 3 2 8 4 2 5 1 5	**6** = 3 × 2 **8** = 4 × 2 **5** = 1 × 5	1er chiffre = 2^{e} chiffre × 3^{e} chiffre.
SOMME INVISIBLE	8 1 2 5 0 9 6 1 0	8 (+**4**) = 1 2 5 (+**4**) = 0 9 6 (+**4**) = 1 0	1er chiffre + chiffre invisible (**Ici 4**) = Nombre formé par les 2e et 3e chiffres.
PRODUIT INVISIBLE	8 2 4 5 1 5 6 1 8	8 (× **3**) = 2 4 5 (× **3**) = 1 5 6 (× **3**) = 1 8	1er chiffre × chiffre invisible (**Ici 3**) = Nombre formé par les 2e et 3e chiffres.
CARRÉS	8 6 4 5 2 5 6 3 6	**8^{2}** = 6 4 **5^{2}** = 2 5 **6^{2}** = 3 6	(1er chiffre)^{2} = Carré formé par les autres chiffres.
CUBES	6 2 1 6 8 5 1 2 5 1 2 5	**6^{3}** = 2 1 6 **8^{3}** = 5 1 2 **5^{3}** = 1 2 5	(1er chiffre)^{3} = Cube formé par les autres chiffres.
SUPPRESSION 1er chiffre	8 6 4 5 5 5 6 8 2	8 **6 4** 5 **5 5** 6 **8 2**	Suppression du 1er chiffre puis Somme constante (**Ici 10**) = 2^{e} chiffre + 3^{e} chiffre.

DÉCOUPAGE DROITE : DERNIER CHIFFRE (XX-X OU XXX-X)

Opération	Exemple	Explication	
SOMME (ou soustraction)	2 5 7 6 3 9 1 5 6	2 + 5 = **7** 6 + 3 = **9** 1 + 5 = **6**	1er chiffre + 2^{e} chiffre = 3^{e} chiffre.
PRODUIT (ou division)	2 3 6 7 1 7 2 4 8	2 × 3 = **6** 7 × 1 = **7** 2 × 4 = **8**	1er chiffre × 2^{e} chiffre = 3^{e} chiffre.
SOMME INVISIBLE	1 1 5 1 3 7 0 8 2	1 1 = 5 **(+6)** 1 3 = 7 **(+6)** 0 8 = 2 **(+6)**	3e chiffre + chiffre invisible **(Ici 6)** = Nombre formé par les 1er et 2e chiffres.
PRODUIT INVISIBLE	1 2 6 1 8 9 1 4 7	1 2 = 6 **(×2)** 1 8 = 9 **(×2)** 1 4 = 7 **(×2)**	3e chiffre × chiffre invisible **(Ici 2)** = Nombre formé par les 1er et 2e chiffres.
CARRÉS	2 5 5 1 6 4 6 4 8	2 5 = $\mathbf{5^2}$ 1 6 = $\mathbf{4^2}$ 6 4 = $\mathbf{8^2}$	(3e chiffre)^2 = Carré formé par les autres chiffres.
CUBES	1 2 5 5 7 2 9 9 2 1 6 6	1 2 5 = $\mathbf{5^3}$ 7 2 9 = $\mathbf{9^3}$ 2 1 6 = $\mathbf{6^3}$	(4e chiffre)^3 = Cube formé par les autres chiffres.
SUPPRESSION Dernier chiffre	6 3 5 4 5 9 8 1 7	**6 3 ~~5~~** **4 5 ~~9~~** **8 1 ~~7~~**	Suppression du dernier chiffre puis Somme constante **(Ici 9)** = 1er chiffre + 2^{e} chiffre.

ASTUCE On peut supprimer une colonne, à condition que cela fasse apparaître une suite logique (carrés, cubes, somme constante, etc.) sur les éléments restants.

174 Méthode 10 : découpage (Les chiffres) (2/2)

LOGIQUE | Fréquence ●●●○○ | Difficulté ★★★★☆

DÉCOUPAGE CENTRAL : 1ER ET DERNIER CHIFFRE (X-X-X OU X-XX-X)

Opération	Exemple	Explication	
SOMME **(ou soustraction)**	3 **6** 3 2 **1** **0** 8 1 **5** 4	3 + 3 = **6** 2 + 8 = **10** 1 + 4 = **5**	Chiffre(s) du milieu = 1er chiffre + dernier chiffre.
PRODUIT **(ou division)**	1 **5** 5 4 **8** 2 3 **3** 1	1 × 5 = **5** 4 × 2 = **8** 3 × 1 = **3**	Chiffre(s) du milieu = 1er chiffre × dernier chiffre.
SOMME **INVISIBLE**	0 **1** 4 1 **9** 2 1 **7** 0	1 (+ **3**) = 0 4 9 (+ **3**) = 1 2 7 (+ **3**) = 1 0	Chiffre(s) du milieu + chiffre invisible **(Ici 3)** = Nombre formé par les 1er et dernier chiffres.
PRODUIT **INVISIBLE**	2 **5** 0 1 **4** 6 3 **9** 6	5 (× **4**) = 2 0 4 (× **4**) = 1 6 9 (× **4**) = 3 6	Chiffre(s) du milieu × chiffre invisible **(Ici 4)** = Nombre formé par les 1er et dernier chiffres.
CARRÉS	3 **6** 6 6 **8** 4 2 **5** 5	**6²** = 3 6 **8²** = 6 4 **5²** = 2 5	(Chiffre du milieu)² = Carré formé par les autres chiffres.
SUPPRESSION **Chiffre du milieu**	8 ~~4~~ 6 7 ~~2~~ 7 5 ~~4~~ 9	8 ~~4~~ 6 7 ~~2~~ 7 5 ~~4~~ 9	Suppression du chiffre du milieu puis Somme constante **(Ici 14)** = 1er chiffre + dernier chiffre.

DÉCOUPAGE EN 2 DE L'ÉNONCÉ (XX-XX)

Opération	Exemple	Explication	
SOMME (ou soustraction)	1 5 6 0 3 2 1 4 5 6 8 3	$1 + 5 = 6 + 0$ $3 + 2 = 1 + 4$ $5 + 6 = 8 + 3$	1er chiffre + 2^{e} chiffre = 3^{e} chiffre + 4^{e} chiffre.
PRODUIT **(ou division)**	2 3 1 6 2 8 4 4 3 4 2 6	$2 \times 3 = 1 \times 6$ $2 \times 8 = 4 \times 4$ $3 \times 4 = 2 \times 6$	1er chiffre × 2^{e} chiffre = 3^{e} chiffre × 4^{e} chiffre.
SOMME **et** **PRODUIT**	2 3 1 5 2 8 9 7 4 4 8 8	$2 \times 3 = 1 + 5$ $2 \times 8 = 9 + 7$ $4 \times 4 = 8 + 8$	1er chiffre × 2^{e} chiffre = 3^{e} chiffre + 4^{e} chiffre.

EXERCICES

Question 1 ★★★★☆ **45 sec. – 3 min.**

	945				(A)	763
	859				(B)	492
	765				(C)	675
545	?	446	278	327	(D)	991
	853				(E)	333

Question 2 ★★★★☆ **45 sec. – 3 min.**

			583		(A)	479
			099		(B)	242
366	255	684	?	039	(C)	891
			462		(D)	636
			572		(E)	369

➔ **CORRIGÉ FICHE 200**

175 Méthode 11 : découpage (Les lettres) (1/2)

Monsieur TAGE MAGE

Monsieur ÉCOLES de COMMERCE

LOGIQUE Fréquence ●●●○○ Difficulté ★★★★☆

Pour ces méthodes, il faut remplacer la lettre par son rang alphabétique.

DÉCOUPAGE GAUCHE : 1RE LETTRE (X-XX OU X-XXX)

Opération	Exemple	Explication	
SOMME (ou soustraction)	F C C H E C E A D	$\underline{6} = 3 + 3$ $\underline{8} = 5 + 3$ $\underline{5} = 1 + 4$	1re lettre = 2e lettre + 3e lettre.
PRODUIT (ou division)	F C B H D B E A E	$\underline{6} = 3 \times 2$ $\underline{8} = 4 \times 2$ $\underline{5} = 1 \times 5$	1re lettre = 2e lettre × 3e lettre.
SOMME INVISIBLE	H A C F A A G A B	$8\ (+\underline{5}) = 1\ 3$ $6\ (+\underline{5}) = 1\ 1$ $7\ (+\underline{5}) = 1\ 2$	1re lettre + chiffre invisible **(Ici 5)** = Nombre formé par les rangs des 2e et 3e lettres.
PRODUIT INVISIBLE	H B D E A E F A H	$8\ (\times\underline{3}) = 2\ 4$ $5\ (\times\underline{3}) = 1\ 5$ $6\ (\times\underline{3}) = 1\ 8$	1re lettre × chiffre invisible **(Ici 3)** = Nombre formé par les rangs des 2e et 3e lettres.
CARRÉS	H F D E B E F C F	$\underline{8^2} = 6\ 4$ $\underline{5^2} = 2\ 5$ $\underline{6^2} = 3\ 6$	(1re lettre)^2 = Carré formé par les autres lettres.
CUBES	F B A F H E A B E A B E	$\underline{6^3} = 2\ 1\ 6$ $\underline{8^3} = 5\ 1\ 2$ $\underline{5^3} = 1\ 2\ 5$	(1re lettre)^3 = Cube formé par les autres lettres.
SUPPRESSION 1re lettre	H F D E E E F H B	8 **6 4** 5 **5 5** 6 **8 2**	Suppression de la 1re lettre puis Somme constante **(Ici 10)** = 2e lettre + 3e lettre.

DÉCOUPAGE DROITE : DERNIÈRE LETTRE (XX-X OU XXX-X)

Opération	Exemple	Explication	
SOMME **(ou soustraction)**	B E G F C I A E F	$2 + 5 = \underline{\mathbf{7}}$ $6 + 3 = \underline{\mathbf{9}}$ $1 + 5 = \underline{\mathbf{6}}$	1re lettre + 2[e] lettre = 3[e] lettre.
PRODUIT **(ou division)**	B C F G A G B D H	$2 \times 3 = \underline{\mathbf{6}}$ $7 \times 1 = \underline{\mathbf{7}}$ $2 \times 4 = \underline{\mathbf{8}}$	1re lettre × 2[e] lettre = 3[e] lettre.
SOMME **INVISIBLE**	A A E A C G A D H	$1\,1 = 5\ \mathbf{(+\ \underline{6})}$ $1\,3 = 7\ \mathbf{(+\ \underline{6})}$ $1\,4 = 8\ \mathbf{(+\ \underline{6})}$	Nombre formé par les 1re et 2e lettres = 3[e] lettre + chiffre invisible **(Ici 6)**.
PRODUIT **INVISIBLE**	L F R I N G	$1\,2 = 6\ \mathbf{(\times \underline{2})}$ $1\,8 = 9\ \mathbf{(\times \underline{2})}$ $1\,4 = 7\ \mathbf{(\times \underline{2})}$	Rang alphabétique de la 1re lettre = 2[e] lettre × chiffre invisible **(Ici 2)**.
CARRÉS	B E E A F D F D H	$2\,5 = \underline{\mathbf{5^2}}$ $1\,6 = \underline{\mathbf{4^2}}$ $6\,4 = \underline{\mathbf{8^2}}$	$(3^e \text{ lettre})^2$ = Carré formé par les rangs des 1re et 2e lettres.
CUBES	A B E E G B I I B A F F	$1\,2\,5 = \underline{\mathbf{5^3}}$ $7\,2\,9 = \underline{\mathbf{9^3}}$ $2\,1\,6 = \underline{\mathbf{6^3}}$	$(4^e \text{ lettre})^3$ = Cube formé par les 1re, 2e et 3e lettres.
SUPPRESSION **Dernière lettre**	F C E D E I H A G	**6 3 ~~5~~** **4 5 9** **8 1 ~~7~~**	**Suppression de la dernière lettre puis Somme constante** **(Ici 9)** = 1re lettre + 2[e] lettre.

176 Méthode 12 : découpage (Les lettres) (2/2)

LOGIQUE Fréquence ●●●○○ Difficulté ★★★★☆

Pour ces méthodes, il faut remplacer la lettre par son rang alphabétique.

DÉCOUPAGE CENTRAL : 1RE ET DERNIÈRE LETTRE (X-X-X OU X-XX-X)

Opération	Exemple	Explication	
SOMME **(ou soustraction)**	C **F** C B **E** C A **E** D	3 + 3 = **6** 2 + 3 = **5** 1 + 4 = **5**	1re lettre + Dernière lettre = Lettre(s) du milieu.
PRODUIT **(ou division)**	A **E** E D **H** B C **C** A	1 × 5 = **5** 4 × 2 = **8** 3 × 1 = **3**	1re lettre × Dernière lettre = Lettre(s) du milieu.
SOMME **INVISIBLE**	A **D** B A **I** G A **C** A	4 (+ **8**) = 12 9 (+ **8**) = 17 3 (+ **8**) = 11	Lettre du milieu + chiffre invisible **(Ici 8)** = Nombre formé par les 1re et dernière lettres.
PRODUIT **INVISIBLE**	C **H** B A **D** F C **I** F	8 (× **4**) = 3 2 4 (× **4**) = 1 6 9 (× **4**) = 3 6	Lettre du milieu × chiffre invisible **(Ici 4)** = Nombre formé par les 1re et dernière lettres.
CARRÉS	C **F** F F **H** D B **E** E	**6²** = 3 6 **8²** = 6 4 **5²** = 2 5	(Lettre du milieu)² = Carré formé par les autres lettres.
SUPPRESSION **Lettre du milieu**	H ~~**D**~~ F G ~~**B**~~ G E ~~**D**~~ I	8 ~~**4**~~ 6 7 ~~**2**~~ 7 5 ~~**4**~~ 9	Suppression de la lettre du milieu puis Somme constante **(Ici 14)** = 1re lettre + dernière lettre.

DÉCOUPAGE EN 2 DE L'ÉNONCÉ (XX-XX)

Opération	Exemple	Explication	
SOMME (ou soustraction)	A G F B C B A D E F H C	$1+7=6+2$ $3+2=1+4$ $5+6=8+3$	1re lettre + 2e lettre = 3e lettre + 4e lettre.
PRODUIT (ou division)	B C A F B H D D C D B F	$2\times3=1\times6$ $2\times8=4\times4$ $3\times4=2\times6$	1re lettre × 2e lettre = 3e lettre × 4e lettre.
SOMME et PRODUIT	B C A E B H I G C D J B	$2\times3=1+5$ $2\times8=9+7$ $3\times4=10+2$	1re lettre × 2e lettre = 3e lettre + 4e lettre.

EXERCICES

Question 1 ★★★★☆ **45 sec. – 3 min.**

	IBR			
	CDL			
	EEY			
AOF	?	BTE	HUA	DDI
	GCU			

(A) CBF
(B) HCA
(C) JRB
(D) PAP
(E) BDH

Question 2 ★★★★☆ **45 sec. – 3 min.**

			JJT	
			MMZ	
CIR	DLT	BFE	?	HXI
			OAP	
			BCE	

(A) ACO
(B) DEI
(C) SEX
(D) EOT
(E) RBT

➔ CORRIGÉ FICHE 200

177 Méthode 13 : lecture à l'envers

Monsieur TAGE MAGE

Monsieur ÉCOLES de COMMERCE

LOGIQUE Fréquence ●●●○○ Difficulté ★★★★☆

Il n'est pas rare que vous deviez **lire l'énoncé à l'envers**, c'est-à-dire de la droite vers la gauche.

LECTURE À L'ENVERS TOTALE : TOUT L'ÉNONCÉ EST À L'ENVERS

CARRÉS / CUBES

Théorie	Exemple	**Théorie** : La **lecture à l'envers** de chaque élément donne une suite logique de **carrés** ou de **cubes**.
←		**Exemple** :
- - -	5 2 1	5 2 1 (lecture normale) = 1 2 5 (lecture à l'envers) = 5^3
- - -	3 4 3	3 4 3 (lecture normale) = 3 4 3 (lecture à l'envers) = 7^3
- - -	9 2 7	9 2 7 (lecture normale) = 7 2 9 (lecture à l'envers) = 9^3
- - -	4 6 0	4 6 0 (lecture normale) = 0 6 4 (lecture à l'envers) = 4^3
- - -	2 1 5	2 1 5 (lecture normale) = 5 1 2 (lecture à l'envers) = 8^3

ASTUCE Les concepteurs du TAGE MAGE® utilisent souvent un **cube palindrome**, c'est-à-dire un cube qui peut se lire de la gauche vers la droite (lecture normale) ou de la droite vers la gauche (lecture à l'envers) (**Exemples :** 1331 ou 343).

LES MULTIPLES

Théorie	Exemple	**Théorie** : La **lecture à l'envers** de chaque élément donne une suite logique de **multiples**.
←		**Exemple** :
- - -	3 5 1	3 5 1 (lecture normale) = 1 5 3 (lecture à l'envers) = 17×9
- - -	6 3 1	6 3 1 (lecture normale) = 1 3 6 (lecture à l'envers) = 17×8
- - -	9 1 1	9 1 1 (lecture normale) = 1 1 9 (lecture à l'envers) = 17×7
- - -	2 0 1	2 0 1 (lecture normale) = 1 0 2 (lecture à l'envers) = 17×6
- - -	0 7 1	0 7 1 (lecture normale) = 1 7 0 (lecture à l'envers) = 17×10

LES NOMBRES PREMIERS

Théorie	Exemple	
←		**Théorie :** La **lecture à l'envers** de chaque élément donne une suite logique de **nombres premiers.**
---	5 0	**Exemple :**
---	7 1	5 0 (lecture normale) = 0 5 (lecture à l'envers) = Nombre premier
---	7 3	7 1 (lecture normale) = 1 7 (lecture à l'envers) = Nombre premier
---	3 5	7 3 (lecture normale) = 3 7 (lecture à l'envers) = Nombre premier
---	9 1	3 5 (lecture normale) = 5 3 (lecture à l'envers) = Nombre premier
		9 1 (lecture normale) = 1 9 (lecture à l'envers) = Nombre premier

LECTURE À L'ENVERS PARTIELLE : SEULE UNE PARTIE EST À L'ENVERS

Théorie : La **lecture à l'envers** d'**une partie de chaque élément** donne une suite logique de **carrés**, de **cubes**, de **premiers** ou de **multiples.**

Exemple :

7 9 4 (normale) = 7 4 9 (lecture à l'envers partielle) : $7^2 = 49$

3 9 0 (normale) = 3 0 9 (lecture à l'envers partielle) : $3^2 = 09$

9 1 8 (normale) = 9 8 1 (lecture à l'envers partielle) : $9^2 = 81$

4 6 1 (normale) = 4 1 6 (lecture à l'envers partielle) : $4^2 = 16$

5 5 2 (normale) = 5 2 5 (lecture à l'envers partielle) : $5^2 = 25$

EXERCICE

Question 1 ★★★★★ **45 sec. – 3 min.**

??	53	04	09	57	(A)	34
17					(B)	58
76					(C)	50
98					(D)	51
101					(E)	52

→ CORRIGÉ FICHE 200

178 Méthode 14 : produit constant/croissant/décroissant (1/2)

Monsieur TAGE MAGE

Monsieur ÉCOLES de COMMERCE

LOGIQUE Fréquence ●●○○○ Difficulté ★★★★☆

PRODUIT CONSTANT

Théorie	Exemple	
X × X × X = Y X × X × X = Y X × X × X = Y X × X × X = Y X × X × X = Y	3 3 4 6 6 1 3 2 6 9 2 2 6 2 3	**Le produit des chiffres de chaque élément est <u>identique</u> (= Y).** **Exemple :** 3 × 3 × 4 = **<u>36</u>**, 6 × 6 × 1 = **<u>36</u>**, 3 × 2 × 6 = **<u>36</u>**, 9 × 2 × 2 = **<u>36</u>**, 6 × 2 × 3 = **<u>36</u>**.
X × X = Y X × X = Y X × X = Y X × X = Y X × X = Y	L A C D B F D C F B	**Le produit des rangs alphabétiques de chaque élément est <u>identique</u> (= Y).** **Exemple :** L × A = 1 × 12 = **<u>12</u>**, C × D = 3 × 4 = **<u>12</u>**, B × F = 2 × 6 = **<u>12</u>**, D × C = 4 × 3 = **<u>12</u>**, F × B = 6 × 2 = **<u>12</u>**.

PRODUIT CROISSANT

PRODUIT CROISSANT AVEC ÉCART CONSTANT

Théorie	Exemple	
X × X = Y X × X = Y + ? X × X = Y + ? X × X = Y + ? X × X = Y + ?	4 3 2 7 4 4 2 9 5 4	**Le produit des chiffres (ou des rangs alphabétiques) de chaque élément est <u>croissant</u> avec un <u>écart constant</u> (Exemple :** +2, +2, +2, +2). **Exemple :** 4 × 3 = **<u>12</u>**, 2 × 7 = **<u>14</u>**, 4 × 4 = **<u>16</u>**, 2 × 9 = **<u>18</u>**, 5 × 4 = **<u>20</u>**. Produit croissant avec un écart constant de +2.

PRODUIT CROISSANT AVEC ÉCART PROGRESSIF

Théorie	Exemple	
X × X × X = Y	C E B	**Le produit des rangs alphabétiques (ou des chiffres) de chaque élément est <u>croissant</u> avec un <u>écart progressif</u> (Exemple : +2, +4, +6, +8).**
X × X × X = Y + ?	D D B	**Exemple :** C × E × B = 3 × 5 × 2 = **<u>30</u>**, D × D × B = 4 × 4 × 2 = **<u>32</u>**, A × F × F = 1 × 6 × 6 = **<u>36</u>**, F × G × A = 6 × 7 × 1 = **<u>42</u>**, E × E × B = 5 × 5 × 2 = **<u>50</u>**.
X × X × X = Y + ??	A F F	Produit croissant avec un écart progressif de +2, +4, +6, +8.
X × X × X = Y + ???	F G A	
X × X × X = Y + ????	E E B	

PRODUIT CROISSANT AVEC ÉCART DÉGRESSIF

Théorie	Exemple	
X × X × X = Y	5 2 1	**Le produit des chiffres (ou des rangs alphabétiques) de chaque élément est <u>croissant</u> avec un <u>écart dégressif</u> (Exemple : +8, +6, +4, +2).**
X × X × X = Y + ????	1 6 3	**Exemple :** 5 × 2 × 1 = **<u>10</u>**, 1 × 6 × 3 = **<u>18</u>**, 2 × 6 × 2 = **<u>24</u>**, 7 × 4 × 1 = **<u>28</u>**, 5 × 3 × 2 = **<u>30</u>**.
X × X × X = Y + ???	2 6 2	Produit croissant avec un écart dégressif de +8, +6, +4, +2.
X × X × X = Y + ??	7 4 1	
X × X × X = Y + ?	5 3 2	

REMARQUE On peut également considérer uniquement le produit de 2 des 3 chiffres ou lettres de l'élément.

ATTENTION Ne confondez pas le produit constant, croissant, décroissant et l'écart constant, progressif, dégressif. On peut avoir un produit croissant (le résultat augmente à chaque fois) avec un écart dégressif (écart de plus en plus petit à chaque fois).

179 Méthode 15 : produit constant/croissant/décroissant (2/2)

Monsieur TAGE MAGE

Monsieur ÉCOLES de COMMERCE

LOGIQUE Fréquence ●●○○○ Difficulté ★★★★☆

PRODUIT DÉCROISSANT

PRODUIT DÉCROISSANT AVEC ÉCART CONSTANT

Théorie	Exemple
X × X = Y	4 5
X × X = Y – ?	2 9
X × X = Y – ?	8 2
X × X = Y – ?	2 7
X × X = Y – ?	4 3

Théorie : Le produit des chiffres (ou des rangs alphabétiques) de chaque élément est décroissant avec un écart constant (Exemple : –2, –2, –2, –2**).**

Exemple : 4 × 5 = **20**, 2 × 9 = **18**, 8 × 2 = **16**, 2 × 7 = **14**, 4 × 3 = **12**.

Produit décroissant avec un écart constant de –2.

PRODUIT DÉCROISSANT AVEC ÉCART PROGRESSIF

Théorie	Exemple
X × X × X = Y	B G B
X × X × X = Y – ?	M B A
X × X × X = Y – ??	A B K
X × X × X = Y – ???	B B D
X × X × X = Y – ????	B B B

Théorie : Le produit des rangs alphabétiques (ou des chiffres) de chaque élément est décroissant avec un écart progressif (Exemple : –2, –4, –6, –8**).**

Exemple : B × G × B = 2 × 7 × 2 = **28**,
M × B × A = 13 × 2 × 1 = **26**,
A × B × K = 1 × 2 × 11 = **22**,
B × B × D = 2 × 2 × 4 = **16**,
B × B × B = 2 × 2 × 2 = **8**.

Produit décroissant avec un écart progressif de –2, –4, –6, –8.

PRODUIT DÉCROISSANT AVEC ÉCART DÉGRESSIF

Théorie	Exemple	
X × X × X = Y	8 4 1	**Théorie : Le produit des chiffres (ou des rangs alphabétiques) de chaque élément est décroissant avec un écart dégressif** (Exemple : –8, –6, –4, –2).
X × X × X = Y – ????	1 3 8	**Exemple :** 8 × 4 × 1 = **32**, 1 × 3 × 8 = **24**, 1 × 2 × 9 = **18**, 7 × 2 × 1 = **14**, 3 × 2 × 2 = **12**.
X × X × X = Y – ???	1 2 9	Produit décroissant avec un écart dégressif de –8, –6, –4, –2.
X × X × X = Y – ??	7 2 1	
X × X × X = Y – ?	3 2 2	

REMARQUE On peut également uniquement considérer le produit de 2 des 3 chiffres (ou lettres) de l'élément.

ATTENTION Ne confondez pas le produit constant, croissant, décroissant et l'écart constant, progressif, dégressif. On peut avoir un produit décroissant (le résultat diminue à chaque fois) avec un écart progressif (écart de plus en plus grand à chaque fois).

EXERCICES

Question 1 ★★★★★ **1 min. – 3 min.**

		DAF				(A)	EDE
TAX	JBF	?	EDR	DES		(B)	PAJ
		LGB				(C)	BJA
		BCF				(D)	MBE
		PKB				(E)	BAJ

Question 2 ★★★★★ **1 min. – 3 min.**

		345				(A)	443
		2235				(B)	562
		265				(C)	5223
343	862	?	534	926		(D)	675
		543				(E)	462

➔ CORRIGÉ FICHE 200

Séries de chiffres (Méthodes exclusives)

180 Méthode 16 : carrés/cubes

Monsieur TAGE MAGE

Monsieur ÉCOLES de COMMERCE

LOGIQUE Fréquence ●●●●○ Difficulté ★★☆☆☆

CARRÉS

Théorie	Exemple
X X	6 4
X X	3 6
X X	4 9
X X	8 1
X X	2 5

Théorie : Tous les éléments de la série sont des **carrés.**

Exemple : 64 (8^2), 36 (6^2), 49 (7^2), 81 (9^2), 25 (5^2).

REMARQUE Il est possible d'avoir une suite logique composée à la fois de carrés et de cubes.

CARRÉS IMPAIRS / PAIRS

Théorie	Exemple
X	9
X X X	1 2 1
X X	4 9
X X	8 1
X X	2 5

Théorie : Tous les éléments de la série sont **UNIQUEMENT des carrés IMPAIRS ou UNIQUEMENT des carrés PAIRS.**

Exemple : 9 (3^2), 121 (11^2), 49 (7^2), 81 (9^2), 25 (5^2) = **uniquement des carrés impairs.**

CUBES

Théorie	Exemple
X X X	3 4 3
X	8
X X	2 7
X X X	1 2 5
X X X	5 1 2

Théorie : Tous les éléments de la série sont des **cubes.**

Exemple : 343 (7^3), 8 (2^3), 27 (3^3), 125 (5^3), 512 (8^3) = **uniquement des cubes.**

REMARQUE Il est possible d'avoir une suite logique composée à la fois de carrés et de cubes.

CUBES IMPAIRS / PAIRS

Théorie	Exemple	
X X X	7 2 9	**Théorie : Tous les éléments** de la série sont **UNIQUEMENT des <u>cubes IMPAIRS</u> ou UNIQUEMENT des <u>cubes PAIRS</u>.**
X X X	3 4 3	**Exemple :** 729 (9^3), 343 (7^3), 1331 (11^3), 27 (3^3), 125 (5^3)
X X X X	1 3 3 1	= **<u>uniquement des cubes impairs.</u>**
X X	2 7	
X X X	1 2 5	

EXERCICES

Question 1 ★★☆☆☆ **15 sec. – 1 min.**

		343		
		125		
		27		
49	81	?	36	25
		512		

(A) 64
(B) 16
(C) 729
(D) 04
(E) 08

Question 2 ★★★★☆ **30 sec. – 2 min.**

		81		
		25		
		49		
1331	343	???	27	125
		121		

(A) 09
(B) 64
(C) 169
(D) 01
(E) 225

➔ **CORRIGÉ FICHE 200**

181 Méthode 17 : multiples simples/complexes/nombres premiers

Monsieur TAGE MAGE

Monsieur ÉCOLES de COMMERCE

LOGIQUE   Fréquence ●●●○○   Difficulté ★★★★☆

MULTIPLES SIMPLES (DE 2 À 10)

Théorie	Exemple
X X	4 2
X X X	1 4 7
X X	7 7
X X	2 8
X X	6 3

Théorie : Tous les éléments de la série sont des **nombres divisibles par des multiples simples (2 à 10).**

Exemple : 42 = 6 × **7**, 147 = 21 × **7**, 77 = 11 × **7**, 28 = 4 × **7**, 63 = 9 × **7** (= **multiples de 7**).

MULTIPLES COMPLEXES (DE 11 À 20)

Théorie	Exemple
X X X	1 8 2
X X X	1 4 3
X X	5 2
X X X	1 6 9
X X	7 8

Théorie : Tous les éléments de la série sont des **nombres divisibles par des multiples complexes (11 à 20).**

Exemple : 182 = 14 × **13**, 143 = 11 × **13**, 52 = 4 × **13**, 169 = 13 × **13**, 78 = 6 × **13** (= **multiples de 13**).

ASTUCES

1. **Comment repérer un nombre divisible par un multiple complexe ?**
   Calculez l'écart entre les 2 nombres les plus proches de votre série. Cet écart est très probablement le **multiple commun.** Ici, 182 et 169 ont un écart de 13. Il y a donc de fortes chances pour que le **multiple commun soit 13 !**
2. Il est possible que les multiples soient uniquement le nombre formé par les 1er et 2e chiffres (**21**8, **30**4, **09**5, etc.) ou par les 2e et 3e chiffres (4**42**, 2**70**, 3**21**, etc.) ou enfin par les nombres extérieurs (**2**8**1**, **3**4**3**, **9**5**0**, etc.)

REMARQUE Les multiples les plus fréquents en logique sont : 3, 7, 9, 11, 13, 17, et 19.

NOMBRES PREMIERS (DE 2 À 101)

Théorie	Exemple
X X	4 1
X X X	1 0 1
X X	7 9
X X	3 7
X X	2 3

Théorie : Tous les éléments de la série sont des **nombres premiers (divisibles par 1 et par eux-mêmes).**

Exemple : Tous les nombres sont des **nombres premiers**.

ATTENTION Il est possible que les nombres premiers soient uniquement le nombre formé par les 1er et 2e chiffres (**23**8, **31**4, **47**5, etc.) ou par les 2e et 3e chiffres (4**41**, 2**37**, 3**23**, etc.) ou enfin par les nombres extérieurs (**2**8**3**, **3**4**1**, **9**5**1**, etc.)

EXERCICES

Question 1 ★★★☆☆ **30 sec. – 2 min.**

		51		
		85		
		153		
		136		
143	130	?	39	91

(A) 169
(B) 65
(C) 34
(D) 221
(E) 26

Question 2 ★★★☆☆ **30 sec. – 2 min.**

	11			
	97			
	59			
	43			
70	?	749	56	91

(A) 89
(B) 07
(C) 63
(D) 83
(E) 53

➔ **CORRIGÉ FICHE 200**

182 Méthode 18 : les puissances

Monsieur TAGE MAGE

Monsieur ÉCOLES de COMMERCE

LOGIQUE Fréquence ●○○○○ Difficulté ★★★★★

PUISSANCES (VERS LA DROITE)

Théorie	Exemple
X Y $\underline{X^Y}$	2 2 **4**
X Y $\underline{X^Y}$	8 2 **6 4**
X Y $\underline{X^Y}$	3 2 **9**
X Y $\underline{X^Y}$	3 3 **2 7**
X Y $\underline{X^Y}$	0 8 **0**

Théorie : 1er chiffre à la puissance du 2e chiffre = Nombre formé par le(s) dernier(s) chiffre(s).

Exemple : 2 2 4 : 2^2 = **4**, 8 2 6 4 : 8^2 = **64**, 3 2 9 : 3^2 = **9**, 3 3 2 7 : 3^3 = **27**, 0 8 0 : 0^8 = **0**.

PUISSANCES (VERS LA GAUCHE)

Théorie	Exemple
$\underline{X^Y}$ X Y	**8 1** 9 2
$\underline{X^Y}$ X Y	**2 5** 5 2
$\underline{X^Y}$ X Y	**9** 3 2
$\underline{X^Y}$ X Y	**8** 2 3
$\underline{X^Y}$ X Y	**1 6** 4 2

Théorie : 2e (ou 3e) chiffre à la puissance du dernier chiffre = 1er(s) chiffre(s).

Exemple : 8 1 9 2 : **81** = 9^2, 2 5 5 2 : **25** = 5^2, 9 3 2 : **9** = 3^2, 8 2 3 : **8** = 2^3, 1 6 4 2 : **16** = 4^2.

EXERCICES

Question 1 ★★★☆☆ **30 sec. – 2 min.**

	136			
	325			
	481			
040	?	329	101	111
	649			

(A) 414
(B) 238
(C) 664
(D) 181
(E) 704

Question 2 ★★★★★ **45 sec. – 3 min.**

ABA	BCH	CBI	?	BDP
			BEZ	
			AFQ	
			CFT	
			DIO	

(A) HAH
(B) FDF
(C) DBP
(D) PAL
(E) CAR

Question 3 ★★★★★ **45 sec. – 3 min.**

			FCF	
			DAF	
			EBE	
			GDI	
ABD	DCH	PBI	?	YDP

(A) HFD
(B) ARF
(C) IHA
(D) JJP
(E) IDF

➔ **CORRIGÉ FICHE 200**

Toutes les questions sont corrigées en vidéo dans votre espace E-LEARNING sur www.monsieur-tage-mage.com

Séries de lettres (Méthodes exclusives)

183 Méthode 19 : voyelles/consonnes

Monsieur TAGE MAGE

Monsieur ÉCOLES de COMMERCE

LOGIQUE Fréquence ●●●○○ Difficulté ★★★★☆

« VOYELLES » OU « CONSONNES » PAR COLONNE

Théorie	Exemple
X X X	- - U
X X X	- - E
X X X	- - O
X X X	- - A
X X X	- - I

Théorie : Les 1re ou 2e ou 3e ou 4e lettres de chaque élément sont des voyelles (A, E, I, O, U, Y) **ou des consonnes.**

Exemple : 3e lettre : U – E – O – A – I = **voyelles.**

« VOYELLES » OU « CONSONNES » DANS L'ÉNONCÉ

Théorie	Exemple
X X X	T R F
X X X	K L H
X X X	Q S D
X X X	R F C
X X X	P T Z

Théorie : Toutes les lettres d'une série (verticale ou horizontale) **sont des voyelles** (A, E, I, O, U, Y) **ou des consonnes.**

Exemple : Toutes les lettres de la série verticale sont des **consonnes.**

« VOYELLES » SUR UNE DIAGONALE

Théorie	Exemple
<u>X</u> X X	<u>A</u> R F
X X <u>X</u>	K L <u>E</u>
<u>X</u> X X	<u>I</u> S E
X X <u>X</u>	R F <u>O</u>
<u>X</u> X X	<u>U</u> T Z

Théorie : Toutes les lettres en diagonale (grande, moyenne ou petite) **sont des voyelles** (voir les fiches sur les diagonales).

Exemple : A, E, I, O, U en grande diagonale.

EXERCICES

Question 1 ★★★☆☆ **30 sec. – 2 min.**

			AR		(A)	AZ
			ES		(B)	TU
			UZ		(C)	AV
EP	RI	EO	?	UX	(D)	RY
			IO		(E)	AE

Question 2 ★★★★☆ **45 sec. – 3 min.**

MZI	FVP	KKL	QZX	?	(A)	ABC
				PLA	(B)	ZOO
				AOA	(C)	BVP
				IXE	(D)	PAA
				TRU	(E)	XDE

Question 3 ★★★★☆ **45 sec. – 3 min.**

MZI	OLE	LPA	QZX	?	(A)	KTE
				EKD	(B)	KLO
				POE	(C)	RAE
				ETG	(D)	LKP
				AXE	(E)	ZVG

➔ **CORRIGÉ FICHE 200**

184 Méthode 20 : nombre de barres

Monsieur TAGE MAGE

Monsieur ÉCOLES de COMMERCE

LOGIQUE Fréquence ●●●○○ Difficulté ★★★★☆

La méthode du **nombre de barres** est une méthode récurrente au TAGE MAGE®.

Une barre est un segment de lettre.

Lettre à 1 barre	I
Lettres à 2 barres	L, T, V, X
Lettres à 3 barres	A, F, H, K, N, Y, Z
Lettres à 4 barres	E, M, W

ATTENTION

1. Pour éviter toute confusion, les concepteurs du TAGE MAGE® n'appliquent pas la méthode du **nombre de barres** sur les lettres avec des **arrondis** (**Exemples** : B, D, G, J, P, Q, R sont des lettres à **0 barre au TAGE MAGE®**).
2. **I** comporte **1 barre** et **Y** compte **3 barres**.

NOMBRE DE BARRES IDENTIQUE PAR COLONNE

RH JK ?? PZ RN	**Théorie : La 1re, 2e, 3e ou 4e lettre de chaque élément a le même nombre de barres.** **Exemple** : 2e lettre = H = K = ? = Z = N = 3 barres. **Réponses possibles** pour la 2e lettre : **A**, **F**, **H**, **K**, **N**, **Y**, etc.

SOMME DU NOMBRE DE BARRES PAR ÉLÉMENT

La somme du nombre de barres des 2, 3 ou 4 lettres de chaque élément est...

Identique		Décroissante		Croissante	
KL	K + L = 5 barres	YW	Y + W = 7 barres	LI	L + I = 3 barres
MI	M + I = 5 barres	KH	K + H = 6 barres	XV	X + V = 4 barres
VK	V + K = 5 barres	VF	V + F = 5 barres	NT	N + T = 5 barres
IE	I + E = 5 barres	ZI	Z + I = 4 barres	WX	W + X = 6 barres
ZV	Z + V = 5 barres	IT	I + T = 3 barres	HW	H + W = 7 barres

SOMME DU NOMBRE DE BARRES PAR COLONNE

LI MK TK FV VE	**Théorie : La somme du nombre de barres des 1re lettres = la somme du nombre de barres des 2e lettres.** L + M + T + F + V = 13 barres dans la 1re colonne. I + K + K + V + E = 13 barres dans la 2e colonne.

EXERCICES

Question 1 ★★★★☆ **45 sec. – 3 min.**

			KKL		(A)	WLT
			WNI		(B)	EAI
			AKV		(C)	FXA
LLL	CSV	CCX	?	MNT	(D)	JKL
			EIZ		(E)	VLL

Question 2 ★★★★☆ **45 sec. – 3 min.**

		NNK			(A)	MIM
		LTV			(B)	MWE
		WME			(C)	YYA
WEI	NYN	???	LNE	FHN	(D)	XXL
		XLT			(E)	WKL

➜ **CORRIGÉ FICHE 200**

185 Méthode 21 : nombre d'arrondis

Monsieur TAGE MAGE

Monsieur ÉCOLES de COMMERCE

LOGIQUE Fréquence ●○○○○ Difficulté ★★★★☆

La méthode du **nombre d'arrondis** est une méthode peu fréquente au TAGE MAGE® mais qui permet de faire la différence le jour J !
Un « **arrondi** » dans une lettre correspond à une « **courbe** » (par opposition à une « **barre** » qui correspond à un **segment**).

Lettre à 1 arrondi	C, D, G, J, P, R, U
Lettres à 2 arrondis	B, S, O, Q

ATTENTION **L'arrondi est plus « fort » que la barre**, c'est-à-dire que si une lettre a 1 barre et 1 arrondi, seul l'arrondi est comptabilisé.
Exemple : La lettre « B » a 2 arrondis et 0 barre au TAGE MAGE®.

NOMBRE D'ARRONDIS PAR COLONNE

<u>R</u>HE <u>J</u>CO <u>G</u>KC <u>P</u>PL <u>?</u>??	**Théorie : La 1re, 2e, 3e ou 4e lettre** de chaque élément a **1 ou 2 arrondis.** **Exemple** : 1re lettre = R = J = G = P = 1 arrondi. **Réponses possibles pour la 1re lettre : <u>R</u>**, <u>C</u>, etc.

SOMME DU NOMBRE D'ARRONDIS PAR ÉLÉMENT

La somme du nombre d'arrondis des 2, 3 ou 4 lettres de chaque <u>ligne</u> est ...

Identique		**Décroissante**		**Croissante**	
BA	B + A = 2 arrondis	SB	S + B = 4 arrondis	LI	L + I = 0 arrondi
CD	C + D = 2 arrondis	BC	B + C = 3 arrondis	GM	G + M = 1 arrondi
JR	J + R = 2 arrondis	JR	J + R = 2 arrondis	DC	D + C = 2 arrondis
SV	S + V = 2 arrondis	RT	R + T = 1 arrondi	BC	B + C = 3 arrondis
OT	O + T = 2 arrondis	IT	I + T = 0 arrondi	SB	S + B = 4 arrondis

SOMME DU NOMBRE D'ARRONDIS PAR COLONNE

BQ CO DS PT SR	**La somme du nombre d'arrondis des 1re lettres = la somme du nombre d'arrondis des 2e lettres.** B + C + D + P + S = 7 arrondis dans la 1re colonne. Q + O + S + T + R = 7 arrondis dans la 2e colonne.

EXERCICE

Question 1 ★★★★★ **1 min. – 3 min.**

		AQ		
		ES		
		TO		
EL	CL	CC	?	BS
		IB		

(A) MD
(B) OC
(C) FJ
(D) CB
(E) FB

CORRIGÉ FICHE 200

Toutes les questions sont corrigées en vidéo dans votre espace **E-LEARNING sur www.monsieur-tage-mage.com**

186 Méthode 22 : symétrie

Monsieur TAGE MAGE

Monsieur ÉCOLES de COMMERCE

LOGIQUE Fréquence ●●○○○ Difficulté ★★★★☆

Il existe **4 types de symétries** : « **lettres symétriques** » (verticalement et horizontalement), « **symétrie dans l'élément** » et « **symétrie dans l'énoncé** ».

Lettres symétriques verticalement	**Axe de symétrie** qui coupe **verticalement** ou **horizontalement** en **son milieu** une lettre.	A, H, I, M, O, T, U, V, W, X, Y
Lettres symétriques horizontalement		B, C, D, E, H, I, K, O, X.

LETTRES SYMÉTRIQUES (VERTICALEMENT)

Théorie	Exemple	
X - -	T - -	**Théorie** : La 1re, 2e, 3e ou 4e lettre de chaque élément a un **axe de symétrie vertical en son milieu.**
X - -	O - -	**Exemple** : T, O, W et M ont un axe de symétrie vertical qui coupe la lettre en deux parties identiques : T, O, W, M.
X - -	W - -	
X - -	M - -	

LETTRES SYMÉTRIQUES (HORIZONTALEMENT)

Théorie	Exemple	
- - X	- - O	**Théorie** : La 1re, 2e, 3e ou 4e lettre de chaque élément a un **axe de symétrie horizontal en son milieu.**
- - X	- - I	**Exemple** : O, I, X et K ont un axe de symétrie horizontal qui coupe la lettre en deux parties identiques : O, I, X, K.
- - X	- - X	
- - X	- - K	

SYMÉTRIE DANS L'ÉLÉMENT (1RE LETTRE = DERNIÈRE LETTRE)

Théorie	Exemple	
X - X	O - O	**Théorie** : Chaque élément a un **axe de symétrie vertical en son milieu**. Ainsi, 1re lettre = 3e lettre.
X - X	P - P	**Exemple** : Ce sont des éléments « palindromes » (1re lettre = 3e lettre).
X - X	S - S	
X - X	L - L	

SYMÉTRIE DANS L'ÉNONCÉ

Théorie	ABC DEF GH|G FED CBA
Exemple	KLI MOP CW|C POM ILK

Théorie : L'énoncé a un axe de symétrie vertical en son milieu.

Exemple : Le 1er élément (KLI) est « reflété » avec le dernier élément (ILK), le 2e élément (MOP) avec l'avant-dernier (POM) et l'élément du milieu a un axe de symétrie vertical en son milieu (CWC).

EXERCICES

Question 1 ★★★★☆ **45 sec. – 3 min.**

BMO
JWZ
ZOT
KIL ZXD ? PKM ZEL
ZTD

(A) PWS
(B) PKI
(C) KTZ
(D) PIL
(E) ZZT

Question 2 ★★★★★ **45 sec. – 3 min.**

ANK
YTV
HME
WWI NYN ??? LIE FHN
XLT

(A) AST
(B) YTE
(C) PYA
(D) XLX
(E) KWL

CORRIGÉ FICHE 200

Toutes les questions sont corrigées en vidéo dans votre espace **E-LEARNING sur www.monsieur-tage-mage.com**

187 Méthode 23 : la méthode du concepteur

Monsieur TAGE MAGE

Monsieur ÉCOLES de COMMERCE

LOGIQUE Fréquence ●●○○○ Difficulté ★★★☆☆

La **méthode du concepteur** permet de trouver **la bonne réponse** **sans lire l'énoncé** !

Pour appliquer cette astuce, il faut comprendre comment sont conçus les énoncés.
Le concepteur est « obligé » de vous faire **hésiter entre 2 réponses au minimum par suite logique (verticale ou horizontale)**. En d'autres termes, le concepteur est « obligé » de mettre **au minimum 2 lettres identiques à la même position dans 2 réponses différentes**.

Entourez donc les doublons (mêmes lettres à la même position).
Ainsi, la réponse avec un « **double doublon** » est la **bonne réponse !**

> **ATTENTION** Cette astuce n'est à appliquer que **si vous manquez de temps** ou **si vous n'avez trouvé qu'une suite logique sur deux.**

De plus, **cette astuce ne fonctionne pas en permanence**. En effet, il est possible que le concepteur crée plusieurs réponses avec des « doubles doublons » ou que la suite logique soit liée aux propriétés des lettres (et non à leurs positions). Dans ce cas, n'appliquez pas cette astuce.

APPLICATION (« VRAI DOUBLE DOUBLON »)

			ORT		(A)	KNV
			NHU		(B)	ASX
ARI	CFC	EAR	?	IRU	(C)	GBV
			AVW		(D)	ERT
			KLX		(E)	GHB

CORRIGÉ

			ORT		(A)	KNV
			NHU		(B)	ASX
ARI	CFC	EAR	???	IRU	**(C)**	**GBV**
			AVW		(D)	ERT
			KLX		(E)	GHB

V : 3e lettre. Écart constant de +1 : T – U – V – W – X.
H : 1re lettre. Écart constant de +2 : A – C – E – G – I.

Méthode du concepteur : On entoure les doublons (= mêmes lettres à la même position). La réponse avec un « double doublon » (réponse C) est la bonne réponse. Ici, la méthode du concepteur fonctionne.

APPLICATION (« FAUX DOUBLE DOUBLON »)

ORT
NHU
ARI CFC EAR ? IRU
AVW
KLX

(A) KNV
(B) KRX
(C) GBV
(D) ERT
(E) GHB

CORRIGÉ

OR**T**
NH**U**
ARI **C**FC **E**AR ??? **I**RU
AV**W**
KL**X**

(A) **K**N**V**
(B) **KR**X
(C) **GBV**
(D) E**R**T
(E) **G**HB

Méthode du concepteur : Ici, la méthode du concepteur <u>ne fonctionne pas</u> car nous avons plusieurs « faux double doublons ».

Toutes les questions sont corrigées en vidéo dans votre espace E-LEARNING sur www.monsieur-tage-mage.com

188 Méthode 24 : les cas rares

Monsieur TAGE MAGE

Monsieur ÉCOLES de COMMERCE

LOGIQUE Fréquence ●○○○○ Difficulté ★★★★☆

LES CHIFFRES ROMAINS

Théorie	Exemple
X - -	V - -
X - -	M - -
X - -	L - -
X - -	I - -
X - -	X - -

Théorie : La 1re lettre (ou 2e ou 3e ou 4e) est un **chiffre romain.**

Exemple : V – M – L – I – X = 5 – 1000 – 50 – 1 – 10 (chiffres romains).

LES MOTS

Théorie	Exemple
X X	S A
X X	U N
X X	M I
X X	D E
X X	L E

Théorie : Les lettres de chaque élément forment un **mot.**

Remarque : Le mot peut également se lire à l'envers.

Exemple : S A = SA (sa voiture), U N = UN (1), M I = MI (Do Ré Mi), D E = DE (De l'eau), L E = L E (Le boulanger).

LES ACRONYMES

Théorie	Exemple
X X X	E D F
X X X	O N U
X X X	G D F
X X X	O M C
X X X	F M I

Théorie : Les lettres de chaque élément forment un **acronyme.**

Exemple : EDF (électricité), ONU (Organisation des Nations Unies), GDF (Gaz De France), OMC (Organisation Mondiale du Commerce), FMI (Fonds Monétaire International).

EXERCICES

Question 1 ★★★★☆ **45 sec. – 3 min.**

			FMI	
			OMC	
CRI	DUR	CAR	?	CRU
			BIT	
			BCE	

(A) SPA
(B) POT
(C) ONU
(D) ROT
(E) MOC

Question 2 ★★★★★ **1 min. – 3 min.**

	JAN			
	DEC			
	FEV			
CLF	?	RXV	DVV	TID
	MAI			

(A) AVR
(B) VVV
(C) SEP
(D) FLM
(E) OTT

CORRIGÉ FICHE 200

Toutes les questions sont corrigées en vidéo dans votre espace E-LEARNING sur www.monsieur-tage-mage.com

189 Fiche récapitulative : méthodes séries de lettres/chiffres

Monsieur TAGE MAGE

Monsieur ÉCOLES de COMMERCE

LOGIQUE

MÉTHODE 1 : LES COLONNES

MÉTHODE 2 : LES LIGNES

MÉTHODE 3 : LES GRANDES DIAGONALES

MÉTHODE 4 : LES DIAGONALES MOYENNES

MÉTHODE 5 : LES PETITES DIAGONALES

MÉTHODE 6 : SOMME CONSTANTE/CROISSANTE/DÉCROISSANTE (1/2)

MÉTHODE 7 : SOMME CONSTANTE/CROISSANTE/DÉCROISSANTE (2/2)

MÉTHODE 8 : LES ÉNONCÉS À TROUS

MÉTHODE 9 : DÉCOUPAGE (LES CHIFFRES) (1/2)

MÉTHODE 10 : DÉCOUPAGE (LES CHIFFRES) (2/2)

MÉTHODE 11 : DÉCOUPAGE (LES LETTRES) (1/2)

MÉTHODE 12 : DÉCOUPAGE (LES LETTRES) (1/2)

MÉTHODE 13 : LECTURE À L'ENVERS

MÉTHODE 14 : PRODUIT CONSTANT/CROISSANT/DÉCROISSANT (1/2)

MÉTHODE 15 : PRODUIT CONSTANT/CROISSANT/DÉCROISSANT (2/2)

MÉTHODE 16 : CARRÉS/CUBES

MÉTHODE 17 : MULTIPLES SIMPLES/COMPLEXES/NOMBRES PREMIERS

MÉTHODE 18 : LES PUISSANCES

MÉTHODE 19 : VOYELLES/CONSONNES

MÉTHODE 20 : NOMBRE DE BARRES

MÉTHODE 21 : NOMBRE D'ARRONDIS

MÉTHODE 22 : SYMÉTRIE

MÉTHODE 23 : LA MÉTHODE DU CONCEPTEUR

MÉTHODE 24 : LES CAS RARES

Séries graphiques

190 10 manières de lire une lettre (séries graphiques)

LOGIQUE

Pour les séries graphiques, il existe **10 manières de lire une lettre. Apprenez par cœur ce « soleil » !**

LE « SOLEIL » DE LA LETTRE « T » (SÉRIES GRAPHIQUES)

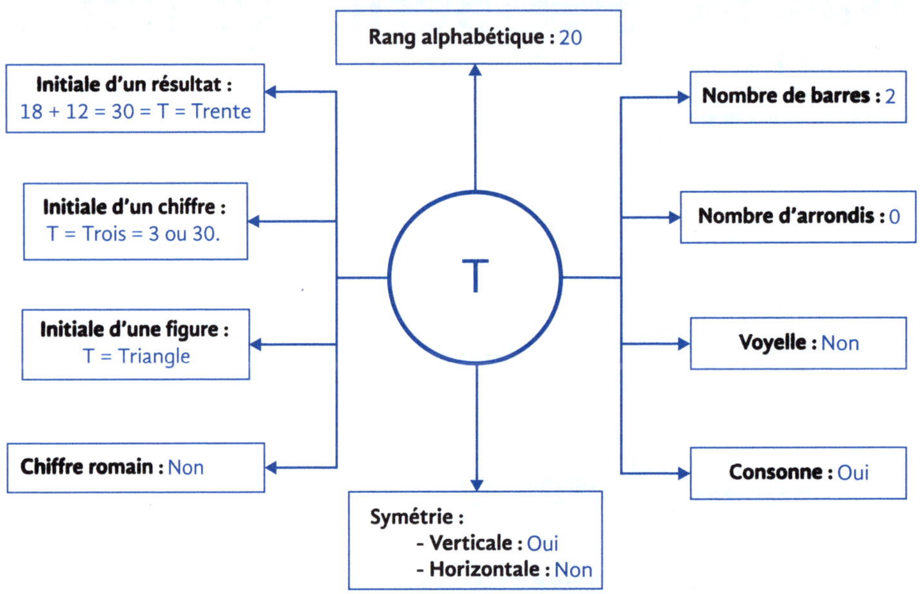

EXERCICE

Remplissez le tableau suivant :

Lettre	Rang alpha	Nombre barres	Nombre arrondis	Voyelle Consonne	Symétrie	Chiffre romain	Initiale (nombre / figure)
T							
S							
V						oui 5	
M							

C							
H							
Q							
Z							

Lecture	Fiche n°	Fréquence
Rang alphabétique	158	●●●●●
Nombre de barres	184	●●●○○
Nombre d'arrondis	185	●○○○○
Voyelle/Consonne	183	●●●○○
Symétrie (V/H)	186	●●○○○
Chiffre romain	188	●○○○○
Initiale d'une figure	197	●●○○○
Initiale d'un chiffre	197	●●○○○
Initiale d'un résultat	197	●●○○○

EXERCICE

Question 1 ★★★☆☆ **30 sec. – 2 min.**

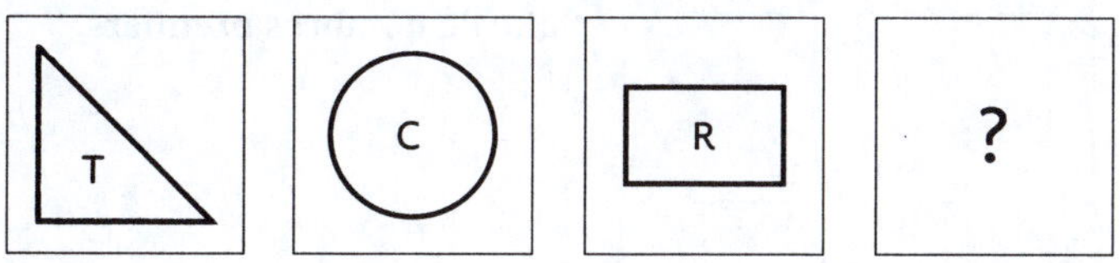

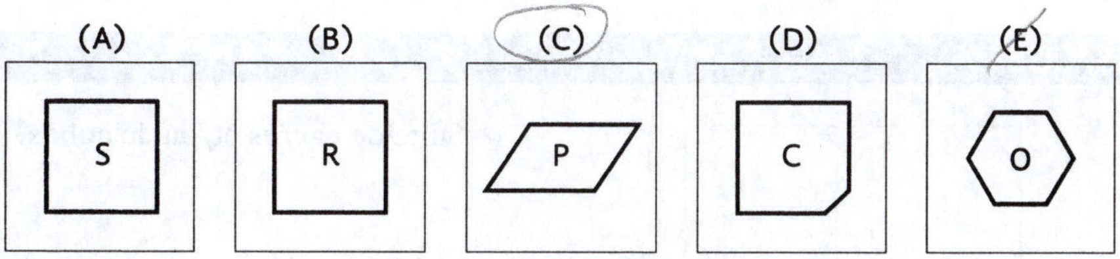

➜ **CORRIGÉ FICHE 200**

191 Méthode 1 : suites de chiffres

LOGIQUE Fréquence ●●●●● Difficulté ★★★☆☆

SUITE ARITHMÉTIQUE

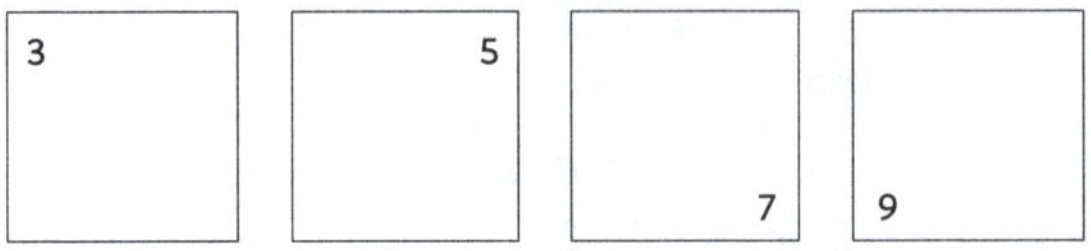

Une **suite arithmétique** est une **suite de chiffres** où **les écarts sont des soustractions ou des additions.**

Exemple : 3 – 5 – 7 – 9 (+2, +2, +2, +2)

SUITE GÉOMÉTRIQUE

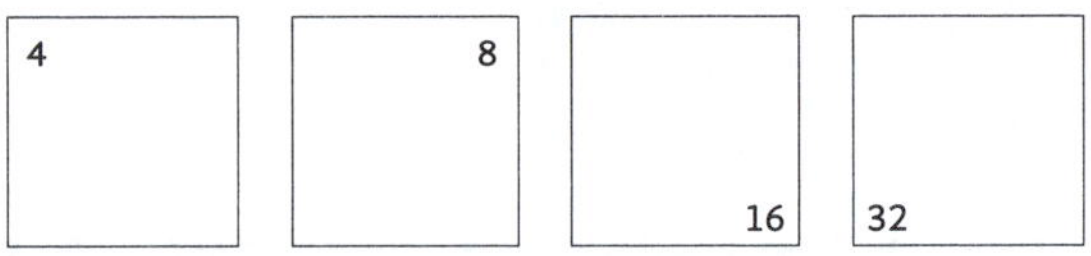

Une **suite géométrique** est une **suite de chiffres** où **les écarts sont des multiplications ou des divisions.**

Exemple : 4 – 8 – 16 – 32 (× 2, × 2, × 2)

NOMBRES PREMIERS

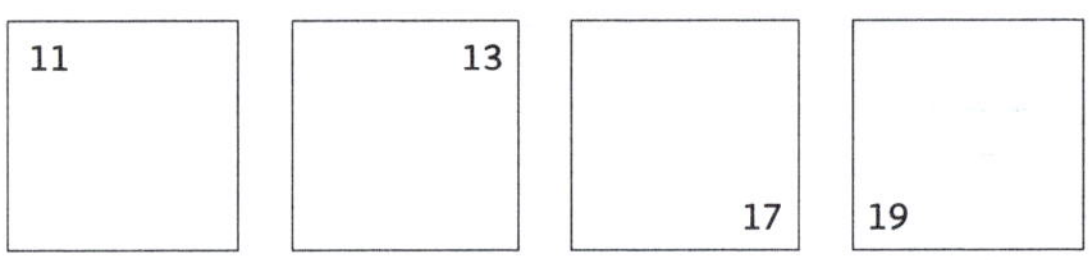

Suite de **nombres premiers.**

Exemple : 11 – 13 – 17 – 19

CARRÉS/CUBES

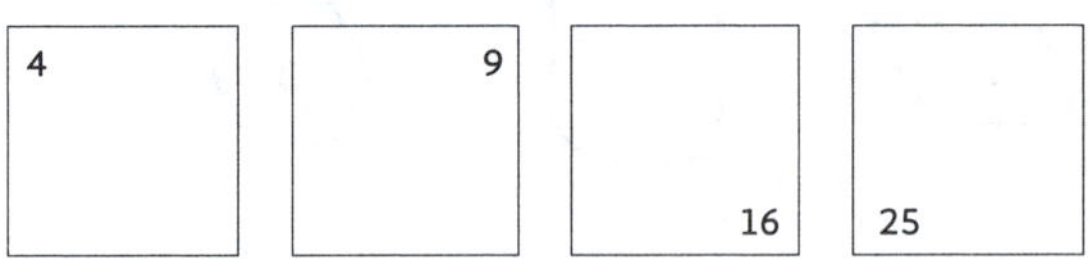

Suite de **carrés** et/ou de **cubes.**

Exemple : 4 – 9 – 16 – 25

NOMBRES PAIRS/IMPAIRS

8	16		
		12	10

Suite de **nombres pairs** et/ou **impairs.**

Exemple : 8 – 16 – 12 – 10 (nombres pairs)

MULTIPLES SIMPLES/COMPLEXES

17		51	
	34		68

Suite de **multiples simples** ou **complexes.**

Exemple : 17 – 34 – 51 – 68

EXERCICE

Question 1 ★★★☆☆ **30 sec. – 2 min.**

3	16	5	?
9	4	25	

(A)	(B)	(C)	(D)	(E)
81	10	36	49	66
9	100	6	7	6

CORRIGÉ FICHE 200

Toutes les questions sont corrigées en vidéo dans votre espace **E-LEARNING sur www.monsieur-tage-mage.com**

192 Méthode 2 : suites de lettres

Monsieur TAGE MAGE

Monsieur ÉCOLES de COMMERCE

LOGIQUE Fréquence ●●●●● Difficulté ★★★☆☆

SUITE ARITHMÉTIQUE

A	C	G	M

Une **suite arithmétique** est une **suite de lettres où les écarts sont des soustractions ou des additions.**

Exemple : A – C – G – M = 1 – 3 – 7 – 13 (+ 2, + 4, + 6)

SUITE GÉOMÉTRIQUE

A	B	D	H

Une **suite géométrique** est une **suite de lettres où les écarts sont des multiplications ou des divisions.**

Exemple : A – B – D – H = 1 – 2 – 4 – 8 (× 2, × 2)

NOMBRE DE BARRES

T	X	L	V

Nombre de barres identique, croissant ou **décroissant.**

Exemple : T – X – L – V (2 barres)

NOMBRE D'ARRONDIS

P	D	C	U

Nombre d'arrondis identique, croissant ou **décroissant.**

Exemple : P – D – C – U (1 arrondi)

LETTRES SYMÉTRIQUES

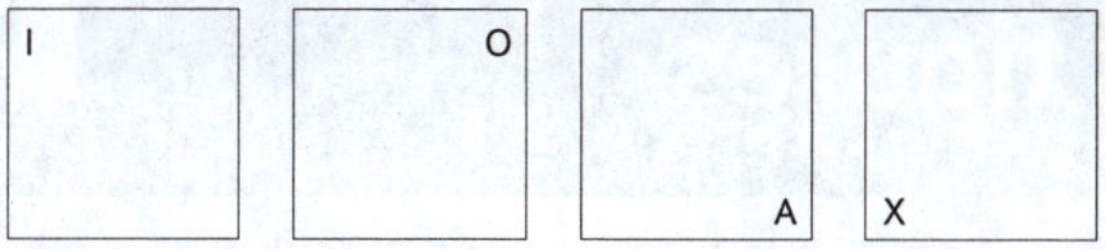

Lettres symétriques verticalement ou **horizontalement** en leur milieu.

Exemple : I – O – A – X (axe de symétrie vertical = symétriques verticalement)

VOYELLES/CONSONNES

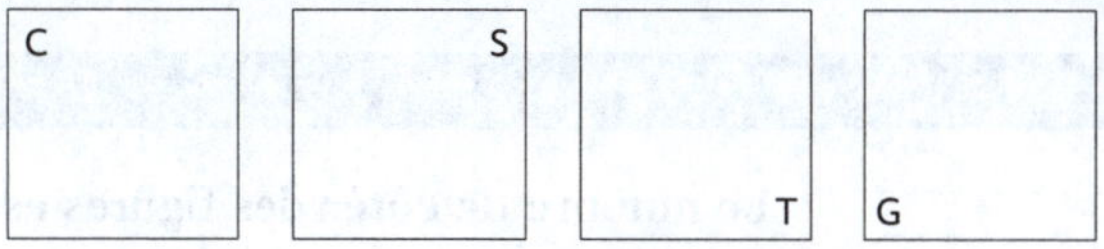

Suite de **voyelles** ou de **consonnes.**

Exemple : C – S – T – G (consonnes)

CHIFFRES ROMAINS

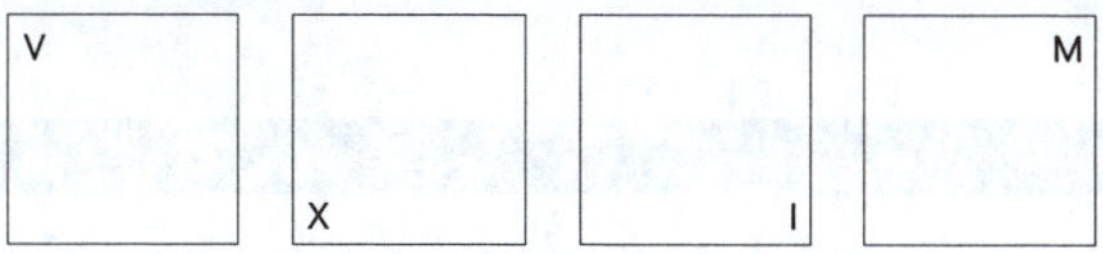

Suite de **chiffres** ou de **nombres romains.**

Exemple : V – X – I – M = 5 – 10 – 1 – 1000

EXERCICE

Question 1 ★★★☆☆ **30 sec. – 2 min.**

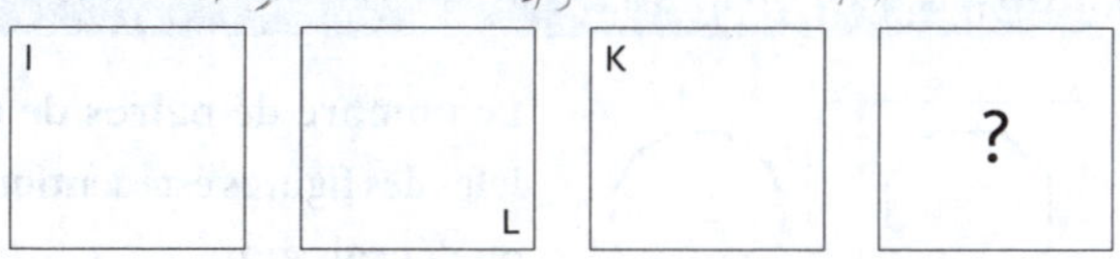

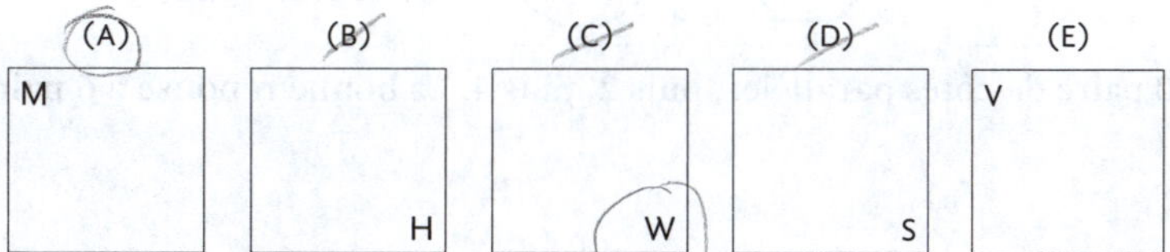

CORRIGÉ FICHE 200

193 Méthode 3 : les figures

LOGIQUE Fréquence ●●●●● Difficulté ★★★☆☆

Liste de critères par ordre de fréquence pour les figures de la partie « graphique ».

NOMBRE DE CÔTÉS

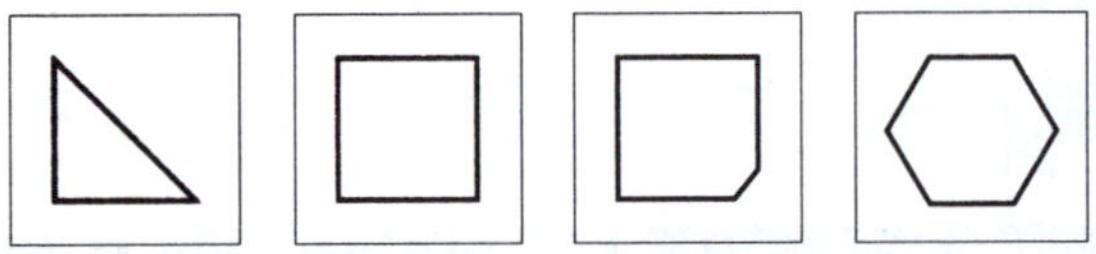

Le nombre de côtés des figures est identique, croissant ou décroissant.

Exemple : 3 côtés, puis 4, puis 5. La bonne réponse a 6 côtés.

NOMBRE DE CÔTÉS PARALLÈLES

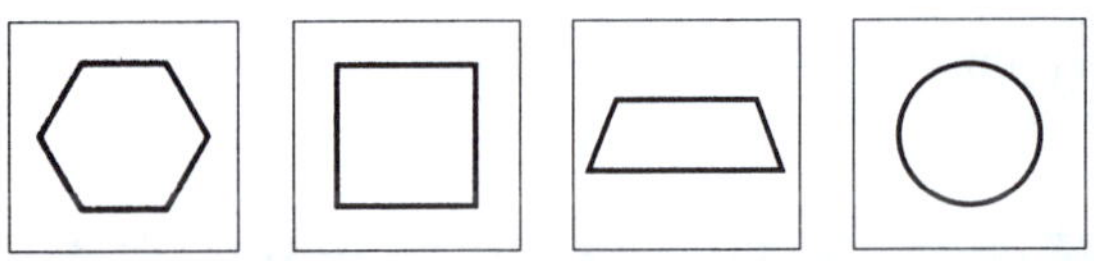

Le nombre de côtés parallèles des figures est **identique, croissant ou décroissant.**

Exemple : 6 côtés parallèles, puis 4, puis 2. La bonne réponse a 0 côté parallèle.

NOMBRE DE PAIRES DE CÔTÉS PARALLÈLES

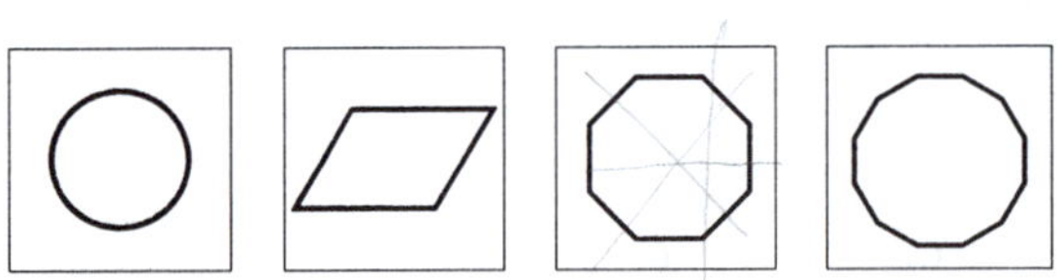

Le nombre de paires de côtés parallèles des figures est **identique, croissant ou décroissant.**

Exemple : 0 paire de côtés parallèles, puis 2, puis 4. La bonne réponse a 6 paires de côtés parallèles.

NOMBRE D'ANGLES DROITS

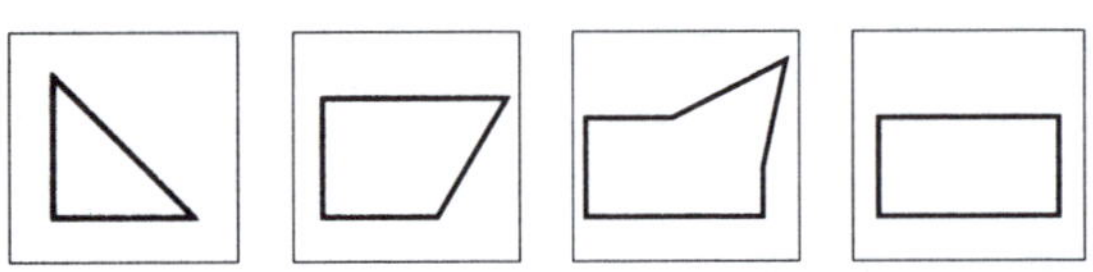

Le nombre d'angles droits des figures est **identique, croissant ou décroissant.**

Exemple : 1 angle droit, puis 2, puis 3. La bonne réponse a 4 angles droits.

NOMBRE DE POINTS D'INTERSECTION

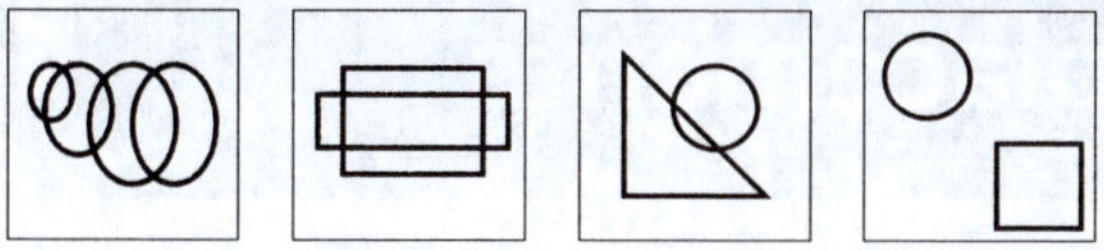

Le nombre de points d'intersection entre 2 figures est identique, croissant ou décroissant.

Exemple : 6 points d'intersection, puis 4, puis 2. La bonne réponse a 0 point d'intersection.

NOMBRE D'ÉLÉMENTS GRAPHIQUES

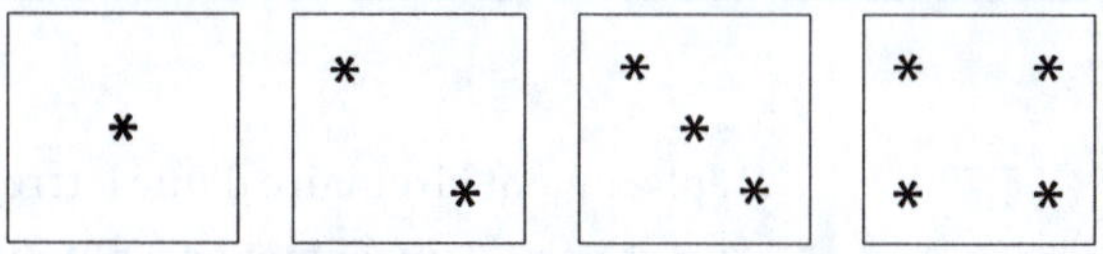

Le nombre d'éléments graphiques dans les figures est **identique, croissant ou décroissant.**

Exemple : 1 élément graphique, puis 2, puis 3. La bonne réponse a 4 éléments graphiques.

EXERCICE

Question 1 ★★★☆☆ **30 sec. – 2 min.**

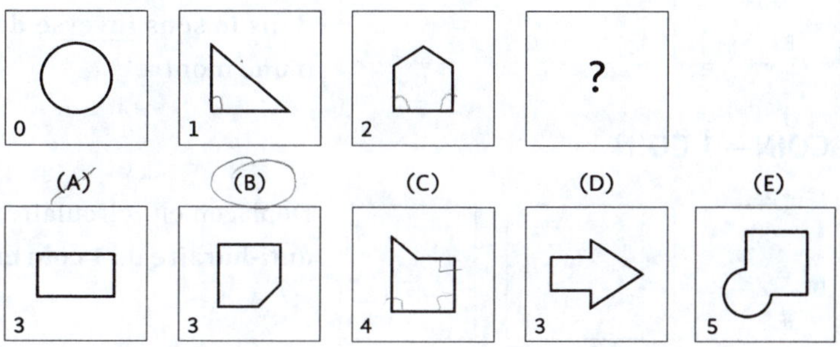

➔ **CORRIGÉ FICHE 200**

194 Méthode 4 : les déplacements

Monsieur TAGE MAGE

Monsieur ÉCOLES de COMMERCE

LOGIQUE Fréquence ●●●●● Difficulté ★★★☆☆

DÉPLACEMENT CIRCULAIRE

HORAIRE

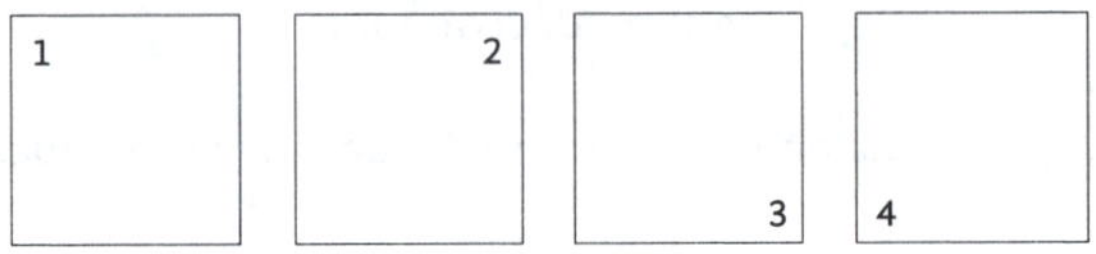

Déplacement circulaire d'une lettre/d'un chiffre/d'un élément graphique **dans le sens des aiguilles d'une montre.**

ANTI-HORAIRE

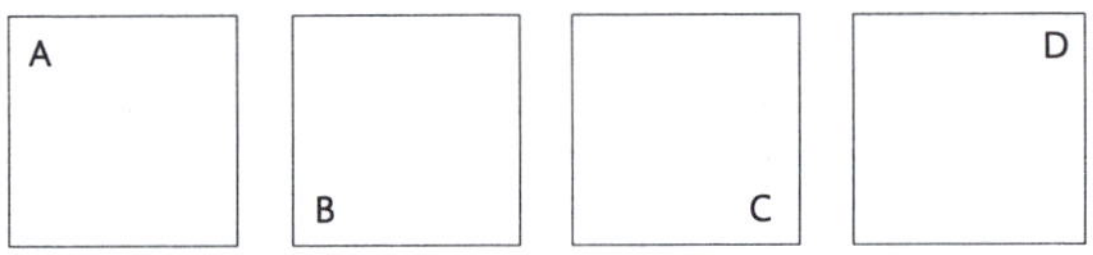

Déplacement circulaire d'une lettre/d'un chiffre/d'un élément graphique **dans le sens <u>inverse</u> des aiguilles d'une montre.**

1 COIN – 1 COIN – 1 COIN

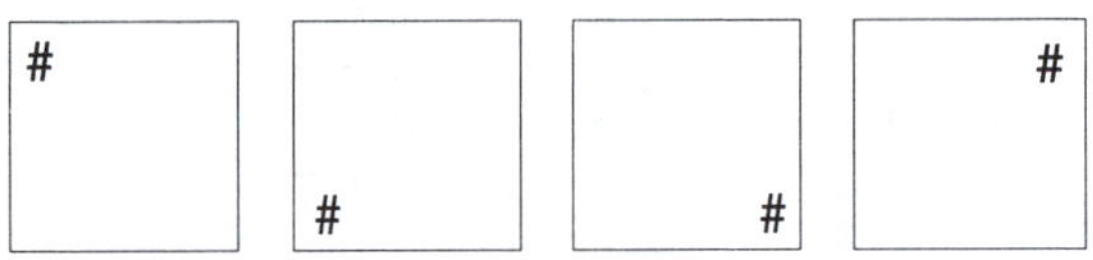

Déplacement circulaire **horaire ou anti-horaire** de **1 coin en 1 coin.**

1 COIN – 2 COINS – 3 COINS

Déplacement circulaire **horaire ou anti-horaire** de **1 coin**, puis **2 coins**, puis **3 coins.**

1 COIN – 2 COINS – 4 COINS

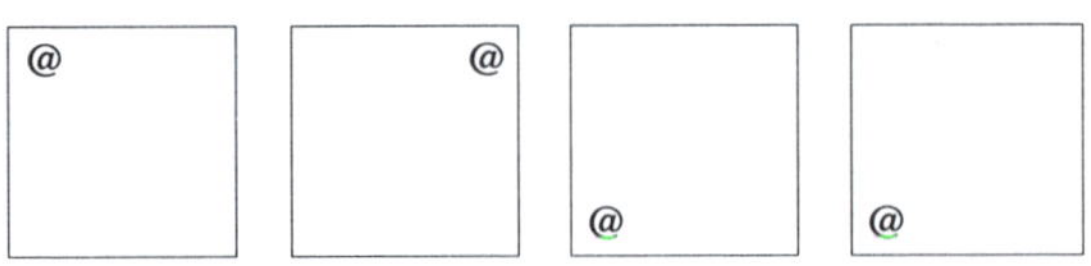

Déplacement circulaire **horaire ou anti-horaire** de **1 coin**, puis **2 coins**, puis **4 coins** (fois 2 à chaque déplacement).

ALTERNANCE DE DIAGONALES

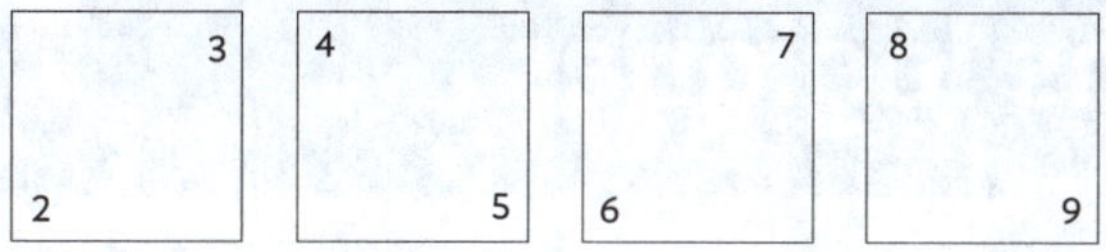

Déplacement « haut/bas » - « bas/haut » en diagonale.

MOUVEMENT DE ROTATION

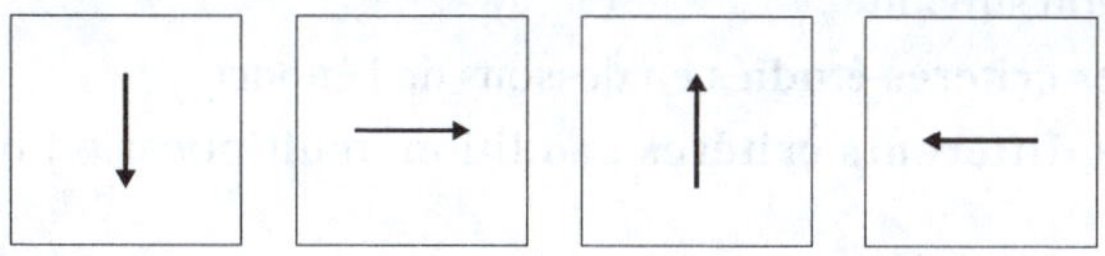

Rotation (sur lui-même) d'un élément à 45°, 60°, 90°, 135° ou 180°.

DÉPLACEMENT DE DÉCALAGE

GAUCHE - DROITE OU DROITE - GAUCHE

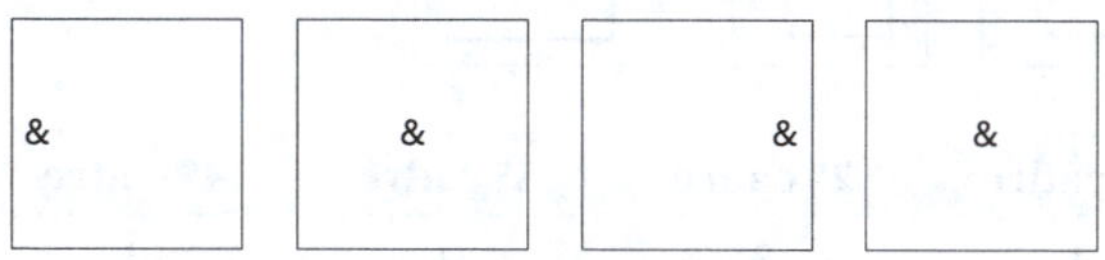

Décalage d'un élément de **la gauche vers la droite** ou de **la droite vers la gauche.**

HAUT - BAS OU BAS - HAUT

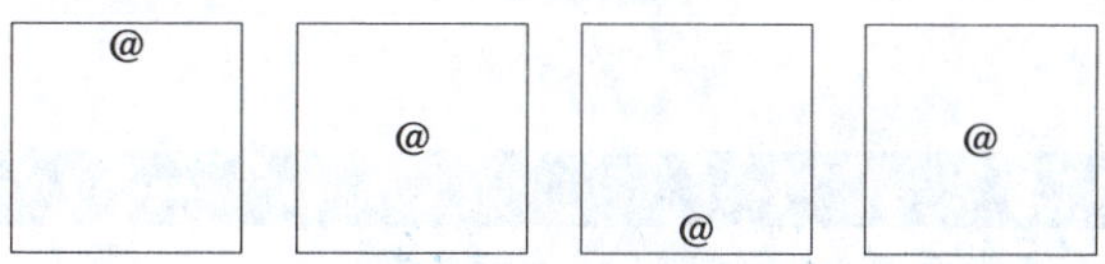

Décalage d'un élément du **haut vers le bas** ou du **bas vers le haut**.

DÉPLACEMENT « AXE DE SYMÉTRIE »

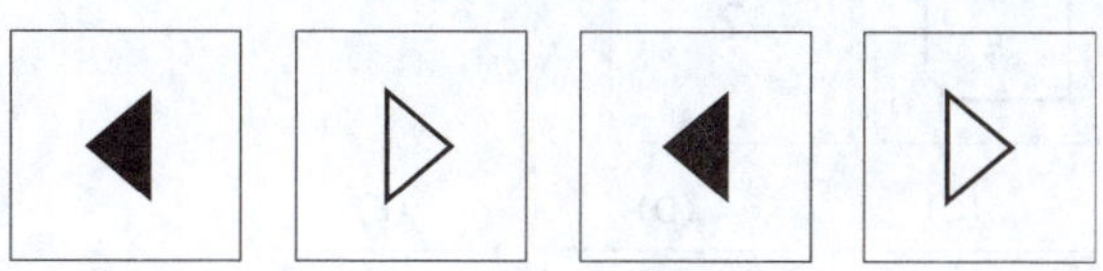

Déplacement le long d'un **axe de symétrie vertical, horizontal ou diagonal** (invisible sur votre sujet).

195 Méthode 5 : base de données et liens logiques

LOGIQUE Fréquence ●●○○○ Difficulté ★★★★☆

Rappel : Il y a **2 suites logiques** par question. Pour la partie « graphique », nous vous conseillons d'appliquer la méthode de résolution suivante :

- Faites **une base de données avec les critères étudiés** en dessous de l'énoncé.
- Trouvez le **lien logique entre les différents critères** : addition, multiplication ou soustraction.

APPLICATION

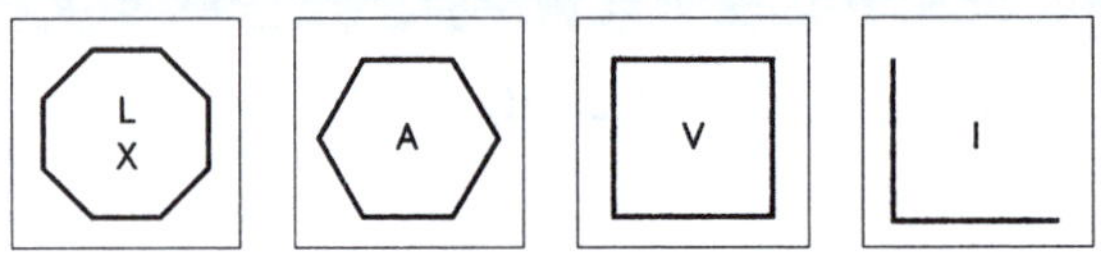

	1er cadre	2e cadre	3e cadre	4e cadre
Nombre de barres des lettres	4	3	2	1
Nombre de côtés de la figure	8	6	4	2
Lien logique ?	**Nombre de côtés de la figure = 2 × Nombre de barres**			

EXERCICES

Question 1 ★★★★☆ **45 sec. – 3 min.**

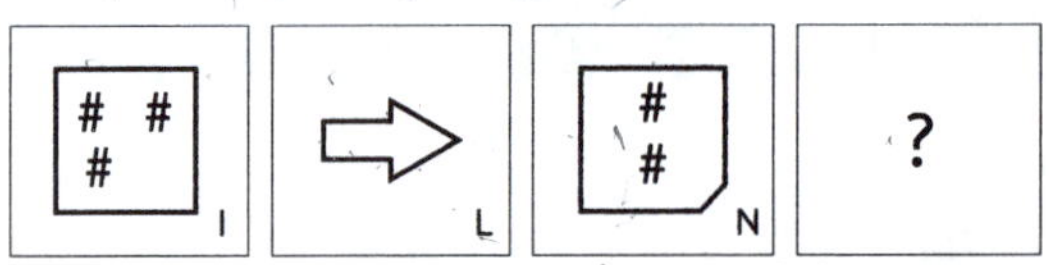

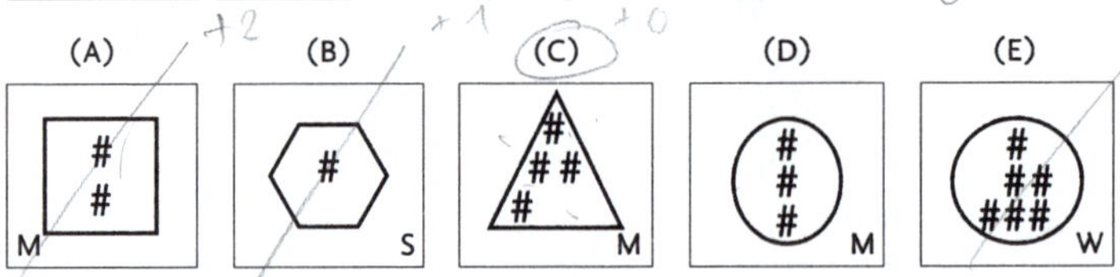

Question 2 ★★★★☆ **45 sec. – 3 min.**

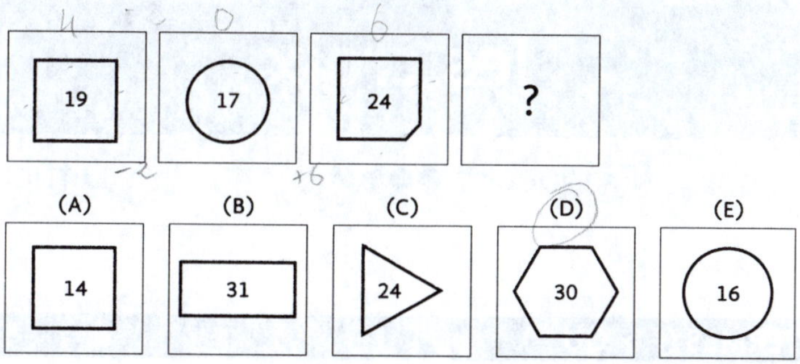

Question 3 ★★★★☆ **45 sec. – 3 min.**

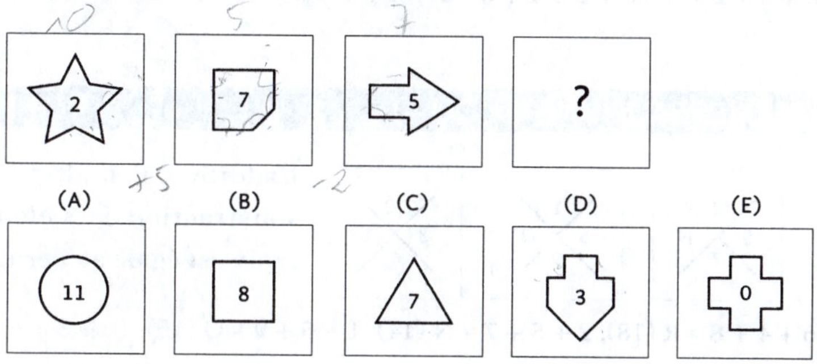

CORRIGÉ FICHE 200

Toutes les questions sont corrigées en vidéo dans votre espace E-LEARNING sur www.monsieur-tage-mage.com

196 Méthode 6 : les croix

LOGIQUE — Fréquence ●●●●○ — Difficulté ★★★☆☆

TOUS LES TERMES (+, × OU –)

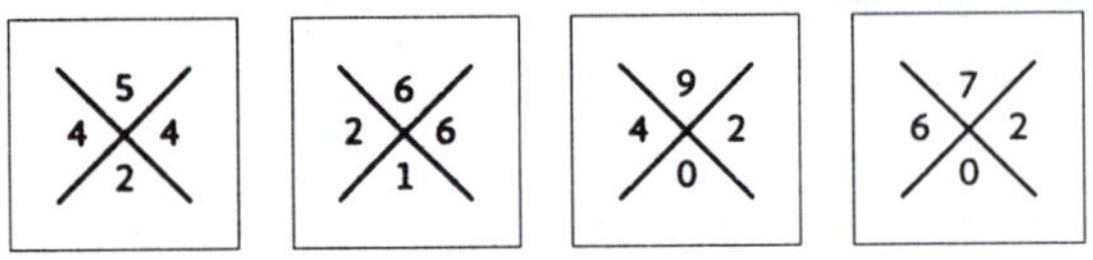

L'addition, la **multiplication** ou la **soustraction** de **tous les éléments** de la croix est **identique/croissante/décroissante** de cadre à cadre.

Exemple : 5 + 4 + 2 + 4 = 6 + 2 + 1 + 6 = 9 + 4 + 2 + 0 = 7 + 6 + 2 + 0 = **15.**

TOUS LES TERMES SAUF UN (+, × OU –)

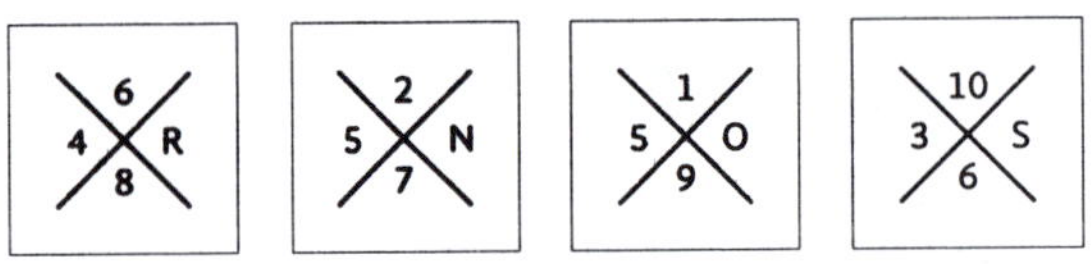

L'addition, la **multiplication** ou la **soustraction** de **3 éléments de la croix est égale au dernier élément.**

Exemple : 6 + 4 + 8 = R (18), 2 + 5 + 7 = N (14), 1 + 5 + 9 = O (15), 10 + 3 + 6 = S (19).

CHIFFRES HORIZONTAUX (+, × OU –) = CHIFFRES VERTICAUX (+, × OU –)

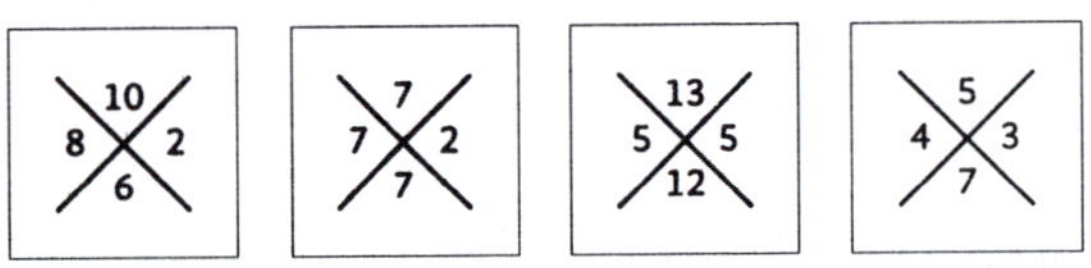

L'addition, la **multiplication** ou la **soustraction** des **chiffres horizontaux** est égale à **l'addition**, la **multiplication** ou la **soustraction** des **chiffres verticaux.**

Exemple : 10 + 6 = 8 × 2, 7 + 7 = 7 × 2, 13 + 12 = 5 × 5, 5 + 7 = 4 × 3.

MOUVEMENT DE ROTATION

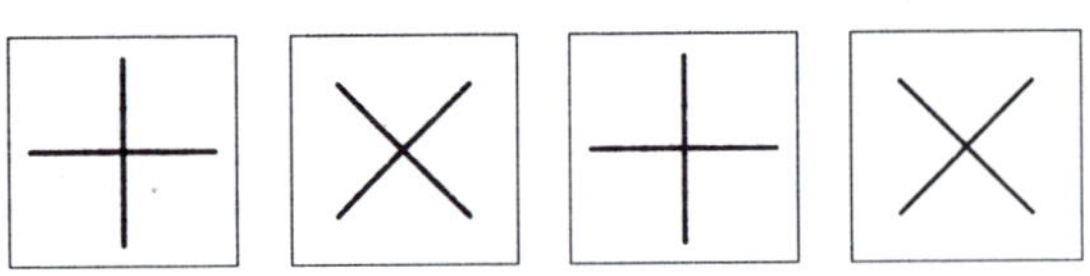

La croix tourne sur elle-même dans le sens **horaire** ou **antihoraire.**

Exemple : Les barres forment alternativement une croix droite puis une **croix penchée.**

EXERCICES

Question 1 ★★★☆☆ 30 sec. – 2 min.

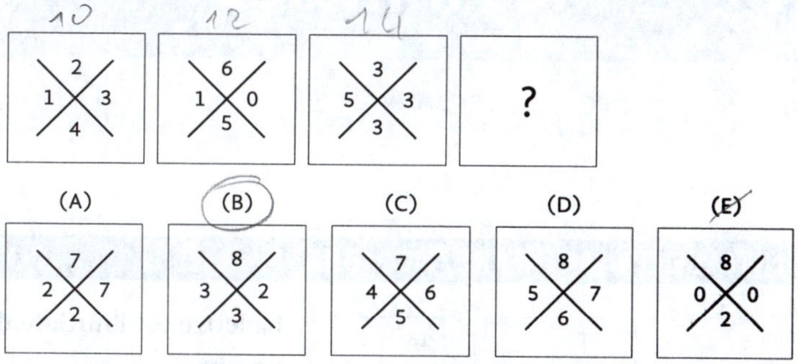

Question 2 ★★★☆☆ 30 sec. – 2 min.

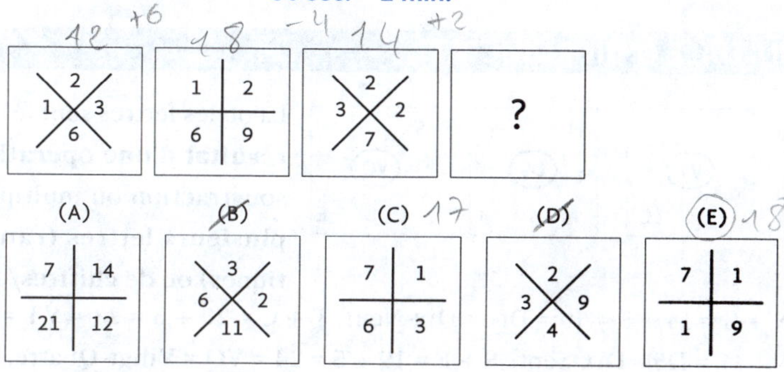

➔ CORRIGÉ FICHE 200

197 Méthode 7 : les initiales

LOGIQUE Fréquence ●●○○○ Difficulté ★★★★☆

LETTRE = INITIALE D'UN CHIFFRE/NOMBRE

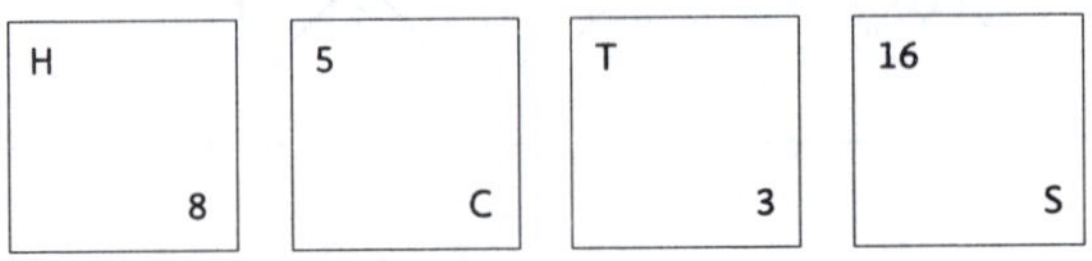

La lettre est l'**initiale du chiffre/du nombre.**

Exemple : H = 8 = Huit, C = 5 = Cinq, T = 3 = Trois, S = 16 = Seize.

LETTRE = INITIALE D'UN RÉSULTAT

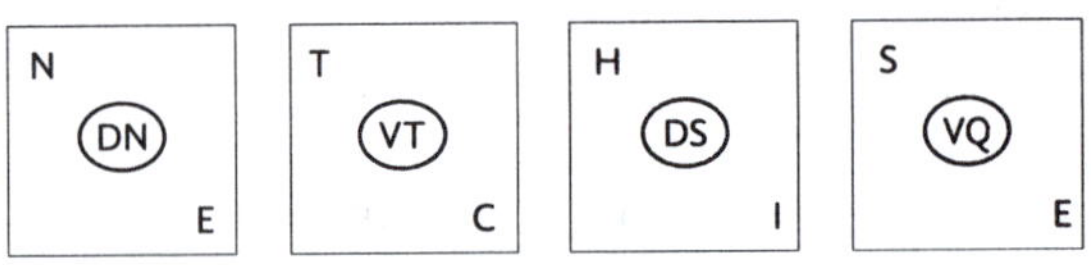

La ou les lettres sont les **initiales du résultat d'une opération** (somme, soustraction ou multiplication) **de plusieurs lettres (rangs alphabétiques) ou de chiffres/de nombres.**

Exemple : N + E = 14 + 5 = 19 = **DN** = Dix-Neuf, T + C = 20 + 3 = 23 = **VT** = Vingt-Trois, H + I = 8 + 9 = 17 = **DS** = Dix-Sept, S + E = 19 + 5 = 24 = **VQ** = Vingt-Quatre.

LETTRE = INITIALE D'UNE FIGURE

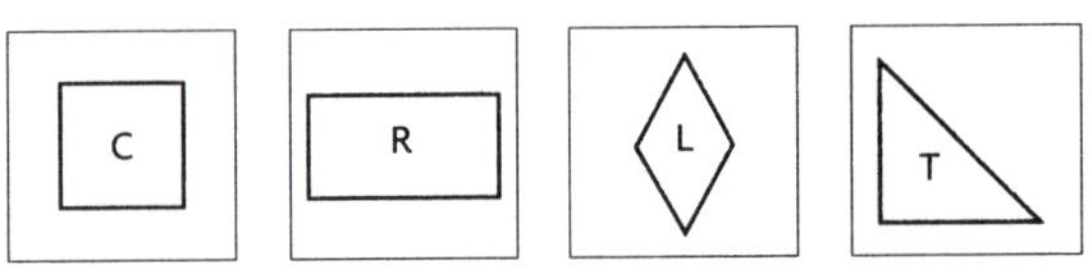

La lettre est l'**initiale du nom de la figure.**

Exemple : **C** = Carré, **R** = Rectangle, **L** = Losange, **T** = Triangle.

EXERCICES

Question 1 ★★★☆☆ 30 sec. – 2 min.

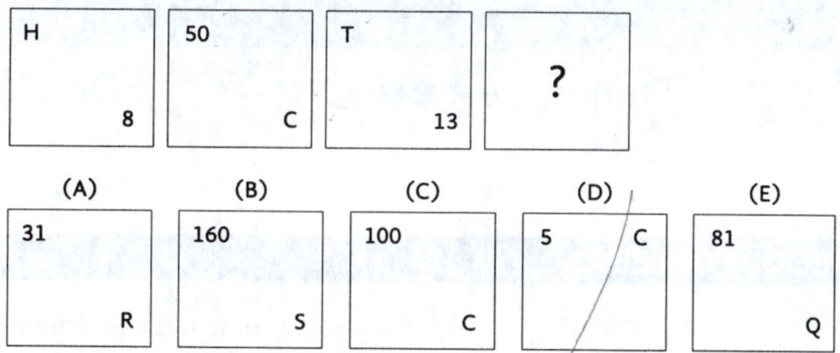

Question 2 ★★★☆☆ 30 sec. – 2 min.

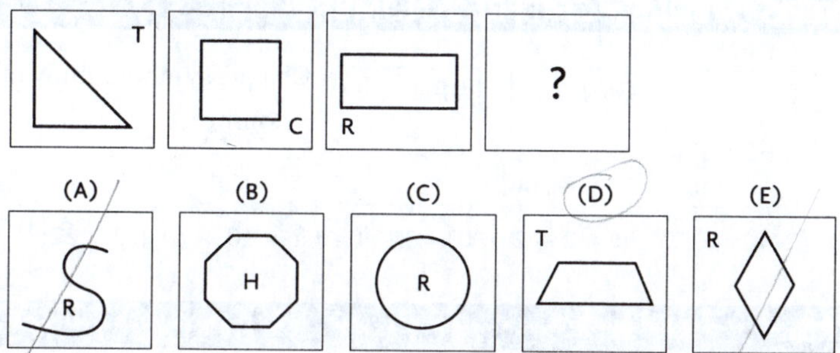

Question 3 ★★★★☆ 45 sec. – 3 min.

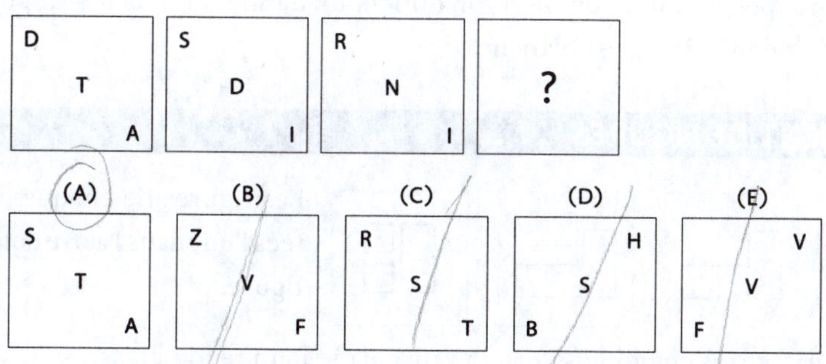

➔ CORRIGÉ FICHE 200

198 Méthode 8 : autres cas

LOGIQUE Fréquence ●●●○○ Difficulté ★★★☆☆

ALTERNANCE DE COULEUR

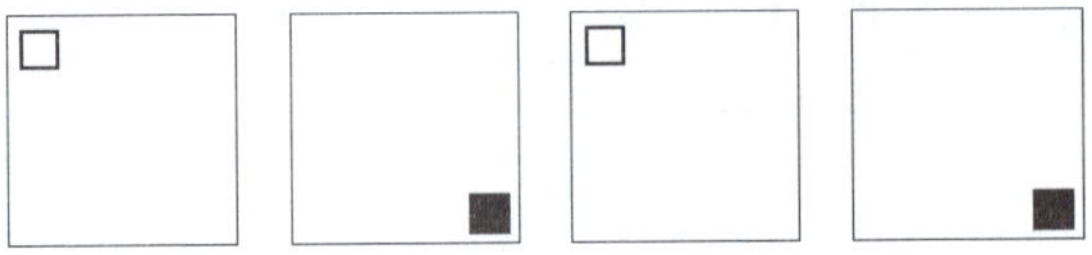

La couleur d'un élément alterne entre le **noir** et le **blanc**.

Exemple : Le carré est alternativement noir et blanc.

ÉQUIVALENCE SYMBOLE = CHIFFRE / NOMBRE

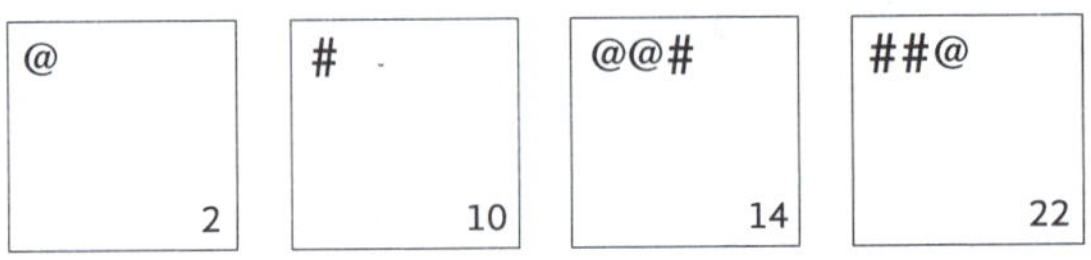

Chaque symbole équivaut à un chiffre / nombre.

Exemple : @ = 2, # = 10, @@# = 2 + 2 + 10 = 14 et ##@ = 10 + 10 + 2 = 22.

LES DAMIERS

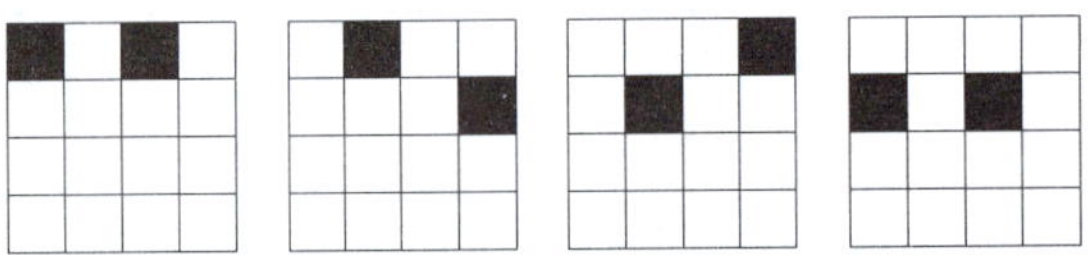

Les damiers superposés forment un damier **totalement noir** ou **moitié noir, moitié blanc** ou encore **une case noire / une case blanche.**

Exemple : En superposant les damiers, on obtient un damier dont la moitié supérieure est noire et la moitié inférieure est blanche.

EMBOÎTEMENT DE FIGURES

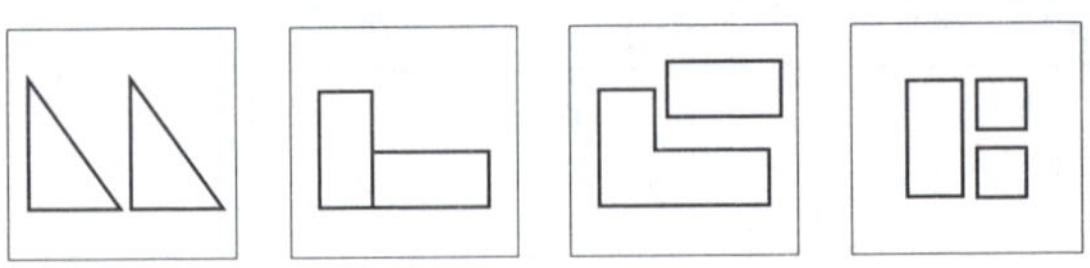

Les figures de chaque cadre **emboîtées** l'une dans l'autre donne une autre figure.

Exemple : Les figures emboîtées forment un carré ou un rectangle.

SÉPARATION DU NOMBRE

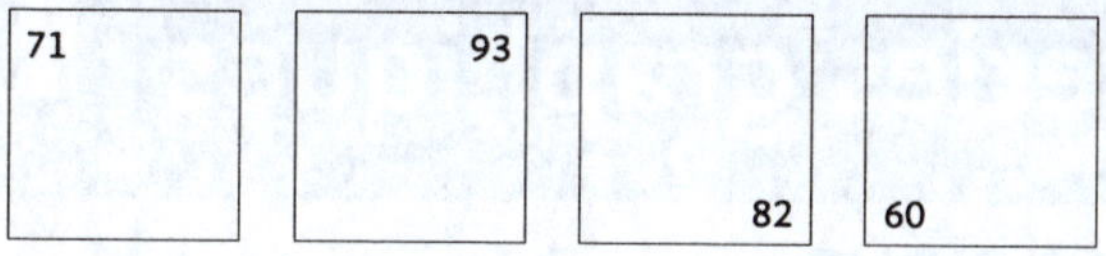

Séparez le nombre et additionnez, multipliez ou soustrayez les deux chiffres entre eux.

Exemple : 71 : 7 – 1 = 6, 93 : 9 – 3 = 6, 82 : 8 – 2 = 6, 60 : 6 – 0 = 6.

L'HORLOGE

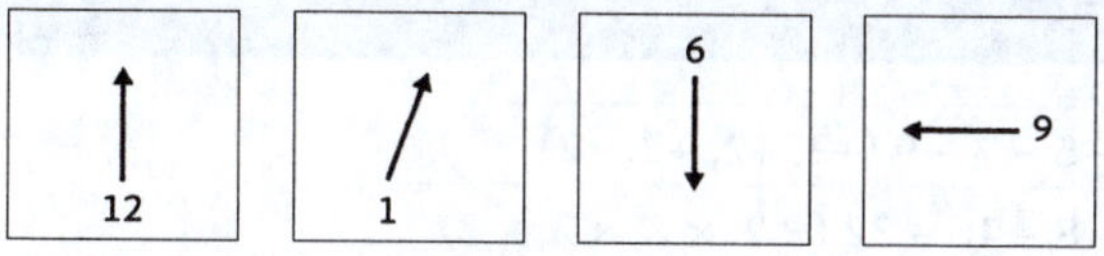

Le chiffre / nombre correspond à l'heure indiquée par les aiguilles.

Exemple : 12 = 12 heures, 1 = 1 heure, 6 = 6 heures et 9 = 9 heures.

LES DIRECTIONS

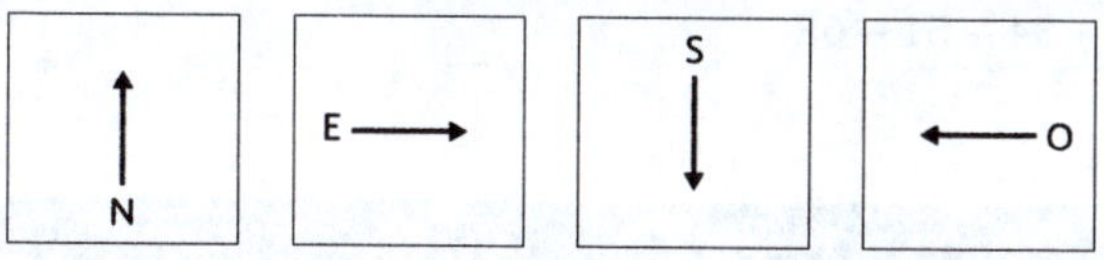

La lettre est l'initiale de la direction géographique indiquée par la flèche. (N = Nord, S = Sud, E = Est, O = Ouest, NE = Nord-Est, etc.).

Exemple : N, E, S, O.

EXERCICE

Question 1 ★★★★☆ **45 sec. – 3 min.**

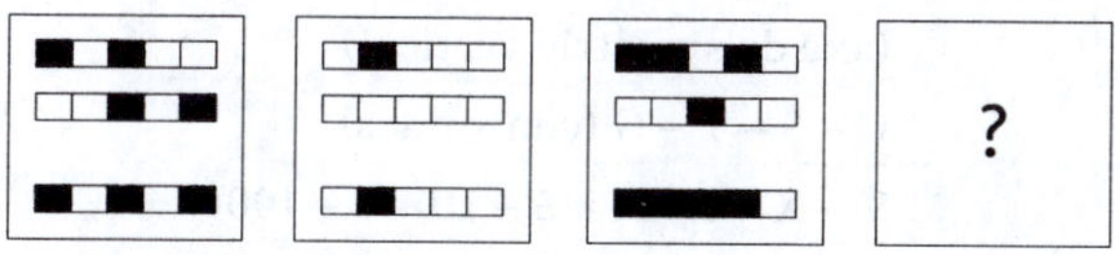

(A) (B) (C) (D) (E)

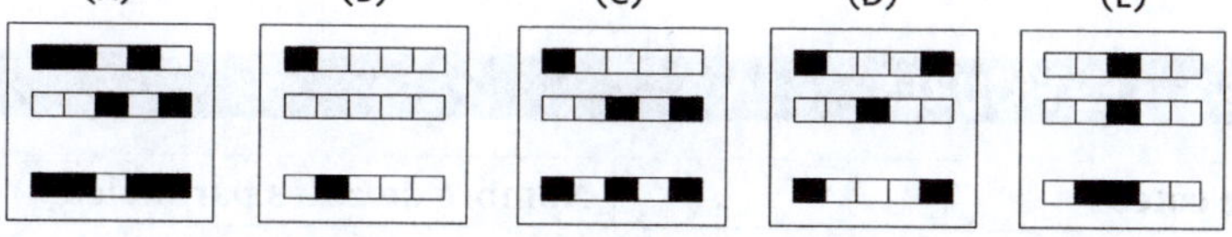

➔ **CORRIGÉ FICHE 200**

199 Fiche récapitulative : méthodes séries graphiques

Monsieur TAGE MAGE

Monsieur ÉCOLES de COMMERCE

LOGIQUE

MÉTHODE 1 : SUITE DE CHIFFRES

Suite arithmétique	3 – 5 – 7 – 9 (+2, +2, +2, +2)
Suite géométrique	4 – 8 – 16 – 32 (× 2, × 2, × 2, × 2)
Nombres premiers	11 – 13 – 17 – 19
Carrés / Cubes	4 – 9 – 16 – 25
Nombres pairs / impairs	8 – 16 – 12 – 10 (nombres pairs)
Multiples simples / complexes	17 – 34 – 51 – 68

MÉTHODE 2 : SUITE DE LETTRES

Suite arithmétique	A – C – G – M (+2, +4, +6)
Suite géométrique	A – B – D – H (×2, ×2)
Nombre de barres	T – X – L – V (2 barres)
Nombre d'arrondis	P – D – C – U (1 arrondi)
Lettres symétriques	I – O – A – X (axe de symétrie vertical)
Voyelles / Consonnes	C – S – T – G (consonnes)
Chiffres romains	V – X – I – M = 5 – 10 – 1 – 1000

MÉTHODE 3 : LES FIGURES

Nombre de côtés	Nombre de côtés parallèles
Nombre de paires de côtés parallèles	Nombre d'angles droits
Nombre de points d'intersection	Nombre d'éléments graphiques

MÉTHODE 4 : LES DÉPLACEMENTS

Déplacement HORAIRE (sens des aiguilles d'une montre)	1 coin – 1 coin – 1 coin
	1 coin – 2 coins – 3 coins
	1 coin – 2 coins – 4 coins (= tour complet)
Déplacement ANTI-HORAIRE (sens inverse des aiguilles d'une montre)	1 coin – 1 coin – 1 coin
	1 coin – 2 coins – 3 coins
	1 coin – 2 coins – 4 coins (= tour complet)
Déplacement alternance de diagonales	**Mouvement de rotation**
Déplacement de décalage	**Déplacement « Axe de symétrie »**

MÉTHODE 5 : BASE DE DONNÉES ET LIENS LOGIQUES

MÉTHODE 6 : LES CROIX

Tous les termes (+, × ou –)	**Tous les termes sauf un (+, × ou –)**
Chiffres horizontaux (+, × ou –) = chiffres verticaux (+, × ou –)	**Mouvement de rotation**

MÉTHODE 7 : LES INITIALES

Lettre = Initiale d'un chiffre / nombre	H = 8 = Huit, C = 5 = Cinq.
Lettre = Initiale d'un résultat	N + E = 14 + 5 = 19 = **DN** = **Dix-Neuf**
Lettre = Initiale d'une figure	C = Carré, R = Rectangle

MÉTHODE 8 : AUTRES CAS

Alternance de couleur	**Équivalence symbole = chiffre / nombre**
Les damiers	**Emboîtement de figures**
L'horloge	**Les directions**
Séparation du nombre	

TAGE MAGE® N° 1/2/3

LOGIQUE

TAGE MAGE® N° 1

6 LOGIQUE

CONSIGNES

15 questions	20 minutes	Calculatrice interdite	Chronomètre recommandé

BARÈME

Bonne réponse : +4 points	Aucune réponse : 0 point	Mauvaise réponse : –1 point

Question 76.

187
211
362
347
? 462 453 924 400

(A) 788 (B) 428 (C) 783 (D) 888 (E) 877

Question 77.

177
216
255
792 832 ? 146 251
139

(A) 436 (B) 371 (C) 412 (D) 372 (E) 476

Question 78.

36
24
65
74 ? 35 71 91
12

(A) 31 (B) 97 (C) 89 (D) 34 (E) 70

Question 79.

126
138
186 ? 454 544 631
492
721

(A) 279 (B) 368 (C) 224 (D) 241 (E) 729

Question 80.

OK
JH
BC DB ? HZ JY
DF
MQ

(A) OA (B) HI (C) AA (D) LK (E) GG

Question 81.

ACR
WVU ETR ? DNR KED
FEG
KJO
MPR

(A) RDV (B) FDQ (C) ODE (D) PRQ (E) XQQ

Question 82.

BE
GD
KN
KU TV ? SX AY
QT

(A) HE (B) GW (C) ML (D) ZW (E) UX

Question 83.

		38		
		54		
		82		
21	32	?	54	67
		81		

(A) 43 (B) 45 (C) 62 (D) 47 (E) 34

Question 84

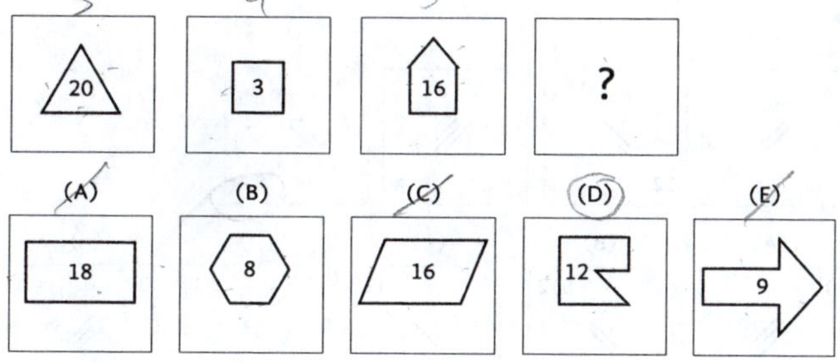

Question 85.

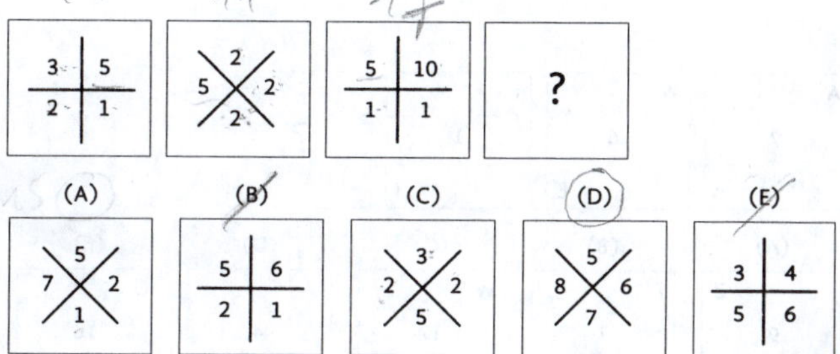

Question 86.

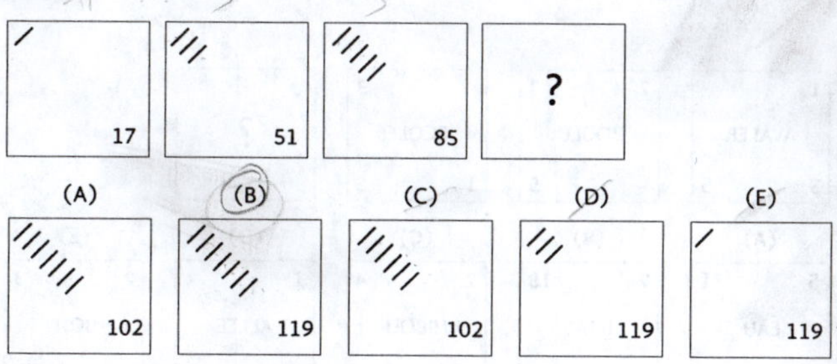

Question 87.

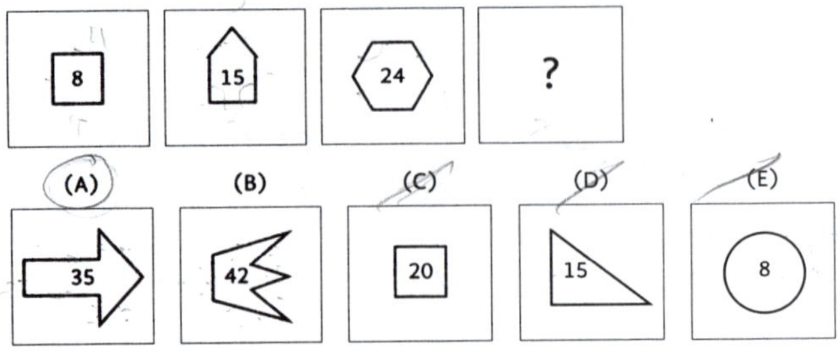

Question 88.

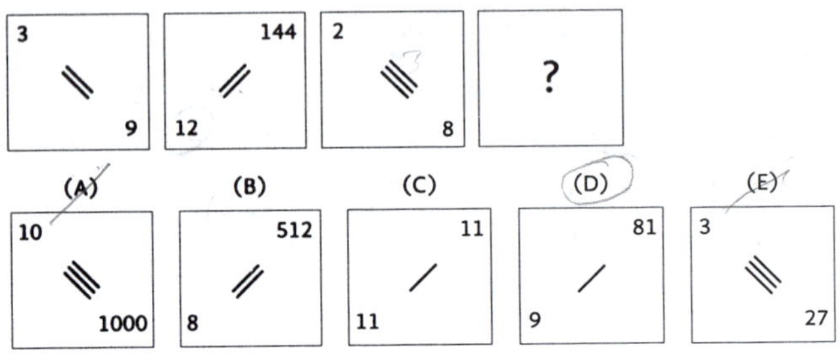

Question 89.

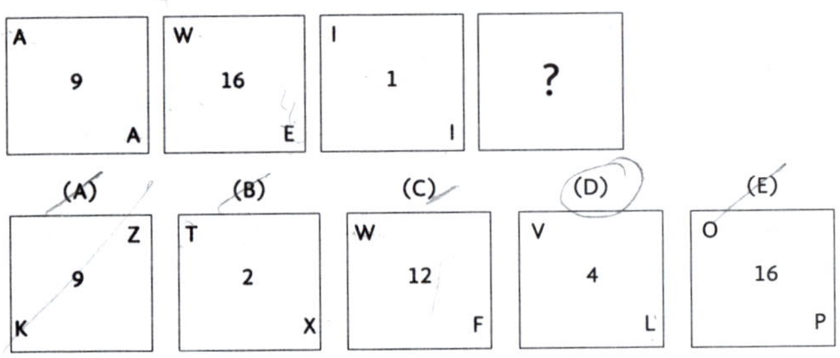

Question 90.

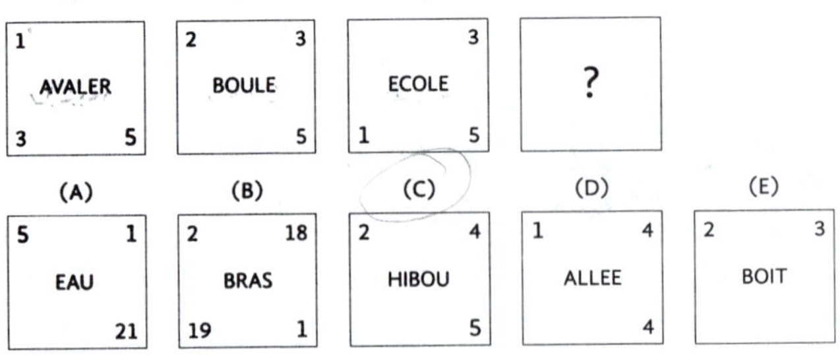

6 CORRIGÉ « LOGIQUE »

Difficulté	NORMAL													
Question	76	77	78	79	80	81	82	83	84	85	86	87	88	89	90
Réponse	A	E	E	A	C	B	D	A	B	C	B	A	C	D	C

Question 76 Réponse A ★★★☆☆ 45 sec. – 3 min. Fiche 168

187
211
362
347
??? 462 453 924 400

(A) 788 (B) 428 (C) 783 (D) 888 **(E) 877**

V : Diagonale moyenne avec écart progressif : +0, +1, +2, +3 :

1XX – X1X – XX2 – X4X– 7XX.

H : Diagonale droite - gauche avec écart constant -2 : **XX8 – X6X – 4XX – X2X – XX0.**

Question 77 Réponse E ★★☆☆☆ 1 min. – 3 min. Fiche 168

177
216
255
792 832 ??? 146 251
139

(A) 436 (B) 371 (C) 412 (D) 372 **(E) 476**

V : Diagonale moyenne avec écart constant -1 : X7X – XX6 – **X5X – 4XX – X3X**

H : Diagonale moyenne écart constant -1 : X9X – **8XX** – X7X – **XX6 – X5X.**

Question 78	Réponse E	★★★★☆	1 min. – 3 min.	Fiches 177/181

	36			
	24			
	65			
74	??	35	71	91
	12			

(A) 31 (B) 97 (C) 89 (D) 34 **(E) 70**

V : Multiples de 7 à l'envers : 36 → 63 ; 24 → 42 ; 65 → 56 et 12 → 21.

H : Nombres premiers à l'envers : 74 → 47 ; 35 → 53 ; 71 → 17 et 91 → 19.

Question 79	Réponse A	★★★★☆	45 sec. – 3 min	Fiches 165/170

	126			
	138			
186	**?**??	454	544	631
	492			
	721			

(A) 279 (B) 368 (C) 224 (D) 241 (E) 729

V : Écart progressif sur le 1er chiffre : +0, +1, +2, +3 : 1 – 1 – **2** – 4 – 7 .

H : Somme constante 1er chiffre + 2e chiffre = **9**.

Question 80	Réponse C	★★★☆☆	15 sec. – 1 min.	Fiches 165/166

		OK		
		JH		
BC	DB	??	HZ	JY
		DF		
		MQ		

(A) OA (B) HI **(C) AA** (D) LK (E) GG

V : L'écart entre les 2 colonnes augmente de +2 : $(C_1 - C_2)$ vaut –4, –2, **0**, +2, +4.

H : La 2e lettre diminue de 1 rang : C – B – **A** – Z – Y (circularité alphabétique).

Leurre horizontal : La 1re lettre augmente de +2 (B, D, **F**, H, J) mais aucune des réponses proposées ne commence par F.

Question 81	Réponse B	★★☆☆☆	30 sec. – 1 min.	Fiche 167

		ACR		
WVU	ETR	???	DNR	KED
		FEG		
		KJO		
		MPR		

(A) RDV (**B) FDQ** (C) ODE (D) PRQ (E) XQQ

V : Diagonale moyenne avec écart constant +3 : **A**XX – X**D**X – XX**G** – X**J**X– **M**XX.

H : Diagonale moyenne avec écart constant –3 : **W**XX – X**T**X – XX**Q** – X**N**X –**K**XX.

Question 82	Réponse D	★★☆☆☆	1 min. – 3 min.	Fiches 165/166

		BE		
		GD		
		KN		
KU	TV	??	SX	AY
		QT		

(A) HE (B) GW (C) ML **(D) ZW** (E) UX

V : Écart entre les 2 lettres égal à +3, –3, + 3, **–3**, +3.

H : La 2e lettre augmente de +1 rang : U – V – **W** – X – Y.

Question 83	Réponse A	★★★☆☆	30 sec. – 2 min.	Fiches 165/178

		38		
		54		
		82		
21	32	??	54	67
		81		

(A) 43 (B) 45 (C) 62 (D) 47 (E) 34

V : Produit dégressif de –4 (3 × 8 = **24**, 5 × 4 = **20**, 8 × 2 =**16**, ? × ? = **12**, 8 × 1 = **8**).

H : Écart de +1 sur la 1re lettre : 2 – 3 – **4** – 5 – 6.

Question 84 **Réponse B** ★★★☆☆ **30 sec. – 2 min.** **Fiches 193/197**

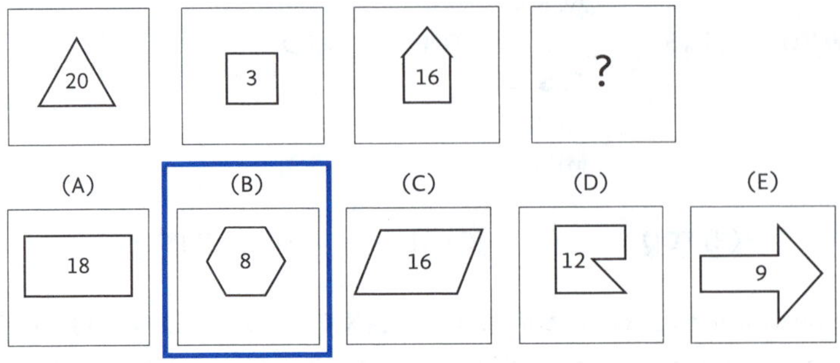

Logique 1 : La figure comporte 3, puis 4, puis 5 côtés → 6 côtés.

Logique 2 : Le nombre indique le rang de l'initiale de la figure (20 = T = Triangle, etc.).

Question 85 **Réponse C** ★★★☆☆ **30 sec. – 2 min.** **Fiche 196**

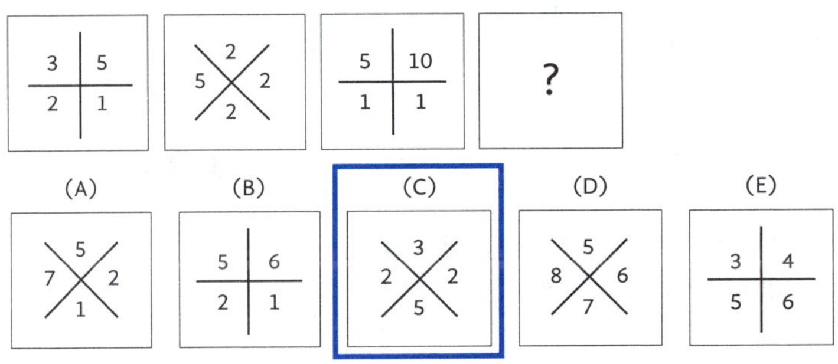

Logique 1 : Alternance croix droite, croix penchée, croix droite → Croix penchée.

Logique 2 : Le produit des 4 nombres est égal à 30, puis 40, puis 50 → Produit égal à 60.

Question 86 **Réponse B** ★☆☆☆☆ **30 sec. – 2 min.** **Fiches 193/195**

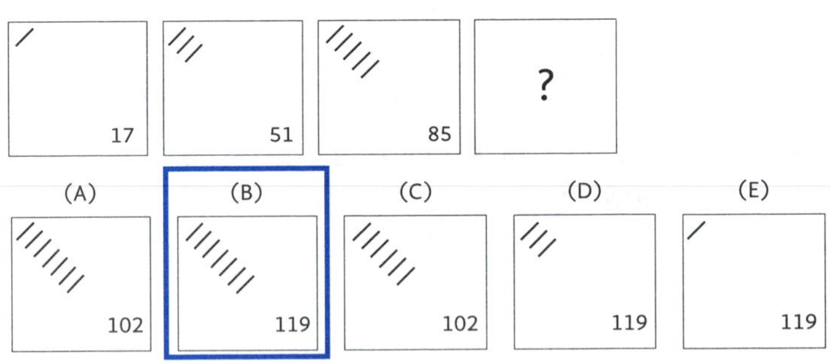

Logique 1 : 1 trait, puis 3, puis 5 → 7 traits.

Logique 2 : Le produit du nombre de traits par 17 donne le nombre → 17 × 7 = 119.

Question 87 Réponse A ★★☆☆☆ **30 sec. – 2 min.** **Fiches 193/195**

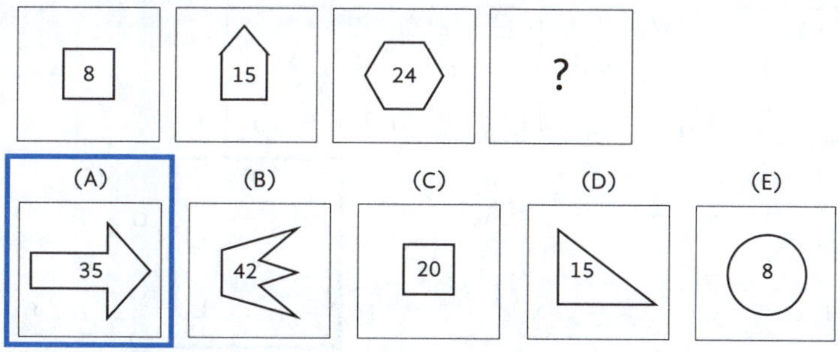

Logique 1 : La figure comporte 4, puis 5, puis 6 côtés → 7 côtés.
Logique 2 : Le nombre est le résultat du produit du nombre de côtés par 2, puis par 3, puis par 4 → Nombre = Nombre de côtés × 5.

Question 88 Réponse C ★★☆☆☆ **30 sec. – 2 min.** **Fiches 182/194**

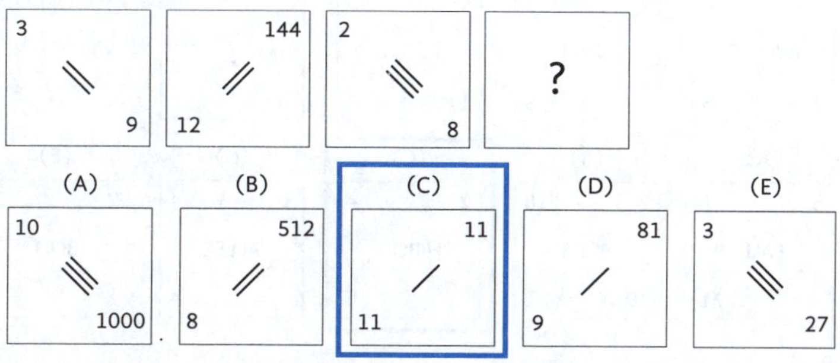

Logique 1 : Alternance diagonale haut-bas, bas-haut, haut-bas → Diagonale bas-haut.
Logique 2 : Le petit nombre mis à la puissance du nombre de barres donne le plus grand nombre ($3^2 = 9$; $12^2 = 144$; $2^3 = 8$; etc.).

Question 89 **Réponse D** ★★★☆☆ **45 sec. – 2 min.** **Fiches 184/195**

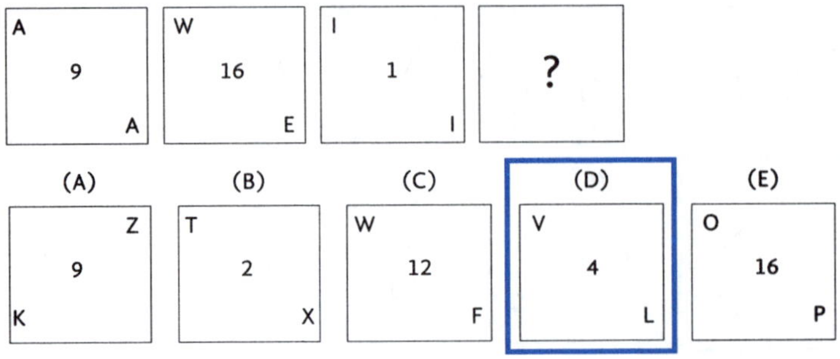

Logique 1 : Les lettres en haut et en bas ont le même nombre de barres.

Logique 2 : Le nombre est le résultat du produit du nombre de barres de chaque lettre (A × A = 3 barres × 3 barres = 9 ; W × E = 4 × 4 = 16 ; I × I = 1 × 1 = 1 ; etc.).

Question 90 **Réponse C** ★★★★☆ **30 sec. – 2 min.** **Fiche 192**

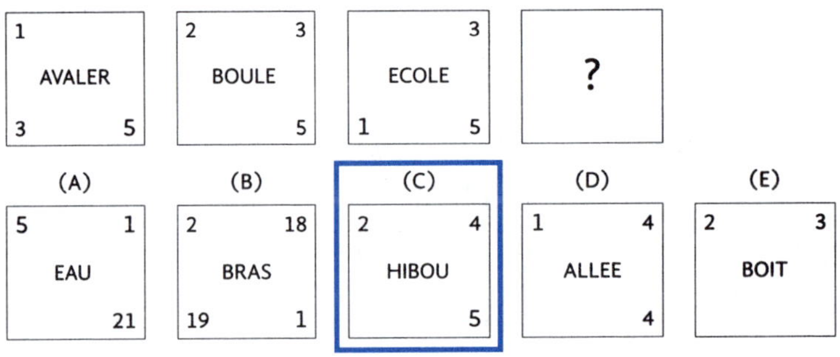

Logique 1 : Il y a toujours 3 voyelles dans le mot.

Logique 2 : Les chiffres indiquent les positions des voyelles dans le mot (AVALER = 135 car les voyelles sont en position 1, 3 et 5 ; etc.).

CONSIGNES			
15 questions	20 minutes	Calculatrice interdite	Chronomètre recommandé

BARÈME		
Bonne réponse : +4 points	Aucune réponse : 0 point	Mauvaise réponse : −1 point

Question 76.

	179			
	666			
	552			
	984			
598	?	383	650	233

(A) 435 (B) 989 (C) 939 (D) 979 (E) 734

Question 77.

	090			
	601			
	224			
	414			
211	?	620	334	561

(A) 510 (B) 600 (C) 329 (D) 238 (E) 141

Question 78.

		70		
		82		
		24		
18	27	?	54	72
		77		

(A) 28 (B) 36 (C) 90 (D) 81 (E) 65

Question 79.

FH
DL
CP
XB

OZ IA ? NC MJ

(A) PC (B) LR (C) HF (D) TV (E) LD

Question 80.

AE
EU

PP ZZ ? AA RR

YI
OU

(A) EE (B) FF (C) DD (D) IE (E) AI

Question 81.

812
649

182 451 ? 391 193

258
367

(A) 121 (B) 123 (C) 168 (D) 098 (E) 045

Question 82.

SRT
PQD
PPL
KOL

HSR PLS ? PLU CFV

(A) ANZ (B) FNE (C) MNT (D) FET (E) PRT

Question 83.

		AWF		
		KKK		
PHS	ZZE	?	AFA	SNS
		NHI		
		LVT		

(A) WNI (B) PNO (C) KLK (D) AHE (E) ZZZ

Question 84.

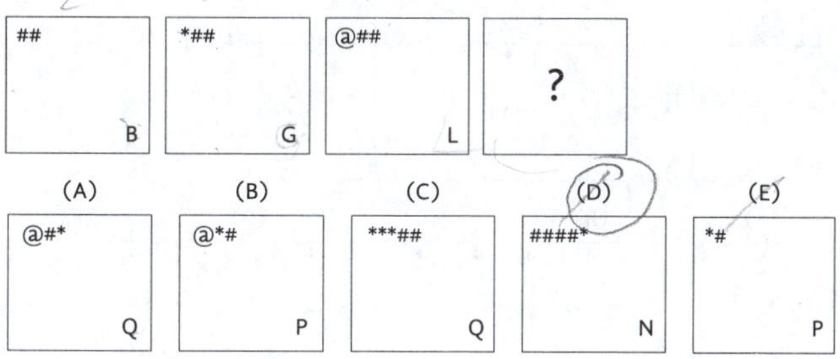

Question 85.

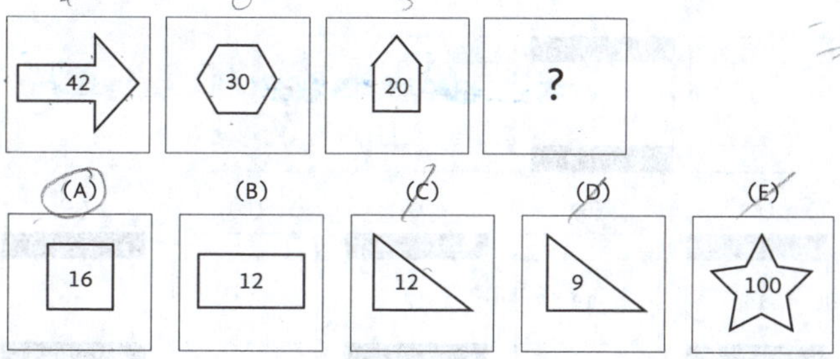

Question 86.

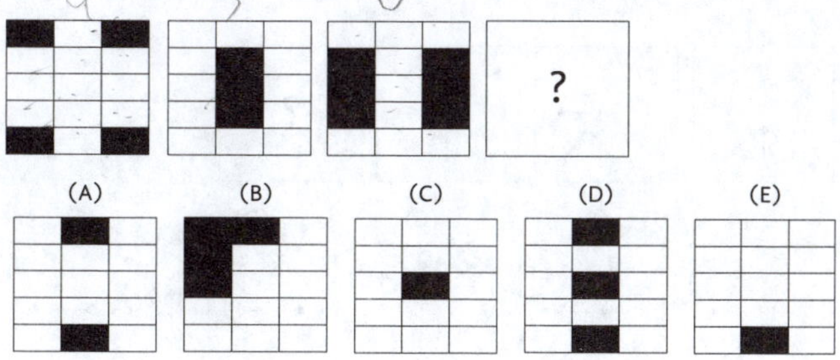

Question 87.

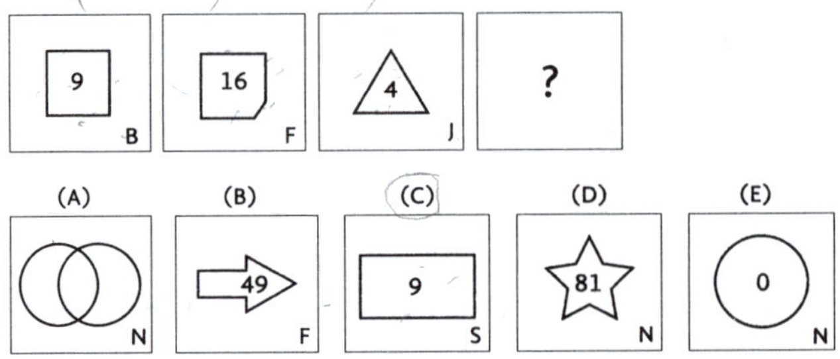

Question 88.

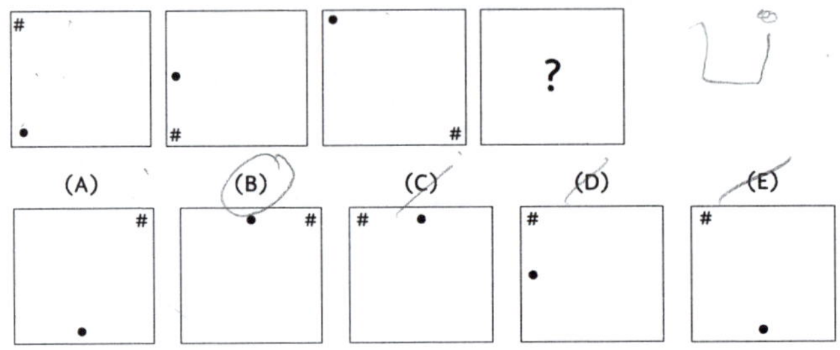

Question 89.

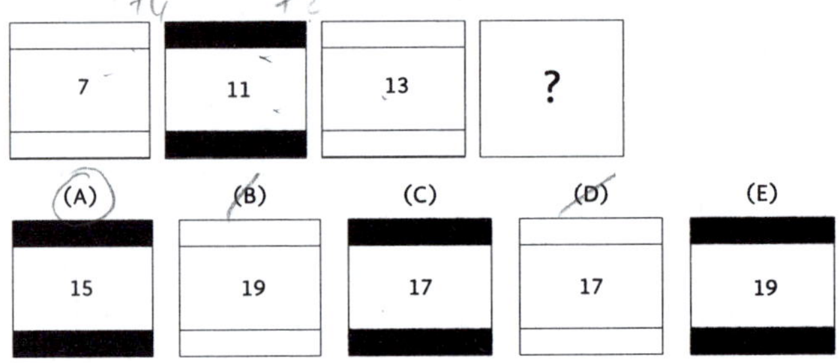

Question 90.

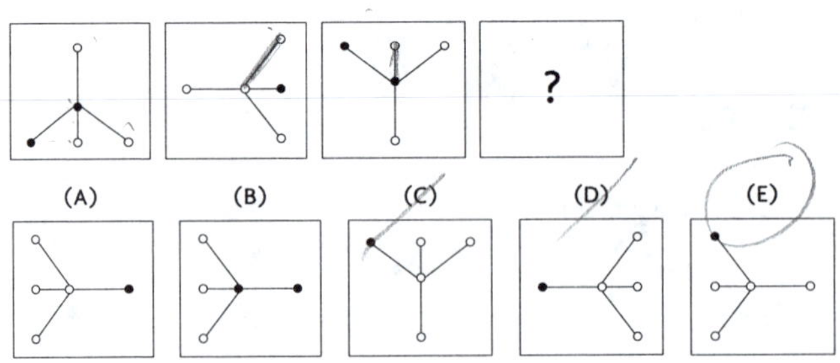

Difficulté	DIFFICILE													
Question	76	77	78	79	80	81	82	83	84	85	86	87	88	89	90
Réponse	C	E	B	E	A	C	C	A	C	B	A	D	B	C	A

Question 76 **Réponse C** ★★★★☆ 30 sec. – 2 min. Fiche 168

179
666
552
984
598 ??? 383 650 233

(A) 435 (B) 989 **(C) 939** (D) 979 (E) 734

V : Diagonale moyenne avec écart constant –1 : X**7**X – **6**XX – X**5**X – XX**4** – X**3**X.
H : Diagonale moyenne écart progressif : –0, –1, –2, –3 : X**9**X – XX**9** – X**8**X – **6**XX – X**3**X.

Question 77 **Réponse E** ★★★★★ 1 min. – 3 min Fiches 170/182

090
601
224
414
211 ??? 620 334 561

(A) 510 (B) 600 (C) 329 (D) 238 **(E) 141**

V : Le 1er chiffre mis à la puissance du 2e est égal au 3e ($0^9 = 0$, $6^0 = 1$, $2^2 = 4$, $4^1 = 4$).
H : Somme progressive de +2 : 4 – **6** – 8 – 10 – 12.

Question 78	Réponse B	★★★★★	45 sec. – 2 min.	Fiches 177/181

		70		
		82		
		24		
18	27	??	54	72
		77		

(A) 28 **(B) 36** (C) 90 (D) 81 **(E) 65**

V : Multiples de 7, à l'envers : 70 → 07 ; 82 → 28 ; 24 → 42 ; 77 → 77.

H : Multiples de 9.

Question 79	Réponse E	★★★★★	45 sec. – 3 min.	Fiches 178/184

		FH		
		DL		
		CP		
		XB		
OZ	IA	??	NC	MJ

(A) PC (B) LR (C) HF (D) TV **(E) LD**

V : Produit des rangs alphabétiques constant égal à 48 : F × H = D × L = C × P = X × B = **48.**

H : Augmentation du nombre de barres sur la 1re lettre : O – I – **?** – N – M.

Question 80	Réponse A	★★☆☆☆	30 sec. – 1 min.	Fiches 166/183

		AE		
		EU		
PP	ZZ	??	AA	RR
		YI		
		OU		

(A) EE (B) FF (C) DD (D) IE **(E) AI**

V : Ce sont des voyelles.

H : Ce sont des lettres identiques.

Question 81	Réponse C	★★★☆☆	30 sec. – 2 min.	Fiches 167/180

		812		
		649		
182	451	???	391	193
		258		
		367		

(A) 121 (B) 123 **(C) 168** (D) 098 (E) 045

V : Les deux premiers chiffres forment un carré.

H : Grande diagonale gauche - droite de 1 : **1**XX – XX**1** – **1**XX – XX**1** – **1**XX.

Question 82	Réponse C	★★☆☆☆	30 sec. – 1 min.	Fiche 165

		SRT		
		PQD		
		PPL		
		KOL		
HSR	PLS	???	PLU	CFV

(A) ANZ (B) FNE **(C) MNT** (D) FET (E) PRT

V : Écart constant de -1 sur la 2e lettre : R – Q – P – O – **N**.

H : Écart constant de +1 sur la 3e lettre : R – S – **T** – U – V.

Question 83	Réponse A	★★★★☆	1 min. – 3 min.	Fiche 184

		AWF		
		KKK		
PHS	ZZE	???	AFA	SNS
		NHI		
		LVT		

(A) WNI (B) PNO (C) KLK (D) AHE (E) ZZZ

V : La somme des barres des triplets est égale à 10, puis 9, puis **8**, puis 7, puis 6.

H : La lettre centrale comporte toujours 3 barres.

Question 84 Réponse C ★★★☆☆ **45 sec. – 2 min.** **Fiches 192/198**

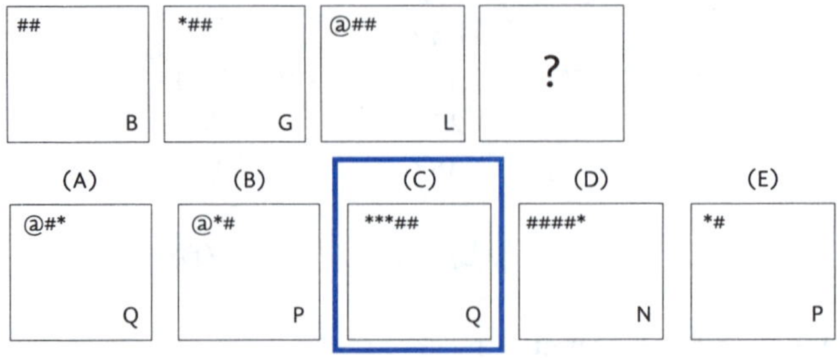

Logique 1 : Le rang de la lettre augmente de + 5 : B, G, L → Q.
Logique 2 : Le rang de la lettre est indiqué par les signes : # = 1, * = 5 et @ = 10 (B = # + # = 1 + 1 = 2 ; G = * + # + # = 5 + 1 + 1 = 7 ; etc.).

Question 85 Réponse B ★★★★☆ **45 sec. – 2 min.** **Fiches 193/195**

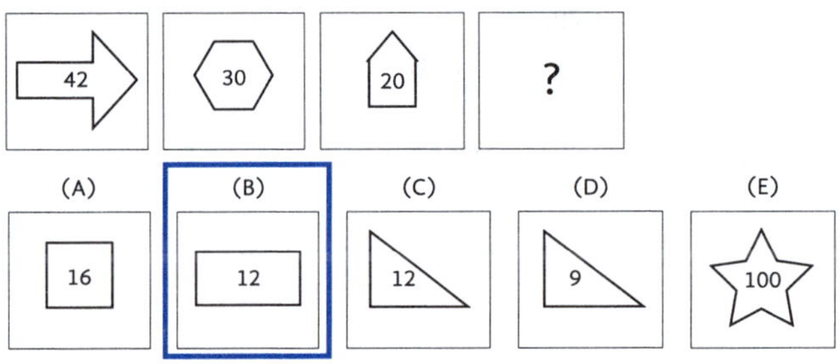

Logique 1 : La figure comporte 7, puis 6, puis 5 côtés → 4 côtés.
Logique 2 : Le nombre est le résultat du produit du nombre de côtés par 6, puis par 5, puis par 4 → Nombre = Nombre de côtés × 3.

Question 86 Réponse A ★★★★☆ **45 sec. – 2 min.** **Fiche 198**

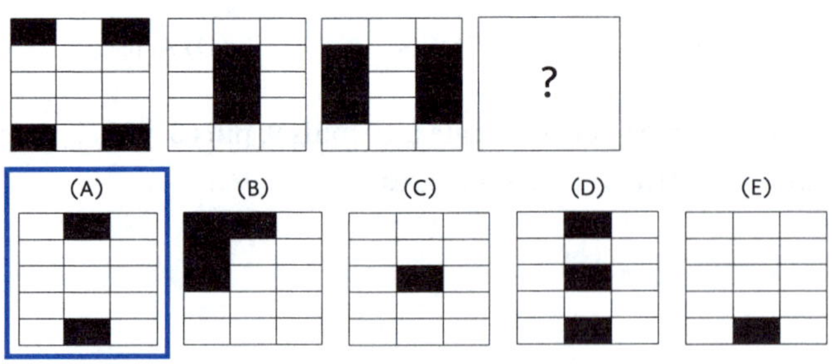

Logique : En superposant tous les carrés, on obtient un carré plein (méthode du damier).

Question 87 Réponse D ★★★☆☆ **30 sec. – 2 min.** **Fiches 192/195**

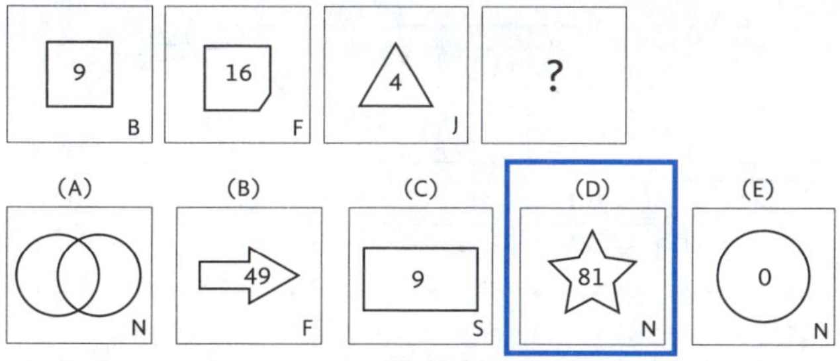

Logique 1 : Le rang de la lettre augmente de +4 : B, F, J → N.
Logique 2 : Le nombre vaut : (Nombre de côtés de la figure – 1)^2.

Question 88 Réponse B ★☆☆☆☆ **15 sec. – 1 min.** **Fiche 194**

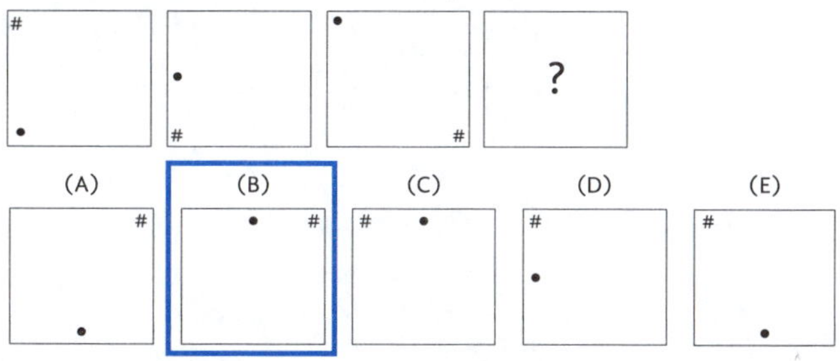

Logique 1 : Le # se déplace d'1 coin dans le sens inverse des aiguilles d'une montre → # en haut à droite.
Logique 2 : Le • se déplace d'un demi-côté dans le sens horaire → • au milieu du côté supérieur.

Question 89 Réponse C ★★☆☆☆ **30 sec. – 2 min.** **Fiches 191/198**

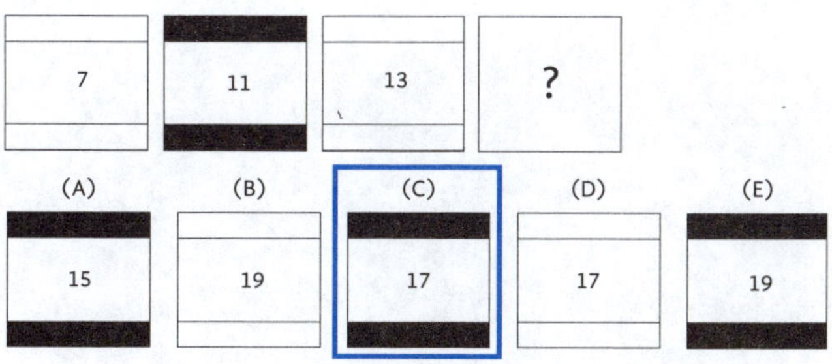

Logique 1 : Les bords supérieurs et inférieurs sont blancs, noirs, blancs → Bords noirs.
Logique 2 : Les nombres sont des nombres premiers consécutifs : 7, 11, 13 → 17.

Question 90 Réponse A ★★★★☆ 30 sec. – 2 min. Fiches 194/198

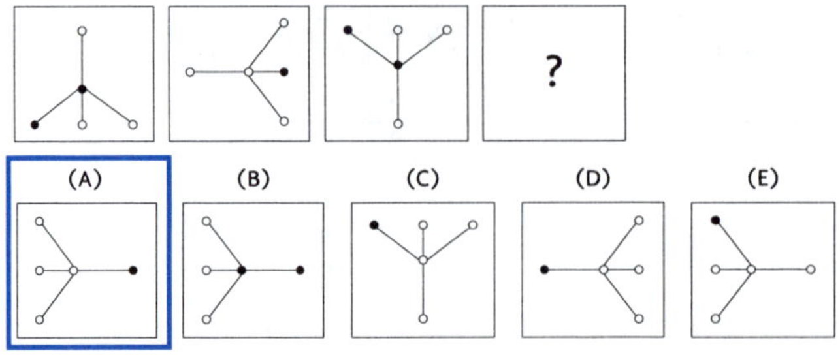

Logique 1 : La bille autour de laquelle gravitent toutes les autres est noire, blanche, noire → Bille blanche.

Logique 2 : La bille noire se déplace d'un cran vers la droite → Bille isolée noire.

Logique 3 : La figure se déplace d'1/4 de tour → Bille isolée à droite.

TAGE MAGE® N° 3

6 LOGIQUE

CONSIGNES

15 questions	20 minutes	Calculatrice interdite	Chronomètre recommandé

BARÈME

Bonne réponse : +4 points	Aucune réponse : 0 point	Mauvaise réponse : –1 point

Question 76.

		62		
		52		
58	76	?	02	80
		43		
		22		

(A) 14 (B) 22 (C) 20 (D) 31 (E) 64

Question 77.

		46		
		18		
		63		
20	21	?	32	33
		52		

(A) 90 (B) 94 (C) 22 (D) 64 (E) 40

Question 78.

				221
				241
				333
64	192	48	144	?
				346

(A) 160 (B) 542 (C) 470 (D) 240 (E) 128

Question 79.

		618		
		728		
843	216	?	632	427
		106		
		963		

(A) 945 (B) 214 (C) 841 (D) 420 (E) 315

Question 80.

		AC		
PO	OA	?	OI	RO
		BD		
		CE		
		XZ		

(A) FH (B) SO (C) MO (D) LO (E) OQ

Question 81.

		374		
		495		
		253		
		396		
292	178	?	113	431

(A) 134 (B) 143 (C) 257 (D) 198 (E) 396

Question 82.

		DBE		
MQX	LSC	?	JDM	IIZ
		NEE		
		IHB		
		DLR		

(A) ACC (B) KCB (C) KAA (D) KRV (E) RCK

Question 83.

ABA
RXR
CDC
EBE

KLM EMP ? POL ZPA

(A) LHL (B) DNI (C) SNS (D) MPM (E) NAN

Question 84.

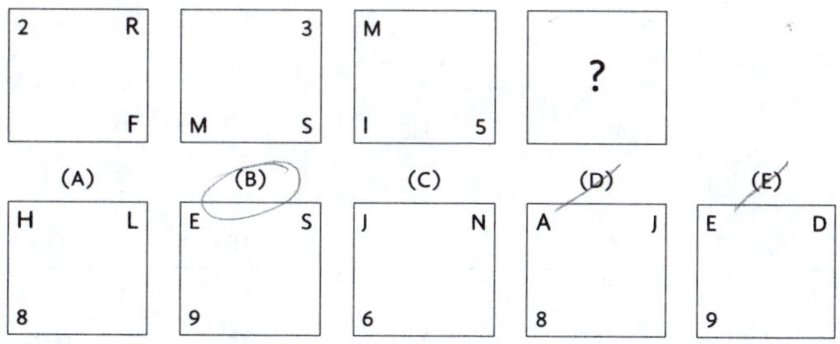

Question 85.

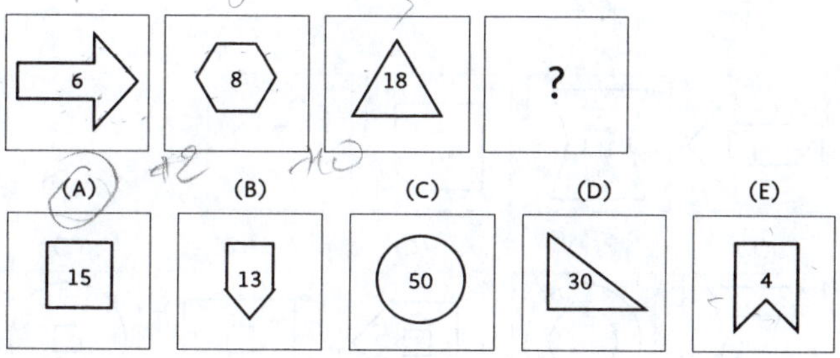

Question 86.

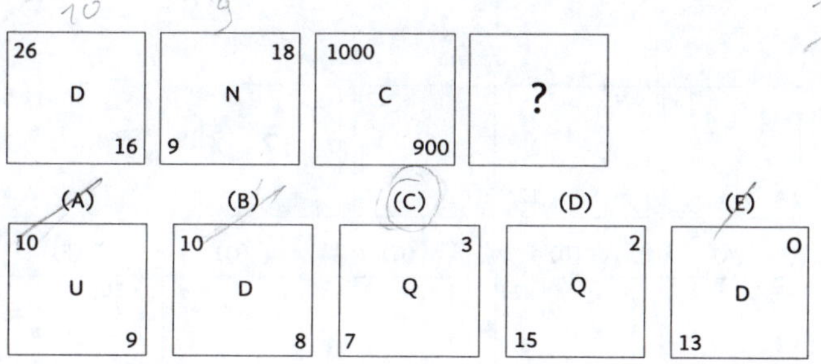

Question 87.

71	82	60	?

(A)	(B)	(C)	(D)	(E)
38	120	67	93	81

Question 88.

3 HFF	5 TVD	EIE 7	?

(A)	(B)	(C)	(D)	(E)
STU 11	AAF 11	9 AAI	EEH 10	HVH 11

Question 89.

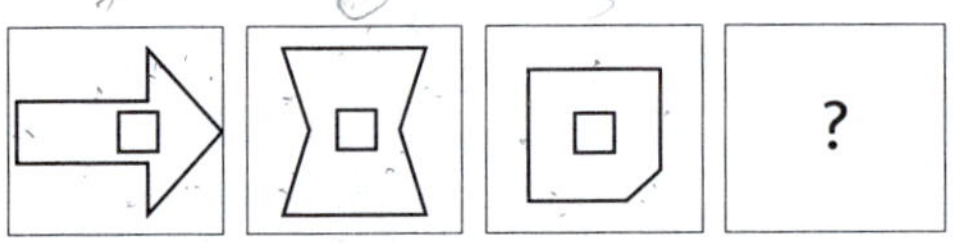

(A) (B) (C) (D) (E)

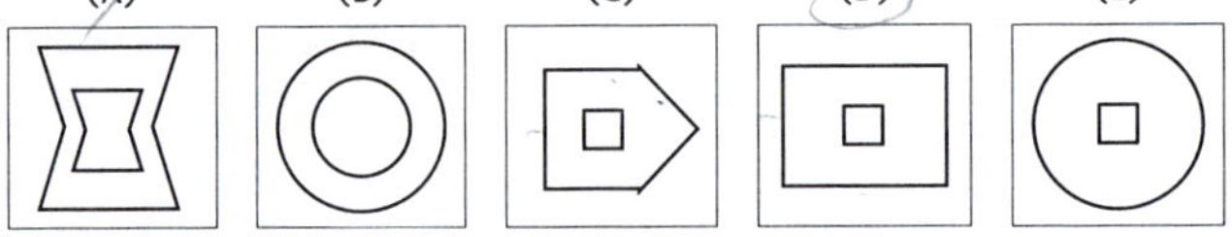

Question 90.

6 A	W 12	12 H	?

(A)	(B)	(C)	(D)	(E)
T 4	20 M	F 15	K 9	10 V

Difficulté	NORMAL														
Question	76	77	78	79	80	81	82	83	84	85	86	87	88	89	90
Réponse	E	E	E	D	C	D	B	C	B	A	C	D	B	D	C

Question 76 Réponse E ★★★☆☆ 1 min. – 3 min Fiches 165/166

		62		
		52		
58	76	??	02	80
		43		
		22		

(A) 14 (B) 22 (C) 20 (D) 31 **(E) 64**

V : L'écart entre les 2 colonnes ($C_1 - C_2$) est de –4, –3, **–2**, –1, 0.

H : Le 2e chiffre diminue de 2 : 8 – 6 – **4** – 2 – 0.

Question 77 Réponse E ★★★★☆ 1 min. – 3 min Fiches 170/177

		46		
		18		
		63		
20	21	??	32	33
		52		

(A) 90 (B) 94 (C) 22 (D) 64 **(E) 40**

V : Carrés à l'envers : 46 → 64 ; 18 → 81 ; 63 → 36 ; 52 → 25.

H : La somme des 2 chiffres augmente de +1 : 2, 3, **4**, 5, 6.

Question 78 **Réponse E** ★★★☆☆ **1 min. – 3 min** **Fiches 170/181**

				221
				241
				333
64	192	48	144	?
				346

(A) 160 (B) 542 (C) 470 (D) 240 **(E) 128**

V : La somme des chiffres augmente de +2 : 5, 7, 9, **11**,13.
H : Multiples de 4.

Question 79 **Réponse D** ★★★★★ **1 min. – 3 min** **Fiches 166/178**

		618		
		728		
843	216	?	632	427
		106		
		963		

(A) 945 (B) 214 (C) 841 **(D) 420** (E) 315

V : Le résultat de la multiplication de C_1 par un autre chiffre, qui est progressif entre chaque élément, donne le nombre formé par C_2 et C_3 : $6 \times \mathbf{3} = 18$, $7 \times \mathbf{4} = 28$, $1 \times \mathbf{6} = 06$, $9 \times \mathbf{7} = 63$.
H : $C_1 = C_2 \times 2$.

Question 80 **Réponse C** ★★☆☆☆ **30 sec. – 2 min.** **Fiches 166/169**

		AC		
P<u>O</u>	<u>O</u>A	?<u>?</u>	<u>O</u>I	R<u>O</u>
		BD		
		CE		
		XZ		

(A) FH (B) S<u>O</u> **(C) M<u>O</u>** (D) L<u>O</u> (E) OQ

V : Écart constant de + 2 entre la 1re et la 2e lettre.
H : Diagonale droite – gauche de la lettre « O » : X<u>O</u> – <u>O</u>X – X<u>O</u> – <u>O</u>X – X<u>O</u>.

Question 81	Réponse D	★★★★☆	30 sec. – 2 min.	Fiches 174/180

374
495
253
396
292 178 ??? 113 431

(A) 134 (B) 143 (C) 257 **(D) 198** (E) 396

V : 1er chiffre + 3e chiffre = 2e chiffre.

H : Les deux premiers chiffres forment un nombre premier.

Question 82	Réponse B	★★★☆☆	45 sec. – 2 min.	Fiche 165

DBE
MQX LSC ??? JDM IIZ
NEE
IHB
DLR

(A) ACC **(B) KCB** (C) KAA (D) KRV (E) RCK

V : Écart progressif de +1 / +2 / +3 / +4 sur la 2e lettre : B – C – E – H – L.

H : Écart de –1 sur la 1re lettre : M – L – K – J – I.

Question 83	Réponse C	★★★☆☆	30 sec. – 2 min.	Fiches 165/166

ABA
RXR
CDC
EBE
KLM EMP ??? POL ZPA

(A) LHL (B) DNI **(C) SNS** (D) MPM (E) NAN

V : La 1re et la 3e lettres sont identiques.

H : Écart constant de +1 sur la lettre centrale : L – M – N – O – P.

Question 84 Réponse B ★★★★★ 30 sec. – 2 min. Fiche 197

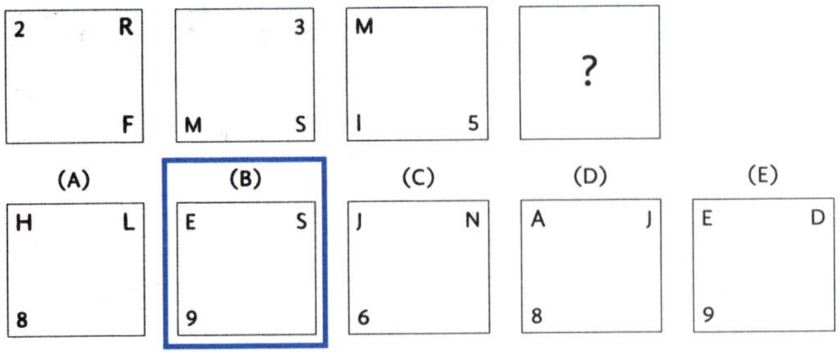

Logique 1 : Le chiffre indique le numéro du mois (2 = Février ; 3 = Mars ; 5 = Mai ; etc.).
Logique 2 : Les lettres se déplacent et indiquent la première et la dernière lettre du mois (**Exemple :** FR = Févrie**r** ; MS = **M**ar**s** ; MI = **M**a**i** ; etc.).

Question 85 Réponse A ★★★★☆ 45 sec. – 2 min. Fiche 195

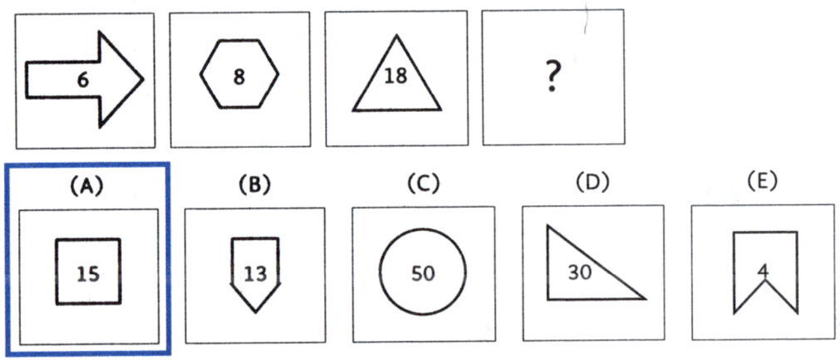

Logique : Le produit du nombre de côtés de la figure par le nombre à l'intérieur augmente de +6 : 42, puis 48, puis 54 → Produit égal à 60.

Question 86 Réponse C ★★★★☆ 45 sec. – 2 min. Fiches 192/197

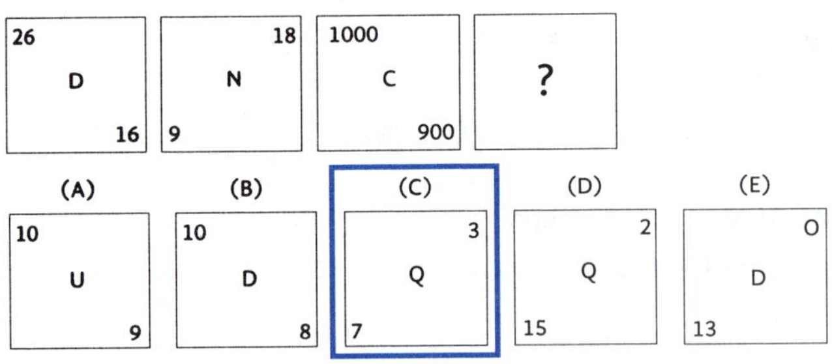

Logique 1 : Alternance diagonale haut-bas, bas-haut, haut-bas → Diagonale bas-haut.
Logique 2 : La lettre centrale est l'initiale du résultat de la différence entre les 2 nombres (26 – 16 = 10 = **D**ix = D ; 18 – 9 = 9 = **N**euf = N ; etc.).

Question 87	Réponse D	★★★☆☆	30 sec. – 2 min.	Fiche 198

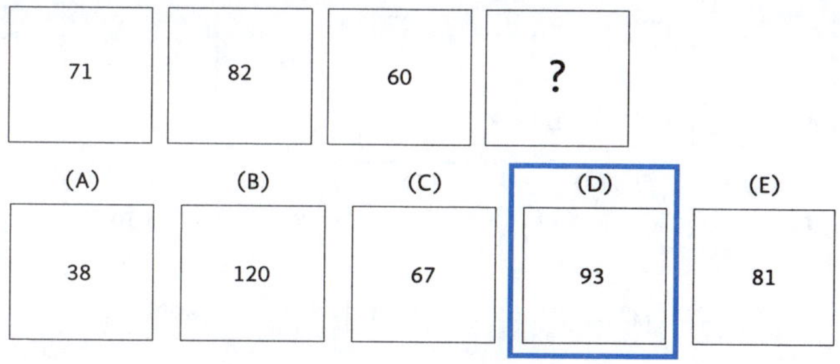

Logique : L'écart entre les 2 nombres est toujours égal à 6 (7 – 1 = 6 ; 8 – 2 = 6 ; 6 – 0 = 6).

Question 88	Réponse B	★★★★★	30 sec. – 2 min.	Fiches 191/192

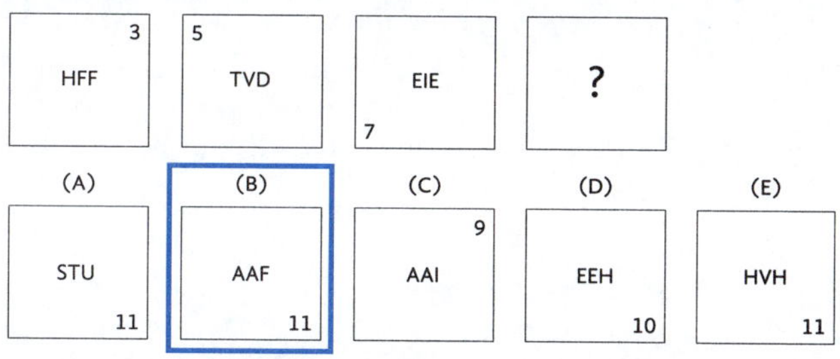

Logique 1 : Déplacement d'un nombre premier consécutif croissant de coin en coin → 11 en bas à droite.

Logique 2 : La somme du nombre de barres des 2 premières lettres donne le rang de la 3e lettre : H + F = 3 + 3 = 6 = F ; T + V = 2 + 2 = 4 = D ; E + I = 4 + 1 = 5 = E.

Question 89	Réponse D	★★★★☆	45 sec. – 2 min.	Fiche 195

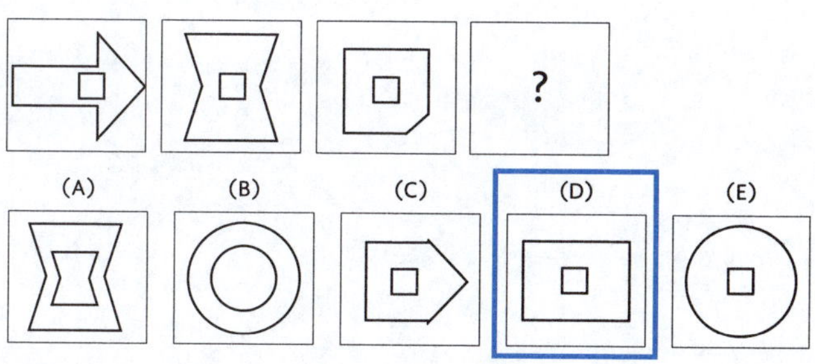

Logique 1 : La figure intérieure est toujours un carré.

Logique 2 : L'écart entre le nombre de côtés de la figure intérieure et le nombre de côtés de la figure extérieure est égal à 3, puis 2, puis 1 → Écart égal à 0.

Question 90 Réponse C ★★★★☆ **45 sec. – 2 min.** **Fiches 184/194**

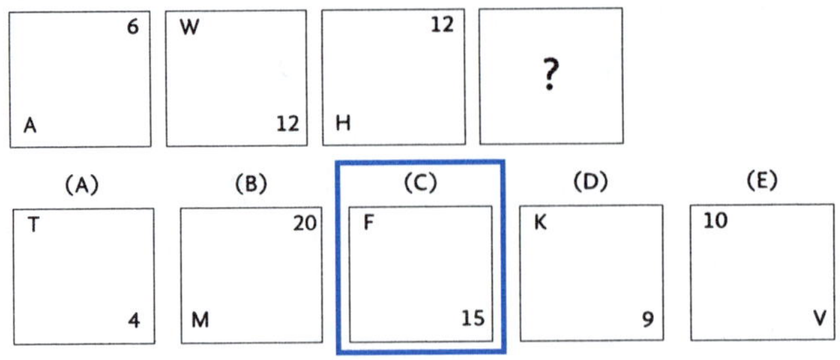

Logique 1 : Alternance diagonale bas-haut, haut-bas, bas-haut → Diagonale haut-bas (lettre – chiffre).

Logique 2 : Le nombre est égal au produit du nombre de barres de la lettre par 2, puis par 3, puis par 4 → Produit du nombre de barres de la lettre par 5.

CORRIGÉ « CALCUL »

FICHE 23

27 + 33 = **60**	31 + 47 = **78**	62 + 64 = **126**	35 + 28 = **63**
14 + 29 = **43**	57 + 96 = **153**	65 + 67 = **132**	41 + 25 = **66**
37 + 16 = **53**	90 + 79 = **169**	56 + 95 = **151**	36 + 48 = **84**
67 + 52 = **119**	82 + 100 = **182**	61 + 77 = **138**	18 + 29 = **47**
43 + 28 = **71**	69 + 86 = **155**	62 + 63 = **125**	23 + 36 = **59**
34 – 26 = **8**	49 – 67 = **–18**	97 – 61 = **36**	18 – 35 = **–17**
43 – 12 = **31**	17 – 76 = **–59**	70 – 50 = **20**	85 – 48 = **37**
46 – 32 = **14**	77 – 70 = **7**	9 – 60 = **–51**	56 – 26 = **30**
32 – 17 = **15**	58 – 17 = **41**	96 – 87 = **9**	74 – 47 = **27**
24 – 18 = **6**	8 – 57 = **–49**	38 – 29 = **9**	23 – 11 = **12**
10 × 6 = **60**	7 × 7 = **49**	19 × 14 = **266**	12 × 13 = **156**
8 × 7 = **56**	6 × 9 = **54**	11 × 19 = **209**	15 × 19 = **285**
6 × 4 = **24**	11 × 17 = **187**	18 × 19 = **342**	20 × 18 = **360**
18 × 12 = **216**	12 × 16 = **192**	15 × 14 = **210**	22 × 8 = **176**
19 × 16 = **304**	17 × 17 = **289**	16 × 16 = **256**	15 × 11 = **165**
16 ÷ 8 = **2**	270 ÷ 15 = **18**	272 ÷ 16 = **17**	220 ÷ 20 = **11**
24 ÷ 4 = **6**	280 ÷ 14 = **20**	247 ÷ 13 = **19**	132 ÷ 12 = **11**
30 ÷ 6 = **5**	204 ÷ 12 = **17**	132 ÷ 11 = **12**	168 ÷ 8 = **21**
64 ÷ 8 = **8**	208 ÷ 16 = **13**	220 ÷ 20 = **11**	176 ÷ 8 = **22**
72 ÷ 9 = **8**	288 ÷ 18 = **16**	324 ÷ 18 = **18**	91 ÷ 13 = **7**

(1) Rappel de cours $(\sqrt{a})^2 = a$

Le carré de la racine carrée de 16 est 16. Or, la racine carrée de 16 est **4. Réponse B.**

(2) $1^2 + 2^2 - 3^2 + 4^2 = 1 + 4 - 9 + 16 =$ **12. Réponse D.**

(3) Rappel de cours : $a^2 - b^2 = (a - b) \times (a + b)$

$21^2 - 19^2 = (21 - 19) \times (21 + 19) = 2 \times 40 =$ **80. Réponse B.**

1,6 × 8 = **12,8**	2,7 ÷ 15 = **0,18**	2,4 × 1,5 = **3,6**
2,4 × 4,2 = **10,08**	2,8 ÷ 1,4 = **2**	3 × 1,8 = **5,4**
30 × 6,4 = **192**	200 × 1,2 = **240**	6 × 2,2 = **13,2**
6,4 ÷ 0,8 = **8**	28 ÷ 1,6 = **17,5**	4 × 4,1 = **16,4**
72 × 5 = **360**	28,8 ÷ 1,8 = **16**	8 × 1,8 = **14,4**

FICHE 25

3,2 × 18,1 = **57,92**	0,8 × 5,2 = **4,16**	5,9 × 7,8 = **46,02**
2,2 × 4,8 = **10,56**	1,9 × 3,2 = **6,08**	2,4 × 3,4 = **8,16**
5,9 × 1,6 = **9,44**	1,1 × 2,2 = **2,42**	1,1 × 1,1 = **1,21**
3,8 × 4,05 = **15,39**	1,9 × 3,8 = **7,22**	2,4 × 6,9 = **16,56**
6,9 × 1,1 = **7,59**	4,9 × 0,6 = **2,94**	12,4 × 2,8 = **34,72**

Question 1 Réponce C ★★★★☆ 1 min. – 3 min.

1 livre sterling = 1,32 euro. Donc 3,25 Livres Sterling × 1,32 = **4,29 €. Réponse C.**

Question 2 Réponse C ★★★★☆ 1 min. – 3 min.

- **Rappel de cours Nouveau total = Ancien total × (1 ± Variation en %).**

Étape 1 Calculons le prix d'achat d'une courgette par le commerçant au fournisseur.

Le commerçant vend ses courgettes 0,6 €/unité, en appliquant une marge de 50 %.

Ainsi, $1,5 \times P_{achat} = 0,6$ € ⇔ $P_{achat} = \frac{0,6}{1,5} = \frac{6}{15} = \frac{2}{5} =$ **0,4 €/unité à l'achat.**

Étape 2 Déduisons-en le prix au kilo payé par le commerçant au fournisseur.

Dans 1 kilo, il y a 4 fois 250 grammes, soit 4 courgettes. Ainsi, 1 kilo coûte 4 × 0,4 € = 1,6 € à l'achat par le commerçant.

Étape 3 Déduisons-en le prix total payé par le commerçant au fournisseur.

Le commerçant achète 24,6 kg au prix de 1,6 €/kg, soit une dépense de : 24,6 × 1,6 € = **39,36 €.**
Réponse C.

FICHE 26

Question 1 Réponse B ★★★☆☆ 45 sec. – 1 min.

12,3 kilos valent 19,6 euros, donc 1 kilo vaut : 19,6 ÷ 12,3 = 196 ÷ 123 = **1,59 €. Réponse B.**

Question 2 Réponse E ★★★★☆ 45 sec. – 3 min.

Attention : On vous demande le taux de change euro/dollar et non dollar/euro. Autrement dit, on veut savoir combien de dollars on peut obtenir avec 1 euro.

Avec 125 euros on a 132,78 dollars donc avec 1 euro, on a : 132,78 ÷ 125 = **1,06 dollar. Réponse E.**

FICHE 28

$25^2 = \mathbf{625}$

$35^2 = \mathbf{1\ 225}$

$95^2 = \mathbf{9\ 025}$

$45^2 = \mathbf{2\ 025}$

$65^2 = \mathbf{4\ 225}$

$75^2 = \mathbf{5\ 625}$

23 × 27
= (25 – 2) × (25 + 2)
= $25^2 - 2^2$ = 625 – 4 = **621**

15 × 17
= (16 – 1) × (16 + 1)
= $16^2 - 1^2$ = 256 – 1 = **255**

11 × 19
= 11 × (20 – 1)
= 11 × 20 – 11 × 1
= 220 – 11 = **209**

21 × 25
= (20 + 1) × 25
= 20 × 25 + 1 × 25
= 500 + 25 = **525**

18 × 22
= (20 – 2) × (20 + 2)
= $20^2 - 2^2$ = 400 – 4
= **396**

16 × 22
= (19 – 3) × (19 + 3)
= $19^2 - 3^2$ = 361 – 9
= **352**

Question 1 Réponse C ★★☆☆☆ 30 sec. – 1 min.

■ **Rappel de cours Quand une valeur augmente de $\frac{1}{N}$, alors on doit diminuer le résultat de $\frac{1}{N+1}$ pour retrouver la valeur de départ.**

Étape 1 Modélisons la situation.

Le poids de Pierre a augmenté de 25 % soit de $\frac{1}{4}$, soit encore de $\frac{1}{N}$, avec N = 4.

Étape 2 Concluons.

Pour retrouver sa valeur initiale, son poids devra donc diminuer de $\frac{1}{N+1} = \frac{1}{5}$ = **20 %.**
Réponse C.

> **REMARQUE** **Autre méthode :** On aurait pu partir d'un poids initial de 100 kg (base 100). Après une augmentation de 25 %, le poids serait de 125 kg. Puis, pour passer de 125 kg à 100 kg, il faudrait diminuer de 20 % ($0{,}2 \times 125 = 25$).

FICHE 29

Question 1 ★★★☆☆ 1 min. – 3 min.

Méthode : Pour savoir si le nombre est un multiple de 7, on soustrait 2 fois le nombre des unités au nombre de dizaines et on regarde si le résultat est un multiple de 7.

Réponses en gras : **14** – 45 – 54 – 32 – 123 – **280** – **98** – 143 – **1 134** – 115 – 444

Question 2 ★★★★☆ 1 min. – 3 min.

Méthode :

- Pour savoir si un nombre est divisible par 3, on calcule la somme des chiffres qui le composent et on regarde si le résultat est un multiple de 3.
- Pour savoir si un nombre est un multiple de 7, on soustrait 2 fois le nombre des unités au nombre de dizaines et on regarde si le résultat est un multiple de 7.
- Pour savoir si un nombre est divisible par 11, on calcule : (Somme des chiffres de rang impair) – (Somme des chiffres de rang pair) et on regarde si le résultat est un multiple de 11.

Réponses en gras : 1 134 – 2 133 – **2 079** – 77 – 33 – 21 – **462**

Question 3 Réponse E ★★☆☆☆ 15 sec. – 1 min.

Étape 1 **Modélisons la situation.**

On parle de **tiers** du total des enfants, donc le nombre d'enfants est **divisible** par 3.

On parle de **quart** du total des enfants, donc le nombre d'enfants est **divisible par 4**.

Étape 2 **Concluons.**

Parmi les réponses proposées, plusieurs solutions sont possibles car plusieurs sont divisibles par 3 et par 4 (12, 24 et 36). **Réponse E.**

Question 4 Réponse D ★★★★☆ 45 sec. – 2 min.

- **Rappels de cours**

  1) La somme de 3 nombres consécutifs est forcément un multiple de 3 car : $X+(X+1)+(X+2)=3X+3=3(X+1)$.

  2) Un nombre est multiple de 3 si et seulement si la somme de ses chiffres est divisible par 3.

Étape 1 Modélisons la situation.

On cherche le nombre qui n'est pas un multiple de 3 parmi les réponses proposées.

Étape 2 Concluons.

3 027 : 3 + 0 + 2 + 7 = 12 (multiple de 3) donc 3 027 est bien multiple de 3.

3 636 : 3 + 6 + 3 + 6 = 18 (multiple de 3) donc 3 636 est bien multiple de 3.

3 366 : 3 + 3 + 6 + 6 = 18 (multiple de 3) donc 3 366 est bien multiple de 3.

3 009 : 3 + 0 + 0 + 9 = 12 (multiple de 3) donc 3 009 est bien multiple de 3.

3 313 : 3 + 3 + 1 + 3 = 10 (**pas** multiple de 3) donc 3 313 n'est **pas** un multiple de 3. Il n'est donc pas la somme de 3 nombres consécutifs. **Réponse D.**

FICHE 30

Question 1 Réponse C ★★★☆☆ 30 sec. – 2 min.

Étape 1 Décomposons 96 et 40 en produits de facteurs premiers.

96 $= 2 \times 2 \times 2 \times 2 \times 2 \times 3 = 2^5 \times 3$

40 $= 2 \times 2 \times 2 \times 5 = 2^3 \times 5$

Étape 2 Déterminons leur PGCD.

Le seul facteur commun est 2. On l'affecte au plus petit exposant (3).

PGCD (96,40) $= 2^3 =$ **8. Réponse C.**

Question 2 Réponse B ★★★★☆ 1 min. – 3 min.

Étape 1 Interprétons l'énoncé.

La longueur du côté d'un carreau en décimètres doit être un diviseur de 70 et de 60.

La longueur maximale possible du côté d'un carreau est donc le PGCD de 60 et 70.

Étape 2 Décomposons 60 et 70 en produits de facteurs premiers.

60 $= 2 \times 2 \times 3 \times 5 = 2^2 \times 3 \times 5$

70 $= 2 \times 5 \times 7$

Étape 3 Déterminons le PGCD de 60 et 70.

Le PGCD est le produit des facteurs communs de 60 et 70, soit $2 \times 5 = 10$ décimètres.

Les carreaux utilisés pour la terrasse auront donc au plus un côté de 10 décimètres, soit **1 mètre. Réponse B.**

FICHE 33

Question 1 ★★★☆☆ 2 min. – 4 min.

a	b	$\sqrt{a}$	$\sqrt{b}$	$a \times b$	$\sqrt{a \times b}$	$\sqrt{a} \times \sqrt{b}$	$a \div b$	$\sqrt{\frac{a}{b}}$	$\frac{\sqrt{a}}{\sqrt{b}}$
9	16	3	4	144	12	12	0,5625	0,75	0,75
25	4	5	2	100	10	10	6,25	2,5	2,5
36	64	6	8	2 304	48	48	0,5625	0,75	0,75
49	81	7	9	3 969	63	63	0,6	0,77	0,77

FICHE 35

Question 1 Réponse A ★★☆☆☆ 45 sec. – 2 min.

Utilisons la formule des intérêts simples : Pauline a placé 4 500 euros à 2 % donc chaque année elle gagne 2 % de 4 500 euros soit 90 euros.

On a la formule : $K_{10} = 4\,500 \times (1 + 10 \times 2\ \%) = 4\,500 \times 1{,}2 =$ **5 400 euros. Réponse A.**

Question 2 Réponse C ★★★★☆ 1 min. – 3 min.

Étape 1 Calculons la valeur du placement A après 3 ans.

Avec un placement à intérêts simples, il gagne chaque année : 6 000 × 6 % = 360 euros.

Au bout de 3 ans, Corentin aura donc gagné : 360 × 3 = 1 080 €.

S'il investit 6 000 € sur le placement A, il aura ainsi 6 000 + 1 080 = **7 080 € après 3 ans.**

Étape 2 Calculons la valeur du placement B après 3 ans.

Avec un placement à intérêts composés, il réinvestit chaque année les intérêts gagnés les années d'avant. Au final, il aura : $K_3 = K_0 \times (1 + \frac{6}{100})^3 = 6\,000 \times 1{,}06^3 \approx 7\,146$ €.

S'il investit 6 000 € sur le placement B, il aura ainsi **7 146 € après 3 ans.**

Étape 3 Calculons la différence entre les 2 placements.

La différence entre les deux placements est donc de : 7 146 – 7 080 = **66 € après 3 ans.**

Réponse C.

Question 3 Réponse B ★★★★☆ 1 min. – 3 min.

Étape 1 Calculons le montant investi dans l'assurance-vie.

Soit X le montant investi dans l'assurance-vie. Il place donc (40 000 – X) sur le compte.

On a :

$$1\,800 = X \times \frac{8}{100} + (40\,000 - X) \times \frac{3}{100}$$

⇔ 180 000 = 8X + 120 000 – 3X (on a multiplié par 100 pour simplifier les calculs)

⇔ 60 000 = 5X ⇔ $X = \frac{60\ 000}{5} = 12\ 000$. **12 000 €** ont donc été placés sur l'assurance vie.

Étape 2 Calculons la proportion que représente ce montant.

$\frac{12\ 000}{40\ 000} = \frac{6\ 000}{20\ 000} = \frac{3\ 000}{10\ 000} = \frac{30}{100}$ **= 30 %. Réponse B.**

FICHE 36

Question 1 Réponse C ★★☆☆☆ 15 sec. – 1 min.

Étape 1 Synthétisons les données de l'énoncé dans un tableau.

	Camille	Maxime
Nombre de chocolats	25	X
Prix (€)	15	21

Étape 2 Calculons l'inconnue à l'aide du produit en croix.

Avec la formule du produit en croix, on a : $X = \frac{25 \times 21}{15}$ = **35 chocolats. Réponse C.**

Question 2 Réponse B ★★★☆☆ 30 sec. – 1 min.

Étape 1 Modélisons la situation.

	Superficie	Places
Classe 1	28	21
Classe 2	X	36

Étape 2 Appliquons le produit en croix.

On a : X × 21 = 28 × 36 ⇔ $X = \frac{28 \times 36}{21} = \frac{4 \times 7 \times 3 \times 12}{7 \times 3} = 4 \times 12 =$ **48 m². Réponse B.**

FICHE 38

Question 1 Réponse D ★★☆☆☆ 30 sec. – 2 min.

Étape 1 Interprétons l'énoncé.

Martin a accumulé 200 points lors des deux premières épreuves sur les 400 points auxquels il pouvait prétendre.

Étape 2 Calculons le score que doit obtenir Martin lors de la 3e épreuve.

Il manque 200 points à Martin pour que son total soit égal à 400 donc il doit obtenir **200/200** à la dernière épreuve. **Réponse D.**

Question 2 Réponse B ★★☆☆☆ **30 sec. – 2 min.**

Étape 1 Identifions un cas d'utilisation de la moyenne arithmétique.

Les valeurs numériques des poussées de croissance de Baptiste ne sont pas affectées d'un coefficient, donc on utilise la formule de la moyenne arithmétique.

Étape 2 Calculons la croissance moyenne de Baptiste sur ces années.

$$\text{Croissance moyenne} = \frac{8 + 10 + 18}{3} = \frac{36}{3} = \mathbf{12\ cm/an.}$$

Baptiste a grandi de **12 cm par an en moyenne** entre ses 14 ans et ses 16 ans. **Réponse B.**

Question 3 Réponse C ★★★★☆ **1 min. – 3 min.**

Étape 1 Posons l'équation de la moyenne pondérée.

Soit n = la note d'économie et c = coefficient de cette note,

Au total, il y a 30 coefficients. 20 coefficients sont affectés aux autres matières (Statistiques, Histoire, Anglais). Il reste donc 10 coefficients à répartir entre la comptabilité et l'économie. Ainsi, si c est le coefficient de la note d'économie, alors (10 – c) est le coefficient de la note de comptabilité.

Alors, on a :

$$\frac{20 \times 12 + n \times c + 14 \times (10 - c)}{30} = 13$$

Étape 2 Simplifions l'équation.

$$\frac{20 \times 12 + n \times c + 14 \times (10 - c)}{30} = 13 \quad \Leftrightarrow \quad 240 + n \times c + 140 - 14\,c = 390$$

$$\Leftrightarrow \quad (n - 14) \times c = 390 - 380 = 10$$

Étape 3 Testons les solutions.

Seul le couple (n ; c) = (16,5 ; 4) fonctionne : (16,5 – 14) × 4 = 10.

Il a donc obtenu **16,5 coefficient 4. Réponse C.**

FICHE 39

Question 1 Réponse D ★★★★☆ **30 sec. – 3 min.**

Étape 1 Schématisons les données de l'énoncé.

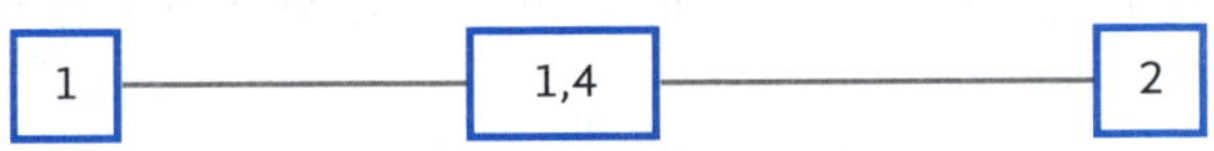

Étape 2 Calculons la proportion de filles (les filles sont l'effectif de la moyenne maxi = 2).

$$\frac{\text{Moyenne générale} - \text{Moyenne mini}}{\text{Moyenne maxi} - \text{Moyenne mini}} = \frac{1{,}4 - 1}{2 - 1} = \frac{0{,}4}{1} = \frac{4}{10}$$

Les filles représentent 4/10 du total des gens présents à la fête de Victor.

Étape 3 Calculons le nombre de filles.

Proportion obtenue (4/10) × effectif total (10) = **4 filles à la fête de Victor. Réponse D.**

> **REMARQUE** 4 est bien le nombre de filles car la moyenne générale est plus proche de celle des garçons que de celle des filles. Il y a donc plus de garçons à la fête (6 garçons contre 4 filles).

Question 2 Réponse D ★★★★☆ **30 sec. – 2 min.**

- **Rappels de cours** Plus un groupe est important (de nombreux membres), plus il « tire » la moyenne (générale) vers sa moyenne.

Étape 1 Modélisons la situation.

> **ASTUCE** Les hommes sont 3 fois plus nombreux, donc ils sont 3 fois plus proches de la moyenne générale (hommes et femmes) que les femmes. Ainsi, si on découpe l'écart entre les 2 bornes en 4, alors il faut 3 espaces entre les femmes et la moyenne contre 1 espace entre les hommes et la moyenne.

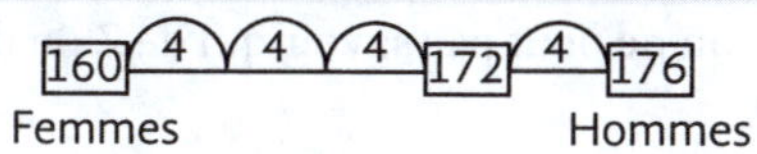

Étape 2 Concluons.

La taille moyenne des employés de l'entreprise est donc de **172 cm** (schéma). **Réponse D.**

> **REMARQUE** On aurait pu appliquer la méthode de la moyenne pondérée avec un « coefficient 3 » pour les hommes et un « coefficient 1 » pour les femmes. On aurait alors :
> $\frac{3H+1F}{4} = \frac{3\times176+1\times160}{4} = \frac{528+160}{4} = \frac{688}{4}$ **= 172 cm. Réponse D.**

FICHE 41

Question 1 Réponse D ★★★☆☆ **30 sec. – 2 min.**

Étape 1 Interprétons l'énoncé.

Le plan est à l'échelle 1/500 000. Donc chaque centimètre sur le plan correspond à 500 000 centimètres = 5 000 mètres dans la réalité.

Étape 2 Calculons la distance sur le plan.

Dans la réalité, la distance est de 7 500 mètres, soit $\frac{7\,500}{5\,000}$ **= 1,5 cm sur le plan.**

Étape 3 Concluons. Réponse D.

Question 2	Réponse A	★★★☆☆	30 sec. – 2 min.

■ **Rappels de cours** Dimension apparente = Dimension réelle × $\frac{X}{100}$

Étape 1 **Modélisons la situation.**

Dimension apparente = Dimension réelle × $\frac{X}{100} \Leftrightarrow \frac{X}{100} = \frac{\text{Dimension apparente}}{\text{Dimension réelle}}$

Étape 2 **Calculons l'échelle choisie (en faisant attention aux unités).**

$\frac{X}{100} = \frac{\text{Dimension apparente}}{\text{Dimension réelle}} \Leftrightarrow \frac{X}{100} = \frac{24 \text{ cm}}{300 \text{ m}} = \frac{24 \text{ cm}}{30000 \text{ cm}} = \frac{24}{30000} = \frac{8}{10000} = 0{,}08~\%.$

Réponse A.

FICHE 42

Question 1	Réponse E	★★★☆☆	30 sec. – 2 min.

On sait que Z > 2 mais on ne connaît pas la valeur de Z.

→ **Cas où 3 > Z > 2.** Dans ce cas, Z étant inférieur à 3, il est forcément inférieur à Y (car Y > 3). Donc, on a : X > Y > Z.

→ **Cas où Z > 3.** Dans ce cas, on ne peut pas savoir qui de Z ou de X ou de Y est le plus élevé. Par exemple, on peut avoir :

Solution 1 : Z = 100, X = 80 et Y = 70 (et ainsi Z > X > Y) ;

Solution 2 : Z = 75, X = 80 et Y = 70 (et ainsi X > Z > Y) ;

Solution 3 : Z = 65, X = 80 et Y = 70 (et ainsi X > Y > Z).

On ne peut rien conclure. Réponse E.

FICHE 44

Question 1	Réponse A	★★☆☆☆	30 sec. – 1 min.

Soit X le nombre cherché. L'énoncé indique que :

$X + \frac{1}{4}X = 20 \Leftrightarrow \frac{5}{4}X = 20 \Leftrightarrow X = \frac{80}{5} = 16$. **Réponse A.**

Question 2	Réponse B	★★★☆☆	30 sec. – 2 min.

Étape 1 **Calculons la différence entre les quatre cinquièmes et la moitié de l'âge du père.**

$$\left(\frac{4}{5}-\frac{1}{2}\right) \times 50 = \left(\frac{4}{5}\times 50\right) - \left(\frac{1}{2}\times 50\right) = 40 - 25 = 15$$

Étape 2 **Calculons le tiers du résultat ci-dessus.**

$$\frac{1}{3} \times 15 = 5$$

Étape 3 **Concluons. Marie est donc âgée de 5 ans. Réponse B.**

Question 3	Réponse C	★★★★☆	45 sec. – 3 min.

Étape 1 Calculons le nombre de litres de whisky contenus dans la cuve.

$$\frac{3}{4} \times 1\,000 = \mathbf{750\ litres.}$$

Étape 2 Calculons le nombre de litres de whisky dans la cuve au bout de 3 ans.

$750 \times (1 - 0{,}25) = 750 \times 0{,}75 =$ **562,5 litres.**

Au bout de 3 ans, la cuve contient 562,5 litres, soit **56 250 centilitres.**

Étape 3 Calculons le nombre de bouteilles qu'Andrew peut remplir.

$$\frac{56\,250}{25} = \mathbf{2\,250\ bouteilles.}$$

Andrew MacDonald pourra remplir **2 250 bouteilles** de whisky de 25 cL. **Réponse C.**

FICHE 45

Question 1	Réponse D	★★★☆☆	30 sec. – 1 min.

Étape 1 Convertissons les minutes en heures.

45 minutes correspondent à 3/4 d'heure soit 0,75 heure.

Étape 2 Calculons sa vitesse moyenne en utilisant la formule $V = \frac{D}{T}$

$$V = \frac{D}{T} \Leftrightarrow V = \frac{40}{\frac{3}{4}} = 40 \times \frac{4}{3} = \frac{160}{3} \approx \mathbf{53\ km/h.\ Réponse\ D.}$$

Question 2	Réponse B	★★★★☆	45 sec. – 3 min.

Étape 1 Calculons D_1 et D_2 pour appliquer la formule du changement de vitesses.

Avec une vitesse de 120 km/h, Arnaud parcourt 10 km, donc $D_1 = 10$ km.

Avec une vitesse de 60 km/h, Arnaud parcourt $2 + 12 = 14$ km, donc $D_2 = 14$ km.

Étape 2 Calculons la vitesse moyenne du trajet d'Arnaud.

La distance D_1 parcourue à la vitesse de 120 km/h est différente de la distance D_2 parcourue à la vitesse de 60 km/h, il faut donc utiliser la formule de la vitesse moyenne avec changement de vitesses quand $D_1 \neq D_2$:

$$V = \frac{D_1 + D_2}{\frac{D_1}{V1} + \frac{D_2}{V2}} = \frac{10 + 14}{\frac{10}{120} + \frac{14}{60}} = \frac{24}{\frac{10}{120} + \frac{28}{120}} = \frac{24}{\frac{38}{120}} = 24 \times \frac{120}{38} = \mathbf{75{,}8\ km/h.\ Réponse\ B.}$$

FICHE 47

Question 1 **Réponse B** ★★★☆☆ 30 sec. – 2 min.

■ **Rappel de cours** **Temps de rattrapage** = $\dfrac{\textbf{Distance d'avance du poursuivi}}{\textbf{Écart des vitesses}}$

Étape 1 **Modélisons la situation.**

a) Distance d'avance du poursuivant sur le poursuivi = 800 m = 0,8 km (1 tour d'avance = le cycliste rapide a 1 tour d'avance sur le cycliste lent).

b) Écart des vitesses : 4 km/h (énoncé).

Étape 2 **Appliquons la formule (en faisant attention aux unités).**

Temps de rattrapage = $\dfrac{0{,}8 \text{ km}}{4 \text{ km / h}} = \dfrac{8}{40}\text{h} = \dfrac{1}{5}\text{h}$ = **12 min. Réponse B.**

Question 2 **Réponse D** ★★★★☆ 30 sec. – 2 min.

■ **Rappels de cours**

1) Vitesse = $\dfrac{\textbf{Distance}}{\textbf{Temps}}$ ⇔ **Temps** = $\dfrac{\textbf{Distance}}{\textbf{Vitesse}}$ ⇔ **Distance = Vitesse × Temps**

2) **Temps de rattrapage** = $\dfrac{\textbf{Distance d'avance du poursuivi}}{\textbf{Écart des vitesses}}$

Étape 1 **Modélisons la situation.**

Distance d'avance du poursuivi = 1/4 h × 12 km/h = **3 km** (avance de Paul = 15 minutes à 12 km/h = **3 km**).

Temps de rattrapage = 10h45 – 10h15 = **1/2 heure** = 30 minutes.

Écart des vitesses : valeur cherchée (inconnue).

Étape 2 **Appliquons la formule pour trouver l'écart des vitesses (en faisant attention aux unités).**

Temps de rattrapage = $\dfrac{\text{Distance d'avance}}{\text{Écart des vitesses}}$ ⇔ $\dfrac{1}{2}$ h = $\dfrac{3 \text{ km}}{\text{Écart des vitesses}}$

⇔ **Écart des vitesses** = 3 km × 2 = **6 km/h** (produit en croix).

Étape 3 **Concluons.**

Marianne va donc 6 km/h plus vite que Paul, soit 12 + 6 = **18 km/h. Réponse D.**

FICHE 48

Question 1 **Réponse B** ★★★☆☆ 30 sec. – 2 min.

■ **Rappel de cours** **Temps avant croisement** = $\dfrac{\textbf{Distance totale}}{\textbf{Somme des vitesses}}$

Étape 1 **Modélisons la situation.**

Temps avant croisement = **3/4 h** = 45 minutes.

Somme des vitesses = 220 km/h =100 km/h + 120 km/h (20 % de plus).
Distance totale = valeur cherchée (inconnue).

Étape 2 Appliquons la formule (en faisant attention aux unités).

Temps avant croisement = $\frac{\text{Distance totale}}{\text{Somme vitesses}} \Leftrightarrow \frac{3}{4} = \frac{\text{Distance totale}}{220}$

$\Leftrightarrow$ Distance totale = $\frac{3}{4} \times 220$ = **165 km. Réponse B.**

Question 2	Réponse D	★★★☆☆	30 sec. – 2 min.

- **Rappel de cours** $D_1 = \frac{V_1}{(V_1+V_2)} \times$ **Distance Totale**

Étape 1 Modélisons la situation.

Soit D_1 la distance parcourue par la voiture partie de A. On sait que D_1 = 80 km et Dtotale = 320 km. On cherche $\frac{V_1}{V_2}$.

Étape 2 Appliquons la formule (en faisant attention aux unités).

$D_1 = \frac{V_1}{(V_1+V_2)} \times \text{Distance Totale} \Leftrightarrow \frac{D_1}{D_{totale}} = \frac{V_1}{(V_1+V_2)} \Leftrightarrow \frac{80}{320} = \frac{V_1}{(V_1+V_2)}$

$\Leftrightarrow \frac{1}{4} = \frac{V_1}{(V_1+V_2)}$

$\Leftrightarrow V_1 + V_2 = 4 \times V_1$ (produit en croix) $\Leftrightarrow V_2 = 3 \times V_1 \Leftrightarrow$ **$V_1 = 1/3 \times V_2$. Réponse D.**

> **ASTUCE** On aurait pu schématiser l'énoncé et voir que la voiture partie de A parcourt **80 km**, soit 3 fois moins que celle partie de B : 320 – 80 = **240 km**. Ainsi, la voiture partie de A va 3 fois moins vite que la voiture partie de B.

FICHE 49

Question 1	Réponse B	★★★☆☆	30 sec – 2 min.

- **Rappel de cours** **Distance = Vitesse × Temps.**

Étape 1 Calculons la distance parcourue par le 1er marcheur (quand le 2ème est encore à l'arrêt).

Le 1er randonneur marche à 4 km/h pendant 1 heure, donc il parcourt 4 km avant le départ du 2e. Au moment du départ du 2e, la distance séparant les 2 promeneurs n'est donc plus que de 18 – 4 = 14 km.

Étape 2 Appliquons la formule du temps de croisement en cas de départ différé et concluons.

Temps avant croisement = $\frac{\text{Distance totale restante}}{\text{Somme des vitesses}} = \frac{14 \text{ km}}{10 \text{ km / h}}$ = 1,4 heure = 1h + 0,4h = 1h24.

Étape 3 **Concluons.**

Ainsi, il s'écoule 1h24 après le départ du second randonneur soit 10h00 + 1h24 = **11h24.** **Réponse B.**

Question 2 **Réponse B** ★★★★☆ **30 sec – 2 min.**

- **Rappel de cours** **Distance = Vitesse × Temps.**

Étape 1 **Modélisons la situation.**

La voiture parcourt 300 km en 3 heures soit une vitesse de 100 km/h. Le train, qui roule 25 % plus vite se déplace donc à 125 km/h. La distance initiale totale entre les 2 véhicules est de 300 km.

Étape 2 **Calculons la distance parcourue par la voiture (quand le train est encore à l'arrêt).**

La voiture roule 3/4 d'heure (45 minutes) à la vitesse de 100 km/h avant le départ du train. Elle avance donc de : 3/4 × 100 = 75 km. Au moment du départ du train, la distance séparant les 2 véhicules n'est donc plus que de 300 – 75 = 225 km.

Étape 3 **Appliquons la formule du temps de croisement en cas de départ différé et concluons.**

$$\textbf{Temps avant croisement} = \frac{\textbf{Distance totale restante}}{\textbf{Somme des vitesses}} = \frac{\textbf{225 km}}{\textbf{225 km / h}} = \textbf{1 heure.}$$

Les 2 véhicules rouleront 1 heure chacun. Pendant cette heure, le train parti de B parcourt 125 km (1 heure à 125 km/h). Le train parcourt donc 125 km depuis B donc les 2 véhicules se croiseront à 125 km de B. **Réponse B.**

FICHE 51

Question 1 **Réponse D** ★☆☆☆☆ **15 sec. – 1 min.**

Étape 1 **Reconnaissons une suite arithmétique.**

On reconnaît une suite arithmétique de raison 3 et de premier terme 3.

Étape 2 **Appliquons la formule de la somme des termes d'une suite arithmétique.**

$$S = \frac{1}{2} \times \text{nombre de termes} \times (1^{\text{er}}\ \text{terme} + \text{dernier terme}) = \frac{1}{2} \times 7 \times (3 + 21) = \mathbf{84}.$$ **Réponse D.**

Question 2 **Réponse C** ★★★☆☆ **30 sec. – 2 min.**

- **Rappel** Il y a **B – A + 1** éléments compris entre A et B.

Étape 1 **Appliquons la formule à l'exemple.**

1) De la page 122 à la page 157, il y a donc 157 – 122 + 1 = 35 + 1 = **36 pages.**

2) De la page 168 à la page à la page 185, il y a donc 185 – 168 + 1 = 17 + 1 = **18 pages.**

Le professeur a donc donné **36 + 18 = 54 pages à lire.**

Étape 2 Concluons.

Comme les élèves n'ont lu qu'un tiers des pages, ils ont lu : 54/3 = **18 pages. Réponse C.**

Question 3 Réponse D ★★★☆☆ **30 sec. – 2 min.**

Étape 1 Interprétons l'énoncé.

Posons X le premier nombre de la suite. Les nombres étant consécutifs on note le dernier terme X + 4.

Selon l'énoncé, $\frac{X + (X + 4)}{2} = 36$ ($\Leftrightarrow$ 2X + 4 = 72 $\Leftrightarrow$ 2X = 68 $\Leftrightarrow$ **X = 34).**

Étape 2 Calculons la somme en tant que somme de termes d'une suite arithmétique de raison 1.

$S = \frac{1}{2} \times \text{nombre de termes} \times (1^{er}\text{ terme} + \text{dernier terme}) = 5 \times \frac{X + (X + 4)}{2} = 5 \times 36 = \mathbf{180.}$

Réponse D.

FICHE 52

Question 1 Réponse C ★★☆☆☆ **30 sec. – 1 min.**

Étape 1 Reconnaissons une suite géométrique.

On reconnaît une suite géométrique de raison 2 et de premier terme 3. On part bien de 3 et on multiplie par 2 pour passer d'un terme au suivant.

Étape 2 Appliquons la formule de la somme des termes d'une suite géométrique.

$1^{er}\text{ terme} \times \frac{\left(q^{\text{nombre de termes}} - 1\right)}{q - 1} = 3 \times \frac{2^7 - 1}{2 - 1} = 3 \times 127 = \mathbf{381.}$ **Réponse C.**

Question 2 Réponse C ★★★★☆ **1 min. – 3 min.**

Étape 1 Calculons le nombre de participants.

Le nombre de participants doit être une puissance de 2 pour réussir à avoir 2 équipes à la fin de la compétition. En effet, on divise successivement le nombre de participants par 2 et il en reste finalement 2. Le nombre de participants est donc bien une puissance de 2.

Le nombre de participants doit également être compris entre 60 et 120. Il n'existe qu'un seul cas : $\mathbf{2^6 = 64}$.

Ainsi, la compétition compte **6 phases de sélection** et **64 équipes initialement**.

Étape 2 Calculons le nombre d'équipes en compétition à la troisième phase.

On remarque que le nombre d'équipes à chaque phase est une suite géométrique de raison q = 1/2 et de premier terme $U_1 = 64$.

Ainsi, à la troisième phase de la compétition, le nombre d'équipes est de :

$U_3 = U_1 \times q^{3-1} = 64 \times \left(\frac{1}{2}\right) \times \left(\frac{1}{2}\right) = 64 \times \frac{1}{4} = \mathbf{16.}$ **Réponse C.**

FICHE 53

Question 1 **Réponse C** ★★☆☆☆ 15 sec. – 1 min.

Progression arithmétique avec écart croissant : écart de +5 / +6 / +7 / **+8 / +9**

8 – 13 – 19 – 26 – 34 – **43. Réponse C.**

Question 2 **Réponse D** ★★★☆☆ 30 sec. – 2 min.

Mix de plusieurs suites : ×3 / –3 / ×3 / –3 / ×3

4 – 12 – 9 – 27 – 24 – **72. Réponse D.**

Question 3 **Réponse A** ★★★★☆ 30 sec. – 3 min.

On a : $1^3 = 1$ puis $(-2)^3 = (-8)$ puis $(-11)^3 = (-1331)$.

Il s'agit d'une suite de la forme $a - a^3 - b - b^3 - c - c^3$.

1 – 1 – (–2) – (–8) – (–11) – **(–1331). Réponse A.**

FICHE 58

Question 1 **Réponse D** ★★☆☆☆ 15 sec. – 45 sec.

Étape 1 **Interprétons l'énoncé.**

On note a = 17 cm, b = 8 cm et c l'inconnue.

Étape 2 **Calculons la longueur de l'hypoténuse.**

Le triangle est rectangle donc, d'après le théorème de Pythagore :

$a^2 = b^2 + c^2 \Leftrightarrow c^2 = a^2 - b^2 \Leftrightarrow c^2 = 17^2 - 8^2 = 225\ (= 15^2) \Leftrightarrow c = \sqrt{225} = \mathbf{15\ cm.}$

Réponse D.

> **ASTUCE** Le triangle 8, 15, 17 est un triangle pythagoricien.

Question 2 **Réponse E** ★★☆☆☆ 15 sec. – 45 sec.

Étape 1 **Interprétons l'énoncé.**

Soit X la longueur du côté manquant. On sait que X est compris entre **6 et 10 cm.**

Étape 2 **Calculons la longueur du dernier côté.**

Le triangle est rectangle donc, d'après le théorème de Pythagore, on a :

$6^2 + X^2 = 10^2 \Leftrightarrow X^2 = 10^2 - 6^2 = 100 - 36 = 64 \Leftrightarrow$ **X = 8 cm. Réponse E.**

> **ASTUCE** Le triangle 6, 8, 10 est un triangle pythagoricien.

Question 3	Réponse D	★★★☆☆	30 sec. – 2 min.

Étape 1 Interprétons l'énoncé.

Soit X la longueur du studio. La largeur du studio est donc $\frac{3}{4}X$ mètres.

On a l'équation suivante : $X \times \frac{3}{4}X = 48$.

Étape 2 Résolvons l'équation.

$X \times \frac{3}{4}X = 48 \Leftrightarrow \frac{3}{4}X^2 = 48 \Leftrightarrow X^2 = 48 \times \frac{4}{3} = 64 \Leftrightarrow \mathbf{X = 8\ m}$

Le studio mesure donc **8 mètres de long** et **6 mètres de large** (car $\frac{3}{4} \times 8 = 6$).

Étape 3 Calculons la longueur de la diagonale du studio.

On schématise le studio avec un rectangle ABCD où AB = 6 et BC = 8.

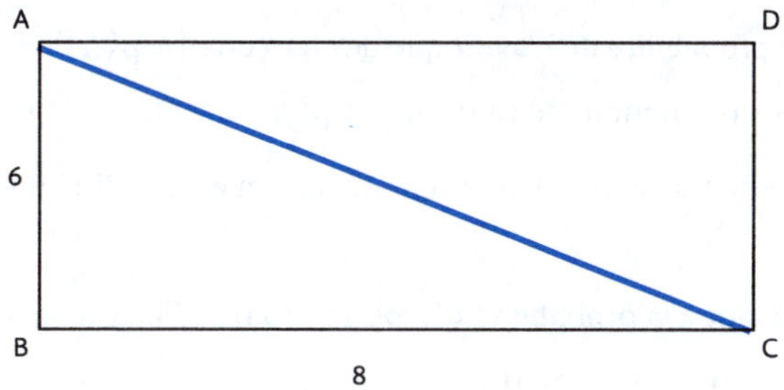

On cherche à déterminer la longueur de AC.

On applique le théorème de Pythagore dans le triangle ABC rectangle en B :

$AC^2 = AB^2 + BC^2 \Leftrightarrow AC^2 = 6^2 + 8^2 \Leftrightarrow AC^2 = 100 \Leftrightarrow$ **AC = 10 m.**

Étape 4 Concluons.

La diagonale du studio de Ferdinand mesure **10 mètres. Réponse D.**

ASTUCE Le triangle 6, 8, 10 est un triangle pythagoricien.

FICHE 59

Question 1	Réponse C	★★★★☆	1 min. – 3 min.

Étape 1 Reconnaissons le cas du « nœud papillon » du théorème de Thalès.

L'énoncé indique que AB est parallèle à EF. On peut donc utiliser le théorème de Thalès.

Étape 2 Calculons la longueur CF grâce au théorème de Thalès.

$$\frac{CF}{CA} = \frac{CE}{CB} = \frac{EF}{AB} \Leftrightarrow \frac{CF}{19} = \frac{\left(\frac{4}{20} \times BC\right)}{BC} \Leftrightarrow \frac{CF}{19} = \frac{4}{20} \text{ (on a simplifié par BC)}$$

$$\Leftrightarrow CF = 19 \times \frac{4}{20} = \frac{76}{20} = \frac{38}{10} \Leftrightarrow CF = \mathbf{3{,}8\ cm}.$$ **Réponse C.**

FICHE 61

Question 1 **Réponse D** ★★★☆☆ **30 sec. – 2 min.**

- **Rappels de cours :**

  1) Probabilité d'un événement : $\mathbf{p(A) = 1 - p(\overline{A})}$.

  2) Si A et B sont **indépendants**, alors on a : $\mathbf{p(A \cap B) = p(A) \times p(B)}$.

Étape 1 **Modélisons la situation.**

Soit A l'événement : « Au moins 1 des enfants est une fille ». Ainsi, on a l'événement $\overline{A}$: « Aucun enfant n'est une fille » = « Les 4 enfants sont des garçons ».

Ainsi, comme il est facile de trouver $\mathbf{p(\overline{A})}$, on va calculer $\mathbf{1 - p(\overline{A})}$ pour trouver p(A).

Étape 2 **Calculons la probabilité de n'avoir que des garçons $(= p(\overline{A}))$.**

Probabilité d'obtenir uniquement des garçons $\mathbf{= p(\overline{A}) = p(G, G, G, G) = \frac{1}{2} \times \frac{1}{2} \times \frac{1}{2} \times \frac{1}{2} = \frac{1}{16}}$

(événements indépendants : le fait d'avoir eu un garçon en 1er n'influe pas sur la probabilité d'en avoir en 2e).

Étape 3 **Concluons quant à la probabilité d'avoir au moins 1 fille sur les 4 enfants (= p(A)).**

Probabilité d'obtenir au moins une fille $= 1 - p(\overline{A}) = 1 - \frac{1}{16} = \frac{16}{16} - \frac{1}{16} = \mathbf{\frac{15}{16}}$. **Réponse D.**

> **REMARQUE** **Autre méthode :** On aurait pu lister les cas favorables pour utliser la formule :
>
> **Probabilité de l'événement de l'énoncé** = $\mathbf{\frac{(1)\ \text{Nombre de cas correspondants}}{(2)\ \text{Nombre total de cas}}}$.

Question 2 **Réponse C** ★★★☆☆ **30 sec. – 2 min.**

Probabilité de l'événement de l'énoncé = $\mathbf{\frac{(1)\ \text{Nombre de cas correspondants}}{(2)\ \text{Nombre total de cas}}}$

Étape 1 **Modélisons la situation.**

Les jetons sont numérotés de 1 à 40. Il y en a 40 au total.

Les jetons qui portent un nombre premier sont : 2, 3, 5, 7, 11, 13, 17, 19, 23, 29, 31 et 37, soit **12 possibilités.**

Étape 2 **Concluons.**

Probabilité de l'événement = $\mathbf{\frac{\text{Nombre de cas correspondants}}{\text{Nombre total de cas}} = \frac{12}{40} = \frac{3}{10}}$ **= 30 %. Réponse C.**

Question 3 Réponse C ★★★★☆ **45 sec. – 3 min.**

Probabilité de l'événement de l'énoncé = $\frac{\text{(1) Nombre de cas correspondants}}{\text{(2) Nombre total de cas}}$

Étape 1 Modélisons la situation.

Les boules sont numérotées de 0 à 5. Au total, on dénombre 15 possibilités, parmi lesquelles 11 (surlignées en bleu) correspondent à l'énoncé (somme des 2 boules inférieure ou égale à 6).

(0,1), (0,2), (0,3), (0,4), (0,5) : **5 possibilités.**

(1,2), (1,3), (1,4), (1,5) : **4 possibilités.**

(2,3), (2,4), (2,5) : **3 possibilités.**

(3,4), (3,5) : **2 possibilités.**

(4,5) : **1 possibilité.**

Étape 2 Concluons.

Probabilité de l'événement = $\frac{\text{Nombre de cas correspondants}}{\text{Nombre total de cas}} = \frac{\mathbf{11}}{\mathbf{15}}$. **Réponse C.**

FICHE 62

Question 1 Réponse B ★★★★★ **45 sec. – 3 min.**

Probabilité de l'événement de l'énoncé = $\frac{\text{(1) Nombre de cas correspondants}}{\text{(2) Nombre total de cas}}$

Étape 1 Modélisons la situation en affectant à chaque face un poids (= coeff.) différent.

L'énoncé indique que la face 6 tombe 6 fois plus que la face 1, la face 5 tombe 5 fois plus que la face 1, etc.

	Face N° 1	Face N° 2	Face N° 3	Face N° 4	Face N° 5	Face N° 6	TOTAL (= somme)
Coefficient	1	2	3	4	5	6	21
Probabilité	$\frac{1}{21}$	$\frac{2}{21}$	$\frac{3}{21}$	$\frac{4}{21}$	$\frac{5}{21}$	$\frac{6}{21}$	$\frac{21}{21}$

Étape 2 Concluons.

La probabilité que la face 2 « tombe » est de $\frac{2}{21}$.

Ainsi, en extrapolant, on peut dire que la face 2 tombe 2 fois tous les 21 lancers, soit **4 fois tous les 42 lancers. Réponse B.**

FICHE 63

Question 1 Réponse E ★★★★☆ 45 sec. – 3 min.

Étape 1 Traduisons l'énoncé.

Le mot ANAGRAMME compte 9 lettres dont 3A, 2M, et 1E, 1N, 1G, 1R.

Étape 2 Utilisons la formule du nombre d'anagrammes

Le nombre d'anagrammes du mot ANAGRAMME est :

$$\frac{9\,!}{3\,!\times 2\,!}=\frac{9\times 8\times \ldots \times 3\times 2}{3\times 2\times 2}=\frac{9\times 8\times 7\times 6\times 5\times 4}{2}$$ = **30 240. Réponse E.**

Question 2 Réponse C ★★★★☆ 45 sec. – 3 min.

Étape 1 Identifions un cas d'arrangement.

Dans un code, l'ordre importe. Il faut donc non seulement sélectionner les 3 bons chiffres parmi les 10, mais également les ordonner. Il s'agit donc un cas d'arrangement.

Étape 2 Utilisons la formule du nombre d'arrangements.

Le nombre d'arrangements est : $A_{10}^{3} = \frac{10\,!}{(10\;-\;3)\,!}=\frac{10\,!}{7\,!}$ = 10 × 9 × 8 = **720 possibilités. Réponse C.**

FICHE 64

Question 1 Réponse C ★★☆☆☆ 30 sec. – 1 min.

Étape 1 Analysons la situation.

On est dans le cas d'un championnat aller - retour entre N équipes.

Il faut donc utiliser la formule : **N × (N – 1)**

Étape 2 Calculons le nombre de matchs.

Il y a 12 équipes dans le championnat. Il y a donc :

12 × 11 = 144 – 12 = **132 matchs. Réponse C.**

Question 2 Réponse A ★★★☆☆ 30 sec. – 1 min.

Étape 1 Analysons la situation.

On est dans le cas d'un nombre de salutations entre N personnes.

Il faut donc utiliser la formule : $\mathbf{\frac{N\times(N-1)}{2}}$

Étape 2 Calculons le nombre de joueurs.

On sait que : $\frac{N\times(N-1)}{2} = 66 \Leftrightarrow N\times(N-1) = 132 \Leftrightarrow \mathbf{N = 12}$.

REMARQUE En tâtonnant, on voit rapidement que seul 12 × 11 donne 132.

Il y a donc 12 joueurs au total qui se sont serré la main. Chaque équipe est donc composée de **6 joueurs. Réponse A.**

FICHE 67

Question 1 Réponse C ★★☆☆☆ **15 sec. – 45 sec.**

(5 + 2) + (1 + 4) = **12.**

(2 + 6) + (1 + 8) = **17.**

Puis : 1 + 2 + 1 + 7 = **11.**

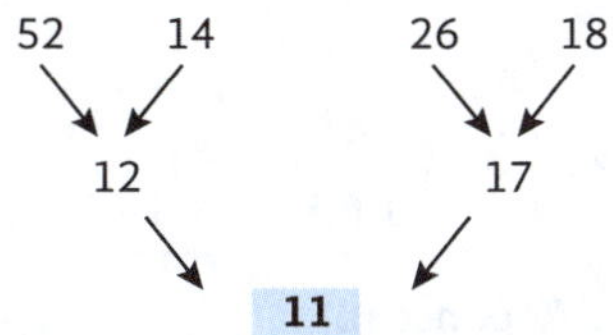

Question 2 Réponse A ★★★★★ **45 sec. – 2 min.**

(6 – 4) × (3 – 1) = **5 – 1** et (5 – 3) × (4 – 3) = **2 – 0.**

Puis : (5 – 1) × (2 – 0) = 9 – 1 = **8. Réponse A.**

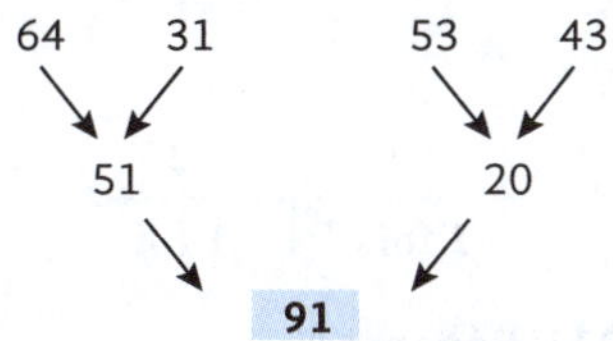

FICHE 68

Question 1 Réponse C ★★★☆☆ **15 sec. – 45 sec.**

Étape 1 Exprimons 17 sous la forme d'une somme de puissances de 2.

17 = **1** × 2^4 + **0** × 2^3 + **0** × 2^2 + **0** × 2^1 + **1** × 2^0 = 16 + 1 = **17.**

Étape 2 Établissons la base 2.

Combien de fois a-t-on utilisé ?	2^4	2^3	2^2	2^1	2^0
	1 fois	**0 fois**	**0 fois**	**0 fois**	**1 fois**

Étape 3 La réponse est donc 10001. Réponse C.

Question 2 Réponse A ★★★☆☆ 15 sec. – 45 sec.

Étape 1 Exprimons 37 sous la forme d'une somme de puissances de 3.

$\mathbf{37} = \mathbf{1} \times 3^3 + \mathbf{1} \times 3^2 + \mathbf{0} \times 3^1 + \mathbf{1} \times 3^0 = 27 + 9 + 1 = \mathbf{37}.$

Étape 2 Établissons la base 3.

Combien de fois a-t-on utilisé ?	3^3	3^2	3^1	3^0
	1 fois	**1 fois**	**0 fois**	**1 fois**

Étape 3 La réponse est donc 1101. Réponse A.

Question 3 Réponse B ★★★☆☆ 15 sec. – 45 sec.

Étape 1 Exprimons 21 sous la forme d'une somme de puissances de 4.

$\mathbf{21} = \mathbf{1} \times 4^2 + \mathbf{1} \times 4^1 + \mathbf{1} \times 4^0 = 16 + 4 + 1 = \mathbf{21}.$

Étape 2 Établissons la base 4.

Combien de fois a-t-on utilisé ?	4^2	4^1	4^0
	1 fois	**1 fois**	**1 fois**

Étape 3 La réponse est donc 111. Réponse B.

Question 4 Réponse E ★★★☆☆ 15 sec. – 45 sec.

Étape 1 Exprimons 31 sous la forme d'une somme de puissances de 2.

$\mathbf{31} = \mathbf{1} \times 2^4 + \mathbf{1} \times 2^3 + \mathbf{1} \times 2^2 + \mathbf{1} \times 2^1 + \mathbf{1} \times 2^0 = 16 + 8 + 4 + 2 + 1 = \mathbf{31}.$

Étape 2 Établissons la base 2.

Combien de fois a-t-on utilisé ?	2^4	2^3	2^2	2^1	2^0
	1 fois	**1 fois**	**1 fois**	**1 fois**	**1 fois**

Étape 3 La réponse est donc 11111. Réponse E.

Question 5 Réponse D ★★★☆☆ 15 sec. – 45 sec.

Étape 1 Exprimons 31 sous la forme d'une somme de puissances de 3.

$\mathbf{31} = \mathbf{1} \times 3^3 + \mathbf{0} \times 3^2 + \mathbf{1} \times 3^1 + \mathbf{1} \times 3^0 = 27 + 3 + 1 = \mathbf{31}.$

Étape 2 Établissons la base 3.

Combien de fois a-t-on utilisé ?	3^3	3^2	3^1	3^0
	1 fois	**0 fois**	**1 fois**	**1 fois**

Étape 3 La réponse est donc 1011. Réponse D.

FICHE 70

Question 1 Réponse C ★★★★☆ 1 min. – 2 min.

- **Rappels de cours** **Chiffre d'affaires = Prix de vente (moyen) × nombre de ventes.**

  Nouveau total = Ancien total × (1 ± Variation en %).

Étape 1 **Récapitulons les données sous forme de tableau.**

	Clients	Prix de vente moyen	Chiffre d'affaires
Avant	100 = base 100	100 = base 100	100 × 100 = 10 000
Après	X	90 = baisse de 10 %	10 000 × 1,17 = 11 700

Étape 2 **Calculons le nouveau nombre de clients grâce à la formule du chiffre d'affaires.**

On sait que : $X \times 90 = 11\,700 \Leftrightarrow X = \frac{11700}{90} = \frac{1170}{9} = \mathbf{130}$.

Ainsi, le nouveau nombre de clients est **130**. Cela correspond à une **augmentation de 30 % (130 – 100)** par rapport à l'ancien nombre de clients. **Réponse C.**

CORRIGÉ « RAISONNEMENT ET ARGUMENTATION »

FICHE 78

Question 1 Réponse A ★★★☆☆ 45 sec. – 2 min.

Étape 1 Interprétons l'énoncé.

Le gobelet rouge est à droite de la bille. Donc la bille n'est pas sous le gobelet rouge. De même, le bonbon est à droite du gobelet rouge. Donc le bonbon n'est pas sous le gobelet rouge.

Étape 2 Concluons.

Ainsi, par élimination, seule la pièce peut être sous le gobelet rouge. **Réponse A.**

Question 2 Réponse B ★★★★☆ 45 sec. – 3 min.

Étape 1 Schématisons les informations en commençant par la plus sûre.

Le roman est en deuxième position en partant de la droite (= Position 3).

Position 1	Position 2	Position 3	Position 4
		Roman	

Étape 2 Utilisons les autres informations.

Ni le recueil de poèmes ni l'essai ne sont à côté du livre pour enfants, qui est donc tout à droite (Position 4). En effet, si le livre pour enfants était sur une des deux places de gauche, il aurait à côté de lui soit le recueil soit l'essai ce qui serait contraire à l'énoncé.
En revanche, on ne peut pas déterminer précisément la place du recueil ni celle de l'essai. On sait simplement qu'ils sont côte à côte. 2 configurations sont donc possibles.

Configuration 1			
Position 1	**Position 2**	**Position 3**	**Position 4**
Poème	Essai	Roman	Livre pour enfants

Configuration 2			
Position 1	**Position 2**	**Position 3**	**Position 4**
Essai	Poème	Roman	Livre pour enfants

Dans les deux cas, l'essai et le recueil de poèmes sont côte à côte. **Réponse B.**

FICHE 79

Question 1 **Réponse A** ★★★☆☆ **30 sec. – 2 min.**

- **Rappel de cours**

  Nombre de dépassements **PAIR** = les positions sont **IDENTIQUES**.

  Nombre de dépassements **IMPAIR** = les positions sont **INVERSÉES.**

Étape 1 Traduisons la situation initiale avec des inéquations.

A < B < C.

Étape 2 Transformons les inéquations selon les informations de l'énoncé.

« A et C se doublent 5 fois » = les positions **s'inversent**. C est donc avant A.

« B et C se dépassent 8 fois » = les positions sont identiques. B est donc avant C.

Donc, le **client A** arrive en dernière position à la caisse. **Réponse A.**

FICHE 80

Question 1 **Réponse B** ★★★☆☆ **30 sec. – 2 min.**

Étape 1 Interprétons l'énoncé.

Soient A, B, G et T les niveaux de richesse respectifs d'Adrien, Bruno, Guillaume et Thomas. D'après les informations de l'énoncé, on sait que B > A. On sait aussi que B > G > T. Enfin, la dernière information est que A > G.

Étape 2 Concluons.

On a donc le classement suivant : B > A > G > T. **Réponse B.**

FICHE 81

Question 1 **Réponse C** ★★★☆☆ **30 sec. – 2 min.**

Étape 1 Identifions le cas de l'énoncé.

On est dans un cas d'optimisation (« **Combien de tirages au minimum faut-il pour être sûr d'avoir ... »**) et nous cherchons 2 éléments similaires (2 chaussettes de même couleur). On va donc utiliser la formule : **Nombre d'éléments différents + 1**

Étape 2 Appliquons la formule au cas de Monsieur Dupond.

Il y a 3 types d'éléments différents (3 couleurs de chaussettes) donc la formule donne :

Nombre de tirages minimum = 3 + 1 = 4.

En effet, dans le pire des cas, Monsieur Dupond tire une chaussette noire, puis une bleue puis une rouge. Après 3 tirages il a donc 3 chaussettes de couleurs différentes. Au 4e tirage, il va donc nécessairement tirer une couleur qu'il a déjà et donc avoir 2 chaussettes de même couleur.

Étape 3 Concluons. Réponse C.

Question 2 Réponse D ★★★☆☆ 30 sec. – 2 min.

- **Rappel de cours 2 éléments similaires = Nombre d'éléments différents + 1.**

Étape 1 Identifions le pire cas possible (avec un objectif de 2 nationalités identiques) = comportement du malchanceux.

Dans le pire cas, on aurait 4 étudiants de nationalité différente lors des 4 premiers contacts. **Exemple :** F – I – B – A. Ainsi, après 4 contacts (tirages), il y a (au pire) **1 seul étudiant de chaque nationalité.**

Étape 2 Concluons quant au nombre de tirages nécessaire.

Ainsi, **au 5e contact (tirage)**, on aura forcément un étudiant d'une nationalité déjà contactée et donc on aura bien 2 étudiants de nationalité identique. **Réponse D.**

FICHE 84

Question 1 Réponse D ★★★★☆ 30 sec. – 2 min.

- **Rappel de cours Pour les intrus, les critères de FOND sont plus importants que les critères de FORME.**

Étape 1 Identifions le point commun entre 4 des 5 espèces proposées.

4 des 5 espèces sont des mammifères : Dauphin – Girafe – Chien – Chat.

Étape 2 Concluons quant à l'intrus.

L'intrus est donc « Crocodile » qui est un ovipare (pond des œufs). **Réponse D.**

FICHE 85-2

Question 1 Réponse A ★★☆☆☆ 30 sec. – 2 min.

Étape 1 Calculons le nombre de jours de projection.

Le nombre de jours de projection est donné par l'énoncé : **1 000 jours.**

Étape 2 Divisons ce résultat par 7 (car 1 semaine = 7 jours).

1000 ÷ 7 = 142 et il reste 6.

Étape 3 Interprétons et concluons.

Quotient de 142 = 142 semaines pleines.
Reste de 6 = semaine entamée de 6 jours (à la suite des 142 semaines pleines).

Dans 142 semaines pleines, on sera à nouveau un lundi (142 x 7). Donc, avec 6 jours de plus dans la semaine entamée, on a : **lundi + 6 = dimanche. Réponse A.**

Question 2 Réponse C ★★★☆☆ **30 sec. – 2 min.**

Étape 1 Listons les configurations de mois avec 5 fois le même jour (Ici, lundi).

Pour un mois de 31 jours, 3 configurations avec 5 lundis sont possibles.

Configuration de mois		
n°1	**n°2**	**n°3**
1	2	3
8	9	10
15	16	17
22	23	24
29	30	31

Étape 2 Identifions les configurations de mois avec 3 lundis impairs.

Ici, 2 configurations avec 3 lundis impairs sont a priori possibles.

> **ATTENTION** En avril, il n'y a que 30 jours. La configuration n°3 est donc impossible.

Il ne reste que la **configuration n°1.**

Configuration de mois		
n°1	n°2	n°3
1	2	3
8	9	10
15	16	17
22	23	24
29	30	31

Étape 3 Concluons.

D'après la configuration n°1, on sera lundi 15 donc **jeudi 18 avril. Réponse C.**

Question 3 Réponse B ★★★☆☆ **30 sec. – 2 min.**

Étape 1 Remontons l'énoncé à l'envers en partant de « mardi ».

On cherche : le surlendemain **(4)** de la veille **(3)** du surlendemain **(2)** d'avant-hier **(1)** de mardi **(0)**.

(1) Mardi : « avant-hier » = Dimanche ;

(2) Dimanche : « le surlendemain » = Mardi ;

(3) Mardi : « la veille » = Lundi ;

(4) Lundi : « le surlendemain » = Mercredi.

Étape 2 Concluons.

Ils ont choisi de se revoir **mercredi. Réponse B.**

FICHE 86

Question 1 Réponse A ★★☆☆☆ 15 sec. – 45 sec.

Chien est à **canidé** ce que **chat** est à **félin**.

Le **chien** appartient à la famille animale des « **canidés** » tandis que le **chat appartient à la** famille animale des « **félins** ». **Réponse A.**

Question 2 Réponse B ★★★☆☆ 15 sec. – 45 sec.

Théâtre est à **art** ce que **rempart** est à **sécurité**.

Le « théâtre » est une forme d' « art » ; le « rempart » est une forme de « sécurité ». **Réponse B.**

Question 3 Réponse D ★★★★☆ 15 sec. – 45 sec.

« **Artificiel** » est à « **Naturel** » ce que « **Superficiel** » est à « **Profond** ».

« Artificiel » est le **contraire** de « Naturel » et « Superficiel » est le **contraire de « Profond »**. **Réponse D.**

Question 4 Réponse B ★★★★★ 15 sec. – 45 sec.

« **Chariot** » est à « **Haricot** » ce que « **Proie** » est à « **Poire** ».

« Chariot » est l'**anagramme** de « Haricot » et « Proie » est l'**anagramme** de « Poire ». **Réponse B.**

FICHE 88

Question 1 Réponse D ★★★★☆ 45 sec. – 3 min.

Étape 1 Créons un logigramme vierge.

	Paresseux	Capricieux	Rebelle	Malpoli
Gaspard				
Adam				
Gaëtan				
Jules				

Étape 2 Insérons chaque information de l'énoncé dans le logigramme.

Gaspard ne respecte pas le couvre-feu : il est certainement un peu rebelle.

Gaëtan n'aime rien : il est capricieux.

Adam ne se réveille pas le matin : il est paresseux.

Il ne reste plus que Jules, qui est donc malpoli.

	Paresseux	Capricieux	Rebelle	Malpoli
Gaspard	x	x	o	x
Adam	o	x	x	x
Gaëtan	x	o	x	x
Jules	x	x	x	o

Étape 3 Concluons. Réponse D.

FICHE 90

Question 1 Réponse D ★★★★☆ **45 sec. – 3 min.**

Étape 1 Comptons le nombre de cubes étage par étage.

La base est une base carrée de 5 cubes de côté. Il y a donc **25 cubes** au niveau de la base.

Le 1er étage est une base carrée de 4 cubes de côté. Il y a donc **16 cubes** au 1er étage.

Le 2e étage est une base carrée de 3 cubes de côté. Il y a donc **9 cubes** au 2e étage.

Le 3e étage est une base carrée de 2 cubes de côté. Il y a donc **4 cubes** au 3e étage.

Le 4e étage est composé d'**1** cube.

Étape 2 Concluons.

Au total, il y a : 25 + 16 + 9 + 4 + 1 = **55 cubes. Réponse D.**

FICHE 91

Application 1 Réponse C ★★★☆☆ **15 sec. – 2 min.**

Le proverbe **« Tel père, tel fils »** signifie que l'on ressemble souvent à ses parents. On hérite notamment de leurs qualités et de leurs défauts. **Réponse C.**

Application 2 Réponse A ★★★☆☆ **15 sec. – 2 min.**

Le proverbe **« Chat échaudé craint l'eau froide »** signifie qu'une expérience douloureuse engendre une grande méfiance, et fait même craindre ce qui n'a que l'apparence d'un danger similaire. C'est le même sens que **« Qui a fait naufrage redoute la mer, même calme ». Réponse A.**

Application 3 Réponse B ★★★☆☆ **15 sec. - 2 min.**

Le proverbe **« Le chat mordu par un serpent craint même une corde »** signifie qu'une expérience douloureuse engendre une grande méfiance, et fait même craindre ce qui n'a que l'apparence d'un danger similaire.

Toutes les réponses à l'exception de la réponse B, renvoient à la même signification.

Au contraire, le proverbe : « **Si la falaise te fait peur, confronte-toi à la falaise** » signifie qu'il faut se confronter à sa peur pour la vaincre. **Réponse B.**

Application 4	Réponse B	★★★☆☆	15 sec. – 2 min.

« **Passer du coq à l'âne** » signifie passer brutalement d'un sujet à un autre, sans transition ni liaison et c'est donc l'expression correcte ici. **Bonne réponse. Réponse B.**

« **Tomber sur un os** » signifie rencontrer un problème récalcitrant.

« **Couper la poire en deux** » consiste à trouver un compromis.

« **Abondance de biens ne nuit pas** » signifie que même si l'on possède une chose en quantité suffisante, on l'accepte encore par prévoyance (car il coûte peu d'avoir trop mais cher de ne pas avoir assez).

« **Se tailler la part du lion** » décrit une situation dans laquelle on prend la meilleure part aux dépens des autres.

Application 5	Réponse E	★★☆☆☆	15 sec. – 1 min.

Le proverbe « **Qui ne dit mot consent** » signifie que le fait de ne pas objecter alors que l'on en a la possibilité peut être considéré comme un **consentement tacite. Réponse E.**

FICHE 92

Question 1	Réponse E	★★★☆☆	1 min. – 3 min.

Une forte personnalité est plus à même de donner un jugement extrême car la personne a plus confiance en elle. **Réponse E.**

(A) Il faut avoir confiance en ses jugements. **Hors-sujet.**

(B) Les chercheurs sont des neurologues. **Hors-sujet.**

(C) Les jugements de valeur ne sont pas fiables. **Présupposé.**

(D) Trop (ou pas assez) de confiance en soi nuit au jugement. **Conclusion approximative.**

(E) Une personne à forte personnalité est plus apte à donner un jugement extrême sur les choses. **Conclusion. Bonne réponse.**

FICHE 93

Question 1	Réponse E	★★★★☆	45 sec. – 2 min.

(A) L'énergie nucléaire est risquée mais il est difficile de s'en passer : elle permet de stabiliser les prix et assure une fourniture d'énergie constante. C'est pour ces raisons qu'il semble difficile de s'en passer. **Résumé (partiel).**

(B) Remplacer le nucléaire par du solaire ou des éoliennes est possible en théorie mais compliqué dans les faits. **Résumé (partiel).**

(C) L'énergie nucléaire fait peser un risque sécuritaire, comme l'a montré la catastrophe nucléaire japonaise. **Résumé (partiel).**

(D) En matière d'énergie, il faut admettre que le risque zéro n'existe pas. **Conclusion.**

(E) Concernant la production d'énergie, 3 solutions sont possibles : passer aux énergies renouvelables (coûteux et peu fiable) ; mixer les énergies ; améliorer la sécurité du nucléaire. **Résumé. Bonne réponse.**

Bonne réponse : E. La réponse E reprend les 3 pistes pour assurer la fourniture en énergie de demain. C'est la réponse la plus complète.

Hésitations possibles : A, B et C. Les réponses A, B et C sont des résumés possibles pour le texte mais sont trop **partiels**. Ils oublient le point essentiel du texte, qui est d'évoquer les 3 possibilités majeures auxquelles nous sommes confrontés. Les réponses A et C se concentrent uniquement sur les dangers du nucléaire. La réponse B mentionne seulement la solution solaire/éolien.

Autre réponse : D. La réponse D ferait office de bonne conclusion, mais il ne s'agit pas d'un résumé.

FICHE 94

Question 1 Réponse B ★★★★☆ **1 min. – 3 min.**

L'article nous dit que la polémique est « relancée » donc elle avait déjà eu lieu dans le passé. C'est le présupposé du texte. **Réponse B.**

(A) Amazon doit revoir son fonctionnement interne et offrir plus d'aménités à ses employés. **Conclusion.**

(B) Amazon a déjà eu à répondre à des critiques qui remettent en cause les conditions de travail dans l'entreprise. **Présupposé. Bonne réponse.**

(C) Amazon risque de perdre quelques clients à cause des conditions de travail trop dures imposées à ses employés. **Hors-sujet.**

(D) Le New-York Times s'est déjà attaqué aux conditions de travail au sein d'Amazon. **Faux.**

(E) Jeff Bezos, dirigeant d'Amazon, ne perçoit pas la frontière entre une émulation efficace et une ambiance délétère de concurrence entre les employés. **Conclusion.**

Question 2 Réponse A ★★★★☆ **30 sec. – 2 min.**

(A) L'homme de Neandertal a longtemps été un mystère. **Sous-entendu. Bonne réponse.**

(B) Le séquençage du code génétique permet de découvrir certaines caractéristiques d'une espèce. **Soutient.**

(C) L'homme de Neandertal présente beaucoup de caractéristiques communes avec nous. **Résumé.**

(D) L'homme de Neandertal savait sans doute parler. **Résumé (partiel).**

(E) L'homme de Neandertal est proche de nous. **Résumé (approximatif).**

Bonne réponse : A. La réponse A est bien sous-entendue par l'auteur. Si on ne soupçonnait pas les caractéristiques de l'homme de Neandertal, cela signifie qu'il a longtemps été un mystère. Il s'agit de la meilleure réponse possible.
Hésitation possible : B. La réponse B est plutôt une réponse « Soutient » et est explicitement développée dans le paragraphe avec « *une équipe internationale de scientifiques a réalisé le séquençage de son code génétique. Les premiers résultats sont étonnants* ».
Autres réponses : C, D et E. Les réponses C, D et E sont des résumés (complets ou partiels). Ce ne sont pas des sous-entendus, puisque leur contenu est explicitement évoqué dans le texte.

FICHE 95

Question 1 Réponse D ★★★☆☆ 45 sec à 1 min.

L'Homme a beau connaître les problèmes liés à la consommation de viande, il continue d'en consommer. **Réponse D.**

(A) Le nombre d'animaux tués pour l'alimentation des hommes est en augmentation constante. **Hors-sujet.**
(B) L'élevage respectueux de la bête et de la terre refait son apparition dans les pays industrialisés sous l'effet d'une prise de conscience collective. **Hors-sujet.**
(C) La plupart des hommes ont du mal à réagir aux grands problèmes du XXIe siècle car ils n'en perçoivent pas les conséquences directes sur leur vie. **Soutient.**
(D) Malgré notre parfaite connaissance des problèmes environnementaux et éthiques qui entourent aujourd'hui la consommation de viande, seul un nombre restreint d'hommes se privent de cet aliment. **Soutient le plus. Bonne réponse.**
(E) L'Humanité a aujourd'hui pris conscience des enjeux éthiques et environnementaux de la consommation de viande, et les comportements alimentaires évoluent de ce fait nettement. **Contredit.**

FICHE 96

Question 1 Réponse C ★★★☆☆ 1 min. – 2 min.

La **réponse C** « Les joueurs peuvent utiliser des codes pour débuter le jeu avec une grande cellule » **atténue** la force de la 1re phrase du paragraphe qui est « La loi du plus fort ».
En effet, l'utilisation de codes peut être interprétée comme une forme de « tricherie » ou de « raccourci » qui ne respecte pas le principe du jeu.

(A) La vitesse de la connexion Internet est un élément à prendre en compte dans le jeu. **Affaiblit.**
(B) Ce jeu en ligne consiste à se nourrir des cellules plus petites que nous, mais plus rapides, et à éviter les plus grosses. **Résumé.**

(C) Les joueurs peuvent utiliser des codes pour débuter le jeu avec une grande cellule. **Affaiblit le plus. Bonne réponse.**

(D) Le principe de ce jeu pourrait être qualifié de cannibalisme cellulaire. **Hors-sujet.**

(E) L'intérêt de ce jeu réside dans sa simplicité et son aspect addictif. **Interprétation.**

FICHE 97

Question 1 Réponse B ★★★★☆ **30 sec. – 2 min.**

(A) Les transports publics permettent de limiter l'impact de la hausse des taxes. **Hors-sujet.**

(B) L'État a intérêt à maîtriser l'augmentation des prix du pétrole. **Contredit. Bonne réponse.**

(C) L'État ne prend pas de mesure pour maîtriser l'augmentation des prix du pétrole. **Vrai. Ne contredit pas.**

(D) Les gouvernements sont hypocrites au sujet du prix du carburant. **Vrai (radical). Ne contredit pas.**

(E) Les rentrées fiscales liées au carburant ne sont pas les plus importantes dans le budget de l'État. **Hors-sujet.**

Bonne réponse : B. Le texte explique que l'État profite de la hausse des prix du pétrole, grâce aux rentrées fiscales qui y sont liées. Cela s'oppose donc à l'idée qu'ils ont intérêt à limiter l'augmentation.

Hésitations possibles : A et E. Les réponses A et E sont hors-sujet, donc pas en contradiction avec le texte.

Autres réponses : C et D. Les réponses C et D vont dans le sens du texte, elles ne sont pas en contradiction.

CORRIGÉ « CONDITIONS MINIMALES »

FICHE 101

Question 1 — Réponse E ★★☆☆☆ 30 sec. – 2 min.

Étape 1 Essayons avec l'information (1) seule.

On a : Nicolas + 5 = 2 × Caroline.
On a 1 équation à 2 inconnues donc on ne peut pas répondre.

L'information (1) seule est **insuffisante**.
On garde les réponses B, C et E.

Étape 2 Essayons avec l'information (2) seule.

On a : Christophe = (Nicolas + Caroline)/ 2. On dispose d'1 équation à 3 inconnues donc on ne peut pas répondre.

L'information (2) seule est **insuffisante**.
On garde les réponses C et E.

Étape 3 Essayons avec les informations (1) et (2) ensemble.

On a :
Nicolas + 5 = 2 × Caroline.
Christophe = (Nicolas + Caroline)/ 2.
On a 2 équations et 3 inconnues, donc on ne peut pas répondre.

Les informations (1) et (2) ensemble sont **insuffisantes**.

Étape 4 Concluons. Réponse E.

Question 2 — Réponse C ★★★☆☆ 45 sec. – 2 min.

Étape 1 Essayons avec l'information (1) seule.

Il y a plusieurs possibilités pour la valeur de X. Par exemple : X = 7 et Y = 1, ou X = 1 et Y = 7.

L'information (1) seule est **insuffisante**.
On garde les réponses B, C et E.

Étape 2 Essayons avec l'information (2) seule.

L'information « Y est pair » ne fournit aucune indication sur la valeur de X.

L'information (2) seule est **insuffisante**.
On garde les réponses C et E.

Étape 3 Essayons avec les informations (1) et (2) ensemble.

Étant donné que Y est pair et que Y est strictement inférieur à 10, Y n'est pas un multiple de 7 car Y = 2, 4, 6, ou 8. Ainsi, Y ne peut pas être égal à 7. Donc X est forcément multiple de 7 (< 10) ⇔ **X = 7.**	**Les informations (1) et (2) ensemble sont suffisantes.**

Étape 4 Concluons. Réponse C.

FICHE 102

Question 1 Réponse C ★★☆☆☆ 30 sec. – 2 min.

Étape 1 Essayons avec l'information (1) seule.

On ne connaît pas la vitesse du 2e motard, on ne peut rien conclure.	**L'information (1) seule est insuffisante. On garde les réponses B, C et E.**

Étape 2 Essayons avec l'information (2) seule.

De même, on ne connaît pas la vitesse du 1er motard, on ne peut rien conclure.	**L'information (2) seule est insuffisante. On garde les réponses C et E.**

Étape 3 Essayons avec les informations (1) et (2) ensemble.

Après 40 minutes, le premier motard aura déjà parcouru plus de 53 km (40 minutes à 80 km/h). Il lui manquera un peu plus de 12 minutes pour terminer le trajet, or en 12 minutes le deuxième motard ne pourra parcourir que 26 km (12 minutes à 130 km/h) donc ne pourra pas le rattraper.	**Les informations (1) et (2) ensemble sont suffisantes.**

REMARQUE Bien que l'on réponde « non », ce qui compte c'est que l'on puisse répondre avec certitude, peu importe que la réponse soit « oui » ou « non ».

Étape 4 Concluons. Réponse C.

Question 2 Réponse B ★★★★☆ 30 sec. – 3 min.

- **Rappel de cours Règles de parité :**

  Multiplication : P × I = P ; P × P = P ; I × I = I

  Somme : P + I = I ; P + P = P ; I + I = P

Étape 1 Essayons avec l'information (1) seule.

Un nombre pair peut être obtenu par l'addition de 2 nombres pairs ou de 2 nombres impairs.

Solution 1 : Si X et Y sont **tous les deux pairs.** Dans ce cas, X^3 est pair et Y^4 est pair et donc $X^3 \times Y^4$ est **pair** (car P × P = P).

Solution 2 : Si X et Y sont **tous les deux impairs.** Dans ce cas, X^3 est impair et Y^4 est impair et donc $X^3 \times Y^4$ est **impair** (car I × I = I).
On ne peut pas répondre à la question.

L'information (1) seule est **insuffisante**.
On garde les réponses B, C et E.

Étape 2 Essayons avec l'information (2) seule.

Si X^7 est pair, cela signifie que X est pair et donc X^3 est pair. Or, **un produit de facteurs est pair si et seulement si au moins l'un de ses facteurs est pair.** Comme X^3 est pair, $X^3 \times Y^4$ est pair également, quelle que soit la parité de Y^4. On peut répondre à la question.

L'information (2) seule est **suffisante**.

Étape 3 Concluons. Réponse B.

FICHE 103

Question 1 Réponse A ★★★☆☆ **30 sec. – 3 min.**

On cherche le tiercé gagnant dans le désordre, donc uniquement les numéros des 3 premiers.

Étape 1 Essayons avec l'information (1) seule.

La somme des dossards des 3 premiers est égale à 6.
La seule possibilité est : 1 + 2 + 3 = 6.
Toute autre somme a un résultat supérieur car 1, 2 et 3 sont les 3 plus petits dossards possibles.
On peut donc répondre que le tiercé sans ordre est : 1, 2, 3.

L'information (1) seule est **suffisante**.
On garde les réponses A et D.

Étape 2 Essayons avec l'information (2) seule.

On sait que : le dossard 1 est 1er et le dossard 3 est 3e. On n'a aucune information sur le numéro du 2e de la course donc on ne peut pas répondre.

L'information (2) seule est **insuffisante**.

Étape 3 Concluons. Réponse A.

Question 2 Réponse A ★★★☆☆ 30 sec. – 2 min.

On cherche l'année de naissance d'Albert.

Il est né au XXe siècle (1900 – 1999) donc son année de naissance est de la forme : 1 9 X Y.

Étape 1 Essayons avec l'information (1) seule.

Le nombre formé par les 2 premiers chiffres de son année de naissance est 19.

La seule possibilité est que les 2 derniers chiffres forment le double de 19 soit 38.

On peut répondre : son année de naissance est donc **1938**.

L'information (1) seule est **suffisante**.

On garde les réponses A et D.

Étape 2 Essayons avec l'information (2) seule.

Plusieurs solutions donnent une somme des chiffres de 21.

Par exemple, 1929 ($1 + 9 + 2 + 9 = 21$) ou 1938 ($1 + 9 + 3 + 8 = 21$). On ne peut pas répondre.

L'information (2) seule est **insuffisante**.

Étape 3 Concluons. Réponse A.

Question 3 Réponse A ★★★☆☆ 30 sec. – 2 min.

Information (1) seule Suffisante.

$\frac{Y}{Z} = 2{,}5 \Leftrightarrow Y = 2{,}5 \times Z$. Y et Z étant positifs, on peut conclure que $Y > Z$.

On peut conclure. **On garde les réponses A et D.**

Information (2) seule Insuffisante.

Si $Y \times Z = 1{,}6$, impossible de savoir lequel de Y ou de Z est le plus grand. Par exemple, on peut avoir $Y = 0{,}2$ et $Z = 8$ (et dans ce cas $Y < Z$) ou $Y = 8$ et $Z = 0{,}2$ (et dans ce cas $Y > Z$). On ne peut pas conclure.

Conclusion Réponse A.

FICHE 104

Question 1 Réponse B ★★★☆☆ 30 sec. – 2 min.

Étape 1 Interprétons l'énoncé et identifions l'information demandée.

On cherche à déterminer si N est divisible par 5.

Étape 2 Essayons avec l'information (1) seule.

On sait uniquement que N est divisible par 7, mais on ne peut pas savoir si N est divisible par 5.

N peut très bien être divisible par 5 (par exemple, N = 35) ou ne pas l'être (par exemple N = 14).

L'information (1) seule est **insuffisante**.

On garde les réponses B, C et E.

Étape 3 Essayons avec l'information (2) seule.

$\frac{N}{49} = 55 \Leftrightarrow N = 55 \times 49 = 5 \times 11 \times 49.$

Ainsi, on peut conclure que N est divisible par 5.

L'information (2) seule est **suffisante**.

Étape 4 Concluons. Réponse B.

Question 2 Réponse B ★★★☆☆ 30 sec. – 2 min.

Étape 1 Interprétons l'énoncé et identifions l'information demandée.

On cherche la valeur de l'aire d'un rectangle de longueur L et de largeur l : $\mathbf{A = L \times l}$

Étape 2 Essayons avec l'information (1) seule.

Aucune mesure n'est donnée dans l'information 1.

On sait seulement que : $A = L \times l = L \times \frac{2}{5}L = \frac{2}{5}L^2$.

On ne connaît pas L, donc on ne peut pas répondre à la question.

L'information (1) seule est **insuffisante**.

On garde les réponses B, C et E.

Étape 3 Essayons avec l'information (2) seule.

On apprend que : $L = 4 \text{ cm} = \frac{5}{2} l$

$\Leftrightarrow l = 4 \times \frac{2}{5} = 1{,}6 \text{ cm}$

Dans ce cas, l'aire du rectangle est :

$L \times l = 4 \times 1{,}6 = \mathbf{6{,}4\ cm^2}$.

On peut donc répondre à la question.

L'information (2) seule est **suffisante**.

Étape 4 Concluons. Réponse B.

Question 3 Réponse B ★★★☆☆ 30 sec. – 2 min.

Modélisons la situation.

Soit A le nombre de billes d'Alban et B celui de Ben. On apprend que : $A + B = 30$ et que $A > B$.

Information (1) seule Insuffisante.

On apprend que : $2 \times A + 2 \times B = 60$, soit $2 \times (A + B) = 60$, soit encore $A + B = 30$. On reconnaît l'information de l'énoncé. Elle est inutile car on ne peut pas conclure. **On garde les réponses B, C et E.**

Information (2) seule Suffisante.

On apprend que : $A = 4 \times B$ (c'est A qui en a le plus). On peut former un système de 2 équations et 2 inconnues : $\begin{cases} A + B = 30 \\ A = 4\ B \end{cases}$

Les 2 équations étant non proportionnelles, il existe un **unique couple solution**. On peut conclure. En l'occurrence, $A = 24$ et $B = 6$.

Conclusion Réponse B.

FICHE 105

Question 1 Réponse C ★★★☆☆ 30 sec. – 2 min.

On note M la note de Marc, A celle d'Axel et T celle de Tiffany.

Étape 1 Essayons avec l'information (1) seule.

$M = \frac{1}{4} \times T$ donc $T = 4M$ et donc $T > M$.

On ne connaît toutefois pas la note d'Axel.

L'information (1) seule est **insuffisante**.
On garde les réponses B, C et E

Étape 2 Essayons avec l'information (2) seule.

$A = 2M$ et donc $A > M$.

On ne connaît toutefois pas la note de Tiffany.

L'information (2) seule est **insuffisante**.
On garde les réponses C et E.

Étape 3 Essayons avec les informations (1) et (2) ensemble.

En combinant les deux équations ci-dessus, on obtient $T = 4M$ et $A = 2M$. Donc, on déduit que $T = 2A$. On peut conclure : $T > A > M$.

C'est Tiffany qui a obtenu la note la plus élevée.

Les informations (1) et (2) ensemble sont **suffisantes**.

Étape 4 Concluons. Réponse C.

Question 2 Réponse C ★★★☆☆ 30 sec. – 2 min.

Soient C le prix du chapon et V le prix du vin.

Étape 1 Essayons avec l'information (1) seule.

On a : $C + V = 80$.

On a 1 équation et 2 inconnues, on ne peut pas répondre.

L'information (1) seule est **insuffisante**.
On garde les réponses B, C et E.

Étape 2 Essayons avec l'information (2) seule.

On a : $C + 2V = 97$.

De même, on a 1 équation et 2 inconnues, on ne peut pas répondre.

L'information (2) seule est **insuffisante**.
On garde les réponses C et E.

Étape 3 Essayons avec les informations (1) et (2) ensemble.

On a désormais un système de 2 équations non proportionnelles et 2 inconnues :

$$\begin{cases} C+V=80 \\ C+2V=97 \end{cases}$$

On peut solutionner ce système et répondre.
(En l'occurrence, on trouve $V = 17$ et $C = 63$).

Les informations (1) et (2) ensemble sont **suffisantes**.

Étape 4 Concluons. Réponse C.

Question 3 Réponse C ★★★☆☆ **30 sec. – 2 min.**

Information (1) seule **Insuffisante.**

Il existe beaucoup de carrés compris entre 100 et 400 : 100, 121, 144, 169, 196, 225, 256, 289, 324, 361 et 400. On ne peut pas conclure. **On garde les réponses B, C et E.**

Information (2) seule **Insuffisante.**

Il existe beaucoup de multiples de 17 compris entre 100 et 400 : 102, 119, 136, 153, 170, 187, 204, 221, 238, 255, 272, 289, 306, 323, 340, 357, 374 et 391. On ne peut pas conclure. **On garde les réponses C et E.**

Informations (1) et (2) ensemble **Suffisantes.**

En cumulant les 2 informations, on peut conclure que le nombre est **289** (= 17^2). C'est le seul nombre mentionné dans les 2 listes.

Conclusion **Réponse C.**

FICHE 106

Question 1 Réponse D ★★★☆☆ **30 sec. – 2 min.**

Étape 1 **Interprétons l'énoncé et identifions l'information demandée.**

On cherche la valeur de X, qui est un cube à 3 chiffres.

Astuce : Pour ce type de questions, listez les cubes à 3 chiffres : 125, 216, 343, 512, et 729.

Étape 2 **Essayons avec l'information (1) seule.**

Entre 300 et 400, le seul cube d'un entier naturel est le cube de 7 : $7^3 = 343$.

L'information (1) seule est **suffisante**. **On garde les réponses A et D.**

Étape 3 **Essayons avec l'information (2) seule.**

Parmi les cubes d'entiers naturels, seul 343 (= 7^3) a son chiffre des centaines est égal au chiffre de ses unités (voir étape 1).

L'information (2) seule est **suffisante**.

Étape 4 **Concluons. Réponse D**

Question 2 Réponse D ★★★★☆ **45 sec. – 3 min.**

Étape 1 **Interprétons l'énoncé et identifions l'information demandée.**

Soient A, B et C les valeurs respectives des primes des trois premiers compétiteurs.

On a : $A + B + C = 7\,000$, avec $A > B > C$. On cherche A.

Étape 2 Essayons avec l'information (1) seule.

Puisque chacun reçoit 2 fois plus que le suivant, on a : A = 2B = 4C

⇔ 4C + 2C + C = 7 000

⇔ 7 C = 7 000

⇔ C = 1 000 €, B = 2 000 € et **A = 4 000 €.**

On peut répondre à la question.

L'information (1) seule est suffisante.
On garde les réponses A et D.

Étape 3 Essayons avec l'information (2) seule.

Comme A > B > C, 4 000 € est forcément la somme attribuée au 1er car sinon, un des 2 autres gagnants gagnerait plus de 4 000 euros et donc le total serait supérieur aux 7 000 euros distribués.

On conclut que **A = 4 000 €.**

L'information (2) seule est suffisante.

Étape 4 Concluons. Réponse D

Question 3 Réponse D ★★★☆☆ 30 sec. – 2 min.

Information (1) seule Suffisante.

Pour que la somme des chiffres des 3 dés soit égale à 16, **les seules solutions sont : (6, 6, 4)** ou (6, 5, 5). Donc, on peut conclure de manière certaine **qu'il y a au moins une fois « 6 »** parmi les chiffres sortis.

On peut conclure. **On garde les réponses A et D.**

Information (2) seule Suffisante.

La seule combinaison qui donne : Chiffre 1 × Chiffre 2 × Chiffre 3 = **150 est 6 × 5 × 5. On peut** donc conclure de manière certaine **qu'il y a au moins une fois « 6 » parmi les chiffres sortis.**

Conclusion Réponse D.

FICHE 107

Question 1 Réponse E ★★★☆☆ 30 sec. – 2 min.

Étape 1 Interprétons l'énoncé et identifions l'information demandée.

On cherche à déterminer laquelle des 3 filles est la plus âgée.

Étape 2 Essayons avec l'information (1) seule.

On comprend que Camille est plus âgée que Julie mais on ne sait pas qui de Cécile ou de Camille est la plus âgée.

L'information (1) seule est insuffisante.
On garde les réponses B, C et E.

Étape 3 Essayons avec l'information (2) seule.

On comprend que Cécile est plus âgée que Julie mais on ne sait pas qui de Cécile ou Camille est la plus âgée.	L'information (2) seule est **insuffisante**. **On garde les réponses C et E.**

Étape 4 Essayons avec les informations (1) et (2) ensemble.

La combinaison des deux réponses permet uniquement de savoir que Julie est la plus jeune mais il est impossible de savoir qui de Camille ou de Cécile est la plus âgée.	Les informations (1) et (2) ensemble sont **insuffisantes.**

Étape 5 Concluons. Réponse E.

Question 2 Réponse E ★★★☆☆ 30 sec. – 2 min.

Étape 1 Interprétons l'énoncé et identifions l'information demandée.

On cherche à savoir si Charlotte est ma cousine.

Étape 2 Essayons avec l'information (1) seule.

Le fait d'avoir la même grand-mère maternelle fait que Charlotte peut tout aussi bien être **ma cousine** que **ma sœur.**	L'information (1) seule est **insuffisante**. **On garde les réponses B, C et E.**

Étape 3 Essayons avec l'information (2) seule.

Le fait d'avoir une cousine commune signifie que Charlotte est **ma cousine** ou **ma sœur.**	L'information (2) seule est **insuffisante**. **On garde les réponse C et E.**

Étape 4 Essayons avec les informations (1) et (2) ensemble.

En réunissant les deux informations, les questions restent les mêmes puisque les deux informations isolées amènent aux mêmes hésitations. Charlotte est soit **ma cousine** soit **ma sœur.**	Les informations (1) et (2) ensemble sont **insuffisantes.**

Étape 5 Concluons. Réponse E.

> **REMARQUE** Quand les informations (1) et (2) amènent aux mêmes hésitations (ici cousine ou sœur), leur réunion ne pourra pas lever les doutes et amènera à la même hésitation.

Question 3 Réponse E ★★★☆☆ 30 sec. – 2 min.

Information (1) seule Insuffisante.

Il existe beaucoup d'années du XXe siècle dont la somme des chiffres est égale à 19. Par exemple, 1990 ou 1909. On ne peut pas conclure. **On garde les réponses B, C et E.**

Information (2) seule Insuffisante.

Il existe 2 années du XXe siècle dont la multiplication des 2 derniers chiffres est égale à 20 : 1945 ou 1954. On ne peut pas conclure. **On garde les réponses C et E.**

Informations (1) et (2) ensemble **Insuffisantes.**

En cumulant les 2 informations, on ne peut pas répondre car les dates 1945 et 1954 respectent bien les 2 informations : **1945** : $1 + 9 + 4 + 5 = \mathbf{19}$ et $4 \times 5 = \mathbf{20}$ et **1954** : $1 + 9 + 5 + 4 = \mathbf{19}$ et $5 \times 4 = \mathbf{20}$.

On ne peut pas conclure.

Conclusion **Réponse E.**

FICHE 109

Question 1 Réponse A ★★☆☆☆ 30 sec. – 2 min.

Étape 1 Essayons avec l'information (1) seule.

Arnaud parcourt la moitié du trajet en 3 h 10. On en conclut qu'il parcourt son trajet en 6 h 20. On peut donc en déduire qu'Arnaud arrivera à destination à 16 h 40.	L'information (1) seule est **suffisante**. **On garde les réponses A et D.**

Étape 2 Essayons avec l'information (2) seule.

Sans l'heure de départ, la durée du trajet ne permet pas de déterminer l'heure d'arrivée.	L'information (2) seule est **insuffisante**.

Étape 3 Concluons. Réponse A.

Question 2 Réponse E ★★★☆☆ 30 sec. – 2 min.

Étape 1 Essayons avec l'information (1) seule.

On ne connaît **ni la vitesse ni la distance** entre les deux villes, ni le temps pendant lequel Adrien roule pour calculer l'heure d'arrivée.	L'information (1) seule est **insuffisante**. **On garde les réponses B, C et E.**

Étape 2 Essayons avec l'information (2) seule.

On connaît la vitesse moyenne mais on ne connaît pas la distance entre les deux villes ni le temps pendant lequel Adrien roule.	L'information (2) seule est **insuffisante**. **On garde les réponses C et E.**

Étape 3 Essayons avec les informations (1) et (2) ensemble.

En combinant les 2 informations, on ne connaît toujours pas la distance entre les deux villes ni le temps pendant lequel Adrien roule. On ne peut pas répondre à la question.	Les informations (1) et (2) ensemble sont **insuffisantes**.

Étape 4 Concluons. Réponse E.

Question 3 Réponse A ★★★☆☆ **30 sec. – 2 min.**

■ **Rappel de cours** Vitesse = $\frac{\text{Distance}}{\text{Temps}}$

Information (1) seule Suffisante.

Le joggeur a couru pendant 1 heure à la vitesse de 14 km/h sur la 1re moitié du trajet. On peut donc trouver la distance correspondant à la 1re moitié du trajet et donc la longueur totale du trajet. En l'occurrence : Distance totale = 28 km. On peut conclure. **On garde les réponses A et D.**

Information (2) seule Insuffisante.

Le joggeur a couru 2 fois moins vite sur la 2e moitié que sur la 1re moitié. Cependant, on ne connaît pas la vitesse sur la 1re moitié, donc on ne connaît pas non plus celle sur la 2e moitié. Il manque trop d'informations pour trouver la distance. On ne peut pas conclure.

Conclusion Réponse A.

Question 4 Réponse D ★★★★☆ **30 sec. – 2 min.**

■ **Rappels de cours**

1) Vitesse = $\frac{\text{Distance}}{\text{Temps}}$

2) $V_{moyenne}$ (quand $D_1 = D_2$) = $\frac{2 \times V_1 \times V_2}{V_1 + V_2}$

Modélisons la situation.

On sait que chacun des 4 quarts mesure 50 km.

On appelle V_1, V_2, V_3 et V_4 les vitesses respectives du 1er, 2e, 3e et 4e quarts.

On sait que $V_2 = V_1 + 10$; $V_3 = V_2 + 10$ et $V_4 = V_3 + 10$.

Information (1) seule Suffisante.

On apprend que la vitesse moyenne sur les premier et quatrième quarts est de 40 km/h, soit :

$V_{moyenne}$ $(D_1 = D_4) = 40 = \frac{2 \times V_1 \times V_4}{V_1 + V_4}$; d'autre part, on sait que $V_4 = V_1 + 30$. On a donc un système de 2 équations à 2 inconnues. On peut conclure. **On garde les réponses A et D.**

REMARQUE Avoir la distance du parcours n'était pas nécessaire. Il suffisait de savoir que les distances étaient identiques.

Information (2) seule Suffisante.

On apprend que la vitesse moyenne les deuxième et troisième quarts est de 44,4 km/h, soit :

$V_{moyenne}$ $(D_2 = D_3) = 44.4 = \frac{2 \times V_2 \times V_3}{V_2 + V_3}$; d'autre part, on sait que $V_3 = V_2 + 10$. On a donc un système de 2 équations à 2 inconnues. On peut conclure.

REMARQUE Avoir la distance du parcours n'était pas nécessaire. Il suffisait de savoir que les distances étaient identiques.

Conclusion Réponse D.

FICHE 110

Question 1 Réponse A ★★★★☆ 45 sec. – 3 min.

Étape 1 Interprétons l'énoncé et identifions l'information demandée.

Soit P, M, E_1 et E_2 les âges respectifs du père, de la mère et des 2 enfants. On sait que :

$$\frac{P + M + E_1 + E_2}{4} = 22 \Leftrightarrow P + M + E_1 + E_2 = 22 \times 4 = 88 \ \mathbf{(1)}.$$

Étape 2 Essayons avec l'information (1) seule.

On sait que : $M + E_1 + E_2 = 18 \times 3 = 54$ **(2)**.

Donc, en insérant (2) dans (1), on obtient :

$P + 54 = 88 \Leftrightarrow$ **P = 34**. On peut répondre.

L'information (1) seule est **suffisante**.

On garde les réponses A et D.

Étape 3 Essayons avec l'information (2) seule.

On sait que les enfants ont à eux deux :

$E_1 + E_2 = 8 + 13 = 21$ **(3)**. Donc, en insérant (3) dans (1), on obtient : P + M = 67.

On a 1 équation mais 2 inconnues, donc on ne peut pas répondre.

L'information (2) seule est **insuffisante**.

Étape 4 Concluons. Réponse A.

Question 2 Réponse E ★★★☆☆ 30 sec. – 2 min.

Modélisons la situation.

On cherche la moyenne de X, Y et Z, soit $\frac{X+Y+Z}{3}$

Information (1) seule Insuffisante.

On apprend que $\frac{X+Z}{2} = Y \Leftrightarrow X + Z = 2 \times Y$. Cela signifie que X, Y et Z ont un écart identique. Il y a énormément de valeurs possibles. On ne peut pas conclure. **On garde les réponses B, C et E.**

Information (2) seule Insuffisante.

On apprend que X, Y et Z sont des nombres consécutifs. Cette information est identique à la précédente avec un écart de 1 entre X, Y et Z.

On ne peut pas conclure. **On garde les réponses C et E.**

Informations (1) et (2) ensemble **Insuffisantes.**

Les 2 informations sont identiques, donc les cumuler ne permet pas d'en savoir plus. On ne peut pas conclure.

Conclusion **Réponse E.**

FICHE 111

Question 1 **Réponse D** ★★★☆☆ **30 sec. – 2 min.**

- **Rappel de cours** **Capital × Taux d'intérêt = Bénéfice.**

Modélisons la situation.

Soit K le capital total placé.

Petite partie = 1/4 du capital à 2 %, soit un gain de $\frac{1}{4} \times K \times \frac{2}{100} = \frac{1}{200} \times K$.

Grande partie = 3/4 du capital à 4 %, soit un gain de $\frac{3}{4} \times K \times \frac{4}{100} = \frac{3}{100} \times K$.

Information (1) seule **Suffisante.**

Les deux parts ont rapporté 420 € au total, soit : Gain petite partie + gain grande partie = 420, soit encore $\frac{1}{200} \times K + \frac{3}{100} \times K = 420$. On a 1 équation et 1 inconnue. On peut donc trouver K et le montant de la petite part. On peut conclure. **On garde les réponses A et D.**

Information (2) seule **Suffisante.**

La grande part a rapporté 360 €, soit $\frac{3}{100} \times K = 360$. On a 1 équation et 1 inconnue. On peut donc trouver K et le montant de la petite part. On peut conclure.

Conclusion **Réponse D.**

FICHE 112

Question 1 **Réponse E** ★★★☆☆ **30 sec. – 2 min.**

- **Rappel de cours** **Nouveau total = Ancien total × (1 ± variation en %).**

Modélisons la situation.

Soient P_1, P_2 et P_3 les prix d'achat respectifs des 3 timbres.

Le premier a été revendu : $1{,}1 \times P_1$; le deuxième : $1{,}2 \times P_2$; le troisième : $1{,}3 \times P_3$.

Information (1) seule **Insuffisante.**

On apprend que $1{,}1 \times P_1 + 1{,}2 \times P_2 + 1{,}3 \times P_3 = 550$. On a 1 équation mais 3 inconnues, impossible de trouver les prix respectifs de chacun des 3 timbres.

On ne peut pas conclure. **On garde les réponses B, C et E.**

Information (2) seule **Insuffisante.**

On apprend que $0{,}1 \times P_1 + 0{,}2 \times P_2 + 0{,}3 \times P_3 = 100$. **On a 1 équation mais 3 inconnues, impossible de trouver les prix respectifs de chacun des 3 timbres.**

On ne peut pas conclure. **On garde les réponses C et E.**

Informations (1) et (2) ensemble **Insuffisantes.**

En cumulant les 2 informations, on a un système $\begin{cases} 1{,}1 \times P_1 + 1{,}2 \times P_2 + 1{,}3 \times P_3 = 550 \\ 0{,}1 \times P_1 + 0{,}2 \times P_2 + 0{,}3 \times P_3 = 100 \end{cases}$.

Ce système comporte 3 inconnues mais seulement **2 équations donc impossible de trouver** les prix respectifs de P_1, P_2 et P_3. **On ne peut pas conclure.**

Conclusion **Réponse E.**

Question 2 Réponse B ★★★★☆ 30 sec. – 2 min.

Information (1) seule **Insuffisante.**

20 % des chiens sont des bouledogues et **2/5 des bouledogues sont de couleur beige. Ainsi,** rapportés au total des chiens, les bouledogues **de couleur beige sont 2/5 de 20 % soit** $\frac{20}{100} \times \frac{2}{5}$ **= 8 % du total.** Impossible de conclure, **car on ne connaît pas la part des autres chiens.**

On ne peut pas conclure. **On garde les réponses B, C et E.**

Information (2) seule **Suffisante.**

65 % des chiens sont des labradors et **4/5 des labradors sont de couleur beige. Ainsi, rapportés** au total des chiens, les labradors de couleur beige sont **4/5 de 65 % soit :** $\frac{65}{100} \times \frac{4}{5} = 52\ \%$ **du total.**

Ainsi, les labradors beiges représentent **52 % du total, soit plus de la moitié. Cette information suffit à dire que les chiens beiges sont en majorité dans le chenil. On peut conclure.**

Conclusion **Réponse B.**

FICHE 113

Question 1 Réponse E ★★★★☆ 30 sec. – 2 min.

- **Rappel de cours** Temps de rattrapage = $\dfrac{\textbf{Distance d'avance du poursuivi}}{\textbf{Écart des vitesses}}$

Modélisons la situation.

On cherche le temps de rattrapage **de Franck sur Fred. Il faut donc la distance d'avance de** Fred et l'écart entre les vitesses de Franck et Fred.

Information (1) seule **Insuffisante.**

Fred part 15 minutes avant Franck, **mais, en l'absence de la vitesse de Fred, impossible de** calculer la distance d'avance accumulée **lors de ces 15 minutes. On ne peut pas conclure. On garde les réponses B, C et E.**

Information (2) seule **Insuffisante.**

On a l'écart de vitesses entre Fred et Franck, mais on n'a pas la distance d'avance de Fred sur Franck. On ne peut pas conclure. **On garde les réponses C et E.**

Informations (1) et (2) ensemble **Insuffisantes.**

Il manque toujours la distance d'avance de Fred. On sait simplement qu'il a 15 minutes d'avance, mais on ne sait pas à quelle vitesse il avance. On ne peut pas conclure.

Conclusion **Réponse E.**

FICHE 115

Question 1 **Réponse C** ★★★☆☆ 30 sec. – 2 min.

■ **Rappel de cours : Partage du temps de travail :** $\frac{1}{T} = \frac{1}{T_1} + \frac{1}{T_2} + \frac{1}{T_3}$

Modélisons la situation.

On connaît T_1 et on cherche T_{Total}.

Information (1) seule **Insuffisante.**

Cette information nous permet **seulement** de trouver T_2. En effet, on connaît le temps mis par la vanne 1 seule et le temps mis par les vannes 1 et 2 ensemble. C'est insuffisant pour conclure. **On garde les réponses B, C et E.**

Information (2) seule **Insuffisante.**

Cette information nous permet **seulement** de trouver T_3. En effet, on connaît le temps mis par la vanne 1 seule et le temps mis par les vannes 1 et 3 ensemble. C'est insuffisant pour conclure. **On garde les réponses C et E.**

Informations (1) et (2) ensemble **Suffisantes.**

On a désormais T_1, T_2 et T_3. On peut donc trouver le **temps total** en utilisant la formule du partage du temps de travail. On peut donc conclure.

Conclusion **Réponse C.**

FICHE 116

Question 1 **Réponse E** ★★★★☆ 30 sec. – 2 min.

■ **Rappel de cours : Pair × Pair = Pair ; Pair × Impair = Pair ; Impair × Impair = Impair.**

Information (1) seule **Insuffisante.**

On apprend que C × D = 4. On n'a aucune information sur U, donc on ne peut pas conclure. **On garde les réponses B, C et E.**

Information (2) seule **Insuffisante.**

On apprend que D × U = 8. On n'a aucune information sur C, donc on ne peut pas conclure. **On garde les réponses C et E.**

Informations (1) et (2) ensemble **Insuffisantes.**

En cumulant les 2 informations, on a C × D = 4 et D × U = 8. Il y a plusieurs possibilités. Par exemple, 418 (4 × 1 = **4** et 1 × 8 = **8**). Dans ce cas, **on n'a pas 3 chiffres pairs** ; ou 224 (2 × 2 = **4** et 2 × 4 = **8**). Dans ce cas, **on a bien 3 chiffres pairs**. On ne peut donc pas conclure.

Conclusion **Réponse E.**

FICHE 117

Question 1 Réponse B ★★☆☆☆ 45 sec à 1 min.

Étape 1 **Essayons avec l'information (1) seule.**

L'information (1) ne donne aucune information sur la distance parcourue avec les 32 litres. On ne peut donc rien conclure. En effet, pour connaître la consommation aux 100 kilomètres, encore faut-il connaître la distance parcourue par la moto avec ces 32 litres.

L'information (1) seule est **insuffisante**. **On garde les réponses B, C et E.**

Étape 2 **Essayons avec l'information (2) seule.**

Distance parcourue (en km)	Consommation (en L)
150	18
100	X

On a 3 des 4 éléments. Il suffit de faire un produit en croix. (X = (18 × 100) / 150 = **12 L**).

L'information (2) seule est **suffisante.**

Étape 3 **Concluons. Réponse B.**

Question 2 Réponse A ★★★☆☆ 30 sec. – 2 min.

Information (1) seule **Suffisante.**

Cette information (10 employés tapent 10 mails en 10 minutes) nous indique que 1 employé écrit 1 mail en 10 minutes. Ensuite, il faut multiplier par 82 pour 82 mails et diviser par 5 si les employés sont 5. On peut conclure. **On garde les réponses A et D.**

Information (2) seule **Insuffisante.**

Dire que 10 employés mettent autant de temps pour 164 mails que 5 employés pour 82 mails n'apporte rien. En effet, il est logique que 2 fois plus d'employés pour 2 fois plus de mails mettent autant de temps que 2 fois moins d'employés pour 2 fois moins de mails. Cette information n'apporte rien. On ne peut pas conclure.

Conclusion **Réponse A.**

Question 3 Réponse C ★★★☆☆ **30 sec. – 2 min.**

Information (1) seule **Insuffisante.**

Cette information nous indique que les vaches sont 2 fois plus « productives » que les chèvres. Cependant, on ne connaît pas le nombre de vaches achetées par Bruno, donc impossible d'estimer la nouvelle production annuelle. **On garde les réponses B, C et E.**

Information (2) seule **Insuffisante.**

Cette information nous indique le nombre de vaches achetées par Bruno (50 chèvres/2 = 25 vaches), mais on ne sait pas si les vaches produisent individuellement autant de lait que les chèvres. **On garde les réponses C et E.**

Informations (1) et (2) ensemble **Suffisantes.**

Information 1 : on connaît la productivité d'une vache (5 000/25 = 100 × 2 = **200 litres par vache**).

Information 2 : on connaît le nombre de vaches achetées : **25 vaches.**

On peut donc calculer le **surplus de production de lait** : 200 × 25 = 5 000 litres. On a donc une production globale de lait de : 5 000 litres (chèvres) + 5 000 litres (vaches) = **10 000 litres.**

Conclusion **Réponse C.**

FICHE 118

Question 1 Réponse D ★★☆☆☆ **15 sec. – 1 min.**

Étape 1 **Essayons avec l'information (1) seule.**

Moutons	Jours	Laine (en kg)
6	18	10
12	36	X

Il manque 1 seule information (la valeur cherchée). Donc, on peut répondre à la question.

L'information (1) seule est **suffisante.**
On garde les réponses A et D.

Étape 2 **Essayons avec l'information (2) seule.**

Moutons	Jours	Laine (en kg)
3	36	10
12	36	X

Il manque 1 seule information (la valeur cherchée). Donc, on peut répondre à la question.

L'information (2) seule est **suffisante.**

Étape 3 **Concluons. Réponse D.**

Question 2	Réponse C	★★★★☆	45 sec. – 3 min.

Étape 1 Essayons avec l'information (1) seule.

Ouvriers	Jours	Étages
200	200	180
X	X	120

Il manque 2 informations (la valeur cherchée ainsi que le nombre d'ouvriers). Donc, on ne peut pas répondre à la question).

L'information (1) seule est **insuffisante.**
On garde les réponses B, C et E.

Étape 2 Essayons avec l'information (2) seule.

Ouvriers	Jours	Étages
X	X	X
300	X	120

Il nous manque trop d'informations pour répondre à la question.

L'information (2) seule est **insuffisante.**
On garde les réponses C et E.

Étape 3 Essayons avec les informations (1) et (2) ensemble.

Ouvriers	Jours	Étages
200	200	180
300	X	120

Il manque 1 seule information (la valeur cherchée). Donc, on peut répondre à la question.

Les informations (1) et (2) ensemble sont **suffisantes.**

Étape 4 Concluons. Réponse C.

Question 3	Réponse C	★★★☆☆	30 sec. – 2 min.

Information (1) seule Insuffisante.
Cette information nous donne le nombre d'ouvriers de l'équipe de Christophe mais on ne connaît pas leur productivité. **On garde les réponses B, C et E.**

Information (2) seule Insuffisante.
Cette information nous donne la productivité d'un ouvrier mais on n'a pas le nombre d'ouvriers de l'équipe de Christophe. On ne peut pas conclure. **On garde les réponses C et E.**

Informations (1) et (2) ensemble Suffisantes.
Information 1 : On a le nombre total d'ouvriers + Christophe (4 personnes).
Information 2 : On a la productivité de chaque ouvrier.
On peut donc calculer le temps nécessaire pour construire les 4 cabanes de jardin.

Cabanes	Ouvriers + Christophe	Jours
1	1	2
4	4	X
× 4	× 1/4 Coefficient inversé	× 4 × 1/4 = × 1

X = 2 jours × 1 = **2 jours pour construire les 4 cabanes.**

Il y a **4 fois plus de cabanes à construire (= 4 fois plus de temps)**, mais il y a également **4 fois plus d'ouvriers (= 4 fois moins de temps)**. Ainsi, le **coefficient final est de ×1. Réponse C.**

REMARQUE Pour les questions de proportionnalité multiple et de « productivité », inversez le coefficient intermédiaire concerné.

FICHE 119

Question 1 Réponse C ★★★★☆ **30 sec. – 2 min.**

Modélisons la situation.

ATTENTION Le nombre de sœurs de Fanny n'est pas le même que le nombre de sœurs de Jean. Jean a 1 sœur de plus que Fanny. À l'inverse, Fanny a 1 frère de plus que Jean.

Exprimons tout par rapport à un des deux personnages (par exemple Fanny) :

S = nombre de sœurs de Fanny.

F = nombre de frères de Fanny.

S + 1 = nombre de sœurs de Jean (il faut ajouter Fanny).

F – 1 = nombre de frères de Jean (il faut enlever Jean).

Information (1) seule Insuffisante.

On apprend que **F = S**. Si Fanny a le même nombre de sœurs que de frères, elle pourrait par exemple avoir 2 frères et 2 sœurs, donc une fratrie de 5 ou bien 1 frère et 1 sœur donc une fratrie de 3. On ne peut pas conclure.

On garde les réponses B, C et E.

Information (2) seule Insuffisante.

On apprend que **S + 1 = 3 × (F – 1)**. Si Jean a 3 fois plus de sœurs que de frères, il pourrait par exemple avoir 1 frère et 3 sœurs (donc une fratrie de 5) ou bien 2 frères et 6 sœurs (donc une fratrie de 9). On ne peut pas conclure. **On garde les réponses B, C et E.**

Informations (1) et (2) ensemble **Suffisantes.**

En cumulant les 2 informations, on obtient un système de 2 équations non proportionnelles à 2 inconnues : $\begin{cases} F = S \\ S+1 = 3\,(F-1) \end{cases}$

Ainsi, le système admet **une unique solution**. En l'occurrence, **S = 2 et F = 2**, de sorte que la fratrie compte 5 personnes : Fanny + 2 sœurs + 2 frères (dont Jean) = 5.

On peut conclure.

Conclusion **Réponse C.**

FICHE 120

Question 1 **Réponse B** ★★★★☆ **45 sec. – 3 min.**

Étape 1 **Essayons avec l'information (1) seule.**

Listons les carrés à 3 chiffres dont le chiffre des centaines est 2 : $15^2 = 225$; $16^2 = 256$; $17^2 = 289$.
On ne peut pas conclure (3 possibilités).

L'information (1) seule est **insuffisante**.
On garde les réponses B, C et E.

Étape 2 **Essayons avec l'information (2) seule.**

Listons les carrés à 3 chiffres inférieurs à 300.

$10^2 = 100$; $11^2 = 121$; $12^2 = 144$; $13^2 = 169$;
$14^2 = 196$; $15^2 = 225$; $16^2 = 2\underline{5}6$; $17^2 = 289$.

Seul $16^2 = 2\underline{5}6$ vérifie l'information (2) car son chiffre des dizaines est 5 (or 5 = 6 – 1 = B – A avec AB = 16).

L'information (2) seule est **suffisante**.

Étape 3 **Concluons. Réponse B.**

Question 2 **Réponse C** ★★★★★ **1 min. – 3 min.**

- **Rappel de cours** Un nombre N est divisible par 11 si et seulement si la différence entre la somme de ses chiffres de rang impair et la somme de ses chiffres de rang pair est un multiple de 11.

Étape 1 **Essayons avec l'information (1) seule.**

X + Z = 11 + Y ⇔ X + Z – Y = 11 ce qui signifie que le nombre XYZ est divisible par 11 car la différence entre la somme de ses chiffres de rang impair (X + Z) et la somme de ses chiffres de rang pair (Y) est un multiple de 11. Toutefois, il existe plusieurs possibilités. On ne peut pas conclure.
Exemple : 506, 924, 704, etc.

L'information (1) seule est **insuffisante**.
On garde les réponses B, C et E.

Étape 2 **Essayons avec l'information (2) seule.**

Il existe plusieurs multiples de 83 à 3 chiffres. **Exemple :** 166, 415, 830, etc.

L'information (2) seule est **insuffisante**. **On garde les réponses C et E.**

Étape 3 **Essayons avec les informations (1) et (2) ensemble.**

On sait que XYZ est à la fois multiple de 11 et de 83 (qui sont des nombres premiers).
XYZ est donc multiple de $83 \times 11 = 913$ et vaut donc 913 (seul multiple de 83 et de 11 de 3 chiffres : les autres multiples de 11 et 83 sont des nombres de plus de trois chiffres).

Les informations (1) et (2) ensemble sont **suffisantes.**

Étape 4 **Concluons. Réponse C.**

Question 3 — Réponse A — ★★★☆☆ — 30 sec. – 2 min.

Information (1) seule **Suffisante.**

On apprend que : $C + D + U = 16$ **(1)** et on sait que $C = D + U$ **(2)** (énoncé).
En insérant **(2)** dans **(1)**, on obtient : $C + C = 16 \Leftrightarrow C = 8$. On peut conclure.
On garde les réponses A et D.

Information (2) seule **Insuffisante.**

Le fait de savoir que C, D et U sont pairs ne suffit pas à répondre. Par exemple, on peut avoir CDU = 642 ou CDU = 862. Ainsi, C peut valoir (par exemple) 6 ou 8. On ne peut pas conclure.

Conclusion **Réponse A.**

Question 4 — Réponse E — ★★★★★ — 45 sec. – 2 min.

Information (1) seule **Insuffisante.**

Plusieurs nombres ont la somme de leurs 3 chiffres égale à 14, avec le 1er chiffre égal à 3. Par exemple, 338 $(3 + 3 + 8 = 14)$ ou 329 $(3 + 2 + 9 = 14)$.
On ne peut pas conclure. **On garde les réponses B, C et E.**

Information (2) seule **Insuffisante.**

Plusieurs nombres respectent la condition selon laquelle la somme des chiffres de $(M + 25)$ est égale à 12. Par exemple, $338 + 25 = 363$ $(3 + 6 + 3 = 12)$ ou $329 + 25 = 354$ $(3 + 5 + 4 = 12)$.
On ne peut pas conclure. **On garde les réponses C et E.**

Informations (1) et (2) ensemble **Insuffisantes.**

En cumulant les 2 informations, on ne peut pas conclure car, par exemple, 329 et 338 respectent les 2 conditions. On ne peut pas conclure.

Conclusion **Réponse E.**

REMARQUE Pour cette question, il fallait tâtonner.

FICHE 122

Question 1 **Réponse A** ★★★☆☆ **45 sec. – 2 min.**

Information (1) seule **Suffisante.**

Si on tire 3 rois, on a au minimum 1 roi rouge car au maximum 2 roi noirs (1 pique et 1 trêfle). Ainsi, le fait d'avoir tiré 3 rois garantit le fait d'avoir au moins une carte rouge.

On peut conclure. **On garde les réponses A et D.**

Information (2) seule **Insuffisante.**

Le fait d'avoir tiré au moins 2 cartes noires ne nous renseigne pas quant aux cartes rouges. On a pu tirer 2 cartes noires et 1 carte rouge ou bien 3 cartes noires.

On ne peut pas conclure.

Conclusion **Réponse A.**

CORRIGÉ « EXPRESSION »

FICHE 130

Question 1 Réponse A ★★★☆☆ 30 sec. – 2 min.

- **Rappel de cours** « **sensé** » = dôté de bon sens ≠ « **censé** » = supposé.

« Si je ne fais plus de **cauchemars**, c'est parce que ma maman laisse toujours la lumière allumée quand je m'endors. Ce n'est qu'une fois que je dors profondément, qu'elle entre à pas de loups dans ma chambre pour éteindre ma veilleuse. J'**espère** ne plus avoir besoin de lumière pour dormir d'ici l'année prochaine. Les adultes sont censés s'endormir dans le noir. »

Le passage contient **2 fautes. Réponse A.**

FICHE 131

Question 1 Réponse C ★★★☆☆ 30 sec. – 2 min.

- **Rappels de cours**

  1) « **sensé** » = dôté de bon sens ≠ « **censé** » = supposé.

  2) « **Davantage** » = « plus ». « **D'avantage** » = « de profit ».

« La **rationalité** des individus est **censée** amener à **davantage** de respect entre les gens. Cela reste **à** démontrer. »

Le passage contient **4 fautes. Réponse C.**

Question 2 Réponse C ★★★☆☆ 30 sec. – 2 min.

Espéré – voilà – **déjà** – **Circonflexe** – **effet** – **fête** – Hôpital

Le passage contient **4 fautes. Réponse C.**

FICHE 134

Question 1 Réponse A ★★★☆☆ 30 sec. – 2 min.

« L'enfant méditerranéen recueilli présentait des capacités mystérieuses et **intéressantes**, notamment en ce qui concernait son **langage** ».

Le passage contient **2 fautes. Réponse A.**

FICHE 146

Question 1 Réponse D ★★★☆☆ 30 sec. – 2 min.

« La **neige** **(A)** fait au **Nord** **(B)** ce qu'au **Sud** **(A)** fait le **sable** **(B)** » de Victor Hugo est un **chiasme** : croisement d'éléments (modèle AB // BA). **Réponse D.**

FICHE 148

Application 1 Réponse A ★★★☆☆ 30 sec. – 2 min.

« Avoir l'esprit de l'escalier » : Penser à ce qu'on aurait pu répondre si on avait eu de la répartie. Cette expression vient de Diderot. **Réponse A.**

« Avoir de l'esprit » : Avoir de la répartie.

« Tomber de Charybde en Scylla » : Tomber dans un mal plus grand que celui qu'on voulait éviter.

« Passer du coq à l'âne » : Changer brutalement de sujet.

« Voir midi à sa porte » : Considérer un problème sous son propre angle de vue.

Application 2 Réponse C ★★☆☆☆ 15 sec. – 1 min.

« Tu es belle comme le jour » est une **comparaison**, et non une métaphore. **Réponse C.**

> **REMARQUE** La différence entre la métaphore et la comparaison tient en la non utilisation, dans le cas de la métaphore, de comparant (ici « comme »).

Application 3 Réponse D ★★☆☆☆ 15 sec. – 1 min.

« La bave du crapaud n'atteint pas la blanche colombe » : Les critiques n'atteignent pas ceux qui n'ont rien à se reprocher. **Réponse D.**

Question 1 Réponse D ★★★☆☆ 30 sec. – 2 min.

Le proverbe qui illustre le mieux ce comportement est « **Un homme averti en vaut deux** ». Cela signifie qu'une personne qui est prévenue change son comportement pour lever les soupçons, alors qu'en réalité elle n'a pas vraiment changé. **Réponse D.**

Question 2 Réponse B ★★★☆☆ 30 sec. – 2 min.

L'expression qui illustre le mieux ce passage est « **C'est l'arroseur arrosé** » qui signifie **« Tel est pris qui croyait prendre** ». **Réponse B.**

CORRIGÉ « LOGIQUE »

FICHE 163

Question 1	Réponse C	★★★★☆	30 sec. – 2 min.

		CBE			(A)	FHJ
		XDC			(B)	ABL
		CFR			**(C)**	**GHD**
STQ	LMR	???	PQT	VWU	(D)	JKL
		CJK			(E)	HHD

Leurre vertical : Grande diagonale gauche – droite de la lettre C : CXX – XXC – CXX – XXC – CXX. **Aucune réponse ne correspond = leurre.**

Leurre horizontal : Écart de +1 sur la 3e lettre : Q – R – S – T – U. **Aucune réponse ne correspond = leurre.**

V : Écart constant de +2 sur la 2e lettre : B – D – F – **H** – J.

H : Écart constant de +1 entre la 1re et la 2e lettre.

FICHE 165

Question 1	Réponse C	★★★☆☆	30 sec. – 2 min.

	134				(A)	466
	175				(B)	540
	201				**(C)**	**442**
730	???	759	761	876	(D)	245
	749				(E)	456

V : Écart progressif sur le 1er chiffre : +0, +1, +2, +3 : 1 – 1 – 2 – **4** – 7.

H : Écart constant sur le 2e chiffre de + 1 : 3 – **4** – 5 – 6 – 7.

Question 2	Réponse A	★★★★☆	45 sec. – 3 min.

133	140	729	???	111	**(A)**	**855**
			046		(B)	445
			547		(C)	453
			348		(D)	325
			609		(E)	952

V : Écart constant sur le 3e chiffre de + 1 : 5 – 6 – 7 – 8 – 9.

H : Écart progressif positif/négatif sur le 2e chiffre : +1, -2, +3, -4 : 3 – 4 – 2 – 5 – 1.

Question 3	Réponse B	★★★★☆	30 sec. – 2 min.

		DXO			(A)	PVA
STQ	TMR	???	YQT	CWV	**(B)**	**VVM**
		CTR			(C)	DVS
		PRT			(D)	VRU
		SPA			(E)	VFA

V : Écart constant de –2 sur la 2e lettre : X – V – T – R – P.

H : Écart progressif de +1, +2, +3, +4 sur la 1re lettre : S – T – V – Y – C (circularité alphabétique).

FICHE 166

Question 1	Réponse A	★★★★☆	45 sec. – 3 min.

		176			**(A)**	**365**
		380			(B)	256
		591			(C)	697
234	456	???	769	345	(D)	140
		798			(E)	527

V : Écart dégressif de +6, +5, +4, +3, +2 entre le 1er et le 2e chiffre.

1 – 7 (+6), 3 – 8 (+5), 5 – 9 (+4), ? – ? (+3), 7 – 9 (+2).

H : Écart constant de +2 entre le 1er et le 3e chiffre.

2 – 4 (+2), 4 – 6 (+2), 7 – 9 (+2), 3 – 5 (+2).

Question 2	Réponse C	★★★☆☆	30 sec. – 2 min.

PTS	QMT	???	DQG	FJI	(A)	ZYO
		POR			(B)	ZVC
		FES			**(C)**	**VUY**
		QPE			(D)	LMO
		MLD			(E)	NMA

V : Écart constant de –1 entre la 1re et la 2e lettre : P – O (–1), F – E (–1), Q – P (–1) et M – L (–1).

H : Écart constant de +3 entre la 1re et la 3e lettre : P – S (+3), Q – T (+3), D – G (+3) et F – I (+3).

Question 3	Réponse A	★★★★☆	30 sec. – 2 min.

		PPT			(A)	MOQ
		PRR			(B)	FAC
		FFS			(C)	BDA
PTT	QMN	???	DQT	FJN	(D)	GGI
		MMD			(E)	RTO

V : Écart alterné : 0, 2, 0, **2**, 0 entre la 1re et la 2e lettre : P – P (0), P – R (+2), F – F (0) et M – M (0).

H : Écart progressif de +0, +1, +2, +3, +4 entre la 2e et la 3e lettre : T – T (0), M – N (+1), ? – ? (+2), Q – T (+3) et J – N (+4).

FICHE 167

Question 1	Réponse B	★★☆☆☆	15 sec. – 1 min.

	104				(A)	981
	172				**(B)**	**314**
	301				(C)	544
432	???	744	579	876	(D)	316
	599				(E)	084

V : Diagonale 1er chiffre – dernier chiffre avec un écart constant de +1 :
1XX – XX**2** – **3**XX – XX**4** – **5**XX.

H : Diagonale dernier chiffre – 1er chiffre avec un écart constant de +1 :
XX**2** – **3**XX – XX**4** – **5**XX – XX**6**.

Question 2	Réponse C	★★★★☆	45 sec. – 3 min.

CGF	EKU	LCD	???	FVB	(A)	ABA
			CRY		(B)	CUT
			FHG		**(C)**	**CRA**
			MPO		(D)	CUN
			CPU		(E)	BUA

V : Diagonale dernière lettre – 1re lettre avec écarts progressifs de + 2, +4, +6, +8 :
XX**A** – **C**XX – XX**G** – **M**XX – XX**U**.

H : Diagonale dernière lettre – 1re lettre avec un écart constant de -1 :
XX**F** – **E**XX – XX**D** – **C**XX – XX**B**.

Question 3 **Réponse C** ★★★★☆ **45 sec. – 3 min.**

		11**6**			(A)	146
95**8**	**7**37	**???**	**5**64	98**4**	(B)	621
		34**5**			**(C)**	**636**
		763			(D)	667
		44**4**			(E)	456

V : Diagonale dernier chiffre – 1er chiffre avec écarts progressifs positif/négatif de +0, -1, +2, -3 : XX6 – 6XX – XX5 – 7XX – XX4.

H : Diagonale dernier chiffre – 1er chiffre avec un écart constant de -1 : XX8 – 7XX – XX6 – 5XX– XX4.

Question 4 **Réponse B** ★★★★☆ **30 sec. – 2 min.**

		TPT			(A)	POH
		PF**P**			**(B)**	**FGH**
		LFS			(C)	FPL
BTT	FM**D**	**???**	DQ**H**	**J**LP	(D)	FDX
		DMD			(E)	SLH

V : Diagonale 1re lettre – dernière lettre avec écart constant de –4 : **T**XX – XX**P** – **L**XX – XX**H** – **D**XX.

H : Diagonale 1re lettre – dernière lettre avec écart constant de +2 : **B**XX – XX**D** – **F**XX – XX**H** – **J**XX.

Question 5 **Réponse D** ★★★★☆ **30 sec. – 2 min.**

TSF					(A)	DOP
???	DS**L**	**M**QO	PR**O**	**R**AI	(B)	LIE
TFS					(C)	DSP
DO**P**					**(D)**	**LLP**
TND					(E)	LHA

V : Diagonale 1re lettre – dernière lettre avec écart alterné –4/+4 : **T**XX – XX**P** – **T**XX – XX**P** – **T**XX.

H : Diagonale 1re lettre – dernière lettre avec écart progressif de +0/+1/+2/+3 : **L**XX – XX**L** – **M**XX – XX**O** – **R**XX.

FICHE 168

Question 1 Réponse D ★★★☆☆ 30 sec. – 2 min.

	106				(A)	149
	127				(B)	474
	803				(C)	544
770	???	152	493	233	**(D)**	**746**
	506				(E)	566

V : Diagonale moyenne (départ à gauche) entre le 1er, puis 2e, puis 3e, puis 2e, puis 1er chiffre avec un écart constant de +1 : 1 – 2 – 3 – **4** – 5.

H : Diagonale moyenne (départ au centre - droite) entre le 2e, puis 3e puis 2e, puis 1er puis 2e chiffre avec un écart constant de -1 : 7 – **6** – 5 – 4 – 3.

Question 2 Réponse C ★★★★☆ 30 sec. – 2 min.

BDA					(A)	EFR
???	XJL	IPE	DHE	PSG	(B)	BDK
KFS					**(C)**	**ESK**
PEG					(D)	EPO
RHS					(E)	KKK

V : Diagonale moyenne (départ au centre – gauche) entre la 2e, puis 1re, puis 2e puis 3e, puis 2e lettre avec un écart constant de +1 : X**D**X – **E**XX – X**F**X – XX**G** – X**H**X.

H : Diagonale moyenne (départ à droite) entre la 3e, puis 2e, puis 1re puis 2e, puis 3e lettre avec un écart constant de –1 : XX**K** – X**J**X – **I**XX – X**H**X – XX**G**.

Question 3 Réponse A ★★★★★ 30 sec. – 2 min.

				046	**(A)**	**165**
				315	(B)	364
				443	(C)	335
321	425	398	246	???	(D)	963
				004	(E)	375

V : Diagonale moyenne (départ à gauche) entre le 1er puis 2e, puis 3e, puis 2e, puis 1er chiffre avec un écart progressif de +1/+2/+3/+4 : **0**XX – X**1**X – XX**3** – X**6**X – XX**0**.

> **ATTENTION** il y a une « circularité numérique ». **6** + 4 = 1**0**. Donc le chiffre suivant est **0**.

H : Diagonale moyenne (départ à droite) entre le 3e, puis 2e, puis 1er puis 2e, puis 3e chiffre avec un écart constant de +1 : XX**1** – X**2**X – **3**XX – X**4**X – XX**5**.

FICHE 169

Question 1	Réponse B	★★☆☆☆	15 sec. – 1 min.

		106			(A)	149
		127			**(B)**	**145**
		318			(C)	644
947	465	???	247	123	(D)	954
		567			(E)	005

V : Petite diagonale 1er chiffre – 2e chiffre avec écart constant de +1 : 1 – 2 – 3 – **4** – 5.

H : Petite diagonale 3e chiffre – 2e chiffre avec écart constant de -1 : 7 – 6 – **5** – 4 – 3.

Question 2	Réponse A	★★★☆☆	30 sec. – 2 min.

				ABC	**(A)**	**HSF**
				DEL	(B)	DFF
				PFL	(C)	HRT
KOJ	PIR	LOH	CGP	???	(D)	KSF
				PJA	(E)	HEI

V : Petite diagonale 2e lettre – 1re lettre avec écart constant de +2 : X**B**X – **D**XX – X**F**X – **H**XX – X**J**X.

H : Petite diagonale 3e lettre – 2e lettre avec écart constant de -1 : XX**J** – X**I**X – XX**H** – X**G**X – XX**F**.

Question 3	Réponse B	★★★★★	30 sec. – 2 min.

543	348	735	263	???	(A)	227
				314	**(B)**	**037**
				347	(C)	546
				369	(D)	013
				004	(E)	023

V : Petite diagonale 1er chiffre – 2e chiffre avec écart progressif de +1, +2, +3, +4 : **0**XX – X**1**X – **3**XX – X**6**X – **0**XX (circularité numérique).

H : Petite diagonale 3e chiffre – 2e chiffre avec écart constant de +1 : XX**3** – X**4**X – XX**5** – X**6**X – XX**7**.

FICHE 171

Question 1 **Réponse D** ★★★★☆ 45 sec. – 3 min.

		BCO			(A)	ZFC
		JJE			(B)	XIK
		ZBB			(C)	WLA
EPD	SMG	???	ZOE	PFN	**(D)**	**OJJ**
		ZJD			(E)	SOA

V : La somme globale des rangs alphabétiques est progressive égale à : 20, 25, 30, 35, 40.

H : La somme des rangs des 2 dernières lettres est constante égale à 20.

Question 2 **Réponse E** ★★★★☆ 45 sec. – 3 min.

		721			(A)	563
		840			(B)	369
		474			(C)	266
904	812	???	275	639	(D)	450
		543			**(E)**	**187**

V : La somme du 1er chiffre et du dernier chiffre est égale à 8.

H : La somme des 2 premiers chiffres vaut 9.

FICHE 172

Question 1 **Réponse B** ★★★☆☆ 30 sec. – 2 min.

95	209	??	247	57	(A)	38
		67			**(B)**	**19**
		47			(C)	29
		02			(D)	23
		101			(E)	76

V : Ce sont des nombres premiers.

H : Ce sont des multiples de 19 (**95** = 19 × 5, **209** = 19 × 11, **247** = 19 × 13 et **57** = 19 × 3).

Question 2 **Réponse D** ★★★★☆ 45 sec. – 3 min.

??	38	416	83	1234	(A)	09
324					(B)	1318
25					(C)	641
81					**(D)**	**64**
256					(E)	36

V : Ce sont des carrés (**324** = 18^2, **25** = 5^2, **81** = 9^2, **256** = 16^2).

H : La multiplication des chiffres de chaque élément est égale à **24**

$(3 \times 8 = 4 \times 1 \times 6 = 8 \times 3 = 1 \times 2 \times 3 \times 4)$.

FICHE 174

Question 1 — Réponse A — ★★★★☆ — 45 sec. – 3 min.

	945				**(A)**	**763**
	859				(B)	492
	765				(C)	675
545	???	446	278	327	(D)	991
	853				(E)	333

V : 1er chiffre + 2e chiffre = 13.

H : 1er chiffre + 3e chiffre = 10.

Question 2 — Réponse C — ★★★★☆ — 45 sec. – 3 min.

			583		(A)	479
			099		(B)	242
366	255	684	???	039	**(C)**	**891**
			462		(D)	636
			572		(E)	369

V : 1er chiffre + 3e chiffre = 2e chiffre

H : (2e chiffre)^2 = Nombre formé par les 1er et 3e chiffres.

FICHE 176

Question 1 — Réponse A — ★★★★☆ — 45 sec. – 3 min.

	IBR				**(A)**	**CBF**
	CDL				(B)	HCA
	EEY				(C)	JRB
AOF	?	BTE	HUA	DDI	(D)	PAP
	GCU				(E)	BDH

V : Rang 1re lettre × Rang 2e lettre = Rang 3e lettre. I × B = R ⇔ $2 \times 9 = 18$.

H : Le nombre formé par les 1re et 3e lettres est un carré (Suppression lettre du milieu).

Exemple : AOF. Suppression de O ⇔ A F = 1 6 = carré

Question 2	Réponse D	★★★★☆	45 sec. – 3 min.

			JJT		(A)	ACO
			MMZ		(B)	DEI
CIR	DLT	BFE	?	HXI	(C)	SEX
			OAP		**(D)**	**EOT**
			BCE		(E)	RBT

V : Rang 1re lettre + Rang 2e lettre = Rang 3e lettre. **Exemple :** J + J = T ⇔ 10 + 10 = 20.

H : 1re lettre × 3 = 2e lettre. **Exemple :** C × 3 = I ⇔ 3 × 3 = 9.

FICHE 177

Question 1	Réponse C	★★★★★	45 sec. – 3 min.

??	53	04	09	57	(A)	34
17					(B)	58
76					**(C)**	**50**
98					(D)	51
101					(E)	52

V : Ce sont des nombres premiers à l'envers (17 → 71, 76 → 67, 98 → 89 et 101 → 101).

H : Ce sont des multiples de 5 à l'envers (53 → 35, 04 → 40, 09 → 90 et 57 → 75).

FICHE 179

Question 1	Réponse C	★★★★★	1 min. – 3 min.

		DAF			(A)	EDE
TAX	JBF	???	EDR	DES	(B)	PAJ
		LGB			**(C)**	**BJA**
		BCF			(D)	MBE
		PKB			(E)	BAJ

V : Le produit des rangs alphabétiques des 2 dernières lettres est croissant avec un écart constant de +4 : 6, **10**, 14, 18, 22.

H : Le produit des rangs alphabétiques des 2 premières lettres est constant et égal à 20.

Question 2	Réponse B	★★★★★	1 min. – 3 min.

		345			(A)	443
		2235			**(B)**	**562**
		265			(C)	5223
343	862	???	534	926	(D)	675
		543			(E)	462

V : Le produit des 3 ou 4 chiffres de chaque élément est constant et égal à 60.

H : Le produit des rangs des 2 derniers chiffres est constant et égal à 12.

FICHE 180

Question 1 Réponse A ★★☆☆☆ 15 sec. – 1 min.

		343			**(A)**	**64**
		125			(B)	16
		27			(C)	729
49	81	???	36	25	(D)	04
		512			(E)	08

V : Ce sont des cubes. / **H :** Ce sont des carrés.

Question 2 Réponse D ★★★★☆ 30 sec. – 2 min.

		81			(A)	09
		25			(B)	64
		49			(C)	169
1331	343	???	27	125	**(D)**	**01**
		121			(E)	225

V : Ce sont des carrés **impairs**. / **H :** Ce sont des cubes **impairs**.

FICHE 181

Question 1 Réponse D ★★★☆☆ 30 sec. – 2 min.

		51			(A)	169
		85			(B)	65
		153			(C)	34
		136			**(D)**	**221**
143	130	???	39	91	(E)	26

V : Ce sont des multiples de 17. / **H :** Ce sont des multiples de 13.

Question 2 Réponse B ★★★☆☆ 30 sec. – 2 min.

	11				(A)	89
	97				**(B)**	**07**
	59				(C)	63
	43				(D)	83
70	???	749	56	91	(E)	53

V : Ce sont des nombres premiers. / **H :** Ce sont des multiples de 7.

FICHE 182

Question 1 **Réponse D** ★★★☆☆ **30 sec. – 2 min.**

	136				(A)	414
	325				(B)	238
	481				(C)	664
040	???	329	101	111	**(D)**	**181**
	649				(E)	704

V : Le nombre formé par le 2e chiffre et le 3e chiffre est un carré : 36 – 25 – 81 – 49.

H : Le 1er chiffre à la puissance du 2e chiffre = 3e chiffre ($0^4 = 0$, $3^2 = 9$, $1^0 = 1$, $1^1 = 1$).

Question 2 **Réponse A** ★★★★★ **1 min. – 3 min.**

ABA	BCH	CBI	???	BDP	**(A)**	**HAH**
			BEZ		(B)	FDF
			AFQ		(C)	DBP
			CFT		(D)	PAL
			DIO		(E)	CAR

V : Le nombre formé par les rangs alphabétiques des 1re et 2e lettres = un carré. BE = 25, AF = 16, CF = 36, DI = 49.

H : Rang alphabétique de la 1re lettre à la puissance du rang alphabétique de la 2e lettre = Rang alphabétique de la 3e lettre. ABA = $1^2 = 1$, BCH = $2^3 = 8$, CBI = $3^2 = 9$, BDP = $2^4 = 16$.

Question 3 **Réponse C** ★★★★★ **1 min. – 3 min.**

			FCF		(A)	HFD
			DAF		(B)	ARF
			EBE		**(C)**	**IHA**
			GDI		(D)	JJP
ABD	DCH	PBI	???	YDP	(E)	IDF

V : Le carré du rang alphabétique de la 1re lettre donne le nombre formé par les rangs alphabétiques de la 2e et de la 3e lettre : FCF = 636 : $6^2 = 36$, etc.

H : Le rang alphabétique de la 1re lettre est un carré : A = 1, D = 4, P = 16, Y = 25.

FICHE 183

Question 1 **Réponse E** ★★★☆☆ **30 sec. – 2 min.**

			AR		(A)	AZ
			ES		(B)	TU
			UZ		(C)	AV
EP	RI	EO	??	UX	(D)	RY
			IO		**(E)**	**AE**

V : 1re lettre = voyelle.

H : Diagonale 1re – 2e lettre de voyelles.

Question 2 Réponse E ★★★★☆ 45 sec. – 3 min.

MZI **FV**P **KK**L **QZ**X **???**

PL**A**
AO**A**
IX**E**
TR**U**

(A)	ABC
(B)	ZO**O**
(C)	**BV**P
(D)	PA**A**
(E)	**XDE**

V : La 3e lettre est une voyelle.

H : Les 2 premières lettres sont des consonnes.

Question 3 Réponse A ★★★★☆ 45 sec. – 3 min.

M**Z**I O**L**E L**P**A Q**Z**X ?**??**

EKD
PO**E**
ETG
AX**E**

(A)	K**TE**
(B)	K**L**O
(C)	RA**E**
(D)	L**K**P
(E)	Z**V**G

V : Diagonale de la lettre E : XXE – EXX – XXE – EXX – XXE.

H : 2e lettre = consonne.

FICHE 184

Question 1 Réponse A ★★★★☆ 45 sec. – 3 min.

			KKL	
			WNI	
			AKV	
LLL	CSV	CCX	???	MNT
			EIZ	

(A)	**WLT**
(B)	EAI
(C)	FXA
(D)	JKL
(E)	VLL

V : Chaque élément comporte 8 barres : KKL – WNI – AKV – EIZ = 8 barres.

H : La 3e lettre comporte 2 barres : L – V – X – T = 2 barres.

Question 2 Réponse C ★★★★☆ 45 sec. – 3 min.

		NNK		
		LTV		
		WME		
WEI	NYN	???	LNE	FHN
		XLT		

(A)	MIM
(B)	MWE
(C)	**YYA**
(D)	XXL
(E)	WKL

V : Chaque lettre a le même nombre de barres **que les autres lettres du même élément (NNK =** 3 barres chacune, LTV = 2 barres chacune, **WME = 4 barres chacune, XLT = 2 barres chacune).**

H : La somme du nombre de barres **des 3 lettres est égale à 9 : WEI – NYN – LNE – FHN =** 9 barres.

FICHE 185

Question 1 — Réponse D ★★★★★ 1 min. – 3 min.

			AQ	
			ES	
			TO	
EL	CL	CC	??	BS
			IB	

(A) MD
(B) OC
(C) FJ
(D) CB
(E) FB

V : La 2e lettre a 2 arrondis.

H : La somme du nombre d'arrondis des lettres **de chaque élément est croissant : 0, 1, 2, 3, 4.**

FICHE 186

Question 1 — Réponse D ★★★★☆ 45 sec. – 3 min.

		BMO		
		JWZ		
		ZOT		
KIL	ZXD	???	PKM	ZEL
		ZTD		

(A) PWS
(B) PKI
(C) KTZ
(D) PIL
(E) ZZT

V : La lettre centrale est symétrique **verticalement.**

H : La lettre centrale est symétrique **horizontalement.**

Question 2 — Réponse B ★★★★★ 45 sec. – 3 min.

		ANK		
		YTV		
		HME		
WWI	NYN	???	LIE	FHN
		XLT		

(A) AST
(B) YTE
(C) PYA
(D) XLX
(E) KWL

V : La 1re **lettre** est symétrique **verticalement.**

H : La 2e **lettre** est symétrique **verticalement.**

FICHE 188

Question 1 **Réponse A** ★★★★☆ 45 sec. – 3 min.

			FMI	
			OMC	
CRI	DUR	CAR	???	CRU
			BIT	
			BCE	

(A) SPA
(B) POT
(C) ONU
(D) ROT
(E) MOC

V : Ce sont des **acronymes :** FMI (Fonds Monétaire International), OMC (Organisation Mondiale du Commerce), BIT (Bureau International du Travail), BCE (Banque Centrale Européenne), SPA (Société de Protection des Animaux).

H : Ce sont des mots de 3 lettres.

Question 2 **Réponse A** ★★★★★ 1 min. – 3 min.

	JAN			
	DEC			
	FEV			
CLF	???	RXV	DVV	TID
	MAI			

(A) AVR
(B) VVV
(C) SEP
(D) FLM
(E) OTT

V : Les 3 lettres sont les 3 premières lettres du mois de l'année.
JAN = Janvier, DEC = Décembre, FEV = Février, etc.

H : La 2e lettre est un chiffre romain.

FICHE 190

Question 1 **Réponse C** ★★★☆☆ 30 sec. – 2 min.

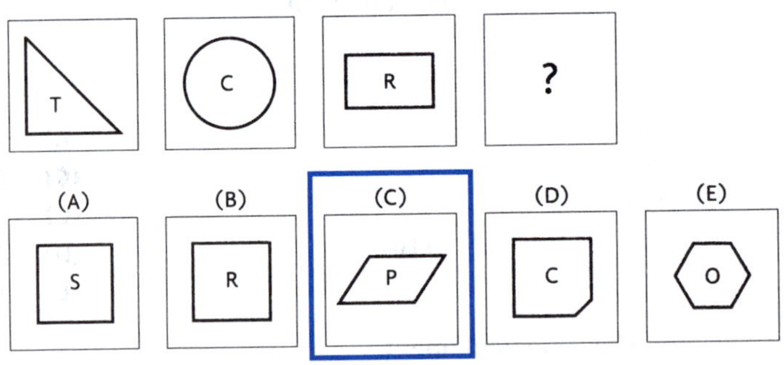

Logique : La lettre est l'initiale de la figure. Dans la réponse, P = Parallélogramme.

FICHE 191

Question 1 **Réponse C** ★★★☆☆ **30 sec. – 2 min.**

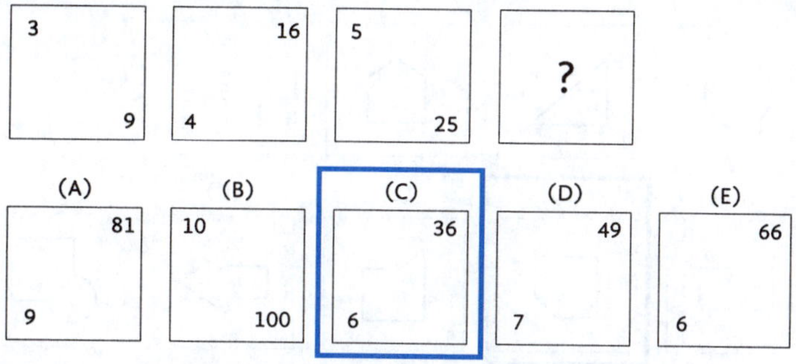

Logique 1 : Alternance diagonale gauche/droite – droite gauche.

Logique 2 : Le petit nombre mis au carré vaut le grand nombre.

Logique 3 : Le petit nombre vaut 3, 4, 5 → 6.

FICHE 192

Question 1 **Réponse C** ★★★☆☆ **30 sec. – 2 min.**

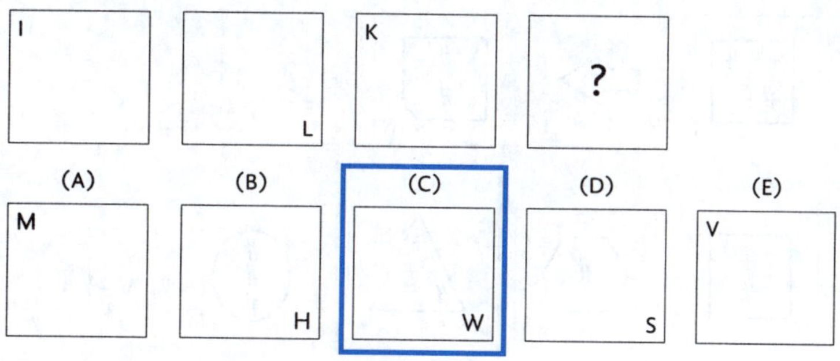

Logique 1 : Déplacement des lettres en diagonale → Lettre en bas à droite.

Logique 2 : Le nombre de barres de la lettre augmente de +1 : I = 1 barre, L = 2 barres, K = 3 barres → W = 4 barres.

FICHE 193

Question 1 **Réponse B** ★★★☆☆ 30 sec. – 2 min.

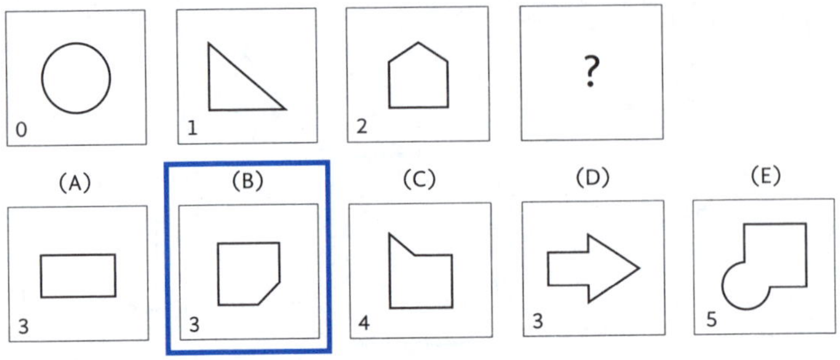

Logique 1 : Le nombre d'angles droits de la figures augmente de +1 → 3 angles droits.

Logique 2 : Le nombre en bas à gauche correspond au nombre d'angles droits → 3 en bas à gauche.

FICHE 195

Question 1 **Réponse C** ★★★☆☆ 45 sec. – 2 min.

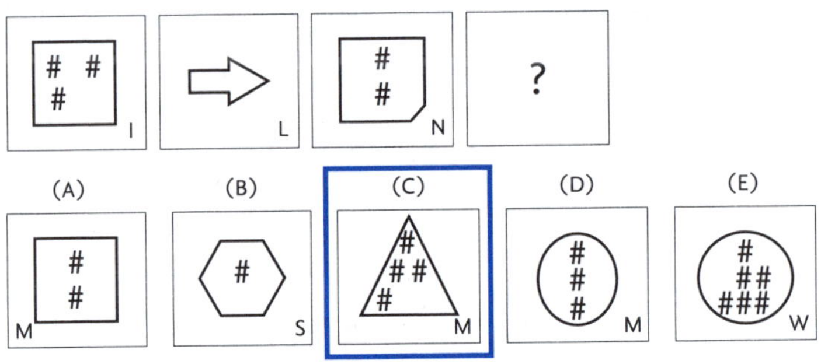

Logique 1 : Le nombre de # + le nombre de côtés de la figure est égal à 7.

Logique 2 : La lettre en bas a droite a 1 barre, puis 2, puis 3 → 4 barres.

Question 2 **Réponse C** ★★★★☆ **45 sec. – 3 min.**

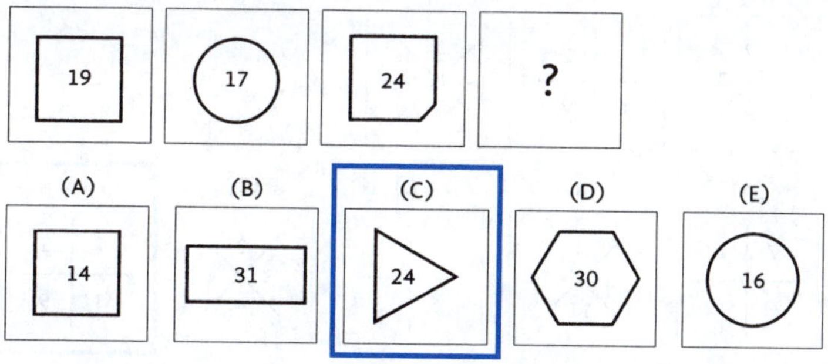

Logique : Le nombre dans la figure – le nombre de côtés de la figure est égal à 15, 17, 19 → 21.

Question 3 **Réponse D** ★★★★☆ **45 sec. – 3 min.**

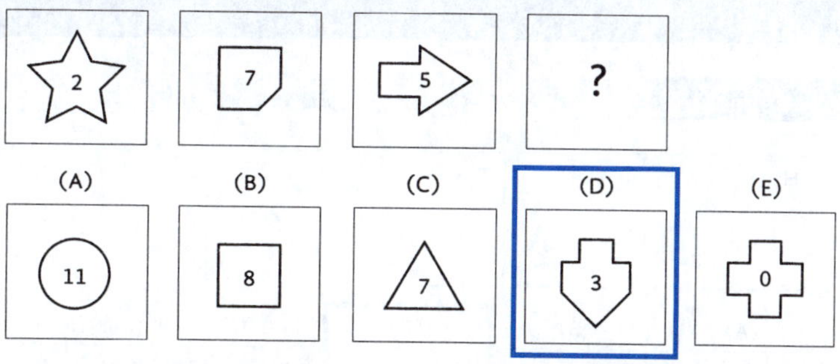

Logique 1 : La somme nombre de côtés de la figure + le nombre à l'intérieur = 12.

Logique 2 : Le nombre à l'intérieur de la figure est un nombre premier.

FICHE 196

Question 1 **Réponse B** ★★★☆☆ **30 sec. – 2 min.**

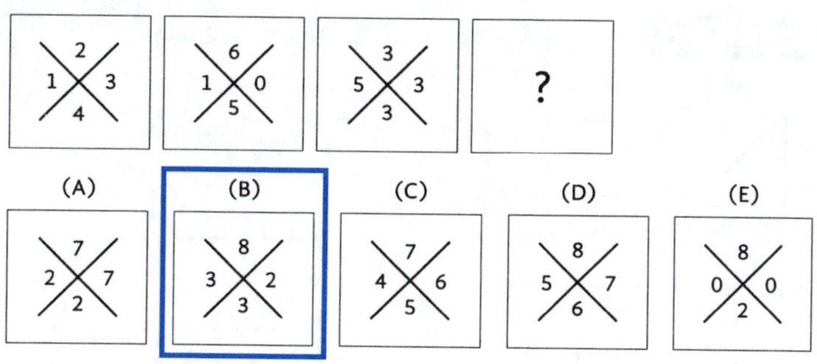

Logique : La somme des 4 chiffres augmente de +2 : 10, 12, 14 → 16.

Question 2 Réponse E ★★★☆☆ **30 sec. – 2 min.**

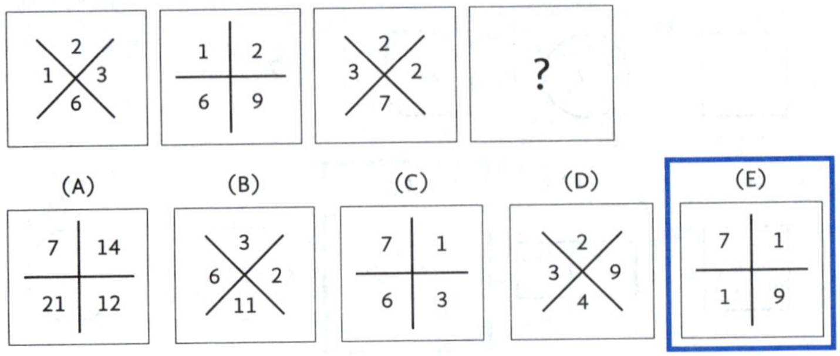

Logique 1 : La croix est alternativement penchée et droite → croix droite.

Logique 2 : La somme des 3 plus petits nombres est égal au nombre le plus élevé.

FICHE 197

Question 1 Réponse C ★★★☆☆ **30 sec. – 2 min.**

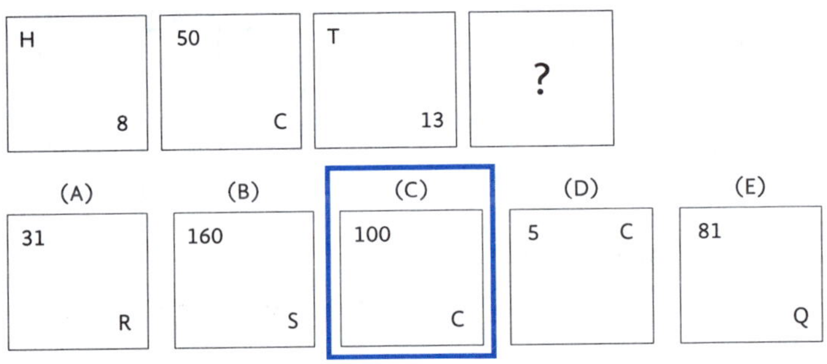

Logique 1 : Inversion des positions lettre/nombre → Lettre en bas à droite, nombre en haut à gauche.

Logique 2 : La lettre indique l'initiale du nombre (H = Huit, etc.).

Question 2 Réponse D ★★★☆☆ **30 sec. – 2 min.**

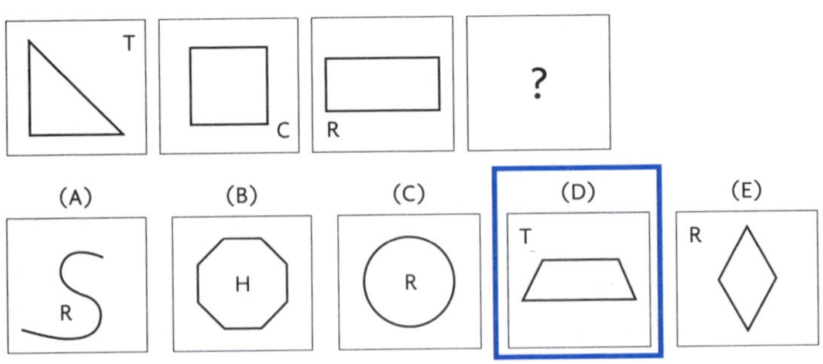

Logique 1 : Mouvement dans le sens horaire de la lettre → lettre en haut à gauche.

Logique 2 : La lettre indique l'initiale **de la figure (T = Triangle, etc.).**

Question 3 **Réponse B** ★★★★☆ 45 sec. – 3 min.

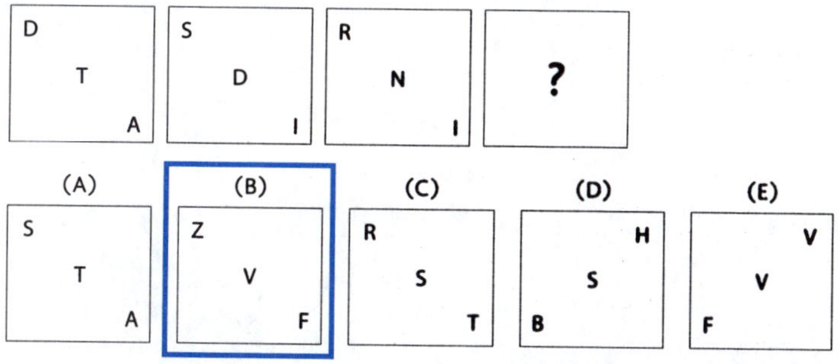

Logique : La lettre centrale est l'intiale **du résultat de la différence entre le rang des 2 lettres** extérieures (D – A = 4 – 1 = 3 = Trois ; etc.).

FICHE 198

Question 1 **Réponse C** ★★★★☆ 45 sec. – 3 min.

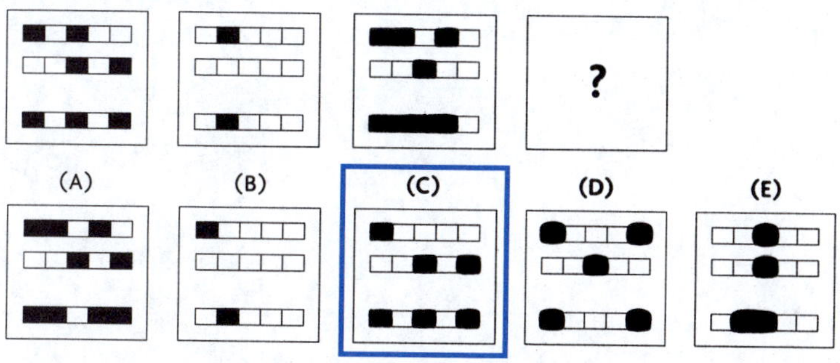

Logique : La 3e ligne correspond à l' « **addition** » **des 2 premières lignes. Si un élément est** coloré dans 1 des 2 premières lignes, **alors il doit être coloré dans la dernière.**

TESTS BLANCS N° 4 à 18

TAGE MAGE® N° 4

GRILLE DE RÉPONSES TM n° 4																
C.D.T	Question	1	2	3	4	5	6	7	8	9	10	11	12	13	14	15
	Réponse	É	C	C		C	B	C	B	B	E	E	E	D	E	D
	SCORE : 16/60		Nombre BR : 6 /15						Nombre MR : 8 /15							
CALCUL	Question	16	17	18	19	20	21	22	23	24	25	26	27	28	29	30
	Réponse															
	SCORE : ..../60		Nombre BR : ... /15						Nombre MR : ... /15							
R & A	Question	31	32	33	34	35	36	37	38	39	40	41	42	43	44	45
	Réponse	D	C	B		B		E		É	C	B	A	B	E	E
	SCORE : 18/60		Nombre BR : 6 /15						Nombre MR : 6 /15							
COND. MIN.	Question	46	47	48	49	50	51	52	53	54	55	56	57	58	59	60
	Réponse	1			1			2		2	2		2			
	SCORE : ..../60		Nombre BR : ... /15						Nombre MR : ... /15							
EXPRESS.	Question	61	62	63	64	65	66	67	68	69	70	71	72	73	74	75
	Réponse	É	E	B	C			C	E	C	B	A	A	B	E	D
	SCORE : 17/60		Nombre BR : 6 /15						Nombre MR : 7 /15							
LOGIQUE	Question	76	77	78	79	80	81	82	83	84	85	86	87	88	89	90
	Réponse	A			A			B						E		
	SCORE : 7/60		Nombre BR : 3 /15						Nombre MR : 1 /15							
TM n° 4	SCORE : 58/360 ⇔ 96/600		BR = Bonne Réponse = +4 points. MR = Mauvaise Réponse = −1 point. Multipliez par 5/3 pour passer du score/360 au score/600.													

TAGE MAGE® N° 4

1 COMPRÉHENSION DE TEXTES

CONSIGNES

15 questions	20 minutes	Calculatrice interdite	Chronomètre recommandé

BARÈME

Bonne réponse : +4 points	Aucune réponse : 0 point	Mauvaise réponse : –1 point

TEXTE 1

Les glaces des pôles fondent plus vite que jamais, mais une certaine incertitude demeure cependant, notamment sur le calendrier exact de la montée des eaux. En effet, les scientifiques ne savent pas à quelle vitesse vont fondre les principales calottes glacières des pôles. « Au vu de ce que l'on sait aujourd'hui à propos de l'expansion des océans avec le réchauffement, et sur la fonte des glaciers et des calottes glacières qui ajoutent de l'eau dans les océans, il est pratiquement certain que nous aurons une augmentation du niveau des mers d'au moins un mètre, et probablement davantage », a expliqué Steve Nerem, de l'Université du Colorado et qui dirige l'équipe de la NASA chargée de surveiller la montée des niveaux des mers. « Toutefois, on ne sait pas si cela arrivera dans le siècle à venir ou sur une période plus longue », a-t-il ajouté.

D'après Michael Freilich, directeur de la division Sciences de la Terre au siège de la NASA à Washington : « Plus de 150 millions de personnes, principalement en Asie, vivent dans des zones situées à moins d'un mètre de l'actuel niveau des mers. Aux États-Unis, la montée des eaux va aussi changer le tracé de nos côtes, notamment dans des États comme la Floride. » Déjà aujourd'hui, les grandes marées causent des inondations dans certaines rues de Miami, ce qui n'était pas le cas par le passé.

En France, le même phénomène menace aussi de nombreuses villes côtières.

De précédentes prédictions sur la montée des eaux, établies en 2013 par un panel intergouvernemental des Nations unies sur le changement climatique, évoquaient une montée des océans de « seulement » 30 à 90 cm d'ici la fin du siècle. Mais selon Steve Nerem, les dernières données mesurées par les satellites de la NASA pointent vers la fourchette haute de ces prévisions. Les scientifiques surveillent particulièrement les glaces du Groenland, qui ont perdu en moyenne 303 milliard de tonnes par an durant la dernière décennie. L'Antarctique de son côté a fondu de 118 milliard de tonnes par an.

Depuis 1992 et les premières mesures précises par satellites, les océans ont déjà monté d'environ 7,6 centimètres, avec des pointes à 23 cm en certains endroits en raison de variations naturelles. En juillet dernier, une autre étude publiée par la revue *Science* évoquait une hausse du niveau des mers de 6 mètres -mais sans préciser le terme de cette échéance catastrophique.

« Les calottes glacières fondent plus vite qu'on ne le pensait jusque-là », a ajouté Josh Willis, océanographe de la NASA. « Dans les 20 prochaines années, nous verrons probablement une augmentation du niveau des eaux plus rapide que la moyenne et nous devons donc nous y préparer ». (Question 5).

Pour Eric Rignot, glaciologue à l'Université de Californie, comme la planète se réchauffe, les glaces fondent automatiquement plus rapidement : « On ne parle pas d'un scénario futuriste. Personnellement, les données collectées ces dernières années m'inquiètent beaucoup. »

« Nous avons vu en étudiant les changements climatiques survenus depuis la naissance de la Terre que des montées des eaux jusqu'à trois mètres en un siècle ou deux sont possibles si les glaces fondent rapidement », a précisé Tom Wagner, un autre scientifique de la Nasa spécialiste de l'étude des glaces.

« Nous voyons des preuves que les couches de glace "se réveillent", mais nous devons mieux les comprendre avant d'affirmer que nous entrons dans une nouvelle période de fonte rapide », a-t-il conclu.

Question 1. Selon l'auteur, le principal danger dénoncé par les experts est :

(A) La fonte des glaces du Grœnland.
(B) L'augmentation de la température atmosphérique.
(C) Le réchauffement climatique et ses conséquences.
(D) Les conséquences humaines et matérielles du réchauffement climatique.
(E) L'augmentation du niveau des mers et des océans.

Question 2. Quel est le sentiment de Steve Nerem au travers de ses propos ?

(A) Il est très inquiet sur l'avenir du réchauffement climatique et de ses conséquences.
(B) Il est alarmiste concernant la montée du niveau des eaux des mers.
(C) Il ne peut que constater une amplification de la fonte glaciaire dans la décennie passée.
(D) Il est préoccupé par l'augmentation du niveau des eaux malgré quelques incertitudes.
(E) Il semble fataliste face à la fonte glaciaire au Grœnland et en Antarctique.

Question 3. Quel serait le titre le plus approprié pour ce texte ?

(A) La montée du niveau des eaux (mers et océans).
(B) La NASA prévoit une augmentation des inondations à l'avenir.
(C) Inquiétudes des scientifiques sur l'élévation du niveau des eaux.
(D) La fonte des glaces polaires s'accentue.
(E) Observations du changement climatique par les scientifiques.

Question 4. Parmi les propositions suivantes, **quelle serait la meilleure conclusion du texte ?**

(A) Le pire pourrait bien être à venir.

(B) Le pire a été évité.

(C) L'élévation du niveau des eaux **n'est pas le principal problème.**

(D) Le réchauffement climatique **ne se combattra que par des innovations.**

(E) Coup de chaud pour la planète.

Question 5. Parmi les propositions suivantes, **laquelle peut être insérée à la place de** « Question 5 » dans le texte ?

(A) **Toutefois, il ne faut pas dramatiser la situation. L'Humanité ne risque rien à court terme.**

(B) Une solution envisageable **serait de construire des digues pour empêcher la montée** des eaux.

(C) Se préparer signifie changer nos modes **de vie afin de limiter le plus possible les conséquences** néfastes de la montée des eaux.

(D) Le meilleur moyen de s'y préparer **est donc d'investir dans les NTIC (Nouvelles** Technologies de l'Information et de la **Communication).**

(E) La question se pose donc de savoir **si l'Humanité saura faire face à un tel défi.**

TEXTE 2

L'économiste et statisticien néo-zélandais **Alban W. Phillips mis à jour en 1958 une relation** décisive en étudiant le chômage et les salaires **au Royaume-Uni sur près d'un siècle (1861-1957) :** lorsque le chômage augmente, **les salaires baissent. La « courbe de Phillips » était née.**

Mais cette courbe a rapidement été **corrompue par Paul Samuelson et Robert Solow. Dès 1960,** ils remplacent les salaires par les prix **et affirment qu'il serait possible de faire baisser le** chômage en augmentant l'inflation. Cette **étonnante proposition devait logiquement être réfutée** durant les années 1970 et conduire à **l'abandon de la courbe de Phillips-Solow-Samuelson.**

Mais la situation actuelle pourrait lui donner une nouvelle jeunesse, que l'on retrouve présente aujourd'hui aux États-Unis, comme le relève **Paul Krugman. De même, Thomas Klitgaard** et Richard Peck (Federal Reserve Bank de New York) **montrent que les salaires ont fortement** baissé dans les pays de l'Euro-zone **où le chômage est en nette augmentation. En Grèce,** où le chômage a augmenté de 19 points, **les salaires ont baissé de 15 % entre 2007 et 2013.** À l'inverse, ils se sont maintenus **dans les pays où le chômage est contenu (Belgique), voire** là où il recule (Allemagne).

Pour le keynésien Thomas Palley, **si les salaires ralentissent quand le chômage augmente,** c'est parce que les salariés **ne demandent pas de hausses de salaires en raison de leur peur** du chômage. Mais il faut s'arrêter sur ce fait : **ces dernières années, en de multiples endroits,** les salaires ont baissé. Depuis des décennies, **les économistes se disputent sur les causes** et les conséquences de la **« rigidité des salaires à la baisse », c'est-à-dire sur le fait que les** salaires ne baissent généralement pas, même pendant des récessions. Dans bien des pays, cette rigidité n'en est plus une.

John Van Reenen et João Paulo Pessoa (London School of Economics) constatent ainsi qu'au Royaume-Uni, les salaires ont baissé de 8,5 % entre 2008 et 2013. Pour eux, si les salariés (y compris des cadres) acceptent désormais des baisses de salaires qu'ils auraient refusées auparavant, c'est parce que les allocations chômage ont été réduites et parce que les exigences imposées aux chômeurs sont de plus en plus fortes.

La tendance est générale au sein de la zone Euro, relève l'économiste syndical Ronald Janssen. Il constate que le rythme de hausse des salaires ne cesse de faiblir pour se rapprocher dangereusement de zéro, avec même des baisses en Irlande et en Italie. Selon lui, pour soutenir les salaires, il faudrait revenir sur la dérégulation du marché du travail et restaurer des mécanismes de négociation collective - c'est-à-dire rebrousser le chemin parcouru depuis bientôt trois décennies.

Car si rien n'est fait, nous allons finir par revenir au XIXe siècle, lorsque le travail était une marchandise dont le prix fluctuait au rythme de l'activité économique. La courbe d'Alban Phillips n'était rien d'autre que la loi de l'offre et de la demande appliquée au travail, qui était cher (salaires en hausse) lorsqu'il était demandé (plein-emploi) et dont la valeur chutait (salaires en baisse) sinon (chômage). On n'était pas pressé de la voir revenir !

Question 6. Comment Thomas Palley explique-t-il que les salaires ralentissent en période de chômage ?

(A) Les salariés demandent des baisses de salaire volontaires par solidarité avec les chômeurs.
(B) Les salariés ont peur de demander des augmentations quand le risque de chômage est fort.
(C) Les patrons profitent de la crise pour demander des baisses de salaire à leurs employés.
(D) C'est la dérégulation du marché du travail qui crée de l'insécurité sociale.
(E) Les keynésiens et les marxistes s'opposent sur les causes du chômage.

Question 7. Quel est le sentiment de l'auteur vis-à-vis de la courbe de Phillips ?

(A) L'auteur ne souhaite pas que la courbe de Phillips soit davantage empiriquement vérifiée.
(B) L'auteur est nostalgique des années 1970 où la courbe de Phillips n'était pas valable.
(C) L'auteur considère la courbe de Phillips comme une théorie économique rétrograde du XIXe siècle.
(D) L'auteur considère la courbe de Phillips comme une théorie économique libérale.
(E) L'auteur est en profond désaccord avec le bien-fondé de la courbe de Phillips.

Question 8. Parmi les propositions suivantes, laquelle pourrait être le titre du texte ?

(A) Une courbe, une réalité.

(B) Le retour de la courbe Philips-Solow-Samuelson.

(C) La courbe de Philips-Solow-Samuelson est malheureusement de nouveau d'actualité.

(D) La courbe de Philips-Solow-Samuelson enfin vérifiée.

(E) Il était temps que la courbe de Philips-Solow-Samuelson revienne.

Question 9. Selon votre interprétation du texte, quelle est la situation économique des pays étudiés par les économistes cités ?

(A) Tous les pays sont en difficulté ou sont en décroissance, avec un taux de chômage qui augmente.

(B) Les pays connaissent des baisses de salaire moyen et des stagnations ou des augmentations de taux de chômage.

(C) La plupart des pays sont sortis de la crise économique et renouent avec des augmentations de salaire.

(D) La grande majorité des pays étudiés sont en difficulté économique, hormis une minorité qui s'en sort bien avec un chômage en baisse.

(E) La plupart des pays sont en récession économique, avec un taux de chômage et des salaires en hausse.

Question 10. Parmi les propositions suivantes, quel est le meilleur résumé de ce texte ?

(A) Le marché du travail se déréglementant de plus en plus, le travail risque alors d'être considéré comme une marchandise soumise à la loi de l'offre et de la demande.

(B) Les économistes ont la même opinion concernant le marché du travail et la valeur du travail.

(C) Les évolutions sur le marché du travail européen sont différentes que sur le marché du travail américain.

(D) Après une hausse générale des salaires au cours du XXe siècle, ces derniers ont tendance à diminuer depuis la crise économique de 2008.

(E) Selon de nombreuses études économiques comparatives, les économistes ont mis en évidence une corrélation entre l'inflation ou la croissance économique et la variation des salaires.

TEXTE 3

Le marché se développe à l'international ? Notre école aussi...

Contexte de crise et marché de l'emploi tendu, les étudiants ont de quoi se faire du souci. Pourtant, les opportunités existent, notamment pour ceux qui disposent de compétences transversales et dont le profil s'oriente à l'international. Directeur d'Audencia Nantes, grande école de management, Jean Charroin entend adapter ses formations avec les nouvelles exigences d'un marché du travail de plus en plus complexe. Décryptage...

Journaliste : Quels sont les principaux défis pour les métiers du management ?

Jean Charroin : « Nous évoluons aujourd'hui dans un monde globalisé, avec des marchés de plus en plus ouverts et où les règles ont tendance à évoluer très rapidement. Les entreprises sont confrontées à une complexité croissante. En effet, elles doivent gérer des unités dispersées à travers le monde et employer des collaborateurs dont les parcours professionnels et académiques sont fortement diversifiés. En conséquence, les étudiants ne peuvent plus se contenter d'avoir une seule corde à leur arc. Bien au contraire, la maîtrise de plusieurs compétences (techniques, managériales, commerciales, financières) ou de plusieurs langues devient tout simplement indispensable pour espérer une insertion réussie sur le marché de l'emploi. »

Journaliste : Vos formations intègrent-elles ces nouvelles exigences ?

Jean Charroin : « Audencia Nantes est une école de management ayant vocation à former des managers et des entrepreneurs généralistes. Nos programmes visent à fournir les bases élémentaires du management pour permettre à des cadres d'évoluer dans tous les contextes, nationaux ou internationaux. En proposant des formations d'excellence, nous souhaitons nous imposer au niveau international de façon originale. Ainsi, nous nous attachons à développer chez nos étudiants le principe de la double compétence (ingénieur/manager, management public, management des activités culturelles). (Question 12). »

Journaliste : Pouvez-vous nous citer des exemples de ces partenariats ?

Jean Charroin : « Ces partenariats se déclinent sous plusieurs formes. Récemment, nous avons mis en place un Master of Science en Achat & Supply Chain avec le Politecnico de Milan. Ce programme est particulièrement attractif à l'international et prometteur puisque nous allions l'expertise de deux excellentes écoles : une école de management et une école d'ingénieurs. Autrement, ces partenariats se traduisent par l'implication de grands groupes dans nos parcours pédagogiques et nos programmes de recherche, à l'instar de la présence de la Société Générale et de Ernst & Young dans notre pôle de spécialisation Finance. »

Journaliste : Comment se positionne Audencia Nantes parmi les autres grandes écoles et Universités internationales ?

Jean Charroin : « L'ambition d'Audencia Nantes est de figurer parmi les meilleures institutions internationales. Notre offre est particulièrement sélective. Nous recrutons avant tout des étudiants qui ont fait leurs preuves sur un plan académique ou professionnel. Nous ne cherchons pas à atteindre une taille importante mais plutôt à allier différents champs de compétences. Notre proximité avec l'École Centrale de Nantes a justement pour vocation d'être en phase avec le modèle académique qui s'impose à l'international, celui du consortium alliant une école de management et un collège d'ingénierie. En termes de rayonnement et d'organisation, nous cherchons à rapprocher notre modèle de celui d'Universités comme Stanford. » (Source : *Le Monde*)

Question 11. Quel sous-entendu est effectué par Jean Charroin au travers de cette interview ?

(A) Les écoles de commerce françaises devraient s'inspirer du modèle des universités américaines.

(B) Les autres écoles de commerce françaises ont comme stratégie d'atteindre une taille critique.

(C) Les autres écoles de commerce françaises ne proposent pas suffisamment de formations dites « d'excellence ».

(D) Les écoles de commerce françaises manquent d'originalité lorsqu'il s'agit de se développer à l'international.

(E) Audencia Nantes a une bonne stratégie de développement à l'international avec sa pédagogie « double compétence ».

Question 12. Quelle proposition conviendrait le mieux au lieu de « Question 12 » dans le texte ?

(A) De plus, Audencia Nantes a l'intention d'augmenter le nombre de partenariats universitaires pour se développer à l'international.

(B) Enfin, nous pensons objectivement que cette double compétence développée par chacun de nos étudiants leur permettra d'occuper des postes à forte responsabilité.

(C) De surcroît, nous avons l'ambition de signer des accords avec des institutions et des entreprises du monde entier.

(D) Cette double compétence sera sans aucun doute un avantage comparatif considérable pour signer des partenariats universitaires à l'international.

(E) Cette stratégie de double compétence développée par Audencia Nantes ces dernières années a d'ailleurs permis de signer un nombre important de partenariats.

Question 13. Selon Jean Charroin, quelle(s) compétence(s) doivent avoir les étudiants pour espérer une insertion réussie sur le marché de l'emploi ?

1. Avoir une tête bien faite.
2. Maîtriser plusieurs compétences (management, finance).
3. Parler plusieurs langues.
4. Être mobile à l'international.
5. Être ambitieux.

(A) 1 + 2 + 3 + 4 + 5

(B) 2 + 3 + 4

(C) 3 + 4 + 5

(D) 2 + 3

(E) 2 + 3 + 4 + 5

Question 14. Quel titre conviendrait le mieux à cette interview ?

(A) Interview académique et économique de Jean Charroin.

(B) Les axes de développement à l'international d'Audencia Nantes.

(C) Audencia Nantes : une école tournée vers l'avenir et l'international.

(D) Audencia Nantes : une école en perpétuelle évolution.

(E) Audencia Nantes s'adapte aux évolutions du marché du travail.

Question 15. Comment Jean Charroin compte-t-il développer son école ?

(A) Augmenter le nombre d'étudiants, internationaliser l'école et signer de nombreux partenariats.

(B) Effectuer des levées de fonds et recruter des professeurs internationaux.

(C) Signer des partenariats avec des entreprises et des Universités américaines telles Stanford.

(D) Développer le principe de la double compétence et signer des partenariats avec des entreprises et écoles.

(E) Développer le principe de la double compétence et signer des partenariats avec des Universités américaines telles Stanford.

TAGE MAGE® N° 4

2 CALCUL

CONSIGNES			
15 questions	20 minutes	Calculatrice interdite	Chronomètre recommandé

BARÈME		
Bonne réponse : +4 points	Aucune réponse : 0 point	Mauvaise réponse : –1 point

Question 16. L'appartement de Virginie est composé de 4 pièces, toutes rectangulaires. Toutes les pièces mesurent 3 mètres de large et respectivement 1,5 ; 2 ; 3 et 4,5 mètres de long. Quelle est l'aire de l'appartement de Virginie ?

(A) 25 m²
(B) 28 m²
(C) 30 m²
(D) 33 m²
(E) 35 m²

Question 17. Dans un test de « n » questions, Camille répond juste à 34 des 40 premières questions. Puis, elle répond correctement à un quart des questions restantes. Ce test ne comporte pas de points négatifs. Si son score final est égal à 50 % de la note maximale, combien de questions ce test comporte-t-il ?

(A) 94
(B) 96
(C) 98
(D) 100
(E) 102

Question 18. M. Gambino a une exploitation de 70 vaches laitières. Chaque vache produit en moyenne 22 litres de lait par jour. Chaque vache de type A produit en moyenne 30 litres de lait par jour et chaque vache de type B produit en moyenne 16 litres de lait par jour. Combien de vaches de type B M. Gambino possède-t-il ?

(A) 28
(B) 30
(C) 40
(D) 42
(E) 50

Question 19. Un produit subit deux augmentations de même pourcentage au cours de la même année. Sachant qu'en début d'année, il valait 80 euros et qu'en fin d'année il vaut 115,2 euros, quel est le pourcentage de chaque augmentation de prix ?

(A) 16 %
(B) 18 %
(C) 20 %
(D) 22 %
(E) 25 %

Question 20. Que vaut l'aire du losange ABCD ?

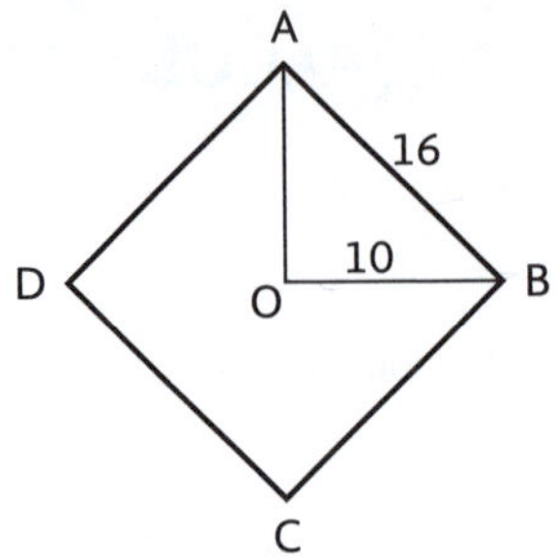

(A) $\sqrt{39}$
(B) $2\sqrt{39}$
(C) $10\sqrt{39}$
(D) $20\sqrt{39}$
(E) $40\sqrt{39}$

Question 21. Sur 4 lancers de pièce équilibrée, quelle est la probabilité d'obtenir maximum 2 fois pile ?

(A) 12/16
(B) 11/16
(C) 10/16
(D) 9/16
(E) 8/16

Question 22. Sachant que $32^n + 32^n + 32^n + 32^n = 4^{301}$, combien vaut n ?

(A) 120
(B) 121
(C) 60
(D) 4
(E) 12

Question 23. Soit 2 nombres à 4 chiffres dont la somme des chiffres est égale à 7. Quel est le plus grand écart possible entre ces deux nombres ?

(A) 5 886
(B) 5 994
(C) 6 000
(D) 6 993
(E) 6 994

Question 24. Un produit augmente de 20 % et diminue de 20 %. Au final, le produit a perdu 68 centimes. Quel était le prix de départ ?

(A) 16 euros
(B) 17 euros
(C) 18 euros
(D) 19 euros
(E) 20 euros

Question 25. A, B et C sont des chiffres positifs tels que : A = 2B = 3C et A × B × C = 36. Quelle est la valeur de C ?

(A) 2
(B) 3
(C) 4
(D) 5
(E) 6

Question 26. Le cercle C est inscrit dans un triangle rectangle. Les côtés adjacents à l'angle droit mesurent respectivement 3 cm et 4 cm. Quelle est la longueur du rayon de ce cercle ?

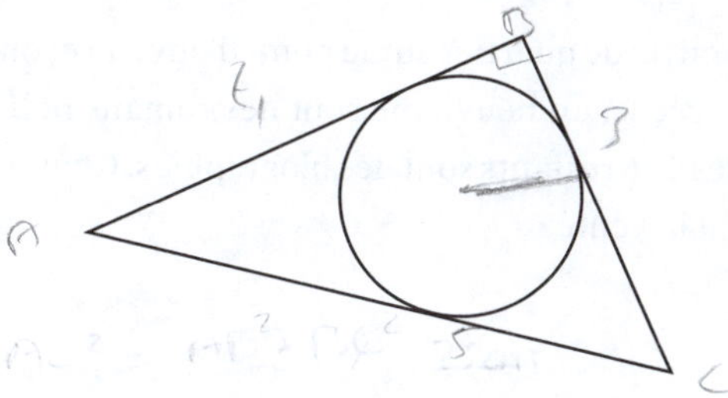

(A) 0,25 cm
(B) 0,5 cm
(C) 1 cm
(D) 1,25 cm
(E) 3 cm

Question 27. Cécile et Julie décident de partir en vacances à Cannes, distante de 900 km de leur domicile. Elles choisissent de partir à des heures différentes : 15 h pour Cécile et 16 h 30 pour Julie. Sachant que Cécile roule à une vitesse de 80 km/h et Julie à une vitesse de 120 km/h, à quelle heure Julie rattrapera-t-elle Cécile ?

(A) 20 h
(B) 20 h 30
(C) 21 h 45
(D) 22 h
(E) 19 h 30

Question 28. La somme des âges d'une fratrie de 5 enfants est égale à 60 ans. Chaque enfant a 2 ans de plus que le suivant. Quel âge aurait le plus jeune frère s'il était né 10 ans plus tôt ?

(A) 18 ans
(B) 16 ans
(C) 14 ans
(D) 12 ans
(E) 8 ans

Question 29. Fabien prévoit un voyage en avion : l'aller du point A vers le point B et le retour du point B vers le point A. À l'aller, Fabien décolle à 10 h 00 et atterrit à 12 h 00 (heure locale). Au retour, l'avion décolle à 21 h 15 (heure locale) et atterrit à 07 h 15.
Sachant que les temps de vol aller et retour sont identiques, quel est le décalage horaire entre les villes A et B ?

(A) 4 h.
(B) 4 h 30.
(C) 5 h.
(D) 6 h.
(E) Plusieurs solutions sont possibles.

Question 30. Une petite librairie de quartier sur le point d'ouvrir reçoit sa première livraison de l'année. Parmi les livres reçus, un neuvième sont des romans policiers, un sixième sont des livres parascolaires et les 156 restants sont des biographies. Combien de livres la librairie va-t-elle pouvoir proposer à la vente ?

(A) 192
(B) 202
(C) 216
(D) 236
(E) 243

3 RAISONNEMENT ET ARGUMENTATION

CONSIGNES

15 questions	20 minutes	Calculatrice interdite	Chronomètre recommandé

BARÈME

Bonne réponse : +4 points	Aucune réponse : 0 point	Mauvaise réponse : –1 point

Question 31. Beaucoup d'experts pensent qu'il faudrait essayer de limiter le réchauffement planétaire à 2°C. Pour justifier ce chiffre, les économistes cherchent à comparer le coût de la réduction des émissions actuelles avec les bénéfices possibles. En effet, un compromis est nécessaire : investir aujourd'hui davantage de ressources dans la prévention climatique laisse moins de ressources pour la prévention des risques plus immédiats et ne bénéficie ainsi que de façon incertaine aux générations futures.

Parmi les propositions suivantes, laquelle offre la meilleure conclusion ?

(A) La lutte contre le réchauffement climatique doit mobiliser d'importants moyens mais le réchauffement climatique ne doit pas être l'unique risque pris en compte.

(B) Le réchauffement climatique aura un coût matériel et humain incertain sur les générations futures.

(C) Le réchauffement climatique est un risque surestimé, au détriment de risques plus immédiats.

(D) La limitation du réchauffement climatique ne doit pas empêcher de prévenir d'autres risques par manque de moyens.

(E) La limitation des effets du réchauffement climatique bénéficiera aux générations futures de manière incertaine.

Question 32. Paris toucherait le jackpot si elle organisait les Jeux Olympiques 2024. En effet, cette attribution pourrait générer jusqu'à 11,2 milliards d'euros de retombées économiques et près de 280.000 emplois pérennes. Cette étude, réalisée par le Centre d'Économie et de Droit du Sport de Limoges (CDES) pour le compte du comité de candidature, retient trois sortes d'impacts pour Paris, l'Ile-de-France et l'ensemble du pays.

Parmi les propositions suivantes, laquelle est présupposée dans le texte ?

(A) Paris est la capitale de la France.

(B) Paris est candidate à l'organisation des Jeux Olympiques 2024.

(C) Paris a un intérêt économique à avoir les Jeux Olympiques 2024.

(D) Les Jeux Olympiques ont des effets économiques bénéfiques.

(E) Les retombées économiques des Jeux Olympiques se font sur tout le pays organisateur.

Question 33. Élise et Noëlle réunies sont plus grandes que Victoire et Claire réunies. Élise et Arthur réunis sont plus petits que François et Victoire réunis.
Parmi les propositions suivantes, laquelle est forcément vraie ?

(A) Noëlle est plus grande que Victoire.
(B) François est plus grand qu'Élise.
(C) Élise et Victoire ensemble sont plus grandes que Arthur et Claire réunis.
(D) Claire et Arthur réunis sont plus petits que Noëlle et François réunis.
(E) Aucune de ces propositions n'est vraie.

Question 34. Tant qu'on reste bloqué dans un jeu institutionnel qui combine les inconvénients de règles automatiques, inadaptées à toutes les situations, et d'une gestion intergouvernementale des exceptions, qui favorise les marchandages nationaux au détriment de l'intérêt général de la zone, l'économie européenne ne peut pas vraiment redémarrer.
Laquelle de ces affirmations s'oppose aux propos du texte ?

(A) Les règles coercitives définies à l'avance sont un rempart efficace face à une crise.
(B) Les défaillances de la démocratie européenne sont un remède à la crise économique européenne.
(C) Les règles strictes sont adaptées à la conjoncture économique européenne.
(D) L'économie européenne profite du manque de solidarité entre ses membres.
(E) Le système politique en vigueur dans l'Union Européenne est trop démocratique et participatif.

Question 35. Qui est le cousin de l'oncle maternel de ma sœur ?

(A) Mon grand-père.
(B) Le cousin de ma mère.
(C) Le frère de ma mère.
(D) Le cousin de ma grand-mère.
(E) Le fils de ma grand-mère.

Question 36. Un vol a été commis dans une banque et trois suspects ont été mis en garde à vue : Michel, Stéphane et Christian. Nous savons que :

(1) Si Michel est innocent, Christian est coupable.
(2) Si Michel est coupable, Stéphane l'est aussi.
(3) Si Stéphane est coupable, Christian est innocent.
(4) Si Stéphane est innocent, Michel est coupable.

Laquelle de ces propositions est vraie ?

(A) Les 3 sont coupables.
(B) Stéphane est innocent.
(C) Michel est coupable.
(D) Il y a un seul coupable.
(E) Christian est coupable.

Question 37. Le feuilleton de la vente de deux navires de guerre Mistral qui empoisonne depuis plusieurs mois les relations entre la France et la Russie semble enfin connaître son épilogue. Le Président François Hollande et son homologue russe Vladimir Poutine sont en effet parvenus à un accord sur la non-livraison des navires Mistral. Pour sa part, la Russie sera « exclusivement et intégralement remboursée des sommes avancées au titre du contrat », dont le montant total atteignait les 1,2 milliard d'euros.

Laquelle de ces affirmations soutient le plus les propos du texte ?

(A) La France et la Russie ne concluront pas leur accord sur le plan financier et militaire.
(B) La France a tenté sans succès de vendre et de livrer deux navires de guerre à la Russie.
(C) Les deux navires de guerre construits par la France ne seront pas livrés à la Russie.
(D) La France doit rembourser 1,2 milliard d'euros à la Russie pour les deux navires de guerre.
(E) La France se doit de rembourser les sommes avancées par la Russie dans le cadre d'un contrat militaire.

Question 38. Le commissaire Éric croit tenir la piste du voleur de voitures. Il est arrivé aux conclusions suivantes :

(1) Si A est innocent, alors B aussi.
(2) Si les coupables ont agi à 2, alors C est l'un d'eux.
(3) Si C est coupable, alors il a un seul complice.
(4) Si B est innocent, alors A aussi.
(5) D est innocent.

Qui est coupable ?

(A) B seul.
(B) Aucun.
(C) Tous.
(D) C et A.
(E) B et C.

Question 39. Jean ment tous les lundis, mardis, jeudis et samedis.

Aujourd'hui, il dit : « Hier, Laura a menti ». Hier, Laura a dit : « Avant-hier, Jean a menti ». Nous ne connaissons pas les jours où Laura ment. Quel jour sommes-nous ?

(A) lundi.
(B) mardi, mercredi ou jeudi.
(C) lundi ou jeudi.
(D) samedi.
(E) mercredi ou jeudi.

Question 40. Lequel des proverbes suivants correspond le plus à la situation décrite dans le dialogue ?

- Lucie a beaucoup de chance, elle va se marier avec un docteur très réputé et très riche.
- Il paraît qu'il est très jaloux et violent. Et puis il se marie pour la cinquième fois.

- Tu as raison. Elle ne sera pas forcément heureuse.

(A) « Tant va la cruche à l'eau qu'à la fin elle se casse ».
(B) « Rien ne sert de courir, il faut partir à point ».
(C) « Tout ce qui brille n'est pas or ».
(D) « L'argent n'a pas d'odeur ».
(E) « Chercher une aiguille dans une meule de foin ».

Question 41. Quant aux grandes entreprises, elles ont évidemment beaucoup à gagner d'une collaboration avec les gouvernements. Certes, aux États-Unis, elles s'emploient depuis le début des révélations Snowden à restaurer leur image auprès de leurs utilisateurs.
Mais, même à supposer qu'elles soient sincères, ces initiatives s'inscrivent dans un rapport de force déséquilibré. Les hérauts de l'entrepreneuriat californien tirent les plus grands bénéfices de leur proximité avec l'appareil sécuritaire, que ce soit en termes de commandes publiques, de soutien diplomatique, ou encore d'accès aux renseignements relatifs à leurs concurrents étrangers ou à la sécurité de leurs produits.
Quelle proposition est le plus en adéquation avec la pensée de l'auteur ?

(A) Les géants du Web américains jouent un double-jeu et ne sont pas forcément sincères.
(B) Les grandes entreprises savent tirer profit d'une coopération avec les gouvernements.
(C) L'immixtion des gouvernements sur les problématiques de confidentialité n'a pas que des effets néfastes sur les grandes entreprises américaines.
(D) Les géants de l'Internet américains sont les grands gagnants d'une collaboration avec les autorités étatiques.
(E) Les géants du Web américains possèdent des données sur leurs utilisateurs, que n'ont pas leurs concurrents étrangers.

Question 42. Les résultats calamiteux des politiques d'austérité imposées aux pays européens rendent difficile la défense d'une prétendue orthodoxie économique, qui n'est que le faux nez des égoïsmes nationaux.
Certains ont alors préféré opposer au désastre que vit l'Europe du Sud la figure du retraité allemand, acculé à la ruine par un État grec égoïste et impécunieux.
Parmi ces propositions, laquelle soutient le plus le point de vue du journaliste ?

(A) Chaque pays de l'Union Européenne agit selon ses propres intérêts.
(B) Le niveau de vie de la population grecque s'est nettement dégradé depuis le début de la crise.
(C) La crise économique européenne a révélé les failles de l'entraide entre pays européens.
(D) L'Europe du Sud est à l'origine de la détérioration de la situation du retraité allemand.
(E) L'État grec et l'État allemand font preuve d'égoïsme depuis le début de la crise.

Question 43. En Europe, plus de 80 millions de personnes vivent sous le seuil de pauvreté. Et alors que beaucoup ont du mal à nourrir leurs familles et faire face à la crise, chaque supermarché, dans l'Union Européenne, jette plus de 40 kg de nourriture par soir, ce qui permettrait de nourrir une centaine de personnes.
Des décisions européennes permettraient d'éradiquer une partie de la faim sur notre continent.
Quelle proposition s'oppose à la thèse de l'auteur ?

(A) La faim n'est que marginale en Europe, où l'on manque pourtant de nourriture.
(B) D'énormes quantités de nourriture sont distribuées aux plus démunis chaque jour sur le sol européen.
(C) La faim touche des millions de personnes en Europe et encore davantage sur d'autres continents.
(D) De nombreux Européens ne connaissent pas la faim à cause de la crise économique.
(E) L'Union Européenne fournit une partie de l'aide alimentaire mondiale au détriment de sa propre population.

Question 44. Dans un marathon, les trois premiers passent la ligne d'arrivée détachés du peloton. Ils ont des dossards de couleurs différentes : vert, bleu et rouge. Le Français est derrière le dossard bleu. Le dossard vert est devant le dossard bleu.
À quelle position le Français est-il arrivé ?

(A) Il est impossible de savoir.
(B) Premier ou troisième.
(C) Premier.
(D) Deuxième.
(E) Troisième.

Question 45. Quelle expression correspond au fait d'entendre mal ou pas bien du tout ?

(A) « Dormir sur ses deux oreilles ».
(B) « Avoir la puce à l'oreille ».
(C) « Avoir l'audition d'un pépé ».
(D) « Avoir les portugaises ensablées ».
(E) « Avoir les oreilles qui bourdonnent ».

TAGE MAGE® N° 4

4 CONDITIONS MINIMALES

CONSIGNES			
15 questions	20 minutes	Calculatrice interdite	Chronomètre recommandé

BARÈME		
Bonne réponse : +4 points	Aucune réponse : 0 point	Mauvaise réponse : –1 point

(A) **L'information 1 seule est suffisante** pour répondre à la question.
L'information 2 seule est insuffisante pour répondre à la question.

(B) **L'information 2 seule est suffisante** pour répondre à la question.
L'information 1 seule est insuffisante pour répondre à la question.

(C) **Les informations 1 et 2 ensemble sont suffisantes** pour répondre à la question.
L'information 1 seule ou l'information 2 seule est insuffisante pour répondre à la question.

(D) **L'information 1 seule est suffisante** pour répondre à la question.
L'information 2 seule est suffisante pour répondre à la question.

(E) **Les informations 1 et 2 ensemble sont insuffisantes** pour répondre à la question.
L'information 1 seule ou l'information 2 seule est insuffisante pour répondre à la question.

Question 46. Gérald est-il le cousin germain maternel de Virginie ?

(1) Gérald est le petit-neveu du grand-père maternel de Virginie.

(2) Le père de Virginie a trois frères mais n'a aucune sœur.

Question 47. Que vaut X ?

(1) $X^2 - X = 2$.

(2) $X^2 - 4X = -4$.

Question 48. A-t-on X = Y ?

(1) $X^Z = Y^Z$

(2) Z est impair.

Question 49. Capucine va à la salle de sport. L'abonnement comprend le coût de la carte et plusieurs séances. Sachant que Capucine a payé son abonnement 315 euros, quel est le coût de la carte ?

(1) L'abonnement comprend douze séances.

(2) Le tarif d'une séance est de 25 euros.

Question 50. Sachant que $4A + 7B = 30$, quelle est la valeur de A ?

(1) $A = 2B$.

(2) $2A + \frac{7}{2}B = 15$.

Question 51. Le nombre de 3 chiffres ABC est-il multiple de 11 ?

(1) La somme des 3 chiffres de ABC est égale à 11.

(2) $A - B = 11 - C$.

Question 52. Quel est le prix de ce meuble ancien ?

(1) La différence entre le tiers du prix et le quart du prix est de 40 €.

(2) Une hausse de 25 % du prix du meuble amènerait son prix à 600 €.

Question 53. Que vaut le nombre de trois chiffres X, compris entre 100 et 200 ?

(1) X est divisible par 4.

(2) Le chiffre des dizaines de X est égal au chiffre des unités.

Question 54. Une pièce dispose d'un sol plat et de quatre murs plats.
Le sol est-il vraiment rectangulaire ?

(1) Un des coins de la pièce est un angle droit.

(2) Deux des murs face à face sont bien parallèles.

Question 55. Monsieur Martin achète au même moment et au même prix deux actions de deux entreprises différentes. Un an plus tard, l'action de l'entreprise TechCo a augmenté de 50 % et celle de VestiCorp a chuté de 4 %.
Quelle a été la perte en euros de Monsieur Martin sur l'action VestiCorp ?

(1) Le prix final de l'action TechCo est de 225 euros.

(2) La différence des prix finaux des deux actions est de 81 euros.

Question 56. Pour remplir une piscine, il faut laisser couler l'eau pendant 80 heures. Quel volume d'eau, en litres, y a-t-il dans cette piscine quand elle est remplie ?

(1) Le débit du robinet est de 3 000 litres/heure.

(2) La piscine est un parallélépipède de 12 m × 10 m × 2 m.

Question 57. Christophe a acheté des partitions de musique à ses enfantsqui sont musiciens : des concertos pour ceux qui ont un bon niveau, et des comptines pour les plus petits. Combien d'enfants a Christophe ?

(1) Les enfants avec un bon niveau reçoivent 2 concertos chacun, les autres ont 3 comptines chacun.

(2) Christophe a acheté 13 partitions dont 9 comptines.

Question 58. Éric et Chloé parient l'un contre l'autre sur certains matchs de Roland Garros. Ils démarrent avec des sommes différentes. À la fin de la quinzaine, Éric a gagné 250 € et Chloé n'a plus que les deux tiers de la somme d'Éric d'avant le tournoi.
Quelle somme d'argent Chloé avait-elle en poche avant le début du tournoi de Roland Garros ?

(1) Ensemble, Éric et Chloé n'ont pas perdu d'argent.

(2) Si Éric n'avait gagné que 200 €, alors Chloé aurait eu en fin de partie les trois quarts de la somme d'Éric d'avant le tournoi.

Question 59. Quel est l'âge de Sébastien ?

(1) Quand Sébastien aura les 4/3 de son âge actuel, il aura 12 ans de plus.

(2) Si l'on prend 3 fois l'âge qu'il aura dans 6 ans et qu'on lui soustrait 3 fois l'âge qu'il avait il y a 6 ans, on obtient 36 ans.

Question 60. Quel est l'âge de Michel ?

(1) Dans 3 ans, Michel sera deux fois plus âgé que ne l'est Paul actuellement.

(2) L'âge d'Arnaud est égal à la moyenne des âges de Michel et Paul.

5 EXPRESSION

CONSIGNES			
15 questions	20 minutes	Calculatrice interdite	Chronomètre recommandé

BARÈME		
Bonne réponse : +4 points	Aucune réponse : 0 point	Mauvaise réponse : –1 point

Question 61. Choisissez la reformulation dont le sens se rapproche le plus des mots soulignés.
Bien qu'il s'entraîne <u>en dilettante</u>, ce sportif est réputé pour sa capacité à <u>être flegmatique</u> dans toutes les situations qu'il rencontre.

(A)	Avec assiduité	Savoir s'adapter à la réalité
(B)	Avec plaisir	S'énerver facilement
(C)	Sans entrain	Rester impassible
(D)	Sans zèle	Être serein
(E)	De manière irrégulière	Rester calme

Question 62. Choisissez la reformulation dont le sens se rapproche le plus du mot souligné.
Pour de nombreux économistes, les politiques économiques actuelles menées dans la zone euro ne sont que des <u>expédients</u>. À quand des mesures <u>pérennes</u> ?

(A)	Solutions temporaires	Permanentes
(B)	Promesses non tenues	Importantes
(C)	Politiques futiles	Innovantes
(D)	Mesures de court terme	De long terme
(E)	Solutions provisoires	Durables

Question 63. Choisissez les reformulations dont le sens se rapproche le plus des mots soulignés.
Lors d'un débat, il faut veiller à <u>accorder de l'attention à</u> l'opinion des autres. La prise en compte des <u>divergences</u> est <u>cruciale</u>.

(A)	Valoriser	Désaccords	Nécessaire
(B)	Mettre en valeur	Points de désaccord	Importante
(C)	Considérer	Incompatibilités	Capital
(D)	Prendre en compte	Dissensions	Primordiale
(E)	Écouter	Querelles	Vitale

Question 64. Choisissez les reformulations dont le sens se rapproche le plus des mots soulignés.
Submergés par le nombre de leurs adversaires, ils ont dû reculer.

(A) Débordés Se replier
(B) Emportés Capituler
(C) Dépassés Battre en retraite
(D) Engloutis Abandonner
(E) Vaincus Renoncer

Question 65. Classez ces phrases de celle qui contient le plus de fautes d'orthographe et de grammaire à celle qui en contient le moins. Si 2 phrases comportent le même nombre de fautes, on peut les classer indifféremment.

(1) Des réponses claires, voila ce que j'attends de toi.
(2) Assurrément, cet homme était un escrot.
(3) Cet enfant sensé être dificile à gérer était tout a fait agreable.
(4) Je veux que tu prennes cette route pour rentrer à la maison de Paul.
(5) Des vertues milénaires sont prétées à ce produit miracle.

(A) 4 – 1 – 2 – 5 – 3
(B) 3 – 2 – 5 – 1 – 4
(C) 5 – 3 – 2 – 1 – 4
(D) 3 – 5 – 2 – 1 – 4
(E) 3 – 5 – 1 – 2 – 4

Question 66. Parmi les propositions suivantes, laquelle est grammaticalement fausse ?

(A) Marion et Justine sont furieuses que votre discours leur ait causé autant de torts.
(B) Les torts que votre discours leur a causé sont irréparables.
(C) La tarte au citron que Mamie a préparée a l'air exquise.
(D) Le paquet de livres que j'ai reçu par la poste est très lourd.
(E) La montagne de livres que j'ai reçue par la poste complètera ma bibliothèque.

Question 67. Combien de fautes d'orthographe, de grammaire et d'usage la phrase suivante contient-elle ?
La montre qu'il avait acheté ne fonctionnait déja plus un an plus tard. Malheuresement, elle n'était plus sous garantie. Il n'avait plus qu'à en racheter une, malgré ses difficultés pécunières. La prochaine fois, il prendra la garantie pour éviter ce genre de désagréments ou alors il fera en sorte d'acquérir une montre de qualité, sans obsolesence programmée. Ce n'est pas comme si je ne l'avais pas prévenu !

(A) 4
(B) 5
(C) 3
(D) 6
(E) 2

Question 68. Choisissez la meilleure reformulation du point de vue de l'orthographe, de la syntaxe et du style. La proposition A reprend l'énoncé.

Les 7500 bacheliers inscrits sur le logiciel d'orientation, très connu, Admission post-bac n'ont pas reçu une offre de place à l'université alors qu'il restait seulement un mois à la rentrée.

(A) Les 7500 bacheliers inscrits sur le logiciel d'orientation très connu Admission post-bac n'ont pas reçu une offre de place à l'université alors qu'il restait seulement un mois à la rentrée.

(B) Le nombre d'étudiants d'inscrit sur le logiciel Admission post-bac (APB) est de 7500 pourtant aucun d'eux n'a encore reçu de proposition de place à l'université. La situation devient de plus en plus urgente alors que la rentrée approche.

(C) Les universités françaises n'ont toujours pas envoyé de propositions de places aux bacheliers de l'année 2015. Pour cause, ils sont plus de 7500 étudiants inscrits sur le logiciel Admission post-bac (APB).

(D) Comme à chaque année, les 7500 étudiants inscrits dans le logiciel (APB) attendent patiemment d'être envoyé à la fac. Mais à un mois avant la rentrée ils n'ont toujours pas de nouvelle.

(E) À un mois de la rentrée, 7500 bacheliers, bien qu'inscrits sur le logiciel d'orientation Admission post-bac, n'ont toujours reçu aucune proposition de place à l'université.

Question 69. Choisissez la meilleure reformulation du point de vue de l'orthographe, de la syntaxe et du style. La proposition A reprend l'énoncé.

Antoinette aurait aimé que Georges vint au raout organisé ce soir-là dans les locaux de l'hôtel de ville en l'honneur de la dûchesse.

(A) Antoinette aurait aimé que Georges vint au raout organisé ce soir-là dans les locaux de l'hôtel de ville en l'honneur de la dûchesse.

(B) Antoinette aurait aimé que Georges vienne au raout organisé ce soir là dans les locaux de l'hôtel de ville en l'honneur de la dûchesse.

(C) Antoinette aurait aimé que Georges vînt au raout organisé ce soir-là dans les locaux de l'hôtel de ville en l'honneur de la duchesse.

(D) Antoinette aurait aimé que Georges vienne au raout organisé ce soir là dans les locaux de l'hôtel de ville en l'honneur de la duchesse.

(E) Antoinette aurait aimé que Georges vienne au raout organisé ce soir-là dans les locaux de l'hôtel de ville en l'honneur de la duchesse.

Question 70. L'agoraphobie est à la foule, ce que :

(A) L'arachnophobie est aux insectes.

(B) La claustrophobie est à l'espace.

(C) Squalophobie est aux baleines.

(D) La pyrophobie est au feu.

(E) Hématophobie est aux dentistes.

Questions 71 à 75 : Complétez le texte avec le mot ou l'expression assurant la meilleure cohérence textuelle.

Question 71. Le cerveau humain pèse environ 1,5 kg, soit 3 % [...] d'un adulte. [...], ses cellules consomment 25 à 30 % de l'énergie totale du corps.

(A) De la masse corporelle	Par conséquent
(B) De la masse moyenne corporelle	Toutefois
(C) Du poids moyen	Paradoxalement
(D) De la masse corporelle moyenne	Étonnamment
(E) De la moyenne de la masse corporelle	Bizarrement

Question 72 (suite de la question 71). [...], elles produisent des quantités importantes de déchets [...] toxiques : l'équivalent du poids du cerveau lui-même en un an !

(A) De plus	Potentiellement
(B) Cependant	Qui ne sont pas considérés comme
(C) Par conséquent	Qui sont
(D) Ainsi	Étiquetés comme
(E) Toutefois	Qui ne sont pas

Question 73 (suite de la question 72). [...] d'imaginer que cet organe, qui [...] nos actions et nos pensées, [...] de tant de déchets.

(A) C'est une aberration	Coordonne	Se délecte
(B) Impensable	Gère	Se libère
(C) Étonnant	Contrôle	Stocke
(D) Quelle surprise	Gouverne	Supprime
(E) Impossible	Dicte	S'encombre

Question 74 (suite de la question 73). [...], comment fait-il le vide ? Gère-t-il lui-même ses [...] ou s'en débarrasse-t-il auprès d'autres organes ?

(A) Se pose la question	Cellules
(B) Cependant	Problèmes
(C) Toutefois	Restes
(D) Du coup	Détritus
(E) Mais alors	Déchets

Question 75 (suite de la question 74). Tout cela est resté [...] jusqu'à nos [...] études sur la souris en 2016, qui ont apporté la preuve de l'existence d'un système d'évacuation des déchets propre au cerveau. Depuis, nous avons montré que ce rituel d'épuration s'accomplit durant le sommeil.

(A)	Inexpliqué	Précédentes
(B)	Bizarre	Comparatives
(C)	Mystérieux	Premières
(D)	Opaque	Récentes
(E)	Inexplicable	Expériences et

CONSIGNES			
15 questions	20 minutes	Calculatrice interdite	Chronomètre recommandé

BARÈME		
Bonne réponse : +4 points	Aucune réponse : 0 point	Mauvaise réponse : –1 point

Question 76.

		77		
		49		
11	55	?	99	88
		56		
		73		

(A) 66 (B) 22 (C) 33 (D) 75 (E) 57

Question 77.

?	772	664	970	871
246				
473				
691				
883				

(A) 286 (B) 088 (C) 055 (D) 655 (E) 123

Question 78.

	DU			
	SU			
	LU			
	EN			
JN	?	TD	WA	LL

(A) RU (B) RA (C) RF (D) ES (E) LA

Question 79.

	MA			
	ND			
	OR			
IJ	?	NO	WX	AB
	QF			

(A) PQ (B) AQ (C) RU (D) PR (E) XY

Question 80.

		63		
		18		
		90		
343	80	?	521	72
		40		

(A) 94 (B) 46 (C) 215 (D) 52 (E) 406

Question 81.

		ACR		
WVU	ETR	?	DNR	KED
		FEG		
		KJO		
		MPR		

(A) RDV (B) FDQ (C) ODE (D) PRQ (E) XQQ

Question 82.

		51		
		15		
35	70	?	15	90
		35		
		57		

(A) 52 (B) 55 (C) 72 (D) 75 (E) 8

Question 83.

FAG RBS MCN ? EEF

GJL
MPJ
TJA
JBX

(A) KDJ (B) JDC (C) JKL (D) KJL (E) JDK

Question 84.

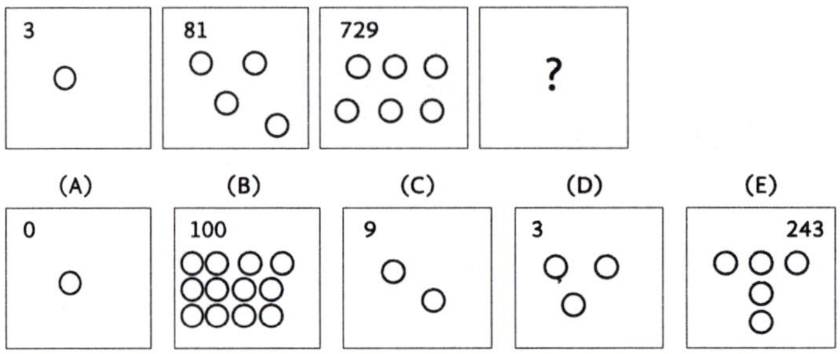

Question 85.

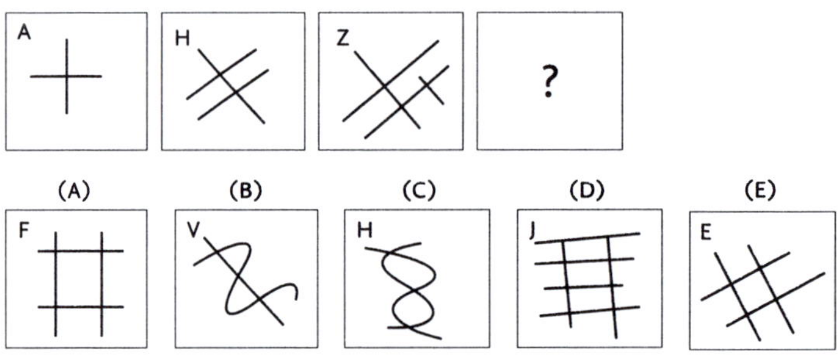

Question 86.

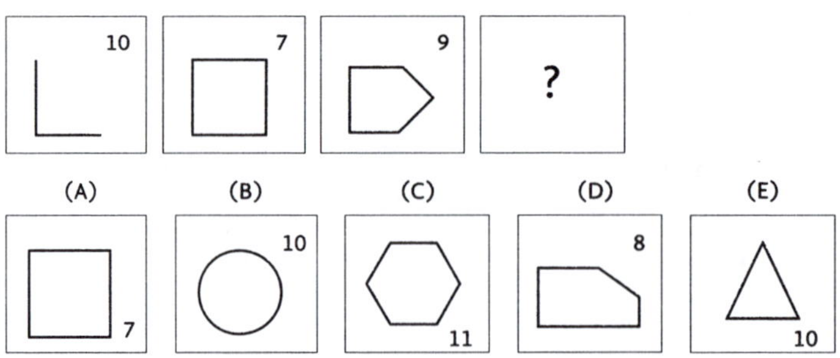

Question 87.

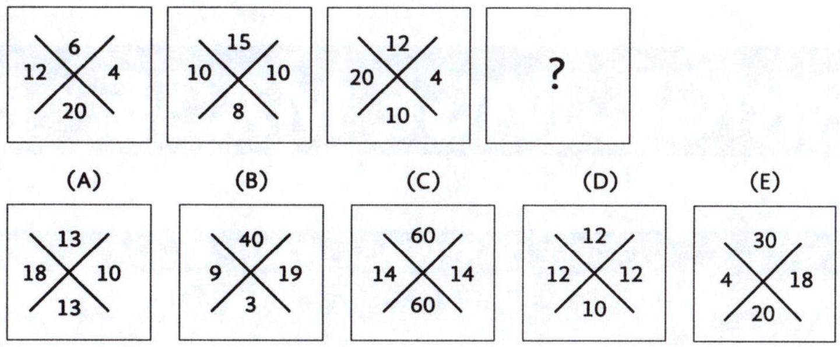

Question 88.

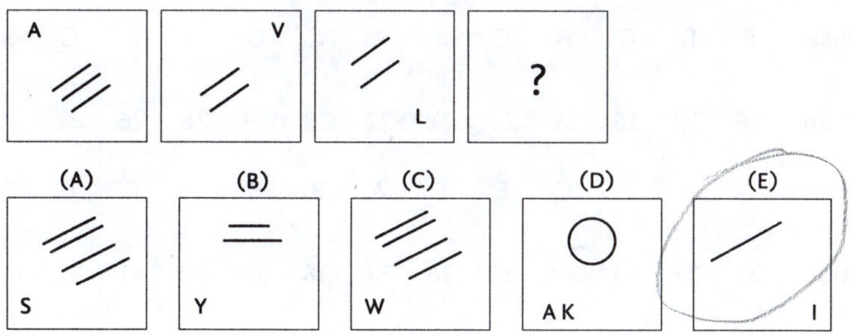

Question 89.

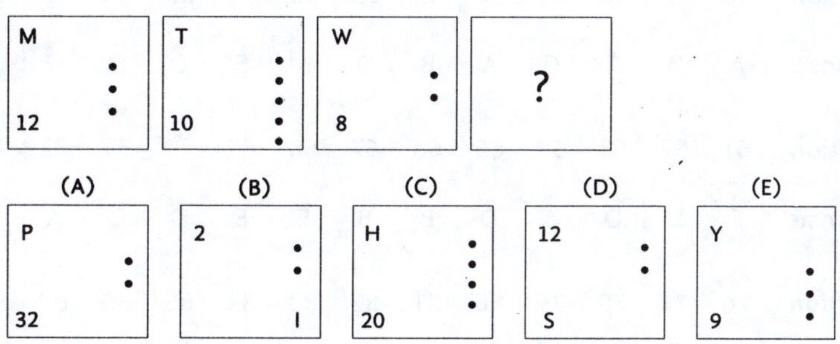

Question 90

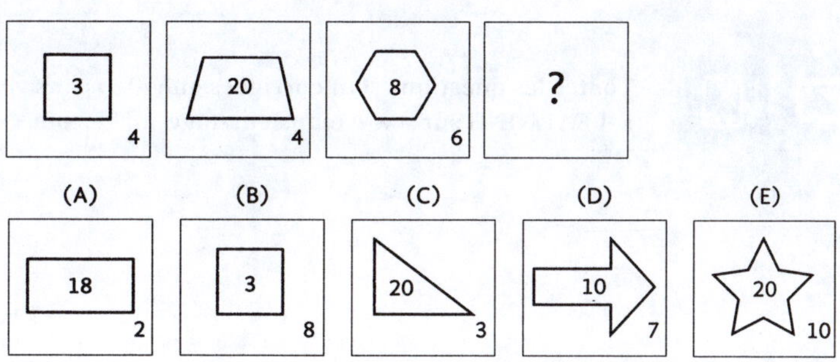

CORRIGÉ TAGE MAGE® N° 4

GRILLE DE RÉPONSES TM N° 4

Difficulté du TAGE MAGE® n° 4 : NORMAL

C.D.T	**Question**	1	2	3	4	5	6	7	8	9	10	11	12	13	14	15
	Réponse	E	D	C	A	C	B	A	C	D	A	B	C	B	E	D
CALCUL	**Question**	16	17	18	19	20	21	22	23	24	25	26	27	28	29	30
	Réponse	D	B	C	C	E	B	A	B	B	A	C	E	A	A	C
R & A	**Question**	31	32	33	34	35	36	37	38	39	40	41	42	43	44	45
	Réponse	D	B	D	A	B	C	E	B	B	C	B	A	A	A	D
C. M.	**Question**	46	47	48	49	50	51	52	53	54	55	56	57	58	59	60
	Réponse	A	B	C	C	A	B	D	E	E	D	D	C	B	A	E
EXPR.	**Question**	61	62	63	64	65	66	67	68	69	70	71	72	73	74	75
	Réponse	E	D	D	A	D	B	B	E	E	D	D	A	E	E	D
LOG.	**Question**	76	77	78	79	80	81	82	83	84	85	86	87	88	89	90
	Réponse	A	B	D	A	B	B	B	E	C	A	D	B	C	E	C

Toutes les questions sont corrigées en vidéo dans votre espace **E-LEARNING sur www.monsieur-tage-mage.com**

TAGE MAGE® N° 4

1 CORRIGÉ « COMPRÉHENSION DE TEXTES »

Difficulté	NORMAL														
Question	1	2	3	4	5	6	7	8	9	10	11	12	13	14	15
Réponse	E	D	C	A	C	B	A	C	D	A	B	C	B	E	D

TEXTE 1

Question 1 Réponse E ★★★☆☆ 30 sec. – 2 min. Fiche 17

(A) La fonte des glaces du Grœnland. **Trop précis.**

(B) L'augmentation de la température atmosphérique. **Hors-sujet.**

(C) Le réchauffement climatique et ses conséquences. **Trop général.**

(D) Les conséquences humaines et matérielles du réchauffement climatique. **Faux.**

(E) L'augmentation du niveau des mers et des océans. **Bonne réponse.**

Bonne réponse : E. Les experts dénoncent les dangers d'une montée des eaux des mers et des océans qui risquerait de recouvrir les zones côtières et de déstabiliser les économies des pays qui ont un littoral. Il s'agit donc du principal danger dénoncé par les experts (scientifiques).

Hésitations possibles : A et D. La réponse A est trop précise pour être le « principal danger ». Avant même de citer des zones de forte fonte glaciaire, les scientifiques précisent le danger en lui-même : la hausse du niveau des mers et des océans. La réponse D est fausse car les conséquences humaines et matérielles ne sont pas le sujet principal de ce texte.

Autres réponses : B et C. La réponse B est hors-sujet. Le texte ne mentionne que la hausse du niveau des mers et des océans (bien que l'augmentation de la température atmosphérique en soit la cause). La réponse C est trop générale et ne mentionne pas « le niveau des mers et des océans ».

Question 2 Réponse D ★★★★☆ 30 sec. – 2 min. Fiche 17

(A) Il est très inquiet sur l'avenir du réchauffement climatique et de ses conséquences. **Faux.**

(B) Il est alarmiste concernant la montée du niveau des eaux des mers. **Réponse extrême.**

(C) Il ne peut que constater une amplification de la fonte glaciaire dans la décennie passée. **Faux.**

(D) Il est préoccupé par l'augmentation du niveau des eaux malgré quelques incertitudes. **Vrai. Bonne réponse.**

(E) Il semble fataliste face à la fonte glaciaire au Grœnland et en Antarctique. **Hors-sujet.**

Bonne réponse : D. En effet, comme indiqué dans le 2e paragraphe, Steve Nerem déclare : « Il est pratiquement certain que nous aurons une augmentation du niveau des mers d'au moins un mètre [...]. Toutefois (terme de nuance), on ne sait pas si cela arrivera dans le siècle à venir ou sur une période plus longue (incertitude) ».

Hésitations possibles : A et C. La réponse C est fausse. En effet, bien que le constat soit vrai (« Les scientifiques surveillent particulièrement les glaces du Grœnland [...] 303 milliard de tonnes par an durant la dernière décennie »), il ne s'agit pas de propos de Steve Nerem. La réponse A est également fausse. Aucun propos de Steve Nerem ne nous indique qu'il est inquiet des conséquences du réchauffement climatique.

Autres réponses : B et E. Steve Nerem ne semble pas « alarmiste » (réponse extrême). Aucun mot de vocabulaire « alarmiste » n'est utilisé. Il ne semble pas non plus fataliste. Aucun mot de vocabulaire « fataliste » n'est utilisé.

Question 3 Réponse C ★★★★☆ 45 sec. – 3 min. Fiche 17

(A) La montée du niveau des eaux (mers et océans). **Titre partiel.**

(B) La NASA prévoit une augmentation des inondations à l'avenir. **Trop précis.**

(C) Inquiétudes des scientifiques sur l'élévation du niveau des eaux. **Titre. Bonne réponse.**

(D) La fonte des glaces polaires s'accentue. **Titre partiel.**

(E) Observations du changement climatique par les scientifiques. **Trop général.**

Bonne réponse : C. Ce titre reprend bien les inquiétudes des scientifiques (aspect humain) précisées dans le texte (*« Les calottes glacières fondent plus vite qu'on ne le pensait jusque-là », a ajouté Josh Willis*) et l'augmentation du niveau des mers (aspect scientifique).

Hésitations possibles : A, B et D. Les réponses A, B et D sont soit trop précises, soit partielles. En effet, ces réponses n'abordent qu'une partie du message général du texte. La réponse A n'aborde que l'aspect scientifique. La réponse B se concentre trop sur la NASA. Enfin, la réponse D se concentre uniquement sur les pôles.

Autre réponse : E. La réponse E est trop générale pour être la bonne réponse. Le terme « changement climatique » englobe trop de caractéristiques. Or, ce texte aborde uniquement le niveau des eaux.

Question 4 Réponse A ★★★★☆ 45 sec. – 3 min. Fiche 17

(A) Le pire pourrait bien être à venir. **Conclusion. Bonne réponse.**

(B) Le pire a été évité. **Contredit le texte.**

(C) L'élévation du niveau des eaux n'est pas le principal problème. **Contredit le texte.**

(D) Le réchauffement climatique ne se combattra que par des innovations. **Hors-sujet.**

(E) Coup de chaud pour la planète. **Titre possible.**

Bonne réponse : A. Le texte insiste sur les dangers liés au réchauffement climatique et à la montée des eaux et insiste sur le caractère inexorable et accéléré de ces mutations. Le pire pourrait donc bien être à venir.

Hésitation possible : E. La réponse E est plus un titre au sens où elle reprend la thèse du texte (la planète se réchauffe) sans aller plus loin.

Autres réponses : B, C et D. La réponse B est fausse et va à l'encontre du texte.

La réponse C est également fausse car le texte insiste particulièrement sur le danger représenté par la montée des eaux. La réponse D traite des innovations, ce que ne fait pas le texte.

Question 5 | Réponse C | ★★★★☆ | 45 sec. – 3 min. | Fiche 17

(A) Toutefois, il ne faut pas dramatiser la situation. L'Humanité ne risque rien à court terme. **Mauvaise réponse.**

(B) Une solution envisageable serait de construire des digues pour empêcher la montée des eaux. **Hors-sujet.**

(C) Se préparer signifie changer nos modes de vie afin de limiter le plus possible les conséquences néfastes de la montée des eaux. **Bonne réponse.**

(D) Le meilleur moyen de s'y préparer est donc d'investir dans les NTIC (Nouvelles Technologies de l'Information et de la Communication). **Hors-sujet.**

(E) La question se pose donc de savoir si l'Humanité saura faire face à un tel défi. **Mauvaise réponse.**

Bonne réponse : C. Le texte nous indique que le « phénomène menace des villes côtières. » Le sous-entendu est donc que les habitants des pays occidentaux doivent changer leurs modes de vie.

Hésitation possible : A. Certes, il est souvent question du long terme dans le texte. Toutefois, l'auteur nous indique déjà que des rues de Miami sont inondées en cas de forte marée.

Autres réponses : B, D et E. La solution B concernant des digues n'est nullement abordée dans le texte. On ne peut donc pas la choisir pour conclure ce texte. La réponse D est également hors-sujet. Il n'est nullement question des NTIC dans ce texte. Enfin, la réponse E n'est pas la meilleure réponse pour conclure ce texte.

TEXTE 2

Question 6 Réponse B ★★☆☆☆ 15 sec. – 1 min. Fiche 17

C'est explicite dans le texte : « Pour le keynésien Thomas Palley, si les salaires ralentissent quand le chômage augmente, c'est parce que les salariés ne demandent pas de hausses de salaire **en raison de leur peur du chômage. » Réponse B.**

Question 7 Réponse A ★★★★☆ 30 sec. – 2 min. Fiche 17

(A) L'auteur ne souhaite pas que la courbe de Phillips soit davantage empiriquement vérifiée. **Vrai. Bonne réponse.**

(B) L'auteur est nostalgique des années 1970 où la courbe de Phillips n'était pas valable. **Faux.**

(C) L'auteur considère la courbe de Phillips comme une théorie économique rétrograde du XIXe siècle. **Faux.**

(D) L'auteur considère la courbe de Phillips comme une théorie économique libérale. **Hors-sujet/Jugement de valeur.**

(E) L'auteur est en profond désaccord avec le bien-fondé de la courbe de Phillips. **Faux.**

Bonne réponse : A. En effet, l'auteur ne souhaite pas que la courbe de Phillips soit davantage empiriquement vérifiée, c'est-à-dire vérifiée dans les faits/de manière concrète/dans la situation économique actuelle. Les termes « car si rien n'est fait, nous allons finir par revenir au XIXe siècle » et « On n'était pas pressé de la voir revenir ! » confirment la réponse A.

Hésitation possible : C. La réponse C est fausse. La courbe de Phillips n'est pas en elle-même rétrograde. C'est la situation économique où l'on considère « le travail comme une marchandise dont le prix fluctue au rythme de l'activité économique » qui est rétrograde pour l'auteur.

Autres réponses : B, D et E. L'auteur n'est pas nostalgique des années 1970. Aucun élément ne le précise. L'auteur ne considère pas la courbe de Phillips comme une théorie économique libérale. Il s'agit d'une interprétation/jugement de valeur concernant le positionnement de l'auteur. Enfin, l'auteur ne conteste pas le bien-fondé – c'est-à-dire le fait de reposer sur des données sérieuses – de la courbe de Phillips.

Question 8 Réponse C ★★★☆☆ 30 sec. – 2 min. Fiche 17

On comprend d'après le texte que la courbe avait été abandonnée (« logiquement être réfutée durant les années 1970 et conduire à l'abandon de la courbe de Phillips-Solow-Samuelson »).

Cependant, la courbe est bien de retour sur le devant de la scène (« Mais la situation actuelle pourrait lui donner une nouvelle jeunesse »). **On choisit la réponse C** et non la B ou la E **car l'auteur semble regretter le retour de la courbe** : « On n'était pas pressé de la voir revenir ! ». **Réponse C.**

Question 9	Réponse D	★★★★☆	45 sec. – 3 min.	Fiche 17

(A) Tous les pays sont en difficulté ou sont en décroissance, avec un taux de chômage qui augmente. **Faux.**

(B) Les pays connaissent des baisses de salaire moyen et des stagnations ou des augmentations de taux de chômage. **Faux.**

(C) La plupart des pays sont sortis de la crise économique et renouent avec des augmentations de salaire. **Faux.**

(D) La grande majorité des pays étudiés sont en difficulté économique, hormis une minorité qui s'en sort bien avec un chômage en baisse. **Bonne réponse.**

(E) La plupart des pays sont en récession économique, avec un taux de chômage et des salaires en hausse. **Faux.**

Bonne réponse : D. La grande majorité des pays étudiés est en effet en difficulté économique (Grèce, Royaume-Uni, Irlande, Italie, etc.) hormis une minorité (Allemagne). Ces pays sont tous cités dans le texte et étudiés par les économistes.

Autres réponses : A, B, C et E. La réponse A est fausse à cause du terme extrême « Tous ». La réponse B est fausse car l'Allemagne connaît (selon le texte) une baisse du taux de chômage. La réponse C est fausse car la plupart des pays ne renouent pas avec des augmentations de salaire. La réponse E est fausse car les pays cités dans le texte en récession économique ne connaissent pas de hausse de salaire.

Question 10	Réponse A	★★★★★	1 min. – 3 min.	Fiche 17

(A) Le marché du travail se déréglementant de plus en plus, le travail risque alors d'être considéré comme une marchandise soumise à la loi de l'offre et de la demande. **Résumé. Bonne réponse.**

(B) Les économistes ont la même opinion concernant le marché du travail et la valeur du travail. **Faux.**

(C) Les évolutions sur le marché du travail européen sont différentes que sur le marché du travail américain. **Hors-sujet.**

(D) Après une hausse générale des salaires au cours du XXe siècle, ces derniers ont tendance à diminuer depuis la crise économique de 2008. **Résumé approximatif.**

(E) Selon de nombreuses études économiques comparatives, les économistes ont mis en évidence une corrélation entre l'inflation ou la croissance économique et la variation des salaires. **Faux.**

Bonne réponse : A. Le texte insiste sur le fait que les salaires ont stagné, voire diminué depuis la crise économique de 2008 du fait d'une déréglementation du marché du travail.

Hésitations possibles : D et E. La réponse D n'est pas la meilleure réponse car aucune information ne nous indique qu'il y a eu une hausse généralisée des salaires au XXe siècle. Enfin, la réponse E est plutôt fausse. Comme le montrent les dernières études, les salaires de certains pays ont tendance à diminuer alors que l'inflation (ou la croissance économique) est toujours présente.

Autres réponses : B et C. La réponse B est fausse. En effet, les économistes ont des analyses différentes concernant le marché du travail et la valeur du travail. La réponse C est hors-sujet car il n'y a pas de comparaison entre le marché du travail européen et le marché du travail américain.

TEXTE 3

Question 11 Réponse B ★★★★☆ **30 sec. – 2 min.** **Fiche 17**

(A) Les écoles de commerce françaises devraient s'inspirer du modèle des universités américaines. **Faux/Trop général.**

(B) Les autres écoles de commerce françaises ont comme stratégie d'atteindre une taille critique. **Sous-entendu. Bonne réponse.**

(C) Les autres écoles de commerce françaises ne proposent pas suffisamment de formations dites « d'excellence ». **Faux.**

(D) Les écoles de commerce françaises manquent d'originalité lorsqu'il s'agit de se développer à l'international. **Faux.**

(E) Audencia Nantes a une bonne stratégie de développement à l'international avec sa pédagogie « double compétence ». **Propos explicite.**

Bonne réponse : B. En effet, Jean Charroin affirme : « Nous ne cherchons pas à atteindre une taille importante mais plutôt à allier différents champs de compétences » (5e paragraphe). Ces propos sous-entendent que les autres écoles de commerce françaises tentent d'atteindre une taille critique (taille maximale d'étudiants).

Hésitation possible : A. Jean Charroin affirme que des universités américaines comme Stanford sont des modèles (uniquement) en termes de rayonnement et d'organisation. Il est donc exagéré/plutôt faux d'affirmer que Jean Charroin sous-entend que les écoles de commerce françaises devraient s'inspirer du modèle des universités américaines dans leur ensemble.

Autres réponses : C, D et E. La réponse C est fausse. Jean Charroin affirme : « En proposant des formations d'excellence, etc. » (3e paragraphe). Il n'y a aucun sous-entendu au sujet des autres écoles de commerce françaises. Même raisonnement pour la réponse D. Jean Charroin affirme : « Nous souhaitons nous imposer au niveau international de façon originale ». Aucun sous-entendu à propos des autres écoles de commerce françaises. Enfin, la réponse E est plutôt explicite. Jean Charroin consacre la totalité de l'interview à défendre la stratégie de développement d'Audencia.

Question 12	Réponse C	★★★★☆	30 sec. – 2 min.	Fiche 17

(A) De plus, Audencia Nantes a l'intention d'augmenter le nombre de partenariats universitaires pour se développer à l'international. **Réponse partielle.**

(B) Enfin, nous pensons objectivement que cette double compétence développée par chacun de nos étudiants leur permettra d'occuper des postes à forte responsabilité. **Hors-sujet.**

(C) De surcroît, nous avons l'ambition de signer des accords avec des institutions et des entreprises du monde entier. **Vrai. Bonne réponse.**

(D) Cette double compétence sera sans aucun doute un avantage comparatif considérable pour signer des partenariats universitaires à l'international. **Réponse partielle.**

(E) Cette stratégie de double compétence développée par Audencia Nantes ces dernières années a d'ailleurs permis de signer un nombre important de partenariats. **Faux.**

Bonne réponse : C. En effet, la question du journaliste qui suit concerne les partenariats. La réponse de Jean Charroin concerne les partenariats universitaires (exemple : Politecnico de Milan) et les partenariats aves des entreprises (exemple : Société Générale, Ernst & Young). La meilleure réponse est donc la réponse C qui précise les termes « accords », « institutions » et « entreprises ».

Hésitations possibles : A et D. Les réponses A et D ne précisent que les accords/partenariats « universitaires » et ne mentionnent pas les « entreprises ». Il s'agit donc de réponses partielles.

Autres réponses : B et E. La réponse B est hors-sujet. La question du journaliste qui suit serait illogique. La réponse E est fausse. L'interview ne précise aucune information sur les partenariats ces dernières années. Jean Charroin donne simplement un exemple de partenariat.

Question 13	Réponse B	★★★☆☆	30 sec. – 2 min.	Fiche 17

1. Avoir une tête bien faite. **Information non indiquée dans le texte.**
2. Maîtriser plusieurs compétences (management, finance). **Vrai (2e paragraphe).**
3. Parler plusieurs langues. **Vrai (2e paragraphe).**
4. Être mobile à l'international. **Vrai (2e paragraphe).**
5. Être ambitieux. **Information non indiquée dans le texte.**

---

2 + 3 + 4. Réponse B

Question 14	Réponse E	★★★☆☆	30 sec. – 2 min.	Fiche 17

(A) Interview académique et économique de Jean Charroin. **Trop général.**

(B) Les axes de développement à l'international d'Audencia Nantes. **Réponse partielle.**

(C) Audencia Nantes : une école tournée vers l'avenir et l'international. **Trop général.**

(D) Audencia Nantes : une école en perpétuelle évolution. **Faux.**

(E) Audencia Nantes s'adapte aux évolutions du marché du travail. **Bonne réponse.**

Bonne réponse : E. L'interview précise dès le 1er paragraphe « qu'Audencia (...) entend adapter ses formations avec les nouvelles exigences d'un marché du travail plus complexe. ».

Hésitations possibles : B et C. La réponse B se concentre trop sur l'international en négligeant l'aspect « marché du travail ». La réponse C est trop générale. Le terme « tournée vers l'avenir » n'évoque pas assez explicitement le « marché du travail ».

Autres réponses : A et D. La réponse A est trop générale et « neutre ». Elle se concentre trop sur l'interviewé et pas assez sur Audencia Nantes. Concernant la réponse D, aucun élément ne permet d'affirmer que l'école est en « perpétuelle » évolution.

Question 15 Réponse D ★★★☆☆ **30 sec. – 2 min.** **Fiche 17**

(A) Augmenter le nombre d'étudiants, internationaliser l'école et signer de nombreux partenariats. **Réponse fausse.** (« Nous ne cherchons pas à atteindre une taille importante » (dernier paragraphe)).

(B) Effectuer des levées de fonds et recruter des professeurs internationaux. **Réponse fausse.** Jean Charroin ne prévoit aucune levée de fonds.

(C) Signer des partenariats avec des entreprises et des Universités américaines telles Stanford. **Réponse fausse.** Stanford est citée comme un exemple mais aucun projet de partenariat n'est prévu.

(D) Développer le principe de la double compétence et signer des partenariats avec des entreprises et Universités. **Bonne réponse.**

(E) Développer le principe de la double compétence et signer des partenariats avec des Universités américaines telles Stanford. **Réponse fausse.** Stanford est citée comme un exemple mais aucun projet de partenariat n'est prévu.

2 CORRIGÉ « CALCUL »

Difficulté	DIFFICILE													
Question	16	17	18	19	20	21	22	23	24	25	26	27	28	29	30
Réponse	D	B	C	C	E	B	A	B	B	A	C	E	A	A	C

Question 16 — Réponse D ★★★☆☆ 30 sec. – 2 min. Fiche 56

- **Rappel de cours** L'aire d'un rectangle est : **Aire = Longueur × Largeur.**

L'aire de l'appartement est :

$A = (3 \times 4{,}5) + (3 \times 1{,}5) + (3 \times 2) + (3 \times 3)$

$\Leftrightarrow$ $A = 3 \times (4{,}5 + 1{,}5 + 2 + 3)$ (Factorisation avec 3)

$\Leftrightarrow$ $A = 3 \times 11\ m^2$ $\Leftrightarrow$ $\mathbf{A = 33\ m^2}$.

L'aire de l'appartement est donc de **33 m²**. **Réponse D.**

Question 17 — Réponse B ★★★☆☆ 30 sec. – 2 min. Fiches 44/66

- **Rappel de cours** La technique du backsolving consiste à tester la réponse du milieu (C), puis à tester les réponses au-dessus ou en dessous, en fonction du résultat de la première étape.

Étape 1 Testons la réponse du milieu (réponse C).

Supposons que Camille réponde correctement à **la moitié des 98 questions, c'est-à-dire 49 questions correctes.**

Camille a bien répondu à **34 des 40 premières questions.** Elle a également bien répondu à **un quart des questions restantes, soit : 1/4 × (98 – 40) = 1/4 × 58 = 14,5 questions correctes.**

Avec la réponse C, le score final est donc de **34 + 14,5 = 48,5 bonnes réponses (≠ 49).**

Comme 49 est supérieur au résultat trouvé, on élimine les réponses C, D et E et on teste la réponse A.

Étape 2 Testons la réponse A.

Supposons que Camille réponde correctement à **la moitié des 94 questions, c'est-à-dire 47 questions correctes.**

Camille a bien répondu à **34 des 40 premières questions.** Elle a également bien répondu à **un quart des questions restantes, soit : 1/4 × (94 – 40) = 1/4 × 54 = 13,5 questions correctes.**

Avec la réponse A, le score final est donc de **34 + 13,5 = 47,5 bonnes réponses (≠ 47).**

Étape 3 Concluons.

Cette fois-ci, 47 est inférieur au résultat attendu. On élimine donc la réponse A et **on valide la réponse B : 96 questions (Vérification** : 34 + 1/4 × (96 – 40) = 34 + 14 = 48, soit 50 % de la note maximale (96/2 = 48)). **Réponse B.**

Remarque : On aurait pu poser un système d'équations. Avec X le nombre de questions restantes, on résout 1/4 X + 34 = 3/4 X + 6.

Question 18 Réponse C ★★★☆☆ 30 sec. – 2 min. Fiche 39

- **Rappel de cours** La formule du barycentre permet de trouver les proportions relatives de 2 ensembles :

$$\frac{\textbf{Moyenne générale – Moyenne mini}}{\textbf{Moyenne maxi – Moyenne mini}}$$

Étape 1 Schématisons les données de l'énoncé.

16 ——— 22 ————— 30

Étape 2 Calculons la proportion relative des vaches de type A et B.

$$\frac{\text{Moyenne générale – Moyenne mini}}{\text{Moyenne maxi – Moyenne mini}} = \frac{22-16}{30-16} = \frac{6}{14} = \mathbf{\frac{3}{7}}$$

La moyenne générale (22) tend davantage vers la moyenne basse, soit les vaches de type B (16) que vers la moyenne haute, soit les vaches de type A (30). Donc, la proportion de vaches de type B est plus grande (1 – 3/7 = **4/7**) que la proportion de vaches de type de A (**3/7**). Les 3/7 correspondent donc aux vaches de type A.

Étape 3 Calculons le nombre de vaches de type B.

Proportion (4/7) × Effectif total (70 vaches) = 4/7 × 70 = **40 vaches de type B.**

Réponse C.

Question 19 Réponse C ★★☆☆☆ 30 sec. – 2 min. Fiche 34

- **Rappel de cours Nouveau total = Ancien total × (1 ± Variation en %).**

Étape 1 Modélisons la situation.

Soit X l'augmentation en pourcentage subie par le produit lors de la première variation. D'après l'énoncé, le produit subit cette même augmentation lors de la deuxième variation. On peut donc écrire : $80 \times (1 + \frac{X}{100}) \times (1 + \frac{X}{100}) = 115{,}2$.

Étape 2 Calculons le taux de variation (X).

$80 \times (1 + \frac{X}{100}) \times (1 + \frac{X}{100}) = 115{,}2$

$\Leftrightarrow\ 80 \times (1 + \frac{X}{100})^2 = 115{,}2$

$\Leftrightarrow (1 + \frac{X}{100})^2 = \frac{115,2}{80}$

$\Leftrightarrow (1 + \frac{X}{100})^2 = \frac{1152}{800}$

$\Leftrightarrow (1 + \frac{X}{100})^2 = 1,44$

$\Leftrightarrow 1 + \frac{X}{100} = \sqrt{1,44}$

$\Leftrightarrow 1 + \frac{X}{100} = 1,2$ **Astuce :** $144 = 12^2$ **donc** $1,44 = 1,2^2$

$\Leftrightarrow \frac{X}{100} = 0,2 = 20\ \%$

Étape 3 Concluons.

Le produit a donc augmenté de **20 % à 2 reprises** (80 × 1,2 × 1,2 = 115,2). **Réponse C.**

REMARQUE On aurait pu utiliser la technique du backsolving.

Question 20 Réponse E ★★★★☆ 45 sec. – 3 min. Fiches 55/56/58

■ **Rappels de cours**

- **Théorème de Pythagore :** Dans un triangle rectangle, le carré de l'hypoténuse est égal à la somme des carrés des deux autres côtés.
- **Aire du triangle** = $\frac{\text{Base} \times \text{hauteur}}{2}$
- **L'aire d'un losange** vaut 4 fois l'aire d'un des triangles rectangles qui le composent.
- $\sqrt{a \times b} = \sqrt{a} \times \sqrt{b}$

Étape 1 Calculons AO avec le théorème de Pythagore.

$AB^2 = AO^2 + BO^2 \Leftrightarrow 16^2 = 10^2 + AO^2 \Leftrightarrow AO^2 = 16^2 - 10^2 = 156$.

$\Leftrightarrow AO = \sqrt{156} = \sqrt{4} \times \sqrt{39} = 2\sqrt{39}$.

Étape 2 Calculons l'aire du triangle AOB.

Aire AOB = $\frac{10 \times 2\sqrt{39}}{2} = 10\sqrt{39}$.

Étape 3 Calculons l'aire du losange ABCD.

Aire ABCD = 4 × Aire AOB = $4 \times 10\sqrt{39} = 40\sqrt{39}$. **Réponse E.**

Question 21 Réponse B ★★★★☆ 45 sec. – 2 min. Fiche 60

■ **Rappel de cours Probabilité d'un événement** = $\frac{\text{Nombre de cas favorables}}{\text{Nombre de cas possibles}}$

Étape 1 Modélisons la situation.

Sur 4 lancers, il y a :

	0 Pile	1 Pile	2 Piles	3 Piles	4 Piles
Configurations	FFFF	PFFF FPFF FFPF FFFP	PPFF PFPF PFFP FPFP FPPF FFPP	PPPF PPFP PFPP FPPP	PPPP
Total : 16	1	4	6	4	1

Étape 2 Calculons la probabilité d'avoir maximum 2 piles.

Sur les $2 \times 2 \times 2 \times 2$ = **16 configurations possibles**, seulement **11** font apparaître maximum 2 piles (0 pile, 1 pile ou 2 piles). Soit une probabilité de **11/16. Réponse B.**

REMARQUE On aurait aussi pu effectuer le calcul suivant :
Nombre **total** de configurations – Nombre de configurations **non demandées** = nombre de configurations **demandées dans l'énoncé**, soit 16 – 5 = **11**.

Question 22 Réponse A ★★★★☆ 45 sec. – 3 min. Fiche 33

- **Rappel de cours** $a^b = a^c \Leftrightarrow b = c$

Étape 1 Exprimons $32^n + 32^n + 32^n + 32^n$ en fonction de 2.

D'une part : $32^n + 32^n + 32^n + 32^n = 4 \times 32^n$

$= 2^2 \times (2^5)^n$

$= 2^2 \times 2^{5n}$

$= 2^{5n+2}$

D'autre part, $4^{301} = (2^2)^{301} = 2^{602}$

Étape 2 Concluons.

Donc $2^{5n+2} = 2^{602} \Leftrightarrow 5n + 2 = 602$

$\Leftrightarrow 5n = 600$

$\Leftrightarrow \mathbf{n = 120}$

Question 23 Réponse B ★★★☆☆ 30 sec. – 2 min. Fiche 42

Étape 1 Identifions le plus grand nombre à 4 chiffres dont la somme des chiffres est égale à 7.

Le plus grand nombre à 4 chiffres dont la somme des chiffres est égale à 7 est 7 000.

Étape 2 Identifions le plus petit nombre à 4 chiffres dont la somme des chiffres est égale à 7.

Le plus petit nombre à 4 chiffres dont la somme des chiffres est égale à 7 est 1 006.

Attention : Le plus petit nombre à 4 chiffres dont la somme des chiffres est égale à 7 est 1 006 et non 0 007 (qui n'est pas un nombre à 4 chiffres mais un nombre à 1 chiffre).

Étape 3 Calculons l'écart entre le plus grand nombre à 4 chiffres et le plus petit nombre à 4 chiffres dont la somme des chiffres est égale à 7.

L'écart entre le plus grand nombre à 4 chiffres et le plus petit nombre à 4 chiffres dont la somme des chiffres est égale à 7 est donc : 7 000 – 1 006 = **5 994. Réponse B.**

Question 24	Réponse B	★★☆☆☆	30 sec. – 1 min.	Fiche 34

- **Rappel de cours** **Nouveau total = Ancien total × (1 ± Variation en %).**

Étape 1 Modélisons la situation.

Soit P le prix de départ. On apprend que : $1{,}2 \times 0{,}8 \times P = P - 0{,}68$.

Étape 2 Résolvons l'équation.

$(1{,}2 \times 0{,}8 \times P) = P - 0{,}68 \Leftrightarrow (0{,}96 \times P) = P - 0{,}68 \Leftrightarrow P - (0{,}96 \times P) = 0{,}68 \Leftrightarrow 0{,}04 \times P = 0{,}68$
$\Leftrightarrow 4 \times P = 68$ (après multiplication par 100) $\Leftrightarrow$ **P = 17 euros. Réponse B.**

REMARQUE On aurait aussi pu utiliser la méthode « Base 100 ».

Question 25	Réponse A	★★☆☆☆	15 sec. – 1 min.	Fiche 42

Étape 1 Interprétons l'énoncé.

Selon l'énoncé, $A \times B \times C = 36$ **(1)** et $A = 2B = 3C$ **(2)**.

Avec la relation **(2)**, on peut remplacer A et B par un multiple de C.

Ainsi, on a : **A = 3C** et **B = 3C/2.**

Étape 2 Développons l'équation.

$A \times B \times C = 36$ **(1)** $\Leftrightarrow 3C \times (3C/2) \times C = 36 \Leftrightarrow 9C^3/2 = 36 \Leftrightarrow 9C^3 = 72 \Leftrightarrow C^3 = 8$
$\Leftrightarrow$ **C = 2. Réponse A.**

Question 26	Réponse C	★★★☆☆	30 sec. – 2 min.	Fiches 55/58

- **Rappels de cours**
  - **Théorème de Pythagore :** Dans un triangle rectangle, le carré de l'hypoténuse est égal à la somme des carrés des deux autres côtés.
  - **Aire du triangle** = $\frac{\textbf{Base} \times \textbf{hauteur}}{\textbf{2}}$
  - **Le rayon** d'un cercle inscrit dans un triangle rectangle est : $\mathbf{R} = \frac{\textbf{2} \times \textbf{aire}}{\textbf{Périmètre}}$

Étape 1 Calculons le périmètre du triangle.

Utilisons le théorème de Pythagore dans ce triangle rectangle.

$a^2 + b^2 = c^2 \Leftrightarrow 3^2 + 4^2 = c^2 \Leftrightarrow c^2 = 25 \Leftrightarrow c = 5.$

Ainsi, le périmètre du triangle est de **P = 3 + 4 + 5 = 12 cm.**

Étape 2 Calculons l'aire du triangle.

$A = \dfrac{\text{Base} \times \text{hauteur}}{2} = \dfrac{3 \times 4}{2} = \mathbf{6\ cm^2}.$

Étape 3 Calculons le rayon du cercle.

D'après la formule, $R = \dfrac{2 \times \text{aire}}{\text{Périmètre}} = \dfrac{12}{12}\text{ cm} \Leftrightarrow$ **Rayon = 1 cm. Réponse C.**

Question 27 Réponse E ★★★☆☆ 30 sec. – 2 min. Fiche 47

- **Rappel de cours Cas de rattrapage :** Pour déterminer le temps que met un poursuivant à rattraper un poursuivi, on procède en 3 étapes :

  Étape 1 : Calculez la distance d'avance du poursuivi au moment du départ du poursuivant.
  Étape 2 : Calculez l'écart de vitesses entre le poursuivant et le poursuivi.
  Étape 3 : Divisez le résultat obtenu en étape 1 par celui obtenu en étape 2 (les unités doivent être les mêmes).

Étape 1 Calculons la distance d'avance accumulée par le poursuivi.

Grâce à la formule D = V × T, on a : **Avance** = 1,5 h × 80 km/h = **120 km.**

Autrement dit, quand Julie démarre, Cécile est déjà 120 km devant (car elle a roulé **1 h 30** à 80 km/h).

Étape 2 Calculons la différence de vitesses entre le poursuivant et le poursuivi.

$V_{\text{Julie}} - V_{\text{Cécile}} = 120 - 80 =$ **40 km/h.**

Ainsi, chaque heure, Julie « grappille » 40 km sur Cécile.

Étape 3 Divisons le résultat de l'étape 1 par le résultat de l'étape 2.

Selon T = D/V, on a : $\dfrac{120\text{ km d'avance}}{40\text{ km/h}}$ = **3 heures** à Julie pour rattraper son retard sur Cécile.

L'heure à laquelle Julie rattrape Cécile est donc : 16 h 30 + 3 h = **19 h 30. Réponse E.**

Vérification : À 19h30, Cécile a parcouru : 4,5h × 80 km/h = 360 km et Julie a parcouru : 3 h × 120 km/h = 360 km également.

Question 28 Réponse A ★★★★☆ 45 sec. – 3 min. Fiche 42

Étape 1 Calculons l'âge du plus jeune frère.

Soit $\mathbf{F_1}$ **le plus vieux frère** et $\mathbf{F_5}$ **le plus jeune frère.**

Exprimons les âges de tous les frères en fonction du plus jeune frère.

$F_1 + F_2 + F_3 + F_4 + F_5 = 60$

$F_4 = F_5 + 2$

$F_3 = F_4 + 2 = F_5 + 4$

$F_2 = F_3 + 2 = F_5 + 6$

$F_1 = F_2 + 2 = F_5 + 8$

⇔ $F_1 + F_2 + F_3 + F_4 + F_5 = F_5 + 8 + F_5 + 6 + F_5 + 4 + F_5 + 2 + F_5 = 5\,F_5 + 20 = 60$.

⇔ $5\,F_5 = 40$ ⇔ $\mathbf{F_5 = 8}$. Le plus jeune frère a donc 8 ans.

Étape 2 Concluons.

Si le jeune frère était né 10 ans avant, il aurait 10 ans de plus, c'est-à-dire **18 ans. Réponse A.**

Question 29 Réponse A ★★★☆☆ 30 sec. – 2 min. Fiche 65

Étape 1 Calculons le temps de vol + le décalage horaire pour le vol A → B (Aller).

Fabien part à 10h00 et arrive à 12h00. Il met donc 2 heures.

On peut donc écrire : V + D = 2 heures (avec V : le temps de vol et D : le décalage horaire à l'aller).

Étape 2 Calculons le temps de vol + le décalage horaire pour le vol B → A (Retour).

Fabien part à 21h15 et arrive à 07h15. Il met donc 10 heures.

On peut donc écrire : V – D = 10 heures (avec V : le temps de vol et –D : le décalage horaire au retour).

Étape 3 Posons le système d'équations et concluons.

On a : $\begin{cases} V + D = 2 \ (1) \\ V - D = 10 \ (2) \end{cases}$

En additionnant **(1)** et **(2)**, on a : V + D + V – D = 12 ⇔ 2 V = 12 ⇔ V = 6.

Le temps de vol est donc de 6 heures à l'aller et de 6 heures au retour.

En insérant cette valeur dans **(1)**, on a : V + D = 2 ⇔ 6 + D = 2 ⇔ **D = –4 et –D = 4.**

On en conclut que le décalage horaire entre les villes A et B est de **4 heures. Réponse A.**

Question 30 Réponse C ★★☆☆☆ 15 sec. – 1 min. Fiche 69

- **Rappels de cours** Un nombre N est divisible par 6 si N est divisible par 2 et par 3.

  Un nombre N est divisible par 9 si la somme de ses chiffres est divisible par 9.

Étape 1 Interprétons l'énoncé.

Selon l'énoncé, un neuvième du stock reçu est composé de romans policiers et un sixième du stock reçu est composé de livres parascolaires. **Le nombre de livres en stock doit donc être divisible par 6 et par 9.**

Étape 2 Concluons.

La seule réponse proposée divisible par 6 et par 9 est la **réponse C : 216.**

Vérification : 216/6 = 36 et 216/9 = 24. Or, 36 + 24 = 60 et 156 + 60 = 216. **Réponse C.**

REMARQUE On aurait aussi pu poser un système avec X le nombre de livres.

3 CORRIGÉ « RAISONNEMENT ET ARGUMENTATION »

Difficulté	NORMAL														
Question	31	32	33	34	35	36	37	38	39	40	41	42	43	44	45
Réponse	D	B	D	A	B	C	E	B	B	C	B	A	A	A	D

Question 31 Réponse D ★★★☆☆ 30 sec. – 2 min. Fiche 92

(A) La lutte contre le réchauffement climatique doit mobiliser d'importants moyens mais le réchauffement climatique ne doit pas être l'unique risque pris en compte. **Conclusion (vague).**

(B) Le réchauffement climatique aura un coût matériel et humain incertain sur les générations futures. **Faux.**

(C) Le réchauffement climatique est un risque surestimé, au détriment de risques plus immédiats. **Résumé.**

(D) La limitation du réchauffement climatique ne doit pas empêcher de prévenir d'autres risques par manque de moyens. **Conclusion. Bonne réponse.**

(E) La limitation des effets du réchauffement climatique bénéficiera aux générations futures de manière incertaine. **Résumé.**

L'auteur explique qu'il faut trouver un équilibre entre la lutte contre le réchauffement climatique d'une part, et la prévention des autres risques, plus actuels, d'autre part. Les réponses A, C, D et E vont dans le sens du texte mais la réponse D est la conclusion la plus précise. **Réponse D.**

Question 32 Réponse B ★★☆☆☆ 45 sec. – 1 min. Fiche 94

(A) Paris est la capitale de la France. **Hors-sujet.**

(B) Paris est candidate aux Jeux Olympiques 2024. **Présupposé. Bonne réponse.**

(C) Paris a un intérêt économique à avoir les Jeux Olympiques 2024. **Conclusion.**

(D) Les Jeux Olympiques ont des effets économiques bénéfiques. **Résumé.**

(E) Les retombées économiques des Jeux Olympiques se font sur tout le pays organisateur. **Interprétation.**

Bonne réponse : B. La première phrase du paragraphe présuppose que Paris est candidate à l'organisation des Jeux Olympiques 2024.

Hésitation possible : E. La réponse E est fausse. L'étude du CDES a été réalisée à trois échelons (Paris, l'Ile-de-France et l'ensemble du pays) mais cela ne présuppose pas que les retombées économiques se font sur l'ensemble du pays organisateur.

Autres réponses : A, C et D. La réponse A est vraie mais n'est pas présupposée dans le paragraphe. La réponse C est une conclusion (et non un présupposé). La réponse D est un résumé (et non un présupposé).

Question 33	Réponse D	★★★☆☆	30 sec. – 2 min.	Fiche 80

- **Rappel de cours** Si A > B et C > D, alors A + C > B + D

  Attention : Pour additionner deux inéquations, leurs signes doivent être identiques.

Étape 1 Traduisons l'énoncé sous forme d'inéquations (avec les initiales).

On a : $\begin{cases} E + N > V + C \\ F + V > E + A \end{cases}$.

Étape 2 Additionnons les deux inéquations (signe d'inéquation identique).

On obtient : $E + N + F + V > V + C + E + A \Leftrightarrow$ **$N + F > C + A$.**

Donc Noëlle et François réunis sont plus grands que Claire et Arthur réunis. **Réponse D.**

Question 34	Réponse A	★★★★☆	45 sec. – 3 min.	Fiche 97

(A) Les règles coercitives définies à l'avance sont un rempart efficace face à une crise. **Contredit. Bonne réponse.**

(B) Les défaillances de la démocratie européenne sont un remède à la crise économique européenne. **Hors-sujet.**

(C) Les règles strictes sont adaptées à la conjoncture économique européenne. **Contredit (vague).**

(D) L'économie européenne profite du manque de solidarité entre ses membres. **Contredit (vague).**

(E) Le système politique en vigueur dans l'Union Européenne est trop démocratique et participatif. **Hors-sujet.**

Pour l'auteur, rien ne vaut une gestion au cas par cas. La réponse A est plus complète que les réponses C et D. **Réponse A.**

Question 35	Réponse B	★★☆☆☆	15 sec. – 1 min.	Fiche 77

L'oncle de ma sœur est aussi mon oncle. Or, le cousin de mon oncle maternel est le cousin du frère de ma mère. Il est donc aussi **le cousin de ma mère. Réponse B.**

Question 36 Réponse C ★★★★☆ **45 sec. – 3 min.** **Fiches 73/76**

- **Rappel de cours** $A \rightarrow B \Leftrightarrow \overline{B} \rightarrow \overline{A}$

Étape 1 Traduisons l'énoncé.

1. $\overline{M} \rightarrow C$ $(\Leftrightarrow \overline{C} \rightarrow M)$

2. $M \rightarrow S$ $(\Leftrightarrow \overline{S} \rightarrow \overline{M})$

3. $S \rightarrow \overline{C}$ $(\Leftrightarrow C \rightarrow \overline{S})$

4. $\overline{S} \rightarrow M$ $(\Leftrightarrow \overline{M} \rightarrow S)$

Étape 2 Supposons que Michel est innocent.

$\overline{M} \rightarrow C$ (1), $C \rightarrow \overline{S}$ (3), $\overline{S} \rightarrow M$ (4). **Contradiction.**

Donc Michel n'est pas innocent. Donc **Michel est coupable.**

Étape 3 Supposons que Stéphane est innocent.

$\overline{S} \rightarrow M$ (4), $M \rightarrow S$ (2). **Contradiction.**

Donc Stéphane n'est pas innocent. Donc **Stéphane est coupable.**

Étape 4 Supposons que Christian est innocent.

$\overline{C} \rightarrow M$ (1), $M \rightarrow S$ (3), $S \rightarrow \overline{C}$ (4). Ce qui est vrai. **Pas de contradiction.**

Donc **Christian est innocent.**

Étape 5 Concluons.

Michel et Stéphane sont tous les 2 coupables. Christian est innocent. **Réponse C.**

Question 37 Réponse E ★★★☆☆ **30 sec – 2 min.** **Fiche 95**

(A) La France et la Russie ne concluront pas leur accord sur le plan financier et militaire. **Soutient.**

(B) La France a tenté sans succès de vendre et de livrer deux navires de guerre à la Russie. **Soutient.**

(C) Les deux navires de guerre construits par la France ne seront pas livrés à la Russie. **Soutient.**

(D) La France doit rembourser 1,2 milliard d'euros à la Russie pour les deux navires de guerre. **Faux.**

(E) La France se doit de rembourser les sommes avancées par la Russie dans le cadre d'un contrat militaire. **Soutient le plus. Bonne réponse.**

Parmi les réponses qui vont dans le sens du texte (réponses A, B, C et E), on choisit la réponse E qui est celle qui va le plus dans le sens du texte et qui est la plus complète. **Réponse E.**

Attention : La réponse D est fausse car la France ne doit pas rembourser 1,2 milliard d'euros mais seulement les « sommes avancées » par la Russie. 1,2 milliard d'euros est le montant global du contrat.

Question 38	Réponse B	★★★☆☆	30 sec. – 2 min.	Fiches 73/76

■ **Rappel de cours** $A \rightarrow B \Leftrightarrow \overline{B} \rightarrow \overline{A}$

Étape 1 Traduisons l'énoncé.

Les informations (1) et (4) ensemble nous indiquent que soit A et B sont coupables tous les deux, soit ils sont innocents tous les deux.

En effet, (1) indique que $\overline{A} \rightarrow \overline{B}$ et (4) indique que $\overline{B} \rightarrow \overline{A}$ donc (1) et (4) donnent que A innocent $\Leftrightarrow$ B innocent et donc A coupable $\Leftrightarrow$ B coupable.

En résumé, soit A et B sont coupables ensemble, soit ils sont innocents tous les deux.

Étape 2 Procédons par élimination.

On élimine les réponses A, D et E.

(5) indique que D est innocent donc ils ne sont pas tous coupables. On élimine la réponse C.

Il ne reste que la réponse B.

Question 39	Réponse B	★★★★☆	45 sec. – 3 min.	Fiche 75

Étape 1 Récapitulons la nature de Jean selon les jours de la semaine (calendrier).

Jour de la semaine	L	M	M	J	V	S	D
Jean	M	M	V	M	V	M	V

Étape 2 Supposons que Jean dise la vérité aujourd'hui.

Nous sommes donc soit mercredi, soit vendredi, soit dimanche.

Si Jean dit la vérité aujourd'hui, alors Laura a menti hier, et Jean a donc dit la vérité deux jours avant. Ainsi, seul le **mercredi** correspond à cette hypothèse.

Si Jean dit la vérité, alors nous sommes mercredi.

Jour de la semaine	J – 3	J – 2	J – 1	J
Jean	V			V
Laura			M	

Étape 3 Supposons que Jean mente aujourd'hui.

Nous sommes donc soit lundi, soit mardi, soit jeudi soit samedi.

Si Jean ment aujourd'hui, alors Laura a dit la vérité hier et Jean a donc menti deux jours avant. Nous sommes donc **mardi** ou **jeudi**.

Si Jean ment, alors nous sommes mardi ou jeudi.

Jour de la semaine	J – 3	J – 2	J – 1	J
Jean	M			M
Laura			V	

Étape 4 **Concluons.**

Ainsi, seuls le **mardi**, le **mercredi** et le **jeudi** correspondent aux hypothèses. **Réponse B.**

Question 40	Réponse C	★★★☆☆	30 sec. – 2 min.	Fiche 91

« Tout ce qui brille n'est pas or » : Il ne faut pas se fier aux apparences, elles peuvent être trompeuses. **Bonne réponse. Réponse C.**

« Tant va la cruche à l'eau qu'à la fin elle se casse » : Quand on brave trop souvent un danger ou que l'on commet toujours la même faute, on finit par en être la victime. Ce proverbe peut être compris comme une métaphore de l'usure.

« Rien ne sert de courir, il faut partir à point » : Il ne sert à rien de se précipiter si on est sage et prévoyant. Toute chose demande du temps. Il faut s'y consacrer autant que nécessaire, et non sous-estimer une tâche et la faire tardivement à la hâte.

« L'argent n'a pas d'odeur » : Peu importe la provenance de l'argent, il conserve son pouvoir d'achat.

« Chercher une aiguille dans une meule de foin » : Décrit une tâche perdue d'avance, impossible.

Question 41	Réponse B	★★★☆☆	30 sec – 2 min.	Fiche 95

(A) Les géants du Web américains jouent un double-jeu et ne sont pas forcément sincères. **Sous-entendu.**

(B) Les grandes entreprises savent tirer profit d'une coopération avec les gouvernements. **Le plus en adéquation. Bonne réponse.**

(C) L'immixtion des gouvernements sur les problématiques de confidentialité n'a pas que des effets néfastes sur les grandes entreprises américaines. **Sous-entendu.**

(D) Les géants de l'Internet américains sont les grands gagnants d'une collaboration avec les autorités étatiques. **Réponse radicale.**

(E) Les géants du Web américains possèdent des données sur leurs utilisateurs, que n'ont pas leurs concurrents étrangers. **Sous-entendu.**

La bonne réponse est la réponse B. Les réponses B et D soutiennent les propos de l'auteur. On choisit la réponse B car « savent tirer profit » est plus nuancé et plus en adéquation avec les propos de l'auteur que « sont les grands gagnants » qui est exagéré. **Réponse B.**

Attention : Les réponses A, C (« double-jeu ») et E sont des sous-entendus. Ce sont des interprétations, mais les réponses ne sont pas confirmées mot pour mot dans le texte.

Question 42	Réponse A	★★★☆☆	30 sec. – 2 min.	Fiche 95

(A) Chaque pays de l'Union Européenne agit selon ses propres intérêts. **Soutient le plus. Bonne réponse.**

(B) Le niveau de vie de la population grecque s'est nettement dégradé depuis le début de la crise. **Soutient.**

(C) La crise économique européenne a révélé les failles de l'entraide entre pays européens. **Présupposé.**

(D) L'Europe du Sud est à l'origine de la détérioration de la situation du retraité allemand. **Faux.**

(E) L'État grec et l'État allemand font preuve d'égoïsme depuis le début de la crise. **Hors-sujet.**

L'auteur stipule que : « *La défense d'une prétendue orthodoxie économique, n'est que le faux nez des égoïsmes nationaux* ». Autrement dit, l'orthodoxie n'est qu'une excuse mise en avant par les pays pour ne pas se préoccuper des problèmes des autres. C'est bien ce qu'indique la réponse A, qui soutient le plus les propos du texte. **Réponse A.**

Question 43	Réponse A	★★★☆☆	30 sec. – 2 min.	Fiche 97

(A) La faim n'est que marginale en Europe, où l'on manque pourtant de nourriture. **Contredit. Bonne réponse.**

(B) D'énormes quantités de nourriture sont distribuées aux plus démunis chaque jour sur le sol européen. **Hors-sujet.**

(C) La faim touche des millions de personnes en Europe et encore davantage sur d'autres continents. **Hors-sujet.**

(D) De nombreux Européens ne connaissent pas la faim à cause de la crise économique. **Hors-sujet.**

(E) L'Union Européenne fournit une partie de l'aide alimentaire mondiale au détriment de sa propre population. **Hors-sujet.**

L'auteur dénonce sans le nommer le phénomène de malnutrition en Europe, ce pourquoi il dénonce le gâchis des supermarchés européens. **Réponse A.**

Question 44	Réponse A	★★★☆☆	30 sec. – 2 min.	Fiche 79

Rien ne nous dit que le Français fait partie du peloton de tête. On sait juste que le vert arrive avant le bleu, mais le Français pourrait arriver avant ou après. **Réponse A.**

Question 45	Réponse D	★★★☆☆	30 sec. – 2 min.	Fiche 91

« Avoir les portugaises ensablées » signifie (très) mal entendre. C'est une expression argotique car les portugaises signifient les oreilles. **Bonne réponse. Réponse D.**

« Dormir sur ses deux oreilles » : Dormir tranquille, sans souci à l'esprit.
« Avoir la puce à l'oreille » : Se douter de quelque chose.
« Avoir l'audition d'un pépé » (Langage enfantin).
« Avoir les oreilles qui sifflent » : Savoir que des personnes parlent de nous dans notre dos.

4 CORRIGÉ « CONDITIONS MINIMALES »

Difficulté	NORMAL														
Question	46	47	48	49	50	51	52	53	54	55	56	57	58	59	60
Réponse	A	B	C	C	A	B	D	E	E	D	D	C	B	A	E

Question 46 Réponse A ★★★☆☆ **30 sec. – 2 min.** **Fiche 119**

Information (1) seule **Suffisante.**

Gérald est le petit-fils du frère ou de la sœur du grand-père de Virginie. Il n'est donc pas son cousin germain mais un **cousin éloigné. On peut répondre.**

On garde les réponses A et D.

Information (2) seule **Insuffisante.**

Cette information concerne le père de Virginie, donc le côté paternel.

Conclusion **Réponse A.**

Question 47 Réponse B ★★★☆☆ **30 sec. – 2 min.** **Fiche 108**

- **Rappels de cours** Soit une équation du type $aX^2 + bX + C = 0$.

  Le discriminant Δ est : $\mathbf{b^2 - 4 \times a \times c}$

  Si $\Delta < 0$, alors l'équation n'admet pas de solution.

  Si $\Delta > 0$, alors l'équation a 2 solutions : $\mathbf{X_1} = \frac{-b - \sqrt{\Delta}}{2a}$ et $\mathbf{X_2} = \frac{-b + \sqrt{\Delta}}{2a}$

  Si $\Delta = 0$, alors l'équation admet une unique solution : $\mathbf{X} = \frac{-b}{2a}$

Information (1) seule **Insuffisante.**

$X^2 - X = 2 \Leftrightarrow X^2 - X - 2 = 0$

$\Delta = b^2 - 4 \times a \times c = 1 + 8 = 9 \Leftrightarrow 3^2 > 0.$

$\Delta > 0$, donc l'équation admet **2 solutions différentes :**

$$\mathbf{X_1} = \frac{-b - \sqrt{\Delta}}{2a} = \frac{+1 - 3}{2} = \mathbf{-1} \text{ et } \mathbf{X_2} = \frac{-b + \sqrt{\Delta}}{2a} = \frac{+1 + 3}{2} = \mathbf{2}$$

On ne peut pas répondre à la question. **On garde les réponses B, C et E.**

Information (2) seule **Suffisante.**

$X^2 - 4X = -4 \Leftrightarrow X^2 - 4X + 4 = 0.$

$\Delta = b^2 - 4 \times a \times c = 16 - 16 = \mathbf{0}.$

$\Delta = 0$, donc l'équation admet une **unique solution** : $\mathbf{X} = \frac{-b}{2a} = \frac{4}{2} = \mathbf{2}$

REMARQUE Il n'est pas nécessaire de calculer la valeur de la solution. Il suffit de prouver qu'il n'en n'existe qu'une seule (c'est-à-dire que $\Delta = 0$).

Conclusion **Réponse B.**

Question 48 Réponse C ★★★☆☆ **30 sec. – 2 min.** **Fiche 108**

- **Rappels de cours** Un nombre élevé à une **puissance paire** est **toujours positif.**

  Un nombre élevé à une **puissance impaire conserve son signe d'origine.**

Information (1) seule **Insuffisante.**

Le fait de savoir que $X^Z = Y^Z$ ne nous renseigne pas.

Solution 1 : Z = 2, X = 1 et Y = –1 (on a bien $1^2 = (-1)^2$) et dans ce cas **X ≠ Y.**

Solution 2 : Z = 2, X = 1 et Y = 1 (on a bien $1^2 = 1^2$) et dans ce cas **X = Y.**

On ne peut pas conclure. **On garde les réponses B, C et E.**

Information (2) seule **Insuffisante.**

Le simple fait de savoir que Z est impair ne nous renseigne pas quant à l'égalité entre X et Y.

On ne peut pas conclure. **On garde les réponses C et E.**

Informations (1) et (2) ensemble **Suffisantes.**

Un nombre élevé à une puissance impaire conserve son signe. Par exemple, $(-1)^3 = -1$.

Ainsi, si $X^Z = Y^Z$ avec Z impair, cela signifie nécessairement que **X = Y.**

On peut conclure.

Conclusion **Réponse C.**

Question 49 Réponse C ★★★☆☆ **30 sec. – 2 min.** **Fiche 108**

Traduisons l'énoncé.

Soient C le prix de la carte, S le prix d'une séance et « n » le nombre de séances.

On a donc : $n \times S + C = 315$.

Information (1) seule **Insuffisante.**

On apprend que n = 12. Donc, on a : $315 = 12 \times S + C$

L'abonnement comprend 12 séances mais on ne connaît pas le prix de chaque séance.

On a 2 inconnues et 1 seule équation donc on ne peut pas conclure.

On garde les réponses B, C et E.

Information (2) seule **Insuffisante.**

$315 = n \times S + C = 25n + C$

On a 2 inconnues et 1 seule équation donc on ne peut pas conclure.

On garde les réponses C et E.

Informations (1) et (2) ensemble **Suffisantes.**

On sait que 12 séances coûtent 25 euros chacune. Le coût total des séances est donc de : $12 \times 25 = 300$ euros. La carte coûte = 315 – 300 = 15 euros.

Conclusion **Réponse C.**

Question 50 | Réponse A | ★★★☆☆ | 30 sec. – 2 min. | Fiche 108

- **Rappel de cours** Un système d'équations a une solution si et seulement si il comporte autant d'inconnues que d'équations non proportionnelles.

Information (1) seule **Suffisante.**

On a un système : $\begin{cases} A = 2B \\ 4A + 7B = 30 \end{cases}$ de 2 inconnues et 2 équations non proportionnelles.

On peut donc conclure. Pas besoin de calculer la valeur des inconnues.
(En l'occurrence, A = 4). **On garde les réponses A et D.**

Information (2) seule **Insuffisante.**

On a un système : $\begin{cases} 2A + \dfrac{7}{2}B = 15 \\ 4A + 7B = 30 \end{cases}$ de 2 inconnues et 2 équations.

Attention : Ici les équations sont proportionnelles.
En effet, $2 \times (2a + \frac{7}{2} \times b) = 15 \Leftrightarrow 4a + 7b = 30$. On retrouve l'équation donnée dans l'énoncé.
On a 2 inconnues mais 1 seule équation. On ne peut pas conclure.

Conclusion **Réponse A.**

Question 51 | Réponse B | ★★★★☆ | 30 sec. – 2 min. | Fiche 120

- **Rappels de cours** Un nombre N est divisible par 11 si, et seulement si, la somme de ses chiffres de rangs impairs – la somme de ses chiffres de rangs pairs = 0 ou un multiple de 11 (–22, –11, 0, 11, 22, etc.).

Modélisons la situation.

On cherche à savoir si le nombre à 3 chiffres ABC est un multiple de 11. Cela revient à se demander si A + C – B = 0 ou un multiple de 11 (voir rappel de cours).

Information (1) seule **Insuffisante.**

On apprend que A + B + C = 11. Plusieurs solutions sont possibles. Par exemple :
308 (3 + 0 + 8 = 11) est bien multiple de 11 mais 218 (2 + 1 + 8 = 11) ne l'est pas.
On ne peut pas répondre à la question. **On garde les réponses B, C et E.**

Information (2) seule **Suffisante.**

On apprend que : A – B = 11 – C. Cela équivaut à : A + C – B = 11. C'est la définition même d'un nombre à 3 chiffres multiple de 11 (voir rappel de cours), avec A + C la somme des chiffres de rangs impairs et B la somme des chiffres de rangs pairs.

Conclusion **Réponse B.**

Question 52 Réponse D	★★★☆☆	30 sec. – 2 min.	Fiche 108

- **Rappel de cours** Un système d'équations a une solution si et seulement si il comporte autant d'inconnues que d'équations non proportionnelles.

Traduisons l'énoncé.

Soit X le prix de ce meuble ancien.

Information (1) seule **Suffisante.**

On pose l'équation : $\frac{X}{3} - \frac{X}{4} = 40$. On a 1 équation et 1 inconnue, on peut trouver X.

On garde les réponses A et D.

Information (2) seule **Suffisante.**

On pose l'équation : $X \times 1{,}25 = 600$. On a 1 équation et 1 inconnue, on peut trouver X.

Conclusion **Réponse D.**

Question 53 Réponse E	★★★☆☆	30 sec. – 2 min.	Fiche 120

- **Rappel de cours** Un nombre est divisible par 4 si et seulement si ses deux derniers chiffres forment un nombre divisible par 4.

Information (1) seule **Insuffisante.**

Il existe de nombreux nombres compris entre 100 et 200 divisibles par 4 : 104, 108, 120, 124, etc. On ne peut pas conclure.

On garde les réponses B, C et E.

Information (2) seule **Insuffisante.**

122, 133, 144, etc. constituent autant de réponses possibles. On ne peut pas conclure.

On garde les réponses C et E.

Informations (1) et (2) ensemble **Insuffisantes.**

144 et 188 sont tous les deux divisibles par 4 et ont leur chiffre des dizaines égal au chiffre des unités. On ne peut donc pas répondre à la question.

Conclusion **Réponse E.**

Question 54 Réponse E ★★★☆☆ 30 sec. – 2 min. Fiche 121

Traduisons l'énoncé.

Le sol est plat et les murs plats. Les bords du sol sont des segments de droites. **Ils forment** un quadrilatère.

Information (1) seule **Insuffisante.**

Si un des coins est un angle droit, cela ne nous renseigne pas sur les autres angles de la figure.

On garde les réponses B, C et E.

Exemples :

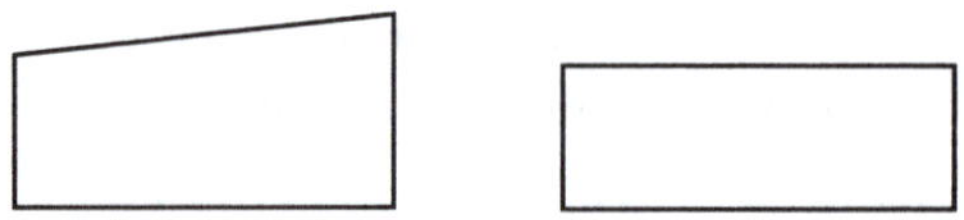

Information (2) seule **Insuffisante.**

2 bords parallèles ne nous renseignent pas sur les angles de la figure.

On garde les réponses C et E.

Exemples :

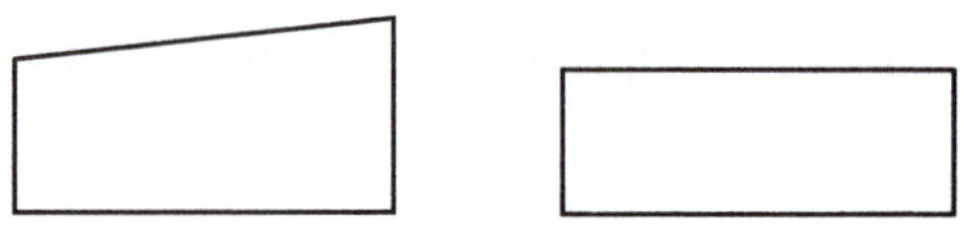

Informations (1) et (2) ensemble **Insuffisantes.**

La combinaison des deux informations peut très bien nous donner un trapèze droit puisqu'un des côtés peut être oblique.

Exemple : ces figures ont bien 2 côtés parallèles et 1 angle droit (elles en ont même 3 ou 4). Pourtant, elles ne forment pas forcément un rectangle.

Exemples :

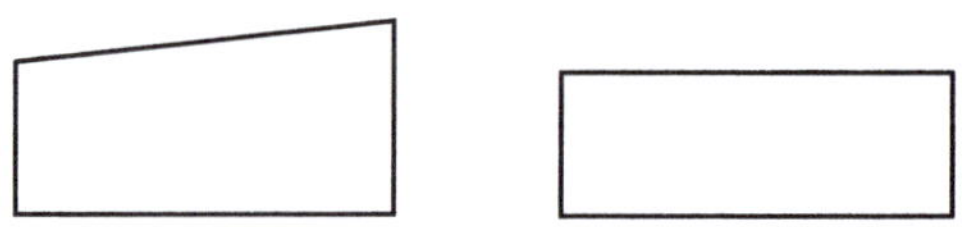

Conclusion **Réponse E.**

Question 55 Réponse D ★★★★☆ 45 sec. – 3 min. Fiches 108/112

Traduisons l'énoncé.

Soit X le prix final de l'action TechCo et Y le prix final d l'action VestiCorp.

On note P leur prix initial.

Information (1) seule **Suffisante.**

On sait que : $\begin{cases} X = 225 \\ X = P \times 1{,}5 \end{cases}$ donc $P = \dfrac{225}{1{,}5} = 150$ €.

On peut alors trouver le prix final Y de l'action VestiCorp et donc la perte de Monsieur Martin. (En l'occurrence, Y = 150 × 0,96 = 144 €. Monsieur Martin a donc perdu 6 € sur VestiCorp).

On garde les réponses A et D.

Information (2) seule **Suffisante.**

$X - Y = 81 \Leftrightarrow 1{,}5 \times P - 0{,}96 \times P = 81 \Leftrightarrow 0{,}54 \times P = 81 \Leftrightarrow P = 81/0{,}54$

En trouvant P, on peut ensuite calculer Y et donc calculer la perte de Monsieur Martin. (En l'occurrence, Y = 144 euros, donc Monsieur Martin a perdu 6 € sur VestiCorp).

Conclusion **Réponse D.**

Question 56 Réponse D ★★★★☆ 45 sec. – 3 min. Fiche 108

- **Rappel de cours**
  - Le volume d'un parallélépipède rectangle est : $\mathbf{V = L \times l \times h}$
  - Le volume d'un contenant correspond au débit du tuyau multiplié par le temps d'écoulement du flux.
  - $\mathbf{1\ L = 1\ dm^3}$

Information (1) seule **Suffisante.**

Le robinet coule pendant 80 heures à 3 000 litres/heure, donc on a :

V = 80 × 3 000 = **240 000 litres. On garde les réponses A et D.**

Information (2) seule **Suffisante.**

Le volume d'eau est égal au volume de la piscine puisque cette dernière est remplie.

$V = 12 \times 10 \times 2 = 240\ m^3 = 240\ 000\ dm^3 = 240\ 000$ litres.

Conclusion **Réponse D.**

Question 57 Réponse C ★★★☆☆ 30 sec. – 2 min. Fiche 108

Information (1) seule **Insuffisante.**

Aucune information donnée ne permet de conclure quant au nombre d'enfants.

On garde les réponses B, C et E.

Information (2) seule **Insuffisante.**

On ne sait pas combien de concertos ou de comptines reçoit chaque enfant.

On garde les réponses C et E.

Informations (1) et (2) ensemble **Suffisantes.**

Il suffit de faire le compte : 3 enfants reçoivent 3 comptines chacun et 2 enfants reçoivent 2 concertos chacun. C'est la seule et unique possibilité.

Conclusion **Réponse C.**

Question 58 Réponse B ★★★★☆ 45 sec. – 3 min. Fiche 108

Traduisons l'énoncé

Soient E et C les sommes respectives d'Éric et Chloé avant le début de Roland Garros.

Soient E' et C' les sommes respectives d'Éric et Chloé après le tournoi.

On a : $E' = E + 250$ et $C' = 2/3\ E$

Information (1) seule **Insuffisante.**

Cette information est déjà précisée dans l'énoncé. Éric et Chloé jouent l'un contre l'autre, donc ensemble ils ne perdent rien : ce que l'un perd, l'autre le gagne.

> **REMARQUE** Toute information qui reprend l'énoncé est inutile.

On garde les réponses B, C et E.

Information (2) seule **Suffisante.**

On a : $\begin{cases} E' + C' = (E + 200) + \dfrac{3}{4}\,E \\ E' + C' = E + 250 + \dfrac{2}{3}\,E \end{cases} \Leftrightarrow (E + 200) + \dfrac{3}{4}E = E + 250 + \dfrac{2}{3}E.$

On a 1 équation et 1 inconnue, donc on peut trouver E, puis C' et enfin C.
(En l'occurrence, Chloé avait 650 € au début du tournoi).

Conclusion **Réponse B.**

Question 59	Réponse A	★★★★☆	30 sec. – 2 min.	Fiche 108

Information (1) seule **Suffisante.**

On apprend que : $\dfrac{4}{3} \times X = X + 12 \;\Leftrightarrow\; \dfrac{4}{3} \times X - X = 12 \;\Leftrightarrow\; \dfrac{4}{3} \times X - \dfrac{3}{3} \times X = 12$

$\Leftrightarrow\; \dfrac{1}{3} \times X = 12 \;\Leftrightarrow\; \mathbf{X = 36.}$

On peut répondre. **On garde les réponses A et D.**

Information (2) seule **Insuffisante.**

On apprend que : $3 \times (X + 6) - 3\,(X - 6) = 36$.

$3 \times (X + 6) - 3\,(X - 6) = 36 \;\Leftrightarrow\; 3X + 18 - 3X + 18 = 36 \;\Leftrightarrow\; 18 + 18 = 36 \;\Leftrightarrow\; 36 = 36.$

Cette information est en fait une information inutile car elle nous apprend que 36 = 36. Elle ne permet en aucun cas de trouver X (l'âge de Sébastien). On ne peut pas répondre.

Conclusion **Réponse A.**

Question 60	Réponse E	★★★☆☆	30 sec. – 2 min.	Fiche 108

- **Rappel de cours** Un système d'équations a une solution si et seulement si il comporte autant d'inconnues que d'équations non proportionnelles.

Interprétons l'énoncé.

Soient M, P et A les âges actuels respectifs de Michel, Paul et Arnaud.

Information (1) seule **Insuffisante.**

On a : $M + 3 = 2P$. On a 1 équation et 2 inconnues. On ne peut pas répondre à la question.

On garde les réponses B, C et E.

Information (2) seule **Insuffisante.**

On a : $A = 1/2 \times (M + P)$. On a 1 équation et 3 inconnues. On ne peut pas répondre à la question.

On garde les réponses C et E.

Informations (1) et (2) ensemble **Insuffisantes.**

On a : $M + 3 = 2P$ et $A = 1/2 \times (M + P)$. On a donc 2 équations et 3 inconnues. On ne peut pas répondre à la question.

Conclusion **Réponse E.**

Difficulté	DIFFICILE														
Question	61	62	63	64	65	66	67	68	69	70	71	72	73	74	75
Réponse	E	D	D	A	D	B	B	E	E	D	D	A	E	E	D

Question 61 Réponse E ★★★☆☆ 30 sec – 2 min. Fiche 154

« En dilettante » : De manière discontinue, sans enthousiasme particulier, au gré de ses envies.
« Être flegmatique » : Garder son calme, ne pas s'emporter facilement.

1re colonne **On garde les réponses C, D et E.**
Les synonymes de **« En dilettante »** sont : « Sans entrain », « De manière irrégulière », « Sans zèle ». On garde donc les réponses C, D et E.

2e colonne **On garde les réponses C, D et E.**
Les synonymes de **« Être flegmatique »** sont : « Être serein », « Rester impassible » et « Rester calme ». On garde donc les réponses C, D et E.

Conclusion **On choisit la réponse E.**
Les réponses C, D et E sont valables, mais la définition du couple de mots « de manière irrégulière/rester calme » est plus proche de la définition du couple de mots « en dilettante/être flegmatique ». **Réponse E.**

Question 62 Réponse D ★★★☆☆ 30 sec – 1 min. Fiche 154

Les **« expédients »** sont des moyens provisoires, souvent faits avec ce que l'on a mais pas mis en œuvre dans des conditions optimales.
« Pérenne » signifie : qui s'inscrit dans la durée, qui est là pour longtemps.

1re colonne **On garde les réponses A, D et E.**
Les synonymes de **« Expédients »** sont : « Solutions temporaires », « Solutions provisoires », « Mesures de court terme ». On garde donc les réponses A, D et E.

2e colonne **On garde les réponses A, D et E.**
Les synonymes de **« Pérennes »** sont : « Permanentes », « De long terme » et « Durables ».

Conclusion **On choisit la réponse D.**
Les réponses A, D et E sont valables, mais la réponse D correspond davantage au jargon économique (« court terme » et « long terme »). **Réponse D.**

Question 63 Réponse D ★★☆☆☆ 30 sec – 1 min. Fiche 154

« Accorder de l'attention à quelqu'un » signifie prêter une oreille attentive à cette personne.
« Une divergence » est un conflit sévère, pouvant menant à la rupture.
« Cruciale » signifie : qui est d'une importance décisive, et dont il est impossible de se passer.

1re colonne On garde les réponses C, D et E.

Les synonymes de **« Accorder de l'attention à »** sont : « Considérer », « Prendre en compte » et « Écouter ». **Attention :** « Valoriser » et « Mettre en valeur » sont trop « forts ».
On garde donc les réponses C, D et E.

2e colonne On garde les réponses C et D.

Les synonymes de **« Divergences »** sont : « Désaccords », « Points de désaccord », « Incompatibilités » et « Dissensions ». **Attention :** « Querelles » est trop « radical ».
On garde donc les réponses C et D.

3e colonne On choisit la réponse D.

Les synonymes de **« Cruciale »** sont : « Nécessaire », « Capital », « Primordiale » et « Vitale ».

Attention : On élimine la réponse C car le mot « Capital » aurait dû être mis au féminin car on parle de la prise en compte d'opinions. On élimine également la réponse « Importante », qui n'est pas assez forte. On choisit donc la **réponse D.**

Question 64 Réponse A ★★★☆☆ 30 sec – 1 min. Fiche 154

« Submergés » souligne l'incapacité à faire face à une masse conséquente d'adversaires.
« Reculer » signifie céder du terrain, se mettre en retrait.

1re colonne On garde les réponses A, B et C.

Les synonymes de **« Submergés »** sont : « Dépassés », « Débordés » et « Emportés ». **Attention :** « Vaincus » est une interprétation. On peut être submergé sans être battu. On élimine « Engloutis » qui n'est pas très élégant. On garde donc les réponses A, B et C.

2e colonne On garde les réponses A et C.

Les synonymes de **« Reculer »** sont : « Battre en retraite » et « Se replier ». On garde donc les réponses A et C.

Conclusion On choisit la réponse A.

Les réponses A et C sont valables. Les termes « débordés » et « dépassés » sont très similaires. Toutefois, le terme « battre en retraite » est trop associé à la défaite et à la fuite. Donc, on choisit plutôt « se replier », qui est davantage un recul calculé (pour une contre-attaque par exemple). **Réponse A.**

Question 65	Réponse D	★★★☆☆	45 sec – 2 min.	Fiches 125/130

- **Rappels de cours** A/À : Pour ne pas confondre « a » et « à », vérifiez si la phrase a toujours un sens en remplaçant par le mot « avait ». Si oui, on écrit **« a »** car c'est la **forme verbale**.

  Sinon, on écrit **« à »** car c'est la **préposition**.
  Ne confondez pas **« sensé »** (= qui a du sens) et **« censé »** (= supposé).

---

(1) Des réponses claires, **voilà** ce que j'attends de toi. **1 faute.**
(2) **Assurément**, cet homme était un **escroc**. **2 fautes.**
(3) Cet enfant **censé** être **difficile** à gérer était tout **à** fait **agréable**. **4 fautes.**
(4) Je veux que tu prennes cette route pour rentrer à la maison de Paul. **0 faute.**
(5) Des **vertus** **millénaires** sont **prêtées** à ce produit miracle. **3 fautes.**

---

3 – 5 – 2 – 1 – 4. Réponse D.

Question 66	Réponse B	★★★☆☆	30 sec. – 2 min.	Fiches 125/130

- **Rappel de cours** Avec l'auxiliaire « avoir », **le participe passé s'accorde si et seulement si le COD est placé avant le verbe.**

Ici, le COD est « les torts », placé avant le verbe dans la réponse B (et après dans la réponse A), donc on accorde « causés » dans la réponse B et pas dans la A.

Les torts que votre discours leur a caus**és** sont irréparables. **Réponse B.**

Question 67	Réponse B	★★★☆☆	30 sec – 2 min.	Fiches 125/130

- **Rappels de cours** Avec l'auxiliaire « avoir », le participe passé s'accorde si et seulement si le COD est placé avant le verbe. Ici, le COD (« la montre ») est placé avant l'auxiliaire « avoir ». On accorde donc « achetée ».

La montre qu'il avait **achetée** ne fonctionnait **déjà** plus un an plus tard. **Malheureusement**, elle n'était plus sous garantie. Il n'avait plus qu'à en racheter une, malgré ses difficultés **pécuniaires**. La prochaine fois, il prendra la garantie pour éviter ce genre de désagréments ou alors il fera en sorte d'acquérir une montre de qualité, sans **obsolescence** programmée. Ce n'est pas comme si je ne l'avais pas prévenu !
La phrase comporte **5 fautes. Réponse B.**

> **REMARQUE** Les difficultés pécuniaires sont des difficultés financières.

Question 68 Réponse E ★★★★☆ **45 sec. – 3 min.** **Fiche 136**

La réponse E est la plus fluide et la plus élégante d'un point de vue stylistique. **Réponse E.**

Question 69 Réponse E ★★★★☆ **45 sec. – 3 min.** **Fiche 136**

La réponse E est la seule qui ne contient pas de faute d'orthographe. En effet, « duchesse » s'écrit sans accent et « ce soir-là » s'écrit avec un tiret. Il fallait également veiller au respect de la concordance des temps. **Réponse E.**

Question 70 Réponse D ★★★★☆ **30 sec. – 1 min.** **Fiche 154**

Étape 1 Lions les 2 mots de l'énoncé par une phrase.

L'agoraphobie est la peur de la foule et des lieux publics très fréquentés. On cherche donc, dans la réponse, une peur associée à l'objet de la peur.

Étape 2 Sélectionnons la bonne réponse.

La « **pyrophobie** » est bien la peur du feu. On reconnaît bien le préfixe « pyro » qui fait référence au feu : pyromane, pyrotechnique, etc. **Réponse D.**

Attention :

- L'arachnophobie est la peur des araignées, pas des insectes.
- La claustrophobie est la peur de l'enfermement, pas de l'espace.
- La squalophobie est la peur des requins (= des squales), pas des baleines.
- L'hématophobie est la peur du sang, pas des dentistes.

Question 71 Réponse D ★★★☆☆ **30 sec – 1 min.** **Fiche 145**

Le cerveau humain pèse environ 1,5 kg, soit 3 % **de la masse corporelle moyenne** d'un adulte. **Étonnamment**, ses cellules consomment 25 à 30 % de l'énergie totale du corps.

1re colonne On garde les réponses A, C et D.

Les réponses « de la masse corporelle », « du poids moyen » et « de la masse corporelle moyenne » sont les seules réponses qui peuvent potentiellement être bonnes. Les autres réponses ne sont pas correctes d'un point de vue stylistique.

2e colonne On choisit la réponse D.

On choisit la réponse D. En effet, la réponse A « Par conséquent » est inadaptée. L'auteur souhaite montrer la grande différence entre 3 % et 25 à 30 %. La réponse C n'est pas la bonne réponse car un paradoxe est une proposition contraire à la logique (**Exemple :** Il fait froid, pourtant j'ai chaud). Il n'y a pas de proposition contraire à la logique dans ce paragraphe. On choisit donc la réponse D : « Étonnamment ». **Réponse D.**

Question 72 Réponse A ★★★☆☆ **30 sec – 1 min.** **Fiche 145**

De plus, elles produisent des quantités importantes de déchets **potentiellement** toxiques : l'équivalent du poids du cerveau lui-même en un an !

1re colonne On garde les réponses A, B, C, D et E.

Cette phrase débute avec un terme de coordination (nuance/information supplémentaire/cause-conséquence). Toutes les réponses pourraient convenir. C'est la suite de la phrase qui va déterminer notre choix.

2e colonne On choisit la réponse A.

On supprime les réponses C et E car aucune information ne nous permet d'affirmer avec certitude qu'il s'agit (ou non) de déchets toxiques. On élimine également les réponses B et D qui ne sont pas correctes d'un point de vue stylistique. On garde donc la réponse A : « De plus » (information supplémentaire) et « potentiellement ». **Réponse A.**

Question 73 Réponse E ★★★☆☆ **30 sec – 1 min.** **Fiche 145**

Impossible d'imaginer que cet organe, qui **dicte** nos actions et nos pensées, **s'encombre** de tant de déchets.

1re colonne On garde les réponses A, B, C, D et E.

Toutes les réponses pourraient potentiellement convenir. On n'élimine donc aucune réponse.

2e colonne On garde les réponses A, C et E.

On élimine la réponse B. En effet, le cerveau « gère » nos émotions (irrationnelles), mais pas nos actions/pensées (rationnelles). De plus, on élimine la réponse D qui est incohérente d'un point de vue stylistique. On garde donc les réponses A, C et E.

3e colonne On choisit la réponse E.

La réponse A « se délecter » signifie « prendre un plaisir extrême ». Cette réponse est donc hors-sujet. La réponse C « stocke » n'est pas acceptable à cause de la proposition « de » (on ne dit pas « stocker de »). Le texte parle de déchets. Le terme « s'encombre » (réponse E) est plus approprié. **Réponse E.**

Question 74 Réponse E ★★★☆☆ **30 sec – 1 min.** **Fiche 145**

Mais alors, comment fait-il le vide ? Gère-t-il lui-même ses **déchets** ou s'en débarrasse-t-il auprès d'autres organes ?

1re colonne On garde les réponses B, C et E.

On élimine la réponse A. En effet, on ne peut pas avoir une virgule après « Se pose la question ». On ne marque pas de pause après un début de phrase comme celui-ci.
De plus, on élimine la réponse D car « du coup » ne s'écrit pas. Il s'agit d'une faute de style.

2e colonne **On choisit la réponse E.**

Entre « problèmes » (réponse B), « restes » (réponse C) et « déchets » (réponse E), la réponse la plus appropriée est la réponse E. En effet, le texte utilise le mot « débarrasser » auprès d'autres organes. La réponse la plus appropriée est donc « déchets ». **Réponse E.**

Question 75 Réponse D ★★★☆☆ 30 sec – 1 min. Fiche 145

Tout cela est resté **opaque** jusqu'à nos **récentes** études sur la souris en 2016, qui ont apporté la preuve de l'existence d'un système d'évacuation des déchets propre au cerveau. Depuis, nous avons montré que ce rituel d'épuration s'accomplit durant le sommeil.

1re colonne **On garde les réponses A et D.**

On supprime la réponse B qui n'est pas la meilleure réponse d'un point de vue stylistique. On supprime également la réponse C « mystérieux ». Ce terme est inapproprié dans un registre scientifique. Il est plus adéquat dans un registre « romanesque ». Enfin, la réponse E n'est pas correcte.

2e colonne **On choisit la réponse D.**

On a le choix entre « précédentes » (réponse A) et « récentes » (réponse D). La bonne réponse – car plus logique – est « récentes ». **Réponse D.**

TAGE MAGE® N° 4

6 CORRIGÉ « LOGIQUE »

Difficulté	NORMAL													
Question	76	77	78	79	80	81	82	83	84	85	86	87	88	89	90
Réponse	A	B	D	A	B	B	B	E	C	A	D	B	C	E	C

Question 76 Réponse A ★★☆☆☆ **15 sec. – 1 min.** **Fiches 167/170**

		77		
		49		
11	55	??	99	88
		56		
		73		

(A) 66 (B) 22 (C) 33 (D) 75 (E) 57

V : Somme dégressive de –1 : 7 + 7 = 14 ; 4 + 9 = 13 ; → ? + ? = 12 ; 5 + 6 = 11 et 7 + 3 = 10.
H : 1re colonne = 2e colonne (Multiples de 11 à 2 chiffres).

Question 77 Réponse B ★★★☆☆ **30 sec. – 2 min.** **Fiches 165/170**

???	772	664	970	871
246				
473				
691				
883				

(A) 286 **(B) 088** (C) 055 (D) 655 (E) 123

V : Écart constant de +2 sur le 1er chiffre : **0** – 2 – 4 – 6 – 8.
H : Somme constante de chaque élément égale à **16**.

Question 78 — Réponse D — ★★★★★ — 1 min. – 3 min — Fiches 170/188

DU
SU
LU
EN
JN ? TD WA LL

(A) RU (B) RA (C) RF **(D) ES** (E) LA

V : Chaque élément est un mot qui a un sens.
H : Somme constante des rangs alphabétiques de chaque élément égale à **24**.

Question 79 — Réponse A — ★★☆☆☆ — 15 min. – 1 min — Fiches 165/166

<u>M</u>A
<u>N</u>D
<u>O</u>R
IJ ? NO WX AB
<u>Q</u>F

(A) <u>P</u>Q (B) AQ (C) RU (D) <u>P</u>R (E) XY

V : Écart constant de +1 sur la 1re lettre : M – N – O – **<u>P</u>** – Q.
H : Écart de +1 entre la 1re et la 2e lettre.

Question 80 — Réponse B — ★★★★☆ — 45 sec. – 3 min — Fiche 180

63
18
90
343 80 ? 521 72
40

(A) 94 **(B) 46** (C) 215 (D) 52 (E) 406

V : Carrés à l'envers : 63 → 36 ; 18 → 81 ; 90 → 09 ; 40 → 04
H : Cubes à l'envers : 343 → 343 ; 80 → 08 ; 521 → 125 ; 72 → 27

Question 81	Réponse B	★★★★☆	45 sec. – 3 min.	Fiche 168

		ACR		
WVU	ETR	???	DNR	KED
		FEG		
		KJO		
		MPR		

(A) RDV **(B) FDQ** (C) ODE (D) PRQ (E) XQQ

V : Diagonale moyenne avec écart constant de +3 : AXX – XDX – XXG – XJX– MXX.

H : Diagonale moyenne avec écart constant de –3 : WXX – XTX – XXQ – XNX – KXX.

Question 82	Réponse B	★☆☆☆☆	30 sec. – 1 min.	Fiches 169/181

		51		
		15		
35	70	??	15	90
		35		
		57		

(A) 52 **(B) 55** (C) 72 (D) 75 (E) 8

V : Diagonale de 5.

H : Multiples de 5.

Question 83	Réponse E	★★★☆☆	1 min. – 3 min	Fiches 166/168

FAG	RBS	MCN	???	EEF
			GJL	
			MPJ	
			TJA	
			JBX	

(A) KDJ (B) JDC (C) JKL (D) KJL **(E) JDK**

V : Diagonale moyenne du J : JXX – XJX – XXJ – XJX – JXX.

H : Écart de +1 entre le rang alphabétique de la 1re lettre et de la 3e lettre.

Question 84 Réponse C ★★★☆☆ **30 sec. – 2 min.** **Fiche 195**

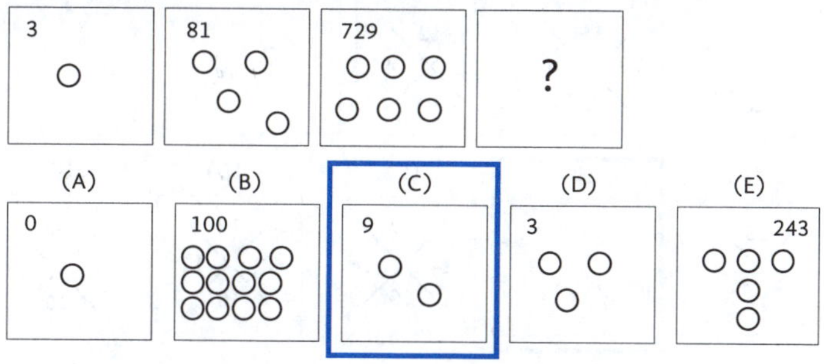

Logique 1 : Le nombre est toujours en haut à gauche du cadre.

Logique 2 : 3 à la puissance du nombre de cercles = nombre en haut à gauche ($3^1 = 3$; $3^4 = 81$; $3^6 = 729$).

Question 85 Réponse A ★★★☆☆ **30 sec. – 2 min.** **Fiches 192/193**

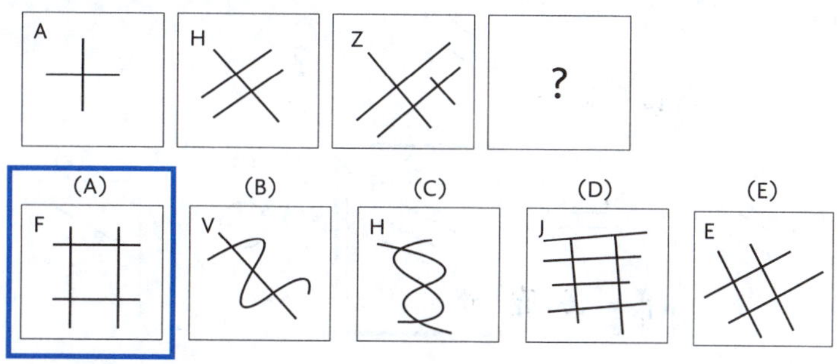

Logique 1 : La lettre en haut à gauche a toujours 3 barres.

Logique 2 : Le nombre de points d'intersection augmente de +1 (1, puis 2, puis 3 à 4 intersections).

Question 86 Réponse D ★★★★☆ **1 min. – 3 min** **Fiches 193/195**

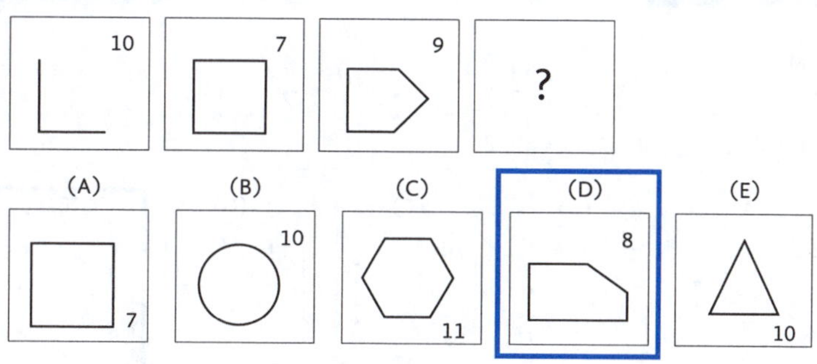

Logique 1 : Nombre d'angles droits de la figure + le chiffre en haut à droite = 11.

Logique 2 : Le chiffre est toujours situé en haut à droite du cadre.

Question 87 Réponse B ★★★★☆ 30 sec. – 2 min. Fiche 196

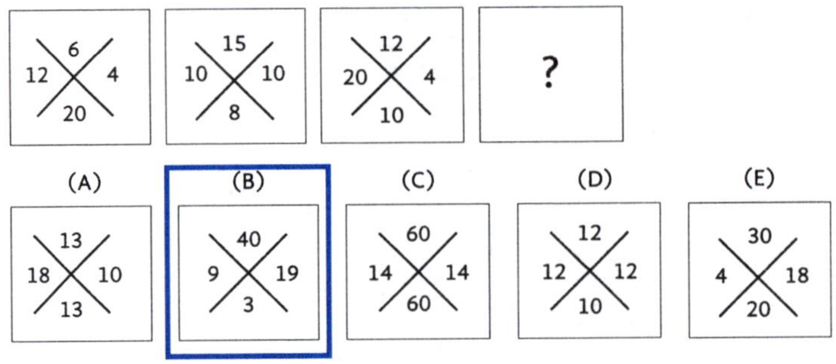

Logique 1 : Le produit des 2 nombres verticaux est égal à 120 (6 × 20 = 15 × 8 = 120 ; etc.)
Logique 2 : La somme des 2 nombres horizontaux est croissante avec un écart constant de +4 : 12 + 4 = 16 ; 10 + 10 = 20 ; 20 + 4 = 24 → Somme égale à 28.

Question 88 Réponse C ★★☆☆☆ 30 sec. – 1 min. Fiches 194/195

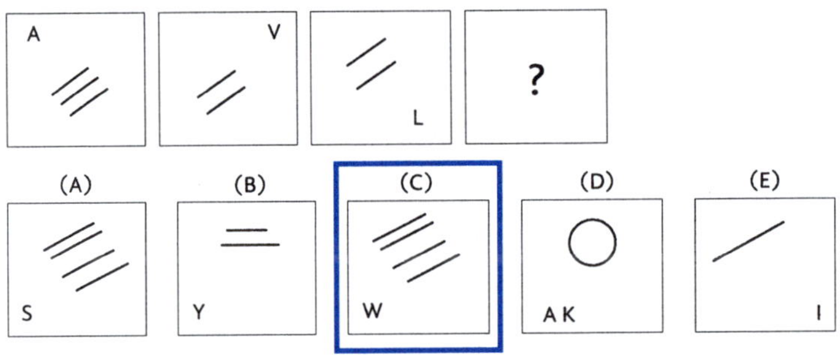

Logique 1 : La lettre se déplace d'un coin à chaque cadre (rotation horaire = dans le sens des aiguilles d'une montre) → Lettre en bas à gauche.
Logique 2 : Le nombre de traits = le nombre de barres de la lettre.

Question 89 Réponse E ★★★☆☆ 30 sec. – 1 min. Fiche 195

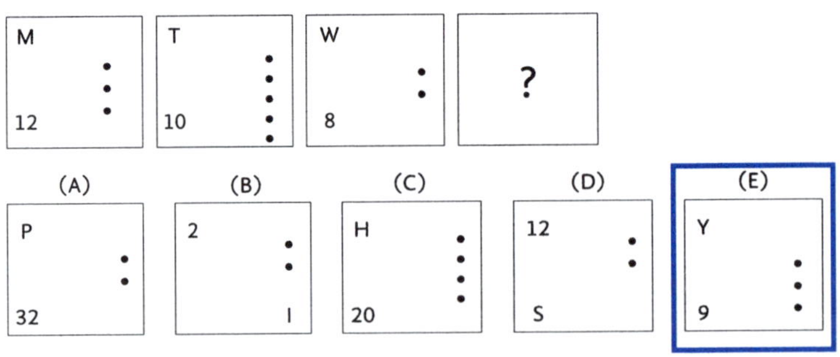

Logique 1 : La lettre est toujours en haut à gauche.
Logique 2 : Le nombre de barres de la lettre × le nombre de points noirs = le nombre en bas à gauche.

Question 90 **Réponse C** ★★★☆☆ **45 sec. – 2 min.** **Fiches 193/197**

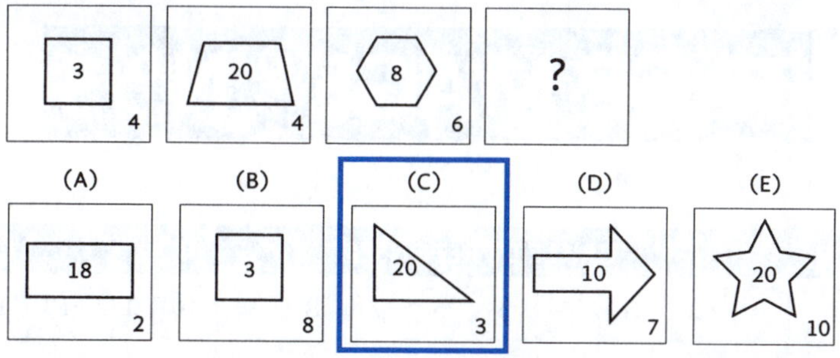

Logique 1 : Le nombre intérieur indique le rang de l'initiale de la figure (3 = C = Carré, etc.).
Logique 2 : Le nombre extérieur indique le nombre de côtés de la figure (Carré = 4 ; etc.).

TAGE MAGE® N° 5

	GRILLE DE RÉPONSES TM n° 5																
8/15	C.D.T	Question	1	2	3	4	5	6	7	8	9	10	11	12	13	14	15
		Réponse															
		SCORE : 32/60			Nombre BR : ... /15					Nombre MR : ... /15							
4/15	CALCUL	Question	16	17	18	19	20	21	22	23	24	25	26	27	28	29	30
		Réponse															
		SCORE : 16/60			Nombre BR : ... /15					Nombre MR : ... /15							
7/15	R & A	Question	31	32	33	34	35	36	37	38	39	40	41	42	43	44	45
		Réponse															
		SCORE : 28/60			Nombre BR : ... /15					Nombre MR : ... /15							
10/15	COND. MIN.	Question	46	47	48	49	50	51	52	53	54	55	56	57	58	59	60
		Réponse															
		SCORE : 40/60			Nombre BR : ... /15					Nombre MR : ... /15							
12/15	EXPRESS.	Question	61	62	63	64	65	66	67	68	69	70	71	72	73	74	75
		Réponse															
		SCORE : 48/60			Nombre BR : ... /15					Nombre MR : ... /15							
5/15	LOGIQUE	Question	76	77	78	79	80	81	82	83	84	85	86	87	88	89	90
		Réponse															
		SCORE : 20/60			Nombre BR : ... /15					Nombre MR : ... /15							
	TM n° 5	SCORE : 164/360 ⇔ 273/600			BR = Bonne Réponse = +4 points. MR = Mauvaise Réponse = −1 point. Multipliez par 5/3 pour passer du score/360 au score/600.												

TAGE MAGE® N° 5

1 COMPRÉHENSION DE TEXTES

CONSIGNES			
15 questions	20 minutes	Calculatrice interdite	Chronomètre recommandé

BARÈME		
Bonne réponse : +4 points	Aucune réponse : 0 point	Mauvaise réponse : –1 point

TEXTE 1

« *Pour ressentir l'effet d'une boisson énergisante, appliquez le casque sur votre crâne, puis appuyez sur le bouton orange.* » Contrôler son humeur d'une simple pression sur son portable : voici le genre de services que propose Thync, une start-up fondée par deux chercheurs de l'Université d'Arizona qui vient de lever 13 millions d'euros et s'apprête à sortir un casque *next generation* cette année. Bardé d'électrodes, leur accessoire émet des pulsations électriques, stimule des parties du cerveau pour, au choix, se concentrer sur une tâche, se calmer ou encore accroître son énergie. Selon le co-fondateur Jamie Tyler, professeur en neurobiologie, ce casque « *va aider ceux qui ont un mode de vie très actif à utiliser d'autres stimulants que le café, les drogues ou l'alcool* ». (Question 1).

Changer son humeur en pressant un bouton peut paraître farfelu, mais le business des produits liés à l'acquisition d'énergie ou à la relaxation représente un marché de 370 milliard d'euros. Un chiffre « stimulant » pour la Silicon Valley, habituée à remplacer les vieilles méthodes de consommation par des algorithmes. Ainsi, le projet Vital Radio concocté par le Massachusetts Institute of Technology, comprend l'humeur d'une personne jusqu'à une distance de huit mètres, en captant ses biorythmes : sa respiration, sa fréquence cardiaque et ses déplacements. Pour le chercheur à l'origine du projet, « *une personne se déplaçant dans un espace qui ne lui est pas familier, notamment dans un aéroport, pourrait bénéficier d'une assistance si nous détectons qu'il subit un haut niveau de stress ou un malaise* ».

Quand ils ne permettent pas de modifier l'humeur, certains accessoires se proposent de connecter directement nos émotions à des services numériques. En partenariat avec la start-up du rappeur 50 Cent, Intel propose BioSport, des écouteurs qui détectent le pouls de l'utilisateur et diffusent les morceaux dont le rythme s'accorde avec sa fréquence cardiaque.

Natasha Dow Schull, du MIT, professe qu'à l'avenir les objets connectés serviront pour tout.

« Ces objets connectés permettront d'être un véritable détective de son activité et de discerner les schémas de nos vies. On pourra par exemple établir des corrélations entre nos déplacements en voiture et nos sautes d'humeur. Puis changer nos habitudes. »

Il reste à savoir jusqu'où la technologie peut connaître nos émotions, voire en permettre la manipulation ?

Question 1. Quelle proposition conviendrait le mieux au lieu de « Question 1 » dans le texte ?

(A) En fait, ce casque est avant tout destiné aux travailleurs citadins soumis à une forte pression sur leur lieu de travail.

(B) Donc, en plus d'être un outil de « stimulation », ce casque est un formidable moyen de guérir de nombreuses personnes atteintes de névroses, de peurs ou de maladies liées à des addictions nocives pour la santé.

(C) Bien entendu, aucun risque d'addiction aux pulsations électriques ne sera possible à travers ce casque. Une pulsation électrique ne sera possible qu'après une analyse du biorythme de l'individu.

(D) Le seul – potentiel – danger de ce casque est une mauvaise utilisation de la part de l'utilisateur. C'est la raison pour laquelle nous recommandons d'être conseillé par un spécialiste.

(E) Toutefois, je tiens à préciser que ce casque n'est pas un remède ou une solution efficace pour lutter contre l'alcoolémie ou la consommation de drogues.

Question 2. Quelles sont les raisons de la sortie de ce casque *next generation* ?

1. Une demande de plus en plus forte des consommateurs.
2. Un soutien financier important.
3. Des besoins identifiés chez les individus.
4. Le soutien de stars qui assurent une publicité importante.

(A) 1 + 2 + 3

(B) 2 + 3 + 4

(C) 2 + 3

(D) 1 + 2 + 3 + 4

(E) 3 + 4

Question 3. Selon l'auteur, quelle est la position des investisseurs de la Silicon Valley vis-à-vis des nouvelles technologies mentionnées dans le texte ?

(A) Aucune véritable information n'est donnée sur la position des investisseurs de Silicon Valley sur ces nouvelles technologies.

(B) Les investisseurs de la Silicon Valley semblent « emballés » à l'idée d'investir dans un secteur potentiellement à forte croissance.

(C) Les investisseurs de la Silicon Valley sont intéressés par ces technologies d'avenir mais ne sont pas les seuls à s'y intéresser.

(D) Plusieurs investisseurs de la Silicon Valley ont déjà massivement investi dans des « start-up du futur ».

(E) Les investisseurs de la Silicon Valley adoptent une attitude « prudente » et attendent d'avoir les premiers résultats avant de se positionner.

Question 4. Quel est le présupposé du professeur de neurobiologie Jamie Tyler ?

(A) L'utilisation du casque est moins nocive que le café ou la drogue.
(B) Ce casque peut révolutionner la manière de voir les choses.
(C) Ce casque est destiné à l'ensemble de la population.
(D) Ce casque a un bon rapport qualité/prix.
(E) Ce casque se positionne en tant que concurrent des boissons énergétiques.

Question 5. Quel titre serait le plus adapté à ce texte ?

(A) Technologie, santé et argent : un mélange explosif.
(B) La technologie et le corps humain.
(C) La Silicon Valley va changer le monde.
(D) Investissez dans les technologies d'avenir !
(E) Les États-Unis sont à la pointe de la recherche dans le secteur de la santé.

TEXTE 2

En 1946, le Congrès américain vota un texte anodin en apparence, la loi sur l'énergie atomique. Elle instaurait « un système qui isolait l'arme nucléaire du reste de l'arsenal militaire du pays pour placer son usage sous l'autorité exclusive du Président des États-Unis », comme l'écrit l'historien David Alan Rosenberg. À l'époque, ce texte ne sembla pas représenter un grand changement par rapport à ce qui prévalait jusque-là. Pendant la Seconde Guerre mondiale, le Congrès avait déjà conféré des pouvoirs étendus au Président afin que l'exécutif puisse gérer de manière plus efficace les crises en temps de guerre : Roosevelt fit usage de ces pouvoirs étendus pour développer en secret la bombe atomique et son successeur Truman pour la larguer sur Hiroshima et Nagasaki avec les effets dévastateurs et terrifiants que l'on sait.

Or, la loi sur l'énergie atomique, ainsi que la loi sur la sécurité nationale qui suivit en 1947, eut des incidences nettement plus importantes que les pouvoirs spéciaux octroyés au Président durant la Seconde Guerre mondiale. Comme l'historien Garry Wills le soulignait récemment dans son excellent ouvrage sur l'histoire de la sécurité nationale *Bomb Power* (*Le pouvoir de la bombe*), ces lois ont contribué à créer les régimes de sécurité et de surveillance sous lesquels nous vivons aujourd'hui, en accordant à l'exécutif une marge d'action considérable non seulement en temps de guerre mais aussi en temps de paix. Le Président put dès lors bâtir un réseau complexe d'organismes opérant dans le plus grand secret – la Commission de l'Énergie Atomique, la CIA, l'Agence de Sécurité Nationale (NSA) – et directement rattachés à lui et à son cabinet. Il put allouer des fonds, gérer des réseaux d'espionnage et faire usage de la plus terrifiante des armes de destruction massive sans guère de contrôle des pouvoirs législatif et judiciaire.

Au sortir de la Seconde Guerre mondiale, les États-Unis se devaient certes de renforcer leurs stratégies en matière de sécurité nationale, mais le pouvoir conféré à ces institutions a dangereusement mis à mal notre processus démocratique. Le grand politologue Robert Dahl alertait déjà en 1953 : « Cette affirmation n'est guère contestable : les processus politiques de la démocratie ne fonctionnent pas quand il s'agit de politique nucléaire. »

Ces pouvoirs spéciaux permanents furent invoqués lors de la guerre de Corée (1950-1953), du débarquement avorté de la baie des Cochons, à Cuba, en vue de renverser Fidel Castro (1961), de la guerre du Vietnam (1955-1975), de l'occupation de la République Dominicaine (1965), et des invasions de Grenade (1983) et du Panama (1989) – autant d'interventions militaires qui furent lancées sous le couvert d'un certain secret et se déroulèrent sans que le Congrès n'ait officiellement voté de déclaration de guerre. (Question 7).

Mais sans doute l'héritage des lois sur l'énergie atomique et sur la sécurité nationale s'est-il fait sentir de la manière la plus sombre ces deux dernières décennies, lorsque l'administration Bush a alors enfreint les libertés individuelles et les droits de l'homme, eu recours au transfert secret de prisonniers, à la torture et aux détentions indéfinies, et mis en place un dispositif complexe de surveillance qui interceptait les communications des citoyens américains sans avoir au préalable obtenu un mandat judiciaire.

Question 6. Quelle pourrait être la source de ce texte ?

(A) Un manuel scolaire.
(B) Une revue spécialisée.
(C) Un quotidien national.
(D) Un extrait d'ouvrage.
(E) Un extrait d'un rapport.

Question 7. Quelle proposition conviendrait le mieux au lieu de « Question 7 » dans le texte ?

(A) Ces guerres sont donc bien la preuve que le Président des États-Unis ne prend pas en considération l'avis du Congrès.
(B) Ces guerres sont donc bien la preuve que les États-Unis ont utilisé de manière trop fréquente la force militaire pour régler des conflits géopolitiques.
(C) Ces guerres sont donc bien la preuve que les Présidents américains ont abusé de la force militaire depuis la Seconde Guerre mondiale.
(D) Ces guerres sont donc bien la preuve que le Congrès a implicitement ou indirectement autant de pouvoirs que le Président.
(E) Ces guerres sont donc bien la preuve que le processus démocratique est quasi-inexistant lorsqu'il s'agit d'employer la force militaire à l'étranger.

Question 8. Quel est le sentiment général des historiens cités dans le texte concernant la politique nucléaire militaire des États-Unis ?

(A) Les historiens sont impressionnés par la force de frappe nucléaire des États-Unis.

(B) Les historiens sont très inquiets pour la sécurité nationale des États-Unis.

(C) Les historiens sont partagés concernant les décisions prises sur la politique nucléaire militaire des États-Unis.

(D) Les historiens sont inquiets des superpouvoirs accordés à l'exécutif concernant la politique nucléaire militaire des États-Unis.

(E) Les historiens sont ravis de l'utilisation de l'arme atomique par les États-Unis durant la Seconde Guerre mondiale.

Question 9. Quel titre correspond le mieux à ce texte ?

(A) La superpuissance nucléaire des États-Unis.

(B) Les limites de la démocratie américaine en matière de politique nucléaire.

(C) La suprématie du Président sur la politique nucléaire civile des États-Unis.

(D) Les conséquences de l'arme atomique durant les guerres.

(E) La bombe atomique : un poison pour la démocratie.

Question 10. Quel est le meilleur résumé de ce texte ?

(A) Le Président des États-Unis a reçu les pleins pouvoirs concernant la politique nucléaire militaire. Les intellectuels constatent les limites de cette loi sur les processus démocratiques.

(B) Après avoir utilisé l'arme atomique une première fois, les historiens se demandent si la bombe atomique n'est pas plus une source de danger qu'une source de sécurité pour les États-Unis.

(C) Les États-Unis ont eu un usage abusif de l'arme atomique avec comme prétexte la sécurité nationale du pays.

(D) Après avoir donné les pleins pouvoirs à l'exécutif en matière de politique nucléaire, les États-Unis ont utilisé cette puissance nucléaire dans de nombreuses guerres.

(E) Les pleins pouvoirs donnés au Président des États-Unis pour la politique nucléaire du pays ont des conséquences néfastes sur les démocraties.

TEXTE 3

Titre : (Question 12)

Depuis très longtemps, les Etats-Unis défendent, avec hargne et parfois une bonne dose de mauvaise foi, leurs seuls intérêts. Puisse l'Europe se réveiller rapidement pour se préparer aux durs combats à venir. Ayant étudié, vécu et travaillé aux Etats-Unis pendant de longues années, je ne peux sérieusement pas être accusé de quelque forme d'antiaméricanisme que ce soit. Mais force est de constater que les Etats-Unis ont, vis-à-vis du reste du monde, une attitude parfois brutale et souvent contestable qui suscite depuis bien longtemps des réactions vives d'opposition, voire de franche hostilité à leur encontre.

On sait depuis très longtemps que les Etats-Unis défendent, avec hargne et parfois une bonne dose de mauvaise foi, leurs seuls intérêts, qu'ils profitent sans retenue de l'avantage concurrentiel démesuré que leur procurent le statut et la suprématie du dollar, qu'ils privilégient sans aucun scrupule le droit américain - celui qu'ils fixent eux-mêmes de manière unilatérale et brutale et qu'ils imposent aux autres nations de façon totalement arbitraire – au détriment du droit international, et qu'ils vénèrent éperdument la concurrence tant qu'ils gagnent, (Question 14).

Face à ce nationalisme profond, il nous faut inlassablement regretter la tragique impuissance européenne. Où sont les sanctions du Vieux Continent ? Qui osera un jour quantifier les dégâts provoqués sur les institutions et l'économie européennes par la crise des « subprimes » et réclamer réparation ? Quelle amende ou quelle interdiction d'opérer en Europe ont frappé Goldman Sachs, qui a sciemment manipulé les chiffres et dissimulé une partie de la dette grecque, induisant en erreur en 2001 l'ensemble des Etats de l'Union Européenne (UE) ? Quelles mesures concrètes ont été décidées pour réagir aux débordements totalement inacceptables de la NSA ? Comment l'Europe envisage-t-elle de contrecarrer l'acquisition potentielle de belles sociétés européennes par quelques gros groupes américains gorgés de cash, en partie grâce à des pratiques fiscales pour le moins contestables ? Sans parler du « Cloud Act » adopté récemment dans la plus grande discrétion et qui constitue un redoutable outil d'espionnage au service de l'administration américaine. Et on pourrait, sans difficulté, allonger la liste.

Puisse l'Europe se réveiller rapidement pour se préparer aux durs combats à venir, se munir des mêmes outils permettant la mise en place d'une puissante dissuasion économique, seule garantie d'un équilibre durable entre les grands blocs géographiques et entrer, forte et unie, et totalement consciente de son expérience industrielle et de son poids commercial, dans la redoutable guerre économique de demain.

Marc Bertonèche, professeur des Universités et enseignant à Oxford, HEC Paris et au Collège des ingénieurs.

Question 11. Selon l'auteur, quelles sont les actions menées par les entreprises américaines pour assurer leur suprématie ?

1. Usage abusif du droit américain.
2. Espionnage (industriel et commercial probablement).
3. Ignorance du droit international.
4. Lobbying industriel intense.
5. Pratiques fiscales douteuses.

(A) 1 + 3 + 5.

(B) 1 + 2 + 4 + 5.

(C) 1 + 2 + 3 + 4 + 5.

(D) 1 + 2 + 3 + 5.

(E) 1 + 2 + 5.

Question 12. Quel serait le titre le plus approprié pour ce texte ?

(A) La dissuasion économique des États-Unis.
(B) Suprématie des États-Unis au détriment des autres pays.
(C) Agitation américaine et impuissance européenne.
(D) Suprématie des États-Unis et puissance européenne.
(E) Aucune de ces réponses ne convient.

Question 13. Quel est le sous-entendu de l'auteur dans ce texte ?

(A) L'Europe est impuissante face aux agissements des États-Unis.
(B) Sans dissuasion économique européenne, une instabilité géopolitique est à prévoir.
(C) L'Union Européenne (UE) n'est pas unie face aux États-Unis.
(D) L'UE doit se préparer à des guerres économiques avec l'Inde ou la Chine.
(E) L'UE ne fait pas partie des blocs géopolitiques mondiaux d'influence.

Question 14. Quelle proposition serait la plus appropriée au lieu de (Question 14) dans le texte ?

(A) quel que soit le secteur économique, les pays ou les entreprises impactées.
(B) mais peuvent utiliser la force si la concurrence ne joue pas en leur faveur.
(C) peu importe le prix à payer pour leurs adversaires et alliés.
(D) mais sont prêts à tous les excès et coups bas quand ils commencent à perdre.
(E) même si cela s'effectue au détriment de pays alliés dans d'autres domaines.

Question 15. Laquelle des propositions suivantes est la plus exacte ?

(A) L'auteur critique ouvertement et explicitement la passivité de l'UE vis-à-vis des États-Unis.
(B) L'Union Européenne manque cruellement d'une réelle dissuasion économique.
(C) Les États-Unis perçoivent depuis longtemps l'Europe et le reste du monde comme des adversaires économiques.
(D) Malgré ses propos initiaux, l'auteur liste de nombreux arguments antiaméricains.
(E) Les États-Unis sont un pays isolationniste qui a toujours fait passer ses propres intérêts avant ceux des autres pays.

TAGE MAGE® N° 5

2 CALCUL

CONSIGNES

15 questions	20 minutes	Calculatrice interdite	Chronomètre recommandé

BARÈME

Bonne réponse : +4 points	Aucune réponse : 0 point	Mauvaise réponse : –1 point

Question 16. Un candidat à un concours écrit sur une feuille tous les nombres de 0 à 501 compris. Combien de fois a-t-il écrit le chiffre 1 ?

(A) 186
(B) 201
(C) 211
(D) 226
(E) 231

Question 17. Un éleveur possède 20 vaches laitières qui produisent 520 litres de lait par jour et mangent 800 kilos d'herbe par jour au total. À la suite d'un achat de 60 vaches supplémentaires, il décide de nourrir moitié moins chacune de ses vaches.
Étant donné que la production de lait est proportionnelle à la quantité de nourriture consommée, quelle quantité de lait est désormais produite chaque jour par l'ensemble des vaches ?

(A) 1 020 L
(B) 10,4 hL
(C) 10,8 hL
(D) 1 560 L
(E) 20,8 hL

Question 18. On considère les deux triangles ci-dessous, identiques, rectangles isocèles, et d'aire 16 cm^2 chacun. Le cercle représenté dans la figure a pour centre le sommet commun des deux triangles. Que vaut le double de l'aire de la partie grisée de la figure ?

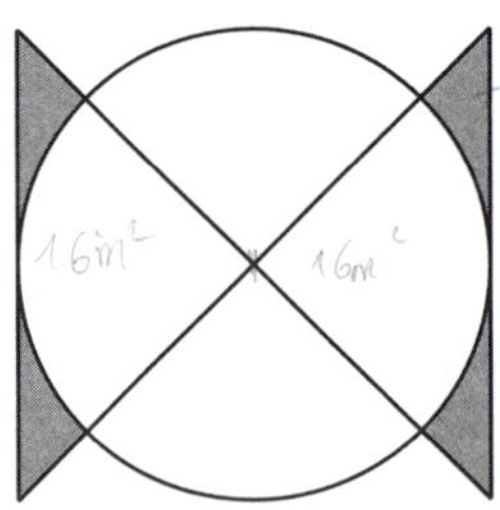

(A) $8 \times (2 + \pi)$ cm^2
(B) $16 \times (4 - \pi)$ cm^2
(C) $64 - 4\pi$ cm^2
(D) $64 + 4\pi$ cm^2
(E) Aucune de ces réponses.

Question 19. Une parfumerie reçoit 64 flacons et 156 savons et souhaite constituer des lots contenant le même nombre de flacons chacun et le même nombre de savons chacun, sans avoir de reste.

Combien de lots au maximum la parfumerie peut-elle constituer ?

(A) 2
(B) 4
(C) 7
(D) 8
(E) 12

Question 20. À la fédération de beach-volley de Lille, 60 % des licenciés sont des femmes et 20 % des licenciés sont des anciens professionnels. 40 % des anciens professionnels sont des hommes. Quelle est la proportion de femmes parmi les licenciés qui ne sont pas des anciens professionnels ?

(A) 32 %
(B) 48 %
(C) 60 %
(D) 72 %
(E) 80 %

Question 21. Alice doit lire quatre chapitres de son livre de cours. Les chapitres se trouvent aux pages : 54 à 65, 78 à 95, 130 à 155 et 242 à 265.

Sachant qu'Alice n'a lu que la moitié des pages qu'elle doit lire, combien de pages lui reste-t-il à lire ?

(A) 36
(B) 38
(C) 40
(D) 42
(E) 44

Question 22. François et Camille ont deux enfants.
Quelle est la probabilité que François et Camille n'aient aucun garçon ?

(A) 1/2
(B) 1/3
(C) 1/4
(D) 1/8
(E) 1/12

Question 23. Justine et Lily font une course de relais. Justine court 1 500 mètres puis passe le relais à Lily qui parcourt la même distance jusqu'à la ligne d'arrivée à la vitesse de 15 km/h. Sachant que Justine et Lily terminent la course en 10 minutes au total, quelle est la vitesse moyenne de Justine ?

(A) 12 000 m/h
(B) 15 500 m/h
(C) 18 000 m/h
(D) 20 500 m/h
(E) 22 500 m/h

Question 24. Adrien a parcouru 300 km en voiture, dont 200 km en campagne et 100 km en ville, et a consommé 28 L d'essence. Camille, quant à elle, va parcourir 500 km en voiture, dont 60 % en campagne et le reste en ville. Sachant qu'une voiture consomme 2 fois plus en ville qu'en campagne, quelle sera la quantité d'essence consommée par Camille ?

(A) 35,5 L
(B) 37 L
(C) 42,5 L
(D) 49 L
(E) 55,5 L

Question 25. Pour arriver en haut de la montagne, il faut emprunter une route sinueuse qui démarre à 650 m d'altitude et qui est longue de 14 km. Les 9 premiers kilomètres ont une pente moyenne de 4 % et les 5 derniers kilomètres montent à 9 % de moyenne.

Quelle est l'altitude de cette station ?

(A) 1 430 m
(B) 1 460 m
(C) 1 530 m
(D) 1 560 m
(E) 1 620 m

Question 26. En empruntant l'escalator et en restant immobile dessus, une personne constate qu'elle sort de la station de métro en 10 secondes. En revanche, cette personne constate qu'elle met 40 secondes en empruntant l'escalier situé le long de l'escalator.

Ainsi, combien de temps cette personne mettrait-elle si elle montait les marches de l'escalator qui fonctionne ?

(A) 5 secondes
(B) 6 secondes
(C) 7 secondes
(D) 8 secondes
(E) 9 secondes

Question 27. 125 joueurs ont participé à un tournoi de tennis en simple à élimination directe.

Combien de matchs ont été disputés durant ce tournoi ?

(A) 62
(B) 63
(C) 124
(D) 125
(E) 128

Question 28. Dans le carré ci-dessous, la somme des nombres de chaque ligne, de chaque colonne et de chaque diagonale sont égales. Quel nombre faut-il écrire à la place du point d'interrogation ?

		?
67		
	101	

(A) 111
(B) 108
(C) 100
(D) 84
(E) Il manque des informations.

Question 29. Jean est mathématicien. Pour son anniversaire, il a commandé un gâteau en forme d'hexagone régulier, de centre O et a invité 6 convives.

Sachant que les parts sont toutes des triangles identiques, quelle est la mesure des angles à la base de ces triangles ?

(A) 10 degrés.
(B) 24 degrés.
(C) 46 degrés.
(D) 60 degrés.
(E) 72 degrés.

Question 30. Pierre part à vélo de Paris vers Marseille en roulant à une vitesse moyenne de 36 km/h. Un quart d'heure plus tard, Paul part à sa poursuite (en passant par la même route) et le rattrape au bout de 45 minutes. Quelle est la vitesse moyenne de Paul ?

(A) 36 km/h
(B) 40 km/h
(C) 48 km/h
(D) 50 km/h
(E) 52 km/h

3 RAISONNEMENT ET ARGUMENTATION

CONSIGNES

15 questions	20 minutes	Calculatrice interdite	Chronomètre recommandé

BARÈME

Bonne réponse : +4 points	Aucune réponse : 0 point	Mauvaise réponse : –1 point

Question 31. Les acteurs des marchés financiers ont peur d'une nouvelle faiblesse de l'économie chinoise, d'une nouvelle baisse des prix des matières premières (pétrole, gaz, etc.), des mesures à venir de la banque centrale chinoise et des conséquences que cela pourrait avoir sur la croissance économique mondiale.

Quel est le présupposé de ce paragraphe ?

(A) L'économie chinoise connaît une période difficile.
(B) L'économie chinoise va de plus en plus mal.
(C) Les marchés financiers craignent que l'économie chinoise ralentisse.
(D) L'économie chinoise n'est pas au beau fixe.
(E) L'économie chinoise connaît un ralentissement.

Question 32. Martin pioche des billes dans un sac. Le sac contient 421 billes orange, 423 billes noires, 417 billes vertes, 420 billes violettes et 426 billes blanches. Il les pioche 3 par 3, au hasard. S'il tire 3 billes de la même couleur, il les met dans sa besace. Sinon, il les remet dans le sac et recommence l'opération. Martin peut recommencer jusqu'au moment où il ne reste plus que [...] bille(s) de couleur [...].

(A) 1 Violette
(B) 2 Orange
(C) 1 Orange
(D) 1 Blanche
(E) 2 Blanche

Question 33. Quel mot faut-il écrire à la place des points d'interrogation pour que la phrase suivante soit vraie ? « Cette courte phrase se compose de ?? lettres. »

(A) Trente-neuf.
(B) Quarante et une.
(C) Quarante-cinq.
(D) Quarante-six.
(E) Quarante-huit.

Question 34. La mère du père de Laura est la mère de la tante de Florence.

Que peut-on en déduire ?

(A) Laura et Florence sont sœurs.
(B) Laura et Florence sont sœurs ou cousines germaines.
(C) Florence est la tante de Laura.
(D) Laura et Florence ont la même grand-mère paternelle.
(E) Laura est la nièce de Florence.

Question 35. Les personnes âgées prennent le bus. La population sportive n'emprunte pas les transports en commun. La population ne pratiquant aucun sport est citadine.

Que peut-on en déduire ?

(A) Il existe des personnes âgées qui ne prennent pas le bus.
(B) Une partie de la population prend le bus pour aller faire du sport.
(C) Toutes les personnes âgées sont citadines.
(D) Personne ne vivant en ville ne fait pas de sport.
(E) Les personnes âgées doivent faire du sport.

Question 36. Six ministres se réunissent autour d'une table hexagonale. Le Ministre de l'Économie n'est pas à côté du Ministre des Transports. Le Ministre de l'Intérieur n'est pas assis en face de du Ministre des Transports. Le Premier Ministre est assis en face du Ministre de l'Économie. Le Ministre de l'Intérieur est assis juste à gauche du Premier Ministre.

Qui est assis juste à droite du Ministre du Travail ?

(A) Le Ministre de l'Économie ou le Ministre de l'Intérieur.
(B) Le Ministre des Transports ou le Ministre de l'Économie.
(C) Le Ministre de l'Économie.
(D) Le Ministre de l'Intérieur.
(E) Le Ministre de l'Intérieur ou le Ministre des Transports.

Question 37. Jean a des billes rouges, vertes ou bleues et a pour habitude de les ranger dans trois boîtes différentes dont l'étiquette indique la couleur des billes à l'intérieur. Cependant, son petit frère a échangé les étiquettes entre elles. Aucune boîte ne porte désormais la bonne inscription. Combien de boîtes Jean doit-il ouvrir afin d'être sûr de pouvoir remettre les billes à leur place prévue ?

(A) 1
(B) 2
(C) 3
(D) 4
(E) 0

Question 38. Trouvez le mot qui complète cette série : RAISON – ERIGEE – ENUMEREES

(A) ROI
(B) CALER
(C) RIMERA
(D) CREMES
(E) HERSES

Question 39. Mammouths, tigres, gorilles et tatous géants : depuis une centaine de milliers d'années, l'expansion de l'Homme moderne à travers les différents continents semble souvent s'accompagner de l'extinction de nombreuses espèces.

Parmi les propositions suivantes, laquelle contredit ce paragraphe ?

(A) Les tatous géants ont survécu à l'expansion de l'Homme.
(B) L'espèce humaine semble depuis toujours s'être étendue au détriment d'autres espèces.
(C) De nombreuses espèces auraient disparu au fil de l'expansion de l'espèce humaine.
(D) Les dégâts de l'Homme sur la biodiversité ne sont pas l'apanage des XXe et XXIe siècles.
(E) L'expansion de l'espèce humaine semble s'être accompagnée d'une recrudescence de la biodiversité.

Question 40. Dans un mois de 31 jours, on compte 5 lundis et le 15 est un samedi.

Quel est le numéro du dernier vendredi de ce mois ?

(A) 26
(B) 27
(C) 28
(D) 29
(E) 30

Question 41. Un médecin affirme : « La consommation coutumière de médicaments pour soigner une maladie ne suffit pas pour soutenir l'idée que la prise de médicaments est plus efficace que de ne rien prendre. Le prix du médicament et les effets secondaires indésirables doivent également être pris en considération ».

Laquelle des propositions suivantes est la plus en adéquation avec le point de vue du médecin ?

(A) En plus de l'efficacité du médicament, ses effets secondaires doivent être analysés.
(B) L'efficacité d'un médicament n'est pas suffisante pour justifier son utilisation lors d'un traitement.
(C) Les patients ont tendance à se précipiter sur les médicaments alors que ce n'est pas forcément la meilleure solution.
(D) Le médicament ne doit être utilisé qu'après avoir évalué ses effets secondaires indésirables.
(E) Il est préférable d'avoir un médicament efficace avec des effets secondaires indésirables que l'inverse.

Question 42. Par définition, la mauvaise foi est un art qui consiste à utiliser des raisonnements d'apparence rigoureuse mais associés à des erreurs logiques. Lors d'un scandale politique sur le blanchiment d'argent, un journaliste, utilisant l'annonce de la démission d'un ministre du gouvernement, affirme que tous les ministres sont des bandits.

Parmi les cinq proverbes suivants, quel est celui qu'aurait dû respecter le journaliste ?

(A) « Aux grands maux les grands remèdes ».
(B) « Il n'y a jamais de fumée sans feu ».
(C) « Avec des si on mettrait Paris en bouteille ».
(D) « Une hirondelle ne fait pas le printemps ».
(E) « L'Homme est un loup pour l'Homme ».

Question 43. Peu avant la guerre de 1914, un assassin dont le crime était particulièrement révoltant (il avait massacré une famille de fermiers avec leurs enfants) fut condamné à mort à Alger. [...] Mon père voulut assister à l'exécution, pour la première fois de sa vie. [...] Ce qu'il vit, ce matin-là, il n'en dit rien à personne. [...], il s'étendit un moment sur le lit et se mit tout d'un coup à vomir. Il venait de découvrir la réalité qui se cachait sous les grandes formules dont on la masquait.

Laquelle de ces propositions est sous-entendue par l'auteur ?

(A) Tuer des enfants est un acte qui mérite la peine de mort.
(B) La peine de mort est un acte ignoble à condamner.
(C) Le père de l'auteur est d'une faible nature.
(D) L'Algérie était un pays en développement au début du XXe siècle.
(E) La peine de mort était très répandue en Algérie à cette époque.

Question 44. En juillet 2014, l'Australie avait donné son feu vert à Adani pour l'exploitation d'une mine devant produire, chaque année, 60 millions de tonnes de charbon thermique dans le centre du Queensland.
La justice australienne a donné un coup d'arrêt, mercredi 5 août, au projet indien Adani qui menace, d'après les défenseurs de l'environnement, la Grande Barrière de corail, classée au patrimoine mondial de l'Humanité.

Laquelle de ces affirmations s'oppose aux propos du texte ?

(A) Le projet minier du groupe indien Adani a été suspendu.
(B) Les défenseurs de l'environnement ont essayé en vain de s'opposer au projet minier du groupe Adani.
(C) Le projet avait pour objectif l'exportation de charbon de la Grande Barrière de corail.
(D) Le projet minier du groupe Adani a été arrêté car la Grande Barrière de corail était classée au Patrimoine mondial de l'Humanité.
(E) Le projet Adani a été lancé en juillet 2014.

Question 45. Pressé par les progrès électoraux de l'Ukip et sa rhétorique anti-européenne, David Cameron s'est engagé en 2013 à organiser un référendum sur la question du maintien du pays dans l'Europe.

Une stratégie séduisante sur le papier, mais qui pourrait se retourner contre son auteur si la dynamique anti-européenne venait à s'emballer. Londres a en effet beaucoup à perdre et pas grand-chose à gagner d'une sortie de l'Europe.

Laquelle de ces propositions soutient le plus les propos du texte ?

(A) Les relations du Royaume-Uni et de l'Union Européenne sont avantageuses pour les deux camps.

(B) Sortir de l'Europe peut être risqué pour le Royaume-Uni.

(C) L'Ukip est un parti politique favorable à la sortie du Royaume-Uni de l'Union Européenne.

(D) David Cameron tient une rhétorique pro-européenne, contrairement au parti politique Ukip.

(E) Le Royaume-Uni est partagé entre les partis politiques favorables et les partis politiques défavorables à la sortie de l'Union Européenne.

TAGE MAGE® N° 5

4 CONDITIONS MINIMALES

CONSIGNES

15 questions	20 minutes	Calculatrice interdite	Chronomètre recommandé

BARÈME

Bonne réponse : +4 points	Aucune réponse : 0 point	Mauvaise réponse : –1 point

(A) **L'information 1 seule est suffisante** pour répondre à la question.
L'information 2 seule est insuffisante pour répondre à la question.

(B) **L'information 2 seule est suffisante** pour répondre à la question.
L'information 1 seule est insuffisante pour répondre à la question.

(C) **Les informations 1 et 2 ensemble sont suffisantes** pour répondre à la question.
L'information 1 seule ou l'information 2 seule est insuffisante pour répondre à la question.

(D) **L'information 1 seule est suffisante** pour répondre à la question.
L'information 2 seule est suffisante pour répondre à la question.

(E) **Les informations 1 et 2 ensemble sont insuffisantes** pour répondre à la question.
L'information 1 seule ou l'information 2 seule est insuffisante pour répondre à la question.

Question 46. Soit un entier naturel A et soit XYZ son carré à 3 chiffres. On sait que XYZ est inférieur à 500.
Que vaut le nombre XYZ ?

(1) X est impair.

(2) $X - Y + Z = 0$.

Question 47. Dans cet élevage de vaches et de chevaux, combien y a-t-il de chevaux ?

(1) Il y a 36 têtes.

(2) Il y a 144 pattes.

Question 48. A-t-on $X + Y = 0$?

(1) $X \times Y > 0$

(2) $X^2 = Y^2$

Question 49. Quatre apiculteurs calculent le volume de leur récolte de miel. Le volume moyen de miel produit par apiculteur est de 100 dL.
Le plus petit volume produit est-il supérieur à 80 dL ?

(1) L'une des récoltes a un volume de 110 dL.
(2) L'une des récoltes a un volume de 200 dL.

Question 50. Est-ce que $8 \times X$ est un entier ?

(1) $2 \times X$ est un entier.
(2) $4 \times X$ est un entier.

Question 51. Une place pour un concert d'AC/DC au Stade de France est mise aux enchères sur un site Internet. Quelle est la mise à prix initiale sachant que chaque surenchère est de 1,5 € ?

(1) Entre la mise à prix initiale et la vente définitive, il y a eu 146 enchères.
(2) Axel a proposé un prix de 205 € lors de la 124e enchère.

Question 52. Un téléphone portable coûte deux fois plus cher qu'une tablette tactile.
Combien coûte un téléphone portable ?

(1) Le coût d'un téléphone portable et d'une tablette tactile est de 450 €.
(2) Le prix d'une tablette tactile est de $((-3) + 1 + 2 + 3 + \ldots + 16 + 17)$ €.

Question 53. X est un entier naturel non nul tel que $X < 15^2$. Que vaut X ?

(1) X est le cube d'un nombre.
(2) X est un multiple de 25.

Question 54. ABC est un triangle rectangle en A.
Quelle est la longueur de la hauteur issue de A ?

(1) AB = 4 cm et AC = 3 cm.
(2) BC = 5 cm.

Question 55. Steven a pêché quatre bars, pour un poids total de 3,5 kg. Quel est le poids du poisson le plus lourd ?

(1) Les deux premiers poissons pêchés n'ont que 0,1 kg de différence et le dernier poisson pêché pèse 700 g.
(2) Le troisième bar pêché est plus lourd que le premier bar pêché. Le premier bar pêché est plus lourd que le dernier bar pêché. Le deuxième bar pêché est plus lourd que le premier bar péché.

Question 56. Au 1er janvier 2015, la TVA passera à 25 %. Sachant que le prix HT ne varie pas, quel sera, au 1er janvier 2015, le prix de vente au consommateur d'un produit vendu 300 € au consommateur le 31 décembre 2014 ?

(1) En 2015, le prix de vente du produit sera supérieur à 300 €.

(2) La TVA était au 1er janvier 2014 de 20 %.

Question 57. Un produit est vendu 70 % de son dernier prix affiché après augmentation des tarifs. Quel a été le pourcentage d'augmentation des tarifs ?

(1) La réduction accordée par rapport au prix avant augmentation des tarifs est de 23 %.

(2) L'entreprise réalise une marge de 5 % sur chaque produit vendu.

Question 58. À 9 h 00, Paul part de Paris en direction de Lille. Un peu plus tard, Jérémy part de Lille en direction de Paris à la vitesse de 60 km/h.
À quelle heure Jérémy est-il parti ?

(1) Paul conduit à la vitesse de 40 km/h.

(2) Paul et Jérémy se rencontrent à mi-chemin entre les deux villes à 13 h 00.

Question 59. On considère un premier carré C_1 dont les diagonales sont des diamètres d'un cercle C. Ce cercle est lui-même inscrit dans un carré C_2. Quelle est l'aire du carré C_2 ?

(1) Le côté du carré C_1 mesure 5 cm.

(2) L'aire du cercle C est égale a 12,5 π cm^2.

Question 60. Un automobiliste a reçu une contravention pour excès de vitesse sur l'autoroute, où la vitesse est limitée à 130 km/h (inclus). L'automobiliste a-t-il dépassé les 130 km/h ?

(1) Sa vitesse moyenne sur l'autoroute était de 130 km/h.

(2) Il n'a pas toujours conduit à la même vitesse sur cette autoroute.

TAGE MAGE® N° 5

5 EXPRESSION

CONSIGNES

15 questions	20 minutes	Calculatrice interdite	Chronomètre recommandé

BARÈME

Bonne réponse : +4 points	Aucune réponse : 0 point	Mauvaise réponse : –1 point

Question 61. Choisissez le mot dont le sens se rapproche le plus des mots soulignés.
Mes collègues <u>médisent de</u> tout le monde. Ces <u>persiflages</u> sont dommageables.

(A)	Critiquent	Quolibets
(B)	Font l'éloge de	Dénonciations
(C)	Louent	Tiraillements
(D)	S'attaquent à	Moqueries
(E)	S'en prennent à	Railleries

Question 62. Choisissez les mots dont le sens se rapprochent le plus des mots soulignés.

Après cette épreuve, Anaïs étonna sa famille par <u>sa résilience</u> <u>extraordinaire</u>.

(A)	Son abnégation	Hors du commun
(B)	Sa résistance morale	Prodigieuse
(C)	Sa force	Incroyable
(D)	Son sens du sacrifice	Sans faille
(E)	Son endurance	Fantastique

Question 63. Choisissez les mots dont le sens se rapproche le plus des mots soulignés.
L'asymptote de cette courbe est <u>peu ou prou</u> sa tangente. Sa forme <u>concave</u> est surprenante.

(A)	Plus commune que	Ondulée
(B)	Grosso modo	Orientée vers le haut
(C)	À peu près	Orientée vers le bas
(D)	Plus ou moins	Tournée vers le bas
(E)	Plus grande que	Originale

Question 64. Choisissez les mots dont le sens se rapproche le plus des mots soulignés.

Il était célèbre pour être un écrivain abscons.

(A) Connu — Inintelligible
(B) Aimé — Brouillon
(C) Apprécié — Abstrait
(D) Fameux — Compliqué
(E) Réputé — De renom

Question 65. Combien y-a-t-il de fautes d'orthographe, de grammaire et d'usage dans le passage suivant ?

« Parce qu'elle avait brillament réussi à marquer plusieurs buts en un match, elle attira l'attention des meilleurs clubs sportifs. Ce n'était pas seulement au poste d'attaquant qu'elle s'était ardemment illustré. Elle avait également démontré ses qualités en défense et en tactique. Assurément, ce serait une excellente recrue. Heureux le recruteur qui parviendrai à l'attrapper dans ses filets et à en faire une future prodige du ballon ovale ».

(A) 3
(B) 4
(C) 5
(D) 6
(E) 7

Question 66. Trouvez l'intrus parmi les 5 propositions ci-dessous.

(A) Marron
(B) Rose
(C) Pourpre
(D) Fauve
(E) Mauve

Question 67. Parmi les cinq propositions suivantes, laquelle est correcte d'un point de vue grammatical ?

(A) Ils étaient cents milles à regarder le défilé.
(B) J'ai dis qu'il était temps de changer d'air.
(C) Je suis sensé le voir la semaine prochaine.
(D) Il n'a pas été assez convaincant pour moi.
(E) Vous n'êtes pas assez qualifié a mon goût.

Question 68. Parmi les phrases suivantes, laquelle est grammaticalement incorrecte ?

(A) Cette voiture appartient à cet homme assis près du lampadaire.
(B) Ce manteau n'est pas prêt d'être porté par Caroline.
(C) Le vent souffle et siffle entre les branches du platane de ce jardin.
(D) Les ténèbres sont promises à celui qui n'écoute pas la parole sacrée.
(E) Ce garçon ne se sépare jamais de ses jouets.

Question 69. Laquelle de ces propositions est bien orthographiée ?

(A) Neuf cents millions trois cent quatre-vingt mille sept cent euro.
(B) Neuf cent millions trois cent quatre-vingt mille sept cents euros.
(C) Neuf cents millions trois cents quatre-vingts mille sept cents euros.
(D) Neuf cent millions trois cent quatre-vingt mille sept cent euros.
(E) Neuf cents millions trois cent quatre-vingts mille sept cent euros.

Question 70. Trouvez le couple de mots qui respecte le même lien logique que : Digue – Mer.

(A) Porte – Entrée.
(B) Soleil – Chaleur.
(C) Oiseau – Mouette.
(D) Ignifugation – Feu.
(E) Coup – Douleur.

Question 71. « La neige fait au Nord ce qu'au Sud fait le sable ». (Victor Hugo)
Laquelle des figures de style suivantes est utilisée dans la citation de Victor Hugo ?

(A) Un chiasme
(B) Un pléonasme
(C) Une litote
(D) Une périphrase
(E) Une métonymie

Questions 72 à 75 : Complétez le texte avec le mot ou l'expression assurant la meilleure cohérence textuelle.

Question 72. Comme tout bon économiste, John Maclaw sait pertinemment que (...) n'est pas synonyme de (...).

(A)	Décroissance	récession
(B)	Corrélation	causalité
(C)	Croissance	développement
(D)	Développement	croissance
(E)	Causalité	lien logique

Question 73 (suite de la question 72). En effet, en s'appuyant sur une courbe compilant de nombreuses données, si de (...) taux d'imposition du capital (...) la croissance économique...

(A)	Faibles	favoriseraient
(B)	Forts	soutiendraient
(C)	Faibles	ralentiraient
(D)	Bons	favoriseraient
(E)	Progressifs	soutiendraient

Question 74 (suite de la question 73). ... on s'attendrait à voir une (...) entre les deux critères, c'est-à-dire un (...) et (...).

(A)	Corrélation	fort taux	une forte croissance
(B)	Lien de causalité	faible taux	une forte croissance
(C)	Lien	faible taux	une croissance forte
(D)	Relation négative	taux fort	une faible croissance
(E)	Corrélation positive	faible taux	une faible croissance

Question 75 (suite de la question 74). Or, (...). Le coefficient de (...) est de 0,12.

(A)	Il n'en est rien	corrélation
(B)	C'est tout le contraire	GINI
(C)	Absolument pas	variation
(D)	Bien au contraire	croissance
(E)	Cela est faux	causalité

LOGIQUE

CONSIGNES			
15 questions	20 minutes	Calculatrice interdite	Chronomètre recommandé

BARÈME		
Bonne réponse : +4 points	Aucune réponse : 0 point	Mauvaise réponse : –1 point

Question 76.

	238			
986	?	763	211	212
	443			
	462			
	861			

(A) 651 (B) 987 (C) 544 (D) 344 (E) 434

Question 77.

				CFM
				SKO
				PYA
PBO	BCA	YCX	DVC	?
				BHN

(A) MNO (B) DHK (C) FLG (D) TFS (E) DBC

Question 78.

	AC			
	DR			
	EF			
	IR			
RL	?	TN	UO	VP

(A) KM (B) SI (C) TM (D) SL (E) SM

Question 79.

3261
2643
2214
4482

1230 3333 6354 ? 1102

(A) 3462 (B) 2130 (C) 2222 (D) 0260 (E) 4233

Question 80.

61
18
10
40

12 58 ? 72 96

(A) 63 (B) 38 (C) 46 (D) 94 (E) 36

Question 81.

BE
GD
KN

KU TV ? SX AY

QT

(A) HE (B) GW (E) ML (D) ZW (E) UX

Question 82.

LPR
ERQ
FOE

NJI KER ? PCS AZZ

PNR

(A) RNV (B) DNC (C) RTL (D) MNQ (E) RAZ

Question 83.

FCR
QDL
CNV PLU ? IZS JDR
GFG
PGP

(A) RET (B) IZT (C) FRT (D) TEB (E) SRT

Question 84.

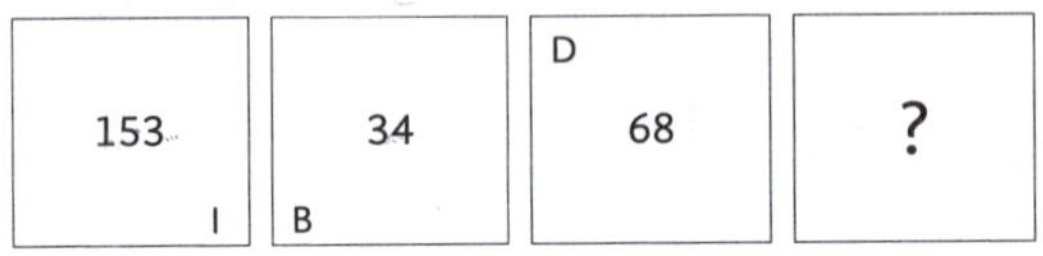

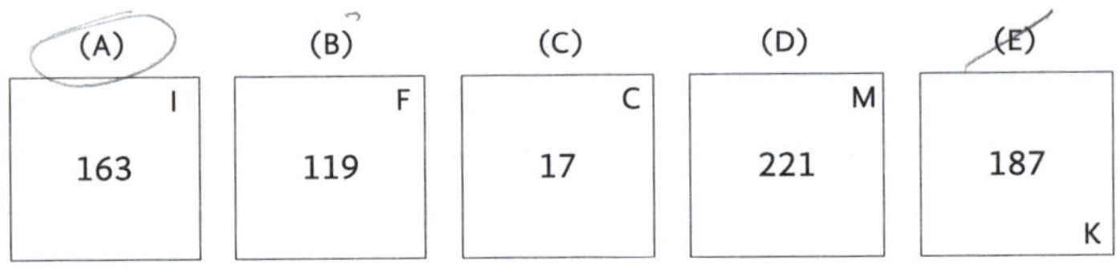

Question 85.

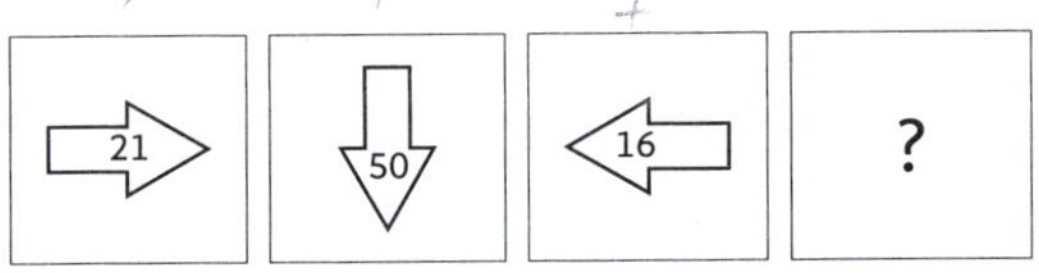

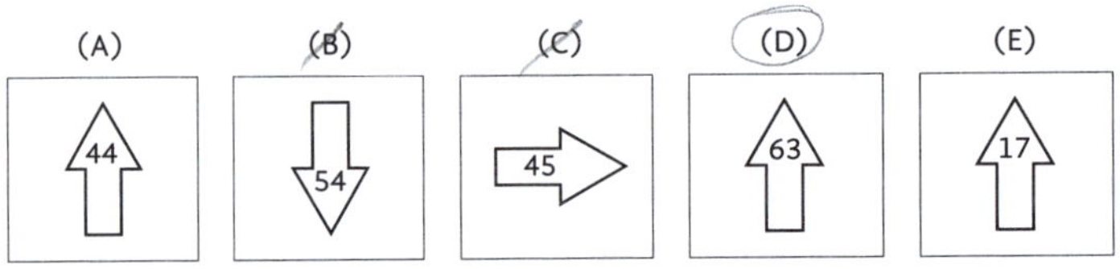

Question 86.

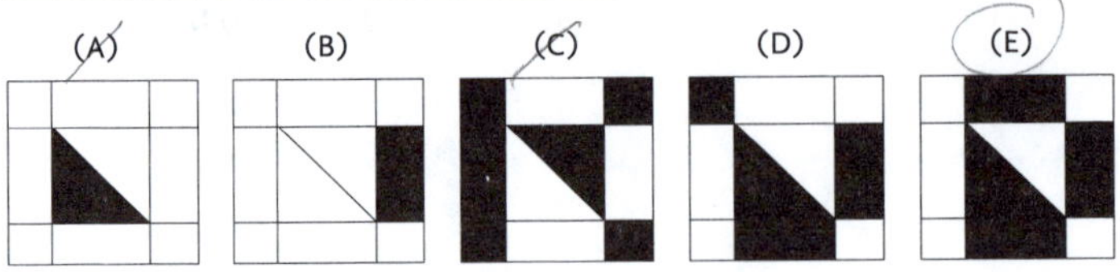

Question 87.

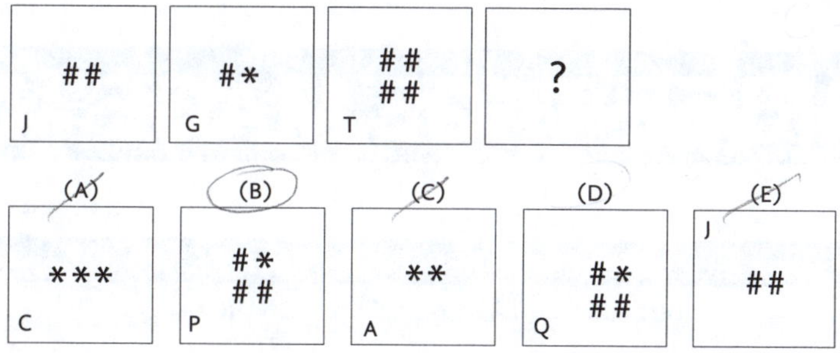

Question 88.

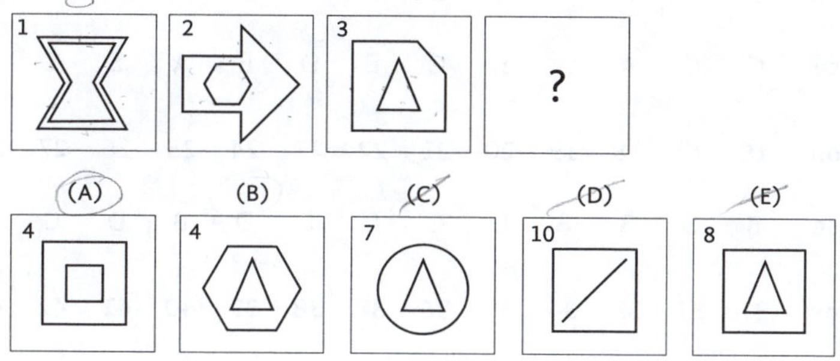

Question 89.

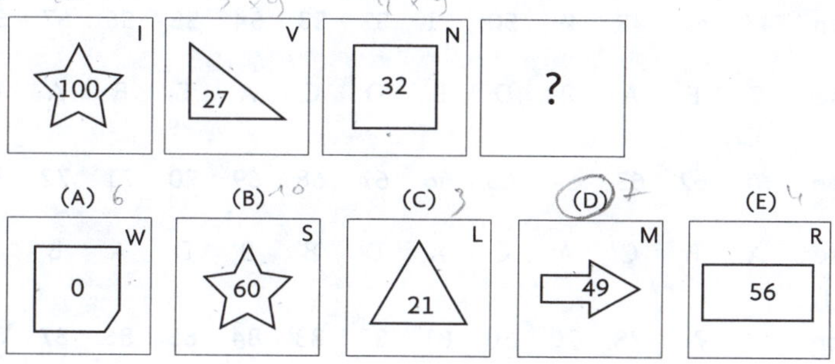

Question 90.

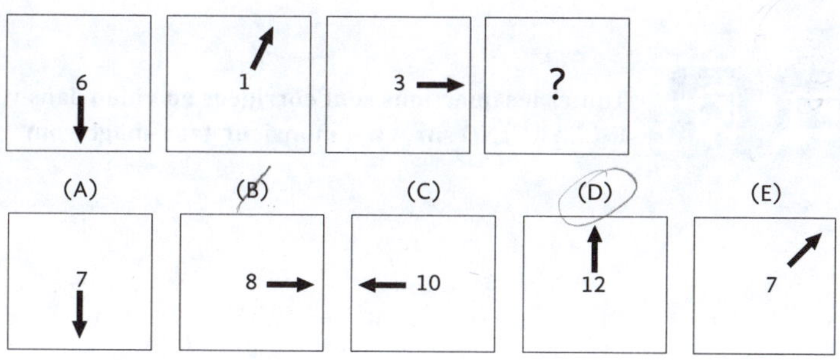

CORRIGÉ TAGE MAGE® N° 5

GRILLE DE RÉPONSES TM N° 5

Difficulté du TAGE MAGE® n° 5 : NORMAL

C.D.T	**Question**	1	2	3	4	5	6	7	8	9	10	11	12	13	14	15
	Réponse	C	C	A	A	B	C	E	D	B	A	E	C	B	D	A
CALCUL	**Question**	16	17	18	19	20	21	22	23	24	25	26	27	28	29	30
	Réponse	B	B	B	B	C	C	C	E	D	B	D	C	D	D	C
R & A	**Question**	31	32	33	34	35	36	37	38	39	40	41	42	43	44	45
	Réponse	A	C	D	B	C	A	A	A	E	C	A	D	B	B	B
C. M.	**Question**	46	47	48	49	50	51	52	53	54	55	56	57	58	59	60
	Réponse	C	E	A	B	D	B	D	C	A	E	B	A	C	D	C
EXPR.	**Question**	61	62	63	64	65	66	67	68	69	70	71	72	73	74	75
	Réponse	A	B	C	A	C	A	D	B	B	D	A	B	A	D	A
LOG.	**Question**	76	77	78	79	80	81	82	83	84	85	86	87	88	89	90
	Réponse	E	D	E	C	D	D	A	A	D	D	E	D	B	D	D

Toutes les questions sont corrigées en vidéo dans votre espace **E-LEARNING** sur **www.monsieur-tage-mage.com**

TAGE MAGE® N° 5

1 CORRIGÉ « COMPRÉHENSION DE TEXTES »

Difficulté	DIFFICILE														
Question	1	2	3	4	5	6	7	8	9	10	11	12	13	14	15
Réponse	C	C	A	A	B	C	E	D	B	A	E	C	B	D	A

TEXTE 1

Question 1 Réponse C ★★★★☆ 30 sec. – 2 min. Fiche 17

(A) En fait, ce casque est avant tout destiné aux travailleurs citadins soumis à une forte pression sur leur lieu de travail. **Interprétation/Jugement de valeur.**

(B) Donc, en plus d'être un outil de « stimulation », ce casque est un formidable moyen de guérir de nombreuses personnes atteintes de névroses, de peurs ou de maladies liées à des addictions nocives pour la santé. **Hors-sujet.**

(C) Bien entendu, aucun risque d'addiction aux pulsations électriques ne sera possible à travers ce casque. Une pulsation électrique ne sera possible qu'après une analyse du biorythme de l'individu. **Bonne réponse.**

(D) Le seul – potentiel – danger de ce casque est une mauvaise utilisation de la part de l'utilisateur. C'est la raison pour laquelle nous recommandons d'être conseillé par un spécialiste. **Hors-sujet.**

(E) Toutefois, je tiens à préciser que ce casque n'est pas un remède ou une solution efficace pour lutter contre l'alcoolémie ou la consommation de drogues. **Hors-sujet.**

Bonne réponse : C. Jamie Tyler affirme que son casque est destiné à un certain type de public, mais il ne sous-entend pas que son casque a pour but de remplacer les stimulants/addictions de ses utilisateurs, telles les drogues ou l'alcool. C'est la raison pour laquelle la précision du message de la réponse C est la bonne réponse. De plus, le terme « biorythme » est utilisé par la suite dans le texte.

Hésitations possibles : B et E. Attention, l'aspect médical n'est absolument pas abordé dans ce texte. Les réponses B et E sont donc hors-sujet.

Autres réponses : A et D. La réponse A est une interprétation. « Ceux qui ont un mode de vie actif » et qui utilisent des « stimulants comme le café, les drogues ou l'alcool » ne sont pas forcément ceux qui sont « soumis à une forte pression au travail ». La réponse D est fausse. La mauvaise utilisation du casque n'est jamais abordée dans le texte.

Question 2	Réponse C	★★★☆☆	30 sec. – 2 min.	Fiche 17

1. Une demande de plus en plus forte des consommateurs. **Faux.**
2. Un soutien financier important. **Vrai.**
3. Des besoins identifiés chez les individus. **Vrai.**
4. Le soutien de stars qui assurent une publicité importante. **Faux.**

---

1. Faux. Selon le texte, il n'existe pas de demande de la part des consommateurs, qui n'ont probablement pas connaissance de l'existence de ce casque.

2. Vrai. La start-up Thync vient de lever 12 millions d'euros, soit un soutien financier important.

3 . Vrai. Les auteurs ont identifié des besoins chez les individus. Par exemple : ce casque « *va aider ceux qui ont un mode de vie très actif à utiliser d'autres stimulants que le café, les drogues ou l'alcool* ».

4. Faux. La start-up Thync n'a aucun soutien « marketing » de stars. Il s'agit d'une autre start-up, nommée « BioSport » qui est soutenue par 50 Cent.

---

2 + 3. Réponse C.

Question 3	Réponse A	★★★★★	30 sec. – 2 min.	Fiche 17

(A) Aucune véritable information n'est donnée sur la position des investisseurs de Silicon Valley sur ces nouvelles technologies. **Vrai. Bonne réponse.**

(B) Les investisseurs de la Silicon Valley semblent « emballés » à l'idée d'investir dans un secteur potentiellement à forte croissance. **Réponse extrême et fausse.**

(C) Les investisseurs de la Silicon Valley sont intéressés par ces technologies d'avenir mais ne sont pas les seuls à s'y intéresser. **Hors-sujet.**

(D) Plusieurs investisseurs de la Silicon Valley ont déjà massivement investi dans des « start-up du futur ». **Faux.**

(E) Les investisseurs de la Silicon Valley adoptent une attitude « prudente » et attendent d'avoir les premiers résultats avant de se positionner. **Faux.**

Bonne réponse : A. En effet, aucune réelle information n'est donnée dans le texte sur la position de la Silicon Valley concernant les nouvelles technologies citées dans le texte. On ne sait pas si les 13 millions d'euros investis dans Thync proviennent de la Silicon Valley.

Attention : « Un chiffre « stimulant » pour la Silicon Valley » sont des propos tenus par l'auteur du texte. On ne sait pas si cela concerne les investisseurs de la Silicon Valley.

Hésitations possibles : B et E. Attention, aucune information n'est donnée sur la provenance des fonds investis dans les différentes start-up.

Autres réponses : C et D. Aucune information concernant une autre zone économique n'est donnée dans l'énoncé (réponse C). Même raisonnement pour les montants investis par la Silicon Valley (réponse D).

Question 4 Réponse A ★★★☆☆ 30 sec. – 2 min. Fiche 17

(A) L'utilisation du casque est moins nocive que le café ou la drogue. **Présupposé. Bonne réponse.**
(B) Ce casque peut révolutionner la manière de voir les choses. **Conclusion vague.**
(C) Ce casque est destiné à l'ensemble de la population. **Faux.**
(D) Ce casque a un bon rapport qualité/prix. **Hors-sujet.**
(E) Ce casque se positionne en tant que concurrent des boissons énergétiques. **Faux.**

Bonne réponse : A. Le neurobiologiste et co-fondateur du casque, Jamie Tyler, utilise comme argument marketing que son casque « va aider ceux qui ont un mode de vie très actif à utiliser d'autres stimulants que le café, les drogues ou l'alcool », ce qui sous-entend bien qu'il pense que l'utilisation de son casque est moins nocive que la consommation de café ou de drogue.

Hésitations possibles : B et E. La réponse B est une conclusion et non un présupposé.
Par ailleurs, attention à ne pas confondre « énergisante » (qui donne de l'énergie) et énergétique (qui contient de l'énergie). Ce n'est donc pas la réponse E.

Autres réponses : C et D. Le prix n'est pas abordé dans le texte donc on élimine la réponse D. Le casque vise en priorité les actifs et non toute la population donc on élimine la réponse C.

Question 5 Réponse B ★★★★☆ 45 sec. – 3 min. Fiche 17

(A) Technologie, santé et argent : un mélange explosif. **Trop radical.**
(B) La technologie et le corps humain. **Titre. Bonne réponse.**
(C) La Silicon Valley va changer le monde. **Hors-sujet.**
(D) Investissez dans les technologies d'avenir ! **Conclusion.**
(E) Les États-Unis sont à la pointe de la recherche dans le secteur de la santé. **Conclusion.**

Bonne réponse : B. Le texte traite bien de la technologie et de ses applications sur le corps humain. C'est un titre sobre mais qui reprend bien les éléments évoqués dans le texte.

Hésitations possibles : A, D et E. La réponse A est trop extrême et donne l'impression d'une critique de la part de l'auteur, ce qui n'est pas le cas.
Les réponses D et E s'apparentent à des conclusions car elles tirent un bilan des propos tenus dans le texte.

Autre réponse : C. La réponse C est à la fois trop précise car elle parle uniquement de la Silicon Valley alors que le texte mentionne à peine cette région, et trop extrême car elle parle de « changer le monde » alors que le texte évoque des évolutions moins spectaculaires.

TEXTE 2

Question 6	Réponse C	★★★☆☆	30 sec. – 2 min.	Fiche 17

La bonne réponse est C. En effet, le sujet (l'arme nucléaire et les États-Unis) ne concerne aucune population en particulier (exemple : les scientifiques). C'est un sujet plutôt « général ». On supprime donc la réponse B. Il ne s'agit pas d'un extrait de rapport car le nombre de personnes citées est trop faible et les faits relatés pas assez précis. On élimine la réponse E. Il ne s'agit pas d'un extrait d'ouvrage (réponse D). Le texte est assez synthétique. Un ouvrage a tendance à détailler les faits. Enfin, le fait que le vocabulaire utilisé ne soit pas « technique » et qu'il s'agisse d'un sujet « généraliste » fait que ce texte est très probablement issu d'un « quotidien national », c'est-à-dire d'un journal tel *Le Monde* ou *Le Figaro*. Ce texte aurait pu être dans un manuel scolaire mais il s'agirait probablement d'une reprise d'un article d'un quotidien national. **Réponse C.**

Question 7	Réponse E	★★★★★	30 sec. – 2 min.	Fiche 17

(A) Ces guerres sont donc bien la preuve que le Président des États-Unis ne prend pas en considération l'avis du Congrès. **Faux.**

(B) Ces guerres sont donc bien la preuve que les États-Unis ont utilisé de manière trop fréquente la force militaire pour régler des conflits géopolitiques. **Jugement de valeur/ Interprétation.**

(C) Ces guerres sont donc bien la preuve que les Présidents américains ont abusé de la force militaire depuis la Seconde Guerre mondiale. **Jugement de valeur.**

(D) Ces guerres sont donc bien la preuve que le Congrès a implicitement ou indirectement autant de pouvoirs que le Président. **Faux.**

(E) Ces guerres sont donc bien la preuve que le processus démocratique est quasi-inexistant lorsqu'il s'agit d'employer la force militaire à l'étranger. **Vrai. Bonne réponse.**

Bonne réponse : E. La fin du texte affirme que plusieurs « interventions militaires furent lancées [...] sans que le Congrès n'ait officiellement voté de déclaration de guerre ». Cela est bien la preuve que le « processus démocratique est quasi-inexistant lorsqu'il s'agit d'employer la force militaire à l'étranger. » (réponse E).

Hésitations possibles : B et C. Les termes « de manière trop fréquente » et « Abusé » sont des jugements de valeur. De plus, cela ne correspond pas au message véhiculé par le texte, qui se concentre sur l'aspect « démocratique » de l'arme nucléaire et de l'utilisation de l'armée.

Autres réponses : A et D. Les réponses A et D sont fausses. Pour la réponse A, ce n'est pas parce que le Congrès ne vote pas de déclaration de guerre que ses membres ne sont pas consultés. Concernant la réponse D, il s'agit d'une interprétation non mentionnée dans le texte.

Question 8 Réponse D ★★★★☆ 45 sec. – 3 min. Fiche 17

(A) Les historiens sont impressionnés par la force de frappe nucléaire des États-Unis. **Faux.**

(B) Les historiens sont très inquiets pour la sécurité nationale des États-Unis. **Faux.**

(C) Les historiens sont partagés concernant les décisions prises sur la politique nucléaire militaire des États-Unis. **Faux.**

(D) Les historiens sont inquiets des superpouvoirs accordés à l'exécutif concernant la politique nucléaire militaire des États-Unis. **Bonne réponse.**

(E) Les historiens sont ravis de l'utilisation de l'arme atomique par les États-Unis durant la Seconde Guerre mondiale. **Faux.**

Bonne réponse : D. Les historiens David Alan Rosenberg (1er paragraphe) et Garry Wills (2e paragraphe) sont inquiets concernant les pouvoirs octroyés à l'exécutif et au Président concernant l'utilisation de l'arme atomique comme le montrent les propos suivants : « En accordant à l'exécutif une marge d'action considérable non seulement en temps de guerre mais aussi en temps de paix. » (2e paragraphe) ou encore « les processus politiques de la démocratie ne fonctionnent pas quand il s'agit de politique nucléaire. » (3e paragraphe).

Hésitation possible : B. Les historiens sont certes inquiets mais pas pour la sécurité nationale des États-Unis.

Autres réponses : A, C et E. Les historiens ne sont ni partagés, ni ravis, ni impressionnés.

Question 9 Réponse B ★★★★☆ 45 sec. – 3 min. Fiche 17

(A) La superpuissance nucléaire des États-Unis. **Hors-sujet.**

(B) Les limites de la démocratie américaine en matière de politique nucléaire. **Titre. Bonne réponse.**

(C) La suprématie du Président sur la politique nucléaire civile des États-Unis. **Trop précis.**

(D) Les conséquences de l'arme atomique durant les guerres. **Hors-sujet.**

(E) La bombe atomique : un poison pour la démocratie. **Réponse trop extrême.**

Bonne réponse : B. Le texte nous explique que les processus démocratiques sont bafoués lorsqu'il s'agit de prises de décisions sur la politique nucléaire des États-Unis. Le Président a les superpouvoirs.

Hésitations possibles : C et E. La réponse C est fausse car il ne s'agit pas de la politique nucléaire civile mais militaire. La réponse E est trop extrême avec l'emploi du terme « poison ». De plus, il ne s'agit pas que de la bombe atomique mais également de la politique nucléaire.

Autres réponses : A et D. Les réponses A et D sont hors-sujet.

Question 10 Réponse A ★★★★★ 1 min. – 3 min. Fiche 17

(A) Le Président des États-Unis a reçu les pleins pouvoirs concernant la politique nucléaire militaire. Les intellectuels constatent les limites de cette loi sur les processus démocratiques. **Résumé. Bonne réponse.**

(B) Après avoir utilisé l'arme atomique une première fois, les historiens se demandent si la bombe atomique n'est pas plus une source de danger qu'une source de sécurité pour les États-Unis. **Faux.**

(C) Les États-Unis ont eu un usage abusif de l'arme atomique avec comme prétexte la sécurité nationale du pays. **Hors-sujet.**

(D) Après avoir donné les pleins pouvoirs à l'exécutif en matière de politique nucléaire, les États-Unis ont utilisé cette puissance nucléaire dans de nombreuses guerres. **Faux.**

(E) Les pleins pouvoirs donnés au Président des États-Unis pour la politique nucléaire du pays ont des conséquences néfastes sur les démocraties. **Faux.**

Bonne réponse : A. Les intellectuels (comprendre « historiens ») constatent en effet les limites des processus démocratiques à la suite de l'octroi des pleins pouvoirs au Président des États-Unis.

Hésitations possibles : D et E. La réponse D est fausse car les États-Unis n'ont pas utilisé l'arme atomique au cours de nombreuses guerres, uniquement lors de la Seconde Guerre mondiale. La réponse E est fausse car les pleins pouvoirs octroyés au Président concernant la politique nucléaire ont des effets néfastes sur « les processus démocratiques », mais pas sur « les pays démocratiques ».

Autres réponses : B et C. Les réponses B et C sont fausses. Aucun lien n'est établi entre l'arme atomique et un potentiel danger pour la sécurité des États-Unis ou encore un prétexte utilisé par les États-Unis pour utiliser l'arme atomique.

TEXTE 3

Question 11	Réponse E	★★★☆☆	30 sec. – 2 min.	Fiche 17

1. Usage abusif du droit américain. **Vrai, mentionné dans le texte :** *« Ils privilégient sans aucun scrupule le droit américain ».*
2. Espionnage (industriel et commercial probablement). **Vrai, mentionné dans le texte :** *« Qui constitue un redoutable outil d'espionnage au service de l'administration américaine ».*
3. Ignorance du droit international. **Réponse extrême et fausse.** Le texte mentionne *« au détriment du droit international »*, ce qui est différent de « l'ignorance du droit international ».
4. Lobbying industriel intense. **Hors-sujet.** Non mentionné dans le texte.
5. Pratiques fiscales douteuses. **Vrai, mentionné dans le texte :** *« Quelques gros groupes américains gorgés de cash, en partie grâce à des pratiques fiscales (...) contestables ».*

Bonne réponse : 1 + 2 + 5. Réponse E.

Question 12 Réponse C ★★★☆☆ **30 sec. – 2 min.** **Fiche 17**

(A) La dissuasion économique des États-Unis. **Titre partiel.**

(B) Suprématie des États-Unis au détriment des autres pays. **Titre vague.**

(C) Agitation américaine et impuissance européenne. **Titre. Bonne réponse.**

(D) Suprématie des États-Unis et puissance européenne. **Faux.**

(E) Aucune de ces réponses ne convient. **Mauvaise réponse.**

Bonne réponse : C. La réponse C reprend bien les agissements des États-Unis pour dominer la scène internationale et montre le manque de cohésion économique de l'Europe.

Hésitations possibles : A, B et D. La réponse A oublie de mentionner l'Europe. La réponse B est trop vague avec « des autres pays » et ne mentionne pas l'Europe. La réponse D contient une information fausse. Il s'agit de la suprématie du dollar mais pas des États-Unis.

Autre réponse : E. La réponse E est fausse car la réponse C est un titre convenable.

Question 13 Réponse B ★★★★☆ **30 sec. – 2 min.** **Fiche 17**

(A) L'Europe est impuissante face aux agissements des États-Unis. **Vrai mais explicite (pas de sous-entendu). Mauvaise réponse.**

(B) Sans dissuasion économique européenne, une instabilité géopolitique est à prévoir. **Sous-entendu. Bonne réponse.**

(C) L'Union Européenne (UE) n'est pas unie face aux États-Unis. **Vrai mais explicite (pas de sous-entendu). Mauvaise réponse.**

(D) L'UE doit se préparer à des guerres économiques avec l'Inde ou la Chine. **Hors-sujet.**

(E) L'UE ne fait pas partie des blocs géopolitiques mondiaux d'influence. **Faux.**

Bonne réponse : B. On cherche un sous-entendu, c'est-à-dire une réponse avec des propos implicites. La fin du texte mentionne : « *La mise en place d'une puissante dissuasion économique, seule garantie d'un équilibre durable entre les grands blocs géographiques* ». Cela sous-entend donc que sans dissuasion économique européenne, une instabilité géopolitique est à prévoir.

Hésitations possibles : A et C. Les réponses A et C ne sont pas des sous-entendus mais des réponses explicites. Les propos sont écrits dans le texte. Réponses A et C : « *il nous faut inlassablement regretter la tragique impuissance européenne.* ».

Autres réponses : D et E. La réponse D est hors-sujet. On ne sait pas si les autres blocs sont l'Inde et la Chine. La réponse E est fausse.

Question 14 Réponse D ★★★★☆ **30 sec. – 2 min.** **Fiche 17**

(A) quel que soit le secteur économique, les pays ou les entreprises impactées. **Pas la meilleure réponse. Il n'y a pas d'opposition avec « *tant qu'ils gagnent* ».**

(B) mais peuvent utiliser la force si la concurrence ne joue pas en leur faveur. **Hors-sujet.**

(C) peu importe le prix à payer pour leurs adversaires et alliés. **Pas la meilleure réponse. Il n'y a pas d'opposition avec *« tant qu'ils gagnent »*.**

(D) mais sont prêts à tous les excès et coups bas quand ils commencent à perdre. **Bonne réponse. « Perdre » est une opposition à « Gagner ».**

(E) même si cela s'effectue au détriment de pays alliés dans d'autres domaines. **Pas la meilleure réponse. Il n'y a pas d'opposition avec *« tant qu'ils gagnent »*.**

Bonne réponse : D. Compléter un trou dans un texte signifie souvent « contrebalancer » la phrase qui précède. La phrase précédente est : « *et qu'ils vénèrent éperdument la concurrence tant qu'ils gagnent, (...)* ». Ici, le mot-clé est « gagner ». Ainsi, la phrase suivante doit aborder les conséquences si les États-Unis « perdent » (pour contrebalancer). La meilleure réponse est donc : « *mais sont prêts à tous les excès et coups bas quand ils commencent à perdre.* ». Les propos sont certes radicaux (« *coups bas* ») mais la phrase précédente est aussi radicale (« *vénèrent éperdument* »). **Réponse D.**

Hésitations possibles : A, C et E. Les réponses A, C et E auraient pu être correctes mais elles ne « contrebalancent » la phrase précédente ou la phrase suivante. Ainsi, ce ne sont pas les meilleures réponses possibles.

Autre réponse : B. La réponse B est hors-sujet.

Question 15	Réponse A	★★★★☆	30 sec. – 2 min.	Fiche 17

(A) L'auteur critique ouvertement et explicitement la passivité de l'UE vis-à-vis des États-Unis. **Vrai. Bonne réponse.**

(B) L'Union Européenne manque cruellement d'une réelle dissuasion économique. **Vrai mais pas la meilleure réponse.**

(C) Les États-Unis perçoivent depuis longtemps l'Europe et le reste du monde comme des adversaires économiques. **Vrai mais pas la meilleure réponse.**

(D) Malgré ses propos initiaux, l'auteur liste de nombreux arguments antiaméricains. **Vrai mais pas la meilleure réponse.**

(E) Les États-Unis sont un pays isolationniste qui a toujours fait passer ses propres intérêts avant ceux des autres pays. **Faux.**

Bonne réponse : A. Il s'agit d'une lettre ouverte d'un professeur (bas du texte). Ainsi, il est probable qu'il s'agisse d'une critique d'un auteur sur la passivité de l'UE vis-à-vis des États-Unis : les lettres ouvertes servent souvent à prendre position.

Hésitation possible : B. La réponse B n'est pas la meilleure réponse. On ne précise pas qu'il s'agit d'un point de vue et non d'une vérité absolue (comme le sous-entend la réponse B).

Autres réponses : C, D et E. La réponse C n'est pas le principal message du texte. L'information est « secondaire ». La réponse D est trop radicale. La réponse E est fausse. Les États-Unis ne sont pas « isolationnistes », c'est-à-dire n'interviennent pas hors de leurs frontières, bien au contraire.

Difficulté	DIFFICILE														
Question	16	17	18	19	20	21	22	23	24	25	26	27	28	29	30
Réponse	B	B	B	B	C	C	C	E	D	B	D	C	D	D	C

Question 16 Réponse B ★★★★☆ 45 sec. – 3 min. Fiche 51

- **Rappel de cours** Il y a **B – A + 1 éléments** compris entre A et B inclus.

Étape 1 Calculons le nombre de fois où le chiffre 1 apparaît au rang des centaines.

Le chiffre 1 apparaît au rang des centaines pour chacun des nombres de 100 à 199, soit 199 – 100 + 1 = **100 fois** entre 0 et 501.

Étape 2 Calculons le nombre de fois où le chiffre 1 apparaît au rang des dizaines.

Le chiffre 1 apparaît au rang des dizaines pour tous les éléments de la forme : X10, X11, X12, X13, X14, X15, X16, X17, X18 et X19, soit **10 fois par centaine** (avec X = 0, 1, 2, 3 ou 4). Donc, on a : 5 × 10 = **50 fois** entre 0 et 501.

Étape 3 Calculons le nombre de fois où le chiffre 1 apparaît au rang des unités.

Le chiffre 1 apparaît au rang des unités pour tous les éléments de la forme : X01, X11, X21, X31, X41, X51, X61, X71, X81 et X91, soit **10 fois par centaine** (avec X = 0, 1, 2, 3 ou 4). Donc, on a : 5 × 10 = **50 fois** entre 0 et 500.

Attention : N'oubliez pas le 1 au rang des unités de 501 : 50 fois + 1 fois = **51 fois.**

Étape 4 Concluons.

Le chiffre 1 apparaît donc : 100 + 50 + 51 fois = **201 fois au total. Réponse B.**

REMARQUE On aurait pu modéliser la situation par un tableau comme ci-dessous.

	Le chiffre 1 apparaît...		
Plage	**Au rang des centaines**	**Au rang des dizaines**	**Au rang des unités**
0 – 99	0 fois	10 fois	10 fois
100 – 199	100 fois	10 fois	10 fois
200 – 299	0 fois	10 fois	10 fois
300 – 399	0 fois	10 fois	10 fois

	Le chiffre 1 apparaît...		
400 – 499	0 fois	10 fois	10 fois
500 – 501	0 fois	0 fois	1 fois
Total	**100 fois**	**50 fois**	**51 fois**
	100 + 50 + 51 = **201 fois**		

Question 17 Réponse B ★★★★☆ **45 sec. – 3 min.** **Fiche 36**

- **Rappel de cours** Effectuez un tableau récapitulatif des données de l'énoncé et calculez le coefficient d'augmentation de la quantité de lait.

Étape 1 Récapitulons les données de l'énoncé dans un tableau.

Nombre de vaches	Quantité herbe/jour/vache	Quantité de lait/jour
20	40 kg	520 L
80	20 kg	

Étape 2 Calculons les coefficients intermédiaires afin de calculer le coefficient final.

	Nombre de vaches	Qté herbe/jour/vache	Qté de lait/jour
	20	40 kg	520 L
	80	**20 kg**	**520 × 2 = 1040 L**
Coefficients	**80 ÷ 20 = × 4**	**÷ 2**	**(× 4)(÷ 2) = × 2**

Étant donné que la production de lait est proportionnelle à la nourriture consommée, la quantité de lait produit double de 520 L à 1 040 L soit **10,4 hL. Réponse B.**

Question 18 Réponse B ★★★★☆ **45 sec. – 3 min.** **Fiches 54/56**

- **Rappels de cours**

  L'aire d'un carré de côté C est : $\mathbf{A = C^2}$

  L'aire d'un cercle de rayon r est : $\mathbf{A = \pi \times r^2}$

Étape 1 Modélisons la situation.

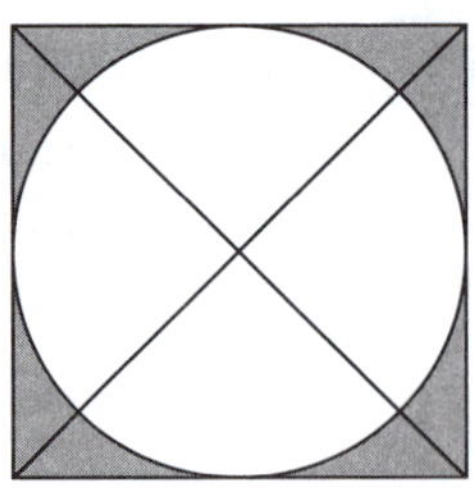

En « fermant le carré » et en calculant Aire du carré – Aire du cercle, on fait apparaître 2 fois l'aire grisée.
Ainsi, on cherche le résultat de Aire du carré – Aire du cercle.

Étape 2 Calculons l'aire du carré.

Le carré est constitué de 4 triangles identiques d'aire 16 cm^2 donc l'aire du carré est : $4 \times 16 = 64$ cm^2.

Étape 3 Calculons l'aire du cercle.

Or, l'aire d'un carré de côté C est C^2, donc on a : $C^2 = 64 \Leftrightarrow C = 8$ cm. Le côté du carré mesure 8 cm, et d'après la configuration du schéma, cela signifie que le diamètre du cercle inscrit mesure 8 cm, soit encore que son rayon mesure 4 cm.
Ainsi, l'aire du cercle inscrit est égale à : $\pi \times 4^2 = 16 \times \pi$.

Étape 4 Concluons.

Ainsi, le double de l'aire de la partie grisée est égal à : $64 - 16\pi = 16 \times (4 - \pi)$ cm^2. **Réponse B.**

Question 19	Réponse B	★★★☆☆	30 sec. – 2 min.	Fiche 30

- **Rappel de cours** Le PGCD est le plus grand commun diviseur. Pour l'obtenir, décomposez les nombres en produits de facteurs premiers. Le PGCD est le produit des facteurs communs aux 2 nombres.

Étape 1 Interprétons l'énoncé.

Le nombre de lots cherché est le PGCD de 156 et 64.

Étape 2 Décomposons 156 et 64 en produits de facteurs premiers.

156 $= 2 \times 2 \times 3 \times 13 = 2^2 \times 3 \times 13$.
64 $= 2 \times 2 \times 2 \times 2 \times 2 \times 2 = 2^6$.

Étape 3 Déterminons le PGCD.

Le PGCD est le produit des facteurs communs aux deux nombres.
PGCD (156, 64) = 2^2 = **4**. La parfumerie peut constituer au maximum 4 lots. **Réponse B.**

Question 20	Réponse C	★★★★☆	45 sec. – 2 min.	Fiche 34

- **Rappel de cours** La proportion d'un élément A (ici, les femmes) parmi un groupe B (ici, les licenciés qui ne sont pas des anciens professionnels) est :

$$P = \frac{\text{Nombre d'éléments du groupe A}}{\text{Nombre d'éléments du groupe B}}$$

Étape 1 Synthétisons les informations dans un tableau (base 100).

	Anciens pros	Pas anciens pros	TOTAL
Femmes			60
Hommes			40
TOTAL	20	80	100

Étape 2 Exploitons le fait que 40 % des anciens professionnels sont des hommes.

	Anciens pros	Pas anciens pros	TOTAL
Femmes	20 – 8 = **12**	**60 – 12 = 48**	**60**
Hommes	40 % de 20 = **8**	40 – 8 = **32**	**40**
TOTAL	**20**	**80**	**100**

Étape 3 Concluons.

Au total, parmi les 80 licenciés qui ne sont pas des anciens professionnels, il y a **48** femmes. La proportion de femmes parmi les licenciés qui ne sont pas des anciens professionnels est donc : $P = \frac{48}{80} = \frac{6 \times 8}{10 \times 8} = \frac{6}{10} =$ **60 %. Réponse C.**

Attention : Il fallait calculer la proportion de femmes parmi les licenciés qui ne sont pas des anciens professionnels (48/80) et non la proportion de femmes qui ne sont pas des anciennes joueuses professionnelles (48/100).

Question 21 Réponse C ★★★☆☆ 30 sec. – 2 min. Fiche 51

- **Rappel de cours** Entre la page A et la page B, il y a **B – A + 1** pages.

Étape 1 Calculons le nombre de pages qu'Alice doit lire.

65 – 54 + 1 = 12 pages.

95 – 78 + 1 = 18 pages.

155 – 130 + 1 = 26 pages.

265 – 242 + 1 = 24 pages.

En tout, Alice doit lire : 12 + 18 + 26 + 24 = **80 pages.**

Étape 2 Calculons le nombre de pages qu'il reste à lire (Alice a déjà lu la moitié).

80/2 = **40 pages. Réponse C.**

Question 22	Réponse C	★☆☆☆☆	15 sec. – 1 min.	Fiche 61

- **Rappel de cours** La probabilité d'une des issues possibles d'un arbre de probabilité se calcule en multipliant les probabilités (écrites sur les branches) des issues successives qui y conduisent.

Étape 1 Dessinons un arbre de probabilité.

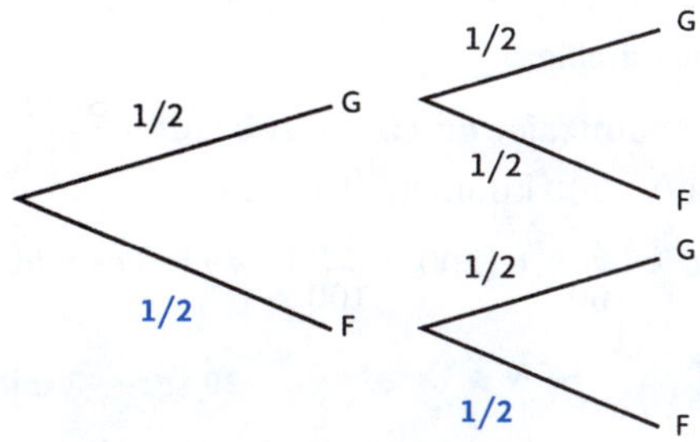

Étape 2 Calculons la probabilité de n'avoir aucun garçon.

P = (1/2) × (1/2) = 1/4 = 0,25.

La probabilité de n'avoir aucun garçon sur deux enfants est **1/4. Réponse C.**

Question 23	Réponse E	★★★★☆	30 sec. – 2 min.	Fiche 45

- **Rappel de cours** Vitesse = $\frac{\textbf{Distance}}{\textbf{Temps}}$

Étape 1 Modélisons la situation.

Notons T_J et V_J le temps et la vitesse de Justine, et T_L et V_L le temps et la vitesse de Lily.

Étape 2 Calculons le temps de Lily.

$T_L = \frac{D_L}{V_L} = \frac{1,5}{15}$ = 0,1 heure. Lily a mis 0,1 heure, soit **6 minutes**.

Étape 3 Calculons la vitesse de Justine.

Justine met donc : T_J = 10 – 6 = 4 minutes = $\frac{1}{15}$ heure pour parcourir 1,5 kilomètres.

En utilisant la formule : $V = \frac{D}{T}$, on obtient $V_J = \frac{1,5}{\frac{1}{15}}$ = 1,5 × 15 = **22,5 km/h. Réponse E.**

Question 24	Réponse D	★★★★☆	45 sec. – 3 min.	Fiche 43

Étape 1 Utilisons les informations concernant Adrien.

Il parcourt 300 km (dont 200 km en campagne et 100 km en ville) pour une consommation de 28L. On sait que C (la consommation d'essence en campagne) est le double de V (la consommation d'essence en ville).

On peut donc écrire le système suivant : $\begin{cases} 200C + 100V = 28 & \textbf{(1)} \\ V = 2C & \textbf{(2)} \end{cases}$

Étape 2 Insérons (2) dans (1).

$$\begin{cases} 200C + 200C = 28 & \textbf{(1)} \\ V = 2C & \textbf{(2)} \end{cases} \Leftrightarrow \begin{cases} C = \dfrac{7}{100} \\ V = \dfrac{14}{100} \end{cases}$$

En ville, la consommation est de 14 L/100 km. En campagne : 7 L/100 km.

Étape 3 Adaptons au cas de Camille.

Camille parcourt 60 % de son trajet en campagne soit : $\dfrac{500 \times 60}{100}$ = 300 kilomètres en campagne et donc 500 – 300 = 200 kilomètres en ville.

Elle consomme donc : $(300 \times \dfrac{7}{100}) + (200 \times \dfrac{14}{100})$ = **49 L d'essence. Réponse D.**

Question 25	Réponse B	★★★☆☆	30 sec. – 2 min	Fiche 34

- **Rappel de cours** Une pente de X % monte de X mètres tous les 100 mètres.

Étape 1 Calculons le dénivelé de la première pente.

La première pente a une inclinaison de 4 % donc tous les 100 mètres, on monte de 4 mètres.

Distance parcourue	Dénivelé monté
100 m	+4 m
1 000 m	+40 m
9 000 m (= 9 km)	+360 m

Étape 2 Calculons le dénivelé de la deuxième pente.

La deuxième pente a une inclinaison de 9 % donc tous les 100 mètres, on monte de 9 mètres.

Distance parcourue	Dénivelé monté
100 m	+9 m
1 000 m	+90 m
5 000 m (=5 km)	+450 m

Étape 3 Concluons.

Au final, on termine à : 650 + 360 + 450 = **1 460 mètres d'altitude. Réponse B.**

Question 26	Réponse D	★★★☆☆	30 sec. – 2 min.	Fiche 46

- **Rappel de cours** Pour connaître le temps T que vont mettre N personnes ensemble pour réaliser un travail, appliquez la formule de partage du temps de travail :

$$\frac{1}{T_{Total}} = \frac{1}{T_1} + \frac{1}{T_2} + \ldots + \frac{1}{T_N}$$

Étape 1 Modélisons la situation.

Il s'agit ici d'un cas de « partage du temps de travail » entre « l'escalator seul », « la montée des marches seule (escaliers) » et « la combinaison des deux ».

On peut donc utiliser la formule du partage du temps de travail pour trouver le temps que met la personne lorsqu'elle emprunte l'escalator et qu'en plus elle monte les marches de l'escalator à pied.

On a : $\dfrac{1}{T_{\text{Escalator + Montée des marches}}} = \dfrac{1}{T_{\text{Escalator seul}}} + \dfrac{1}{T_{\text{Montée des marches seule}}}$

Avec $T_{\text{Escalator seul}} = 10$ secondes et $T_{\text{Montée des marches seule}} = 40$ secondes.

Étape 2 Appliquons la formule.

$$\frac{1}{T_{E+M}} = \frac{1}{10} + \frac{1}{40} \Leftrightarrow \frac{1}{T_{E+M}} = \frac{4}{40} + \frac{1}{40} = \frac{5}{40} = \frac{1}{8}$$

Étape 3 Concluons.

$\dfrac{1}{T_{E+M}} = \dfrac{1}{8} \Leftrightarrow T_{E+M} =$ **8 secondes. Réponse D.**

Question 27	Réponse C	★★★☆☆	30 sec. – 2 min.	Fiche 64

- **Rappel de cours** Si N joueurs s'affrontent dans un tournoi à élimination directe alors le nombre de matchs est : **N – 1 matchs.**

Calculons le nombre de participants à ce tournoi.

Le nombre de participants est de 125.

Le tournoi est en simple (un joueur contre un joueur) à élimination directe (c'est-à-dire que dès qu'un joueur perd, il est éliminé et ne joue plus de match).

Le nombre de matchs disputés est donc : 125 – 1 = **124 matchs. Réponse C.**

Question 28	Réponse D	★★★★★	45 sec. – 3 min.	Fiche 65

- **Rappel de cours Si A = B et C = B, alors A = C.**

Étape 1 Modélisons la situation.

On appelle X la valeur cherchée et on nomme les autres valeurs comme ci-dessous (les 2 cases en haut à gauche sont inutiles).

		X
67	D	A
C	101	B

Comme la somme des éléments en ligne (= S) est égale à la somme des éléments en colonne et en diagonale (= S), on a :

(1) $X + A + B = S$

(2) $C + D + X = S$

(3) $A + D + 67 = S$

(4) $B + C + 101 = S$

Étape 2 Résolvons le système.

En additionnant **(1)** et **(2)**, on obtient : $\mathbf{2X} + (A + B + C + D) = 2 \times S$

En additionnant **(3)** et **(4)**, on obtient : $168 + (A + B + C + D) = 2 \times S$

En soustrayant les 2 nouvelles équations, on a : $2 \times X = 168 \Leftrightarrow$ **X = 84. Réponse D.**

Question 29 Réponse D ★★★☆☆ 30 sec. – 2 min. Fiche 57

- **Rappel de cours**

  Un hexagone régulier est composé de 6 triangles équilatéraux.

Les 6 triangles représentant les parts sont des triangles équilatéraux. **Leurs angles mesurent donc tous 60 degrés. Réponse D.**

Question 30 Réponse C ★★★☆☆ 30 sec. – 2 min. Fiche 47

- **Rappel de cours** $\text{Vitesse} = \dfrac{\textbf{Distance}}{\textbf{Temps}}$

Quand Paul rattrape Pierre, on a $D_{Paul} = D_{Pierre}$.

Pierre a roulé 1 heure au total (15 minutes seul et 45 minutes poursuivi par Paul). Ainsi, au moment du rattrapage, on a : $D_{Pierre} = V_{Pierre} \times T_{Pierre} = 36 \times 1 = 36$ km.

Quant à Paul, au moment du rattrapage, il a roulé 45 minutes (soit $\frac{3}{4}$ heure).

Il a donc parcouru : $D_{Paul} = \frac{3}{4} \times V_{Paul}$.

Comme $D_{Pierre} = D_{Paul}$, on en déduit alors que : $\frac{3}{4} \times V_{Paul} = 36$, soit $\mathbf{V_{Paul} = 48}$ **km/h.**

Réponse C.

3 CORRIGÉ « RAISONNEMENT ET ARGUMENTATION »

Difficulté	NORMAL														
Question	31	32	33	34	35	36	37	38	39	40	41	42	43	44	45
Réponse	A	C	D	B	C	A	A	A	E	C	A	D	B	B	B

Question 31 Réponse A ★★★★☆ 30 sec – 2 min. Fiche 94

(A) L'économie chinoise connaît une période difficile. **Présupposé. Bonne réponse.**

(B) L'économie chinoise va de plus en plus mal. **Présupposé (extrême).**

(C) Les marchés financiers craignent que l'économie chinoise ralentisse. **Soutient.**

(D) L'économie chinoise n'est pas au beau fixe. **Présupposé mais vocabulaire inadapté.**

(E) L'économie chinoise connaît un ralentissement. **Présupposé (vague).**

La bonne réponse est la réponse A. On comprend que l'économie chinoise est déjà « mal en point » car les marchés financiers craignent de « nouvelles » secousses. On comprend donc que la période est difficile pour l'économie chinoise. **Réponse A.**
Les réponses B et E sont trop radicales ou trop vagues au vu du texte. La réponse D est un présupposé mais « au beau fixe » n'est pas vraiment utilisé dans un jargon macroéconomique.

Attention : Ne confondez pas « Soutient » qui confirme les propos du texte et « Présupposé » qui est la condition nécessaire aux propos tenus par l'auteur.

Question 32 Réponse C ★★★★☆ 30 sec – 2 min. Fiche 29

- **Rappels de cours** Un nombre N est multiple de 3 si et seulement si la somme de ses chiffres est égale à un multiple de 3.

Étape 1 Modélisons la situation.
Martin pioche les billes 3 par 3 donc il y a 2 possibilités :
Possibilité 1 : Si le nombre de billes **est un multiple de 3**, alors **il n'en restera aucune** quand il aura terminé ses tirages successifs.
Possibilité 2 : Si le nombre de billes **n'est pas un multiple de 3**, alors **il en restera 1 ou 2** quand il aura terminé ses tirages successifs.

Étape 2 Concluons.
Les billes noires, vertes, violettes et blanches sont des multiples de 3. Ainsi, Martin pourra les « épuiser » et il en restera 0.

La seule couleur qui n'est pas présente en quantité divisible par 3 est la couleur orange. Il restera donc 1 bille de couleur orange car $421 = 3 \times 140 + 1$, soit 140 tirages de 3 billes orange et **1 bille orange restante. Réponse C.**

Question 33	Réponse D	★★★☆☆	30 sec. – 2 min.	Fiche 87

Étape 1 Calculons le nombre initial de lettres dans la phrase.

On a **35** lettres.

Étape 2 Insérons les réponses proposées jusqu'à trouver le nombre correspondant.

La bonne réponse est « **quarante-six** ».

En effet, ce nombre est composé de 11 lettres et 35 + 11 = **46. Réponse D.**

En insérant « quarante-six », la phrase a donc un sens.

Question 34	Réponse B	★★★★☆	45 sec. – 3 min.	Fiche 77

La mère du père de Laura est sa grand-mère.

C'est aussi la mère de la tante de Florence, donc la mère de la sœur d'un parent de Florence, donc également la mère d'un parent de Florence, c'est-à-dire la grand-mère de Florence. **Laura et Florence ont donc la même grand-mère**, qui n'est d'ailleurs pas forcément la grand-mère paternelle de Laura.

Elles sont donc **sœurs ou cousines germaines.** En effet, 2 scénarios sont possibles :

Scénario 1 : Florence est la sœur de Laura (et dans ce cas, sa tante est bien la fille de la mère du père de Laura (qui est aussi son père)).

Scénario 2 : Florence est la cousine germaine de Laura (et dans ce cas, sa tante est bien la fille de la mère du père de Laura (qui est aussi son oncle)). **Réponse B.**

Question 35	Réponse C	★★★☆☆	30 sec. – 2 min.	Fiche 82

Étape 1 Schématisons l'énoncé à l'aide d'un diagramme d'Euler-Venn.

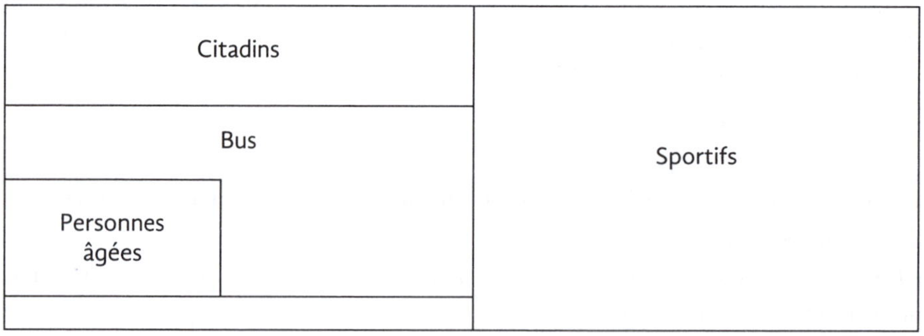

La population se compose de 2 groupes : les sportifs et les non sportifs, donc par déduction : les sportifs et les citadins.

Étape 2 Concluons.

Le schéma prouve bien que **toutes les personnes âgées sont citadines. Réponse C.** Attention à la double négation dans la réponse D.

Question 36 Réponse A ★★★☆☆ 30 sec. – 2 min. Fiche 78

- **Rappel de cours** Placez en priorité les informations sûres sur votre schéma, c'est-à-dire les informations où il n'y a qu'une seule possibilité (face à face ou à côté de).

Étape 1 Réalisons un hexagone et plaçons les informations sûres.

Le 1er Ministre et le Ministre de l'Économie sont face à face. Le Ministre de l'Intérieur est assis à la gauche du 1er Ministre.

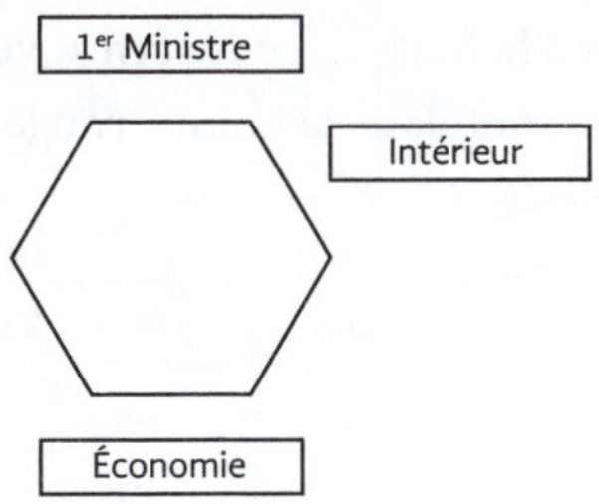

Étape 2 Plaçons les autres informations

Le Ministre de l'Économie n'est pas à côté du Ministre des Transports. Ainsi, le Ministre des transports est à droite du 1er Ministre.

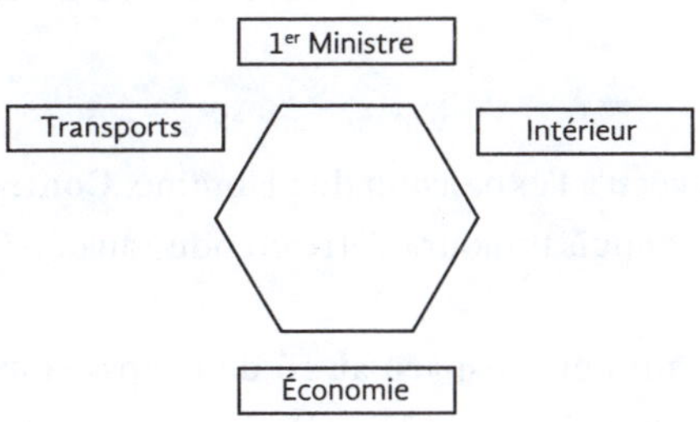

Ainsi, le Ministre du Travail peut se placer soit entre le Ministre de l'Intérieur et celui de l'Économie (et dans ce cas il a le Ministre de l'Intérieur sur sa droite) soit entre le Ministre des Transports et celui de l'Économie (et dans ce cas il a le Ministre de l'Économie sur sa droite). **Réponse A.**

Question 37 Réponse A ★★★★☆ 45 sec. – 3 min. Fiche 81

Étape 1 Réponse.

Ouvrir une seule boîte suffit car « toutes » les boîtes ont été mal étiquetées. Une fois que l'on peut étiqueter la première, on peut ainsi étiqueter les deux suivantes.

En effet, en ouvrant la première boîte, on verra la couleur qui se trouve à l'intérieur. Ensuite, on exploite le fait que les autres boîtes ne contiennent pas ce qu'elles désignent.

Étape 2 Exemple.

Étiquette	Rouge	Vert	Bleu
Contenu réel	Bleu		

On ouvre la première boîte, on réalise que les bleues sont dedans.

Puis, on exploite le fait que dans la boite avec inscrit « vert », il ne peut y avoir les billes vertes. Ni les bleues puisqu'elles sont dans la boite « rouge ».

Étiquette	Rouge	Vert	Bleu
Contenu réel	Bleu	Rouge	Vert

On peut conclure. **Réponse A.**

Question 38 Réponse A ★★★★☆ 45 sec. – 3 min. Fiche 83

Critère : Le nombre de lettres après « R » diminue.

RAISON : 5 lettres après le « R », ERIGÉE : 4 lettres, ÉNUMÉRÉES : 3 lettres = **5 – 4 – 3 – ?**

Il fallait donc trouver le seul mot avec 2 lettres après le « R » : ROI. **Réponse A.**

Question 39 Réponse E ★★★☆☆ 30 sec. – 2 min. Fiche 97

(A) Les tatous géants ont survécu à l'expansion de l'Homme. **Contredit (partiel).**

(B) L'espèce humaine semble depuis toujours s'être étendue au détriment d'autres espèces. **Soutient le plus.**

(C) De nombreuses espèces auraient disparu au fil de l'expansion de l'espèce humaine. **Soutient.**

(D) Les dégâts de l'Homme sur la biodiversité ne sont pas l'apanage des XXe et XXIe siècles. **Soutient.**

(E) L'expansion de l'espèce humaine semble s'être accompagnée d'une recrudescence de la biodiversité. **Contredit. Bonne réponse.**

Le texte affirme exactement l'inverse de la réponse E. L'expansion de l'espèce humaine semble au contraire s'être accompagnée de la disparition de certaines espèces, donc d'une diminution de la biodiversité. La réponse A reprend un point trop précis. **Réponse E.**

Question 40 Réponse C ★★★☆☆ 30 sec. – 2 min. Fiche 86

Étape 1 Listons les 3 configurations de mois possibles.

	Configuration 1	Configuration 2	Configuration 3
Lundi	1	2	3
	8	9	10
	15	16	**17**
	22	23	24
	29	30	31

Étape 2 Concluons.

Si le 15 est un samedi, la seule configuration possible est la **N° 3** : lundi 17, dimanche 16 et samedi 15.

On conclut : le dernier vendredi du mois est donc le **28** : lundi 31, dimanche 30, samedi 29 et **vendredi 28. Réponse C.**

Question 41 Réponse A ★★★☆☆ 30 sec – 2 min. Fiche 95

(A) En plus de l'efficacité du médicament, ses effets secondaires doivent être analysés. **Soutient le plus. Bonne réponse.**

(B) L'efficacité d'un médicament n'est pas suffisante pour justifier son utilisation lors d'un traitement. **Soutient.**

(C) Les patients ont tendance à se précipiter sur les médicaments alors que ce n'est pas forcément la meilleure solution. **Sous-entendu (radical).**

(D) Le médicament ne doit être utilisé qu'après avoir évalué ses effets secondaires indésirables. **Soutient.**

(E) Il est préférable d'avoir un médicament efficace avec des effets secondaires indésirables que l'inverse. **Hors-sujet.**

La bonne réponse est la réponse A. Selon le médecin, le fait que le médicament pourrait être efficace n'est pas une raison suffisante pour continuer à l'utiliser. En plus de l'efficacité, il évoque d'autres facteurs à prendre en compte tels le prix ou les effets secondaires. La réponse B soutient les propos mais est moins précise que la réponse A. La réponse D soutient également mais ne mentionne pas l'efficacité du médicament. La réponse A est donc celle qui soutient le plus (= est la plus en adéquation avec) le point de vue de l'auteur. **Réponse A.**

Question 42 Réponse D ★★★★☆ 45 sec. – 3 min. Fiche 91

« Une hirondelle ne fait pas le printemps » : Il ne faut pas tirer de conclusions hâtives : le cas particulier ne présage pas du cas général.

Ce proverbe s'applique donc parfaitement au cas du journaliste. **Réponse D.**

« **Aux grands maux les grands remèdes** » : Quand la situation s'impose, il faut savoir prendre des décisions difficiles.
« **Il n'y a jamais de fumée sans feu** » : Toute rumeur a un fondement.
« **Avec des si on mettrait Paris en bouteille** » : On ne peut pas réécrire l'Histoire.
« **L'Homme est un loup pour l'Homme** » : Les hommes s'entretuent.

Question 43 Réponse B ★★★★☆ 45 sec. – 3 min. Fiche 94

(A) Tuer des enfants est un acte qui mérite la peine de mort. **Contredit.**
(B) La peine de mort est un acte ignoble à condamner. **Sous-entendu. Bonne réponse.**
(C) Le père de l'auteur est d'une faible nature. **Hors-sujet.**
(D) L'Algérie était un pays en développement au début du XXe siècle. **Hors-sujet.**
(E) La peine de mort était très répandue en Algérie à cette époque. **Hors-sujet.**

L'auteur dénonce, sans l'énoncer clairement, la peine de mort. C'est donc un sous-entendu. **Réponse B.**

Question 44 Réponse B ★★★☆☆ 30 sec. – 2 min. Fiche 97

(A) Le projet minier du groupe indien Adani a été suspendu. **Soutient.**
(B) Les défenseurs de l'environnement ont essayé en vain de s'opposer au projet minier du groupe Adani. **Contredit. Bonne réponse.**
(C) Le projet avait pour objectif l'exportation de charbon de la Grande Barrière de corail. **Hors-sujet.**
(D) Le projet minier du groupe Adani a été arrêté car la Grande Barrière de corail était classée au patrimoine de l'humanité. **Soutient le plus.**
(E) Le projet Adani a été lancé en juillet 2014. **Hors-sujet.**

Les défenseurs de l'environnement ont eu gain de cause et ont fait suspendre le projet. **Réponse B.**

Question 45 Réponse B ★★★☆☆ 30 sec. – 2 min. Fiche 95

(A) Les relations du Royaume-Uni et de l'Union Européenne sont avantageuses pour les deux camps. **Hors-sujet.**
(B) Sortir de l'Europe peut être risqué pour le Royaume-Uni. **Soutient le plus. Bonne réponse.**
(C) L'Ukip est un parti politique favorable à la sortie du Royaume-Uni de l'Union Européenne. **Présupposé.**
(D) David Cameron tient une rhétorique pro-européenne, contrairement au parti politique Ukip. **Hors-sujet.**
(E) Le Royaume-Uni est partagé entre les partis politiques favorables et les partis politiques défavorables à la sortie de l'Union Européenne. **Hors-sujet.**

La seule réponse qui soutient les propos de l'auteur est la **réponse B.**
C'est donc à la fois la réponse qui soutient le plus et le moins les propos de l'auteur.

4 CORRIGÉ « CONDITIONS MINIMALES »

Difficulté	FACILE													
Question	46	47	48	49	50	51	52	53	54	55	56	57	58	59	60
Réponse	C	E	A	B	D	B	D	C	A	E	B	A	C	D	C

Question 46 Réponse C ★★★★☆ 30 sec. – 2 min. Fiche 120

Modélisons la situation.

Listons les carrés compris entre 100 et 500 : 100, 121, 144, 169, 196, 225, 256, 289, 324, 361, 400, 441 et 484.

Information (1) seule Insuffisante.

Le chiffre des centaines du carré de A est impair : 100, 121, 144, 169, 196, 324 et 361 sont possibles. On ne peut pas répondre. **On garde les réponses B, C et E.**

Information (2) seule Insuffisante.

$X - Y + Z = 0 \Leftrightarrow X + Z = Y$. La somme du chiffre des centaines et des unités est égale au chiffre des dizaines. Parmi les carrés listés ci-dessus, 121 et 484 sont possibles.
On ne peut pas conclure. **On garde les réponses C et E.**

Informations (1) et (2) ensemble Suffisantes.

En cumulant les 2 informations, on sait que X est impair et que $X + Z = Y$.
La **seule réponse possible est donc 121** car 1 est impair et $1 + 1 = 2$. On peut conclure.

Conclusion Réponse C.

Question 47 Réponse E ★★★☆☆ 30 sec. – 2 min. Fiche 108

- **Rappel de cours** Pour qu'un système d'équations admette une solution, il faut qu'il y ait autant d'équations non proportionnelles que d'inconnues.

Modélisons la situation.

Soit C le nombre de chevaux et V le nombre de vaches.

Information (1) seule Insuffisante.

On apprend que $C + V = 36$. On a 2 inconnues mais seulement 1 équation.
On ne peut pas répondre. **On garde les réponses B, C et E.**

Information (2) seule **Insuffisante.**

On apprend que $4C + 4V = 144$. On a 2 inconnues mais seulement 1 équation.

On ne peut pas répondre. **On garde les réponses C et E.**

Informations (1) et (2) ensemble **Insuffisantes.**

On sait que $C + V = 36$ et que $4C + 4V = 144$. Or, en divisant la 2e équation par 4, on a :

$4C + 4V = 144 \Leftrightarrow C + V = 36$. En réalité, la 2e équation est exactement identique à la première (les 2 équations sont proportionnelles). On a donc 2 inconnues mais seulement 1 équation. On ne peut pas répondre.

Conclusion **Réponse E.**

Question 48	Réponse A	★★★★☆	30 sec. – 2 min.	Fiche 108

- **Rappels de cours**
  - Si $X \times Y > 0$, c'est que X et Y sont de même signe (soit tous les deux positifs, soit tous les deux négatifs). Inversement, si $X \times Y < 0$, c'est que X et Y sont de signe opposé (soit $X > 0$ et $Y < 0$, soit $X < 0$ et $Y > 0$).
  - Si $X^2 = Y^2$, alors on a soit $X = Y$ soit $X = -Y$.

Modélisons la situation.

On cherche à savoir si $X + Y = 0$. Cela revient à se demander si $X = -Y$.

Information (1) seule **Suffisante.**

On sait que : $X \times Y > 0$. Cela signifie que X et Y sont de même signe (soit tous les deux positifs, soit tous les deux négatifs) (voir rappel de cours).

Étant donné que X et Y sont tous les deux de même signe, on ne peut en aucun cas avoir $X = -Y$.

Ainsi, on peut répondre avec certitude à la question posée (A-t-on $X + Y = 0$; Réponse : Non).

On peut répondre à la question. **On garde les réponses A et D.**

Attention : Ce qui importe, c'est de pouvoir donner la réponse avec certitude, pas la réponse qui est donnée. Ici, on peut répondre avec certitude que l'on n'a pas $X + Y = 0$.

Information (2) seule **Insuffisante.**

Le fait d'avoir $X^2 = Y^2$ nous donne 2 possibilités.

Soit $X = Y$ (on a bien $X^2 = Y^2$ et dans ce cas **on n'a pas** $X = -Y$ soit $X + Y = 0$).

Soit $X = -Y$ (on a bien $X^2 = Y^2$ et dans ce cas **on a bien** $X = -Y$ soit $X + Y = 0$).

On ne peut donc pas répondre avec certitude à la question.

Conclusion **Réponse A.**

Question 49	Réponse B	★★★☆☆	30 sec. – 2 min.	Fiche 108

Interprétons l'énoncé.

Soit V_1, V_2, V_3, et V_4 les 4 volumes respectifs des 4 apiculteurs.

On sait que $\frac{V_1 + V_2 + V_3 + V_4}{4} = 100$ dL donc $V_1 + V_2 + V_3 + V_4 = 400$ dL.

Information (1) seule **Insuffisante.**

Un apiculteur a récolté 110 dL. Il reste donc 290 dL produits par les trois autres. Il existe plusieurs solutions :

Solution 1 : $V_1 = 110$, $V_2 = 115$, $V_3 = 105$ et $V_4 = 70$.

Dans ce cas, la plus petite production fait moins de 80 dL.

Solution 2 : $V_1 = 110$, $V_2 = 100$ $V_3 = 95$ et $V_4 = 95$.

Dans ce cas, la plus petite production fait plus de 80 dL.

On ne peut pas conclure. **On garde les réponses B, C et E.**

Information (2) seule **Suffisante.**

Un apiculteur a récolté 200 dL. Il reste donc 200 dL produits par les trois autres. Nécessairement, il y aura au moins un des volumes qui sera inférieur à 80 dL. En effet, s'ils étaient tous supérieurs à 80 dL, alors le total serait supérieur à 200 dL.

On peut donc conclure.

Conclusion **Réponse B.**

Question 50 Réponse D	★★★☆☆	30 sec. – 2 min.	Fiche 108

- **Rappel de cours** Un nombre entier est un nombre sans virgule.

Modélisons la situation.

On cherche à savoir si 8 × X est un entier. Cela revient à se demander si 4 × 2 × X est un entier.

Information (1) seule **Suffisante.**

On apprend que : 2 × X est un entier. Nécessairement, si 2 × X est un entier, alors 4 × (2 × X) est également un entier. En effet, 4 fois un nombre entier donne forcément un résultat entier. Ainsi, 8 × X est bien un entier.

On peut répondre à la question. **On garde les réponses A et D.**

Information (2) seule **Suffisante.**

De même, on apprend que 4 × X est un entier. Nécessairement, si 4 × X est un entier, alors 2 × (4 × X) est également un entier. En effet, 2 fois un nombre entier donne forcément un résultat entier. Ainsi, 8 × X est bien un entier.

On peut répondre à la question.

Conclusion **Réponse D.**

Question 51 Réponse B	★★★☆☆	30 sec. – 2 min.	Fiche 108

Information (1) seule **Insuffisante.**

$\text{Prix}_{\text{final}} = \text{Prix}_{\text{initial}} + (146 \times 1{,}5) = \text{Prix}_{\text{initial}} + 219$.

On ne connaît ni le prix initial ni le prix final, donc on ne peut pas conclure.

On garde les réponses B, C et E.

Information (2) seule **Suffisante.**

$205 = \text{Prix}_{initial} + (124 \times 1{,}5) = \text{Prix}_{initial} + 186 \Leftrightarrow \text{Prix}_{initial} = 205 - 186 = 19$ €.

On peut donc conclure.

Conclusion **Réponse B.**

Question 52	Réponse D	★★★☆☆	30 sec. – 2 min.	Fiche 108

Interprétons l'énoncé.

Soit P le prix d'un téléphone portable et T celui d'une tablette. On sait que P = 2T.

Information (1) seule **Suffisante.**

On a un système de 2 équations à 2 inconnues : $\begin{cases} P = 2T \\ P + T = 450 \end{cases}$

Après avoir vérifié que les équations sont non proportionnelles, on remarque qu'il y a autant d'inconnues que d'équations. Donc, on peut répondre à la question.

(En l'occurrence, T = 150 et P = 300). **On garde les réponses A et D.**

Information (2) seule **Suffisante.**

Écrivons différemment la somme : $T = ((-3) + 1 + 2 + 3 + ... + 16 + 17)$ € pour faire apparaître des sommes qui valent 20. On a :

$T = ((-3) + 1 + 2) + (3 + 17) + (4 + 16) + (5 + 15) + (6 + 14) + (7 + 13) + (8 + 12) + (9 + 11) + 10 \Leftrightarrow T = 0 + (7 \times 20) + 10 =$ **150 euros.**

Ainsi, comme P = 2T, on a P = 2 × 150 = **300 euros**. On peut donc conclure.

Conclusion **Réponse D.**

Question 53	Réponse C	★★★☆☆	30 sec. – 2 min.	Fiche 108

Information (1) seule **Insuffisante.**

Listons les cubes $< 15^2$ (= 225) : 1, 8, 27, 64, 125, 216.

On ne peut pas choisir parmi les réponses ci-dessus. **On garde les réponses B, C et E.**

Information (2) seule **Insuffisante.**

Listons les multiples de $25 < 15^2$ (= 225) : 25, 50, 75, 100, 125, 150, 175, 200. On ne peut pas choisir parmi les réponses ci-dessus. **On garde les réponses C et E.**

Informations (1) et (2) ensemble **Suffisantes.**

Parmi les cubes, le seul multiple de 25 est 125. **X = 125**. On peut conclure.

Conclusion **Réponse C.**

Question 54	Réponse A	★★★★☆	45 sec. – 3 min.	Fiche 121

- **Rappel de cours** L'aire d'un triangle quelconque vaut : $\mathbf{A} = \dfrac{\textbf{Base} \times \textbf{hauteur}}{\mathbf{2}}$

  L'aire d'un triangle rectangle vaut : $\mathbf{A} = \dfrac{\textbf{Aire rectangle}}{\mathbf{2}}$

Information (1) seule **Suffisante.**

En utilisant le théorème de Pythagore : $BC^2 = AC^2 + AB^2$, on a BC = 5.

Puis, en écrivant la surface de deux manières différentes, on a :

$$\frac{(AC) \times (AB)}{2} = \frac{h \times BC}{2} \Leftrightarrow h = \frac{AC \times AB}{BC} = \frac{\mathbf{12}}{\mathbf{5}} \text{ cm.}$$

On garde les réponses A et D.

Information (2) seule **Insuffisante.**

On ne peut pas connaître les valeurs de AB et AC en ayant pour seule donnée BC.

On ne peut pas conclure.

Conclusion **Réponse A.**

Question 55 Réponse E	★★★★☆	45 sec. – 3 min.	Fiche 108

Interprétons l'énoncé.

Soient B_1, B_2, B_3 et B_4 les poids des 4 bars.

On sait que B_1, B_2, B_3 et B_4 = 3,5 kg.

Information (1) seule **Insuffisante.**

Un des poissons pèse 700 grammes donc 3,5 – 0,7 = 2,8 kg est le poids des trois premiers poissons pêchés réunis.

Nous ne savons pas quel poisson est le plus gros. Impossible d'exploiter le fait que les deux poissons pêchés en premier n'ont que 0,1 kg de différence. On ne peut pas conclure.

On garde les réponses B, C et E.

Information (2) seule **Insuffisante.**

On apprend que : $B_3 > B_1$, $B_1 > B_4$, $B_2 > B_1$ donc $B_3 > B_1 > B_4$ et $B_2 > B_1$.

Nous ne savons pas si le plus gros bar est le deuxième ou le troisième.

2 solutions possibles : $B_2 > B_3 > B_1 > B_4$ ou $B_3 > B_2 > B_1 > B_4$.

On ne peut pas conclure. **On garde les réponses C et E.**

Informations (1) et (2) ensemble **Insuffisantes.**

Nous savons que le plus gros est soit B_2, soit B_3, que B_4 = 0,7 kg et que $B_2 = B_1 + 0{,}1$ kg.

Ces informations ne nous permettent pas de savoir quel est le plus gros poisson. Le doute subsiste entre B_2 et B_3. **On ne peut pas répondre à la question.**

Conclusion **Réponse E.**

Question 56 Réponse B	★★★★☆	45 sec. – 3 min.	Fiche 112

Interprétons l'énoncé.

Soit T_{2014} la taxe en 2014. Soit P_{2014} le prix final en 2014.

Soit T_{2015} la taxe en 2015. Soit P_{2015} le prix final en 2015.

Soit P_{HT} le prix HT du produit en 2014 et en 2015.

On cherche P_{2015}.

L'objectif est de trouver P_{HT} (le prix HT du produit) et ensuite de lui appliquer T_{2015}.

Information (1) seule **Insuffisante.**

Le produit se vendra plus cher en 2015 qu'en 2014.

Le prix HT ne variant pas, on comprend que la taxe augmente, mais on n'en sait pas plus. Impossible de connaître le prix de départ. **On garde les réponses B, C et E.**

Information (2) seule **Suffisante.**

On connaît à présent T_{2014}.

Or, on sait que : $P_{2014} = P_{HT} \times (1 + T_{2014}) \Leftrightarrow 300 = P_{HT} \times (1 + 0{,}2) \Leftrightarrow P_{HT} = \frac{300}{1{,}2} = \frac{3000}{12} = \frac{1500}{6} = \frac{750}{3}$ = **250 €** (= Prix hors taxe).

On connait maintenant le prix de base HT. Il suffit maintenant d'appliquer la taxe.

$P_{2015} = P_{HT} \times (1 + T_{2015}) = 250 \times 1{,}25 = 25 \times 12{,}5 = \frac{25 \times 125}{10}$ = **312, 5 €.**

On peut répondre à la question.

Conclusion **Réponse B.**

Question 57 Réponse A ★★★★☆ 45 sec. – 3 min. Fiche 112

Interprétons l'énoncé.

Soit P le prix de vente final (après réduction).

Soit $P_{Après}$ le prix de vente après augmentation.

Soit P_{Avant} le prix de vente avant augmentation.

Information (1) seule **Suffisante.**

On peut traduire l'énoncé en disant : $P = 0{,}7 \times P_{Après} = 0{,}77 \times P_{Avant}$.

$$\frac{P_{après}}{P_{avant}} = \frac{0{,}77}{0{,}70} = \frac{77}{70} = \frac{11}{10} = 1{,}1 \Leftrightarrow P_{Après} = 1{,}1 \times P_{Avant}.$$

Le prix augmenté est donc égal à 1,1 fois le prix avant augmentation, donc l'augmentation a été de 10 %. On peut conclure. **On garde les réponses A et D.**

Information (2) seule **Insuffisante.**

L'information (2) est insuffisante. En effet, l'information concerne la marge mais pas le prix de vente. On ne peut donc pas répondre à la question.

Conclusion **Réponse A.**

Question 58 Réponse C ★★★★☆ 45 sec. – 3 min. Fiche 109

Interprétons l'énoncé.

Cette question est un cas de croisement. Pour ce type de question, nous avons besoin de 5 des 6 éléments suivants :

La vitesse du 1er : V_1.

La vitesse du 2e : V_2.
L'heure de départ du 1er : H_1.
L'heure de départ du 2e : H_2.
L'heure à laquelle ils se croisent : T.
La distance à laquelle ils se croisent : D.
Avec l'énoncé, nous avons H_1 et V_2. Il nous manque 3 informations.

Information (1) seule **Insuffisante.**
On obtient uniquement 1 information (V_1).
On ne peut pas répondre à la question. **On garde les réponses B, C et E.**

Information (2) seule **Insuffisante.**
On obtient uniquement 2 informations (T et D).
On ne peut pas répondre à la question. **On garde les réponses C et E.**

Informations (1) et (2) ensemble **Suffisantes.**
Dans ce cas, on a les informations H_1, V_2, V_1, T et D. On peut donc répondre à la question.
Ici, il faut bien maîtriser la formule **D = V × T**.
Paul est parti à 9h00 à la vitesse de 40 km/h, et a effectué à 13h00 la moitié du trajet total, soit : **4 × 40 = 160 km.**
Ainsi, Jérémy a également parcouru 160 km puisqu'il croise Paul **à mi-chemin**.
Jérémy a donc parcouru 160 km à la vitesse de 60 km/h, ce qui lui a demandé :

$$\frac{160}{60}=\frac{16}{6}=\frac{8}{3}\text{h}=\left(2+\frac{2}{3}\right)\text{h}=\mathbf{2\,h\,40}.$$

Jérémy est ainsi parti à : **13h00 – 2h40 = 10h20.** On peut répondre à la question.

Conclusion **Réponse C.**

Question 59 Réponse D	★★★★☆	45 sec. – 3 min.	Fiche 121

- **Rappel de cours** **La diagonale d'un carré** de côté c vaut : **diagonale** = $c\sqrt{2}$.
  L'aire d'un cercle de rayon r vaut : **A** = $\pi \times r^2$.

Interprétons l'énoncé.
On cherche à connaître :
Aire (C_2) = (Côté C_2)^2 = (Diamètre C)^2 = (Diagonale C_1)^2
Ainsi, trouver l'aire du carré 2 revient à trouver la diagonale du carré 1.
Maintenant que l'on a simplifié l'énoncé, on peut commencer.
Tout d'abord, schématisons l'énoncé. On cherche l'aire du grand carré.

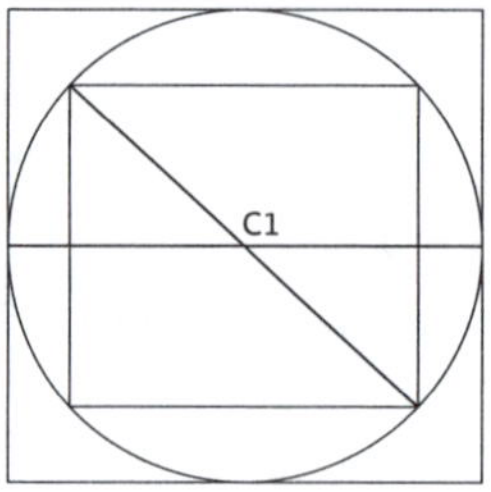

Information (1) seule **Suffisante.**

On a : Côté C_1 = 5 cm. On sait que la diagonale d'un carré de côté $c = c\sqrt{2}$.

Donc, étant donné que l'aire (C_2) = (diagonale C_1)^2, l'aire de C_2 est de $\left(5\sqrt{2}\right)^2$ = **50 cm²**.

On peut donc répondre à la question.

Information (2) seule **Suffisante.**

On a l'aire du cercle. Or, on sait que l'aire du cercle vaut $\pi \times r^2$.

Donc, étant donné que l'aire (C_2) = (Diamètre C)^2, si on trouve le diamètre, alors on aura l'aire du carré C_2.

En trouvant le rayon au carré, on pourra trouver le rayon, donc le diamètre et donc l'aire du grand carré. On peut donc répondre à la question.

Ici : $r = \dfrac{5}{\sqrt{2}}$ donc $d = 5\sqrt{2}$ et donc Aire(C_2) = **50 cm²**.

Conclusion **Réponse D.**

Question 60	Réponse C	★★★☆☆	30 sec. – 2 min.	Fiche 109

Information (1) seule **Insuffisante.**

Sa vitesse moyenne étant de 130 km/h, 2 solutions sont possibles :

Solution 1 : Il a roulé à la vitesse constante de 130 km/h pile, et dans ce cas, il n'a jamais dépassé 130 km/h et peut contester l'amende.

Solution 2 : Il a parfois roulé plus vite que 130 km/h, parfois moins vite, et dans ce cas, il ne peut pas contester son amende.

On ne peut pas conclure. **On garde les réponses B, C et E.**

Information (2) seule **Insuffisante.**

On n'a aucune indication sur sa vitesse. On ne peut pas conclure.

On garde les réponses C et E.

Informations (1) et (2) ensemble **Suffisantes.**

Il n'a pas toujours conduit à 130 km/h. Or, sa moyenne étant de 130 km/h, pour compenser des vitesses moins élevées, il a nécessairement dépassé les 130 km/h. Il a donc dépassé les 130 km/h. On peut donc répondre à la question.

Conclusion **Réponse C.**

CORRIGÉ « EXPRESSION »

Difficulté	NORMAL														
Question	61	62	63	64	65	66	67	68	69	70	71	72	73	74	75
Réponse	A	B	C	A	C	A	D	B	B	D	A	B	A	D	A

Question 61 Réponse A ★★★★☆ **30 sec – 2 min.** **Fiche 154**

« **Médire de quelqu'un** », c'est dire du mal de cette personne.
« **Persifler** » c'est se moquer de manière ironique.

1re colonne On garde les réponses A, D et E.

Les synonymes de « **Médisent de** » sont : « Critiquent », « S'attaquent à » et « S'en prennent à ». On garde donc les réponses A, D et E.

2e colonne On garde les réponses A, D et E.

Les synonymes de « **Persiflages** » sont : « Quolibets », « Moqueries » et « Railleries ». On garde donc les **réponses A, D et E.**

Conclusion On choisit la réponse A.

Les réponses A, D et E sont valables. Toutefois, les termes « critiquent » et « s'en prennent à » sont un peu plus adaptés que « s'attaquent à » qui est radical. De plus, le **niveau de langue** de l'énoncé est **soutenu** avec les termes « médire de », « persiflages » et « récurrents ». On choisit donc le terme « quolibets ». **Réponse A.**

Question 62 Réponse B ★★★☆☆ **30 sec. – 2 min.** **Fiche 154**

« **Résilience** » : Phénomène qui consiste à pouvoir revenir d'un état de stress post-traumatique.
« **Extraordinaire** » **:** Qui étonne par sa rareté et sa singularité.

1re colonne On garde les réponses B, C et E.

Les synonymes de « **Sa résilience** » sont : « Sa résistance morale », « Sa force » et « Son endurance ».

REMARQUE « L'abnégation » est la capacité à se sacrifier totalement au bénéfice d'autrui.

On garde donc les réponses B, C et E.

2e colonne On garde les réponses B, C et E.

Les synonymes de « **Extraordinaire** » sont : « Hors du commun », « Incroyable », « Prodigieuse » et « Fantastique ». On garde donc les réponses B, C et E.

Conclusion On choisit la réponse B.

Les réponses B, C et E sont valables, mais « Résistance morale » correspond plus à « Résilience » que « Force » et « Endurance » qui sont plus vagues. **Réponse B.**

Question 63 Réponse C ★★★☆☆ **30 sec – 2 min.** **Fiche 154**

« **Peu ou prou** » signifie « plus ou moins ».
« **Concave** » signifie « orientée/tournée vers le bas ».

1re colonne On garde les réponses B, C et D.

Les synonymes de « **Peu ou prou** » sont : « Grosso modo », « Plus ou moins » et « À peu près ». On garde donc les réponses B, C et D.

2e colonne On garde les réponses C et D.

Les synonymes de « **Concave** » sont « Tournée vers le bas » et « Orientée vers le bas ». On garde les réponses C et D.

Conclusion On choisit la réponse C.

Les réponses C et D sont valables. Les termes « a peu près » et « plus ou moins » sont très similaires. Toutefois, le terme « orientée » est davantage **mathématique** que « tournée ». On choisit donc « orientée ». **Réponse C.**

Question 64 Réponse A ★★★☆☆ **30 sec. – 2 min.** **Fiche 154**

« **Célèbre** » : Connu, fameux, réputé.
« **Abscons** » : Abstrait, complexe au point de n'avoir plus aucun sens.

1re colonne On garde les réponses A, D et E.

Les synonymes de « **Célèbre** » sont : « Connu », « Fameux » et « Réputé ».
On garde donc les réponses A, D et E.

2e colonne On garde les réponses A et D.

Les synonymes de « **Abscons** » sont : « Inintelligible » (= qui n'est pas compréhensible), « Brouillon », « Abstrait » et « Compliqué ». On garde donc les réponses A et D.

Conclusion On choisit la réponse A.

Les réponses A et D sont valables, mais « Inintelligible » correspond plus à « Abscons » que « Compliqué » qui est moins précis. On élimine donc la réponse D. **Réponse A.**

Question 65	Réponse C	★★★★☆	30 sec – 2 min.	Fiches 125/130

Parce qu'elle avait **brillamment** réussi à marquer plusieurs buts en un match, elle attira l'attention des meilleurs clubs sportifs. Ce n'était pas seulement au poste d'attaquant qu'elle s'était ardemment **illustrée**. Elle avait également démontré ses qualités en défense et en tactique. Assurément, ce serait une excellente recrue. Heureux le recruteur qui **parviendrait** à l'**attraper** dans ses filets et à en faire une future prodige du ballon **rond** ». **(Faute d'usage :** Marquer des buts = probablement le football = ballon rond ≠ ballon ovale = rugby).

Le passage contient **5 fautes. Réponse C.**

Question 66	Réponse A	★★★☆☆	15 sec. – 1 min.	Fiches 125/130

- **Rappels de cours** Si **l'adjectif de couleur est utilisé pour désigner un objet/une chose utile (Exemple :** orange (la couleur **ou** le fruit), **l'adjectif est invariable.**

Seules 5 exceptions sont considérées comme de véritables adjectifs qualificatifs et **s'accordent** : rose, écarlate, mauve, pourpre et fauve.

L'adjectif de couleur « Marron » ne s'accorde pas. **Exemple :** Des nappes marro**n**. C'est donc l'intrus. Les autres réponses s'accordent. **Réponse A.**

Question 67	Réponse D	★★★☆☆	30 sec. – 2 min.	Fiches 125/130

- **Rappel de cours**

  A/À : On écrit « a » quand on peut le remplacer par « avait/avais » (verbe avoir). On écrit « à » quand on ne peut pas dire « avait », c'est alors une préposition.

  Cent/Cents : « Cent » prend un « s » quand il est multiplié par un autre nombre ET qu'il n'est pas suivi d'un autre chiffre (200 = deux cents, mais 203 = deux cent trois). Il en est de même pour **« Vingt ».**

(A) Ils étaient **cent mille** à regarder le défilé.
(B) J'ai **dit** qu'il était temps de changer d'air.
(C) Je suis **censé** le voir la semaine prochaine.
(D) Il n'a pas été assez convaincant pour moi.
(E) Vous n'êtes pas assez qualifié **à** mon goût.

La seule phrase correctement orthographiée est la **réponse D.**
Remarques :
Ne confondez pas « convainquant » (participe présent) et « convaincant » (adjectif).
Ne confondez pas « sensé » (= qui a du sens) et censé (= supposé).

Question 68 **Réponse B** ★★★★☆ **45 sec. – 3 min.** **Fiches 125/130**

- **Rappel de cours**
  - On dit : « Être **près** de faire quelque chose ».
  - Le mot « ténèbres » est féminin.

Ce manteau n'est pas **près** d'être porté par Caroline. **Réponse B.**

Question 69 **Réponse B** ★★★★★ **45 sec. – 3 min.** **Fiches 125/130**

- **Rappel de cours** **Cent/Cents :** « Cent » prend un « s » quand il est multiplié par un autre nombre ET qu'il n'est pas suivi d'un autre chiffre (200 = deux cents, mais 203 = deux cent trois). Il en est de même pour **« Vingt ».**

Neuf **cent** millions trois **cent** quatre-**vingt** mille sept **cents** euros. **Réponse B.**

Question 70 **Réponse D** ★★☆☆☆ **15 sec. – 1 min.** **Fiche 154**

Trouvez le lien entre les 2 mots : la digue protège de la mer.
L'ignifugation (fait de rendre ininflammable) protège du feu. **Réponse D.**

Question 71 **Réponse A** ★★★★☆ **45 sec. – 3 min.** **Fiche 146**

- **Rappel de cours** Le **chiasme** est une structure en croix qui associe deux termes deux à deux sans qu'ils aient nécessairement un rapport de sens.

  Exemples de chiasmes : « Il faut manger pour vivre et non pas vivre pour manger. » (Molière), « Je ne songeais pas à Rose ; Rose au bois vint avec moi. » (Victor Hugo).

« La neige fait au Nord ce qu'au Sud fait le sable » est donc bien un **chiasme. Réponse A.**

Question 72 **Réponse B** ★★★★☆ **45 sec. – 3 min.** **Fiche 145**

Comme tout bon économiste, John Maclaw sait pertinemment que **corrélation** n'est pas synonyme de **causalité**. **Réponse B.**

La bonne réponse est B. On peut le deviner en regardant la question 75 : « coefficient de corrélation ».

Question 73 **Réponse A** ★★★★☆ **45 sec. – 3 min.** **Fiche 145**

En effet, en s'appuyant sur une courbe compilant de nombreuses données, si de **faibles** taux d'imposition du capital **favoriseraient** la croissance économique... **Réponse A.**

La bonne réponse est A. De faibles taux d'imposition sont supposés favoriser la croissance économique. La réponse D reprend la même idée mais le vocabulaire est inapproprié.

Question 74	Réponse D	★★★★☆	45 sec. – 3 min.	Fiche 145

… on s'attendrait à voir une **relation négative** entre les deux critères, c'est-à-dire un **taux fort** et une **faible croissance**. **Réponse D.**

La bonne réponse est D. En choisissant « favoriseraient » (conditionnel) à la question précédente, on émet l'hypothèse que la corrélation n'existe pas, donc on « s'attendrait » (conditionnel) à voir une « relation négative » (l'inverse), soit un « taux fort » et « une faible croissance » (le contraire de la question précédente).

Question 75	Réponse A	★★★★☆	45 sec. – 3 min.	Fiche 145

Or, **il n'en est rien**. Le coefficient de **corrélation** est de 0,12. **Réponse A.**

Difficulté	NORMAL														
Question	76	77	78	79	80	81	82	83	84	85	86	87	88	89	90
Réponse	E	D	E	C	D	D	A	A	D	D	E	D	B	D	D

Question 76 — Réponse E — ★★★★☆ — 45 sec. – 3 min. — Fiches 166/178

	238			
986	?	763	211	212
	443			
	462			
	861			

(A) 651 (B) 987 (C) 544 (D) 344 **(E) 434**

V : Produit constant égal à 48.

H : Écart de –1 entre le 1er et le 2e chiffre.

Question 77 — Réponse D — ★★★★☆ — 45 sec. – 3 min. — Fiches 166/184

				CFM
				SKO
				PYA
PBO	BCA	YCX	DVC	???
				BHN

(A) MNO (B) DHK (C) FLG **(D) TFS** (E) DBC

V : La 2e lettre a 3 barres.

H : Écart de –1 entre le rang alphabétique de la 1re lettre et de la 3e lettre.

Question 78	Réponse E	★★★☆☆	30 sec. – 2 min.	Fiches 165/169

	AC			
	DR			
	EF			
	IR			
RL	??	TN	UO	VP

(A) KM (B) SI (C) TM (D) SL **(E) SM**

V : Diagonale avec écart progressif : +1, +2, +3, +4 : C – D – F – I – M.

H : Écart de +1 sur la 1re lettre : R – S – T – U – V.

Question 79	Réponse C	★★☆☆☆	15 sec. – 1 min.	Fiche 174

			3261	
			2643	
			2214	
			4482	
1230	3333	6354	?	1102

(A) 3462 (B) 2130 **(C) 2222** (D) 0260 (E) 4233

V : 1er chiffre × 2e chiffre = 3e chiffre × 4e chiffre.

H : 1er chiffre + 2e chiffre = 3e chiffre + 4e chiffre.

Question 80	Réponse D	★★★★☆	45 sec. – 3 min.	Fiches 180/181

		61		
		18		
		10		
		40		
12	58	?	72	96

(A) 63 (B) 38 (C) 46 **(D) 94** (E) 36

V : Ce sont des carrés à l'envers (61 → 16, 18 → 81, etc.).

H : Le 1er chiffre est impair et le 2e chiffre est pair (1, 2, 5, 8, 7, 2, 9, 6). Impair, Pair.

Question 81	Réponse D	★★★☆☆	30 sec. – 2 min.	Fiches 165/166

		BE		
		GD		
		KN		
KU	TV	??	SX	AY
		QT		

(A) HE (B) GW (C) ML **(D) ZW** (E) UX

V : Écart positif/négatif entre la 1re lettre et la 2e lettre de +3, –3, +3, –3, +3 : BE (+3), GD (–3), KN (+3), etc.

H : Écart de +1 sur la 2e lettre : U – V – **W** – X – Y.

Question 82	Réponse A	★★★☆☆	30 sec. – 2 min.	Fiche 168

		LPR		
		ERQ		
		FOE		
NJI	KER	???	PCS	AZZ
		PNR		

(A) RNV (B) DNC (C) RTL (D) MNQ (E) RAZ

V : Diagonale moyenne droite - gauche avec écart progressif positif/négatif : +1, –2, +3, –4 : XPX – XXQ – XOX – **R**XX – XNX.

H : Diagonale moyenne gauche - droite avec écart progressif : +1, +3, +5, +7 : XJX – **K**XX – XNX – XXS – XZX.

Question 83	Réponse A	★☆☆☆☆	30 sec. – 1 min.	Fiche 165

		FCR		
		QDL		
CNV	PLU	???	IZS	JDR
		GFG		
		PGP		

(A) RET (B) IZT (C) FRT (D) TEB (E) SRT

V : Écart de +1 sur la 2e lettre : C – D – **E** – F – G.

H : Écart de –1 sur la 3e lettre : V – U – **T** – S – R.

Question 84	Réponse D	★★☆☆☆	15 sec. – 1 min.	Fiches 194/195

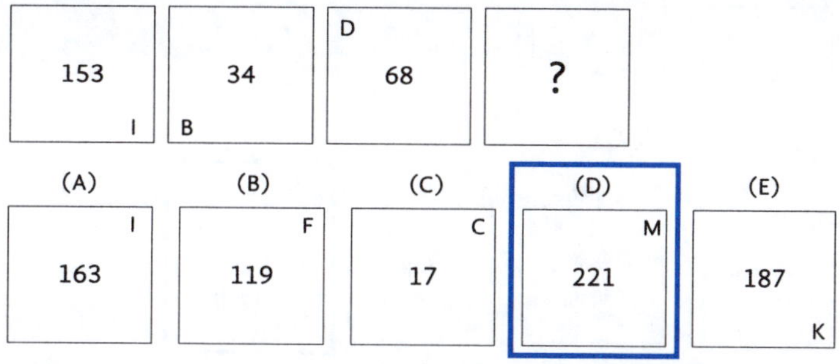

Logique 1 : La lettre se déplace de 1 coin à chaque cadre (mouvement horaire = sens des aiguilles d'une montre) → Lettre en haut à droite.

Logique 2 : Le nombre correspond au rang de la lettre × 17 (153 = 17 × 9 car I est la 9e lettre, etc.).

Question 85	Réponse D	★★☆☆☆	15 sec. – 1 min.	Fiches 191/194

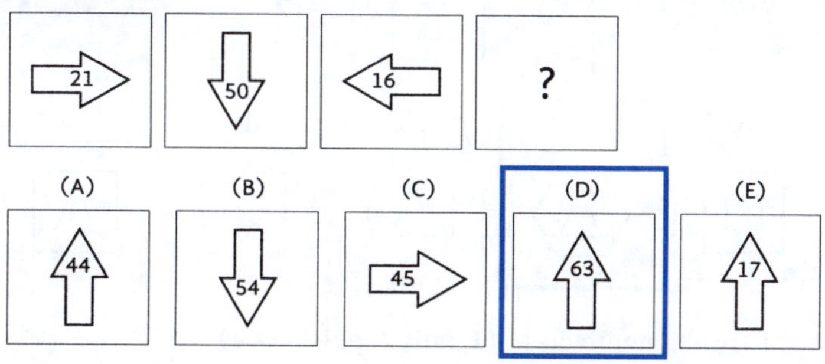

Logique 1 : L'orientation de la flèche évolue d'un quart de tour à chaque cadre (mouvement horaire = sens des aiguilles d'une montre) → Orientation vers le haut.

Logique 2 : La somme des 2 chiffres vaut 3, puis 5, puis 7 → La somme vaut 9.

Question 86	Réponse E	★★★☆☆	30 sec. – 2 min.	Fiche 198

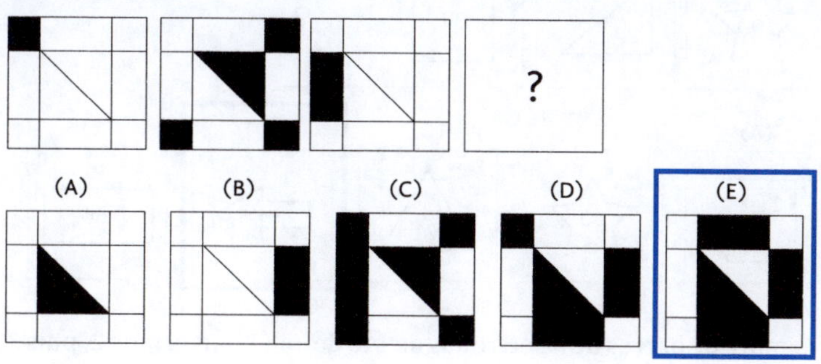

Logique : En superposant les carrés, on obtient un carré plein (méthode du damier).

Question 87 Réponse D ★★★☆☆ 30 sec. – 2 min. Fiche 198

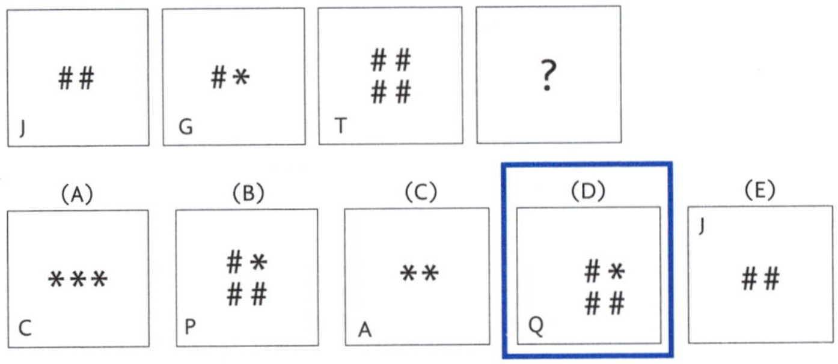

Logique 1 : La lettre est en bas à gauche du cadre.

Logique 2 : L'addition de la valeur numérique de chaque symbole = le rang de la lettre : # = 5 et * = 2 (J = 10 = # + # ; G = 7 = # + * ; T = 20 = # + # + # + #).

Question 88 Réponse B ★★★★☆ 45 sec. – 3 min. Fiches 191/195

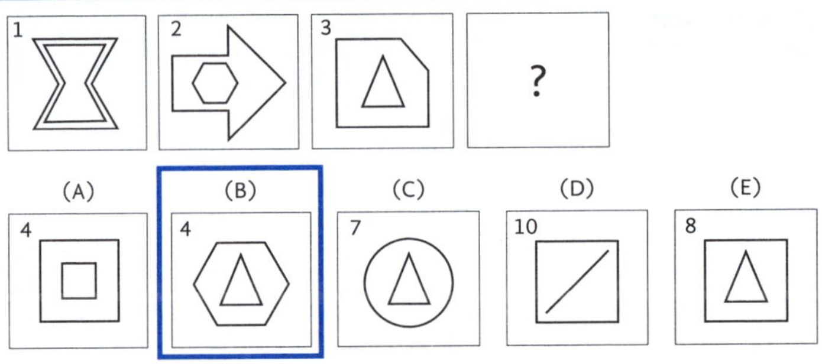

Logique 1 : Le chiffre augmente de +1 (1, puis 2, puis 3 → 4).

Logique 2 : La différence entre le nombre de côtés de la figure extérieure et le nombre de côtés de la figure intérieure vaut : 0, puis 1, puis 2 → La différence vaut 3.

Question 89 Réponse D ★★★★☆ 45 sec. – 3 min. Fiches 192/195

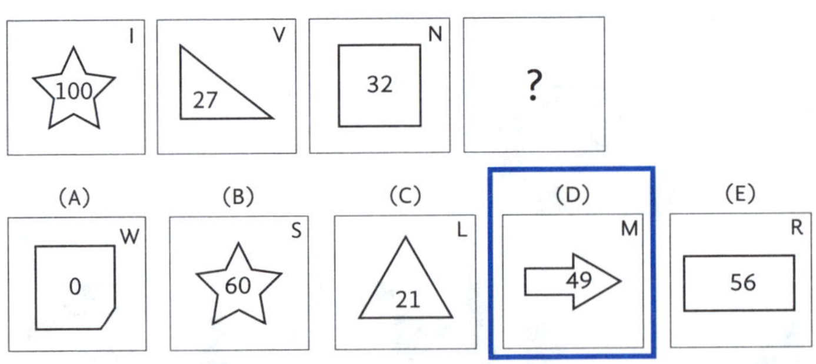

Logique 1 : Le nombre de barres de la lettre augmente de +1 (1 barre, puis 2, puis 3 → 4 barres).

Logique 2 : Le nombre = le nombre de côtés de la figure × 10, puis × 9, puis × 8 → Nombre = Nombre de côtés × 7.

Question 90 **Réponse D** ★★★☆☆ **45 sec. – 2 min.** **Fiche 198**

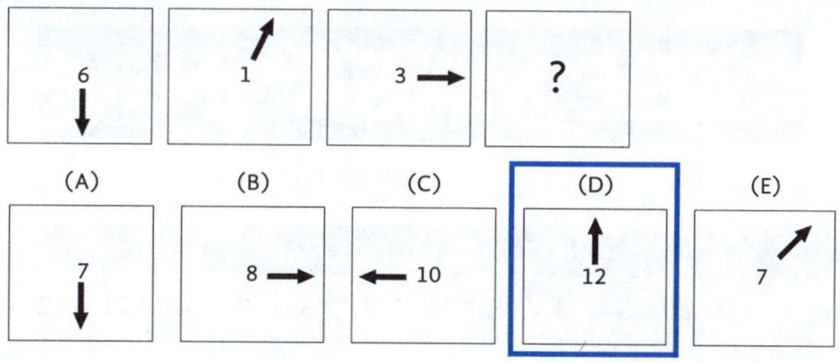

Logique : Le carré est une horloge dans laquelle l'aiguille indique l'heure écrite.

TAGE MAGE® N° 6

GRILLE DE RÉPONSES TM n° 6																
C.D.T	Question	1	2	3	4	5	6	7	8	9	10	11	12	13	14	15
	Réponse															
	SCORE : ....../60		Nombre BR : ... /15					Nombre MR : ... /15								
CALCUL	Question	16	17	18	19	20	21	22	23	24	25	26	27	28	29	30
	Réponse															
	SCORE : ....../60		Nombre BR : ... /15					Nombre MR : ... /15								
R & A	Question	31	32	33	34	35	36	37	38	39	40	41	42	43	44	45
	Réponse															
	SCORE : ....../60		Nombre BR : ... /15					Nombre MR : ... /15								
COND. MIN.	Question	46	47	48	49	50	51	52	53	54	55	56	57	58	59	60
	Réponse															
	SCORE : ....../60		Nombre BR : ... /15					Nombre MR : ... /15								
EXPRESS.	Question	61	62	63	64	65	66	67	68	69	70	71	72	73	74	75
	Réponse															
	SCORE : ....../60		Nombre BR : ... /15					Nombre MR : ... /15								
LOGIQUE	Question	76	77	78	79	80	81	82	83	84	85	86	87	88	89	90
	Réponse															
	SCORE : ....../60		Nombre BR : ... /15					Nombre MR : ... /15								
TM n° 6	SCORE : ....../360 ⇔ ....../600		BR = Bonne Réponse = + 4 points. MR = Mauvaise Réponse = –1 point. Multipliez par 5/3 pour passer du score/360 au score/600.													

TAGE MAGE® N° 6

1 COMPRÉHENSION DE TEXTES

CONSIGNES

15 questions	20 minutes	Calculatrice interdite	Chronomètre recommandé

BARÈME

Bonne réponse : +4 points	Aucune réponse : 0 point	Mauvaise réponse : –1 point

TEXTE 1

Le changement climatique met l'humanité en danger. La lettre encyclique du Pape à propos du changement climatique souligne les risques qui menacent « notre maison commune », en affirmant que « désormais, les prévisions catastrophistes ne peuvent plus être considérées avec mépris ni ironie. » De telles prédictions apocalyptiques sont cependant communes aux discours religieux et aux discours environnementalistes. Mais quelle est réellement la gravité de la situation ?

Peut-être pour la première fois dans l'Histoire, il semble y avoir un large consensus parmi les scientifiques : notre planète pourrait faire face à des scénarios effrayants dans un avenir pas si lointain. L'arrêt de la circulation des eaux océaniques dans l'Atlantique, la déglaciation du Groenland et de l'Antarctique et l'élévation massive du niveau de la mer sont autant de phénomènes qui pourraient tous être la conséquence de notre inaction. Tenir compte de ces scénarios catastrophiques constitue un enjeu immense pour les scientifiques comme pour les économistes. Que devons-nous faire face à ces menaces ?

Une approche, peut-être extrême, voudrait que le simple risque d'une extinction humaine massive nous incite à faire tout notre possible pour réduire cette éventualité. Mais un contre-argument valable consiste à dire que nous faisons également face à d'autres menaces existentielles. Concentrer tous les efforts sur une seule d'entre elles serait alors irréfléchi. (...) À la lumière de cette « concurrence » entre les menaces sur son existence, quelle somme l'humanité devrait-elle investir dans l'atténuation du risque climatique ?

Beaucoup d'experts pensent qu'il faudrait essayer de limiter le réchauffement planétaire à 2°C. Pour justifier ce chiffre, les économistes cherchent à comparer le coût de la réduction des émissions actuelles avec les bénéfices possibles. En effet, un compromis est nécessaire : investir aujourd'hui davantage de ressources dans la prévention climatique laisse moins de ressources pour la prévention des risques plus immédiats et ne bénéficie ainsi que de façon incertaine aux générations futures.

Néanmoins, évaluer ces bénéfices requiert que nous déterminions le coût de la réduction de la possibilité d'un avenir catastrophique. Or, c'est une tâche épineuse. L'économiste de Harvard Martin Weitzman fait valoir qu'une catastrophe climatique entrainera pour la société rien de moins que des pertes infiniment dramatiques. Une analyse coûts-avantages - outil standard des économistes pour évaluer une politique - ne peut pas être effectuée ici, car la réduction d'une perte infinie est infiniment rentable.

D'autres économistes, dont Kenneth Arrow et William Nordhaus, ont examiné les limites techniques de l'argument de Weitzman. Étant donné que l'interprétation de l'infini dans les modèles économiques des enjeux climatiques est essentiellement un débat sur la façon de faire face à la menace d'extinction, le poids de l'argument de Weitzman dépend fortement de la valeur accordée à la vie.

Les économistes estiment cette valeur en fonction des choix personnels de chacun : nous achetons des casques de vélo, nous payons plus pour une voiture plus sûre, et ceux qui exercent un métier à risque reçoivent une compensation. Les compromis individuels observés entre sécurité et argent montrent la volonté de payer pour une réduction du risque de mortalité. (...) D'ailleurs, l'Agence de protection environnementale des États-Unis (*Environmental Protection Agency*) recommande l'utilisation d'une valeur d'environ 8 millions de dollars par décès évité, et en France la valeur de référence pour la valeur de la vie statistique est de 3 millions d'euros (rapport Quinet 2013).

Question 1. Selon le texte, quelles sont les conséquences du réchauffement climatique ?

1. La déglaciation du Pôle Nord et du Pôle Sud.
2. L'élévation du niveau de la mer.
3. Une augmentation des zones de sécheresse.
4. L'arrêt de la circulation des eaux océaniques en Atlantique.
5. Une augmentation du coût de la vie.

(A) 1 + 2 + 3 + 4 + 5
(B) 1 + 2 + 3
(C) 1 + 4 + 5
(D) 1 + 2 + 3 + 4
(E) 1 + 2 + 4

Question 2. Quel semble être le sentiment général de l'auteur du texte vis-à-vis du réchauffement climatique ?

(A) L'auteur semble fataliste sur le fait que le réchauffement climatique entraînera des conséquences dramatiques pour l'Humanité.
(B) L'auteur considère que les menaces climatiques peuvent se résoudre avec des raisonnements économiques.
(C) L'auteur semble penser que le réchauffement climatique est une menace comme les autres, soumise au raisonnement « coût – bénéfice ».

(D) L'auteur estime que le réchauffement climatique est une menace immédiate pour l'Humanité et que les économistes ont raison de s'y intéresser.

(E) L'auteur sous-entend que le réchauffement climatique est une menace surestimée par l'Humanité, à cause des choix personnels de chacun.

Question 3. Quelle pourrait être la conclusion de ce texte ?

(A) En fait, le réchauffement climatique conduit inévitablement à la fin de l'Humanité.

(B) En définitive, chaque vie a un prix.

(C) En conclusion, la lutte contre le réchauffement climatique dépend des agences de protection environnementale.

(D) Ainsi, il est nécessaire que les pays coopèrent pour lutter contre le réchauffement climatique.

(E) En définitive, ce sont les économistes qui feront les politiques de lutte contre le réchauffement climatique.

Question 4. Quel sens donneriez-vous à l'expression « la réduction d'une perte infinie est infiniment rentable » ?

(A) Toute décision prise pour réduire une perte est forcément rentable à long terme.

(B) Une perte ne peut être infinie par définition.

(C) Une perte infinie ne peut être rentable, même à long terme.

(D) Toute décision visant à réduire une perte infinie est forcément par opposition infiniment rentable.

(E) Cette expression est un oxymore qui n'a pas vraiment de sens.

Question 5. Quel serait le meilleur résumé de ce texte ?

(A) Lutter contre le réchauffement climatique est d'une importance cruciale, aussi bien pour l'environnement que pour l'Humanité.

(B) La lutte contre le réchauffement climatique n'est pas seulement une question d'environnement, mais également une question sociale.

(C) Beaucoup d'économistes estiment qu'il n'est pas très rentable de lutter contre le réchauffement climatique à cause des coûts élevés.

(D) Les économistes sont unanimes sur le fait qu'il existe des solutions économiques pour lutter contre le réchauffement climatique.

(E) La lutte contre le réchauffement climatique se réalisera en fonction des choix personnels de chaque individu, selon l'importance accordée à la vie humaine.

TEXTE 2

Pas plus à Pékin qu'à Paris, « la politique ne se fait pas à la Bourse », comme disait le général de Gaulle. La chute des bourses de Hongkong, Shanghai ou Shenzhen n'est donc guère plus représentative de la faiblesse chinoise que leur flambée ces douze derniers mois (+ 152 % entre juin 2014 et juin 2015) ne reflétait l'éclatante santé présumée de l'économie... N'oublions pas que les places financières de Paris, Londres ou Berlin grimpaient au moment même où l'Allemagne, la France ainsi que leurs porte-flingues de la Banque Centrale Européenne (BCE) et du Fonds Monétaire International (FMI) imposaient un plan inique et notoirement inefficace à la Grèce. Comme signe de dynamisme économique, il y a mieux que les places financières. (Question 8).

En revanche, les remous boursiers ébranlent quelques certitudes en Chine même. Une partie des couches moyennes ayant fait le choix de la Bourse contre le placement dans les banques découvre soudain « *l'exubérance irrationnelle* » des forces du marché, naguère relevée par Alan Greenspan, l'ancien Président de la Réserve fédérale des États-Unis. « *Je suis devenu une autre personne* [lorsque j'ai commencé à investir en Bourse], raconte Franck Feng, un jeune journaliste spécialiste de la finance. *(...) Quand les indices ont chuté, cela m'a effrayé. Pendant plusieurs jours, j'étais dépressif et je regrettais tant mon action que je ne faisais plus rien et ne disais plus rien.* » Le témoignage de ce jeune boursicoteur qui, lors du précédent trou d'air, avait perdu 60 000 yuans (près de 9 000 euros, plusieurs mois de salaire), est publié, avec d'autres, dans le très officiel *Global Times* du 14 juillet dernier ; il en dit long sur le sentiment général de la population. La blogosphère est envahie de témoignages d'employés, de petits entrepreneurs ou de retraités qui ont vu leurs économies s'envoler et accusent le gouvernement d'immobilisme ! Certains de ces joueurs — qui ont visiblement confondu la Bourse et le *mah-jong* — ont placé leur argent à découvert. Or, les placements à découvert sont pourtant en principe encadrés par les autorités chinoises.

Question 6. Quel est le message de l'auteur au travers de ce texte ?

(A) Les hommes politiques sont les seuls à pouvoir mener une politique économique efficace pour la population.

(B) Il n'existe pas de corrélation entre les activités boursières, les activités macroéconomiques et les activités d'un épargnant.

(C) Les organisations internationales sont indirectement responsables des variations boursières et donc des déséquilibres économiques mondiaux.

(D) La Bourse n'est pas un reflet exact de l'économie réelle et peut s'avérer trompeuse pour les financiers non aguerris.

(E) La Bourse a depuis toujours été soumise à des bulles et des krachs, conduisant à des joies intenses et des déceptions extrêmes.

Question 7. Que signifie l'expression « porte-flingues » utilisée dans le texte ?

(A) Une entité/personne qui est indépendant d'une autre entité/personne.

(B) Une entité/personne qui est dépendante d'une autre entité/personne.

(C) Une entité/personne qui sert de modèle à d'autres entités/personnes.

(D) Une entité/personne qui prend des décisions à la place d'autres entités/personnes.

(E) Une entité/personne qui exécute les décisions d'autres entités/personnes.

Question 8. Quelle proposition conviendrait le mieux au lieu de « Question 8 » dans le texte ?

(A) En effet, le meilleur indicateur de la santé économique d'un pays reste le niveau de richesse de la classe moyenne.

(B) En bref, plus les acteurs économiques investissent des montants importants en bourse, plus la probabilité de faire une plus-value est importante.

(C) Ainsi, de nombreux doutes subsistent concernant l'influence de la sphère financière sur les décisions politiques d'ordre économique.

(D) En somme, si les bourses ne cessent de grimper et donc de profiter à certains, on ne peut pas en dire autant pour tous les investisseurs.

(E) La question se pose de savoir si les institutions internationales n'ont pas tendance à soutenir indirectement les places boursières plutôt que l'économie réelle.

Question 9. Que signifie l'expression « placement à découvert » utilisée par l'auteur ?

(A) Placer son argent sur des valeurs volatiles.

(B) Spéculer.

(C) Gagner de l'argent en Bourse.

(D) Placer de l'argent que l'on a emprunté.

(E) Placer l'argent que l'on a gagné auparavant en Bourse.

Question 10. Parmi les propositions suivantes, laquelle serait la meilleure conclusion du texte ?

(A) L'économie chinoise est en danger.

(B) Les dangers de la Bourse pour l'économie chinoise.

(C) L'économie chinoise court un vrai risque de surendettement des ménages.

(D) La crise chinoise est passagère.

(E) Il serait abusif de parler de crise en Chine.

TEXTE 3

À peine entre-t-on dans cette cité que l'on est étourdi par le fracas d'une machine bruyante et terrible en apparence. Vingt marteaux pesants, et retombant avec un bruit qui fait trembler le pavé, sont élevés par une roue que l'eau du torrent fait mouvoir. Chacun de ces marteaux fabrique, chaque jour, je ne sais combien de milliers de clous. Ce sont de jeunes filles fraîches et jolies qui présentent aux coups de ces marteaux énormes les petits morceaux de fer qui sont rapidement transformés en clous. Ce travail, si rude en apparence, est un de ceux qui étonnent le plus le voyageur qui pénètre pour la première fois dans les montagnes qui séparent la France de l'Helvétie. Si, en entrant à Verrières, le voyageur demande à qui appartient cette belle fabrique de clous qui assourdit les gens qui montent la grande rue, on lui répond avec un accent traînard : Eh ! Elle est à M. le Maire.

Pour peu que le voyageur s'arrête quelques instants dans cette grande rue de Verrières, qui va en montant depuis la rive du Doubs jusque vers le sommet de la colline, il y a cent à parier contre un qu'il verra paraître un grand homme à l'air affairé et important.

À son aspect tous les chapeaux se lèvent rapidement. Ses cheveux sont grisonnants, et il est vêtu de gris. Il est chevalier de plusieurs ordres, il a un grand front, un nez aquilin, et au total sa figure ne manque pas d'une certaine régularité : on trouve même, au premier aspect, qu'elle réunit à la dignité du maire de village cette sorte d'agrément qui peut encore se rencontrer avec quarante-huit ou cinquante ans. Mais bientôt le voyageur parisien est choqué d'un certain air de contentement de soi et de suffisance mêlé à je ne sais quoi de borné et de peu inventif. On sent enfin que le talent de cet homme-là se borne à se faire payer bien exactement ce qu'on lui doit, et à payer lui-même le plus tard possible quand il doit.

Tel est le maire de Verrières, M. de Rênal. Après avoir traversé la rue d'un pas grave, il entre à la mairie et disparaît aux yeux du voyageur. Mais, cent pas plus haut, si celui-ci continue sa promenade, il aperçoit une maison d'assez belle apparence, et, à travers une grille de fer attenante à la maison, des jardins magnifiques. Au-delà c'est une ligne d'horizon formée par les collines de la Bourgogne, et qui semble faite à souhait pour le plaisir des yeux. Cette vue fait oublier au voyageur l'atmosphère empestée des petits intérêts d'argent dont il commence à être asphyxié.

On lui apprend que cette maison appartient à M. de Rênal. C'est aux bénéfices qu'il a faits sur sa grande fabrique de clous, que le maire de Verrières doit cette belle habitation en pierres de taille qu'il achève en ce moment. Sa famille, dit-on, est espagnole, antique, et, à ce qu'on prétend, établie dans le pays bien avant la conquête de Louis XIV.

Depuis 1815 il rougit d'être industriel : 1815 l'a fait maire de Verrières. Les murs en terrasse qui soutiennent les diverses parties de ce magnifique jardin, qui, d'étage en étage, descend jusqu'au Doubs, sont aussi la récompense de la science de M. de Rênal dans le commerce du fer.

Ne vous attendez point à trouver en France ces jardins pittoresques qui entourent les villes manufacturières de l'Allemagne, Leipsig, Francfort, Nuremberg, etc. En Franche-Comté, plus on bâtit de murs, plus on hérisse sa propriété de pierres rangées les unes au-dessus des autres, plus on acquiert de droits aux respects de ses voisins.

Le Rouge et le noir – Stendhal

Question 11. À quel élément Monsieur de Rênal est-il le plus rattaché ?

(A) La mairie de Verrières.

(B) La fabrique de clous.

(C) La ville de Verrières.

(D) Son air suffisant et peu inventif.

(E) La famille de Louis XIV.

Question 12. Quelle figure de style est utilisée à travers l'expression « Tous les chapeaux se lèvent. » ?

(A) La métaphore.

(B) L'hyperbole.

(C) L'oxymore.

(D) La synecdoque.

(E) Aucune réponse ne convient.

Question 13. Quel est le message indirect/implicite de l'auteur à travers cet extrait ?

(A) Monsieur de Rênal est un bon maire qui a bâti une belle ville.

(B) Monsieur de Rênal est un exemple de réussite sociale et professionnelle.

(C) Monsieur de Rênal est un personnage fictif du XIXe siècle.

(D) Les villes de province sont autant développées que la capitale de la France.

(E) Monsieur de Rênal est l'exemple du bourgeois de province vaniteux.

Question 14. De quel type de texte s'agit-il ?

(A) Une biographie.

(B) Une satire.

(C) Un pamphlet.

(D) Un article de presse.

(E) Un compte-rendu.

Question 15. Quel est le titre le plus adapté à ce texte ?

(A) Politique et affaires font bon ménage.

(B) Les inégalités dans la société de l'Ancien Régime.

(C) La vie quotidienne d'un bourgeois provincial.

(D) Le quotidien du maire de Verrières.

(E) Les inégalités entre la bourgeoisie et le peuple.

2 CALCUL

CONSIGNES

15 questions	20 minutes	Calculatrice interdite	Chronomètre recommandé

BARÈME

Bonne réponse : +4 points	Aucune réponse : 0 point	Mauvaise réponse : –1 point

Question 16. Un orchestre composé de jeunes de 14 à 18 ans interprète en concert la *Symphonie du nouveau monde* de Berlioz. Par manque de pratique, 10 % des notes jouées sont fausses. Lors de la répétition générale, le chef d'orchestre a fait jouer séparément les instruments à cordes et les vents pour découvrir que les cordes jouent 25 % de notes fausses contre 5 % pour les vents. Sachant qu'il n'y a que deux types d'instruments dans cet orchestre, laquelle des affirmations suivantes est certaine ?

(A) Il y a deux fois plus de cordes que de vents.
(B) Il y a deux fois plus de vents que de cordes.
(C) Il y a trois fois plus de cordes que de vents.
(D) Il y a trois fois plus de vents que de cordes.
(E) Il y a le même nombre de cordes que de vents.

Question 17. X et Y sont deux entiers positifs et $\frac{X}{Y} = Z$, avec $Z > 1$.
Parmi les valeurs suivantes, laquelle est la plus petite ?

(A) $Y \times Z$
(B) $X \times Z$
(C) X^2
(D) $X \times Y \times Z$
(E) Il est impossible de savoir.

Question 18. Un rectangle ABCD est découpé en 4 rectangles comme le montre la figure. Les périmètres de 3 de ces rectangles sont 11, 16 et 19 cm.
Sachant que le quatrième rectangle n'est ni le plus petit ni le plus grand, quel est le périmètre de ABCD ?

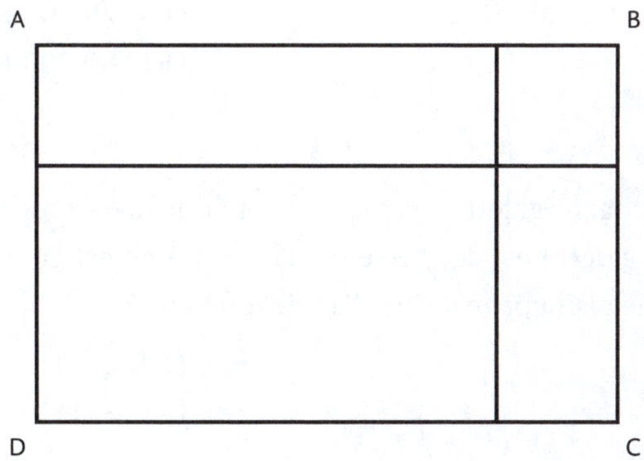

(A) 28 cm
(B) 30 cm
(C) 32 cm
(D) 34 cm
(E) 36 cm

Question 19. Si une pizza de 10 cm de rayon permet de nourrir 9 personnes, combien de personnes une pizza de 30 cm de rayon permettrait-elle de nourrir ?

(A) 27
(B) 36
(C) 63
(D) 72
(E) 81

Question 20. Stéphane reçoit un cadeau dont le paquet, de forme cubique, s'ouvre sous la forme du patron d'un cube. Le patron a une aire de 54 dm^2. Quel est son périmètre ?

(A) 42 dm
(B) 40 dm
(C) 38 dm
(D) 36 dm
(E) 34 dm

Question 21. La somme des âges de Bernard, Adrien et Guillaume est de 72. Adrien a 10 ans de plus que Bernard et Bernard a 4 ans de plus que Guillaume. Quel est l'âge de Guillaume ?

(A) 16 ans
(B) 18 ans
(C) 20 ans
(D) 22 ans
(E) 24 ans

Question 22. Un particulier achète deux tableaux de maître au même prix. Au bout d'un an, il revend le premier avec une plus-value de 15 %. Trois ans plus tard, il revend l'autre avec une moins-value de 10 %. Sur l'ensemble des deux ventes, la plus-value s'élève à 3 750 €.

À quel prix ce particulier a-t-il acheté un tableau ?

(A) 60 000 €
(B) 65 000 €
(C) 70 000 €
(D) 75 000 €
(E) 80 000 €

Question 23. Au dîner, chaque galette des rois contient une fève et on donne une part à chaque personne. La première galette est coupée en 4, la deuxième est coupée en 6 et la troisième est coupée en 12. Quelle est la probabilité d'avoir une fève ?

(A) 6/12
(B) 7/18
(C) 3/22
(D) 6/21
(E) 3/14

Question 24. Jean part en vacances avec Caroline. Leur voiture de sport dispose d'un réservoir de 60 litres, grâce auquel ils peuvent parcourir 400 kilomètres en roulant à 120 km/h de moyenne. En arrêtant la climatisation, ils réduisent leur consommation d'essence d'un cinquième. Si le réservoir n'est rempli qu'aux trois cinquièmes, combien de kilomètres peuvent-ils parcourir en roulant à 120 km/h de moyenne sans la climatisation ?

(A) 250 km
(B) 280 km
(C) 300 km
(D) 330 km
(E) 333 km

Question 25. L'énergie du Tagistan provient à 45 % du charbon, à 40 % du gaz et le reste de 450 moulins à vent. Les experts estiment que la demande d'énergie va augmenter de 20 % l'année prochaine. Cependant, l'année prochaine, la production de charbon va baisser de 20 % et la production de gaz va baisser de 10 %.

Combien faudra-t-il construire de moulins à vent pour satisfaire les besoins énergétiques du Tagistan ?

(A) 400
(B) 512
(C) 624
(D) 990
(E) 1 440

Question 26. Un couple a 2 enfants. Sachant qu'un des enfants n'est pas une fille, quelle est la probabilité que l'autre enfant ne soit pas une fille non plus ?

(A) 1/3
(B) 1/4
(C) 2/3
(D) 1/2
(E) 3/4

Question 27. Je suis assis sur une table ronde. Félicie est 5e à ma droite et 7e à ma gauche. Combien sommes-nous à table ?

(A) 11
(B) 12
(C) 13
(D) 14
(E) 15

Question 28. Andrea nourrit son poisson rouge deux fois par jour. Elle verse une cuillère de 5 grammes de nourriture à chaque fois dans l'aquarium. Andrea compte acheter 3 poissons supplémentaires.
Quelle sera alors la quantité de nourriture nécessaire pour ses poissons par semaine ?

(A) 40 grammes
(B) 150 grammes
(C) 140 grammes
(D) 280 grammes
(E) 300 grammes

Question 29. Charles dépense 3 400 € par mois, Eugénie dépense 6 900 € par trimestre et Adrien dépense 30 000 € par an. Quelle est la moyenne annuelle de leurs dépenses ?

(A) 30 700 €
(B) 32 800 €
(C) 35 600 €
(D) 36 900 €
(E) 38 400 €

Question 30. Si 12 personnes privatisent un bateau, chaque personne doit payer 10 euros. Si N personnes ne viennent pas, alors chacun devra payer 15 euros pour compenser et atteindre la somme demandée. Que vaut N ?

(A) 3
(B) 4
(C) 5
(D) 6
(E) 7

3 RAISONNEMENT ET ARGUMENTATION

CONSIGNES

15 questions	20 minutes	Calculatrice interdite	Chronomètre recommandé

BARÈME

Bonne réponse : +4 points	Aucune réponse : 0 point	Mauvaise réponse : –1 point

Question 31. Chaque année, à partir de la mi-août, des enseignants appartenant à différents mouvements pédagogiques se réunissent pour des stages ou rencontres d'été, où leurs débats préfigurent souvent les enjeux de la prochaine rentrée scolaire. Cette année, les réformes du collège et des programmes suscitent de vives controverses.

Parmi les propositions suivantes, laquelle est la meilleure conclusion du paragraphe ?

(A) Les enseignants entendent donc s'opposer au gouvernement sur les nouvelles réformes.
(B) Ainsi, la rentrée sera tendue.
(C) Les colloques qui réunissent les enseignants en août donnent le ton de la rentrée.
(D) Fin août, les enseignants ont donc commencé à se réunir pour discuter de cette nouvelle année.
(E) Les récentes réformes du collège sont ainsi très controversées.

Question 32. Avec le numérique, notre capitalisme contemporain est en train de vivre l'une de ses transformations historiques majeures. Une véritable révolution, de celles qui bousculent le monde d'avant, bâtissent les nouvelles richesses et laissent les perdants sur le carreau. Aujourd'hui comme hier, ce capitalisme peut investir, créer des emplois, donner du pouvoir d'achat et servir au plus grand nombre, à condition qu'il soit politiquement régulé. Car ses tendances naturelles le poussent à une forte concentration des pouvoirs et à s'affranchir de toute protection sociale.

Quelle affirmation contredit la thèse de l'auteur ?

(A) Le capitalisme doit être libéré de toute contrainte pour être économiquement et socialement efficace.
(B) Historiquement, le capitalisme n'a pas connu de transformations numériques majeures.
(C) La croissance peut profiter à tous si le capitalisme est régulé par le monde politique.
(D) La protection sociale est probablement conciliable avec le capitalisme d'aujourd'hui.
(E) Le capitalisme contemporain, fondé sur le numérique, ne peut pas créer d'emplois dans le futur.

Question 33. À quelques semaines de la rentrée scolaire, certaines familles américaines s'inquiètent de voir les listes de fournitures s'allonger.

Le *Washington Post* fait remarquer que de plus en plus d'écoles publiques comptent sur les élèves pour équiper les salles de classe, en leur demandant d'apporter du papier pour les photocopies, du désinfectant pour les mains, des pansements et même parfois leur propre papier-toilette.

Laquelle de ces propositions est présupposée par le texte ?

(A) Les écoles publiques américaines demandent à leurs élèves d'équiper leurs établissements.
(B) Le budget alloué aux écoles publiques américaines est insuffisant.
(C) De moins en moins de familles américaines envoient leurs enfants dans des écoles publiques.
(D) Le niveau d'équipement des écoles publiques américaines se détériore.
(E) Le *Washington Post* rapporte que les listes de fournitures s'allongent.

Question 34. Paul et Pierre sont suspectés d'avoir tué le facteur de leur village. Le commissaire a mené son enquête à bien mais, au tribunal, on ne sait pas s'il ment ou s'il dit la vérité. Il déclare :

(1) « Paul est coupable. »
(2) « Paul et Pierre ne sont pas complices. »

Laquelle de ces situations est vraie ?

(A) Paul est coupable, Pierre est innocent, l'inspecteur ment.
(B) Paul est coupable, Pierre est innocent, l'inspecteur dit vrai.
(C) Paul est innocent, Pierre est innocent, l'inspecteur dit vrai.
(D) Paul est innocent, Pierre est coupable, l'inspecteur dit vrai.
(E) Paul et Pierre sont coupables et l'inspecteur ment.

Question 35. Lors d'un déjeuner en famille, il y a huit convives autour de la table rectangulaire, dont deux en bout de table et trois de chaque côté de la table. Georges est juste à gauche de sa femme Christine. Ni Jeanne ni Lucile ne sont à côté de Georges. Claude est juste à côté d'Elisabeth et en face de Paul. Enfin, Jeanne et Lucile sont en bout de table. Vincent occupe la place restante.

Parmi les propositions suivantes, laquelle est forcément vraie ?

(A) Vincent est juste à côté de Lucile.
(B) Claude est juste à côté de Jeanne.
(C) Vincent est en face de Christine.
(D) Claude est juste à côté de Lucile.
(E) Georges est en face de Paul.

Question 36. Que signifie l'expression « Montrer patte blanche » ?

(A) Prouver son innocence lorsque l'on est accusé.
(B) Prouver son identité.
(C) Donner le mot de passe.
(D) Donner son alibi.
(E) Donner un signe de reconnaissance.

Question 37. [...] S'y ajoute cette année l'action de plusieurs moteurs océaniques de la machine climatique. Le premier d'entre eux est le phénomène El Niño, qui revient tous les trois à sept ans et qui se caractérise par un réchauffement des eaux du Pacifique équatorial. Il avait été particulièrement intense en 1998, ce qui explique en partie la fournaise observée cette année-là. En 2014, en revanche, il ne s'était pas manifesté, rendant d'autant plus remarquable le record de chaleur de l'an passé.

Quelle affirmation s'oppose à la pensée de l'auteur ?

(A) La présence d'El Niño n'a pas toujours d'impact sur la température terrestre.
(B) Certains épisodes de chaleur sont expliqués par la présence d'El Niño.
(C) El Niño est un phénomène océanique du Pacifique oriental qui impacte la température mondiale.
(D) El Niño est un phénomène océanique régulier mais qui ne revient pas tous les ans.
(E) Plusieurs autres phénomènes qu'El Niño ont des effets sur la température du globe.

Question 38. Un Français, un Belge et un Allemand décident de faire une course à vélo. Après 30 km, le Français est devant le Belge mais derrière l'Allemand. Entre le 30e et le 50e km, le Français et l'Allemand se sont dépassés 9 fois et le Belge et l'Allemand se sont dépassés 6 fois. Le classement reste le même jusqu'à l'arrivée.

Qui est arrivé 2e de cette course ?

(A) Le Français
(B) L'Allemand
(C) Le Belge
(D) Soit l'Allemand, soit le Belge
(E) Soit le Français, soit l'Allemand

Question 39. Les études sur les retombées de tels événements sont souvent peu fiables et les meilleures que je connaisse n'ont jamais prouvé de rentabilité sociale positive. En clair, au mieux, si vous investissez 1, les JO rapportent 1. Les principaux gagnants sont les grandes entreprises du BTP et, dans une moindre mesure, l'hôtellerie. (...)

Au total, il faut s'attendre au maximum à une hausse de 0,1 % du produit intérieur brut (PIB) de la France si Paris était retenue, car il faut tenir compte des retombées «négatives», ce qui est rarement le cas dans les estimations pro-candidature.

Quelle affirmation soutient le plus la thèse de l'auteur ?

(A) Les JO sont une compétition dont il est difficile de calculer le retour sur investissement.

(B) Personne n'est certain que les JO aient un impact positif sur l'économie d'un pays.

(C) Les JO nécessitent des investissements importants qui bénéficient aux entreprises du BTP.

(D) Il est possible que les JO aient un impact économique positif très minime.

(E) Les JO engendrent d'importantes externalités négatives.

Question 40. Pour assurer une plus grande convergence et une gouvernance réellement efficace de la zone Euro, nous avons besoin d'instruments financiers. L'histoire de la construction européenne a souvent parcouru ce chemin. C'est le doublement des crédits alloués aux fonds structurels qui a permis à Jacques Delors de convaincre les États membres de créer le marché unique. [...]

Parmi les propositions suivantes, laquelle peut remplacer les pointillés ?

(A) Les États membres devaient en effet marquer leur interdépendance les uns par rapport aux autres.

(B) La compétition européenne ne pouvait se détacher de la cohésion et de la solidarité.

(C) Les échanges commerciaux devront passer par une Europe plus solide et plus unie.

(D) L'Europe doit passer à nouveau par une crise afin de structurer son développement.

(E) L'Europe doit effectivement se construire en faisant de la dimension fédérale une dimension prépondérante.

Question 41. En avril prochain, on comptera 3 mardis impairs.

Quel jour tombera le 19 de ce mois ?

(A) jeudi ou samedi.

(B) mercredi.

(C) jeudi.

(D) vendredi.

(E) samedi.

Question 42. On dispose 4 cartes sur une table de jeu. Ces cartes possèdent une lettre différente sur chacune des faces. Si une carte a un P sur une face, alors elle a un S sur l'autre face. Quelles cartes faut-il retourner pour être sûr que la règle soit appliquée ?

A	S	J	P

(A) P et S.

(B) P, S et A.

(C) A, S, J et P.

(D) A et S.

(E) P, J et A.

Question 43. Au cours d'une réunion de famille, le collier de Marie a été volé. On sait que Robin est le voleur et est par la même occasion le fils de la sœur du neveu de l'oncle de Marie.

Quel lien de parenté unit Marie et le voleur ?

(A) On ne peut pas savoir.
(B) Son petit-fils.
(C) Son oncle.
(D) Son neveu.
(E) Son fils.

Question 44. Le fils de cet homme est le père de mon fils. Sachant que je ne suis pas une femme, qui est cet homme pour moi ?

(A) Mon frère.
(B) Mon oncle.
(C) Mon père.
(D) Mon beau-père.
(E) Mon beau-fils.

Question 45. Martin est boucher. Il préside la table ronde (avec 4 places aux 4 points cardinaux de la table) réunissant les commerçants de la rue où se trouvent aussi une épicerie, une boulangerie et un barbier. On sait que :

- Martin est assis à gauche de Julie.
- Rose est à droite du responsable de l'épicerie.
- Guillaume, assis en face de Julie, n'est pas le boulanger.

Laquelle des affirmations suivantes est vraie ?

(A) Guillaume est épicier.
(B) Martin est assis à gauche de Guillaume.
(C) Julie est assise en face de Rose.
(D) Rose est boulangère.
(E) Guillaume n'est pas barbier.

TAGE MAGE® N° 6

4 CONDITIONS MINIMALES

CONSIGNES

15 questions	20 minutes	Calculatrice interdite	Chronomètre recommandé

BARÈME

Bonne réponse : +4 points	Aucune réponse : 0 point	Mauvaise réponse : –1 point

(A) **L'information 1 seule est suffisante** pour répondre à la question.
L'information 2 seule est insuffisante pour répondre à la question.
(B) **L'information 2 seule est suffisante** pour répondre à la question.
L'information 1 seule est insuffisante pour répondre à la question.
(C) **Les informations 1 et 2 ensemble sont suffisantes** pour répondre à la question.
L'information 1 seule ou l'information 2 seule est insuffisante pour répondre à la question.
(D) **L'information 1 seule est suffisante** pour répondre à la question.
L'information 2 seule est suffisante pour répondre à la question.
(E) **Les informations 1 et 2 ensemble sont insuffisantes** pour répondre à la question.
L'information 1 seule ou l'information 2 seule est insuffisante pour répondre à la question.

Question 46. Un chariot de transport a 4 roues. Les roues avant sont plus petites que les roues arrière. Combien de tours les petites roues feront-elles de plus que les grandes roues sur le parcours ?

(1) Les petites roues mesurent 0,45 m de rayon.
(2) Les grandes roues mesurent 0,75 m de rayon.

Question 47. Quelle est la valeur de $(3X - 5) \times (3X + 5) - 6X^2 + 3$?

(1) $19X + 11 = 0$.
(2) $X^2 = \dfrac{121}{361}$

Question 48. La moyenne de X, Y et Z est-elle égale à Z ?

(1) $Z - X = Z + Y$.
(2) $Z = 0$.

Question 49. Une urne contient autant de boules blanches que de boules noires. Combien y a-t-il de boules blanches dans cette urne ?

(1) S'il y avait 2 fois plus de boules blanches, l'urne contiendrait 36 boules au total.

(2) S'il y avait 2 fois plus de boules blanches, il y en aurait 2 fois plus que de boules noires.

Question 50. Romain a oublié le code de la porte d'entrée de son immeuble, composé de cinq éléments : chiffres (de 0 à 9) ou lettres (A, B, C ou X).
Quel est le nombre de combinaisons possibles ?

(1) Une même lettre ne peut pas figurer deux fois.

(2) Il y a une seule lettre (A ou X) dans le code et les chiffres ne peuvent pas être répétés.

Question 51. Dans un étang, il n'y a que des gardons et des carpes. Il y a 24 carpes, soit les trois quinzièmes du nombre total de poissons dans l'étang. Un pêcheur arrive et attrape un cinquième des poissons. Combien de gardons reste-il dans l'étang après le passage du pêcheur ?

(1) Après le passage du pêcheur, il y a une carpe pour cinq gardons.

(2) Le nombre de poissons après le passage du pêcheur est égal au nombre de gardons avant son arrivée.

Question 52. Deux tuyaux A et B sont utilisés pour remplir une baignoire. Lorsqu'on utilise uniquement le tuyau A, la baignoire est remplie en 10 minutes. Combien de temps faudra t-il pour remplir la baignoire en utilisant conjointement les tuyaux A et B ?

(1) Le débit du tuyau B est égal à 19 litres/minute de plus que celui du tuyau A.

(2) La baignoire est remplie en 5 minutes lorsqu'on utilise uniquement le tuyau B.

Question 53. Paul dispose d'un aquarium parallélépipédique de 2 mètres de long et 80 centimètres de hauteur. Paul y place un petit coffre de 40 kg qui fait des bulles. Quel est le volume occupé par ce petit coffre ?

(1) Le niveau d'eau est monté de 0,5 m.

(2) Le petit coffre a une masse volumique de 8 g/cm^3.

Question 54. Jean effectue l'aller-retour entre son domicile et sa maison de campagne.

Le temps de trajet sera-t-il inférieur à 3 heures ?

(1) La vitesse moyenne de Jean sur son retour est 1/3 supérieure à sa vitesse à l'aller.

(2) Jean a mis 2 heures pour parcourir l'aller.

Question 55. Soient X, Y et Z des réels strictement positifs. A-t-on $X \times Y > Z$?

(1) $X \geq Y$

(2) $Y^2 \geq Z$

Question 56. Combien Julie a-t-elle acheté de boîtes de macarons ?

(1) Avec 5 fois plus d'argent, Julie aurait pu acheter 8 boîtes de macarons de plus.

(2) Avec 10 euros de plus, Julie aurait pu acheter 2 boîtes de macarons de plus.

Question 57. Sachant que A et b sont des entiers non nuls, le terme $A^b + 4^A$ est-il pair ?

(1) b est impair.

(2) A est pair.

Question 58. Franck est plus grand que Simon et Caroline est plus grande que Naomie. Simon est-il plus grand que Naomie ?

(1) Caroline est plus petite qu'Antoine.

(2) Simon est plus petit que Caroline.

Question 59. Les participants d'un jeu télévisé doivent choisir 2 boîtes parmi 10 boîtes numérotées de 1 à 10. Combien y a-t-il de participants ?

(1) Les participants ont tous choisi un couple de boîtes différent.

(2) Toutes les combinaisons possibles de couples de boîtes ont été sélectionnées.

Question 60. La moyenne de l'âge de Marie et de celui de Charles est de 35 ans. Marie, qui est la plus jeune, a-t-elle plus de 30 ans ?

(1) Charles a plus de 40 ans.

(2) L'écart d'âge entre Marie et Charles est de 20 ans.

TAGE MAGE® N° 6

5 EXPRESSION

CONSIGNES

15 questions	20 minutes	Calculatrice interdite	Chronomètre recommandé

BARÈME

Bonne réponse : +4 points	Aucune réponse : 0 point	Mauvaise réponse : –1 point

Question 61. Choisissez les reformulations dont le sens se rapproche le plus des passages soulignés.

« Vos propos me choquent et sont, de toute évidence, diffamatoires ! Je n'exclus pas de vous poursuivre en justice et je compte bien être dédommagé »

(A)	Entièrement faux	Dénoncer	Payé
(B)	Médisants	Traduire	Compensé
(C)	Dénué de fondements	Attaquer	Remboursé
(D)	Absurdes	Charger	Rémunéré
(E)	Calomniateurs	Assigner	Indemnisé

Question 62. Grâce au théorème de [...] , il avait émis [...] que [...] mesurait 10 cm.

(A)	Pytagore	L'hypothèse	L'hypoténuse
(B)	Pythagore	L'hypothèse	L'hypothénuse
(C)	Pytagore	L'hypothése	L'hipoténuse
(D)	Pythagore	L'hypothèse	L'hypoténuse
(E)	Pythagore	L'hypothése	L'hypoténuse

Question 63. Choisissez les mots dont le sens se rapproche le plus des mots soulignés.

C'est probablement la cinquième fois que vous me racontez cette histoire saumâtre. Je vais finir par croire que vous l'avez montée de toutes pièces.

(A)	Amère	Imaginée
(B)	Mensongère	Romancée
(C)	Désagréable	Fabulée
(D)	Improbable	Rêvée
(E)	Déplaisante	Inventée

Question 64. Choisissez les mots dont le sens se rapproche le plus des mots soulignés.

Le prince a purement et simplement fait une algarade à Swann et lui a fait savoir, comme disaient nos pères, de ne plus avoir à se montrer chez lui.

(A)	Fait une scène à	Anciens
(B)	Passé un savon à	Aïeux
(C)	Fortement réprimandé	Parents
(D)	Fait une remontrance à	Ancêtres
(E)	Fait une crise à	Géniteurs

Question 65. Combien de fautes d'orthographe et de grammaire le passage suivant contient-il ?

Un soit-disant médecin m'a convaincu de lui acheter des plantes aromatiques à un prix exorbitant. C'était assurément un charlatant car ces plantes n'avaient aucun effet et il le savait. J'ai l'impression d'avoir perdu mon argent en lui faisant confiance. Je voudrais le dénoncer mais je ne sais même pas à qui m'addresser.

(A) 1
(B) 2
(C) 3
(D) 4
(E) 5

Question 66. [...] , les murs [...] de l'institut le rendent sombre et austère.

(A)	En l'occurrence	Bleu clair
(B)	En l'occurence	Bleu nuit
(C)	En l'occurrence	Bleu roi
(D)	En loccurrence	Bleu marine
(E)	En l'occurrence	Bleus marine

Question 67. Choisissez la meilleure formulation du point de vue de l'orthographe, de la syntaxe et du style. La proposition A reprend l'énoncé.

« Les banques coulent l'économie grecque et sont incapables de financer l'économie. Malgré qu'elles étaient mieux avant. »

(A) Les banques coulent l'économie grecque et sont incapables de financer l'économie. Malgré qu'elles étaient mieux avant.
(B) Les banques affaiblissent l'économie grecque et n'ont pu financé l'économie grecque et les habitants. Alors qu'elles semblaient solides.
(C) Les banques ne sont pas bonnes pour les grecs. Mais c'est nouveau.
(D) Les banques sont faibles en Grèce et sont incapables d'émettre des financements pour les particuliers et les entreprises. Pourtant, elles semblaient solides avant.
(E) Les banques sont le talon d'Achille de l'économie grecque. Elles ne remplissent plus leur mission, à savoir financer les entreprises et les ménages. À l'automne 2014, elles allaient pourtant mieux et semblaient solides.

Question 68. Choisissez la meilleure reformulation du point de vue de l'orthographe, de la syntaxe et du style. La proposition A reprend l'énoncé.

« Yasmine Hammamet est une ville artificielle très connue en Tunisie. Elle se compose de plusieurs hôtels plus beau les uns que les autres. Elle est à une dizaine de kilomètres au sud de la vieille ville de Hammamet. La mer se trouve à 2 kilomètres. Cette ville artificielle est censée répondre à la demande supposée toujours croissante du tourisme de masse. »

(A) Yasmine Hammamet est une ville artificielle très connue en Tunisie. Elle se compose de plusieurs hôtels plus beau les uns que les autres. Elle est à une dizaine de kilomètres au sud de la vieille ville de Hammamet. La mer se trouve à 2 kilomètres. Cette ville artificielle est censée répondre à la demande supposée toujours croissante du tourisme de masse.

(B) À une dizaine de kilomètres au sud de la vieille ville de Hammamet, Yasmine Hammamet est une enfilade de beaux hôtels sur le front de mer sur 2 kilomètres. Ainsi, la ville artificielle n'arrive plus à répondre à la demande supposée toujours croissante du tourisme de masse.

(C) Le tourisme en Tunisie est de plus en plus croissant et ce malgré de récents troubles. Ainsi Yasmine Hammamet qui se trouve sur 2 kilomètres sur le front de mer est une enfilade d'hôtels et de restaurant très prisées.

(D) À une dizaine de kilomètres au sud de la vieille ville de Hammamet, Yasmine Hammamet est une succession d'hôtels sur le front de mer. Cette ville artificielle est censée répondre à la demande supposée toujours croissante du tourisme de masse.

(E) Le tourisme de masse en Tunisie va mal, très mal. En effet, malgré les faibles prix proposés par les hôtels de Yasmine Hammamet qui est censé répondre à la demande croissante du tourisme de masse, les clients se font rares.

Question 69. Choisissez la meilleure formulation du point de vue de l'orthographe, de la syntaxe et du style. La proposition A reprend l'énoncé.

« De 1990 à 2009, on a assisté bon an mal an, avec des hauts (comme en 1998, après la victoire de la France à la Coupe du monde de football), et des bas (comme en 2005 après les émeutes en banlieue), à une baisse globale du racisme. Cette tendance à la baisse est liée à trois facteurs : l'élévation du niveau d'études, le renouvellement générationnel, le brassage multiculturel ».

(A) De 1990 à 2009, on a assisté bon an mal an, avec des hauts (comme en 1998, après la victoire de la France à la Coupe du monde de football), et des bas (comme en 2005 après les émeutes en banlieue), à une baisse globale du racisme. Cette tendance à la baisse est liée à trois facteurs : l'élévation du niveau d'études, le renouvellement générationnel, le brassage multiculturel.

(B) De 1990 à 2009, on a assisté à une baisse du racisme. Le racisme a fluctué, avec la victoire de 1998 ou les émeutes en banlieue, mais a globalement baissé à cause de l'éducation pour tous, le fait que les générations nouvelles naissent que le métissage progresse.

(C) Entre 20 ans depuis les années 1990, le racisme a, au total, plutôt baissé. Si la victoire en coupe du monde en 1998 constitue un climax, les émeutes de 2005 et voitures brûlées constituent le « bas » de la courbe. Dans tous les cas, mieux instruits, plus jeunes et plus métissés, les français d'origine étrangère ont moins souffert du racisme.

(D) De 1990 à 2009, malgré des fluctuations conjoncturelles (la coupe du monde de 1998 ou les émeutes de 2005), le racisme a baissé. En effet, l'on est moins raciste à l'égard d'étrangers quand ils sont davantage instruits, et plus métissés. De plus, la mort des vieilles générations baisse mécaniquement le taux de racisme de la population.

(E) De 1990 à 2009, le racisme a diminué. Merci les bleus de 1998 ! Toutefois, les voitures brûlées de 2005 ont un peu ébranlé cette dynamique. Toutefois, l'essor de l'éducation et du métissage chez les français d'origine étrangère ont joué un rôle central dans ce phénomène, d'autant plus que les nouvelles générations sont plus tolérantes vis-à-vis des personnes de couleur.

Question 70. Parmi les propositions suivantes, quels sont les intrus ?

1. Ostréiculture – huîtres
2. Mytiliculture – moules
3. Apiculture – guêpes
4. Héliciculture – escargots
5. Conchyliculture – scarabées

(A) 3 + 4 + 5.

(B) 4 + 5.

(C) 3 + 4.

(D) 2 + 3.

(E) 3 + 5.

Question 71. Hier, pour se changer les idées, Jonas et Camille sont allés boire un verre en ville.

Laquelle des figures de style suivantes est utilisée dans la phrase ci-dessus ?

(A) Un chiasme

(B) Un pléonasme

(C) Une litote

(D) Une périphrase

(E) Une métonymie

Questions 72 à 75 : Complétez le texte avec le mot ou l'expression assurant la meilleure cohérence textuelle.

Question 72. (...) peut être à l'origine de problèmes cardiaques.

(A) Le manque d'inactivité

(B) L'absence d'activité

(C) Le trop-peu d'activité

(D) L'excès d'inactivité

(E) L'insuffisance d'activité

Question 73. Guillaume n'a (...) aucune envie de devenir un savant. Il continue (...) à apprendre ses leçons avec ferveur (...) il croit que ses parents l'en aimeraient davantage.

(A)	Toutefois	pour cela	mais
(B)	En effet	toutefois	car
(C)	Surtout	malgré cela	sans qu'
(D)	Absolument	ainsi	car
(E)	Vraiment	toutefois	mais

Question 74. Je pratique l'escalade et le tennis. Alors que le tennis (...) l'esprit de compétition, l'escalade se caractérise par la (...) du dépassement de soi.

(A)	Diminue	recherche
(B)	Accentue	prééminence
(C)	Augmente	proéminence
(D)	Joue sur	totale absence
(E)	Réduit	passion

Question 75. Il fut expulsé de l'école [...] sa tricherie était [...] et [...].

(A)	Du fait que	Avérée	Impardonnable
(B)	Considérant que	Certaine	Louche
(C)	Si ce n'est que	Irréfutable	Intraitable
(D)	À cause de	Injustifiée	Inacceptable
(E)	Car	Prouvée	Mal dissimulée

TAGE MAGE® N° 6

6 LOGIQUE

CONSIGNES			
15 questions	20 minutes	Calculatrice interdite	Chronomètre recommandé

BARÈME		
Bonne réponse : +4 points	Aucune réponse : 0 point	Mauvaise réponse : –1 point

Question 76.

		BO		
EI	GK	?	VZ	NR
		ZV		
		CT		
		DA		

(A) AM (B) OU (C) MQ (D) LP (E) TX

Question 77

			85	
			76	
46	52	04	?	17
			54	
			49	

(A) 72 (B) 27 (C) 63 (D) 28 (E) 61

Question 78.

		618		
		728		
843	216	?	632	427
		146		
		953		

(A) 935 (B) 214 (C) 841 (D) 632 (E) 335

Question 79.

			10	
			64	
13	50	24	?	71
			84	
			61	

(A) 61 (B) 30 (C) 52 (D) 70 (E) 74

Question 80.

	98			
	47			
59	?	97	02	41
	23			
	16			

(A) 52 (B) 29 (C) 53 (D) 31 (E) 57

Question 81.

			AB	
TR	HF	NL	?	ZX
			CC	
			HA	
			FG	

(A) PN (B) BB (C) CA (D) XV (E) AC

Question 82.

	ZET			
	PFX			
	VST			
ESR	?	XPP	COR	KLN
	RPJ			

(A) CAT (B) AQT (C) CAR (D) VQR (E) FOT

Question 83.

07
60
33 63 27 ? 12
80
01

(A) 03 (B) 30 (C) 07 (D) 36 (E) 05

Question 84.

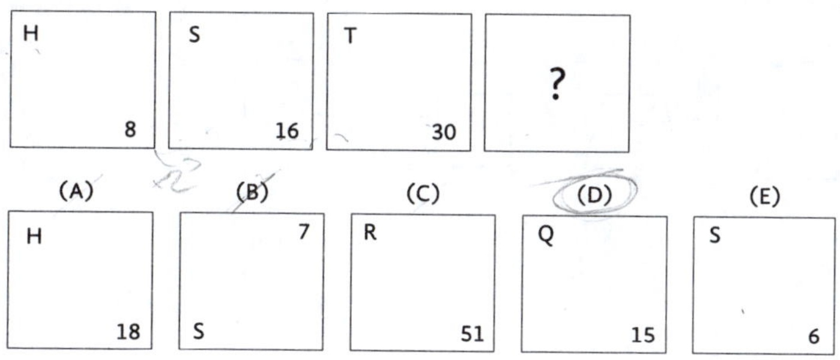

Question 85.

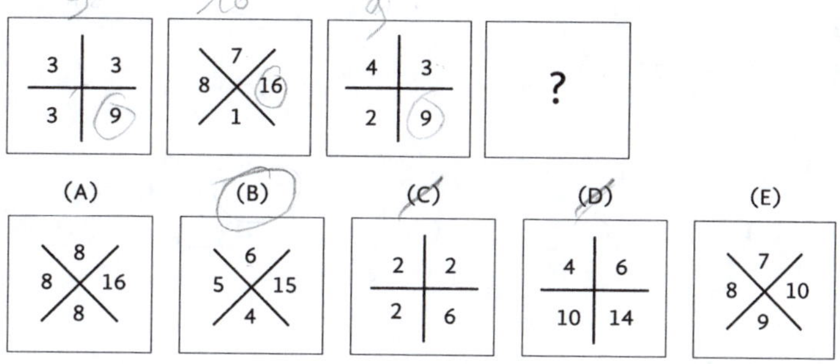

Question 86.

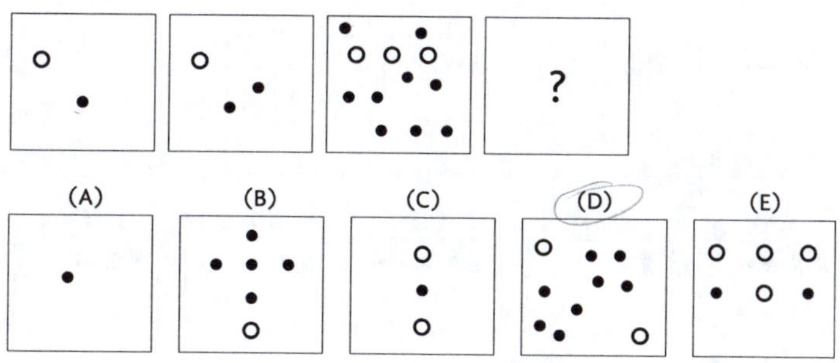

Question 87.

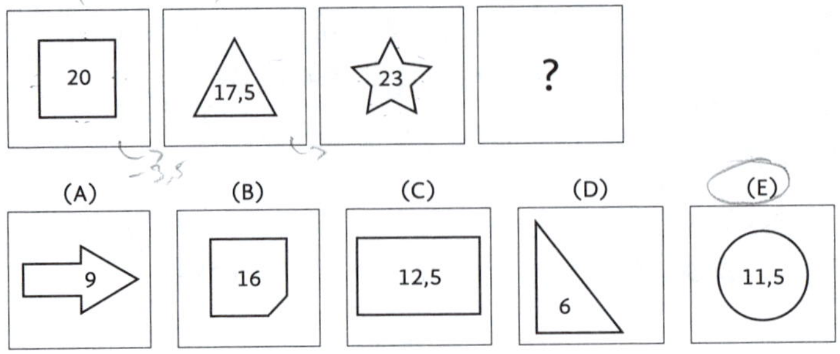

Question 88.

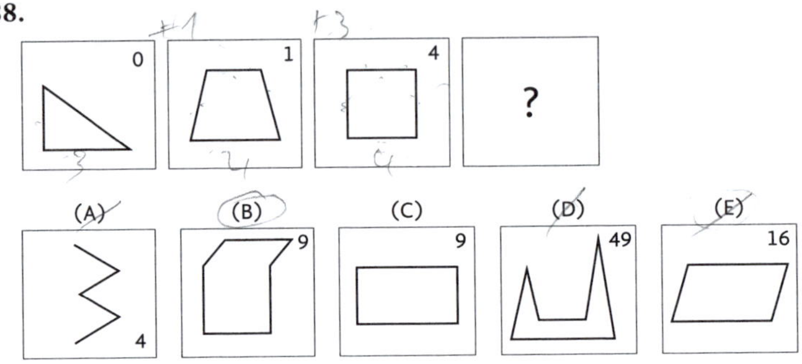

Question 89.

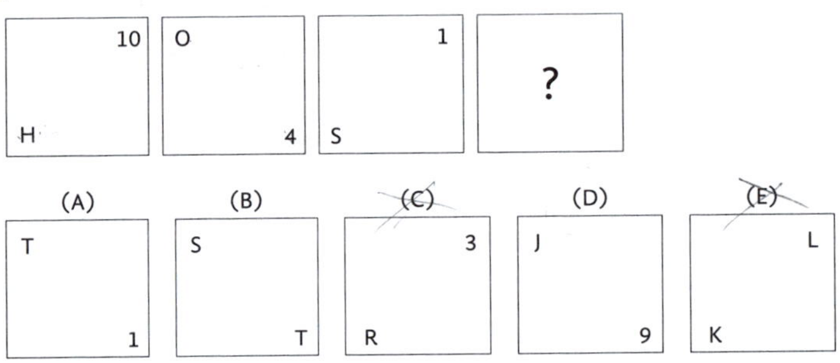

Question 90.

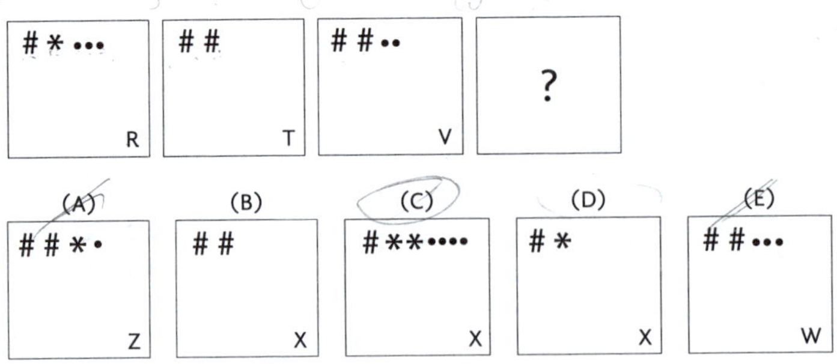

CORRIGÉ TAGE MAGE® N° 6

GRILLE DE RÉPONSES TM N° 6

Difficulté du TAGE MAGE® n°6 : DIFFICILE

C.D.T	**Question**	1	2	3	4	5	6	7	8	9	10	11	12	13	14	15
	Réponse	E	C	B	D	E	D	E	E	D	C	C	D	E	B	C
CALCUL	**Question**	16	17	18	19	20	21	22	23	24	25	26	27	28	29	30
	Réponse	D	A	B	E	A	B	D	C	C	D	A	B	D	B	B
R & A	**Question**	31	32	33	34	35	36	37	38	39	40	41	42	43	44	45
	Réponse	B	A	B	B	C	E	C	B	B	B	E	E	A	C	D
C. M.	**Question**	46	47	48	49	50	51	52	53	54	55	56	57	58	59	60
	Réponse	E	D	C	A	B	A	B	B	C	E	A	B	E	C	D
EXPR.	**Question**	61	62	63	64	65	66	67	68	69	70	71	72	73	74	75
	Réponse	E	D	E	A	C	C	E	D	A	E	E	D	B	B	A
LOG.	**Question**	76	77	78	79	80	81	82	83	84	85	86	87	88	89	90
	Réponse	E	E	D	C	C	C	B	A	E	B	D	E	B	A	C

Toutes les questions sont corrigées en vidéo dans votre espace E-LEARNING sur www.monsieur-tage-mage.com

TAGE MAGE® N° 6

1 CORRIGÉ « COMPRÉHENSION DE TEXTES »

Difficulté	DIFFICILE													
Question	1	2	3	4	5	6	7	8	9	10	11	12	13	14	15
Réponse	E	C	B	D	E	D	E	E	D	C	C	D	E	B	C

TEXTE 1

Question 1 — Réponse E ★★☆☆☆ 15 sec. – 1 min. Fiche 17

Les conséquences du réchauffement climatique sont décrites dans le 1er paragraphe : arrêt de la circulation des eaux océaniques dans l'Atlantique, déglaciation du Groenland et de l'Antarctique et élévation massive du niveau de la mer = **1 + 2 + 4. Réponse E.**

Question 2 — Réponse C ★★★☆☆ 30 sec. – 2 min. Fiche 17

(A) L'auteur semble fataliste sur le fait que le réchauffement climatique entraînera des conséquences dramatiques pour l'Humanité. **Réponse partielle.**

(B) L'auteur considère que les menaces climatiques peuvent se résoudre avec des raisonnements économiques. **Faux.**

(C) L'auteur semble penser que le réchauffement climatique est une menace comme les autres, soumise au raisonnement « coût – bénéfice ». **Bonne réponse.**

(D) L'auteur estime que le réchauffement climatique est une menace immédiate pour l'Humanité et que les économistes ont raison de s'y intéresser. **Faux.**

(E) L'auteur sous-entend que le réchauffement climatique est une menace surestimée par l'Humanité, à cause des choix personnels de chacun. **Faux.**

Bonne réponse : C. L'auteur aborde principalement le réchauffement climatique sous l'aspect économique. Il aborde (via des économistes) la question des potentiels coûts des mesures pour lutter contre le réchauffement climatique versus les bénéfices à en retirer (« *évaluer ces bénéfices requiert que nous déterminions le coût de la réduction de la possibilité d'un avenir catastrophique* »).

Hésitation possible : A. La réponse A n'aborde pas l'aspect « économique » du réchauffement climatique.

Autres réponses : B, D et E. La réponse B est fausse. L'auteur ne considère pas que les raisonnements économiques sont la « solution » au réchauffement climatique. La réponse D est fausse également. L'auteur n'estime pas que le réchauffement climatique est une menace « immédiate » pour l'Humanité. Enfin, la réponse E est fausse. L'auteur affirme bien que le réchauffement climatique est une « grande » menace pour l'Humanité, et qu'elle n'est pas surestimée.

Question 3	Réponse B	★★★☆☆	30 sec. – 2 min.	Fiche 17

(A) En fait, le réchauffement climatique conduit inévitablement à la fin de l'Humanité. **Réponse trop extrême.**

(B) En définitive, chaque vie a un prix. **Bonne réponse.**

(C) En conclusion, la lutte contre le réchauffement climatique dépend des agences de protection environnementale. **Faux.**

(D) Ainsi, il est nécessaire que les pays coopèrent pour lutter contre le réchauffement climatique. **Hors-Sujet.**

(E) En définitive, ce sont les économistes qui feront les politiques de lutte contre le réchauffement climatique. **Faux.**

Bonne réponse : B. En effet, les mesures prises pour lutter contre le réchauffement climatique dépendront « des choix personnels de chacun » (6e paragraphe) et de leur volonté de « payer pour une réduction du risque de mortalité » (6e paragraphe). Donc, chaque vie a un prix.

Hésitations possibles : A, C et E. La réponse A est trop extrême et le terme « inévitablement » est éliminatoire. La réponse C est fausse car ce ne sont pas les agences de protection environnementale qui décideront des politiques à mener. Elles apporteront simplement des données statistiques. La réponse E est fausse car les économistes ne prendront pas de décision mais contribueront à créer des modèles d'analyses.

Autre réponse : D. Le texte n'aborde pas la question de la coopération entre pays.

Question 4	Réponse D	★★★☆☆	30 sec. – 2 min.	Fiche 17

Étant donné que le réchauffement climatique peut mener à la fin de l'Humanité si rien n'est fait (perte infinie), toute décision visant à réduire cette perte est donc forcément infiniment rentable, étant donné que le champ d'action est infini. **Réponse D.**

Question 5	Réponse E	★★★★☆	45 sec. – 3 min.	Fiche 17

(A) Lutter contre le réchauffement climatique est d'une importance cruciale, aussi bien pour l'environnement que pour l'Humanité. **Résumé trop vague.**

(B) La lutte contre le réchauffement climatique n'est pas seulement une question d'environnement, mais également une question sociale. **Faux.**

(C) Beaucoup d'économistes estiment qu'il n'est pas très rentable de lutter contre le réchauffement climatique à cause des coûts élevés. **Faux.**

(D) Les économistes sont unanimes sur le fait qu'il existe des solutions économiques pour lutter contre le réchauffement climatique. **Faux.**

(E) La lutte contre le réchauffement climatique se réalisera en fonction des choix personnels de chaque individu, selon l'importance accordée à la vie humaine. **Bonne réponse.**

Bonne réponse : E. Comme l'indique le dernier paragraphe, ce sont « les choix personnels de chacun » qui détermineront l'intensité de la lutte contre le réchauffement climatique.

Hésitations possibles : B et A. La réponse A est trop vague. L'environnement n'est pas vraiment abordé dans le texte et l'Humanité est un terme trop général. La réponse B est juste sauf le dernier terme « social ». Cet aspect n'est pas étudié dans le texte. Donc, réponse fausse.

Autres réponses : C et D. En aucun cas les économistes n'estiment qu'il n'est pas rentable de lutter contre le réchauffement climatique. Les économistes ne prennent pas position mais analysent la situation (réponse C). La réponse D est fausse car les économistes ne sont pas « unanimes ».

TEXTE 2

Question 6	Réponse D	★★★☆☆	30 sec. – 2 min.	Fiche 17

(A) Les hommes politiques sont les seuls à pouvoir mener une politique économique efficace pour la population. **Faux.**

(B) Il n'existe pas de corrélation entre les activités boursières, les activités macroéconomiques et les activités d'un épargnant. **Réponse approximative.**

(C) Les organisations internationales sont indirectement responsables des variations boursières et donc des déséquilibres économiques mondiaux. **Faux.**

(D) La Bourse n'est pas un reflet exact de l'économie réelle et peut s'avérer trompeuse pour les financiers non aguerris. **Bonne réponse**

(E) La Bourse a depuis toujours été soumise à des bulles et des krachs, conduisant à des joies intenses et des déceptions extrêmes. **Réponse approximative.**

Bonne réponse : D. L'auteur explique dans une première partie que les variations des cours de la Bourse chinoise ne sont pas représentatives des variations de l'économie du pays. Dans une seconde partie, il prend l'exemple d'un investisseur particulier qui a perdu une somme d'argent importante pour illustrer le fait que les nouveaux « boursicoteurs » peuvent se « faire avoir ».

Hésitations possibles : B et E. La réponse B est fausse à cause du terme extrême « n'existe pas ». Aucun élément ne nous indique que ce soit toujours le cas. La réponse E est fausse car il est inexact (à partir des éléments du texte) d'affirmer que la Bourse a depuis « toujours » (terme extrême) été soumise à des bulles et des krachs.

Autres réponses : A et C. La réponse A est fausse. Il est faux (selon le texte) d'affirmer que seuls les politiques sont aptes à mener une politique économique efficace. La réponse C est fausse également : aucun lien n'est établi entre les organisations internationales et les variations de la Bourse. Seul un paradoxe est relevé par l'auteur.

Question 7	Réponse E	★★★☆☆	30 sec. – 1 min.	Fiche 17

« Être le porte flingues de quelqu'un » : Exécuter des décisions à sa demande, sans avoir son mot à dire. C'est le sens de l'expression du texte. **Réponse E.**

Question 8	Réponse E	★★★★☆	30 sec. – 2 min.	Fiche 17

(A) En effet, le meilleur indicateur de la santé économique d'un pays reste le niveau de richesse de la classe moyenne. **Hors-sujet.**

(B) En bref, plus les acteurs économiques investissent des montants importants en bourse, plus la probabilité de faire une plus-value est importante. **Hors-sujet.**

(C) Ainsi, de nombreux doutes subsistent concernant l'influence de la sphère financière sur les décisions politiques d'ordre économique. **Trop général.**

(D) En somme, si les bourses ne cessent de grimper et donc de profiter à certains, on ne peut pas en dire autant pour tous les investisseurs. **Problème stylistique.**

(E) La question se pose de savoir si les institutions internationales n'ont pas tendance à soutenir indirectement les places boursières plutôt que l'économie réelle. **Vrai. Bonne réponse.**

Bonne réponse : E. En effet, le texte affirme que les places boursières ne cessent de grimper mais que les économies réelles sont en décroissance. On peut donc se poser la question de savoir si la BCE et le FMI (« institutions internationales ») ne soutiennent pas indirectement les bourses, au détriment de l'économie réelle.

Hésitations possibles : C et D. La réponse C est fausse car elle est trop générale par rapport à la réponse E. La réponse C est davantage une conclusion ou un résumé mais pas une phrase d'un paragraphe. La réponse D est fausse à cause d'un problème stylistique. En effet, la transition vers le sujet des petits investisseurs/épargnants perdants en bourse se fait avec le terme connecteur de contradiction « En revanche ». La réponse D est elle-même une transition. Il ne peut donc y avoir 2 transitions qui se suivent.

Autres réponses : A et B. Les réponses A et B sont hors-sujet. Aucun élément du texte ne nous permet d'affirmer que le meilleur indicateur de la santé économique d'un pays est la richesse de la classe moyenne. L'auteur mentionne les bourses, le niveau de PIB, un exemple d'épargnant chinois qui a perdu de l'argent investi mais ne fait pas d'analyse économique.

La réponse B est également hors-sujet. Aucune information dans le texte ne confirme cette réponse.

Question 9	Réponse D	★★★☆☆	30 sec. – 2 min.	Fiche 17

« Placer son argent à découvert » signifie placer de l'argent que l'on a emprunté, en espérant que les gains liés à l'investissement boursier compenseront les intérêts dus à la banque. Cette pratique ne préjuge pas des types de placements choisis : on peut très bien placer son argent à découvert pour spéculer, ou bien pour investir sur des valeurs sûres. **Réponse D.**

Question 10	Réponse C	★★★★☆	45 sec. – 3 min.	Fiche 17

(A) L'économie chinoise est en danger. **Conclusion vague.**
(B) Les dangers de la Bourse pour l'économie chinoise. **Titre.**
(C) L'économie chinoise court un vrai risque de surendettement des ménages. **Conclusion. Bonne réponse.**
(D) La crise chinoise est passagère. **Hors-sujet.**
(E) Il serait abusif de parler de crise en Chine. **Faux.**

Bonne réponse : C. L'auteur conclut son propos sur le surendettement des ménages et le risque que représente l'investissement à crédit, en principe encadré.

Hésitations possibles : A et B : « L'économie chinoise est en danger » reprend une partie du propos du texte (la conséquence) sans en expliquer l'autre partie (la cause). Cette réponse est moins précise que la réponse C, donc on élimine la réponse A.
La réponse B est un titre et non une conclusion : un titre peut ne pas comporter de verbe, ce qui n'est pas le cas d'une conclusion.

Autres réponses : D et E. La réponse D est Hors-sujet : le texte ne parle pas de la potentielle disparition de la crise. La réponse E est fausse : l'auteur s'évertue à souligner l'ampleur de la crise en Chine.

TEXTE 3

Question 11	Réponse C	★★☆☆☆	15 sec. – 1 min.	Fiche 17

Bonne réponse : C. Stendhal établit un parallèle permanent entre la ville de Verrières et Monsieur de Rênal : la fabrique de clous, la mairie, la maison, ...

Hésitations possibles : A, B et D. Les réponses A, B et D ne concernent qu'une trop petite partie du texte pour être la bonne réponse. Ce ne sont pas les éléments qui sont le plus **rattachés** à Monsieur Rênal.

Autre réponse : E. La réponse E est hors-sujet. Aucun lien n'est établi entre Monsieur de Rênal et Louis XIV.

Question 12	Réponse D	★★★☆☆	30 sec. – 2 min.	Fiche 17

« Tous les chapeaux se lèvent » est une **synecdoque** (procédé consistant à désigner le tout par une de ses parties). L'expression « Tous les chapeaux » désigne « les habitants de la ville de Verrières ». **Réponse D.**

Hyperbole : Exagération d'une idée pour la mettre en relief. Utile pour l'ironie ou la caricature.
Oxymore : Réunion de 2 mots opposés dans une même expression.

Question 13	Réponse E	★★★★☆	45 sec. – 3 min.	Fiche 17

(A) Monsieur de Rênal est un bon maire qui a bâti une belle ville. **Faux.**
(B) Monsieur de Rênal est un exemple de réussite sociale et professionnelle. **Faux.**
(C) Monsieur de Rênal est un personnage fictif du XIXe siècle. **Faux.**
(D) Les villes de province sont autant développées que la capitale de la France. **Faux.**
(E) Monsieur de Rênal est l'exemple du bourgeois de province vaniteux. **Message implicite.**

Bonne réponse : E. Le message indirect/implicite de l'auteur à travers cet extrait est que Monsieur de Rênal est l'exemple « typique » du bourgeois de province qui s'est enrichi grâce à son statut politique et qui est devenu vaniteux et prétentieux.

Autres réponses : A, B, C et D. La réponse A est fausse. Aucun élément sur la ville de Verrières ou Monsieur Rênal nous permet d'affirmer que le maire est bon ou que la ville est bien gérée. La réponse B est également fausse. L'auteur émet une critique de l'attitude de Monsieur Rênal. Il ne fait pas de son cas un exemple de réussite ou un modèle à suivre. Les réponses C et D sont fausses car aucun élément ne nous garantit que l'histoire soit fictive ou que les villes de province soient autant développées que la capitale de la France.

Question 14	Réponse B	★★★☆☆	15 sec. – 1 min.	Fiche 17

Ce texte est une **satire**. Une **« satire »** est une œuvre dont l'objectif est une critique moqueuse d'un sujet, souvent dans l'intention de provoquer ou de prévenir un changement. **Réponse B.**
Attention : Quelle est la différence entre un pamphlet et une satire ?
Les 2 formes de texte ont pour but de critiquer.
Le **pamphlet** est direct et se dit détenteur de la vérité, il s'oppose donc à toute présence de débat. Le ton employé est grave. Le pamphlet s'attache à un cadre général et affirme ce qu'il faut combattre.
La **satire** s'appuie sur une rhétorique du mépris et cherche à faire rire. La satire va s'attacher à un fait en grossissant l'erreur pour montrer le gouffre avec la réalité.

Question 15 Réponse C ★★★★☆ **30 sec. – 2 min.** **Fiche 17**

(A) Politique et affaires font bon ménage. **Information secondaire.**

(B) Les inégalités dans la société de l'Ancien Régime. **Hors-sujet.**

(C) La vie quotidienne d'un bourgeois provincial. Titre. **Bonne réponse.**

(D) Le quotidien du maire de Verrières. **Information secondaire.**

(E) Les inégalités entre la bourgeoisie et le peuple. **Hors-sujet.**

Bonne réponse : C. La réponse la plus adaptée est la réponse C. Ce texte se veut représentatif de la vie quotidienne des bourgeois de Province à l'époque de Stendhal.

Hésitations possibles : A et D. La réponse A est vraie mais ce n'est pas le thème principal du texte. L'objectif de l'auteur n'est pas de montrer que « politique et affaires font bon ménage », même si cela est explicité. Même raisonnement pour la réponse D. Le maire représente un bourgeois de province (principal sujet du texte). Cette information n'est donc pas la plus importante.

Autres réponses : B et E. Les réponses B et E sont hors-sujet. Les inégalités ne sont pas abordées dans ce texte. L'auteur est concentré sur un seul et unique personnage : le maire de Verrières, bourgeois de Province.

TAGE MAGE® N° 6

2 CORRIGÉ « CALCUL »

Difficulté	DIFFICILE														
Question	16	17	18	19	20	21	22	23	24	25	26	27	28	29	30
Réponse	D	A	B	E	A	B	D	C	C	D	A	B	D	B	B

Question 16 Réponse D ★★★★☆ **45 sec. – 3 min.** **Fiche 39**

- **Rappel de cours** La formule du barycentre permet de trouver les proportions relatives de 2 ensembles :

$$\frac{\textbf{Moyenne générale – Moyenne mini}}{\textbf{Moyenne maxi – Moyenne mini}}$$

Étape 1 Réalisons un schéma avec les différentes moyennes de l'énoncé.

5 ——— 10 —————— 25

Grâce au schéma, on comprend qu'il y a plus de vents que de cordes car la moyenne générale (10) est plus proche de celle des vents (5) que de celle des cordes (25).

Étape 2 Calculons la proportion d'un des 2 types d'instruments.

$$\frac{\text{Moyenne générale - Moyenne mini}}{\text{Moyenne maxi} - \text{Moyenne mini}} = \frac{10 - 5}{25 - 5} = \frac{1}{4}$$

1/4 correspond ici à la proportion des cordes car c'est le groupe le moins nombreux.

Étape 3 Calculons le nombre d'instruments à cordes.

Proportion (1/4) × Effectif total (inconnue X) = 1/4 d'instruments à cordes.

Les instruments à vent représentent donc : X – 1/4 X = 3/4 X.

Il y a donc 3 fois plus d'instruments à vent que d'instruments à cordes. **Réponse D.**

Question 17 Réponse A ★★★★★ **30 sec. – 2 min.** **Fiche 42**

- **Rappel de cours** Si A > B et C > 0, alors A × C > B × C.

Étape 1 Modélisons la situation.

Tout d'abord, on sait que si Z > 1, cela implique que **X > Y**.

On sait également que Y ≥ 1 (Y est un entier, il ne peut pas être égal à 0 puisqu'il est au dénominateur) donc $\frac{X}{Y} = Z$ ⇔ **X ≥ Z** (car X divisé par un nombre positif (Y) reste supérieur à Z).

Étape 2 Comparons les éléments entre eux.

- On sait que X > Y, donc **X × Z > Y × Z** (égalité stricte car Z > 1).
- On sait que Y ≥ 1, donc **X × Y × Z ≥ X × Z.**
- On sait que X ≥ Z, donc **X^2 ≥ X × Z.**

Étape 3 Concluons.

On a donc : $X^2 \geq X \times Z$ et $X \times Y \times Z \geq X \times Z > Y \times Z$.

Donc **la plus petite valeur est Y × Z. Réponse A.**

Remarque On aurait pu prendre des valeurs figées et calculer.

Question 18 Réponse B	★★★★☆	45 sec. – 3 min.	Fiche 56

- **Rappel de cours** Le périmètre d'un rectangle est égal à : **P = 2 × (Longueur + largeur)**

Étape 1 Modélisons la situation.

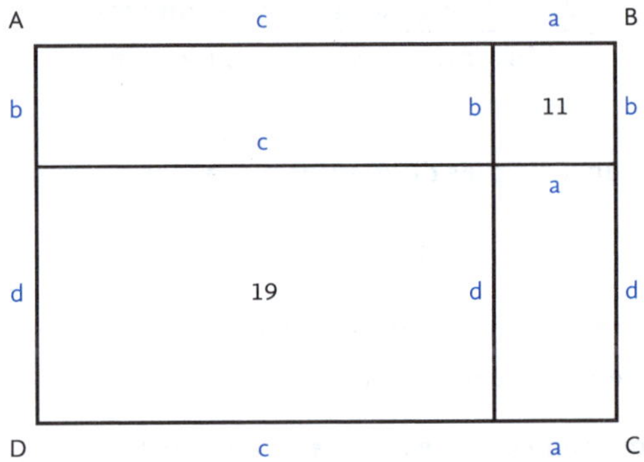

On appelle a, b, c et d les longueurs des « côtés », comme indiqué sur le schéma.

Comme le petit rectangle a pour périmètre 11 cm, on peut écrire que : 2a + 2b = 11, soit a + b = 5,5 **(1)** et comme le grand rectangle a pour périmètre 19 cm, on peut écrire : 2c + 2d = 19, soit c + d = 9,5 **(2)**.

Étape 2 Calculons le périmètre du rectangle.

Ainsi, en additionnant **(1)** et **(2),** on obtient : a + b + c + d = 9,5 + 5,5 = 15 cm.

En observant que : AB = a + c et BC = b + d, on a :

a + c + b + d = 15 cm ⇔ AB + BC = 15 cm.

Ainsi, la moitié du périmètre du rectangle mesure 15 cm, donc le périmètre total du rectangle mesure : 2 × 15 = **30 cm. Réponse B.**

Question 19 Réponse E	★★★★☆	30 sec. – 2 min.	Fiche 54

- **Rappels de cours**

  Aire d'un cercle de rayon r : A = π × r^2

  Quand on multiplie le rayon d'un cercle par x, on multiplie son aire par x^2.

Étape 1 Modélisons la situation.

Une pizza de 10 cm de rayon a une aire de : $\pi \times 10^2 = \mathbf{100 \times \pi}$.

Cette aire de 100 × π permet de nourrir 9 personnes.

Étape 2 Calculons le nombre de personnes que l'on peut désormais nourrir.

Une pizza de 30 cm de rayon est $3^2 = 9$ fois plus grande qu'une pizza de 10 cm de rayon, et permettra donc de nourrir 9 fois plus de personnes, soit **81 personnes.**

En effet, l'aire de la grande pizza est : $\pi \times 30^2 = \mathbf{900 \times \pi}$, **soit 9 fois plus que l'aire initiale de la pizza. Réponse E.**

Question 20	Réponse A	★★★☆☆	30 sec. – 2 min.	Fiche 56

- **Rappel de cours** L'aire d'un carré A de côté c est $\mathbf{A = c^2}$.

Étape 1 Calculons la longueur du côté d'un carré.

On note A l'aire du patron, P son périmètre et c le côté d'un carré.

$A = 6 \times c^2 \Leftrightarrow 54 = 6 \times c^2 \Leftrightarrow c^2 = 9 \Leftrightarrow \mathbf{c = 3\ dm}$.

Étape 2 Déduisons-en le périmètre du patron.

Le patron d'un cube est en forme de croix latine.

Le périmètre est composé de 14 côtés d'un carré, donc :

P = 14 × c = 14 × 3 = **42 dm. Réponse A.**

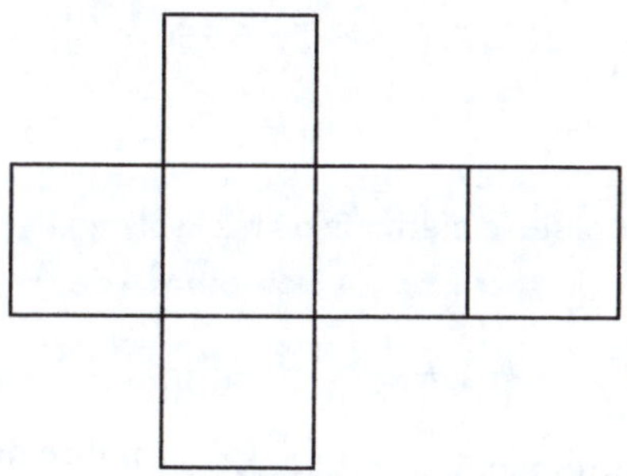

Question 21	Réponse B	★★★☆☆	30 sec. – 2 min.	Fiche 66

- **Rappel de cours** La technique du backsolving consiste à tester la réponse du milieu, puis à tester les réponses au dessus ou en dessous, en fonction du résultat de la première étape.

Étape 1 Testons la réponse du milieu (réponse C).

Supposons que Guillaume ait 20 ans. Bernard a alors 24 ans et Adrien 34 ans.

Mais 20 + 24 + 34 = 78 > 72. Donc, on élimine la réponse C et les réponses D et E, qui ont des résultats supérieurs.

Étape 2 Testons la réponse A.

Supposons que Guillaume ait 16 ans. Bernard a alors 20 ans et Adrien 30 ans.

Mais 16 + 20 + 30 = 66 < 72.

Donc, on élimine la réponse A et on retient la réponse B qui est correcte.

(Vérification : 18 + 22 + 32 = 72). Guillaume a donc **18 ans. Réponse B.**

Remarque : On aurait également pu poser un système d'équations : $\begin{cases} A + B + G = 72 & \textbf{(1)} \\ A = B + 10 & \textbf{(2)} \\ B = G + 4 & \textbf{(3)} \end{cases}$

Question 22 Réponse D ★★★☆☆ **30 sec. – 2 min.** **Fiche 34**

■ **Rappel de cours** **Nouveau total = Ancien total × (1 ± Variation en %).**

Étape 1 Calculons le gain lié au 1er tableau.

Le premier tableau, acheté au prix P, est revendu avec 15 % de plus-value, soit : 1,15 × P, soit encore un gain de : $0{,}15\,P = \frac{15}{100}P$.

Étape 2 Calculons la perte liée au 2e tableau.

Le deuxième tableau, acheté au prix P, est revendu avec 10 % de moins-value, soit : 0,9 × P, soit encore une perte de : $0{,}10\,P = \frac{10}{100}P$.

Étape 3 Calculons le gain net total du particulier et déduisons-en le prix d'achat d'un tableau.

Le gain net global cumule les $\frac{15}{100}P$ de gain et les $\frac{10}{100}P$ de perte, soit $\frac{15}{100}P - \frac{10}{100}P = \frac{5}{100}P$.

Or, on sait que le gain net global est égal à 3 750 euros.

On peut donc écrire que : $\frac{5}{100}P = 3\,750 \Leftrightarrow P = 3\,750 \times \frac{100}{5} = 3\,750 \times 20 = \mathbf{75\,000}$.

Réponse D.

REMARQUE On aurait pu utiliser la méthode du backsolving.

Question 23 Réponse C ★★★☆☆ **30 sec. – 2 min.** **Fiche 60**

■ **Rappel de cours** **Probabilité d'un événement =** $\frac{\textbf{Nombre de cas favorables}}{\textbf{Nombre de cas possibles}}$

Étape 1 Modélisons la situation.

Il y a **3 fèves** à distribuer et 4 + 6 + 12 = **22 parts** au total.

Étape 2 Concluons.

La probabilité d'avoir une fève est donc : $\frac{\textbf{Nombre de fèves}}{\textbf{Nombre de parts}} = \frac{3}{22}$. **Réponse C.**

REMARQUE Il était impossible de faire les 1/4 + 1/6 + 1/12 car cela revenait à « oublier » que les galettes étaient de tailles différentes.

Question 24	Réponse C	★★★★☆	30 sec. – 2 min.	Fiche 44

- **Rappel de cours** $\frac{a}{b} \times c = \frac{a \times c}{b}$ et $\frac{a}{b} \times \frac{c}{d} = \frac{a \times c}{b \times d}$

Étape 1 Calculons la consommation de la voiture avec la climatisation.

$\frac{60}{400} \times 100 = 0{,}15 \times 100 =$ **15 L aux 100 kilomètres.**

Ainsi, la voiture consomme **15 litres pour parcourir 100 kilomètres** avec la climatisation.

Étape 2 Calculons la consommation de la voiture sans la climatisation.

$15 - 15 \times \frac{1}{5} = 15 - 3 =$ **12 L aux 100 kilomètres.**

La voiture consomme ainsi **12 litres pour parcourir 100 kilomètres** sans la climatisation.

Étape 3 Calculons le volume d'essence embarqué afin de déterminer la distance qui peut être parcourue sans la climatisation.

Le réservoir de la voiture est rempli aux 3/5 donc il contient : $\frac{3}{5} \times 60 = 36$ L.

Sans la climatisation, cette dernière consomme 12 litres pour parcourir 100 kilomètres.

Jean et Caroline peuvent donc parcourir $\frac{36}{12} \times 100 =$ **300 kilomètres. Réponse C.**

Question 25	Réponse D	★★★★★	1 min. – 3 min.	Fiche 34

- **Rappel de cours** **Nouveau total = Ancien total × (1 ± Variation en %)**

Étape 1 Calculons la production d'un moulin à vent.

Considérons que la production de l'année en cours est de 100 unités d'électricité :

40 unités sont fournies par le gaz, 45 par le charbon et donc 15 par 450 moulins à vent.

Il faut donc $\frac{450}{15} =$ **30 moulins à vent pour produire 1 unité d'électricité.**

Étape 2 Calculons la production provenant des moulins à vent l'an prochain.

Selon l'énoncé, la demande de l'année prochaine augmentera de 20 % (et passera donc à 120 unités).

L'utilisation du charbon diminuera de 20 % et celle du gaz diminuera de 10 %.

Nouvelle production de charbon = 45 × (1 – 20 %) = 36 unités.

Nouvelle production de gaz = 40 × (1 – 10 %) = 36 unités.

Sachant que les besoins énergétiques sont maintenant de 120 unités, il faut produire :

120 – 36 – 36 = **48 unités d'énergie à l'aide des moulins à vent.**

Étape 3 Concluons.

Il faut 30 moulins à vent pour produire 1 unité d'énergie.

Il faudra donc au total 30 × 48 = 1 440 moulins à vent au total.

Le Tagistan a déjà en sa possession 450 moulins à vent et devra donc construire :

1440 – 450 = **990 moulins à vent. Réponse D.**

Question 26 Réponse A ★★★★★ 30 sec. – 2 min. Fiche 61

■ **Rappel de cours** Probabilité d'un événement = $\frac{\textbf{Nombre de cas favorables}}{\textbf{Nombre de cas possibles}}$

Étape 1 Traduisons l'énoncé et modélisons la situation.

« Sachant qu'un des enfants n'est pas une fille » = Un des enfants est un garçon.

« Quelle est la probabilité que l'autre enfant ne soit pas une fille non plus ? » = Quelle est la probabilité qu'ils aient eu 2 garçons ?

Quand un couple a 2 enfants, les possibilités sont : **(G, G) ; (F, F) ; (F, G) et (G, F).**

Or, on sait qu'un des enfants est un garçon, donc **le cas (F, F) est impossible.**

Il reste donc **3 cas possibles** pour ce couple : **(G, G) ; (F, G) et (G, F).**

Étape 2 Calculons la probabilité qu'ils aient eu 2 garçons.

Sur les 3 cas possibles, seul le cas (G, G) correspond au fait d'avoir 2 garçons.

Il y a donc : **1 possibilité sur 3**, soit une **probabilité de 1/3. Réponse A.**

Remarque **Dans cette question, l'ordre d'apparition des enfants n'est pas précisé. C'est la raison pour laquelle nous devons distinguer les cas (G, F) et (F, G).**

Question 27 Réponse B ★★★☆☆ 30 sec. – 2 min. Fiche 65

Étape 1 Interprétons l'énoncé.

Si Félicie est 5e à ma droite, c'est qu'il y a 4 personnes entre elle et moi, par la droite.

Si Félicie est 7e à ma gauche, c'est qu'il y a 6 personnes entre elle et moi, par la gauche.

Étape 2 Concluons.

Autour de la table il y a donc : Félicie (1) + moi (1) + 4 personnes à droite + 6 personnes à gauche = 1 + 1 + 4 + 6 = **12 personnes. Réponse B.**

REMARQUE N'hésitez pas à schématiser la situation.

Question 28 Réponse D ★★☆☆☆ 15 sec. – 1 min. Fiche 36

■ **Rappel de cours** La proportionnalité simple se résout avec la méthode du produit en croix ou de la règle de trois.

Calculons la quantité de nourriture pour 4 poissons.

Andrea donne 5 grammes à son poisson deux fois par jour, soit 2 × 5 = 10 grammes par jour.

Chaque poisson consomme donc : 10 × 7 = 70 grammes par semaine.

Si Andréa avait 3 poissons de plus, elle aurait 4 poissons et aurait donc besoin de :

4 × 70 = **280 grammes par semaine. Réponse D.**

Question 29 Réponse B ★★★☆☆ **30 sec. – 2 min.** **Fiche 38**

- **Rappel de cours** Lorsque les coefficients sont identiques : **Moyenne** = $\frac{\textbf{Somme des termes}}{\textbf{Nombre de termes}}$

Étape 1 Convertissons les dépenses d'Eugénie et de Charles annuellement.

$3\,400 \times 12 = 40\,800$ € et $6\,900 \times 4 = 27\,600$ €.

Étape 2 Calculons la moyenne annuelle des dépenses.

$$\frac{40\,800 + 27\,600 + 30\,000}{3} = 32\,800 \text{ €}.$$

La moyenne annuelle de leurs dépenses est **32 800 euros. Réponse B.**

Question 30 Réponse B ★★★☆☆ **30 sec. – 2 min.** **Fiche 42**

Étape 1 Calculons la somme totale qui devra être payée pour privatiser le bateau.

10 personnes doivent payer 12 euros chacune donc : $12 \times 10 = 120$ euros.

La privatisation du bateau coûte donc **120 euros.**

Étape 2 Calculons la somme cumulée par les (12 – N) personnes présentes.

Si N personnes ne viennent pas, alors il y a : (12 – N) personnes qui payent chacune 15 euros pour atteindre les 120 euros nécessaires. Ces 12 – N personnes payent donc au total : $(12 - N) \times 15 = \mathbf{120}$.

Étape 3 Concluons.

On a : $(12 - N) \times 15 = 120 \Leftrightarrow 180 - 15N = 120 \Leftrightarrow 15N = 60 \Leftrightarrow$ **N = 4. Réponse B.**

Vérification : Si N = 4 (c'est-à-dire si 4 personnes ne viennent pas), alors 8 personnes (12 – 4) devront payer 15 euros chacune : $8 \times 15 = 120$ euros. Ainsi, on récolte bien les 120 euros nécessaires à la privatisation du bateau.

REMARQUE On aurait pu utiliser la méthode du backsolving.

3 CORRIGÉ « RAISONNEMENT ET ARGUMENTATION »

Difficulté	NORMAL														
Question	31	32	33	34	35	36	37	38	39	40	41	42	43	44	45
Réponse	B	A	B	B	C	E	C	B	B	B	E	E	A	C	D

Question 31 Réponse B ★★★★☆ 45 sec. – 3 min. Fiche 92

(A) Les enseignants entendent donc s'opposer au gouvernement sur les nouvelles réformes. **Approximatif.**

(B) Ainsi, la rentrée 2016 sera tendue. **Conclusion. Bonne réponse.**

(C) Les colloques qui réunissent les enseignants en août donnent le ton de la rentrée. **Résumé.**

(D) Fin août, les enseignants ont donc commencé à se réunir pour discuter de cette nouvelle année. **Résumé.**

(E) Les récentes réformes du collège sont ainsi très controversées. **Conclusion (incomplète).**

On pourrait hésiter entre la réponse B et la réponse E. Toutefois, la réponse E n'aborde que des réformes du collège mais oublie celle des programmes. **Réponse B.**

Question 32 Réponse A ★★★★☆ 45 sec. – 3 min. Fiche 97

(A) Le capitalisme doit être libéré de toute contrainte pour être économiquement et socialement efficace. **Contredit. Bonne réponse.**

(B) Historiquement, le capitalisme n'a pas connu de transformations numériques majeures. **Contredit (partiel).**

(C) La croissance peut profiter à tous si le capitalisme est régulé par le monde politique. **Soutient le plus.**

(D) La protection sociale est probablement conciliable avec le capitalisme d'aujourd'hui. **Hors-sujet.**

(E) Le capitalisme contemporain, fondé sur le numérique, ne peut pas créer d'emplois dans le futur. **Contredit (radical).**

Le capitalisme, s'il n'est pas régulé, a tendance à s'affranchir de protection sociale.
Réponse A.

Question 33	Réponse B	★★★★☆	45 sec. – 3 min.	Fiche 94

(A) Les écoles publiques américaines demandent à leurs élèves d'équiper leurs établissements. **Résumé.**

(B) Le budget alloué aux écoles publiques américaines est insuffisant. **Présupposé. Bonne réponse.**

(C) De moins en moins de familles américaines envoient leurs enfants dans des écoles publiques. **Hors-sujet.**

(D) Le niveau d'équipement des écoles publiques américaines se détériore. **Soutient le plus.**

(E) Le *Washington Post* rapporte que les listes de fournitures s'allongent. **Résumé.**

Si les écoles ont besoin des élèves pour équiper les classes, c'est que leur budget le leur permet de moins en moins. **Réponse B.**

Question 34	Réponse B	★★★☆☆	30 sec. – 2 min.	Fiches 73/76

Étape 1 Déterminons si l'inspecteur ment ou dit vrai.

Supposons que l'inspecteur mente. S'il ment, alors Paul est innocent (1) et Paul et Pierre sont complices (2) = **Contradiction.** Donc l'inspecteur ne ment pas.

Étape 2 Concluons.

On sait que l'inspecteur dit vrai. Dans ce cas, Paul est coupable et Pierre est innocent et l'inspecteur dit vrai. **Réponse B.**

Question 35	Réponse C	★★★★☆	45 sec. – 3 min.	Fiche 78

- **Rappel de cours** Pour les questions de placement, sélectionnez l'information la plus sûre à exploiter et insérez-la sur le schéma. Ensuite seulement, exploitez les autres informations.

Étape 1 Schématisons la tablée.

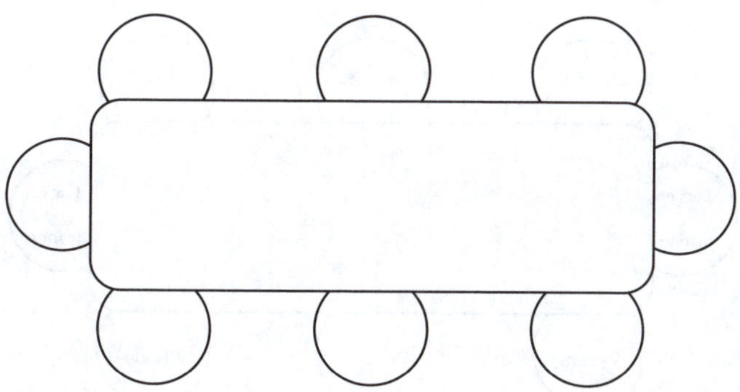

Étape 2 **Insérons l'information la plus sûre : Lucile et Jeanne sont en bout de table.**

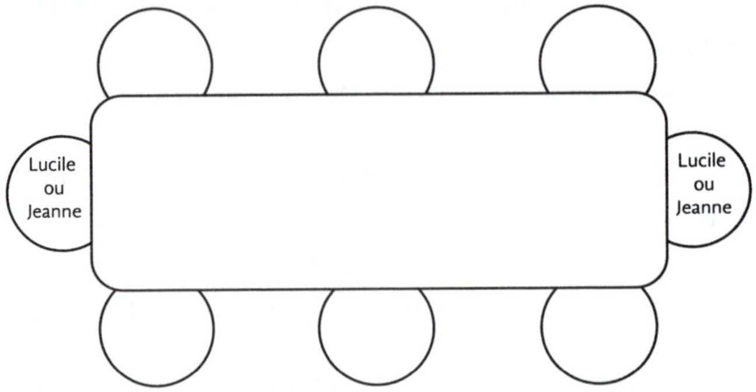

Étape 3 **Exploitons les informations de l'énoncé pour placer les convives.**

Georges n'est pas à côté de l'une d'elles. Georges occupe donc une des 2 places centrales. 2 solutions sont donc possibles selon la place de Georges.

Complétons ensuite avec les autres informations. Cependant, à aucun moment on ne peut savoir de quel côté est Jeanne et de quel côté est Lucile.

Solution 1

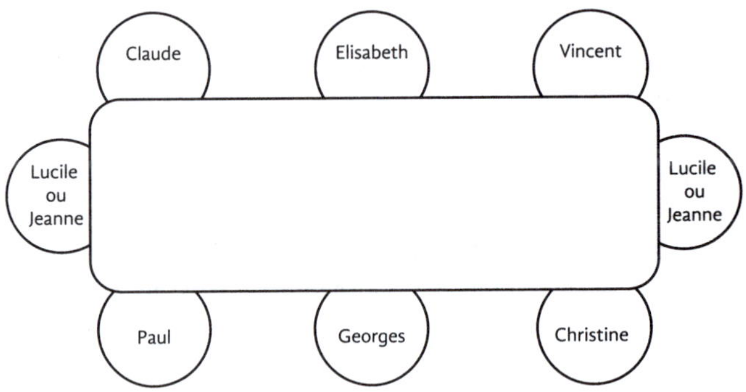

Solution 2

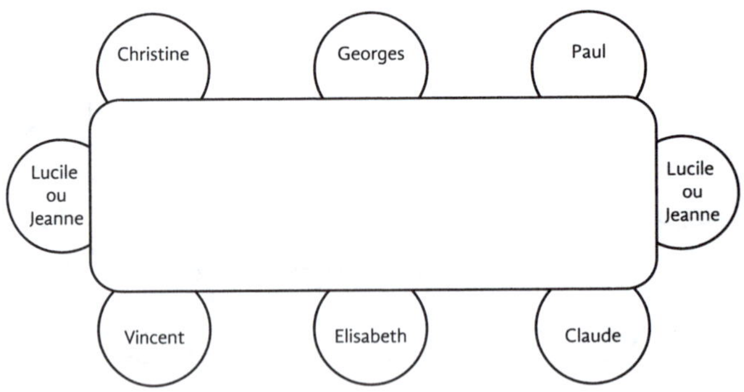

Ainsi, la seule réponse proposée qui fournit une information certaine est la réponse C.

Vincent est en face de Christine. Réponse C.

Question 36 Réponse E ★★★☆☆ 30 sec – 2 min. Fiche 91

« Montrer patte blanche » : Montrer un signe de reconnaissance (pas forcément un mot de passe) pour obtenir le droit d'entrer quelque part. Cela vient de la fable de La Fontaine *Le loup, la chèvre et le chevreau* dans laquelle le biquet refuse d'ouvrir au loup tant qu'il ne montre pas « patte blanche ». **Réponse E.**

Question 37 Réponse C ★★★☆☆ 30 sec – 2 min. Fiche 97

(A) La présence d'El Niño n'a pas toujours d'impact sur la température terrestre. **Vrai.**

(B) Certains épisodes de chaleur sont expliqués par la présence d'El Niño. **Vrai.**

(C) El Niño est un phénomène océanique du Pacifique oriental qui impacte la température mondiale. **Contredit.**

(D) El Niño est un phénomène océanique régulier mais qui ne revient pas tous les ans. **Vrai.**

(E) Plusieurs autres phénomènes qu'El Niño ont des effets sur la température du globe. **Hors-sujet.**

L'apparition d'El Niño est bien un phénomène océanique qui impacte la température mondiale. Cependant, il se manifeste dans le **Pacifique équatorial** et non dans le **Pacifique oriental**. La réponse C entre donc en contradiction avec les propos de l'auteur. **Réponse C.**
Les autres réponses sont vraies (A, B et D) ou hors-sujet (E).

Question 38 Réponse B ★★★☆☆ 30 sec. – 2 min. Fiche 79

- **Astuce** Nombre de dépassements **pair** = les positions ne sont pas modifiées.

  Nombre de dépassements **impair** = les positions s'inversent.

Étape 1 Synthétisons les informations dans un tableau.

Au 30e km, le classement est : Allemand – Français – Belge.

1er	2e	3e
Allemand	Français	Belge

Étape 2 Analysons les nombres de dépassements et concluons.

Au 50e km, le Français et l'Allemand se sont dépassés 9 fois (impair), donc le Français est passé devant l'Allemand.
Le Belge et l'Allemand se sont dépassés 6 fois (pair), donc aucun changement de classement : l'Allemand reste devant le Belge.

1er	2e	3e
Français	Allemand	Belge

Le classement final est donc : Français – Allemand – Belge.
Donc le 2e de la course est **l'Allemand. Réponse B.**

Question 39	Réponse B	★★★★☆	45 sec. – 3 min.	Fiche 95

(A) Les JO sont une compétition dont il est difficile de calculer le retour sur investissement. **Hors-sujet.**

(B) Personne n'est certain que les JO aient un impact positif sur l'économie d'un pays. **Soutient le plus. Bonne réponse.**

(C) Les JO nécessitent des investissements importants qui bénéficient aux entreprises du BTP. **Hors-sujet.**

(D) Il est possible que les JO aient un impact économique positif très minime. **Soutient.**

(E) Les JO engendrent d'importantes externalités négatives. **Soutient.**

L'auteur nuance l'optimisme entourant les candidatures des villes pour les JO. Ainsi, affirmer que personne n'a jamais prouvé qu'organiser les JO avait un impact positif sur l'économie soutient les propos de l'auteur. **Réponse B.**

Question 40	Réponse B	★★★★☆	45 sec. – 3 min.	Fiche 92

(A) Les États membres devaient en effet marquer leur interdépendance les uns par rapport aux autres. **Soutient.**

(B) La compétition européenne ne pouvait se détacher de la cohésion et de la solidarité. **Conclusion. Bonne réponse.**

(C) Les échanges commerciaux devront passer par une Europe plus solide et plus unie. **Hors-sujet (à cause du verbe au futur).**

(D) L'Europe doit passer à nouveau par une crise afin de structurer son développement. **Hors-sujet.**

(E) L'Europe doit effectivement se construire en faisant de la dimension fédérale une dimension prépondérante. **Conclusion radicale.**

La mise en concurrence des États n'a été acceptée que parce qu'elle s'accompagnait d'une plus grande cohésion entre nations. **Réponse B.**

Question 41	Réponse E	★★★☆☆	30 sec. – 2 min.	Fiche 86

Étape 1 Dressons l'ensemble des possibilités.

	Configuration 1	Configuration 2	Configuration 3
mardi	1	2	3
mardi	8	9	10
mardi	**15**	16	17
mardi	22	23	24
mardi	29	30	31

Les configurations 1 et 3 comptent 3 mardis impairs. La configuration 2 compte 3 mardis pairs.

Seule la configuration 1 respecte l'énoncé car on sait qu'il y aura 3 mardis impairs mais que le mois sera de 30 jours (et non de 31 jours).

Étape 2 Concluons.

Nous serons donc forcément mardi 15 Avril, donc mercredi 16, jeudi 17, vendredi 18 et **samedi 19 Avril. Réponse E.**

Question 42 Réponse E ★★★★☆ 30 sec. – 2 min. Fiche 73

- **Rappels de cours** $A \rightarrow B \Leftrightarrow \overline{B} \rightarrow \overline{A}$

Étape 1 Modélisons la situation.

On appelle P l'événement : « La carte a un P sur une face » et S l'événement : « La carte a un S sur une face ».

L'énoncé nous apprend que $P \rightarrow S$. La contraposée nous indique donc que $\overline{S} \rightarrow \overline{P}$.

Ainsi, pour vérifier que la règle est bien respectée, il faut vérifier que derrière tout P se trouve un S ($P \rightarrow S$) et que derrière toute lettre qui n'est pas un S, il n'y a pas de P ($\overline{S} \rightarrow \overline{P}$).

Étape 2 Concluons.

Pour vérifier que la règle est bien respectée, il faut donc :

Retourner le **P**, pour vérifier qu'il y a bien un S derrière ($P \rightarrow S$).

Retourner le **A**, pour vérifier qu'il n'y a pas de P derrière ($\overline{S} \rightarrow \overline{P}$).

Retourner le **J**, pour vérifier qu'il n'y a pas de P derrière ($\overline{S} \rightarrow \overline{P}$).

Réponse E.

> **REMARQUE** Rien ne sert de retourner le S. En effet, qu'il y ait ou non un P derrière, cela ne rendra pas la règle non respectée.

Attention : La règle énoncée ne dit en aucun cas : « Si une carte a un S sur une face, alors elle a un P sur l'autre face » ($S \rightarrow P$).

Question 43 Réponse A ★★★☆☆ 30 sec. – 2 min. Fiche 77

Le neveu de l'oncle de Marie peut être soit son frère soit cousin. La sœur de ce neveu peut être soit sa sœur soit sa cousine soit elle-même. Le fils de cette sœur est donc soit son neveu soit son petit cousin soit son fils. Robin est donc soit le neveu de Marie, soit son fils, soit son petit cousin. On ne peut pas savoir. **Réponse A.**

Question 44 Réponse C ★★★☆☆ 30 sec. – 2 min. Fiche 77

Étape 1 Traduisons l'énoncé.

Partons de la personne de référence « mon fils ». Puisque c'est mon fils et que je ne suis pas sa mère (car je ne suis pas une femme), son père est forcément moi.

Étape 2 Concluons.

Reformulons l'énoncé. Le fils de cet homme est moi. **C'est donc mon père. Réponse C.**

Question 45 Réponse D ★★★★☆ 45 sec. – 3 min. Fiche 78

- **Rappel de cours** Pour les questions de placement, sélectionnez l'information la plus sûre à exploiter et insérez-la sur le schéma. Ensuite seulement, exploitez les autres informations.

Étape 1 L'énoncé nous permet d'établir une première version du plan de table.

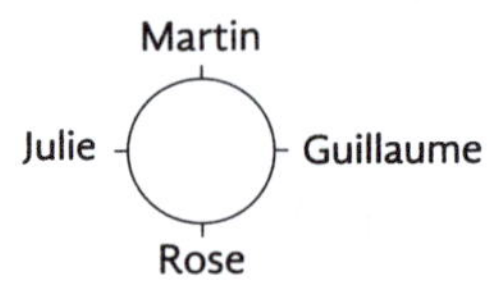

Martin préside. Il est bien à gauche de Julie. Guillaume est bien en face de Julie. Rose occupe la place restante.

Étape 2 Ajoutons les professions.

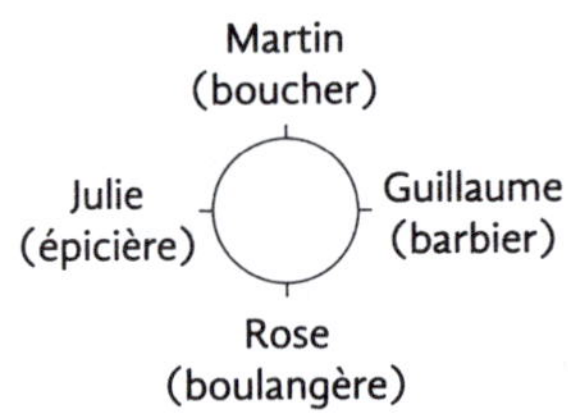

Rose est à droite de l'épicier. Donc l'épicier est Julie. Ainsi, Guillaume n'est ni boucher (Martin), ni épicier (Julie) ni boulanger (énoncé), il est donc barbier. Enfin, Rose est boulangère. **Réponse D.**

4 CORRIGÉ « CONDITIONS MINIMALES »

Difficulté	NORMAL														
Question	46	47	48	49	50	51	52	53	54	55	56	57	58	59	60
Réponse	E	D	C	A	B	A	B	B	C	E	A	B	E	C	D

Question 46 Réponse E ★★★★☆ **30 sec. – 2 min.** **Fiche 108**

- **Rappel de cours** Circonférence d'un cercle de rayon R : **C = 2 × π × R.**

Information (1) seule Insuffisante.

Le rayon des petites roues est de 0,45 m.

Ainsi, la circonférence des petites roues est : $C = 2 \times \pi \times 0{,}45 = \mathbf{0{,}9 \times \pi}$.

On n'a aucune information sur les grandes roues. On ne peut pas répondre.

On garde les réponses B, C et E.

Information (2) seule Insuffisante.

Le rayon des grandes roues est de 0,75 m.

Ainsi, la circonférence des grandes roues est : $C = 2 \times \pi \times 0{,}75 = \mathbf{1{,}5 \times \pi}$.

On n'a aucune information sur les petites roues. On ne peut pas répondre.

On garde les réponses C et E.

Informations (1) et (2) ensemble Insuffisantes.

On connaît les circonférences respectives des petites et des grandes roues, mais **il nous manque l'information concernant la distance parcourue**. En effet, sans cette information, impossible de savoir combien de tours en plus feront les petites roues.

Conclusion Réponse E.

REMARQUE Si l'énoncé nous avait indiqué une distance, on aurait pu répondre.

Par exemple, pour 9 900 mètres, les **petites roues** auraient fait : $\frac{9900}{0{,}9 \times \pi}$ = **2 100 tours** et les **grandes roues** auraient fait : $\frac{9900}{1{,}5 \times \pi}$ tours = **1 400 tours.**

Question 47 Réponse D ★★★☆☆ **30 sec. – 2 min.** **Fiche 114**

- **Rappel de cours** On a l'identité remarquable : $(X + Y) \times (X - Y) = X^2 - Y^2$

Traduisons l'énoncé.

$(3X - 5) \times (3X + 5) - 6X^2 + 3 = 9X^2 - 25 - 6X^2 + 3 = 3X^2 - 22$.

Autrement dit, on cherche la valeur de X^2.

Information (1) seule **Suffisante.**

$19X + 11 = 0$, donc $19X = -11$, donc $X = -11/19$ et donc on a la valeur de X^2.

Pas besoin d'aller plus loin et de faire le calcul, on peut répondre.

On garde les réponses A et D.

Information (2) seule **Suffisante.**

Inutile de faire le calcul : on a la valeur de X^2 donc on peut répondre à la question.

Conclusion **Réponse D.**

Question 48 Réponse C ★★★★☆ **45 sec. – 3 min.** **Fiche 116**

Traduisons l'énoncé.

La moyenne X, Y et Z est égale à Z :

$$\Leftrightarrow \frac{X+Y+Z}{3} = Z \Leftrightarrow X + Y + Z = 3Z \Leftrightarrow X + Y = 2Z$$

Information (1) seule **Insuffisante.**

L'information (1) nous permet d'écrire que $X + Y = Z - Z = 0$, mais cette information est insuffisante pour répondre, car on ne peut pas savoir si $X + Y = 2Z$.

On garde les réponses B, C et E.

Information (2) seule **Insuffisante.**

L'information (2) ne nous permet pas de répondre car on ne sait pas si $X + Y = 0$.

On garde les réponses C et E.

Informations (1) et (2) ensemble **Suffisantes.**

La combinaison des deux informations nous permet de répondre à la question.

On a alors : $X + Y = 0$ et $Z = 0$ donc on a bien $X + Y = Z = 0$.

Par conséquent, la moyenne de X, Y et Z est bien égale à Z. On peut répondre à la question.

Conclusion **Réponse C.**

Question 49 Réponse A ★★★☆☆ **30 sec. – 1 min.** **Fiche 108**

Modélisons la situation.

Soient B le nombre de boules blanches et N le nombre de boules noires. On a **B = N**.

Information (1) seule **Suffisante.**

2 × B + N = 36. On a donc un système à 2 équations non proportionnelles de 2 inconnues :

$\begin{cases} 2 \times B + N = 36 \\ B = N \end{cases}$ qui admet donc **une unique solution**. En l'occurrence, B = N = 12.

On peut donc conclure. **On garde les réponses A et D.**

Information (2) seule **Insuffisante.**

2 × B = 2 × N ⇔ B = N. Cette information n'apporte rien car on le savait déjà. On ne peut donc pas conclure.

Conclusion **Réponse A.**

Question 50 Réponse B ★★★★☆ 45 sec. – 3 min. Fiche 122

Information (1) seule **Insuffisante.**

On ne connaît pas la proportion de lettres et de chiffres. On ne peut donc rien affirmer sur le nombre de combinaisons possibles.
En effet, s'il y a 1 chiffre et 4 lettres, alors le nombre de possibilités est différent de s'il y a 4 chiffres et 1 lettre.
On garde les réponses B, C et E.

Information (2) seule **Suffisante.**

Pour dénombrer, il faut constituer un code en considérant toutes les possibilités. Pour constituer un code de 4 chiffres et d'une lettre A ou X, il faut et il suffit de :

- **Choisir l'emplacement de la lettre :** 5 possibilités.
- **Choisir la lettre :** 2 possibilités.
- **Choisir les 4 chiffres et les disposer, sans répétition :** 10 × 9 × 8 × 7 = 5 040 possibilités.

Ainsi, il y a 5 × 2 × 5040 = 50 400 codes possibles. On peut répondre à la question.

Conclusion **Réponse B.**

Question 51 Réponse A ★★★★☆ 45 sec. – 3 min. Fiche 108

Traduisons l'énoncé.

Soient G et C respectivement les nombres de gardons et de carpes avant l'arrivée du pêcheur.
Soient G' et C' respectivement les nombres de gardons et de carpes après son passage.
On cherche G.

Avant le passage du pêcheur		Après le passage du pêcheur	
Carpes (C)	24	Carpes (C')	
Gardons (G)	24 × 4 = 96	Gardons (G')	?
Poissons (total) (P)	24 + 96 = 120	Poissons (total) (P')	96

Attention : Les carpes représentent 1/5 du total, donc les gardons représentent 4/5 du total. Ainsi, G = 4C. De plus, le pêcheur a attrapé 1/5 des 120 poissons, soit 24 poissons. Il en reste donc 96 après son passage.

Information (1) seule **Suffisante.**

Avant le passage du pêcheur		Après le passage du pêcheur	
Carpes (C)	24	Carpes (C')	1/6 × 96 = 16
Gardons (G)	24 × 4 = 96	Gardons (G')	96 – 16 = **80**
Poissons (total) (P)	24 + 96 = 120	Poissons (total) (P')	96

On sait à présent qu'après le passage du pêcheur, il y a une carpe pour cinq gardons.
Attention : S'il y a une carpe pour 5 gardons, alors il y a bien une carpe tous les 6 poissons et donc les carpes représentent 1/6 du total des poissons.
On trouve ainsi qu'il y a 80 gardons dans l'étang après le passage du pêcheur.
On garde les réponses A et D.

Information (2) seule **Insuffisante.**
Cette information est déjà connue, donc inutile (voir l'étape de traduction de l'énoncé).

REMARQUE Toute information qui reprend l'énoncé est inutile.

Conclusion **Réponse A.**

Question 52 **Réponse B** ★★★☆☆ 30 sec. – 2 min. Fiche 121

- **Rappel de cours** Pour connaître le temps T que vont mettre N personnes ensemble pour réaliser un travail, appliquez la formule :

$$\frac{1}{T}=\frac{1}{T_1}+\frac{1}{T_2}+\ldots+\frac{1}{T_N}$$

Information (1) seule **Insuffisante.**
Il nous manque ici le volume de la baignoire. On ne peut donc pas répondre à la question.
On garde les réponses B, C et E.

Information (2) seule **Suffisante.**

Utilisons la formule du partage du temps de travail : $\frac{1}{T}=\frac{1}{T_1}+\frac{1}{T_2}$.
On a T_1 et T_2, donc on peut répondre à la question.
(En l'occurrence : $\frac{1}{T}=\frac{1}{10}+\frac{1}{5}=\frac{3}{10} \Leftrightarrow T=\frac{10}{3}$ minutes).

Conclusion **Réponse B.**

Question 53	Réponse B	★★★★☆	45 sec. – 3 min.	Fiche 121

■ **Rappel de cours** Volume d'une boîte (parallélépipède rectangle) : **V = L × l × h**

Information (1) seule **Insuffisante.**

Après l'immersion du petit coffre, le niveau d'eau est monté de 0,5 m. Donc, le volume du coffre est égal au volume de 50 cm d'eau dans l'aquarium. Il nous manque la largeur de l'aquarium, donc on ne peut pas répondre à la question.

On garde les réponses B, C et E.

Information (2) seule **Suffisante.**

Le coffre pèse 40 kg, ce qui équivaut à 40 000 grammes.

Le coffre occupe donc un volume de : $\frac{40\,000}{8} = 5\,000 \text{ cm}^3$.

Conclusion **Réponse B.**

Question 54	Réponse C	★★★★☆	30 sec. – 2 min.	Fiche 109

Modélisons la situation.

Soit T_A le temps mis à l'aller et T_R le temps mis au retour. On cherche à savoir si : $T_A + T_R < 3$.

Information (1) seule **Insuffisante.**

On sait que sa vitesse sur le retour est supérieure d'1/3 à sa vitesse sur l'aller. Mais on n'a pas d'information concernant la vitesse de l'aller. On ne peut pas répondre.

On garde les réponses B, C et E.

Information (2) seule **Insuffisante.**

On apprend que : $T_A = 2$. Toutefois, on n'a aucune information concernant le temps mis au retour.

On ne peut pas répondre. **On garde les réponses C et E.**

Informations (1) et (2) ensemble **Suffisantes.**

On sait que Jean a mis 2 heures à l'aller et 1/3 de temps en moins au retour soit : $2 \times \frac{2}{3} = \frac{4}{3}$ h au retour. Ainsi, on connaît le temps mis à l'aller (2 heures) ainsi que le temps mis au retour ($\frac{4}{3}$ heures). On peut donc répondre à la question. En l'occurrence, il n'a pas mis moins de 3 heures.

Attention : Ce qui importe c'est de pouvoir donner la réponse avec certitude, pas la réponse qui est donnée. Ici, on peut répondre qu'il n'a pas mis moins de 3 heures.

Conclusion **Réponse C.**

Question 55 Réponse E	★★★☆☆	30 sec. – 2 min.	Fiche 108

- **Rappel de cours** Il est possible **de multiplier par un nombre** **positif** **des 2 côtés sans changer le signe de l'inéquation.**

Information (1) seule **Insuffisante.**

$X \geq Y$ nous indique uniquement que $X \times Y \geq Y^2$ (en multipliant par Y des deux côtés), sans avoir d'information concernant Z. On ne peut donc pas répondre.

On garde les réponses B, C et E.

Information (2) seule **Insuffisante.**

On ne connaît pas X, on ne peut donc pas conclure. **On garde les réponses C et E.**

Informations (1) et (2) ensemble **Insuffisantes.**

Les deux propositions ensemble permettent d'obtenir : $\begin{cases} X \geq Y \\ Y^2 \geq Z \end{cases} \Leftrightarrow \begin{cases} X \times Y \geq Y^2 \\ Y^2 \geq Z \end{cases}$

en multipliant l'inéquation du haut par $Y > 0$. $\Leftrightarrow$ $X \times Y \geq Y^2 \geq Z$ donc $X \times Y \geq Z$

Attention : Nous cherchons l'inégalité stricte mais nous n'avons que l'inégalité large.

On ne peut donc pas répondre à la question.

Conclusion **Réponse E.**

Question 56 Réponse A	★★★☆☆	30 sec. – 2 min.	Fiche 108

Modélisons la situation.

Soit A l'argent que possède Julie et B le nombre de boîtes qu'elle achète.

Information (1) seule **Suffisante.**

Argent disponible	Boîtes
A	B
5A	B + 8

Avec A on peut acheter B boîtes. Avec 5A, on peut acheter B + 8 boîtes.

Donc, en appliquant la règle de trois, 5A étant 5 fois plus que A, on comprend que B + 8 est 5 fois plus que B. On a alors $B + 8 = 5B \Leftrightarrow B = 2$.

On garde les réponses A et D.

Information (2) seule **Insuffisante.**

Cette information nous permet seulement de connaître le prix d'une boîte de macarons mais ne nous renseigne pas sur le nombre de boîtes achetées.

En effet, on comprend qu'une boîte de macarons vaut 5 euros.

En revanche, on ne sait pas combien de boîtes ont été achetées au départ.

Conclusion **Réponse A.**

Question 57 Réponse B	★★★☆☆	30 sec. – 2 min.	Fiche 116

- **Rappel de cours**

  Multiplication : Pair × Impair = Pair, I × I = I, P × P = P.

  Somme : Pair + Impair = Impair, P + P = P, I + I = P.

Interprétons l'énoncé.

4^a est nécessairement pair car : $4^a = 4 \times 4 \times ... \times 4$ (a fois), donc déterminer la parité de $A^b + 4^a$ revient à déterminer la parité de A^b, donc de A.

Si A est pair, alors A^b est pair, et $A^b + 4^a$ est pair également.

Si A est impair, alors A^b est impair, et $A^b + 4^a$ est impair également.

Information (1) seule **Insuffisante.**

$A^b = A \times A \times ... \times A$ (b fois).

Si A est pair, alors A^b est pair, et si A est impair, alors A^b est impair.

Connaître la parité de b n'apporte aucune information utile. Il nous manque la parité de A. On ne peut pas répondre à la question. **On garde les réponses B, C et E.**

Information (2) seule **Suffisante.**

A est pair donc $A^b = A \times A \times ... \times A$ (b fois) est pair.

On peut conclure que $A^b + 4^a$ est pair (voir la remarque initiale).

Conclusion **Réponse B.**

Question 58 Réponse E	★★★☆☆	30 sec. – 2 min.	Fiche 108

Traduisons l'énoncé.

En désignant chaque prénom par son initiale, on a F > S et C > N.

Il s'agit de comparer S et N.

Information (1) seule **Insuffisante.**

L'information (1) se traduit par A > C. On a ainsi A > C > N, ce qui ne permet pas de situer S par rapport à N. On ne peut pas répondre à la question.

On garde les réponses B, C et E.

Information (2) seule **Insuffisante.**

La deuxième information se traduit par C > S.

Savoir que C > N et que C > S ne permet pas de comparer S et N.

On garde les réponses C et E.

Informations (1) et (2) ensemble **Insuffisantes.**

Avec les informations (1) et à (2) ensemble, on a : A > C > N et C > S.

Il n'est toujours pas possible de conclure pour S et N.

Conclusion **Réponse E.**

Question 59 Réponse C ★★★★☆ 45 sec. – 3 min. Fiche 122

Information (1) seule Insuffisante.

Nous n'avons aucune information sur le nombre de participants. Il peut y avoir 2 participants qui choisissent 2 couples de boîtes différents, ou 3, ou 4, ou 5, etc.

On garde les réponses B, C et E.

Information (2) seule Insuffisante.

Soit X le nombre de combinaisons qu'il est possible de réaliser en choisissant 2 boîtes parmi 10.
$X = \frac{10 \times 9}{2}$ = 45 mais il n'est pas nécessaire de savoir calculer ce nombre pour répondre à la question.
Nous savons que toutes les combinaisons possibles ont été choisies au moins une fois, mais peut-être plus d'une fois. Il y a X ou plus participants.
On garde les réponses C et E.

Informations (1) et (2) ensemble Suffisantes.

Avec l'information (2), on sait qu'il y a X ou plus participants.
Avec l'information (1), on comprend qu'il y a X = 45 participants, car chaque couple de boîtes est tiré exactement 1 fois.

Conclusion Réponse C.

Question 60 Réponse D ★★★☆☆ 30 sec. – 2 min. Fiche 110

Traduisons l'énoncé.

La moyenne arithmétique de deux nombres est toujours comprise entre ces deux nombres. Ainsi, on peut déjà affirmer que Marie a obligatoirement moins de 35 ans. Cela ne permet cependant pas de savoir si elle a moins de 30 ans.
Soient M et C les âges respectifs de Marie et de Charles.

On a : $\frac{M+C}{2} = 35 \Leftrightarrow M + C = 70$.

Information (1) seule Suffisante.

Selon cette information, C est supérieur à 40. La somme étant de 70, son second terme M est nécessairement plus petit que 30. Marie a donc moins de 30 ans.
On garde les réponses A et D.

Information (2) seule Suffisante.

On a : $\begin{cases} M+C=70 \\ C-M=20 \end{cases}$.

On a 2 inconnues et 2 équations non proportionnelles donc on peut répondre.
(En l'occurrence, Marie a 25 ans et donc moins de 30 ans).

Conclusion Réponse D.

Difficulté	FACILE														
Question	61	62	63	64	65	66	67	68	69	70	71	72	73	74	75
Réponse	E	D	E	A	C	C	E	D	A	E	E	D	B	B	A

Question 61 Réponse E ★★★☆☆ 30 sec – 2 min. Fiche 154

Un propos « **diffamatoire** » est un propos qui accuse injustement.

« **Poursuivre** » en justice c'est intenter une action en justice, demander un procès.

Être « **dédommagé** » c'est recevoir une compensation matérielle en réparation d'une perte ou d'un dommage subi.

1re colonne On garde les réponses B, C et E.

Les synonymes de « **Diffamatoires** » sont : « Médisants », « Dénué de fondements » et « Calomniateurs ». On garde donc les réponses B, C et E.

2e colonne On garde les réponses B, C et E.

Les réponses « Traduire », « Attaquer » et « Assigner » en justice sont synonymes de « **Poursuivre** » en justice donc on conserve les réponses B, C et E.

3e colonne On choisit la réponse E.

Le synonyme de « **Dédommagé** » est « Indemnisé ». On choisit donc la **réponse E.**

REMARQUE « Remboursé » ne peut pas s'appliquer au cas d'un dédommagement. Le remboursement est le fait de rendre de l'argent à quelqu'un qui en a dépensé. Le dédommagement est le fait de donner de l'argent à une victime pour compenser un préjudice subi. On élimine également « Rémunéré » qui correspond à la compensation financière d'un travail ou d'un service.

Question 62 Réponse D ★★★☆☆ 30 sec. – 2 min. Fiche 154

Grâce au théorème de **Pythagore** il avait émis **l'hypothèse** que **l'hypoténuse** mesurait 10 cm. **Réponse D.**

Question 63 Réponse E ★★★☆☆ 30 sec. – 2 min. Fiche 154

« **Saumâtre** » : **Sens propre** : salé (comme l'eau de mer) ; **Sens figuré** : amer, désagréable.

« **Monter de toutes pièces** » : Inventer, fabriquer.

1re colonne **On garde les réponses A, C et E.**

Les synonymes de **« Saumâtre »** sont : « Amère », « Désagréable » et « Déplaisante ». On garde donc les réponses A, C et E.

2e colonne **On garde les réponses A et E.**

Les synonymes de **« Montée de toutes pièces »** sont : « Imaginée », « Fabulée » et « Inventée ». **Attention :** « Fabuler » est un verbe intransitif. On peut fabuler mais on ne peut pas fabuler quelque chose. Donc on élimine la réponse C. On élimine également la réponse D « Rêvée » qui est un acte inconscient alors que « Montée de toutes pièces » est un acte conscient. On garde donc les réponses A et E.

Conclusion **On choisit la réponse E.**

Les réponses A et E sont valables, mais « Amère » correspond moins à « Saumâtre » que « Déplaisante ». On élimine donc la réponse A. **Réponse E.**

Question 64	Réponse A	★★★★☆	30 sec. – 2 min.	Fiche 154

« Faire une algarade à quelqu'un » : Faire une scène. (**« algarade » :** Altercation vive et soudaine.)
« Pères » : Fait référence à ceux qui étaient là avant nous.

1re colonne **On garde les réponses A, C, D et E.**

Les synonymes de **« Fait une algarade à »** sont : « Fait une scène à », « Fortement réprimandé », « Fait une remontrance à » et « Fait une crise à ». On élimine « Passé un savon à » qui est trop familier. On garde donc les réponses A, C, D et E.

2e colonne **On garde les réponses A et D.**

Les synonymes de **« Pères »** sont : « Anciens », « Aïeux » et « Ancêtres ».
Attention : « Géniteurs » désigne au sens propre celui qui a enfanté. « Parents » ne convient pas. On garde donc les réponses A et D.

Conclusion **On choisit la réponse A.**

Les réponses A et D sont valables, mais « Fait une scène à » correspond le mieux pour le 1er mot. En effet, « Faire une scène » fait bien référence à une situation quelque peu théâtrale, dans laquelle on exagère les choses. **Réponse A.**

Question 65	Réponse C	★★★☆☆	30 sec. – 2 min.	Fiches 125/130

Le passage contient **3 fautes. Réponse C.**

Un **soi-disant** médecin m'a convaincu de lui acheter des plantes aromatiques à un prix exorbitant. C'était assurément un **charlatan** car ces plantes n'avaient aucun effet et il le savait. J'ai l'impression d'avoir perdu mon argent en lui faisant confiance. Je voudrais le dénoncer mais je ne sais même pas à qui **m'adresser**.

Question 66	Réponse C	★★★★☆	30 sec. – 2 min.	Fiches 125/130

- **Rappels de cours** Dans le cas d'adjectifs de couleurs suivis de noms (bleu ciel, bleu pétrole, bleu nuit, bleu marine, vert pomme, etc.), on n'accorde ni l'adjectif ni le nom.

1re colonne **On garde les réponses A, C et E.**

On écrit « En l'occurrence », donc on conserve les réponses A, C et E.

2e colonne **On garde les réponses A et C.**

Ici, il ne fallait accorder ni bleu ni le nom qui le suivait (voir rappel de cours).

On conserve donc uniquement les réponses : bleu clair, bleu nuit, bleu roi et bleu marine.

Ici, on élimine donc la réponse E et on garde les réponses A et C.

Conclusion **On choisit la réponse C.**

Les réponses A et C fonctionnent grammaticalement. Cependant, au niveau du sens, on élimine la réponse A. Peu probable en effet que des murs bleu clair rendent l'atmosphère austère et sombre. On choisit donc la réponse C.

En l'occurrence, les murs **bleu roi** de l'institut le rendent sombre et austère. **Réponse C.**

Question 67	Réponse E	★★★☆☆	30 sec. – 2 min.	Fiche 136

On ne peut pas dire « malgré que » **(A)**. On dit « malgré ».

On ne peut pas commencer une phrase par « Alors que » **(B)** ou « Mais » **(C)**. **Réponse E.**

La réponse (D) est peu élégante.

Question 68	Réponse D	★★★☆☆	30 sec. – 2 min.	Fiche 136

(A) Beaux prend un « x ». **Réponse fausse.**

(B) D'un point de vue du style, « enfilade d'hôtels » n'est pas élégant. **Réponse fausse.**

(C) D'un point de vue du style, « enfilade d'hôtels » n'est pas élégant. **Réponse fausse.**

(D) **Bonne réponse.**

(E) Le style de la phrase n'est pas fluide. **Réponse fausse.**

Question 69	Réponse A	★★★☆☆	30 sec. – 2 min.	Fiche 136

La réponse A a une formulation un peu lourde, mais c'est la moins mauvaise des solutions. **Réponse A.**

Question 70	Réponse E	★★★☆☆	30 sec – 2 min.	Fiche 148

Le lien entre les 2 mots est « métier – animal du métier ». Les intrus qui ne respectent pas ce lien logique sont **3 + 5 : réponse** E.

1. L'**ostréiculteur** élève des **huîtres**.
2. Le **mytiliculteur** élève des **moules**.
3. L'**apiculteur** élève des **abeilles** (et non des guêpes !). **Intrus.**

4. L'**héliciculteur** élève des **escargots**.
5. Le **conchyliculteur** élève des **coquillages** (et non des scarabées !). **Intrus.**

Question 71 Réponse E ★★★★☆ 45 sec. – 3 min. Fiche 146

- **Rappel de cours**

  Métonymie : Remplacement d'un mot par un autre mot qui entretient un lien logique avec le 1er.

  Pléonasme : Répétition de termes ou expressions ayant le même sens.

  Chiasme : Croisement d'éléments (modèle AB // BA).

  Litote : Suggestion de plus que ce qu'on ne dit réellement.

  Périphrase : Remplacement d'un mot par un groupe de mots.

« **Boire un verre** » est donc une **métonymie** car on ne boit pas un verre, mais ce qui est contenu dedans. **Réponse E.**

Question 72 Réponse D ★★★★☆ 30 sec. – 2 min. Fiches 140/141

Ici, toutes les réponses sont potentiellement justes sauf « Le manque d'inactivité » (réponse A) qui est un contresens. On choisit cependant la réponse D, qui est la plus élégante dans sa formulation.
Il est en effet bizarre de parler de « L'absence d'activité », du « Trop-peu d'activité » ou de « L'insuffisance d'activité ». **Réponse D.**

L'excès d'inactivité peut être à l'origine de problèmes cardiaques. **Réponse D.**

Question 73 Réponse B ★★★★☆ 45 sec. – 3 min. Fiches 140/141

Guillaume n'a **en effet** aucune envie de devenir un savant. Il continue **toutefois** à apprendre ses leçons avec ferveur **car** il croit que ses parents l'en aimeraient davantage.

On comprend que Guillaume n'aime pas apprendre mais il fait cela pour plaire à ses parents. **Réponse B.**

Question 74 Réponse B ★★★☆☆ 30 sec. – 2 min. Fiches 140/141

Je pratique l'escalade et le tennis. Alors que le tennis **accentue** l'esprit de compétition, l'escalade se caractérise par la **prééminence** du dépassement de soi. **Réponse B.**

REMARQUE La **« prééminence »** est la supériorité ; la **« proéminence »** est l'anormalité.

Question 75 Réponse A ★★★☆☆ 30 sec – 2 min. Fiches 140/141

Il fut expulsé de l'école **du fait que** sa tricherie était **avérée** et **impardonnable**. **Réponse A.** Cette réponse donne un sens plus logique à la phrase que les réponses B, C ou E.

CORRIGÉ « LOGIQUE »

Difficulté	DIFFICILE														
Question	76	77	78	79	80	81	82	83	84	85	86	87	88	89	90
Réponse	E	E	D	C	C	C	B	A	E	B	D	E	B	A	C

Question 76 Réponse E ★★★★☆ **30 sec. – 2 min.** **Fiches 166/186**

		BO		
EI	GK	??	VZ	NR
		ZV		
		CT		
		DA		

(A) AM (B) OU (C) MQ (D) LP **(E) TX**

V : La 2ᵉ lettre est symétrique verticalement : O – V – T – A.

H : Écart de –4 entre la 2ᵉ lettre et la 1ʳᵉ lettre.

Question 77 Réponse E ★★★★☆ **1 min. – 2 min** **Fiches 165/166**

			85	
			76	
46	52	04	??	17
			54	
			49	

(A) 72 (B) 27 (C) 63 (D) 28 **(E) 61**

V : Le 1ᵉʳ chiffre diminue de 1 : 8 – 7 – **6** – 5 – 4.

H : L'écart entre les 2 colonnes (C1 – C2) vaut +2, –3, +4, **–5**, +6.

Question 78 **Réponse D** ★★★☆☆ **45 sec. – 3 min.** **Fiches 165/166**

618
728
843 216 ??? 632 427
146
953

(A) 935 (B) 214 (C) 841 **(D) 632** (E) 335

V : Écart de +1 sur le 2e chiffre : 1 – 2 – **3** – 4 – 5.

H : 2e chiffre × 2 = 1er chiffre.

Question 79 **Réponse C** ★★★☆☆ **30 sec. – 2 min.** **Fiches 167/170**

10
64
13 50 24 ? 71
84
61

(A) 61 (B) 30 **(C) 52** (D) 70 (E) 74

V : Écart progressif de –1, –2, –3, –4, –5 entre le 1er et le 2e chiffre.

H : Somme croissante de +1 du 1er et du 2e chiffre : 1 + 3 = **4**, 5 + 0 = **5**, 2 + 4 = **6**, etc.

Question 80 **Réponse C** ★★★☆☆ **30 sec. – 2 min.** **Fiches 169/181**

98
47
59 ?? 97 02 41
23
16

(A) 52 (B) 29 **(C) 53** (D) 31 (E) 57

V : Diagonale gauche – droite avec un écart constant de –2 : 9 – 7 – **5** – 3 – 1.

H : Nombres premiers.

Question 81 Réponse C ★★★☆☆ 30 sec. – 2 min. Fiches 167/170

			AB	
TR	HF	NL	?	ZX
			CC	
			HA	
			FG	

(A) PN (B) BB **(C) CA** (D) XV (E) AC

V : Somme progressive de + 1, + 2, + 3, + 4 (A + B = 3, **?** + **?** = **4**, C + C = 6, H + A = 9, F + G = 13).

H : Écart de –2 entre la 1re et la 2e lettre.

Question 82 Réponse B ★★★☆☆ 30 sec. – 2 min. Fiches 167/168

	ZET			
	PF**X**			
	VST			
ES**R**	?**??**	XP**P**	C**O**R	KL**N**
	RPJ			

(A) CAT **(B) AQT** (C) CAR (D) VQR (E) FOT

V : Grande diagonale gauche – droite avec écart constant de –2 : Z – X – V – **T** – R.

H : Diagonale moyenne avec écart constant de – 1 : R – **Q** – P – O – N.

Question 83 Réponse A ★★☆☆☆ 15 sec. – 1 min. Fiches 169/181

			07	
			6**0**	
33	63	27	**?**?	12
			8**0**	
			01	

(A) 03 (B) 30 (C) 07 (D) 36 (E) 05

V : Diagonale de « 0 » : **0**X – X**0** – **0**X – X**0** – **0**X.

H : Multiples de 3.

Question 84	Réponse E	★★★☆☆	30 sec. – 2 min.	Fiches 191/197

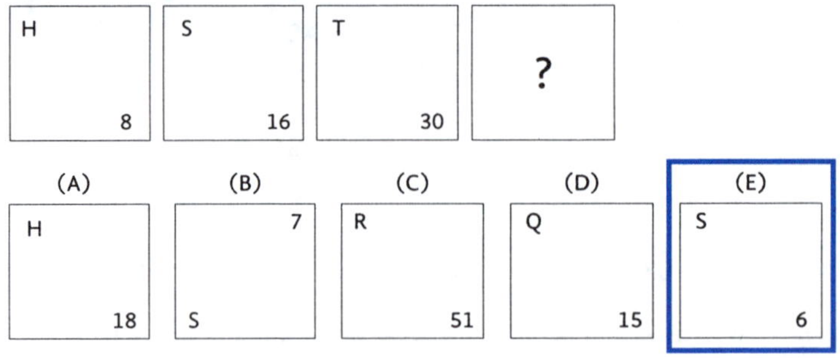

Logique 1 : Le nombre en bas à droite est pair.

Logique 2 : La lettre en haut à gauche est l'initiale du chiffre (<u>H</u> = <u>H</u>uit = 8).

Question 85	Réponse B	★★☆☆☆	30 sec. – 2 min.	Fiche 196

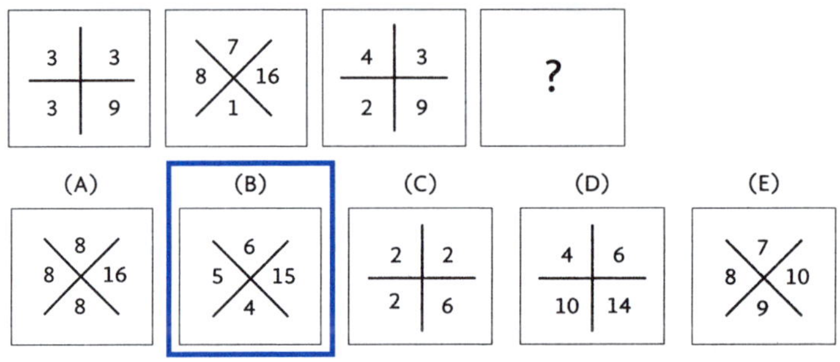

Logique 1 : Alternance croix droite, croix penchée, croix droite → Croix penchée.

Logique 2 : La somme de 3 des 4 nombres est égale au 4e nombre (3 + 3 + 3 = 9 ; etc.).

Question 86	Réponse D	★★☆☆☆	30 sec. – 2 min.	Fiche 195

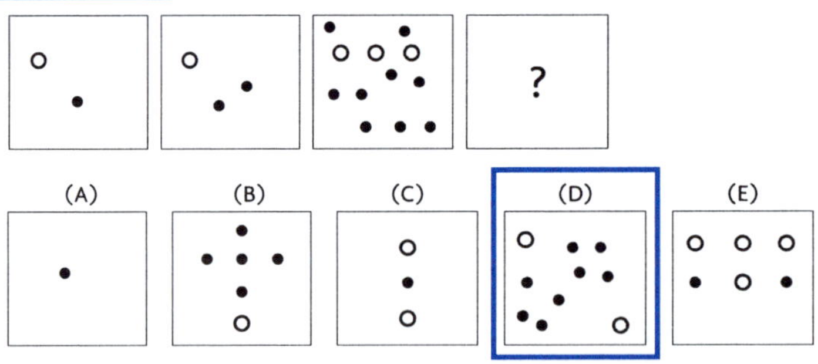

Logique : Le nombre de boules noires vaut : 1 × le nombre de boules blanches, puis 2 × puis 3 × → Le nombre de boules noires vaut : 4 × le nombre de boules blanches.

Question 87 **Réponse E** ★★★★☆ **45 sec. – 3 min.** **Fiche 195**

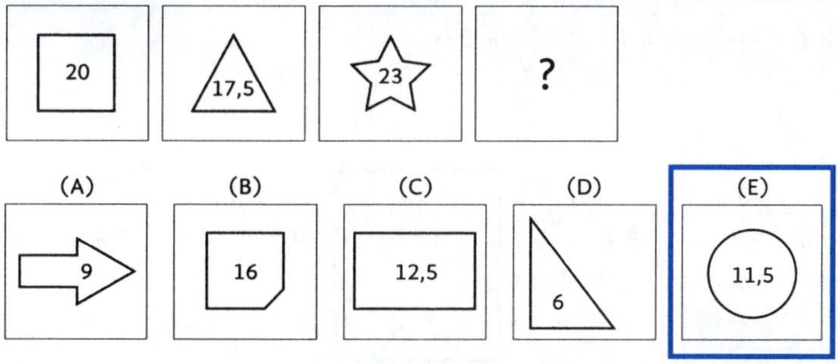

Logique : La différence entre le nombre et le nombre de côtés de la figure forme une suite décroissante de raison 1,5 : 20 – 4 = **16** ; 17,5 – 3 = **14,5** ; 23 – 10 = **13** → Le résultat de la différence vaut 11,5 dans la réponse.

Question 88 **Réponse B** ★★★★☆ **45 sec. – 3 min.** **Fiches 191/193**

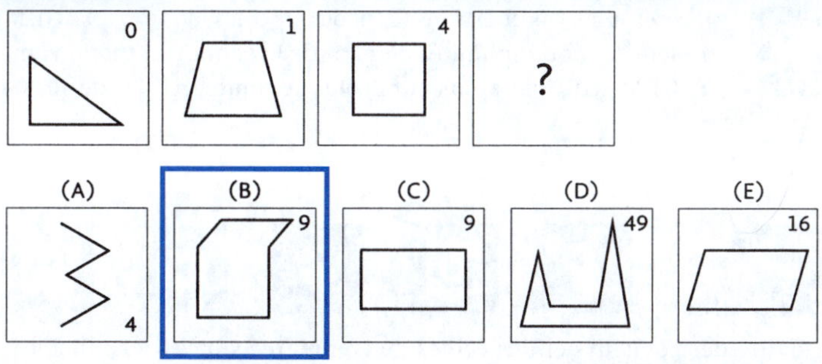

Logique 1 : Le chiffre en haut à droite est un carré croissant consécutif : 0, puis 1, puis 4 → 9.
Logique 2 : Il y a 0 puis 1 puis 2 paires de côtés parallèles → 3 paires de côtés parallèles.

Question 89 **Réponse A** ★★★★☆ **45 sec. – 3 min.** **Fiches 191/192/194**

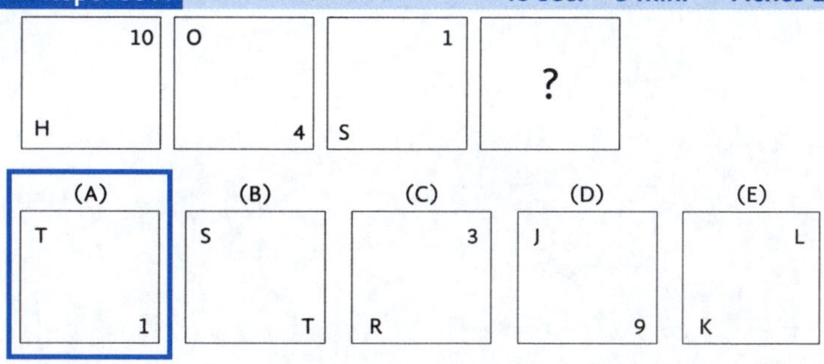

Logique 1 : Alternance diagonale droite-gauche et diagonale gauche-droite.
Logique 2 : La somme du rang de la lettre et du nombre forme une suite croissante de +1 : H + 10 = **18** ; O + 4 = **19** ; S + 1 = **20** → La somme vaut **21**.

Question 90 **Réponse C** ★★★☆☆ **30 sec. – 2 min.** **Fiches 192/198**

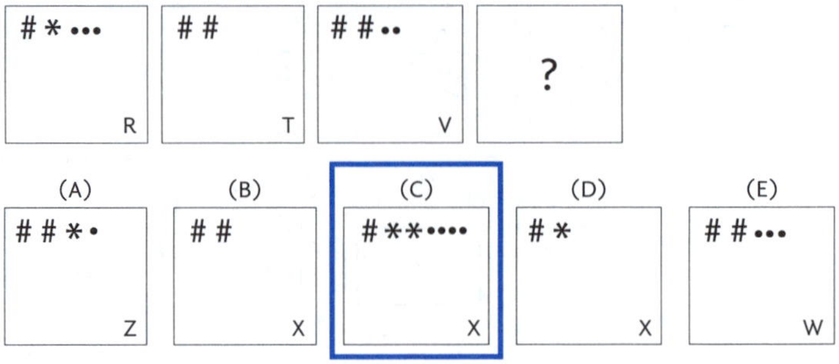

Logique 1 : Le rang de la lettre augmente de + 2 : R, T, V → X.

Logique 2 : Les symboles indiquent le rang de la lettre : # = 10 ; * = 5 et • = 1 (R = 18 = # + * + •••).

TAGE MAGE® N° 7

GRILLE DE RÉPONSES TM n° 7																
C.D.T	Question	1	2	3	4	5	6	7	8	9	10	11	12	13	14	15
	Réponse															
	SCORE : ....../60			Nombre BR : ... /15					Nombre MR : ... /15							
CALCUL	Question	16	17	18	19	20	21	22	23	24	25	26	27	28	29	30
	Réponse															
	SCORE : ....../60			Nombre BR : ... /15					Nombre MR : ... /15							
R & A	Question	31	32	33	34	35	36	37	38	39	40	41	42	43	44	45
	Réponse															
	SCORE : ....../60			Nombre BR : ... /15					Nombre MR : ... /15							
COND. MIN.	Question	46	47	48	49	50	51	52	53	54	55	56	57	58	59	60
	Réponse															
	SCORE : ....../60			Nombre BR : ... /15					Nombre MR : ... /15							
EXPRESS.	Question	61	62	63	64	65	66	67	68	69	70	71	72	73	74	75
	Réponse															
	SCORE : ....../60			Nombre BR : ... /15					Nombre MR : ... /15							
LOGIQUE	Question	76	77	78	79	80	81	82	83	84	85	86	87	88	89	90
	Réponse															
	SCORE : ....../60			Nombre BR : ... /15					Nombre MR : ... /15							
TM n° 7	SCORE :....../360 ⇔ ....../600			BR = Bonne réponse = +4 points. MR = Mauvaise Réponse = –1 point. Multipliez par 5/3 pour passer du score/360 au score/600.												

TAGE MAGE® N° 7

1 COMPRÉHENSION DE TEXTES

CONSIGNES

15 questions	20 minutes	Calculatrice interdite	Chronomètre recommandé

BARÈME

Bonne réponse : +4 points	Aucune réponse : 0 point	Mauvaise réponse : –1 point

TEXTE 1

Les Playmobil pleurent leur fondateur, Horst Brandstätter, mais ils lui survivront d'autant mieux que ce visionnaire a légué les titres de son entreprise à une fondation expressément créée au préalable pour être propriétaire de l'entreprise après son décès le 3 juin. Elle rejoint ainsi de nombreuses entreprises européennes emblématiques : qui sait que Bosch ou Bertelsmann (Allemagne), Rolex (Suisse), Ikea (Suède), Carlsberg (Danemark) ou Pierre Fabre (France) appartiennent à des fondations ? Et plus loin, Tata, en Inde ?

Les fondateurs de plus de 500 entreprises en Allemagne, 1 000 en Norvège, 1 300 au Danemark, ont fait le choix de transmettre la majorité du capital et des droits de vote à des fondations. Pourquoi ont-ils fait un tel choix ?

Ils y ont vu deux intérêts majeurs. L'un est patrimonial, car la fondation actionnaire protège le capital de l'entreprise qui lui a été transmis de façon irrévocable et inaliénable en l'inscrivant dans le long terme, et en lui évitant donc des OPA. L'autre est philanthropique : la valeur créée par l'entreprise concourt directement à une action d'intérêt général.

Sans propriétaires ni membres, les fondations actionnaires sont garantes d'une perspective de long terme grâce à un actionnariat stable. Certaines entreprises ainsi détenues sont en partie cotées en Bourse (Novo Nordisk) ou propriété des salariés (Pierre Fabre).

Au Danemark, elles sont florissantes : les 1 350 entreprises propriétés de fondations représentent près de 10 % de la richesse nationale, un cinquième de l'emploi privé et 54 % de la capitalisation boursière. Leurs dons annuels s'élèvent à 800 millions d'euros. Et leur performance économique est supérieure à celle des entreprises « classiques ».

Pendant longtemps, en France, le Conseil d'État a considéré qu'une fondation ne pouvait pas détenir des participations dans une entreprise autrement qu'à titre accessoire, au motif qu'une telle gestion par une fondation pourrait « *contaminer* » l'intérêt général de celle-ci. Mais ne pourrions-nous pas considérer au contraire qu'une telle gouvernance philanthropique pourrait « contaminer » positivement l'entreprise ? Car la fondation actionnaire inverse les rôles habituels : elle gère l'entreprise, oriente les choix d'investissements dans une perspective de long terme et se trouve donc par nature soucieuse de sa performance globale.

De plus, depuis 2005, a été introduit dans la loi sur le mécénat de 1987, à l'instigation de Pierre Fabre, le fait que, « dans le cadre d'une opération de cession ou de transmission d'entreprise, une fondation reconnue d'utilité publique peut recevoir des parts sociales ou des actions d'une société ayant une activité industrielle ou commerciale, sans limitation de seuil ou de droits de vote, à la condition que soit respecté le principe de spécialité de la fondation ».

Question 1. Selon le texte, quel(s) intérêt(s) y a-t-il à transmettre le capital de son entreprise à une fondation ?

1. L'aspect financier.
2. L'aspect juridique.
3. L'aspect humain.
4. L'aspect économique.

(A) 1 + 2 + 3
(B) 2 + 3
(C) 1 + 3 + 4
(D) 1 + 2 + 3 + 4
(E) 2 + 3 + 4

Question 2. Quel pourrait être le titre et le sous-titre (Titre – sous-titre) de ce texte ?

(A) L'essor des entreprises-fondations – L'entreprise du XXIe siècle.
(B) Analyse des fondations gestionnaires – Essor d'un nouveau modèle capitaliste.
(C) L'entreprise du futur se trouve en Europe du Nord – Le rôle économique et social des fondations.
(D) Le mode de gestion des entreprises – Les fondations s'implantent de plus en plus.
(E) Les évolutions de la gestion du capital des sociétés – Les fondations, mode de gouvernance du futur ?

Question 3. Quel est le présupposé du Conseil d'État français dans ce texte ?

(A) Les salariés d'entreprises privées ne sont pas de bons gestionnaires.
(B) Les salariés de fondations ne sont pas de bons gestionnaires.
(C) Les salariés d'entreprises privées sont uniquement intéressés par leurs propres intérêts.
(D) L'unique but d'une entreprise est de faire du profit.
(E) Aucune réponse ne convient.

Question 4. Quelle conclusion peut-on tirer de cet article ?

(A) Le profit est un des critères de la performance de l'entreprise.

(B) L'État intervient de moins en moins dans la vie économique des entreprises.

(C) Les entreprises sont de plus en plus soumises à la concurrence d'autres modèles.

(D) Les entreprises n'ont d'autre choix que de prendre en considération les fondations.

(E) Le modèle « entreprise – fondation » est l'avenir du capitalisme.

Question 5. Laquelle des propositions suivantes traduit le mieux la pensée de l'auteur ?

(A) Les entreprises ont tout intérêt à être gérées par des fondations, pour leur vision de long terme et leur nature soucieuse de la performance globale.

(B) Les entreprises doivent être vigilantes à l'entrée de fondations dans leur capital. En effet, cela pourrait réduire leur efficacité économique.

(C) Le Conseil d'État français ne recommande pas aux entreprises de transmettre leur capital à une fondation, du fait de visions différentes de l'avenir.

(D) Les entreprises nordiques sont plus performantes que les entreprises françaises grâce à leur coopération avec des fondations.

(E) Les entreprises propriétés de fondations sont bien plus soucieuses de l'intérêt général que les entreprises « classiques ».

TEXTE 2

Les 6 et 9 août 1945, l'explosion d'une bombe atomique au-dessus de la ville d'Hiroshima et de Nagasaki, au Japon, précipite la fin de la Seconde Guerre mondiale. Depuis lors plane sur le monde la crainte qu'un conflit nucléaire ne dégénère en une destruction totale de l'Humanité.

Avant la Seconde Guerre mondiale déjà, les Américains s'inquiètent du risque de voir les nazis mettre au point une bombe d'une puissance meurtrière exceptionnelle grâce au principe de la fission nucléaire.

Désireux de les devancer à tout prix, le président Roosevelt inaugure en 1942 un programme secret de mise au point de la *bombe A*. Au moment où les Américains finalisent la bombe, l'Allemagne nazie s'apprête à capituler sans conditions. Seul le Japon représente encore une menace, mais sa puissance militaire, industrielle et scientifique est bien inférieure à celle de l'Allemagne.

Le Japon s'entête dans une résistance désespérée, que les bombardements conventionnels n'entament pas. L'état-major américain craint de perdre 500.000 soldats pour conquérir Honshu, l'île principale de l'archipel. C'est ainsi qu'émerge l'idée d'utiliser la bombe atomique contre l'empire du Soleil levant. (Question 6).

Le président Roosevelt meurt le 12 avril 1945 et son successeur, Harry Truman, reprend à son compte ce projet. Il présente pour les Américains l'avantage d'anéantir le Japon sans l'aide de Staline, qui ne lui a pas encore déclaré la guerre, et de faire étalage devant le dictateur soviétique de toute leur puissance militaire.

Le 16 juillet 1945, les Américains procèdent dans le désert du Nouveau Mexique à un premier essai nucléaire. L'essai est pleinement réussi, mais, faute d'expérience, les scientifiques ne mesurent pas précisément les effets de la bombe atomique sur les populations.

Le 26 juillet, les États-Unis, la Grande-Bretagne et la Chine adressent au Japon un ultimatum qui fait implicitement allusion à une arme terrifiante. Finalement, au petit matin du 6 août 1945, le bombardier Enola Gay s'envole vers l'archipel nippon, avec, dans la soute, une bombe à l'uranium de quatre tonnes et demi surnommée « Little Boy ». L'état-major choisit pour cible la ville industrielle d'Hiroshima (300.000 habitants) en raison de conditions météorologiques optimales.

La bombe est larguée à 8 h 15 et 70.000 personnes sont tuées. La majorité meurt dans les incendies consécutifs à la vague de chaleur. Plusieurs dizaines de milliers sont grièvement brûlées et beaucoup d'autres mourront des années plus tard des suites des radiations (on évoque un total de 140.000 morts).

Pourtant, les dirigeants japonais ne cèdent pas devant cette attaque sans précédent. Les Américains décident alors de larguer leur deuxième bombe atomique. À Nagasaki (250.000 habitants), le 9 août, 40.000 personnes sont tuées sur le coup.

La Seconde Guerre mondiale est terminée... et le monde entre dans la crainte d'une apocalypse nucléaire. Seuls de rares penseurs, tel Albert Camus, ont pris la mesure du bouleversement entraîné par les explosions d'Hiroshima et de Nagasaki.

Question 6. Quelle proposition conviendrait le mieux au lieu de « Question 6 » dans le texte ?

(A) Ainsi, l'effet de surprise sera total.
(B) Seule incertitude : la santé du Président américain.
(C) L'objectif est de briser leur résistance à moindre frais.
(D) Cette arme est probablement la clé de la solution.
(E) La question est davantage de savoir où et quand utiliser cette bombe.

Question 7. Pour quelle raison la ville de Nagasaki est-elle choisie par les Américains pour le largage de la bombe atomique ?

(A) C'est la ville la plus proche des bases militaires des États-Unis.
(B) La ville n'a pas de système de défense anti-aérien fiable.
(C) La ville est isolée du reste du Japon.
(D) Aucune de ces réponses ne convient.
(E) Les conditions météorologiques sont favorables.

Question 8. Les États-Unis ont bombardé le Japon pour des raisons :

1. Scientifiques.
2. Stratégiques.
3. Géostratégiques.
4. Militaires.
5. Météorologiques.

(A) 1 + 2 + 3 + 4 + 5
(B) 3 + 4 + 5
(C) 4 + 5
(D) 2 + 3 + 4
(E) 2 + 4 + 5

Question 9. Parmi les phrases suivantes, combien sont vraies ?

1. Les États-Unis ont développé la bombe atomique à l'initiative du président Roosevelt, pour attaquer le Japon.
2. Les États-Unis ont dû s'allier à la Russie de Staline pour attaquer le Japon.
3. Lorsque les États-Unis ont attaqué le Japon, c'était la première fois qu'était utilisée la bombe atomique.
4. Les États-Unis ont prévenu le Japon avant de les attaquer.
5. La bombe A a causé des dégâts immenses, sur plusieurs années.

(A) 0
(B) 1
(C) 2
(D) 3
(E) 4

Question 10. Quel était le sous-entendu de l'ultimatum lancé par les Américains aux Japonais ?

(A) Si les Japonais continuent la guerre, Staline déclarera la guerre au Japon.
(B) Si les Japonais continuent la guerre, les États-Unis envahiront le Japon.
(C) Si les Japonais ne capitulent pas immédiatement, les États-Unis attaqueront le Japon avec une arme de nouvelle génération.
(D) Si les Japonais ne capitulent pas rapidement, le Japon connaîtra le même sort que l'Allemagne nazie.
(E) Aucune de ces réponses ne convient.

TEXTE 3

Titre : Selon le FMI, les Etats-Unis seraient les plus touchés en cas de guerre commerciale.

En général, les effets négatifs des barrières douanières sont plus importants pour l'économie américaine que pour les autres pays, relève le Fonds monétaire international à partir de quatre scénarios.

Le Président des États-Unis – première puissance économique mondiale – croit-il vraiment, comme il l'a tweeté un jour, que les guerres commerciales sont *« bonnes et faciles à gagner »* ?

(Question 14), dans une note publiée en juillet, pour préparer la réunion des ministres des finances du G20 : *« En général, les effets négatifs des barrières douanières sont plus importants pour l'économie américaine que pour les autres »*, affirme le FMI. Ses estimations se basent sur quatre scénarios, du moins grave (les tarifs déjà appliqués et les représailles engagées par les pays visés) au plus toxique (toutes les menaces sont mises à exécution et se doublent d'un choc de confiance pour les investisseurs).

Selon la dernière hypothèse, la plus sévère, le produit intérieur brut (PIB) mondial serait amputé de 0,5 % d'ici à 2020, soit 430 milliards de dollars (370 milliards d'euros). Aux Etats-Unis, la perte serait de 0,8 %. Pourquoi ? Tout simplement parce qu'ils seraient l'épicentre des mesures de rétorsion. Tandis que leurs partenaires continueraient à commercer entre eux et, parfois, pourraient tirer profit de la réorganisation des flux commerciaux.

Quoi qu'il en soit, *« en cas de conflit commercial, tous les pays seront, à terme, plus affaiblis »*, fait remarquer le FMI dans un post de blog. Le PIB de l'Asie émergente serait réduit de 0,7 %, celui du Japon de 0,6 % et celui de la zone euro de 0,3 %.

En fonction de chaque scénario, les impacts diffèrent selon les régions. Dans l'hypothèse où Washington imposerait des taxes de 25 % sur les importations de véhicules, les plus affectés seraient le Japon suivi de l'Amérique latine.

Étonnamment, la zone euro s'en tirerait à relativement bon compte. De fait, ses ventes d'automobiles aux Etats-Unis ont beau s'élever à 30 milliards de dollars, elles représentent moins de 1 % du total de ses exportations. La réorientation des échanges commerciaux compenserait alors largement l'effet des taxes, prédit le Fonds.

Question 11. Quelle proposition contredit le plus les propos de l'auteur du texte ?

(A) Selon le FMI, les États-Unis seraient le pays le plus impacté économiquement par une guerre commerciale mondiale.

(B) En cas de guerre commerciale mondiale, il y aurait – selon le FMI – des pays gagnants et des pays perdants, quel que soit le scénario des calculs.

(C) Les quatre scénarios du FMI sur les conséquences d'une guerre commerciale mondiale aboutissent tous à une conclusion globale similaire.

(D) Une guerre commerciale mondiale pourrait mener à terme le monde vers une guerre mondiale militaire.

(E) Le pouvoir du FMI (Fonds Monétaire International) est inexistant face aux agissements des États-Unis.

Question 12. Pour quelle(s) raison(s) les États-Unis seraient le pays le plus impacté par une guerre commerciale ?

1. Les États-Unis sont la première économie mondiale.
2. Les États-Unis sont les premiers à avoir augmenté les barrières douanières.
3. Les États-Unis seraient la cible des mesures de rétorsion des autres pays.
4. Les États-Unis importent davantage de produits qu'ils n'en exportent.

(A) Uniquement 3.
(B) 1 + 2 + 3 + 4.
(C) 1 + 2 + 3.
(D) 2 + 3.
(E) Uniquement 1.

Question 13. Quel est le présupposé de l'auteur au sujet de la zone euro ?

(A) La zone euro est la seconde puissance économique mondiale, après les États-Unis.
(B) La zone euro exporte peu vers les pays qui appliquent des barrières douanières.
(C) Le secteur automobile de la zone euro représente une part trop faible de ses exportations.
(D) La zone euro a souvent été la zone la plus impactée par les guerres commerciales dans le passé.
(E) La zone euro est un acteur économique mondial qui échange beaucoup avec les autres pays.

Question 14. Quelle proposition conviendrait le mieux au lieu de (Question 14) dans le texte ?

(A) Telle n'est pas la conclusion des ministres de l'Économie des pays étrangers.
(B) Telle n'est pas la conclusion des calculs effectués par le Fonds Monétaire International (FMI).
(C) Telle est la conclusion des proches conseillers économiques du Président des États-Unis.
(D) Telle est la conclusion du Ministère de l'Économie des États-Unis.
(E) Telle est la conclusion des prévisions du Fonds Monétaire International.

Question 15. Quel serait le meilleur résumé de ce texte ?

(A) Le FMI recommande aux États-Unis et autres pays de ne pas entamer une guerre commerciale, car tous les pays seraient perdants, en particulier les États-Unis.
(B) Le FMI notifie aux États-Unis qu'ils seraient les plus grands perdants en cas de guerre commerciale avec le reste du monde.
(C) Une guerre commerciale mondiale conduirait à une réduction globale du PIB mondial, en particulier pour les États-Unis.
(D) Selon les calculs du FMI, une augmentation des barrières douanières conduirait à une diminution limitée du PIB des pays.
(E) Le FMI accuse les États-Unis de vouloir déclencher une guerre commerciale envers ses partenaires, à son détriment selon ses calculs.

TAGE MAGE® N° 7

2 CALCUL

CONSIGNES

15 questions	20 minutes	Calculatrice interdite	Chronomètre recommandé

BARÈME

Bonne réponse : +4 points	Aucune réponse : 0 point	Mauvaise réponse : –1 point

Question 16. Giovanni et Marc partent courir dans la forêt à une vitesse constante de 10 km/h. À 10 h, Marc s'arrête pour téléphoner et recommence à courir à 11 h.
Sachant que Giovanni a continué à courir à 10 km/h, à quelle vitesse Marc doit courir s'il veut rattraper Giovanni à 13 h 00 ?

(A) 11 km/h.
(B) 13 km/h.
(C) 14 km/h.
(D) 15 km/h.
(E) Aucune réponse n'est correcte.

Question 17. Quel est le volume de mon réservoir sachant que quand il est à 30 % vide, il est 12 litres plus rempli que quand il est 30 % plein ?

(A) 60 L
(B) 50 L
(C) 40 L
(D) 30 L
(E) 20 L

Question 18. Passer de 2/3 à 4/5 correspond à une variation de :

(A) 10 %
(B) 20 %
(C) 35 %
(D) 40 %
(E) 45 %

Question 19. Pendant les soldes, Hervé a payé 900 € un produit qui avait été soldé une première fois à –20 % et une deuxième fois à –30 %.

Quel était le prix initial (avant les 2 démarques) du produit ? (arrondi à l'euro près).

(A) 1 607 €

(B) 2 345 €

(C) 1 456 €

(D) 3 347 €

(E) 1 404 €

Question 20. On a un triangle équilatéral ABC. [BI] et [CJ] sont les hauteurs respectives de [CA] et [AB]. O est le point d'intersections des hauteurs. Quel est le pourcentage de l'aire AJOI par rapport au triangle ABC ?

(A) 3/5

(B) 1/5

(C) 1/3

(D) 1/4

(E) Il manque des informations.

Question 21. Si je multiplie ce nombre entier naturel par 16, j'obtiens son cube. Quel est ce nombre ?

(A) 4

(B) 5

(C) 6

(D) 7

(E) Plusieurs nombres sont possibles.

Question 22. Sachant que $27^n + 27^n + 27^n = 3^{2026}$, combien vaut n ?

(A) 2 025

(B) 2 024

(C) 675

(D) 905

(E) 555

Question 23. Justine et Nicolas partent du même point en voiture dans une direction opposée. Justine roule à la vitesse de 120 km/h. Après 3 heures de route, ils sont séparés de 900 kilomètres.

Quel est (en %) l'écart entre les vitesses de Justine et Nicolas ?

(A) 45 %

(B) 50 %

(C) 55 %

(D) 60 %

(E) 65 %

Question 24. À la cour du Roi de France, les femmes se saluent entre elles par une légère révérence et les hommes se saluent par un mouvement de tête. Lors d'une soirée, il y a deux fois plus d'hommes que de femmes et l'on compte 12 350 mouvements de tête et révérences. Combien y a-t-il d'hommes à cette soirée ?

(A) 50
(B) 100
(C) 150
(D) 200
(E) 250

Question 25. On considère le carré suivant. Sachant que la somme des périmètres des 8 rectangles découpés est égale à 240 cm, quelle est l'aire du carré initial ?

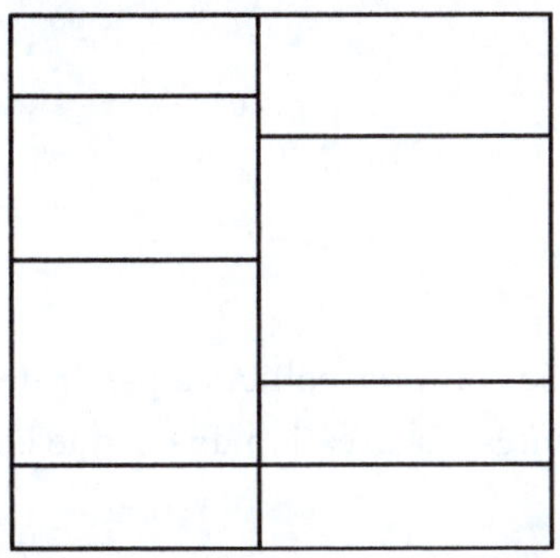

(A) 240 cm^2
(B) 400 cm^2
(C) 480 cm^2
(D) 820 cm^2
(E) 100 cm^2

Question 26. Jules a assez d'argent pour acheter deux chewing-gums et quatre sucettes ou dix dragées et deux nougats. Lucie, elle, a assez d'argent pour acheter quatre nougats ou un chewing-gum et deux sucettes.
Combien de dragées valent trois chewing-gums et six sucettes ?

(A) 12
(B) 14
(C) 16
(D) 18
(E) 20

Question 27. L'entreprise RickRack réalise une étude sur la moyenne des salaires de ses 540 employés composés d'ouvriers et de cadres. Après calculs, la moyenne générale des salaires est de 2 000 euros, celle des cadres de 2 800 euros et celle des ouvriers de 1 800 euros. Combien y a-t-il de cadres dans l'entreprise ?

(A) 100
(B) 104
(C) 108
(D) 112
(E) 116

Question 28. Une cuve est remplie au 1/4 de son volume. Si on lui ajoute 350 L d'eau, on atteint 3/5 de sa capacité. Quel est son volume total ?

(A) 800 litres
(B) 900 litres
(C) 1 000 litres
(D) 1 100 litres
(E) 1 200 litres

Question 29. Jamila fabrique ses propres colliers à partir de petits coquillages ramassés à la plage. Elle consacre 15 minutes à la création de chaque collier. samedi dernier, Jamila a réussi à fabriquer 12 colliers.

Combien de temps a-t-elle consacré à la confection de ses colliers samedi dernier ?

(A) 1 heure.
(B) 1,5 heure.
(C) 2 heures.
(D) 2,5 heures.
(E) 3 heures.

Question 30. Les Delacroix font des travaux pour agrandir leur piscine, qui mesurait initialement 6 mètres de long, 4 mètres de large et 15 décimètres de profondeur. Après travaux, la piscine est allongée de 5 mètres et n'est pas élargie. La nature du sol ne permet d'augmenter la profondeur de la piscine que sur la longueur nouvellement construite.

Pour que la piscine atteigne un volume de 0,08 dam^3, quel doit être l'écart entre la profondeur de la partie initiale de la piscine et la profondeur de sa partie nouvellement construite ?

(A) 27 dm
(B) 22 dm
(C) 17 dm
(D) 12 dm
(E) 7 dm

TAGE MAGE® N° 7

3 RAISONNEMENT ET ARGUMENTATION

CONSIGNES			
15 questions	20 minutes	Calculatrice interdite	Chronomètre recommandé

BARÈME		
Bonne réponse : +4 points	Aucune réponse : 0 point	Mauvaise réponse : –1 point

Question 31. Si Arnaud ment, Joachim ment. Si Joachim ment, Franck ment et Arnaud ment. Ils ne mentent pas tous les 3. Sachant qu'au moins un d'entre eux ment, qui ment ?

(A) Arnaud
(B) Joachim
(C) Franck
(D) Arnaud et Franck
(E) On ne peut pas savoir

Question 32. Plus en amont, l'histoire économique italienne a souligné le rôle de la capitale lombarde dans l'essor industriel de la péninsule : Milan est au cœur du « miracle italien » d'après-guerre, grand centre du textile et du luxe, mais aussi ville de la sidérurgie, des glaces ou du caoutchouc.

En fait, depuis la fin du XIXe siècle, le triangle industriel Turin-Milan-Gênes est le moteur de la modernisation italienne, et Milan, regroupant le plus grand nombre de sièges sociaux, un pôle à la fois industriel, marchand et financier.

Quelle proposition serait la meilleure conclusion pour ce texte ?

(A) En définitive, Milan mériterait d'être la capitale de l'Italie.
(B) Milan est le fer de lance économique de l'Italie d'après-guerre.
(C) Ainsi, Milan a été la ville italienne la plus importante pendant des décennies.
(D) Sans Milan, l'Italie ne serait pas ce qu'elle est aujourd'hui.
(E) Dans le développement italien d'après-guerre, Milan a joué un rôle non négligeable.

Question 33. En août 1945, les champignons atomiques qui avaient éclaté dans le ciel de Hiroshima et de Nagasaki avaient sonné le glas de la guerre.

De la même manière, la crainte d'une nouvelle apocalypse nucléaire née du chaos engendré par le tremblement de terre et le tsunami du 11 mars 2011 devrait marquer une rupture avec les choix opérés année après année par l'oligarchie aux affaires depuis l'immédiate après-guerre et dont l'État nucléaire est l'œuvre.

Quelle affirmation soutient le plus la thèse de l'auteur ?

(A) Le Japon va sûrement arrêter le développement de son parc de centrales nucléaires.
(B) L'oligarchie japonaise va devoir modifier sa stratégie de développement.
(C) Le Japon est le seul pays au monde à avoir connu des catastrophes nucléaires majeures.
(D) Le pouvoir japonais devrait changer l'orientation de sa politique nucléaire.
(E) Le Japon est le pays ayant connu le plus de catastrophes nucléaires.

Question 34. « Tous les parisiens aiment la baguette et aucun d'entre eux n'aime le fromage. »

Quelle est la négation de cette proposition ?

(A) Tous les parisiens aiment le fromage et aucun d'entre eux n'aime la baguette.
(B) Tous les parisiens aiment le fromage ou aucun d'entre eux n'aime la baguette.
(C) Il existe au moins un parisien qui n'aime pas la baguette.
(D) Il existe au moins un parisien qui n'aime pas la baguette et un parisien qui aime le fromage.
(E) Il existe au moins un parisien qui n'aime pas la baguette ou un parisien qui aime le fromage.

Question 35. Guillaume, Sophian, Marc et Sonia jouent au poker sur une table de forme carrée. Sophian est à côté de Marc. Marc n'est pas à côté de Sonia.

Laquelle des affirmations suivantes est vraie ?

(A) Guillaume est à côté de Sophian.
(B) Sophian n'est pas à côté de Sonia.
(C) Marc est à côté de Guillaume.
(D) Guillaume et Marc sont face à face.
(E) Il y a plusieurs réponses correctes.

Question 36. Sans les océans, notre planète serait déjà en proie à un réchauffement climatique accéléré. Cette énorme masse liquide a absorbé en effet l'essentiel de la chaleur rejetée dans l'atmosphère depuis la révolution industrielle. Elle a également capté le quart du gaz carbonique émis depuis 1750. Mais l'augmentation du CO_2 dissout dans les océans entraîne aussi leur acidification, ce qui nuit au développement de la vie animale et finira par affecter les pêches.

Parmi les propositions suivantes, laquelle résume le mieux ce paragraphe ?

(A) Les océans sont des remparts naturels contre l'augmentation de la température atmosphérique, mais ils en sont aussi de plus en plus affectés.
(B) Les rejets de CO_2 d'origine anthropique affectent aussi bien la température de l'atmosphère que l'acidité des océans.
(C) Les océans ralentissent le réchauffement climatique, mais ce rôle pourrait être mis à mal dans les décennies à venir.
(D) La protection des océans est un des enjeux majeurs des années à venir, car ils sont le meilleur moyen de lutter contre le réchauffement climatique.
(E) L'océan, modérateur du changement climatique, en est aussi une des premières victimes du fait de l'augmentation de son acidité.

Question 37. Ce matin-là, Théo raconta à ses amis que sa mère était entrée dans une colère terrifiante pour une broutille. Sa sœur Anne avait oublié de fermer la porte d'entrée en sortant de la maison : elle l'avait laissée légèrement entrebâillée. Sa mère, Sophie, était sortie sur le pas de la porte et avait commencé à hurler mais, avec ses écouteurs sur les oreilles, Anne n'entendait rien. Ni une ni deux, Sophie avait dévalé la rue, l'avait attrapée et lui avait passé un tel savon que deux heures après, Anne était encore en train de pleurer.

Parmi les expressions suivantes, laquelle illustre le mieux ce texte ?

(A) « Se fâcher à propos de bottes ».
(B) « Être un ours mal léché ».
(C) « Casser du sucre sur le dos de quelqu'un ».
(D) « Prendre les enfants du bon dieu pour des canards sauvages ».
(E) « Se prendre le chou ».

Question 38. François de Rugy vient de mettre un point final à un nouvel ouvrage, *Écologie ou gauchisme, il faut choisir*, mais aussi à près de vingt ans de militantisme chez les Verts puis à Europe Ecologie-Les Verts (EELV).

Parmi les propositions suivantes, laquelle est un présupposé du texte ?

(A) François de Rugy a écrit un livre sur sa carrière de militant.
(B) François de Rugy quitte EELV.
(C) François de Rugy était un militant écologiste.
(D) Dans son livre, François de Rugy explique les raisons pour lesquelles il a décidé de quitter le parti EELV.
(E) François de Rugy a décidé de dissoudre le parti EELV.

Question 39. Dès 1933, un quotidien titrait : « *Les Fêtes de Bayonne ne sont plus ce qu'elles étaient.* ». La vérité, c'est qu'elles sont infiniment mieux. Bayonne ne sait plus comment contenir l'affluence qu'elle inspire. Dans la nuit du vendredi 31 juillet au samedi 1er août, près d'un million de « festayres » ont déboulé de partout dans la petite ville suréquipée pour prévenir tout pépin.

Quelle proposition s'oppose aux propos ci-dessus ?

(A) Les fêtes de Bayonne ont moins de succès qu'il y a vingt ans.
(B) L'affluence des fêtes de Bayonne n'est pas un problème pour la ville.
(C) L'affluence aux fêtes de Bayonne a contraint la ville à s'équiper en conséquence.
(D) Il ne peut y avoir de problèmes à Bayonne malgré le suréquipement de la ville.
(E) Depuis 1933, les fêtes de Bayonne reçoivent chaque année de plus en plus de personnes.

Question 40. Mélanie, Angélique et Fiona sont trois amies d'âges différents. Fiona est plus jeune qu'Angélique et Mélanie est plus âgée que Fiona. Enfin, la plus âgée des trois est aussi la plus petite de taille.

Parmi les propositions suivantes, laquelle est vraie ?

(A) Fiona est la plus petite.
(B) Mélanie est la plus âgée.
(C) Angélique est la plus âgée.
(D) La plus petite est soit Mélanie soit Fiona.
(E) Aucune réponse ne convient.

F (M (A
petite

Question 41. Benjamin ment le week-end et le mercredi. Il affirme qu'Arthur a menti avant-hier et mentira après-demain. Arthur ment le jeudi et le mardi. Quel jour sommes-nous ?

(A) lundi.
(B) mercredi.
(C) mercredi ou dimanche.
(D) lundi ou vendredi.
(E) On ne peut pas répondre.

Question 42. Quand on regarde la taille des bilans des banques françaises, on ne peut pas dire qu'ils ont maigri depuis la crise. Le système financier est aujourd'hui légèrement plus sûr qu'avant la crise, mais moins que dans les années 1990, avant que ne débute la période d'excès qui a suivi. Il y a actuellement trente institutions bancaires globales systémiques, c'est-à-dire dont les déboires individuels sont capables de créer une crise mondiale. C'est bien plus qu'il y a cinq ans.

Quelle proposition soutient le plus la pensée de l'auteur ?

(A) Le système financier n'a pas tiré les leçons des crises passées et est encore moins sûr qu'avant.
(B) Le système financier d'aujourd'hui n'est toujours pas sûr, malgré des améliorations.
(C) Le système financier réitère ses erreurs passées, ce qui produira probablement les mêmes conséquences.
(D) La faillite de certaines institutions financières pourrait entraîner la chute de tout le système financier mondial.
(E) Le système financier mondial doit se réformer pour ne pas disparaître lors de la prochaine crise économique.

Question 43. Le commissaire européen Pierre Moscovici a présenté le 17 juin ses propositions pour lutter contre les comportements d'optimisation fiscale agressive des multinationales. Le diagnostic est correct : les entreprises ont trop joué à ce jeu et il est temps d'agir. Mais les remèdes ne sont pas les bons.

Laquelle de ces propositions s'oppose aux propos du texte ?

(A) Pierre Moscovici est indifférent à l'égard des comportements d'optimisation fiscale des multinationales.
(B) Les solutions mises en place jusque-là pour lutter contre l'optimisation fiscale agressive ne sont pas efficaces.
(C) L'optimisation fiscale est une pratique peu fréquente chez les multinationales.
(D) Les propositions fiscales de Moscovici ont été refusées par le Parlement Européen.
(E) Pierre Moscovici a fait de la lutte contre l'optimisation fiscale un de ses chevaux de bataille.

Question 44. Lors d'un raid aventure, trois coureurs s'élancent à la suite : un Français, un Britannique puis un Allemand. Au terme des 20 kilomètres du parcours, le Français et le Britannique se sont dépassés 14 fois. Le Britannique et l'Allemand se sont dépassés 19 fois.

Parmi les phrases suivantes, lesquelles sont vraies avec certitude ?

1. Le Français est devant l'Allemand.
2. Le Français est devant le Britannique.
3. L'Allemand est devant le Britannique.
4. Le Britannique est derrière l'Allemand.
5. Le Français est premier, l'Allemand deuxième et le Britannique troisième.

(A) 1 + 2.
(B) 1 + 2 + 3 + 4 + 5.
(C) 2 + 3 + 4.
(D) Uniquement 5.
(E) 1 + 5.

Question 45. Joanne et Doria partent en vacances une semaine dans les Alpes. Le mardi, elles décident de faire une randonnée. Elles marchent pendant deux heures puis il se met à pleuvoir. Les deux jeunes filles hésitent à continuer. Doria dit alors : « Nous sommes arrivées à la moitié de l'ascension vers la pointe de la Masse, autant continuer ». Elles décident alors de poursuivre leur ascension et elles finissent par atteindre le sommet deux heures plus tard. Quelle expression résume le mieux le paragraphe ?

(A) « Les chiens aboient, la caravane passe ».
(B) « Tout vient à point à qui sait attendre ».
(C) « Quand le vin est tiré, il faut le boire ».
(D) « C'est le verre à moitié plein ».
(E) « Faute de grives, on mange des merles ».

TAGE MAGE® N° 7

4 CONDITIONS MINIMALES

CONSIGNES			
15 questions	20 minutes	Calculatrice interdite	Chronomètre recommandé

BARÈME		
Bonne réponse : +4 points	Aucune réponse : 0 point	Mauvaise réponse : –1 point

(A) L'information 1 seule est suffisante pour répondre à la question.
L'information 2 seule est insuffisante pour répondre à la question.

(B) L'information 2 seule est suffisante pour répondre à la question.
L'information 1 seule est insuffisante pour répondre à la question.

(C) Les informations 1 et 2 ensemble sont suffisantes pour répondre à la question.
L'information 1 seule ou l'information 2 seule est insuffisante pour répondre à la question.

(D) L'information 1 seule est suffisante pour répondre à la question.
L'information 2 seule est suffisante pour répondre à la question.

(E) Les informations 1 et 2 ensemble sont insuffisantes pour répondre à la question.
L'information 1 seule ou l'information 2 seule est insuffisante pour répondre à la question.

Question 46. Le quadrilatère EFGH est-il un parallélogramme ?

(1) Ses diagonales se coupent en leur milieu.

(2) EF = GH.

Question 47. Jérémy mange ses légumes. Johanna mange t-elle ses légumes ?

(1) Si Johanna ne mange pas ses légumes, alors Robin ne mange pas ses légumes.

(2) Si Jérémy mange ses légumes, alors Robin mange ses légumes.

Question 48. Quel est l'âge du mari dans ce couple dont la somme des âges est égale à 100 ?

(1) Le mari est moins âgé que sa femme.

(2) Si la femme avait 2 ans de moins, elle aurait le même âge que son mari.

Question 49. Soient 5 entiers strictement positifs et tous différents.

Combien de ces nombres sont strictement inférieurs à 20 ?

(1) La moyenne de ces nombres est 20.

(2) Un de ces nombres est égal à 75.

Question 50. Charles et Maxence placent leur argent à des taux d'intérêt différents. À eux deux, ils placent 3 000 euros au total. À la fin de l'année, leurs intérêts cumulés s'élèvent à 400 euros. À quel taux Charles a-t-il placé son argent ?

(1) Charles a investi deux fois plus d'argent que Maxence.

(2) Maxence place son argent à un taux deux fois plus élevé que Charles.

Question 51. Clara dispose de 20 000 € de capital qu'elle investit pendant un an. Une partie est rémunérée à 3 %, l'autre à 7 %. Quelle proportion du capital de Clara est placée à 7 % ?

(1) Les intérêts à la fin de l'année 1 s'élèvent à 1 200 €.

(2) Clara a investi trois fois plus d'argent rémunéré à 7 % que rémunéré à 3 %.

Question 52. Quel est l'âge d'Hugo ?

(1) Si l'on prend deux fois l'âge qu'il aura dans six ans et qu'on lui soustrait deux fois l'âge qu'il avait il y a quatre ans, on obtient son âge actuel.

(2) Quand Hugo aura les neuf quarts de son âge actuel, il sera alors âgé de 45 ans.

Question 53. Quelle est la valeur de X ?

(1) $2Y - 4X = 12$

(2) $24 + 8X = 4Y$

Question 54. Soit n un entier positif strictement inférieur à 15. $(n + 3)$ est un nombre premier. Que vaut n ?

(1) $(n + 19)$ est un cube parfait.

(2) $(n + 1)$ est un carré parfait.

Question 55. En quelle année du XIXe siècle ce personnage est-il né ?

(1) Les deux derniers chiffres de son année de naissance forment un carré.

(2) Les deux derniers chiffres de son année de naissance forment un cube.

Question 56. Gérald est-il l'oncle maternel de Virginie ?

(1) Gérald est le neveu du grand-père maternel de Virginie.

(2) Gérald a trois frères et aucune sœur.

Question 57. Combien de billes Magali, David et Enzo ont-ils à eux trois réunis ?

(1) David a 16 billes de plus que Magali.

(2) Enzo a deux fois plus de billes que David et 32 billes de plus que le double du nombre de billes de Magali.

Question 58. Une boîte contenant 2 700 billes est divisée en 5 boîtes.

Combien de billes contient la plus grande de ces boîtes ?

(1) Le nombre de billes dans la plus grande boîte est égal à la somme des billes qu'il y a dans les quatre autres boîtes.

(2) La plus petite boîte contient 100 billes.

Question 59. Combien vaut l'entier relatif p ?

(1) $p^2 < 46$.

(2) $p + 5 < 0$.

Question 60. Tatiana répartit son placement de 7 000 € sur deux comptes rémunérés à 3 % et 7 % chaque année. Combien d'intérêts récoltera-t-elle à la fin de la première année ?

(1) Les placements sont à taux d'intérêts simples.

(2) Elle place la somme équitablement sur les deux comptes.

TAGE MAGE® N° 7

5 EXPRESSION

CONSIGNES			
15 questions	20 minutes	Calculatrice interdite	Chronomètre recommandé

BARÈME		
Bonne réponse : +4 points	Aucune réponse : 0 point	Mauvaise réponse : –1 point

Question 61. Choisissez la reformulation dont le sens se rapproche le plus des mots soulignés.

L'enquête a <u>révélé</u> de nombreuses <u>déficiences</u> des services de renseignement.

(A) Mis en lumière — Défaillances
(B) Souligné — Difficultés
(C) Illustré — Progrès
(D) Mis à jour — Qualités
(E) Mis au jour — Dysfonctionnements

Question 62. Choisissez les mots dont le sens se rapproche le plus des mots soulignés.

En arrivant à l'école, son père lui a adressé <u>une admonestation</u> <u>vive</u> dont il se souviendra longtemps.

(A) Un avertissement — Houleux
(B) Une correction — Éclatante
(C) Un cri de surprise — Strident
(D) Une réprimande — Musclée
(E) Une engueulade — Acide

Question 63. Choisissez les mots dont le sens se rapproche le plus des mots soulignés.

Me réveiller tous les matins et prendre mon café est devenu <u>une assuétude</u> dont je ne peux me passer. Il faut que je <u>consulte</u> un spécialiste pour me défaire de cette mauvaise habitude.

(A) Un quotidien — Sollicite
(B) Une addiction — Me fasse examiner par
(C) Une drogue — Demande à
(D) Une routine — Voie
(E) Une dépendance — Prenne un rendez-vous avec

Question 64. Parmi les propositions suivantes, laquelle n'est pas un synonyme du mot souligné dans cette phrase ?

Véritable <u>encenseur</u> du pouvoir, le duc de Blois est parvenu à se faire anoblir.

(A) Contempteur
(B) Thuriféraire
(C) Laudateur
(D) Caudataire
(E) Flagorneur

Question 65. Combien de fautes d'orthographe et/ou de grammaire ce passage contient-il ?

Dans cinq minutes, le train entreras en gare de Menton. Joseph se lève d'un bond, enfile son chandail noir à losange sur sa veste de pyjamas encore tiède de la nuit et ouvre la porte-fenêtre du balcon. La fraîcheur du matin le saisis, pique son visage et ses yeux.

(A) 1
(B) 2
(C) 3
(D) 4
(E) 5

Question 66. Combien de fautes d'orthographe, de grammaire et d'usage le paragraphe suivant contient-il ?

Dans mon quartier, les traficants de drogue ont la main mise sur les forces de police grâce à de substantiels pots-de-vins. L'augmentation des effectifs et des patrouilles ne changera pas la donne tant que les mentalités resteront inchangées. Il faut une politique de long-terme pour éradiquer ce fléaux. Sans cela, la vie de quartier ne sera jamais tranquille et le risque est que la majorité abandonnent le quartier.

(A) 3
(B) 4
(C) 5
(D) 6
(E) 7

Question 67. Parmi ces cinq phrases, lesquelles ne contiennent aucune faute d'orthographe ?

1. Cette dicté comporte plusieurs fautes qu'il faut corriger.
2. Au bord de la rivière, caché sous les arbres, les enfants jouent à cache-cache.
3. Quelqu'un aurait aperçu des canars et des oies dans la forêt.
4. Equipés de puissantes jumelles, les hommes scrutaient l'horizon.
5. Assis seul dans sa chambre, il ne peut s'empêcher de penser à son amour perdu.

(A) 2 + 5
(B) 1 + 2 + 3
(C) 4 + 5
(D) 3 + 4
(E) 4

Question 68. Parmi les phrases suivantes, laquelle est correctement orthographiée ?

(A) Joséphine ne sortira pas indemne de ce dilemne qui la taraude.
(B) Joséphine ne sortira pas indemme de ce dilemme qui la tareaude.
(C) Joséphine ne sortira pas indemme de ce dilemme qui la taraude.
(D) Joséphine ne sortira pas indemne de ce dilemne qui la tareaude.
(E) Joséphine ne sortira pas indemne de ce dilemme qui la taraude.

Question 69. Laquelle des phrases suivantes comporte le plus de fautes d'orthographe ou de grammaire ?

(1) Plus il vieilissait, plus il réalisait a quel point il était seul.
(2) Leurs maison avait été laissé sens dessus dessous car ils pensaient que leur parent ne rentrerait que la semaine suivante.
(3) Les pirates avaient apercu au loin une frégate ennemie. Ils allaient a sa rencontre pour enqueter.
(4) Assurrément, cette montagne était dificile a aperçevoir.
(5) La discussion finirait par déraper s'ils continuaient sur cette voie. Ils prirent ensemble la décision de changer de sujet.

(A) La phrase 5.
(B) La phrase 4.
(C) La phrase 3.
(D) La phrase 2.
(E) La phrase 1.

Question 70. « Ils se donnent la comédie, n'importe, mettons tout à profit, ce garçon-ci n'est pas sot, et je ne plains pas la soubrette qui l'aura. » (*Le Jeu de l'amour et du hasard*, Acte I Scène 6, Marivaux, 1830).

Laquelle des figures de style suivantes est utilisée dans cet extrait ?

(A) Un chiasme
(B) Un pléonasme
(C) Une litote
(D) Une périphrase
(E) Une métonymie

Question 71. Trouvez l'intrus parmi les 5 propositions ci-dessous.

(A) Ardemment
(B) Précédemment
(C) Précipitemment
(D) Prudemment
(E) Évidemment

Questions 72 à 75 : Complétez le texte avec le mot ou l'expression assurant la meilleure cohérence textuelle.

Question 72. Pour un tiers des Français, Internet est l'invention qui a le plus modifié leurs loisirs (...). Suivent (...) le smartphone ou la tablette, avec 14 %.

(A)	Dans la vie de tous les jours	Après
(B)	Au quotidien	Ensuite
(C)	Dans leur vie	Par la suite
(D)	Vraisemblablement	À la suite
(E)	En fin de compte	En deuxième et troisième position

Question 73 (suite de la question 72). La photographie numérique (...) le podium (10 %). Les réseaux sociaux sont cités comme la principale invention ayant modifié les loisirs au quotidien par 4 % des (...).

(A)	S'ajoute sur	Interrogés
(B)	Est présente sur	Investigateurs
(C)	Complète	Personnes interrogées
(D)	Manque de peu	Personnes investiguées
(E)	Est également sur	Sondés

Question 74 (suite de la question 73). (...), le *online* est cité en premier par 43 % des Français. (...), les actifs cumulent 30 minutes par jour de courtes pauses de détente.

(A)	Au global	En moyenne
(B)	En moyenne	Au global
(C)	En général	Au final
(D)	En définitive	En général
(E)	En fait	En définitive

Question 75 (suite de la question 74). (...), les « (...) » se font loisirs : les 4/5 des actifs français profitent souvent de leur trajet domicile-travail pour avoir des activités de détente.

(A)	Finalement	Activités de loisirs
(B)	Puis	Activités détente
(C)	Enfin	Temps loisirs
(D)	Désormais	Temps morts
(E)	En conclusion	Activités numériques

TAGE MAGE® N° 7

6 LOGIQUE

CONSIGNES

15 questions	20 minutes	Calculatrice interdite	Chronomètre recommandé

BARÈME

Bonne réponse : +4 points	Aucune réponse : 0 point	Mauvaise réponse : –1 point

Question 76.

		66		
		84		
		93		
35	46	?	79	24
		75		

(A) 13 (B) 68 (C) 84 (D) 39 (E) 57

Question 77.

		AB		
EU	MU	?	DU	VU
		CF		
		VZ		
		JO		

(A) SU (B) DF (C) BU (D) XZ (E) LU

Question 78.

		40		
		90		
82	28	?	19	37
		61		
		18		

(A) 46 (B) 91 (C) 37 (D) 55 (E) 63

Question 79.

		EE		
		GD		
MJ	LI	??	JG	ID
		KB		
		CK		

(A) JB (B) KA (C) IC (D) KC (E) KB

Question 80.

		VA		
		IF		
		GE		
		OJ		
SI	FV	?	BZ	JR

(A) YD (B) NO (C) NN (D) GU (E) DY

Question 81.

		92		
		73		
11	42	?	64	35
		35		
		18		

(A) 58 (B) 43 (C) 53 (D) 56 (E) 64

Question 82.

BDF				
JLN				
PRT				
?	CGH	DIE	JAG	MBC
MOQ				

(A) EGI (B) DFH (C) SUW (D) ABO (E) MPM

Question 83.

		225		
		196		
120	60	?	180	30
		729		
		343		

(A) 90 (B) 900 (C) 300 (D) 125 (E) 144

Question 84.

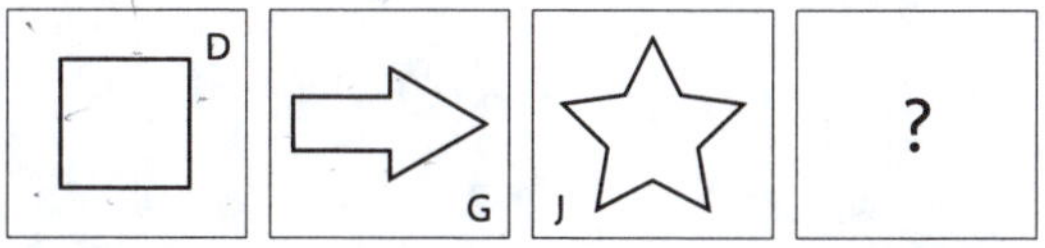

(A) (B) (C) (D) (E)

Question 85.

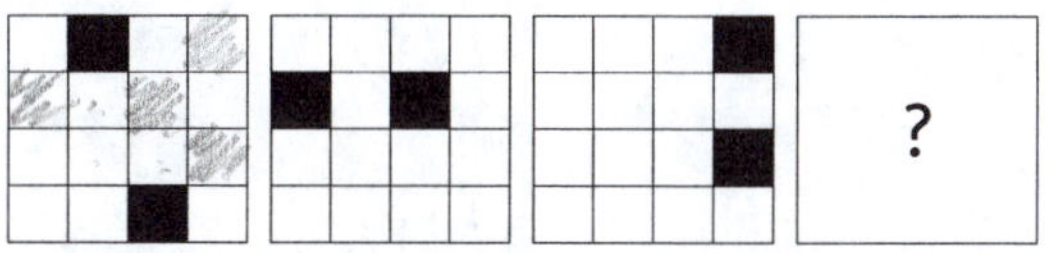

(A) (B) (C) (D) (E)

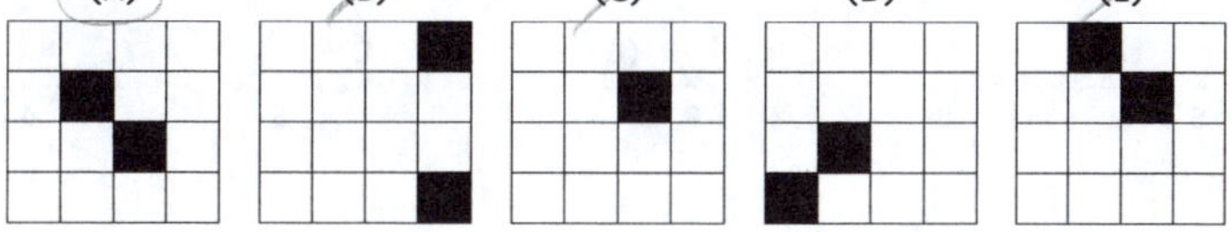

Question 86.

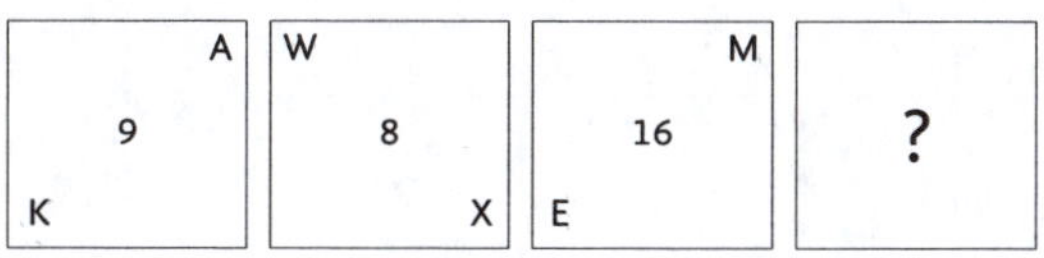

(A) (B) (C) (D) (E)

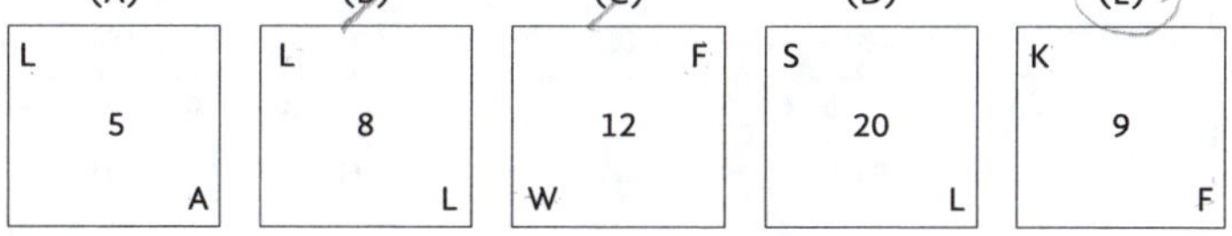

Question 87.

5 2	4 5	3 2	?
2 3	3 1	5 2	

(A)	(B)	(C)	(D)	(E)
6 5	6 5	2 6	2 1	4 5
1 2	2 1	5 1	3 4	4 5

Question 88.

9 4	8 1	7 3	?
4 8	9 7	9 6	

(A)	(B)	(C)	(D)	(E)
3 3	6 4	6 8	3 8	5 4
9 9	5 6	6 5	8 6	1 5

Question 89.

4 6	2 2	3 4	?
1 0	7 2	4 6	

(A)	(B)	(C)	(D)	(E)
8 8	8 7	9 9	3 5	4 4
7 4	7 7	1 1	5 0	4 7

Question 90.

1 3	2 3	2 9	?
ADEF	CIAK	ELJO	
4 2	8 1	4 7	

(A)	(B)	(C)	(D)	(E)
11 12	1 6	3 4	2 5	6 5
KLOU	BHEJ	CDEA	EUFN	JHEF
15 21	7 2	1 5	11 4	10 8

CORRIGÉ TAGE MAGE® N° 7

GRILLE DE RÉPONSES TM N° 7

Difficulté du TAGE MAGE® n° 7 : NORMAL

C.D.T	**Question**	1	2	3	4	5	6	7	8	9	10	11	12	13	14	15
	Réponse	D	E	D	A	A	C	D	D	C	C	B	A	E	B	B
CALCUL	**Question**	16	17	18	19	20	21	22	23	24	25	26	27	28	29	30
	Réponse	D	D	B	A	C	E	C	B	B	B	E	C	C	E	E
R & A	**Question**	31	32	33	34	35	36	37	38	39	40	41	42	43	44	45
	Réponse	C	D	D	E	C	A	A	C	A	E	B	A	A	C	C
C. M.	**Question**	46	47	48	49	50	51	52	53	54	55	56	57	58	59	60
	Réponse	A	C	B	C	C	D	D	E	D	E	D	E	A	C	B
EXPR.	**Question**	61	62	63	64	65	66	67	68	69	70	71	72	73	74	75
	Réponse	A	D	E	A	D	D	C	E	B	C	C	B	C	A	D
LOG.	**Question**	76	77	78	79	80	81	82	83	84	85	86	87	88	89	90
	Réponse	E	A	A	B	D	C	B	B	D	D	E	C	C	E	D

Toutes les questions sont corrigées en vidéo dans votre espace E-LEARNING sur www.monsieur-tage-mage.com

TAGE MAGE® N° 7

1 CORRIGÉ « COMPRÉHENSION DE TEXTES »

Difficulté	FACILE														
Question	1	2	3	4	5	6	7	8	9	10	11	12	13	14	15
Réponse	D	E	D	A	A	C	D	D	C	C	B	A	E	B	B

TEXTE 1

Question 1 | Réponse D | ★★★★☆ | 15 sec. – 1 min. | Fiche 17

1. L'aspect financier : **Vrai :** « En lui évitant donc des OPA ».
2. L'aspect juridique : **Vrai :** Avec la protection du capital (3e paragraphe).
3. L'aspect humain : **Vrai :** Avec l'aspect « philanthropique » (3e paragraphe).
4. L'aspect économique : **Vrai :** « Leur performance économique est supérieure à celles des entreprises « classiques ».

On choisit donc la **réponse D : 1 + 2 + 3 + 4.**

Question 2 | Réponse E | ★★★★☆ | 30 sec. – 2 min. | Fiche 17

(A) L'essor des entreprises-fondations – L'entreprise du XXIe siècle. **OK – Trop général.**

(B) Analyse des fondations gestionnaires – Essor d'un nouveau modèle capitaliste. **OK –Radical.**

(C) L'entreprise du futur se trouve en Europe du Nord – Le rôle économique et social des fondations. **Extrême – OK.**

(D) Le mode de gestion des entreprises – Les fondations s'implantent de plus en plus. **Trop général – Vrai.**

(E) Les évolutions de la gestion du capital des sociétés – Les fondations, mode de gouvernance du futur ? **Titre – Sous-titre. Bonne réponse.**

Bonne réponse : E. Au travers de ce texte, l'auteur nous montre les évolutions de la gestion du capital des sociétés avec la transmission du capital à des fondations pour des raisons philanthropiques et patrimoniales. La question se pose donc de savoir si ce mode de gouvernance est le mode de gouvernance du futur.

Hésitations possibles : A, B, C et D. La réponse A est trop générale et pas assez précise. La réponse B est radicale. Le texte nous présente une façon de gérer son entreprise, pas un modèle économique/capitaliste dans son ensemble. On raisonne sur un plan « microéconomique » (une entreprise) et non « macroéconomique » (un État). Il est donc radical d'affirmer qu'il s'agit d'un nouveau modèle capitaliste. La réponse C est extrême (« L'entreprise du futur ») et fausse (« En Europe du Nord »). L'Allemagne et la Suisse (pays cités dans le texte) ne sont pas en Europe du Nord. La réponse D est trop générale.

Question 3	Réponse D	★★★★☆	15 sec. – 1 min.	Fiche 17

(A) Les salariés d'entreprises privées ne sont pas de bons gestionnaires. **Hors-sujet.**

(B) Les salariés de fondations ne sont pas de bons gestionnaires. **Faux.**

(C) Les salariés d'entreprises privées sont uniquement intéressés par leurs propres intérêts. **Faux.**

(D) L'unique but d'une entreprise est de faire du profit. **Présupposé. Bonne réponse.**

(E) Aucune réponse ne convient. **Faux.**

Bonne réponse : D. En considérant qu'une fondation a une vision de long terme et pourrait être « contaminée » par l'entreprise (6e paragraphe), le Conseil d'État français présuppose que l'unique but d'une entreprise est de penser à court terme et de réaliser du profit.

Hésitations possibles : B et C. La réponse B est fausse. En effet, selon le Conseil d'État français, les salariés de fondations peuvent être de bons gestionnaires, mais dans le cadre d'une fondation, pas d'une entreprise. Donc, il est faux d'affirmer que ce sont de mauvais gestionnaires (affirmation générale).
Pour la réponse C, attention à ne pas confondre « entreprises » et « salariés d'une entreprise privée ». De plus, on peut tout à fait avoir comme « propre intérêt » l'intérêt général.

Autres réponses : A et E. Le texte n'aborde pas la question de la gestion de l'organisation (entreprise ou fondation). La réponse A est donc hors-sujet. La réponse E est fausse car la réponse D est un présupposé.

Question 4	Réponse A	★★★★☆	30 sec. – 2 min	Fiche 17

(A) Le profit est un des critères de la performance de l'entreprise. **Conclusion. Bonne réponse.**

(B) L'État intervient de moins en moins dans la vie économique des entreprises. **Hors-sujet.**

(C) Les entreprises sont de plus en plus soumises à la concurrence d'autres modèles. **Hors-sujet.**

(D) Les entreprises n'ont d'autre choix que de prendre en considération les fondations. **Réponse extrême/Interprétation.**

(E) Le modèle « entreprise – fondation » est l'avenir du capitalisme. **Réponse extrême.**

Bonne réponse : A. Comme écrit dans l'avant-dernier paragraphe du texte, « la performance globale » d'une entreprise n'est pas uniquement l'efficacité économique, mais également l'efficacité sociale et environnementale (performance globale). Le profit est donc un des critères (même si ce n'est pas le seul) de la performance globale de l'entreprise.

Hésitations possibles : D et E. Les entreprises doivent à présent prendre en compte les fondations mais le terme « n'ont pas d'autres choix » est trop radical (réponse D). La réponse E est également extrême avec l'expression « l'avenir du capitalisme ».

Autres réponses : B et C. Les réponses B et C ne sont pas abordées dans le texte, donc hors-sujet. Pour la réponse C, il est faux de parler d'une « concurrence » entre les entreprises et les autres modèles. En effet, même dans le modèle de l'entreprise-fondation, il s'agit toujours d'une entreprise.

Question 5	Réponse A	★★★★☆	45 sec. – 3 min.	Fiche 17

(A) Les entreprises ont tout intérêt à être gérées par des fondations, pour leur vision de long terme et leur nature soucieuse de la performance globale. **Bonne réponse.**

(B) Les entreprises doivent être vigilantes à l'entrée de fondations dans leur capital. En effet, cela pourrait réduire leur efficacité économique. **Faux.**

(C) Le Conseil d'État français ne recommande pas aux entreprises de transmettre leur capital à une fondation, du fait de visions différentes de l'avenir. **Vrai mais réponse partielle.**

(D) Les entreprises nordiques sont plus performantes que les entreprises françaises grâce à leur coopération avec des fondations. **Faux.**

(E) Les entreprises propriétés de fondations sont bien plus soucieuses de l'intérêt général que les entreprises « classiques ». **Vrai mais réponse partielle.**

Bonne réponse : A. La vision de l'auteur est que les entreprises ont en effet intérêt à être gérées par des fondations pour « les choix d'investissements dans une perspective de long terme » (dernier paragraphe).

Hésitations possibles : C et E. Les réponses C et E sont effectivement dans le texte mais sont bien trop précises et ne correspondent pas à la pensée de l'auteur. Elles ne répondent donc pas à la question.

Autres réponses : B et D. Les réponses B et D sont fausses. Ce n'est pas écrit dans le texte.

TEXTE 2

Question 6	Réponse C	★★★★☆	30 sec. – 2 min.	Fiche 17

(A) Ainsi, l'effet de surprise sera total. **Hors-sujet.**

(B) Seule incertitude : la santé du Président américain. **Problème stylistique.**

(C) L'objectif est de briser leur résistance à moindre frais. **Vrai. Bonne réponse.**

(D) Cette arme est probablement la clé de la solution. **Interprétation.**

(E) La question est davantage de savoir où et quand utiliser cette bombe. **Problème stylistique.**

Bonne réponse : C. En début de paragraphe, l'auteur affirme que « l'État-major américain craint de perdre 500 000 soldats pour conquérir Honshu ». Ainsi, on peut en déduire que la bombe atomique a pour objectif de briser la résistance à moindre frais, c'est-à-dire avec le moins de risques de pertes humaines pour l'assaillant (ici, les États-Unis).

Hésitations possibles : B et D. La réponse B ne peut se situer à cet endroit du texte. La fin d'un paragraphe est la conclusion du paragraphe. Or, la santé du Président américain est abordée dans le paragraphe suivant. De plus, la formulation de la réponse B est assez inélégante stylistiquement. Pour la réponse D, il s'agit d'une interprétation un peu hâtive d'affirmer que l'arme nucléaire est la « clé de la solution ».

Autres réponses : A et E. La réponse A est hors-sujet. Concernant la réponse E, la question du lieu et de la date de l'utilisation de la bombe ne se pose pas dans ce paragraphe.

Question 7	Réponse D	★★★★☆	30 sec. – 2 min.	Fiche 17

Aucune des réponses ne convient. La bonne réponse est donc la réponse D.
Attention : La question concerne la ville de Nagasaki, pas celle d'Hiroshima. La raison du choix de Nagasaki n'est pas donnée dans le texte. **Réponse D.**

Question 8	Réponse D	★★★☆☆	30 sec. – 2 min.	Fiche 17

1. **Scientifiques : Faux.** Aucun élément précisé dans le texte.
2. **Stratégiques : Vrai.** L'objectif des États-Unis était d'épargner la mort de 500 000 soldats en cas d'invasion du Japon.
3. **Géopolitiques : Vrai.** Les États-Unis souhaitent montrer leur puissance militaire à l'URSS de Staline.
4. **Militaires : Vrai.** L'objectif des États-Unis était de faire capituler le Japon.
5. **Météorologiques : Faux.** Certes, la ville d'Hiroshima a été choisie pour les conditions météorologiques optimales, toutefois la décision d'attaquer le Japon n'a pas été prise pour des raisons météorologiques.

Réponse D : 2 + 3 + 4 .

Question 9	Réponse C	★★★★☆	45 sec. – 3 min.	Fiche 17

(A) Les États-Unis ont développé la bombe atomique à l'initiative du président Roosevelt, pour attaquer le Japon. **Faux, c'était pour attaquer les nazis.**

(B) Les États-Unis ont dû s'allier à la Russie de Staline pour attaquer le Japon. **Faux, l'attaque américaine se fait sans l'aide de Staline et vise également à l'intimider.**

(C) Lorsque les États-Unis ont attaqué le Japon, c'était la première fois qu'était utilisée la bombe A. **Faux, ils ont testé la bombe au Nouveau Mexique auparavant.**

(D) Les États-Unis ont prévenu le Japon avant de les attaquer. **Vrai, ils ont lancé un ultimatum avec la Chine et la Grande-Bretagne.**

(E) La bombe A a causé des dégâts immenses, sur plusieurs années. **Vrai, des dizaines de milliers de morts sur le coup et des dizaines d'autres les années suivantes.**

2 des 5 phrases sont vraies. Réponse C.

Question 10	Réponse C	★★★☆☆	30 sec. – 2 min.	Fiche 17

La bonne réponse est la réponse C. Si les Japonais ne capitulent pas immédiatement, les États-Unis attaqueront le Japon avec une arme de nouvelle génération, sous-entendu une arme nucléaire (« adressent au Japon un ultimatum qui fait implicitement allusion à une arme terrifiante » (...) « bombe à l'uranium »). **Réponse C.**

TEXTE 3

Question 11	Réponse B	★★★☆☆	30 sec. – 2 min.	Fiche 17

(A) Selon le FMI, les États-Unis seraient le pays le plus impacté économiquement par une guerre commerciale mondiale. **Vrai. Cette réponse n'est pas en contradiction.**

(B) En cas de guerre commerciale mondiale, il y aurait – selon le FMI – des pays gagnants et des pays perdants, quel que soit le scénario des calculs. **Faux. Bonne réponse.**

(C) Les quatre scénarios du FMI sur les conséquences d'une guerre commerciale mondiale aboutissent tous à une conclusion globale similaire. **Vrai. Tous les pays seraient plus ou moins perdants, quel que soit le scénario.**

(D) Une guerre commerciale mondiale pourrait mener à terme le monde vers une guerre mondiale militaire. **Hors-sujet.**

(E) Le pouvoir du FMI (Fonds Monétaire International) est inexistant face aux agissements des États-Unis. **Hors-sujet.**

Bonne réponse : B. Selon le texte, tous les pays seraient perdants : « *Quoi qu'il en soit, « en cas de conflit commercial, tous les pays seront, à terme, plus affaiblis* ». Il est donc faux d'affirmer que certains pays seraient gagnants et d'autres perdants.

Hésitations possibles : D et E. Les réponses D et E sont hors-sujet. Elles mentionnent des thèmes qui ne sont absolument pas abordés dans le texte.

Autres réponses : A et C. Les réponses A et C sont vraies. Ce ne sont donc pas des contradictions avec le texte.

Question 12	Réponse A	★★★★☆	30 sec. – 2 min.	Fiche 17

1. Les États-Unis sont la 1re économie mondiale. **Mauvaise réponse. Vrai dans les faits MAIS ce n'est pas la raison qui fait que les États-Unis seraient le plus impactés par**

une guerre commerciale. L'affirmation est juste mais ne répond pas à la question. On ne valide donc pas l'affirmation.

2. Les États-Unis sont les premiers à avoir augmenté les barrières douanières. **Faux. Information non précisée.**
3. Les États-Unis seraient la cible des mesures de rétorsion des autres pays. **Vrai.** *« Tout simplement parce qu'ils seraient l'épicentre des mesures de rétorsion. »*
4. Les États-Unis importent davantage de produits qu'ils n'en exportent. **Faux. Information non précisée.**

Réponse A : Uniquement 3.

Question 13 Réponse E ★★★★☆ **30 sec. – 2 min.** **Fiche 17**

(A) La zone euro est la seconde puissance économique mondiale, après les États-Unis. **Hors-sujet + Conclusion hâtive.**

(B) La zone euro exporte peu vers les pays qui appliquent des barrières douanières. **Non précisé.**

(C) Le secteur automobile de la zone euro représente une part trop faible de ses exportations. **Vrai mais ce n'est pas un présupposé.**

(D) La zone euro a souvent été la zone la plus impactée par les guerres commerciales dans le passé. **Hors-sujet.**

(E) La zone euro est un acteur économique mondial qui échange beaucoup avec les autres pays. **Présupposé. Bonne réponse.**

Bonne réponse : E. Le dernier paragraphe évoque la réorientation des échanges économiques de la zone euro avec le reste du monde en cas de taxe. Ainsi, affirmer que la zone euro est un acteur économique mondial qui échange beaucoup avec les autres pays est le meilleur présupposé, donc la meilleure réponse possible.

Hésitations possibles : B et C. La réponse B est non précisée dans le texte. Aucun élément ne nous permet de confirmer un présupposé. Donc c'est une mauvaise réponse. La réponse C « soutient le plus » le texte car elle est explicite. Ce n'est donc pas un présupposé (implicite).

Autres réponses : A et D. La réponse A est une interprétation hâtive du texte, pas un présupposé. La réponse D est hors-sujet.

Question 14 Réponse B ★★★☆☆ **30 sec. – 2 min.** **Fiche 17**

(A) Telle n'est pas la conclusion des ministres de l'Économie des pays étrangers. **Hors-sujet.**

(B) Telle n'est pas la conclusion des calculs effectués par le Fonds Monétaire International (FMI). **Bonne réponse.**

(C) Telle est la conclusion des proches conseillers économiques du Président des États-Unis. **Faux, le FMI est précisé ensuite.**

(D) Telle est la conclusion du Ministère de l'Économie des États-Unis. **Faux, le FMI est précisé ensuite.**

(E) Telle est la conclusion des prévisions du Fonds Monétaire International. **Faux, le FMI affirme le contraire.**

Bonne réponse : B. La réponse B est une réponse qui contredit le tweet de Donald Trump mentionné dans le paragraphe précédent + le FMI est précisé ensuite (« *affirme le FMI* »).

Hésitations possibles : C et E. La réponse C est fausse car le texte indique par la suite « *affirme le FMI* ». Ce n'est donc pas une conclusion des proches conseillers du Président des États-Unis. La réponse E est le contraire de ce qui est expliqué dans le texte. Le FMI conclut l'inverse.

Autres réponses : A et D. La réponse A est hors-sujet. La réponse D est fausse. Il s'agit du FMI.

Question 15 Réponse B ★★★☆☆ **30 sec. – 2 min.** **Fiche 17**

(A) Le FMI recommande aux États-Unis et autres pays de ne pas entamer une guerre commerciale, car tous les pays seraient perdants, en particulier les États-Unis. **Interprétation hâtive.**

(B) Le FMI notifie aux États-Unis qu'ils seraient les plus grands perdants en cas de guerre commerciale avec le reste du monde. **Résumé. Bonne réponse.**

(C) Une guerre commerciale mondiale conduirait à une réduction globale du PIB mondial, en particulier pour les États-Unis. **Résumé partiel.**

(D) Selon les calculs du FMI, une augmentation des barrières douanières conduirait à une diminution limitée du PIB des pays. **Interprétation hâtive.**

(E) Le FMI accuse les États-Unis de vouloir déclencher une guerre commerciale envers ses partenaires, à son détriment selon ses calculs. **Jugement de valeur.**

Bonne réponse : B. Le meilleur résumé est la réponse B car l'idée principale est présente. De plus, le terme « notifie » est plus adapté que « recommande » (réponse A) et est précisé dans le texte : « *Dans une note publiée en juillet* ».

Hésitation possible : A. Affirmer que le FMI « *recommande* » est un terme un peu trop prononcé. Ce n'est donc pas la meilleure réponse.

Autres réponses : C, D et E. La réponse C ne mentionne pas l'acteur principal du texte, le FMI. La réponse D est une interprétation personnelle du texte avec les termes « diminution limitée ». Aucune analyse personnelle de votre part ne doit être présente. Enfin, la réponse E comporte un jugement de valeur avec le terme « *accuse* ».

TAGE MAGE® N° 7

2 CORRIGÉ « CALCUL »

Difficulté	NORMAL														
Question	16	17	18	19	20	21	22	23	24	25	26	27	28	29	30
Réponse	D	D	B	A	C	E	C	B	B	B	E	C	C	E	E

Question 16 Réponse D ★★★☆☆ 30 sec. – 2 min. Fiche 47

■ **Rappel de cours** $\text{Vitesse} = \dfrac{\text{Distance}}{\text{Temps}}$

Étape 1 Calculons la distance que Giovanni a parcourue entre 10h et 13h.

Sachant que Giovanni court à 10 km/h, il a donc parcouru 30 km entre 10h et 13h.

Étape 2 Calculons la vitesse que Marc doit adopter.

Marc recommence à courir à 11 h. Pour rattraper Marc à 13 h il doit parcourir 30 km entre 11 h et 13 h.

$V = \dfrac{D}{T} \Leftrightarrow V = \dfrac{30}{2} = $ **15 km/h. Réponse D.**

Question 17 Réponse D ★★☆☆☆ 30 sec. – 1 min. Fiche 42

■ **Rappel de cours** **Nouveau total = Ancien total × (1 ± Variation en %).**

Étape 1 Modélisons la situation.

Soit X la capacité du réservoir. On apprend que : $0{,}7 \times X = 0{,}3 \times X + 12$.

Étape 2 Résolvons l'équation.

$0{,}7 \times X = 0{,}3 \times X + 12 \Leftrightarrow 0{,}7 \times X - 0{,}3 \times X = 12 \Leftrightarrow 0{,}4 \times X = 12 \Leftrightarrow X = \dfrac{12}{0{,}4} = \dfrac{120}{4}$

$\Leftrightarrow$ **X = 30 L. Réponse D.**

Question 18 Réponse B ★★★☆☆ 30 sec. – 2 min. Fiche 34

■ **Rappel de cours** $\text{Variation en \%} = \dfrac{\left(\text{Valeur}_{\text{arrivée}} - \text{Valeur}_{\text{départ}}\right)}{\text{Valeur}_{\text{départ}}} \times 100$

Calculons le pourcentage de variation.

$\text{Variation} = \dfrac{\frac{4}{5} - \frac{2}{3}}{\frac{2}{3}} \times 100 = \dfrac{\frac{2}{15}}{\frac{2}{3}} \times 100 = \dfrac{2}{15} \times \dfrac{3}{2} \times 100 = \left(\dfrac{1}{5}\right) \times 100 = $ **20 %. Réponse B.**

Question 19 **Réponse A** ★★★★☆ **30 sec. – 2 min.** **Fiche 34**

- **Rappel de cours** **Nouveau total = Ancien total × (1 ± Variation en %).**

Étape 1 **Interprétons l'énoncé.**

Soit $P_{initial}$ le prix initial de ce produit.

Soit $P_{intermédiaire}$ son prix après la première réduction.

Soit P_{final} son prix après les 2 réductions (= 900 euros).

Étape 2 **Calculons le prix initial.**

$P_{final} = 0{,}7 \times P_{intermédiaire}$ (appliquer une réduction de 30% équivaut à multiplier par 0,7).

Or, $P_{intermédiaire} = 0{,}8 \times P_{initial}$

Donc, $P_{final} = 0{,}7 \times 0{,}8 \times P_{initial} = 0{,}56 \times P_{initial}$

$$P_{initial} = \frac{P_{final}}{0{,}56} = \frac{900}{0{,}56} = \frac{90\,000}{56} = \frac{45\,000}{28} = \frac{22\,500}{14} = \frac{11\,250}{7}$$ **= 1 607 €. Réponse A.**

Question 20 **Réponse C** ★★★★☆ **30 sec. – 1 min.** **Fiche 55**

- **Rappel de cours** Dans un triangle équilatéral, la hauteur coupe le côté opposé en son milieu.

Étape 1 **Modélisons la situation.**

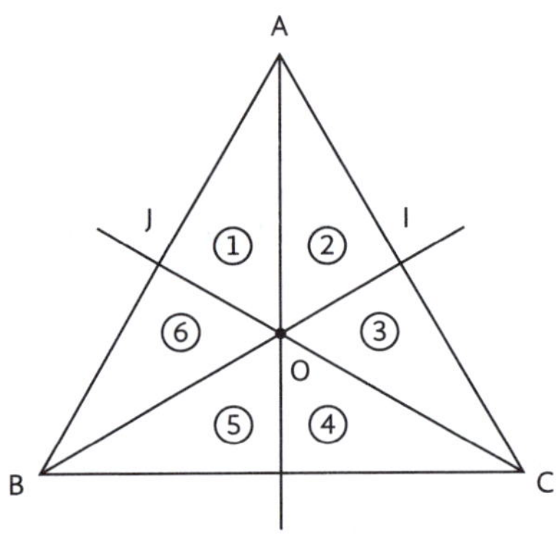

ASTUCE Tracez la hauteur issue de A même si elle n'est pas mentionnée dans l'énoncé.

On dessine la figure et on numérote les 6 zones ainsi créées. On cherche à évaluer la part occupée par les zones 1 et 2 sur le total (voir figure).

Étape 2 **Identifions la part occupée par les zones 1 et 2.**

Propriété géométrique : En observant 2 zones, par exemple la 2 et la 3, on observe qu'elles font la même taille. Par construction, AI = IC (voir rappel de cours) et IO est un côté commun aux 2 zones. Ainsi, les 2 triangles sont identiques (2 côtés identiques donc le troisième aussi forcément).

On peut démontrer comme cela que : **Zone 1 = Zone 2 = Zone 3 = Zone 4 = Zone 5 = Zone 6.**

Étape 3 Concluons.

Ainsi, la part de AJOI est : $\frac{2 \text{ zones}}{6 \text{ zones}} = \frac{2}{6}$ du total = $\frac{1}{3}$ **du total. Réponse C.**

Question 21 Réponse E ★★★★☆ 30 sec. – 2 min. Fiche 42

- **Rappel de cours** $0^1 = 0^2 = 0^3 = 0$.

Étape 1 Modélisons la situation.

Soit X le nombre en question. On peut écrire : $16 \times X = X^3 \Leftrightarrow 16 \times X = X \times X \times X$.

Étape 2 Calculons la (les) valeur (s) possible (s) de X.

Attention : 2 cas sont possibles.

Si $X \neq 0$, alors on peut simplifier par X : Il reste $16 = X \times X = X^2 \Leftrightarrow$ **X = 4.**

Si X = 0, alors on ne peut pas simplifier par X. Si **X = 0,** on a l'équation $16 \times 0 = 0^3 = 0$ (ce qui respecte bien l'énoncé).

Étape 3 Concluons.

X peut prendre 2 valeurs : 0 ou 4. **Plusieurs nombres sont possibles. Réponse E.**

Attention : Ne répondez pas 4 (réponse A) qui est une valeur possible, mais pas la seule.

Question 22 Réponse C ★★★★☆ 45 sec. – 3 min. Fiche 33

- **Rappel de cours** $a^b = a^c \Leftrightarrow b = c$ $a^b \times a^c = a^{b+c}$ $(a^b)^c = a^{b \times c}$

$27^n + 27^n + 27^n = 3 \times 27^n = 3 \times (3^3)^n = 3 \times 3^{3n} = 3^{3n+1}$

Ainsi, $3^{3n+1} = 3^{2026} \Leftrightarrow 3n + 1 = 2\,026 \Leftrightarrow$ **n = 675. Réponse C.**

Question 23 Réponse B ★★★☆☆ 30 sec. – 2 min. Fiche 45

Étape 1 Modélisons la situation.

En 3 heures, l'écart s'est creusé de 900 km. On peut donc en déduire que l'écart entre Justine et Nicolas se creuse de 300 kilomètres par heure ($\frac{900}{3} = 300$).

Cela revient à dire qu'au bout d'une heure, en additionnant la distance parcourue par chacun, on aura atteint 300 kilomètres.

En effet, chaque heure, l'écart qui les sépare augmente de : **Vitesse Justine + Vitesse Nicolas.**

Étape 2 Déduisons-en la vitesse de Nicolas.

On sait que chaque heure l'écart se creuse de 300 km, donc :

Vitesse J + Vitesse N = 300 km $\Leftrightarrow$ 120 + Vitesse N = 300 $\Leftrightarrow$ **Vitesse N = 180 km/h.**

Étape 3 Concluons.

Nicolas se déplace à 180 km/h, soit **50 % de plus que Justine** ($120 \times 1{,}5 = 180$). **Réponse B.**

Question 24 **Réponse B** ★★★★☆ 45 sec. – 3 min. Fiches 64/66

- **Rappel de cours** La formule pour le nombre de poignées de mains au cours d'une soirée entre N personnes est : $\frac{\mathbf{N \times (N-1)}}{\mathbf{2}}$.

Étape1 Interprétons l'énoncé.

Attention :

Chacun des 2 hommes fait un mouvement de tête donc il faudra multiplier le résultat par 2.

Chacune des 2 femmes fait une révérence donc il faudra aussi multiplier le résultat par 2.

Étape 2 Testons la réponse du milieu (C).

Calculons le nombre de salutations entre 2 hommes avec la formule :

$\frac{N \times (N-1)}{2} \times 2$ (voir interprétation de l'énoncé).

$\left(\frac{150 \times 149}{2}\right) \times 2 = 150 \times 149 = 22\,350$ mouvements de tête.

Ce résultat est trop élevé par rapport aux 12 350 mouvements de têtes et révérences évoqués dans l'énoncé.

Étape 3 Testons une réponse plus basse (B).

De même : $\left(\frac{100 \times 99}{2}\right) \times 2 = 100 \times 99 =$ **9 900 mouvements de tête.**

Calculons alors le nombre de révérences :

S'il y a 100 hommes, alors il y a 50 femmes (car il y a 2 fois plus d'hommes que de femmes).

Il y a donc : $\left(\frac{50 \times 49}{2}\right) \times 2 = 2\,450$ révérences.

$9\,900 + 2\,450 =$ **12 350 révérences et mouvements de tête.**

Il y a donc **100 hommes. Réponse B.**

Question 25 **Réponse B** ★★★★☆ 45 sec. – 3 min. Fiche 56

- **Rappel de cours** L'aire d'un carré de côté C est **Aire = C^2.**

Étape 1 Exprimons toutes les longueurs en fonction d'un côté du carré initial.

La ligne verticale mesure exactement un côté du carré. De plus, chaque paire de demi-lignes horizontales mesure exactement un côté du carré quand elles sont juxtaposées.

Attention : Chacune des demi-lignes est comptée 2 fois à chaque fois (une fois pour le rectangle du dessus et une fois pour le rectangle du dessous). C'est également le cas de la ligne verticale (une fois pour le rectangle de droite et une fois pour le rectangle de gauche). Ainsi, il y a au total 6 demi-lignes, soit 3 côtés (comptabilisés 2 fois, ce qui donne 6 côtés) + la ligne verticale (comptabilisée 2 fois, soit 2 côtés) + les 4 côtés extérieurs (comptabilisés 1 seule fois).

Au total, la somme des périmètres est de : 6 + 2 + 4 = 12 côtés = **240 cm.**

Donc 1 côté = 240/12 = **20 cm.**

Étape 2 Calculons l'aire du carré.

Chaque côté est de 20 cm, donc l'aire du carré initial est de 20^2 = **400 cm².** **Réponse B.**

Question 26	Réponse E	★★★★☆	45 sec. – 3 min.	Fiche 43

Étape 1 Posons le système d'équations.

$$\begin{cases} 2c + 4s = 10d + 2n & \textbf{(1)} \\ 4n = c + 2s & \textbf{(2)} \end{cases}$$

Étape 2 Isolons les « d » dans la première équation.

$$\begin{cases} 2c + 4s - 2n = 10d & \textbf{(1)} \\ 4n = c + 2s & \textbf{(2)} \end{cases}$$

Étape 3 Faisons apparaître 3c + 6s dans la première ligne.

Multiplions la 1re ligne par 2 puis remplaçons les 4n du membre de gauche par la deuxième ligne :

$$\begin{cases} 4c + 8s - 4n = 20d \\ 4n = c + 2s \end{cases} \Leftrightarrow \begin{cases} 4c + 8s - (c + 2s) = 20d \\ 4n = c + 2s \end{cases} \Leftrightarrow \begin{cases} 3c + 6s = 20d \\ 4n = c + 2s \end{cases}$$

Étape 4 Concluons.

3 chewing-gums et 6 sucettes valent donc **20 dragées. Réponse E.**

Question 27	Réponse C	★★★☆☆	30 sec. – 2 min.	Fiches 38/42

- **Rappel de cours** Soit $X_1, X_2, ..., X_n$ une suite de n termes auxquels sont associés les coefficients $P_1, P_2, ..., P_n$.

  Moyenne pondérée = $\dfrac{X_1 \times P_1 + X_2 \times P_2 + ... + X_n \times P_n}{P_1 + P_2 + ... + P_n}$

Étape 1 Posons l'équation de la moyenne pondérée avec O le nombre d'ouvriers et C le nombre de cadres.

L'énoncé donne : $\dfrac{(1800 \times O) + (2800 \times C)}{540} = 2\,000.$

On sait également que : O + C = 540 ⇔ O = 540 – C.

Étape 2 Développons pour trouver C.

$\Leftrightarrow \dfrac{(1\,800 \times (540 - C)) + (2\,800 \times C)}{540} = 2\,000 \Leftrightarrow \dfrac{972\,000 + 1\,000\,C}{540} = 2\,000$

⇔ 972 000 + 1 000 C = 1 080 000 ⇔ 1 000 C = 1 080 000 ⇔ C = 108.

Il y a donc **108 cadres** dans l'entreprise. **Réponse C.**

REMARQUE On aurait pu utiliser la méthode du barycentre.

Question 28 Réponse C ★★☆☆☆ **30 sec. – 1 min.** **Fiche 42**

- **Rappel de cours** Pour additionner (ou soustraire) 2 fractions, il faut les mettre au même dénominateur.

Étape 1 Modélisons la situation.

Soit X le volume total de la cuve. La cuve est initialement remplie à 1/4 soit 1/4 × X.

On lui ajoute 350 L donc la cuve est remplie à : 1/4 × X + 350. Or, on apprend que la cuve est désormais remplie aux 3/5 donc on peut écrire que : $\frac{1}{4} \times X + 350 = \frac{3}{5} \times X$.

Étape 2 Résolvons l'équation.

$\frac{1}{4} \times X + 350 = \frac{3}{5} \times X \Leftrightarrow \frac{3}{5} \times X - \frac{1}{4} \times X = 350 \Leftrightarrow \frac{12}{20} \times X - \frac{5}{20} \times X = 350$

$\frac{7}{20} \times X = 350 \Leftrightarrow X = 350 \times \frac{20}{7} \Leftrightarrow X = 50 \times 20 =$ **1 000 litres. Réponse C.**

Question 29 Réponse E ★☆☆☆☆ **15 sec. – 1 min.** **Fiche 42**

Calculons le temps consacré par Jamila à la confection de colliers.

Jamila produit 1 collier toutes les 15 minutes, donc 4 colliers par heure (car il y a 4 × 15 minutes en 1 heure). Elle a donc eu besoin de **3 heures** pour produire 12 colliers. **Réponse E.**

Question 30 Réponse E ★★★★☆ **30 sec. – 2 min.** **Fiches 50/56**

- **Rappel de cours** **1 dm = 0,1 m** et **1 dam³ = 10³ m³ = 0,001 m³.**

  Volume d'un parallélépipède rectangle : **V = L × l × h**

Étape 1 Convertissons les données en mètres.

0,08 dam³ = 80 m³ et 15 dm = 1,5 m.

Étape 2 Calculons le volume de la piscine avant travaux.

V = 4 × 1,5 × 6 = 24 × 1,5 = **36 m³.**

Étape 3 Calculons le volume qu'il faut ajouter à la piscine pour atteindre 80 m³.

80 m³ – 36 m³ = **44 m³.** Ainsi, il faut que la partie nouvellement construite ait un volume de 44m³.

Étape 4 Calculons la hauteur qu'il faut avoir pour atteindre un volume de 44 m³.

Posons la formule du volume d'un parallélépipède rectangle où h est l'inconnue : la hauteur.

> **ATTENTION** Seule la partie nouvellement construite peut être creusée, donc la longueur vaut 5 m.

44 = L × l × h = 5 × 4 × h ⇔ 44 = 20 × h ⇔ h = 44/20 = **2,2 m.**

Donc, il faut que la nouvelle hauteur soit de 2,2 m, c'est-à-dire qu'il faut augmenter la hauteur actuelle de 2,2 m – 1,5 m = 0,7 m = **7 dm. Réponse E.**

3 CORRIGÉ « RAISONNEMENT ET ARGUMENTATION »

Difficulté	NORMAL														
Question	31	32	33	34	35	36	37	38	39	40	41	42	43	44	45
Réponse	C	D	D	E	C	A	A	C	A	E	B	A	A	C	C

Question 31 Réponse C ★★★☆☆ **30 sec. – 2 min.** **Fiche 73**

Étape 1 Traduisons l'énoncé (A = A ment et $\overline{A}$ = A ne ment pas).

A → J **(1)** ; J → F **(2)** ; J → A **(3)** et on sait qu'au moins 1 ment mais qu'ils ne mentent pas tous.

Étape 2 Supposons que Arnaud mente.

D'après l'énoncé : A → J → F. Donc si Arnaud ment, ils mentent tous les 3 alors que l'énoncé stipule que ce n'est pas le cas. **Contradiction.** Donc notre postulat de départ était faux : Arnaud ne ment pas.

Étape 3 Supposons que Joachim mente.

D'après l'énoncé : J → A et J → F. Donc si Joachim ment, ils mentent tous, ce qui est contraire à l'énoncé. **Contradiction**. Donc notre postulat de départ était faux : Joachim ne ment pas.

Étape 4 Concluons.

Ni Arnaud ni Joachim ne mentent. Donc c'est forcément Franck qui ment. **Réponse C.**

Question 32 Réponse D ★★★☆☆ **30 sec. – 2 min.** **Fiche 92**

(A) En définitive, Milan mériterait d'être la capitale de l'Italie. **Hors-sujet.**

(B) Milan est le fer de lance économique de l'Italie d'après-guerre. **Soutient le plus.**

(C) Ainsi, Milan a été la ville italienne la plus importante pendant des décennies. **Conclusion (radicale).**

(D) Sans Milan, l'Italie ne serait pas ce qu'elle est aujourd'hui. **Conclusion. Bonne réponse.**

(E) Dans le développement italien d'après-guerre, Milan a joué un rôle non négligeable. **Soutient.**

La bonne réponse est la réponse D. L'auteur insiste sur le rôle crucial joué par Milan dans le développement italien. On peut donc conclure que sans Milan, l'Italie ne serait pas la même. Toutefois, il serait exagéré de qualifier Milan de « ville la plus importante ». **Réponse D.**

Attention : Ne confondez pas « Conclusion » qui est une phrase à ajouter à la fin du paragraphe et « Soutient le plus » qui est une phrase qui confirme les propos de l'auteur.

Question 33 Réponse D ★★★☆☆ 30 sec. – 2 min. Fiche 95

(A) Le Japon va sûrement arrêter le développement de son parc de centrales nucléaires. **Soutient.**

(B) L'oligarchie japonaise va devoir modifier sa stratégie de développement. **Soutient.**

(C) Le Japon est le seul pays au monde à avoir connu des catastrophes nucléaires majeures. **Hors-sujet.**

(D) Le pouvoir japonais devrait changer l'orientation de sa politique nucléaire. **Soutient le plus. Bonne réponse.**

(E) Le Japon est le pays ayant connu le plus de catastrophes nucléaires. **Hors-sujet.**

Les réponses A, B et D vont dans le sens de l'auteur. La réponse D va plus loin que les réponses A et B en expliquant précisément dans quel domaine l'État Japonais devra modifier sa politique. **Réponse D.**

Question 34 Réponse E ★★★★☆ 45 sec. – 3 min. Fiche 73

- **Rappel de cours**

  Le contraire de « A <u>**et**</u> B » est « $\overline{\text{A}}$ » <u>**ou**</u> « $\overline{\text{B}}$ ».

  Le contraire de « **Tous** » est « **Certains** ».

  Le contraire de « **Aucun** » est « **Au moins un** ».

Étape 1 Traduisons l'énoncé.

Notons la proposition A : « Tous les parisiens aiment la baguette » et B « Aucun parisien n'aime le fromage ». La structure de la proposition de l'énoncé est donc : « A <u>**et**</u> B ».
Sa négation est donc : « $\overline{\text{A}}$ » <u>**ou**</u> « $\overline{\text{B}}$ ».

Étape 2 Déterminons la négation.

Sa négation est donc : « Au moins un parisien n'aime pas la baguette ($\overline{\text{A}}$) <u>**ou**</u> au moins un parisien aime le fromage ($\overline{\text{B}}$) ». **Réponse E.**

Question 35	Réponse C	★★★☆☆	30 sec. – 2 min.	Fiche 78

- **Rappel de cours** Pour les questions de placements, sélectionnez l'information la plus sûre à exploiter et schématisez-la. Ensuite, exploitez les autres informations.

Étape 1 Schématisons la situation.

On sait que Marc et Sonia ne sont pas l'un à-côté de l'autre. Ils sont donc assis l'un en face de l'autre.

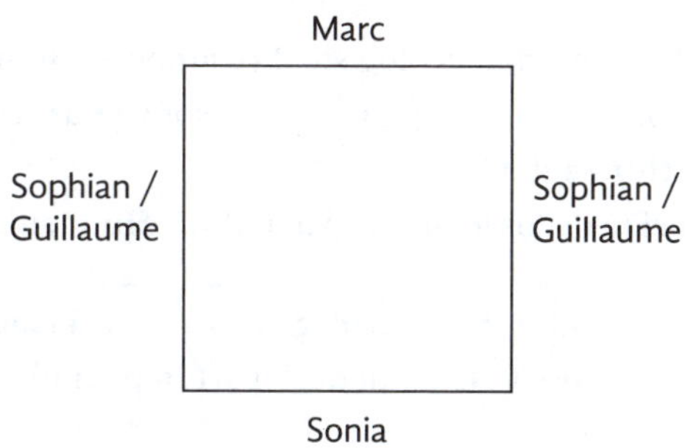

Étape 2 Testons les propositions les unes après les autres.

En insérant les informations dans le schéma, on en déduit la réponse correcte : **Marc est forcément à côté de Guillaume. Réponse C.**

Question 36	Réponse A	★★★★☆	45 sec. – 3 min.	Fiche 93

(A) Les océans sont des remparts naturels contre l'augmentation de la température atmosphérique, mais ils en sont aussi de plus en plus affectés. **Résumé. Bonne réponse.**

(B) Les rejets de CO_2 d'origine anthropique affectent aussi bien la température de l'atmosphère que l'acidité des océans. **Conclusion.**

(C) Les océans ralentissent le réchauffement climatique, mais ce rôle pourrait être mis à mal dans les décennies à venir. **Soutient.**

(D) La protection des océans est un des enjeux majeurs des années à venir, car ils sont le meilleur moyen de lutter contre le réchauffement climatique. **Conclusion.**

(E) L'océan, modérateur du changement climatique, en est aussi une des premières victimes du fait de l'augmentation de son acidité. **Réponse inappropriée.**

La réponse A est le meilleur résumé. On élimine la réponse E car le terme « victime » est inapproprié. On choisit donc la réponse A par défaut. **Réponse A.**

Question 37	Réponse A	★★★☆☆	30 sec. – 2 min.	Fiche 91

« Se fâcher à propos de bottes » : Se mettre rapidement en colère sans raison.

C'est la bonne réponse car le motif de la dispute semble futile, ce que confirme Théo.

Réponse A.

« **Être un ours mal léché** » : Être rustre, grossier.

« **Casser du sucre sur le dos de quelqu'un** » : Critiquer une personne en son absence.

« **Prendre les enfants du bon dieu pour des canards sauvages** » : Juger les gens trop vite.

« **Se prendre le chou** » : Se prendre la tête.

Question 38 Réponse C ★★★☆☆ 30 sec. – 2 min. Fiche 94

(A) François de Rugy a écrit un livre sur sa carrière de militant. **Hors-sujet.**

(B) François de Rugy quitte EELV. **Soutient le plus.**

(C) François de Rugy était un militant écologiste. **Présupposé. Bonne réponse.**

(D) Dans son livre, François de Rugy explique les raisons pour lesquelles il a décidé de quitter le parti EELV. **Hors-sujet.**

(E) François de Rugy a décidé de dissoudre le parti EELV. **Hors-sujet.**

On comprend que F. de Rugy était militant écologiste, activité à laquelle il met fin avec ce livre. C'est donc bien le présupposé (= le point de départ implicite) du texte. **Réponse C.**

Question 39 Réponse A ★★★☆☆ 30 sec. – 2 min. Fiche 97

(A) Les fêtes de Bayonne ont moins de succès qu'il y a vingt ans. **Contredit. Bonne réponse.**

(B) L'affluence des fêtes de Bayonne n'est pas un problème pour la ville. **Hors-sujet.**

(C) L'affluence aux fêtes de Bayonne a contraint la ville à s'équiper en conséquence. **Présupposé.**

(D) Il ne peut y avoir de problèmes à Bayonne malgré le suréquipement de la ville. **Hors-sujet.**

(E) Depuis 1933, les fêtes de Bayonne reçoivent chaque année de plus en plus de personnes. **Soutient le plus.**

Le texte défend principalement le fait que les fêtes de Bayonne ont de plus en plus de succès et qu'elles sont bien gérées. La réponse A est donc la seule qui s'oppose à la thèse.
Réponse A.

Question 40 Réponse E ★★☆☆☆ 15 sec. – 1 min. Fiche 79

Étape 1 Traduisons l'énoncé sous forme d'inéquations.

En termes d'âge : $F < A$ et $F < M$ donc on ne peut pas savoir qui de Mélanie ou Angélique est plus âgée et donc plus petite de taille.

Étape 2 Concluons.

On sait seulement que Fiona est la plus jeune. Donc, aucune réponse proposée n'est vraie.
Réponse E.

Question 41 Réponse B ★★★☆☆ **30 sec. – 2 min.** **Fiche 75**

- **Rappel de cours** La véracité ou non des propos d'une personne dépend de sa nature : menteur ou non. Par exemple, si Thomas est un menteur et dit « Alice ment », alors Alice dit la vérité car Thomas a menti (M × M = V).

Étape 1 Schématisons un calendrier.

	L	M	M	J	V	S	D
Benjamin	V	V	M	V	V	M	M
Arthur	V	M	V	M	V	V	V

Étape 2 Supposons que Benjamin mente.

Nous sommes donc soit mercredi soit samedi soit dimanche.

Il dit : « Arthur a menti avant-hier ».

S'il ment en disant qu'Arthur a menti, c'est qu'Arthur a dit la vérité.

Or, Arthur a dit vrai lundi (2 jours avant mercredi) et vendredi (2 jours avant dimanche). En revanche, il a menti jeudi (2 jours avant samedi) donc on élimine samedi.

Benjamin dit aussi : « Arthur mentira après-demain ». Or, il a dit vrai vendredi (2 jours après mercredi), mais a menti mardi (2 jours après dimanche). On élimine dimanche. Il ne reste que mercredi.

Si Benjamin ment, nous sommes mercredi.

Étape 3 Supposons que Benjamin dise vrai.

Nous sommes donc soit lundi, soit mardi, soit jeudi, soit vendredi.

Il dit : « Arthur a menti avant-hier ».

S'il dit vrai en disant qu'Arthur a menti, c'est qu'Arthur a vraiment menti.

Or, il a menti mardi (2 jours avant jeudi) mais il a dit vrai samedi (2 jours avant lundi), dimanche (2 jours avant mardi) et mercredi (2 jours avant vendredi). On élimine donc lundi, mardi et vendredi.

Benjamin dit aussi : « Arthur mentira après-demain ». Or, il a dit vrai 2 jours après jeudi. **On élimine donc jeudi qui était la seule réponse restante.**

Étape 4 Concluons.

On en déduit que Benjamin ment et que nous sommes **mercredi. Réponse B.**

Question 42 Réponse A ★★★☆☆ **30 sec. – 2 min.** **Fiche 95**

(A) Le système financier n'a pas tiré les leçons des crises passées et est encore moins sûr qu'avant. **Soutient le plus. Bonne réponse.**

(B) Le système financier d'aujourd'hui n'est toujours pas sûr, malgré des améliorations. **Soutient.**

(C) Le système financier réitère ses erreurs passées, ce qui produira probablement les mêmes conséquences. **Soutient.**

(D) La faillite de certaines institutions financières pourrait entraîner la chute de tout le système financier mondial. **Soutient.**

(E) Le système financier mondial doit se réformer pour ne pas disparaître lors de la prochaine crise économique. **Conclusion.**

La réponse A est la réponse la plus proche de la pensée de l'auteur. Les leçons n'ont pas été tirées (« C'est bien plus qu'il y a cinq ans ») et le risque est encore plus grand qu'il y a quelques années («... mais moins que dans les années 1990 »). C'est donc la réponse A qui soutient le plus les propos de l'auteur. **Réponse A.**

Question 43 Réponse A ★★★☆☆ 30 sec. – 2 min. Fiche 97

(A) Pierre Moscovici est indifférent à l'égard des comportements d'optimisation fiscale des multinationales. **Contredit. Bonne réponse.**

(B) Les solutions mises en place jusque-là pour lutter contre l'optimisation fiscale agressive ne sont pas efficaces. **Présupposé.**

(C) L'optimisation fiscale est une pratique peu fréquente chez les multinationales. **Contredit (vague).**

(D) Les propositions fiscales de Moscovici ont été refusées par le Parlement Européen. **Hors-sujet.**

(E) Pierre Moscovici a fait de la lutte contre l'optimisation fiscale un de ses chevaux de bataille. **Soutient le plus.**

Pierre Moscovici n'est pas indifférent à l'égard de l'optimisation fiscale, il la combat. **Réponse A.**

Question 44 Réponse C ★★★★☆ 45 sec. – 3 min. Fiche 79

- **Rappel de cours** Si deux coureurs se dépassent **un nombre pair de fois, leurs positions restent identiques**. Si deux coureurs se dépassent **un nombre impair de fois, leurs positions s'inversent.**

Étape 1 Interprétons l'énoncé.

Au départ, le Français est 1er, le Britannique est 2e et l'Allemand est 3e.

Comme 14 est pair, lorsque le Britannique et le Français se dépassent 14 fois, le Français est toujours devant le Britannique.

En revanche, 19 étant un nombre impair, les positions du Britannique et de l'Allemand se sont inversées. Ainsi, l'Allemand est devant le Britannique.

Étape 2 Modélisons la situation.

Solution 1			Solution 2		
1er	2e	3e	1er	2e	3e
FR	ALL	BRI	ALL	FR	BRI

Le Britannique est dernier car il est à la fois derrière le Français et derrière l'Allemand.

Le premier est soit l'Allemand soit le Français. On a besoin de connaître le nombre de dépassements entre le Français et l'Allemand pour conclure.

Étape 3 Concluons.

La phrase 1) est possible mais pas sûre. Les phrases 2), 3) et 4) sont vraies.

La phrase 5) est possible mais pas sûre. **Réponse C.**

Question 45	Réponse C	★★★☆☆	30 sec. – 2 min.	Fiche 91

« Quand le vin est tiré, il faut le boire » : Il faut terminer ce que l'on a commencé.

Bonne réponse. Réponse C.

« Les chiens aboient, la caravane passe » : Celui qui est déterminé ne se laisse pas abattre par la critique ou les remarques.

« Tout vient à point à qui sait attendre » : La patience est toujours récompensée.

« C'est le verre à moitié plein » : On observe une situation donnée avec un regard optimiste (par opposition au verre à moitié vide).

« Faute de grives, on mange des merles » : À défaut d'avoir ce que l'on souhaitait, on se contente de ce que l'on a qui est mieux que rien.

Difficulté	NORMAL														
Question	46	47	48	49	50	51	52	53	54	55	56	57	58	59	60
Réponse	A	C	B	C	C	D	D	E	D	E	D	E	A	C	B

Question 46 — Réponse A — ★★★☆☆ — 30 sec. – 2 min. — Fiche 121

- **Rappel de cours** Si les diagonales d'un quadrilatère se coupent en leur milieu, alors il s'agit d'un parallélogramme.

Information (1) seule **Suffisante.**

Si les diagonales d'un quadrilatère se coupent en leur milieu, alors il s'agit d'un parallélogramme. On peut répondre à la question.

On garde les réponses A et D.

Information (2) seule **Insuffisante.**

EF = GH ne suffit pas. Il faut avoir FG = EH. Sinon, cela pourrait être, par exemple, un trapèze. En effet, un parallélogramme doit avoir ses côtés égaux 2 à 2.

Conclusion **Réponse A.**

Question 47 — Réponse C — ★★★★☆ — 45 sec. – 3 min. — Fiche 105

- **Rappels de cours** $A \rightarrow B \Leftrightarrow \overline{B} \rightarrow \overline{A}$

  Si $A \rightarrow B$ et $B \rightarrow C$, alors $A \rightarrow B \rightarrow C$

Interprétons l'énoncé.

Soit Jo l'événement : « Johanna mange ses légumes » et $\overline{\text{Jo}}$ l'inverse de Jo.

Soit Ro l'événement : « Robin mange ses légumes » et $\overline{\text{Ro}}$ l'inverse de Ro.

Soit Jé l'événement : « Jérémy mange ses légumes » et $\overline{\text{Jé}}$ l'inverse de Jé.

On sait que Jé est réalisé.

Information (1) seule **Insuffisante.**

On apprend que : $\overline{\text{Jo}} \rightarrow \overline{\text{Ro}}$, ce qui se traduit par : Ro → Jo (contraposée).

Cette information ne nous donne pas d'information utile puisque nous ne savons pas si Robin mange ses légumes. On ne peut pas répondre à la question.

On garde les réponses B, C et E.

Information (2) seule **Insuffisante.**

On apprend que : Jé → Ro.

Cette information nous apprend seulement que Robin mange ses légumes. Elle ne nous donne pas d'information sur Johanna. On ne peut pas répondre à la question.

On garde les réponses C et E.

Informations (1) et (2) ensemble **Suffisantes.**

On sait désormais que : Jé → Ro et Ro → Jo.

Donc Jé → Ro → Jo et donc finalement Johanna mange ses légumes.

On peut donc répondre à la question.

Conclusion **Réponse C.**

Question 48	Réponse B	★★☆☆☆	30 sec. – 2 min.	Fiche 108

- **Rappel de cours** Un système d'équations (ou d'inéquations) a une solution si et seulement si il comporte autant d'inconnues que d'équations non proportionnelles.

Modélisons la situation.

Soit M l'âge du mari, F celui de la femme. On sait que : $M + F = 100$.

Information (1) seule **Insuffisante.**

On apprend que : $F > M$. Cette information est insuffisante. En effet, la femme peut par exemple avoir 55 ans et le mari 45, ou bien 51 ans et le mari 49. On ne peut pas conclure.

On garde les réponses B, C et E.

Information (2) seule **Suffisante.**

Si la femme avait 2 ans de moins, elle aurait $F - 2$ ans. Dans ce cas, on a : $F - 2 = M$.

En combinant au fait que $F + M = 100$, on obtient un système avec 2 inconnues et 2 équations non proportionnelles. On peut donc trouver leurs âges respectifs.

(En l'occurrence, $F = 51$ et $M = 49$).

Conclusion **Réponse B.**

Question 49	Réponse C	★★★☆☆	30 sec. – 2 min.	Fiche 108

Interprétons l'énoncé.

Notons les nombres a, b, c, d, e, tous différents et strictement positifs.

Information (1) seule **Insuffisante.**

Nous avons : $\frac{a + b + c + d + e}{5} = 20$ donc $a + b + c + d + e = 100$.

Il existe une multitude de combinaisons possibles. Par exemple, les solutions (1, 2, 3, 4, 90) (avec 4 nombres < 20) et (1, 2, 3, 30, 64) (avec 3 nombres < 20) fonctionnent.

On ne peut pas conclure. **On garde les réponses B, C et E.**

Information (2) seule **Insuffisante.**

On ne connaît qu'une des valeurs, on ne peut pas conclure.

On garde les réponses C et E.

Informations (1) et (2) ensemble **Suffisantes.**

Un des nombres vaut 75 (supposons que c'est « e »). Donc a + b + c + d = 25.

Au minimum, a + b + c = 1 + 2 + 3 = 6 (car les nombres sont tous différents).

Donc, au maximum, d = 25 – 6 = 19 (< 0). En effet, le maximum de « d » est atteint lorsque le minimum de a + b + c est atteint. Autrement dit, si l'un des nombres a, b, c ou d est supérieur à 20 alors la somme a + b + c + d + e est supérieure à 100.

On conclut qu'il y a toujours 4 nombres strictement inférieurs à 20.

Conclusion **Réponse C.**

Question 50 Réponse C ★★★☆☆ 30 sec. – 2 min. Fiche 111

Interprétons l'énoncé.

Soit C la somme placée par Charles au taux c, et M la somme placée par Maxence au taux m.

On sait que : C + M = 3 000 et c × C + m × M = 400. On cherche c.

Information (1) seule **Insuffisante.**

L'énoncé donne C = 2M. Or, C + M = 3 000, donc 3M = 3 000, donc M = 1 000 et C = 2 000.

On a donc 2 000 × c + 1 000 × m = 400.

On a 1 équation et 2 inconnues, donc on ne peut pas trouver c.

On garde les réponses B, C et E.

Information (2) seule **Insuffisante.**

L'énoncé indique que m = 2c. En remplaçant dans c × C + m × M = 400, on obtient :

c × C + (2c) × M = 400

⇔ c × (C + 2M) = 400

⇔ c × (C + 2 × (3 000 – C)) = 400

⇔ c × (6 000 – C) = 400

On a 1 équation et 2 inconnues, donc on ne peut pas trouver c.

On garde les réponses C et E.

Informations (1) et (2) ensemble **Suffisantes.**

En combinant les deux informations, on peut remplacer C par sa valeur dans c × (6 000 – C) = 400 ce qui donne c × 4 000 = 400, soit c = 0,1 = 10 %.

On peut répondre à la question.

Conclusion **Réponse C.**

Question 51	Réponse D	★★★☆☆	30 sec. – 2 min.	Fiche 111

- **Rappel de cours** Soit K le capital placé, TI le taux d'intérêt et B le bénéfice retiré. On a :

$$K \times TI = B$$

Interprétons l'énoncé.

Soit X le montant du capital placé à 7 %. On a donc placé (20 000 – X) à 3 %.

Le capital placé à 7 % rapporte donc : X × 7 %.

Le capital placé à 3 % rapporte donc : (20 000 – X) × 3 %.

Au total, les 2 comptes ensemble rapportent : B = X × 7 % + (20 000 – X) × 3 %.

Information (1) seule **Suffisante.**

On a la valeur de B donc on peut écrire : 1 200 = X × 7 % + (20 000 – X) × 3 %.

On a 1 équation et 1 inconnue, donc on peut répondre à la question.

On garde les réponses A et D.

Information (2) seule **Suffisante.**

Comme Clara a placé 3 fois plus de capital à 7 % qu'à 3 % on a :

X = 3 × (20 000 – X) ⇔ 4X = 60 000 ⇔ X = 15 000.

Clara a placé 15 000 euros sur les 20 000 euros de son capital à 7 %, soit 75 % de son capital à 7 %. On peut donc répondre à la question.

Conclusion **Réponse D.**

Question 52	Réponse D	★★★☆☆	30 sec. – 2 min.	Fiche 108

Modélisons la situation.

Soit X l'âge actuel d'Hugo.

Information (1) seule **Suffisante.**

On apprend que : 2 × (X + 6) – 2 × (X – 4) = X ⇔ X = 12 + 8 = 20.

On garde les réponses A et D.

Information (2) seule **Suffisante.**

On apprend que : 9/4 × X = 45 ⇔ X = 45 × 4/9 = 20.

Conclusion **Réponse D.**

Question 53	Réponse E	★★★☆☆	30 sec. – 2 min	Fiche 108

- **Rappel de cours** Pour qu'un système d'équations admette une solution, il faut qu'il y ait autant d'équations non proportionnelles que d'inconnues.

Information (1) seule **Insuffisante.**

On apprend que : 2Y – 4X = 12. On a 2 inconnues (X et Y) mais seulement 1 équation.

On ne peut pas répondre. **On garde les réponses B, C et E.**

Information (2) seule **Insuffisante.**

On apprend que : 24 + 8X = 4Y. On a 2 inconnues (X et Y) mais seulement 1 équation. On ne peut pas répondre. **On garde les réponses C et E.**

Informations (1) et (2) ensemble **Insuffisantes.**

En combinant les 2 informations, on a un système de 2 inconnues et 2 équations. : $\begin{cases} 2Y - 4X = 12 \ (1) \\ 24 + 8X = 4Y \ (2) \end{cases}$.

Toutefois, les 2 équations sont **proportionnelles.**

En effet, **(2)** est exactement le double de **(1)**. Les 2 équations **(1)** et **(2)** sont donc **identiques.** Ainsi, le système comporte bien 2 inconnues, mais seulement 1 équation (car l'équation **(2)** est la même que la **(1)**). On ne peut donc pas répondre à la question.

Conclusion **Réponse E.**

Question 54 Réponse D ★★★★☆ 45 sec. – 3 min. Fiche 108

Modélisons la situation.

n est strictement inférieur à 15, donc n vaut : 1, 2, 3, 4, 5, 6, 7, 8, 9, 10, 11, 12, 13 ou 14.

n + 3 est premier (2, 3, 5, 7, 11, 13) donc n ne peut valoir que : 2, 4, 8, 10 ou 14.

Information (1) seule **Suffisante.**

Calculons n + 19 pour les valeurs de n listées ci-dessus.

n	2	4	**8**	10	14
n + 19	21	23	**27**	29	33

Si (n + 19) est un cube parfait, alors n = 8 (car 27 est le seul cube parfait listé ci-dessus). On peut répondre à la question. **On garde les réponses A et D.**

Information (2) seule **Suffisante.**

Calculons n + 1 pour les valeurs de n listées ci-dessus.

n	2	4	**8**	10	14
n + 1	3	5	**9**	11	15

Si (n + 1) est un carré parfait, alors n = 8 (car 9 est le seul carré parfait listé ci-dessus). On peut répondre à la question.

Conclusion **Réponse D.**

Question 55 Réponse E ★★★☆☆ 30 sec. – 2 min. Fiche 120

Modélisons la situation.

Il est né entre 1800 et 1899.

Les carrés inférieurs à 100 : 01, 04, 09, 16, 25, 36, 49, 64 et 81.

Les cubes inférieurs à 100 : 01, 08, 27 et 64.

Information (1) seule **Insuffisante.**

Plusieurs réponses sont possibles. Par exemple, 1801 ou 1804.

On ne peut pas conclure. **On garde les réponses B, C et E.**

Information (2) seule **Insuffisante.**

Plusieurs réponses sont possibles. Par exemple, 1801 ou 1808.

On ne peut pas conclure. **On garde les réponses C et E.**

Informations (1) et (2) ensemble **Insuffisantes.**

Même en cumulant les 2 informations, 2 réponses sont possibles : 1801 ou 1864 car 01 et 64 sont à la fois des carrés et des cubes.

Conclusion **Réponse E.**

Question 56	Réponse D	★★★☆☆	30 sec. – 2 min.	Fiche 119

Information (1) seule **Suffisante.**

Gérald n'est pas le frère de la mère de Virginie, car si c'était le cas, il serait le fils (et non le neveu) du grand-père maternel de Virginie. Donc Gérald n'est pas l'oncle maternel de Virginie. **On garde les réponses A et D.**

Information (2) seule **Suffisante.**

Gérald n'a aucune sœur, il ne peut donc pas être l'oncle maternel de Virginie puisqu'être l'oncle maternel, c'est être le frère de la mère (et donc avoir une sœur). On peut donc répondre à la question.

Conclusion **Réponse D.**

Question 57	Réponse E	★★★★☆	45 sec. – 3 min.	Fiche 108

Modélisons la situation.

Notons D, M et E le nombre de billes de respectivement David, Magali et Enzo.

Information (1) seule **Insuffisante.**

On apprend que $D = M + 16$.

On ne connaît pas le nombre de billes d'Enzo. On a 1 équation et 2 inconnues.

On ne peut pas répondre à la question. **On garde les réponses B, C et E.**

Information (2) seule **Insuffisante.**

On apprend que : $E = 2D = 2M + 32 \Leftrightarrow D = M + 16$ et $E = 2M + 32$.

On cherche : $E + D + M = 2M + 32 + M + 16 + M = 4M + 48$.

On a 1 équation et 2 inconnues. On ne peut pas conclure.

On garde les réponses C et E.

Informations (1) et (2) ensemble **Insuffisantes.**

L'information (1) est plus restrictive que l'information (2). Autrement dit, ce que nous apporte l'information (1) est inclus dans ce que nous apporte l'information (2).

Donc, réunir l'information (1) et l'information (2) revient à seulement utiliser l'information (2). Or, on a vu que l'information (2) ne suffisait pas à répondre.
On ne peut pas répondre à la question.

Conclusion **Réponse E.**

Question 58 **Réponse A** ★★★★☆ **45 sec. – 3 min.** **Fiche 108**

Modélisons la situation.
On pose : a, b, c, d le nombre de billes contenues respectivement dans les quatre boîtes les plus petites et « e » le nombre de billes contenues dans la plus grand boîte.
Ainsi, on a : a + b + c + d + e = 2 700.

Information (1) seule **Suffisante.**
Si le nombre de billes qu'il y a dans la plus grande boîte est égal à la somme des billes qu'il y a dans les 4 autres boîtes, alors on a : a + b + c + d = e et dans ce cas, en insérant cette équation dans l'équation de l'énoncé, on a : $\begin{cases} a+b+c+d+e=2700 & \textbf{(1)} \\ a+b+c+d=e & \textbf{(2)} \end{cases}$

En insérant l'équation (2) dans l'équation (1), on a : 2e = 2 700 ⇔ e = 1 350.
On garde les réponses A et D.

Information (2) seule **Insuffisante.**
On ne peut pas trouver la valeur de la plus grande des 5 boîtes, celle-ci pouvant comporter, par exemple, 2000 ou 2200 billes. On ne peut pas conclure.

Conclusion **Réponse A.**

Question 59 **Réponse C** ★★★★☆ **45 sec. – 3 min.** **Fiche 108**

Information (1) seule **Insuffisante.**
Plusieurs carrés vérifient la proposition (1) : 1^2, 2^2, 3^2, 4^2, 5^2 et 6^2.
On ne peut pas répondre à la question. **On garde les réponses B, C et E.**

Information (2) seule **Insuffisante.**
Il y a une infinité de solutions à $p < -5$. Par exemple, p = –6, –7, –8, etc.
On ne peut pas répondre à la question. **On garde les réponses C et E.**

Informations (1) et (2) ensemble **Suffisantes.**
On constate que p = –6 est la seule solution qui convient. On peut répondre à la question.
En effet, $-6 < -5$ et $(-6)^2 = 36 < 46$.

> **REMARQUE** Toute valeur de p respectant $p < -5$ autre que p = –6 donnerait un carré trop grand. Par exemple, pour p = –7, on a bien $-7 < -5$ mais $(-7)^2 = 49 > 46$.

Conclusion **Réponse C.**

Question 60 **Réponse B** ★★★☆☆ **30 sec. – 2 min.** **Fiche 111**

- **Rappel de cours** **Capital × Taux d'intérêt = Bénéfice**

Information (1) seule **Insuffisante.**

Le fait que les placements soient à taux d'intérêts simples (et non composés) ne change rien car il s'agit d'un placement d'un an seulement. Cela a une importance pour les placements sur plusieurs années (pour savoir si les intérêts sont réinvestis ou non). **On garde les réponses B, C et E.**

Information (2) seule **Suffisante.**

Si Tatiana place son argent équitablement sur chacun des 2 comptes, alors elle aura 3500 euros à 3 % qui rapporteront (3500 × 3/100) et 3500 euros à 7 % qui rapporteront (3500 × 7/100). On peut conclure.

Conclusion **Réponse B.**

Difficulté	NORMAL													
Question	61	62	63	64	65	66	67	68	69	70	71	72	73	74	75
Réponse	A	D	E	A	D	D	C	E	B	C	C	B	C	A	D

Question 61 Réponse A ★★★☆☆ 30 sec – 2 min. Fiche 154

« **Révéler** » une chose c'est la porter à la connaissance du public.
Une « **déficience** » est une défaillance (physique ou intellectuelle).

1re colonne On garde les réponses A, B et E.
Les synonymes de « **Révélé** » sont : « Mis au jour », « Mis en lumière » et « Souligné ».
On élimine « Illustré » car illustrer signifie donner un exemple, ce qui n'est pas le cas ici.
On garde donc les réponses A, B et E.

REMARQUE Ne confondez pas « Mettre <u>au</u> jour » (= révéler) et « Mettre <u>à</u> jour » (= actualiser).

2e colonne On garde les réponses A, B et E.
Les synonymes de « **Déficiences** » sont : « Défaillances », « Difficultés » et « Dysfonctionnements ».
On garde les réponses A, B et E.

Conclusion On choisit la réponse A.
« Dysfonctionnement » est masculin, donc ne peut pas être placé après « Nombreuses ». On élimine la réponse E. « Défaillances » est plus adapté que « Difficultés », qui est moins précis.
Réponse A.

Question 62 Réponse D ★★★★☆ 30 sec. – 2 min. Fiche 154

« **Admonester** » quelqu'un signifie lui donner une sévère réprimande, sans condamner, mais en avertissant de ne pas recommencer.
« **Vive** » : Virulente, musclée.

1re colonne On garde les réponses A, B et D.
Les synonymes de « **Une admonestation** » sont : « Un avertissement », « Une correction » et « Une réprimande ». On élimine « Une engueulade » qui est trop familier.
On garde donc les réponses A, B et D.

2e colonne **On garde les réponses A et D.**

Les synonymes de « **Vive** » sont : « Houleux » et « Musclée ».

On garde donc les réponses A et D.

Conclusion **On choisit la réponse D.**

Les réponses A et D sont possibles, mais la réponse D est la plus proche du passage initial car « Une admonestation » correspond plus à « Une réprimande » qu'à « Un avertissement ». **Réponse D.**

Question 63	Réponse E	★★★★☆	30 sec. – 1 min.	Fiche 154

« **Une assuétude** » : Envie répétée et irrépressible, malgré les efforts pour se défaire de cette envie. C'est une forme de dépendance.

1re colonne **On garde les réponses D et E.**

Les synonymes de « **Une assuétude** » sont : « Une routine » et « Une dépendance ».

> **REMARQUE** « **L'addiction** » et « **La drogue** » sont plus souvent associées à la toxicomanie (drogue).

On garde donc les réponses D et E.

2e colonne **On garde les réponses D et E.**

Les synonymes de « **Consulte** » sont : « Sollicite », « Me fasse examiner par », « Voie » et « Prenne un rendez-vous avec ». On garde donc les réponses D et E.

Conclusion **On choisit la réponse E.**

Les réponses D et E sont valables, mais « Une dépendance » correspond le plus pour le 1er mot que « Une routine ». **Réponse E.**

Question 64	Réponse A	★★☆☆☆	15 sec. – 1 min.	Fiche 154

Contempteur : Personne qui dénigre quelqu'un ou quelque chose. Il s'agit donc d'un antonyme des autres mots.

Thuriféraire : Personne qui loue, vante quelqu'un ou quelque chose avec excès.

Laudateur : Personne qui loue, qui exprime une louange.

Caudataire : Personne qui soutenait la traîne du pape, d'un cardinal ou d'un évêque. Au sens figuré, il s'agit d'un individu obséquieux, qui flatte ceux dont il peut espérer quelque faveur.

Flagorneur : Personne qui flatte bassement.

Le contempteur est le seul qui ne flatte pas. **Réponse A.**

Question 65 Réponse D ★★★★☆ 45 sec. – 3 min. Fiches 125/130

Dans cinq minutes, le train **entrera** en gare de Menton. Joseph se lève d'un bond, enfile son chandail noir à **losanges** sur sa veste de **pyjama** encore tiède de la nuit et ouvre la porte-fenêtre du balcon. La fraîcheur du matin le **saisit**, pique son visage et ses yeux.

Le passage contient **4 fautes. Réponse D.**

Question 66 Réponse D ★★★★☆ 30 sec – 2 min. Fiches 125/130

Dans mon quartier, les **trafiquants** de drogue ont la **mainmise** sur les forces de police grâce à de substantiels **pots-de-vin**. L'augmentation des effectifs et des patrouilles ne changera pas la donne tant que les mentalités resteront inchangées. Il faut une politique de **long terme** pour éradiquer ce **fléau**. Sans cela, la vie de quartier ne sera jamais tranquille et le risque est que la majorité **abandonne (la majorité)** le quartier.

Le passage contient **6 fautes. Réponse D.**

Question 67 Réponse C ★★★★☆ 45 sec. – 3 min. Fiches 125/130

- **Rappels de cours**

  1) La plupart des mots en « –té » ne prennent pas de « –e » final, mais **dictée** fait partie de la liste d'exceptions (fiche 146).

  2) Avec l'auxiliaire « être », le participe passé s'accorde.

  3) Le participe passé s'accorde avec l'auxiliaire « avoir » uniquement si le COD est placé avant l'auxiliaire (fiche 140).

1. Cette **dictée** comporte plusieurs fautes qu'il faut corriger.
2. Au bord de la rivière, **cachés** sous les arbres, les enfants jouent à cache-cache.
3. Quelqu'un aurait aperçu des **canards** et des oies dans la forêt.

Les phrases bien orthographiées sont les phrases 4 et 5. **Réponse C.**

Question 68 Réponse E ★★★★☆ 45 sec. – 3 min. Fiches 125/130

Joséphine ne sortira pas **indemne** de ce **dilemme** qui la **taraude**. **Réponse E.**

REMARQUE Le verbe **taraude**r signifie « constituer pour quelqu'un une cause de souffrance morale, tourmenter, obséder ».

Question 69	Réponse B	★★★★☆	45 sec. – 2 min.	Fiches 125/130

- **Rappels de cours** **A/À :** Pour ne pas confondre « a » et « à », il faut vérifier si on peut dire « avait ». Si oui, on écrit « a » car c'est la forme verbale. Si non, on écrit « à » car c'est la préposition.

---

(1) Plus il **vieillissait**, plus il réalisait **à** quel point il était seul. **2 fautes.**

(2) **Leur** maison avait été **laissée** sens dessus dessous car ils pensaient que leur parent ne rentrerait que la semaine suivante. **2 fautes.**

Attention : On dit « sens dessus dessous » et non « sans dessus dessous ». De plus, il n'est pas obligatoire de mettre « leur parent » au pluriel car il peut très bien s'agir d'un unique parent.

(3) Les pirates avaient **aperçu** au loin une frégate ennemie. Ils allaient **à** sa rencontre pour **enquêter**. **3 fautes.**

(4) **Assurément**, cette montagne était **difficile à apercevoir**. **4 fautes.**

(5) La discussion finirait par déraper s'ils continuaient sur cette voie. Ils prirent ensemble la décision de changer de sujet. **0 faute.**

La phrase qui comportait le plus de fautes était donc la **phrase 4. Réponse B.**

Question 70	Réponse C	★★★★☆	45 sec. – 3 min.	Fiche 146

- **Rappel de cours** La **litote** est une figure de style qui consiste à déguiser sa pensée de façon à la faire deviner dans toute sa force.

  Exemple : « Cette tarte n'est pas mauvaise » signifie qu'elle est bonne.

Ici, « Ce garçon-ci n'est pas sot, et je ne plains pas la soubrette qui l'aura » signifie : « Ce garçon est intelligent, et la soubrette qui l'aura sera chanceuse ». **Réponse C.**

Question 71	Réponse C	★★★☆☆	15 sec. – 1 min.	Fiches 130/131

- **Rappels de cours** **Adverbes en –ment :**
  1. Si l'adverbe correspond à un adjectif se terminant par **-ent** (évident, ardent, etc.), on écrira l'adverbe **-emment** (évi**dent** → évid**emment** ; ar**dent** → ard**emment**).
  2. Si l'adverbe correspond à un adjectif se terminant par **-ant** (bruyant, nonchalant, etc.), on écrira l'adverbe **-amment** (bruy**ant** → bruy**amment**, noncha**lant** → noncha**lamment**, etc.).
  3. Sinon, on termine l'adverbe avec -ment après avoir mis l'adjectif au féminin. : simple → simplement, affectueux → affectueusement, silencieux → silencieusement, etc.
  4. **Exceptions :** Il y a évidemment quelques difficultés : Vraiment, précisément, gentiment, crûment, brièvement, précipitamment.

L'intrus est la réponse C car c'est la seule proposition qui est mal orthographiée. La bonne orthographe de la réponse C est « précipitamment » (voir la liste des exceptions). **Réponse C.**

Question 72	Réponse B	★★☆☆☆	30 sec. – 1 min	Fiche 145

Pour un tiers des Français, Internet est l'invention qui a le plus modifié leurs loisirs **au quotidien**. Suivent **ensuite** le smartphone ou la tablette, avec 14 %.

1re colonne On garde les réponses A, B et C.

On supprime les réponses D et E. La réponse D est fausse. « Vraisemblablement » ne peut être placé en fin de phrase. La réponse E n'est pas élégante d'un point de vue stylistique.

2e colonne On choisit la réponse B.

On choisit la réponse B. Il s'agit d'un classement. La formulation la plus adéquate est « Suivent ensuite » plutôt que « Suivent après » ou « Suivent par la suite ». **Réponse B.**

Question 73	Réponse C	★★★☆☆	30 sec. – 1 min	Fiche 145

La photographie numérique **complète** le podium (10 %). Les réseaux sociaux sont cités comme la principale invention ayant modifié les loisirs au quotidien par 4 % des **sondés**.

1re colonne On garde les réponses B, C et E.

La réponse A est fausse. « S'ajouter sur le podium » n'est pas une formulation correcte.
La réponse D est également fausse. Il s'agit d'un podium. Les 2 premières places ont déjà été indiquées. Il ne manque plus que la 3e place. Donc, la photographie numérique ne peut « manquer » le podium.

2e colonne On choisit la réponse C.

On supprime la réponse B « Investigateurs » qui est un terme inapproprié. On garde les termes « Sondés » (réponse E) et « Personnes interrogées » (réponse C) qui sont similaires. Toutefois, le terme « Complète » (réponse C) correspond davantage que « Est également sur » (réponse E) pour exprimer la 3e position du podium. **Réponse C.**

Question 74	Réponse A	★★★★☆	30 sec. – 1 min	Fiche 145

Au global, le *online* est cité en premier par 43 % des Français. **En moyenne**, les actifs cumulent 30 minutes par jour de courtes pauses de détente.

1re colonne On garde les réponses A et E.

On supprime la réponse B. Il ne s'agit pas d'une moyenne. Le terme « En général » (réponse C) ne convient pas. Aucun élément ne nous permet de répondre « En définitive » (réponse D), connecteur logique de conclusion. On garde donc la réponse A « Au global » qui englobe bien l'ensemble des sondés et la réponse E « En fait » qui permet d'établir un constat.

2e colonne On choisit la réponse A.

« Au final » (réponse C) n'est pas le terme qui convient le mieux. « Au global » (réponse B) est un terme utilisé pour un ensemble d'éléments, ce qui n'est pas le cas ici. « En général » (réponse D) n'est pas le terme le plus approprié car une statistique est citée. « En définitive » (réponse E) n'est pas la meilleure réponse car c'est un terme connecteur pour une conclusion, ce qui n'est pas le cas ici. Le terme « En moyenne » (réponse A) correspond le mieux. **Réponse A.**

Question 75	Réponse D	★★★☆☆	30 sec. – 1 min	Fiche 145

Désormais, les « **temps morts** » se font loisirs : les 4/5 des actifs français profitent souvent de leur trajet domicile-travail pour avoir des activités de détente.

1re colonne On garde les réponses A, C, D et E.

Il s'agit de la dernière question de la série. On choisit donc un connecteur logique de conclusion. On garde donc « Finalement », « Enfin », « Désormais » et « En conclusion ».

2e colonne On choisit la réponse D.

Le terme à trouver est entouré de guillemets. Il s'agit donc d'une expression. La bonne réponse est donc « temps morts ». **Réponse D.**

TAGE MAGE® N° 7

6 CORRIGÉ « LOGIQUE »

Difficulté	NORMAL														
Question	76	77	78	79	80	81	82	83	84	85	86	87	88	89	90
Réponse	E	A	A	B	D	C	B	B	D	D	E	C	C	E	D

Question 76 — Réponse E ★★☆☆☆ 15 sec. – 1 min. Fiches 167/170

		66		
		84		
		93		
35	46	??	79	24
		75		

(A) 13 (B) 68 (C) 84 (D) 39 **(E) 57**

V : Somme constante 1er chiffre + 2e chiffre = 12.

H : 1er chiffre + 2 = 2e chiffre.

Question 77 — Réponse A ★★☆☆☆ 30 sec. – 2 min. Fiche 166

		AB		
EU	MU	??	DU	VU
		CF		
		VZ		
		JO		

(A) SU (B) DF (C) BU (D) XZ (E) LU

V : Écart croissant entre la 1re et la 2e lettre de + 1, + 2, + 3, + 4, + 5.

H : Lettre « U » en 2e position.

Question 78	Réponse A	★★★☆☆	30 sec. – 2 min.	Fiches 170/180

		40		
		90		
82	28	??	19	37
		61		
		18		

(A) 46 (B) 91 (C) 37 (D) 55 (E) 63

V : Carrés à l'envers : 40 → 04 ; 90 → 09 ; 61 → 16 ; 18 → 81.

H : Somme constante égale à 10.

Question 79	Réponse B	★★★☆☆	30 sec. – 2 min.	Fiches 165/170

		EE		
		GD		
MJ	**L**I	**?**?	**J**G	**I**D
		KB		
		CK		

(A) JB **(B) KA** (C) IC (D) KC (E) KB

V : Somme progressive des rangs alphabétiques de + 1 : E + E = 10, G + D = 11, **? + ? = 12**, etc.

Attention : Leurre vertical : Grande diagonale : E – D – C – B – A mais aucune proposition ne commence par C. **C'est un piège placé par le concepteur (fiche 182).**

H : Écart de –1 sur la 1re lettre : M – L – **K** – J – I.

Question 80	Réponse D	★★★★☆	30 sec. – 2 min.	Fiches 170/183

		V**A**		
		IF		
		G**E**		
		OJ		
SI	FV	?**?**	BZ	JR

(A) YD (B) NO (C) NN **(D) GU** (E) DY

V : Diagonale 2e lettre – 1re lettre de voyelles : A – I – E – O.

H : Rang alphabétique de la 1re lettre + rang alphabétique de la 2e lettre = 28.

Question 81	Réponse C	★★☆☆☆	15 sec. – 1 min.	Fiche 165

		92		
		73		
11	42	??	64	35
		35		
		18		

(A) 58 (B) 43 **(C) 53** (D) 56 (E) 64

V : Écart de –2 sur le 1er chiffre : 9 – 7 – **5** – 3 – 1.

H : Écart de +1 sur le 2e chiffre : 1 – 2 – **3** – 4 – 5.

Question 82	Réponse B	★★★★☆	45 sec. – 3 min.	Fiches 167/170

BDF				
JLN				
PRT				
???	CGH	DIE	JAG	MBC
MOQ				

(A) EGI **(B) DFH** (C) SUW (D) ABO (E) MPM

V : 1re lettre + 2 = 2e lettre et 2e lettre + 2 = 3e lettre.

H : Somme des rangs alphabétiques des 3 lettres = 18.

Question 83	Réponse B	★☆☆☆☆	15 sec. – 1 min.	Fiches 180/181

		225		
		196		
120	60	???	180	30
		729		
		343		

(A) 90 **(B) 900** (C) 300 (D) 125 (E) 144

V : Carrés ou cubes.

H : Multiples de 30.

Question 84	Réponse D	★★☆☆☆	15 sec. – 1 min.	Fiches 193/195

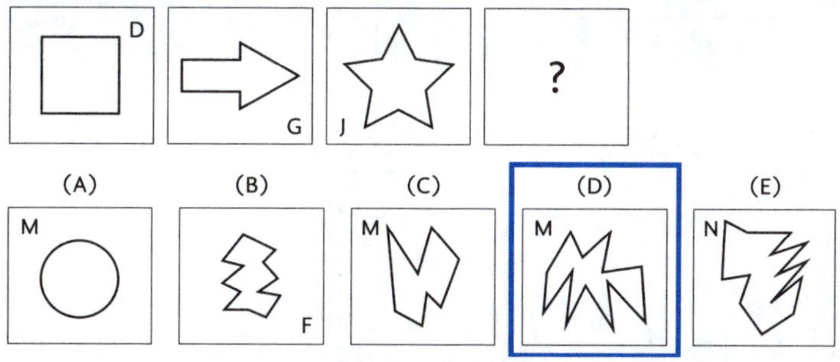

Logique 1 : Le rang de la lettre = nombre de côtés de la figure.

Logique 2 : Le nombre de côtés de la figure augmente de +3 : 4, 7, 10 → 13.

Question 85	Réponse D	★★★☆☆	30 sec. – 2 min.	Fiche 198

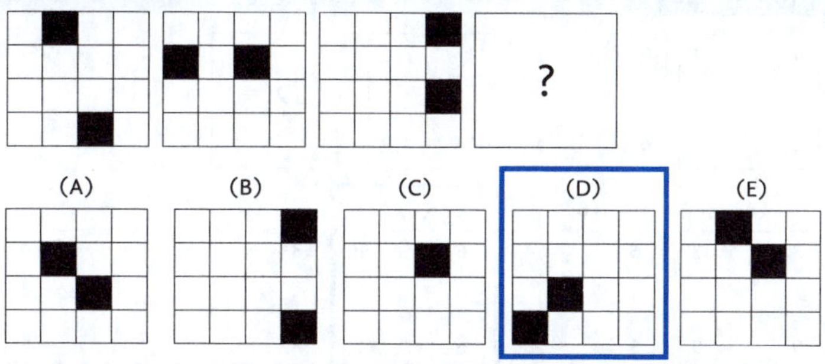

Logique : En superposant les carrés, on obtient un damier (une case noire, une case blanche). Méthode du damier.

Question 86	Réponse E	★★★★☆	45 sec. – 3 min.	Fiches 192/194

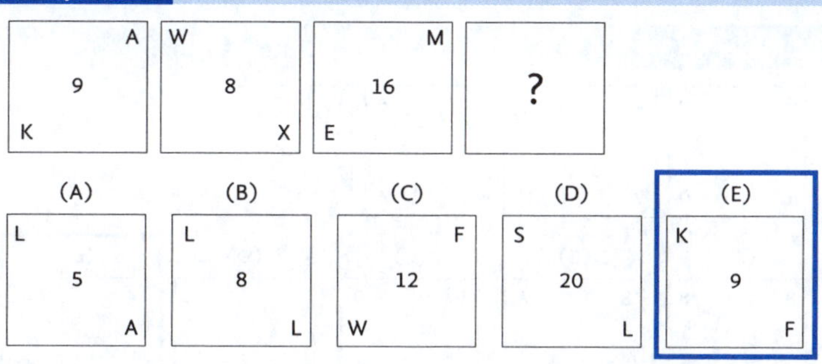

Logique 1 : Alternance diagonale gauche-droite et droite-gauche.

Logique 2 : Le produit du nombre de barres des 2 lettres = nombre au centre (3 × 3 = 9).

Question 87 **Réponse C** ★★★★★ **30 sec. – 2 min.** **Fiche 191**

5 2	4 5	3 2	?
2 3	3 1	5 2	

(A)	(B)	(C)	(D)	(E)
6 5	6 5	2 6	2 1	4 5
1 2	2 1	5 1	3 4	4 5

Logique 1 : Le chiffre en haut à gauche diminue de –1 : 5, 4, 3 → 2.

Logique 2 : Le produit des 4 nombres vaut 60.

Question 88 **Réponse C** ★★★★☆ **45 sec. – 3 min.** **Fiche 191**

9 4	8 1	7 3	?
4 8	9 7	9 6	

(A)	(B)	(C)	(D)	(E)
3 3	6 4	6 8	3 8	5 4
9 9	5 6	6 5	8 6	1 5

Logique 1 : La somme de tous les chiffres est identique (égale à 25).

Logique 2 : Le chiffre en haut à gauche diminue de –1 (9, 8, 7 → 6) et celui en bas à droite également (8, 7, 6 → 5).

Question 89 **Réponse E** ★★★☆☆ **30 sec. – 2 min.** **Fiche 191**

4 6	2 2	3 4	?
1 0	7 2	4 6	

(A)	(B)	(C)	(D)	(E)
8 8	8 7	9 9	3 5	4 4
7 4	7 7	1 1	5 0	4 7

Logique : La somme des 4 chiffres vaut un nombre premier consécutif (11, 13, 17 → 19).

Question 90	Réponse D	★★★★★	30 sec. – 2 min.	Fiche 192

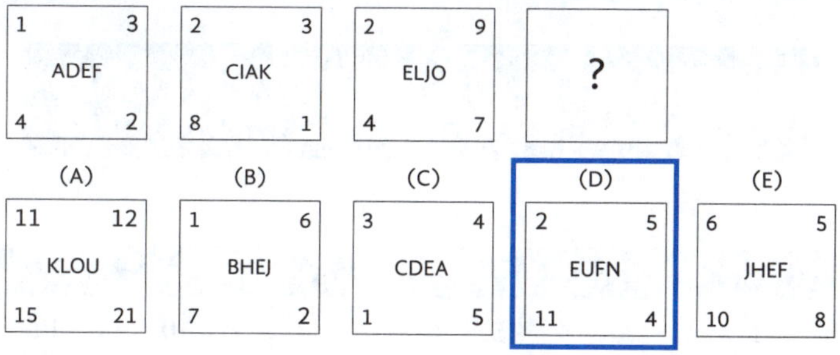

Logique 1 : Il y a toujours 2 voyelles et 2 consonnes dans la série.

Logique 2 : Les chiffres indiquent les rangs des lettres au sein des voyelles ou des consonnes (**Exemple :** ADEF = 1324 car A est la 1re voyelle, D est la 3e consonne, E est la 2e voyelle et F est la 4e consonne dans l'alphabet).

TAGE MAGE® N° 8

GRILLE DE RÉPONSES TM n° 8																
C.D.T	Question	1	2	3	4	5	6	7	8	9	10	11	12	13	14	15
	Réponse															
	SCORE : ....../60		Nombre BR : ... /15						Nombre MR : ... /15							
CALCUL	Question	16	17	18	19	20	21	22	23	24	25	26	27	28	29	30
	Réponse															
	SCORE : ....../60		Nombre BR : ... /15						Nombre MR : ... /15							
R & A	Question	31	32	33	34	35	36	37	38	39	40	41	42	43	44	45
	Réponse															
	SCORE : ....../60		Nombre BR : ... /15						Nombre MR : ... /15							
COND. MIN.	Question	46	47	48	49	50	51	52	53	54	55	56	57	58	59	60
	Réponse															
	SCORE : ....../60		Nombre BR : ... /15						Nombre MR : ... /15							
EXPRESS.	Question	61	62	63	64	65	66	67	68	69	70	71	72	73	74	75
	Réponse															
	SCORE : ....../60		Nombre BR : ... /15						Nombre MR : ... /15							
LOGIQUE	Question	76	77	78	79	80	81	82	83	84	85	86	87	88	89	90
	Réponse															
	SCORE : ....../60		Nombre BR : ... /15						Nombre MR : ... /15							
TM n° 8	SCORE :....../360 ⇔ ....../600		BR = Bonne réponse = + 4 points. MR = Mauvaise Réponse = –1 point. Multipliez par 5/3 pour passer du score/360 au score/600.													

TAGE MAGE® N° 8

1 COMPRÉHENSION DE TEXTES

CONSIGNES			
15 questions	20 minutes	Calculatrice interdite	Chronomètre recommandé

BARÈME		
Bonne réponse : +4 points	Aucune réponse : 0 point	Mauvaise réponse : –1 point

TEXTE 1

L'annonce de la mise sur écoute des présidents français par la NSA a déclenché de nombreuses réactions. Jean-Jacques Urvoas s'est ainsi indigné de ce que les États-Unis n'auraient « pas d'alliés, seulement des cibles ou des vassaux », plusieurs autres commentateurs s'étonnant également de pratiques d'espionnage « entre amis ». Dans ce contexte, lorsque le vocabulaire devient imprécis et souvent contre-productif, il est important de préciser ce que seraient des pratiques « normales » entre États souverains alliés.

Une alliance est une coopération institutionnalisée entre deux ou plusieurs États, principalement sur des questions de sécurité. Historiquement, la fonction principale d'une alliance est de créer un pôle de puissance militaire suffisant pour assurer l'intégrité territoriale de ses membres face à des risques d'agression : c'était par exemple la raison de la création de l'Organisation du Traité de l'Atlantique Nord (OTAN). Dans le cadre d'une alliance, l'échange de renseignements, bien que toujours difficile et sensible, est une pratique courante : les services de renseignements occidentaux échangeaient durant la Guerre froide des informations sur l'ordre de bataille soviétique ou les réseaux d'espionnages adverses (comme le montre l'affaire Farewell).

Aujourd'hui, une structure dédiée au partage du renseignement existe au sein de l'OTAN, et les services américains et français sont engagés dans une alliance de fait par leurs échanges permanents au sujet des réseaux djihadistes, de la criminalité organisée ou des interventions militaires extérieures. Les services de renseignement des différents pays coopèrent sur des sujets où leurs intérêts nationaux se rejoignent, et la profondeur de cette coopération dépend de leur proximité politique.

Cette question des intérêts nationaux est cruciale : leur convergence est d'ailleurs souvent la raison même de la création de l'alliance. Ils ne sont pour autant jamais parfaitement alignés. Ce n'est pas parce que nous sommes alliés avec l'Allemagne, les États-Unis, la Grande-Bretagne ou l'Italie que nous attendons de ces pays qu'ils aient exactement les mêmes intérêts que nous ni qu'ils se comportent comme nous le souhaiterions : l'alliance n'exclut pas la compétition, et les divergences sont même souvent de notoriété publique. Le renseignement, de par sa nature d'outil d'aide à la décision des responsables politiques, est donc une pratique courante, y compris entre alliés.

C'est la raison pour laquelle l'indignation actuelle et les protestations officielles, logiques du point de vue de l'affichage politique, ont une portée limitée. Et ce pour deux raisons. En premier lieu, publier des preuves montrant que des alliés s'espionnent mutuellement ne dit absolument rien de la réalité des rapports de coopération entre ces deux alliés. Oui, la France espionne les États-Unis, et oui, les États-Unis espionnent la France. Mais la coopération et l'échange d'informations sur des sujets fondamentaux pour notre sécurité nationale sont, de l'avis de tous les acteurs concernés, au beau fixe, et c'est cela qui est important.

Deuxièmement, il est important de souligner que dans la logique des services américains, la captation de l'information par les moyens techniques et numériques est largement automatisée. Nous sommes ainsi dans le cas d'une captation certes de grande ampleur mais avec une intention très faible (qui relèverait d'autres moyens de collecte de renseignement). En d'autres termes, les États-Unis nous écoutent parce qu'ils le peuvent, mais ce n'est pas en soi le signe d'une intention hostile. L'hostilité de la démarche serait démontrée par un usage des renseignements collectés contre nos intérêts supérieurs.

Question 1. Selon l'auteur, quelle(s) est/sont la/les raison(s) d'une alliance entre plusieurs États ?

1. Une culture commune.
2. Une Histoire commune.
3. Des objectifs communs.
4. Une protection territoriale commune.
5. Une politique commune.

(A) 1 + 2 + 3 + 4 + 5
(B) 3 + 4 + 5
(C) 3 + 4
(D) 4 + 5
(E) 2 + 3 + 4

Question 2. Quel semble être le point de vue de l'auteur concernant l'espionnage ?

(A) L'espionnage est une pratique condamnable qui peut remettre en cause les relations entre alliés.
(B) L'espionnage est une pratique courante, surtout lorsqu'il s'agit d'espionnage entre alliés.
(C) L'espionnage des alliés est une pratique utile que personne ne conteste hormis les hommes politiques.
(D) L'espionnage des alliés est une pratique courante, bien qu'officiellement contestée par des hommes politiques.
(E) L'espionnage existe depuis de nombreuses années, que ce soit entre alliés ou envers des ennemis

Question 3. Que veut dire l'auteur lorsqu'il écrit : « Le cas d'une captation certes de grande ampleur mais avec une intention très faible » ?

(A) Les États-Unis ont comme objectif de collecter toutes les informations en le cachant à leurs partenaires.

(B) L'ensemble des données sont collectées par les États-Unis sans un moindre effort grâce à leur avancée technologique.

(C) Les États-Unis espionnent leurs partenaires tout autant que leurs adversaires.

(D) Les États-Unis espionnent leurs partenaires en collectant de nombreuses données.

(E) Les États-Unis collectent des données sur leurs partenaires sans réelle intention de les espionner.

Question 4. Quel(s) est/sont le(s) paradoxe(s) souligné(s) par l'auteur dans cet article ?

1. Les États-Unis ont énormément de données mais ne les exploitent pas assez.
2. Les États-Unis espionnent leurs alliés et les alliés espionnent les États-Unis.
3. Des pays alliés peuvent également être des compétiteurs et vice-versa.
4. Plus les États-Unis ont d'informations sur d'autres pays, plus ils investissent dans l'espionnage.

(A) 1 + 2 + 3

(B) 1 + 2 + 3 + 4

(C) Uniquement 2

(D) Uniquement 3

(E) 2 + 3

Question 5. Quel résumé correspond le mieux au texte ?

(A) Avec un réseau d'espionnage à échelon mondial, les États-Unis n'ont de cesse d'espionner leurs partenaires, malgré leurs intérêts similaires.

(B) Les États avec des intérêts convergents créent des alliances pour assurer leur domination. Toutefois, chaque allié continue de s'espionner.

(C) Une alliance entre plusieurs États permet d'accroître leur suprématie. C'est la raison pour laquelle les États-Unis espionnent leurs partenaires.

(D) Malgré de nombreuses protestations sur l'espionnage entre alliés, les États-Unis continuent d'espionner la France.

(E) Les alliés s'espionnent sur des sujets économiques mais échangent de nombreuses informations concernant leur sécurité nationale.

TEXTE 2

C'est ce qu'on appelle un raz-de-marée Universal. Le studio a battu tous les records cette année. Parmi les dix films du top 10 américain, cinq ont été produits et distribués par la firme américaine. Avec 1,94 milliard de billets verts récoltés aux États-Unis et plus de 3,59 milliards dans le reste du monde, la firme cumule 5,53 milliards de dollars de recettes cette année. Et ce n'est pas fini, puisque nous ne sommes encore qu'en août.

La société vient de battre le précédent record de 5,52 milliards de dollars, détenu par la 20th Century Fox en 2014. Un écart infime qui montre pourtant une différence de taille. La Fox a établi ce score sur toute une année, contrairement à Universal qui l'a constitué en seulement sept mois.

Au palmarès du studio américain, deux films ont atteint le milliard et demi de recettes, Jurassic World et Fast and Furious 7. Les deux longs métrages sont respectivement à la troisième et cinquième places des plus grands succès de tous les temps.

Pour le moment, Les Minions, spin-off de Moi, Moche et méchant et grand succès de l'été, cumule déjà 859 millions de dollars de recettes. D'autres réussites complètent la liste, comme Cinquante Nuances de Grey qui a atteint 569 millions et la suite de Pitch Perfect et ses 283 millions.

Universal arrive en tête malgré quelques scores décevants dont celui de Hacker, qui a récolté 17,8 millions de dollars de recettes mondiales, et du Septième Fils. Pour autant, la firme américaine a de quoi sourire, notamment grâce à Jurassic World. Le film de Colin Trevorrow n'a cessé de battre des records : plus gros démarrage américain de tous les temps, plus gros démarrage mondial de tous les temps, film le plus rapide à atteindre le milliard de dollars dans le monde (en seulement 13 jours).

Disney parade en deuxième position, grâce à Avengers 2 et son 1,3 milliard de dollars de recettes, Vice et Versa (604 millions) et Cendrillon (539 millions). Le studio espère encore dépasser Universal avec la sortie, en fin d'année, de Star Wars 7. Pas sûr que l'entreprise à la souris y arrive car le distributeur de Fast and Furious a encore quelques films attendus. Le studio américain distribuera en effet à l'automne le biopic sur Steve Jobs, avec Michael Fassbender et Kate Winslet, le Crimson Peak de Guillermo del Toro ou encore Everest, avec Jake Gyllenhaal. Des films susceptibles de rapporter quelques centaines de millions supplémentaires.

Question 6. Selon l'auteur, pourquoi l'écart de chiffre d'affaires entre la 20th Century Fox et Universal est-il plus important qu'il n'y paraît ?

(A) Parce que la 20th Century Fox a moins produit de films à gros budget cette année.
(B) Parce qu'Universal a déjà sorti ses films les plus rentables.
(C) Parce qu'Universal a réalisé ses recettes en un temps plus court.
(D) Parce que les deux studios travaillent ensemble sur certains projets.
(E) Parce que les recettes de la Fox et d'Universal ne sont pas exprimées dans la même monnaie.

Question 7. À partir du texte, que peut-on dire du marché des films Hollywoodiens ?

(A) Le marché des films Hollywoodiens connaît une croissance exponentielle.
(B) Des entreprises connaissent des succès et d'autres des flops.
(C) Les acteurs américains dominent le marché cinématographique mondial.
(D) Le leader historique va perdre sa première place au profit d'une autre entreprise.
(E) Le marché est en situation d'oligopole.

Question 8. Que signifie l'expression « spin-off » dans le texte ?

(A) Une autre fin pour un film existant.
(B) Un film qui est une suite d'un précédent film.
(C) Une « pâle » copie d'un précédent film.
(D) Un film fortement inspiré d'un précédent film.
(E) Un film qui se focalise sur un personnage d'un autre film.

Question 9. Quel titre correspondrait le plus au texte ?

(A) Le record de la 20th Century Fox.
(B) Universal en pôle position.
(C) Universal en route pour un record.
(D) La guerre féroce des studios américains.
(E) 20th Century Fox versus Universal.

Question 10. À la lecture du texte, que peut-on affirmer ?

1. Universal est le studio ayant généré le plus de recettes en 2015 et Fox Century est deuxième.
2. Star Wars 7 et Crimson Peak seront produits par Disney.
3. Disney va dépasser Universal en termes de recettes générées en 2015.

(A) 1 + 2 + 3.
(B) Uniquement 1.
(C) 1 + 2.
(D) 1 + 3.
(E) Aucune de ces propositions n'est vraie.

TEXTE 3

L'Équateur avait l'or noir, il a désormais son or jaune. Près du tiers des bananes vendues dans le monde provient des plantations de cet État... premier exportateur mondial de bananes. Non sans raisons. Les salaires y sont parmi les plus bas d'Amérique latine. Quant aux droits fondamentaux, ils y sont piétinés. L'association Human Rights Watch (HWR) a tout particulièrement dénoncé, dans un rapport paru en 2002, l'emploi d'enfants dans les plantations, parfois dès huit ans, et la restriction des libertés syndicales. Le tableau est sans doute - un peu - moins noir dans certains autres pays exportateurs, mais il est loin d'être reluisant. Et si la mobilisation de l'opinion publique internationale a provoqué un sursaut des multinationales, qui se sont engagées dans des démarches de certification, elles ont encore beaucoup à faire. Pour mieux préserver l'environnement également.

De fait, la culture intensive de la banane a un coût écologique élevé. L'accroissement rapide de la production dans les années 80 et 90 a entraîné un important mouvement de déforestation. Au Costa Rica, par exemple, la multiplication par deux en dix ans de la surface des plantations s'est faite en grande partie au détriment de la forêt tropicale primaire et secondaire. Avec son lot d'effets pervers, dont l'érosion du sol et le développement des inondations. Surtout, les producteurs de bananes sont de grands consommateurs d'intrants agricoles : des engrais pour maintenir la fertilité du sol mise à mal par cette monoproduction intensive ; des insecticides et des fongicides pour limiter les pertes causées par les ravageurs et les maladies. Les bananeraies sont d'autant plus vulnérables aux agresseurs qu'elles n'abritent très souvent qu'une seule variété (la Cavendish) sur des centaines, voire des milliers d'hectares. Des avions y pulvérisent donc des pesticides, jusqu'à plusieurs dizaines de fois par an. Et tant pis si une grande partie est emportée par le vent ou se dépose sur le sol avant de s'infiltrer dans les nappes phréatiques ou de finir dans les rivières et dans la mer. Tant pis également si des ouvriers y travaillent.

En Équateur, lorsque HWR a réalisé son enquête en 2001, du tridemorph, du benomyl, de l'azoxystrobin ou encore du bitertanol étaient régulièrement épandus sur les bananiers. Autant de produits pour lesquels l'Agence américaine de protection de l'environnement préconise au minimum un délai de quatre heures - voire même de vingt-quatre heures pour certains d'entre eux - avant que des travailleurs ne reviennent sur la zone. Une consigne ignorée dans les plantations : quasiment 100 % des salariés interrogés par les enquêteurs d'HWR devaient continuer à travailler pendant l'épandage ! Une fois, « *des choses rouges sont apparues sur ma peau* leur a raconté Fabiola Cardozo. *Elles me démangeaient. Je me suis mise à tousser.* » Pas plus que l'immense majorité de ses collègues, Fabiola n'était équipée de vêtements et d'accessoires de protection. « *Quand l'avion passe, on se couvre la tête avec nos tee-shirts* », expliquait Enrique Gallana, salarié lui aussi.

Pas d'équipements de protection non plus pour les autres postes de travail, très exposés à la manipulation des pesticides. Et quid des effets à long terme sur la santé humaine ? Les trop rares études tendent à monter une fréquence plus élevée de la stérilité et de certains types de cancer chez les travailleurs de la banane, ainsi que des malformations congénitales chez leurs enfants. Au fait, lors de l'enquête, Fabiola avait 12 ans et Enrique, 14 ans...

Question 11. Que désigne l'expression « or noir » ?

(A) Le cacao.
(B) Le café.
(C) Le pétrole.
(D) L'argent des bananes.
(E) L'argent illégal.

Question 12. Parmi les raisons suivantes, lesquelles expliquent la domination de l'Équateur dans le commerce des bananes ?

1. La faiblesse des salaires.
2. Le piétinement des droits fondamentaux (travail des enfants, absence de liberté syndicale, etc.).
3. Un climat à la fois tempéré et humide.
4. L'immensité des espaces agricoles.

(A) 1 + 2
(B) 1 + 2 + 3 + 4
(C) 2 + 3
(D) 1 + 4
(E) 1 + 2 + 4

Question 13. Si vous deviez qualifier la démarche d'argumentation de l'auteur, diriez-vous qu'il s'agit d'un raisonnement :

(A) Empirique
(B) Concessif
(C) Inductif
(D) Déductif
(E) Dialectique

Question 14. Quels produits chimiques ont été retrouvés lors de l'enquête de HWR ?

1. Des fongicides
2. Des insecticides
3. Du tridemorph
4. Du benomyl
5. Du bicarbonate

(A) 1 + 2 + 4
(B) 3 + 4 + 5
(C) 1 + 2 + 3 + 4
(D) 3 + 4
(E) 4 + 5

Question 15. Quel titre correspondrait le mieux au texte ?

(A) L'or jaune a remplacé l'or noir.
(B) La banane, source de richesse pour l'Équateur.
(C) La banane pose des problèmes environnementaux.
(D) La banane pose des problèmes sociaux.
(E) Une banane au goût amer.

TAGE MAGE® N° 8

2 CALCUL

CONSIGNES

15 questions	20 minutes	Calculatrice interdite	Chronomètre recommandé

BARÈME

Bonne réponse : +4 points	Aucune réponse : 0 point	Mauvaise réponse : –1 point

Question 16. Arthur, Bernard, Christophe et Damien sont 4 amis. La moyenne de leurs âges est 19 ans. Sans Damien, la moyenne tombe à 18 ans. Quel âge a Damien ?

(A) 18 ans
(B) 20 ans
(C) 22 ans
(D) 24 ans
(E) 26 ans

Question 17. On définit une nouvelle fonction @ telle que $X @ Y = 4 \times Y^2 - 3 \times X + X + Y$.
Que vaut $\frac{3@4}{4@3}$?

(A) On ne peut pas savoir.
(B) 1
(C) 2
(D) 3
(E) 4

Question 18. Pour terminer un puzzle de taille standard, Jean met 4 fois moins de temps que son père, qui met 2 heures.
Combien de temps mettraient-ils ensemble pour terminer un puzzle 10 fois plus grand ?

(A) 2 heures.
(B) 3 heures.
(C) 4 heures.
(D) 5 heures.
(E) Plus de 6 heures.

Question 19. Deux jarres pleines d'eau pèsent 7 kg ensemble. La deuxième jarre contient 10 cL de plus que la première. Ensemble, les 2 jarres vides pèsent 1,1 kg.
Quelle est la capacité de la première jarre ?

(A) 2,6 kg
(B) 2,7 kg
(C) 2,8 kg
(D) 2,9 kg
(E) 3 kg

Question 20. Mathilde a un sac de billes qui contient 3 billes rouges et 2 billes jaunes. Elle tire une bille puis la remet dans le sac. Elle en tire ensuite une deuxième.

Quelle est la probabilité que Mathilde ait tiré une bille rouge et une bille jaune ?

(A) 1/4
(B) 1/5
(C) 6/25
(D) 12/25
(E) 18/25

Question 21. On considère le rectangle ci-dessous d'aire 16 cm^2.

Que vaut l'aire de la partie bleue ?

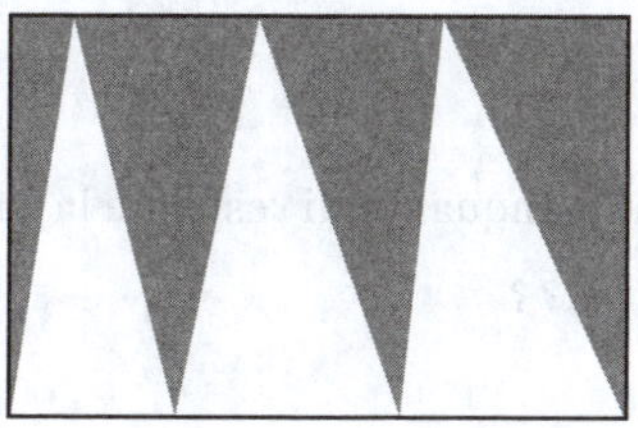

(A) 6 cm^2
(B) 7,25 cm^2
(C) 7,75 cm^2
(D) 8 cm^2
(E) 8,5 cm^2

Question 22. Une entreprise commercialise trois types d'emballages. Au début de l'année, elle dispose d'un stock de 100 emballages de chaque type. À la fin de l'année, elle fait l'inventaire des emballages et trouve que ceux de type A sont numérotés de 176 à 203, ceux de type B sont numérotés de 74 à 112 et ceux de type C sont numérotés de 99 à 110.

Combien d'emballages ont-été vendus cette année ?

(A) 221
(B) 223

(C) 225
(D) 227
(E) 229

Question 23. Guillaume est étudiant en médecine. En janvier 2010, il hérite d'une somme d'argent s'élevant à 50 000 euros. Il décide de placer l'argent en banque à un taux d'intérêt annuel de 20 %. En janvier 2012, il récupère la moitié de la somme (capital et intérêts) pour acheter une voiture. Quelle somme pourra t-il récupérer sur son compte en janvier 2014 ?

(A) 48 400 €
(B) 50 250 €
(C) 51 840 €
(D) 53 660 €
(E) 55 720 €

Question 24. Anaïs fête son anniversaire avec 35 de ses camarades. Il y a deux fois plus de filles que de garçons. Anaïs décide de faire un jeu avec des équipes de deux personnes. Combien d'équipes entièrement masculines différentes est-il possible de former ?

(A) 56
(B) 66
(C) 76
(D) 86
(E) 96

Question 25. Trouvez l'élément manquant qui respecte la suite logique suivante.

1 – 2 – 3 – 3 – 5 – 5 – 7 – 7 – 9 – ? ? ?

(A) 9
(B) 10
(C) 11
(D) 12
(E) 13

Question 26. La taille moyenne d'un groupe de touristes finlandais en voyage à Paris est de 180 cm. La taille moyenne des **14** filles est de 176 cm, celle des garçons de 187 cm.

Combien y a-t-il de garçons dans ce groupe ?

(A) 7
(B) 8
(C) 10
(D) 12
(E) 14

Question 27. Si Matthieu meurt à 90 ans, son âge actuel représente 5/4 du temps qu'il lui reste à vivre. Quel est l'âge de Matthieu ?

(A) 55 ans
(B) 50 ans
(C) 45 ans
(D) 40 ans
(E) 35 ans

Question 28. Au 1er janvier 2018, le gouvernement français a décidé d'augmenter le taux de TVA de 20 % à 25 %. Sachant que le prix TTC d'un bien de consommation était de 54 euros en 2017, quel sera le prix de ce bien en 2018 ?

(A) 56 euros
(B) 56,25 euros
(C) 56,70 euros
(D) 57,50 euros
(E) 58,45 euros

Question 29. Sylvain oublie toujours son code de carte bleue. Il note donc chaque nouveau code sur un papier. Sur les 5 codes notés, 3 sont faux et 2 fonctionnent. Sachant que le premier code essayé est faux, quelle est la probabilité que les 2 codes suivants qu'il va tester soient tous les deux faux ?

(A) 1/3
(B) 2/3
(C) 1/2
(D) 1/6
(E) 1/4

Question 30. Madeleine investit 1 000 euros à un taux d'intérêt composé fixe de 10 % pendant 2 ans. Quel sera le montant du capital final de Madeleine ?

(A) 1 110 €
(B) 1 150 €
(C) 1 180 €
(D) 1 210 €
(E) 1 250 €

3 RAISONNEMENT ET ARGUMENTATION

CONSIGNES

15 questions	20 minutes	Calculatrice interdite	Chronomètre recommandé

BARÈME

Bonne réponse : +4 points	Aucune réponse : 0 point	Mauvaise réponse : –1 point

Question 31. La nuit, la luminescence peut être 30 fois supérieure à celle naturelle du ciel. Cela a un impact sur les animaux et les poissons qui chassent la nuit notamment, perturbant par exemple leur orientation. La lumière artificielle forme des barrières qui divisent l'espace nocturne, constituant ainsi une pression supplémentaire sur la biodiversité. L'Association Nationale pour la Protection du Ciel demande une meilleure préservation de l'obscurité.

Parmi les propositions suivantes, laquelle offre la meilleure conclusion ?

(A) Il faut diminuer l'éclairage public.
(B) La protection de l'environnement est essentielle à la biodiversité.
(C) Il faut limiter l'augmentation de l'éclairage public.
(D) Il faut limiter l'éclairage public.
(E) L'obscurité est nécessaire à l'Homme.

Question 32. Jusqu'en 2014, la hausse de la production permettait d'alimenter en hydrocarbures la forte croissance des pays émergents, dont la demande tirait le prix du baril vers le haut. Mais la machine a fini par s'enrayer. Avec le ralentissement de la croissance dans les pays émergents, en particulier en Chine, l'offre supplémentaire ne trouve plus preneur. Et le retour d'un peu de croissance en Europe et aux États-Unis ne compense pas le ralentissement de la consommation.

Laquelle de ces propositions s'oppose le plus aux propos de l'auteur ?

(A) La croissance des pays émergents a un faible impact sur leur consommation de matières premières.
(B) La prospection pétrolière ralentit depuis quelques années, faisant fluctuer le prix du baril.
(C) La consommation de pétrole reste stable, ce qui permet au prix du baril de se maintenir.
(D) Le prix du pétrole est bas en raison de la consommation croissante des pays émergents.
(E) Les pays émergents sont les plus gros consommateurs de pétrole au monde.

Question 33. Johanna a été cambriolée hier après-midi. Il s'agit forcément d'au moins un des trois visiteurs qu'elle a reçu, à savoir sa petite-fille, sa nièce et son voisin. L'enquête démontre que si la nièce est innocente, le voisin l'est aussi. Si le voisin est innocent, la nièce l'est aussi. Si la petite-fille est coupable, elle avait forcément un seul complice.

Quelle proposition est forcément vraie ?

(A) Le cambriolage a été commis par une seule personne.
(B) La nièce avait pour complice la petite-fille.
(C) La petite-fille avait pour complice le voisin.
(D) Aucun des trois visiteurs n'a commis le cambriolage.
(E) La nièce et le voisin sont coupables.

Question 34. Pour bien préparer son voyage en Inde, Charles décide de poser quelques questions à l'un de ses amis, Medghut, un Indien vivant en France.
Il obtient les informations suivantes :

- Les Indiens colériques sont chômeurs.
- Ceux qui ne sont pas colériques n'aiment pas les pommes de terre.
- Medghut est un Indien qui aime les pommes de terre.

Que peut-on en déduire ?

(A) Medghut est chômeur.
(B) Les Indiens colériques aiment les pommes de terre.
(C) Medghut n'est pas colérique.
(D) Les chômeurs Indiens aiment les pommes de terre.
(E) Les chômeurs Indiens sont colériques.

Question 35. « Vendez en mai et partez ! ». Ce célèbre dicton boursier prend tout son sens aujourd'hui. Laquelle de ces propositions est présupposée dans le texte ?

(A) Les indices boursiers ont augmenté depuis le début de l'année.
(B) Les indices boursiers ont connu une baisse depuis le début de l'année.
(C) Les investisseurs préfèrent réinvestir leurs bénéfices.
(D) Les indices boursiers CAC 40 et le DAX allemand connaissent une augmentation de 20 % durant toute l'année.
(E) Les assemblées générales des entreprises sont tenues en juin et constituent le meilleur moment pour investir en bourse.

Question 36. Assis à sa terrasse, Adrien fait face à une résidence de 5 maisons. Il voit que M. Guyot habite entre la famille Pierrot et la famille Marchall. La famille Marchall est la plus à droite par rapport à Adrien. Depuis le balcon de la famille Ricard, la famille Vitry est à droite.

Sachant que la famille Ricard et la famille Pierrot ne sont pas directement voisins, que peut-on déduire ?

(A) La famille Guyot vit au centre des 5 maisons.
(B) La famille Pierrot est à la place la plus à gauche.
(C) La famille Pierrot occupe une des deux places les plus à gauche.
(D) La famille Ricard est juste à gauche des Marchall.
(E) Les familles Guyot et Vitry vivent côte à côte.

Question 37. La brochure du Théâtre de l'Odéon ne rassemble que des « poids lourds » de la scène européenne [...] . Le débat que je souhaiterais ouvrir ne porte pas tant sur le talent de ces artistes, tous reconnus internationalement, mais bien plutôt sur ces programmations qui réduisent la part de nouveauté à une portion infime et qui donnent le sentiment de se répéter d'une année sur l'autre. Il suffit de passer au crible les différentes brochures de saison pour s'apercevoir que c'est souvent la même poignée d'artistes qui est produite, accueillie et diffusée. Laquelle des propositions suivantes serait la meilleure conclusion de ce texte ?

(A) Les théâtres parisiens prennent trop peu de risques concernant leurs programmations.
(B) Un des rôles du théâtre est de faire émerger des nouveaux talents.
(C) Si les théâtres se contentent de toujours programmer la même poignée d'artistes, alors ils ne remplissent pas leur rôle.
(D) Les théâtres doivent prendre plus de risques pour les pièces de théâtre jouées.
(E) En définitive, les programmations du Théâtre de l'Odéon sont peu innovantes.

Question 38. Les nouvelles normes introduites par les régulateurs induisent en moyenne un triplement du niveau des fonds propres des banques. C'est ce qui explique la baisse de leur rentabilité : si pour un même niveau d'activité vous avez besoin de dépenser plus pour accroître votre capital, cette rentabilité diminue.
À cela est venu s'ajouter un matelas supplémentaire que doivent constituer les banques pour éponger leurs pertes éventuelles. Au total, le capital des banques au sens large représente 20 % de leurs activités pondérées par les risques, contre 4-5 % avant la crise.
Quelle affirmation soutient le plus la thèse de l'auteur ?

(A) Les ressources financières mobilisées par les banques ont augmenté à la suite de la crise.
(B) Les banques connaissent des bénéfices en baisse du fait d'une rentabilité en berne.
(C) La crise est terminée pour les banques européennes.
(D) Les activités bancaires nécessitent de plus grandes ressources qu'auparavant.
(E) L'activité bancaire nécessite désormais des investissements réduits pour une rentabilité réduite.

Question 39. Quels nombres faut-il écrire en toutes lettres à la place des points d'interrogation pour que l'énoncé soit conforme à son contenu ?

« La longue phrase suivante comporte ?? voyelles.
La phrase précédente est composée de ?? consonnes. »

(A)	Seize	vingt-et-un
(B)	Dix-huit	vingt-quatre
(C)	Dix-huit	vingt-cinq
(D)	Dix-neuf	vingt-trois
(E)	Vingt-quatre	dix-sept

Question 40. Complétez le proverbe suivant : « Mieux vaut vivre un jour comme un lion que cent ans comme... »

(A) Un chien
(B) Un chat
(C) Un mouton
(D) Un ours
(E) Un serpent

Question 41. Seules 48 % des femmes se sentent en sécurité dans les transports en commun, contre 62 % des hommes, selon une étude du ministère du Développement durable. Le soir ou la nuit, elles « adoptent des pratiques spécifiques de mobilité allant de la vigilance à l'évitement ». Ce qui a trait à la féminité (jupes courtes, décolletés, etc.) est effacé. Beaucoup contournent les lignes jugées dangereuses, prennent un taxi ou dorment sur place.
Laquelle de ces affirmations est le plus en adéquation avec le texte ?

(A) Les transports en commun sont considérés comme de moins en moins sûrs par les hommes et surtout par les femmes.
(B) Les transports en commun sont considérés comme dangereux par la majorité des femmes, qui adaptent leur comportement.
(C) Dans les transports en commun, les femmes optent pour un style vestimentaire plus discret du fait de l'insécurité.
(D) La majorité des femmes changent de comportement du fait de l'insécurité dans les transports en commun.
(E) Les femmes se sentent en danger dans les transports en commun donc elles s'adaptent.

Question 42. En 2014, les dirigeants des entreprises du FTSE 100 au Royaume-Uni – les 100 premières entreprises cotées – gagnaient 148 fois plus que le salaire moyen de leurs propres employés. C'est une très légère hausse par rapport à 2013, quand le ratio était de 146, mais nettement plus qu'en 2011, quand il atteignait 139. C'est surtout trois fois plus qu'en 1998, quand le ratio n'était « que » de 47.

Parmi les propositions suivantes, laquelle offre la meilleure conclusion ?

(A) Le Royaume-Uni est considéré comme l'un des pays ayant les plus grands d'écarts de salaires dans le monde.
(B) Les entreprises du FTSE 100 ont réalisé de grands bénéfices en 2014.
(C) Ainsi, les écarts de salaires entre employés et grands patrons se sont creusés depuis 1998.
(D) En 1998, les grands patrons touchaient un salaire faiblement supérieur à celui de leurs employés.
(E) L'écart entre les salaires des grands patrons et les employés de base n'en finit pas de grandir au Royaume-Uni.

Question 43. Flora et Estelle souhaitent faire du sport ensemble mais ne parviennent pas à se décider. Flora indique ses préférences de manière très compliquée :

- « J'aime le tennis ou le golf. »
- « Si j'aime le golf, il n'est pas sûr que j'aime le tennis. », alors que « si j'aime le tennis, alors j'aime forcément le golf. ».

Finalement, que peut-on en déduire ?

(A) Flora aime le tennis.
(B) Flora aime le golf.
(C) Flora aime le tennis et le golf.
(D) Si Estelle choisit de faire du tennis, il y a une chance sur deux que cela plaise à Flora.
(E) Flora aime deux fois plus le golf que le tennis.

Question 44. « Extraordinaire » est à (...) ce que (...) est à « Dissipé ».

(A)	Fantastique	Visionnaire
(B)	Banal	Sage
(C)	Utopique	Dystopique
(D)	Civilisé	Sauvage
(E)	Ordinaire	Pacifique

Question 45. Nous sommes dimanche 5 janvier 2014. Quelle date serons-nous dans 808 jours ?

(A) mardi 23 mars 2016.
(B) mercredi 23 mars 2016.
(C) mardi 22 mars 2016.
(D) mercredi 22 mars 2016.
(E) Aucune de ces réponses ne convient.

TAGE MAGE® N° 8

4 CONDITIONS MINIMALES

CONSIGNES

15 questions	20 minutes	Calculatrice interdite	Chronomètre recommandé

BARÈME

Bonne réponse : +4 points	Aucune réponse : 0 point	Mauvaise réponse : –1 point

(A) **L'information 1 seule est suffisante** pour répondre à la question.
L'information 2 seule est insuffisante pour répondre à la question.

(B) **L'information 2 seule est suffisante** pour répondre à la question.
L'information 1 seule est insuffisante pour répondre à la question.

(C) **Les informations 1 et 2 ensemble sont suffisantes** pour répondre à la question.
L'information 1 seule ou l'information 2 seule est insuffisante pour répondre à la question.

(D) **L'information 1 seule est suffisante** pour répondre à la question.
L'information 2 seule est suffisante pour répondre à la question.

(E) **Les informations 1 et 2 ensemble sont insuffisantes** pour répondre à la question.
L'information 1 seule ou l'information 2 seule est insuffisante pour répondre à la question.

Question 46. La famille Jardinier fait appel à une entreprise spécialisée pour peindre sa maison. L'entreprise travaille à une cadence constante. En cas de retard, le contrat prévoit une indemnité de 800 euros par jour pour tout dépassement au-delà des 28 jours de chantier prévus.

Quel sera le montant des indemnités à verser ?

(1) Au bout de 12 jours, l'entreprise a peint le premier étage, soit un tiers des travaux.

(2) Lorsque les ouvriers auront peint les trois quarts de la maison, ils leur restera encore 9 jours de travail.

Question 47. Soit X un nombre à 2 chiffres. X est-il divisible par 9 ?

(1) Quand on divise X par 7, il reste 1.

(2) Quand on divise X par 3, il reste 2.

Question 48. Liane partage 30 euros entre ses trois filles. Combien donne-t-elle à sa fille aînée ?

(1) Le montant donné à l'aînée est égal au double de la somme du montant donné à la deuxième et du montant donné à la troisième.

(2) Le montant donné à la cadette est égal au montant donné à la benjamine et est multiple de 5.

Question 49. Quelle est la valeur de X ?

(1) $X^2 - 10 = 6$.

(2) $X^3 + 8X^2 + 16X = 0$.

Question 50. Benjamin a oublié le code à 4 chiffres de sa carte bancaire. Il se souvient seulement que tous les chiffres sont dans l'ordre strictement décroissant et qu'il n'y a pas de zéro. Quel est ce code ?

(1) La somme des chiffres qui composent le code est égale à 10.

(2) Les deux premiers chiffres de ce code forment un nombre premier et la somme des deux derniers chiffres est égale à 3.

Question 51. L'achat de deux bonbons, d'une sucette et de 5 réglisses coûte 4 euros. Quel est le prix respectif d'un bonbon, d'une sucette et d'un réglisse ?

(1) Pour l'achat d'un bonbon, de deux sucettes et de trois réglisses, la dépense s'élève à 3 euros.

(2) Pour l'achat de 8 réglisses, de 3 sucettes et de 3 bonbons, la dépense est de 7 euros.

Question 52. Coline a reçu de ses grands-parents une somme d'argent à sa naissance, en 1998. Ce capital a été placé sur une assurance vie, rémunérée à 4 %, selon la formule des intérêts composés. Quelle était la valeur de ce capital en 2008 ?

(1) Ses grands-parents ont donné 1 000 € à la naissance de Coline.

(2) La valeur du capital détenu par Coline à sa majorité (18 ans) est de 2 026 €.

Question 53. Quel est le pourcentage d'étudiants européens dans cette université ?

(1) 60 % des étudiants européens sont boursiers.

(2) 40 % des étudiants sont boursiers.

Question 54. Dans un groupe de 50 étudiants, combien parlent uniquement Français, sachant que les étudiants ne parlent aucune autre langue ?

(1) 40 personnes parlent Italien, dont 24 qui ne parlent que cette langue.

(2) 4 étudiants ne parlent ni Italien ni Français.

Question 55. Sans utiliser d'instrument de mesure, on veut vérifier si une équerre est bien faite, autrement dit si elle présente bien un angle droit.

(1) Les mesures des angles forment une progression arithmétique.

(2) Le plus grand des côtés mesure 20 cm. Le périmètre est de 48 cm et les trois longueurs des côtés forment une progression arithmétique.

Question 56. Le 1er Novembre 2014, Adrien achète des actions de l'entreprise SUPERMAGE. Le cours des actions de SUPERMAGE a gagné 45 % sur l'année écoulée.

Quelle est la nouvelle cotation de SUPERMAGE ?

(1) Trois actions achetées le 1er Novembre 2014 et vendues le 1er Novembre 2015 ont rapporté 63 euros de bénéfice.

(2) Son prix de départ était de 46,7 euros.

Question 57. Margaux, Zoé, Elisabeth et Victor font une partie de poker à quatre.

Quels ont été les gains de Margaux et Zoé ?

(1) Elisabeth a perdu 180 €.

(2) Le gain de Zoé est égal au double de celui de Margaux, sachant que Victor a remporté la moitié des pertes d'Elisabeth.

Question 58. Dans une entreprise, quelle proportion d'hommes y a-t-il dans le département financier ?

(1) 60 % du personnel de l'entreprise sont des femmes.

(2) 25 % du personnel de l'entreprise travaillent au département financier.

Question 59. Stéphane a récemment fait l'acquisition d'un nouveau 4 × 4 qui consomme beaucoup d'essence. Combien consomme sa voiture aux 100 kilomètres ?

(1) En trois heures sur l'autoroute, sa voiture a consommé 32 litres d'essence.

(2) Pour parcourir 150 kilomètres, sa voiture a consommé 18 litres d'essence.

Question 60. Lors de la finale des championnats du monde du 1 500 mètres, tous les coureurs portent un numéro différent et strictement supérieur à 0 dans le dos.

Quels sont les numéros des trois premiers de la course dans le désordre ?

(1) La somme des numéros des trois premiers est égale à 6.

(2) Le vainqueur porte le numéro 2.

5 EXPRESSION

CONSIGNES			
15 questions	20 minutes	Calculatrice interdite	Chronomètre recommandé

BARÈME		
Bonne réponse : +4 points	Aucune réponse : 0 point	Mauvaise réponse : –1 point

Question 61. La table qu'il proposait à la vente n'était pas piquée des hannetons, ce qui la rendait encore plus singulière.

(A)	Était en bon état	Unique
(B)	Avait appartenu à un noble	Immémoriale
(C)	Datait de l'époque de Louis XIV	Ancestrale
(D)	N'était pas abimée	Inestimable
(E)	Était originale	Rare

Question 62. Il confessera dans ses mémoires qu'il avait vécu la situation comme un camouflet.

(A)	Révèlera	Un préjudice
(B)	Reconnaîtra	Une humiliation
(C)	Concèdera	Un échec
(D)	Confiera	Un revers
(E)	Avouera	Une vexation

Question 63. Choisissez la meilleure reformulation du point de vue de l'orthographe, de la syntaxe et du style. La proposition A reprend l'énoncé :

Google joue très gros face à la Commission Européenne. En effet, si la Commission déclare que le groupe a violé les lois européennes en matière de concurrence, Google pourrait recevoir une amende de plusieurs milliards d'euros.

(A) Google joue très gros face à la Commission Européenne. En effet, si la Commission déclare que le groupe a violé les lois européennes en matière de concurrence, Google pourrait recevoir une amende de plusieurs milliards d'euros.

(B) Google risque une grosse amende de l'Union Européenne pour non respect des lois régissant la concurrence.

(C) Google joue très gros face à la Commission Européenne en effet si la Commission déclare que le groupe a violé les lois européennes en matière de concurrence Google pourrait recevoir une amende de plusieurs milliards d'euros.

(D) Google aurait outragé les lois de la concurrence européenne et risque une amende de beaucoup d'euros.

(E) Une grosse contravention de plusieurs milliards d'euros pourraient être adressée à Google par la Commission Européenne.

Question 64. Choisissez la meilleure reformulation du point de vue de l'orthographe, de la syntaxe et du style. La proposition A reprend l'énoncé :

Elle s'est gravement blessé en tombant des escaliers et s'est cassé le bras. Je vous envoie une copie de sa radio.

(A) Elle s'est gravement blessé en tombant des escaliers et s'est cassé le bras. Je vous envoie une copie de sa radio.

(B) Elle s'est gravement blessée en tombant des escaliers et s'est cassée le bras. Je vous envoi, une copie de sa radio.

(C) Elle s'est gravement blessée en tombant des escaliers et s'est cassée le bras. Je vous envoie une copie de sa radio.

(D) Elle s'est gravement blessée en tombant des escaliers et s'est cassé le bras. Je vous envoie, une copie de sa radio.

(E) Elle s'est gravement blessé en tombant des escaliers et s'est cassée le bras. Je vous envoie une copie de sa radio.

Question 65. Combien de fautes d'orthographe et de grammaire le paragraphe contient-il ?

Il est très embarrassant d'être la dernière personne a être accepter dans une équipe. On se sent à ce moment-là comme un choix par défaut et cela n'aide pas à se sentir en confiance. Le paramètre mental est au moins aussi important que les qualités techniques et tactiques. On a trop souvent tendance à l'oublier.

(A) 0

(B) 1

(C) 2

(D) 3

(E) 4

Question 66. Combien de fautes d'orthographe et de grammaire le paragraphe contient-il ?

Lors du déjeuné, Marie et Pierre ont longuemment remis en cause la rationnalité des choix de leur supérieur hiérarchique. En effet, ce dernier leurs demande sans cesse d'effectuer des taches inintéressantes et sans valeur ajoutée pour l'entreprise.

(A) 1

(B) 2

(C) 3

(D) 4

(E) 5

Question 67. Combien de fautes d'orthographe le passage suivant contient-il ?

Antoine a pris une belle photo de sa fille, de plain-pied, mais malgrés ses efforts, la photo est gâchée par le fouilli de la chambre que l'on peut apercevoir. Être photographe ne s'improvise pas, c'est un métier à part-entière. Antoine a donc décidé de s'inscrire dans un club pour progresser.

(A) 2
(B) 3
(C) 4
(D) 5
(E) 6

Question 68. Parmi les propositions suivantes, laquelle est fausse d'un point de vue grammatical ou syntaxique ?

(A) Ce jour-là, elle distribua des cadeaux à l'envi.
(B) Si tu continues, tu vas avoir affaire à moi !
(C) Maxime fut fatigant toute la journée : nous n'en pouvions plus.
(D) Quel que soit tes choix, tu sais que ton père te soutiendra.
(E) Ce sont des exemples que connaissent déjà nos élèves.

Question 69. Les verbes des phrases suivantes sont conjugués au présent de l'indicatif ou au présent du subjonctif selon les cas. Pour chacune des phrases ci-dessous, quelle est la terminaison des verbes à compléter ?

(1) Il faut que tu ai… de bons résultats
(2) Je crains qu'elle ne fui… son passé.
(3) Quoi que tu en dis…, tu devras le faire.
(4) Tu cou… un vêtement pour le réparer.
(5) Il mou… lui-même son café.

(A)	1 – es	2 – t	3 – es	4 – ds	5 – d
(B)	1 – es	2 – e	3 – es	4 – ds	5 – d
(C)	1 – s	2 – t	3 – e	4 – s	5 – t
(D)	1 – es	2 – e	3 – es	4 – s	5 – t
(E)	1 – s	2 – e	3 – es	4 – ts	5 – d

Question 70. Quelle figure de style correspond le plus à l'extrait suivant ?

« Osez-vous, sans ma permission, bouleverser le ciel et la terre et soulever de telles masses ? J'ai envie de vous (…) ! » Virgile, Chant I, vers 133-135.

(A) Une antonomase
(B) Une hyperbole
(C) Une aposiopèse
(D) Une antiphrase
(E) Une litote

Question 71. Que signifie le proverbe : « À cœur vaillant rien d'impossible. »

(A) Le courage vient à bout de toutes les difficultés, même de celles qui ont l'air insurmontables.
(B) Celui qui agit avec courage risque la mort.
(C) Il ne faut pas perdre espoir.
(D) Rien n'est impossible dans la vie.
(E) Un cœur bon peut facilement être compromis.

Questions 72 à 75 : Complétez le texte avec le mot ou l'expression assurant la meilleure cohérence textuelle.

Question 72. Les hyper-riches (...) (...).

(A) Sont	Toujours plus fortunés
(B) Deviennent	Encore plus riches
(C) Seront	Dorénavant plus riches
(D) Deviendront	Plus nombreux qu'avant
(E) Auront	Toujours plus d'argent

Question 73 (suite de la question 72). Le patrimoine cumulé des (...) a ainsi dépassé en 2015 celui des (...).

(A) 50 % les plus riches	50 % les plus pauvres
(B) 90 % les plus riches	20 % les plus pauvres
(C) 10 % les plus pauvres	90 % les plus riches
(D) 1 % les plus riches	99 % les plus pauvres
(E) 50 % les plus pauvres	50 % les plus riches

Question 74 (suite de la question 73). C'est ce qu'a annoncé l'ONG IDLM à l'approche (...) de New York où de nombreux intervenants vont (...) ce sujet.

(A) Du forum	débattre de
(B) De la réunion	aborder
(C) Du débat	parler
(D) Du conseil de sécurité	traiter
(E) De la rencontre au sommet	donner leur avis sur

Question 75 (suite de la question 74). L'ONG appelle donc les (...) participant à cet événement à (...).

(A) Hommes politiques	agir
(B) Chefs d'entreprise	investir
(C) Gouvernements	entreprendre
(D) Femmes et hommes	se réveiller
(E) Représentants	prendre des décisions

TAGE MAGE® N° 8

6 LOGIQUE

CONSIGNES			
15 questions	20 minutes	Calculatrice interdite	Chronomètre recommandé

BARÈME		
Bonne réponse : +4 points	Aucune réponse : 0 point	Mauvaise réponse : –1 point

Question 76.

		73		
		46		
		55		
91	74	?	67	95
		36		

(A) 84 (B) 24 (C) 42 (D) 66 (E) 57

Question 77.

	AD			
	HF			
ND	?	ME	JH	OC
	LK			
	YJ			

(A) HJ (B) EL (C) NV (D) EM (E) JE

Question 78.

		39		
		14		
		59		
14	25	?	47	69
		73		

(A) 58 (B) 47 (C) 36 (D) 56 (E) 96

Question 79.

		33		
102	85	?	170	34
		42		
		60		
		24		

(A) 119 (B) 13 (C) 51 (D) 68 (E) 15

Question 80.

		TR		
		NP		
BT	DJ	?	HP	JO
		EG		
		YW		

(A) CV (B) FD (C) PL (D) KI (E) FF

Question 81.

		356		
		707		
		338		
528	437	?	346	225
		239		

(A) 167 (B) 336 (C) 275 (D) 629 (E) 446

Question 82.

		FTI		
		CIK		
		IOM		
NRV	BFJ	?	RVZ	HLP
		NLI		

(A) MIP (B) LMI (C) EIM (D) AIC (E) IMQ

Question 83.

224
802
642
114   171   38   ?   209
871

(A) 392   (B) 57   (C) 304   (D) 95   (E) 749

Question 84.

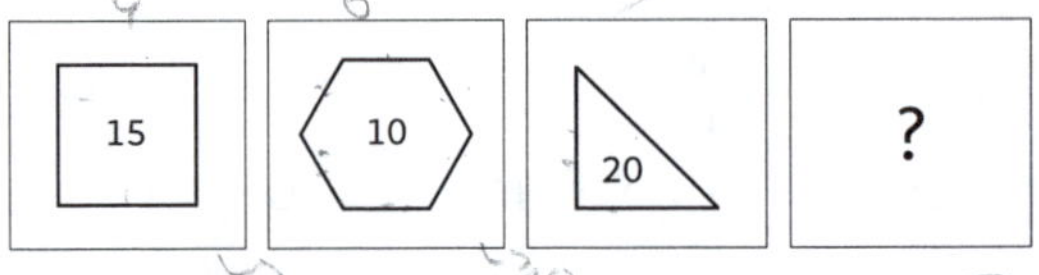

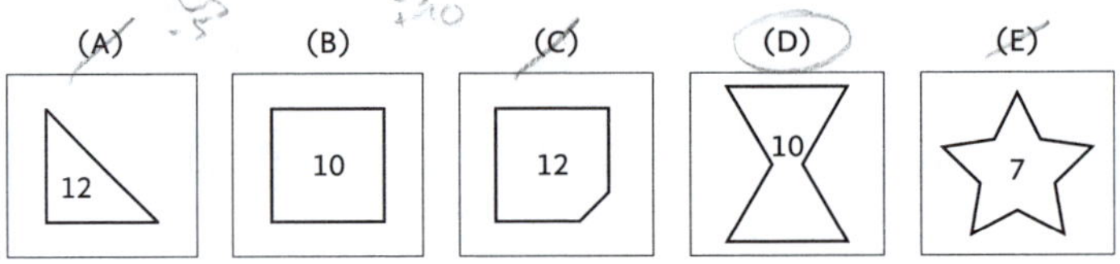

Question 85.

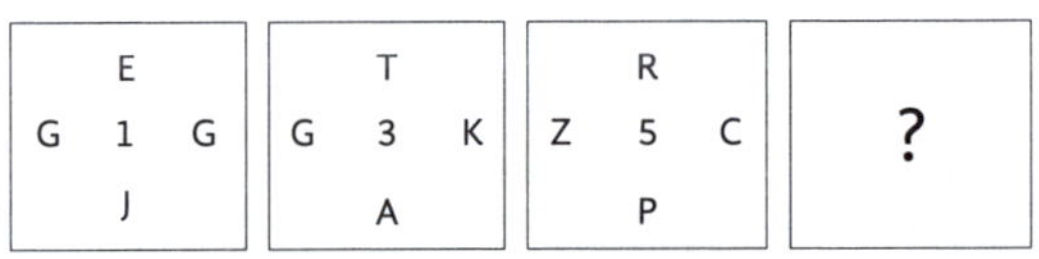

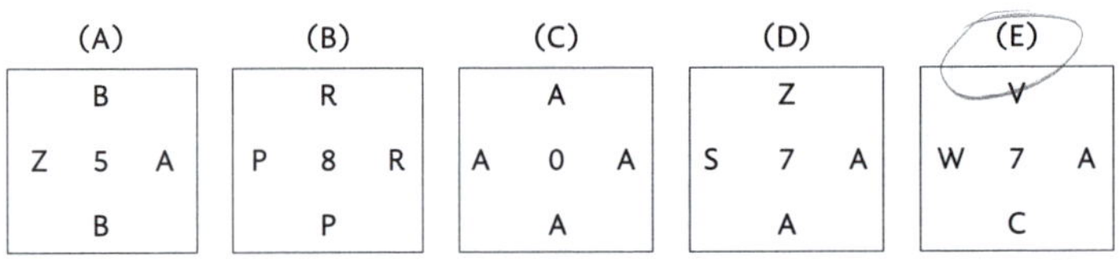

Question 86.

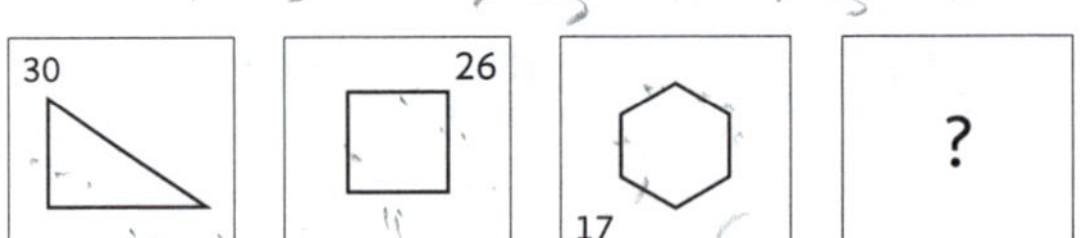

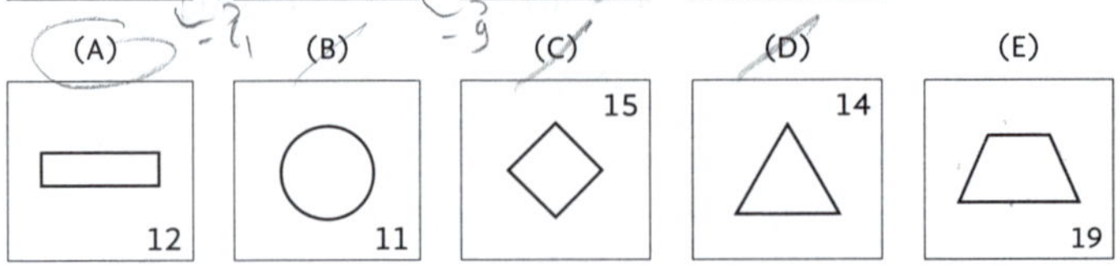

Question 87.

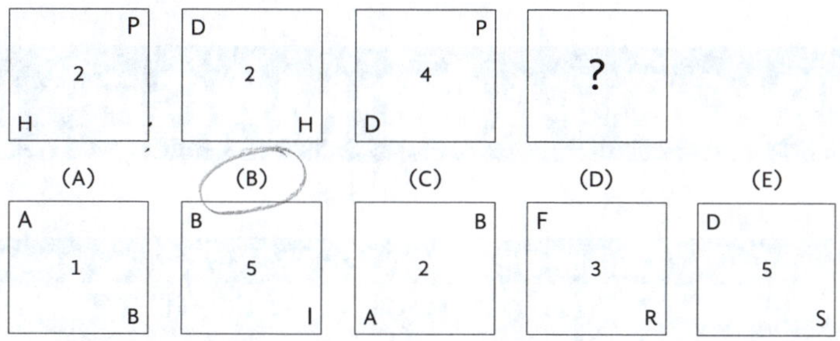

Question 88.

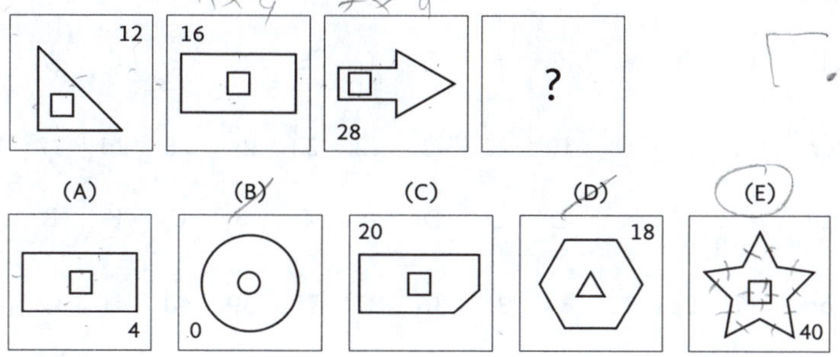

Question 89.

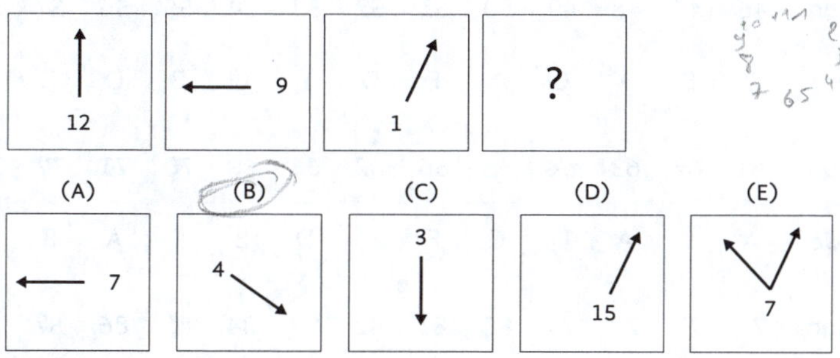

Question 90.

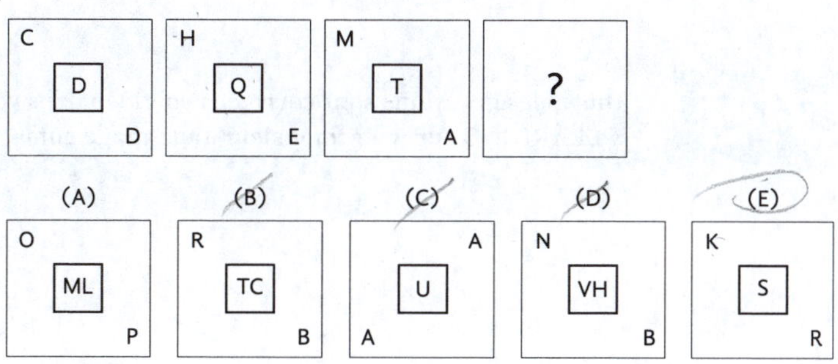

CORRIGÉ TAGE MAGE® N° 8

GRILLE DE RÉPONSES TM N° 8

Difficulté du TAGE MAGE® n° 8 : NORMAL

C.D.T	**Question**	1	2	3	4	5	6	7	8	9	10	11	12	13	14	15
	Réponse	C	D	E	E	B	C	E	E	C	E	C	A	D	D	E
CALCUL	**Question**	16	17	18	19	20	21	22	23	24	25	26	27	28	29	30
	Réponse	C	C	C	D	D	D	A	C	B	C	B	B	B	D	D
R & A	**Question**	31	32	33	34	35	36	37	38	39	40	41	42	43	44	45
	Réponse	D	C	E	A	A	C	D	A	C	C	B	E	B	B	B
C. M.	**Question**	46	47	48	49	50	51	52	53	54	55	56	57	58	59	60
	Réponse	D	B	A	C	A	E	D	E	C	B	D	C	E	B	A
EXPR.	**Question**	61	62	63	64	65	66	67	68	69	70	71	72	73	74	75
	Réponse	A	B	A	D	C	E	C	D	B	C	A	B	D	A	A
LOG.	**Question**	76	77	78	79	80	81	82	83	84	85	86	87	88	89	90
	Réponse	A	A	C	C	B	C	C	D	D	D	B	D	E	B	D

Toutes les questions sont corrigées en vidéo dans votre espace **E-LEARNING sur www.monsieur-tage-mage.com**

TAGE MAGE® N° 8

1 CORRIGÉ « COMPRÉHENSION DE TEXTES »

Difficulté	NORMAL													
Question	1	2	3	4	5	6	7	8	9	10	11	12	13	14	15
Réponse	C	D	E	E	B	C	E	E	C	E	C	A	D	D	E

TEXTE 1

Question 1 Réponse C ★★★☆☆ **15 sec. – 1 min.** **Fiche 17**

1. Une culture commune. **Hors-sujet.**
2. Une Histoire commune. **Hors-sujet.**
3. Des objectifs communs. **Vrai :** « [...] des intérêts nationaux est cruciale : leur convergence est d'ailleurs souvent la raison même de la création de l'alliance » (3e paragraphe).
4. Une protection territoriale commune. **Vrai :** « Créer un pôle de puissance militaire suffisant pour assurer l'intégrité territoriale » (1er paragraphe).
5. Une politique commune. **Hors-sujet.**

Selon le texte, les objectifs communs et la protection territoriale commune sont les 2 principales raisons de la création d'une alliance entre plusieurs États. « La culture commune », « l'Histoire commune » et « la politique commune » ne sont pas abordées dans ce texte. **Réponse C : 3 + 4.**

Question 2 Réponse D ★★★☆☆ **30 sec. – 2 min.** **Fiche 17**

(A) L'espionnage est une pratique condamnable qui peut remettre en cause les relations entre alliés. **Hors-sujet.**

(B) L'espionnage est une pratique courante, surtout lorsqu'il s'agit d'espionnage entre alliés. **Réponse radicale.**

(C) L'espionnage des alliés est une pratique utile que personne ne conteste hormis les hommes politiques. **Réponse extrême.**

(D) L'espionnage des alliés est une pratique courante, bien qu'officiellement contestée par des hommes politiques. **Vrai. Bonne réponse.**

(E) L'espionnage existe depuis de nombreuses années, que ce soit entre alliés ou envers des ennemis. **Résumé.**

Bonne réponse : D. Selon l'auteur du texte, tous les alliés s'espionnent entre eux bien que la classe politique s'indigne publiquement (par posture) de cette pratique.

Hésitations possibles : C et E. La réponse C est fausse à cause du terme radical « personne ne conteste ». En effet, aucune information ne nous confirme le fait que « personne ne conteste » ces pratiques. La réponse E est davantage un résumé que le point de vue de l'auteur.

Autres réponses : A et B. La réponse A est hors-sujet et n'est pas le point de vue de l'auteur. La réponse B est une réponse radicale. La majorité de l'espionnage n'est pas entre alliés.

Question 3	Réponse E	★★★☆☆	30 sec. – 2 min.	Fiche 17

(A) Les États-Unis ont comme objectif de collecter toutes les informations en le cachant à leurs partenaires. **Faux.**

(B) L'ensemble des données sont collectées par les États-Unis sans un moindre effort grâce à leur avancée technologique. **Vrai mais réponse partielle.**

(C) Les États-Unis espionnent leurs partenaires tout autant que leurs adversaires. **Faux.**

(D) Les États-Unis espionnent leurs partenaires en collectant de nombreuses données. **Vrai mais réponse partielle.**

(E) Les États-Unis collectent des données sur leurs partenaires sans réelle intention de les espionner. **Bonne réponse.**

Bonne réponse : E. En effet, comme l'explique l'auteur à la suite de la phrase, les États-Unis « nous écoutent parce qu'ils le peuvent, mais ce n'est pas en soi le signe d'une intention hostile ».

Hésitations possibles : B et D. La réponse B est partielle : il est vrai que les États-Unis collectent de nombreuses données sur leurs partenaires, mais cette réponse est partielle et ne tient pas compte de la seconde partie de la phrase. En effet, ce n'est pas sans effort car il faut déployer de la technologie pour y arriver. La réponse D est trop vague.

Autres réponses : A et C. Les réponses A et C sont soit fausses, soit hors-sujet.

Question 4	Réponse E	★★★☆☆	30 sec. – 2 min.	Fiche 17

1. Les États-Unis ont énormément de données mais ne les exploitent pas assez. **Vrai mais ne répond pas à la question.**
2. Les États-Unis espionnent leurs alliés et les alliés espionnent les États-Unis. **Vrai.**
3. Des pays alliés peuvent également être des compétiteurs et vice-versa. **Vrai.**
4. Plus les États-Unis ont d'informations sur d'autres pays, plus ils investissent dans l'espionnage. **Hors-sujet.**

La bonne réponse est la **réponse E : 2 + 3.** En effet, l'auteur démontre plusieurs paradoxes. Le premier : « L'alliance n'exclut pas la compétition » (4e paragraphe) et le deuxième : « Oui, la France espionne les États-Unis et les États-Unis espionnent la France. » (5e paragraphe). La phrase 1 n'est pas un paradoxe mais un constat qui est logiquement expliqué par l'auteur. Un paradoxe est une contradiction logique « étonnante ». **Réponse E.**

Question 5	Réponse B	★★★★☆	45 sec. – 3 min.	Fiche 17

(A) Avec un réseau d'espionnage mondial, les États-Unis n'ont de cesse d'espionner leurs partenaires, malgré leurs intérêts similaires. **Résumé approximatif.**

(B) Les États avec des intérêts convergents créent des alliances pour assurer leur domination. Toutefois, chaque allié continue de s'espionner. **Résumé. Bonne réponse.**

(C) Une alliance entre plusieurs États permet d'accroître leurs suprématies. C'est la raison pour laquelle les États-Unis espionnent leurs partenaires. **Aucun sens/illogique.**

(D) Malgré de nombreuses protestations sur l'espionnage entre alliés, les États-Unis continuent d'espionner la France. **Réponse trop précise.**

(E) Les alliés s'espionnent sur des sujets économiques mais échangent de nombreuses informations concernant leur sécurité nationale. **Réponse trop précise.**

Bonne réponse : B. La réponse B est la réponse qui reprend le mieux les 2 principaux sujets évoqués dans le texte : la raison des alliances et le fait que chaque allié s'espionne.

Hésitations possibles : A, D et E. La réponse A est vraie sauf l'information « réseau d'espionnage mondial » qui n'est pas mentionnée dans le texte. Les réponses D et E sont trop précises pour un résumé. Elles se concentrent trop sur des petites parties du texte.

Autre réponse : C. La réponse C n'a pas de logique.

TEXTE 2

Question 6	Réponse C	★★★☆☆	30 sec. – 2 min.	Fiche 17

La réponse est écrite dans le 2e paragraphe : « Un écart infime qui montre pourtant une différence de taille. La Fox a établi ce score sur toute une année, contrairement à Universal qui l'a constitué en seulement sept mois ». **Réponse C.**

Question 7	Réponse E	★★★☆☆	30 sec. – 2 min.	Fiche 17

(A) Le marché des films Hollywoodiens connaît une croissance exponentielle. **Faux.**

(B) Des entreprises connaissent des succès et d'autres des flops. **Faux.**

(C) Les acteurs américains dominent le marché cinématographique mondial. **Faux.**

(D) Le leader historique va perdre sa première place au profit d'une autre entreprise. **Faux.**

(E) Le marché est en situation d'oligopole. **Bonne réponse.**

Bonne réponse : E. Un oligopole est une situation avec peu de vendeurs et beaucoup d'acheteurs. Le marché des films hollywoodiens se trouve dans cette situation avec 3 grandes firmes qui se partagent le marché.

Hésitations possibles : B et D. La réponse B est fausse car toutes les entreprises citées ont connu des succès et des flops. Il n'y a pas d'entreprise qui ait connu uniquement des succès et d'autres uniquement des flops. La réponse D est fausse car on ne sait pas quelle entreprise est leader historique.

Autres réponses : A et C. La réponse A est fausse. Le marché ne connaît pas de croissance « exponentielle ». La réponse C est fausse également. Aucun élément nous indique que les acteurs américains dominent le marché mondial.

Question 8	Réponse E	★★★☆☆	30 sec. – 2 min.	Fiche 17

Un « **spin-off** » est un film de fiction qui se focalise sur un des personnages (généralement secondaire) d'une précédente œuvre, ou qui a pour cadre le même univers de fiction sans pour autant avoir de personnage en commun avec elle. La **meilleure réponse** est donc la **réponse E.**

Question 9	Réponse C	★★★★☆	30 sec. – 2 min	Fiche 17

(A) Le record de la 20th Century Fox. **Faux.**
(B) Universal en pôle position. **Pas la meilleure réponse.**
(C) Universal en route pour un record. **Titre. Bonne réponse.**
(D) La guerre féroce des studios américains. **Réponse extrême.**
(E) 20th Century Fox versus Universal. **Faux.**

Bonne Réponse : C. Le texte décrit l'année hors du commun que réalise Universal, pulvérisant le précédent record établi par la Fox. Le texte va même jusqu'à anticiper d'éventuels succès futurs pour les films à venir.

Hésitations possibles : B et E. La réponse B aurait pu faire office de titre mais elle est moins précise que la réponse C. La réponse E se concentre sur le duel entre la 20th Century Fox et Universal alors que le texte se concentre sur les records d'Universal.

Autres réponses : A et D. La réponse A est fausse. La réponse D est extrême avec le terme « féroce ».

Question 10	Réponse E	★★★☆☆	30 sec. – 2 min.	Fiche 17

1. **Faux.** Universal est bien le studio qui a généré pour l'instant le plus de recettes en 2015 mais c'est Disney qui occupe la 2e position (« Disney parade en deuxième position », dernier paragraphe) et non pas Fox. La Fox est la firme qui a généré le plus de recettes en 2014, mais on ne sait rien sur son année 2015.
2. **Faux.** Star Wars sera bien produit par Disney (« Le studio espère encore dépasser Universal avec la sortie, en fin d'année, de Star Wars 7 », dernier paragraphe) mais c'est Universal qui distribuera Crimson Peak (« Pas sûr que l'entreprise à la souris y arrive car le distributeur de Fast and Furious a encore quelques films attendus. Le studio américain distribuera en effet à l'automne (...) le Crimson Peak de Guillermo del Toro », dernier paragraphe).

3. **Faux.** Rien ne dit que Disney va dépasser Universal. On comprend même dans le dernier paragraphe qu'Universal a encore plusieurs films très prometteurs qui lui permettront sans doute de finir l'année devant Disney : « Le studio espère encore dépasser Universal avec la sortie, en fin d'année, de Star Wars 7. Pas sûr que l'entreprise à la souris y arrive car le distributeur de Fast and Furious a encore quelques films attendus ».

Les 3 phrases sont fausses. **Réponse E.**

TEXTE 3

Question 11	Réponse C	★★★☆☆	30 sec. – 2 min.	Fiche 17

« **L'or noir** » est une expression couramment utilisée pour désigner le pétrole. **Réponse C.**

Question 12	Réponse A	★★★☆☆	30 sec. – 2 min.	Fiche 17

Le climat n'est pas évoqué dans le texte. Concernant la géographie, c'est-à-dire les milliers d'hectares de terres agricoles disponibles, aucun élément ne nous indique qu'il s'agit d'une des raisons de la domination de l'Équateur dans le commerce de la banane. Il s'agit simplement d'une information mentionnée dans le texte. **Réponse A : 1 + 2.**

Question 13	Réponse D	★★★★☆	15 sec. – 1 min	Fiche 17

La bonne réponse est D. Le raisonnement utilisé par l'auteur est un raisonnement « **déductif** ». L'auteur part d'une idée générale (« Des avions pulvérisent donc des pesticides », etc.) pour en tirer des faits particuliers (« Des choses rouges sont apparues sur ma peau leur a raconté Fabiola Cardozo », etc.).

L'auteur énonce donc une vérité et l'illustre par des exemples précis (**raisonnement déductif**).

Réponse D.

Raisonnement empirique : Démarche scientifique fondée sur l'expérience pour en tirer des conclusions.

Raisonnement concessif : L'auteur part du point de vue opposé pour mieux le rejeter et défendre son point de vue.

Raisonnement inductif : L'auteur part de faits particuliers pour en tirer une idée générale.

Raisonnement dialectique : L'auteur évalue les arguments favorables et défavorables à une thèse.

Question 14	Réponse D	★★☆☆☆	15 sec. – 1 min.	Fiche 17

Selon le texte (dernier paragraphe) : « En Équateur, lorsque HWR a réalisé son enquête en 2001, du tridemorph, du benomyl, de l'azoxystrobin ou encore du bitertanol étaient régulièrement épandus sur les bananiers ».

Les fongicides et les insecticides sont certes présents sur les bananeraies, mais la question porte sur les révélations de l'enquête de HRW. Il fallait donc répondre tridemorph et benomyl. Le bicarbonate n'est pas cité dans le texte. **Réponse D.**

Question 15	Réponse E	★★★★☆	45 sec. – 3 min.	Fiche 17

(A) L'or jaune a remplacé l'or noir. **Réponse partielle.**

(B) La banane, source de richesse pour l'Équateur. **Réponse partielle.**

(C) La banane pose des problèmes environnementaux. **Réponse partielle.**

(D) La banane pose des problèmes sociaux. **Réponse partielle.**

(E) Une banane au goût amer. **Titre. Bonne réponse.**

Bonne réponse : E. Le titre « Une banane au goût amer » reprend bien la métaphore autour du goût (entre la banane qui a un goût sucré et l'expression « au goût amer ») et laisse entendre que la culture de la banane se fait dans la douleur.

Hésitations possibles : A, B, C et D. La réponse B ne s'attarde que sur les côtés positifs liés à la banane. Or, cet aspect positif ne représente que quelques lignes dans le texte. La volonté de l'auteur est plus d'insister sur les aspects négatifs. On ne retient donc pas la réponse B. Les réponses A, C et D ne reprennent qu'un aspect (social ou écologique) et sont donc incomplètes. On ne les retient pas.

2 CORRIGÉ « CALCUL »

Difficulté	NORMAL														
Question	16	17	18	19	20	21	22	23	24	25	26	27	28	29	30
Réponse	C	C	C	D	D	D	A	C	B	C	B	B	B	D	D

Question 16 Réponse C ★★★☆☆ **30 sec. – 2 min.** **Fiche 38**

■ **Rappel de cours** Lorsque les coefficients sont tous les mêmes, on a :

$$\textbf{Moyenne} = \frac{\textbf{Somme des termes}}{\textbf{Nombre de termes}}$$

Étape 1 Calculons le total des âges des 4 amis.

$$\frac{A+B+C+D}{4} = 19 \quad \Leftrightarrow \quad A+B+C+D = 19 \times 4 = 76$$

Étape 2 Calculons le total des âges des 3 amis (sans Damien).

$$\frac{A+B+C}{3} = 18 \quad \Leftrightarrow \quad A+B+C = 18 \times 3 = 54$$

Étape 3 Combinons les 2 informations.

$$\text{On sait que : } \begin{cases} A+B+C+D = 76 & \textbf{(1)} \\ A+B+C = 54 & \textbf{(2)} \end{cases}$$

En insérant (2) dans (1), on obtient : $54 + D = 76 \Leftrightarrow D = 76 - 54 =$ **22 ans.**

Damien a donc **22 ans. Réponse C.**

Question 17 Réponse C ★★★☆☆ **30 sec. – 2 min.** **Fiche 42**

Étape 1 Calculons 3 @ 4.

En remplaçant X par 4 et Y par 3 dans la formule, on a :

$3 @ 4 = 4 \times 4^2 - 3 \times 3 + 3 + 4 = 4 \times 16 - 9 + 7 = 64 - 2 = \mathbf{62}$.

Étape 2 Calculons 4 @ 3.

$4 @ 3 = 4 \times 3^2 - 3 \times 4 + 4 + 3 = 4 \times 9 - 12 + 7 = 24 - 7 = \mathbf{31}$.

Étape 3 Calculons $\frac{3@4}{4@3}$.

$\frac{3@4}{4@3} = \frac{62}{31} =$ **2. Réponse C.**

Question 18 Réponse C ★★★☆☆ **15 sec. – 1 min.** **Fiche 46**

■ **Rappel de cours** Pour connaître le temps T que mettent N personnes ensemble pour réaliser un travail, appliquez la formule :

$$\frac{1}{T}=\frac{1}{T_1}+\frac{1}{T_2}+\ldots+\frac{1}{T_N}$$

Étape 1 Calculons le temps qu'ils mettraient ensemble pour terminer un puzzle standard.

$$\frac{1}{T_{standard}} = \frac{1}{T_F}+\frac{1}{T_P} = \frac{1}{\frac{1}{2}}+\frac{1}{2} = 2+\frac{1}{2} = \frac{5}{2} \Leftrightarrow T_{standard} = \frac{2}{5}\text{ heures.}$$

Étape 2 Calculons le temps qu'ils mettraient ensemble pour un puzzle 10 fois plus grand.

Ils mettraient 10 fois plus de temps soit : $10\times\frac{2}{5}$ h = **4 heures.**

Ensemble, ils mettraient **4 heures** à terminer un puzzle 10 fois plus grand. **Réponse C.**

Question 19 Réponse D ★★★★★ **30 sec. – 2 min.** **Fiche 43**

■ **Rappel de cours** Pour résoudre un système d'équations, il est possible d'additionner, de soustraire, de multiplier ou de diviser les 2 équations.

Étape 1 Modélisons la situation.

Soit J_1 la contenance de la première jarre et P_1 son poids.

Soit J_2 la contenance de la deuxième jarre et P_2 son poids.

Étape 2 Posons un système d'équations.

On apprend que : $\begin{cases} P_1+J_1+P_2+J_2=7 & \textbf{(1)} \\ J_2=J_1+0{,}1 & \textbf{(2)} \\ P_1+P_2=1{,}1 & \textbf{(3)} \end{cases}$

En insérant **(3)** dans **(1)**, on obtient : $J_1 + J_2 + 1{,}1 = 7 \Leftrightarrow J_1 + J_2 = 5{,}9$.

On a donc : $\begin{cases} J_1+J_2=5{,}9 & \textbf{(1)} \\ J_2=J_1+0{,}1 & \textbf{(2)} \end{cases}$

En insérant **(2)** dans **(1)**, on obtient : $2J_1 + 0{,}1 = 5{,}9 \Leftrightarrow 2J_1 = 5{,}8 \Leftrightarrow \mathbf{J_1 = 2{,}9}$.

Réponse D.

Question 20 Réponse D ★★★★☆ **30 sec. – 2 min.** **Fiche 61**

■ **Rappel de cours** La probabilité de la réunion de 2 événements est :

$$P(X\cup Y) = p(X) + p(Y) - p(X\cap Y)$$

Interprétons l'énoncé.

Il y a deux possibilités d'obtenir 1 boule rouge (R) **et** 1 boule jaune (J) : J puis R **ou** R puis J.

Soient P(RJ) la probabilité d'obtenir une bille rouge puis une bille jaune et P(JR) la probabilité d'obtenir une bille jaune puis une bille rouge.
On cherche donc : P((RJ) ∪ (JR)).

Étape 1 Calculons la probabilité d'obtenir une bille rouge puis une bille jaune : P(RJ)

Multiplions les probabilités associées aux événements « Obtenir une bille rouge à la première pioche » et « Obtenir une bille jaune à la seconde pioche » :

$P(RJ) = \frac{3}{5} \times \frac{2}{5} = \frac{6}{25}$

Étape 2 Calculons la probabilité d'obtenir une bille jaune puis une bille rouge : P(JR)

Multiplions les probabilités associées aux événements « Obtenir une bille jaune à la première pioche » et « Obtenir une bille rouge à la seconde pioche » :

$P(JR) = \frac{2}{5} \times \frac{3}{5} = \frac{6}{25}$

Étape 3 Calculons la probabilité finale d'obtenir une bille rouge et une bille jaune P((RJ)∪(JR)).

Étant donné que l'événement « RJ **et** JR » est impossible, la probabilité de l'intersection de ces événements est nulle $P\big((JR) \cap (RJ)\big) = 0$.

$P\big((RJ) \cup (JR)\big) = P(RJ) + P(JR) - P\big((JR) \cap (RJ)\big) = \frac{6}{25} + \frac{6}{25} - 0 = \mathbf{\frac{12}{25}}$. **Réponse D.**

Question 21	Réponse D	★★★☆☆	30 sec. – 2 min	Fiche 51

- **Rappel de cours** Quand un triangle est « inscrit » dans un rectangle, l'aire du triangle est égale à la moitié de l'aire du rectangle.

Étape 1 Modélisons la situation.

On peut découper le rectangle initial en 3 rectangles de sorte que le 1er triangle soit inscrit dans le 1er rectangle, le 2e triangle dans le 2e rectangle et le 3e triangle dans le 3e rectangle. Dans ce cas, on sait que l'aire de chacun des 3 triangles est égale à la moitié de l'aire de chacun des 3 rectangles. Ainsi, au global, l'aire des 3 triangles est égale à la moitié de l'aire des 3 rectangles, soit la moitié de l'aire du rectangle initial.

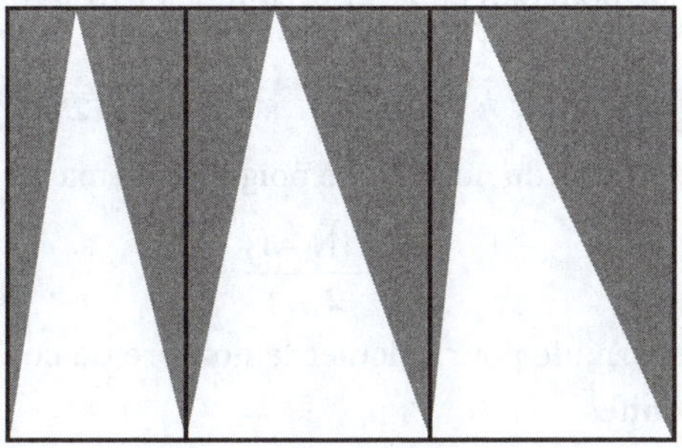

Étape 2 Concluons.

L'aire du rectangle initial est égale à 16 cm^2. Donc l'aire des 3 triangles est égale à 8 cm^2 et donc la partie bleue a également pour aire **8 cm^2. Réponse D.**

Question 22 Réponse A ★★★★☆ **45 sec. – 3 min.** **Fiche 51**

- **Rappel de cours** Pour calculer le nombre de termes entre A et B compris, on a la formule :

$$\mathbf{B - A + 1}$$

où B est le plus grand nombre et A le plus petit nombre.

Étape 1 Calculons le nombre d'emballages en stock à la fin de l'exercice pour chaque type.

Type A : 203 – 176 + 1 = 28.

Type B : 112 – 74 + 1 = 39.

Type C : 110 – 99 + 1 = 12.

Ainsi, le nombre total d'emballages en stock est de 28 + 39 + 12 = 79.

Étape 2 Calculons le nombre d'emballages vendus durant l'année.

Il y a 300 emballages en stock au début de l'année (100 emballages de chaque sorte).

Il en reste 79 à la fin de l'année. Ainsi, le nombre d'emballages vendus est : 300 – 79 = **221**.

L'entreprise a vendu **221 emballages** durant l'année. **Réponse A.**

Question 23 Réponse C ★★★★☆ **45 sec. – 3 min.** **Fiche 35**

- **Rappel de cours** Soit $\mathbf{K_0}$ le capital initial, $\mathbf{K_n}$ le capital après **n** années de placement à intérêts composés, et **r** le taux d'intérêt auquel le capital est placé.

  On a : **Formule des intérêts composés :** $\mathbf{K_n = K_0 \times (1 + r)^n}$.

Étape 1 Calculons le montant du placement en janvier 2012, juste avant que Guillaume ne retire la moitié de la somme d'argent.

$50\,000 \times (1 + 20\,\%)^2 = 50\,000 \times (1{,}2)^2 = 50\,000 \times 1{,}44 = 72\,000$ €.

Étape 2 Calculons le nouveau montant en banque après que Guillaume a retiré l'argent.

72 000/2 = 36 000 €.

Étape 3 Calculons la somme que pourra récupérer Guillaume en janvier 2014.

$36\,000 \times (1 + 20\,\%)^2 = 36\,000 \times (1{,}2)^2 = 36\,000 \times 1{,}44 = \mathbf{51\,840}$ **€.**

En janvier 2014, Guillaume pourra récupérer la somme de **51 840 euros. Réponse C.**

Question 24 Réponse B ★★★☆☆ **30 sec. – 2 min.** **Fiche 64**

- **Rappel de cours** La formule du nombre de poignées de mains entre N personnes est :

$$\mathbf{\frac{N \times (N-1)}{2}}$$

  On utilise aussi cette formule pour calculer le **nombre de couples** qu'il est possible de former **entre N personnes**.

Étape 1 Calculons le nombre de filles et de garçons présents.

Il y a 36 personnes présentes (Anaïs + 35 camarades), dont 1/3 de garçons et 2/3 de filles puisqu'il y a deux fois plus de filles que de garçons.

Ainsi, il y a 36 ÷ 3 = 12 garçons, et donc 36 – 12 = **24 filles présentes.**

Étape 2 Calculons le nombre d'équipes garçon-garçon différentes qui pourraient être formées.

Utilisons la formule avec N = 12 (nombre de garçons) :

$\frac{N \times (N-1)}{2} = \frac{12 \times 11}{2}$ = 6 × 11 = **66. Réponse B.**

Question 25	Réponse C	★★★★☆	30 sec. – 2 min.	Fiche 53

Étape 1 Identifions la 1re suite logique.

Écart de + 2 tous les 2 nombres : 1, 3, 5, 7, 9.

Étape 2 Identifions la 2e suite logique.

Nombres premiers croissants tous les 2 chiffres : 2, 3, 5, 7 et **11.**

Réponse C.

Question 26	Réponse B	★★★★☆	30 sec. – 2 min.	Fiches 38/42

- **Rappel de cours** Soit $X_1, X_2, ..., X_n$ une suite de n termes auxquels sont associés les coefficients $P_1, P_2, ..., P_n$.

$$\textbf{Moyenne pondérée} = \frac{X_1 \times P_1 + X_2 \times P_2 + ... + X_n \times P_n}{P_1 + P_2 + ... + P_n}$$

Étape 1 Posons l'équation de la moyenne pondérée.

Soit G le nombre de garçons, la moyenne pondérée m est de :

$m = \frac{14 \times 176 + 187 \times G}{14 + G}$ = **180 (1).**

Étape 2 Résolvons l'équation (1).

(1) ⇔ (14 + G) × 180 = 14 × 176 + 187 G

⇔ 14 × (180 – 176) = 187 G – 180 G

⇔ G = 56/7 = **8**

Il y a donc **8 garçons** dans le groupe. **Réponse B.**

REMARQUE On aurait pu utiliser la méthode du barycentre.

Question 27	Réponse B	★★☆☆☆	30 sec. – 1 min.	Fiche 42

- **Rappel de cours** Pour additionner (ou soustraire) 2 fractions, il faut les mettre au même dénominateur.

Étape 1 Modélisons la situation.

Soit X l'âge actuel de Matthieu. Si Matthieu meurt à 90 ans, alors il lui reste : (90 – X) années à vivre. On apprend que : X = $\frac{5}{4}$ × (90 – X).

Étape 2 Résolvons l'équation.

$X = \frac{5}{4} \times 90 - \frac{5}{4} \times X \Leftrightarrow \frac{9}{4} \times X = \frac{450}{4} \Leftrightarrow 9 \times X = 450 \Leftrightarrow X = 50.$

Ainsi, Matthieu a **50 ans. Réponse B.**

Question 28	Réponse B	★★★★☆	30 sec. – 2 min.	Fiche 34

- **Rappel de cours** **Nouveau total = Ancien total × (1 ± Variation en %).**

Étape 1 Calculons le prix hors taxes du produit.

En 2017, le produit coûte 54 euros, dont 20 % de taxes.

Si P est le prix hors taxes, on peut donc écrire que $1,2 \times P = 54 \Leftrightarrow P = \frac{54}{1,2} = 45$ euros.

Le prix hors taxes en 2017 est donc de **45 euros.**

Étape 2 Calculons le prix en 2018 du produit.

En 2018, il faudra appliquer une taxe de 25 % à ce prix de 45 euros.

Ce prix en 2018 sera donc : 45 × 1,25 = **56,25 euros. Réponse B.**

Question 29	Réponse D	★★★☆☆	30 sec. – 1 min.	Fiche 60

- **Rappel de cours : Probabilité d'un événement =** $\frac{\textbf{Nombre de cas favorables}}{\textbf{Nombre de cas possibles}}$

Étape 1 Modélisons la situation.

5 codes sont possibles en tout. 3 faux et 2 corrects. Sylvain essaye un code qui s'avère faux. Il reste donc en main 4 codes : 2 faux et 2 corrects. On cherche donc la probabilité que les 2 prochains codes testés soient faux, ce qui correspond à la situation : « Le code testé en 2e est faux » et « Le code testé en 3e est faux ».

Étape 2 Calculons les probabilités associées.

Probabilité que le 2e code testé soit faux : 2 codes faux sur 4 restants ; P = 2/4 = **1/2.**

Probabilité que le 3e code testé soit faux : 1 code faux sur 3 restants ; P = **1/3** (il ne reste plus que 3 codes puisque l'on a éliminé le code faux testé en 2e).

Probabilité que les 2 prochains codes testés soient faux : 1/2 × 1/3 = 1/6. Réponse D.

> **REMARQUE** On multiplie les probabilités car on veut A **et** B.

Question 30	Réponse D	★★☆☆☆	15 sec. – 1 min.	Fiche 35

- **Rappel de cours** Soit $\mathbf{K_0}$ le capital initial, $\mathbf{K_n}$ le capital après **n** années de placement à intérêts composés, et **r** le taux d'intérêt auquel le capital est placé.

  On a : **Formule des intérêts composés :** $\mathbf{K_n = K_0 \times (1 + r)^n}$.

Calculons la valeur du capital final de Madeleine grâce à la formule des intérêts composés.

La valeur du capital final de Madeleine est :

$K_2 = 1\,000 \times (1 + 10\,\%)^2 = 1\,000 \times 1,1^2 = 1\,000 \times 1,21 =$ **1 210 euros. Réponse D.**

3 CORRIGÉ « RAISONNEMENT ET ARGUMENTATION »

Difficulté	NORMAL														
Question	31	32	33	34	35	36	37	38	39	40	41	42	43	44	45
Réponse	D	C	E	A	A	C	D	A	C	C	B	E	B	B	B

Question 31 Réponse D ★★★☆☆ 30 sec. – 2 min. Fiche 92

(A) Il faut diminuer l'éclairage public. **Conclusion (excessive).**

(B) La protection de l'environnement est essentielle à la biodiversité. **Conclusion (incomplète).**

(C) Il faut limiter l'augmentation de l'éclairage public. **Conclusion (excessive).**

(D) Il faut limiter l'éclairage public. **Conclusion. Bonne réponse.**

(E) L'obscurité est nécessaire à l'Homme. **Hors-sujet.**

Le texte dénonce les effets d'un trop plein de luminosité mais ne demande pas la suppression de l'éclairage. On comprend donc que l'auteur peut demander en conclusion de baisser le niveau général de la luminosité. **Réponse D.**

Question 32 Réponse C ★★★☆☆ 30 sec. – 2 min. Fiche 97

(A) La croissance des pays émergents a un faible impact sur leur consommation de matières premières. **Contredit (vague).**

(B) La prospection pétrolière ralentit depuis quelques années, faisant fluctuer le prix du baril. **Hors-sujet.**

(C) La consommation de pétrole reste stable, ce qui permet au prix du baril de se maintenir. **Contredit. Bonne réponse.**

(D) Le prix du pétrole est bas en raison de la consommation croissante des pays émergents. **Contredit (vague).**

(E) Les pays émergents sont les plus gros consommateurs de pétrole au monde. **Hors-sujet.**

L'auteur stipule que la croissance « (...) ne compense pas le ralentissement de la consommation ». On comprend donc que la consommation de pétrole ne reste pas stable. Les réponses A et D s'opposent aux propos de l'auteur mais sur des points plus anecdotiques que la réponse C. La réponse C va à l'encontre du sujet majeur du texte, c'est pourquoi on la choisit.
Réponse C.

Question 33 **Réponse E** ★★★★☆ **45 sec. – 3 min.** **Fiche 73/81**

- **Rappel de cours** $A \rightarrow B \Leftrightarrow \overline{B} \rightarrow \overline{A}$

Étape 1 **Analysons la relation entre la nièce et le voisin.**

Tout d'abord, on apprend que si la nièce est innocente, le voisin l'est aussi et si le voisin est innocent alors la nièce l'est aussi. Il y a donc une équivalence entre la culpabilité de la nièce et celle du voisin.

Ainsi, la nièce et le voisin sont soit tous les deux innocents, soit tous les deux coupables.

Étape 2 **Supposons qu'ils sont tous les 2 innocents.**

Si la nièce et le voisin sont tous les deux innocents, alors la petite fille serait la seule coupable (ce qui est impossible d'après l'énoncé, car elle a forcément un complice). **Contradiction.**

La nièce et le voisin sont donc tous les deux coupables.

Si la petite fille était coupable, elle aurait **un seul** complice. Donc elle n'est pas coupable avec la nièce et le voisin.

Étape 3 **Concluons.**

Les coupables sont la nièce et le voisin. **Réponse E.**

Question 34 **Réponse A** ★★★★☆ **45 sec. – 3 min.** **Fiche 73**

- **Rappel de cours** $A \rightarrow B \Leftrightarrow \overline{B} \rightarrow \overline{A}$

Étape 1 **Traduisons l'énoncé.**

« Colère » → Chômage **(1).**

« Pas en colère » → « N'aime pas les pommes de terre » **(2)**

⇔ « Aime les PDT » → « Colère » (contraposée).

Étape 2 **Repartons de (2) et exploitons le fait que Medghut aime les PDT.**

On sait que :

« Aime les PDT » → « Colère » **(2)**. Or « Colère » → « Chômage » **(1).**

Étape 3 **Concluons.**

« Aime les PDT » → « Colère » → « Chômage ». Donc **Medghut est chômeur.**

Réponse A.

Question 35 **Réponse A** ★★★☆☆ **30 sec. – 2 min.** **Fiche 94**

(A) Les indices boursiers ont augmenté depuis le début de l'année. **Présupposé. Bonne réponse.**

(B) Les indices boursiers ont connu une baisse depuis le début de l'année. **Contredit.**

(C) Les investisseurs préfèrent réinvestir leurs bénéfices. **Contredit.**

(D) Les indices boursiers CAC 40 et le DAX allemand connaissent une augmentation de 20 % durant toute l'année. **Hors-sujet.**

(E) Les assemblées générales des entreprises sont tenues en juin et constituent le meilleur moment pour investir en bourse. **Hors-sujet.**

L'auteur affirme que l'adage prend tout son sens aujourd'hui. Donc l'auteur pense que les investisseurs peuvent être tentés de vendre après la période haussière. Il est donc présupposé que les indices ont augmenté auparavant. **Réponse A.**

Question 36 Réponse C ★★★★★ 45 sec. – 3 min. Fiche 78

- **Rappel de cours** Pour les questions de placement, sélectionnez l'information la plus sûre à exploiter et schématisez-la. Ensuite, exploitez les autres informations.

Étape 1 Schématisons la situation avec les places possibles des familles.

Place 1	Place 2	Place 3	Place 4	Place 5
Marchall	Marchall	Marchall	Marchall	Marchall
Ricard	Ricard	Ricard	Ricard	Ricard
Pierrot	Pierrot	Pierrot	Pierrot	Pierrot
Vitry	Vitry	Vitry	Vitry	Vitry
Guyot	Guyot	Guyot	Guyot	Guyot

Étape 2 Exploitons les informations de l'énoncé.

D'après l'énoncé, la maison la plus à droite est celle des Marchall. Elle occupe la place 5.
On sait également que la famille Pierrot ne peut occuper la place 4. En effet, Guyot étant censé être entre les 2 familles Pierrot et Marchall, il faut au moins une place d'écart.
Pour la même raison, Guyot ne peut pas occuper la place 1.
On sait que Ricard ne peut occuper la place 1 car il a Vitry à sa gauche. Vitry ne peut donc habiter en place 4, car il doit avoir Ricard à sa droite.
Réalisons un premier schéma avec en haut les certitudes, en bas les possibilités restantes :

Place 1	Place 2	Place 3	Place 4	Place 5
~~Marchall~~	~~Marchall~~	~~Marchall~~	~~Marchall~~	Marchall
~~Ricard~~	Ricard	Ricard	Ricard	~~Ricard~~
Pierrot	Pierrot	Pierrot	~~Pierrot~~	~~Pierrot~~
Vitry	Vitry	Vitry	~~Vitry~~	~~Vitry~~
~~Guyot~~	Guyot	Guyot	Guyot	~~Guyot~~

Étape 3 Exploitons le fait que la famille Ricard ne soit pas à côté de la famille Pierrot.

D'après le schéma ci-dessus, si la famille Pierrot est en place 3, alors la famille Ricard est en place 2 ou 4 (donc à côté de la famille Pierrot). **Impossible**. Donc la famille Pierrot n'est pas en place 3.

Si la famille Pierrot occupe la place 2, alors les Ricard habitent forcément la place 4 (pour ne pas être à côté des Pierrot). Les Guyot sont donc en place 3 et les Vitry en place 1 (pour respecter le fait que les Guyot sont entre les Pierrot et les Marchall).

Place 1	**Place 2**	**Place 3**	**Place 4**	**Place 5**
Vitry	Pierrot	Guyot	Ricard	Marchall

Si la famille Pierrot occupe la place 1, alors on a :

Place 1	**Place 2**	**Place 3**	**Place 4**	**Place 5**
Pierrot	Vitry	Guyot	Ricard	Marchall

Ou bien :

Place 1	**Place 2**	**Place 3**	**Place 4**	**Place 5**
Pierrot	Guyot	Vitry	Ricard	Marchall

Ou bien :

Place 1	**Place 2**	**Place 3**	**Place 4**	**Place 5**
Pierrot	Vitry	Ricard	Guyot	Marchall

Étape 4 Concluons.

Dans les 4 cas listés en étape 3, la famille Pierrot est toujours soit en place 1 soit en place 2. **Réponse C.**

Question 37 Réponse D ★★★☆☆ 30 sec. – 2 min. Fiche 92

(A) Les théâtres parisiens prennent trop peu de risques concernant leurs programmations. **Soutient.**

(B) Un des rôles du théâtre est de faire émerger des nouveaux talents. **Présupposé.**

(C) Si les théâtres se contentent de toujours programmer la même poignée d'artistes, alors ils ne remplissent pas leur rôle. **Soutient.**

(D) Les théâtres doivent prendre plus de risques pour les pièces de théâtre jouées. **Conclusion. Bonne réponse.**

(E) En définitive, les programmations du Théâtre de l'Odéon sont peu innovantes. **Résumé.**

La bonne réponse est la réponse D. Toutes les réponses vont dans le sens des propos de l'auteur, mais **seule la réponse D est une conclusion.** Elle invite les théâtres à prendre plus de risques, et c'est bien là le message de l'auteur. **Réponse D.**

Question 38 — Réponse A — ★★★★☆ — 45 sec. – 3 min. — Fiche 95

(A) Les ressources financières mobilisées par les banques ont augmenté à la suite de la crise. **Soutient le plus. Bonne réponse.**

(B) Les banques connaissent des bénéfices en baisse du fait d'une rentabilité en berne. **Hors-sujet.**

(C) La crise est terminée pour les banques européennes. **Hors-sujet.**

(D) Les activités bancaires nécessitent de plus grandes ressources qu'auparavant. **Soutient.**

(E) L'activité bancaire nécessite désormais des investissements réduits pour une rentabilité réduite. **Contredit.**

Les réponses A et D soutiennent les propos de l'auteur. Toutefois, la réponse A va plus loin que la réponse D. Elle explique les types de ressources que les banques devaient mobiliser (« financières ») et ajoute un contexte temporel au propos. On choisit donc la **réponse A.**

Question 39 — Réponse C — ★★★★☆ — 45 sec. – 3 min. — Fiche 87

Étape 1 Comptons les consonnes et les voyelles sans intégrer les réponses.

La phrase 1 contient 21 consonnes. La phrase 2 contient 16 voyelles.

Étape 2 Testons la réponce C.

« Dix-huit » ajoute 4 consonnes donc 21 + 4 = 25 et « vingt-cinq » ajoute 2 voyelles donc 16 + 2 = 18. **La réponse C fonctionne. Réponse C.**

Question 40 — Réponse C — ★★★☆☆ — 30 sec. – 2 min. — Fiche 91

« Mieux vaut vivre un jour comme un lion que cent ans comme un mouton ».

Ce proverbe fait l'éloge du courage et exhorte à porter haut ses idéaux et revendications. **Réponse C.**

Question 41 — Réponse B — ★★★☆☆ — 30 sec. – 2 min. — Fiche 95

(A) Les transports en commun sont considérés comme de moins en moins sûrs par les hommes et surtout par les femmes. **Faux.**

(B) Les transports en commun sont considérés comme dangereux par la majorité des femmes, qui adaptent leur comportement. **Soutient le plus. Bonne réponse.**

(C) Dans les transports en commun, les femmes optent pour un style vestimentaire plus discret du fait de l'insécurité. **Soutient.**

(D) La majorité des femmes changent de comportement du fait de l'insécurité dans les transports en commun. **Soutient.**

(E) Les femmes se sentent en danger dans les transports en commun donc elles s'adaptent. **Soutient.**

La bonne réponse est la réponse B. La réponse B explique bien que les femmes adaptent leur comportement quand elles prennent les transports en commun et donne même les raisons de cette attitude. C'est donc la réponse qui reprend le mieux les propos du texte. Il s'agit d'un raisonnement cause-conséquence (et non conséquence-cause comme la réponse D). **Réponse B.**

Attention : La réponse A est fausse. Rien ne permet d'affirmer que les transports sont « de moins en moins » sûrs. On ne sait pas ce qu'il en était avant. De même, la réponse E sous-entend que toutes les femmes se sentent en danger, ce qui n'est pas le cas.

Question 42	Réponse E	★★★☆☆	30 sec. – 2 min.	Fiche 92

(A) Le Royaume-Uni est considéré comme l'un des pays ayant les plus grands d'écarts de salaires dans le monde. **Présupposé.**

(B) Les entreprises du FTSE 100 ont réalisé de grands bénéfices en 2014. **Hors-sujet.**

(C) Ainsi, les écarts de salaires entre employés et grands patrons se sont creusés depuis 1998. **Conclusion approximative.**

(D) En 1998, les grands patrons touchaient un salaire faiblement supérieur à celui de leurs employés. **Hors-sujet.**

(E) L'écart entre les salaires des grands patrons et les employés de base n'en finit pas de grandir au Royaume-Uni. **Conclusion. Bonne réponse.**

La réponse E dresse une synthèse des différents chiffres énumérés ci-dessus. Il s'agit donc d'une conclusion. **Réponse E.**

Question 43	Réponse B	★★★★☆	45 sec. – 3 min.	Fiche 73

- **Rappel de cours** $A \rightarrow B \Leftrightarrow \overline{B} \rightarrow \overline{A}$

Étape 1 Traduisons l'énoncé.

Soit G l'évènement : « Flora aime le golf ».

Soit T l'évènement : « Flora aime le tennis ».

Flora aime le golf ou le tennis : G ou T.

On sait aussi : $T \rightarrow G$. Cela signifie que : $\overline{G} \rightarrow \overline{T}$.

Étape 2 Utilisons la contraposée.

Supposons que Flora n'aime pas le golf. Dans ce cas, elle n'aime pas le tennis.

Cela est faux car elle aime au moins un des deux sports. **Contradiction.**

Donc, Flora aime le golf. Toutefois, on ne sait pas si elle aime le tennis. **Réponse B.**

Question 44	Réponse B	★★★☆☆	30 sec. – 1 min.	Fiche 86

« **Extraordinaire** » est à « **Banal** » ce que « **Sage** » est à « **Dissipé** ».

« **Extraordinaire** » est l'adjectif **contraire** de « **Banal** ».

« **Sage** » est l'adjectif **contraire** de « **Dissipé** ». **Réponse B.**

Question 45	Réponse B	★★★★☆	45 sec. – 3 min.	Fiche 85

■ **Rappel de cours** Pour trouver le jour que l'on sera dans X jours, divisez X par 7.

Étape 1 Quel jour de la semaine serons-nous ?

En divisant par 7, on obtient : 808 = (115 × 7) + 3.

Nous serons donc dimanche + 3 = **mercredi**. On élimine les réponses A et C.

Étape 2 Quel jour du mois serons-nous ?

En 2014, il y a 365 jours. 5 sont écoulés puisque nous sommes le 5 janvier. Il en reste 360.

En 2015, il y a 365 jours. 0 sont écoulés. Il en reste 365.

En 2016, il reste à écouler 808 – 360 – 365 = 83 jours.

En Janvier : 31 jours ; en Février : 29 jours (2016 est bissextile !) ; en Mars : 23 jours.

Étape 3 Concluons.

Nous serons donc le **mercredi 23 Mars 2016. Réponse B.**

4 CORRIGÉ « CONDITIONS MINIMALES »

Difficulté	NORMAL														
Question	46	47	48	49	50	51	52	53	54	55	56	57	58	59	60
Réponse	D	B	A	C	A	E	D	E	C	B	D	C	E	B	A

Question 46 Réponse D ★★☆☆☆ 15 sec. – 1 min. Fiche 108

Information (1) seule **Suffisante.**

Puisque l'entreprise travaille à une cadence constante, on peut calculer le nombre de jours de travaux qu'il reste. En effet, en 12 jours, l'entreprise a déjà effectué 1/3 des travaux. Ainsi, les 2/3 de travaux restants requièrent 24 jours de plus (2 fois plus de temps que pour 1/3).
Au total, les travaux auront nécessité 36 jours de travail.
Nous pouvons donc calculer le montant des indemnités : 800 × (36 – 28) = **6 400 euros.**
On garde les réponses A et D.

Information (2) seule **Suffisante.**

Si l'entreprise a besoin de 9 jours pour réaliser 1/4 du travail, elle a donc besoin de 27 jours pour réaliser les 3/4 du travail (3 fois plus de temps que pour 1/4).
Ainsi, l'ensemble des travaux ont nécessité 27 + 9 = 36 jours de travail.
Nous pouvons donc calculer le montant des indemnités : 800 × (36 – 28) = **6 400 euros.**

Conclusion **Réponse D.**

Question 47 Réponse B ★★★★☆ 30 sec. – 2 min. Fiche 108

- **Rappel de cours** Si un nombre est divisible par 9, alors il est nécessairement divisible par 3. En revanche, si un nombre est divisible par 3, il n'est pas nécessairement divisible par 9.

Information (1) seule **Insuffisante.**

On apprend que X n'est pas divisible par 7. Plus précisément, pour trouver un nombre qui donne un reste de 1 quand on le divise par 7, il suffit de prendre un multiple de 7 et de lui ajouter 1. Par exemple, 36 ou 43. Or, 36 est divisible par 9 mais 43 ne l'est pas.
On ne peut pas répondre. **On garde les réponses B, C et E.**

Information (2) seule **Suffisante.**

On apprend que X n'est pas divisible par 3. Inutile d'aller plus loin. Si un nombre n'est pas divisible par 3, alors il ne peut en aucun cas être divisible par 9.
On peut répondre.

Conclusion **Réponse B.**

Attention : Ce qui importe c'est de pouvoir donner la réponse avec certitude, pas la réponse qui est donnée. Ici, on peut répondre qu'il n'est pas divisible par 9.

Question 48	Réponse A	★★★☆☆	30 sec. – 2 min.	Fiche 108

Modélisons la situation.

A est le montant donné à l'aînée, B à la benjamine et C à la cadette.

Nous avons $A + B + C = 30$.

Information (1) seule **Suffisante.**

$A = 2 \times (B + C)$, donc $B + C = A/2$.

Ainsi, $A + B + C = 30 \Leftrightarrow A + A/2 = 30 \Leftrightarrow 3/2 \times A = 30 \Leftrightarrow A = 2/3 \times 30 = 20$.

L'aînée reçoit donc 20 euros. On peut répondre à la question. **On garde les réponses A et D.**

Information (2) seule **Insuffisante.**

On n'a aucune information sur le montant reçu par l'aînée, donc plusieurs solutions sont possibles.

Le résultat peut être 5 euros à la cadette, 5 euros à la benjamine et 20 euros à l'aînée.

Mais les trois filles peuvent aussi recevoir la même somme de 10 euros chacune.

On ne peut pas répondre à la question.

Conclusion **Réponse A.**

Question 49	Réponse C	★★☆☆☆	15 sec. – 1 min.	Fiche 108

- **Rappels de cours**

  $\mathbf{(a + b)^2 = a^2 + 2 \times a \times b + b^2}$

  $\mathbf{a \times b = 0 \Leftrightarrow a = 0 \text{ ou } b = 0}$

  $\mathbf{a^2 = 0 \Leftrightarrow a = 0}$

Information (1) seule **Insuffisante.**

$X^2 - 10 = 6 \Leftrightarrow X^2 = 16 \Leftrightarrow X = 4$ ou -4.

On ne peut pas répondre à la question. **On garde les réponses B, C et E.**

Information (2) seule **Insuffisante.**

$X^3 + 8X^2 + 16X = 0 \Leftrightarrow X \times (X^2 + 8X + 16) = 0 \Leftrightarrow X \times (X + 4)^2 = 0$.

$\Leftrightarrow X = 0$ ou $X = -4$ (car $a \times b = 0 \Leftrightarrow a = 0$ et $b = 0$).

On ne peut pas répondre à la question. **On garde les réponses C et E.**

Informations (1) et (2) ensemble **Suffisantes.**

En combinant les deux informations, on trouve que $X = -4$.

Conclusion **Réponse C.**

Question 50	Réponse A	★★★★☆	45 sec. – 3 min.	Fiche 122

Modélisons la situation.

Soit (w, x, y, z) les chiffres qui composent le code, avec $w > x > y > z > 0$.

Information (1) seule **Suffisante.**

On sait que : $w + x + y + z = 10$.

$1 + 2 + 3 + 4 = 10$. Cette combinaison de chiffres est la seule possible car il s'agit des quatre plus petits chiffres possibles. Toute autre combinaison donnerait plus de 10.

Ainsi, le code est 4321. **On garde les réponses A et D.**

Information (2) seule **Insuffisante.**

On sait que : $y + z = 3$.

Comme $y > z > 0$, $y = 2$ et $z = 1$ et il n'y a pas d'autre solution.

En revanche, il y a plusieurs nombres premiers tels que $w > x > 2$. Par exemple : 43 et 53.

Ainsi, les codes 4321 et 5321 fonctionnent. On ne peut pas répondre à la question.

Attention : Ne confondez pas décroissants et consécutifs.

Conclusion **Réponse A.**

Question 51	Réponse E	★★★★★	45 sec. – 3 min.	Fiche 108

Traduisons l'énoncé.

On note B, S et R respectivement le prix d'un bonbon, d'une sucette et d'un réglisse.

La donnée de base est : $2B + S + 5R = 4$.

Information (1) seule **Insuffisante.**

L'information (1) nous indique que $B + 2S + 3R = 3$.

On a donc 2 équations et 3 inconnues. On ne peut donc pas trouver B, S et R.

On garde les réponses B, C et E.

Information (2) seule **Insuffisante.**

Cette information nous indique que $3B + 3S + 8R = 7$. Comme précédemment, on a 2 équations et 3 inconnues, on ne peut donc pas trouver B, S et R.

On garde les réponses C et E.

Informations (1) et (2) ensemble **Insuffisantes.**

En combinant les deux informations, on obtient un système de 3 équations à 3 inconnues :

$$\begin{cases} 2B+S+5R=4 \\ B+2S+3R=3 \\ 3B+3S+8R=7 \end{cases}$$

Attention : Il faut remarquer que la 3e équation est la somme des deux premières, membre à membre. Les équations sont proportionnelles, donc on ne peut toujours pas déterminer les trois prix unitaires.

REMARQUE Il ne suffit pas d'avoir le même nombre d'équations que d'inconnues pour que le système ait une solution. Il faut également que les équations ne soient pas proportionnelles entre elles. Ici, la troisième équation est la somme des deux premières, donc les équations sont proportionnelles. On ne peut pas répondre à la question.

Conclusion **Réponse E.**

Question 52 Réponse D ★★★☆☆ 30 sec. – 2 min. Fiche 111

- **Rappel de cours** Soit K_0 le capital initial, K_n le capital après **n** années de placement à intérêts composés, et **r** le taux d'intérêt auquel le capital est placé.

  On a : **Formule des intérêts composés :** $K_n = K_0 \times (1 + r)^n$.

Modélisons la situation.

Soit K_n la valeur du capital de Coline à l'année n.

Information (1) seule **Suffisante.**

$K_{2008} = K_{1998} \times 1{,}04^{10} = 1\,000 \times 1{,}04^{10}$.

On a tous les éléments. Inutile de faire les calculs. On peut répondre à la question.

On garde les réponses A et D.

Information (2) seule **Suffisante.**

Coline sera majeure en 2016. Il y a 8 ans entre 2016 et 2008 donc :

$$K_{2016} = K_{2008} \times 1{,}04^8 \Leftrightarrow K_{2008} = \frac{K_{2016}}{1{,}04^8} \Leftrightarrow K_{2008} = \frac{2026}{1{,}04^8}$$

On a tous les éléments. Inutile de faire les calculs. On peut répondre à la question.

Conclusion **Réponse D.**

Question 53 Réponse E ★★★☆☆ 30 sec. – 2 min. Fiche 112

Information (1) seule **Insuffisante.**

On ne connaît pas les pourcentages d'étudiants européens non boursiers et d'étudiants boursiers. On ne peut pas répondre. **On garde les réponses B, C et E.**

Information (2) seule **Insuffisante.**

Cette information ne nous apprend rien sur les étudiants européens.

On ne peut pas répondre. **On garde les réponses C et E.**

Informations (1) et (2) ensemble **Insuffisantes.**

Il nous manque le pourcentage d'étudiants européens non boursiers par exemple afin de pouvoir répondre à la question. En effet, rien ne nous garantit que la proportion de boursiers soit la même chez les Européens que chez les non-Européens.

Conclusion **Réponse E.**

Question 54 Réponse C	★★☆☆☆	30 sec. – 2 min.	Fiche 105

Modélisons la situation dans un tableau.

	Parlent Français	Ne parlent pas Français	Total
Parlent Italien			
Ne parlent pas Italien	Valeur cherchée		
Total			50

Information (1) seule **Insuffisante.**

	Parlent Français	Ne parlent pas Français	Total
Parlent Italien	40 – 24 = 16	24	40
Ne parlent pas Italien			50 – 40 = 10
Total			50

Il nous manque une information pour pouvoir répondre. On ne peut pas conclure.

On garde les réponses B, C et E.

Information (2) seule **Insuffisante.**

	Parlent Français	Ne parlent pas Français	Total
Parlent Italien			
Ne parlent pas Italien		4	
Total			50

Il nous manque trop d'informations. On ne peut pas conclure.

On garde les réponses C et E.

Informations (1) et (2) ensemble **Suffisantes.**

	Parlent Français	Ne parlent pas Français	Total
Parlent Italien	**40 – 24 = 16**	**24**	**40**
Ne parlent pas Italien	**10 – 4 = 6**	**4**	**50 – 40 = 10**
Total	**50 – 28 = 22**	**24 + 4 = 28**	**50**

On peut conclure. Il y a 6 personnes qui parlent Français mais pas Italien.

Conclusion **Réponse C.**

Question 55 Réponse B	★★★☆☆	30 sec. – 2 min.	Fiche 121

- **Rappel de cours** La somme des angles d'un triangle est égale à 180°.

Information (1) seule **Insuffisante.**

Soit A la valeur en degrés du plus petit des trois angles et soit r la raison de la suite arithmétique évoquée en (1).

On a : A + (A + r) + (A + 2r) = 180 ⇔ 3A + 3r = 180 ⇔ A + r = 60.

On a 1 équation et 2 inconnues donc on ne peut pas répondre à la question.

On garde les réponses B, C et E.

Information (2) seule **Suffisante.**

On désigne par R la raison de la suite arithmétique, qui conduit du plus petit des côtés au plus grand. Les côtés ont ainsi pour mesures 20, (20 – R) et (20 – 2R) et on a :

20 + (20 – R) + (20 – 2R) = 48 ⇔ 60 – 3R = 48 ⇔ R = 4.

Par conséquent, les longueurs des trois côtés sont 20, 16 et 12. On peut ainsi s'assurer que le théorème de Pythagore soit respecté puisque l'on a : $20^2 = 16^2 + 12^2$.

On peut donc conclure que l'équerre est bien un triangle rectangle et donc que l'angle est bien droit. On peut répondre à la question.

Conclusion **Réponse B.**

Question 56 Réponse D	★★★☆☆	30 sec. – 2 min.	Fiche 112

Modélisons la situation.

Soit A l'ancienne cotation et N la nouvelle. L'énoncé indique que : N = 1,45 A.

Information (1) seule **Suffisante.**

Cette information permet d'affirmer que : 3N – 3A = 63. Donc N – A = 63/3 = 21 euros.

Donc la nouvelle cotation vaut 21 euros de plus que l'ancienne cotation, c'est-à-dire :

N = A + 21. Or, N = 1,45 A.

On a donc un système de 2 équations non proportionnelles et 2 inconnues. Donc, on peut le résoudre et trouver N. (En l'occurrence, A = 46,7 et N = 67,7).

On garde les réponses A et D.

Information (2) seule **Suffisante.**

On a : N = 1,45 A et on a A grâce à l'information (2). Il reste à remplacer.

(En l'occurrence, A = 46,7 et N = 67,7).

Conclusion **Réponse D.**

Question 57 Réponse C	★★★★☆	45 sec. – 3 min.	Fiche 108

Modélisons la situation.

Soient M, Z, E et V les gains respectifs de Margaux, Zoé, Elisabeth et Victor.

On sait également que, comme ils jouent ensemble, M + Z + E + V = 0.

Information (1) seule **Insuffisante.**

On apprend que E = –180.

On sait seulement que M + Z + V – 180 = 0 donc M + Z + V = 180.

On a 1 équation mais 3 inconnues donc on ne peut pas répondre.

On garde les réponses B, C et E.

Information (2) seule **Insuffisante.**

$Z = 2M$ et $V = -E/2$. Ainsi, en injectant ces informations dans $M + Z + E + V = 0$, on obtient : $3M + E/2 = 0$.

On a 1 équation mais deux inconnues, donc on ne peut pas répondre.

On garde les réponses C et E.

Informations (1) et (2) ensemble **Suffisantes.**

En combinant les informations, on obtient : $3M = 90$ donc $M = 30$ et $Z = 60$.

Conclusion **Réponse C.**

Question 58	Réponse E	★★★☆☆	30 sec. – 2 min.	Fiche 112

Information (1) seule **Insuffisante.**

Nous n'avons pas d'information sur la proportion du personnel travaillant dans le département financier de l'entreprise. La seule déduction possible de cette information est que 40 % du personnel de l'entreprise sont des hommes.

On garde les réponses B, C et E.

Information (2) seule **Insuffisante.**

Nous ne disposons ici d'aucune information sur la proportion des hommes dans ce département. On ne peut pas répondre à la question. **On garde les réponses C et E.**

Informations (1) et (2) ensemble **Insuffisantes.**

La combinaison des deux informations ne nous avance pas plus. En effet, si nous savons que 40 % du personnel de l'entreprise sont des hommes et que 25 % des employés de l'entreprise travaillent au département financier, nous ne savons cependant pas si ces hommes se répartissent équitablement entre les différents départements de l'entreprise.

Conclusion **Réponse E.**

Question 59	Réponse B	★★★☆☆	30 sec. – 2 min.	Fiche 117

Information (1) seule **Insuffisante.**

L'information (1) ne donne aucune information sur la distance parcourue avec les 32 litres. On ne peut donc rien conclure. En effet, pour connaître la consommation aux 100 kilomètres, encore faut-il connaître la distance parcourue par le véhicule.

On garde les réponses B, C et E.

Information (2) seule **Suffisante.**

À présent, nous avons la distance. Il suffit de faire un produit en croix. Si pour parcourir 150 kilomètres, la voiture a consommé 18 L, alors pour parcourir 100 km, la voiture consommera : $18 \times \left(\frac{100}{150}\right) = \mathbf{12\ L}$.

Conclusion **Réponse B.**

Question 60 **Réponse A** ★★★★☆ **45 sec. – 3 min.** **Fiche 108**

Modélisons la situation.

Soient A, B et C les trois numéros cherchés.

Information (1) seule **Suffisante.**

A + B + C = 6, donc les trois numéros ne peuvent être que 1, 2 et 3 car toute autre combinaison serait supérieure strictement à 6.

On garde les réponses A et D.

Information (2) seule **Insuffisante.**

On sait juste que l'un des numéros vaut 2, mais cela ne nous permet pas de répondre à la question car il existe alors plusieurs solutions (**Exemple :** 1-2-3 et 1-2-4).

On ne peut pas conclure.

Conclusion **Réponse A.**

5 CORRIGÉ « EXPRESSION »

Difficulté	FACILE														
Question	61	62	63	64	65	66	67	68	69	70	71	72	73	74	75
Réponse	A	B	A	D	C	E	C	D	B	C	A	B	D	A	A

Question 61 Réponse A ★★★★☆ **30 sec – 1 min.** **Fiche 154**

Le hanneton est un insecte qui s'attaque aux champs de céréales. « **Pas piqué des hannetons** » ou « **Pas piqué des vers** » signifie donc « pas attaqué, préservé, en bon état ». Ici, on comprend que la table a résisté aux aléas du temps.
« **Singulier/ère** » signifie : remarquable, qui sort de l'ordinaire.

1re colonne **On garde les réponses A et D.**

Les synonymes de « **N'était pas piquée des hannetons** » sont : « Était en bon état » et « N'était pas abimée ». On garde donc les réponses A et D.

2e colonne **On choisit la réponse A.**

Les synonymes de « **Singulière** » sont : « Unique » et « Rare ».
On choisit donc la **réponse A.**

Question 62 Réponse B ★★★☆☆ **30 sec. – 1 min.** **Fiche 154**

« **Confesser** » une chose c'est la reconnaître publiquement, l'admettre. « Confesser » peut, ou non, avoir un sens religieux.
Un « **camouflet** » est un affront, une vexation, une humiliation.

1re colonne **On garde les réponses A, B, C et D.**

Les synonymes de « **Confessera** » sont : « Révèlera », « Confiera », « Concèdera » et « Reconnaîtra ». On élimine « Avouera » qui s'applique plus au cas d'un délit ou d'un crime reconnu. On garde donc les réponses A, B, C et D.

2e colonne **On choisit la réponse B.**

Les synonymes de « **Un camouflet** » sont : « Une humiliation » et « Une vexation ».
On choisit donc la **réponse B.**

Attention : Les mots « Échec », « Revers » et « Préjudice » ne reprennent pas bien la notion d'humiliation comprise dans le camouflet.

Question 63	Réponse A	★★★★☆	45 sec. – 3 min.	Fiche 136

La réponse A est celle qui respecte le plus les règles de ponctuation.
C'est aussi la plus élégante d'un point de vue stylistique (la plus légère). **Réponse A.**

Question 64	Réponse D	★★★☆☆	30 sec. – 2 min.	Fiches 125/130

Elle s'est gravement **blessée** en tombant des escaliers et s'est **cassé** le bras. Je vous **envoie** une copie de sa radio. **Réponse D.**

« Blessée » s'accorde avec le sujet, car il s'agit d'un verbe nominal transitif.
Pour ce qui est de « cassé », le COD étant placé après le verbe pronominal, le participe passé ne s'accorde pas.
Le verbe « envoyer », à la première personne du singulier se conjugue avec un « e » final.

Question 65	Réponse C	★★★☆☆	30 sec. – 2 min.	Fiches 125/130

- **Rappels de cours**

  1) A / À : Pour ne pas confondre « a » et « à », il faut vérifier si on peut dire « avait ». Si oui, on écrit « a » car c'est la forme verbale. Si non, on écrit « à » car c'est la préposition.
  2) Accord du participe passé : Le participe passé s'accorde avec l'auxiliaire « être » dans tous les cas, et avec l'auxiliaire « avoir » dans le cas où le COD est placé avant l'auxiliaire. Le participe passé ne s'accorde pas avec « avoir » lorsque le COD est placé après l'auxiliaire.

Le passage contient **2 fautes. Réponse C.**

Il est très embarrassant d'être la dernière personne **à** être **acceptée** dans une équipe. On se sent à ce moment-là comme un choix par défaut et cela n'aide pas à se sentir en confiance. Le paramètre mental est au moins aussi important que les qualités techniques et tactiques. On a trop souvent tendance à l'oublier.

Question 66	Réponse E	★★★★☆	45 sec. – 3 min.	Fiches 125/130

Lors du **déjeuner**, Marie et Pierre ont **longuement** remis en cause la **rationalité** des choix de leur supérieur hiérarchique. En effet, ce dernier **leur** demande sans cesse d'effectuer des **tâches** inintéressantes et sans valeur ajoutée pour l'entreprise.
Attention : Une salissure est une **tache.** Une corvée est une **tâche.**

Le passage contient **5 fautes. Réponse E.**

Question 67	Réponse C	★★★★☆	45 sec. – 2 min	Fiches 134/141

La phrase contient **4 fautes. Réponse C.**

REMARQUE On dit **« De plain-pied »** et non « De plein pied ».

Antoine a pris une belle photo de sa fille, de plain-pied, mais **malgré** ses efforts, la photo est gâchée par le **fouillis** de la chambre que l'on peut **apercevoir**. Être photographe ne s'improvise pas, c'est un métier à **part entière**. Antoine a donc décidé de s'inscrire dans un club pour progresser.

Question 68 Réponse D ★★★★☆ 45 sec. – 3 min. Fiches 134/141

- **Rappel de cours** **Quel/Quels/Quelque/Quel que :**

  1) « Quel que » s'écrit en deux mots lorsqu'il est suivi d'un verbe au subjonctif. « Quel » s'accorde alors avec le sujet du verbe. **Exemple : Quelles que soient** tes envies.
  Hormis ce cas, quelque s'écrit en un mot et est adjectif ou adverbe.

  2) « Quelque » est adjectif et variable lorsqu'il est suivi d'un nom ou d'un adjectif accompagné d'un nom. Il peut être remplacé par « plusieurs ».

  3) « Quelque » est adverbe et invariable lorsqu'il est suivi d'un adjectif employé seul ou d'un adverbe. Il peut alors être remplacé par « si ».

  4) « Quelque » est encore adverbe lorsqu'il signifie « environ ».

Quels que soient tes choix, tu sais que ton père te soutiendra. **Réponse D.**
Remarques : En revanche, nous dirions : « **Quel que soit ton choix**, ton père te soutiendra ».
Ne confondez pas « fatigant » (adjectif) et fatiguant (participe présent).

Question 69 Réponse B ★★★★☆ 45 sec – 2 min. Fiches 134/141

(1) Il faut que tu **aies** de bons résultats
(2) Je crains qu'elle ne **fuie** son passé.
(3) Quoi que tu en **dises**, tu devras le faire.
(4) Tu **couds** un vêtement pour le réparer.
(5) Il **moud** lui-même son café.

Réponse B.

Question 70 Réponse C ★★★★☆ 45 sec. – 3 min. Fiche 159

- **Rappel de cours** L'**aposiopèse** consiste à interrompre son discours pour laisser au lecteur le soin de compléter la phrase.

L'**antonomase** consiste à utiliser un nom propre comme nom commun, ou inversement, un nom commun pour signifier un nom propre (« Un Don Juan », « une poubelle », ..).
L'**hyperbole** consiste à créer une exagération pour frapper les esprits (« Je suis mort de rire »).
L'**antiphrase** consiste à employer un mot, une locution ou une phrase, dans un sens contraire à sa véritable signification (« C'est malin ... » pour exprimer que ça ne l'est pas).
La **litote** est une figure de rhétorique et d'atténuation qui consiste à dire moins pour laisser entendre davantage (« Va, je ne te hais point » signifie « je t'aime »).

Ici, la phrase « J'ai envie de vous (...) » n'est pas complète. C'est donc une **aposiopèse. Réponse C.**

Question 71	Réponse A	★★★☆☆	30 sec. – 2 min.	Fiche 161

« À cœur vaillant rien d'impossible » : Le courage vient à bout de toutes les difficultés, même de celles qui ont l'air insurmontables. **Réponse A.**

Question 72	Réponse B	★★★★☆	30 sec. – 1 min.	Fiches 151/152

L'auteur insiste sur le mot « Riche » pour créer une répétition et marquer le lecteur. La narration appelle un temps présent et non futur (ce qui est corroboré par l'utilisation du passé composé dans les questions suivantes).

Les hyper-riches **deviennent** **encore plus riches**. **Réponse B.**

Question 73	Réponse D	★★★☆☆	30 sec. – 2 min.	Fiche 158

Le patrimoine cumulé des **1 % les plus riches** a ainsi dépassé en 2015 celui des **99 % les plus pauvres**. **Réponse D.**

C'est l'opposition qui la plus de sens.
Les réponses A, B, C et E sont des contresens ou des évidences.

Question 74	Réponse A	★★★☆☆	30 sec. – 2 min.	Fiche 158

C'est ce qu'a annoncé l'ONG IDLM à l'approche **du forum** de New York où de nombreux intervenants vont **débattre de** ce sujet. **Réponse A.**

Le mot « forum » correspond parfaitement à la notion de « débat ». Les autres réponses sont moins précises, trop générales.

Question 75	Réponse A	★★★☆☆	30 sec. – 2 min.	Fiche 158

L'ONG appelle donc les **hommes politiques** participant au forum à **agir**. **Réponse A.**

La bonne réponse est la réponse A. C'est celle qui correspond le mieux. La réponse B est hors-sujet. La réponse C n'est pas logique. La réponse D est mal formulée. La réponse E est trop générale.

Difficulté	NORMAL													
Question	76	77	78	79	80	81	82	83	84	85	86	87	88	89	90
Réponse	A	A	C	C	B	C	C	D	D	D	B	D	E	B	D

Question 76 Réponse A ★★☆☆☆ 15 sec. – 1 min. Fiches 169/170

		73		
		4**6**		
		55		
91	74	?**?**	67	95
		36		

(A) 84 (B) 24 (C) 42 (D) 66 (E) 57

V : Diagonale gauche - droite avec écart constant de –1 : 7 – 6 – 5 – **4** – 3.

H : Somme progressive de +1 : 9 + 1 = **10**, 7 + 4 = **11**, **?** + **?** = **12**, etc.

Question 77 Réponse A ★★★★☆ 45 sec. – 3 min. Fiches 170/184

	AD			
	H**F**			
ND	**?**?	ME	JH	OC
	L**K**			
	YJ			

(A) HJ (B) EL (C) NV (D) EM (E) JE

V : Diagonale de lettres de 3 barres.

H : Somme des rangs alphabétiques = 18.

Question 78 **Réponse C** ★★★☆☆ **30 sec. – 2 min.** **Fiches 166/169**

		39		
		14		
		59		
14	25	??	47	69
		73		

(A) 58 (B) 47 **(C) 36** (D) 56 (E) 96

V : Diagonale gauche - droite avec écart constant de +1 : 3 – 4 – 5 – **6** – 7.

H : 1er chiffre + 3 = 2e chiffre.

Question 79 **Réponse C** ★★★☆☆ **30 sec. – 2 min.** **Fiches 170/181**

		33		
102	85	??	170	34
		42		
		60		
		24		

(A) 119 (B) 13 **(C) 51** (D) 68 (E) 15

V : Somme constante égale à 6.

H : Multiples de 17.

Question 80 **Réponse B** ★★★☆☆ **30 sec. – 2 min.** **Fiches 165/166**

		TR		
		NP		
BT	DJ	??	HP	JO
		EG		
		YW		

(A) CV **(B) FD** (C) PL (D) KI (E) FF

V : Écart négatif/positif de –2/+2 entre la 1re et la 2e lettre : TR (–2), NP (+2), **?? (–2)**, etc.

H : La 1re lettre augmente de 2 : B – D – **F** – H – J.

Question 81	Réponse C	★★★☆☆	30 sec. – 2 min.	Fiches 167/170

		356		
		707		
		338		
528	437	???	346	225
		239		

(A) 167 (B) 336 **(C) 275** (D) 629 (E) 446

V : Somme des 3 chiffres = 14.

H : Écart de +3 entre le 1er et le 3e chiffre.

Question 82	Réponse C	★★★☆☆	30 sec. – 2 min.	Fiches 166/168

		FTI		
		CIK		
		IOM		
NRV	BFJ	???	RVZ	HLP
		NLI		

(A) MIP (B) LMI **(C) EIM** (D) AIC (E) IMQ

V : Diagonale moyenne du « I » : XXI – XIX – IXX – XIX – XXI

H : 1re lettre + 4 = 2[e] lettre et 2e lettre + 4 = 3[e] lettre.

Question 83	Réponse D	★★★★☆	30 sec. – 2 min.	Fiches 170/181

			224	
			802	
			642	
114	171	38	???	209
			871	

(A) 392 (B) 57 (C) 304 **(D) 95** (E) 749

V : Somme croissante de +2 : 2 + 2 + 4 = 8 ; 8 + 0 + 2 = 10 ; 6 + 4 + 2 = 12 ; ? = **14** ; etc.)

H : Multiples de 19.

Question 84	Réponse D	★★★☆☆	30 sec. – 2 min.	Fiches 191/195

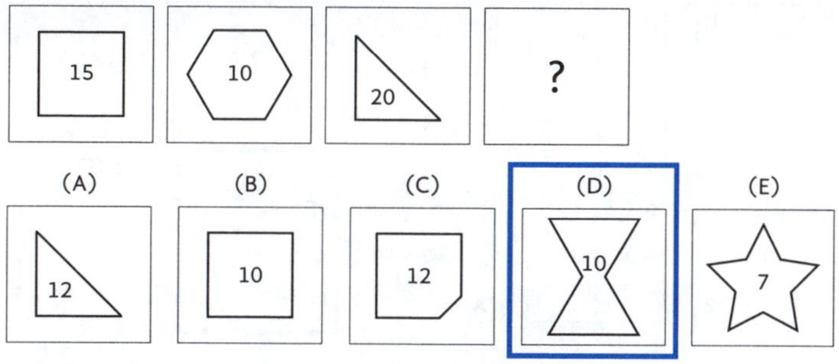

Logique 1 : Le nombre est un multiple de 5.

Logique 2 : Nombre de côtés de la figure × nombre = 60.

Question 85	Réponse D	★★★★☆	45 sec. – 3 min.	Fiches 191/192

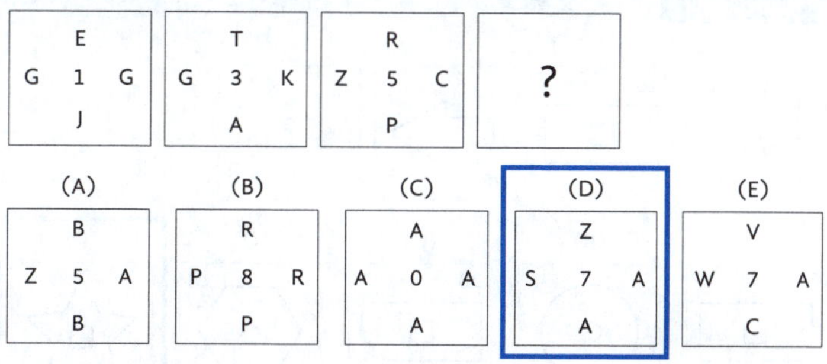

Logique 1 : Le nombre augmente de +2 : 1, 3, 5 → 7.

Logique 2 : Somme des rangs des lettres verticales – Somme des rangs des lettres horizontales = nombre central.

Question 86	Réponse B	★★★★☆	30 sec. – 2 min.	Fiches 194/195

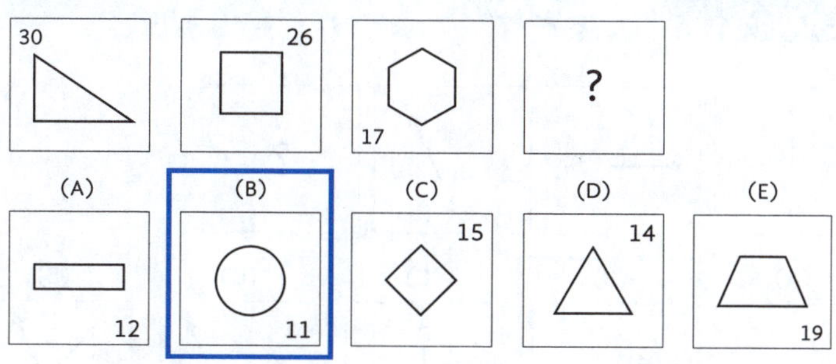

Logique 1 : Le nombre se déplace de 1 puis 2 coins → Le nombre se déplace de 3 coins.

Logique 2 : La différence entre les 2 chiffres du nombre est égale au nombre de côtés de la figure : 3 – 0 = 3 = 3 côtés ; 6 – 2 = 4 = 4 côtés ; 7 – 1 = 6 = 6 côtés.

Question 87 Réponse D ★★★☆☆ 30 sec. – 2 min. Fiches 194/195

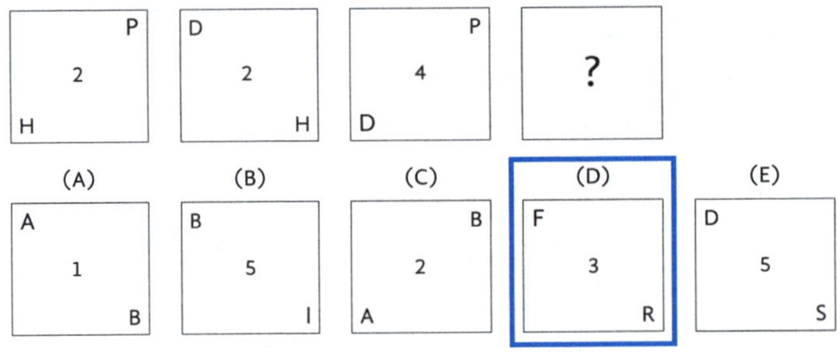

Logique 1 : Déplacement des éléments en diagonale → Diagonale haut gauche – bas droite.
Logique 2 : Le produit du rang de la lettre par le chiffre est égal au rang de l'autre lettre : $8 \times 2 = 16$; $4 \times 2 = 8$; $4 \times 4 = 16$.

Question 88 Réponse E ★★★☆☆ 30 sec. – 2 min. Fiches 194/195

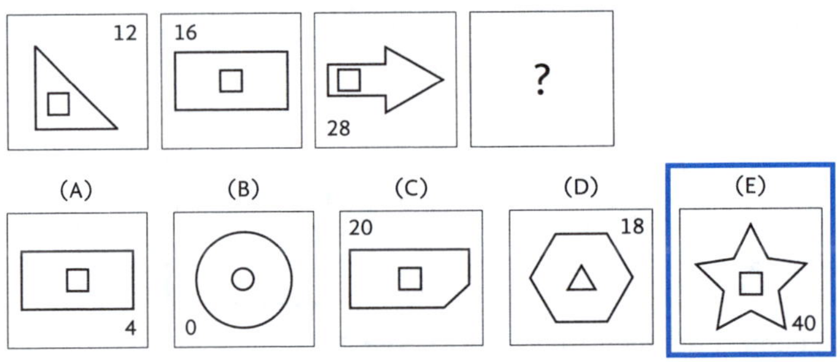

Logique 1 : Le nombre se déplace de coin en coin dans le sens anti-horaire → En bas à droite.
Logique 2 : Nombre de côtés de la figure × Nombre de côtés du carré à l'intérieur = le nombre indiqué.

Question 89 Réponse B ★★☆☆☆ 15 sec. – 1 min. Fiche 198

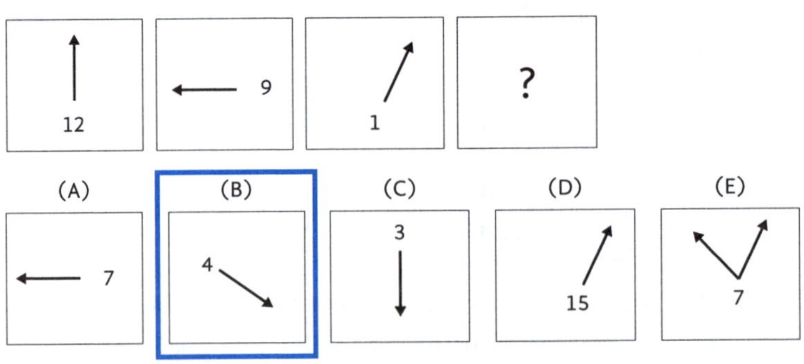

Logique : La flèche et le nombre indiquent l'heure sur un cadran de montre.

Question 90	Réponse D	★★★★☆	45 sec. – 3 min.	Fiche 197

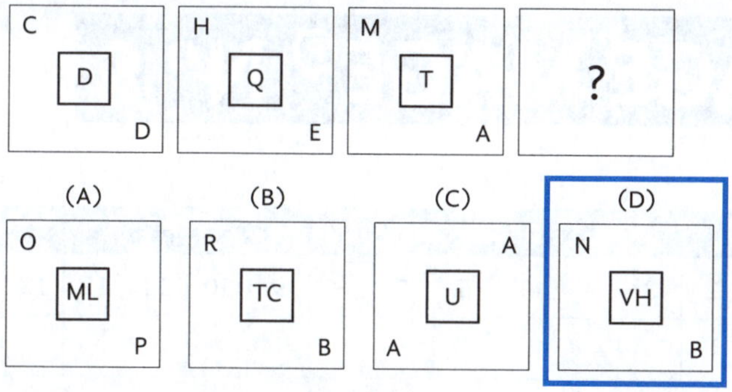

Logique 1 : Les lettres sont toujours placées au même endroit.

Logique 2 : La lettre centrale est l'initiale du résultat du produit du rang des lettres en haut à gauche et en bas à droite (C × D = 3 × 4 = <u>D</u>ouze ; etc.).

TAGE MAGE® N° 9

GRILLE DE RÉPONSES TM n° 9																
C.D.T	Question	1	2	3	4	5	6	7	8	9	10	11	12	13	14	15
	Réponse															
	SCORE : ..../60		Nombre BR : ... /15						Nombre MR : ... /15							
CALCUL	Question	16	17	18	19	20	21	22	23	24	25	26	27	28	29	30
	Réponse															
	SCORE : ..../60		Nombre BR : ... /15						Nombre MR : ... /15							
R & A	Question	31	32	33	34	35	36	37	38	39	40	41	42	43	44	45
	Réponse															
	SCORE : ..../60		Nombre BR : ... /15						Nombre MR : ... /15							
COND. MIN.	Question	46	47	48	49	50	51	52	53	54	55	56	57	58	59	60
	Réponse															
	SCORE : ..../60		Nombre BR : ... /15						Nombre MR : ... /15							
EXPRESS.	Question	61	62	63	64	65	66	67	68	69	70	71	72	73	74	75
	Réponse															
	SCORE : ..../60		Nombre BR : ... /15						Nombre MR : ... /15							
LOGIQUE	Question	76	77	78	79	80	81	82	83	84	85	86	87	88	89	90
	Réponse															
	SCORE : ..../60		Nombre BR : ... /15						Nombre MR : ... /15							
TM n° 9	SCORE :......./360 ⇔ ..../600		BR = Bonne réponse = + 4 points. MR = Mauvaise Réponse = –1point. Multipliez par 5/3 pour passer du score/360 au score/600.													

TAGE MAGE® N° 9

1 COMPRÉHENSION DE TEXTES

CONSIGNES

15 questions	20 minutes	Calculatrice interdite	Chronomètre recommandé

BARÈME

Bonne réponse : +4 points	Aucune réponse : 0 point	Mauvaise réponse : –1 point

TEXTE 1

Ce 14 novembre, après des années de réhabilitation et de travaux, c'est à Mathieu Gallet, le jeune PDG nommé dix mois plus tôt, que revient l'honneur d'accueillir tout le gratin politique et culturel pour la réouverture de la Maison ronde.

Depuis les balcons teinte merisier qui encerclent l'orchestre, ces privilégiés goûtent la beauté du nouvel auditorium, savourent l'acoustique qui donne l'impression de voir s'envoler les notes de « Daphnis et Chloé ». Durant tout le week-end, les sept antennes de Radio France et les orchestres se mettent en frais. Quelque 25.000 visiteurs viennent jeter un œil, succès phénoménal, bien supérieur aux prévisions. On passe de Zaz à Berlioz dirigé par Myung-Whun Chung, de « la Conversation scientifique » avec le physicien Etienne Klein au débat animé par Stéphane Paoli... (Question 1).

Jean-Paul Cluzel, Jean-Luc Hees, les deux prédécesseurs de Mathieu Gallet, l'observent récolter les lauriers d'un interminable chantier qui leur a valu tant de réunions, de soucis, d'insomnies peut-être. Ce qu'on vient fêter, ici, c'est plus qu'un bâtiment, plus qu'un célèbre monument parisien : c'est une maison de famille.

Hélas, cette soirée n'était qu'une illusion d'optique. Car voilà que ce maudit chantier vient de voir son terme encore repoussé (à 2018, voire 2020) et sa facture, encore alourdie (584 millions d'euros). Non content d'avoir contraint les salariés à déménager, à supporter le bruit incessant, les malfaçons à tous les étages, il va maintenant, ils en sont convaincus leur coûter des emplois. Et, à leurs yeux, les nouveautés architecturales dénaturent cette maison. Une visite guidée des malfaçons permet de partager l'indignation des salariés, quel que soit leur niveau hiérarchique : le studio dans l'agora pour des émissions en public refait trois fois et fermé ; la rampe d'escalier placée trop bas ; les places du haut dans l'auditorium gênées par une mauvaise isolation ; la non-étanchéité de la splendide verrière qui surplombe la rue traversante. C'est « leur » bien et c'est de l'argent public.

L'incompréhension entre les parties se cristallise sur des lieux qui, bien plus que des décors, sont les personnages d'un malaise social. Ils racontent le poids du passé, le choc des cultures, la peur du futur. Comment comprendre l'histoire de cette maison sans en maîtriser la topographie ?

Question 1. Quelle proposition conviendrait le mieux au lieu de « Question 1 » dans le texte ?

(A) En un mot, de nombreux spectacles qui ont alourdi la facture du chantier.
(B) Bref, le meilleur de Radio France, la quintessence du service public.
(C) En d'autres termes, de nombreux artistes de différents horizons.
(D) En somme, des spectacles destinés à toute la population amatrice de musique.
(E) Aucune de ces réponses ne convient.

Question 2. Selon le texte, comment pourrait-on qualifier le style de musique diffusé par les antennes de Radio France ?

(A) Variété traditionnelle.
(B) Ouvert à tous.
(C) Classique.
(D) Éclectique.
(E) Populaire.

Question 3. Que souhaite provoquer l'auteur de cet article chez le lecteur ?

(A) De la curiosité et de l'inquiétude.
(B) De la colère et de l'émerveillement.
(C) De l'impatience et de la colère.
(D) De l'intérêt et de l'indignation.
(E) Du respect et de la honte.

Question 4. Quel est le point de vue de l'auteur sur les travaux engagés par Radio France ?

(A) Il était temps de faire les travaux, le bâtiment menaçait de s'effondrer.
(B) Les travaux étaient nécessaires mais le coût des travaux semble trop élevé.
(C) Le coût des travaux, les retards, les malfaçons et les dommages collatéraux sont une honte.
(D) Il en va de la dignité de la nation que d'avoir des bâtiments publics beaux et modernes.
(E) Le chantier va dépasser les délais mais ce n'est pas grave : l'important est que les travaux, qui étaient nécessaires, soient réalisés.

Question 5. Quel titre conviendrait à ce texte ?

(A) Radio France continue de nous régaler.
(B) Radio France entre concerts privés, cocktails et travaux somptuaires.
(C) Un nouvel élan pour Radio France.
(D) Les premiers mois de Mathieu Gallet à Radio France.
(E) L'avenir de la radio publique.

TEXTE 2

Le plus gros biréacteur civil du monde prend forme. Boeing a annoncé ce jeudi 27 août avoir bouclé la configuration définitive du 777-9 (400-425 sièges), la version la plus grande de sa future gamme de long-courriers. Cet appareil, dont la fabrication doit débuter en 2017, avant une mise en service prévue en 2020, doit mener à bien une mission ardue : perpétuer la domination du 777 actuel, qui a tué le quadriréacteur A340 d'Airbus, mais souffre désormais face au tout nouvel A350, un avion de nouvelle génération composé à 53% de matériaux composites.

Depuis le lancement du programme au salon de Dubaï en novembre 2013, l'appareil n'en finit pas d'opposer Boeing et Airbus. Fort des 320 commandes et engagements d'achats déjà obtenus, le groupe américain y voit un véritable « A350 killer » : la plus petite version du 777X, dite 777-8 (350 sièges), attaque de front l'A350 le plus grand (A350-1000). Avec plus de 400 sièges, la version la plus longue, le 777-9, n'affiche, elle, pas de concurrent direct chez Airbus.

Selon l'Américain, il y a donc un « trou dans la raquette » au sein de la gamme Airbus : en gros, l'A350 (jusqu'à 366 sièges) est trop petit pour combattre le 777-9, et l'A380 (525 sièges) trop gros. Boeing assure que les nouvelles ailes en composite de l'appareil et son moteur développé par GE, le GE9X, permettront de distancer durablement Airbus sur un marché-clé, dont il estime la demande sur 20 ans à 3.520 appareils, soit 1.220 milliards d'euros.

À Toulouse, on jure ne pas craindre ce nouvel appareil, que le directeur commercial d'Airbus John Leahy qualifiait en 2013 d' « avion de papier très lourd ». Mais le groupe toulousain laisse toutes les options ouvertes : il réfléchit à une nouvelle version rallongée de l'A350, dite A350-1100, qu'il pourrait dégainer si Boeing perce avec le 777X. « Nous regardons si le marché se déplace dans leur direction, expliquait John Leahy au salon du Bourget en juin dernier. Si c'est le cas, nous devrions regarder un rallongement de l'A350. Le débat est encore ouvert. Je pense que nous saurons à la fin de l'année ou au début de l'année prochaine si nous y allons ou pas ».

Toujours dans l'idée de muscler sa gamme de long-courriers, Airbus réfléchit aussi à relancer son A380, aux ventes décevantes, en le dotant de nouveaux moteurs, très probablement développés par le britannique Rolls-Royce. Dans un entretien au journal britannique *Sunday Times* en juillet dernier, le PDG d'Airbus Fabrice Brégier confirmait le projet : « Nous irons vers un A380 de type Neo. Vous pouvez le dire. Il nous le faudra entre 2020 et 2025 ».

Le dirigeant avançait même une estimation du coût du programme : 3 milliards d'euros, pour développer un nouveau moteur et modifier les ailes de l'appareil. Une annonce pourrait avoir lieu au salon de Dubaï en novembre prochain. Client de lancement du 777X il y a deux ans, avec 150 commandes, Emirates est en pole position pour être celui de l'A380 NEO.

Question 6. Comment pourrait-on qualifier la position d'Airbus vis-à-vis de Bœing dans ce texte ?

1. Moqueuse
2. Attentiste
3. Confiante
4. Critique

(A) 1 + 2 + 3 + 4
(B) 2 + 3 + 4
(C) 1 + 2 + 3
(D) 1 + 2
(E) 2 + 4

Question 7. Quel est le sous-entendu de l'expression « avion de papier très lourd » ?

(A) Les ventes de cet avion de Bœing auront du mal à décoller.
(B) L'avion de Bœing sera plus cher que celui d'Airbus.
(C) L'avion de Bœing consommera plus d'essence que celui d'Airbus.
(D) L'avion de Bœing est composé d'anciens matériaux lourds.
(E) L'avion de Bœing est probablement un sérieux concurrent pour Airbus.

Question 8. Que signifie l'expression « trou dans la raquette » ?

(A) Airbus a connu une année avec un chiffre d'affaires en baisse et des pertes.
(B) Boeing est en train de repasser devant Airbus en termes de chiffre d'affaires.
(C) Airbus a eu moins de commandes que Boeing au dernier salon du Bourget.
(D) Airbus n'a aucun avion concurrençant Boeing sur un segment de marché spécifique.
(E) Aucune de ces réponses ne convient.

Question 9. Quel titre conviendrait au texte ?

(A) Airbus : une longueur d'avance sur Boeing.
(B) Airbus : nouveau challenger de Boeing.
(C) Airbus/Boeing : une concurrence perpétuelle.
(D) Boeing se démarque par rapport à Airbus.
(E) Plan d'investissements d'Airbus pour contrer Boeing.

Question 10. Quelle est la position d'Airbus vis-à-vis du 777X de Boeing ?

(A) Airbus est inquiet concernant le lancement du 777X.
(B) Airbus n'est absolument pas inquiet concernant le lancement du 777X.
(C) Airbus est satisfait de l'arrivée d'un nouvel avion Boeing sur un segment de marché différent.
(D) Airbus est attentif et suivra avec attention le lancement du 777X.
(E) Airbus est indifférent au lancement du 777X.

TEXTE 3

Apple serait dans les starting blocks pour dévoiler son propre service de streaming de musique. La marque à la pomme débarquerait alors sur un marché difficile, où les concurrents sont bien en place, et les derniers-nés comme les pionniers en difficulté.

« Malgré nos meilleures intentions, nous avons fait de très grosses erreurs », a déclaré, début mai, le site Grooveshark. Créé en 2006, ce pionnier du streaming de musique, qui a compté jusqu'à 35 millions d'utilisateurs par mois, s'est éteint au terme d'une longue bataille juridique avec les maisons de disques. Il rejoint le cimetière des plates-formes d'écoute de musique qui ont fermé boutique: Music Unlimited du géant japonais Sony, Fnac Music du groupe éponyme, Neuf Music de SFR ou AlloMusic de Patrick Bruel. Dans sa chute, Grooveshark pourrait être suivi par Tidal, le service lancé en grande pompe par Jay-Z himself. Celui-ci entend s'imposer avec des titres exclusifs et une offre haut de gamme (19,99€ par mois), soit le double de l'abonnement des leaders Spotify et Deezer, respectivement 60 millions et 16 millions d'utilisateurs. Mais un mois après sa sortie, Tidal compte à peine 800.000 utilisateurs. Un flop international.

(Question 13). « Certes, il y a peu de place pour les petits acteurs », reconnaît Simon Baldeyrou, directeur général France de Deezer. « Mais il reste plein de concurrents ! » Même bonne humeur chez Spotify, qui se félicite de sa « belle croissance sur un marché compétitif », alors qu'il vient de lever 316 millions d'euros.

L'enthousiasme est plus tempéré chez Qobuz. Cette plate-forme de streaming haute définition, exclusivement payante, a été placée en procédure de sauvegarde en août dernier. Certes, Yves Riesel, le PDG, se flatte d'afficher « des recettes qui ont doublé depuis l'an dernier » et continue de soutenir mordicus que le streaming est « le modèle du futur ». Reste qu'il a dû licencier dix salariés et qu'il ne mâche pas ses mots quand il évoque les problèmes du secteur, en particulier « la distorsion de concurrence née de l'accord entre Orange et Deezer ». Depuis 2010, l'opérateur propose à un million de ses clients un abonnement gratuit au service de streaming. À en croire le patron de Qobuz, la révolution viendra (une fois encore) d'Apple. Il se murmure que la firme américaine pourrait se convertir au streaming en s'appuyant sur le rachat, l'an dernier, du fabricant de casques Beats.

La marque à la pomme rejoindrait les géants de l'électronique déjà lancés dans la course: Microsoft propose de la musique en illimité avec Xbox Music sur console, PC et Windows Phone, et Google multiplie les options avec Google Play Music ou YouTube Music Key.

Question 11. Quelles sont les positions respectives de Deezer, Spotify, Qobuz et Groovershark sur le marché du streaming de musique ?

(A)	Outsider	Concurrent	Leader	En faillite
(B)	Concurrent	Leader	Outsider	En faillite
(C)	Leader	Leader	Concurrent	En faillite
(D)	Outsider	Leader	Concurrent	Concurrent

(E) Aucune de ces réponses ne convient.

Question 12. Que signifie le mot « éponyme » utilisé dans le texte ?

(A) Associé.
(B) Appartenant à la même personne.
(C) Du même nom.
(D) Situé dans les mêmes locaux.
(E) Dans la même région.

Question 13. Quelle proposition conviendrait le mieux au lieu de « Question 13 » dans le texte ?

(A) Qu'en pensent les concurrents ?
(B) Quel est l'avis du DG de Deezer ?
(C) Le streaming battrait-il de l'aile ?
(D) Qu'en est-il du côté des acteurs du marché ?
(E) Aucune de ces réponses ne convient.

Question 14. Quel problème Yves Reisel souligne-t-il pour évoquer les difficultés de son entreprise à prospérer dans le secteur ?

(A) La concurrence féroce de Spotify et de Deezer.
(B) Les barrières à l'entrée.
(C) Le fait qu'une grande partie de la population est déjà abonnée.
(D) L'accord entre Orange et Deezer.
(E) Le fait que des acteurs gratuits viennent perturber le marché.

Question 15. Quelle interprétation peut-on tirer de ce texte ?

(A) Seul Apple est en mesure d'être leader sur le marché du streaming de musique.
(B) Il existe probablement une corrélation entre les ressources financières d'une entreprise et ses chances d'être leader sur un marché.
(C) S'associer à un géant du secteur des télécoms est le seul moyen pour continuer à croître.
(D) Spotify et Deezer sont les deux seules entreprises du streaming de musique à continuer à se développer.
(E) Le streaming de musique n'est probablement pas le futur de la musique, malgré de nombreuses tentatives.

2 CALCUL

CONSIGNES

15 questions	20 minutes	Calculatrice interdite	Chronomètre recommandé

BARÈME

Bonne réponse : +4 points	Aucune réponse : 0 point	Mauvaise réponse : –1 point

Question 16. Soit un cube de volume 512 cm^3. Soit « d » la diagonale d'une des faces du cube.

Combien vaut $\frac{3d^2}{4}$?

(A) 96 cm

(B) 48 cm

(C) 12 cm

(D) 24 cm

(E) 128 cm

Question 17. Le père Jeannot veut louer un champ pour sa vache Marguerite. Le propriétaire du champ adjacent à sa propriété lui propose de lui louer le sien gratuitement, un terrain rectangulaire de 50 mètres sur 30 mètres, s'il paye l'installation de la clôture.

Sachant que le mètre de clôture coûte 20 € sur la première moitié de la clôture et 15 euros sur la seconde moitié, quelle somme dépensera le père Jeannot pour clôturer le champ ?

(A) 1 500 euros

(B) 2 400 euros

(C) 2 600 euros

(D) 2 800 euros

(E) 3 400 euros

Question 18. Albert, boulanger de père en fils, coupe une même baguette à cinq reprises. À la fin, il obtient des morceaux de 12 cm et moitié moins de morceaux réduits d'un quart. Quelle est la taille de la baguette ?

(A) 48 cm

(B) 54 cm

(C) 60 cm

(D) 66 cm

(E) 72 cm

Question 19. Une montre avance de 4 minutes par heure. La montre est exactement à la bonne heure à midi. Quelle heure sera-t-il dans la réalité lorsque la montre affichera exactement 18h24 ?

(A) 17h52
(B) 17h56
(C) 18h00
(D) 18h18
(E) 18h26

Question 20. Deux cyclistes tournent à vitesse constante sur la piste circulaire d'un vélodrome de 200 mètres en partant du même point. S'ils roulent en sens contraire, ils se croisent toutes les 10 secondes. S'ils roulent dans le même sens, le plus rapide double l'autre toutes les 90 secondes.

Quelle est la vitesse du cycliste le plus rapide ?

(A) 42 km/h
(B) 40 km/h
(C) 38 km/h
(D) 32 km/h
(E) 30 km/h

Question 21. Un éleveur achète de la nourriture pour son troupeau. Le vendeur lui indique qu'il payera le même prix s'il achète 300 lots au prix normal ou 400 lots au prix réduit de 50 euros par lot. Quel est le prix d'un lot sans réduction ?

(A) 110 €
(B) 150 €
(C) 170 €
(D) 200 €
(E) 220 €

Question 22. Je passe une soirée avec mes amis. Chacun met son nom sur un papier et on pioche un papier au hasard. Combien y a-t-il de filles à la soirée sachant que nous sommes moins de 10 et que la probabilité de piocher un nom de garçon est de 2/5 ?

(A) 1
(B) 2
(C) 3
(D) 6
(E) 3 ou 6

Question 23. Deux Formule 1 participent à une course. Elles s'élancent du même point, à quelques secondes d'intervalle, en ligne droite. La Formule 1 qui part en premier roule à 300 km/h. L'autre Formule 1, partie en 2e, roule à 360 km/h. Elle rattrape rapidement la Formule 1 partie en premier. Au bout de combien de temps la deuxième Formule 1 aura-t-elle 300 mètres d'avance sur la première Formule 1 ?

(A) 20 secondes.
(B) 1 minute et 12 secondes.
(C) 28 secondes.
(D) 18 secondes.
(E) Il est impossible de répondre.

Question 24. En 2012, Tesla, un constructeur de voitures électriques, a vendu 1 000 unités en Europe. Parmi ces ventes, 40 % concernaient le modèle Roadster. Le reste concerne le modèle S. En 2013, les ventes du Roadster ont (...). En 2014, les ventes de ce modèle ont (...). Finalement, fin 2014, les ventes du Roadster atteignent 432 unités.

(A)	Augmenté de 10 %	diminué de 15 %.
(B)	Augmenté de 15 %	diminué de 5 %.
(C)	Diminué de 5 %	diminué de 15 %.
(D)	Diminué de 20 %	augmenté de 20 %.
(E)	Diminué de 10 %	augmenté de 20 %.

Question 25. Le réservoir d'une petite voiture a une contenance d'un tiers de 100 litres. Il est plein aux trois cinquièmes. Lors d'un trajet, 8 litres sont consommés.

Quelle quantité d'essence reste-t-il dans le réservoir ?

(A) 10
(B) 12
(C) 15
(D) 18
(E) 21

Question 26. Si on augmente le côté d'un carré de 3 cm, sa surface est multipliée par 4. Quelle est sa surface après augmentation ?

(A) 16 cm^2
(B) 20 cm^2
(C) 25 cm^2
(D) 28 cm^2
(E) 36 cm^2

Question 27. Coline va faire des courses dans la ville voisine, distante de 10 km. Elle fait l'aller à une vitesse moyenne de 50 km/h. Au retour, elle s'arrête à mi-chemin pour acheter du pain, après avoir conduit 3 minutes. Enfin, elle rentre chez elle à une vitesse moyenne de 30 km/h.

Quelle est la vitesse moyenne du trajet de Coline ?

(A) 34 km/h
(B) 38 km/h
(C) 42 km/h
(D) 48 km/h
(E) 52 km/h

Question 28. Cette année, il y a 30 participants à une course. L'année prochaine, il y aura 4 hommes de plus et 2 femmes de plus. L'année prochaine, il y aura autant d'hommes que de femmes. Combien y a-t-il eu d'hommes cette année ?

(A) 12
(B) 13
(C) 14
(D) 15
(E) 16

Question 29. Corentin et Ryan jouent au poker. Au début de la partie, ils possèdent le même nombre de jetons. Après 4 tours de jeu, Corentin a 30 jetons de plus que Ryan. Toutefois, au cinquième et dernier tour de jeu, Corentin perd le tiers de ses jetons et Ryan a alors le même nombre de jetons que Corentin. Combien y a-t-il de jetons dans le jeu ?

(A) 60
(B) 80
(C) 100
(D) 120
(E) 140

Question 30. Parmi un jeu de 64 cartes, Nadia tire une carte.

Quelle est la probabilité que cette carte ne soit pas un cœur ?

(A) 1/2
(B) 1/3
(C) 2/3
(D) 1/4
(E) 3/4

TAGE MAGE® N° 9

3 RAISONNEMENT ET ARGUMENTATION

CONSIGNES

15 questions	20 minutes	Calculatrice interdite	Chronomètre recommandé

BARÈME

Bonne réponse : +4 points	Aucune réponse : 0 point	Mauvaise réponse : –1 point

Question 31. Qui peut être la mère de la tante de l'oncle de mon frère ?

(A) Ma grand-mère.

(B) Ma grand-tante.

(C) La sœur de ma grand-mère.

(D) La cousine de ma grand-mère.

(E) La mère de ma grand-mère.

Question 32. On a constaté lors d'une étude que les gens fatigués (après avoir dormi moins de 3 heures par nuit pendant 1 semaine) ont du mal à se rappeler des prénoms. Les chercheurs en ont conclu que le degré d'éveil agit directement sur la mémoire.

Quelle affirmation affaiblit le plus cette conclusion ?

(A) Les gens fatigués n'ont pas forcément tous dormi si peu.

(B) On peut se rappeler de certains prénoms même en étant fatigué.

(C) L'intelligence agit sur la mémoire, et particulièrement sur la mémoire de long terme.

(D) Les gens fatigués ont du mal à se concentrer, or la concentration agit sur la mémoire.

(E) L'état de fatigue n'étant pas un état permanent, la mémoire finit par revenir.

Question 33. Un sociologue discute de l'utilité d'Internet et émet l'avis suivant : « Internet a permis de rendre l'information disponible à plus de personnes que jamais au cours de l'Histoire. Les gens apprennent donc plus de choses, mais cet apprentissage se fait aux dépens d'experts dans les différents domaines ».

Quelle proposition est le plus en adéquation avec l'avis du sociologue ?

(A) Internet contribuera à une démocratisation de l'information et des connaissances dans la société.

(B) La recherche de connaissances via Internet va augmenter la sollicitation de l'avis des experts.

(C) Les experts vont augmenter leur dépendance vis-à-vis d'Internet à l'avenir.

(D) Les connaissances sur des sujets pointus ne seront détenues que par une poignée d'experts.

(E) Les experts seront de moins en moins utiles en raison de l'accès massif à l'information.

Question 34. 4 enfants A, B, C, D ont 8, 9 ou 10 ans. Ceux de 8 ans et 10 ans disent toujours vrai. Ceux de 9 ans mentent toujours. Il y a 3 menteurs parmi les 4 enfants. Ils affirment :
Enfant A : « La somme de nos âges fait 37 ans. »
Enfant B : « La somme de nos âges fait 38 ans. »
Enfant C : « La somme de nos âges fait 34 ans. »
Enfant D : « La somme de nos âges fait 36 ans. »
Qui ment de manière certaine ?

(A) B, C et D mentent.
(B) A ment.
(C) A, C et D mentent.
(D) C et D mentent.
(E) B ne ment pas.

Question 35. En voyant la présentation tant attendue de son président, Georges ne put s'empêcher de murmurer en sortant de la réunion : « C'est une montagne qui accouche d'une souris ».

Quelle proposition pourrait remplacer cette expression ?

(A) « On a du pain sur la planche ».
(B) « Ce qu'il veut est impossible ».
(C) « Tout ça pour ça ».
(D) « Ce qu'il demande est totalement à côté des réalités ».
(E) « Nous allons être en sureffectif ».

Question 36. Bien qu'il connaisse parfaitement le plan de la banque, Jonny a décidé de la cambrioler le vendredi soir. Il a été arrêté et incarcéré le samedi.

Quel est le présupposé sous-entendu dans ce propos ?

(A) Ne jamais cambrioler le vendredi soir sous peine d'être démasqué.
(B) Les personnes qui ne connaissent pas le plan d'une banque ne la cambrioleront jamais.
(C) Celui qui cambriole vendredi est démasqué samedi.
(D) Les cambrioleurs qui volent sont démasqués rapidement, même s'ils connaissent les lieux.
(E) Ceux qui connaissent les lieux n'essayent pas, en général, de cambrioler la banque le vendredi.

Question 37. Complétez ce raisonnement :

Quelques chirurgiens sont anesthésistes. Or, (...). Donc quelques chirurgiens sont cartésiens.

(A) Tous les chirurgiens sont anesthésistes.
(B) Tous les anesthésistes sont cartésiens.
(C) Quelques anesthésistes sont cartésiens.
(D) Quelques cartésiens sont anesthésistes.
(E) Quelques anesthésistes sont chirurgiens.

Question 38. Le Royaume-Uni constitue certes un cas particulier dans l'UE. Rétifs aux visions grandioses des fondateurs de l'Europe, les Britanniques ne se sont jamais départis de leur scepticisme fondamental vis-à-vis d'une intégration qui aurait une portée autre que fonctionnelle. Un grand marché, oui ; une union sans cesse plus étroite, synonyme de transferts de souveraineté, non.

Parmi les propositions suivantes, laquelle offre la meilleure conclusion ?

(A) Le Royaume-Uni est partisan d'une Europe aux prérogatives réduites.
(B) Le Royaume-Uni a toujours refusé l'idée même d'Europe fédérale.
(C) Le Royaume-Uni s'est opposé à certaines grandes réalisations de l'Union Européenne.
(D) Le Royaume-Uni ne souhaiterait pas voir une Europe plus intégrée.
(E) La participation du Royaume-Uni au budget européen est probablement relativement faible.

Question 39. Plus de 150 millions de personnes, principalement en Asie, vivent dans des zones situées à moins d'un mètre de l'actuel niveau des mers et risquent ainsi de devoir se déplacer.

Quel est le présupposé de cet extrait ?

(A) Des millions de personnes vont devoir se déplacer dans les années à venir.
(B) Le réchauffement climatique va créer des réfugiés climatiques.
(C) Le niveau des mers et des océans va monter.
(D) Il faut réduire nos émissions de $C0_2$ et lutter contre le réchauffement climatique.
(E) L'Asie est un continent menacé par le réchauffement climatique.

Question 40. Le problème de l'énergie nucléaire, c'est la nature du risque qui lui est lié ; en l'occurrence la possibilité, même réduite, qu'un accident au caractère irrémédiable se produise. Rappelons-le : il faut des dizaines de milliers d'années pour que le plutonium perde sa radioactivité donc sa dangerosité.

Quelle est la proposition qui conclut le mieux ce propos ?

(A) Le nucléaire représente une source d'énergie sur le long terme mais celle-ci est plutôt risquée.
(B) La durée de vie du plutonium peut justifier le recours aux centrales nucléaires en dépit d'un certain risque.
(C) Le risque nucléaire, par son caractère absolu, soulève de nombreuses interrogations.
(D) Qu'importe les risques liés au plutonium nous ne pouvons pas nous passer de l'énergie nucléaire à l'heure actuelle.
(E) Il y a peu de chance qu'un accident nucléaire se produise grâce à la prise de conscience des risques.

Question 41. Voici ce que l'on sait sur Élise, Éloïse, Éléonore, Ella et Elvire ; et sur elles seules : Élise a fait une seule fois la bise. Éloïse aussi. Les trois autres, Éléonore, Ella et Elvire ont fait deux fois la bise. On sait qu'Élise et Elvire se sont fait la bise.

Sachant que 2 filles ne peuvent se faire la bise qu'une seule fois, on peut affirmer qu'une bise n'a pu avoir lieu. Laquelle ?

(A) Elvire avec Ella.
(B) Elvire avec Éléonore.
(C) Éloïse avec Éléonore.
(D) Éloïse avec Elvire.
(E) Éloïse avec Ella.

Question 42. Peut-être pour la première fois dans l'Histoire, il semble y avoir un large consensus parmi les scientifiques : notre planète pourrait faire face à des scénarios effrayants dans un avenir pas si lointain. L'arrêt de la circulation des eaux océaniques dans l'Atlantique, la déglaciation du Groenland et de l'Antarctique et l'élévation massive du niveau de la mer sont autant de phénomènes qui pourraient tous être la conséquence de notre inaction.

Laquelle de ces propositions soutient le plus les propos du texte ?

(A) La déglaciation du Groenland est la conséquence de l'action des hommes.
(B) La plupart des scientifiques le disent : les phénomènes environnementaux qui menacent la planète risquent d'avoir de sérieuses conséquences sur notre génération ainsi que sur les générations futures.
(C) Les scientifiques sont d'accord sur la question de l'environnement.
(D) Les scientifiques semblent enfin se mettre d'accord sur la question de l'environnement.
(E) L'élévation massive du niveau de la mer est la conséquence d'un ensemble de phénomènes naturels.

Question 43. Robert, François, Martin et Ali ne font pas le même métier. Ils sont médecin urgentiste, comptable, informaticien et agriculteur. Robert et François sont les seuls à travailler dans un bureau. Martin ne supporte pas la vue du sang. Robert n'utilise jamais internet mais aime beaucoup prendre soin des fleurs de son jardin.

Lequel des quatre est comptable ?

(A) Robert.
(B) François.
(C) Martin.
(D) Ali.
(E) Il est impossible de répondre.

Question 44. Que signifie l'expression « Avoir voix au chapitre » ?

(A) Attaquer le nouveau chapitre d'un livre.

(B) Avoir la voix qui porte.

(C) Ne plus pouvoir parler.

(D) Avoir le droit de participer à une délibération.

(E) Être particulièrement drôle.

Question 45. « Certains Suédois n'aiment pas boire de la bière ».

Laquelle de ces propositions correspond à la négation de cette phrase ?

(A) Certains Suédois aiment boire de la bière.

(B) Tous les Suédois n'aiment pas boire de la bière.

(C) Aucun Suédois n'aime pas boire de la bière.

(D) Il existe au moins un Suédois qui n'aime pas boire de la bière.

(E) Plusieurs Suédois n'aiment pas boire de la bière.

TAGE MAGE® N° 9

4 CONDITIONS MINIMALES

CONSIGNES

15 questions	20 minutes	Calculatrice interdite	Chronomètre recommandé

BARÈME

Bonne réponse : +4 points	Aucune réponse : 0 point	Mauvaise réponse : –1 point

(A) **L'information 1 seule est suffisante** pour répondre à la question.
L'information 2 seule est insuffisante pour répondre à la question.

(B) **L'information 2 seule est suffisante** pour répondre à la question.
L'information 1 seule est insuffisante pour répondre à la question.

(C) **Les informations 1 et 2 ensemble sont suffisantes** pour répondre à la question.
L'information 1 seule ou l'information 2 seule est insuffisante pour répondre à la question.

(D) **L'information 1 seule est suffisante** pour répondre à la question.
L'information 2 seule est suffisante pour répondre à la question.

(E) **Les informations 1 et 2 ensemble sont insuffisantes** pour répondre à la question.
L'information 1 seule ou l'information 2 seule est insuffisante pour répondre à la question.

Question 46. Clément et Alexia partent en weekend en Bretagne. Ils roulent sans arrêt pendant trois heures. Quelle a été leur vitesse moyenne ?

(1) Ils ont parcouru 240 km.

(2) Ils ont parcouru le tiers du temps de trajet à 160 km/h et le reste à 40 km/h.

Question 47. Pierre a plusieurs frères et plusieurs sœurs. Il a deux fois plus de sœurs que de frères. Combien Pierre a t-il de frères et de sœurs ?

(1) Le nombre d'enfants dans la famille est inférieur ou égal à 9.

(2) Le nombre de frères et sœurs de Pierre est pair.

Question 48. A-t-on $X^{16} - Y^{16} > 0$?

(1) $X^2 = Y^2$

(2) $X^2 = 100$

Question 49. Sur l'étalage d'un boucher, on peut acheter des canards et des lapins.

Combien y a-t-il de lapins ?

(1) Il y a 16 têtes.

(2) Il y a 56 pattes.

Question 50. Le triangle ABC possède-t-il un angle obtus ?

(1) L'un des angles du triangle ABC mesure 35°.

(2) Le triangle ABC est isocèle.

Question 51. Dans un chenil, on trouve uniquement des dalmatiens et des caniches.

Il y a 30 dalmatiens de plus que de caniches. Combien y a-t-il de chiens dans le chenil ?

(1) Il y a deux fois plus de dalmatiens que de caniches.

(2) Au total, les caniches représentent 1/3 du total des chiens du chenil.

Question 52. Quel est le volume de ce cube ?

(1) Chaque face a une superficie inférieure à 50 cm^2.

(2) La superficie totale des faces du cube est de 150 cm^2.

Question 53. Sachant que Y est un carré parfait compris entre 250 et 350, combien vaut Y ?

(1) Y est un multiple de seize.

(2) Y est un multiple de deux.

Question 54. Soient a, b et c trois nombres réels tous les trois inférieurs à 100.

Combien sont supérieurs à 49 ?

(1) $b + c = 150$.

(2) $a + b + c = 190$.

Question 55. Sur son disque dur, Johanna possède 12 800 photos et vidéos.

Combien de photos y a-t-il sur son disque dur ?

(1) La moitié de ses vidéos est égale à 6400 moins la moitié de ses photos.

(2) Si elle ajoute 700 vidéos supplémentaires, il y aura deux fois plus de photos que de vidéos sur le disque dur.

Question 56. Combien Josette a-t-elle d'argent ?

(1) À elles deux, Nicole et Josette ont 2 200 euros, soit 1 000 euros de plus que ce qu'a Nicole.

(2) Nicole a 1,2 fois plus d'argent que Josette.

Question 57. Soient x et y deux nombres réels non nuls.

Le résultat de l'expression $x^n \times y^5$ est-il positif ?

(1) y est positif.

(2) n est un nombre pair.

Question 58. On recense les habitants d'un village de 300 habitants et leur âge. L'âge moyen est de 39 ans. Quel est le nombre de mineurs (–18 ans) dans ce village ?

(1) Il y a deux fois plus de 40/60 ans que de seniors (+ 60 ans) qui sont eux-mêmes trois fois plus nombreux que les mineurs.

(2) En excluant les mineurs, l'âge moyen est de 45 ans.

Question 59. Un capital de 120 000 € est placé pour une première partie en obligations dont le taux de rendement annuel est garanti à 5 % et pour une deuxième partie en actions. Au bout d'un an, les actions ont rapporté 5 200 €.

Quelle est la valeur de la partie du capital placée en actions ?

(1) Les obligations ont généré 4 000 € au bout d'un an.

(2) Les actions ont produit un rendement annuel de 13 %.

Question 60. Aurélie possède 60 vêtements dont un tiers de robes et le reste de pantalons. Elle décide d'en donner la moitié à une association aidant les personnes en difficulté.

Quelle proportion de robes conserve-t-elle finalement ?

(1) Le nombre de robes est multiple du nombre de pantalons.

(2) Elle a donné 70 % des pantalons.

TAGE MAGE® N° 9

5 EXPRESSION

CONSIGNES

15 questions	20 minutes	Calculatrice interdite	Chronomètre recommandé

BARÈME

Bonne réponse : +4 points	Aucune réponse : 0 point	Mauvaise réponse : –1 point

Question 61. Choisissez les reformulations dont le sens se rapproche le plus des passages soulignés.

Cet enfant de 3 ans marchait de guingois, ce qui laissait ses parents médusés.

(A)	Maladroitement	Sans réaction
(B)	Difficilement	Inquiets
(C)	De travers	Sans voix
(D)	Bizarrement	Stupéfaits
(E)	En biais	Pantois

Question 62. Choisissez la reformulation dont le sens se rapproche le plus du passage. La proposition A reprend l'énoncé.

La Bourse de Shanghaï a connu une nouvelle journée noire, lundi 24 août, perdant jusqu'à plus de 9 % en séance et clôturant en baisse de 8,5 %, provoquant d'importantes secousses sur les marchés financiers mondiaux.

(A) La Bourse de Shanghaï a connu une nouvelle journée noire, lundi 24 août, perdant jusqu'à plus de 9 % en séance et clôturant en baisse de 8,5 %, provoquant d'importantes secousses sur les marchés financiers mondiaux.

(B) La Bourse de Shanghaï a en effet terminé ce lundi sur un plongeon de presque 9 %, sa plus forte baisse journalière depuis huit ans, dans un marché toujours affolé par la morosité de l'économie chinoise. Les marchés financiers mondiaux vont mal à cause de ça aussi.

(C) Les marchés des actions chinois se sont de nouveau effondrés, entraînant dans leur sillage les Bourses du monde entier la situation est dangereuse et certains aurait même parlé d'un lundi noir pour la bourse de Shanghai.

(D) Shanghai s'est en effet dégringolée de 8,5 % à la clôture, faisant disparaître tous les gains enregistrés depuis le début de l'année. Elle a tirée avec elle dans son sillage les marchés asiatiques avant de semer la peur et l'horreur en Europe où les Bourses ont toutes ouvertes en forte baisse.

(E) Les places boursières voient rouge. Les marchés mondiaux, liée à la situation de la Bourse de Shanghai, voient rouge. La situation est délicate. Le cours boursier à baissé de presque 8,5 %.

Question 63. Choisissez les mots dont le sens se rapproche le plus des mots soulignés.

Une fois de plus, les parents accueillaient le retour de l'enfant prodigue.

(A) Cette fois encore	Sage
(B) Une nouvelle fois	Dépensier
(C) Encore une fois	Gaspilleur
(D) De nouveau	Prodigieux
(E) À nouveau	Dilapidateur

Question 64. Choisissez la reformulation dont le sens se rapproche le plus des passages soulignés.

Il devrait vraiment arrêter d'aduler ce sportif aux accointances plus que douteuses.

(A) De suivre	Rapports
(B) De vénérer	Fréquentations
(C) D'admirer	Relations
(D) De s'inspirer	Contacts
(E) D'idolâtrer	Connaissances

Question 65. Combien de fautes d'orthographe, de grammaire et d'usage le paragraphe suivant contient-il ?

Lors de l'acceuil des invités, la journée s'annonçait encore comme une belle journée d'été ensolleillée. Rien ne semblait pouvoir noircir ce tableau idylique, pas même l'apparition de nuages ici ou là. Sonia était comblée, et cela se ressentait. Ses amis ne la reconnaissaient plus tant elle avait changée. Il y avait fort à parier que ce nouveau travail l'épanouirait infiniment plus que le précédent et qu'elle ne le quitterait pour rien au monde.

(A) Deux fautes.
(B) Quatre fautes.
(C) Trois fautes.
(D) Six fautes.
(E) Cinq fautes.

Question 66. Parmi les propositions suivantes, laquelle est grammaticalement incorrecte ?

(A) Il faut que j'aie mon diplôme.
(B) Je crains qu'il ne soit en retard.
(C) Je demanderai que tu ne sois pas retardé.
(D) Quand tu partiras, je serais arrivé.
(E) Je craignais qu'il ne fût en retard.

Question 67. Combien de fautes d'orthographe et grammaire la phrase suivante contient-elle ?

Ses employés ne discutent jamais le bien-fonder de ses décisions. Le processus décisionel est donc extrèmement fluide au seins de l'entreprise, mais de meilleurs choix pourraient certainement être fait. Cela nécessiterait cependant que le président abandonne certaines de ses prérogatives.

(A) 3
(B) 4
(C) 5
(D) 6
(E) 7

Question 68. Parmi les propositions suivantes, laquelle est mal orthographiée ?

(A) Le personnel navigant de ce bâtiment se prépare à l'éventualité de turbulences.
(B) Mes frères et sœurs ont des opinions politiques très divergentes.
(C) Ce n'est pas en communicant par SMS que vous résoudrez vos problèmes de couple.
(D) Eugène, négligent, a perdu la liste des courses et nous plonge donc dans l'embarras.
(E) J'aimerais que Théo s'en aille, il est fatigant.

Question 69. Lequel de ces mots est d'un genre différent des quatre autres ?

(A) Tentacule
(B) Écritoire
(C) Antidote
(D) Abîme
(E) Termite

Question 70. Quelle figure de style est employée dans cette phrase : « Je sors souvent avec mes amis pour me balader, discuter, ou aller boire un verre » ?

(A) Une allégorie
(B) Une hyperbole
(C) Un oxymore
(D) Une périphrase
(E) Une métonymie

Questions 71 à 75 : Complétez le texte avec le mot ou l'expression assurant la meilleure cohérence textuelle.

Question 71. Très rapidement, au lendemain de la Seconde Guerre mondiale, (...) entre les vainqueurs est rompue et les deux blocs (...) ...

(A) La coopération	sociétaux
(B) L'alliance	militaires et idéologiques
(C) La collaboration	regroupant de nombreux pays
(D) Les échanges	de pays vainqueurs
(E) Le dialogue	capitaliste et égalitaire

Question 72 (suite de la question 71). ...se constituent autour (...) des États-Unis et (...) de l'Union Soviétique.

(A) D'une part	d'autre part
(B) Tout d'abord	ensuite
(C) Aussi bien	également
(D) Principalement	aussi
(E) Premièrement	deuxièmement

Question 73 (suite de la question 72). (...), les relations internationales vont se concevoir dans une logique (...), les autres pays devant choisir un camp.

(A) Ainsi	bipartisane
(B) Puis	tripolaire
(C) À l'avenir	de domination
(D) Dorénavant	bipolaire
(E) Désormais	d'affrontement

Question 74 (suite de la question 73). (...), c'est quand les relations entre les deux (...) évoluent vers moins de tensions que chaque superpuissance commence à être contestée dans son camp.

(A) Bizarrement	puissances
(B) Toutefois	continents
(C) Paradoxalement	Grands
(D) Cependant	superpuissances
(E) Néanmoins	blocs

Question 75 (suite de la question 74). Mais dans quelle mesure ces contestations remettent-elles en cause la logique (...) née au début de (...) ?

(A) Bipartisane	la Seconde Guerre mondiale
(B) De paix	l'après-guerre
(C) De guerre	1939-1945
(D) Bipolaire	la Guerre froide
(E) D'affrontement	la Seconde Guerre mondiale

TAGE MAGE® N° 9

6 LOGIQUE

CONSIGNES			
15 questions	20 minutes	Calculatrice interdite	Chronomètre recommandé

BARÈME		
Bonne réponse : +4 points	Aucune réponse : 0 point	Mauvaise réponse : –1 point

Question 76.

		62		
		08		
		17		
		35		
16	64	?	48	40

(A) 80 (B) 24 (C) 32 (D) 71 (E) 53

Question 77.

			GHI	
ZAN	HJR	YSK	?	FBH
			LOR	
			PTX	
			BDF	

(A) XYZ (B) FSC (C) KSJ (D) EGI (E) NPR

Question 78.

			97	
			35	
37	91	82	?	46
			79	
			42	

(A) 73 (B) 64 (C) 55 (D) 86 (E) 20

Question 79.

BJ	?	JP	QV	HL
	RH			
	CZ			
	BK			
	AY			

(A) GN (B) NB (C) OV (D) DF (E) PW

Question 80.

		JC		
		EI		
HB	RJ	?	GN	PR
		KE		
		GJ		

(A) ID (B) LC (C) NA (D) CL (E) LL

Question 81.

		MM		
		WF		
AZ	HG	?	JI	DC
		NT		
		LL		

(A) WT (B) NM (C) WV (D) EY (E) IH

Question 82.

		66		
		53		
31	75	?	42	97
		34		
		72		

(A) 54 (B) 16 (C) 20 (D) 64 (E) 86

Question 83.

371	568	?	344	137
		312		
		862		
		514		
		936		

(A) 555 (B) 541 (C) 450 (D) 550 (E) 325

Question 84.

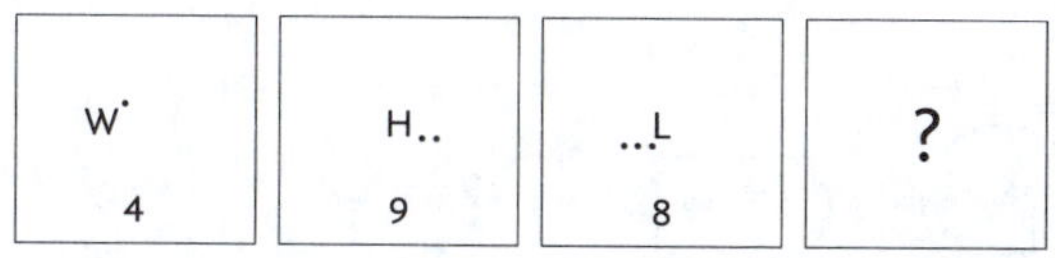

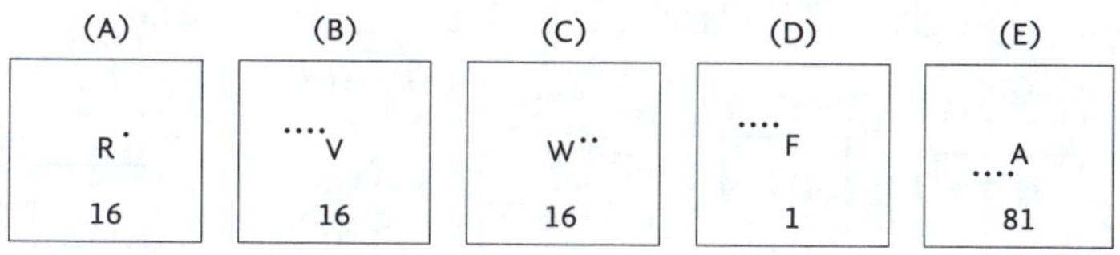

Question 85.

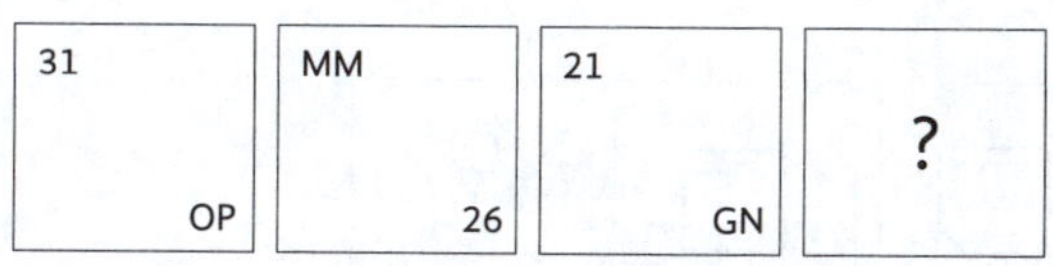

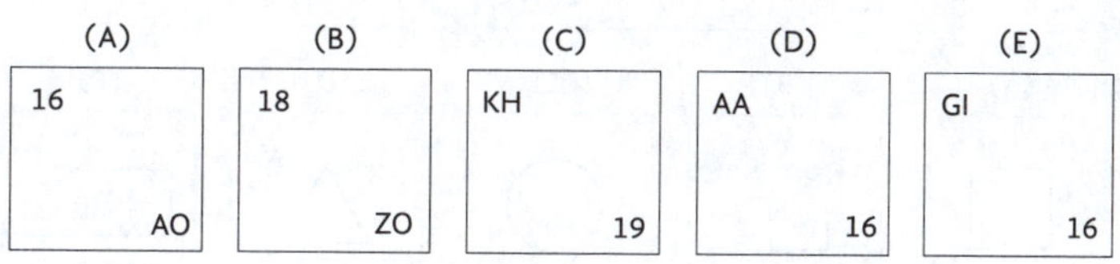

Question 86.

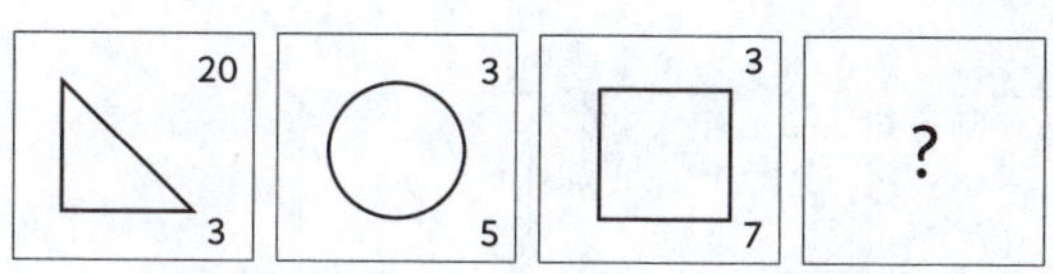

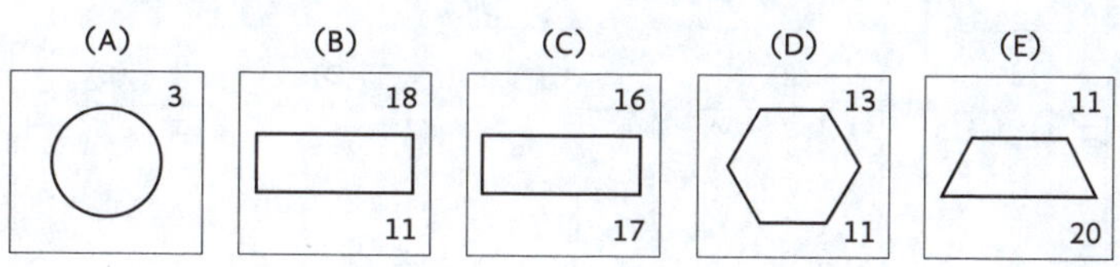

Question 87.

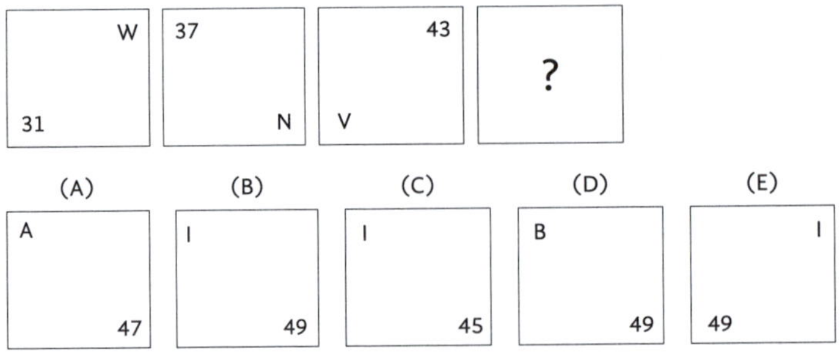

Question 88.

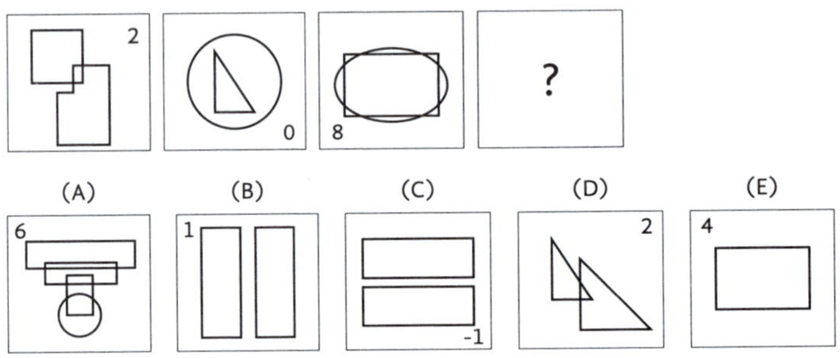

Question 89.

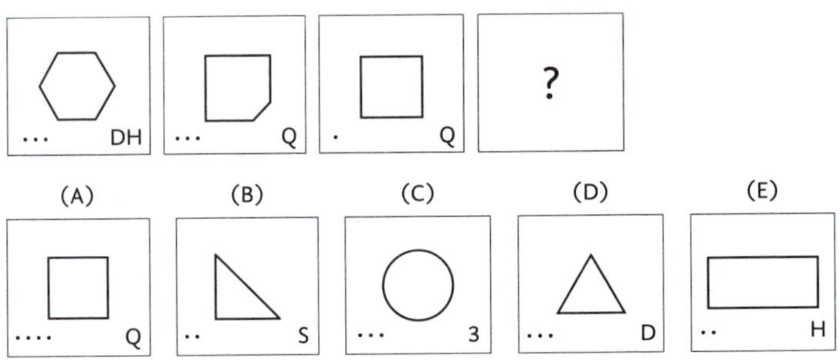

Question 90.

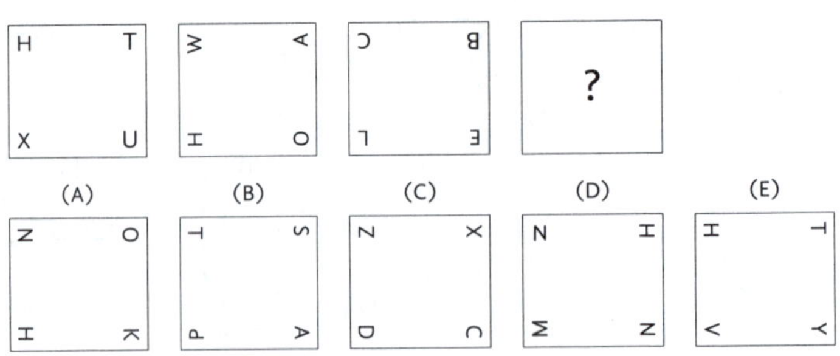

Corrigé TAGE MAGE®

N° 9/10/11/12/13/14/15/16/17/18

www.monsieur-tage-mage.com

Pour des **raisons techniques**, il est **impossible** à l'heure actuelle pour les éditeurs **d'imprimer un livre de plus de 1 400 pages – en couleur – à un prix abordable.**

Nous avons donc fait le choix de vous transmettre **les CORRIGÉS des TAGE MAGE® N° 9/10/11/12/13/14/15/16/17/18 par téléchargement** sur le site **www.monsieur-tage-mage.com.**

Les **CORRIGÉS des TAGE MAGE® N° 9/10/11/12/13/14/15/16/17/18**
sont téléchargeables sur : **www.monsieur-tage-mage.com**
→ Rubrique « Le Grand Manuel du TAGE MAGE »

Nous espérons sincèrement que vous comprenez et partagez notre décision.

Bonnes révisions !

Joachim Pinto (HEC Paris) & Arnaud Sévigné (HEC Paris)
Auteurs du Manuel du TAGE MAGE® – N° 1 des VENTES.
Fondateurs des communautés « Monsieur TAGE MAGE » et « Monsieur Ecoles de commerce » sur Facebook / Instagram / Twitter / Linkedin (+ de 30 000 membres).
Fondateurs du média étudiant Monsieur Ecoles de commerce.

TAGE MAGE® N° 10

GRILLE DE RÉPONSES TM n° 10

C.D.T	Question	1	2	3	4	5	6	7	8	9	10	11	12	13	14	15
	Réponse															
	SCORE : ....../60			**Nombre BR : ... /15**					**Nombre MR : ... /15**							
CALCUL	Question	16	17	18	19	20	21	22	23	24	25	26	27	28	29	30
	Réponse															
	SCORE : ....../60			**Nombre BR : ... /15**					**Nombre MR : ... /15**							
R & A	Question	31	32	33	34	35	36	37	38	39	40	41	42	43	44	45
	Réponse															
	SCORE : ....../60			**Nombre BR : ... /15**					**Nombre MR : ... /15**							
COND. MIN.	Question	46	47	48	49	50	51	52	53	54	55	56	57	58	59	60
	Réponse															
	SCORE : ....../60			**Nombre BR : ... /15**					**Nombre MR : ... /15**							
EXPRESS.	Question	61	62	63	64	65	66	67	68	69	70	71	72	73	74	75
	Réponse															
	SCORE : ....../60			**Nombre BR : ... /15**					**Nombre MR : ... /15**							
LOGIQUE	Question	76	77	78	79	80	81	82	83	84	85	86	87	88	89	90
	Réponse															
	SCORE : ....../60			**Nombre BR : ... /15**					**Nombre MR : ... /15**							
TM n° 10	**SCORE :......./360** **⇔ ..../600**			BR = Bonne réponse = + 4 points. MR = Mauvaise Réponse = –1 point. Multipliez par 5/3 pour passer du score/360 au score/600.												

TAGE MAGE® N° 10

1 COMPRÉHENSION DE TEXTES

CONSIGNES

15 questions	20 minutes	Calculatrice interdite	Chronomètre recommandé

BARÈME

Bonne réponse : +4 points	Aucune réponse : 0 point	Mauvaise réponse : –1 point

TEXTE 1

Le 15 août 1945 est appelé « jour de la fin de la guerre » au Japon. Pourtant, ce fut le 14 août que le Japon accepta la déclaration de Potsdam et le 16 août que l'empereur ordonna l'arrêt des combats. Le document officiel de reddition ne fut signé, quant à lui, que le 2 septembre. C'est en revanche le 15 août que l'Empereur Hirohito expliqua à la radio qu'il acceptait la déclaration de Potsdam. L'événement était de taille. C'était la première fois que la nation entendait la voix du « dieu incarné » et qu'elle prit connaissance de la défaite du Japon, supposé « sol divin et indestructible ». Le choc fut si fort que ce jour devint le plus important dans la mémoire nationale. Il est également essentiel dans les pays voisins, puisque la défaite japonaise entraîna la libération des colonies de Corée et Taïwan : le 15 août est la fête de la Libération en Corée du Sud, et le Jour commémoratif de la libération de la patrie en Corée du Nord.

Les grands dirigeants du temps de la guerre, en tête le Premier ministre Tojo Hideki, furent jugés par le Tribunal militaire international pour l'Extrême-Orient, ou procès de Tokyo comme criminels de catégorie A, pour crimes contre la paix. Mais Hirohito, chef de l'État et chef suprême des armées, ne fut pas poursuivi. Les intérêts des États-Unis, qui souhaitaient établir au Japon un régime pro-américain en s'appuyant sur le prestige de l'Empereur, convergeaient sur ce point avec ceux de la classe dirigeante japonaise, pour laquelle le maintien du système impérial était impératif. Ainsi, le mythe selon lequel l'Empereur n'aurait eu aucune responsabilité dans la guerre pouvait s'enraciner. Enfin, les actions des Alliés, comme l'utilisation de l'arme atomique sur Hiroshima et sur Nagasaki et les bombardements des grandes villes, dont Tokyo, furent laissées de côté : cela devait enraciner, ultérieurement, leur critique par les révisionnistes du procès comme « tribunal des vainqueurs ».

Avec l'entrée dans la guerre froide, les Alliés libérèrent les accusés de catégorie A, qui revinrent en politique. Ce fut par exemple le cas de Kishi Nobusuke, ce haut fonctionnaire en Mandchourie qui géra les déportations des Chinois et qui devint Premier ministre de 1957 à 1960, période pendant laquelle il mena une politique conservatrice et anticommuniste en partie financée par la CIA. La phase de croissance que connut le Japon à ce moment-là contribua aussi à diluer la mémoire de la guerre et à perpétuer un sentiment de supériorité des Japonais vis-à-vis des Asiatiques.

Question 1. Quelles colonies furent libérées après la défaite du Japon ?

1. Taiwan
2. La Corée
3. Le Laos
4. L'Indochine
5. La Chine

(A) 1 + 2
(B) 2 + 3
(C) 1 + 2 + 5
(D) 1 + 3 + 5
(E) 1 + 2 + 4

Question 2. Que sous-entend l'auteur au travers de l'expression « tribunal des vainqueurs » ?

(A) Le tribunal qui juge les criminels de catégorie A n'est pas seulement composé d'Américains mais également d'autres nations vainqueurs.
(B) Le « tribunal des vainqueurs » ne peut être que subjectif et non objectif en temps de guerre.
(C) Le « tribunal des vainqueurs » sera l'occasion pour les criminels de catégorie A de revenir en politique en contestant le bien-fondé de leur procès.
(D) En négligeant les atrocités commises par les vainqueurs dans le procès d'après-guerre, les États-Unis donnent une occasion aux Japonais de retrouver une unité nationale.
(E) Le « tribunal des vainqueurs » n'est qu'une mascarade qui vise à cacher la réalité des actions guerrières des pays vainqueurs.

Question 3. Selon le texte, pourquoi les États-Unis-ils ont souhaité le maintien de l'Empereur à la tête du Japon ?

1. Pour maintenir la paix au Japon et en Asie.
2. Pour lutter contre la menace soviétique.
3. Pour mettre en place un régime pro-américain.
4. Pour ne pas déshonorer l'Empereur auprès des Japonais.
5. Aucune de ces réponses ne convient.

(A) Uniquement 5
(B) 1 + 2 + 3 + 4
(C) 3 + 4
(D) 2 + 3 + 4
(E) 1 + 3 + 4

Question 4. Quel titre conviendrait le mieux à ce texte ?

(A) La fin de la Seconde Guerre mondiale en Asie.
(B) La mainmise des États-Unis sur le Japon.
(C) La gestion de la fin de la Seconde Guerre mondiale au Japon par les États-Unis.
(D) Le renouveau du Japon après la Seconde Guerre mondiale grâce aux États-Unis.
(E) Aucune de ces réponses ne convient.

Question 5. Parmi les propositions ci-dessous, laquelle résume le mieux ce texte ?

(A) Après avoir capitulé le 15 août 1945, le Japon a conservé son système impérialiste en accord avec les États-Unis pour ne pas déshonorer l'Empereur. Cela a permis au Japon de se redresser dans les années suivantes.

(B) Après avoir perdu la Seconde Guerre mondiale, le Japon a mis en place les recommandations du pays vainqueur : les États-Unis. La principale recommandation étant de condamner les élites en place durant la guerre.

(C) Le 15 août 1945, la Corée, Taiwan et le Japon ont été libérés par les États-Unis. Ces pays ont alors bénéficié d'un soutien des États-Unis s'ils respectaient leurs conditions politiques et économiques.

(D) Après la fin de la Seconde Guerre mondiale, les États-Unis ont décide d'instaurer un système politique pro-américain dans tous les pays perdants pour lutter contre la menace communiste. Le Japon en est le parfait exemple.

(E) Aucune de ces réponses ne convient.

TEXTE 2

Selon l'Agence nationale de sécurité du médicament et des produits de santé, les statines, médicament contre l'excès de cholestérol dans le sang, peuvent provoquer des atteintes musculaires graves. Début mars, une étude européenne indiquait que le risque d'apparition d'un diabète augmentait de 50 % en cas de prise de statines. Alors, le printemps s'installant, en même temps que l'on peut augmenter son activité physique de plein air, et adopter une alimentation plus légère, pourquoi ne pas se poser la question de la surconsommation médicamenteuse au regard de ses bénéfices par rapport aux risques.

Les chiffres sur les effets secondaires des médicaments sont saisissants : 10 à 20 % des hospitalisations chez les personnes âgées de plus de 65 ans leur sont imputables, selon la Sécurité Sociale. Plus de trois milliards de boîtes de médicaments sont vendues chaque année en France et les interactions entre les différentes molécules sont encore loin d'être parfaitement identifiées. Les allergies, malaises, syncopes, hémorragies digestives, dégradations de l'état général, voire arrêts cardiaques font partie de ces accidents iatrogènes. On estime à 10 000 le nombre de victimes annuelles, deux fois plus que les accidents de la route ! Il ne s'agit pas de nier l'intérêt des médicaments dans certaines situations, mais d'avoir conscience de leurs limites d'utilisation et des risques, notamment lors d'une automédication.

Notre environnement s'étant progressivement chargé en polluants (perturbateurs endocriniens de notre alimentation, cosmétiques, particules fines en suspension dans l'air...), il faut non seulement limiter l'exposition à toutes ces substances, mais aussi « détoxifier » son organisme. En clair, améliorer le fonctionnement de notre machinerie interne qui neutralise et élimine toutes ces substances à potentiel toxique. Le foie est le principal lieu d' « épuration » de l'organisme. Viennent ensuite les reins. Comment protéger son foie et aider à le régénérer ? Non par des traitements conventionnels, mais grâce à certaines plantes, comme le romarin, l'artichaut et la fumeterre, comme cette tisane à faire préparer par un pharmacien ou un herboriste. Artichaut : 40 g (stimule le métabolisme du foie) ; romarin : 40 g (favorise la production de bile) ; fumeterre : 40 g (réduit les troubles digestifs d'origine hépatobiliaire). Mettre 1 pincée à 3 doigts (3 à 4 g) du mélange de cette préparation de plantes pour 1 bol (250 ml). Portez à frémissement, laissez infuser dix minutes, filtrez et buvez deux bols par jour en dehors des repas pendant quinze jours après avis médical.

Question 6. Que sont les « statines » ?

(A) Des défaillances musculaires.
(B) Des médicaments.
(C) Du cholestérol.
(D) Une forme de diabète.
(E) Une anomalie respiratoire.

Question 7. Pour quelles raisons l'auteur remet-il en cause la surconsommation médicamenteuse ?

1. Le coût pour la Sécurité Sociale.
2. Les risques sanitaires à cause des effets secondaires.
3. Les inconnues concernant les réactions chimiques des médicaments.
4. La présence déjà importante d'éléments toxiques dans notre organisme.
5. La possibilité d'adopter de nouveaux traitements naturels.

(A) 2 + 3 + 4 + 5
(B) 1 + 2 + 3 + 4 + 5
(C) 2 + 4 + 5
(D) 2 + 3 + 4
(E) 2 + 4

Question 8. Que préconise l'auteur au travers de ce texte ?

(A) L'arrêt des médicaments qui engendrent des complications médicales.
(B) Le remplacement des médicaments superflus par des végétaux.
(C) Le remplacement de l'automédication par la pratique sportive.
(D) Le non-remboursement des médicaments inefficaces et dangereux pour la santé.
(E) La diminution des traitements médicamenteux conventionnels.

Question 9. Que signifie le mot « iatrogènes » utilisé dans le texte ?

(A) Causés par l'absence de médicamentation.
(B) Causés par les statines.
(C) Causés par les polluants toxiques.
(D) Causés par les médicaments.
(E) Causés par la dégradation de l'état général.

Question 10. Quel titre correspondrait le plus au texte ?

(A) Les médicaments sont nos amis.

(B) La décroissance médicamenteuse, une bonne résolution.

(C) Contre les médicaments en libre-service !

(D) Il faut encadrer la vente des médicaments de manière plus stricte.

(E) Les plantes valent mieux que les médicaments.

TEXTE 3

Hollywood les vénère, les puristes les honnissent. Les effets spéciaux sont partout au cinéma, au point d'être devenus la bête noire de quelques-uns, qui crient à l'overdose de computer generated imagery, alias CGI, les chères images générées par ordinateur si souvent utilisées par les Anglo-Saxons. Mais si les écrans verts ont envahi les plateaux au point que certains acteurs ne se souviennent presque plus des tournages en prise de vue réelles, il est pourtant difficile de se passer des effets spéciaux.

Sans eux, pas de Mad Max, d'Avatar ou de Matrix. Fini Star Wars et les films de super-héros. Adieu les blockbusters. Mais surtout, clap de fin sur la magie du cinéma, tenait récemment à rappeler Freddie Wrong dans une vidéo au sein de laquelle il compilait de superbes prises de vue avant-après effets spéciaux, afin de démontrer à quel point ceux-ci sont indispensables au septième art. « Si nous pensons que les effets spéciaux sont mauvais, c'est uniquement parce que ceux que nous voyons sont mauvais», explique-t-il en voix off.

Car l'œil cinéphile s'est au contraire tellement habitué aux bons effets spéciaux qu'il ne les remarque plus. Il faut dire que ceux-ci ne sont pas nouveaux du tout ... On a tendance à l'oublier et pourtant, c'est l'un des premiers cinéastes, contemporains des frères Lumière, qui inventa les effets spéciaux. Georges Méliès, véritable prestidigitateur, marque la rencontre entre la magie et le cinéma.

Rapidement, le cinéma devient un art de tous les possibles. Et depuis, si la technologie s'est largement développée dans ce domaine, nombreux sont ceux qui continuent encore à utiliser des entourloupes simples pour berner le regard. Récemment, Anne Hathaway expliquait qu'elle n'avait qu'à lever une jambe en l'air pour faire croire qu'elle était en apesanteur dans Interstellar (2014). Un coup d'images de synthèse par-dessus et le tour est joué.

Mais désormais, la pellicule ayant été abandonnée au profit du numérique, la magie est quasiment uniquement créée par ordinateur... Créatures fantastiques, morphings, collage de décors, costumes, bras coupés, hémoglobine, animation 3D... Tout est possible, et même plus encore. Les effets spéciaux, au service de la grande illusion du cinéma.

Question 11. Quel est le principal paradoxe décrit par l'auteur au sujet des effets spéciaux ?

(A) Les effets spéciaux existent depuis le début du cinéma.
(B) Les effets spéciaux ne sont vus que par les puristes.
(C) De nombreux films n'existeraient pas sans effets spéciaux.
(D) L'œil cinéphile ne remarque plus les effets spéciaux.
(E) Des acteurs ne se souviennent presque plus des tournages.

Question 12. Selon votre interprétation du texte, quel semble être le point de vue de l'auteur ?

1. L'auteur semble passionné par le sujet des effets spéciaux au cinéma.
2. L'auteur semble partager le point de vue de Freddie Wrong.
3. L'auteur semble avoir un avis partagé sur les effets spéciaux au cinéma.
4. L'auteur est en faveur des effets spéciaux au cinéma.

(A) 1 + 2
(B) 1 + 3 + 4
(C) 2 + 4
(D) 1 + 3
(E) 1 + 2 + 4

Question 13. Par quelle phrase peut-on remplacer cette phrase du texte : « Hollywood les vénère, les puristes les honnissent. » ?

(A) Hollywood les adore, les puristes les adulent.
(B) Hollywood les encense, les puristes également.
(C) Hollywood les adore, les puristes les abhorrent.
(D) Hollywood les énerve, les puristes les bannissent.
(E) Hollywood et les puristes les adorent.

Question 14. Quelle phrase contredit la pensée de Freddie Wrong ?

(A) Ce n'est pas parce que tous les effets spéciaux qui sont montrés sont mauvais, que les effets spéciaux sont nécessairement mauvais.
(B) Si les effets spéciaux pouvaient être bons, alors ils le seraient tous.
(C) Seul un puriste peut distinguer de bons effets spéciaux de mauvais effets spéciaux.
(D) L'habit ne fait pas le moine.
(E) Les bons effets spéciaux améliorent les images réelles.

Question 15. Quel titre conviendrait le mieux au texte ?

(A) L'histoire secrète des effets spéciaux au cinéma.
(B) Le cinéma au travers des siècles.
(C) La vérité sur les frères Lumière.
(D) Le cinéma des frères Lumière à nos jours.
(E) Hollywood : grandeur et décadence.

TAGE MAGE® N° 10

2 CALCUL

CONSIGNES

15 questions	20 minutes	Calculatrice interdite	Chronomètre recommandé

BARÈME

Bonne réponse : +4 points	Aucune réponse : 0 point	Mauvaise réponse : –1 point

Question 16. Que vaut $\sum_{6}^{9}(3x-4)$?

(A) 70
(B) 72
(C) 74
(D) 76
(E) 78

Question 17. Une urne contient 6 boules : 3 boules rouges, 2 boules bleues et 1 boule rose. Marc tire successivement deux boules avec remise.

Quelle est la probabilité que Marc ait tiré une boule rouge et une boule bleue ?

(A) 1/2
(B) 1/3
(C) 1/4
(D) 1/5
(E) 1/6

Question 18. Le nombre de recherches effectuées sur le moteur de recherche Gogol a connu une très forte hausse récemment. Les actions Gogol achetées 50 dollars par Steve il y a 2 ans valent actuellement 112 dollars après deux années de hausse successives.

Sachant que le prix des actions a gagné 12 % la seconde année, quelle a été la hausse des prix l'année précédente ?

(A) 60 %
(B) 66 %
(C) 77 %
(D) 81 %
(E) 100 %

Question 19. L'entreprise Charlie produit 1 ordinateur en 40 minutes. En deux mois, l'entreprise Tango produit 450 ordinateurs. Les deux entreprises produisent 24 jours par mois, 6 heures par jour. Combien d'heures de travail supplémentaires par mois faudrait-il à l'entreprise Charlie pour rattraper la production mensuelle de l'entreprise Tango ?

(A) 6
(B) 7
(C) 8
(D) 9
(E) 10

Question 20. Arnaud dit à Joachim : « Si tu me donnes 3 bonbons, j'en aurai alors 2 fois plus que toi. En revanche, si je t'en donne 7, tu en auras 3 fois plus que moi ».

Ensemble, combien ont-ils de bonbons ?

(A) 23
(B) 24
(C) 25
(D) 26
(E) 27

Question 21. En début d'année, Albert a investi 2 000 € en actions Renault et Peugeot. Il dispose aujourd'hui de 2 400 € d'actions grâce à une hausse de 50 % du cours des actions Renault et malgré une baisse du cours des actions Peugeot de 30 %.

Quelle part de ses 2 000 € avait-il investie en actions Peugeot ?

(A) 30 %
(B) 32,5 %
(C) 35 %
(D) 37,5 %
(E) 40 %

Question 22. Dans un club de retraités, les inscrits pratiquent tous deux activités parmi la couture, le tricot et la belote. Sachant que 45 % des inscrits pratiquent la couture et que 65 % pratiquent le tricot, combien de retraités pratiquent à la fois la couture et le tricot ?

(A) 30 %
(B) 25 %
(C) 20 %
(D) 15 %
(E) 10 %

Question 23. Mélodie dispose d'un capital de 2 500 euros. Deux cinquièmes de cette somme sont placés sur un compte au taux d'intérêt composé de 1 % et les trois cinquièmes restants sont investis dans un produit financier rémunéré en intérêts simples annuels de 10 %.

Quel sera le montant du capital de Mélodie au bout de deux ans ?

(A) 2 500,5 euros
(B) 2 750,1 euros
(C) 2 820,1 euros
(D) 2 950 euros
(E) 3 010 euros

Question 24. Ce matin, Olivier s'est rendu en moto à l'université, distante de 8 kilomètres. Sa vitesse moyenne était de 40 km/h. Au retour, après avoir conduit à 60 km/h, il décide de s'arrêter au café qui se trouve à mi-chemin pour retrouver ses amis. Lorsqu'il sort du café, c'est l'heure de pointe : il parcourt la distance restante en 12 minutes.

Quelle a été la vitesse moyenne du trajet d'Olivier ?

(A) $\approx$ 58 km/h
(B) $\approx$ 54 km/h
(C) $\approx$ 45 km/h
(D) $\approx$ 34 km/h
(E) $\approx$ 28 km/h

Question 25. Un policier prend un voleur en filature en attente du flagrant délit. Il reste 100 mètres en retrait. Au moment du vol, le policier décide d'interpeller Franck, le voleur. Franck voit le policier et se met à courir au même moment.

Au bout de combien de temps le policier aura-t-il rattrapé Franck sachant que le policier court 1 km/h plus vite que Franck ?

(A) 3 minutes.
(B) 5 minutes.
(C) 6 minutes.
(D) 8 minutes.
(E) Plus de 8 minutes.

Question 26. Dans une prestigieuse école de commerce, 80 % des étudiants de 1re et 2e année pratiquent un sport. Ce taux monte à 90 % pour les étudiants de deuxième année, qui représentent deux cinquièmes du total des étudiants.

Quelle est la probabilité qu'un étudiant soit en deuxième année, sachant qu'il ne pratique pas de sport ?

(A) 4 %
(B) 16 %
(C) 20 %
(D) 36 %
(E) 44 %

Question 27. Un fabricant de dés désire connaître le périmètre de ce patron nouvellement créé d'aire 72 cm^2, constitué de 6 carrés identiques.

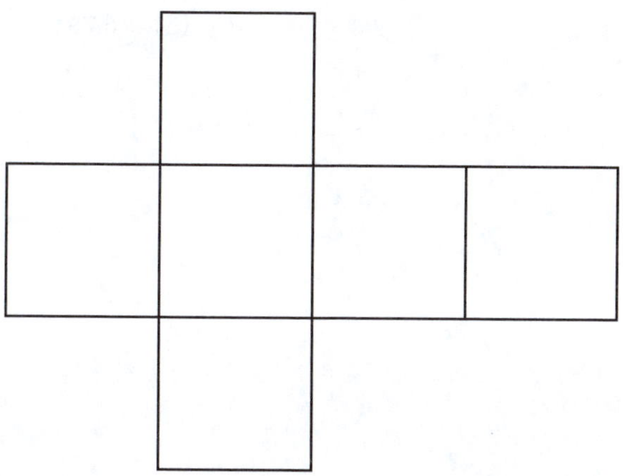

(A) $\sqrt{3}$ cm
(B) $14\sqrt{3}$ cm
(C) $28\sqrt{3}$ cm
(D) 58 cm
(E) 168 cm

Question 28. On lance un dé pipé tel que la probabilité d'obtenir 1 est égale à 0,5 et que la probabilité d'obtenir chacune des autres valeurs est égale. Quelle est la probabilité que le dé tombe sur la face « 2 » ?

(A) 0,5
(B) 0,4
(C) 0,3
(D) 0,2
(E) 0,1

Question 29. Le principal d'un collège souhaite répartir les élèves en difficulté par groupes de travail. Cependant, il se rend compte qu'en les répartissant par groupes de 6, 8 ou 9, il reste encore 5 élèves sans groupe. Combien y a-t-il d'élèves en difficulté ?

(A) 113
(B) 222
(C) 343
(D) 437
(E) 517

Question 30. Johanna a passé ses concours ECRICOME et a reçu toutes ses notes à l'exception de celle de la dissertation de philosophie dont le coefficient est de 4. Ces notes sont les suivantes : 17 en mathématiques, 13 en anglais, 16 en espagnol et 7 en Economie. Les coefficients de ces matières sont respectivement 8, 4, 3 et 9. L'école E impose une barre d'admissibilité de 13. Quelle note en dissertation de philosophie doit-elle au minimum obtenir pour être admissible à cette école ?

(A) 15,25
(B) 15,75
(C) 16,25
(D) 16,5
(E) 16,75

3 RAISONNEMENT ET ARGUMENTATION

CONSIGNES

15 questions	20 minutes	Calculatrice interdite	Chronomètre recommandé

BARÈME

Bonne réponse : +4 points	Aucune réponse : 0 point	Mauvaise réponse : –1 point

Question 31. Le père d'Émilie lui a acheté un paquet de billes pour qu'elle puisse jouer avec ses amis dans la cour de récréation. Il y a 3 billes rouges, 4 billes vertes, 6 billes blanches et 8 billes orange. Quel nombre minimum de billes Émilie doit-elle tirer du paquet pour être sûre d'avoir 2 billes de chaque couleur ?

(A) 5
(B) 9
(C) 14
(D) 20
(E) 21

Question 32. Les guêpes ne ciblent jamais l'être humain sans raison. En revanche, mieux vaut garder ses distances avec leurs nids, qui peuvent se situer dans les arbres, le sol ou encore dans des anfractuosités accueillantes... combles ou caissons de store par exemple !
Les ouvrières sont programmées pour défendre les larves ; c'est pourquoi elles attaquent tout intrus qui s'approche de leur nid.
Quelle proposition soutient le plus l'extrait ci-dessus ?

(A) Une guêpe peut attaquer mais ne pique jamais un être humain par méchanceté ou au hasard.
(B) Si les guêpes ne sont agressives naturellement, mieux vaut se tenir à l'écart de leurs nids.
(C) Les larves de guêpes sont sans défense et doivent être protégées par les guêpes ouvrières.
(D) Ce n'est pas dans la nature des guêpes d'attaquer les êtres humains sans raison.
(E) S'approcher d'un nid de guêpes peut s'avérer dangereux pour l'être humain.

Question 33. « Il vaut autant être mordu d'un chien que d'une chienne » !

Par quel autre proverbe peut-on remplacer l'expression ci-dessus ?

(A) Il est impossible de choisir entre la peste et le choléra.

(B) À bon chat, bon rat.

(C) Lâcher la proie pour l'ombre.

(D) Les chiens aboient, la caravane passe.

(E) L'argent n'a pas d'odeur.

Question 34. Michel, Lucie, Anne et Julien ont tous les quatre choisi un partenaire parmi Marie, Laura, Antoine et Jérémy pour leur projet scolaire. À l'exception de Michel aucun des trois autres ne dispose de la même initiale que son partenaire.

Sachant que Laura n'a pas pour partenaire Anne, qui a pour partenaire Julien ?

(A) Marie.

(B) Laura.

(C) Jérémy.

(D) Antoine.

(E) Il est impossible de savoir.

Question 35. La légende de Vincent Van Gogh n'est plus à faire. Celle de sa peinture, puissante, lyrique, explosive. Celle de sa vie, aussi : brève, marquée par la pauvreté, et dévouée à la peinture.

Son impressionnante productivité en est l'illustration. Encore celle-ci est-elle largement sous-évaluée. Les experts estiment en effet que, dans la première partie de sa vie notamment, près de 30 % de ses tableaux auraient été réalisés... sur de précédentes œuvres. Insatisfait, manquant d'argent pour acheter de la toile, le peintre trouvait souvent là une issue à ses réalisations anciennes.

Quelle proposition contredit cet extrait ?

(A) La pauvreté de Van Gogh l'incitait à peindre sur des toiles déjà utilisées.

(B) La qualité des tableaux de Van Gogh est probablement surestimée.

(C) Vincent Van Gogh peignait sur des toiles vierges.

(D) Vincent Van Gogh peignait parfois sur des toiles vierges et parfois sur des toiles déjà utilisées.

(E) La pauvreté de Vincent Van Gogh a eu un impact sur les œuvres qu'il a produites.

Question 36. Le groupe américain Coca-Cola financerait des études scientifiques sur la santé. Concrètement, il s'agit de diffuser l'idée selon laquelle les problèmes de santé comme l'obésité seraient uniquement dus au manque d'exercice physique des consommateurs de la boisson.

Parmi ces propositions, laquelle est sous-entendue dans le texte ?

(A) Des études scientifiques ont prouvé qu'un verre de soda contenait un grand nombre de calories néfastes à la santé humaine.
(B) Le géant mondial du soda paierait des scientifiques pour relativiser les méfaits des boissons à bulles sur la santé.
(C) Les boissons gazeuses sont la principale cause d'obésité chez les jeunes malgré les études scientifiques biaisées.
(D) Le manque d'exercice physique est la raison principale de l'obésité selon les scientifiques payés par les multinationales.
(E) La boisson Coca-Cola contient des produits additifs néfastes à la santé humaine.

Question 37. Marielle dispose 4 gobelets en ligne. Le gobelet rouge n'est ni à côté du bleu ni à côté du blanc. Le gobelet blanc est tout à droite. Où se trouve le gobelet vert ?

(A) En deuxième position en partant de la droite.
(B) En deuxième position en partant de la gauche.
(C) Tout à droite.
(D) Tout à gauche.
(E) On ne peut pas savoir.

Question 38. La FIFA a offert le spectacle d'une organisation à l'agonie, pliant sous les coups de boutoir conjugués de l'opinion publique, des trahisons florentines entre dirigeants, et de la justice américaine. Face au gigantisme économique, l'amateurisme réel ou figuré des dirigeants, l'absence de règles fortes de gouvernance, et la cupidité aiguisée de certains, ont entraîné la FIFA dans des fossés nauséabonds aux antipodes des idéaux du sport.

Quelle proposition contredit l'auteur dans cet extrait ?

(A) Ce n'est pas la FIFA qui attribue l'organisation des Coupes du monde de football.
(B) Secouée par différents scandales, la FIFA met à mal les idéaux sportifs qu'elle est censée défendre.
(C) D'immenses revenus sont générés par le football et reviennent pour faible partie à la FIFA.
(D) L'attitude de la FIFA est exemplaire, bien qu'elle doive rendre des comptes à un certain nombre d'acteurs du football.
(E) La gestion de la FIFA, qui défend avec acharnement les valeurs du sport, est exemplaire en terme de management.

Question 39. Parler de « robots tueurs » plutôt que de « systèmes d'armes létaux autonomes », le terme utilisé dans les enceintes onusiennes, a deux avantages pour les opposants : c'est plus sensationnaliste, donc médiatique, mais aussi plus vague car « robot » n'implique pas nécessairement l'autonomie. Cela permet d'inclure les drones armés, et de faire des amalgames.

Les drones sont victimes de la même campagne de désinformation lorsqu'on les appelle partout des « avions sans pilote » alors qu'ils sont pilotés à distance, souvent par des pilotes de chasse.

Quelle proposition correspond le plus à la thèse de l'auteur ?

(A) Les drones militaires ne sont pas des robots tueurs.
(B) L'emploi du terme « robot » est abusif et peut servir à discréditer l'usage des drones.
(C) Le terme « robot tueur » est tout à fait inapproprié pour désigner les drones militaires.
(D) Des commissions de l'ONU réfléchissent au cadre à donner à l'usage des drones militaires pour ne pas les discréditer.
(E) Parler de « robots tueurs » pour désigner les drones militaires est une inexactitude.

Question 40. « Ornithologue » est à (...) ce que (...) est à « Fruits ».

(A)	Bagues	Fructologue
(B)	Oiseaux	Pomologue
(C)	Coquillages	Fruitier
(D)	Aigles	Courgette
(E)	Animaux	Légumes

Question 41. « Le crime ne paie pas ». Quelle réponse s'oppose à ce dicton ?

(A) L'assassinat d'Henri IV n'a pas rapporté grand-chose à Ravaillac.
(B) Les assassins finissent toujours par être arrêtés par la police.
(C) De nos jours, on tue pour une poule, quand ce n'est pas pour un œuf.
(D) Les romans de Agatha Christie ne se vendent presque plus.
(E) La Mafia est toujours prospère.

Question 42. À long terme, les forêts se montreront probablement résilientes aux rapides changements climatiques et environnementaux d'origine anthropique, soit sous leur forme actuelle, soit sous une nouvelle forme.

Laquelle de ces propositions s'oppose le plus aux propos du texte ?

(A) La résilience des forêts aux changements climatiques ne se fera qu'à long terme.
(B) Les forêts auront de plus en plus de mal à faire face aux changements climatiques.
(C) À court et moyen termes, les forêts ont plus de mal à faire preuve de résilience aux changements climatiques qu'à long terme.
(D) À terme, les changements climatiques auront peu d'effet sur les forêts.
(E) Les changements climatiques ne sont pas très dangereux pour l'équilibre de l'écosystème.

Question 43. Audrey est l'aînée. Elle mesure 10 centimètres de moins que sa sœur. Corentin a une sœur aussi et Mélanie a une cousine. Charline a sept ans de moins que Corentin et Mélanie a 5 ans de plus que celui-ci. Mélanie n'est pas fille unique. Elle fait la même taille que son père. Le père de Mélanie est le parrain de Corentin et le frère du père de Charline. Audrey et Corentin ne sont pas frère et sœur.

Parmi ces 5 propositions laquelle est obligatoirement fausse ?

(A) Mélanie est la sœur d'Audrey.
(B) Corentin est le frère de Charline.
(C) Audrey est la cousine de Corentin.
(D) Corentin n'a pas de cousine.
(E) Charline n'a pas de sœur.

Question 44. L'océan est immense et les trajets maritimes possibles nombreux, sans nécessiter la construction de lourdes infrastructures comme sur Terre. Pourtant, même lorsqu'ils font du *tramping* - du transport maritime à la demande -, les navires de commerce se concentrent sur certaines routes, déterminées par la nature des chargements, les sites portuaires des pays exportateurs et importateurs, l'organisation des transports avec ses centres de redistribution (Rotterdam, Singapour...), le dessin des terres émergées et les points de passage naturels (détroits, caps) ou artificiels (canaux transocéaniques).

Parmi les propositions suivantes, laquelle offre la meilleure conclusion ?

(A) Il existe une marge de manœuvre grâce aux routes maritimes inexploitées.
(B) Le tramping est une solution d'avenir comparativement aux autres moyens de transport.
(C) Les routes maritimes inexploitées sont plus nombreuses que les routes terrestres inexploitées.
(D) Le transport maritime offre plus d'avantages que le transport terrestre.
(E) Une bonne stratégie de transports combine la terre et la mer.

Question 45. Alice, Béatrice, Claire, Delphine, et Éléonore sont assises sur un banc.

En regardant en face du banc on peut dire que : Alice n'est pas tout à droite, Béatrice n'est pas tout à gauche. Claire n'est pas sur un bord, Éléonore n'est pas assise à côté de Claire. Claire n'est pas assise à côté de Béatrice. Delphine est à droite de Béatrice.

Qui est tout à droite du banc ?

(A) Il y a plusieurs réponses possibles.
(B) Béatrice.
(C) Claire.
(D) Delphine.
(E) Éléonore.

TAGE MAGE® N° 10

4 CONDITIONS MINIMALES

CONSIGNES

15 questions	20 minutes	Calculatrice interdite	Chronomètre recommandé

BARÈME

Bonne réponse : +4 points	Aucune réponse : 0 point	Mauvaise réponse : –1 point

(A) **L'information 1 seule est suffisante** pour répondre à la question.
L'information 2 seule est insuffisante pour répondre à la question.
(B) **L'information 2 seule est suffisante** pour répondre à la question.
L'information 1 seule est insuffisante pour répondre à la question.
(C) **Les informations 1 et 2 ensemble sont suffisantes** pour répondre à la question.
L'information 1 seule ou l'information 2 seule est insuffisante pour répondre à la question.
(D) **L'information 1 seule est suffisante** pour répondre à la question.
L'information 2 seule est suffisante pour répondre à la question.
(E) **Les informations 1 et 2 ensemble sont insuffisantes** pour répondre à la question.
L'information 1 seule ou l'information 2 seule est insuffisante pour répondre à la question.

Question 46. Alban doit voyager et prévoit d'aller à une certaine vitesse.

Quelle est cette vitesse ?

(1) Il remarque que s'il allait 5 km/h plus vite, il arriverait 5 heures plus tôt.

(2) Il remarque que s'il allait 10 km/h plus vite, il arriverait 8 heures plus tôt.

Question 47. Soit ABC un triangle. Que vaut l'angle $\widehat{BCA}$?

(1) L'angle $\widehat{BAC}$ vaut 40°.

(2) $AC^2 - CB^2 = AB^2$.

Question 48. Dans un groupe de 67 étudiants, 23 ne font aucun sport, d'autres jouent au basket ou au rugby. Combien, parmi ces 67 personnes, pratiquent les deux sports ?

(1) 31 sportifs font du basket et 35 font du rugby.

(2) Environ 1/3 des étudiants pratiquent les deux sports.

Question 49. A et B sont 2 entiers naturels consécutifs strictement inférieurs à 30. Que vaut A + B ?

(1) 55 < A + B < 65

(2) 50 < A + B < 60

Question 50. Trois amis ont un nombre différent de frères et sœurs. Aucun n'a plus de dix frères et sœurs. Combien de frères et sœurs a celui qui en a le plus ?

(1) Si on somme leurs nombres de frères et sœurs, on obtient dix.

(2) Ils ont tous un nombre impair de frères et sœurs ou sont enfants uniques.

Question 51. Quentin, Hakim et Axel se présentent à l'élection de Mister École de commerce. Le titre est attribué à la majorité simple. Qui est élu ?

(1) Quentin obtient deux fois plus de voix qu'Axel.

(2) Hakim obtient plus de voix que ses concurrents réunis.

Question 52. Un professeur donne trois exercices aux élèves ayant eu moins de 10/20 au dernier devoir et deux exercices à ceux ayant eu plus de 10/20. Il distribue au total autant d'exercices aux élèves ayant eu moins de 10 qu'aux élèves ayant eu plus de 10.

Combien d'élèves avaient eu plus de la moyenne au dernier devoir ?

(1) La classe comporte trois élèves de plus ayant eu plus de la moyenne que d'élèves ayant eu moins de la moyenne.

(2) La classe comporte quinze élèves.

Question 53. Y est-il inférieur à X ?

(1) X – Y – 3 < 0.

(2) X – Y + 5 < 0.

Question 54. Alex et Céline sont frères et soeurs. Quel est l'âge d'Alex ?

(1) Si on fait la somme des âges de Céline et Alex, on obtient 17.

(2) Si on prend le double de l'âge de Céline et le double de l'âge d'Alex et qu'on les additionne, on obtient 34.

Question 55. Le réservoir à essence du camion de transport fait 50 cm de largeur, 60 cm de longueur et est un pavé droit. Le réservoir à essence étant vide, le camionneur s'arrête à une station-service pour y mettre de l'essence.

Quelle est la nouvelle hauteur du niveau de l'essence dans le réservoir ?

(1) Le camionneur a mis 12 L d'essence.

(2) Le réservoir peut contenir 80 dm^3.

Question 56. Un menuisier doit réaliser 30 chaises et des tables pour un grand restaurant. Il dispose du juste volume de bois pour satisfaire cette commande.

Combien de tables doit-il fabriquer ?

(1) S'il utilisait la totalité du bois qu'il a pour faire des chaises, il pourrait en faire 54.

(2) S'il utilisait la totalité du bois qu'il a pour faire des tables, il pourrait en faire 45.

Question 57. X et Y sont deux nombres entiers positifs tels que $X + Y = 17$.

Quelle est la valeur de X sachant que $X > Y$?

(1) $X^2 - Y^2 = 17$.

(2) $X \times Y = 72$.

Question 58. Achille part en vacances. Il roule à vitesse constante et sans interruption jusqu'à sa destination. À quelle heure arrive-t-il ?

(1) Il part à 9 h 20 et il a parcouru la moitié du trajet à 12 h 30.

(2) Le temps de trajet total est de 6 h 20.

Question 59. Une fratrie est composée de 3 enfants d'âges différents. Quel est l'âge de l'aîné ?

(1) La somme des âges du benjamin et du cadet est de 25 ans.

(2) La somme des âges du benjamin et de l'aîné est de 29 ans.

Question 60. Est-ce que $a > b$?

(1) $-a = b$.

(2) $a - b - 2 > 1$

TAGE MAGE® N° 10

5 EXPRESSION

CONSIGNES			
15 questions	20 minutes	Calculatrice interdite	Chronomètre recommandé

BARÈME		
Bonne réponse : +4 points	Aucune réponse : 0 point	Mauvaise réponse : –1 point

Question 61. Choisissez les mots dont le sens se rapproche le plus des mots soulignés.

« Pour nous rendre à Genève, nous suivions consciencieusement la route goudronnée, poursuivis par le vieux Jo, le fourgon cacochyme de la colonie, qui soufflait plus que nous dans les lacets de Septmoncel » (Jean-Baptiste Harang, Nos cœurs vaillants, 2010).

(A) Exactement — En piteux état
(B) Méticuleusement — En très mauvais état
(C) Scrupuleusement — Délabré
(D) Négligemment — Ravagé
(E) Soigneusement — Surchargé

Question 62. Choisissez les mots dont le sens se rapproche le plus des mots soulignés.

La concomitance de ces deux incartades est notable.

(A) La correspondance — Frasques
(B) La simultanéité — Peccadilles
(C) Le synchronisme — Engueulades
(D) La coïncidence — Sentences
(E) La similitude — Décisions de justice

Question 63. Choisissez la meilleure formulation du point de vue de l'orthographe, de la syntaxe et du style. La proposition A reprend l'énoncé.

L'Australie ne compte que 23 millions d'habitants. Pourtant, l'Australie est l'un des plus gros pollueurs au monde parce qu'il brûle trop de charbon.

(A) L'Australie ne compte que 23 millions d'habitants. Pourtant, l'Australie est l'un des plus gros pollueurs au monde parce qu'il brûle trop de charbon.
(B) L'Australie n'a que 23 millions d'habitants. Pourtant, ce pays est l'un des plus gros pollueur au monde, à cause notamment de sa grande dépendance au charbon.
(C) L'Australie ne calcule que 23 millions d'habitants. Pourtant, cette contrée est l'un des plus gros pollueurs au monde, à cause notamment de sa grande liaison au charbon.

(D) L'Australie ne compte que 23 millions d'habitants. Pourtant, ce pays est l'un des plus gros pollueurs au monde, à cause de sa grande dépendance au charbon.

(E) L'Australie n'est dotée que de peu d'habitants : 23 millions. En effet, ce pays est l'un des plus gros pollueurs au monde, à cause du charbon.

Question 64. Choisissez la meilleure formulation du point de vue de l'orthographe, de la syntaxe et du style. La proposition A reprend l'énoncé.

La peur d'une nouvelle catastrophe nucléaire, après celle du 11/03/2011 au Japon, annonce un changement radical dans le monde politique japonais. Les privilégiés, s'accrochant au pouvoir, et qui ont prôné le développement du tout nucléaire depuis 1945 dans un but purement égoïste, seront probablement écartés.

(A) La peur d'une nouvelle catastrophe nucléaire, après celle du 11/03/2011 au Japon, annonce un changement radical dans le monde politique japonais. Les privilégiés, s'accrochant au pouvoir, et qui ont prôné le développement du tout nucléaire depuis 1945 dans un but purement égoïste, seront probablement écartés.

(B) La catastrophe de Fukushima du 11/03/2011 a des conséquences sur les politiques menées au Japon. Ces politiques seront différentes de celles menées par le pouvoir en place depuis la fin de la Seconde guerre mondiale.

(C) Le désordre et le chaos fukushimiesque du 11 mars 2011 ne restera pas sans conséquences. Un changement drastique s'opérera dans tout le Japon, qui s'affranchira de son élite et de ses oligarques cramponnés au pouvoir depuis l'après-guerre.

(D) La crainte d'une apocalypse nucléaire née du chaos engendré par le tremblement de terre et le tsunami du 11 mars 2011 au Japon devrait marquer une rupture avec les choix opérés année après année par l'oligarchie aux affaires depuis l'immédiat après-guerre et dont l'État nucléaire est l'œuvre.

(E) Les catastrophes nucléaires comme celles de Fukushima sont le pivot de bouleversements politiques historiques. La date du 11 mars 2011 marque un tournant au pays du soleil levant : close est la parenthèse enchantée que constitua la seconde moitié du XXe siècle pour l'oligarchie nipponne. Le règne de ceux qui entreprirent le développement de l'atome dans un honteux élan d'intérêt égoïste sera sans nul doute écourté.

Question 65. Combien de fautes d'orthographe, de grammaire et d'usage le passage suivant contient-il ?

Encore en pleine refléxion suite à la réunnion à laquelle il venait d'assister, Thomas commençat à enlever l'agraphe du dossier que Paul lui avait remis. Il ne savait ce qu'il découvrirait en l'ouvrant, mais cela n'augurait rien de bon. Il ne connaissait que trop bien ces moments d'anxiété. Il ferait tout pour ne plus les vivre. Désormais, une autre vie l'attendrait. Il ne serait jamais plus esclave de ces gens qui ont tout fait pour le faire tomber plus bas que terre.

(A) 2
(B) 3
(C) 4
(D) 5
(E) 6

Question 66. Combien de fautes d'orthographe, de grammaire et d'usage le passage suivant contient-il ?

Après qu'il est arrivé en France, il a rapidement trouvé un travail et a put résoudre ses difficultés pécunières. Ce travail de serveur ne le passionne pas plus que cela, mais c'est un gagne pain comme un autre. Après tout, cela lui permet de faire des rencontres et de mieux développer sa maîtrise de la langue Française. Dans quelque temps, il pourra s'exprimer parfaitement dans la langue de Shakespeare. Le temps aura comblé ses lacunes initiales.

(A) 2
(B) 1
(C) 3
(D) 5
(E) 4

Question 67. Parmi ces cinq propositions, laquelle est fausse d'un point de vue grammatical ?

(A) Il n'est pas sûr que nous fassions les bons choix.
(B) Être ou ne pas être, telle est la question.
(C) Ne soyez ni emprunteur, ni prêteur.
(D) Il est dangereux d'être trop zélé.
(E) Plus le corps est faible, plus la pensée agit fortement.

Question 68. Parmi ces 5 propositions, laquelle est juste d'un point de vue grammatical ?

(A) Les quatre heures que cette conférence a durées ont été très longues.
(B) Vous devez tout murer, les intervalles entre les murs comprises.
(C) Je me souviens des orages qu'il y a eus cet été.
(D) As-tu bien pesé tes paroles ?
(E) Que de précautions a-t-il fallues !

Question 69. Elle avait des baskets [...] et des manteaux [...].

(A)	Orange	Mauve
(B)	Vertes	Noisettes
(C)	Pourpre	Bleus
(D)	Marron	Écarlate
(E)	Noisette	Verts

Question 70. Quelle figure de style trouve-t-on dans l'expression « Allumer la lumière » ?

(A) Une personnification.
(B) Un pléonasme.
(C) Un euphémisme.
(D) Une métonymie.
(E) Une litote.

Question 71. Quel proverbe résume ces lignes ?

Je pensais être promu dans le sillage de la promotion de mon supérieur hiérarchique, mais au dernier moment, il ont préféré prendre quelqu'un d'autre.

(A) « Quand on parle du loup, on en voit la queue ».
(B) « Les conseilleurs ne sont pas les payeurs ».
(C) « Tant va la cruche à l'eau qu'à la fin elle se casse ».
(D) « Il ne faut pas vendre la peau de l'ours avant de l'avoir tué ».
(E) « À cheval donné, on ne regarde pas les dents ».

Questions 72 à 75 : Complétez le texte avec le mot ou l'expression assurant la meilleure cohérence textuelle.

Question 72. La fréquentation dans les cinémas (...) a baissé de 1,4 % en 2017 par rapport à 2016, restant (...) au-dessus de la barre des 200 millions de spectateurs.

(A)	De l'Hexagone	Toutefois
(B)	Du pays	Cependant
(C)	De France	Quand même
(D)	En France	Malgré tout
(E)	Français	Tout de même

Question 73 (suite de la question 72). Après (...) 2016 particulièrement bon, (...) des films français a nettement baissé en 2017 à 26 %.

(A)	Un automne	Le retour sur investissement
(B)	Un printemps	La marge
(C)	Un an	La réputation
(D)	Un cru	La part de marché
(E)	Un bond en	Le taux de bénéfice

Question 74 (suite de la question 73). Les films américains ont eux élevé leur (...) à plus de 74 %. (...), les pouvoirs publics français ont décidé de lancer des opérations de communication en faveur du cinéma français.

(A)	Fréquentation	Ainsi
(B)	Taux de fréquentation	Toutefois
(C)	Part de marché	Par conséquent
(D)	Taux de croissance	C'est pourquoi
(E)	Taux de rentabilité	En conséquence

Question 75 (suite de la question 74). Toute la question est de savoir si le (...) sera (...).

(A)	Plan de communication	Utilisé
(B)	Rôle de l'État	Efficace
(C)	Plan des pouvoirs publics	Mis en place
(D)	Retour sur investissement	Positif ou négatif
(E)	Chiffre d'affaires	Augmenté

TAGE MAGE® N° 10

6 LOGIQUE

CONSIGNES

15 questions	20 minutes	Calculatrice interdite	Chronomètre recommandé

BARÈME

Bonne réponse : +4 points	Aucune réponse : 0 point	Mauvaise réponse : –1 point

Question 76.

		31		
		53		
		61		
		71		
65	58	?	61	98

(A) 83 (B) 59 (C) 73 (D) 56 (E) 01

Question 77.

		18		
		63		
85	47	?	14	41
		61		
		90		

(A) 52 (B) 96 (C) 94 (D) 30 (E) 46

Question 78.

AE	FJ	?	NR	LP
		CI		
		DF		
		EK		
		FB		

(A) BA (B) BF (C) KO (D) ZV (E) GJ

Question 79.

		AJ		
		BO		
AX	MJ	?	QN	FC
		GB		
		KL		

(A) RO (B) DA (C) RM (D) DP (E) GD

Question 80.

		AJ		
		HC		
TO	EA	?	ZX	NM
		IB		
		EF		

(A) UR (B) DG (C) GD (D) RS (E) WR

Question 81.

		AL		
		PV		
ZI	HG	?	FP	NO
		DT		
		SX		

(A) KP (B) AK (C) CV (D) ZV (E) LL

Question 82.

				NWX
				IUS
				GSA
				MQO
MAQ	TNS	HRO	BPQ	?

(A) QAB (B) QTU (C) MON (D) QOR (E) OOO

Question 83.

DTR ZSF ERR SQP

GST
OUH
?
POJ
KGH

(A) IUF (B) ISZ (C) PPM (D) APR (E) IPE

Question 84.

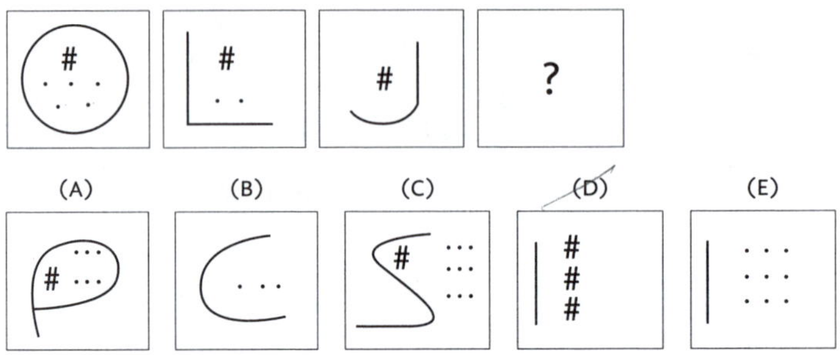

Question 85.

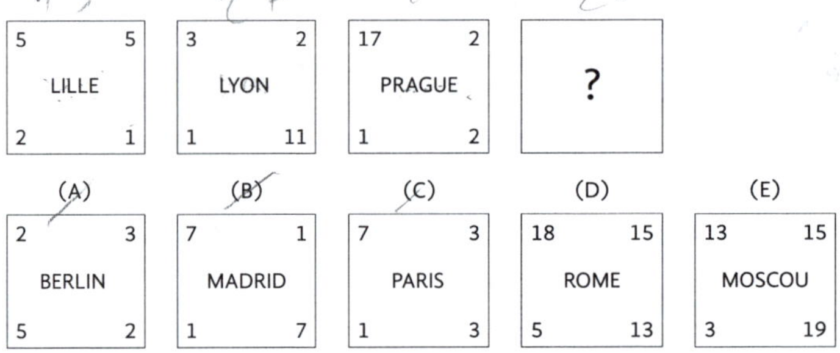

Question 86.

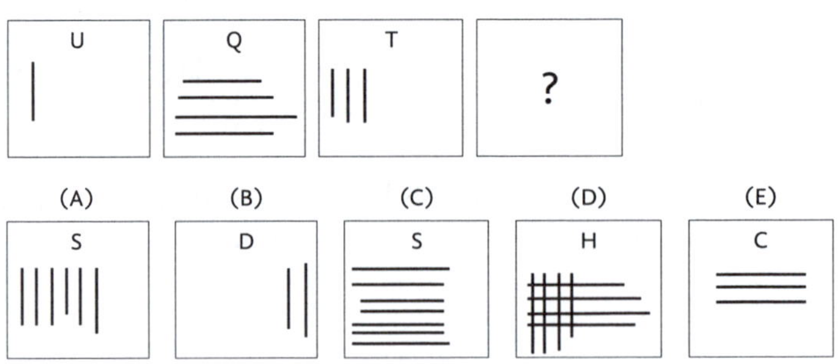

Question 87.

333 33	12 1112	1112 3112	?

(A)	(B)	(C)	(D)	(E)
13 1331	22 222	221 2112	132 111312	222 222

Question 88.

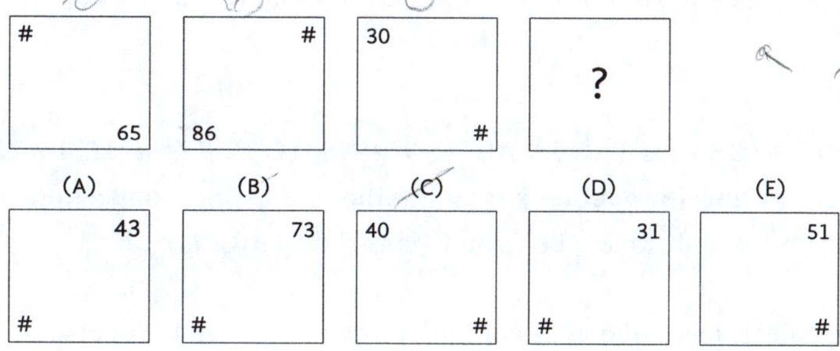

Question 89.

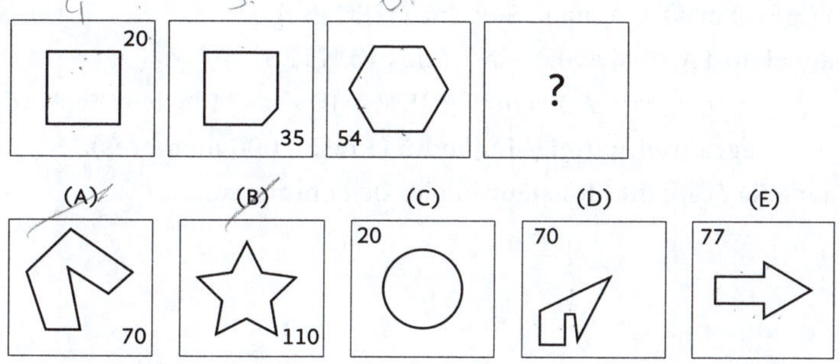

Question 90.

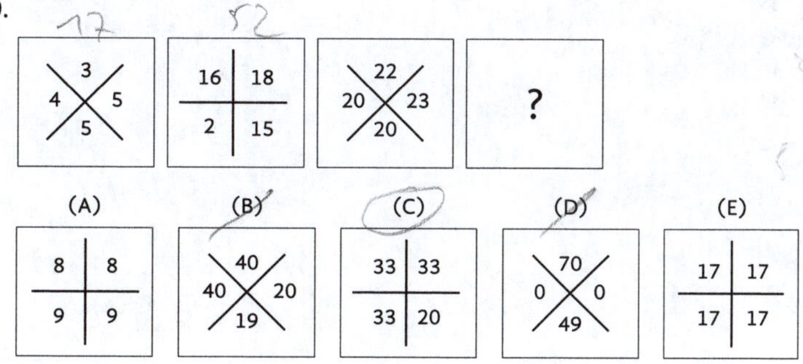

Monsieur TAGE MAGE

Monsieur ÉCOLES de COMMERCE

Corrigé TAGE MAGE®

N° 9/10/11/12/13/14/15/16/17/18

www.monsieur-tage-mage.com

Pour des **raisons techniques**, il est **impossible** à l'heure actuelle pour les éditeurs **d'imprimer un livre de plus de 1 400 pages – en couleur – à un prix abordable.**

Nous avons donc fait le choix de vous transmettre **les CORRIGÉS des TAGE MAGE® N° 9/10/11/12/13/14/15/16/17/18 par téléchargement** sur le site **www.monsieur-tage-mage.com.**

Les **CORRIGÉS des TAGE MAGE® N° 9/10/11/12/13/14/15/16/17/18**
sont téléchargeables sur : **www.monsieur-tage-mage.com**
→ Rubrique « Le Grand Manuel du TAGE MAGE »

Nous espérons sincèrement que vous comprenez et partagez notre décision.

Bonnes révisions !

Joachim Pinto (HEC Paris) & Arnaud Sévigné (HEC Paris)
Auteurs du Manuel du TAGE MAGE® – N° 1 des VENTES.
Fondateurs des communautés « Monsieur TAGE MAGE » et « Monsieur Ecoles de commerce » sur Facebook / Instagram / Twitter / Linkedin (+ de 30 000 membres).
Fondateurs du média étudiant Monsieur Ecoles de commerce.

TAGE MAGE® N° 11

GRILLE DE RÉPONSES TM n° 11																
C.D.T	Question	1	2	3	4	5	6	7	8	9	10	11	12	13	14	15
	Réponse															
	SCORE : ..../60			Nombre BR : ... /15					Nombre MR : ... /15							
CALCUL	Question	16	17	18	19	20	21	22	23	24	25	26	27	28	29	30
	Réponse															
	SCORE : ..../60			Nombre BR : ... /15					Nombre MR : ... /15							
R & A	Question	31	32	33	34	35	36	37	38	39	40	41	42	43	44	45
	Réponse															
	SCORE : ..../60			Nombre BR : ... /15					Nombre MR : ... /15							
COND. MIN.	Question	46	47	48	49	50	51	52	53	54	55	56	57	58	59	60
	Réponse															
	SCORE : ..../60			Nombre BR : ... /15					Nombre MR : ... /15							
EXPRESS.	Question	61	62	63	64	65	66	67	68	69	70	71	72	73	74	75
	Réponse															
	SCORE : ..../60			Nombre BR : ... /15					Nombre MR : ... /15							
LOGIQUE	Question	76	77	78	79	80	81	82	83	84	85	86	87	88	89	90
	Réponse															
	SCORE : ..../60			Nombre BR : ... /15					Nombre MR : ... /15							
TM n° 11	SCORE :......./360 ⇔ ..../600			BR = Bonne réponse = + 4 points. MR = Mauvaise Réponse = –1 point. Multipliez par 5/3 pour passer du score/360 au score/600.												

TAGE MAGE® N° 11

1 COMPRÉHENSION DE TEXTES

CONSIGNES			
15 questions	20 minutes	Calculatrice interdite	Chronomètre recommandé

BARÈME		
Bonne réponse : +4 points	Aucune réponse : 0 point	Mauvaise réponse : –1 point

TEXTE 1

Paris est candidate à l'organisation des jeux Olympiques en 2024.
L'économiste Wladimir Andreff met en garde contre les risques qui entourent un tel projet.

La candidature de Paris aux jeux Olympiques (JO) est-elle pertinente ?

Paris dispose d'atouts incontestables. La région est bien équipée en infrastructures et le mouvement sportif français a eu la bonne idée de présenter un budget raisonnable. Problème : depuis trente ans, aucune ville n'a gagné avec un budget raisonnable.

Pourquoi les budgets des JO sont-ils systématiquement dépassés ?

C'est la faute au système d'attribution mis en place par le Comité International Olympique (CIO). Ses membres votent à chaque fois pour la candidature la plus grandiose, et donc la plus chère. C'est ce que j'appelle la théorie de la « malédiction du gagnant aux enchères ». Celui qui gagne est celui qui surenchérit le plus. À chaque fois, la ville présente un budget apparemment raisonnable, mais ce qu'elle met en vitrine est en fait beaucoup plus cher. Par exemple à Londres en 2012, les organisateurs avaient sous-estimé le coût des jeux Paralympiques, de la sécurité, et avaient minoré certaines taxes dans le dossier de candidature. A l'arrivée, les JO ont coûté 12 milliards d'euros, contre 6 annoncés au départ. Un surcoût payé par les contribuables britanniques.

Les partisans de la candidature mettent en avant les retombées qu'apportent les JO. Sont-elles à la hauteur de l'investissement ?

Les études sur les retombées de tels événements sont souvent peu fiables et les meilleures que je connaisse n'ont jamais prouvé de rentabilité sociale positive. En clair, au mieux, si vous investissez 1, les JO rapportent 1. Les principaux gagnants sont les grandes entreprises du BTP et, dans une moindre mesure, l'hôtellerie. Par ailleurs, les JO créent 30 000 emplois pendant la compétition. Mais ce sont des petits boulots temporaires. Au total, il faut s'attendre au maximum à une hausse de 0,1 % du produit intérieur brut (PIB) de la France si Paris était retenue.

Pourquoi un impact si faible ? Parce qu'il faut tenir compte des retombées « négatives », ce qui est rarement le cas dans les estimations pro-candidature. Par exemple, on entend souvent que les JO font venir des millions de touristes, mais on ne tient pas compte de l'effet d'éviction. En 2004, les recettes du tourisme ont baissé en Grèce, alors qu'Athènes organisait les Jeux. Beaucoup de touristes ont évité d'aller dans le pays précisément à cause de la compétition.

Les partisans des Jeux Olympiques assurent que les infrastructures qui seraient construites seront utiles à tous les Franciliens...

C'est un argument recevable. D'autant que le projet du Grand Paris Express étant déjà lancé, les JO pourraient accélérer sa réalisation. Mais cette accélération peut être dangereuse, car les JO ne tolèrent aucun retard...

Question 1. Parmi les propositions ci-dessous, quelle(s) est/sont la/les « retombée(s) négative(s) » liée(s) aux Jeux Olympiques ?

1. Un surplus de CA pour les secteurs du bâtiment et de l'hôtellerie.
2. Un effet d'éviction touristique du pays.
3. Un surcoût d'organisation des Jeux Olympiques.
4. La création d'emplois précaires.

(A) 2 + 3
(B) Uniquement 2
(C) 1 + 2 + 3 + 4
(D) 2 + 3 + 4
(E) 1 + 3 + 4

Question 2. Selon le texte, combien aura coûté l'organisation des Jeux Olympiques de Londres ?

(A) Autant que prévu.
(B) 6 milliards d'euros.
(C) 6 milliards de Livres Sterling, soit 10 milliards d'euros.
(D) 12 milliards de Livres Sterling, soit 20 milliards d'euros.
(E) Deux fois plus que prévu.

Question 3. Selon le texte, pour quelle(s) raison(s) les budgets de l'organisation des Jeux Olympiques ne sont-ils jamais respectés ?

1. Il est très difficile d'estimer le coût de construction des infrastructures.
2. Les autorités sous-estiment volontairement certaines rentrées fiscales (taxes).
3. Les pouvoirs publics sous-estiment le coût de certains postes de dépenses.
4. Les dossiers de candidature prennent rarement en compte les externalités négatives.

(A) 1 + 2 + 3 + 4
(B) 2 + 3 + 4
(C) 2 + 3
(D) 3 + 4
(E) 1 + 3

Question 4. Que veut dire l'interviewé à travers la théorie de la « malédiction du gagnant aux enchères » ?

(A) Les contribuables du pays organisateur des Jeux Olympiques sont toujours ceux qui financent les Jeux Olympiques au final.

(B) La ville qui remporte l'organisation des Jeux Olympiques est toujours localisée dans un pays riche.

(C) Plus une ville candidate propose un budget d'organisation des Jeux Olympiques important, plus elle a de chances de l'emporter.

(D) La ville qui propose le plan d'organisation des Jeux Olympiques le plus onéreux perd toujours. Telle est la malédiction.

(E) Toutes les villes candidates proposent des budgets d'organisation des Jeux Olympiques importants dans l'optique de gagner.

Question 5. Quel est le principal message délivré par l'interviewé au sujet de l'organisation des Jeux Olympiques ?

(A) Organiser les Jeux Olympiques a des conséquences positives sur le plan économique, mais moins que ce qui est annoncé.

(B) Organiser les Jeux Olympiques est un investissement pour l'avenir d'un pays, malgré quelques effets négatifs.

(C) Organiser les Jeux Olympiques avec un budget raisonnable est un véritable défi pour la candidature de Paris.

(D) Organiser les Jeux Olympiques a toujours été néfaste pour la ville organisatrice : budgets non respectés et retombées négatives.

(E) Organiser les Jeux Olympiques est au mieux un jeu à somme nulle d'un point de vue économique.

TEXTE 2

L'Exposition universelle qui se tient à Milan de mai à octobre 2015 rappelle l'importance de cette capitale économique de l'Italie. Les manuels scolaires de géographie ont de longue date tracé sur la carte de l'Europe une « banane bleue », ou « dorsale européenne », regroupant en un arc métropolitain les grandes villes de l'Europe occidentale, de Londres et Paris à Milan, en passant par l'axe du Rhin.

Plus en amont, l'histoire économique italienne a souligné le rôle de la capitale lombarde dans l'essor industriel de la péninsule : Milan est au coeur du « miracle italien » d'après-guerre, grand centre du textile et du luxe, mais aussi ville de la sidérurgie avec le groupe Falk, ville des glaces Motta ou du caoutchoutier Pirelli. En fait, depuis la fin du XIXe siècle, le triangle industriel Turin-Milan-Gênes est le moteur de la modernisation italienne, et Milan, regroupant le plus grand nombre de sièges sociaux, un pôle à la fois industriel, marchand et financier.

À l'époque de Marignan, Milan n'est pas encore la ville la plus dynamique d'Italie. Elle est devancée par Venise, Florence ou Gênes. Mais elle fait partie de ce réseau de villes et de principautés italiennes qui constituent alors le centre économique de l'Europe. C'est là où le capitalisme, qui y est plus libéré des carcans politiques et sociaux qu'ailleurs, prend naissance. On y produit du textile et des armes. Depuis un siècle déjà, Milan est un centre financier de première importance, animé par de grandes familles comme les Rottole, les Grassi ou les Panigarola. Principale métropole de la vallée du Pô, en liaison avec Gênes et les espaces germaniques et français par les routes des Alpes, la capitale lombarde est déjà une métropole avec près de 100 000 habitants, dominant un duché aux mains des Sforza.

L'intérêt économique et stratégique de la ville est bien compris des principaux protagonistes qui se disputent l'Italie. La Botte est en effet une proie d'autant plus tentante qu'elle est aussi faible politiquement que puissante économiquement. Elle est divisée en une dizaine d'entités : États pontificaux, royaume de Naples et de Sicile, duchés (de Toscane, de Milan, de Ferrare, de Savoie, de Mantoue, de Lucques), deux républiques (Venise et Gênes). Pas étonnant, dès lors, que l'empereur germanique s'y intéresse, tout comme la couronne d'Espagne ou le roi de France. Le monde économique européen n'a pas encore les regards tournés vers l'Amérique, à peine découverte. Les rivalités européennes se jouent d'abord sur le continent, et l'Italie du Nord est au cœur des enjeux.

Depuis quelque temps, la puissance du royaume de France inquiète. Sorti finalement victorieux de la guerre de Cent Ans (achevée en 1453), le royaume s'est consolidé et agrandi. Il a en particulier annexé sous Louis XI un très gros morceau, le duché de Bourgogne, qui séparait depuis l'héritage de Charlemagne le royaume de France de l'espace germanique. La France est désormais une grande puissance continentale et ses rois successifs ne cachent guère leurs ambitions expansionnistes.

Question 6. Quelles sont les villes d'Italie citées dans ce texte ?

1. Florence
2. Milan
3. Gênes
4. Rome
5. Naples

(A) 1 + 2 + 3
(B) 2 + 3 + 4
(C) 1 + 2 + 3 + 4 + 5
(D) 1 + 2 + 5
(E) 1 + 2 + 3 + 5

Question 7. Quelles sont les raisons incitant les royaumes d'Europe à attaquer Milan au XVIe siècle ?

1. Sa géographie.
2. Sa puissance économique.
3. Sa faiblesse politique.
4. Son instabilité politique.
5. Son avancée technologique.

(A) 1 + 2 + 3
(B) 2 + 3
(C) 1 + 2 + 3 + 4
(D) 2 + 3 + 4
(E) 2 + 3 + 4 + 5

Question 8. Quels sont les plus importants secteurs économiques à Milan après la Seconde Guerre mondiale ?

1. Sidérurgie
2. Luxe
3. Textile
4. Glaces
5. Caoutchouc

(A) 1 + 2 + 3
(B) 1 + 2 + 3 + 4
(C) 1 + 2 + 3 + 4 + 5
(D) 1 + 2
(E) 2 + 3 + 4 + 5

Question 9. Quel est le sens donné à l'expression « dorsale européenne » ?

(A) L'Italie du Nord est une région en retard économique comparée à Paris ou Londres.
(B) L'Italie du Nord fait partie de l'arc reliant Londres à Milan constituant le cœur économique de l'Europe.
(C) Milan est le lieu de naissance du capitalisme économique en Europe.
(D) L'Italie du Nord est le poumon économique de l'Europe depuis la Renaissance.
(E) Aucune de ces réponses ne convient.

Question 10. Quel est le meilleur résumé de ce texte ?

(A) Depuis plusieurs siècles, Milan est une métropole italienne qui suscite de nombreuses convoitises économiques et politiques.
(B) Depuis toujours, Milan est la capitale économique de l'Italie et a le statut pour être sa capitale politique.
(C) Milan est une ville internationalement reconnue pour son développement économique et politique.
(D) Milan est la ville d'Italie la plus développée économiquement grâce à plusieurs riches familles.
(E) Aucune de ces réponses ne convient.

TEXTE 3

La grande distribution et le gouvernement sont parvenus à un accord sur une série d'engagements volontaires, visant à renforcer les actions de lutte contre le gaspillage alimentaire, à l'issue d'une réunion jeudi avec la ministre de l'Écologie, Ségolène Royal. Ces mesures comprennent notamment l'obligation pour la grande distribution de favoriser au maximum les dons aux associations ou la valorisation de ses déchets, et un engagement de l'État de soutenir financièrement les associations. Elles interviennent à l'issue de dix jours d'invectives médiatiques entre la ministre et les distributeurs.

Peu avant l'issue de la réunion, les enseignes avaient rappelé que ces mesures n'avaient pas grand-chose de neuf, car, affirment-elles, les chaînes de magasins collaborent déjà avec les banques alimentaires depuis de nombreuses années.

Selon la fédération du secteur, la grande distribution est déjà le premier donateur alimentaire, avec l'équivalent de 120 millions de repas distribués l'an dernier. Ces données sont confirmées par la Fédération des banques alimentaires qui précise avoir reçu l'an dernier 35 000 tonnes de denrées de la grande distribution, soit 35 % de la totalité des dons. Sans surprise, plusieurs des grandes enseignes françaises (Auchan, Casino, Carrefour) ont indiqué dès mercredi qu'elles signeraient les engagements demandés par la ministre. Auchan s'est même « réjoui de (cette) initiative », se déclarant « pleinement favorable à cette approche pragmatique, qui permet de s'appuyer sur les actions déjà entreprises ».

En effet, la grande distribution s'est toujours montrée davantage favorable à un système basé sur le volontariat plutôt qu'à une loi coercitive. La plupart des mesures que Ségolène Royal veut obliger les distributeurs à signer étaient à l'origine contenues dans son projet de loi sur la transition énergétique, mais ont été retoquées par le Conseil constitutionnel pour des raisons de procédure. Ségolène Royal avait alors déclaré « ne pas vouloir en rester là », jugeant « inadmissible que les grandes surfaces détruisent des stocks alimentaires notamment en mettant de l'eau de Javel dessus ». La grande distribution n'est toutefois responsable directement que de 5 à 10 % du gaspillage alimentaire, contre 15 % pour la restauration et 70 % pour les ménages. Si cet accord devrait permettre d'apaiser un peu les invectives médiatiques entre Ségolène Royal et les distributeurs, il ne réglera pourtant en rien le fond du problème.

Question 11. Quel semble être le sentiment de l'auteur au travers de ce texte ?

(A) L'auteur est satisfait de la coopération entre les pouvoirs publics et les grandes surfaces.
(B) L'auteur trouve la position de Ségolène Royal un peu trop « rigide ».
(C) L'auteur défend les entreprises de la grande distribution.
(D) L'auteur critique implicitement Ségolène Royal au sujet du gaspillage alimentaire.
(E) L'auteur semble neutre et décrit les échanges entre Ségolène Royal et les acteurs de la grande distribution.

Question 12. Comment pourrait-on qualifier l'attitude de la ministre Ségolène Royal au sujet du gaspillage alimentaire ?

1. Remontée
2. Déterminée
3. Engagée
4. Agacée

(A) 1 + 2 + 3 + 4
(B) 2 + 3
(C) 1 + 2 + 3
(D) 2 + 4
(E) 1 + 3

Question 13. Que signifie le mot « invective » utilisé dans ce texte ?

(A) Discussions
(B) Querelles
(C) Pourparlers
(D) Négociations
(E) Engueulades

Question 14. Quel serait le meilleur résumé pour ce texte ?

(A) Ségolène Royal s'en prend à la grande distribution, probablement pour des raisons médiatiques.
(B) Ségolène Royal a tort de s'en prendre aux grandes surfaces, bien que de nombreux points restent à améliorer.
(C) Les grandes surfaces semblent être les principaux coupables du gaspillage alimentaire aux yeux de la ministre, à tort.
(D) La ministre de l'Écologie s'est engagée à voter des lois pour contraindre les grandes surfaces à accroître la lutte contre le gaspillage alimentaire.
(E) Les grandes surfaces ne sont pas responsables du gaspillage alimentaire, malgré les propos et actions de la ministre Ségolène Royal.

Question 15. Quel serait le meilleur titre pour ce texte ?

(A) Et si nous nous trompions de cible ?
(B) Les grandes surfaces et le gâchis alimentaire.
(C) Le rôle de l'État.
(D) Les grandes surfaces : coupables idéales...
(E) Il faut réformer la grande distribution.

2 CALCUL

CONSIGNES

15 questions	20 minutes	Calculatrice interdite	Chronomètre recommandé

BARÈME

Bonne réponse : +4 points	Aucune réponse : 0 point	Mauvaise réponse : –1 point

Question 16. Bernard achète un terrain rectangulaire de 15 mètres de longueur. Le prix du m^2 est de 10 euros. Le terrain lui coûte 1 050 euros. Quelle est la largeur du terrain ?

(A) 5 mètres.
(B) 6 mètres.
(C) 7 mètres.
(D) 8 mètres.
(E) 9 mètres.

Question 17. Lors d'un jeu de culture générale qui oppose les jeunes et les seniors, les jeunes ont en moyenne 65 % de bonnes réponses et les seniors 75 %. La proportion globale de bonnes réponses est de 69 % et il y a 80 participants au total. Combien de jeunes participent à ce jeu ?

(A) 32
(B) 36
(C) 40
(D) 44
(E) 48

Question 18. Alberto Contador et Christopher Froome participent au contre-la-montre du Tour de France. Le parcours est de 35 kilomètres. Alberto Contador part le premier et roule à 36 km/h. Christopher Froome démarre 10 minutes plus tard et roule à 45 km/h.

À quelle distance de l'arrivée Froome va-t-il rattraper Contador ?

(A) 5 km
(B) 7,5 km
(C) 12,5 km
(D) 15 km
(E) 30 km

Question 19. Aimery joue aux dés avec Benjamin. Si le dé tombe sur un chiffre qui est un carré, Aimery reçoit 42 euros de Benjamin, sinon il lui donne 12 euros. Après 25 lancers, Aimery réalise qu'il a gagné 402 euros. Ainsi, combien de lancers qui ont été des carrés a-t-il réalisés ?

(A) 12
(B) 13
(C) 14
(D) 15
(E) 16

Question 20. Trouvez l'élément manquant qui respecte la suite logique suivante.

11 – 12 – 14 – 15 – 17 – 19 – 20 – ? ? ?

(A) 22
(B) 23
(C) 24
(D) 25
(E) 26

Question 21. Soit un rectangle ABCD. En triplant sa longueur et sa largeur, sa surface est de 180 m^2. Quelle est l'aire du rectangle ABCD ?

(A) 10 m^2
(B) 20 m^2
(C) 40 m^2
(D) 60 m^2
(E) 120 m^2

Question 22. Quel nombre faut-il mettre à la place de X ?

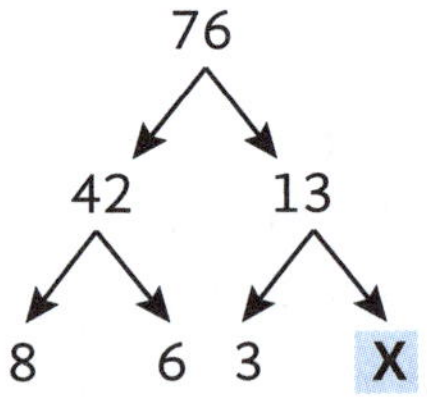

(A) 2
(B) 3
(C) 4
(D) 5
(E) 6

Question 23. Le prix du baril de pétrole a augmenté de 20 % entre 2012 et 2013, atteignant 150 $. Quel aurait été le prix du baril en 2013 si l'augmentation n'avait été que de 10 % ?

(A) 135 $
(B) 137,5 $
(C) 139 $
(D) 140,5 $
(E) 145 $

Question 24. Arnaud et Joachim sont devant un sac de 8 billes numérotées de 1 à 8. Ils tirent chacun 2 paires de billes. Les sommes des numéros de billes tirées par Joachim sont : 14 et 7. Les sommes des numéros de billes tirées par Arnaud sont : 10 et 5.

Quel est le produit des numéros des 4 billes tirées par Arnaud ?

(A) 50
(B) 64
(C) 84
(D) 120
(E) 144

Question 25. Sophie souhaite vider sa piscine pendant l'hiver. Si elle utilise une pompe, il faut 5 h 50 pour vider la piscine. Si elle utilise un tuyau de raccordement, il ne faut que 2 h 20. Combien de temps faut-il pour vider la piscine si Sophie utilise en même temps la pompe et le tuyau de raccordement ?

(A) 90 minutes
(B) 1 h 40
(C) 140 minutes
(D) 170 minutes
(E) 200 minutes

Question 26. Alfred décide d'acheter un bien immobilier. Il emprunte un quart de la somme à un taux de 5 % auprès de la banque Mariole Lynch et le reste auprès de la Banque Nationale Paysanne (BNP). À la fin de l'année, il rembourse 1 000 euros à Mariole Lynch et 8 000 euros à la BNP. À quel taux d'intérêt a-t-il emprunté à la BNP ?

(A) 3 %
(B) 7 %
(C) 13,3 %
(D) 8,5 %
(E) 9,5 %

Question 27. Un producteur laitier souhaite calculer ce que lui rapporte sa vache Mélusine. Chaque jour, elle mange 5 kg de foin à 25 euros le quintal, 12 kilos de maïs à 150 euros la tonne et 9 kg de betteraves à 0,2 euros le kilogramme. Chaque jour, elle produit 11 L de lait que le producteur revendra 0,6 €/L. Ainsi, combien rapporte (bénéfice) Mélusine au producteur en 30 jours ?

(A) 44 euros
(B) 46 euros
(C) 49,5 euros
(D) 50,5 euros
(E) 52,5 euros

Question 28. Soit XX un nombre à 2 chiffres identiques, tel que XX + XX = YYZ, avec YYZ un nombre à 3 chiffres.

Que vaut $(X + 2 \times Y + Z)^2$?

(A) 36
(B) 100
(C) 64
(D) 81
(E) 49

Question 29. Deux coureurs autour d'une piste circulaire partent du même point et dans la même direction. L'un fait un tour en 56 secondes et l'autre en 84 secondes. Au bout de combien de temps le plus rapide aura-t-il exactement un tour d'avance sur le coureur lent ?

(A) 28 secondes.
(B) 56 secondes.
(C) 1 minute et 24 secondes.
(D) 2 minutes et 24 secondes.
(E) 2 minutes et 48 secondes.

Question 30. Martin part de Paris à 8h30 en TGV à la vitesse de 250 km/h pour se rendre à son domicile. Le trajet dure 3h30. Après une pause de 15 minutes, il prend sa voiture de location et prend l'autoroute pendant 1 h 15 en roulant à 130 km/h. Enfin, Martin prend une route de campagne à 50 km/h durant 45 minutes.

Quelle est la distance parcourue par Martin ?

(A) 955 km
(B) 1 000 km
(C) 1 075 km
(D) 1 095 km
(E) 1 120 km

TAGE MAGE® N° 11

3 RAISONNEMENT ET ARGUMENTATION

CONSIGNES

15 questions	20 minutes	Calculatrice interdite	Chronomètre recommandé

BARÈME

Bonne réponse : +4 points	Aucune réponse : 0 point	Mauvaise réponse : –1 point

Question 31. Des progrès importants ont été accomplis pour assurer une plus grande stabilité de la zone Euro face aux crises. L'Union bancaire, le Mécanisme Européen de Stabilité, la politique monétaire de la Banque Centrale Européenne ont été mis en place. C'est une avancée incontestable. Mais l'on ne peut s'en contenter. L'Euro est en effet bien plus qu'une monnaie. C'est une souveraineté partagée pour renforcer nos économies, notre croissance, l'emploi et donc finalement nos sociétés dans la mondialisation.

Parmi ces propositions, laquelle est la meilleure conclusion du texte ?

(A) Malgré ses efforts en termes de politiques monétaires, la zone Euro n'arrive pas à aller vers plus de fédéralisme.

(B) L'objectif réel de la zone Euro est la convergence de ses économies.

(C) Les mesures prises par la zone euro visent à éviter qu'une crise bancaire ou financière n'éclate dans la zone euro.

(D) L'Euro n'est pas qu'une question monétaire. C'est aussi une question politique.

(E) L'Euro est voué à l'échec si les politiques des États membres ne se coordonnent pas.

Question 32. De gré ou de force, la grande distribution va devoir s'engager davantage dans la lutte contre le gaspillage alimentaire. La ministre de l'écologie a décidé de « mettre la pression » sur cette filière, dont elle a convoqué les représentants.

Parmi ces propositions, laquelle est présupposée dans le texte ?

(A) La grande distribution devra faire des efforts pour lutter contre le gaspillage alimentaire.

(B) La ministre de l'écologie met une grande pression sur la filière de la grande distribution.

(C) La filière de la grande distribution est implicitement menacée par la ministre.

(D) La grande distribution fait preuve de gaspillage alimentaire en jetant des grandes quantités de nourriture.

(E) La ministre de l'écologie est hostile aux grandes surfaces.

Question 33. Parmi les 30 étudiants d'une classe, 23 sont allés nager, 19 sont allés patiner et 14 ont participé aux 2 activités.

Combien d'étudiants de la classe n'ont participé à aucune de ces activités ?

(A) 2
(B) 4
(C) 7
(D) 11
(E) 15

Question 34. Parmi ces proverbes, lequel a un sens similaire au proverbe suivant :

« Possession vaut titre et usage rend maître » ?

(A) « Bien mal acquis ne profite jamais ».
(B) « C'est l'occasion qui fait le larron ».
(C) « Il faut que jeunesse se passe ».
(D) « C'est en forgeant que l'on devient forgeron ».
(E) « Il n'est pas de pire aveugle que celui qui ne veut pas voir ».

Question 35. Certains Italiens sont journalistes. D'autres sont espions. Les journalistes ont des cheveux bruns ou blonds. Les espions n'ont pas de cheveux. Tous les espions italiens sont des hommes. Franck n'a pas de cheveux. Que peut-on en déduire ?

(A) On ne peut pas conclure.
(B) Franck est espion.
(C) Franck n'est pas journaliste.
(D) Franck n'est ni espion ni journaliste.
(E) Franck n'est pas italien.

Question 36. Qui produira l'automobile du futur ? Les constructeurs allemands, convaincus il y a encore peu de temps de leur suprématie, constatent désormais avec inquiétude l'érosion rapide de leur modèle. Leurs nouveaux concurrents, Google et Apple, les obligent à investir massivement dans la matière première de l'avenir : l'information. Ainsi, à Munich comme à Ingolstadt, deux centres de recherche et développement (R&D) monumentaux doivent assurer l'avenir de l'automobile allemande, sur le modèle des campus de la Silicon Valley californienne.

Quelle proposition soutient le plus les propos ci-dessus ?

(A) Google et Apple ont décidé de concurrencer les constructeurs automobiles allemands.
(B) Les constructeurs automobiles allemands vont investir dans des centres de recherche pour rester dans la course.
(C) Google et Apple sont en passe de s'imposer sur le marché de l'automobile.

(D) Google et Apple participent implicitement au développement de technologies automobiles en Allemagne.
(E) Les constructeurs automobiles allemands s'inquiètent de la concurrence de Google et Apple.

Question 37. John ne dit jamais la vérité. Il affirme que Manon ment toujours.

Quelle proposition est correcte ?

(A) John et Manon mentent tous les deux.
(B) John ne ment jamais.
(C) Manon dit parfois la vérité.
(D) John et Manon disent tous les deux la vérité.
(E) Manon dit toujours la vérité et John ment toujours.

Question 38. Des chercheurs ont mené une étude qui comparait 1 000 fumeurs longue durée à 1 000 non-fumeurs. Leur conclusion est que fumer régulièrement ne nuit finalement pas si gravement à la fertilité.

Parmi les propositions suivantes, laquelle affaiblit le plus la conclusion des chercheurs ?

(A) L'addiction au tabac entraîne une obsession qui occupe le cerveau des fumeurs réguliers.
(B) Parmi les non-fumeurs, il y avait des anciens fumeurs qui ont conservé des taux de nicotine très élevés.
(C) Une étude a montré, qu'aussi bien fumeurs et non-fumeurs, ont de plus en plus de mal à adopter.
(D) Après avoir développé une sévère addiction à l'alcool pendant 5 ans, la fertilité de beaucoup de personnes diminue.
(E) Une étude réalisée en parallèle a montré que les personnes ayant des difficultés à se concentrer montraient des taux de fertilité très faibles.

Question 39. Rachmaninov ne repose plus en paix. Soixante-douze ans après la mort du célèbre compositeur et pianiste inhumé à New York, en 1943, Moscou réclame les restes de son corps. Cette revendication a été lancée par le ministre de la culture, Vladimir Medinski, grand promoteur de la culture patriotique, qui sévit en Russie.

Parmi les propositions suivantes, laquelle soutient le plus ces propos ?

(A) La Russie souhaite réhabiliter le compositeur russe Rachmaninov, mort au siècle dernier.
(B) Moscou effectue une opération de réappropriation de la culture nationale, qui participe de l'affirmation de l'identité russe au plan international.
(C) La dépouille de Rachmaninov devrait bientôt être rapatriée en Russie, à la demande de V. Medinski, ministre de la culture russe.
(D) Moscou entend récupérer la dépouille du compositeur russe Rachmaninov, qui se trouve actuellement aux États-Unis.
(E) La Russie et les États-Unis n'ont toujours pas réglé leurs différends géopolitiques et culturels.

Question 40. La loi stipule que pour pouvoir voter, il faut être inscrit sur les listes électorales. Les 4 cartes à moitié recouvertes ci-dessous indiquent : le vote de la personne sur la partie supérieure et l'inscription de la personne sur les listes électorales ou non sur la partie inférieure.

Quelles cartes faut-il dévoiler pour être sûr que la loi soit appliquée ?

(1)	(2)	(3)	(4)
A voté blanc	N'a pas voté		A voté
		Non inscrit	

(A) Les cartes 1 et 4.
(B) Les cartes 1, 2, 3 et 4.
(C) La carte 2.
(D) Les cartes 1, 2 et 3.
(E) Les cartes 1, 3 et 4.

Question 41. La Chine est assise sur une trésorerie de plus de trois mille milliards de dollars. Elle fait son marché mondial pour construire des relais à une croissance interne qui donne de dangereux signes d'essoufflement avec des risques d'éclatement de bulles financières non négligeables. Nous sommes bien loin de cette Chine sous-développée de 1979, et le chemin parcouru est impressionnant. C'est pourquoi une crise économique et financière majeure n'est pas exclue dans ce pays, avec des conséquences potentielles graves sur le plan géopolitique.

Lequel de ces proverbes est le plus fidèle au texte ?

(A) On ne fait pas d'omelettes sans casser des œufs.
(B) Notre tête est ronde pour permettre à la pensée de changer de direction.
(C) Mieux vaut être optimiste et se tromper que pessimiste et avoir raison.
(D) Quand sur dix pas, on en a fait neuf, on a fait la moitié du chemin.
(E) On ne vend pas la peau de l'ours avant de l'avoir tué.

Question 42. Les Français comme d'autres Européens sont devenus méfiants à l'égard de l'Europe. Régulièrement, l'Euro, la Banque Centrale, la Commission et les institutions européennes sont mis en cause par la plupart des hommes et femmes politiques français pour expliquer les difficultés sociales et économiques de la France. En bref, l'Europe serait la cause de tous nos maux. Mais la réalité est plus complexe. La Commission Européenne est l'émanation des États de l'Union Européenne et non un groupe fonctionnant selon son bon vouloir.

Quelle est la meilleure conclusion de ce texte ?

(A) L'Union Européenne s'est construite selon un schéma imposé aux États membres.
(B) Accuser l'Europe est une solution de facilité.
(C) Les élus français se servent de l'Europe pour ne pas conduire les réformes nécessaires.

(D) La méfiance des populations européennes vis-à-vis de l'UE est partagée par les politiciens.
(E) Les institutions européennes imposent leurs décisions aux pays de l'Union Européenne alors que ses membres ne sont pas élus.

Question 43. Camille pose son portable sur une table et remarque deux heures plus tard qu'il a disparu. Les seules personnes présentes dans la salle sont Caroline, Laura, Julie, Cécile et Maud. Maud affirme que Cécile n'a rien volé, alors que Julie affirme que c'est Maud qui a volé le portable.

En sachant que Maud ne dit jamais la vérité, qui est la coupable ?

(A) Laura.
(B) Julie.
(C) Cécile.
(D) Maud.
(E) Impossible de savoir.

Question 44. À compter du samedi 1er août, les loyers sont désormais plafonnés dans la capitale pour les baux conclus ou renouvelés. L'objectif est de ralentir leur hausse (+ 42 % en dix ans), voire de faire baisser les plus excessifs.

La mesure est populaire, approuvée par 8 Français sur 10, selon un sondage BVA réalisé pour Foncia en juin, même si 46 % des Français ignorent le détail du mécanisme – il est vrai assez subtil – et 48 % redoutent que la mesure freine l'investissement immobilier.

Quelle proposition est le plus en adéquation avec le texte ci-dessus ?

(A) Les loyers parisiens sont en constante augmentation depuis 10 ans.
(B) Les Français soutiennent la réforme même s'ils pensent que ce n'est pas la priorité.
(C) Les loyers sont dorénavant plafonnés, une réforme approuvée par les Français.
(D) L'encadrement des loyers est un mécanisme plébiscité par les Français.
(E) Les Français soutiennent le plafonnement des loyers, même si l'investissement immobilier sera freiné.

Question 45. « Prendre » est à (...) ce que (...) est à « Nettoyer ».

(A) Donner	Recevoir
(B) Acheter	Vendre
(C) Arranger	Vouloir
(D) Découvrir	Essorer
(E) Saisir	Laver

TAGE MAGE® N° 11

4 CONDITIONS MINIMALES

CONSIGNES

15 questions	20 minutes	Calculatrice interdite	Chronomètre recommandé

BARÈME

Bonne réponse : +4 points	Aucune réponse : 0 point	Mauvaise réponse : –1 point

(A) **L'information 1 seule est suffisante** pour répondre à la question.
L'information 2 seule est insuffisante pour répondre à la question.
(B) **L'information 2 seule est suffisante** pour répondre à la question.
L'information 1 seule est insuffisante pour répondre à la question.
(C) **Les informations 1 et 2 ensemble sont suffisantes** pour répondre à la question.
L'information 1 seule ou l'information 2 seule est insuffisante pour répondre à la question.
(D) **L'information 1 seule est suffisante** pour répondre à la question.
L'information 2 seule est suffisante pour répondre à la question.
(E) **Les informations 1 et 2 ensemble sont insuffisantes** pour répondre à la question.
L'information 1 seule ou l'information 2 seule est insuffisante pour répondre à la question.

Question 46. Un particulier dispose d'un capital qu'il divise en 2 parts inégales selon un rapport un tiers deux tiers. Il investit chacune des 2 sommes à des taux annuels d'intérêt différents.

À quel taux d'intérêt annuel la partie la plus importante a-t-elle été placée ?

(1) La plus petite partie est placée à un taux annuel de 5 % et a rapporté 550 euros la 1re année.
(2) Au bout d'un an, l'ensemble du capital a rapporté 1 430 euros.

Question 47. Paris et Marseille sont distantes de 790 km. Le 8 décembre 2015, un train part de Paris en direction de Marseille et roule à la vitesse moyenne de 250 km/h. Un autre train part de Marseille en direction de Paris et roule à la vitesse moyenne de 200 km/h.

À quelle distance de Paris les deux trains vont-ils se croiser ?

(1) Le train de Paris part 1 heure plus tôt que le train de Marseille.
(2) Le train de Paris part à midi et le train de Marseille à 13 heures.

Question 48. Jacques est l'oncle de Fanny. Qui des deux se rend en conduisant à son travail ?

(1) Le plus âgé des deux n'a pas le permis auto.

(2) Le plus jeune des deux ne va pas à son travail à pied.

Question 49. Un professeur donne à ses élèves un exercice de mathématiques difficile. Les élèves mettent en moyenne 1 h 15 à le résoudre, sauf sept élèves qui ne réussissent pas l'exercice. Combien d'élèves ont traité l'exercice ?

(1) Le nombre d'élèves qui ont réussi l'exercice est un multiple de 6, compris entre 8 et 20.

(2) Si on enlève le temps mis par les trois élèves les plus lents, qui ont mis en moyenne 2 h, la moyenne est de 1 h.

Question 50. Peut-on dire que $X < Y$?

(1) $X + A = Y - A$.

(2) $X^2 < Y^2$.

Question 51. Une voiture fait le trajet Paris-Rouen et un cycliste, qui part à la même heure, fait le trajet inverse. Les deux villes sont distantes de 135 km.

À quelle distance de Paris se rencontreront-ils ?

(1) La vitesse de la voiture est le triple de celle du cycliste.

(2) La vitesse de la voiture est de 80 km/h.

Question 52. Un ingénieur a fait deux forages de profondeurs différentes (X et Y) à deux endroits différents et veut comparer leur profondeur. A-t-on $X < Y$?

(1) $X \neq Y$.

(2) $X - Y - 2 > 1$.

Question 53. Soient ABCD quatre entiers naturels consécutifs, inférieurs à 10.

Que vaut le quadruplet ABCD ?

(1) Le premier entier au carré est égal à la somme des deux entiers du milieu.

(2) Le deuxième entier au carré est un nombre supérieur à 10 et inférieur à 45. Le chiffre des unités de ce nombre est le chiffre des unités de ABCD.

Question 54. Quelle est la parité de $X^2 \times Y^3$?

(1) Y n'est pas impair.

(2) X n'est pas pair.

Question 55. Un individu place un capital à un taux annuel fixe. Combien a-t-il placé ?

(1) Le taux d'intérêt est de 4 %/an.

(2) La 1re année, les bénéfices se sont élevés à 340 euros.

Question 56. Soit AB un nombre à 2 chiffres tel que $A \times B = 0$. Que vaut AB ?

(1) AB – BA est un carré parfait.

(2) A + B est un carré parfait.

Question 57. Céline souhaite écouler les 50 paires de chaussures de la saison d'été qu'il reste dans sa boutique. Il y a 20 paires de sandales et 30 paires d'escarpins. À la fin de la journée, la moitié des chaussures demeurent invendues. Combien de sandales ont été vendues ?

(1) Céline a vendu quatre fois plus d'escarpins que de sandales.

(2) Céline a vendu 2/3 des escarpins.

Question 58. Soient a et b deux nombres entiers positifs.

Le nombre $7 \times a^2 \times b^3 + b^6$ est-il impair ?

(1) a est pair.

(2) b est pair.

Question 59. Thomas achète 5 kg de bananes, 4 kg de pommes et 2 kg de framboises, pour un montant total de 50,15 euros.

Quel est le prix des framboises au kilogramme ?

(1) Il achète pour 30,91 € de bananes et de framboises.

(2) Il achète pour 31,40 € de framboises et de pommes.

Question 60. X est-il divisible par 21 ?

(1) X est divisible par 14 et 3.

(2) X est divisible par 2 et 1.

TAGE MAGE® N° 11

5 EXPRESSION

CONSIGNES

15 questions	20 minutes	Calculatrice interdite	Chronomètre recommandé

BARÈME

Bonne réponse : +4 points	Aucune réponse : 0 point	Mauvaise réponse : –1 point

Question 61. Choisissez les mots dont le sens se rapproche le plus des mots soulignés.

Comme d'habitude, il a mis en place une solution <u>idoine</u> et <u>sans équivoque</u> pour tenter de résoudre le problème.

(A) Inadaptée — Sans ambiguïté
(B) Inadéquate — Catégorique
(C) Adaptée — Claire
(D) Appropriée — Sans explication
(E) Adéquate — Sans problème

Question 62. Choisissez la meilleure reformulation du point de vue de la syntaxe, de l'orthographe et du style. La proposition A reprend l'énoncé.

Partout dans le monde, depuis quelques années, la violence monte en intensité dans les centres urbains.

(A) Partout dans le monde, depuis quelques années, la violence monte en intensité dans les centres urbains.
(B) Les centres urbains du monde entier connaissent une recrudescence de la violence depuis quelques années.
(C) Depuis quelques années, la violence s'intensifie dans l'ensemble des villes de la planète.
(D) Depuis quelques années, dans toutes les villes de la planète la violence s'intensifie.
(E) Depuis quelques années, la violence monte en intensité dans les centres urbains du monde entier.

Question 63. Choisissez la meilleure reformulation du point de vue de la syntaxe, de l'orthographe et du style. La proposition A reprend l'énoncé.

(A) Ce lundi 24 août, les matières premières ont atteint leurs cours les plus bas depuis seize ans, cela s'explique notamment par la chute du cours du brut.
(B) Jamais les matières premières ont baissé autant depuis seize ans que ce lundi 24 août. Le cours du brut est surtout responsable.

(C) Ce lundi 24 août, les matières premières ont atteint leurs cours les plus bas depuis seize ans. Cela s'explique notamment par la chute du cours du brut.
(D) La matière première a atteint son cours le plus bas depuis seize ans ce lundi 24 août. Cela s'explique hormis par la chute du cours du brut.
(E) Ce lundi 24 août les matières premières ont atteint leurs cours les plus bas depuis seize ans cela s'explique notamment par la chute du cours du brut.

Question 64. Choisissez les mots dont le sens se rapproche le plus des mots soulignés.

Son verbatim était parfait.

(A) Sa transcription	Irréprochable
(B) Son compte rendu fidèle	Impeccable
(C) Sa citation	Exemplaire
(D) Son écriture	Sans défaut
(E) Sa manière de s'exprimer	Indiscutable

Question 65. Parmi ces cinq propositions, une seule est correctement orthographiée. Laquelle ?

(A) Tout est provisoire : l'amour, l'art, la planète Terre, vous, moi.
(B) L'Euro a été inventé pour rendre le salaire des riches six fois moins indecent.
(C) L'avantage avec la nouveauté, c'est quelle ne reste jamais neuve.
(D) Chaque année, le budget mondial dépensé en publicité s'élève à 500 milliards de dollars.
(E) Tout s'achète : l'amour, l'art, la planète Terre, vous, moi.

Question 66. Combien de fautes d'orthographe et de grammaire le passage suivant contient-il ?

Le théorème de Pytagore énonce que dans un triangle rectangle, le carré de la longueur de l'hypothénuse est égal à la somme des carrés des longueurs des deux autres côtés. Ce théorème est particulièrement utile pour les énoncés qui demandent de calculer la longueur du troisième côté d'un triangle rectangle. À ce théorème s'ajoute d'autres théorèmes comme celui de Thalès par exemple.

(A) 1
(B) 2
(C) 3
(D) 4
(E) 5

Question 67. Combien de fautes d'orthographe et de grammaire le passage suivant contient-il ?

L'exaspération de la princesse était sans limite. Elle avait pourtant prévenu ses compagnons de traversée de s'équiper correctement. Elle était effarée d'un tel comportement puéril. Elle déployait beaucoup d'énergie pour le leur faire intégrer, mais manifestement ils n'étaient que très peu réceptifs à ses injonctions. Elle savait pourtant que s'énerver n'améliorerait pas la situation, voire pourrait exacerber les inimitiés.

(A) 0
(B) 1
(C) 2
(D) 3
(E) 4

Question 68. Combien de fautes d'orthographe, de grammaire et d'usage le passage suivant contient-il ?

L'essor de l'informatique a permis à d'avantage de types de transactions financières de voir le jour. Ces transactions ont pour conséquence des interactions plus faciles et plus rapides entre les individus et les entreprises. L'impact économique de cette éclosion est indéniable. Et, au vue des avancées récentes, cela ne semble pas sur le point de s'arrêter. Il y a fort à parier que de nouvelles avancées vont apparaître. Il faudra savoir saisir la balle au bond pour prendre de l'avance sur nos concurrents.

(A) 1
(B) 2
(C) 3
(D) 4
(E) 5

Question 69. Parmi les phrases suivantes, combien contiennent au moins deux fautes ?

(1) Le fourguon cacochyme de la compagnie, rempli de vis, nous suivait à la trace.
(2) Quel que soit tes choix, il faut que tu les assumes.
(3) Le chasseur a tué l'ourse pour s'en débarasser.
(4) Le proffesseur connaît de nombreux moyens mnémotechniques.
(5) Il utilisa le marche-pied pour attraper la canelle.

(A) 2 phrases.
(B) 1 phrase.
(C) 5 phrases.
(D) 3 phrases.
(E) 4 phrases.

Question 70. Laquelle de ces expressions n'est pas un zeugma ?

(A) Il allait manger une pizza au jambon et au centre commercial.
(B) Il était empathique et en colère.
(C) Il manipule le français avec brio et le public avec bienveillance.
(D) Il n'avait pas toute sa tête et il ne voulait pas partir.
(E) Il a perdu tout son argent et ses illusions.

Question 71. Que signifie l'expression « Faire le dos rond » ?

(A) Tourner le dos à son adversaire.
(B) Se renfermer sur soi-même.
(C) Laisser passer les critiques sans réagir.
(D) Se protéger des blessures physiques.
(E) Se protéger des blessures affectives.

Questions 72 à 75 : Complétez le texte avec le mot ou l'expression assurant la meilleure cohérence textuelle.

Question 72. Je n'ai pas décroché ce poste (...) mon manque d'expérience et (...) mes qualifications. Si on m'avait dit, un jour, que faire des études supérieures aurait pu me nuire.

(A)	En dépit de	grâce à
(B)	En raison de	au profit
(C)	Grâce à	de par
(D)	À l'aune de	au profit de
(E)	À cause de	malgré

Question 73. (...) la qualité de votre dossier, (...) de vous notifier (...) de votre candidature.

(A)	En dépit de	nous avons le regret	le rejet
(B)	Malgré	nous regrettons	l'acceptation
(C)	Parallèlement à	nous avons le plaisir	la sélection
(D)	Du fait de	nous sommes heureux	la qualité
(E)	Grâce à	c'est un plaisir pour nous	le rejet

Question 74. Il en est des manières et de la façon de vivre comme des modes : les Français changent de mœurs selon l'âge de leur roi. Le monarque pourrait même parvenir à rendre la nation grave, s'il l'avait entrepris. Le prince imprime le caractère de son esprit à la cour, la cour à la ville, la ville aux provinces (...)

(A) Le roi est sans aucun doute l'homme le mieux habillé du royaume.
(B) L'âme du souverain est un moule qui donne la forme à toutes les autres.
(C) Son pouvoir est tel qu'il peut décider ce que devront porter ses sujets.
(D) Le roi est bien le personnage préféré des français.
(E) Le pouvoir du roi est néanmoins en train de vaciller.

Question 75. C'est quand tout va bien que les risques se prennent. Ainsi s'exprime le fameux « paradoxe de la tranquillité » exprimé par l'économiste Hyman Minsky dans les années 1980 sur l'instabilité financière. (...).

Quelle phrase conviendrait le mieux au lieu de (...) ?

(A) Le système financier est donc capable de s'autoréguler.
(B) Une crise financière est le résultat du comportement irrationnel des agents.
(C) Les crises se préparent dans les phases hautes des cycles économiques.
(D) Les rumeurs circulant sur les marchés sont la causes des crises financières.
(E) L'instabilité du système financier est conjoncturelle.

TAGE MAGE® N° 11

6 LOGIQUE

CONSIGNES

15 questions	20 minutes	Calculatrice interdite	Chronomètre recommandé

BARÈME

Bonne réponse : +4 points	Aucune réponse : 0 point	Mauvaise réponse : –1 point

Question 76.

	13			
	92			
95	?	62	49	15
	98			
	38			

(A) 14 (B) 24 (C) 64 (D) 41 (E) 76

Question 77.

		90		
		52		
76	94	?	58	67
		63		
		18		

(A) 16 (B) 04 (C) 85 (D) 94 (E) 46

Question 78.

		53		
		34		
24	48	?	80	15
		13		
		79		

(A) 35 (B) 16 (C) 22 (D) 63 (E) 66

Question 79.

NDZ				
CGT				
XJN				
?	CFT	PAY	PAL	HUM
JIB				

(A) XJN (B) YMB (C) FAZ (D) XMH (E) YLH

Question 80.

			DGD	
			HUH	
BHD	DDA	CLD	?	EJB
			LML	
			GVG	

(A) DET (B) FAF (C) CIC (D) LOL (E) CUG

Question 81.

			0331	
6455	6345	2240	?	5133
			3691	
			5324	
			6634	

(A) 2121 (B) 3471 (C) 1955 (D) 9362 (E) 2222

Question 82.

	361			
	400			
	169			
	225			
370	?	561	846	720

(A) 216 (B) 121 (C) 974 (D) 144 (E) 349

Question 83.

DBE
MQX LSC ? JDM IIZ
NEE
IHB
DLR

(A) KDQ (B) KCB (C) KAA (D) KRV (E) ACC

Question 84.

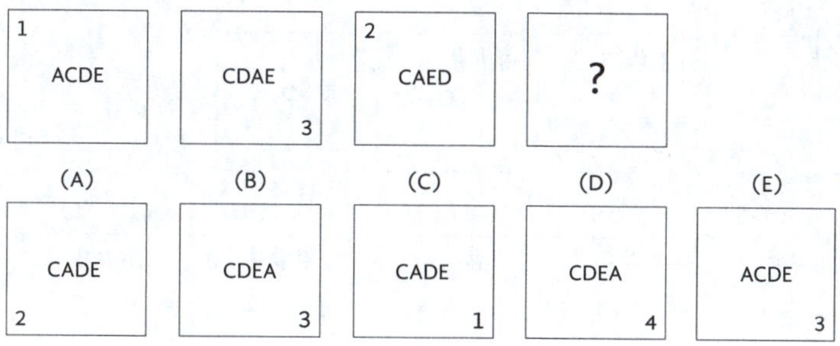

Question 85.

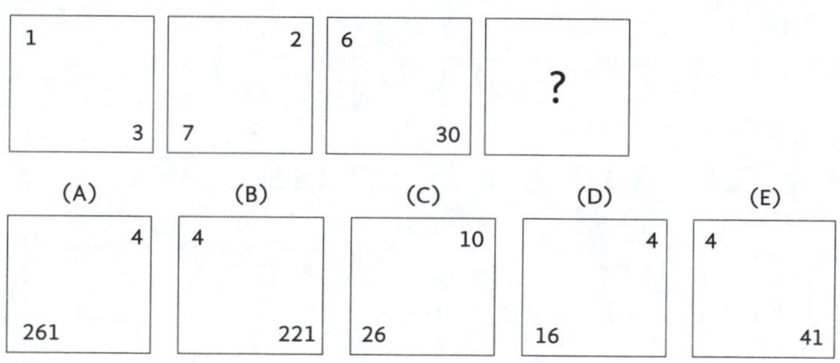

Question 86.

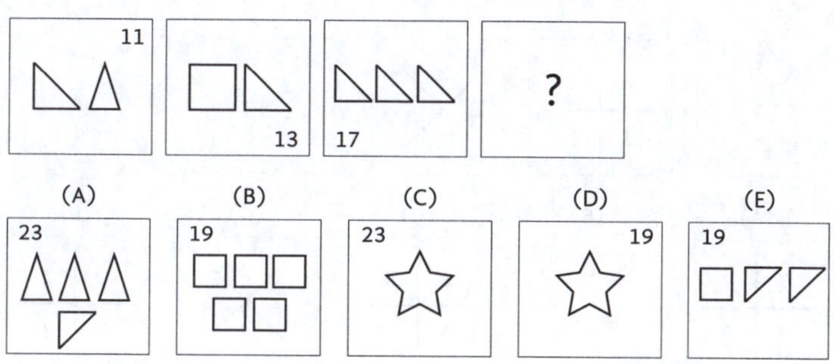

Question 87.

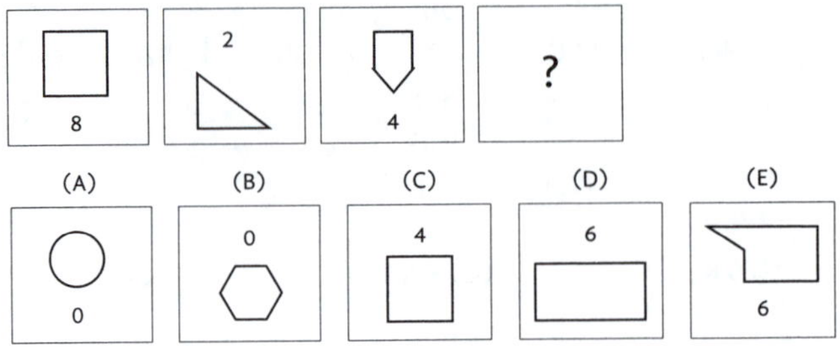

Question 88.

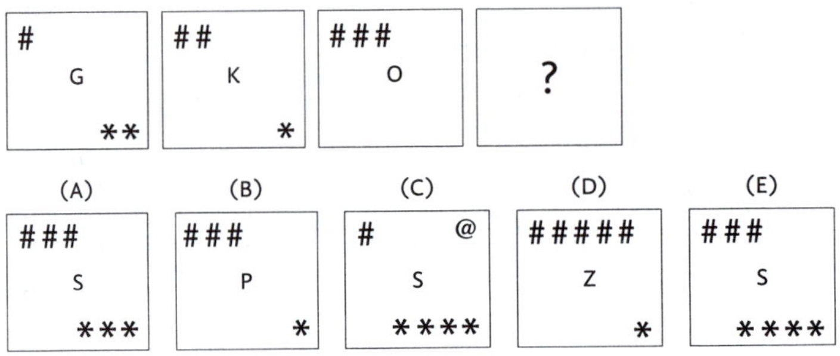

Question 89.

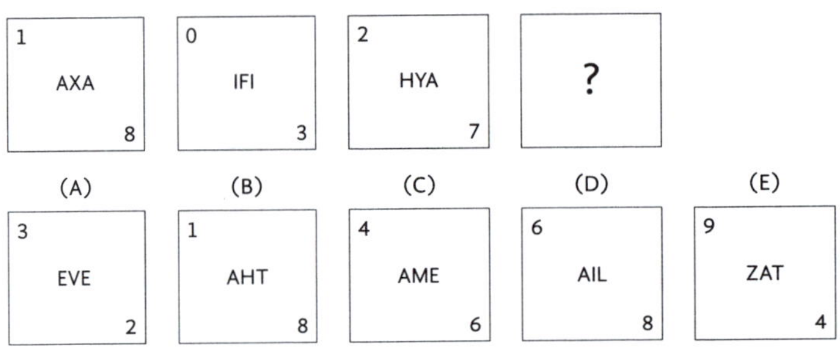

Question 90.

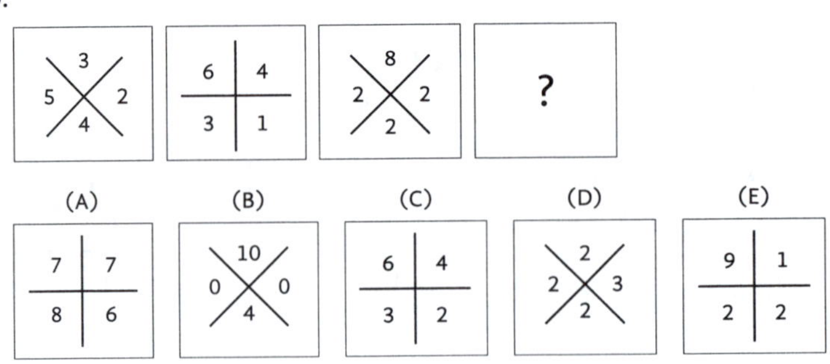

Corrigé TAGE MAGE®

N° 9/10/11/12/13/14/15/16/17/18

www.monsieur-tage-mage.com

Pour des **raisons techniques**, il est **impossible** à l'heure actuelle pour les éditeurs **d'imprimer un livre de plus de 1 400 pages – en couleur – à un prix abordable.**

Nous avons donc fait le choix de vous transmettre **les CORRIGÉS des TAGE MAGE® N° 9/10/11/12/13/14/15/16/17/18 par téléchargement** sur le site **www.monsieur-tage-mage.com.**

Les **CORRIGÉS des TAGE MAGE® N° 9/10/11/12/13/14/15/16/17/18**
sont téléchargeables sur : **www.monsieur-tage-mage.com**
→ Rubrique « Le Grand Manuel du TAGE MAGE »

Nous espérons sincèrement que vous comprenez et partagez notre décision.

Bonnes révisions !

Joachim Pinto (HEC Paris) & Arnaud Sévigné (HEC Paris)
Auteurs du Manuel du TAGE MAGE® – N° 1 des VENTES.
Fondateurs des communautés « Monsieur TAGE MAGE » et « Monsieur Ecoles de commerce » sur Facebook / Instagram / Twitter / Linkedin (+ de 30 000 membres).
Fondateurs du média étudiant Monsieur Ecoles de commerce.

TAGE MAGE® N° 12

GRILLE DE RÉPONSES TM n° 12																
C.D.T	Question	1	2	3	4	5	6	7	8	9	10	11	12	13	14	15
	Réponse															
	SCORE : ....../60		Nombre BR : ... /15						Nombre MR : ... /15							
CALCUL	Question	16	17	18	19	20	21	22	23	24	25	26	27	28	29	30
	Réponse															
	SCORE : ....../60		Nombre BR : ... /15						Nombre MR : ... /15							
R & A	Question	31	32	33	34	35	36	37	38	39	40	41	42	43	44	45
	Réponse															
	SCORE : ....../60		Nombre BR : ... /15						Nombre MR : ... /15							
COND. MIN.	Question	46	47	48	49	50	51	52	53	54	55	56	57	58	59	60
	Réponse															
	SCORE : ....../60		Nombre BR : ... /15						Nombre MR : ... /15							
EXPRESS.	Question	61	62	63	64	65	66	67	68	69	70	71	72	73	74	75
	Réponse															
	SCORE : ....../60		Nombre BR : ... /15						Nombre MR : ... /15							
LOGIQUE	Question	76	77	78	79	80	81	82	83	84	85	86	87	88	89	90
	Réponse															
	SCORE : ....../60		Nombre BR : ... /15						Nombre MR : ... /15							
TM n° 12	SCORE :....../360 ⇔ ....../600		BR = Bonne réponse = + 4 points. MR = Mauvaise Réponse = –1 point. Multipliez par 5/3 pour passer du score/360 au score/600.													

TAGE MAGE® N° 12

1 COMPRÉHENSION DE TEXTES

CONSIGNES			
15 questions	20 minutes	Calculatrice interdite	Chronomètre recommandé

BARÈME		
Bonne réponse : +4 points	Aucune réponse : 0 point	Mauvaise réponse : –1 point

TEXTE 1

Sommes-nous en mesure d'assurer en France une meilleure maîtrise de la demande d'électricité à un rythme suffisant pour se passer rapidement du nucléaire ?

Alain Grandjean : Avant de répondre à cette question, il faut d'abord planter le décor : le débat sur l'énergie, ce n'est pas le débat sur le nucléaire. Le nucléaire comme le reste de la production électrique doivent être replacés au sein de l'ensemble des questions énergétiques. (...)

Benjamin Dessus : Oui, le nucléaire ne représente que 18 % de l'énergie finale en France. 82 % du problème est ailleurs.

A. G. : C'est pour cela que je ne suis pas sûr que cela soit une bonne idée de centrer tout le débat énergétique sur la seule question du nucléaire. Cela ne veut pas dire évidemment qu'il ne faut pas en débattre.

(...)

A. G. : Un chiffre : au moment du premier choc pétrolier en 1973, la France s'est lancée dans le programme nucléaire. Les Français ont cru que grâce aux centrales nucléaires, ils pourraient être moins dépendants du pétrole. Or, aujourd'hui, le tiers de l'énergie consommée en France est toujours du pétrole, et c'est exactement la moyenne européenne ! Nous avons réalisé un ambitieux programme nucléaire et en réalité, nous ne sommes pas devenus moins dépendants du pétrole que les autres, du fait qu'il reste toujours incontournable dans deux secteurs : la pétrochimie et les transports.

B. D. : Quand on compare la France et l'Allemagne, on se rend même compte que, par habitant, nous consommons un peu plus de pétrole que nos voisins, de l'ordre de 5 % à 10 % de plus.

Pour sortir rapidement du nucléaire, il faudrait réduire de façon significative la consommation d'électricité. Quels sont les potentiels d'économies ?

B. D. : Lorsqu'en 1998, les Allemands ont décidé de sortir du nucléaire, ils ont lancé une politique vigoureuse d'économies d'électricité, et plus généralement d'énergie. J'ai constaté avec une certaine stupeur que les Français consommaient à l'époque la même quantité d'électricité - hors chauffage électrique - par habitant. Alors que onze ans plus tard, ils en consommaient 27 % de plus que les Allemands. L'écart s'est donc creusé très vite.

Pour parvenir à ce résultat, les Allemands ont tout d'abord augmenté le prix de l'électricité via une taxe écologique, et ils ont annoncé que ce prix allait augmenter dans le futur. Ensuite, ils ont mis en place une politique en direction des industriels pour les inciter, par des réglementations et des aides, à améliorer la qualité énergétique de leurs produits. Au final, on se retrouve donc avec un écart considérable entre la France et l'Allemagne pour la consommation d'électricité. C'est un facteur beaucoup plus important que les renouvelables : le photovoltaïque et l'éolien représentent encore une part relativement faible de la production totale d'électricité outre-Rhin. Nous pourrions donc certainement réduire nous aussi la consommation d'électricité d'au moins un quart en dix ans.

Question 1. Si vous deviez qualifier la démarche d'analyse des interviewés, diriez-vous qu'il s'agit d'un raisonnement :

(A) Empirique
(B) Concessif
(C) Analogique
(D) Déductif
(E) Inductif

Question 2. Quelle énergie est la plus utilisée en France selon les interviewés ?

(A) Le nucléaire.
(B) Le pétrole.
(C) Le charbon.
(D) Le photovoltaïque.
(E) Impossible de savoir.

Question 3. Pourquoi les interviewés comparent-ils la France et l'Allemagne ?

(A) Parce que la France et l'Allemagne sont des pays frontaliers.
(B) Parce que l'Allemagne est anti-nucléaire et la France pro-nucléaire.
(C) Probablement parce qu'un interviewé est français et l'autre allemand.
(D) Pour comparer les résultats des deux pays qui ont des politiques énergétiques différentes.
(E) Parce que l'Allemagne est un modèle énergétique dont la France devrait s'inspirer.

Question 4. Selon votre interprétation du texte, quel est le métier d'Alain Grandjean et de Benjamin Dessus ?

(A) Économistes
(B) Scientifiques
(C) PDG
(D) Politiques
(E) Environnementalistes

Question 5. Quel titre convient le mieux au texte ?

(A) Une sortie du nucléaire est-elle possible en France ?
(B) L'Allemagne : modèle de transition énergétique.
(C) La France : pays consommateur d'électricité.
(D) L'Allemagne : pays le plus avancé sur les biotechnologies.
(E) Aucune de ces réponses ne convient.

TEXTE 2

Militants et responsables d'Europe Ecologie - Les Verts (EELV) s'accordent au moins sur le constat que leur parti est en piètre état. Son horizon stratégique s'est singulièrement obscurci. « La crise de notre mouvement va s'aggraver, continuons à approfondir notre désarroi », suggère sombrement M. Alain Coulombel, conseiller régional de Rhône-Alpes, membre du conseil fédéral d'EELV et situé à la gauche de ce mouvement. « Le parti est plus divisé que jamais », constate avec flegme M. Jean-Vincent Placé, président du groupe écologiste au Sénat et l'un des tenants les plus acharnés de la ligne « participationniste », défendue par ceux qui souhaitaient rester au gouvernement et se verraient bien y revenir…

Pour la principale formation écologiste française, un cycle historique s'achève. Depuis les succès des Verts aux élections européennes de 2009, sous la houlette de M. Daniel Cohn-Bendit (16,3 % des suffrages exprimés), et aux élections régionales de 2010 (12,2 %), elle s'est engagée dans une stratégie de conquête de positions de pouvoir qui a porté ses fruits. Principalement via l'alliance avec le Parti socialiste (PS), EELV a pénétré les institutions en moins de trois ans. « D'un seul coup, nous avons eu deux cent soixante-dix élus régionaux, dix-sept députés et onze sénateurs », se rengorge M. Placé, qui anticipe « une raclée » aux régionales de décembre 2015, après le fort recul des européennes de juin 2014 (8,9 %) et le peu de sièges obtenus aux départementales de mars 2015. Le parti pourrait perdre l'essentiel de son petit réseau d'élus aussi vite qu'il l'a constitué. La stratégie d'alliance avec les socialistes s'en trouve forcément remise en cause.

En France, l'écologie politique a toujours été idéologiquement diverse. Elle attire un large éventail allant d'environnementalistes libéraux sur le plan économique à des sensibilités anticapitalistes ou radicales. Tous les « écologistes » ont du mal à se retrouver dans le même parti.

M. Noël Mamère a claqué la porte de « la firme » de Mme Cécile Duflot en 2013, l'ancienne ministre de l'environnement Corinne Lepage préfère Le Rassemblement citoyen - Cap21 à EELV et, après avoir été adhérent des Verts pendant plus de vingt ans, M. Jean-Luc Bennahmias a rejoint le Mouvement démocrate (MoDem de François Bayrou) en 2007, puis le Front démocrate, satellite du PS, en 2014.

« Nous devons nous unir au-delà de nos différences, car nos adversaires le font. Les lobbys du nucléaire, comme la Cogema et EDF, savent parler le même langage », plaide M. Pascal Durand, ancien secrétaire national d'EELV. Mme Emmanuelle Cosse, qui lui a succédé à ce poste difficile de « chef-fe », avoue une forme de fatalisme quant au devenir d'un mouvement travaillé par « des tensions très fortes ». « L'éclatement ? Il est possible. Je ne sais pas si ce serait une bonne ou une mauvaise chose », s'interroge-t-elle à haute voix. Comme si, au-delà des inimitiés qui se sont creusées dans ce petit univers, les désaccords devenaient d'une ampleur telle qu'une clarification était inévitable.

Question 6. Selon l'auteur, quelle est la principale source du problème du parti politique Europe Écologie – Les Verts (EELV) ?

(A) Les querelles internes entre les dirigeants politiques.
(B) Les mauvais scores aux récentes élections.
(C) Le manque d'homogénéité des électeurs du parti.
(D) L'arrivée du PS au gouvernement.
(E) La gestion des précédentes victoires électorales.

Question 7. À quoi fait référence l'expression « ligne participationniste » ?

(A) À la participation au débat public.
(B) À la proportionnelle lors des élections municipales et régionales.
(C) À la participation au gouvernement.
(D) À la scission du parti entre les durs et les modérés.
(E) À la participation au congrès écologiste visant à redéfinir les lignes du parti.

Question 8. Que prévoit Jean-Vincent Placé concernant les élections de décembre 2015 ?

1. Une lourde défaite.
2. Des difficultés financières pour le parti.
3. Des querelles internes.

(A) Seulement 1.
(B) 1 + 2.
(C) 2 + 3.
(D) Seulement 3.
(E) 1 + 2 + 3.

Question 9. Qui a quitté le mouvement EELV d'après le texte ?

1. Jean-Luc Bennahmias.
2. Noël Mamère.
3. Cécile Duflot.
4. Corinne Lepage.
5. François Bayrou.

(A) 1 + 2 + 3 + 4 + 5
(B) 1 + 2 + 4
(C) 2 + 3 + 4
(D) 1 + 2
(E) 2 + 4

Question 10. Quel titre conviendrait le mieux au texte ?

(A) Jean-Vincent Placé à la tête d'un parti à la dérive.
(B) Grandeur et décadence du parti écologiste français.
(C) De nombreux dirigeants quittent le parti politique EELV.
(D) Le parti écologiste EELV a peu d'avenir en France.
(E) Pour survivre, EELV devrait entrer au gouvernement.

TEXTE 3

Un domestique de Louis XV me contait qu'un jour, le roi son maître soupant à Trianon en petite compagnie, la conversation roula d'abord sur la chasse, et ensuite sur la poudre à tirer. Quelqu'un dit que la meilleure poudre se faisait avec des parties égales de salpêtre, de soufre, et de charbon. Le duc de La Vallière, mieux instruit, soutint que pour faire de bonne poudre à canon il fallait une seule partie de soufre et une de charbon, sur cinq parties de salpêtre bien filtré, bien évaporé, bien cristallisé.

« Il est plaisant, dit M. le duc de Nivernois, que nous nous amusions tous les jours à tuer des perdrix dans le parc de Versailles, et quelquefois à tuer des hommes ou à nous faire tuer sur la frontière, sans savoir précisément avec quoi l'on tue.

— Hélas ! nous en sommes réduits là sur toutes les choses de ce monde, répondit Mme de Pompadour ; je ne sais de quoi est composé le rouge que je mets sur mes joues, et on m'embarrasserait fort si on me demandait comment on fait les bas de soie dont je suis chaussée.

— C'est dommage, dit alors le duc de La Vallière, que Sa Majesté nous ait confisqué nos dictionnaires encyclopédiques, qui nous ont coûté chacun cent pistoles : nous y trouverions bientôt la décision de toutes nos questions. »

Le roi justifia sa confiscation : il avait été averti que les vingt et un volumes *in-folio,* qu'on trouvait sur la toilette de toutes les dames, étaient la chose du monde la plus dangereuse pour le royaume de France ; et il avait voulu savoir par lui-même si la chose était vraie, avant de permettre qu'on lût ce livre. Il envoya sur la fin du souper chercher un exemplaire par trois garçons de sa chambre, qui apportèrent chacun sept volumes avec bien de la peine. On vit à l'article *Poudre* que le duc de La Vallière avait raison ; et bientôt Mme de Pompadour apprit la différence entre l'ancien rouge d'Espagne, dont les dames de Madrid coloraient leurs joues, et le rouge des dames de Paris. Elle sut que les dames grecques et romaines étaient peintes avec de la pourpre qui sortait du *murex*, et que par conséquent notre écarlate était la pourpre des anciens ; qu'il entrait plus de safran dans le rouge d'Espagne, et plus de cochenille dans celui de France.

Elle vit comme on lui faisait ses bas au métier ; et la machine de cette manœuvre la ravit d'étonnement. « Ah ! le beau livre ! s'écria-t-elle. Sire, vous avez donc confisqué ce magasin de toutes les choses utiles pour le posséder seul, et pour être le seul savant de votre royaume ? »

Chacun se jetait sur les volumes comme les filles de Lycomède sur les bijoux d'Ulysse ; chacun y trouvait à l'instant tout ce qu'il cherchait. Ceux qui avaient des procès étaient surpris d'y voir la décision de leurs affaires. Le roi y lut tous les droits de sa couronne. « Mais vraiment, dit-il, je ne sais pourquoi on m'avait dit tant de mal de ce livre. »

De l'Encyclopédie, Voltaire.

Question 11. Quelles sont les personnes présentes au dîner à Trianon ?

1. Le Roi Louis XV.
2. Le duc de Briançon.
3. Le duc de la Vallière.
4. Le duc de Nivernois.
5. Madame de Pompadour.

(A) 1 + 2 + 3 + 4
(B) 1 + 3 + 4 + 5
(C) 1 + 4 + 5
(D) 1 + 3 + 5
(E) 1 + 5

Question 12. Que signifie le terme « in-folio » utilisé dans le texte ?

(A) C'est un format particulier de livre.
(B) « En entier ».
(C) « Dans leur totalité ».
(D) Terme employé pour les encyclopédies.
(E) Aucune réponse ne convient.

Question 13. De quel(s) type(s) d'ouvrage s'agit-il ?

1. Un pamphlet
2. Une biographie
3. Un apologue
4. Une satire

(A) Uniquement 3
(B) 1 + 4
(C) Uniquement 1
(D) 1 + 3 + 4
(E) 3 + 4

Question 14. Quel titre correspond le plus à cet extrait ?

(A) Un Roi inculte à l'époque de Voltaire.
(B) Le savoir s'oppose à la religion.
(C) Le pouvoir divin de Louis XV.
(D) La connaissance est nuisible au pouvoir.
(E) La culture royale à travers Les Lumières.

Question 15. Quel est le présupposé de Voltaire au travers de cet extrait ?

(A) La liberté s'acquiert avec la connaissance.
(B) Un homme seul ne peut détenir tout le savoir.
(C) La royauté doit toujours être triomphante.
(D) La culture s'oppose à l'oppression royale.
(E) Voltaire a le potentiel pour devenir Roi de France.

CALCUL

CONSIGNES

15 questions	20 minutes	Calculatrice interdite	Chronomètre recommandé

BARÈME

Bonne réponse : +4 points	Aucune réponse : 0 point	Mauvaise réponse : –1 point

Question 16. Combien vaut 28 en base 2 ?

(A) 1100
(B) 10100
(C) 11100
(D) 10101
(E) 10001

Question 17. Pierre fait son jogging et se promet de courir à une vitesse moyenne de 12 km/h. Il court la première heure à 10 km/h. Puis, il décide d'augmenter son rythme à 15 km/h.

Combien de temps doit-il courir à cette dernière vitesse pour tenir sa promesse ?

(A) 1 h
(B) 1 h 10
(C) 40 minutes
(D) 50 minutes
(E) 1 h 40

Question 18. Le maire d'une petite ville dont la forme est strictement rectangulaire est autorisé à agrandir la ville. Toutefois, le conseil régional lui propose deux modes d'élargissement :
Augmenter la longueur de 60 % et la largeur de 10 % (choix (1)).
Baisser de 18 % la largeur et augmenter de 100 % la longueur de la ville (choix (2)).
Quel choix doit prendre le maire pour avoir la plus gande ville possible ?

(A) Le choix (1).
(B) Le choix (2).
(C) Cela revient au même.
(D) Les deux choix réduisent la taille de la ville.
(E) On ne peut pas savoir.

Question 19. Hugo joue au bowling. Le nombre de points marqués correspond au nombre de quilles tombées durant la partie. Au total, Hugo a marqué 151 points et toutes ses boules ont fait tomber 5, 8 ou 10 quilles. Il a autant fait tomber 8 quilles que 10 quilles.

Combien de boules Hugo a-t-il tirées ?

(A) 16
(B) 17
(C) 18
(D) 19
(E) 20

Question 20. Combien vaut la somme totale des angles de la figure ci-dessous ?

(A) 900 degrés
(B) 1 080 degrés
(C) 1 360 degrés
(D) 1 400 degrés
(E) 1 440 degrés

Question 21. Alban et Timothée partent du même point d'un circuit circulaire à 12h, respectivement à 100 km/h et à 120 km/h. Le rayon de ce circuit est de $\frac{200}{\pi}$ mètres.

Combien de temps Timothée met-il pour rattraper Alban pour la deuxième fois ?

(A) 2 min et 12 sec.
(B) 2 min et 24 sec.
(C) 2 min et 48 sec.
(D) 3 min et 12 sec.
(E) 3 min et 24 sec.

Question 22. Champion de natation de sa ville, Pierre s'entraîne 4 fois par semaine au club aquatique composé de deux piscines : une de 50 mètres de long et une autre de 25 mètres. À chaque séance d'entraînement, il fait 95 aller-retour. Il en effectue 50 en crawl dans la piscine de 50 mètres et 45 en brasse dans la piscine de 25 mètres.

Combien de kilomètres de nage parcourt-il par semaine ?

(A) 26 km
(B) 27 km
(C) 28 km
(D) 29 km
(E) 30 km

Question 23. Patrick manque d'argent pour s'acheter un tourne-disques. Il demande de l'argent à son père qui lui donne 30 euros. Puis, il demande à son grand-père, qui lui dit : « Je vais te donner autant que ce que tu possèdes déjà ». Au final, Patrick a 300 euros.

Combien aurait-il eu au final s'il avait demandé directement et uniquement à son grand-père ?

(A) 120 euros
(B) 150 euros
(C) 200 euros
(D) 240 euros
(E) 300 euros

Question 24. Mon salaire se compose d'une part fixe et d'une part variable. Ce mois-ci, j'ai reçu 3 800 euros tout compris. Sachant que le montant de ma part fixe a été supérieur de 1 900 euros au montant de ma part variable, quel est le montant de la part fixe de mon salaire ?

(A) 1 900 euros
(B) 2 350 euros
(C) 2 550 euros
(D) 2 850 euros
(E) 3 100 euros

Question 25. Un contenant en forme de pavé droit dont la base est un carré de 20 cm de côté et la hauteur est de 11 cm est rempli à moitié d'eau. En sachant que le volume de l'eau augmente de 10 % lors de la congélation, quelle quantité d'eau peut-on ajouter au maximum dans ce contenant avant de le placer dans un congélateur (sans déborder) ?

(A) 800 cm^3
(B) 1 200 cm^3
(C) 1 800 cm^3
(D) 2 000 cm^3
(E) 2 200 cm^3

Question 26. Thierry reçoit son assistant Arthur pour négocier ses primes des 6 prochaines années. À la fin des négociations, Thierry propose 5 choix différents de rémunération à Arthur. Quelle proposition est la plus avantageuse pour Arthur sachant qu'il n'y a pas d'inflation et qu'il ne peut placer son argent ?

(A) Toucher 6 fois 15 % de son salaire annuel actuel en année 1.
(B) Toucher chaque semestre durant 6 ans une prime correspondant à 7,5 % de son salaire annuel actuel.
(C) Toucher annuellement durant 4 ans une prime correspondant à 60 % de 35 % de son salaire annuel actuel.
(D) Toucher trimestriellement durant 6 ans une prime correspondant à 8 % de 50 % de son salaire annuel actuel.
(E) Toucher annuellement durant 5 ans une prime correspondant à 35 % de 55 % de son salaire annuel actuel.

Question 27. Arnaud met 3 heures et 30 minutes pour fabriquer 115 avions en papier.

Quelle est la productivité d'Arnaud ?

(A) ≈ 25 avions/heure.

(B) ≈ 28 avions/heure.

(C) ≈ 30 avions/heure.

(D) ≈ 33 avions/heure.

(E) ≈ 34 avions/heure.

Question 28. Anne et Manon ont rendez-vous à 14 h 00 à la gare. Chacune s'y rend en voiture. Anne a 25 kilomètres de trajet et Manon 10 kilomètres. Elles roulent toutes les deux à la même vitesse. Sachant qu'Anne part de chez elle à 13 h 30, à quelle heure Manon doit-elle partir pour arriver à l'heure au rendez-vous ?

(A) 13 h 55

(B) 13 h 48

(C) 13 h 42

(D) 13 h 38

(E) 13 h 35

Question 29. Le sprinteur du Magistan, Karl Bolt a 70 % de chances de gagner la finale du 100 mètres s'il n'est pas blessé. S'il se blesse, la probabilité de gagner la course est de 20 %.

Sachant que la probabilité totale de victoire est de 30 %, quelle est la probabilité que Bolt soit blessé ?

(A) 10 %

(B) 75 %

(C) 80 %

(D) 25 %

(E) 30 %

Question 30. Dans 10 ans, Jade aura 2 fois l'âge de sa sœur Joséphine. Aujourd'hui, Jade a 12 ans de plus que Joséphine. Quel âge aura Jade dans 47 ans ?

(A) 47 ans

(B) 54 ans

(C) 58 ans

(D) 61 ans

(E) 63 ans

3 RAISONNEMENT ET ARGUMENTATION

CONSIGNES			
15 questions	20 minutes	Calculatrice interdite	Chronomètre recommandé

BARÈME		
Bonne réponse : +4 points	Aucune réponse : 0 point	Mauvaise réponse : –1 point

Question 31. « Branche » est à (...) ce que (...) est à « Peigne ».

(A)	Lunettes	Dents
(B)	Feuille	Cheveux
(C)	Arbre	Tête
(D)	Filière	Front
(E)	Tronc	Pelle

Question 32. « La question de la lumière relève du registre culturel : depuis toujours on la considère comme un progrès, sans s'interroger sur ses effets négatifs, estime Anne-Marie Ducroux, présidente de cette organisation et membre du Conseil économique social et environnemental. Il arrive que le problème soit abordé sous l'angle de l'économie d'énergie, mais pas assez sous celui de la santé humaine, ni de la biodiversité. »

Quelle proposition correspond le plus aux propos ci-dessus ?

(A) L'éclairage est considéré comme un progrès sans réels effets négatifs.
(B) L'auteur appelle à un changement de mentalité à propos de l'éclairage.
(C) La question de la lumière a une forte dimension culturelle dans nos sociétés selon l'auteur.
(D) Les tenants de la biodiversité se plaignent de l'effet de l'éclairage sur la biodiversité et la santé humaine.
(E) La question de l'éclairage n'est pas assez abordée sous l'angle de la biodiversité et de l'économie d'énergie.

Question 33. Dans un geste de conciliation envers le Vatican, l'Église officielle chinoise a procédé à la première ordination d'un évêque depuis trois ans. Malgré une très forte présence policière et le refus de laisser entrer nombre de curieux dans la cathédrale d'Anyang, les autorités chinoises ont fait un pas diplomatique en nommant Zhang Yinlin coadjuteur de cet évêché. Cet effort pourrait constituer une première étape du dégel dans les relations tendues entre Pékin et le Saint-Siège, pour lesquelles l'ordination de nouveaux évêques constitue systématiquement un test. La dernière remontait au mois de juillet 2012 et l'événement avait été de nature à cristalliser encore un peu plus les antagonismes.

Quelle proposition est le plus en adéquation avec l'extrait ci-dessus ?

(A) La Chine a fait un geste diplomatique religieux envers le Vatican.

(B) L'Église officielle chinoise a accepté l'ordination d'un évêque.

(C) Les autorités chinoises sont assez anti-catholiques malgré un geste d'ouverture.

(D) L'Église officielle chinoise est en passe de se réconcilier avec le Vatican avec cet évènement religieux.

(E) La Chine a pour intention de se rapprocher du Vatican avec ce geste religieux et diplomatique.

Question 34. Le service américain de vidéo en ligne Netflix a annoncé qu'il allait désormais offrir jusqu'à un an de congé parental payé à ses employés, hommes ou femmes, après l'arrivée d'un nouvel enfant.

Beaucoup d'entreprises américaines ont mis la main à la poche ces derniers mois pour améliorer le sort de leurs salariés, dans un pays où les seuils sociaux légaux sont très bas. Le géant de la distribution Wal-Mart, la chaîne de restauration rapide McDonald's ou encore les magasins d'habillement Gap ont ainsi annoncé des augmentations du salaire minimum versé à leurs employés.

Quelle proposition contredit cet extrait ?

(A) Netflix a annoncé qu'il allait offrir des congés parentaux, afin d'améliorer son image auprès du public américain.

(B) McDonald's essaye de concurrencer Netflix pour attirer les salariés les plus talentueux.

(C) Netflix va donner un congé maternité d'un an aux femmes après l'arrivée d'un enfant.

(D) Le gouvernement américain a laissé aux entreprises le soin de faire évoluer la législation du travail.

(E) L'action de Netflix ne s'inscrit pas dans une tendance plus grande.

Question 35. Pierre demande à Paul, son ami commerçant, pourquoi il est si confiant quant à ses affaires alors que son carnet de commandes est vide. Paul lui répond qu'il est confiant car « de marchand à marchand, il n'y a que la main ». Que signifie cette expression ?

(A) Les marchands sont unis comme les 5 doigts de la main.

(B) Les marchands travaillent ensemble, main dans la main.

(C) Une poignée de mains suffit à conclure un marché.

(D) Si un marchand a des problèmes, les autres peuvent lui donner un coup de main.

(E) Seul le travail manuel permet de s'en sortir.

Question 36. Margaux et Thomas ont les yeux bandés. On les place devant 8 boules numérotées de 1 à 8. Chaque boule rapporte autant de points que son numéro. La boule 1 rapporte 1 point, etc. Bien que Margaux n'ait tiré que 3 boules alors que Thomas en a tiré 5, elle a réussi à cumuler autant de points que lui.

Parmi les affirmations suivantes, lesquelles peut-on affirmer avec certitude ?

1. Margaux a tiré la boule n° 8.
2. Thomas a tiré la boule n° 1.
3. Thomas a tiré les boules n° 1 et n° 2.
4. Margaux a tiré 2 numéros impairs.
5. Thomas a tiré 2 numéros impairs.
6. Margaux a tiré la boule n° 6.

(A) 2 + 3 + 5 + 6.
(B) 2 + 3 + 5.
(C) 2 + 3 + 4 + 5 + 6.
(D) 3 + 4 + 5.
(E) 1 + 2 + 3 + 5.

Question 37. « S'il fait beau cet après midi, nous irons chasser ».

Parmi les phrases suivantes, laquelle est en contradiction avec l'énoncé ?

(A) Il a fait gris et nous avons été chassé.
(B) Il a fait beau et nous avons finalement décidé de ne pas aller chasser.
(C) Il a fait beau mais il n'y avait pas de gibier.
(D) Il a fait alternativement beau et gris, donc nous avons alterné périodes de chasse et de sieste.
(E) Toutes les réponses vont dans le sens de l'énoncé.

Question 38. Les 13 et 14 juillet, la capitale éthiopienne Addis-Abeba accueille la troisième conférence internationale sur le financement du développement. La France sera invitée à se poser la question de son investissement dans le développement des pays du Sud pour les prochaines années. On pourrait être tenté d'y voir un problème lointain, dont notre pays ne peut pas tout à fait se désengager. Ce serait une erreur. Car au-delà du développement des pays du Sud, c'est l'avenir du monde et celui de la France qui se jouent.

Parmi ces propositions, laquelle est la meilleure conclusion du texte ci-dessus ?

(A) La France devrait développer un stratagème pour assurer des investissements au Sud.
(B) L'investissement au Sud a pour finalité le développement des pays du Sud et de la France.
(C) Investir au Sud, c'est investir pour la France.
(D) La France jouit d'une bonne renommée en Ethiopie en tant qu'investisseur potentiel.
(E) La France devrait investir au Sud afin de répondre à ses engagements et assumer ses responsabilités.

Question 39. Au beau milieu du désert de Tengger, dans la province du Gansu en Chine, les panneaux du champ photovoltaïque apparaissent comme un mirage entre les dunes. Ils s'étendent déjà à perte de vue, mais la construction de cette ferme de panneaux solaires n'est pas encore achevée.

Parmi les propositions suivantes, laquelle est un présupposé ?

(A) La Chine projette de construire une ferme photovoltaïque dans le désert.
(B) L'électricité consommée par la Chine sera principalement issue de l'énergie solaire.
(C) La Chine a entamé l'installation de panneaux photovoltaïques afin de produire de l'énergie solaire.
(D) L'installation de panneaux solaires dans le désert défigure l'un des derniers paysages chinois naturel.
(E) La Chine entend augmenter la part d'énergies renouvelables à 30 % de son bouquet énergétique total.

Question 40. Pour s'attacher les cheveux, Céleste utilise des élastiques, rangés dans un sac. Elle a cinq élastiques roses, six noirs, un rouge, deux jaunes et deux verts. Un jour, Céleste décide de se faire des couettes.

Combien d'élastiques au minimum doit-elle tirer du sac pour être sûre d'avoir 3 élastiques de même couleur ?

(A) 6
(B) 7
(C) 10
(D) 11
(E) 12

Question 41. Pour l'an prochain, Étienne doit choisir ses cours parmi 4 cours en école de commerce : Économie, Chinois, Mathématiques et Japonais. Pour organiser son année, il doit composer avec ses problématiques d'agenda et les affirmations suivantes :

- Si je ne choisis pas Économie alors je choisis Japonais.
- Si je choisis Économie alors je choisis Mathématiques.
- Si je choisis Japonais alors je choisis Chinois.
- Je ne choisis pas Chinois.

Parmi ces propositions, laquelle ou lesquelles sont toujours vraies ?

1. Étienne choisit 2 matières exactement.
2. Étienne choisit 3 matières exactement.
3. Étienne choisit Économie et Mathématiques.
4. Étienne choisit Économie, Japonais et Mathématiques.

(A) Seulement 2.
(B) Seulement 3.
(C) 1 + 3.
(D) 2 + 4.
(E) Seulement 4.

Question 42. « 121 millions d'enfants et d'adolescents sont privés de leur droit à l'éducation. 63 millions d'adolescents âgés de 12 à 15 ans et 58 millions d'enfants âgés de 6 à 11 ans ne vont pas à l'école. On estime que 25 millions d'entre eux n'entreront jamais dans une salle de classe au cours de leur vie si la situation persiste. Pourtant, l'éducation de ces enfants est notre avenir ».

Quelle est la meilleure conclusion à ce propos ?

(A) Le drame des enfants ouvriers ou soldats, et les discriminations envers les personnes handicapées expliquent aussi pour beaucoup l'absence d'éducation.
(B) Nos enfants représentent l'avenir de notre nation.
(C) Une éducation réussie est le premier pas vers un épanouissement de la jeunesse.
(D) L'éducation que nous donnons à nos enfants est primordiale pour les décisions à venir.
(E) Les facteurs expliquant la déscolarisation sont nombreux et souvent complexes.

Question 43. Que signifie le proverbe « Qui trop embrasse, mal étreint » ?

(A) Qui est trop volage se retrouve seul.
(B) En cas de dilemme, qui ne parvient pas à prendre une décision se retrouve sans rien.
(C) L'adultère est toujours châtié.
(D) Qui vise trop haut tombe des nues.
(E) Qui entreprend trop de choses à la fois ne réussit rien.

Question 44. Si la majorité des 500 fortunes professionnelles sont des entrepreneurs, le haut du panier reste largement dominé par les vieilles familles. Quant à la part des grandes fortunes construites par des entrepreneurs partis de rien, elle ne représente que 40 % du total, contre 70 % aux États-Unis et même 80 % en Grande-Bretagne. Le poids de l'héritage est le grand paradoxe français. Dans le top 15 de 1996 figuraient déjà la moitié des noms de 2015.

Parmi les propositions suivantes, laquelle contredit le plus la thèse de l'auteur ?

(A) La France se caractérise par une mobilité sociale suffisamment effective.
(B) La France compte de nombreux héritiers mais les entrepreneurs effectuent une impressionnante percée dans le classement des plus grandes fortunes du pays.
(C) Parmi les plus grandes fortunes françaises, les héritiers sont encore très présents.
(D) La mobilité sociale est très présente en France mais peu au Royaume-Uni.
(E) La mobilité sociale est ascendante aux États-Unis et descendante en France.

Question 45. Dans une famille, il y a deux fils qui se prénomment Guillaume et Martin. Zoé est la cousine germaine de Théo. Marie est la femme de Martin et la mère de Théo. Zoé est la fille de Guillaume qui a épousé Véronique.

Qui est la personne la plus âgée, sachant que Guillaume est plus âgé que Martin ?

(A) Guillaume.
(B) Véronique.
(C) Martin.
(D) Marie.
(E) On ne peut pas répondre.

TAGE MAGE® N° 12

4 CONDITIONS MINIMALES

CONSIGNES

15 questions	20 minutes	Calculatrice interdite	Chronomètre recommandé

BARÈME

Bonne réponse : +4 points	Aucune réponse : 0 point	Mauvaise réponse : –1 point

(A) **L'information 1 seule est suffisante** pour répondre à la question.
L'information 2 seule est insuffisante pour répondre à la question.

(B) **L'information 2 seule est suffisante** pour répondre à la question.
L'information 1 seule est insuffisante pour répondre à la question.

(C) **Les informations 1 et 2 ensemble sont suffisantes** pour répondre à la question.
L'information 1 seule ou l'information 2 seule est insuffisante pour répondre à la question.

(D) **L'information 1 seule est suffisante** pour répondre à la question.
L'information 2 seule est suffisante pour répondre à la question.

(E) **Les informations 1 et 2 ensemble sont insuffisantes** pour répondre à la question.
L'information 1 seule ou l'information 2 seule est insuffisante pour répondre à la question.

Question 46. Arnaud, Bernard et Clément vendent leur start-up. Ils partagent les gains de la vente à hauteur de leur participation dans le capital de l'entreprise.

Quelle somme Arnaud a-t-il gagné grâce à la vente de l'entreprise ?

(1) La part d'Arnaud correspond au tiers des gains de Bernard et Clément ensemble.

(2) Clément a apporté un capital trois fois supérieur à celui de Bernard lorsque l'entreprise a été créée.

Question 47. Le quadrilatère ABCD est-il un losange ?

(1) ABCD est un carré.

(2) ABCD est un parallélogramme dont les angles opposés sont de même mesure et dont les angles consécutifs sont supplémentaires.

Question 48. Quelle heure indique une montre de collection Relax, d'une valeur inestimable, lorsque l'heure officielle est 21 h 30 ?

(1) La montre a été mise à l'heure officielle à 8 h du matin et actuellement, l'angle entre l'aiguille des heures et l'aiguille des minutes est de 92°.

(2) La montre prend une seconde de retard par rapport à l'heure officielle toutes les dix minutes.

Question 49. Le nombre N est-il divisible par 64 ?

(1) N est divisible par 8.

(2) N n'est pas divisible par 16.

Question 50. Quelle est la longueur de la piscine rectangulaire de Zoé ?

(1) La piscine couvre une surface de 36 m^2.

(2) La largeur de la piscine équivaut à un quart de sa longueur.

Question 51. X, Y et Z sont des entiers strictement inférieurs à 40.

Parmi les nombres X, Y et Z, combien sont positifs ?

(1) $X + Y + Z = 79$.

(2) $Y + Z = 67$.

Question 52. X est un entier non nul compris entre 1 et 10 inclus. Que vaut X ?

(1) X est un nombre premier.

(2) Lorsqu'on multiple X par 5 on obtient un carré.

Question 53. L'inégalité $X > Y$ est-elle vraie ?

(1) $\frac{12}{21} < X < \frac{24}{28}$

(2) $\frac{10}{14} < Y < \frac{21}{24}$

Question 54. Martin a acheté 80 briques identiques pour construire un petit muret dans son jardin. Quel est le poids total de ces briques ?

(1) Cinq briques pèsent douze kilos de moins que dix briques.

(2) Un quart de brique pèse 60 dg.

Question 55. Quel est l'âge de Robin ?

(1) Si l'on prend 5/2 de l'âge qu'il aura dans deux ans et qu'on lui soustrait deux fois l'âge qu'il avait il y a six ans, on obtient son âge actuel.

(2) Dans 10 ans, son âge sera un multiple de 4.

Question 56. Combien vaut Y ?

(1) $Y^2 + 4Y + 4 = 0$.

(2) $(Y + 2)^2 = 0$.

Question 57. Dans cette famille de 5 personnes, quel est l'âge du père ?

(1) L'âge moyen des membres de cette famille est de 25 ans.

(2) La somme des âges des 5 membres de la famille est de 125 ans.

Question 58. Michel a lu un livre en exactement 6 jours. Le nombre de pages de ce livre est-il pair ?

(1) Le 1er jour, Michel lit 9 pages et chaque jour supplémentaire il lit 11 pages de plus que la veille.

(2) Le livre compte moins de 300 pages.

Question 59. Jade, Alexia et Daphné sont sœurs.

Christian est-il l'oncle paternel par alliance d'Alexia ?

(1) Christian est le beau-frère du père de Jade.

(2) Christian est le mari de Sylvie qui est la tante paternelle de Daphné.

Question 60. Dans un club de football, le nombre d'adhérents a augmenté de 15 % entre 2011 et 2014. Sachant qu'il y a 250 adhérents en 2015, quelle a été l'augmentation du nombre d'adhérents entre 2014 et 2015 ?

(1) En 2011, il y avait 200 adhérents.

(2) Le nombre d'adhérents a augmenté de 25 % entre 2011 et 2015.

CONSIGNES

15 questions	20 minutes	Calculatrice interdite	Chronomètre recommandé

BARÈME

Bonne réponse : +4 points	Aucune réponse : 0 point	Mauvaise réponse : –1 point

Question 61. Laquelle des reformulations suivantes est la meilleure ? La proposition A reprend l'énoncé.

Volcan situé en Équateur, le Cotopaxi a érupter il y a peu. Un nuage de fumée et de cendres est alors monté à plusieurs kilomètres de hauteur.

(A) Volcan situé en Équateur, le Cotopaxi a érupter il y a peu. Un nuage de fumée et de cendres est alors monté à plusieurs kilomètres de hauteur.

(B) Le Cotopaxi est un volcan situé en équateur. Il est récemment entré en éruption. Un panache de fumée et de cendres est alors monté à huit kilomètres de hauteur.

(C) Le Cotopaxi, volcan situé en Équateur, est entré en éruption récemment. Un panache de fumée et de sandres est alors monté à huis kilomètres de hauteur.

(D) Le Cotopaxi, volcan situé en Équateur, est entré en éruption réçamment. Un panache de fumée et de cendres est alors monté à huit kilomètres de hauteur.

(E) Le Cotopaxi, volcan situé en Équateur, est entré en éruption récemment. Un panache de fumée et de cendres est alors monté à huit kilomètres de hauteur.

Question 62. Quels sont les synonymes des groupes de mots soulignés ?

Thomas abhorre ce qu'il fait ; pourtant il travaille avec ardeur.

(A)	Exècre	Sans relâche
(B)	Abomine	Avec abnégation
(C)	Adore	Sans entrain
(D)	Hait	Avec acharnement
(E)	Encense	Efficacement

Question 63. Quels sont les synonymes des mots soulignés ?

Les mesures prises par ce précepteur sont draconiennes.

(A) Cet instituteur — Drastiques
(B) Ce maître — Strictes
(C) Ce professeur — Cœrcitives
(D) Cet instructeur — Contraignantes
(E) Cet éducateur — Rigoureuses

Question 64. Choisissez les mots dont le sens se rapproche le plus des mots soulignés.

Le débat d'hier soir m'a semblé n'être qu'une succession de circonlocutions politiques.

(A) La séance — Paroles violentes
(B) La discussion — Détours de langage
(C) L'échange — Périphrases
(D) La réunion — Prises de parole
(E) La session — Considérations

Question 65. Combien de fautes d'orthographe et de grammaire le passage suivant contient-il ?

La mer Méditerrannée est une zone éminement centrale dans les échanges comerciaux entre l'Afrique et l'Europe. La conccurence entre les multi-nationales est rude, si bien qu'elles sont souvent enjointes d'acheminer leurs produits par la voie des mers, peu coûteuse.

(A) 1
(B) 2
(C) 3
(D) 4
(E) 5

Question 66. Parmi ces cinq propositions, combien sont correctes du point de vue de l'orthographe et de la syntaxe ?

(1) Il est très important d'éviter les imprécisions orthographiques lors d'un rendu papier.
(2) L'exigence envers soi même est un prérequis.
(3) Les carpes koï de cette mare ne sont pas assez vieilles pour être séniles.
(4) Il est temps que nous prenions des mesures strictes pour pallier ce problème.
(5) Il faut absolument que je le voie de mes propres yeux pour le croire.

(A) 1
(B) 2
(C) 3
(D) 4
(E) 5

Question 67. Parmi ces cinq propositions, combien sont incorrectes du point de vue de l'orthographe et de la syntaxe ?

(1) Il est sensé m'appeler demain soir.

(2) C'est un individu rationel qui sait ce qu'il fait.

(3) L'amour est enfant de bohème.

(4) Connaître pour aimer fût l'effort de sa vie entière.

(5) Appelle-moi en rentrant.

(A) 1

(B) 2

(C) 3

(D) 4

(E) 5

Question 68. Parmi les cinq propositions suivantes, laquelle est fausse d'un point de vue grammatical ?

(A) Nous pensions que vous aviez fait la chambre avant notre arrivée.

(B) Eûtes-vous donné une représentation plus tôt en mai, nous serions venus.

(C) J'ai adoré l'entrain que vous avez apporté à la pièce.

(D) Vous serez vainqueur, quelque soit votre adversaire.

(E) Il n'a pas pensé à faire le lit en partant.

Question 69. Dans le paragraphe ci-dessous, combien y a-t-il de fautes d'orthographe ?

De grands hommes se sont succédés à la tète de ce ministère. M. Martin, réçamment nommé, a ainsi expliqué que c'était un honeur pour lui de poursuivre leur œuvre. Il a cepandent souligné qu'il lui faudrait pour cela résoudre quelque problèmes de fonctionnement récurents.

(A) 4

(B) 5

(C) 6

(D) 7

(E) 8

Question 70. Quelle est la figure de style utilisée dans ce passage ?

« Cet enfant était joyeux : il riait tout le temps, chantait tout le temps et dansait tout le temps ».

(A) Une épiphore

(B) Un chiasme

(C) Une périphrase

(D) Une anaphore

(E) Une métonymie

Questions 71 à 75 : Complétez le texte avec le mot ou l'expression assurant la meilleure cohérence textuelle.

Question 71. Amazon est revenu dans (...), n'a jamais (...) autant (...) et a remporté (...).

(A)	Le vert	gagné	d'argent	la bataille des ventes à Noël.
(B)	Le rouge	perdu	d'argent	le prix du plus gros krach boursier.

(C)	Le noir	accumulé	de pertes	de nouveaux clients.
(D)	L'orange	accumulé	d'argent	la course à la consommation de masse.
(E)	La course	gagné	de places	la place de leader.

Question 72 (suite de la question 71). Mais (...) en attendaient plus, et cela suffit à faire chuter (...).

(A)	Les clients	le taux de satisfaction.
(B)	Les actionnaires	les dividendes.
(C)	Les investisseurs	l'action.
(D)	Les dirigeants	les salaires.
(E)	L'État	le taux d'imposition.

Question 73 (suite de la question 72). Amazon continue d'améliorer sa (...), aidé par (...), mais trop (...) au goût de (...).

(A)	Marque	son développement international	rapidement	ses dirigeants.
(B)	Croissance	ses concurrents	rapidement	l'actionnaire principal.
(C)	Part de marché	son site Internet	lentement	l'État américain.
(D)	Marge	sa filiale d'e-commerce	rapidement	ses dirigeants.
(E)	Rentabilité	sa filiale de services aux entreprises	lentement	Wall Street.

Question 74 (suite de la question 73). L'action du groupe avait (....) 8,91 % en séance grâce aux (...) suscités par les performances durant les fêtes de fin d'année.

(A)	Explosé de	attentes
(B)	Augmenté de	prévisions
(C)	Dégringolé de	espoirs
(D)	Gagné	espoirs
(E)	Perdu	attentes

Question 75 (suite de la question 74). La (...) des résultats l'a fait (...) de plus de 13 % dans les échanges suivants la clôture.

(A)	Diminution	stagner
(B)	Publication	rechuter
(C)	Communication	augmenter
(D)	Mise en ligne	dégringoler
(E)	Conférence de presse	exploser

TAGE MAGE® N° 12

6 LOGIQUE

CONSIGNES

15 questions	20 minutes	Calculatrice interdite	Chronomètre recommandé

BARÈME

Bonne réponse : +4 points	Aucune réponse : 0 point	Mauvaise réponse : –1 point

Question 76.

		54		
		35		
62	59	?	32	20
		77		
		18		

(A) 46 (B) 24 (C) 42 (D) 16 (E) 99

Question 77.

		BA		
		CV		
TM	NR	?	PN	LK
		DL		
		MG		

(A) PR (B) KP (C) PQ (D) VB (E) EQ

Question 78.

		VC		
		EW		
JH	CA	?	QO	RP
		IY		
		AK		

(A) IG (B) AB (C) KI (D) EG (E) EA

Question 79.

		59		
		36		
35	44	?	26	17
		78		
		94		

(A) 78 (B) 53 (C) 71 (D) 08 (E) 62

Question 80.

				232
				565
852	555	960	249	?
				414
				898

(A) 676 (B) 181 (C) 717 (D) 681 (E) 808

Question 81.

123	356	?	578	612
		548		
		379		
		241		
		641		

(A) 634 (B) 454 (C) 523 (D) 423 (E) 465

Question 82.

				HRJ
				ARQ
				GRK
				PRB
AZA	EDE	HPH	ITI	?

(A) IRI (B) URU (C) ARQ (D) LTF (E) IFI

Question 83.

		FCR		
		QDL		
CNV	PLU	?	IZS	JDR
		GFG		
		PGP		

(A) RET (B) IZT (C) FRT (D) TEB (E) LTE

Question 84.

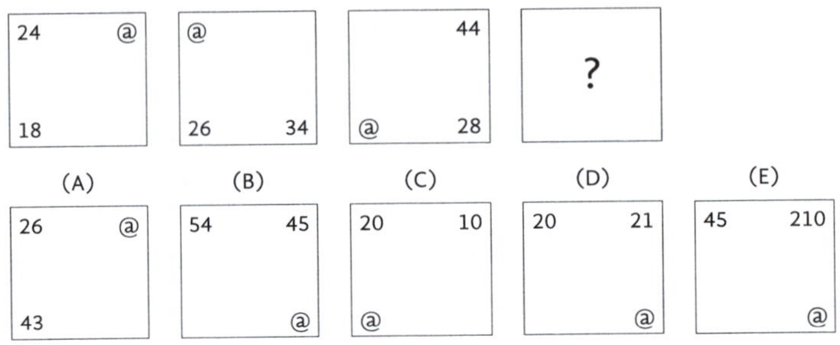

Question 85.

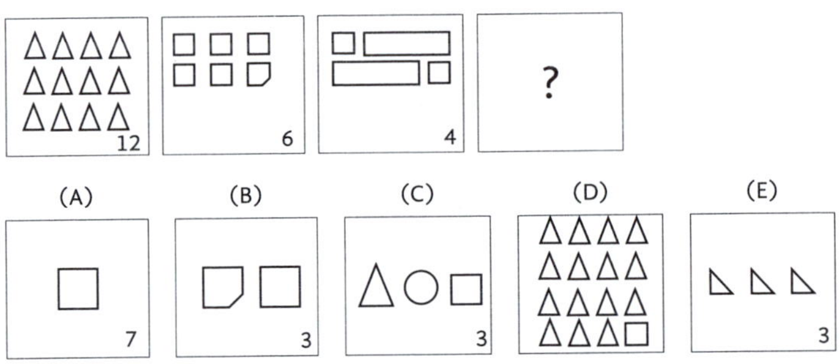

Question 86.

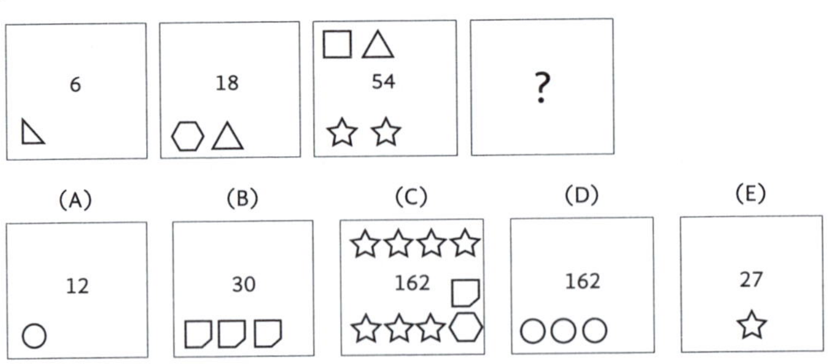

Question 87.

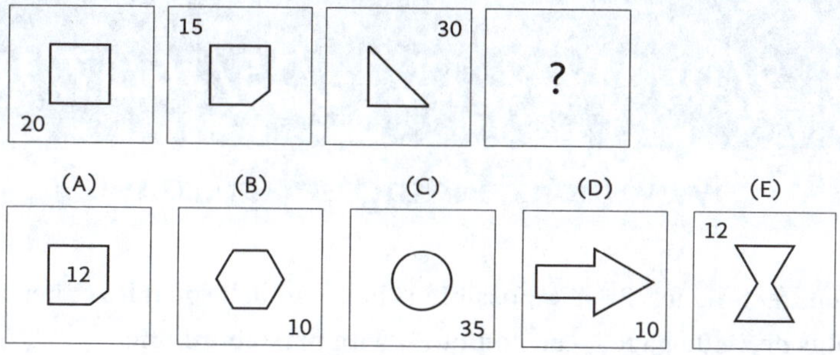

Question 88.

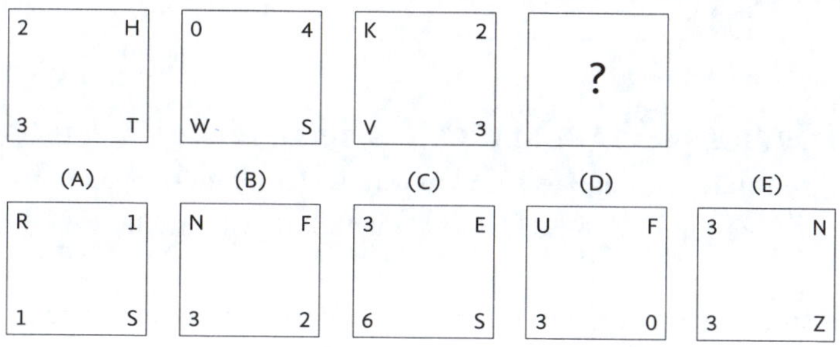

Question 89.

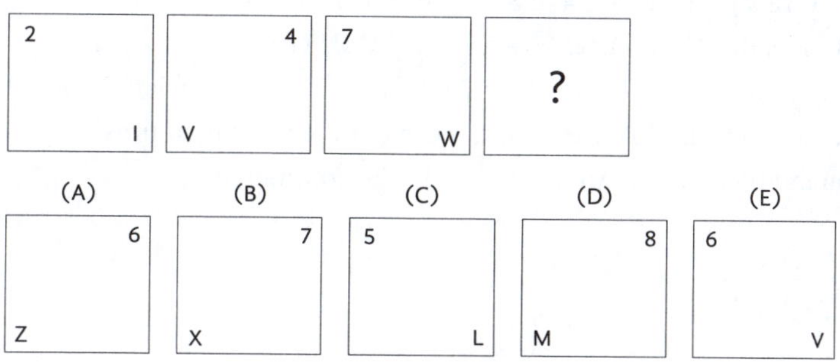

Question 90.

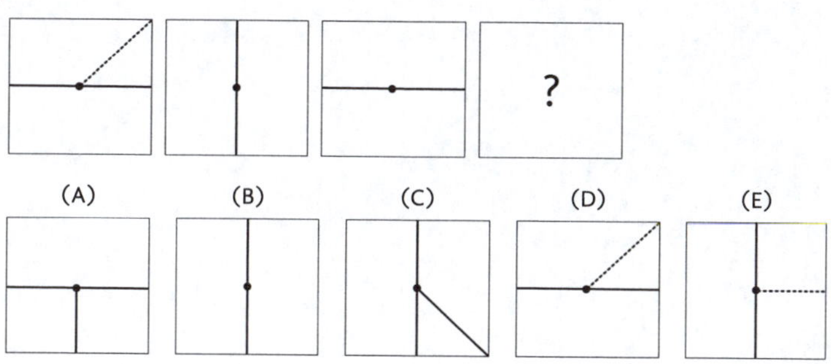

Corrigé TAGE MAGE®

N° 9/10/11/12/13/14/15/16/17/18

www.monsieur-tage-mage.com

Pour des **raisons techniques**, il est **impossible** à l'heure actuelle pour les éditeurs **d'imprimer un livre de plus de 1 400 pages – en couleur – à un prix abordable.**

Nous avons donc fait le choix de vous transmettre **les CORRIGÉS des TAGE MAGE® N° 9/10/11/12/13/14/15/16/17/18 par téléchargement** sur le site **www.monsieur-tage-mage.com.**

Les **CORRIGÉS des TAGE MAGE® N° 9/10/11/12/13/14/15/16/17/18**
sont téléchargeables sur : **www.monsieur-tage-mage.com**
→ Rubrique « Le Grand Manuel du TAGE MAGE »

Nous espérons sincèrement que vous comprenez et partagez notre décision.

Bonnes révisions !

Joachim Pinto (HEC Paris) & Arnaud Sévigné (HEC Paris)
Auteurs du Manuel du TAGE MAGE® – N° 1 des VENTES.
Fondateurs des communautés « Monsieur TAGE MAGE » et « Monsieur Ecoles de commerce » sur Facebook / Instagram / Twitter / Linkedin (+ de 30 000 membres).
Fondateurs du média étudiant Monsieur Ecoles de commerce.

TAGE MAGE® N° 13

GRILLE DE RÉPONSES TM n° 13																
C.D.T	Question	1	2	3	4	5	6	7	8	9	10	11	12	13	14	15
	Réponse															
	SCORE : ....../60		Nombre BR : ... /15						Nombre MR : ... /15							
CALCUL	Question	16	17	18	19	20	21	22	23	24	25	26	27	28	29	30
	Réponse															
	SCORE : ....../60		Nombre BR : ... /15						Nombre MR : ... /15							
R & A	Question	31	32	33	34	35	36	37	38	39	40	41	42	43	44	45
	Réponse															
	SCORE : ....../60		Nombre BR : ... /15						Nombre MR : ... /15							
COND. MIN.	Question	46	47	48	49	50	51	52	53	54	55	56	57	58	59	60
	Réponse															
	SCORE : ....../60		Nombre BR : ... /15						Nombre MR : ... /15							
EXPRESS.	Question	61	62	63	64	65	66	67	68	69	70	71	72	73	74	75
	Réponse															
	SCORE : ....../60		Nombre BR : ... /15						Nombre MR : ... /15							
LOGIQUE	Question	76	77	78	79	80	81	82	83	84	85	86	87	88	89	90
	Réponse															
	SCORE : ....../60		Nombre BR : ... /15						Nombre MR : ... /15							
TM n° 13	SCORE :....../360 ⇔ ....../600		BR = Bonne réponse = + 4 points. MR = Mauvaise Réponse = –1 point. Multipliez par 5/3 pour passer du score/360 au score/600.													

TAGE MAGE® N° 13

1 COMPRÉHENSION DE TEXTES

CONSIGNES			
15 questions	20 minutes	Calculatrice interdite	Chronomètre recommandé

BARÈME		
Bonne réponse : +4 points	Aucune réponse : 0 point	Mauvaise réponse : –1 point

TEXTE 1

Pour les habitants de l'Oklahoma, c'est presque devenu une routine. La terre tremble régulièrement. Le 6 janvier, deux séismes d'une magnitude de 4,7 et 4,8 ont secoué la région septentrionale de cet État du centre des États-Unis. Les dégâts ont été mineurs mais ont néanmoins alerté les autorités locales. L'une des secousses, au début d'octobre 2015, a eu lieu à proximité de la ville de Cushing, qui abrite un énorme complexe de stockage de brut contenant jusqu'à 60 millions de barils d'or noir et considéré comme une infrastructure stratégique nationale. En 2015, l'Oklahoma a recensé plus de 900 tremblements de terre d'une magnitude proche de 3, soit deux et demi par jour.

Pour 2016, les prédictions ne sont pas meilleures. Selon le National Earthquake Information Center de Golden, dans le Colorado, la barre des mille séismes devrait être franchie. La région centrale du pays n'avait enregistré que 21 séismes de magnitude 3 et plus entre 1973 et 2008. Depuis 2008, l'augmentation du nombre de tremblements de terre est exponentielle. La cause de cette forte activité sismique est, à en croire une majorité de scientifiques, la fracturation hydraulique des formations de gaz et pétrole de schiste et la multiplication des sites de forage – même si, en 2011, des failles parcourant l'État du nord-est au sud-ouest ont été à l'origine du plus puissant séisme que l'État ait connu (5,7).

Depuis 2008, l'Oklahoma, à l'image des États-Unis, connaît un boom pétrolier grâce à la révolution de l'hydro-fracturation. Il a grandement bénéficié des retombées fiscales qui en découlent, même si aujourd'hui il souffre du bas prix du baril de pétrole. Le secteur pétrolier représente 20 % des emplois de l'État et deux tiers des emplois créés depuis 2010 lui sont attribuables.

La fracturation hydraulique des schistes s'accompagne toutefois d'effets secondaires. Des volumes considérables d'eaux usées et de produits chimiques utilisés pour les forages sont réinjectés dans les formations de schiste, car pour l'heure l'industrie n'a pas trouvé d'alternative à ces dépôts « sauvages ». Entre 2009 et 2014, les volumes utilisés dans la région, en particulier dans la formation de schiste du Precambrian Basement Rock, ont augmenté de

140 %, selon l'*International Business Times*, passant de 68 milliards à 162 milliards de litres. Pour les sismologues, cela ne fait aucun doute, la fracturation hydraulique, qui nécessite parfois dix barils d'eau pour chaque baril de pétrole produit, est directement en cause. Les volumes d'eau injectés peuvent avoir pour effet de soulever des plaques près de failles au lieu de les rapprocher, explique le US Geological Survey.

Les autorités politiques ont été très lentes à réagir. La gouverneure de l'État, la républicaine Mary Fallin, a tout d'abord nié le problème avant de se rendre à l'évidence au vu du nombre croissant de preuves scientifiques. Selon Bloomberg, l'Oklahoma Geological Survey, une instance scientifique, a subi des pressions de la part des sociétés pétrolières pour ne pas établir de liens entre l'hydro-fracturation et les séismes et a longtemps affirmé que les secousses étaient un phénomène naturel. Le régulateur du secteur, l'Oklahoma Corporation Commission, n'a pas fait preuve d'une grande indépendance non plus, se contentant de réduire le nombre de nouveaux puits de forage pour répondre à une montée de la colère de la population. Le régulateur et la gouverneure se sont souvent renvoyé la balle. Puis, le régulateur a fini par inviter les sociétés pétrolières à réduire sur une base volontaire les volumes d'eau réinjectés dans le sol, tandis que l'Oklahoma Geological Survey a reconnu que la fracturation hydraulique était *« très probablement »* la cause des séismes.

Cité par le *New York Times*, Daniel Mnamara, géophysicien au National Earthquake Information Center, est catégorique quant aux risques futurs : *« Il y a une forte chance que l'Oklahoma soit confronté à une forte secousse. »* Les spécialistes pensent en particulier à la faille Edmond, longue de 20 km. Pour l'État et plus largement pour les États-Unis, les conséquences pourraient être considérables. Si le complexe de stockage de brut de Cushing devait être endommagé au même titre que le vaste réseau d'oléoducs, c'est toute la chaîne d'approvisionnement du pétrole qui pourrait être perturbée. Les grandes citernes de cette petite ville de l'Oklahoma servent à stocker le pétrole en provenance de la formation géologique des Bakken, dans le Dakota du Nord, avant qu'il ne soit acheminé vers les raffineries installées le long du golfe du Mexique. Récemment, l'Oklahoma Corporation Commission a tout de même exigé que plusieurs puits dans un rayon de dix kilomètres autour du complexe de Cushing soient fermés.

L'Oklahoma n'est pas le seul État touché par des séismes induits par l'activité pétrolière et gazière. La Californie, le Dakota du Nord ainsi que le Texas connaissent le même type de phénomène. Dans certaines régions du Texas, des pétitions demandant l'arrêt du « fracking » ont été signées.

Question 1. Que signifie le terme « septentrionale » utilisé dans le texte ?

(A) Ancestrale
(B) Du Nord
(C) Immémoriale
(D) Du Centre
(E) De l'Est

Question 2. Quel(s) est/sont le(s) risque(s) des secousses sismiques dans l'Oklahoma ?

1. Un endommagement potentiel des infrastructures.
2. L'augmentation des catastrophes naturelles.
3. Une pollution des sols avec des produits chimiques.
4. Un déplacement des populations.
5. Une augmentation du taux de chômage.

(A) 1 + 2 + 3 + 4 + 5
(B) 1 + 2 + 3 + 4
(C) 1 + 2 + 3
(D) 1 + 3
(E) 1

Question 3. Quelles sont les raisons du développement exponentiel des forages pétroliers dans l'Oklahoma depuis 2008 ?

(A) Des retombées économiques importantes et une sous-estimation des risques de l'hydro fracturation.
(B) Des retombées fiscales non négligeables et une corruption présente.
(C) Des retombées économiques considérables et un laxisme des autorités.
(D) De nombreuses créations d'emplois et un soutien de la population locale.
(E) Aucune de ces réponses ne convient.

Question 4. Quel titre convient le mieux à ce texte ?

(A) Séismes à répétition dans l'Oklahoma à cause du gaz de schiste.
(B) Corruption à grande échelle dans le secteur pétrolier dans l'Oklahoma.
(C) Dérives du secteur pétrolier dans l'Oklahoma et retombées économiques.
(D) Les risques de la fracturation hydraulique des schistes dans l'Oklahoma.
(E) Avantages et inconvénients des forages pétroliers.

Question 5. Quels moyens sont employés pour réduire l'augmentation du nombre de puits de pétrole aux États-Unis ?

1. Des recours juridiques.
2. Des pétitions d'habitants.
3. Une baisse du prix du baril de pétrole.
4. Des interdictions administratives.

(A) 1 + 3 + 4.
(B) 2 + 3 + 4.
(C) 1 + 2 + 4.
(D) Uniquement 2.
(E) 2 + 4.

Question 6. Que sous-entend l'auteur au sujet de l'Oklahoma Corporation Commission ?

(A) Cet organisme a subi des pressions de Washington.

(B) Cet organisme est corrompu par l'argent du pétrole.

(C) Cet organisme a subi des pressions de politiques ou de firmes.

(D) Cet organisme a été le seul à critiquer la fracturation hydraulique.

(E) Cet organisme a été le seul à interdire la réinjection de volumes d'eau importants dans les sols.

Question 7. Quel pourrait être le meilleur résumé de ce texte ?

(A) Malgré de nombreux tremblements de terre dus aux pratiques des entreprises pétrolières, les autorités ne réagissent pas. Seules les populations locales se mobilisent.

(B) Les tremblements de terre dus à la fracturation hydraulique n'inquiètent pas les autorités mais uniquement les populations qui créent des pétitions en ligne.

(C) De nombreuses autorités tolèrent les pratiques des géants pétroliers pour des raisons économiques malgré les dégâts engendrés par les tremblements de terre.

(D) La fracturation hydraulique a causé de nombreux tremblements de terre dans l'Oklahoma. Toutefois, l'importance économique du secteur pétrolier dans cet État a poussé les autorités à fermer les yeux.

(E) Les autorités ont tardé à réagir face aux risques de la fracturation hydraulique. Toutefois, les conséquences sont à présent prises au sérieux et les autorités ont interdit la création de nouveaux puits de pétrole.

TEXTE 2

L'aventure du robot Philae, installé sur la comète Chury mais muet depuis des mois, touche à sa fin. Les ingénieurs européens vont encore tenter de lui envoyer quelques ordres mais fin janvier, les conditions extérieures deviendront trop hostiles pour sa «survie».

Une manœuvre de la dernière chance a été tentée dimanche pour faire bouger Philae. Elle visait notamment à améliorer l'ensoleillement des panneaux solaires du petit robot-laboratoire, qui vit sur le noyau de la comète depuis novembre 2014 mais n'a pas communiqué avec la Terre depuis le 9 juillet. « Cette tentative ne nous a malheureusement pas permis d'entrer en contact avec Philae. Nous n'avons pas reçu de signal », a déclaré mardi à l'AFP Stephan Ulamec, responsable de l'atterrisseur à l'agence spatiale allemande DLR, basée à Cologne.

Dans une courte vidéo, postée mardi après-midi sur internet, l'agence DLR indique que la caméra Osiris, qui se trouve sur la sonde européenne Rosetta, a pris des images de ce moment. «Ces images sont en cours d'analyse. On cherche s'il n'y aurait pas un nuage de poussières qui pourrait avoir été provoqué par un changement de position de Philae», le privant de lumière, explique-t-elle.

Petit à petit, l'espoir d'établir un contact avec Philae s'amenuise. « Nous allons encore envoyer quelques commandes à Philae ces prochains jours. Puis nous passerons en mode écoute », juste pour vérifier qu'il n'envoie pas de signal, a indiqué Stephan Ulamec.

« Après, il faut être réaliste. Les conditions vont aller de mal en pis » sur la comète : la lumière va diminuer, les températures vont baisser à mesure que Chury, escortée par Rosetta, va continuer à s'éloigner du Soleil. «Il va falloir accepter que nous n'entendions plus Philae», souligne Stephan Ulamec. « Les chances de recevoir un signal sont très basses ».

« Si fin janvier, aucune communication n'a été établie, ce sera vraiment fichu », estime Philippe Gaudon, chef de projet Rosetta au CNES, l'agence spatiale française, à Toulouse (France). Fin janvier, la comète sera à 300 millions de kilomètres du Soleil. Pour pouvoir fonctionner, Philae ne doit pas tomber au-dessous d'une température intérieure de −51 degrés. Ensuite, il plongera en hibernation, sans espoir de réveil.

Mais il aura acquis le statut de héros interplanétaire. Après dix ans de voyage comme passager de Rosetta, Philae a réalisé le 12 novembre 2014 une première historique en atterrissant sur la comète 67P/Churiumov-Guerassimenko. Après plusieurs rebonds imprévus, il s'est stabilisé à l'ombre, en position couchée, dans une zone montagneuse. Equipé de dix instruments, le robot a travaillé pendant 60 heures, récoltant de précieuses données scientifiques, avant de s'éteindre faute d'un ensoleillement suffisant pour ses batteries solaires. Il s'est réveillé à l'improviste le 13 juin, a établi plusieurs contacts avec la Terre mais ne communique plus depuis la mi-juillet. «Ses antennes semblent plutôt orientées vers le sol que vers l'espace», relève Philippe Gaudon.

Ces derniers mois, les équipes ont tout tenté pour rentrer en contact avec le robot qui est vraisemblablement endommagé. « L'électronique générale – le cerveau – a sans doute été abîmée par un excès de chaleur lorsque la comète a été au plus près du Soleil », considère Philippe Gaudon. Elle avait déjà subi des froids importants cet hiver. L'électronique des antennes rencontre aussi des problèmes, semble-t-il. En outre, des poussières, rejetées cet été lors du passage de la comète près du Soleil, se sont peut-être accumulées sur les panneaux solaires, empêchant ceux-ci de fonctionner, note Philippe Gaudon. L'aventure de Rosetta, elle, va se poursuivre jusqu'à septembre, date à laquelle il est prévu qu'elle «se pose» le moins rudement possible sur Chury, pour y finir « sa vie » aux côtés de Philae.

Le but de la mission Rosetta, menée par l'Agence spatiale Européenne (ESA), est de mieux comprendre les comètes, témoins de la genèse du système solaire il y a 4,6 milliards d'années. Les chercheurs espèrent trouver des indices sur l'apparition de la vie sur Terre.

Rosetta emporte de la technologie suisse : un éventail d'instruments a été développé avec l'Université de Berne, notamment la caméra Osiris (Optical, Spectroscopic and Infrared Remote Imaging System). Plusieurs entreprises suisses, parmi lesquelles RUAG, et le Laboratoire fédéral d'essai des matériaux et de recherche (EMPA) ont participé à leur construction.

Question 8. Quel est le but de la mission Rosetta ?

(A) Étudier l'espace.
(B) Étudier les planètes.
(C) Étudier les comètes.
(D) Étudier le Soleil.
(E) Plusieurs réponses sont possibles.

Question 9. Pour quelle(s) raison(s) le robot Philae n'envoie-t-il plus de signaux à la Terre ?

1. Un manque d'ensoleillement.
2. Une température trop élevée.
3. Une mauvaise orientation des équipements.

(A) Uniquement 1
(B) 1 + 2
(C) 1 + 2 + 3
(D) 1 + 3
(E) 2 + 3

Question 10. Pour quelle raison la mission de Philae est une référence dans le secteur spatial ?

(A) La mission de Philae a duré plus de 10 ans, une première dans l'histoire spatiale.
(B) La mission de Philae est le fruit d'une exceptionnelle collaboration européenne.
(C) La mission de Philae est le plus grand échec spatial de cette dernière décennie.
(D) Le robot a réussi à s'approcher à moins de 300 millions de km du Soleil.
(E) Le robot Philae a atterri sur la comète 67P/Churiumov-Guerassimenko.

Question 11. Parmi les organismes suivants, lequel n'est pas cité dans le texte ?

(A) L'agence DLR.
(B) L'agence AFP.
(C) L'agence spatiale française CNES.
(D) Le laboratoire fédéral d'essai des matériaux et de recherche (EMPA).
(E) L'agence EDS.

Question 12. Que sous-entend Stephan Ulamec lorsqu'il affirme : « Après, il faut être réaliste. Les conditions vont aller de mal en pis » ?

(A) Ses équipes ne pourront plus être en contact avec le robot Philae durant plusieurs mois.
(B) Au vu des conditions climatiques, il sera impossible pour le robot Philae d'effectuer des travaux.
(C) Les conditions climatiques sur la comète risquent de dégrader les communications entre le robot et la Terre.

(D) La dégradation des conditions climatiques va très probablement conduire à une interruption des communications robot – Terre.
(E) Aucune de ces réponses ne convient.

Question 13. Quel pourrait être le titre de ce texte ?

(A) Après la gloire, le repos éternel pour Philae.
(B) La mission Rosetta et le robot Philae.
(C) Les aventures spatiales de l'Agence Spatiale Européenne (ESA).
(D) Philae : les raisons d'un échec.
(E) Philae : un fiasco humain et économique.

Question 14. Quelle conclusion pourrait correspondre à ce texte ?

(A) La mission Rosetta a donc été un formidable exemple de construction européenne autour d'un projet.
(B) On ne peut donc que regretter le probable coût astronomique de cette mission avortée.
(C) Ainsi, malgré un équipement de haute technologie, le robot Philae n'a pas survécu aux conditions météorologiques exceptionnelles de la comète.
(D) En définitive, la question se pose de savoir si la cause de l'échec de cette mission ne provient pas du matériel.
(E) En conclusion, cette mission aura donc été un excellent moyen de tester du matériel de pointe pour des objectifs scientifiques.

Question 15. Quelle pourrait être la source de ce texte ?

(A) Une revue scientifique.
(B) Un manuel scolaire.
(C) Un journal grand public.
(D) Un extrait d'ouvrage.
(E) Aucune de ces réponses ne convient.

TAGE MAGE® N° 13

2 CALCUL

CONSIGNES

15 questions	20 minutes	Calculatrice interdite	Chronomètre recommandé

BARÈME

Bonne réponse : +4 points	Aucune réponse : 0 point	Mauvaise réponse : –1 point

Question 16. Voici une liste de notes : 4, 16, 20, 20, 20, 19, 10, 11. Quelles sont les deux notes que l'on peut enlever sans changer la moyenne générale ?

(A) 19 et 11
(B) 20 et 20
(C) 4 et 20
(D) 11 et 10
(E) 19 et 20

Question 17. La gérante d'un centre commercial dresse le bilan de la journée.

Sachant qu'un homme dépense 3 fois plus qu'une femme et que 60 % des clients sont des femmes, quelle a été la part des dépenses réalisée par les hommes aujourd'hui ?

(A) 1/4
(B) 1/3
(C) 1/2
(D) 3/5
(E) 2/3

Question 18. La mairie du Havre souhaite planter de nouveaux arbres sur deux côtés consécutifs d'un terrain de forme carrée qui accueille chaque année un festival de musique. Chaque côté du terrain mesure 25 mètres. Chaque arbre sera distant de 5 mètres. Chaque arbre coûte le même prix, qui est un nombre entier.

Quel est le montant total de la facture que devra payer la mairie concernant le coût des arbres ?

(A) 655 euros
(B) 771 euros
(C) 825 euros
(D) 940 euros
(E) 1 000 euros

Question 19. André est un retraité qui habite Nice avec sa fille unique Marie et sa petite-fille Juliette. Juliette a un dixième de l'âge de sa mère Marie, qui a elle-même un tiers de l'âge d'André. Sachant qu'André a 90 ans, quel est l'âge de Juliette ?

(A) 10 trimestres.
(B) 4 semestres.
(C) 2 ans et 10 mois.
(D) 36 mois.
(E) 3 ans, 1 semestre et 2 mois.

Question 20. Des joueurs s'inscrivent pour participer à un tournoi de rugby. L'organisateur se rend compte qu'en formant des équipes de 13, 11 ou 7, il reste toujours 3 joueurs sur la touche. Sachant que le nombre de joueurs est compris entre 2 000 et 3 000, combien de joueurs se sont inscrits au tournoi ?

(A) 2 001
(B) 2 002
(C) 2 005
(D) 2 068
(E) 2 318

Question 21. ABC est un triangle rectangle en B. AB = 6 cm et BC = 4/3 × AB.

Quelle est la longueur de AC ?

(A) 5 cm
(B) 10 cm
(C) 13 cm
(D) 17 cm
(E) 22 cm

Question 22. Que vaut X + Y sachant que 5X × 7Y = 4 144 ?

(A) 3
(B) 7
(C) 8
(D) 10
(E) 14

Question 23. Fiona est vendeuse dans une boutique de vêtements. Avec 5 ans d'ancienneté, son salaire brut est 20 % plus élevé que durant sa première année et s'élève à 1 500 euros brut.

Quel était le salaire brut de Fiona lorsqu'elle a commencé à travailler dans cette boutique ?

(A) 1 100 €
(B) 1 150 €
(C) 1 200 €
(D) 1 250 €
(E) 1 300 €

Question 24. Benoît décide de placer son argent sur deux comptes distincts. Il place un quart de son épargne sur un compte à 3 % et le reste sur une assurance-vie rapportant 5 %. Après un an, il a acquis 1 080 € d'intérêts. À combien s'élève le capital de Benoît en fin d'année 1 ?

(A) 24 000 €
(B) 24 580 €
(C) 25 080 €
(D) 25 980 €
(E) 26 080 €

Question 25. Le triangle ABC est un triangle rectangle en B. Son périmètre est de 13 cm et sa surface est de 6 cm^2. O est un cercle inscrit à l'intérieur du triangle ABC.

Combien mesure le rayon du cercle O ?

(A) 0,5 cm
(B) 0,7 cm
(C) 0,9 cm
(D) 1,2 cm
(E) 1,5 cm

Question 26. Un train part à 11 h 08 et doit parcourir un trajet de 690 kilomètres. Il parcourt le premier tiers du trajet à la vitesse moyenne de 115 km/h. Puis, il parcourt le reste du trajet à la vitesse moyenne de 50 km/h. À quelle heure le train arrivera-t-il ?

(A) 21 h 06
(B) 23 h 07
(C) 22 h 20
(D) 22 h 28
(E) 21 h 16

Question 27. Combien de cubes de 2 cm de côté peut-on ranger dans une boîte de 8 cm de hauteur, 16 cm de longueur et 7 cm de largeur ?

(A) 112
(B) 96
(C) 68
(D) 122
(E) 234

Question 28. J'ai 4 pièces dans ma poche de 1 euro, 2 euros, 20 centimes et 10 centimes. Quelle est la probabilité d'avoir moins de 2,4 euros en tirant 3 pièces au hasard parmi les 4 que j'ai ?

(A) 1/3
(B) 3/4
(C) 2/3
(D) 1/2
(E) 4/5

Question 29. Dans une fête foraine, un jeu consiste à tirer des boules dans une urne. L'urne contient cinq boules : une boule blanche, une boule jaune et trois boules rouges. Le joueur paie 2 euros pour jouer et effectue deux tirages sans remise. Il gagne 2 euros s'il tire la boule blanche au premier tirage et 5 euros si, en plus, il tire la boule jaune au second tirage. Sinon, il ne gagne rien. Quelle est la probabilité que le joueur gagne au moins sa dépense initiale ?

(A) 1/4
(B) 1/5
(C) 3/5
(D) 1/20
(E) 3/20

Question 30. Un maître d'école distribue des sacs de bienvenue aux élèves. Chaque sac contient 6 livres, 4 cahiers et 14 stylos. Sachant que le maître a distribué 112 stylos de plus que de livres, quel est le nombre de cahiers distribués ?

(A) 56
(B) 60
(C) 64
(D) 70
(E) 74

CONSIGNES

15 questions	20 minutes	Calculatrice interdite	Chronomètre recommandé

BARÈME

Bonne réponse : +4 points	Aucune réponse : 0 point	Mauvaise réponse : –1 point

Question 31. Facebook a décidé d'installer une équipe de recherche permanente à Paris dans le domaine de l'intelligence artificielle. Six personnes viennent d'être recrutées et six autres devraient suivre d'ici la fin de l'année. Ce centre constitue le troisième pilier de la R&D futuriste de l'entreprise, avec les interfaces naturelles et la connectivité planétaire. Les premières reposent sur la réalité virtuelle autour du casque créé par la société Oculus VR, rachetée par le géant américain en 2014. Le second pilier vise à connecter le plus de monde possible à Internet grâce à des satellites ou des avions solaires planant en permanence dans le ciel.

Quel est le présupposé dans le texte ci-dessus ?

(A) La recherche est une part fondamentale pour la croissance future de Facebook.
(B) Les chercheurs français occupent une place de choix dans la hiérarchie mondiale.
(C) L'Oculus Rift est au cœur du dispositif de recherche et développement de Facebook.
(D) Facebook est en retard sur Google en matière de recherche et développement.
(E) Facebook a axé sa politique de croissance sur la recherche et développement.

Question 32. C'est à un politique qu'il revenait de trancher le débat sur l'utilisation de la bombe A. Averti dès sa prise de fonctions, en avril 1945, qu'il allait bientôt se trouver en possession de « la chose la plus terrible jamais découverte, mais aussi la plus utile », Harry Truman ordonne le 25 juillet, en pleine conférence de Potsdam, que la bombe soit prête au plus tôt, considérant l'effroyable coût humain d'une poursuite des combats conventionnels contre une armée japonaise fanatisée.

Quel proverbe conclut le mieux cet extrait ?

(A) Il faut viser suffisamment haut pour ne pas tomber trop bas.
(B) La nuit, tous les chats sont gris.
(C) L'enfer est pavé de bonnes intentions.
(D) Il faut se méfier de l'eau qui dort.
(E) Les rats quittent le navire.

Question 33. Monsieur G., le Président du conseil exécutif de Corse et député de Haute-Corse, a été mis en examen mardi 21 juillet avec seize autres personnes pour détournement de fonds publics, dans l'affaire dite des gîtes ruraux. Les faits recueillis par les enquêteurs font état d'un détournement présumé de 300 000 à 400 000 euros d'argent public versés par le conseil général de Haute-Corse, entre 2008 et 2010, à une époque où il était dirigé par Monsieur G.

Laquelle de ces propositions renforce le plus les propos du texte ?

(A) Monsieur G. a été condamné pour détournement de fonds publics en Corse.
(B) Plusieurs hommes politiques ont été impliqués dans une affaire de détournements de fonds publics.
(C) Monsieur G. a détourné d'importantes sommes d'argent lorsqu'il était Président du conseil général de Corse.
(D) Des sommes conséquentes auraient été détournées par le Président du conseil exécutif de Corse.
(E) Monsieur G. aurait détourné de l'argent public.

Question 34. Six amis prennent place autour d'une table hexagonale. Corentin est immédiatement à droite de Jasmine. Ethan est en face de Michel. Katie et Michel ne sont pas à côté de Corentin. Qui est à droite de Katie ?

(A) Jasmine.
(B) Tom.
(C) Michel.
(D) Corentin.
(E) On ne peut pas savoir.

Question 35. Les discussions budgétaires de la rentrée pourraient s'annoncer électriques avec le rapport remis à Michel Sapin, le ministre des Finances, et à Christian Eckert, le secrétaire d'État chargé du Budget, par l'Inspection Générale des Affaires Sociales (IGAS) et l'Inspection Générale des Finances (IGF). Les deux organismes pointent en effet du doigt la diversité et le coût des « niches sociales », ces exonérations de cotisations sociales visant certaines professions, certains secteurs d'activité, voire certaines régions spécifiques.

Quelle proposition soutient le plus les propos de l'auteur ?

(A) Les niches sociales en France sont bien trop nombreuses et coûteuses.
(B) Les niches sociales sont des exonérations de cotisations sociales qui visent certaines professions.
(C) Les niches sociales sont établies par l'Inspection générale des affaires sociales (IGAS) et l'Inspection générale des finances (IGF).
(D) Le ministre des Finances est défavorable aux niches fiscales.
(E) Les niches sociales sont caractérisées par une opacité trop importante.

Question 36. Au mois de mars 2018, on compte cinq mardis dont trois ont une date qui est un nombre premier. Quel(s) jour(s) serons-nous le 14 du mois ?

(A) Mardi ou jeudi.
(B) Jeudi ou samedi.
(C) Samedi.
(D) Jeudi.
(E) Mardi, jeudi ou samedi.

Question 37. La crise grecque est à bien des égards le révélateur de l'emballement d'une construction européenne qui a perdu ses repères et sans doute ses valeurs au point de choisir la fuite en avant plutôt que le retour aux fondamentaux d'un destin commun choisi et assumé. L'incident grec est en effet révélateur en tout point, du manque de cohérence et du manque de volonté de sanctionner, éventuellement par une sortie provisoire voire définitive du périmètre européen.

Laquelle de ces affirmations soutient le plus les propos du texte ?

(A) La Grèce aurait dû sortir de la zone Euro.
(B) La crise grecque a révélé l'incohérence des politiques européennes.
(C) Il aurait fallu tirer les conséquences de la crise grecque pour le bien de l'UE.
(D) L'Union Européenne ne peut pas se permettre de sanctionner la Grèce.
(E) La création de la zone Euro est une erreur fondamentale de l'Union Européenne.

Question 38. Cinq diodes peuvent être soit rouges soit vertes. Chacune des diodes est commandée par une manette qui la fait changer de couleur. Malheureusement, un problème dans le réseau électrique fait que chaque fois qu'une manette est manœuvrée, une autre diode, au hasard, change également de couleur.
Si au départ toutes les diodes sont rouges, que peut-on affirmer avec certitude après avoir actionné cinq manettes ?

(A) Toutes les diodes sont rouges.
(B) Il est impossible que toutes les diodes soient vertes.
(C) Toutes les diodes sont vertes.
(D) Il est impossible que toutes les diodes soient rouges.
(E) Aucune réponse ne convient.

Question 39. Claude a cinq sœurs. Sa famille comprend en tout 8 personnes, y compris les parents, Edith et Alioune. Quelle conclusion est forcément vraie ?

(A) Il n'y a pas d'homme dans cette famille.
(B) Il y a 6 femmes et 2 hommes dans la famille.
(C) Il n'y a aucun garçon (hormis le père).
(D) Il y 4 sœurs et 2 frères.
(E) Aucune des conclusions proposées ci-dessus n'est certaine.

Question 40. Si le téléchargement légal continue de chuter (-8 %), la croissance du streaming donne le vertige : les revenus tirés des abonnements ont été multipliés par six en cinq ans, pour atteindre 1, 6 milliard de dollars l'an dernier. La France compte 2 millions d'abonnés à une plate-forme de streaming audio, soit une progression de 34 % sur une seule année. Ces chiffres éclaircissent enfin l'horizon d'une industrie musicale qui périclitait dangereusement. Reste à savoir à qui profite véritablement cette redistribution des cartes.

Quelle affirmation est la plus en adéquation avec la thèse de l'auteur ?

(A) Le streaming audio semble être une nouvelle source de croissance pour l'industrie musicale.
(B) L'industrie du streaming audio génère déjà plusieurs milliards de dollars chaque année.
(C) La croissance du CA de l'écoute en ligne semble sauver l'industrie musicale qui était en difficulté.
(D) Sans le streaming audio, l'industrie musicale aurait probablement connu un déclin inexorable.
(E) La nouvelle croissance du chiffre d'affaires du streaming audio est une croissance économique inégalitaire.

Question 41. Parmi ces cinq propositions, laquelle correspond de manière logique à la phrase suivante : « Les bons joueurs de tennis s'entraînent au moins 5 heures par jour » ?

(A) Certains tennismen s'entraînent 7 heures par jour.
(B) Très peu de tennismen réussissent en s'entraînant moins de 5 heures par jour.
(C) Toute personne qui s'entraîne 5 heures par jour est un grand tennisman.
(D) Si quelqu'un me dit qu'il est un grand tennisman et qu'il s'entraîne moins de 5 heures par jour, alors il ment.
(E) Il n'y a pas de lien entre le temps passé à l'entraînement et la qualité tennistique du joueur.

Question 42. « Il vaut mieux s'adresser à Dieu qu'à ses saints ». Que signifie ce proverbe ?

(A) Malgré les critiques ou les propos négatifs, on continue vers l'objectif que l'on s'est fixé.
(B) Il ne faut pas toujours écouter les personnes qui vous donnent des conseils car elles ne prennent aucun risque.
(C) On a plus de chances d'obtenir ce que l'on veut en s'adressant directement à la personne concernée.
(D) Pour réussir, il faut s'allier avec le plus fort et non avec ses suppléants.
(E) On n'attaque pas une personne en état de faiblesse, quelle que soit cette personne.

Question 43. Suite à un vol dans une épicerie, les 3 suspects Michel, Stéphane et Christian sont en garde à vue. Nous savons que :

(1) Si Michel est innocent, Christian est coupable.
(2) Si Michel est coupable, Stéphane l'est aussi.
(3) Si Stéphane est coupable, Christian est innocent.
(4) Si Stéphane est innocent, Michel est coupable.

Laquelle de ces propositions est vraie ?

(A) Les trois sont coupables.
(B) Stéphane est innocent.
(C) Michel est coupable.
(D) Il y a un seul coupable.
(E) Christian est coupable.

Question 44. Inditex, la maison mère de Zara, Massimo Dutti ou Bershka, a rejoint pour la première fois le club des 80 groupes mondiaux dont la capitalisation boursière est supérieure à 100 milliards d'euros. Le géant espagnol du prêt-à-porter, qui chaque année fait la course en tête avec le suédois H&M pour obtenir le titre mondial du secteur, est seulement la troisième entreprise ibérique à dépasser ce niveau, après la banque Santander et l'opérateur Telefonica.

Quel est le présupposé dans ce texte ?

(A) Le groupe Inditex ne peut pas être comparé à Santander.
(B) La croissance du groupe Inditex a été très bonne ces dernières années.
(C) H&M et Inditex se livrent une concurrence acharnée depuis de nombreuses années.
(D) Le groupe Inditex fait maintenant partie des plus grands groupes mondiaux.
(E) Au total, le marché du textile est en croissance dans le monde.

Question 45. Tout comme le dopage dans le sport, la fraude discrédite la science, les chercheurs, et sème le doute sur l'intérêt même de la recherche. Les contribuables sont ébranlés, et leurs élus sont tentés de moins financer la recherche, faute de résultats fiables et à valoriser.

Parmi les propositions suivantes, laquelle contredit cet extrait ?

(A) La fraude ébranle la confiance des gens dans la science et diminue leur intérêt.
(B) Les autorités se retrouvent démunies face au problème de la fraude scientifique.
(C) La fraude scientifique enlève tout crédit à la recherche, à l'image du dopage pour le sport.
(D) La fraude scientifique apporte du crédit à la recherche, à l'image du dopage pour le sport.
(E) Combattre la fraude scientifique est crucial pour l'avenir de la science, de même que la lutte contre le dopage l'est pour celui du sport.

TAGE MAGE® N° 13

4 CONDITIONS MINIMALES

CONSIGNES

15 questions	20 minutes	Calculatrice interdite	Chronomètre recommandé

BARÈME

Bonne réponse : +4 points	Aucune réponse : 0 point	Mauvaise réponse : –1 point

(A) **L'information 1 seule est suffisante** pour répondre à la question.
L'information 2 seule est insuffisante pour répondre à la question.

(B) **L'information 2 seule est suffisante** pour répondre à la question.
L'information 1 seule est insuffisante pour répondre à la question.

(C) **Les informations 1 et 2 ensemble sont suffisantes** pour répondre à la question.
L'information 1 seule ou l'information 2 seule est insuffisante pour répondre à la question.

(D) **L'information 1 seule est suffisante** pour répondre à la question.
L'information 2 seule est suffisante pour répondre à la question.

(E) **Les informations 1 et 2 ensemble sont insuffisantes** pour répondre à la question.
L'information 1 seule ou l'information 2 seule est insuffisante pour répondre à la question.

Question 46. A, B et C sont sur une même droite. Que vaut la distance AC ?

(1) AB = 20 cm
(2) BC = 10 cm

Question 47. Combien de billes Magali, David et Enzo ont-ils à eux trois réunis ?

(1) David a 16 billes de plus que Magali.
(2) Enzo a deux fois plus de billes que David et 32 billes de plus que le double du nombre de billes de Magali.

Question 48. Le professeur rend les copies de mathématiques. Quelle est la note de Théo ?

(1) On obtient 23 en additionnant la note de Théo augmentée d'un point et la note de Théo diminuée de deux points.
(2) On obtient 54 en multipliant la moitié de la note de Théo et les trois quarts de la note de Théo.

Question 49. Ce code de 4 chiffres comporte-t-il un 9 ?

(1) Les 3 premiers chiffres sont des nombres premiers.

(2) La somme des 2 premiers chiffres vaut 8 et celle des 2 suivants vaut 16.

Question 50. Florent ne regarde jamais de films au cinéma sans manger du popcorn.

A-t-il vu un film au cinéma aujourd'hui ?

(1) Florent a vu un film aujourd'hui mais il n'a pas mangé de popcorn.

(2) Florent a mangé du popcorn aujourd'hui.

Question 51. François possède un champ de cerisiers. Les grands cerisiers donnent chacun 25 kilos de cerises et les petits cerisiers donnent chacun 13 kilos de cerises.

Combien de grands cerisiers sont présents dans le champ de François ?

(1) Le champ compte 50 % de grands cerisiers de plus que de petits cerisiers.

(2) Au total, François a récolté 101 kilos de cerises.

Question 52. Est-il possible de connaître le nombre de boules bleues dans cette urne ?

(1) Il y a 2 boules bleues de plus que de boules rouges.

(2) Il y a 3 boules rouges de plus que de boules noires.

Question 53. Arnaud prend sa voiture pour aller à Marseille. Après deux heures de route, il s'arrête pour faire le plein.

Quel est le prix au litre du carburant qu'il a acheté sachant qu'il a réglé la somme de 45 euros ?

(1) Le réservoir était aux trois quarts vide lorsqu'Arnaud a fait le plein.

(2) Il restait dix litres de carburant dans le réservoir et Arnaud en a acheté trois fois plus.

Question 54. Un groupe de 70 chercheurs en physique théorique venus de France et d'Angleterre s'est réuni à Bruxelles pour assister à des conférences scientifiques sur l'énergie atomique. Ils parlent tous soit Anglais, soit Français, soit les deux.

Combien d'entre eux sont bilingues Français/Anglais ?

(1) 63 chercheurs parlent Anglais.

(2) 40 chercheurs parlent Français.

Question 55. Quelle est la circonférence du cercle C de centre O et de diamètre AB ?

(1) En doublant la longueur du diamètre du cercle C, l'aire de ce cercle est de 30 cm^2.

(2) Le quotient du diamètre du cercle C par sa circonférence est $1/\pi$.

Question 56. Frédéric et Michel parcourent le même trajet. Frédéric part avant Michel.

Au bout de combien de temps Michel aura-t-il rattrapé Frédéric ?

(1) Michel va 20 km/h plus vite que Frédéric.

(2) Frédéric est parti 10 minutes avant Michel.

Question 57. Sur une route, on distingue 2 points A et B. En A se trouve un chien et en B se trouvent 2 promeneurs. Le chien part dans la direction de B. Au même moment les 2 promeneurs partent dans des directions opposées. Le chien croise les promeneurs, l'un en C_1 et l'autre en C_2.

Sachant que les 2 promeneurs se déplacent à la même vitesse, et que le chien se déplace 3 fois plus vite que les promeneurs, que vaut AB ?

(1) La distance C_1C_2 mesure 6 km.

(2) La distance C_2B est égale à la moitié de la distance AB.

Question 58. a, b et c sont trois entiers. $a^2 \times b^3 \times c^5$ est-il égal à un nombre pair ?

(1) $a \times c = 43$.

(2) $a \times b = 82$.

Question 59. Trois T-shirts de marques différentes X, Y et Z valent 45 € au total. Combien coûte le T-shirt de marque X ?

(1) L'achat de deux t-shirts : un de marque X et un de marque Y coûte 30 €.

(2) L'achat de deux t-shirts : un de marque X et un de marque Z coûte 24 €.

Question 60. La somme de 593 entiers naturels non nuls est 597. Que vaut leur produit ?

(1) Leur produit est un carré parfait supérieur ou égal à 15.

(2) Leur produit est pair mais n'est pas multiple de 3, ni un cube.

TAGE MAGE® N° 13

5 EXPRESSION

CONSIGNES

15 questions	20 minutes	Calculatrice interdite	Chronomètre recommandé

BARÈME

Bonne réponse : +4 points	Aucune réponse : 0 point	Mauvaise réponse : –1 point

Question 61. Choisissez la meilleure reformulation du point de vue de l'orthographe, de la syntaxe et du style. La proposition A reprend l'énoncé.

Les chefs d'État vont se retrouver à la fin de l'année à Paris pour la 21e conférence des Nations Unies sur le climat (COP21). Toutefois, ils ne semblent pas prendre toute la mesure du problème, alors que les accidents se multiplient.

(A) Les chefs d'État vont se retrouver à la fin de l'année à Paris pour la 21e conférence des Nations Unies sur le climat (COP21). Toutefois, ils ne semblent pas prendre toute la mesure du problème, alors que les accidents se multiplient.

(B) La 21e conférence des Nations Unies sur le climat (COP21) va réunir tous les chefs d'État. Mais ils ne semblent pas prendre toute la mesure du problème, alors que les accidents se multiplient.

(C) Les chefs d'État vont se retrouver à la fin de l'année à Paris pour la 21e conférence des Nations Unies sur le climat (COP21). Malgré que les accidents se multiplient, les dirigeants ne semblent pas prendre toute la mesure du problème.

(D) Les chefs d'État vont se retrouver à la fin de l'année à Paris pour la 21e conférence des Nations Unies sur le climat (COP21) mais ils ne semblent pas prendre toute la mesure du problème alors que les accidents se multiplient.

(E) La 21e conférence des Nations Unies sur le climat (COP21) va réunir tous les chefs d'État, mais ces derniers ne prennent clairement pas en compte la gravité des accidents qui se sont produits.

Question 62. Choisissez les mots dont le sens se rapproche le plus des mots soulignés.

Rien ne vaut l'observation des animaux in situ.

(A)	L'expérience	À l'état sauvage
(B)	L'examen	Dans leur milieu naturel
(C)	L'analyse	Dans un milieu clos
(D)	La surveillance	In vitro
(E)	L'étude	Sur place

Question 63. Choisissez les mots dont le sens se rapproche le plus des mots soulignés.

La rencontre a été ajournée sine die.

(A) La conférence — Sans raison
(B) L'entrevue — Sans délai
(C) La séance — Sans détail
(D) L'audience — Sans fixer de date précise
(E) La réunion — Sans donner de raison valable

Question 64. Choisissez le mot dont le sens se rapproche le plus du mot souligné.

Son discours était lénifiant.

(A) Vivifiant
(B) Soporifique
(C) Hors-sujet
(D) Exalté
(E) Dramatique

Question 65. Parmi les propositions suivantes, laquelle est incorrecte d'un point de vue grammatical ?

(A) Je souhaite qu'il vienne à la plage avec nous.
(B) Il n'est pas sûr que la voiture ait un problème.
(C) Je ne pensais pas qu'il fasse si bonne impression.
(D) J'hésite à croire qu'il obtienne cet emploi.
(E) Ils firent tout leur possible pour que je parte.

Question 66. Parmi les propositions suivantes, laquelle est grammaticalement correcte ?

(A) Je rentrerai après que la nuit soie tombée.
(B) Je rentrerai après que la nuit sera tombée.
(C) Je rentrerai après que la nuit est tombée.
(D) Je rentrerai après que la nuit soit tombée.
(E) Je rentrerai après que la nuit tombe.

Question 67. Parmi les propositions suivantes, laquelle est grammaticalement correcte ?

(A) Il avait peur que mes remarques n'aient été mal interprétés.
(B) Il avait peur que mes remarques n'eussent été mal interprété.
(C) Il avait peur que mes remarques n'ont été mal interprétés.
(D) Il avait peur que mes remarques n'auraient été mal interprétées.
(E) Il avait peur que mes remarques n'eussent été mal interprétées.

Question 68. Combien d'adjectifs la phrase suivante comporte-t-elle ?

Il est utile d'observer à quel point ils sont intelligents. Ils ne se contentent pas de cela, puisqu'ils sont également fort virils, et pas seulement du fait qu'ils crient.

(A) 3
(B) 4
(C) 5
(D) 2
(E) 1

Question 69. Parmi les cinq propositions suivantes, combien sont correctes du point de vue de l'orthographe, de la grammaire et de l'usage ?

(1) Je n'arrête pas de penser à mes amours perdus.
(2) De nombreux aérogares ont été construits ces dernières décennies.
(3) Les octaves que la chanteuse a joué sont splendides.
(4) Cette maison a été construite de plein pied durant ce millénaire.
(5) Toutes les phrases ci-dessus sont erronnées.

(A) 0
(B) 1
(C) 2
(D) 3
(E) 4

Question 70. Parmi les expressions suivantes, laquelle n'utilise pas la figure de style de l'hyperbole ?

(A) J'ai mangé pour dix au dîner hier soir.
(B) Je meurs de faim.
(C) T'es complètement fou, toi !
(D) J'aime ma voiture, je ne m'en séparerais pas pour 10 milliards !
(E) Le soleil est situé à plus d'une centaine de millions de kilomètres de la Terre.

Question 71. L'expression : « C'est une tourterelle qui ne boit jamais sans troubler l'eau » désigne une personne :

(A) Qui s'attire facilement des problèmes.
(B) Qui a du mal à rester tranquille.
(C) Qui a un fort caractère.
(D) Orgueilleuse.
(E) D'une sensibilité excessive.

Questions 72 à 75 : Complétez le texte avec le mot ou l'expression assurant la meilleure cohérence textuelle.

Question 72. (...) taux de diplômés en Allemagne ou en Autriche n'est pas (...) aux mêmes causes qu'en Italie ou Roumanie.

(A)	Le faible	Imputable
(B)	Le fort	Imparable
(C)	Le maigre	Immuable
(D)	Le vrai	Immatriculable
(E)	Le relatif	Incriminable

Question 73 (suite de la question 72). Si pour les premiers, il s'explique (...) par la concurrence des filières professionnelles qui ne délivrent pas de diplôme reconnu internationalement, dans les autres États ces chiffres (...) plutôt un retard dans la poursuite d'études.

(A)	Essentiellement	Infirment
(B)	Surtout	Trahissent
(C)	Aucunement	Confirment
(D)	Nullement	Dénotent
(E)	Principalement	S'expliquent

Question 74 (suite de la question 73). (...), une forte (...) de diplômés provient de l'immigration d'actifs très qualifiés.

(A)	Enfin	Majorité
(B)	De plus	Part
(C)	Par ailleurs	Proportion
(D)	Bien évidemment	Minorité
(E)	En fait	Partie

Question 75 (suite de la question 74). Point commun des pays européens, la (...) des femmes parmi les diplômés. Dans tous les pays de l'Union Européenne, la proportion de jeunes femmes (...) est plus (...) que celle des jeunes hommes.

(A)	Proximité	Obtenant un diplôme	Grande
(B)	Prééminence	Universitaires	Importante
(C)	Proéminence	De l'enseignement	Grosse
(D)	Prédominance	Diplômées du supérieur	Élevée
(E)	Prépondérance	Avec un diplôme universitaire	Significative

6 LOGIQUE

CONSIGNES

15 questions	20 minutes	Calculatrice interdite	Chronomètre recommandé

BARÈME

Bonne réponse : +4 points	Aucune réponse : 0 point	Mauvaise réponse : –1 point

Question 76.

			6265	
			9428	
			2831	
1270	3612	3836	?	9671
			7126	

(A) 6161 (B) 3854 (C) 6782 (D) 3492 (E) 2721

Question 77.

731				
516				
?	746	655	391	673
604				
369				

(A) 164 (B) 541 (C) 550 (D) 555 (E) 373

Question 78.

	NIC			
	FSN			
DFE	?	DHG	TUD	DOP
	ZRN			
	NGX			

(A) MDN (B) KDL (C) NOD (D) NNF (E) DND

Question 79.

		51		
61	52	?	70	25
		64		
		33		
		75		

(A) 64 (B) 24 (C) 61 (D) 28 (E) 34

Question 80.

		OT		
		NJ		
		TW		
HT	KL	?	MT	XC
		HI		

(A) TR (B) RT (C) PN (D) PT (E) TG

Question 81.

		XK		
AF	KP	?	MR	XC
		PL		
		RL		
		HK		

(A) OT (B) NF (C) AF (D) AT (E) DG

Question 82.

		12		
		36		
		40		
41	32	?	52	34
		88		

(A) 42 (B) 24 (C) 26 (D) 44 (E) 48

Question 83.

AASS
EROS
IAFE
BCQJ ABRB ? STBN EFGF
EALE

(A) ABCI (B) AQCB (C) TUEL (D) POER (E) PQCQ

Question 84.

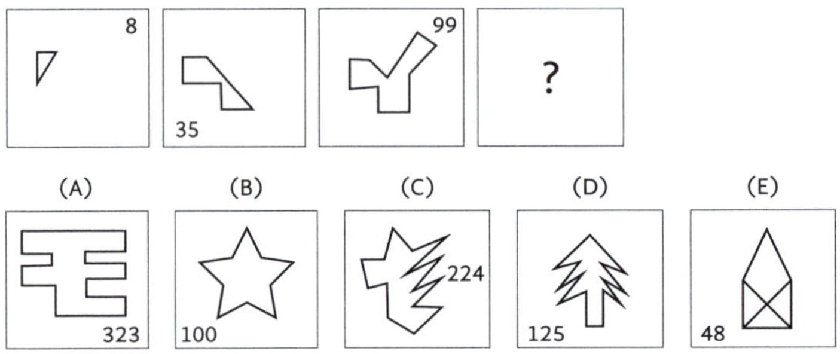

Question 85.

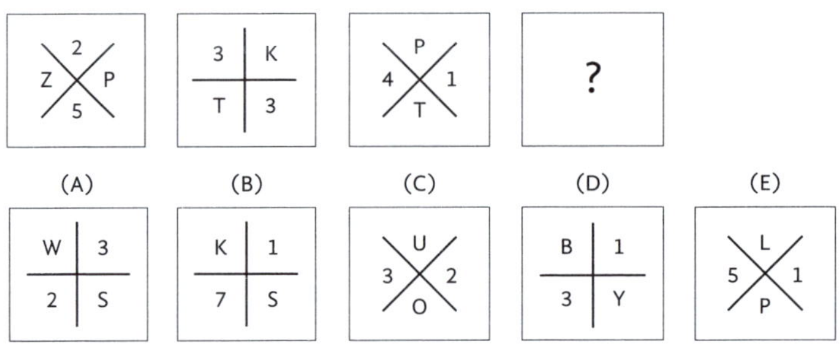

Question 86.

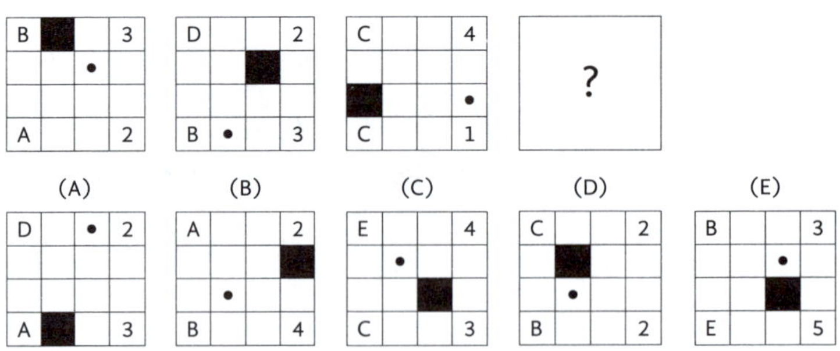

Question 87.

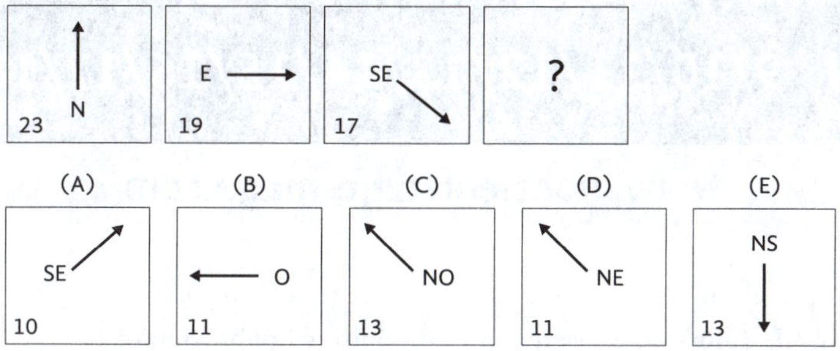

Question 88.

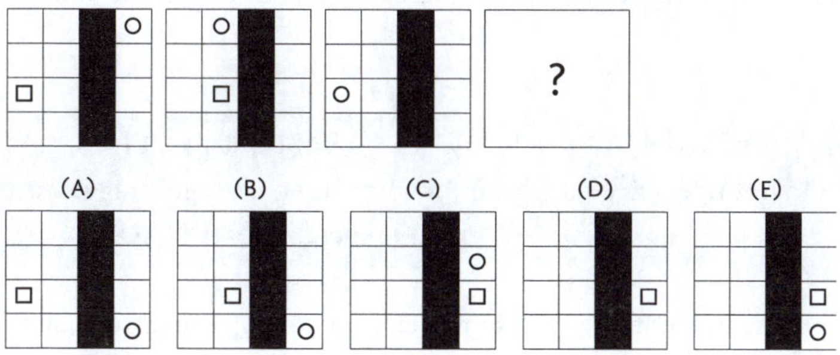

Question 89.

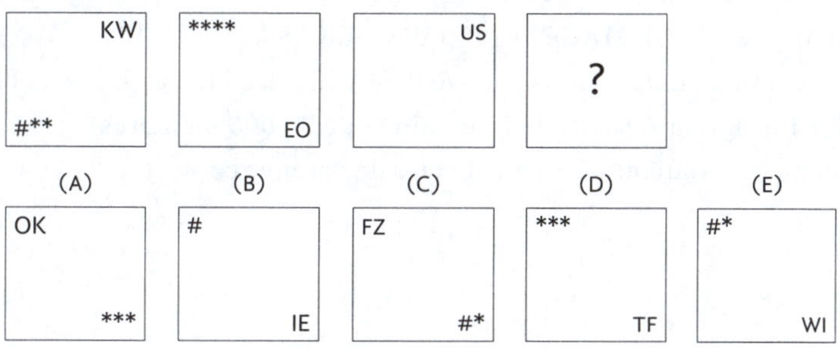

Question 90.

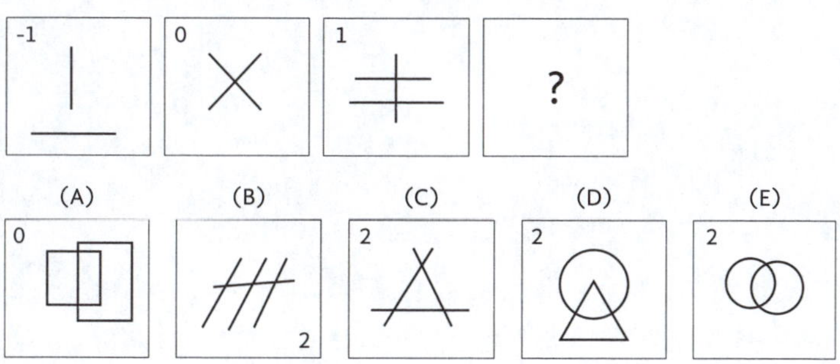

Corrigé TAGE MAGE®

N° 9/10/11/12/13/14/15/16/17/18

www.monsieur-tage-mage.com

Pour des **raisons techniques**, il est **impossible** à l'heure actuelle pour les éditeurs **d'imprimer un livre de plus de 1 400 pages – en couleur – à un prix abordable.**

Nous avons donc fait le choix de vous transmettre **les CORRIGÉS des TAGE MAGE® N° 9/10/11/12/13/14/15/16/17/18 par téléchargement** sur le site **www.monsieur-tage-mage.com.**

Les **CORRIGÉS** des **TAGE MAGE® N° 9/10/11/12/13/14/15/16/17/18**
sont téléchargeables sur : **www.monsieur-tage-mage.com**
→ Rubrique « Le Grand Manuel du TAGE MAGE »

Nous espérons sincèrement que vous comprenez et partagez notre décision.

Bonnes révisions !

Joachim Pinto (HEC Paris) & Arnaud Sévigné (HEC Paris)
Auteurs du Manuel du TAGE MAGE® – N° 1 des VENTES.
Fondateurs des communautés « Monsieur TAGE MAGE » et « Monsieur Ecoles de commerce » sur Facebook / Instagram / Twitter / Linkedin (+ de 30 000 membres).
Fondateurs du média étudiant Monsieur Ecoles de commerce.

TAGE MAGE® N° 14

GRILLE DE RÉPONSES TM n° 14

C.D.T	Question	1	2	3	4	5	6	7	8	9	10	11	12	13	14	15
	Réponse															
	SCORE : ....../60		Nombre BR : ... /15					Nombre MR : ... /15								
CALCUL	Question	16	17	18	19	20	21	22	23	24	25	26	27	28	29	30
	Réponse															
	SCORE : ....../60		Nombre BR : ... /15					Nombre MR : ... /15								
R & A	Question	31	32	33	34	35	36	37	38	39	40	41	42	43	44	45
	Réponse															
	SCORE : ....../60		Nombre BR : ... /15					Nombre MR : ... /15								
COND. MIN.	Question	46	47	48	49	50	51	52	53	54	55	56	57	58	59	60
	Réponse															
	SCORE : ....../60		Nombre BR : ... /15					Nombre MR : ... /15								
EXPRESS.	Question	61	62	63	64	65	66	67	68	69	70	71	72	73	74	75
	Réponse															
	SCORE : ....../60		Nombre BR : ... /15					Nombre MR : ... /15								
LOGIQUE	Question	76	77	78	79	80	81	82	83	84	85	86	87	88	89	90
	Réponse															
	SCORE : ....../60		Nombre BR : ... /15					Nombre MR : ... /15								
TM n° 14	SCORE :....../360 ⇔ ....../600		BR = Bonne réponse = + 4 points. MR = Mauvaise Réponse = –1 point. Multipliez par 5/3 pour passer du score/360 au score/600.													

TAGE MAGE® N° 14

1 COMPRÉHENSION DE TEXTES

CONSIGNES

15 questions	20 minutes	Calculatrice interdite	Chronomètre recommandé

BARÈME

Bonne réponse : +4 points	Aucune réponse : 0 point	Mauvaise réponse : –1 point

TEXTE 1

L'application de VTC (Véhicule de Tourisme avec Chauffeur) a enregistré une perte nette de près d'un milliard de dollars au premier semestre 2015. Mais vu sa croissance, ses dernières levées de fonds et sa rentabilité, il n'y a pas lieu de se faire du souci pour Uber.

Uber n'est pas rentable. Ça, on le savait. Mais ses pertes sont colossales. Grâce à un document confidentiel que s'est procuré le site *The Information*, on apprend qu'Uber a perdu pas loin d'un milliard de dollars en seulement six mois, au premier semestre 2015. C'est quasiment

50 % de pertes en plus, par rapport à l'ensemble de l'année 2014. Dans le même temps, le chiffre d'affaires net (délesté de la part revenant aux chauffeurs) s'élevait à 663 millions de dollars, ce qui représente une croissance de 34 % par rapport à la totalité de l'exercice 2015.

Uber est dans une phase de croissance. La société investit pour ouvrir de nouvelles villes, et gagner des parts de marché là où il y a des concurrents puissants (comme en Chine, par exemple). Uber est une application, pas un service de transport. Sur ces marchés, la règle, c'est souvent « the winner takes it all ». Comprendre « le premier rafle tout ». Pionnier et leader sur tous les marchés développés, Uber n'a pas de mal à conserver la confiance des investisseurs qui le renflouent au fur et à mesure et lui donnent les moyens d'investir, notamment en Inde. La perte d'Uber, 1 milliard, est par exemple équivalente à son investissement en Chine. En outre, l'augmentation des pertes est aussi le reflet des dépenses marketing (qui ont doublé entre le premier et le deuxième trimestre 2015).

Uber a levé plus de 6 milliards de dollars en tout. Sa dernière levée de fonds est estimée à plus de 2 milliards de dollars. Cela donne une idée des liquidités disponibles et de la confiance dans son business model. L'entreprise est aujourd'hui valorisée 62 milliards de dollars par les investisseurs. À titre de comparaison, l'application Snapchat aurait perdu 128 millions en 2014 pour seulement 3 millions de dollars de chiffre d'affaires.

Uber gagne de plus en plus d'argent. Le volume des pertes ne doit pas faire perdre de vue un indicateur fondamental. La part du prix de la course qui atterrit dans la poche de l'entreprise est de plus en plus importante. Alors que la croissance de son revenu net est de 34 %, celle de son revenu brut est de 24 %. (Question 1).

Les perspectives de croissance sont énormes. L'entreprise s'attend à ce que les villes les plus matures deviennent bénéficiaires en Europe et aux États-Unis. Selon une projection, le profit issu des marchés développés pourrait atteindre 14 milliards de dollars dans les quatre prochaines années.

Question 1. Quelle proposition conviendrait le mieux au lieu de « Question 1 » dans le texte ?

(A) En un mot, Uber croît exponentiellement.

(B) En d'autres termes, les investisseurs ont raison de continuer à investir.

(C) En somme, tous les résultats d'Uber sont positifs.

(D) En bref, tous les voyants sont au vert.

(E) Autrement dit, sa rentabilité augmente.

Question 2. Que signifie l'expression « levée de fonds » ?

(A) Augmentation du chiffre d'affaires d'une entreprise.

(B) Augmentation du bénéfice d'une entreprise.

(C) Augmentation du capital d'une entreprise.

(D) Augmentation de la valorisation d'une entreprise.

(E) Augmentation de la part de marché d'une entreprise.

Question 3. Pour quelle raison l'auteur communique-t-il les résultats de Snapchat ?

(A) Pour montrer que d'autres start-up font des pertes également.

(B) Pour montrer qu'Uber n'est pas la seule entreprise en difficulté financière.

(C) Pour montrer qu'Uber a de bons résultats financiers.

(D) Pour montrer que Snapchat a de meilleurs résultats financiers qu'Uber.

(E) Pour montrer qu'Uber continue de développer son chiffre d'affaires.

Question 4. Quel titre conviendrait le mieux à ce texte ?

(A) Uber VS Snapchat.

(B) Uber se lance à l'international.

(C) Uber affiche des pertes en 2014.

(D) Les prévisions de croissance d'Uber.

(E) Introduction en bourse d'Uber.

Question 5. Selon le texte, quel serait l'indicateur le plus important pour Uber ?

(A) Le nombre de clients.

(B) Le chiffre d'affaires.

(C) Le taux de rentabilité.

(D) La part de marché.

(E) Les bénéfices (ou pertes).

TEXTE 2

Le cap a été franchi par Netflix – entreprise américaine proposant des films et séries télévisées en flux continu sur Internet – seulement quelques jours avant l'extension de son service à la quasi-totalité des pays de la planète. Tout début janvier, le leader mondial dépassait en effet les 75 millions de membres, a-t-il annoncé dans la lettre aux actionnaires où il détaille ses résultats du quatrième trimestre.

Un chiffre qui est sur le point d'augmenter, Netflix comptant gagner environ 6 millions d'utilisateurs supplémentaires sur les trois premiers mois de 2016, ce qui constituerait un nouveau record pour le service. Lancé le 6 janvier dans 130 nouveaux pays, il est désormais disponible « virtuellement partout sauf en Chine ».

En décembre dernier, Netflix revendiquait 74,76 millions d'utilisateurs, dont 44,74 millions aux États-Unis. Un gain net de 1,56 million d'utilisateurs sur son marché domestique et de 4,04 millions à l'étranger en seulement trois mois. Le service reconnaît toutefois que sa forte pénétration aux États-Unis commence à freiner sa croissance.

Si Netflix vient de donner un énorme coup d'accélérateur à l'international, cela a vraisemblablement un prix. Depuis l'extension de son offre à près de 200 pays, le service de vidéos a cumulé 1,27 milliard de dollars de perte. En 2015, son bénéfice a chuté de 54 % à 123 millions de dollars sur l'année.

D'ailleurs, le directeur général de Netflix, Reed Hastings a prévenu que sa croissance sur les nouveaux marchés s'échelonnera sur plusieurs années. « Nous commençons par viser principalement des consommateurs ouverts sur l'extérieur, aisés, avec des cartes de crédits internationales et des smartphones », a-t-il détaillé dans sa lettre aux actionnaires.

Le groupe dit encore s'attendre à perdre 114 millions de dollars à l'international au premier trimestre 2016. Mais il a confirmé viser l'équilibre à l'échelle mondiale en 2016, puis « des bénéfices importants » à partir de 2017.

Pour l'heure, même s'il propose des sous-titres en arabe, le service reste uniquement en anglais dans beaucoup de pays, notamment en Europe orientale et en Russie. À l'international, Netflix sert « les élites », a reconnu Reed Hastings, lors d'une vidéo-conférence avec des analystes. En France, Netflix n'a toujours pas percé. La faute sans doute à un catalogue de contenus peu fourni et à l'attente interminable — 36 mois — entre la sortie d'un film en salle et sa disponibilité sur le service.

Concernant la Chine, dernier grand marché à lui échapper, Reed Hastings qualifie ses attentes de « modestes et à long terme », disant travailler à construire des relations dans ce pays et à comprendre son marché, mais prévenant qu'il n'arrivera pas forcément à s'y lancer cette année.

Avec un chiffre d'affaires qui approche les 7 milliards de dollars et son cours de Bourse, multiplié par huit en trois ans, Netflix agit comme un aimant pour tous les producteurs du monde. Netflix évoque un niveau « sans précédent » au quatrième trimestre 2015, avec notamment les débuts de la série *Jessica Jones*, du documentaire *Making a Murderer* ou encore son premier film, *Beasts of No Nation* avec Idris Elba. Au total sur cette même année, le service ne finançait pas moins de 450 heures de programmes originaux.

Et cela va encore augmenter en 2016, Netflix voulant lancer plus de 600 heures de programmes originaux, avec de nouvelles saisons pour une trentaine de séries télévisées, huit films, 35 nouvelles saisons de programmes pour enfants, ou encore une douzaine de documentaires.

Question 6. Quel est le public visé par Netflix à l'international ?

1. Les consommateurs avec des cartes de crédit internationales.
2. Les consommateurs ouverts sur l'extérieur.
3. Les consommateurs intéressés par les séries télévisées et les films.
4. Les consommateurs ayant une connexion Internet.
5. Les consommateurs ayant un smartphone.

(A) 1 + 2 + 3
(B) 1 + 2 + 5
(C) 1 + 2 + 3 + 4 + 5
(D) 1 + 5
(E) 1 + 2 + 3 + 4

Question 7. Quel titre conviendrait le mieux à ce texte ?

(A) Netflix : nouvel acteur majeur du cinéma.
(B) Netflix à l'international.
(C) Netflix, le Facebook du cinéma ?
(D) Résultats et projets de Netflix.
(E) Netflix franchit la barre des 7 milliards de dollars de CA.

Question 8. Quelle est la position de Reed Hastings concernant le développement de Netflix en Chine ?

(A) Il est optimiste.
(B) Il est prudent.
(C) Il est sceptique.
(D) Il est pessimiste.
(E) Il est neutre.

Question 9. Pour quelle raison le taux de pénétration de Netflix est-il faible en France ?

(A) Un catalogue diversifié et une attente de 36 mois entre la sortie d'un film en salle et sa disponibilité sur le service.

(B) Un faible taux de consommateurs avec des cartes de crédit internationales et un catalogue peu diversifié.

(C) Une popularité encore assez faible et des films pas sous-titrés en français.

(D) Un catalogue peu fourni et une longue attente avant la disponibilité des films sur le service.

(E) Aucune de ces réponses ne convient.

Question 10. Quel résumé conviendrait le mieux à ce texte ?

(A) Netflix continue sa croissance exponentielle aux États-Unis et à l'international. De plus, elle consolide sa position de leader en tant que producteur de programmes originaux.

(B) Netflix bat record après record : le nombre de membres, le chiffre d'affaires, le nombre de pays où le service est accessible et même le nombre d'heures de programmes originaux.

(C) Netflix a trois types de marchés avec des résultats différents : un marché mature (États-Unis), un marché en forte croissance (l'international) et un marché décevant (la Chine).

(D) Netflix devient progressivement un acteur majeur du cinéma Hollywoodien grâce à un développement international.

(E) Netflix poursuit sa croissance de membres et de CA aux États-Unis et à l'international et développe de nouveaux programmes originaux.

TEXTE 3

Le débarquement du 6 juin 1944 n'aurait peut-être pas eu lieu sans le mathématicien Alan Turing. Celui-ci a en effet joué un rôle déterminant pour briser le code secret de la marine allemande. Explications avec François Morain, du Laboratoire d'informatique de l'École polytechnique.

En septembre 1939, Alan Turing rejoint le manoir de Bletchley Park, quartier général des services de renseignement britannique, pour briser le système de cryptage des sous-marins allemands, réputé inviolable. Il y parvient avec ses collègues dès 1942, contribuant à éviter l'invasion de l'Angleterre. Comment ont-ils fait ?

François Morain : Bletchley Park était une usine à décrypter dans laquelle la quasi-totalité des mathématiciens de Cambridge et d'Oxford s'étaient enrôlés, travaillant dans des baraquements et faisant les trois-huit. Les réflexions de Turing sur le calcul le plaçaient en première ligne pour participer à cette entreprise. La marine allemande utilisait une machine à crypter, Enigma. Il s'agissait d'une version ultrasophistiquée d'autres modèles allemands du même nom, employés par les armées de terre et de l'air, et déjà étudiés par les services de renseignement polonais. Ces derniers avaient en effet construit des « bombes », machines qui permettaient de tester toutes les clés de chiffrement possibles en un minimum de temps. Faire vite était indispensable, car la clé changeait tous les jours.

Turing n'a-t-il fait qu'utiliser les bombes conçues et construites par les Polonais ?

F. M. : Non, les bombes des Polonais ne permettaient de casser que les premières versions d'Enigma. Turing a participé à la construction de bombes adaptées à la version utilisée par la marine. Surtout, il a exploité différentes faiblesses dans la façon dont les Allemands utilisaient leur système de codage. Ils commençaient, par exemple, leurs messages par des formules de politesse assez convenues, de type Herr Kommandant, faciles à deviner. Tout comme les messages très courts et stéréotypés qu'ils envoyaient régulièrement pour donner la météo ou annoncer qu'il ne se passait rien. En cryptanalyse, justement, on cherche souvent d'abord à deviner ce que des mots veulent dire et ensuite on teste si la clé de chiffrement ainsi définie fonctionne sur l'ensemble du ou des messages. C'est dans cette approche déductive que Turing a fait preuve d'une grande intuition pour réduire le nombre de combinaisons à tester. C'est là que résident la prouesse et l'intelligence.

Que peut-on dire de l'apport de Turing à la cryptographie ?

F. M. : Peu de choses en réalité. Ses travaux n'ont jamais fait l'objet de publications scientifiques. On ne dispose que de son carnet de laboratoire, inaccessible jusqu'en 1996 à cause du secret militaire, et qui n'a pas été rédigé de manière scientifique. Il y consigne tout ce qu'il sait, mais on ignore la part entre ses propres réflexions et les informations glanées auprès des autres scientifiques et agents des services secrets. Ensuite, il faut bien comprendre la distinction entre la cryptographie, science du chiffrement qui nécessite la production d'algorithmes et de théories, et la cryptanalyse, qui consiste à casser un code secret. Il n'y a pas de théorie du cassage. Il s'agit essentiellement d'avoir l'intelligence et l'astuce d'exploiter les faiblesses d'un système ou de son utilisation par les opérateurs humains. Quoi qu'il en soit, la façon dont Turing y est parvenu à l'époque, sans ordinateur, reste un immense tour de force et fait partie de la mythologie de la discipline.

Question 11. Que signifie le mot « bombe » dans ce texte ?

(A) Une arme offensive utilisée par les alliés.
(B) Une équipe de scientifiques faisant les trois-huit pour déchiffrer les codes allemands.
(C) Une machine qui permet de tester toutes les clés de chiffrement possibles.
(D) Une machine qui permet de casser les codes secrets allemands.
(E) Une machine qui permet de traduire les messages allemands en anglais.

Question 12. Qu'était Bletchley Park ?

(A) Une usine anglaise de production de « bombes ».
(B) Une équipe de scientifiques et de mathématiciens anglais.
(C) Un lieu réunissant tous les mathématiciens et scientifiques anglais.
(D) Le quartier général des services secrets allemands.
(E) Le centre de décryptage des codes allemands au Royaume-Uni.

Question 13. Selon le texte, quel élément aurait permis aux anglais de décrypter les codes plus tôt ?

(A) Un plus grand nombre de scientifiques et de mathématiciens.

(B) L'emploi d'une langue avec des origines similaires.

(C) Une meilleure communication entre les scientifiques polonais et anglais.

(D) Le soutien de la communauté scientifique américaine.

(E) L'existence de l'informatique.

Question 14. Quel est le rôle d'Alan Turing dans le décryptage des codes secrets allemands ?

(A) Alan Turing a occupé un rôle important dans le décryptage des codes allemands.

(B) Alan Turing a occupé une place non négligeable dans le décryptage des codes allemands.

(C) Sans Alan Turing, les codes allemands n'auraient pas été décryptés.

(D) Alan Turing est un mathématicien polonais qui a été à l'origine du décryptage des codes allemands.

(E) Sans Alan Turing, les codes allemands n'auraient pas été décryptés si vite.

Question 15. Quels sont les éléments qui ont permis de décrypter les codes allemands selon le texte ?

1. Le travail de décryptage des Polonais, des Anglais et des Américains.
2. Le perfectionnement des « bombes » polonaises par les Anglais.
3. Les messages répétitifs envoyés par les Allemands.
4. L'intuition d'Alan Turing.

(A) 2 + 4

(B) 1 + 2 + 3

(C) 2 + 3 + 4

(D) 1 + 2 + 3 + 4

(E) 3 + 4

2 CALCUL

CONSIGNES

15 questions	20 minutes	Calculatrice interdite	Chronomètre recommandé

BARÈME

Bonne réponse : +4 points	Aucune réponse : 0 point	Mauvaise réponse : –1 point

Question 16. À l'issue d'une course de chevaux, les gains sont partagés entre les 6 premiers. Le premier reçoit la moitié des gains plus un euro, le deuxième reçoit la moitié du reste plus un euro, le troisième reçoit la moitié des gains plus un euro… jusqu'au 6e après lequel il ne reste plus d'argent à distribuer. Quel est le montant des gains partagés ?

(A) 214 euros
(B) 222 euros
(C) 118 euros
(D) 126 euros
(E) 250 euros

Question 17. J'ai 27 ans, combien de bougies ai-je soufflé depuis ma naissance ?

(A) 348
(B) 358
(C) 368
(D) 378
(E) 388

Question 18. Baptiste adore aller au cinéma. Il a le choix entre payer un ticket d'entrée de 6,5 € à chaque fois ou prendre un abonnement annuel illimité de 240 €.

À partir de combien d'entrées par an l'abonnement devient-il financièrement plus intéressant pour Baptiste ?

(A) 30
(B) 32
(C) 36
(D) 37
(E) 40

Question 19. Deux affluents se jettent dans un fleuve au même niveau à un débit de respectivement 30 m^3/s et 10 m^3/s.
En combien de temps environ les deux affluents auront-ils charrié 0,1 hm^3 d'eau dans le fleuve ?

(A) 30 minutes et 50 secondes.
(B) 41 minutes et 40 secondes.
(C) 56 minutes et 30 secondes.
(D) 1 h 23 minutes et 20 secondes.
(E) 1 h 32 minutes et 10 secondes.

Question 20. Dans une classe de 25 élèves, la moyenne générale en mathématiques est de 12/20. La moyenne des filles est de 15/20. La moyenne des garçons est de 10/20.

Combien de garçons y a-t-il dans la classe ?

(A) 6
(B) 9
(C) 10
(D) 12
(E) 15

Question 21. Un train part de Berlin vers Paris à 11h00 et roule à 200 km/h. À la même heure, un train part de Paris vers Berlin et roule à 200 km/h.

Sachant que les 2 villes sont éloignées de 600 km, à quelle distance de Berlin les trains vont-ils se croiser ?

(A) 100 km
(B) 200 km
(C) 300 km
(D) 400 km
(E) 600 km

Question 22. Complétez la suite : 11 – 13 – 17 – 25 – 32 – ?

(A) 33
(B) 37
(C) 39
(D) 40
(E) 42

Question 23. Un capital K rapporte 160€ d'intérêts en année 1 et 164€ d'intérêts en année 2 (intérêts composés). Quel est le montant du capital initialement investi ?

(A) 5 800 €
(B) 6 000 €
(C) 6 200 €
(D) 6 400 €
(E) 6 600 €

Question 24. On réalise 3 tirages dans une urne qui contient 5 boules numérotées de 1 à 5. Sachant que le tirage est sans remise, quelle est la probabilité de tirer dans l'ordre les boules numérotées 1, puis 2, puis 3 ?

(A) 1/40
(B) 1/50
(C) 1/60
(D) 1/70
(E) 1/80

Question 25. Un concessionnaire vend 2 types de voitures : des voitures électriques et des voitures hybrides. Parmi les 200 voitures qu'il a en magasin, 5 % sont électriques. Combien de voitures hybrides doit-il vendre pour que les voitures électriques représentent 1/15 du total ?

(A) 20
(B) 30
(C) 40
(D) 50
(E) 100

Question 26. Soit un tapis roulant de 400 mètres de long. En marchant dans le sens du tapis, un homme traverse le tapis en 2 minutes. Puis, il le prend à contresens et met 6 minutes pour le traverser à nouveau.

Quelle est la vitesse du tapis roulant ?

(A) 4 km/h
(B) 5 km/h
(C) 6 km/h
(D) 7 km/h
(E) On ne peut pas répondre.

Question 27. Clémence et Axelle sont au casino et jouent aux machines à sous. Elles commencent avec la même somme. Après dix minutes de jeu, Clémence a gagné 6 euros et Axelle a perdu la moitié de sa mise. Après dix nouvelles minutes de jeu, Clémence perd la moitié de son argent et Axelle en gagne autant. Clémence dispose alors des deux tiers de la somme d'Axelle.

Quelle est la mise de départ de Clémence et Axelle ?

(A) 2 €
(B) 4 €
(C) 5 €
(D) 6 €
(E) 7 €

Question 28. La famille Caro achète 3 billets d'avion pour Rio et paie 3 750 €. La famille Aubert achète 7 billets pour Rio (même vol). Combien la famille Aubert a-t-elle payé ?

(A) 8 600 €
(B) 8 650 €
(C) 8 700 €
(D) 8 750 €
(E) 8 800 €

Question 29. Alfred, Jean et Paula sont en train de récolter des champignons. Alfred a 3 fois plus de champignons que Jean qui a trois fois plus de champignons que Paula.

Sachant qu'ils ont 26 champignons en tout, combien de champignons Paula a-t-elle ?

(A) 6
(B) 2
(C) 18
(D) 20
(E) On ne peut pas savoir.

Question 30. Une boutique de vêtements vend 52 chemises en une journée. Les chemises bleues sont vendues 18 € l'unité, les chemises rouges 25 € l'unité. Les recettes de la journée s'élèvent à 1 055 €. Combien de chemises rouges ont été vendues ?

(A) 17
(B) 19
(C) 23
(D) 27
(E) 35

TAGE MAGE® N° 14

3 RAISONNEMENT ET ARGUMENTATION

CONSIGNES

15 questions	20 minutes	Calculatrice interdite	Chronomètre recommandé

BARÈME

Bonne réponse : +4 points	Aucune réponse : 0 point	Mauvaise réponse : –1 point

Question 31. La télévision n'a d'avenir que si elle change la façon dont elle est distribuée. Le phénomène n'est pas nouveau, mais il se confirme, s'accélère et se radicalise : la télévision est de plus en plus délaissée, surtout par les plus jeunes qui plébiscitent tous les écrans, sauf celui que l'on surnommait naguère, avant l'arrivée des tablettes et smartphones, le « petit écran ».

Laquelle de ces propositions est présupposée dans le texte ?

(A) Les ventes de smartphones ont explosé ces dernières années.
(B) Le smartphone a révolutionné l'usage du téléphone portable et d'Internet.
(C) L'usage de la télévision décroît.
(D) Internet permet de mettre en contact des individus séparés par des milliers de kilomètres.
(E) La télévision a pris de l'importance ces dernières années.

Question 32. Pour réussir aux États-Unis, il est préférable de ressembler à Bill Gates. C'est en tout cas ce que montre la liste des 100 personnes les plus riches.

Le classement mondial, dont le seuil d'entrée est fixé à deux milliards de dollars, est dans son écrasante majorité composé d'hommes. Seulement sept femmes figurent parmi le top 100 établi par Forbes.

Parmi les propositions suivantes, laquelle est la meilleure conclusion de ce texte ?

(A) Cependant, cette situation n'est pas spécifique à la Silicon Valley.
(B) Le secteur de la technologie est le dernier où femmes et hommes n'ont pas les mêmes opportunités.
(C) Apple restera sans doute une entreprise à majorité masculine.
(D) Les femmes ne semblent pas avoir d'avenir dans la Silicon Valley.
(E) La diversité permet de mieux développer son entreprise.

Question 33. Curieuse activité solitaire que celle d'écrire. Vous passez par des moments de découragement quand vous rédigez les premières pages d'un roman. Vous avez, chaque jour, l'impression de faire fausse route. Et alors, la tentation est grande de revenir en arrière et de vous engager dans un autre chemin. Il ne faut pas succomber à cette tentation mais suivre la même route. C'est un peu comme d'être au volant d'une voiture, la nuit, en hiver et rouler sur le verglas, sans aucune visibilité.

Parmi les propositions suivantes, laquelle renforce le plus la thèse de l'auteur ?

(A) Malgré « l'obscurité de l'écriture », l'écrivain doit toujours savoir où il va.
(B) Écrire est une activité qui nécessite une grande force mentale.
(C) L'écrivain, lorsqu'il ne sait plus dans quelle direction aller, va puiser la force nécessaire dans son mental.
(D) Écrire, c'est être en permanence soumis à la tentation du changement et savoir y résister.
(E) Lorsque l'on écrit, il faut savoir ne pas succomber aux doutes et croire en son travail.

Question 34. Six adultes sont répartis autour d'une table ronde pour le repas : Clément, Benoît, Myriam, Louise, Caroline et Paul. Myriam n'est pas assise à côté d'un garçon. Benoît est assis en face de Caroline. Benoît est assis juste à côté de Clément.

Laquelle de ces affirmations est vraie ?

(A) Louise est assise à droite de Myriam.
(B) Clément est assis en face de Myriam.
(C) Myriam est assise en face de Paul.
(D) Paul est assis à droite de Clément.
(E) Clément est assis en face de Louise.

Question 35. À la suite de l'instauration de la loi sur l'encadrement des loyers, les achats de logements locatifs, qui constituaient plus de 30 % des acquisitions à Paris, sont tombés en dessous des 10 %. Au moment où la maire de Paris veut faire revenir les investisseurs, notamment institutionnels, pour abonder l'offre locative et éviter la surchauffe liée à une demande insatisfaite, le paradoxe est de taille.

Parmi les propositions suivantes, laquelle soutient le plus la thèse de l'auteur ?

(A) La décision de la mairie de Paris d'encadrer les loyers dans la capitale a des effets délétères mal calculés.
(B) Le gouvernement a fixé de nouveaux seuils de non-dépassement pour les loyers de la capitale.
(C) Le dispositif d'encadrement des loyers à Paris a un effet contre-productif sur l'investissement locatif.
(D) La politique de la maire de Paris empêche que la demande ne soit trop importante par rapport à l'offre locative, évitant ainsi une inflation démesurée.
(E) Les chiffres témoignent d'une inquiétante augmentation des loyers à Paris couplée à une baisse de l'offre locative.

Question 36. Compléter le proverbe suivant : « Qui veut la paix,... ».

(A) Ne l'aura jamais.
(B) N'aura que des ennemis.
(C) N'est pas va-t-en-guerre.
(D) Soigne ses alliés.
(E) Prépare la guerre.

Question 37. Complétez ce raisonnement :
(...) Tous les A sont des B. Donc aucun A n'est un C.

(A) Aucun A n'est un B.
(B) Tous les C sont des A.
(C) Aucun B n'est un A.
(D) Aucun C n'est un B.
(E) Certains A sont des B.

Question 38. Jusqu'où ne descendra-t-il pas ? À 42,5 dollars, le baril de brut est tombé lundi au plus bas depuis février 2009, au moment où la crise financière mondiale battait son plein. Une chute de 61 % en treize mois sous l'effet d'un déséquilibre flagrant de l'offre et de la demande pour cause de stagnation européenne, ralentissement chinois et hausse de la production saoudienne.
Parmi les propositions suivantes, laquelle soutient le plus les propos de l'extrait ?

(A) Le prix du baril de pétrole a atteint un plus bas historique sur les marchés financiers.
(B) Les pays exportateurs de pétrole scrutent avec anxiété la baisse du prix du pétrole.
(C) Sous l'effet de ralentissements économiques et d'une hausse de la production, le prix du baril de pétrole a chuté.
(D) Ces derniers temps, le prix du baril de pétrole a drastiquement chuté. Cela s'explique notamment par un ralentissement européen.
(E) À l'image de la baisse du prix du pétrole que l'on observe aujourd'hui, des facteurs conjoncturels peuvent être responsables de fluctuations extrêmement importantes de l'or noir.

Question 39. La crise grecque, au-delà de la situation propre à ce pays, est venue rappeler les insuffisances et les fragilités de la zone Euro elle-même. Trop peu de gouvernance politique, trop de divergences économiques, tel est le constat. Depuis le début de la crise, les écarts de revenus, de compétitivité et d'emploi entre pays se sont accrus, en même temps qu'augmentaient la défiance populaire vis-à-vis de l'Europe et la méfiance entre États membres.

Quelle proposition s'oppose à la thèse de l'auteur ?

(A) La solidité de la zone Euro tient à une forte intégration politique et à l'uniformité des pays qui la composent.
(B) La zone Euro intervient en cas de crise de la monnaie européenne.
(C) Le Royaume-Uni est un membre essentiel de la zone euro.
(D) La zone Euro est affaiblie par un manque d'intégration politique et par des pays trop divers.
(E) La population se méfie de l'Union Européenne et de ses institutions.

Question 40. Georges a acheté un fruit et une baguette de pain.

Laquelle de ces propositions correspond à la négation de cette phrase ?

(A) Georges n'a acheté ni fruit ni baguette de pain.
(B) Georges a acheté un fruit et plusieurs baguettes de pain.
(C) Georges n'a acheté ni banane ni poire.
(D) Georges n'a pas acheté de fruit ou n'a pas acheté une baguette de pain.
(E) Georges a au moins acheté un fruit et n'a pas acheté de baguette de pain.

Question 41. Pour devenir une entreprise numérique, il faut tout changer. S'allier avec la multitude, c'est prendre l'engagement d'une innovation radicale en continu. Il en résulte un choc sur l'entreprise, dans toutes ses dimensions : devenir une entreprise numérique, c'est changer radicalement sa communication, sa gestion des ressources humaines et même son financement.

Parmi les propositions suivantes, laquelle soutient le plus la thèse de l'auteur ?

(A) L'innovation et la modernisation en interne sont le propre des entreprises numériques.
(B) Devenir une entreprise numérique nécessite des changements radicaux dans le mode de fonctionnement.
(C) L'économie actuelle étant en pleine transition numérique, les entreprises doivent revoir leur mode de fonctionnement pour survivre.
(D) L'avenir du numérique dépend des entreprises les plus innovantes.
(E) Les entreprises doivent être capables de devenir numériques sans choc violent.

Question 42. « Belliqueux » est à (...) ce que (...) est à « Pacifique ».

(A)	Calme	Doux
(B)	Nerveux	Proche
(C)	Périlleux	Horrible
(D)	Épicé	Brut
(E)	Paisible	Violent

Question 43. Le fiancé de Flore a tendance à lui parler de manière non respectueuse et agressive. À chaque fois, elle menace de partir et à chaque fois, il recommence. En apprenant les récidives du fiancé de sa fille, la mère de Flore a murmuré : « Evidemment, ... ! ».

Quel proverbe la mère de Flore pourrait-elle avoir prononcé ?

(A) « Il faut se méfier de l'eau qui dort ».
(B) « L'enfer est pavé de bonnes intentions ».
(C) « Mieux vaut être seul que mal accompagné ».
(D) « La caque sent toujours le hareng ».
(E) « Mieux vaut prévenir que guérir ».

Question 44. Au milieu du mois de juillet, la végétation commençait à montrer des signes de stress hydrique dans certaines régions, notamment dans l'Est. Les agriculteurs ont donc dû être vigilants au cours des dernières semaines.

Quel est le présupposé de ce passage ?

(A) Il n'a pas plu du tout au début de l'été.
(B) Le stress hydrique a des conséquences sur l'agriculture.
(C) Les chutes de pluie ont été abondantes en juin et juillet.
(D) L'eau est essentielle à l'agriculture.
(E) Au début de l'été, les précipitations ont été insuffisantes.

Question 45. Parmi ces cinq syllogismes, quel est le seul qui est valide ?

(A) Tous les scientifiques sont des mélomanes. Aucun scientifique n'est cuisinier. Quelques mélomanes ne sont pas des cuisiniers.
(B) Tous les avions sont des moyens de transport. Certains avions sont à réaction. Donc, tous les moyens de transport sont à réaction.
(C) Aucun A n'est un B. Aucun des B n'est un C. Donc tous les A sont des C.
(D) Aucun perroquet n'est un mâle. Tous les moustiques sont des mâles. Donc, certains perroquets sont des moustiques.
(E) Quelques lapins ne sont pas blancs. Aucun animal n'est un vrai lapin. Donc, quelques animaux sont blancs.

CONSIGNES

15 questions	20 minutes	Calculatrice interdite	Chronomètre recommandé

BARÈME

Bonne réponse : +4 points	Aucune réponse : 0 point	Mauvaise réponse : −1 point

(A) **L'information 1 seule est suffisante** pour répondre à la question.
L'information 2 seule est insuffisante pour répondre à la question.

(B) **L'information 2 seule est suffisante** pour répondre à la question.
L'information 1 seule est insuffisante pour répondre à la question.

(C) **Les informations 1 et 2 ensemble sont suffisantes** pour répondre à la question.
L'information 1 seule ou l'information 2 seule est insuffisante pour répondre à la question.

(D) **L'information 1 seule est suffisante** pour répondre à la question.
L'information 2 seule est suffisante pour répondre à la question.

(E) **Les informations 1 et 2 ensemble sont insuffisantes** pour répondre à la question.
L'information 1 seule ou l'information 2 seule est insuffisante pour répondre à la question.

Question 46. Hier, Johanna a dit : « S'il fait beau cet après-midi, nous irons jouer dehors ».

Johanna est-elle sortie hier après-midi ?

(1) Il n'a pas fait beau hier après-midi.

(2) Il a plu hier après-midi.

Question 47. Le 1er juillet 2015, deux familles partent en voiture en direction de Montpellier, en utilisant la même autoroute. La famille Bélier part de Paris, distante de 750 km de Montpellier, et roule à une vitesse moyenne de 100 km/h.

La famille Dupond part à 14 heures de Limoges, distante de 480 km de Montpellier et arrive à Montpellier à 20 heures.

À quelle heure la famille Bélier va-t-elle rattraper la famille Dupond ?

(1) La vitesse de la voiture de la famille Dupond est de 80 km/h.

(2) La famille Bélier part à 10 h 30 du matin.

Question 48. Un champ rectangulaire est entouré de deux clôtures régulièrement espacées l'une de l'autre comme sur la figure ci-dessous.

Quelle est la différence entre les périmètres des deux clôtures ?

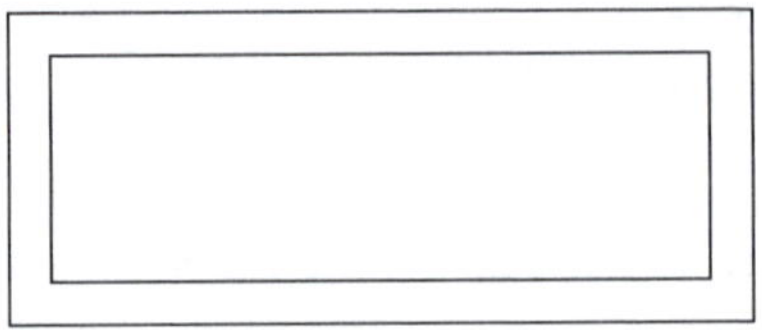

(1) L'espace qui sépare les deux clôtures est de 1 mètre.
(2) Le périmètre de la clôture intérieure est de 200 mètres.

Question 49. Soit ABC un triangle rectangle en A. Que vaut BC ?

(1) AC = 40 cm.
(2) Le périmètre du triangle ABC est égal à 120 cm.

Question 50. Le siège d'une entreprise décide de répartir les employés du 1er étage dans les autres étages, afin de le transformer en cafétéria. Si la direction envoie 6 employés dans chaque étage, ils seront tous répartis.

Combien y avait-t-il d'employés au 1er étage ?

(1) Si la direction envoie 4 employés à chaque étage, il restera 72 employés à placer.
(2) Si 8 employés sont envoyés à chaque étage en remontant vers le sommet de la tour, il n'y aura pas de nouvel arrivant dans les 9 derniers étages.

Question 51. Quatre serveurs comparent les pourboires qu'ils ont obtenu dans la journée. Ils ont tous des sommes entières et distinctes et ont obtenu en moyenne 16 euros, mais seulement l'un d'entre eux a obtenu 10 euros ou plus. Quels sont les montants des quatre pourboires ?

(1) Les trois pourboires les moins élevés sont des chiffres consécutifs.
(2) Le plus important pourboire obtenu est 40 euros.

Question 52. C est un cercle de centre O et de rayon égal à 2 cm. D est un cercle de centre P et de rayon R. Combien de points d'intersection dénombre-t-on entre les cercles C et D ?

(1) Les 2 centres sont distants de (1 + R) cm.
(2) R = 2,5 cm.

Question 53. Justin, Florence et Mathieu comptent leurs points de fidélité dans leur restaurant fétiche, un passage engrangeant un point de fidélité. Le nombre de points nécessaires pour une réduction est 10. Au-delà de 10 points cumulés, ils doivent utiliser leur crédit. Ainsi, ils peuvent avoir entre 0 et 10 points (10 points exclus). Ils ont tous un nombre de points différents.

Combien de points a celui qui en a le moins ?

(1) La somme de leurs points cumulés est égale à 14.

(2) Ils ont tous un nombre de points divisible par deux.

Question 54. Le 1er janvier 2016, deux voitures partent de la gare de Milan en direction de Rome, distante de 600 km. La première voiture part à 12 h 30 et roule à une vitesse moyenne de 120 km/h en excluant les temps de pause. La deuxième voiture roule à une vitesse moyenne de 100 km/h.

À quelle heure la deuxième voiture rattrapera-t-elle la première voiture ?

(1) La deuxième voiture part 30 minutes après la première voiture.

(2) Le conducteur de la première voiture fait une pause déjeuner de 2 heures.

Question 55. Un ingénieur cherche à déterminer la valeur d'un angle $\widehat{ABC}$ lors d'une construction d'immeuble. Que vaut cet angle ?

(1) $\left(\frac{CA}{2}\right)^2 = \frac{\left(CB^2 + AB^2\right)}{\sqrt{16}}$.

(2) $\widehat{BAC} = 50°$.

Question 56. Quelle est l'aire du trapèze ABCD dont la hauteur mesure 2 dm ?

(1) Le périmètre du trapèze mesure 15 dm.

(2) La grande base du trapèze est deux fois plus grande que la petite base qui mesure neuf huitièmes de la hauteur du trapèze.

Question 57. Quel est l'âge d'Alex ?

(1) Le produit des âges d'Alex et de son grand-frère est égal à 713.

(2) Alex a 8 ans de moins que son grand-frère.

Question 58. Combien de bonbons Matthias et Zoé ont-ils à eux deux ?

(1) Si Zoé avait cinq fois plus de bonbons que ce qu'elle a actuellement, elle en aurait sept fois plus que Matthias.

(2) Zoé aurait deux fois plus de bonbons que Matthias si ce dernier lui en donnait deux.

Question 59. Michel achète des vêtements pour ses enfants. Il achète des vestes pour celui/ceux ayant plus de 16 ans et des chemises pour le(s) plus jeune(s). Combien d'enfants Michel a-t-il ?

(1) Un enfant ayant plus de 16 ans reçoit 3 fois moins de vêtements qu'un jeune enfant.

(2) Il a acheté 8 vêtements dont 6 chemises.

Question 60. Que vaut A + B + C ?

(1) $4A + 4B + 4C = 16$.

(2) $8A + 8B = 32 - 8C$.

TAGE MAGE® N° 14

5 EXPRESSION

CONSIGNES

15 questions	20 minutes	Calculatrice interdite	Chronomètre recommandé

BARÈME

Bonne réponse : +4 points	Aucune réponse : 0 point	Mauvaise réponse : –1 point

Question 61. Choisissez les mots dont le sens se rapproche le plus des mots soulignés.

Il a réalisé cette œuvre en partant de rien et intégralement, tout cela pour sa propre cause.

(A)	Ad hominem	In abstracto	Ipso facto
(B)	In extenso	Nolens, volens	Modus operandi
(C)	Ex nihilo	In extenso	Pro domo
(D)	Urbi et orbi	Ex nihilo	Nolens, volens
(E)	Pro domo	Pro bono	Ipso facto

Question 62. Combien de fautes d'orthographe et de grammaire le paragraphe suivant contient-il ?

Je ne savais s'il viendrait mais je souhaitais tant qu'il serait déjà là, à mes côtés, pour assister à ce colloque que nous eûmes tant souhaité organiser. Je ne cessais de me dire que tout sera pourtant plus facile quand il sera davantage présent au sein de la fondation.

(A) 4
(B) 5
(C) 6
(D) 7
(E) 8

Question 63. Choisissez les mots dont le sens se rapproche le plus des mots soulignés.

Tous les intervenants ont été très respectueux les uns envers les autres, ce qui a permis au débat de bien se dérouler. Mais cela n'a pas empêché les différents débateurs de se permettre quelques remarques incisives.

(A)	De s'autoriser	Acerbes
(B)	De s'asséner	Tranchantes
(C)	De se fendre de	Amères
(D)	D'échanger	Percutantes
(E)	De se lancer	Agressives

Question 64. Parmi les 5 phrases suivantes, combien sont correctes ?

(1) Cette équipe joue le maintient en première division.

(2) Sa politique est cependant ambiguë car elle se refuse à acheter des grands joueurs.

(3) Elle préfère miser sur des jeunes talents pour les faire éclore dans quelques années.

(4) Je pense que cette stratégie n'est pas appliquable dans le cas particulier de ce club.

(5) En effet, il ne dispose pas des infrastructures nécessaires a la formation des jeunes talents.

(A) 5

(B) 4

(C) 3

(D) 2

(E) 1

Question 65. Combien de fautes d'orthographe, de grammaire et d'usage le passage suivant contient-il ?

Depuis des années, elle ne cessait de se plaindre pour l'apitoyer. En vain, il restait de marbre face à ses gémissements. Ce n'était pas comme cela qu'elle le récupèrerait.

La faute commise était, à ses yeux, irréparable. Rien, sauf peut-être le temps, ne réparerait les incommensurables dégâts. Il était passé à autre chose et n'avait aucune envie de se replonger dans ses douloureux souvenirs. Il préférait se concentrer sur son avenir radieux au sein du groupe audiovisuel de son père. Le temps pressait et il devait se montrer à la hauteur des événements qui l'attendaient.

(A) Aucune faute.

(B) Une faute.

(C) Trois fautes.

(D) Deux fautes.

(E) Quatre fautes.

Question 66. Parmi ces cinq propositions, une seule est correcte du point de vue de l'orthographe et de la syntaxe. Laquelle ?

(A) Quelque soit les résultats de son opération, il éprouvera des difficultés plus tard.

(B) Il avait un grand appartement de plein pied.

(C) Elle le dévisageait de pied en cape.

(D) Elle commençait a manger des gâteaux.

(E) Quelles que soient tes opinions, garde-les pour toi.

Question 67. Parmi les cinq propositions suivantes, laquelle est fausse d'un point de vue grammatical ?

(A) Il est sûr de ce qu'il avance.

(B) Lorsqu'il est arrivé, il s'est immédiatement assis.

(C) Elle venait fréquement le voir.

(D) Elle a enregistré quatre-vingt-cinq entrées pour son concert.

(E) Il a les yeux marron.

Question 68. Parmi les phrases suivantes, combien sont incorrectes du point de vue de l'orthographe, de la grammaire et de l'usage ?

(1) Cette agence immobilière fait relire tous ses baux avant de les soumettre à la signature.
(2) Sa passion était d'observer les animaux dans leur milieu : hiboux, gnous, mérous,...
(3) Cette pâtissière nous régalait de ses histoires concernant ses amours naissants.
(4) Ces orgues sont beaux et produisent un son agréable.
(5) Le respect des anciens est cruciale dans cette culture.

(A) 0
(B) 1
(C) 2
(D) 3
(E) 4

Question 69. Dans le paragraphe ci-dessous, combien y a-t-il de fautes d'orthographe et de grammaire ?

Étant donné les difficultés rencontrées, elle devra prendre des résolutions. Cependant, elle n'est pas prete a consentir trop d'efforts. Je doute de sa réussite quand à ce projet. Ses précédents échecs doivent nous inciter à rester prudents si on ne veut pas connaître de nouvelle désillusion. Mieux vaut se préparer à un éventuel échec que de foncer tête baissée dans le mur.

(A) 0
(B) 1
(C) 2
(D) 3
(E) 4

Question 70. Parmi les phrases suivantes, laquelle est un chiasme ?

(A) La neige fait au Nord, ce qu'au Sud fait le sable.
(B) Je conduis ma voiture et ma thèse.
(C) Elle n'est plus toute jeune.
(D) Elle aimait faire de la voile.
(E) Il habite la capitale de la France.

Question 71. Quelle figure de style trouve-t-on dans l'expression :

« La légèreté pesante de ses idées » ?

(A) Une personnification
(B) Une métonymie
(C) Une hyperbole
(D) Un oxymore
(E) Une litote

Questions 72 à 75 : Complétez le texte avec le mot ou l'expression assurant la meilleure cohérence textuelle.

Question 72. Dans ses prévisions, l'INSEE (...) une croissance soutenue cette année, (...) +2 % du PIB. Derrière leur grande stabilité apparente, les enquêtes de l'INSEE sont (...) d'enseignements.

(A) Voyait	Soit de	Bourrées
(B) Prévoyait	À	Pleines
(C) Tablait sur	De l'ordre de	Riches
(D) Envisageait	D'environ	Remplies
(E) Estimait	À plus de	Truffées

Question 73 (suite de la question 72). Du côté des nouvelles rassurantes, les études témoignent d'une certaine solidité de l'activité. Les patrons interrogés semblent donc valider (...) d'une croissance (...) robuste.

(A) L'hypothèse	Plutôt
(B) Les résultats	Vraiment
(C) La prévision	Assez
(D) Le scénario	Relativement
(E) Les conclusions	Assurément

Question 74 (suite de la question 73). Mais ces mêmes enquêtes ont leurs (...), car les chefs d'entreprise regardent aussi l'avenir avec plus d'inquiétudes (...).

(A) Revers	Qu'auparavant
(B) Défauts	Que dans le passé
(C) Nouvelles inquiétantes	Qu'avant
(D) Points positifs	Que par le passé
(E) Informations inquiétantes	Que l'année passée

Question 75 (suite de la question 74). (...), les enquêtes sont révélatrices des incertitudes ou du manque de visibilité auxquels font face les dirigeants.

(A) De l'ombre à la lumière
(B) Parfois au soleil, parfois à l'ombre
(C) Entre le verre à moitié plein et le verre à moitié vide
(D) Parfois pile-gagnant, parfois face-perdant
(E) Entre le « pour » et le « contre »

TAGE MAGE® N° 14

6 LOGIQUE

CONSIGNES

15 questions	20 minutes	Calculatrice interdite	Chronomètre recommandé

BARÈME

Bonne réponse : +4 points	Aucune réponse : 0 point	Mauvaise réponse : –1 point

Question 76.

		52		
		43		
		72		
64	55	?	73	91
		63		

(A) 44 (B) 19 (C) 82 (D) 53 (E) 46

Question 77.

		DE		
		AS		
RR	KL	?	SV	JN
		OS		
		PY		

(A) KM (B) RO (C) SU (D) CO (E) VX

Question 78.

	314			
	516			
	729			
	347			
732	?	335	246	371

(A) 224 (B) 368 (C) 268 (D) 358 (E) 166

Question 79.

			POT	
			RAT	
			CAS	
KRC	SLK	MNO	?	VJX
			CRI	

(A) CRU (B) CUR (C) NID (D) KKO (E) DDH

Question 80.

		CRD		
		KSL		
KTX	XXN	?	NNI	LWI
		VUW		
		KKL		

(A) KXL (B) FLT (C) RSS (D) XTE (E) JKL

Question 81.

		343		
		46		
		72		
832	741	?	522	453
		215		

(A) 376 (B) 612 (C) 289 (D) 927 (E) 632

Question 82.

		JF		
		EK		
		OA		
PB	CO	?	HM	LC
		LD		

(A) GI (B) NR (C) NB (D) NA (E) MC

Question 83.

		68		
		85		
74	36	?	84	31
		102		
		34		

(A) 119 (B) 51 (C) 136 (D) 56 (E) 53

Question 84.

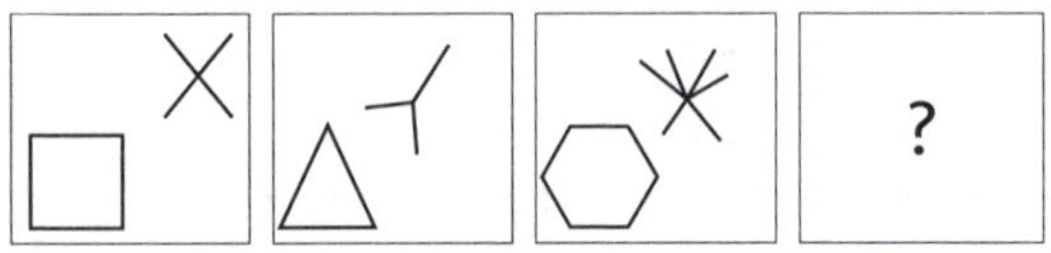

(A) (B) (C) (D) (E)

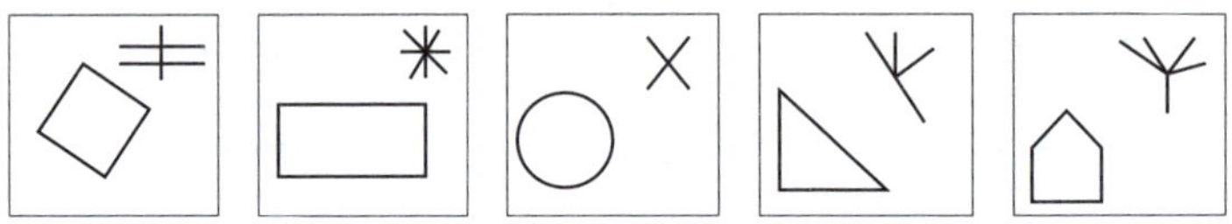

Question 85.

12	11	A	10	7
2	15	N	17	6
9	9	Z	17	5
		?		

(A)	20	10	F	0	24
(B)	10	10	X	10	10
(C)	26	10	H	10	14
(D)	20	10	K	10	0
(E)	16	11	M	10	3

Question 86.

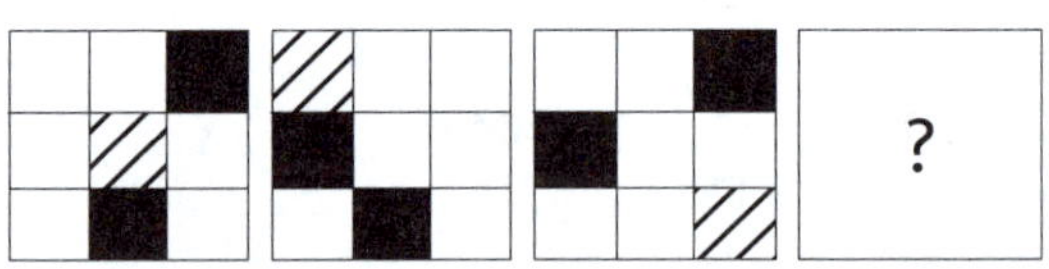

(A) (B) (C) (D) (E)

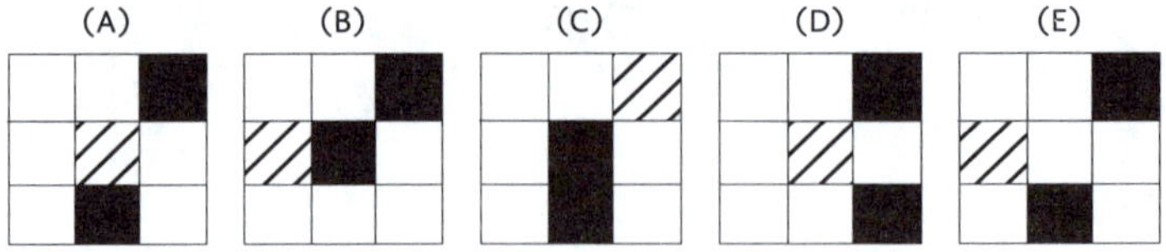

Question 87.

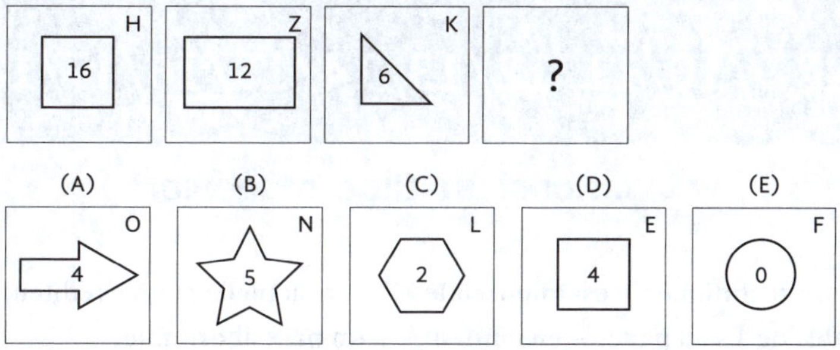

Question 88.

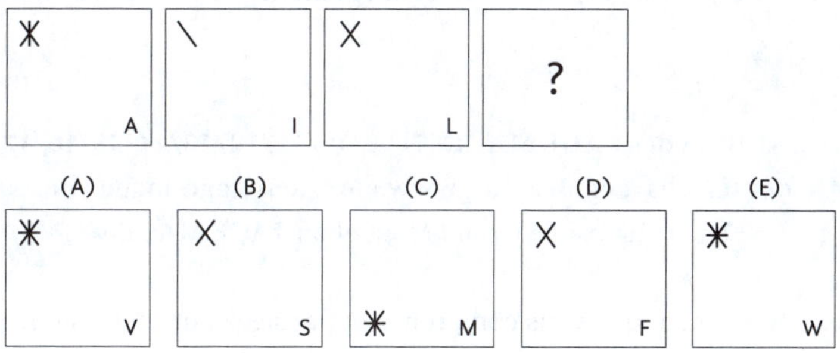

Question 89.

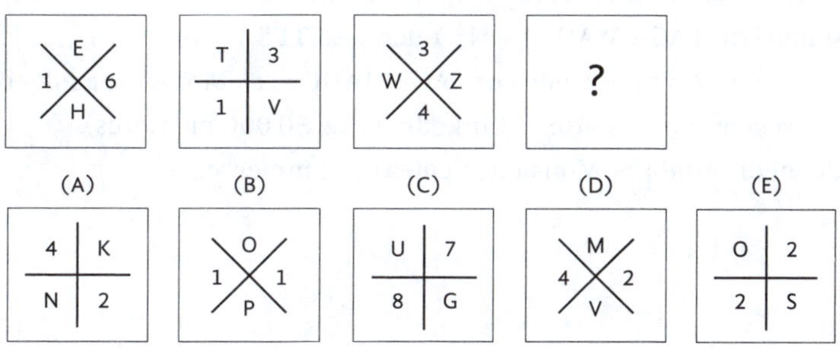

Question 90.

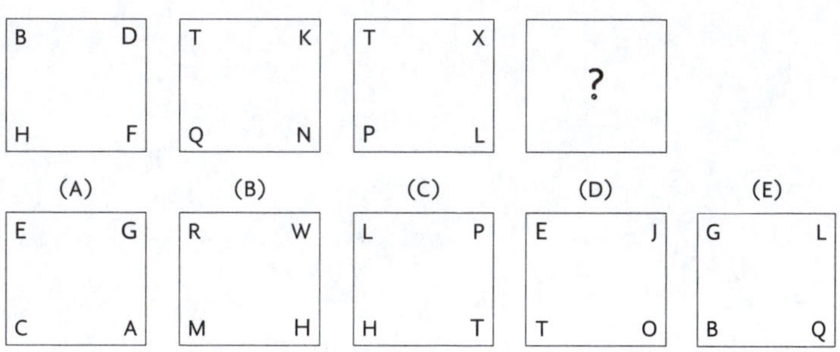

Corrigé TAGE MAGE®

N° 9/10/11/12/13/14/15/16/17/18

www.monsieur-tage-mage.com

Pour des **raisons techniques**, il est **impossible** à l'heure actuelle pour les éditeurs **d'imprimer un livre de plus de 1 400 pages – en couleur – à un prix abordable.**

Nous avons donc fait le choix de vous transmettre **les CORRIGÉS des TAGE MAGE® N° 9/10/11/12/13/14/15/16/17/18 par téléchargement** sur le site **www.monsieur-tage-mage.com.**

Les **CORRIGÉS des TAGE MAGE® N° 9/10/11/12/13/14/15/16/17/18**
sont téléchargeables sur : www.monsieur-tage-mage.com
→ Rubrique « Le Grand Manuel du TAGE MAGE »

Nous espérons sincèrement que vous comprenez et partagez notre décision.

Bonnes révisions !

Joachim Pinto (HEC Paris) & Arnaud Sévigné (HEC Paris)
Auteurs du Manuel du TAGE MAGE® – N° 1 des VENTES.
Fondateurs des communautés « Monsieur TAGE MAGE » et « Monsieur Ecoles de commerce » sur Facebook / Instagram / Twitter / Linkedin (+ de 30 000 membres).
Fondateurs du média étudiant Monsieur Ecoles de commerce.

TAGE MAGE® N° 15

GRILLE DE RÉPONSES TM n° 15																
C.D.T	Question	1	2	3	4	5	6	7	8	9	10	11	12	13	14	15
	Réponse															
	SCORE : ....../60			Nombre BR : ... /15					Nombre MR : ... /15							
CALCUL	Question	16	17	18	19	20	21	22	23	24	25	26	27	28	29	30
	Réponse															
	SCORE : ....../60			Nombre BR : ... /15					Nombre MR : ... /15							
R & A	Question	31	32	33	34	35	36	37	38	39	40	41	42	43	44	45
	Réponse															
	SCORE : ....../60			Nombre BR : ... /15					Nombre MR : ... /15							
COND. MIN.	Question	46	47	48	49	50	51	52	53	54	55	56	57	58	59	60
	Réponse															
	SCORE : ....../60			Nombre BR : ... /15					Nombre MR : ... /15							
EXPRESS.	Question	61	62	63	64	65	66	67	68	69	70	71	72	73	74	75
	Réponse															
	SCORE : ....../60			Nombre BR : ... /15					Nombre MR : ... /15							
LOGIQUE	Question	76	77	78	79	80	81	82	83	84	85	86	87	88	89	90
	Réponse															
	SCORE : ....../60			Nombre BR : ... /15					Nombre MR : ... /15							
TM n° 15	SCORE :....../360 ⇔ ....../600			BR = Bonne réponse = + 4 points. MR = Mauvaise Réponse = –1 point. Multipliez par 5/3 pour passer du score/360 au score/600.												

TAGE MAGE® N° 15

1 COMPRÉHENSION DE TEXTES

CONSIGNES

15 questions	20 minutes	Calculatrice interdite	Chronomètre recommandé

BARÈME

Bonne réponse : +4 points	Aucune réponse : 0 point	Mauvaise réponse : –1 point

TEXTE 1

De nombreuses spéculations au sujet de la nature de la bombe ont été relayées dans les médias ces derniers temps. Cependant, je soutiens que la question de savoir s'il s'agit d'une bombe à fusion d'atomes légers (hydrogène) ou bien d'une bombe à fission d'atomes lourds, plus simple, n'est ni importante ni opportune. Ainsi posée, cette question génère ainsi un effet de leurre pour la communauté internationale. Ce qui doit nous interpeller, c'est que l'essai nucléaire du 6 janvier 2016 déclaré par la RPDC est bien le quatrième effectué en moins de dix ans. Arrivé à l'OTICE depuis la fin de l'année 2004, j'ai personnellement été impliqué dans la détection de tous ces essais, les seuls effectués au cours de ce XXIe siècle. Ils témoignent d'un programme de développement croissant d'armes nucléaires et soigneusement planifié sur le long terme, conduit par le pays. Alors la véritable question concerne notre attitude au cours de ces dix dernières années : pourquoi avons-nous laissé les choses aller aussi loin et pourquoi continuons-nous de laisser ce processus dériver ? Pourquoi n'y a-t-il pas eu de réaction adéquate de la communauté internationale pour couper net cette progression au départ, et ce, depuis le premier essai mené en 2006 ? Et de quelles raisons ou motivations supplémentaires auront encore besoin les États pour enfin se mobiliser et interdire une bonne fois pour toutes les essais nucléaires, avant même de considérer l'abolition des armes nucléaires elles-mêmes ? Cette discussion concernant la nature de l'engin testé au début de 2016 n'est que digression qui nous éloigne de la principale question actuellement sur la table : mettre un point final aux explosions nucléaires.

Le Traité d'interdiction complète des essais nucléaires (TICE) interdit toutes les explosions nucléaires, qu'elles soient effectuées dans l'atmosphère, sous la mer, sur terre ou sous la terre. Le traité a été ouvert à la signature des États en septembre 1996. Il comprend actuellement 183 États-membres dont 164 qui l'ont ratifié. Cependant, pour entrer en vigueur, le TICE doit être ratifié par 44 États détenteurs de la technologie nucléaire. Parmi ceux-là, 36 États ont déjà déposé leur instrument de ratification. Huit pays à ce jour doivent encore les rejoindre : la Chine, la Corée du Nord (RPDC), l'Égypte, les États-Unis, l'Inde, l'Iran, Israël et le Pakistan. Seule la RPDC ne respecte pas la norme internationale interdisant les essais nucléaires établie de facto depuis 1996 – un fait qui a été, à chaque fois, unanimement condamné par la communauté internationale et le Conseil de sécurité des Nations Unies.

Quant à la France, elle s'est acquittée de toutes ses obligations envers le traité après l'avoir signé et ratifié. Depuis le début, elle en est un fervent défenseur, allant jusqu'à démanteler son site d'essais nucléaires et en apportant au quotidien à l'OTICE son expertise scientifique et technique ainsi que son soutien sans relâche. Je souhaite ardemment que cette décision sans équivoque de la France, qui consiste à dire « plus jamais », puisse faire des émules partout dans le monde. Néanmoins, pour que l'interdiction complète des essais nucléaires passe de son statut actuel de norme de facto au statut de norme internationale universelle et juridiquement contraignante, il est impératif que le Traité entre vigueur. Le Président François Hollande en a fait une priorité, comme il l'a répété le 19 février 2015, dans son discours prononcé à la base aérienne d'Istres.

À l'occasion du vingtième anniversaire du traité et surtout après l'événement du 6 janvier 2016, il est impératif de redoubler d'efforts pour prendre des mesures concrètes et ainsi obtenir des résultats réels quant à l'entrée en vigueur du TICE. Pour cela, nous avons besoin du leadership de la France et de ses partenaires européens pour aborder la double question suivante : à savoir traiter le cas de la Corée du Nord et bannir définitivement les essais nucléaires.

Il n'est point besoin de regarder bien loin pour trouver un exemple de ce que l'on peut faire quand on le veut. Après des années de négociations, le Plan global d'actions conjoint entre l'Iran et le P5 + 1 est entré en vigueur ces jours-ci. Salué par tous comme un succès majeur pour le multilatéralisme, il représente avec brio ce qui peut être accompli avec de la détermination, de la volonté politique et du leadership. Plusieurs des acteurs clefs comme la France, l'Allemagne et l'Union Européenne peuvent donc dès à présent mettre à contribution leur expérience dans un nouveau défi de même envergure : celui de l'entrée en vigueur du TICE. Federica Mogherini, la Haute Représentante pour les affaires étrangères et la politique de sécurité de l'Union Européenne a déclaré l'entrée en vigueur du TICE comme le prochain grand défi de l'agenda de la paix et de la sécurité. Je suis optimiste quant à l'attitude proactive de la France face à ce défi : je suis sûr qu'elle saura intensifier ses efforts et devenir un acteur phare de son accomplissement.

Allez, fixons-nous un objectif en cette année 2016, vingtième anniversaire du TICE : choisissons une date objective pour son entrée en vigueur, traçons un itinéraire afin d'en identifier les étapes à franchir et mettons-nous d'accord sur un plan d'actions concret à mettre en œuvre ensemble. Dans tous les cas, j'espère voir la France contribuer de façon déterminante à en assurer la réalisation en chef de file convaincu et leader efficace.

Question 1. Quel État a déjà ratifié le TICE ?

(A) Les États-Unis.
(B) L'Inde.
(C) La Chine.
(D) Le Pakistan.
(E) Aucune de ces réponses ne convient.

Question 2. Quel est l'état d'esprit de l'auteur de l'article ?

(A) L'auteur est assez inquiet concernant l'avenir de la Terre.
(B) L'auteur a confiance en l'engagement de son pays.
(C) L'auteur ne croit pas à une résolution de la problématique nucléaire.
(D) L'auteur a des espoirs concernant une possible résolution de la menace nucléaire.
(E) L'auteur est abattu et fataliste concernant les décennies à venir.

Question 3. Qu'est-ce que le TICE ?

(A) Un traité interdisant la prolifération des armes nucléaires.
(B) Un traité interdisant l'usage d'armes nucléaires en temps de guerre.
(C) Un traité interdisant tout essai nucléaire.
(D) Un traité encadrant juridiquement toute utilisation de l'arme nucléaire.
(E) Aucune de ces réponses ne convient.

Question 4. Que veut dire l'auteur en employant l'expression « effet de leurre » ?

(A) La Corée du Nord (RPDC) utilise l'arme atomique comme un moyen de chantage.
(B) La communauté internationale se sert de l'excuse de l'essai atomique de la RPDC pour faire pression sur ce pays.
(C) La communauté internationale se voile la face en se posant la question du type de bombe utilisée.
(D) La Corée du Nord (RPDC) tente de faire pression sur la communauté internationale avec des essais nucléaires sans en maîtriser la prolifération.
(E) La communauté internationale n'a pas de moyens concrets pour influencer la politique nucléaire de la Corée du Nord (RPDC).

Question 5. Quelle est la principale problématique abordée par l'auteur dans ce texte ?

(A) Pourquoi la communauté internationale ne réagit-elle pas aux essais nucléaires de la Corée du Nord ?
(B) Comment supprimer les armes nucléaires dans le monde ?
(C) Comment encadrer les essais nucléaires dans le monde ?
(D) Comment soutenir les acteurs luttant contre les essais nucléaires ?
(E) Aucune de ces réponses ne convient.

Question 6. Que signifie le mot « multilatéralisme » ?

(A) Coopération d'au moins trois États pour instaurer des règles communes.
(B) Coopération de plusieurs États sur divers sujets.
(C) Accord signé entre plusieurs États.
(D) Contre-pouvoir de plusieurs pays face aux États-Unis et à l'URSS.
(E) Accord signé par plusieurs États dans au moins trois domaines.

Question 7. Quelle pourrait être la meilleure conclusion à ce texte ?

(A) Les armes nucléaires ont déjà par le passé prouvé leurs capacités destructrices.
(B) Si les grandes puissances nucléaires mondiales ne montrent pas l'exemple, aucune chance que la Corée du Nord ne se désarme.
(C) Les armes nucléaires ne sont pas les seules armes de destruction massive. On peut également citer les armes chimiques.
(D) La Corée du Nord n'est pas le seul pays dangereux pour la sécurité mondiale.
(E) Si aucun pays ne prend le leadership pour supprimer les armes nucléaires, aucun changement n'interviendra.

Question 8. Quel résumé conviendrait le mieux à ce texte ?

(A) La Corée du Nord a testé une bombe nucléaire à hydrogène, ce qui inquiète grandement la communauté internationale, en particulier la France.
(B) Après avoir condamné l'essai nucléaire nord-coréen, la communauté internationale se doit de réagir en ratifiant le TICE. Pour cela, la France pourrait jouer un rôle prépondérant.
(C) La Corée du Nord inquiète beaucoup la communauté internationale. Toutefois, cette dernière est partiellement fautive en ne ratifiant pas elle-même le TICE.
(D) Le TICE est la clé de la problématique des armes nucléaires. Si tous les pays ratifiaient le TICE, il n'y aurait plus aucune arme nucléaire.
(E) La France est le pays luttant le plus contre la prolifération des armes nucléaires. Toutefois, malgré tous ces efforts, de nombreux pays ont toujours une politique nucléaire active.

TEXTE 2

Un allaitement prolongé pourrait sauver la vie de plus de 800 000 bébés chaque année tout en faisant économiser des milliards de dollars aux systèmes de santé à l'échelle planétaire, selon une série d'études publiées vendredi. 800 000, c'est le nombre d'enfants de moins de deux ans qui pourraient être sauvés chaque année si l'allaitement maternel était généralisé, d'après une étude publiée vendredi dans la revue médicale britannique *The Lancet*.

Selon les chercheurs qui ont réalisé cette étude en réunissant des données issues de 164 pays différents, « seul un enfant sur cinq est allaité jusqu'à ses douze mois dans les pays riches tandis que seul un enfant sur trois est allaité exclusivement les six premiers mois de son existence dans les pays à revenus faibles ou moyens ». Ce sont par conséquent des millions d'enfants qui ne bénéficient pas pleinement des bienfaits du lait maternel, constatent les chercheurs. Outre la fonction purement alimentaire, l'allaitement est réputé avoir des effets bénéfiques à la fois sur la santé du nourrisson et sur celle de la mère - même si un biberon donné dans la bonne humeur sera toujours plus bénéfique qu'un sein consenti dans le stress, en tout cas pour les mères qui ont les moyens financiers et matériels de choisir librement entre ces deux options.

Contrairement à une « idée faussement et largement répandue » expliquent les chercheurs, les bénéfices de l'allaitement ne concernent pas seulement les pays pauvres. « Nos travaux démontrent clairement que l'allaitement sauve des vies et permet de faire des économies dans tous les pays, les riches comme les pauvres », écrivent-ils. D'où la nécessité, selon eux, de s'attaquer au problème à l'échelle mondiale. « Dans les pays riches, l'allaitement réduit de plus d'un tiers la mort subite du nourrisson. Dans les pays pauvres ou aux revenus moyens, environ la moitié des épidémies de diarrhée et un tiers des infections respiratoires pourraient être évitées grâce à l'allaitement », ajoutent les chercheurs.

L'allaitement de longue durée contribuerait également à diminuer les risques d'obésité et de diabète chez l'enfant. Pour les mères, il réduirait les risques de cancer du sein et des ovaires. Il pourrait prévenir chaque année le décès de 20 000 mères suite à un cancer du sein.

Les chercheurs ont par ailleurs calculé qu'en portant à 90 % le taux d'allaitement exclusif jusqu'à six mois aux États-Unis, en Chine et au Brésil et à 45 % au Royaume-Uni, cela permettrait de diminuer les coûts de traitements des maladies infantiles courantes telles que la pneumonie, la diarrhée ou l'asthme.

Grâce à l'allaitement « une économie pour le système de santé d'au moins 2,45 milliards de dollars aux États-Unis, de 29,5 millions au Royaume-Uni, de 223,6 millions en Chine et de 6 millions au Brésil » serait réalisable.

Dans les pays riches, le Royaume-Uni, l'Irlande et le Danemark ont les taux d'allaitement à douze mois les plus faibles du monde (respectivement inférieur à 1 % ; 2 % ; 3 %). En France, un peu moins d'un quart des nourrissons français sont encore allaités à l'âge de six mois, dont seulement la moitié de façon exclusive.

Sur la base d'une étude précédente, publiée en mars 2015 au Brésil, qui soutenait qu'un allaitement contribue à une intelligence accrue (relative, puisque seulement de 4 points de QI), une scolarité plus longue et donc de meilleurs revenus à l'âge adulte, les chercheurs estiment également que la « faiblesse » de l'allaitement a représenté une perte de 0,49 % du PIB mondial cette année.

Les scientifiques déplorent par ailleurs des publicités agressives en faveur des laits de substitution qui sapent, selon eux, les efforts des autorités pour promouvoir l'allaitement maternel. « La saturation des marchés des pays riches a conduit les industriels à pénétrer rapidement les marchés émergents », ajoutent-ils. « Les ventes mondiales de lait (de substitution) se sont accrues en valeur passant de deux milliards de dollars en 1987 à 40 milliards environ en 2014 », notent-ils.

Selon eux, les pays sont pourtant en mesure d'améliorer considérablement la pratique de l'allaitement. À titre d'exemple, au Brésil, la durée d'allaitement est passée de 2,5 mois dans les années 1974-1975 à 14 mois en 2014-2015 grâce à une politique proactive des services de santé et de larges campagnes d'information.

L'Organisation Mondiale de la Santé (OMS) recommande un allaitement maternel « exclusif » jusqu'à l'âge de six mois et un allaitement partiel jusqu'à deux ans. Selon elle, moins de 40 % des bébés dans le monde en bénéficient aujourd'hui.

Question 9. Laquelle de ces affirmations n'est pas exacte ?

(A) L'allaitement améliore la santé du nourrisson et de la mère, mais davantage celle du nourrisson.

(B) Plus de 100 milliards de dollars auraient pu être économisés cette année grâce à l'allaitement.

(C) Les femmes allaitaient moins dans les années 70 qu'aujourd'hui au Brésil.

(D) L'allaitement permettrait de réduire le nombre de cas de cancers du sein dans les pays développés.

(E) Il est recommandé d'allaiter son enfant jusqu'à l'âge de deux ans.

Question 10. Parmi les propositions suivantes, lesquelles ne sont pas exactes ?

1. L'allaitement n'est pas seulement utile pour les femmes issues des pays pauvres.
2. Seul un enfant sur cinq est allaité jusqu'à ses douze mois.
3. Le Royaume-Uni est le pays d'Europe avec le plus faible taux d'allaitement.
4. L'ONU recommande un allaitement maternel « exclusif » jusqu'à l'âge de six mois.

(A) 1 + 2

(B) 2 + 3

(C) 2 + 4

(D) 1 + 2 + 4

(E) 1 + 2 + 3 + 4

Question 11. Quel(s) domaine(s) est (sont) impacté(s) par l'allaitement ?

1. Économique
2. Démographique
3. Sanitaire
4. Intellectuel
5. Sportif

(A) 1 + 2 + 3 + 4 + 5

(B) 1 + 2 + 3 + 4

(C) 1 + 3 + 4

(D) 1 + 2 + 3

(E) 1 + 3

Question 12. Quel titre conviendrait le mieux à ce texte ?

(A) Femmes, allaitez vos enfants pour votre santé !

(B) Allaiter est bon pour la santé et les finances publiques !

(C) L'allaitement est aussi efficace que les médicaments.

(D) L'allaitement : le meilleur remède aux maladies et déficits !

(E) Les conséquences de l'allaitement.

Question 13. Selon les auteurs de l'article, quelles sont les raisons du faible taux d'allaitement mondial ?

1. Les faibles efforts des pouvoirs publics pour promouvoir cette pratique.
2. L'image véhiculée dans les sociétés occidentales par cette pratique.
3. Les offres commerciales du lait de substitution.
4. L'idée que l'allaitement ne concerne que les pays moins développés.

(A) 1 + 3 + 4

(B) 2 + 4

(C) 1 + 2 + 3 + 4

(D) 1 + 3

(E) 3 + 4

Question 14. Pour quelle raison les auteurs distinguent-ils l'allaitement de courte durée (six mois) de l'allaitement de longue durée (deux ans) ?

(A) Les nourrissons ont davantage besoin de lait maternel à la naissance qu'à leur deuxième année.

(B) Les femmes ayant un congé maternité de six mois en moyenne, elles peuvent plus facilement allaiter durant cette période.

(C) Car il existe un allaitement post-natal et pré-pubère chez l'enfant.

(D) Car les produits de lait de substitution proposés à la vente ne sont autorisés que pour les enfants de six mois et plus.

(E) Aucune de ces réponses ne convient.

Question 15. Quel proverbe pourrait contredire l'argumentation développée avec le cas du Brésil ?

(A) La communication passe également par l'exemple.

(B) Donner l'exemple n'est pas le meilleur moyen d'influencer les autres, c'est le seul moyen.

(C) Exemple n'est pas théorie.

(D) Rien n'est si contagieux que l'exemple.

(E) Aucune de ces réponses ne convient.

2 CALCUL

CONSIGNES			
15 questions	20 minutes	Calculatrice interdite	Chronomètre recommandé

BARÈME		
Bonne réponse : +4 points	Aucune réponse : 0 point	Mauvaise réponse : –1 point

Question 16. Deux dés sont pipés. Pour chaque dé, la probabilité que le chiffre 6 s'affiche est de 0,5 et les autres chiffres s'affichent équiprobablement. Quelle est la probabilité que les 2 dés affichent 2 chiffres identiques et supérieurs ou égaux à 4 sur 2 lancers ?

(A) 25 %
(B) 27 %
(C) 29 %
(D) 31 %
(E) 33 %

Question 17. Les dimensions d'un rectangle sont a et b. Si on augmente a de 3 cm et b de 2 cm, l'aire du rectangle augmente de 37 cm^2. Si on diminue a de 2 cm et b de 1 cm, l'aire du rectangle diminue de 16 cm^2.
Quelles sont les valeurs de a et b ?

(A) a = 21 et b = 7.
(B) a = 1 et b = 4.
(C) a = 8 et b = 5.
(D) a = 6 et b = 1.
(E) a = 3 et b = 4.

Question 18. Antoine et Nathalie comparent leurs résultats. Antoine, qui a obtenu 14 en physique et 11 en mathématiques, a la même moyenne que Nathalie, qui a obtenu 12 en physique et 16 en mathématiques. Sachant que la somme des deux coefficients est de 14, quel est le coefficient pour la matière « mathématiques » ?

(A) 10
(B) 6
(C) 8
(D) 4
(E) 12

Question 19. Chez un concessionnaire automobile, le rapport entre le prix d'une Ferrari et celui d'une Aston Martin est de 11/7. Si la Ferrari coûte 120 000 € de plus que la Aston Martin, quel est le prix de ce dernier objet ?

(A) 190 000 €
(B) 210 000 €
(C) 250 000 €
(D) 280 000 €
(E) 290 000 €

Question 20. Que vaut Y dans le produit Y8 × Y9 = 342 ?

(A) 1
(B) 2
(C) 3
(D) 4
(E) 5

Question 21. Michel effectue le trajet Paris – Bordeaux (600 km) en voiture. Il part à 11 h 08 et roule à 100 km/h. Sébastien effectue le trajet inverse mais part 1 heure après et roule à la même vitesse que Michel. À quelle distance de Paris vont-ils se croiser ?

(A) 150 km
(B) 250 km
(C) 350 km
(D) 400 km
(E) 500 km

Question 22. Un cercle est inscrit dans un carré.

Quelle est la valeur du rapport de la surface du carré sur celle du cercle ?

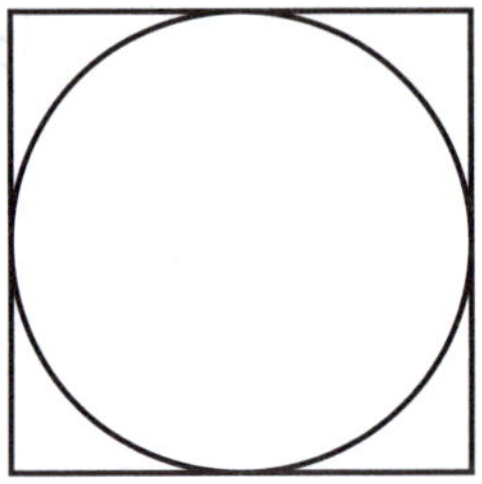

(A) $\pi / 6$
(B) $\pi / 4$
(C) $4 / \pi$
(D) $\pi / 2$
(E) $2 / \pi$

Question 23. Giovanni prépare une soirée, il a prévu 12 petits fours par personne. 14 convives ne viennent pas, chaque invité peut donc manger 16 petits fours.

Combien de convives étaient initialement invités ?

(A) 38
(B) 42
(C) 46
(D) 50
(E) 56

Question 24. Soit un carré de côté 5 cm et 2 cercles qui ont respectivement pour centre A et B, comme le montre le schéma ci-dessous. Que vaut la distance AB ?

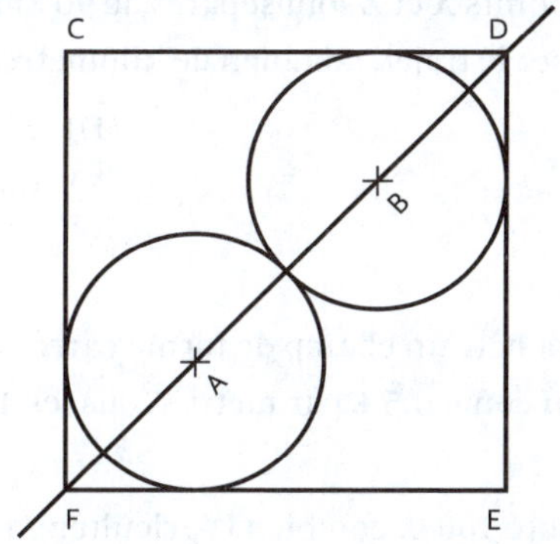

(A) $10 + \sqrt{2}$

(B) $5 + \sqrt{2}$

(C) $5/(2 + \sqrt{2})$

(D) $20/(2 + \sqrt{2})$

(E) $10/(2 + \sqrt{2})$

Question 25. Complétez la suite suivante : 60 – 61 – 57 – 66 – 50 – ? ?

(A) 74

(B) 75

(C) 81

(D) 84

(E) 89

Question 26. Dans l'entreprise Alpha, le salaire mensuel de tous les employés est composé d'une part fixe de 2 000 € et d'une part variable, proportionnelle au nombre de mois complets passés dans l'entreprise. Patrick travaille depuis 1 an et 4 mois dans l'entreprise et touche un salaire mensuel de 2 400 €. Astrid a commencé à travailler dans cette entreprise le 1er mars 2014. Quel salaire touchera-t-elle le 31 décembre 2015 ?

(A) 2 535 €

(B) 2 540 €

(C) 2 545 €

(D) 2 550 €

(E) 2 555 €

Question 27. Xavier, collectionneur de timbres, décide de vendre ses 150 timbres, dont 100 sont rares et 50 sont très rares, ces derniers coûtant 10 fois plus que les premiers. Il vend le tout pour 18 000 €. Françoise, une autre collectionneuse, vend ses 260 timbres, dont 70 % sont rares et les autres très rares. Combien a-t-elle gagné ?

(A) 18 000 €

(B) 19 960 €

(C) 21 540 €

(D) 25 650 €

(E) 28 860 €

Question 28. Un cycliste effectue un premier parcours du point X au point Y à une vitesse de 80 km/h. Puis, un second cycliste effectue un relais du point Y au point Z à une vitesse de 40 km/h. Sachant que les points X et Z sont séparés de 90 km et que les deux cyclistes ont mis 1h30 minutes pour réaliser le trajet, combien de kilomètres séparent les points X et Y ?

(A) 40 km
(B) 50 km
(C) 70 km
(D) 65 km
(E) 60 km

Question 29. Un agriculteur achète un champ de forme carrée à 5 € le mètre carré. Il clôt ce champ avec une palissade qui coûte 0,5 € par mètre. Tous les 10 mètres, il plante un piquet qui coûte 15 €.

Sachant que la palissade a couté 100 €, combien l'agriculteur a-t-il dépensé au total ?

(A) 9 250 €
(B) 10 980 €
(C) 11 980 €
(D) 12 840 €
(E) 12 900 €

Question 30. Soit un rectangle ABCD dans lequel on a dessiné 2 triangles ADE et BCE avec E le milieu de DC. Sachant que l'aire du rectangle ABCD est de 36 cm^2, quelle est l'aire du triangle AEF, avec F le milieu de AB ?

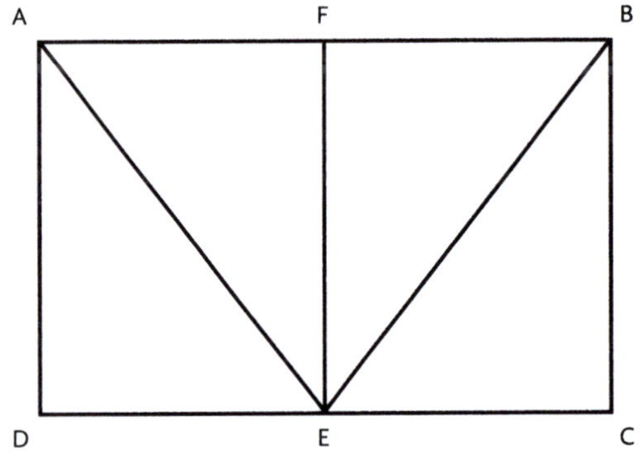

(A) Il manque des informations.
(B) 6 cm^2
(C) 7 cm^2
(D) 8 cm^2
(E) 9 cm^2

TAGE MAGE® N° 15

3 RAISONNEMENT ET ARGUMENTATION

CONSIGNES

15 questions	20 minutes	Calculatrice interdite	Chronomètre recommandé

BARÈME

Bonne réponse : +4 points	Aucune réponse : 0 point	Mauvaise réponse : –1 point

Question 31. Paul a plusieurs frères et sœurs : Serge, Bertrand, Jean, Marc, Claude, Henriette, Claudine, Léonie, Sophie et Antoinette.

On peut dire que le produit du nombre de frères de Paul par le nombre de sœurs d'Antoinette est égal à :

(A) 8.
(B) 9.
(C) 12.
(D) 20.
(E) On ne peut pas répondre.

Question 32. La chute des bourses de Hongkong, Shanghai ou Shenzhen n'est donc guère plus représentative de la faiblesse chinoise que leur flambée ces douze derniers mois (+ 152 % entre juin 2016 et juin 2017) ne reflétait l'éclatante santé présumée de l'économie...
Parmi les propositions suivantes, laquelle offre la meilleure conclusion ?

(A) La santé de l'économie chinoise ne se lit donc pas dans les cours boursiers.
(B) Les bourses de Hongkong ou de Shanghai ne sont pas représentatives de l'économie chinoise.
(C) La croissance économique chinoise est moins importante que prévu, au vu des cours boursiers.
(D) Les bourses chinoises connaissent une bulle financière depuis plusieurs années.
(E) Il est difficile de déterminer si l'économie chinoise se porte bien avec la fluctuation des cours boursiers.

Question 33. Ces modèles internes aux banques calculent les risques associés à leurs différentes activités et en déduisent le niveau des fonds propres qui doivent les financer en pondérant les activités en fonction de l'ampleur du risque. C'est une forme d'autoévaluation réalisée par les banques elles-mêmes : c'est comme si un chauffeur de poids lourd déterminait lui-même le nombre de bières qu'il a le droit de boire avant de prendre le volant !

Quelle proposition s'oppose à la pensée de l'auteur ?

(A) Les banques estiment elles-mêmes les fonds propres dont elles ont besoin.
(B) Les banques ont beaucoup souffert de la crise économique de 2008.
(C) Les montants de fonds propres nécessaires sont fixés mensuellement par une autorité indépendante.
(D) Les banques ont des montants de fonds propres très divers.
(E) Les pratiques des banques sont en partie à l'origine de la crise économique de 2008.

Question 34. La France devrait valoriser les filières qui garantissent un accès au pâturage ou au plein air, encourager les labels intégrant des critères de bien-être animal réellement différenciateurs. Cela permettra de garantir une meilleure valorisation de leurs productions aux éleveurs, en légitimant des prix plus justes, avec des consommateurs qui choisissent de manger moins mais mieux.

Parmi les propositions suivantes, laquelle est un présupposé adéquat pour cet extrait ?

(A) L'évolution du comportement des consommateurs influe sur les décisions politiques en matière d'élevage.
(B) Les éleveurs souffrent d'un manque de valorisation de leur production lié à la concurrence de la grande distribution.
(C) L'élevage en France souffre de maux liés au manque de durabilité du modèle agricole actuel.
(D) En France, les politiques relatives au secteur de l'élevage valorisent peu les filières respectueuses de la vie animale.
(E) Le gouvernement devrait imposer aux filières de productions des critères de bien-être animal.

Question 35. Un élève a eu une mauvaise note en philosophie. Mécontent de sa note, il fait relire sa copie par deux de ses anciens professeurs : un menteur et un qui dit la vérité. On sait également que sa copie est soit très bien écrite soit très mal écrite.

Le premier professeur dit : « J'ai lu ta copie et je la trouve très mal écrite. ».
Le second professeur dit : « J'ai lu ta copie et je la trouve très bien écrite. ».
Que peut-on déduire avec certitude ?

(A) La copie est mal écrite.
(B) La copie est bien écrite.
(C) Les deux professeurs ont la même opinion sur la copie.
(D) Les deux professeurs ont des opinions différentes sur la copie.
(E) La copie n'est ni bien écrite ni mal écrite.

Question 36. Le rachat par Renod de l'entreprise Cogalco, qui a découvert une façon de piloter les voitures à distance, a été acté après des mois de négociations. Les propriétaires de Cogalco ont choisi d'être payés en euros plutôt qu'en actions Renod, qui seront pourtant sans doute amenées à s'apprécier grâce à ce rachat.

Quel proverbe résume le mieux cet extrait ?

(A) « Il ne faut pas vendre la peau de l'ours avant de l'avoir tué ».
(B) « Tant va la cruche à l'eau qu'à la fin elle se brise ».
(C) « Un tiens vaut mieux que deux tu l'auras ».
(D) « Pierre qui roule n'amasse pas mousse ».
(E) « Rien ne sert de courir, il faut partir à point ».

Question 37. La rumeur, qui prenait de l'ampleur depuis le début de la semaine, était devenue une certitude au regard du faisceau d'indices concordant et malgré le secret remarquablement bien gardé pour un projet de cette ampleur.

Parmi les propositions suivantes, laquelle soutient le plus ces propos ?

(A) Aussi habilement caché fut-il, des rumeurs concernant ce projet secret ont fini par se répandre jusqu'à ce que plus personne n'ait de doutes.
(B) Les efforts herculéens déployés pour garder le secret ont porté leurs fruits jusqu'à la révélation du projet.
(C) Un secret n'est jamais aussi bien gardé que par soi-même.
(D) L'apparition d'indices évidents ont mis les gens sur la bonne piste et ont intensifié les rumeurs.
(E) Les rumeurs se propagent toujours à une vitesse phénoménale.

Question 38. Si, en effet, l'existence précède l'essence, on ne pourra jamais l'expliquer par référence à une nature humaine donnée et figée ; autrement dit, il n'y a pas de déterminisme, l'Homme est libre, l'Homme est liberté. Si d'autre part, Dieu n'existe pas, nous ne trouvons pas en face de nous des valeurs ou des ordres qui légitimeront notre conduite. Ainsi, nous n'avons ni derrière nous ni devant nous, dans le domaine lumineux des valeurs, des justifications ou des excuses. Nous sommes seuls, sans excuses.

Parmi les propositions suivantes, laquelle soutient le plus la thèse de l'auteur ?

(A) L'Homme doit créer lui-même les propres valeurs qui guident sa vie.
(B) Il n'y a pas de plus grande liberté que celle de faire table rase de l'ordre établi.
(C) L'Homme est condamné à être libre.
(D) La liberté de l'Homme est la garantie de sa vitalité.
(E) Un poids pèse sur l'existence humaine : celui du passé et des valeurs passées.

Question 39. Un braquage vient d'avoir lieu. Seuls 4 suspects ont pu préparer cela : Alban, Bernard, Franck et Gérard. Le(s) coupable(s) est (sont) parmi eux. On sait que :
Alban n'est pas coupable.
Franck travaille toujours avec 2 autres personnes.
Si Bernard est coupable, il a nécessairement un complice car il travaille toujours en binôme.
Parmi les affirmations suivantes, laquelle est sans aucun doute vraie ?

(A) Franck est coupable.
(B) Seul Alban est innocent.
(C) Franck est innocent.
(D) Franck et Gérard sont innocents.
(E) Gérard est innocent.

Question 40. Depuis maintenant quelques années, les Français ont commencé à consommer leur épargne pour se permettre les achats qu'ils avaient auparavant remis à de meilleurs jours. Les économistes ont des avis différents sur l'explication du phénomène, mais ils avaient en majorité prévu que les ménages français se mettraient plutôt à s'endetter.

Parmi les propositions suivantes, laquelle offre la meilleure conclusion ?

(A) De façon imprévue, les achats des Français repartent grâce à la dette.
(B) Comme prévu, les Français font davantage appel au crédit.
(C) Les consommateurs français ont clairement montré leur préférence pour la désépargne plutôt que l'endettement.
(D) Les économistes ne sont pas d'accord sur l'explication du phénomène de la désépargne des Français.
(E) La population française adopte un comportement bien sage en évitant de financer la reprise de la consommation par l'endettement.

Question 41. (Source : *I have a dream*, de Martin Luther King)

Il n'y aura ni repos ni tranquillité en Amérique jusqu'à ce qu'on ait accordé au peuple noir ses droits de citoyen. Les tourbillons de la révolte ne cesseront d'ébranler les fondations de notre nation jusqu'à ce que le jour éclatant de la justice apparaisse. Mais il y a quelque chose que je dois dire à mon peuple, debout sur le seuil accueillant qui donne accès au palais de la justice : en procédant à la conquête de notre place légitime, nous ne devons pas nous rendre coupables d'agissements répréhensibles.

Quelle proposition s'oppose à la pensée de l'auteur ?

(A) La lutte contre la ségrégation doit continuer jusqu'à que la justice soit obtenue entre tous les citoyens américains.
(B) La fin de la ségrégation raciale nécessitera l'emploi de la force.
(C) La ségrégation raciale ne fut pas abolie avec l'abolition de l'esclavage sous Lincoln.

(D) La lutte pour l'égalité sera un combat de longue haleine, dans lequel la violence ne doit pas être employée.
(E) Le combat contre la ségrégation sera toujours pacifique.

Question 42. Comme partout en Amérique latine, l'inégalité foncière héritée de la colonisation hispanique a créé de fortes tensions entre la petite fraction de grands propriétaires d'origine européenne et la grande majorité des Indiens, situés le plus souvent en bas de l'échelle sociale, réduits faute de terres à attacher leurs bêtes – bovins, ovins, lamas et chevaux – le long des chemins pour les faire brouter et dégager quelques revenus complémentaires.

Parmi les propositions suivantes, laquelle soutient le plus la thèse de l'auteur ?

(A) Les fortes tensions en Amérique latine sont en partie dues au nombre important d'Indiens sans terre, qui n'ont d'autres choix que de faire brouter leurs animaux le long des chemins.
(B) Les fortes inégalités entre les grands propriétaires d'origine européenne et les paysans indiens sont un héritage de la colonisation hispanique.
(C) La colonisation est à l'origine d'inégalités foncières entre les grands propriétaires d'origine européenne et la grande majorité des Indiens.
(D) Le fait d'attacher des bovins sur le bord des routes en Amérique latine est une preuve des inégalités foncières entre les grands propriétaires et la majorité des Indiens.
(E) Lors de la colonisation, les populations européennes se sont attribué les terres au détriment des Indiens, processus encore d'actualité aujourd'hui.

Question 43. La popularité de l'écrivain John White n'est plus à démontrer au sein des populations étudiantes en Europe. Ses livres traitent des réformes sociales nécessaires à effectuer dans nos pays développés, en insistant sur la passivité des différents gouvernements successifs concernant ces questions, dans le but de préserver leur électorat en évitant des réformes coûteuses socialement.

Certains estiment que l'énorme succès du livre auprès des étudiants témoigne de l'hostilité de cette catégorie envers les politiques. D'autres pensent que ce succès exprime simplement le vif intérêt des étudiants pour les questions sociales.

Pour départager les deux opinions, il sera utile de vérifier :

(A) Le taux de succès récolté par le livre de White au sein d'autres catégories que les étudiants.
(B) Le taux de succès récolté auprès des étudiants par d'autres auteurs que White, portant sur des questions économiques.
(C) Le taux de succès récolté auprès des étudiants par d'autres livres sur ces sujets, qui présentent des thèses semblables à celles de White.
(D) Le taux de succès récolté auprès des étudiants par d'autres livres sur ces sujets, qui présentent des thèses opposées à celle de White.
(E) Le nombre de ventes du livre de White en France, et à l'étranger.

Question 44. Quand l'Italie va mal, c'est encore pire pour le sud de la Botte. Les années 2000-2014 marquées pour la Péninsule par une croissance faible puis une longue récession, ont été pour le Mezzogiorno la pire période de son histoire.

Du moins depuis 1946, date de la création de la Svimez (association pour le développement de l'industrie dans le Mezzogiorno) qui a publié jeudi 30 juillet, les premiers éléments de son rapport annuel. Comme si, à eux seuls, les chiffres ne suffisaient pas pour lancer l'alarme dans la torpeur de l'été, l'association les a assortis de plusieurs formules choc :
« Le sud de l'Italie est pire que la Grèce », « il est exposé à un risque de sous-développement permanent » et à « un tsunami démographique ».

Quelle expression correspond le mieux au texte ?

(A) Voir midi à sa porte.
(B) Tout va à vau-l'eau.
(C) Mettre la main à la pâte.
(D) Faire le pied de grue.
(E) Arriver comme des carabiniers.

Question 45. Soient deux propositions :

Proposition A : Tous les Irlandais sont roux et ont les cheveux bouclés.
Proposition B : Aucun Irlandais n'est blond.
Parmi les cinq réponses suivantes, laquelle est vraie ?

(A) La proposition A découle de la proposition B.
(B) La proposition B découle de la proposition A.
(C) Les propositions A et B n'entretiennent aucun lien logique.
(D) Les propositions A et B dépendent l'une de l'autre.
(E) La proposition B influe sur la proposition A.

TAGE MAGE® N° 15

4 CONDITIONS MINIMALES

CONSIGNES			
15 questions	20 minutes	Calculatrice interdite	Chronomètre recommandé

BARÈME		
Bonne réponse : +4 points	Aucune réponse : 0 point	Mauvaise réponse : –1 point

(A) **L'information 1 seule est suffisante** pour répondre à la question.
L'information 2 seule est insuffisante pour répondre à la question.

(B) **L'information 2 seule est suffisante** pour répondre à la question.
L'information 1 seule est insuffisante pour répondre à la question.

(C) **Les informations 1 et 2 ensemble sont suffisantes** pour répondre à la question.
L'information 1 seule ou l'information 2 seule est insuffisante pour répondre à la question.

(D) **L'information 1 seule est suffisante** pour répondre à la question.
L'information 2 seule est suffisante pour répondre à la question.

(E) **Les informations 1 et 2 ensemble sont insuffisantes** pour répondre à la question.
L'information 1 seule ou l'information 2 seule est insuffisante pour répondre à la question.

Question 46. X est un carré parfait inférieur à 100. Que vaut X ?

(1) Le chiffre des unités est égal à 6.

(2) La soustraction du chiffre des dizaines au chiffre des unités de X vaut 5 et le chiffre des dizaines de X ne vaut pas 4.

Question 47. Deux motards font le même trajet long de 70 km. Le premier part 40 minutes avant le second. Le second pourra-t-il rattraper le premier ?

(A) Le premier motard roule à 80 km/h.

(B) Le deuxième motard roule à 130 km/h.

Question 48. Émilie, 8 ans, participe à une activité de découpage à l'école. On lui demande de découper la feuille rectangulaire (de dimension 21 cm × 29,7 cm) qu'elle a en face d'elle, en enlevant un carré de côté X cm dans chaque coin.

Combien vaut l'aire de la partie restante ?

(1) La surface de papier restant est le triple de celle enlevée.

(2) L'aire de la feuille vaut 623,7 cm^2.

Question 49. Sachant que $X < 100$, que vaut X ?

(1) X est à la fois le carré d'un entier et le cube d'un autre entier.

(2) $X \neq 1$.

Question 50. Combien Paul peut-il acheter de bonbons ?

(1) Si Paul avait 6 fois plus d'argent, il pourrait acheter 25 bonbons de plus.

(2) Paul possède 10 euros.

Question 51. Pierre est plus âgé que son frère Grégoire. Quel est l'âge de Pierre ?

(1) La multiplication des âges de Pierre et de son frère vaut 391.

(2) L'âge de Pierre est un nombre premier dont la somme vaut 5.

Question 52. Soit un nombre à 5 chiffres. Les 3 premiers chiffres de ce nombre sont 7, 2 et 4. Les 2 derniers chiffres ont été effacés. Quel est ce nombre à 5 chiffres ?

(1) Le nombre est divisible par 8.

(2) Le nombre est divisible par 9.

Question 53. Quelle est l'aire du triangle ABC ?

(1) ABC est un triangle isocèle de base BC mesurant 15 cm.

(2) L'angle $\widehat{BAC}$ mesure quatre fois plus que l'angle $\widehat{ABC}$.

Question 54. Arthur et Max épargnent tous deux une certaine somme sur des livrets à des taux d'intérêts différents. Au bout d'une année, lequel aura le moins d'argent sur son livret ?

(1) Arthur a placé son argent à un taux 50 % supérieur au taux auquel Max a placé le sien.

(2) Max a épargné une somme 10 % plus importante que celle d'Arthur.

Question 55. Que vaut X ?

(1) X est un cube dont la somme des chiffres vaut 10.

(2) X est un cube dont 2 des 3 chiffres sont identiques.

Question 56. L'âge d'Ariane est un carré parfait.

Sachant qu'elle a moins de 100 ans, quel est l'âge d'Ariane ?

(1) Son âge est un multiple de 12.

(2) Il y a deux ans, son âge était un multiple de 17.

Question 57. Soit un nombre CDU tel que la somme de ses 3 chiffres est égale à 7. Que vaut ce nombre ?

(1) $D \neq 0$.

(2) U est impair et $C > D$.

Question 58. Quelle est la surface du rectangle R ?

(1) Sa longueur est multiple de sa largeur.

(2) Si on double sa longueur et sa largeur, sa surface vaut 48 m^2.

Question 59. Adhémar ne se souvient plus de la date d'anniversaire de sa femme Angélique. La seule chose dont il est sûr c'est qu'elle est née le 31 du mois. Quel est le mois de naissance d'Angélique ?

(1) La sœur d'Angélique, d'un an et un mois son aînée, est aussi née un 31.

(2) Angélique est née pendant l'été 1980.

Question 60. Caroline a oublié le code pour ouvrir sa valise. Elle se rappelle seulement que les quatre chiffres sont dans un ordre strictement croissant. Quel est son code ?

(1) Si on additionne le nombre formé par les 2 premiers chiffres du code et le nombre formé par les 2 derniers chiffres, on obtient 90.

(2) Le 2 premiers chiffres du code forment un nombre premier. Les 2 derniers chiffres du code forment aussi un nombre premier.

5 EXPRESSION

CONSIGNES			
15 questions	20 minutes	Calculatrice interdite	Chronomètre recommandé

BARÈME		
Bonne réponse : +4 points	Aucune réponse : 0 point	Mauvaise réponse : –1 point

Question 61. Quels sont les synonymes des groupes de mots soulignés ?

Face aux railleries dont il était victime, il est monté sur ses grands chevaux pour répondre à ses détracteurs : « J'ai le bras long ».

(A)	Moqueries	S'est emporté	Contempteurs	J'ai des amis influents
(B)	Quolibets	A commencé à crier	Adversaires	Je peux avoir votre peau
(C)	Affronts	S'est offusqué avec virulence	Thuriféraires	Je connais du monde
(D)	Persiflages	S'est emporté de façon risible	Accusateurs	J'ai du pouvoir
(E)	Taquineries	A choisi le ton de la colère	Admirateurs	J'ai des relations

Question 62. Quel est le synonyme du mot souligné ?

Il a toujours été prolixe.

(A) Bavard
(B) Pointilleux
(C) Maniaque
(D) Sarcastique
(E) Perturbé

Question 63. Quels sont les synonymes des mots soulignés ?

Là où certains font preuve de courage, d'autres font montre de lâcheté.

(A)	Témérité	Noblesse
(B)	Hardiesse	Vigueur
(C)	Velléité	Pusillanimité
(D)	Bravoure	Couardise
(E)	Sincérité	Pleutrerie

Question 64. Laquelle de ces 5 phrases comporte une faute d'orthographe ou de grammaire ?

(A) Il m'a appelé après qu'il est arrivé.
(B) Les yeux marrons de ce jeune homme devenaient verts avec la luminosité.
(C) À force de grandir, il allait finir par dépasser son père.
(D) Nous sommes davantage entraînés que nos concurrents.
(E) Les roses qu'il lui avait offertes rayonnaient de leurs pétales flamboyants.

Question 65. Combien de fautes d'orthographe, de grammaire et d'usage le passage suivant contient-il ?

Il avait eu à faire à un soit-disant médecin qui n'était en fait qu'un charlatan. Sa mésaventure n'était pas terminée car il devait poursuivre ses soins ailleurs. Devant le cout exhorbitant des soins et la lenteur de la procédure, il réfléchissait de plus en plus sérieusement a quitter le pays. Cette maladie ne le lacherait pas, c'était maintenant une certitude. À quoi bon rester ici ? Il avait quelques amis qui pouvaient l'accueillir et l'héberger quelques jours.

(A) 4
(B) 5
(C) 6
(D) 7
(E) 8

Question 66. Parmi les phrases suivantes, combien sont incorrectes d'un point de vue orthographique ou grammatical ?

1. Il s'en alla en courant à la vue de la police.
2. Quoi qu'il en soit, Mickaël partira avec nous.
3. Quelles que soit ses motivations, il n'a pas à faire cela.
4. Nous souhaitons fidéliser davantage nos clients.

(A) 0
(B) 1
(C) 2
(D) 3
(E) 4

Question 67. Parmi les propositions suivantes, combien sont correctes d'un point de vue grammatical et orthographique ?

(1) Plus de cents mille personnes s'étaient déplacées pour assister au carnaval.
(2) Il a prit de bonnes résolutions pour cette nouvelle année.
(3) Je suis sensé l'appeler dès que je vais mieux.
(4) La prestation de mon équipe n'a pas été assez convainquante pour moi.
(5) Vous n'êtes pas assez investi dans le projet à mon goût.

(A) 3
(B) 2
(C) 0
(D) 1
(E) 4

Question 68. Parmi les phrases suivantes, laquelle est incorrecte d'un point de vue grammatical ?

(A) Quant à moi, j'irai cueillir des fleurs.
(B) L'apogée de ce peuple a été atteint.
(C) L'algèbre est crucial dans la résolution des problèmes modernes.
(D) L'astérisque doit être placé juste après le nom qu'il suit.
(E) Son éloge, long, a été émouvant.

Question 69. Parmi les mots suivants, combien sont masculins ?

1. Agrume
2. Interclasse
3. Cerne
4. Tentacule
5. Pétale

(A) 1
(B) 2
(C) 3
(D) 4
(E) 5

Question 70. Que signifie l'expression « Travailler pour le roi de Prusse » ?

(A) Travailler dans un immense confort.
(B) Travailler en étant soumis à une sévère autorité.
(C) Travailler et ne pas être rémunéré à la hauteur de ses efforts.
(D) Faire semblant de travailler.
(E) Se tuer à la tâche.

Question 71. Parmi ces expressions, laquelle n'est pas une litote ?

(A) Il n'est pas laid.
(B) Vous n'êtes pas peu fier du résultat.
(C) J'aimerais pouvoir dire qu'ils sont moins bons.
(D) Cette obscure clarté qui tombe du ciel.
(E) Elle a oublié d'être bête.

Questions 72 à 75 : Complétez le texte avec le mot ou l'expression assurant la meilleure cohérence textuelle.

Question 72. C'est grâce à notre mémoire que nous pouvons développer certains (...) qui nous permettent d'effectuer des actions sans même réfléchir à nos gestes.

(A) Souvenirs
(B) Habitudes
(C) Automatismes
(D) Règles
(E) Oublis

Question 73. Au niveau national, et (...) l'hostilité de la population nippone, la relance du nucléaire est promue par le gouvernement. Le redémarrage du réacteur Sendai en préfigure d'autres, à la centrale d'Ikata et à celle de Takahama, (...) les principales mesures de sûreté ont été approuvées par l'ARN (...) qui ont encore plusieurs étapes à franchir pour une éventuelle remise en exploitation.

(A) Malgré	pourtant	cependant
(B) Dont	or	pourtant
(C) Nonobstant	dont	mais
(D) Or	mais	donc
(E) Nonobstant	malgré	mais

Question 74. Elle (...) l'appeler tous les soirs. Cela commence sérieusement à (...). Cette fille est une vraie psychopathe.

(A) N'a pas arrêté de	me rassurer
(B) Ne cesse de	m'inquiéter
(C) Va commencer à	m'intriguer
(D) Devra	me faire peur
(E) A décidé de	me faire mal

Question 75. Il lui dit (...) des choses blessantes, (...) elle finit tout de même par lui (...).

(A) Jamais	alors	en vouloir
(B) Toujours	mais	en vouloir
(C) Quelques fois	ainsi	reprocher
(D) Toujours	mais	pardonner
(E) Rarement	ainsi	pardonner

TAGE MAGE® N° 15

6 LOGIQUE

CONSIGNES

15 questions	20 minutes	Calculatrice interdite	Chronomètre recommandé

BARÈME

Bonne réponse : +4 points	Aucune réponse : 0 point	Mauvaise réponse : –1 point

Question 76.

		82		
		37		
		91		
11	22	?	44	66
		64		

(A) 55 (B) 19 (C) 46 (D) 77 (E) 33

Question 77.

		ZI		
		RL		
HB	YK	?	SP	OP
		GM		
		EJ		

(A) LV (B) XK (C) LM (D) CV (E) LP

Question 78.

			EFK	
			ESX	
MNT	BBR	KKP	?	VVL
			DHL	
			BCE	

(A) PPO (B) IEN (C) AAB (D) RRN (E) ZZB

Question 79.

			395	
			261	
976	273	445	?	123
			442	
			720	

(A) 633 (B) 546 (C) 336 (D) 835 (E) 499

Question 80.

			BFJ	
			MQU	
OMB	POA	SDO	?	OMZ
			DHL	
			PTX	

(A) PON (B) LPT (C) KOS (D) GKO (E) JOS

Question 81.

		18		
		52		
		61		
		94		
34	44	?	64	83

(A) 54 (B) 63 (C) 10 (D) 81 (E) 27

Question 82.

		186		
		645		
516	347	?	358	729
		523		
		902		

(A) 244 (B) 224 (C) 354 (D) 336 (E) 998

Question 83.

AJ
HC
TO EA ? ZX NM
IB
EF

(A) UR (B) DG (C) GD (D) RU (E) MP

Question 84.

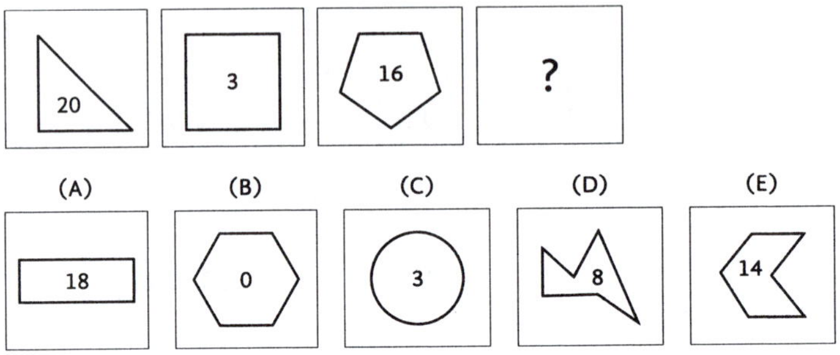

Question 85.

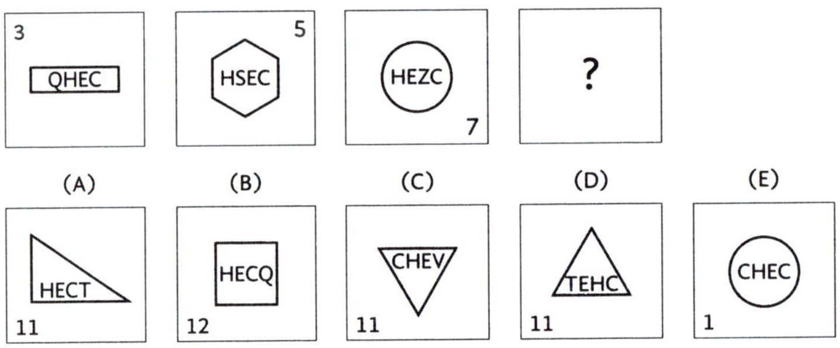

Question 86.

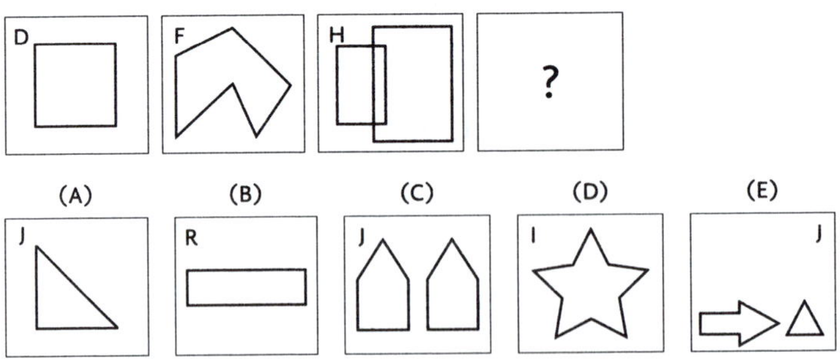

Question 87.

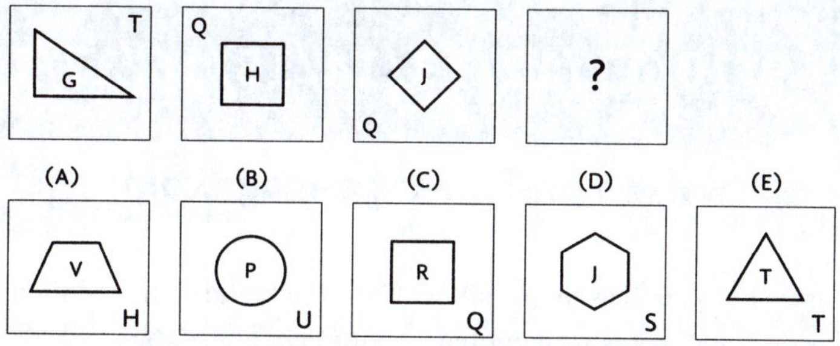

Question 88.

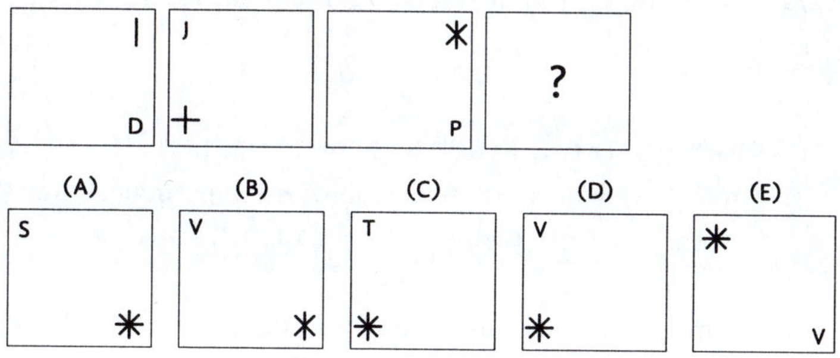

Question 89.

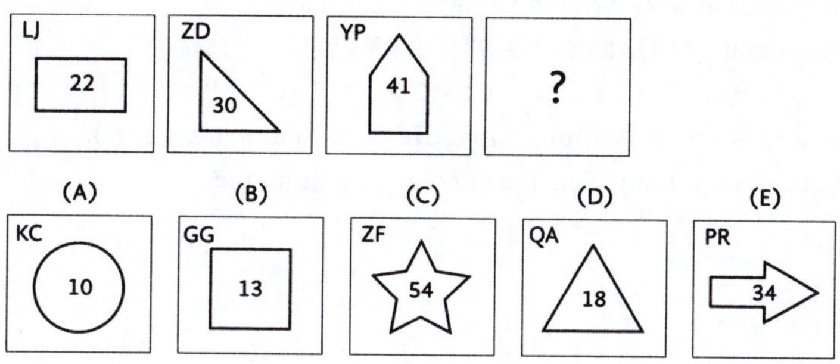

Question 90.

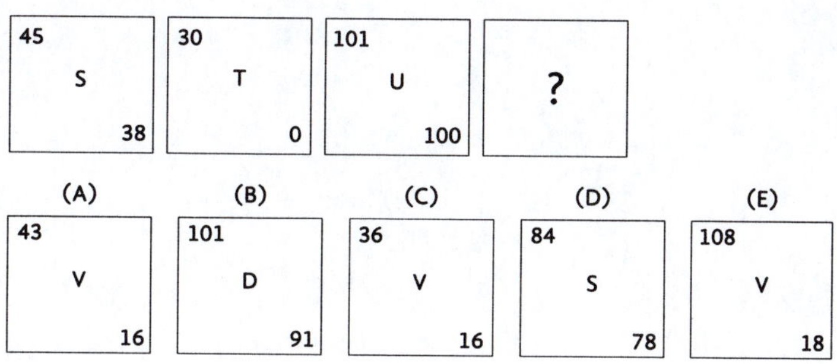

Monsieur TAGE MAGE

Monsieur ÉCOLES de COMMERCE

Corrigé TAGE MAGE®

N° 9/10/11/12/13/14/15/16/17/18

www.monsieur-tage-mage.com

Pour des **raisons techniques**, il est **impossible** à l'heure actuelle pour les éditeurs **d'imprimer un livre de plus de 1 400 pages – en couleur – à un prix abordable.**

Nous avons donc fait le choix de vous transmettre **les CORRIGÉS des TAGE MAGE® N° 9/10/11/12/13/14/15/16/17/18 par téléchargement** sur le site **www.monsieur-tage-mage.com.**

Les **CORRIGÉS des TAGE MAGE® N° 9/10/11/12/13/14/15/16/17/18**
sont téléchargeables sur : www.monsieur-tage-mage.com
→ Rubrique « Le Grand Manuel du TAGE MAGE »

Nous espérons sincèrement que vous comprenez et partagez notre décision.

Bonnes révisions !

Joachim Pinto (HEC Paris) & Arnaud Sévigné (HEC Paris)
Auteurs du Manuel du TAGE MAGE® – N° 1 des VENTES.
Fondateurs des communautés « Monsieur TAGE MAGE » et « Monsieur Ecoles de commerce » sur Facebook / Instagram / Twitter / Linkedin (+ de 30 000 membres).
Fondateurs du média étudiant Monsieur Ecoles de commerce.

TAGE MAGE® N° 16

GRILLE DE RÉPONSES TM n° 16

C.D.T	**Question**	1	2	3	4	5	6	7	8	9	10	11	12	13	14	15
	Réponse															
	SCORE : ....../60			**Nombre BR : ... /15**					**Nombre MR : ... /15**							
CALCUL	**Question**	16	17	18	19	20	21	22	23	24	25	26	27	28	29	30
	Réponse															
	SCORE : ....../60			**Nombre BR : ... /15**					**Nombre MR : ... /15**							
R & A	**Question**	31	32	33	34	35	36	37	38	39	40	41	42	43	44	45
	Réponse															
	SCORE : ....../60			**Nombre BR : ... /15**					**Nombre MR : ... /15**							
COND. MIN.	**Question**	46	47	48	49	50	51	52	53	54	55	56	57	58	59	60
	Réponse															
	SCORE : ....../60			**Nombre BR : ... /15**					**Nombre MR : ... /15**							
EXPRESS.	**Question**	61	62	63	64	65	66	67	68	69	70	71	72	73	74	75
	Réponse															
	SCORE : ....../60			**Nombre BR : ... /15**					**Nombre MR : ... /15**							
LOGIQUE	**Question**	76	77	78	79	80	81	82	83	84	85	86	87	88	89	90
	Réponse															
	SCORE : ....../60			**Nombre BR : ... /15**					**Nombre MR : ... /15**							
TM n° 16	**SCORE : ....../360** **⇔ ....../600**			BR = Bonne Réponse = +4 points. MR = Mauvaise Réponse = –1 point. Multipliez par 5/3 pour passer du score/360 au score/600.												

TAGE MAGE® N° 16

1 COMPRÉHENSION DE TEXTES

CONSIGNES

15 questions	20 minutes	Calculatrice interdite	Chronomètre recommandé

BARÈME

Bonne réponse : +4 points	Aucune réponse : 0 point	Mauvaise réponse : –1 point

TEXTE 1

Titre : Question 2.

Si Amazon Prime et Hulu sont les rivaux les mieux installés pour contrer l'hégémonie du numéro un mondial du streaming vidéo, d'autres veulent aussi leur part d'un marché très prometteur.

Game of Thrones, au pays des plates-formes de service de vidéo à la demande (SVOD). Derrière le détenteur de la couronne, Netflix, les rivaux se lancent à l'offensive pour s'approprier une part du gâteau. Aujourd'hui, le champion en titre revendique 139 millions d'abonnés dans le monde. Son succès est tel que la banque JPMorgan Chase a conseillé à Apple d'utiliser son trésor de guerre pour racheter Netflix. Le prix évoqué pour cette éventuelle acquisition – hypothèse qui aujourd'hui laisse de marbre les dirigeants de la société fondée en 1997 par Reed Hastings – est faramineux pour une entreprise tout juste sortie de l'adolescence : 189 milliards de dollars, soit 166 milliards d'euros.

(Question 3). Les concurrents de la plate-forme se bousculent donc, prêts à mettre sur la table des milliards de dollars pour pouvoir proposer un service concurrent, riche de séries addictives et de films remarqués afin, eux aussi, d'accrocher des millions d'abonnés. Dans le peloton des challengers, deux offres se détachent. Amazon Prime, fort de plus de 100 millions de fidèles dans le monde, et Hulu, qui a franchi la barre des 25 millions de clients aux Etats-Unis. YouTube (Google) a aussi développé son offre payante de streaming, YouTube Premium, mais ne publie pas son nombre d'abonnés. Et HBO fait figure de Petit Poucet, avec 5 millions de fidèles.

Disney est quant à lui particulièrement ambitieux sur ce marché. Après sa fusion avec Century Fox, le groupe se renforcera à hauteur de 60 % dans le capital d'Hulu. Mais ce mouvement n'est pas jugé suffisant par les dirigeants du studio. La maison mère de Mickey a décidé de lancer en solo son service de streaming vidéo, consacré aux programmes familiaux. S'appuyant sur les catalogues Disney, Pixar, Marvel, Star Wars ou National Geographic, le groupe déploiera Disney + aux Etats-Unis en fin d'année, avant de s'attaquer à l'international.

Question 1. Selon l'auteur :

1. Le marché de la vidéo à la demande est un marché à fort potentiel.
2. Seules les entreprises américaines sont présentes sur le marché de la vidéo à la demande.
3. Netflix a une avance irrattrapable sur le marché de la vidéo à la demande.

(A) Uniquement 1.
(B) 1 + 2.
(C) 1 + 2 + 3.
(D) 1 + 3.
(E) 2 + 3.

Question 2. Quel serait le titre le plus approprié pour ce texte ?

(A) Apple : seul concurrent possible à Netflix.
(B) Netflix : seul au monde sur le marché de la vidéo à la demande.
(C) Disney : futur concurrent de Netflix.
(D) Amazon, Hulu, Disney, Apple... Qui pour battre Netflix ?
(E) Le marché de service de vidéo à la demande (SVOD).

Question 3. Quelle réponse conviendrait le mieux au lieu de (Question 3) dans le texte ?

(A) Ces statistiques ne peuvent laisser indifférent.
(B) Des preuves que le marché est attractif.
(C) Des chiffres qui aiguisent l'appétit.
(D) Mais cela ne désespère pas les concurrents.
(E) Tous les voyants sont donc au vert.

Question 4. Que veut dire l'auteur lorsqu'il écrit *« hypothèse qui aujourd'hui laisse de marbre les dirigeants de la société fondée en 1997 par Reed Hastings »* ?

(A) La rumeur d'un rachat de Netflix par Apple est une nouvelle « glaçante » pour les dirigeants de Netflix.
(B) Le rachat probable de Netflix par Apple pourrait rendre riches ses dirigeants fondateurs.
(C) La recommandation de JPMorgan à Apple de racheter Netflix inquiète fortement les dirigeants de Netflix.
(D) Le possible rachat de Netflix par Apple stupéfie les fondateurs de Netflix.
(E) Le montant potentiel de l'offre de rachat de Netflix par Apple laisse indifférents les dirigeants de Netflix.

Question 5. Quelle proposition soutient le plus les propos de l'auteur ?

(A) Amazon Prime, Hulu et Disney seront les plus grands challengers de Netflix sur le marché du service de vidéo à la demande.

(B) Disney est probablement le concurrent le plus sérieux de Netflix sur le marché du service de vidéo à la demande.

(C) Les GAFA vont probablement prochainement investir dans le secteur de service de vidéo à la demande (SVOD).

(D) Le segment le plus attractif sur le marché du service de vidéo à la demande est le segment des programmes familiaux.

(E) La série *Game of Thrones* est similaire au marché des plates-formes de service de vidéo à la demande (SVOD).

TEXTE 2

***Titre :* Les trottinettes électriques ont fait des centaines de blessés aux Etats-Unis.**

Au moins 1 500 personnes ont été soignées après des accidents survenus en trottinette électrique aux Etats-Unis cette année, selon une organisation de défense des consommateurs.

Consumer Reports, qui édite un magazine sur les questions de consommation, précise que ces chiffres, fondés sur des statistiques hospitalières et services de police, n'est pas exhaustif et n'inclut pas quatre morts liées à des trottinettes électriques et rapportées par la presse.

En contactant 110 hôpitaux et 5 services d'urgences dans 47 villes américaines où sont présentes les trottinettes en libre-service d'au moins un des deux plus gros noms du secteur, Bird et Lime, *Consumer Reports* a dénombré 1 542 cas de soins d'urgences pour des blessures liées à ces engins.

Les trottinettes à louer via son smartphone sont devenues un mode de transport très en vogue dans de nombreux pays, dont la France. Mais elles apportent aussi leur lot de dangers, que ce soit sur la route ou sur les trottoirs.

Cette semaine, selon la presse locale, un étudiant irlandais de 21 ans est mort après avoir été percuté sur sa trottinette par une voiture à Austin (Texas), où il se trouvait dans le cadre d'un programme d'échange universitaire. Selon *Consumer Reports*, les blessures sont souvent des traumatismes crâniens, fractures du nez ou de l'avant-bras. Les usagers sont encouragés par les loueurs à porter des casques mais il n'y pas de cadre légal contraignant.

Consumer Reports affirme que beaucoup de professionnels lui ont indiqué que les chiffres étaient forcément sous-évalués car les hôpitaux, pompiers ou policiers ne précisent pas forcément dans les dossiers si la victime était sur une trottinette.

Ainsi, plus de la moitié des services contactés n'avaient pas de données détaillées. Pas moyen non plus de calculer le taux d'incidents par rapport à la distance parcourue, ce qui permettrait de comparer la dangerosité de la trottinette à d'autres modes de transport, comme le vélo par exemple.

Les start-up américaines Bird et Lime ont crû rapidement aux Etats-Unis et ailleurs. Sur le marché américain, sont positionnés aussi notamment Spin (Ford), Skip et les compagnies de réservation de voiture avec chauffeur Lyft ou Uber.

Ces chiffres manquent de contexte et ne prennent pas en compte le fait que les trottinettes réduisent le trafic automobile, a réagi dans une déclaration écrite Paul White, directeur de la sécurité chez Bird. *« Conduire est bien plus meurtrier pour tout le monde, comme le montrent les 6 000 piétons tués sur les routes américaines l'année dernière »*, a-t-il estimé. *« Nous sommes fiers de proposer une alternative de transport qui permet d'éviter la voiture, non seulement pour réduire la mortalité sur les routes mais aussi pour contribuer à aider le climat, et aider les villes à aller vers un avenir plus sûr et plus connecté pour nous tous »*, a-t-il encore assuré.

Question 6. Selon le texte, quels sont avantages des trottinettes électriques ?

1. Elles sont plus rapides que les voitures pour se déplacer, car moins d'embouteillages.
2. Elles sont plus économiques que les voitures, car ne nécessitent aucun entretien.
3. Elles sont plus écologiques que les voitures.

(A) 1 + 2.
(B) 2 + 3.
(C) 1 + 2 + 3.
(D) Uniquement 3.
(E) 1 + 3.

Question 7. Selon l'auteur :

1. Le nombre de blessés et de tués à cause des trottinettes électriques est sous-estimé.
2. Il y a davantage de tués à cause des trottinettes électriques aux États-Unis que dans les autres pays.
3. Les lois sur l'usage des trottinettes électriques ne sont pas respectées par les usagers.

(A) 1 + 2 + 3.
(B) 1 + 3.
(C) 2 + 3.
(D) Uniquement 1.
(E) Uniquement 3.

Question 8. Quel est le meilleur résumé de ce texte ?

(A) Les trottinettes électriques, nouveau moyen de transport « à la mode », entraînent de plus en plus de blessés et de morts aux États-Unis.
(B) Les trottinettes électriques sont bien plus dangereuses que prévu aux États-Unis. Le nombre de blessés et de morts ne cesse d'augmenter.
(C) Les trottinettes électriques ont causé de nombreux blessés et morts aux États-Unis. Toutefois, elles réduisent la circulation et sont plus écologiques que les voitures.

(D) Les hôpitaux des États-Unis sont submergés par le nombre de blessés qui utilisent des trottinettes électriques. Cependant, les entreprises concernées indiquent que le danger est moindre qu'avec les voitures.
(E) En l'absence de législation, l'usage de la trottinette électrique est dangereux et cause de nombreux traumatismes, malgré les mises en garde des entreprises.

Question 9. Quelle est la réaction du directeur de la sécurité chez Bird vis-à-vis du nombre de blessés en trottinettes électriques ?

(A) Le directeur de la sécurité chez Bird semble inquiet et propose des mesures pour réduire le nombre de blessés et de morts.
(B) Monsieur Paul White minimise le nombre de blessés et de morts en comparant les données avec les données des voitures.
(C) Paul White conteste les accusations du magazine *Consumer Reports* et affirme que la voiture est bien plus dangereuse.
(D) Le directeur de la sécurité chez Bird mentionne le fait que la trottinette électrique est bien plus écologique que la voiture.
(E) Le directeur de la sécurité chez Bird affirme que la trottinette électrique est moins dangereuse et moins polluante que la voiture et qu'elle améliore la sécurité des citadins.

Question 10. Quelle est la proposition qui s'oppose le mieux aux propos de l'auteur ?

(A) Toutes les données sur le nombre de blessés et de morts par trottinette électrique ne sont pas disponibles.
(B) Les hôpitaux accueillent plusieurs centaines de blessés à cause des trottinettes électriques.
(C) Un manque de données sur l'utilisation des trottinettes électriques biaise l'analyse de la dangerosité des ces dernières.
(D) Le chef de la sécurité chez Bird semble confiant sur la sécurité concernant l'usage de la trottinette électrique.
(E) Une loi, non respectée, impose le port du casque aux usagers de trottinettes électriques.

TEXTE 3

Titre : Question 11.

Ce calcul s'inscrit dans le cadre d'une campagne de transparence de la part de l'entreprise. (Question 13). Alors que son modèle économique est menacé par la justice française, que les syndicats multiplient les opérations escargot et les grèves pour obtenir la mise en place d'un tarif minimum des courses, Uber, le leader du secteur, publie pour la première fois une étude sur le revenu de ses conducteurs.

La société américaine a calculé qu'un conducteur qui se connecte à sa plate-forme gagne 9,15 euros net de l'heure pour 45 heures de travail hebdomadaire. En France, le salaire horaire minimum net est de 7,72 euros pour 35 heures. Pour Uber, il s'agit d'un revenu médian.

Pour arriver à ce résultat, l'étude évalue le chiffre d'affaires horaire médian d'un conducteur d'Uber à 24,81 euros brut, après commission versée à la plate-forme. Une fois retranchés l'ensemble des frais d'un conducteur (véhicule, assurance, carburant, etc.), les cotisations sociales et la TVA, on arrive au revenu net de 9,15 euros.

Un chauffeur pourrait donc disposer d'un revenu (avant impôt) de 1 617 euros mensuel. C'est mieux que les 1 430 euros de revenu médian des non-salariés dans le secteur du transport. Ces calculs restent toutefois théoriques. « *C'est effectivement un calcul théorique, car les conducteurs travaillent pour plusieurs applications différentes,* confirme Steve Salom, le patron d'Uber France, *mais cela donne de la visibilité aux chauffeurs et aux pouvoirs publics.* »

L'année dernière, le médiateur chargé par le gouvernement de dénouer la crise de l'époque entre plates-formes et chauffeurs VTC, estimait le revenu moyen d'un chauffeur indépendant à 1 700 euros, mais pour 60 heures. Chez les syndicats, le débat est toujours vif sur les revenus réels des chauffeurs, sachant que chacun peut se connecter à une ou plusieurs applications. De plus, depuis l'obligation pour chaque conducteur d'obtenir, après examen, une carte de VTC, la fraude aurait explosé. Selon le syndicat FO, plusieurs milliers de chauffeurs rouleraient illégalement et réduiraient ainsi les revenus des chauffeurs légaux. Outre un plan de lutte du gouvernement contre cette fraude, plusieurs syndicats réclament la mise en place d'un tarif minimum des courses, afin d'améliorer les revenus. Une idée qui passe mal du côté des plates-formes. « *Nous souhaitons aider nos chauffeurs*, plaide M. Salom. *Cela passe, par exemple, par une aide à l'optimisation de leurs revenus. Nous sommes aussi prêts à améliorer leur protection sociale. Cependant, nous avons besoin d'un cadre juridique stabilisé et protecteur.* ».

Avec l'évolution de la jurisprudence sur la requalification des travailleurs indépendants de plate-forme en salariés, Uber et les autres applications craignent « *le flou juridique* ». « *Or, la quasi-totalité des chauffeurs souhaitent aujourd'hui travailler sans patron et en tant qu'indépendant* », assure M. Salom.

Question 11. Quel serait le meilleur titre pour ce texte ?

(A) Uber en difficulté face à la législation française.
(B) Les revenus des chauffeurs Uber sont supérieurs à la moyenne nationale.
(C) Uber entre en lutte contre les syndicats du secteur du VTC.
(D) Uber dévoile le revenu de ses chauffeurs.
(E) De nouvelles mesures défavorables à Uber.

Question 12. Selon l'auteur :

1. Le calcul du revenu des chauffeurs Uber est très probablement biaisé.
2. Les syndicats critiquent les plates-formes VTC.
3. Les chauffeurs Uber sont souvent en situation de précarité financière.

(A) 1 + 2.
(B) 1 + 2 + 3.
(C) 1 + 3.
(D) Uniquement 2.
(E) Uniquement 1.

Question 13. Quelle proposition conviendrait le mieux au lieu de (Question 13) dans le texte ?

(A) Serait-ce une réponse aux attaques de la justice et des syndicats ?
(B) Un simple contre-feu ou un réel exercice de transparence ?
(C) Coup de poker ou coup de bluff ?
(D) Simple opération marketing ?
(E) Aucune de ces réponses ne convient.

Question 14. Quelle est la meilleure conclusion possible pour ce texte ?

(A) En fait, l'ubérisation de l'économie est davantage néfaste que bénéfique pour l'économie d'un pays.
(B) En conclusion, aucune solution concrète ne permet de régler le problème des revenus des chauffeurs Uber.
(C) En définitive, les conflits entre les différentes parties devraient être réglés par le législateur.
(D) Ainsi, un conflit social semble inévitable si rien n'est fait dans les mois à venir.
(E) En somme, il y a de fortes chances qu'une grève des chauffeurs Uber soit déclenchée.

Question 15. Selon le texte, quel(s) a/ont été le(s) rôle(s) du médiateur dans le secteur du VTC ?

1. Il a estimé le revenu moyen d'un chauffeur indépendant VTC.
2. Il a été en charge de dénouer la crise entre plates-formes et chauffeurs VTC.
3. Il a été en charge de trouver un compromis entre les syndicats et les plates-formes VTC.

(A) 2 + 3.
(B) 1 + 2.
(C) 1 + 2 + 3.
(D) Uniquement 1.
(E) Uniquement 3.

CONSIGNES

15 questions	20 minutes	Calculatrice interdite	Chronomètre recommandé

BARÈME

Bonne réponse : +4 points	Aucune réponse : 0 point	Mauvaise réponse : –1 point

Question 16. Un flacon de parfum contient un demi-litre plus un tiers de flacon.

Quelle est la capacité du flacon ?

(A) 75 cL
(B) 80 cL
(C) 90 cL
(D) 100 cL
(E) 110 cL

Question 17. Une classe de collège comprend 35 élèves. Les élèves ont le choix entre 2 options. Les élèves en option économie ont 4 heures de cours en plus par semaine. Les élèves en option mathématiques ont 6 heures de cours en plus par semaine. Au total, les élèves suivent 168 heures supplémentaires de cours. Combien y a-t-il d'élèves en option économie ?

(A) 24
(B) 21
(C) 22
(D) 23
(E) 25

Question 18. Soit un rectangle inscrit dans un cercle comme dans la figure ci-dessous. Sachant que la longueur du rectangle est égale à 2 fois sa largeur, quelle est la proportion de l'aire du rectangle sur l'aire du cercle ?

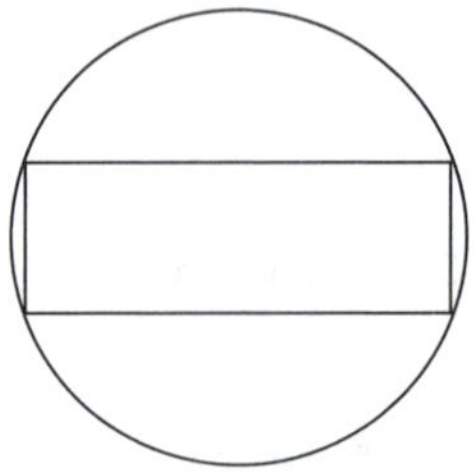

(A) $\frac{3}{4\times\pi}$

(B) $\frac{5}{4\times\pi}$

(C) $\frac{8}{5\times\pi}$

(D) $\frac{3\times\pi}{4}$

(E) $\frac{3}{2\times\pi}$

Question 19. Arnaud possède un champ de pommiers de longueur 120 mètres et de largeur 50 mètres, qui contient 60 pommiers. Il rachète un terrain voisin et obtient un champ réunifié dont les dimensions sont les doubles du précédent. Il plante de nouveaux pommiers avec la même densité que dans le champ initial. Combien de pommiers le champ réunifié contient-il ?

(A) 120
(B) 240
(C) 360
(D) 480
(E) 600

Question 20. La directrice financière d'un magasin fait les comptes. Elle constate que le prix moyen d'un article a augmenté de 40 % mais que dans le même temps, le chiffre d'affaires n'a augmenté que de 23,2 %. Sachant que chaque client n'achète qu'un article, de combien le nombre de clients a-t-il diminué ?

(A) 12 %
(B) 15 %
(C) 18 %
(D) 20 %
(E) 22 %

Question 21. Complétez cette suite de nombres : 17 – 71 – 13 – 37 – 35 – ? ?

(A) 20
(B) 21
(C) 22
(D) 23
(E) 24

Question 22. Soit un trapèze quelconque ABCD, de grande base 10 cm et de petite base 6 cm. Que vaut l'aire du triangle hachuré en proportion de l'aire totale de la figure ?

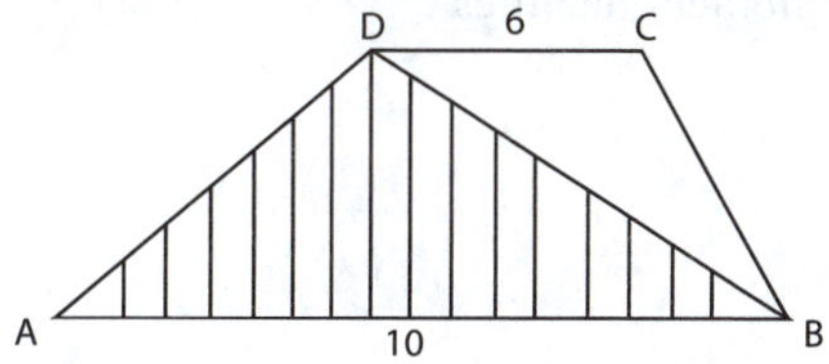

(A) 2/3
(B) 1/2
(C) 3/4
(D) 5/8
(E) 4/7

Question 23. Une entreprise A produit des cerfs-volants avec 5 % de rebut (produits défectueux). Une entreprise B produit des cerfs-volants avec 10 % de rebut (produits défectueux). Sur une commande de 10 000 pièces, 40 % vient de l'entreprise A et 60 % vient de l'entreprise B. Sachant que l'on a pioché un cerf-volant défectueux, quelle est la probabilité qu'il provienne de l'usine B ?

(A) 60 %
(B) 70 %
(C) 75 %
(D) 80 %
(E) 85 %

Question 24. Paul a 45 ans. Ses filles ont 10, 12 et 13 ans. Dans combien d'années le père aura-t-il un âge égal à la somme de ceux de ses filles ?

(A) 10
(B) 7
(C) 5
(D) 3
(E) 2

Question 25. Si l'on augmente de 25 % la longueur d'un rectangle, de combien doit-on diminuer sa largeur pour que son aire reste inchangée ?

(A) 15 %
(B) 20 %
(C) 25 %
(D) 30 %
(E) Il manque des informations pour répondre.

Question 26. Alexandre, Bruno et Claire ont 17 billes en moyenne à eux trois. Quelle est le nouveau nombre moyen de billes si on ajoute Damien qui en a 13 ?

(A) 13
(B) 14
(C) 15
(D) 16
(E) 17

Question 27. Aujourd'hui, Hector et Fanny ont 30 billes à eux deux. Demain, Fanny aura 2 billes de plus et Hector en aura 4 de plus. À la fin, chacun des deux aura autant de billes. Combien Hector a-t-il actuellement de billes ?

(A) 12
(B) 13
(C) 14
(D) 15
(E) 16

Question 28. Deux motos partent en même temps de la ligne de départ d'un circuit circulaire de 10 km. Si la première moto roule à 100 km/h et la seconde moto à 120 km/h., combien de tours complets la moto la plus rapide aura-t-elle parcourus lorsqu'elle dépassera sa rivale pour la première fois ?

(A) 7 tours
(B) 6 tours
(C) 5 tours
(D) 4 tours
(E) 3 tours

Question 29. Fabien rentre un peu éméché de soirée et a du mal à se souvenir de son code d'entrée d'immeuble. Il décide de tester toutes les possibilités. Son code comporte 4 chiffres (de 0 à 9) et un symbole ou une lettre, en 3e position (A, B, # ou *).

Combien de possibilités de codes a Fabien ?

(A) 3 000
(B) 30 000
(C) 40 000
(D) 14
(E) 1 567 783

Question 30. On a 3 cartes : une avec 2 faces bleues ; une avec 2 faces noires ; une avec 1 face bleue et 1 face noire. On tire une carte qui a la face retournée bleue. Quelle est la probabilité que l'autre face soit bleue ?

(A) 1/2
(B) 1/3
(C) 1/4
(D) 1/9
(E) 1/12

TAGE MAGE® N° 16

3 RAISONNEMENT ET ARGUMENTATION

CONSIGNES

15 questions	20 minutes	Calculatrice interdite	Chronomètre recommandé

BARÈME

Bonne réponse : +4 points	Aucune réponse : 0 point	Mauvaise réponse : –1 point

Question 31. La protection de la planète occupe désormais une place importante parmi les inquiétudes des personnes dans la plupart des pays. Mais qui est le pollueur qui menace la planète ? Pour certains, ce sont les grandes industries, pour d'autres, l'agriculture et pour d'autres encore, l'automobiliste voire le particulier. En conséquence (...).

(A) Le pollueur, c'est toujours l'autre.
(B) Personne ne veut porter la responsabilité de la pollution.
(C) Difficile, voire impossible, d'identifier le « vrai » pollueur.
(D) Il faut commencer par identifier qui pollue vraiment.
(E) La protection de la planète s'avère compliquée.

Question 32. Pour beaucoup de spécialistes, le monde du XXIe siècle sera beaucoup plus asiatique et beaucoup moins occidental. La Chine est devenue l'usine du monde et redistribue totalement les cartes du jeu international. Le dynamisme d'un tel pays à l'échelle d'un continent remet en cause de nombreuses idées. Quel est le présupposé de ce paragraphe ?

(A) La Chine bénéficie probablement d'une main d'œuvre nombreuse et peu chère.
(B) Les économies occidentales connaîtront de moins en moins de croissance.
(C) La Chine sera probablement le moteur économique du monde au XXIe siècle.
(D) Le XXe siècle a probablement été occidental.
(E) La Chine a probablement longtemps été un pays peu développé.

Question 33. « Empathie » est à (...) ce que « Animosité » est à (...).

(A)	Joie	Amour
(B)	Compassion	Hostilité
(C)	Colère	Narcissique
(D)	Malade	Visionnaire
(E)	Onéreux	Solide

Question 34. Déjà en 1904, Stanley Hall décrivait l'adolescence comme une tension entre (...). Il s'agit d'un moment de la vie, où l'approbation sociale des copains est indispensable, où l'aliénation vis-à-vis des parents est la plus intense et où les changements d'humeur sont très fréquents. On ne veut plus être enfant mais on ne veut pas être adulte. Beaucoup de personnes après trente ans pensent qu'ils ne souhaiteraient pas revivre cette période mais en revanche, beaucoup d'adolescents considèrent qu'ils ont certains avantages des adultes dont la vitalité et de nombreuses libertés sans le poids des responsabilités ni des contraintes de l'activité professionnelle. Ainsi beaucoup de sociologues considèrent que désormais beaucoup de jeunes font tout pour prolonger cette période le plus longtemps possible.

Que pourrait-on insérer à la place de (...) ?

(A) les attaches familiales et les envies d'ailleurs.
(B) les envies passées et futures.
(C) la maturité biologique et la dépendance sociale.
(D) la liberté et la contrainte.
(E) l'enfance et l'âge adulte.

Question 35. Selon beaucoup de personnes, le pouvoir d'achat baisse. L'inflation augmente plus vite que les salaires et la pauvreté s'aggrave. Il est en fait difficile d'évaluer le pouvoir d'achat car son évolution est relative à la condition de la personne. Ainsi, pour une famille aisée les dépenses alimentaires représentent environ 12 % de son budget alors qu'elles peuvent représenter jusqu'à plus de 50 % pour une famille pauvre.

Quelle proposition est la meilleure conclusion ?

(A) Ainsi, l'augmentation des prix de l'alimentation a des conséquences plus négatives pour les familles pauvres que pour les familles aisées.
(B) Ainsi, l'impact est moindre pour une famille riche que pour une famille pauvre.
(C) Ainsi, le taux d'inflation ne permet pas d'évaluer le pouvoir d'achat.
(D) Ainsi, l'inflation « asphyxie » les familles pauvres.
(E) Il est donc difficile de parler de « l'inflation » en général.

Question 36. Tous les spécialistes d'athlétisme savent qu'on ne peut pas être bon coureur de fond si on est lourd. Que peut-on raisonnablement conclure du fait que Kévin est léger ?

(A) Il est sûrement athlète.
(B) Il pratique sûrement l'athlétisme.
(C) Si Kévin pratique l'athlétisme, alors il peut être un bon coureur de fond.
(D) Kévin est coureur de fond.
(E) Si Kévin est athlète, alors il est coureur de fond.

Question 37. On parle désormais des sciences historiques comme l'on parle des sciences physiques. L'enseignement de l'Histoire nous a transmis une série de portraits d'hommes et de femmes jugés exceptionnels, «ceux qui ont fait la France». Louis XI et ses oubliettes, François 1er et la Renaissance, le bon roi Henri IV et sa poule au pot, Louis XIV, le roi soleil sans oublier l'incontournable Napoléon 1er. (...) Évoquons Louis XII, surnommé «le père du peuple». Il a fait baisser les impôts au cours de son règne ! Et que penser du traitement infligé à Napoléon III. N'a-t-il pas fait rentrer la France dans l'ère industrielle et fait de Paris une grande capitale moderne. Et si le sens de notre Histoire était aussi dans ces oublis et ces maltraitances ?

Que pourrait-on insérer à la place de (...) ?

(A) Mais il y a des oubliés et des maltraités.

(B) Mais tous n'ont pas droit au même traitement.

(C) Mais l'Histoire oublie parfois certains de ses protagonistes.

(D) Tout n'est pas si simple.

(E) Les choses sont parfois plus compliquées qu'elles n'y paraissent.

Question 38. Il existe un vocabulaire international commun à de nombreuses langues. On peut s'en convaincre en prenant pour point de départ un petit dictionnaire multilingue de 8000 mots, destiné aux voyageurs dans les pays de l'Union Européenne, comprenant six des neuf langues officielles de l'Union (français, anglais, allemand, espagnol, italien et portugais). Sur les 8000 mots de ce dictionnaire, il se trouve que plus de 1200 mots (15 %) sont des homophones (mots communs) dans les six langues, avec une très grande majorité (1009 mots) de mots d'origine gréco-latine. Quelle proposition résume le mieux les propos du texte ?

(A) Derrière d'apparentes différences, les langues sont en fait similaires.

(B) Les langues sont moins différentes qu'on ne le pense.

(C) 15 % des mots sont communs aux six langues.

(D) Si les langues reposent sur un socle commun, elles n'en restent pas moins plutôt différentes.

(E) Une personne qui parle français peut communiquer avec une personne qui parle italien.

Question 39. Aucun singe n'est méchant, tout singe est un animal. Que peut-on conclure ?

(A) Tous les animaux sont méchants.

(B) Certains animaux sont gentils.

(C) Les singes ne sont pas des animaux.

(D) Certains singes ne sont pas méchants.

(E) Tous les animaux sont des singes.

Question 40. Complétez la phrase suivante pour qu'elle soit correcte :

« Cette phrase assez courte contient (...) voyelles de moins que de consonnes ».

(A) Huit
(B) Dix
(C) Douze
(D) Quatorze
(E) Seize

Question 41. Il y a 10 000 ans, l'Homme découvrait l'agriculture. Était-ce le fruit du hasard ou de la nécessité ? Une hypothèse souvent avancée serait que la pression démographique, et donc l'augmentation du nombre de bouches à nourrir, aurait conduit à cette découverte. Elle serait la conséquence d'un déséquilibre entre l'Homme et son environnement. (...)

Que pourrait-on insérer à la place de (...) ?

(A) L'agriculture serait ainsi apparue en même temps que la sédentarisation.
(B) Sans l'agriculture, les choses seraient sûrement différentes.
(C) L'agriculture aurait alors permis la création des villages et l'abandon, comme mode de vie, du nomadisme.
(D) L'agriculture a été une révolution pour l'Homme.
(E) L'agriculture a permis de limiter la pression démographique.

Question 42. Dans une entreprise, il y a 3 camions que l'on appellera respectivement 1, 2 et 3.

Ils sont tous de couleur différente : jaune, rouge et vert. Le camion 1 a un kilométrage plus élevé que le camion rouge. Le camion jaune n'a plus de remorque, de sorte qu'il faut utiliser le camion 1 ou le camion 2 pour transporter les grosses marchandises.
De quelle couleur est le camion 3 ?

(A) Jaune
(B) Vert
(C) Rouge
(D) Jaune ou rouge
(E) Vert ou rouge.

Question 43. Tous les clubs de la région sont en ligue des champions. Le club MTM n'est pas dans la région. Que peut-on conclure ?

(A) Le club MTM n'est pas en ligue des champions.
(B) Le club MTM est peut-être en ligue des champions.
(C) Le club MTM n'est probablement pas en ligue des champions.
(D) Le club MTM n'est sans doute pas en ligue des champions.
(E) Le club MTM est en ligue des champions.

Question 44. Combien de ces propositions ne sont pas forcément certaines à la place des (...) dans la phrase suivante : « (...) de (...) est (...) ».

(1)	Le frère	mon frère	mon frère ou moi
(2)	La sœur	ma tante	ma tante
(3)	L'ami	mon ami	mon ami
(4)	L'oncle	mon oncle	le frère de mon grand-père
(5)	Le frère	ma mère	l'oncle de mon frère

(A) 0
(B) 1
(C) 2
(D) 3
(E) 4

Question 45. Fanny affirme que Bernadette ment. Bernadette affirme que Corine ment. Enfin, Corine affirme que Fanny et Bernadette ne mentent pas. Quelle est la proposition vraie ?

(A) Bernadette dit la vérité.
(B) Corine dit la vérité.
(C) Fanny dit la vérité.
(D) Toutes les trois mentent.
(E) Toutes les trois disent la vérité.

TAGE MAGE® N° 16

4 CONDITIONS MINIMALES

CONSIGNES			
15 questions	20 minutes	Calculatrice interdite	Chronomètre recommandé

BARÈME		
Bonne réponse : +4 points	Aucune réponse : 0 point	Mauvaise réponse : –1 point

(A) **L'information 1 seule est suffisante** pour répondre à la question.
L'information 2 seule est insuffisante pour répondre à la question.

(B) **L'information 2 seule est suffisante** pour répondre à la question.
L'information 1 seule est insuffisante pour répondre à la question.

(C) **Les informations 1 et 2 ensemble sont suffisantes** pour répondre à la question.
L'information 1 seule ou l'information 2 seule est insuffisante pour répondre à la question.

(D) **L'information 1 seule est suffisante** pour répondre à la question.
L'information 2 seule est suffisante pour répondre à la question.

(E) **Les informations 1 et 2 ensemble sont insuffisantes** pour répondre à la question.
L'information 1 seule ou l'information 2 seule est insuffisante pour répondre à la question.

Question 46. Le prix d'un objet a augmenté entre 2018 et 2019.

Quel est son pourcentage d'augmentation ?

(1) Son nouveau prix est équivalent aux sept cinquièmes de l'ancien prix.

(2) L'augmentation est de 24 €.

Question 47. Un avion plein de ses passagers pèse 1 000 tonnes. Quel est son poids sans passagers ?

(1) S'il y avait 1/3 de passagers en moins, il pèserait 900 tonnes.

(2) Sans passager, il pèserait 7/10 de son poids avec passagers.

Question 48. 4 personnes d'une même famille (2 enfants et 2 parents) se prénomment respectivement Antoine, Charles, Marine et Charlotte. Qui sont le père et la mère ?

(1) Charles est plus âgé que Marine.

(2) Charlotte est moins âgée que Charles et Marine.

Question 49. Quel est ce code dont les 4 chiffres sont différents ?

(1) Ce code est composé de 4 nombres premiers.

(2) La somme du premier et du dernier est égale au produit des 2 du milieu.

Question 50. Quel mois sommes-nous ?

(1) Le rang de ce mois est pair.

(2) La somme des rangs des autres mois est égale à 74.

Question 51. Sachant que nous sommes en 2018, en quelle année mon fils est-il né ?

(1) Il est né il y a moins de 5 ans.

(2) Il est né lors d'une année bissextile.

Question 52. 5 personnes (adultes ou enfants) sont assises sur un banc. Combien y a-t-il d'adultes ?

(1) 2 enfants n'ont qu'un seul voisin.

(2) Chacun des adultes est assis entre 2 enfants.

Question 53. Soit un nombre à 4 chiffres MCDU tous différents. MC est un multiple de 17 et DU est un multiple de 19. Quel est ce nombre ?

(1) $C + D = 9$.

(2) Les 4 chiffres sont dans l'ordre croissant.

Question 54. Quel jour tombe le 17 de ce mois d'avril ?

(1) Il y a 5 mardis dont 3 impairs.

(2) Il y a 3 mercredis pairs.

Question 55. En quelle année du XXe siècle Paul est-il né ?

(1) La somme des 2 premiers chiffres de son année de naissance est égale à celle des 2 derniers.

(2) La multiplication des 2 premiers chiffres de son année de naissance est égale à celle des 2 derniers.

Question 56. Combien de couleurs différentes y a-t-il dans ce pot de bonbons ?

(1) On a tiré au hasard 3 bonbons et on a eu : 1 rouge, 1 bleu et 1 orange.

(2) Si on veut être certain d'avoir exactement 3 bonbons de couleur différente, il faut en tirer au moins 4.

Question 57. Quel est ce code de 4 chiffres différents ?

(1) Les 4 chiffres sont dans l'ordre croissant et leur somme est égale à 15.

(2) Les 4 chiffres forment une suite géométrique de raison entière.

Question 58. Quelle est l'aire de ce triangle équilatéral ?

(1) Un de ses côtés mesure 12 cm.

(2) Sa hauteur mesure $6 \times \sqrt{3}$ cm.

Question 59. Dans cette classe de 25 élèves, combien y a-t-il de filles ?

(1) Le nombre de garçons est un nombre premier.

(2) Le nombre de filles est un multiple du nombre de garçons.

Question 60. En quelle année du XIXe siècle ce personnage est-il né ?

(1) Les deux derniers chiffres de son année de naissance forment un carré.

(2) La somme des deux derniers chiffres de son année de naissance est égale à 9.

5 EXPRESSION

CONSIGNES

15 questions	20 minutes	Calculatrice interdite	Chronomètre recommandé

BARÈME

Bonne réponse : +4 points	Aucune réponse : 0 point	Mauvaise réponse : –1 point

Question 61. Choisissez la formulation la plus correcte grammaticalement et la plus élégante stylistiquement. La proposition A reprend l'énoncé.

Les différents scénarios présentés par les experts laissent peu de place au doute.

(A) Les différents scénarios présentés par les experts laissent peu de place au doute.
(B) Les experts ont présenté différents scénarios. Le doute n'a pas que peu de place.
(C) Les experts ont présenté différents scénarios qui laissent peu de place au doute.
(D) Les experts ne laissent que peu de place au doute dans leurs scénarios.
(E) Les scénarios présentés par les experts sont formels.

Question 62. Choisissez la reformulation dont le sens se rapproche le plus du passage souligné.

Les programmes scolaires ont été revus in extenso cet été.

(A) Ont été passés en revue en partie.
(B) Ont été passés au peigne fin.
(C) Ont été intégralement révisés.
(D) Ont été passés au crible à la dernière minute.
(E) Ont été partiellement redéfinis.

Question 63. Choisissez la reformulation dont le sens se rapproche le plus des passages soulignés.

Loin d'être une sinécure, cette réunion a duré très longtemps.

(A) Tout sauf un plaisir	Nous a fait perdre beaucoup de temps.
(B) Pas si déplaisante	A été très chronophage.
(C) Très ennuyeuse	A semblé interminable.
(D) Plus compliquée que prévu	A traîné en longueur.
(E) Tout sauf une promenade de santé	S'est éternisée.

Question 64. Choisissez la reformulation dont le sens se rapproche le plus des passages soulignés.

Le corps médical est impuissant face à la situation des personnes dépendantes.

(A)	Les médecins sont désemparés	À mobilité réduite
(B)	Les professionnels de santé sont démunis	Nécessitant des soins
(C)	Médecins et infirmiers sont désarmés	Ayant besoin d'aide
(D)	Le personnel soignant ne sait que faire	Grabataires
(E)	Le personnel hospitalier est inopérant	En difficulté

Question 65. Identifiez l'intrus parmi les propositions ci-dessous.

(A) Elle n'est plus toute jeune.
(B) Il nous a quittés.
(C) La salle s'est levée pour l'applaudir.
(D) Il a été remercié par son employeur.
(E) Il a été jugé pour comportement inapproprié.

Question 66. Combien de fautes d'orthographe le passage suivant contient-il ?

« Les différents qui opposent les deux parties semblent irréconciliables. Seul l'intervention d'un expert pourra aider a y voir plus claire dans cette affaire d'escroquerie présumée. Après avoir analyser les faits, il saura en dire plus concernant le bienfondé des accusations portées ».

(A) 2
(B) 3
(C) 4
(D) 5
(E) 6

Question 67. Parmi les phrases suivantes, combien comporte(nt) au moins une faute ?

(1) Prends soin de toi.
(2) Couvre ton cou avant de sortir.
(3) Vas à l'école, il est tard.
(4) Investis toi plus dans ce que tu fais.
(5) Parles-moi sur un autre ton.

(A) 1 phrase.
(B) 2 phrases.
(C) 3 phrases.
(D) 4 phrases.
(E) 5 phrases.

Question 68. Complétez en choisissant la solution optimale.

Le comportement (...) de cette personne pouvait laisser (...).

(A) Erratique Pantoi
(B) Eratique Pantoi
(C) Ératique Pentois
(D) Eratique Pantois
(E) Erratique Pantois

Question 69. Complétez en choisissant la solution optimale.

(...) deux nombres X et Y (...) X < Y. Alors, pour (...) nombre A < 0, on a : X/A > Y/A.

(A) Soient Tel que Tous
(B) Soit Tels que Tous
(C) Soient Tels que Tout
(D) Soient Tel que Tout
(E) Soit Tels que Tout

Question 70. Choisissez la formulation grammaticalement la plus correcte et stylistiquement la plus élégante. La proposition A reprend l'énoncé.

« Quoi que vous décidiez quant à ma proposition, tenez-moi au courant, je ne serais en aucun cas fâché après vous, vous avez vos raisons, et nul ne peut vous le reprocher. »

(A) Quoi que vous décidiez quant à ma proposition, tenez-moi au courant, je ne serais en aucun cas fâché après vous, vous avez vos raisons, et nul ne peut vous le reprocher.
(B) Quelle que soit votre décision concernant ma proposition, communiquez-la moi. Je ne vous en voudrais aucunement. Personne ne peut vous reprocher d'avoir vos raisons.
(C) Que votre réponse à ma proposition soit positive ou négative, dites-le moi. Je ne vous en voudrais pas du tout. Vous avez vos raisons, nul ne peut vous en tenir rigueur.
(D) Que ce soit par « oui » ou par « non », répondez à ma proposition. Je n'aurais aucune rancœur contre vous. Vous avez vos raisons, nul ne peut vous en tenir rigueur.
(E) Aucune des réponses proposées ne convient.

Question 71. Jules et Sarah discutent de leur avenir respectif mais en arrivent à la conclusion que l'avenir est difficile à anticiper. Quel proverbe illustre le mieux leur conclusion ?

(A) Qui vivra verra.
(B) Tous les chemins mènent à Rome.
(C) Si jeunesse savait.
(D) L'avenir ne se prédit pas, il se vit.
(E) Aide-toi le ciel t'aidera.

Questions 72 à 75 : Complétez le texte avec le mot ou l'expression assurant la meilleure cohérence textuelle.

Question 72. «Les taux légaux de l'impôt sur les sociétés, en moyenne, (...) au cours des vingt dernières années, (...) entre les pays», indique l'OCDE dans son étude, intitulée «Statistiques de l'impôt sur les sociétés».

(A)	Ont diminué	Malgré des écarts
(B)	Sont repartis à la hausse	Un constat identique
(C)	Ont connu un recul	Même si de fortes disparités subsistent
(D)	Ont ralenti	Une tendance partagée
(E)	N'ont cessé d'augmenter	En dépit de divergences

Question 73 (suite de la question 72). (...) est le reflet d'une forte concurrence entre les pays pour attirer (...). L'Hexagone fait partie des États où le taux est le plus élevé, même s'il reste loin derrière les 48,3 % appliqués en Inde, qui incluent une taxe sur les dividendes distribués.

(A)	Ce recul	Les sièges sociaux des multinationales
(B)	Cette augmentation	Les entreprises
(C)	Cette évolution	Les patrons et leurs salariés
(D)	Cette diminution	Les actionnaires
(E)	Cette embellie	Les investisseurs

Question 74 (suite de la question 73). (...), le taux (...) d'imposition en France reste l'un des plus élevés au monde, et ce sans tenir compte de la réforme fiscale américaine de fin 2017, qui a ramené son taux de 35 % à 21 %, passant derrière la France.

(A)	Toutes choses égales par ailleurs	Réel
(B)	Même en prenant en compte les niches fiscales	Effectif
(C)	Même en tenant compte des mesures récentes	Constaté
(D)	L'un dans l'autre	Final
(E)	En ce qui concerne notre pays	Net

Question 75 (suite de la question 74). (...) : dans son classement, l'OCDE ne prend pas en compte les différentes subventions pour la recherche et le développement, (...) en France depuis la réforme du crédit d'impôt en 2008, ainsi que les législations en faveur de la propriété intellectuelle.

(A)	Attention	Importantes
(B)	Les choses sont parfois plus compliquées qu'elles en ont l'air	Relativement lourdes
(C)	Précision apportée par l'OCDE	Imposantes
(D)	Nuance importante à apporter à tous ces résultats	Conséquentes
(E)	Tout n'est pas si noir	Présentes

TAGE MAGE® N° 16

6 LOGIQUE

CONSIGNES

15 questions	20 minutes	Calculatrice interdite	Chronomètre recommandé

BARÈME

Bonne réponse : +4 points	Aucune réponse : 0 point	Mauvaise réponse : –1 point

Question 76.

		39		
		14		
		59		
14	25	?	47	69
		73		

(A) 58 (B) 47 (C) 36 (D) 56 (E) 96

Question 77.

		66		
		57		
20	35	?	24	97
		48		
		93		

(A) 55 (B) 15 (C) 39 (D) 75 (E) 97

Question 78.

355	572	???	883	689
		312		
		862		
		514		
		936		

(A) 556 (B) 541 (C) 455 (D) 853 (E) 523

Question 79.

		50		
		31		
39	65	?	91	26
		76		
		10		

(A) 13 (B) 00 (C) 83 (D) 43 (E) 52

Question 80.

			EL	
			NN	
MN	BC	IJ	?	NO
			HF	
			WT	

(A) KL (B) VW (C) JK (D) ML (E) AA

Question 81.

				GST
				OUH
DNR	ZLF	EJR	SHP	?
				POJ
				KGH

(A) IUF (B) ISZ (C) PFM (D) AFR (E) IFE

Question 82.

	163			
	612			
	961			
	522			
170	?	561	847	920

(A) 512 (B) 215 (C) 973 (D) 343 (E) 196

Question 83.

NJ
AW
PH
OI

AC ? LN SU JL

(A) BV (B) OQ (C) LL (D) KM (E) VX

Question 84.

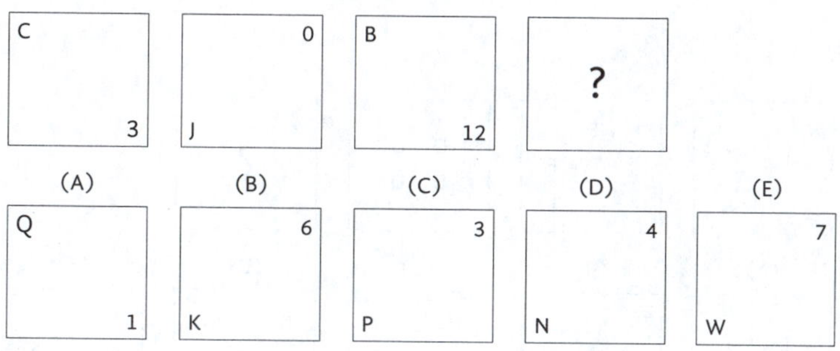

Question 85.

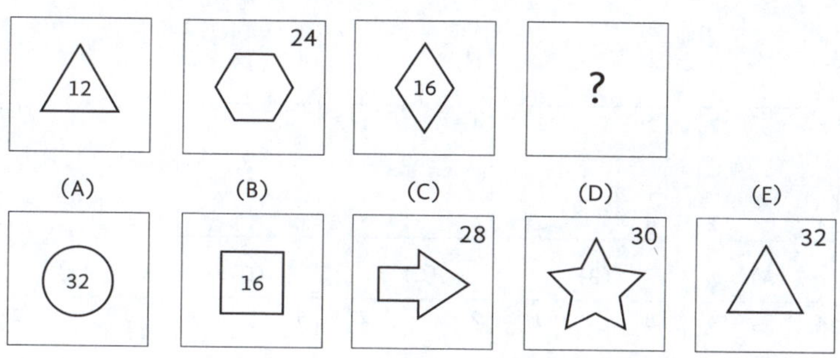

Question 86.

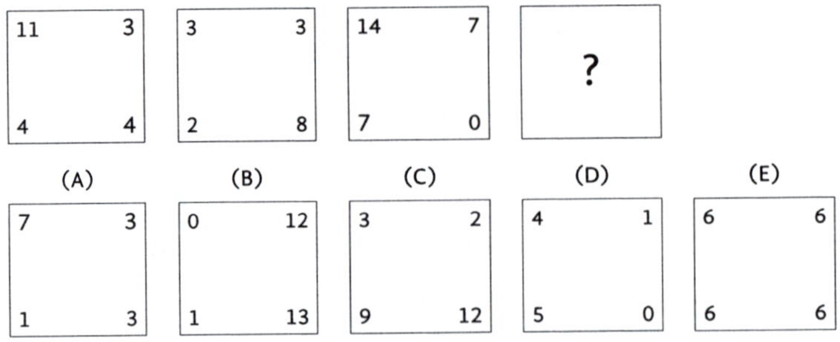

Question 87.

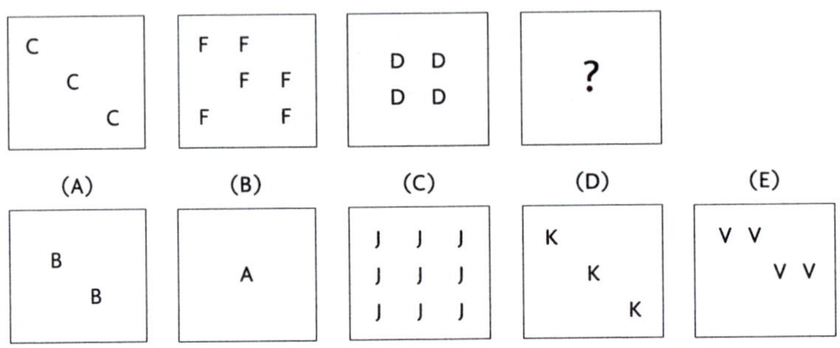

Question 88.

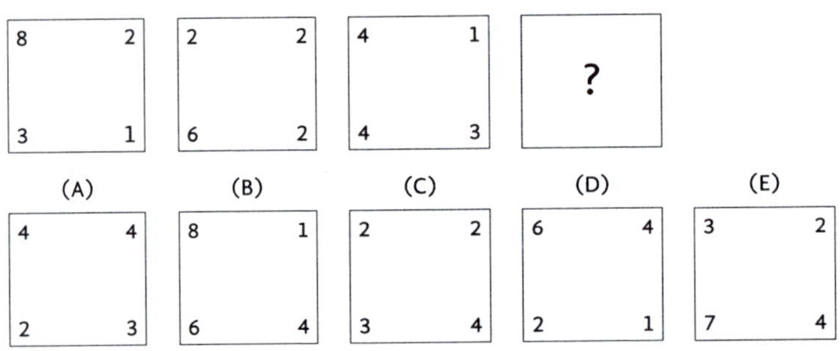

Question 89.

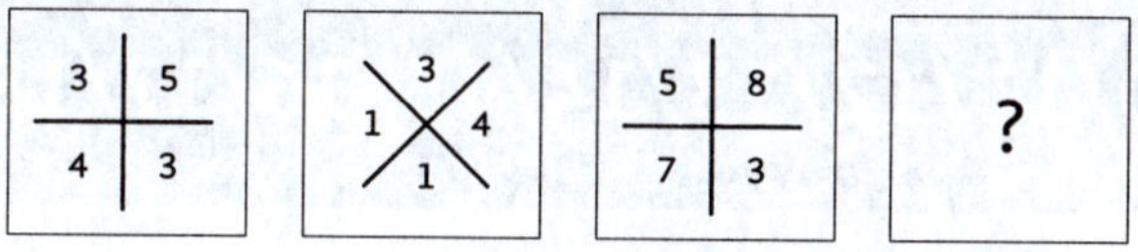

(A) (B) (C) (D) (E)

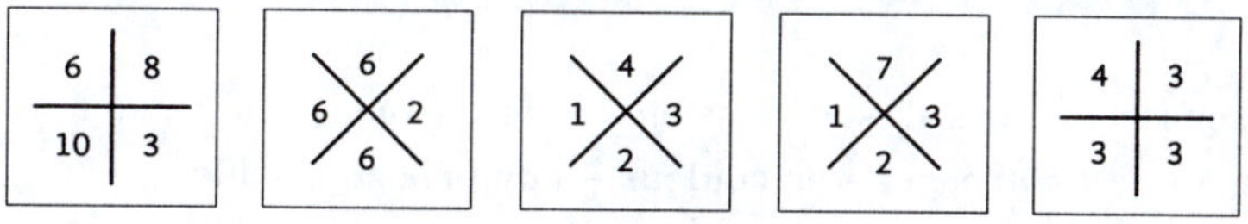

Question 90.

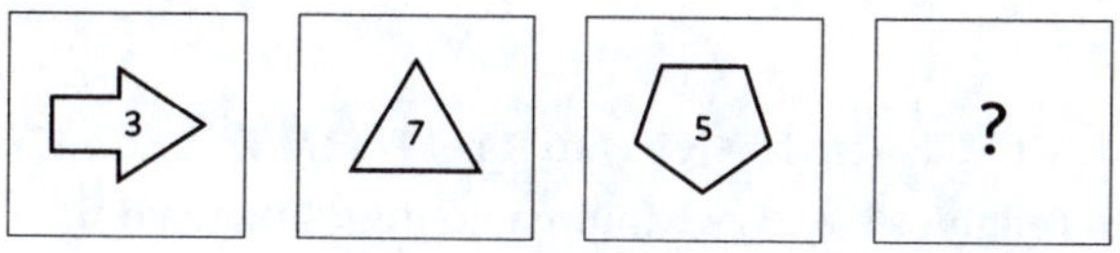

(A) (B) (C) (D) (E)

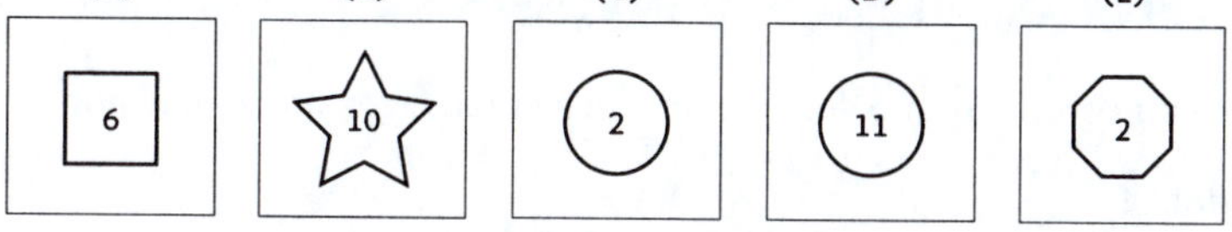

Corrigé TAGE MAGE®

N° 9/10/11/12/13/14/15/16/17/18

www.monsieur-tage-mage.com

Pour des **raisons techniques**, il est **impossible** à l'heure actuelle pour les éditeurs **d'imprimer un livre de plus de 1 400 pages – en couleur – à un prix abordable.**

Nous avons donc fait le choix de vous transmettre **les CORRIGÉS des TAGE MAGE® N° 9/10/11/12/13/14/15/16/17/18 par téléchargement** sur le site **www.monsieur-tage-mage.com.**

Les **CORRIGÉS des TAGE MAGE® N° 9/10/11/12/13/14/15/16/17/18**
sont téléchargeables sur : **www.monsieur-tage-mage.com**
→ Rubrique « Le Grand Manuel du TAGE MAGE »

Nous espérons sincèrement que vous comprenez et partagez notre décision.

Bonnes révisions !

Joachim Pinto (HEC Paris) & Arnaud Sévigné (HEC Paris)
Auteurs du Manuel du TAGE MAGE® – N° 1 des VENTES.
Fondateurs des communautés « Monsieur TAGE MAGE » et « Monsieur Ecoles de commerce » sur Facebook / Instagram / Twitter / Linkedin (+ de 30 000 membres).
Fondateurs du média étudiant Monsieur Ecoles de commerce.

TAGE MAGE N° 17

GRILLE DE RÉPONSES TM n° 17																
C.D.T	Question	1	2	3	4	5	6	7	8	9	10	11	12	13	14	15
	Réponse															
	SCORE : ....../60		Nombre BR : ... /15						Nombre MR : ... /15							
CALCUL	Question	16	17	18	19	20	21	22	23	24	25	26	27	28	29	30
	Réponse															
	SCORE : ....../60		Nombre BR : ... /15						Nombre MR : ... /15							
R & A	Question	31	32	33	34	35	36	37	38	39	40	41	42	43	44	45
	Réponse															
	SCORE : ....../60		Nombre BR : ... /15						Nombre MR : ... /15							
COND. MIN.	Question	46	47	48	49	50	51	52	53	54	55	56	57	58	59	60
	Réponse															
	SCORE : ....../60		Nombre BR : ... /15						Nombre MR : ... /15							
EXPRESS.	Question	61	62	63	64	65	66	67	68	69	70	71	72	73	74	75
	Réponse															
	SCORE : ....../60		Nombre BR : ... /15						Nombre MR : ... /15							
LOGIQUE	Question	76	77	78	79	80	81	82	83	84	85	86	87	88	89	90
	Réponse															
	SCORE : ....../60		Nombre BR : ... /15						Nombre MR : ... /15							
TM n° 17	SCORE :....../360 ⇔ ....../600		BR = Bonne réponse = + 4 points. MR = Mauvaise Réponse = –1 point. Multipliez par 5/3 pour passer du score/360 au score/600.													

TAGE MAGE N° 17

1 COMPRÉHENSION DE TEXTES

CONSIGNES

15 questions	20 minutes	Calculatrice interdite	Chronomètre recommandé

BARÈME

Bonne réponse : +4 points	Aucune réponse : 0 point	Mauvaise réponse : –1 point

TEXTE 1

Titre : Question 3.

Les fonds d'investissement misant sur les entreprises d'infrastructures séduisent les épargnants en quête de placement concret, répondant aux défis de transition énergétique, de mobilité, de transformation numérique.

Aéroports, ports, routes, réseaux de traitement de l'eau et des déchets ou encore équipements de télécommunications (pylônes hertziens, fibre optique…) : les infrastructures sont toutes ces installations indispensables au bon fonctionnement de notre vie quotidienne. Des actifs tangibles qui séduisent par ailleurs de plus en plus les épargnants, avec les fonds d'infrastructures, ces fonds d'investissement qui misent spécifiquement sur les entreprises actives dans ces secteurs.

Certaines sociétés cotées en Bourse en Europe se sont en effet spécialisées dans ce type d'activités en détenant des contrats de concession accordés par un Etat ou par une collectivité, à l'image de Veolia Environnement (eau), des groupes ADP ou Aena (aéroports), de Vinci (autoroutes) ou encore de Cellnex (télécoms).

(Question 2), d'après une étude publiée en octobre par France Invest (Association des investisseurs pour la croissance) et le cabinet Grant Thornton. Soit 67 % de plus que sur l'ensemble de l'année dernière.

Comment expliquer cet engouement des épargnants ? « *Les infrastructures apportent une dimension concrète en leur permettant d'investir dans l'économie réelle* », répond Gianluca Minella, responsable de la recherche sur les infrastructures au sein de la société de gestion DWS.

Visibilité à long terme

Les entreprises de ce domaine ont aussi « *l'avantage de générer, sur la durée, des revenus récurrents, généralement indexés sur l'inflation, avec un cadre fixé par les pouvoirs publics garantissant des retours sur investissement raisonnables,* estime Julie Arav, gérante analyste pour la société de gestion DNCA Finance. *Cela leur permet de verser à leurs actionnaires des dividendes attractifs, supérieurs à la moyenne du marché, et en croissance, si on exclut l'effet exceptionnel de chocs exogènes (épidémies, guerres, etc.). »*

La résilience de leur modèle économique est de nature à séduire les investisseurs, en particulier ceux à la recherche de visibilité à long terme, ou inquiets face à la hausse des prix en zone euro.

(Source : Le Monde)

Question 1. Selon l'auteur :

(A) Les investissements dans les infrastructures sont en hausse constante depuis plusieurs années.

(B) De plus en plus de personnes investissent dans les infrastructures.

(C) Les atouts des infrastructures en font un investissement prisé.

(D) Les revenus générés par les infrastructures sont généralement indexés à l'inflation, ce qui en fait une valeur attractive.

(E) L'investissement dans les infrastructures fait partie des meilleurs investissements possibles sur le marché.

Question 2. Quelle proposition serait la plus appropriée au lieu de (Question 2) dans le texte ?

(A) Ainsi, les fonds spécialisés dans les infrastructures ont collecté une somme en nette hausse par rapport aux années précédentes.

(B) Les sommes collectées par les fonds spécialisés sont en nette augmentation.

(C) Les fonds français dévolus aux infrastructures ont ainsi collecté plus de 8 milliards d'euros de capitaux au premier semestre de cette année.

(D) Pourtant, les fonds spécialisés dans les infrastructures ont touché moins d'argent que les années précédentes.

(E) Cela explique l'engouement des épargnants pour les fonds spécialisés en infrastructures.

Question 3. Quel serait le titre le plus approprié pour ce texte ?

(A) Routes, ports, fibre, traitement de l'eau : pourquoi investir en Bourse dans les infrastructures ?

(B) Tout savoir sur les investissements dans les infrastructures.

(C) Investir dans les infrastructures présente de nombreux avantages.

(D) Veolia Environnement, ADP, Aena, Vinci et Cellnex, nouveaux champions des infrastructures.

(E) Les infrastructures, nouvel eldorado pour les investisseurs en quête de rentabilité.

Question 4. Selon l'auteur, quels sont les avantages des investissements dans les infrastructures ?

1. Plus prévisibles
2. Plus rentables
3. Plus palpables
4. Plus responsables
5. Plus novateurs

(A) 1 + 2 + 3 + 4
(B) 1 + 2 + 4
(C) 2 + 3
(D) 1 + 3 + 5
(E) 2 + 4 + 5

Question 5. Selon l'auteur :

(A) Les investissements dans les infrastructures ne sont pas sans risque.
(B) Les investissements dans les infrastructures ne présentent que des avantages.
(C) Les investissements dans les infrastructures sont le meilleur investissement possible.
(D) Malgré les avantages qu'ils offrent, les investissements dans les infrastructures peuvent tout de même présenter certains risques.
(E) Les investissements dans les infrastructures ne présentent pas que des avantages.

TEXTE 2

Titre : Question 1.

Le géant des réseaux sociaux, rebaptisé Meta, planchait depuis plusieurs années sur une devise virtuelle. Mais face à l'opposition des autorités politiques comme financières, Diem, l'association indépendante qui portait le projet, a décidé d'y mettre fin. L'association Diem qui le portait prévoit de vendre ses principaux actifs et de se démanteler, faute d'avoir su convaincre les régulateurs.

Le géant des réseaux sociaux s'était lancé dans l'arène des devises virtuelles en créant ce qui fut d'abord baptisé « libra ». Il s'agissait de proposer un nouveau mode de paiement en dehors des circuits bancaires traditionnels. Conscient des préoccupations des régulateurs face à une devise gérée par une société privée, le groupe américain avait alors décidé d'en confier la gestion à une entité indépendante, basée à Genève (Suisse), renommée Diem.

Cette initiative était en bonne voie, mais **(Question 9)**, a justifié le directeur général de l'association, Stuart Levey, dans un communiqué.

« L'idée que Facebook fasse une cryptomonnaie avait affolé tout le monde », a réagi pour l'Agence France-Presse l'analyste Rob Enderle, d'Enderle Group. « Pour les régulateurs, cela allait trop loin. Ils avaient clairement dit qu'ils ne faisaient pas confiance à Facebook » sur ce projet. Diem va donc vendre ses droits de propriété intellectuelle et d'autres actifs pour 182 millions de dollars (162 millions d'euros) à la banque Silvergate Capital Corporation, spécialisée dans les devises numériques.

Des risques pour la stabilité des marchés financiers

A l'origine, Facebook avait imaginé un nouveau mode de paiement permettant d'acheter des biens ou d'envoyer de l'argent aussi facilement et rapidement qu'un message instantané. Mais le projet avait, dès son lancement, provoqué une levée de boucliers, aussi bien de la part des banques centrales, des régulateurs que des décideurs politiques. Ils s'inquiétaient pêle-mêle des risques pour la stabilité du système financier, de la lutte contre le blanchiment d'argent ou encore de la protection des données personnelles.

Le fait que Facebook puisse chercher à battre monnaie, au même titre que des banques centrales, avait également suscité l'indignation de nombreux régulateurs.

(Source : Le Monde)

Question 6. Quel serait le titre le plus approprié pour ce texte ?

(A) Libra : chronique d'un échec annoncé.
(B) Libra, une monnaie trop risquée pour voir le jour.
(C) Facebook renonce à son projet de monnaie numérique.
(D) Facebook fait marche arrière concernant Libra.
(E) La monnaie virtuelle de Facebook ne verra pas le jour.

Question 7. Selon l'auteur :

(A) Diem n'a pas su faire preuve de suffisamment de force de conviction pour réussir à maintenir sa monnaie numérique.
(B) Les régulateurs ont été indignés par la volonté de Facebook de battre monnaie.
(C) Facebook voulait permettre d'acheter des biens ou d'envoyer de l'argent aussi facilement et rapidement qu'un message instantané.
(D) Facebook a été contraint de renoncer à son projet de monnaie numérique.
(E) Libra ne verra finalement pas le jour malgré les efforts de Facebook.

Question 8. Quelles sont les raisons évoquées par l'auteur pour expliquer l'échec du lancement d'une monnaie numérique par Facebook ?

1. Manque de force de conviction
2. Risques d'instabilité
3. Risques de blanchiment d'argent
4. Risques concernant les données personnelles
5. Risque de perte de contrôle

(A) 1 + 4
(B) 2 + 3 + 4
(C) 1 + 2 + 3 + 4
(D) 2 + 4 + 5
(E) 1 + 3 + 5

Question 9. Quelle proposition conviendrait le mieux à la place de (Question 9) dans le texte ?

(A) Tout s'est retourné d'un coup.

(B) Il était devenu évident au cours de nos discussions avec les autorités américaines que le projet ne pouvait pas avancer davantage.

(C) Nous nous étions manifestement trompés.

(D) Le destin en a décidé autrement.

(E) Les contrepoids l'ont emporté.

Question 10. Quel serait le meilleur résumé de ce texte ?

(A) Manque de force de conviction, risques d'instabilité, erreurs stratégiques sont autant de raisons qui ont mené Facebook à un échec dans le lancement de sa monnaie.

(B) Facebook s'est révélé incapable de mener à terme son projet de monnaie numérique.

(C) Facebook n'a pas pu mener à bien son projet de monnaie numérique, ce qui est perçu en interne comme un échec.

(D) Le projet de monnaie numérique de Facebook, Libra, n'a pas pu voir le jour en raison de nombreuses embûches qui se sont dressées sur son chemin.

(E) Facebook n'a pas pris les mesures nécessaires pour parvenir à lancer sa monnaie numérique.

TEXTE 3

Titre : (Question 13).

Celui-ci a augmenté d'un tiers en cinq ans et il va dépasser le niveau français cette année. Le même mouvement a lieu un peu partout en Europe.

Selon la formule de Nye Cominetti, économiste au cercle de réflexion Resolution Foundation, « le Royaume-Uni s'est lancé dans une expérience économique grandeur nature ». Depuis cinq ans, le pays de Margaret Thatcher et du marché du travail libéralisé effectue un soudain rattrapage de son salaire minimum.

Actuellement de 8,91 livres sterling (10,63 euros) de l'heure, il a rejoint le niveau du SMIC français (10,57 euros). En avril, il va encore faire un bond de 6,6 %, à 9,50 livres (11,30 euros), dépassant alors nettement celui de la France.

« Tous les économistes pensent qu'à partir d'un certain niveau le salaire minimum va finir par réduire le taux d'emploi, mais personne ne sait à partir de quand, résume M. Cominetti. Le Royaume-Uni l'augmente progressivement, expérimentant année après année. Et, pour l'instant, il n'y a pas d'effet sur l'emploi. » Le taux de chômage britannique culmine à... 4,2 %.

« Les retombées indirectes sont frappantes »

Cette politique date du gouvernement conservateur de David Cameron. A l'époque, George Osborne, le chancelier de l'Echiquier, veut faire des économies de budget. Mais avec des salaires qui stagnent depuis la grande crise financière de 2008, de nombreux ménages souffrent, et les aides sociales continuent d'être importantes. Il veut inverser la dynamique. « Nous devons passer d'une économie aux salaires bas, aux impôts et aux aides sociales élevés à un pays aux salaires plus élevés, et à des impôts et à des aides sociales plus bas. » Il fixe un objectif : augmenter progressivement le SMIC britannique à 60 % du salaire médian, alors qu'il tournait alors juste au-dessous de 50 %. A coups de fortes hausses, c'était chose faite dès 2020, sans rencontrer de grandes difficultés chez les employeurs. « Les salariés avaient plus de pouvoir de négociation que nous ne l'imaginions », constate M. Cominetti.

Par ailleurs, aucun effet négatif sur l'emploi n'a été enregistré. « C'est l'histoire du chien qui n'a pas aboyé, estime Chris Hare, économiste à HSBC. Les inquiétudes que le salaire minimum allait mener à des augmentations majeures de prix et à de larges pertes d'emploi ont été, pour l'instant, sans fondement. »

(Source : Le Monde)

Question 11. Selon l'auteur :

(A) L'augmentation du salaire minimum au Royaume-Uni n'a pas été de tout repos, notamment pour les patrons.
(B) L'augmentation du salaire minimum au Royaume-Uni est due à une volonté politique.
(C) L'augmentation du salaire minimum au Royaume-Uni n'est qu'un exemple d'un mouvement d'ampleur en Europe.
(D) L'augmentation du salaire minimum au Royaume-Uni risque de réduire le niveau d'emploi.
(E) L'augmentation du salaire minimum au Royaume-Uni risque d'augmenter le niveau général des prix.

Question 12. Laquelle de ces informations n'est pas sous-entendue par l'auteur ?

(A) Il est surprenant que le salaire minimum augmente au Royaume-Uni, pays de Margareth Thatcher.
(B) Le taux de chômage dans les autres pays européens est probablement supérieur à 4,2 %.
(C) On aurait pu s'attendre à une levée de boucliers des patrons contre l'augmentation du salaire minimum.
(D) Les salariés étaient en fait en position de force pour négocier les salaires.
(E) On aurait pu s'attendre à ce que l'augmentation du salaire minimum provoque des effets négatifs sur l'emploi.

Question 13. Quel serait le titre le plus approprié pour ce texte ?

(A) Au Royaume-Uni, la flambée du salaire minimum.

(B) Le salaire minimum au Royaume-Uni va bientôt nettement dépasser le salaire minimum français.

(C) Au Royaume-Uni, la surprenante envolée du salaire minimum.

(D) Le salaire minimum au Royaume-Uni s'envole année après année.

(E) L'augmentation du salaire minimum au Royaume-Uni n'a pas eu d'effet négatif sur l'économie.

Question 14. Que signifie Nye Cominetti quand il dit : « Le Royaume-Uni s'est lancé dans une expérience économique grandeur nature » ?

(A) L'exemple du Royaume-Uni va permettre de mettre à l'épreuve les prévisions des économistes.

(B) Ce que vit le Royaume-Uni préfigure de ce que vont vivre les autres pays européens prochainement.

(C) Le Royaume-Uni va servir de base de réflexion pour les autres dirigeants européens.

(D) David Cameron lance le Royaume-Uni dans une aventure économique inédite.

(E) L'Europe entière a les yeux rivés sur ce qui se passe au Royaume-Uni.

Question 15. Que signifie Chris Are quand il dit : « C'est l'histoire du chien qui n'a pas aboyé » ?

(A) L'augmentation du salaire minimum a fait beaucoup de bruit pour pas grand-chose.

(B) C'est la montagne qui accouche d'une souris.

(C) On aurait pu s'attendre à des effets plus marqués de la hausse du salaire minimum au Royaume-Uni.

(D) Les effets tant attendus de la hausse du salaire minimum au Royaume-Uni n'ont pas été observés.

(E) Cette augmentation fait apparaître au grand jour les esprits animaux des commentateurs

CONSIGNES

15 questions	20 minutes	Calculatrice interdite	Chronomètre recommandé

BARÈME

Bonne réponse : +4 points	Aucune réponse : 0 point	Mauvaise réponse : –1 point

Question 16. On lance simultanément deux dés non pipés. Sachant que le 5 n'est pas sorti, quelle est la probabilité que la somme obtenue soit égale à 7 ?

(A) 4/36
(B) 5/36
(C) 4/25
(D) 5/25
(E) 4/24

Question 17. Un amphithéâtre rempli aux 2/3 compte 14 personnes de plus que s'il était rempli à moitié. Combien de places cet amphithéâtre possède-t-il ?

(A) 28
(B) 56
(C) 84
(D) 96
(E) 100

Question 18. Deux produits valent initialement le même prix. Un produit subit une augmentation de 10 %, l'autre une diminution de 20 %. La différence des prix est de 36 €. Quel est le prix initial ?

(A) 120
(B) 180
(C) 220
(D) 240
(E) 300

Question 19. Un produit subit une augmentation constante en % chaque année. Sachant que la première année le produit a augmenté de 4 € et qu'il a augmenté de 5 € la deuxième année, quelle est la valeur de l'augmentation en % ?

(A) 15 %
(B) 20 %
(C) 25 %
(D) 30 %
(E) 35 %

Question 20. Soit 3 triangles équilatéraux, avec les 2 petits triangles identiques, comme sur la figure. Que vaut l'aire grisée en proportion de l'aire totale ?

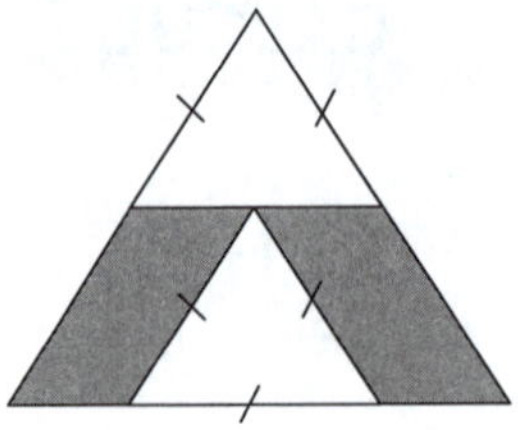

(A) 1/4
(B) 1/3
(C) 1/2
(D) 2/3
(E) 4/7

Question 21. Dans la liste suivante, quels chiffres faut-il barrer pour obtenir le plus grand multiple de 5 possible : 5 3 7 8 2 1 0 6 5 ?

(A) 0-1-2-3
(B) 5-3-7-0
(C) 5-3-7-1
(D) 5-3-2-1
(E) 2-1-0-6

Question 22. Un triangle ABC isocèle est rectangle en A. On transforme ce triangle en un triangle similaire DEF rectangle en D en augmentant sa surface de 21 %. Sachant que la surface de DEF est de 60,5 cm^2, quelle est la longueur de BC ?

(A) $5 \times \sqrt{2}$
(B) $10 \times \sqrt{2}$
(C) $14 \times \sqrt{2}$
(D) $18 \times \sqrt{2}$
(E) $20 \times \sqrt{2}$

Question 23. Chaque année, dans un célèbre parc d'attractions, 9 millions de tickets pour des attractions sont vendus. Sachant qu'un enfant consomme 2 fois plus de tickets pour des attractions qu'un adulte, et que 80 % des participants sont des enfants, combien de millions de tickets sont consommés par des enfants ?

(A) 6,5
(B) 7
(C) 7,5
(D) 8
(E) 8,5

Question 24. On augmente de 30 % la longueur d'un rectangle et on baisse de 20 % sa largeur, comment évolue son aire ?

(A) -5 %
(B) +2 %
(C) +4 %
(D) +8 %
(E) +10 %

Question 25. Un groupe de moutons transgéniques est composé de moutons à 4 pattes et de moutons à 5 pattes. Sur les 31 moutons du groupe, on compte 140 pattes. Combien de ces moutons ont 5 pattes ?

(A) 15
(B) 16
(C) 17
(D) 18
(E) 19

Question 26. Quel est le nombre maximum de points d'intersection définis par 4 droites ?

(A) 4
(B) 5
(C) 6
(D) 7
(E) 8

Question 27. Combien de pages comporte ce livre sachant qu'on a utilisé 2001 chiffres pour numéroter les pages ?

(A) 683
(B) 703
(C) 723
(D) 743
(E) 763

Question 28. Dans une université, 60 % des étudiants sont des femmes et 20 % des étudiants sont des sportifs de haut niveau. On sait également que 60 % des sportifs de haut niveau sont des femmes. Quelle est la proportion de femmes parmi les étudiants qui ne sont pas sportifs de haut niveau ?

(A) 48 %
(B) 60 %
(C) 65 %
(D) 70 %
(E) 74 %

Question 29. Les trois côtés d'un triangle mesurent respectivement 6 cm, 10 cm et 11 cm. Combien mesure le côté d'un triangle équilatéral de même périmètre ?

(A) 6 cm
(B) 7 cm
(C) 8 cm
(D) 9 cm
(E) 10 cm

Question 30. Un groupe de 20 personnes paye 114 € pour entrer dans un zoo. L'entrée adulte est à 7,50 € et l'entrée enfant est à 4,50 €. Combien y a-il d'enfants dans le groupe ?

(A) 16
(B) 14
(C) 12
(D) 10
(E) 8

3 RAISONNEMENT ET ARGUMENTATION

CONSIGNES

15 questions	20 minutes	Calculatrice interdite	Chronomètre recommandé

BARÈME

Bonne réponse : +4 points	Aucune réponse : 0 point	Mauvaise réponse : –1 point

Question 31. Dans ma famille, chaque enfant a au moins deux frères et au moins une sœur. Combien y a-t-il au minimum d'enfants dans ma famille ?

(A) 3
(B) 4
(C) 5
(D) 6
(E) 7

Question 32. Peut-être pour la première fois dans l'Histoire, il semble y avoir un large consensus parmi les scientifiques : notre planète pourrait faire face à des scénarios effrayants dans un avenir pas si lointain. L'arrêt de la circulation des eaux océaniques dans l'Atlantique, la déglaciation du Groenland et de l'Antarctique et l'élévation massive du niveau de la mer sont autant de phénomènes qui pourraient tous être la conséquence de notre inaction.

Laquelle de ces propositions soutient le plus les propos du texte ?

(A) La déglaciation du Groenland et l'arrêt de la circulation des eaux océaniques dans l'Atlantique sont la conséquence de l'action des hommes.
(B) La plupart des scientifiques le disent : les phénomènes environnementaux qui menacent la planète risquent d'avoir de sérieuses conséquences.
(C) Les scientifiques sont tombés d'accord sur la question du réchauffement climatique.
(D) Les scientifiques semblent enfin se mettre d'accord sur la question de l'environnement.
(E) Il faut prendre des mesures rapidement pour lutter contre le réchauffement climatique.

Question 33. Tout à sa volonté de rivaliser avec New York jusque dans les symboles, Shanghaï a également son Times Square, son carrefour où, sur un écran géant, alternent informations économiques et publicités pour marques de luxe. En ce début janvier, alors que la pluie, la grisaille et le froid semblent se liguer pour décourager les consommateurs de courir les boutiques, l'écran bleu azur affiche fièrement la progression du produit intérieur brut (PIB) chinois durant les trois premiers trimestres de cette année : + 9,8 %. Mais les courbes défilant en bas de l'écran sont moins optimistes. Après une envolée spectaculaire au premier trimestre, la croissance ne cesse de ralentir.

Quel proverbe illustre le mieux les propos de ce texte ?

(A) Après la pluie, le beau temps.
(B) Le diable se cache dans le détail.
(C) Les apparences sont parfois trompeuses.
(D) L'imitation est la plus sincère des flatteries.
(E) Tout ce qui brille n'est pas d'or.

Question 34. Les pôles se dérèglent toujours plus rapidement sous l'effet du changement climatique causé par les activités humaines. Au Nord, l'Arctique est propulsé dans un état radicalement différent de celui dans lequel il se trouvait il y a seulement quelques décennies, avec la neige et la glace qui laissent place à une végétation plus luxuriante et des vagues de chaleur plus fréquentes. Au Sud, l'Antarctique risque de voir une partie de l'un de ses principaux glaciers se désintégrer d'ici cinq ans, accélérant la débâcle des glaces, sans que rien ne puisse sembler enrayer ce phénomène. Vers quelle conclusion tend ce texte ?

(A) Un destin catastrophique est à prévoir pour la planète si rien n'est fait.
(B) La fonte des glaces semble inéluctable, au Nord comme au Sud.
(C) L'activité humaine cause un réchauffement climatique généralisé.
(D) Il devient urgent de prendre des mesures de lutte contre le réchauffement climatique.
(E) Il faut limiter au maximum l'impact des activités humaines sur le réchauffement du climat.

Question 35. L'entrepreneuriat vit un réel succès aujourd'hui. A cela plusieurs raisons : devenir entrepreneur peut être une issue passionnante pour une personne en recherche d'emploi et dans l'impasse professionnellement. Le succès du régime autoentrepreneur fait partie également de l'engouement que rencontre l'entrepreneuriat. Enfin, il y a un nombre important de motivations personnelles à devenir entrepreneur : suivre un idéal, prouver ses compétences, répondre à un besoin de reconnaissance, le goût de l'aventure professionnelle, avoir le sens des responsabilités, ne plus dépendre d'une hiérarchie ou encore être le propre acteur de sa réussite.

Laquelle des propositions suivantes résume le mieux le paragraphe ?

(A) Parmi les raisons qui poussent à devenir entrepreneur, il y a un nombre important de motivations personnelles.
(B) Les raisons qui poussent à devenir entrepreneur sont variées.
(C) Devenir entrepreneur n'est pas forcément un choix par défaut.
(D) Plusieurs raisons expliquent l'essor actuel de l'entrepreneuriat.
(E) Une société dans laquelle les entrepreneurs sont nombreux est une société en mouvement.

Question 36. Depuis des années, on entend parler des mérites du *hygge* danois, cet art de vivre nordique qui permet de rester heureux pendant les longs mois d'hiver et lors des difficultés. Le *hygge* est en fait la capacité à se satisfaire de peu, à prendre ce que la vie vous donne, et donc à être réaliste. Ainsi, fixer des objectifs réalistes pour ne pas susciter un stress permanent est la clef du bonheur au travail.

Laquelle des propositions suivantes est sous-entendue par l'auteur ?

(A) Le bonheur dépend de soi.
(B) Le hygge s'applique aussi en été.
(C) Il faut se satisfaire de peu.
(D) Le malheur vient d'attentes trop hautes.
(E) Chacun peut décider, ou non, d'être heureux.

Question 37. « Théâtre » est à (...) ce que « pont-levis » est à (...).

(A)	Cinéma	Château-fort
(B)	Acteur	Chevalier
(C)	Divertissement	Moyen-Âge
(D)	Représentation	Ouverture
(E)	Art	Sécurité

Question 38. Quand on parle de donner le droit aux grandes surfaces de vendre des médicaments, les pharmacies poussent des cris d'orfraie, arguant que cette vente pourrait être dangereuse voire criminelle. Personnellement, lorsque je vais m'acheter un tube de comprimés dans une pharmacie, on me le remet sans discussion, ni commentaire.

Que sous-entend l'auteur de ce texte ?

(A) Les pharmaciens ne font pas leur travail de conseil auprès du client.
(B) Les grandes surfaces peuvent vendre des médicaments de façon sécurisée pour le client.
(C) Certains produits vendus en grande surface peuvent être nocifs pour la santé.
(D) Contrairement aux grandes surfaces, les pharmaciens sont tenus au secret professionnel.
(E) Certains médicaments ne nécessitent aucun conseil particulier de la part du pharmacien.

Question 39. Un bon discours, lors d'une prise de parole en public, n'est rien sans une introduction maîtrisée. Pour cela, il existe des méthodes et des techniques simples mais efficaces pour vous permettre de bien introduire votre intervention ou présentation, peu importe le contexte dans lequel elle va avoir lieu. Bien gérer l'introduction de son discours est donc une des clés de la réussite d'une prise de parole en public.

Parmi les arguments ci-dessous, lequel affaiblit le plus le point de vue de l'auteur ?

(A) Une fois l'introduction passée, l'attention du public a tendance à diminuer.
(B) Une introduction réussie est souvent gage d'un développement raté.
(C) L'introduction est un élément mineur dans la réussite d'une prise de parole.
(D) Une bonne introduction ne garantit pas forcément une bonne conclusion.
(E) De nombreuses prises de parole en public sont décevantes car l'orateur met toute son énergie pour faire une bonne introduction, au détriment du développement et de la conclusion.

Question 40. Il y a 3 portes et derrière l'une d'elles se trouve un hippopotame. Une phrase est écrite sur chaque porte. Une seule des phrases écrites est vraie.

- Porte 1 : « L'hippopotame n'est pas derrière cette porte »
- Porte 2 : « L'hippopotame est derrière cette porte »
- Porte 3 : « La somme des quatre angles d'un rectangle vaut 180° »

Derrière quelle porte se trouve l'hippopotame ?

(A) La porte 1
(B) La porte 2
(C) La porte 3
(D) Il peut être derrière deux des portes
(E) Il peut être derrière les 3 portes

Question 41. Un hôtel espagnol affirme dans sa publicité : « 28 jours de beau temps en octobre ». Si la publicité dit vrai, combien de jours au minimum faut-il séjourner à l'hôtel, au mois d'octobre, pour être sûr d'avoir au moins deux jours de beau temps consécutifs ?

(A) 2
(B) 3
(C) 5
(D) 6
(E) 8

Question 42. Les inégalités économiques se retrouvent aussi dans nos assiettes. Le constat n'est pas nouveau mais se voit une fois encore confirmé par les résultats de la dernière grande enquête du Bulletin épidémiologique. Sur les 29.000 personnes qui ont participé à l'étude, autant d'hommes que de femmes âgés de 30 à 60 ans, il apparaît qu'un Français sur deux est en surpoids et que l'obésité touche toujours durement les plus modestes.

Ainsi, parmi les 15,6 % de femmes obèses observées dans l'échantillon, près d'un tiers a un revenu mensuel inférieur à 450 euros. Un taux qui chute à 7 % pour les femmes qui ont une rémunération mensuelle d'au moins 4 200 euros. Idem chez les hommes bien que l'écart soit moins important.

Parmi les propositions suivantes, laquelle est la meilleure conclusion du paragraphe ?

(A) Plus la situation économique d'une personne est précaire, plus elle est en surpoids.
(B) Réduire l'obésité passera par une augmentation du pouvoir d'achat des plus pauvres.
(C) Réduire les écarts de revenus entre plus pauvres et plus riches permettra de faire baisser l'obésité.
(D) Les industriels doivent proposer des produits plus diététiques.
(E) Qu'on soit riche ou pauvre, être obèse n'est pas une fatalité.

Question 43. Si les économistes redécouvrent aujourd'hui la question des inégalités, c'est qu'ils s'en étaient assez largement désintéressés au cours du dernier demi-siècle. Avec la longue période de croissance qui a suivi la Seconde Guerre mondiale, les conditions matérielles se sont rapidement améliorées pour tous. Même avec 2 % de croissance par an, 36 ans suffisent pour doubler le revenu moyen de la population. Dans ces conditions, il n'est pas difficile de faire en sorte que chacun ait des conditions matérielles meilleures que celles de ses parents, si bien que la question des inégalités devient moins prégnante. Aujourd'hui, les économies développées connaissent à la fois une croissance relativement faible et des inégalités croissantes. Par conséquent, dans un grand nombre de pays, le revenu des classes moyennes stagne voire recule. (...)

Quelle phrase s'intègrerait le mieux à la place de (...) ?

(A) Se pose alors la question de savoir comment faire pour relancer la croissance.
(B) La théorie du ruissellement, selon laquelle l'enrichissement des plus aisés est in fine bénéfique pour les moins aisés, devient beaucoup moins convaincante.
(C) C'est la fin du mythe de la croissance éternelle.
(D) C'est le retour de la stagflation, mélange de faible croissance et de forte inflation.
(E) Espérons que la croissance reprenne rapidement pour que les inégalités diminuent de nouveau.

Question 44. Le bon chocolat donne de bonnes mousses au chocolat. Le mauvais goût de celle-ci autorise à penser qu'elle n'a pas été faite avec du bon chocolat.

Lequel des raisonnements suivants a la même structure logique que le précédent ?

(A) L'engrais est bon pour les patates. Mais comme on n'a pas mis d'engrais, les patates ne sortiront pas.

(B) Les bons avocats donnent de bons guacamoles. On ne fera pas un bon guacamole avec ces mauvais avocats.

(C) Qui aime l'argent, aime le pouvoir. Aimant le pouvoir, Mathilde aime sûrement l'argent.

(D) Qui n'aime pas le rouge aime le jaune. Puisque Denis aime le rouge, il n'aime pas le jaune.

(E) Pour penser, il faut savoir douter. Ne sachant pas douter, Anne-Laure ne peut pas penser.

Question 45. Selon le dernier rapport annuel sur les perspectives de l'emploi de l'Organisation de coopération et de développement économiques (OCDE), 14 % des emplois dans les pays de l'OCDE sont susceptibles de disparaître (16 % en France) et 32 % pourraient être profondément transformés (32 % dans l'Hexagone) avec l'automatisation des tâches et la multiplication des machines dans le monde du travail au cours des 20 prochaines années. L'OCDE estime qu'il est urgent d'adapter le système scolaire aux nouvelles réalités, et de donner aux travailleurs des occasions de développer de nouvelles compétences par la formation tout au long de leur vie professionnelle.

Laquelle des propositions suivantes est la plus en adéquation avec le paragraphe ci-dessus ?

(A) Les emplois de demain ne seront pas les emplois d'aujourd'hui.

(B) La France sera en moyenne plus impactée que les autres pays de l'OCDE par les bouleversements du marché du travail.

(C) Sans réforme du système scolaire et de la formation, les pays de l'OCDE ne seront pas préparés aux évolutions du marché du travail.

(D) L'évolution des emplois va nécessiter des transformations en termes de formation scolaire et professionnelle.

(E) Les salariés de demain devront se former tout au long de leur vie.

CONSIGNES			
15 questions	20 minutes	Calculatrice interdite	Chronomètre recommandé

BARÈME		
Bonne réponse : +4 points	Aucune réponse : 0 point	Mauvaise réponse : –1 point

(A) **L'information 1 seule est suffisante** pour répondre à la question.
L'information 2 seule est insuffisante pour répondre à la question.
(B) **L'information 2 seule est suffisante** pour répondre à la question.
L'information 1 seule est insuffisante pour répondre à la question.
(C) **Les informations 1 et 2 ensemble sont suffisantes** pour répondre à la question.
L'information 1 seule ou l'information 2 seule est insuffisante pour répondre à la question.
(D) **L'information 1 seule est suffisante** pour répondre à la question.
L'information 2 seule est suffisante pour répondre à la question.
(E) **Les informations 1 et 2 ensemble sont insuffisantes** pour répondre à la question.
L'information 1 seule ou l'information 2 seule est insuffisante pour répondre à la question.

Question 46. Quelle est la valeur de X sachant que : $\frac{7}{X} = \frac{7+A}{X+A}$?

(1) $A \neq 0$.

(2) A est impair.

Question 47. Quelle est la valeur de X ?

(1) $3 \times (X - 4) = 3X + Y$

(2) $(X - 3) \times (Y + 8) = 0$

Question 48. Le triangle DEF est rectangle en D. Quelle est la longueur du côté EF ?

(1) DE = 3 cm.

(2) L'aire du triangle DEF est de 12 cm^2.

Question 49. n est un entier positif, (n + 1) est- il un nombre premier ?

(1) n est premier.

(2) n est pair.

Question 50. A est un cube supérieur ou égal à 2 et inférieur ou égal à 400. Quelle est la valeur de A ?

(1) A est pair.

(2) A est un carré.

Question 51. X est- il un nombre négatif ?

(1) $150 X > 149 X$

(2) $X + 1 > 0$

Question 52. Nathalie vient de fêter ses 10 ans. Quel âge a son père sachant qu'il a moins de 70 ans ?

(1) L'âge de son père à sa naissance était un multiple de 12 supérieur ou égal à 24.

(2) L'âge de son père est aujourd'hui un multiple de 23.

Question 53. Les gymnastes inscrits à une compétition ont le choix entre barre fixe et barres parallèles. 200 élèves participent à ce concours, certains ne choisissant d'être candidat qu'aux barres parallèles, d'autres à la barre fixe, le reste étant candidat aux 2 épreuves. Combien d'entre eux participeront uniquement à la compétition de barre fixe ?

(1) 80 candidats passent les deux parties du concours.

(2) Les candidats qui ne présentent que le concours de barres parallèles sont deux fois plus nombreux que ceux qui ne présentent que le concours de barre fixe.

Question 54. On considère un cercle C, combien vaut son diamètre ?

(1) Son périmètre est le double de son aire.

(2) Son diamètre vaut le double de son rayon.

Question 55. Soit un triangle de dimensions 5, 7 et N avec N le plus petit côté. Sachant que N est entier, que vaut N ?

(1) N est impair.

(2) N est un nombre premier.

Question 56. Si $X \neq 0$, a-t-on $Y < 0$?

(1) $X \times Y = 12$

(2) $X + Y = 8$

Question 57. Un camping situé à la montagne propose des tarifs différents en fonction de la saison. Un tarif « de base » est proposé au printemps et à l'automne. Ce tarif est majoré de 40 % en hiver et minoré de 30 % en été. Quel est le coût d'une nuit au mois de janvier ?

(1) Le tarif hiver est 2 fois supérieur au tarif été

(2) Un séjour de 3 nuits en été coûte 120 euros.

Question 58. Matthieu et Agnès se marient l'année prochaine. Combien d'invités ont-ils à leur mariage ?

(1) Si 7 personnes s'installent par table, 2 personnes ne pourront pas s'asseoir et resteront debout.

(2) Si 8 personnes s'installent par table, 2 tables resteront vides mais les autres seront complètes.

Question 59. Arnaud voudrait acheter des bonbons. Combien peut-il en acheter ?

(1) Le prix d'un bonbon est de 1 €.

(2) S'il avait 3 fois plus d'argent, il pourrait acheter 10 bonbons de plus.

Question 60. Le triangle XYZ rectangle en X est-il isocèle ?

(1) $YZ = 5\sqrt{2}$ et $XY = 5$

(2) $XYZ = 45°$

TAGE MAGE N° 17

5 EXPRESSION

CONSIGNES

15 questions	20 minutes	Calculatrice interdite	Chronomètre recommandé

BARÈME

Bonne réponse : +4 points	Aucune réponse : 0 point	Mauvaise réponse : –1 point

Question 61. Choisissez la reformulation dont le sens se rapproche le plus du passage souligné.

La Direction de certaines usines pense que le processus de mise en fabrication comporte une importante part d'anticipation, ce que les faits ne corroborent pas.

(A) De prospective N'encouragent pas

(B) De prophétie Démentent

(C) De discernement N'influencent pas

(D) De prévision N'étayent pas

(E) De prévoyance Infirment

Question 62. Choisissez la reformulation dont le sens se rapproche le plus du passage souligné.

Voilà 500 euros pour ton anniversaire, mais je compte sur toi pour ne pas tout dépenser d'un coup.

(A) Dépenser cet argent avec parcimonie.

(B) Dépenser cet argent avec magnanimité.

(C) Dépenser cet argent avec intelligence.

(D) Ne pas dépenser cet argent subtilement.

(E) Dépenser cet argent convenablement.

Question 63. Parmi les propositions suivantes, laquelle est correcte ?

(A) Son aventure est ineffable, on ne peut pas la raconter.

(B) Cette personne est ineffable, insensible.

(C) Sophie a vécu une aventure ineffable, traumatisante.

(D) Sa beauté est ineffable, surprenante.

(E) Son sourire était ineffable, pénétrant.

Question 64. Choisissez la reformulation dont le sens se rapproche le plus du passage souligné.

La difficulté des psychiatres est d'anticiper le comportement, souvent erratique, des dépressifs.

(A) Le tracas	De prévenir	Imprévisible
(B) La problématique	De prévoir	Irrégulier
(C) L'écueil	D'augurer	Sporadique
(D) La complication	De deviner	Aléatoire
(E) La complexité	De suggérer	Spontané

Question 65. Dans un contexte littéraire, que signifie le mot « incipit » ?

(A) L'intrigue
(B) L'élément perturbateur
(C) Le début
(D) La préface
(E) Le résumé

Question 66. Parmi les propositions suivantes, laquelle est correctement orthographiée ?

(A) Ils ont réglé leurs différents calmement.
(B) Il rêvassait et baillait aux corneilles.
(C) Rancunier, il est déterminé à lui rendre l'appareil.
(D) Les policiers ont découvert le poteau rose.
(E) Son coccyx avait été brisé lors de sa chute.

Question 67. Parmi les propositions suivantes, laquelle est correcte ?

(A) Il rouspète seul dans son coin.
(B) Il accèpte de la revoir seulement si elle ne se moque pas de lui.
(C) Il interpèle les passants dans la rue pour leur demander de l'argent.
(D) Si tu congelles tes aliments, tu pourras les garder plus longtemps.
(E) Je projète d'aller les voir l'année prochaine.

Question 68. Parmi les propositions suivantes, laquelle est correctement orthographiée ?

(A) La charrette était remplie à rabord.
(B) La charette était remplie à ras bord.
(C) La charrete était rempli à ras bord.
(D) La charrette était remplie à rat bord.
(E) La charrette était remplie à ras bord.

Question 69. Laquelle des propositions suivantes est incorrectement orthographiée ?

(A) Il lui faisait la cour depuis des mois.
(B) La cour de récréation était enneigée.
(C) La chasse à cour est une pratique qui crée débat.
(D) Si tu ne vas pas en cours, tu auras du mal à valider ton année.
(E) Ce pantalon est trop court pour toi.

Question 70. Parmi les propositions suivantes, laquelle ne fait pas appel à la même figure de style que les autres ?

(A) Son cheval état rapide comme l'éclair.
(B) Cet homme est un rat de bibliothèque.
(C) Son cœur, forteresse imprenable, ne laissait voir aucune émotion.
(D) C'est un jeune requin prêt à tout pour réussir.
(E) La vie est un voyage plein d'aventures.

Consigne pour les questions 71 à 75 : Choisissez les mots qui assurent la cohérence du texte.

Question 71. Le gras oui, mais avec (...).

(A) Profusion
(B) Parcimonie
(C) Modération
(D) Justesse
(E) Sobriété

Question 72 (suite de la question 71). Car les preuves de son implication, lors d'une consommation excessive, dans l'apparition de certains cancers ne manquent pas, notamment par un niveau (...) d'acides biliaires ou par un mécanisme (...) de l'un des organes (...).

(A) Augmenté	D'apaisement	De l'intestin
(B) Diminué	D'irritation	De l'estomac
(C) Modéré	De brûlure	Du tube digestif
(D) Accru	D'inflammation	Du système digestif
(E) Renforcé	De sur-sollicitation	Du corps humain

Question 73 (suite de la question 72). Mais pourquoi (...) restent-elles globalement (...) face à l'initiation et la progression de certaines tumeurs ? Une étude, publiée dans le magazine Cell Stem Cell, et réunissant plus de 30 chercheurs, apporte (...).

(A)	Les défenses corporelles	Perméables	Un début d'explication
(B)	Les lignes de défense	Infranchissables	Des réponses claires
(C)	Les cellules immunitaires	Passives	Un élément de réponse
(D)	Les lymphocytes	Sans réponse	Un éclairage intéressant
(E)	Les globules	Amorphes	Une explication

Question 74 (suite de la question 73). Chacune de nos cellules présente à sa surface des « marqueurs d'identité », véritable (...), qui permettent aux cellules de (...). Lorsqu'une cellule est malade ou devient inapte, elle présente des marqueurs, principalement CMH-II, qui l'identifient comme antigène, c'est-à-dire comme un élément à détruire.

(A)	Carte d'identité	Se reconnaître et d'agir en conséquence
(B)	Patrimoine génétique	Savoir à qui elles ont affaire
(C)	ADN	Reconnaître les cellules amies et ennemies
(D)	Passeport	Faire la part des choses
(E)	Élément de reconnaissance	Distinguer les amies des ennemies

Question 75 (suite de la question 74). Les lymphocytes T reconnaissent alors ce marqueur et procèdent, (...), à son élimination. C'est ce mécanisme de l'immunité, en évitant la formation d'un amas de cellules pouvant dégénérer, qui permet de lutter contre l'initiation d'une tumeur. Mais voilà : certaines cellules ont une (...).

(A)	Ainsi	Cape d'invisibilité
(B)	Consciencieusement	Incapacité à fonctionner correctement
(C)	Avec minutie	Obsolescence programmée
(D)	Petit à petit	Perte de repères
(E)	Avec des renforts	Identité brouillée

TAGE MAGE N° 17

6 LOGIQUE

CONSIGNES

15 questions	20 minutes	Calculatrice interdite	Chronomètre recommandé

BARÈME

Bonne réponse : +4 points	Aucune réponse : 0 point	Mauvaise réponse : –1 point

Question 76.

PAG

KLE MNA ??? LLD ZAA

LRS

KDJ

HSR

(A) BLN (B) SIN (C) KLD (D) JLN (E) VFA

Question 77.

PA

LK

KK MN ?? AD ZD

DN

HH

(A) LN (B) SI (C) RT (D) JL (E) VA

Question 78.

84

70

29 ?? 27 43 52

28

56

(A) 44 (B) 82 (C) 28 (D) 14 (E) 98

Question 79.

EZK
UAQ
BYC
UAB ??? SCD RDE LFK
PXR

(A) RBE (B) KOL (C) PBI (D) TIJ (E) NJI

Question 80.

435
627
122
??? 885 772 641 105
596

(A) 989 (B) 213 (C) 787 (D) 899 (E) 999

Question 81.

IGS
FIL
NLA ??? III FGN GGM
OMA
COR

(A) OKA (B) SAG (C) MMA (D) LKI (E) BKE

Question 82.

IGI
NID
FAL
NLA ??? IPI FRN GTM
CRO

(A) OEC (B) SEG (C) PNB (D) LNI (E) BEP

Question 83.

	74			
	85			
	52			
55	??	44	70	51
	96			

(A) 41 (B) 54 (C) 74 (D) 63 (E) 36

Question 84.

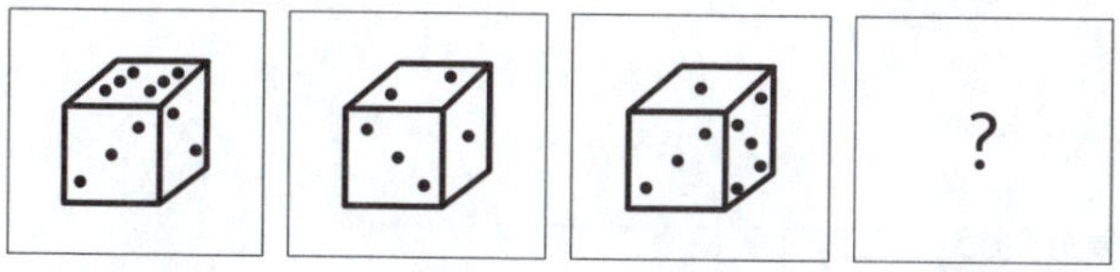

(A) (B) (C) (D) (E)

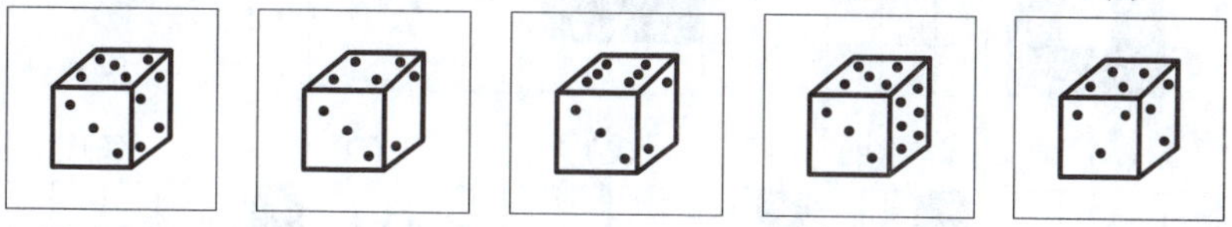

Question 85.

XB	LD	FH	?

(A)	(B)	(C)	(D)	(E)
BJ	PS	CP	SR	NB

Question 86.

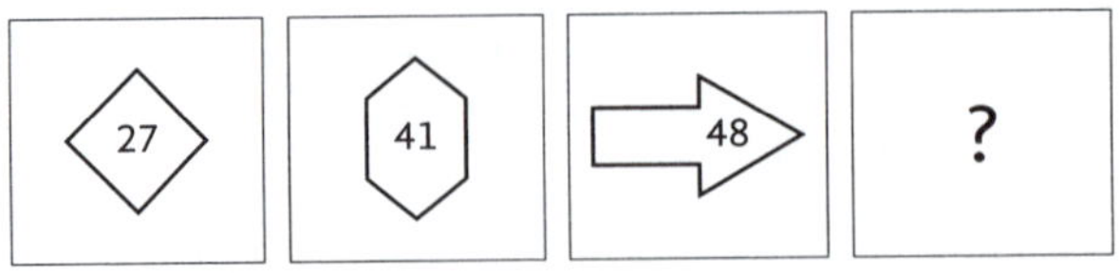

(A) (B) (C) (D) (E)

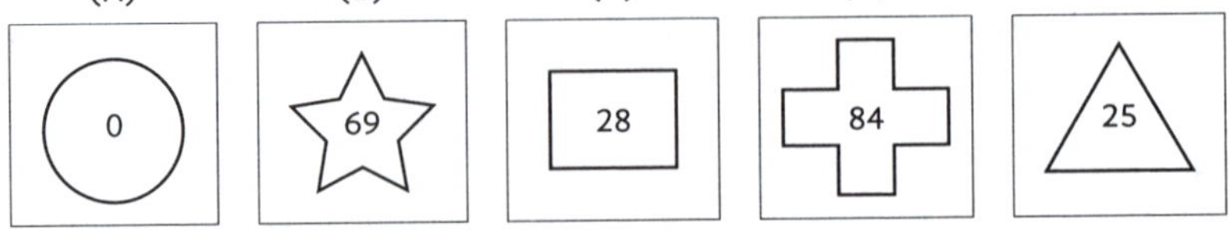

Question 87.

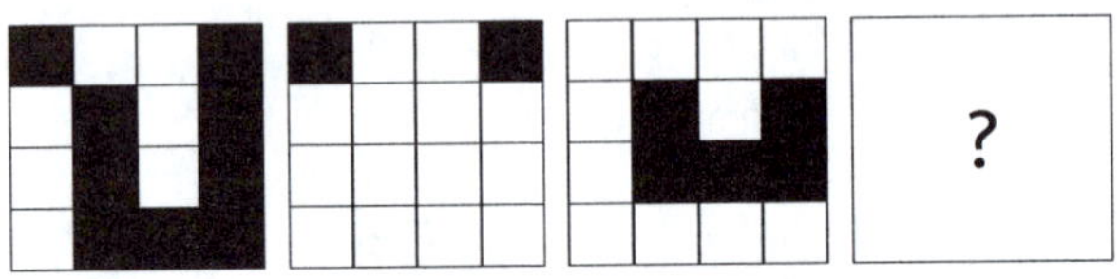

(A) (B) (C) (D) (E)

Question 88.

IA	GH	FE	?

(A)	(B)	(C)	(D)	(E)
CI	KO	VE	EB	AH

Question 89.

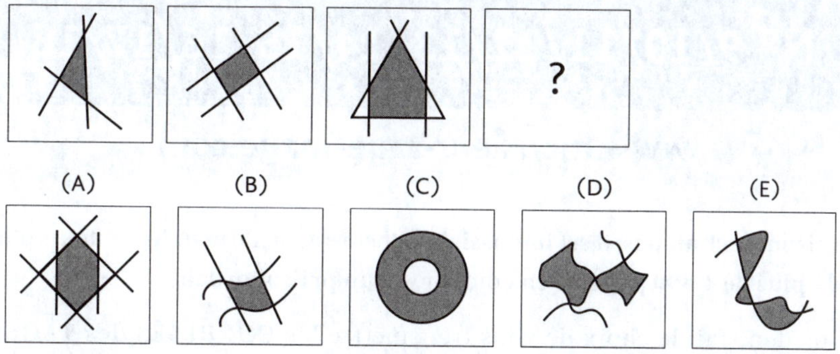

Question 90.

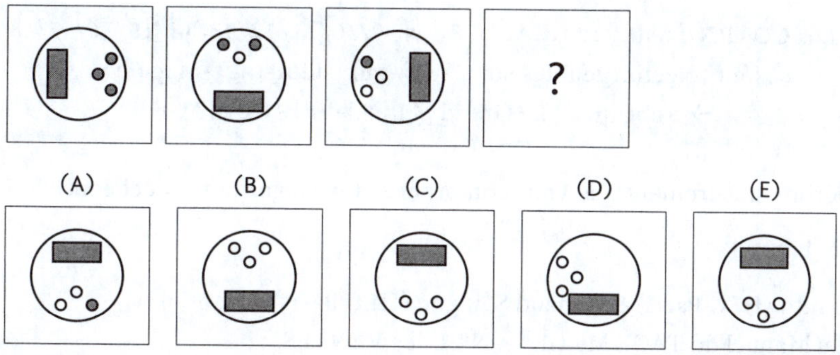

Corrigé TAGE MAGE®

N° 9/10/11/12/13/14/15/16/17/18

www.monsieur-tage-mage.com

Pour des **raisons techniques**, il est **impossible** à l'heure actuelle pour les éditeurs **d'imprimer un livre de plus de 1 400 pages – en couleur – à un prix abordable.**

Nous avons donc fait le choix de vous transmettre **les CORRIGÉS des TAGE MAGE® N° 9/10/11/12/13/14/15/16/17/18 par téléchargement** sur le site **www.monsieur-tage-mage.com.**

Les **CORRIGÉS des TAGE MAGE® N° 9/10/11/12/13/14/15/16/17/18**
sont téléchargeables sur : **www.monsieur-tage-mage.com**
→ Rubrique « Le Grand Manuel du TAGE MAGE »

Nous espérons sincèrement que vous comprenez et partagez notre décision.

Bonnes révisions !

Joachim Pinto (HEC Paris) & Arnaud Sévigné (HEC Paris)
Auteurs du Manuel du TAGE MAGE® – N° 1 des VENTES.
Fondateurs des communautés « Monsieur TAGE MAGE » et « Monsieur Ecoles de commerce » sur Facebook / Instagram / Twitter / Linkedin (+ de 30 000 membres).
Fondateurs du média étudiant Monsieur Ecoles de commerce.

TAGE MAGE N° 18

GRILLE DE RÉPONSES TM n° 18																
C.D.T	Question	1	2	3	4	5	6	7	8	9	10	11	12	13	14	15
	Réponse															
	SCORE : ....../60			**Nombre BR : ... /15**					**Nombre MR : ... /15**							
CALCUL	Question	16	17	18	19	20	21	22	23	24	25	26	27	28	29	30
	Réponse															
	SCORE : ....../60			**Nombre BR : ... /15**					**Nombre MR : ... /15**							
R & A	Question	31	32	33	34	35	36	37	38	39	40	41	42	43	44	45
	Réponse															
	SCORE : ....../60			**Nombre BR : ... /15**					**Nombre MR : ... /15**							
COND. MIN.	Question	46	47	48	49	50	51	52	53	54	55	56	57	58	59	60
	Réponse															
	SCORE : ....../60			**Nombre BR : ... /15**					**Nombre MR : ... /15**							
EXPRESS.	Question	61	62	63	64	65	66	67	68	69	70	71	72	73	74	75
	Réponse															
	SCORE : ....../60			**Nombre BR : ... /15**					**Nombre MR : ... /15**							
LOGIQUE	Question	76	77	78	79	80	81	82	83	84	85	86	87	88	89	90
	Réponse															
	SCORE : ....../60			**Nombre BR : ... /15**					**Nombre MR : ... /15**							
TM n° 18	**SCORE :....../360** ⇔ **....../600**			BR = Bonne réponse = + 4 points. MR = Mauvaise Réponse = –1 point. Multipliez par 5/3 pour passer du score/360 au score/600.												

TAGE MAGE N° 18

1 COMPRÉHENSION DE TEXTES

CONSIGNES

15 questions	20 minutes	Calculatrice interdite	Chronomètre recommandé

BARÈME

Bonne réponse : +4 points	Aucune réponse : 0 point	Mauvaise réponse : –1 point

TEXTE 1

Titre : Question 3.

L'économie circulaire vise une gestion sobre et efficace des ressources planétaires. Cela passe par le recyclage, mais pas seulement. Quelques fonds d'investissement se sont lancés sur ce créneau.

Produire mieux : c'est le mantra de l'économie circulaire, qui vise à réduire la consommation de ressources non renouvelables et la quantité de déchets. A l'opposé du modèle prédominant, qui consiste à produire, consommer et jeter.

Selon le rapport de l'organisation Circle Economy, l'économie mondiale n'est aujourd'hui circulaire qu'à hauteur de 8,6 %, ce qui signifie que seulement 8,6 % des plus de 100 milliards de tonnes de matériaux consommés sont réutilisés chaque année.

(Question 2). « Cela passe par un changement des modèles de production et de consommation, par le recours au partage, la réutilisation et le recyclage des matériaux et produits existants pour limiter l'impact sur les ressources naturelles », détaille Isabelle Bourcier, responsable des gestions indicielles et quantitatives chez BNP Paribas AM.

Produits plus durables, déchets valorisés

Cette approche vers une croissance plus durable fait partie intégrante de la lutte contre le changement climatique. L'économie circulaire est ainsi au cœur du Pacte vert de la Commission européenne, un ensemble d'initiatives visant à rendre l'Europe climatiquement neutre en 2050.

« La régulation va pousser ce thème en incitant à concevoir des produits durables, en donnant au consommateur les moyens de faire des choix plus durables, en mettant l'accent sur les secteurs de l'économie circulaire et en imposant aux industriels de valoriser leurs déchets », explique Ken Van Weyenberg, gestionnaire de portefeuille senior au sein de l'équipe gestion thématique de Candriam.

Certaines mesures ont déjà été prises, notamment en France avec l'interdiction de certains produits en plastique à usage unique (couverts, pailles, etc.) le 1er janvier 2021. La Commission européenne estime d'ailleurs que ces mesures en faveur de l'économie circulaire permettront d'augmenter le produit intérieur brut de l'Union européenne de 0,50 point par an d'ici à 2030.

Question 1. Selon l'auteur :

(A) Si l'économie circulaire peut être source de croissance, on est encore loin du but.
(B) La lutte contre le changement climatique passera par la valorisation des déchets.
(C) La France prend des mesures en faveur de l'économie circulaire.
(D) Un changement des modèles de production et de consommation s'impose.
(E) Sans un électrochoc, l'économie circulaire ne verra pas le jour.

Question 2. Quelle proposition serait la plus appropriée au lieu de (Question 2) dans le texte ?

(A) Tout n'est donc pas perdu.
(B) Le chemin est donc long.
(C) Cela représente déjà un bon début.
(D) La route paraît interminable.
(E) Il faudra redoubler d'efforts.

Question 3. Quel serait le titre le plus approprié pour ce texte ?

(A) Encore beaucoup de chemin à parcourir pour une économie circulaire.
(B) L'économie circulaire : une utopie ?
(C) L'économie circulaire semble être un but difficile à atteindre.
(D) L'économie circulaire peut être source de croissance.
(E) La France, pays pionnier de l'économie circulaire.

Question 4. Selon l'auteur, quels sont les moyens d'augmenter la part de l'économie circulaire ?

1. Moins de pollution
2. Plus de partage
3. Plus de recyclage
4. Plus de réutilisation
5. Un changement de modèle

(A) 1 + 2 + 3 + 4 + 5
(B) 1 + 2 + 4
(C) 2 + 3 + 4
(D) 2 + 3 + 4 + 5
(E) 2 + 4 + 5

Question 5. Selon l'auteur :

(A) Économie circulaire et décroissance ne sont pas synonymes.

(B) Une part non négligeable de l'économie est déjà circulaire.

(C) L'Union Européenne peut envisager l'économie circulaire comme une opportunité.

(D) Plus l'économie sera circulaire, plus la croissance sera au rendez-vous.

(E) Plus de 100 milliards de tonnes de matériaux consommés sont réutilisés chaque année.

TEXTE 2

Titre : Question 7.

Une étude internationale réévalue les volumes de glace renfermés par les glaciers, avec, pour conséquences principales, une diminution des réserves en eau douce et une moindre contribution à l'élévation du niveau de la mer.

Non seulement les glaciers fondent sous l'effet du réchauffement climatique, mais les volumes de glace qu'ils contiennent seraient moins importants qu'estimé jusqu'à présent. Selon une étude internationale, publiée dans Nature Geoscience, qui a mesuré la vitesse d'écoulement et l'épaisseur de plus de 250 000 glaciers de montagne dans le monde, soit 98 % d'entre eux, la baisse de volume serait de 20 %. Ce qui, selon Mathieu Morlighem, professeur de sciences de la Terre à Dartmouth (Etats-Unis), réduirait les masses d'eau disponibles. **(Question 6)** pour des millions de personnes dans le monde, indique l'enseignant, également coauteur de l'étude.

La connaissance des vitesses d'écoulement permet d'estimer l'épaisseur et la répartition spatiale de la glace, ce qui, explique l'étude, « conditionne à la fois le volume total de ces réservoirs d'eau et leur contribution future à la hausse du niveau des mers », provoquant ainsi des conséquences directes ou indirectes pour des millions de gens.

La réalisation de cet « atlas » des glaciers, avec les mesures de leurs volumes, a été rendue possible par l'analyse de 800 000 paires d'images satellites – deux vues à un mois d'écart sont en effet nécessaires pour connaître la vitesse, en étudiant par exemple le déplacement des crevasses –, « y compris de grandes calottes glaciaires, des glaciers alpins étroits, des glaciers de vallée lents et des glaciers marins rapides ».

Les masses glaciaires sont mal connues, avec des mesures de profondeur pour seulement 1 % des glaciers, indiquent les auteurs. **(Question 8),** et donc la quantification des ressources en eau présentes dans les glaciers. « Grâce à l'imagerie satellitaire, nous sommes en mesure de suivre le mouvement de ces glaciers depuis l'espace à l'échelle mondiale et, à partir de là, de déduire la quantité de glace dans le monde entier », explique encore Mathieu Morlighem.

Question 6. Quelle proposition serait la plus appropriée au lieu de (Question 6) dans le texte ?

(A) « Une découverte qui n'est finalement pas si surprenante que ça ».
(B) « Une découverte à laquelle les experts s'attendaient plus ou moins ».
(C) « Une découverte qui n'en n'est finalement pas une ».
(D) « Une découverte importante, sans toutefois changer fondamentalement les choses ».
(E) « Une découverte importante qui aura des implications ».

Question 7. Quel serait le meilleur titre pour ce texte ?

(A) Une nouvelle surprenante concernant l'eau contenue dans les glaciers.
(B) Les glaciers recèlent moins d'eau qu'estimé auparavant.
(C) Les glaciers n'inonderont pas nos côtes.
(D) Une nouvelle étude scientifique sème le doute sur l'eau contenue dans les glaciers.
(E) Une surprenante étude des glaciers par satellite.

Question 8. Quelle proposition serait la plus appropriée au lieu de (Question 8) dans le texte ?

(A) Les techniques actuelles ne permettaient pas d'en savoir plus.
(B) La quantification de la glace était approximative.
(C) Le volume réel de glace était incertain.
(D) La glace présente dans les glaciers étaient inconnue.
(E) Il y avait une zone d'ombre concernant la glace contenue dans les glaciers.

Question 9. Laquelle des propositions suivantes correspondrait au meilleur résumé du texte ?

(A) Les glaciers contiendraient finalement moins d'eau que prévu, ayant ainsi des conséquences pour des millions de gens.
(B) Selon les études les plus récentes, les glaciers contiendraient finalement 20 % d'eau de moins que prévu.
(C) L'analyse de 800 000 paires d'images satellite a permis d'estimer de façon plus précise le volume d'eau présent dans les glaciers.
(D) La quantité de glace présente dans les glaciers ne correspondrait qu'à 20 % du volume précédemment estimé par les experts.
(E) Sans l'image satellitaire, il aurait été impossible d'estimer précisément le volume d'eau contenu dans les glaciers.

Question 10. Selon l'auteur :

(A) La quantité d'eau contenue dans les glaciers a été réévaluée.
(B) Pour déterminer la quantité d'eau présente dans les glaciers, il a fallu s'appuyer sur la vitesse d'écoulement de l'eau.
(C) Pour déterminer la quantité d'eau présente dans les glaciers, il a fallu s'appuyer sur des images satellitaires.

(D) Des études scientifiques ont permis d'évaluer la quantité d'eau effectivement présente dans les glaciers.

(E) Le niveau de la mer va moins s'élever que prévu.

TEXTE 3

Titre : La calotte glaciaire du Groenland a perdu 4 700 milliards de tonnes depuis 2002.

Le réchauffement climatique est particulièrement alarmant dans l'Arctique, où il est survenu ces dernières décennies à un rythme trois voire quatre fois supérieur au reste de la planète.

C'est l'une des illustrations du réchauffement climatique. L'immense calotte glaciaire du Groenland a perdu 4 700 milliards de tonnes en l'espace de vingt ans, contribuant à elle seule à une hausse des océans de 1,2 centimètre, selon des nouvelles données publiées cette semaine par le Polar Portal, organisation chapeautant les instituts danois sur l'Arctique.

Ce volume de glace fondue est particulièrement important sur les côtes du territoire autonome danois, selon cette étude basée sur des observations satellitaires du programme Grace.

« Les données montrent que la majorité de la perte de glace se produit sur les bords de la calotte glaciaire, où des observations indépendantes montrent que la glace se rétrécit, que les fronts glaciaires reculent dans les fjords et à terre, et que la fonte est plus forte à la surface de la glace », souligne le Polar Portal. La côte ouest du Groenland est particulièrement concernée, selon ses données.

Le réchauffement climatique est particulièrement alarmant dans l'Arctique, où il est survenu ces dernières décennies à un rythme trois voire quatre fois supérieur au reste de la planète, selon les dernières études scientifiques.

Selon une étude publiée à la fin de janvier par la NASA, la fonte accélérée près des côtes s'explique par le réchauffement des eaux de l'océan Arctique, qui contribuent *« au moins autant que l'air à la surface »* au déclin de la calotte groenlandaise.

La fonte de la glace au Groenland est actuellement le principal facteur de montée des océans sur Terre et les glaciers du territoire reculent désormais six à sept fois plus vite qu'il y a vingt-cinq ans, selon l'agence américaine.

Selon les climatologues, la calotte glaciaire du Groenland contient au total de quoi faire monter les océans de plus de 7 mètres, et l'Antarctique de près de 50 mètres, même si les processus de fonte sont des phénomènes très lents.

Dans le même temps, la banquise arctique – dont la fonte n'a en revanche pas d'effet sur le niveau des océans – **(Question 15)**, perdant en moyenne près de 13 % de sa surface tous les dix ans.

Question 11. Selon l'auteur, quelles sont les raisons qui expliquent la fonte accélérée des glaciers ?

1. Le réchauffement de l'air
2. Le réchauffement de l'eau
3. La pollution
4. La consommation d'énergies fossiles
5. La montée des océans

(A) 1 + 2 + 5
(B) 1 + 2 + 3 + 5
(C) 2 + 3 + 4
(D) 1 + 2
(E) 3 + 4 + 5

Question 12. Quelle serait la meilleure conclusion pour ce texte ?

(A) La situation devient catastrophique.
(B) Il devient urgent d'agir pour limiter les effets de la fonte des glaces.
(C) Si rien n'est fait, les océans pourraient monter de plus de 7 mètres.
(D) Le réchauffement de l'air et de l'eau cause la fonte des glaces.
(E) Plus on s'approche des côtes, plus le réchauffement se fait sentir.

Question 13. Laquelle des propositions ci-dessous est présuposée par l'auteur ?

(A) Les glaciers du Groenland reculent désormais 6 à 7 fois plus vite qu'il y a 25 ans.
(B) La majorité de la perte de glace se produit sur les bords de la calotte glaciaire.
(C) Le réchauffement de l'air et de l'eau cause la fonte des glaces.
(D) La hausse du niveau des océans est en partie due à la fonte de la calotte glaciaire du Groenland.
(E) La fonte des glaces en Arctique était déjà entamée.

Question 14. Selon l'auteur :

(A) Les effets du réchauffement climatique se font particulièrement ressentir en Arctique.
(B) La côte ouest du Groenland est particulièrement concernée par la fonte des glaces.
(C) L'Homme est le principal responsable de la fonte des glaces.
(D) Les processus de fonte sont des processus très lents.
(E) La calotte glaciaire du Groenland a perdu 4 700 milliards de tonnes en 20 ans.

Question 15. Quelle proposition serait la plus appropriée au lieu de (Question 15) dans le texte ?

(A) N'a pas subi la même évolution.
(B) A quant à elle diminué.
(C) A drastiquement diminué.
(D) N'a pas augmenté non plus.
(E) A aussi considérablement reculé.

CONSIGNES

15 questions	20 minutes	Calculatrice interdite	Chronomètre recommandé

BARÈME

Bonne réponse : +4 points	Aucune réponse : 0 point	Mauvaise réponse : –1 point

Question 16. Que vaut l'aire grise en proportion de l'octogone régulier ?

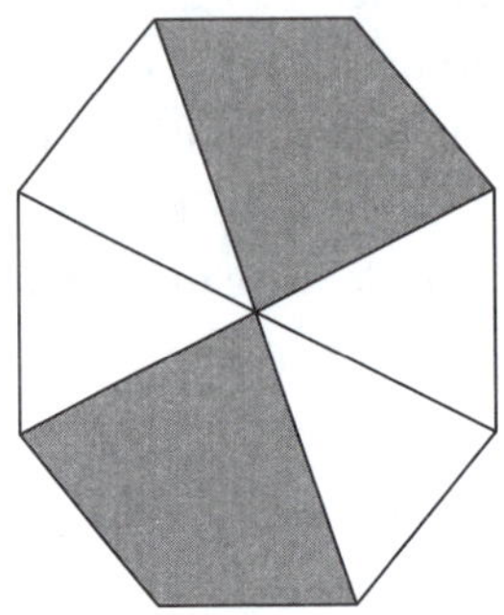

(A) 1/4

(B) 1/3

(C) 1/2

(D) 2/3

(E) 4/7

Question 17. Combien de nombres de 3 chiffres ont leur somme égale à 4 ?

(A) 7

(B) 8

(C) 9

(D) 10

(E) 11

Question 18. Son père et ses deux frères offrent un livre à Manon. Le père donne le tiers de la somme nécessaire. Le petit-frère donne le quart de la somme. Et pour avoir la somme exacte, le grand-frère donne 10 euros. Combien coûte le livre ?

(A) 12 €

(B) 24 €

(C) 30 €

(D) 36 €

(E) 48 €

Question 19. Sur la figure ci-dessous, la droite d est parallèle aux longueurs du rectangle. K et L sont deux points de d. La somme des aires des 2 triangles grisés est 10 cm². Quelle est l'aire du rectangle ?

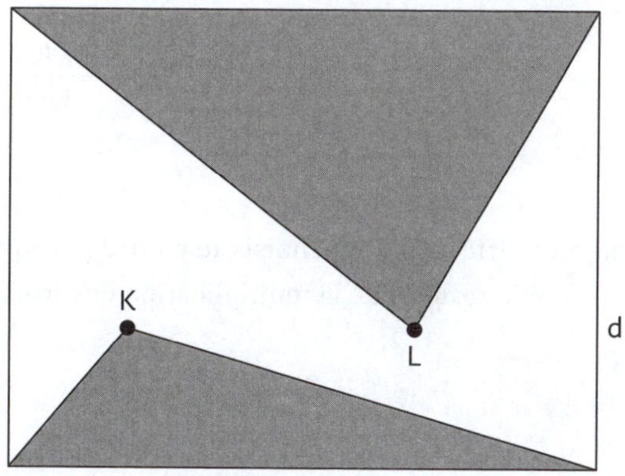

(A) 16 cm²
(B) 18 cm²
(C) 20 cm²
(D) 22 cm²
(E) 24 cm²

Question 20. En lançant deux dés non pipés, quelle est la probabilité que la somme des 2 résultats soit un nombre premier ?

(A) 10/36
(B) 12/36
(C) 13/36
(D) 15/36
(E) 17/36

Question 21. Dans un train qui compte 11 wagons, il y a 62 passagers. Si on choisit 3 wagons consécutifs, on compte toujours 17 passagers au total dans ces 3 wagons.

Combien de passagers y a-t-il dans le 5e wagon ?

(A) 4
(B) 5
(C) 6
(D) 7
(E) Plusieurs réponses sont possibles.

Question 22. Antoine G. s'entraîne à tirer des penaltys. Sur 20 tirs, il en réussit 55 %. Après cinq tirs de plus, son taux de réussite monte à 56 %. Combien de tirs a-t-il réussi dans les 5 derniers ?

(A) 1
(B) 2
(C) 3
(D) 4
(E) 5

Question 23. Si C crocodiles pèsent K kilogrammes et E éléphants pèsent autant que N crocodiles, combien de kilogrammes pèse un éléphant ?

(A) $\frac{N \times K}{E \times C}$

(B) $\frac{N \times C}{E \times K}$

(C) $\frac{N}{E \times C \times K}$

(D) $\frac{C \times K}{E \times N}$

(E) $\frac{N \times K}{E}$

Question 24. Trois nombres différents sont choisis au hasard parmi 4, 0, 1 et 8. Quelle est la probabilité d'obtenir 0 comme résultat de la multiplication des trois nombres ?

(A) 1/3

(B) 1/2

(C) 2/3

(D) 3/4

(E) 4/5

Question 25. Un carré de côté x et un demi-cercle sont disposés comme sur la figure. Que vaut l'aire grisée en fonction de x ?

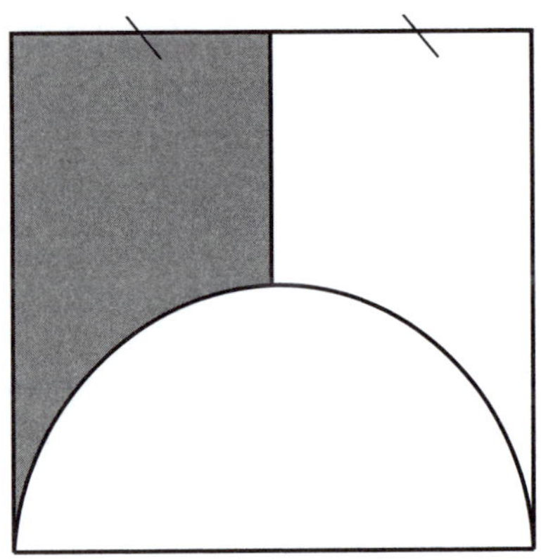

(A) $\frac{1}{2} \times \left(X^2 - \pi \times \frac{X^2}{8} \right)$

(B) $\frac{X^2}{4}$

(C) $1 - \frac{X^2}{4}$

(D) $\frac{X^2 \times \left(\frac{\pi}{2} \right)}{6}$

(E) $\frac{X^2 \times \pi}{6}$

Question 26. Un cowboy entre dans un saloon à 5 portes. Combien de solutions a-t-il s'il souhaite entrer par une porte et sortir par une autre ?

(A) 15

(B) 20

(C) 25

(D) 30

(E) 120

Question 27. On a un rectangle dont la surface est de 153 cm^2 et le périmètre est de 52 cm. Quelle est sa largeur ?

(A) 7
(B) 8
(C) 9
(D) 11
(E) 17

Question 28. L'effectif d'une classe augmente d'un tiers, puis d'un quart. L'augmentation globale est de 14 élèves.

Quel est le nombre final d'élèves ?

(A) 7
(B) 10
(C) 21
(D) 35
(E) 42

Question 29. On dispose d'une famille avec 5 sœurs qui ont toutes 2 ans d'écart. La somme de la plus petite, de la plus âgée et de celle du milieu est de 93 ans.

À combien est égale la somme des âges des deux autres ?

(A) 40
(B) 47
(C) 57
(D) 62
(E) 67

Question 30. En additionnant 10 nombres consécutifs, on trouve 4245, combien vaut le plus grand nombre de cette série ?

(A) 419
(B) 429
(C) 439
(D) 449
(E) 459

TAGE MAGE N° 18

3 RAISONNEMENT ET ARGUMENTATION

CONSIGNES

15 questions	20 minutes	Calculatrice interdite	Chronomètre recommandé

BARÈME

Bonne réponse : +4 points	Aucune réponse : 0 point	Mauvaise réponse : –1 point

Question 31. Parmi ces cinq syllogismes quel est le seul qui n'est pas valide ?

(A) Tous les arbres parlent. Or, les platanes sont des arbres, donc les platanes parlent.

(B) Aucune voiture ne fonctionne avec de l'essence. Or quelques véhicules qui fonctionnent avec de l'essence ont des ailes. Donc quelques véhicules qui ont des ailes ne sont pas des voitures.

(C) Aucun Français ne sait nager. Or, les gens qui savent nager sont chauves. Donc certains chauves ne sont pas Français.

(D) Quelques hommes sont immortels. Or, Léon est un homme, donc Léon est immortel.

(E) Aucun chien n'a cinq pattes. Or, Pipa est un chien, donc Pipa n'a pas cinq pattes.

Question 32. Deux thèses s'affrontent dans les écrits des économistes sur la technologie. Selon la première, le progrès technologique accroît la productivité et donc la production par habitant. En 2020, le travailleur américain moyen devait travailler en moyenne 17 semaines pour atteindre le niveau de revenu annuel du travailleur moyen de 1920, grâce pour beaucoup au progrès technologique. Les optimistes soulignent que la technologie fait bien plus que déplacer des travailleurs. Elle les rend plus productifs et augmente la demande de leurs services [...]. Et la hausse des revenus crée une demande pour toutes sortes de produits et crée donc du travail. L'autre thèse, plus pessimiste, prête plus d'attention aux perdants. Si les inégalités se sont accentuées dans beaucoup de pays avancés au cours des dernières décennies, c'est peut-être en partie sous l'effet de la pression technologique. Dans les pays développés, la révolution informatique a réduit la demande relative d'emplois exigeant un travail routinier.

Laquelle des propositions suivantes résume le mieux le texte ?

(A) Le progrès technique ne présente pas que des avantages.

(B) Le progrès technique peut être controversé.

(C) Le progrès technique est globalement favorable à l'économie, même si demeurent certaines réserves.

(D) En dépit d'avantages évidents, le progrès technique est globalement défavorable à l'économie.
(E) Les économistes sont partagés quant aux effets du progrès technique sur l'économie.

Question 33. Tout le monde reconnaît que le PIB est un indicateur insuffisant pour juger de la situation d'un pays ; exemple : la Guinée équatoriale, grâce au pétrole, a un PIB par tête de 20 000 dollars (en parité de pouvoir d'achat), soit autant que la Grèce ; mais le taux de mortalité des enfants de moins de 5 ans est de 146 en Guinée équatoriale et de 5 en Grèce... Plus généralement, le PIB est un indicateur insuffisant parce qu'il ignore de nombreux éléments qui sont importants dans la vie de chacun : les accidents de la route font augmenter le PIB et, potentiellement, les guerres aussi !

Laquelle des propositions suivantes est la plus en adéquation avec le paragraphe ci-dessus ?
(A) Bien qu'insuffisant à bien des égards, le PIB reste le meilleur outil pour juger de la situation économique d'un pays.
(B) Il faudrait remplacer le PIB par un autre indicateur.
(C) Le PIB peut être efficace économiquement mais est inefficace socialement.
(D) Le PIB comporte un certain nombre de trous dans la raquette qui en font un indicateur relativement incomplet.
(E) Bien qu'imprécis, le PIB reste un outil nécessaire pour mesurer la situation d'un pays.

Question 34. La montée en puissance du mouvement *flygskam* (« honte de prendre l'avion »), qui invite les citoyens, au nom de la préservation de l'environnement, à préférer d'autres moyens de transport moins polluants, ne laisse pas les compagnies aériennes insensibles. Le sujet a été abondamment évoqué lors du congrès annuel de l'Association internationale du transport aérien (IATA). Le *flygskam*, né en Suède, *« nous inquiète »*, confie le directeur général de IATA. *« Beaucoup de cette aviation bashing est fondé sur une méconnaissance des engagements qu'a pris le secteur »*, veut croire le patron de l'association des compagnies aériennes. *« Les émissions de CO_2 sont le problème. Nous pouvons et nous avons pris des initiatives pour les réduire. Et nous devons le faire savoir »*, plaide-t-il.

Laquelle des propositions suivantes soutient le plus les propos du paragraphe ci-dessus ?
(A) Les efforts du secteur aérien pour réduire ses émissions n'ont pas porté leurs fruits.
(B) Le secteur de l'aviation s'inquiète de l'ampleur que prend le *flygskam*.
(C) En dépit d'efforts, le secteur du transport aérien reste un gros émetteur de CO_2.
(D) Malgré ses efforts, le secteur aérien s'inquiète du phénomène du *flygskam*.
(E) De plus en plus de citoyens rejettent l'avion comme mode de transport.

Question 35. Depuis quelques années, l'idée de distribuer un revenu de façon inconditionnelle est revenue en force dans le débat public. Mais de nombreuses versions du revenu universel existent.

On attribue traditionnellement l'idée de revenu universel à Thomas Paine, qui a défendu le droit au revenu dans son ouvrage *La justice agraire* publié en 1795. Celui-ci se justifie, selon l'auteur, par le fait que, alors que la terre avait originellement été donnée à tous les êtres humains, une partie d'entre eux a accaparé cet héritage et en a privé les autres. Le revenu permet en quelque sorte de réparer ce préjudice : il est financé par une taxe pesant sur les seuls propriétaires mais est distribué à tous, riches et pauvres, sans aucune condition.

Laquelle des propositions suivantes serait la meilleure conclusion pour ce texte ?

(A) Le revenu est un droit que tout être humain peut revendiquer.
(B) À l'origine, le revenu universel était plus perçu comme une mesure philosophique qu'économique.
(C) Thomas Paine est le père de l'idée de revenu universel.
(D) Les propriétaires doivent financer le revenu universel que percevrait chaque citoyen.
(E) Les propriétaires ont spolié la terre qui avait été originellement équitablement répartie.

Question 36. D'après de nouvelles découvertes, il se pourrait que l'astéroïde que l'on soupçonne d'avoir exterminé les dinosaures n'ait fait que porter l'estocade à des reptiles qui souffraient déjà d'un climat capricieux causé par des éruptions volcaniques bien avant la collision. « L'impact [avec l'astéroïde] fut le coup de grâce », a affirmé dans une déclaration Paul Renne, géologue à l'université de Californie. La recherche, détaillée dans la revue *Science*, vient s'ajouter à l'actuel débat scientifique sur la cause exacte de l'extinction des dinosaures. Le débat portait autrefois sur la question de savoir si le coupable avait été un dérèglement climatique causé par un astéroïde, ou par l'activité volcanique. Aujourd'hui, il a évolué pour prendre en compte la possibilité que plusieurs facteurs environnementaux aient eu un rôle à jouer. Avec son équipe, Renne a réussi récemment à déterminer la date la plus précise à ce jour de la collision de l'astéroïde dans la péninsule du Yucatán, au Mexique.

Laquelle des propositions suivantes correspond au meilleur présupposé de ce paragraphe ?

(A) Avant cette étude, les scientifiques attribuaient la cause de l'extinction des dinosaures à un astéroïde.
(B) L'extinction des dinosaures est attribuable à des causes multiples.
(C) La date précise de collision de l'astéroïde est désormais connue.
(D) Même sans l'astéroïde, les dinosaures auraient disparu à cause du climat.
(E) L'étude de la revue *Science* permet d'y voir plus clair sur les raisons de l'extinction des dinosaures.

Question 37. Une boîte contient des pièces de 10, 20 et 50 centimes. Tom y prend des pièces une par une et s'arrête dès qu'il a trois pièces identiques. Combien d'euros, au plus, a-t-il pu retirer de la boîte ?

(A) 1,50 €
(B) 1,70 €
(C) 1,90 €
(D) 2,10 €
(E) 2,30 €

Question 38. En 1983, l'écart salarial entre homme et femme pour un travail à temps complet en France est de 37 %. Selon le dernier chiffre diffusé par l'Insee cet écart est passé à 16 %. En 40 ans, il y a eu des progrès, mais depuis 2010 l'écart se réduit tellement lentement, qu'il faudra plus de 1000 ans pour parvenir à l'égalité salariale en France affirme une étude de la Confédération Européenne des Syndicats. Manifestations, lois, sujet prioritaire du quinquennat, grèves, journée mondiale, rien n'y fait, toujours perdure cet écart, injustifiable à défaut d'être inexplicable.

Vers quelle conclusion tend ce texte ?

(A) Sans mesures radicales, l'égalité salariale n'est pas près de voir le jour.
(B) Les mesures prises jusqu'à maintenant ont permis de faire baisser les inégalités mais ne suffiront pas à atteindre l'égalité parfaite.
(C) Il faut prendre des mesures plus radicales pour parvenir plus rapidement à l'égalité salariale.
(D) Il y a un gouffre entre réduire les inégalités et les éliminer.
(E) Les grèves n'ont pas eu l'effet escompté sur la baisse des inégalités.

Question 39. Dans son ouvrage sur l'histoire des inégalités, Walter Scheidel nous rappelle que la pandémie est l'un de ces quatre cavaliers de l'apocalypse, à côté de la guerre, de la révolution et de l'effondrement des États, qui apportent le chaos, détruisent les sociétés et leurs systèmes de valeurs, et égalisent les conditions par le bas. Après leur passage, tout est à reconstruire et, pour cela, il faut parfois des siècles. Nous commençons tout juste à prendre conscience de l'onde de choc dévastatrice du cumul des guerres mondiales, de la révolution d'octobre 1917... auxquelles s'est ajoutée la grippe espagnole. Nos grands-parents sont restés étrangement silencieux sur la grippe espagnole, la « grande tueuse », alors que celle-ci avait fauché une sœur, un frère ou un parent. Quant à nous, nous l'avions totalement oubliée, ne gardant du siècle dernier que les souvenirs plus positifs des années de croissance, de progrès médical et d'État-providence.

Laquelle des propositions ci-dessus est la plus en adéquation avec le texte ?

(A) Pandémie, guerre, révolution et effondrement des États sont les quatre cavaliers de l'apocalypse, selon Walter Scheidel.

(B) La grippe espagnole a fauché de nombreuses vies au XXe siècle.

(C) La mémoire de l'être humain est parfois sélective.

(D) Selon les générations, la perception que l'on a d'un événement peut varier.

(E) Contrairement aux souvenirs qu'on en garde, le siècle dernier a été le théâtre de nombreux bouleversements (épidémie, guerres, révolution, etc.), notamment la grippe espagnole face à laquelle nos aïeux sont restés silencieux.

Question 40. Combien ai-je de fruits dans ma corbeille sachant que tous sauf deux sont des bananes, tous sauf deux sont des clémentines et tous sauf deux sont pommes et que j'ai plus de 2 fruits ?

(A) 3

(B) 4

(C) 5

(D) 6

(E) 7

Question 41. Il n'est encore qu'un univers virtuel naissant, mais les marques se pressent déjà dans le metaverse pour expérimenter, toucher un public mais aussi par peur de ne pas en être. Et elles n'ont pas attendu le metaverse version Facebook, qui ne verra pas le jour avant des années, pour investir les espaces virtuels là où ils sont, dans les jeux Fortnite et Minecraft ou la plateforme Roblox. Pour les entreprises qui existent avant tout dans le monde physique, le metaverse est d'abord un laboratoire géant, au contact d'une population jeune, prisée des annonceurs.

Laquelle des propositions suivantes est sous-entendue par l'auteur de ce paragraphe ?

(A) La présence dans le metaverse s'avèrera primordiale pour les entreprises.

(B) La présence dans le metaverse est surtout vitale pour les entreprises qui ciblent les jeunes.

(C) Le metaverse de demain correspond aux réseaux sociaux d'hier.

(D) Les entreprises qui ne sont pas présentes dans le metaverse vont rater un virage important.

(E) Le metaverse est probablement le prochain « terrain de jeu » des entreprises traditionnelles.

Question 42. Pendant trois ans, le ministère de l'Économie et des Finances va tester un outil de surveillance de masse sur des plateformes de mise en relation entre particuliers. Objectif: vérifier la conformité de vos déclarations d'impôts. La mesure avait fait polémique, elle est désormais actée. Bercy va systématiser sa surveillance sur les plateformes de mise en relation pour traquer les fraudeurs. Le décret publié au Journal officiel précisant les modalités, autorise « l'administration fiscale et douanière [...] à collecter et exploiter, au moyen de traitements informatisés et automatisés n'utilisant aucun système de reconnaissance faciale les contenus, librement accessibles sur les sites internet ». Depuis la publication du texte, l'utilisation de ce dispositif par les agents de l'État est effective.

Laquelle des propositions ci-dessus est le plus en adéquation avec les propos du texte?

(A) Le Ministère de l'Économie et des Finances se dote d'un nouvel outil pour vérifier la conformité des déclarations d'impôts.
(B) L'expérimentation menée par le Ministère de l'Économie et des Finances va durer 3 ans.
(C) Une nouvelle page s'ouvre concernant la traque des fraudeurs.
(D) L'instauration de la systématisation de la surveillance des plateformes de mise en relation a fait polémique.
(E) Les fraudeurs ne pourront pas échapper au nouvel outil de surveillance de l'Administration Fiscale.

Question 43. Quatre dinosaures ont des tailles différentes. A dit: « Je ne suis ni le plus grand ni le plus petit ». B dit: « Je ne suis pas le plus petit ». C dit: « Je suis le plus petit ». D dit: « Je suis le plus grand ». Un a menti et les trois autres ont dit la vérité. Qui est le plus grand?

(A) A
(B) B
(C) C
(D) D
(E) Il manque des informations

Question 44. Selon le dictionnaire Larousse, le verbe ubériser signifie « rendre obsolète un modèle économique existant, via notamment l'utilisation de plateformes numériques ». Le terme tire son nom de l'entreprise technologique américaine Uber, fondée en 2009 à San Francisco pour fournir un service de chauffeur privé à la demande grâce à la conception et l'exploitation d'une application numérique. Celle-ci permet de mettre en relation directe des demandeurs et des offreurs de services qui pouvaient auparavant être proposés par des entreprises classiques qui se voient ainsi brutalement contournées.

Selon l'auteur:

(A) L'ubérisation repose sur une forme d'innovation liée aux applications.
(B) Il est probable que l'ubérisation s'étende à d'autres secteurs que le transport de personnes.

(C) L'ubérisation repose sur la mise en relation directe entre demandeurs et offreurs de services.
(D) Le terme « ubérisation » tire son nom de l'entreprise Uber.
(E) Sans ubérisation, pas de lien direct entre demandeurs et offreurs de services.

Question 45. A ne pas confondre avec le célèbre animal mythique, une licorne est un terme qui regroupe des start-ups valorisées à plus d'un milliard de dollars. Ces jeunes sociétés, issues généralement de la *tech* ou de la finance, sont de plus en plus nombreuses à rejoindre ce cercle jusqu'alors très fermé. Le terme de « licorne » est apparu pour la première fois en 2013 dans un article d'Aileen Lee. L'étude de cette investisseuse, spécialisée en capital-risque, montrait que moins de 0,1 % des entreprises qui recevaient des fonds de capital-risque parvenaient à atteindre des valorisations supérieures à 1 milliard de dollars. Une rareté qui l'a conduite à nommer ces start-ups « licornes ».

Laquelle des propositions ci-dessus est le plus en adéquation avec les propos du texte ?

(A) C'est la rareté de la licorne qui a donné son nom aux start-ups.
(B) Avant 2013, les licornes n'existaient pas.
(C) On dénombre de plus en plus de licornes.
(D) La part des licornes parmi les start-ups est en constante augmentation.
(E) Toutes les licornes ne sont pas des start-ups.

TAGE MAGE N° 18

4 CONDITIONS MINIMALES

CONSIGNES

15 questions	20 minutes	Calculatrice interdite	Chronomètre recommandé

BARÈME

Bonne réponse : +4 points	Aucune réponse : 0 point	Mauvaise réponse : –1 point

(A) **L'information 1 seule est suffisante** pour répondre à la question.
L'information 2 seule est insuffisante pour répondre à la question.

(B) **L'information 2 seule est suffisante** pour répondre à la question.
L'information 1 seule est insuffisante pour répondre à la question.

(C) **Les informations 1 et 2 ensemble sont suffisantes** pour répondre à la question.
L'information 1 seule ou l'information 2 seule est insuffisante pour répondre à la question.

(D) **L'information 1 seule est suffisante** pour répondre à la question.
L'information 2 seule est suffisante pour répondre à la question.

(E) **Les informations 1 et 2 ensemble sont insuffisantes** pour répondre à la question.
L'information 1 seule ou l'information 2 seule est insuffisante pour répondre à la question.

Question 46. n est-il un nombre impair ?

(1) $3 \times (n - 1)$ est impair.
(2) $2n - 1$ est impair.

Question 47. Quelle est l'aire du disque ?

(1) Si on triple son rayon, son aire est multipliée par 9.
(2) Son rayon r est solution de l'équation $r^2 - 4r + 4 = 0$.

Question 48. Un triangle possède des côtés dont les longueurs sont des entiers naturels.

Ces longueurs sont toutes différentes, et leur somme est égale à 13 cm.

Quelle est la longueur du plus petit côté ?

(1) Les longueurs des deux plus petits côtés diffèrent d'1 cm.
(2) La somme des 2 petits côtés du triangle est strictement supérieure au plus grand côté du triangle.

Question 49. Je suis dans une file de 14 personnes. Quelle est ma position ?

(1) Le nombre de personnes devant moi et le nombre de personnes derrière moi sont des carrés.

(2) Le nombre de personnes derrière moi additionné au nombre de personnes devant moi est égal à 13.

Question 50. Quelle est la différence de volume en proportion entre les deux baignoires sachant qu'on les remplit chacune avec un robinet de même débit ?

(1) La première baignoire met 1h40 à se remplir.

(2) La deuxième baignoire met 2h30 à se remplir.

Question 51. Je suis né entre 1900 et 2000. Quelle est mon année de naissance (que l'on écrira sous la forme (a,b,c,d)) ?

(1) (a,b,c) est un carré.

(2) (c,d) est un carré.

Question 52. 2 amis circulent en vélo sur un parcours circulaire. Quelle est la distance du parcours ?

(1) Le premier roule 1,2 fois plus vite que le second.

(2) Le premier prend 50 mètres d'avance sur le second à chaque tour.

Question 53. Je lance mon dé 2 fois. Mon dé est-il pipé ?

(1) La probabilité que le dé donne 6 aux 2 lancers est 1/36.

(2) La probabilité que le dé donne 1 aux 2 lancers est 4/18.

Question 54. Un prix subit 2 augmentations successives. Quel est le prix de départ ?

(1) L'augmentation totale est de 250 €.

(2) Les 2 augmentations ont la même valeur.

Question 55. Dans un groupe scolaire de 63 étudiants, ces derniers sont regroupés par groupes de 2 ou de 3. Combien y a-t-il de groupes ?

(1) 4/7 des étudiants sont par 2.

(2) Le nombre d'étudiants par 2 est un carré et le nombre d'étudiants par 3 est un cube.

Question 56. Quelle est la différence d'âge entre Pierre et sa fille, sachant qu'ils ont entre 18 et 70 ans d'écart ?

(1) La différence est un multiple de 3.

(2) La différence est un multiple de 23.

Question 57. Le triangle ABC est-il équilatéral ?

(1) $\widehat{BAC} + \widehat{CBA} = 120°$

(2) $\widehat{BAC} + \widehat{ACB} = 120°$

Question 58. Je lance plusieurs dés non truqués, combien y en a t-il ?

(1) La probabilité que la somme des résultats soit égale à 3 est de 1/18.

(2) La probabilité que la somme des résultats soit égale à 11 est de 1/18.

Question 59. Pierre a parcouru 60 km en moto à vitesse constante. Quelle est sa vitesse ?

(1) S'il conduisait 5 km/h plus rapidement, il lui aurait fallu 10 minutes de moins.

(2) S'il conduisait 10 km/h plus lentement, il lui aurait fallu 30 minutes de plus.

Question 60. Jean et Pierre sont nés au XXIe siècle. Qui est l'aîné ?

(1) Le produit des deux derniers chiffres de l'année de naissance égal à 2 pour Jean et à 3 pour Pierre.

(2) La somme de tous les chiffres de l'année de naissance est égale à 5 pour Jean et à 6 pour Pierre.

TAGE MAGE N° 18

5 EXPRESSION

CONSIGNES

15 questions	20 minutes	Calculatrice interdite	Chronomètre recommandé

BARÈME

Bonne réponse : +4 points	Aucune réponse : 0 point	Mauvaise réponse : –1 point

Question 61. Choisissez la reformulation dont le sens se rapproche le plus du passage souligné.

Le laxisme de la Direction part du principe que les salariés réalisent du bon travail, de manière performante et durable, sans qu'il y ait besoin de les motiver pour cela.

(A)	La permissivité	Stimuler
(B)	Le laisser-aller	Encourager
(C)	La permission	Causer
(D)	L'indulgence	Justifier
(E)	L'autorisation	Expliquer

Question 62. En économie, on parle d'asymétrie d'information lors d'un échange quand :

(A) Au moins un des participants est victime d'une escroquerie.
(B) Des irrégularités sont soulignées par un avocat au moment de la signature d'un contrat.
(C) Certains des participants disposent d'informations pertinentes que d'autres n'ont pas.
(D) Des participants échangent des informations auxquelles ils n'auraient pas dû avoir accès.
(E) Des participants communiquent alors qu'ils n'auraient pas dû être en contact.

Question 63. Le propos liminaire de la Directrice visait à définir un cadre de travail propice aux étudiants.

(A)	Le propos originel	Seyant
(B)	Le préambule	Salutaire
(C)	La conclusion	Opportun
(D)	Le propos introductif	Favorable
(E)	Le propos de fin	Convenable

Question 64. Quel est l'antonyme de « Chat échaudé craint l'eau froide » ?

(A) Si la falaise te fait peur, confronte-toi à la falaise
(B) Le chat mordu par un serpent craint même une corde
(C) Qui a fait naufrage redoute la mer, même calme
(D) Qui s'est brûlé la langue n'oublie plus de souffler sur la soupe
(E) Qui a été brûlé par un tison s'enfuit à la vue d'une luciole

Question 65. Trouver l'intrus :

(A) Vain
(B) Mirobolant
(C) Imaginaire
(D) Fictif
(E) Factice

Question 66. Parmi les propositions suivantes, laquelle est correcte ?

(A) Ces chanteuses que j'ai entendue chanter sont maintenant connues.
(B) Ces chanteuses que j'ai entendues chanter sont maintenant connues.
(C) Ces chanteuses que j'ai entendu chantées sont maintenant connue.
(D) Ces chanteuses que j'ai entendu chanter sont maintenant connues.
(E) Ces chanteuses que j'ai entendues chanté sont maintenant connues.

Question 67. « Il est démontré, disait-il, que les choses ne peuvent être autrement : car, tout étant fait pour une fin, tout est nécessairement pour la meilleure fin. Remarquez bien que les nez ont été faits pour porter des lunettes, aussi avons-nous des lunettes. Les jambes sont visiblement instituées pour être chaussées, et nous avons des chausses.

Par conséquent, ceux qui ont avancé que tout est bien ont dit une sottise, [...] »

(A) Il fallait dire que tout est en désordre.
(B) Il fallait dire que le monde est beau.
(C) Il fallait dire que le porc est un mets délicieux.
(D) Il fallait dire que tout est au mieux.
(E) Il fallait dire que le monde ne saurait être autrement.

Question 68. En parcourant la Charte européenne des langues régionales ou minoritaires, on n'y décèle rien qui soit de nature à déclencher une guerre de tranchées, (...) notre pays, justement riche de cette diversité que cette charte entend faire vivre.

(A) Exception faite de.
(B) Éventuellement dans.
(C) A fortiori dans.
(D) Ce n'est pas le cas dans.
(E) Sauf dans.

Question 69. Après avoir considéré cette (...), je crois que la forme (...) qu'elle a prise me met dans de mauvaises dispositions pour notre prochaine (...).

(A)	Semaine	Étrange	Réunion
(B)	Voiture	Allongée	Visite
(C)	Corbeille de fruits	Soignée	Soirée
(D)	Présentation	Parfaite	Réunion
(E)	Réponse	Abrupte	Entrevue

Question 70. Plus l'armée étasunienne sera (...) au Moyen-Orient, plus l'image des États-Unis sera (...) aux yeux des populations locales (...) à l'interventionnisme et à l'ingérence des puissances étrangères.

(A)	Disparate	Mauvaise	Opposées
(B)	Ubiquitaire	Dégradée	Hostiles
(C)	Dense	Rassurante	Défavorables
(D)	Absente	Bonne	Favorables
(E)	Puissante	Déformée	Du

Consigne pour les questions 71 à 75 : Choisissez les mots qui assurent la cohérence du texte.

Question 71. Menée pendant près de sept ans, l'expérience tentée par Amazon de vendre des livres dans des librairies (...) aux Etats-Unis (...)

(A)	« En dur »	N'a pas été suffisamment concluante ou rentable et va s'arrêter
(B)	« En présentiel »	A porté ses fruits et va être étendue à d'autres pays
(C)	« Physiques »	A été un flop et devrait prendre fin
(D)	*Online*	A été un succès tel que le cours de Bourse d'Amazon explose
(E)	Traditionnelles	A été une aventure loin d'être de tout repos

Question 72 (suite de la question 71). Le géant du commerce en ligne a confirmé que 66 de ses magasins américains et deux de ses boutiques au Royaume-Uni allaient (...), comme l'a révélé l'agence Reuters. Cette décision concerne 24 librairies (...) aux Etats-Unis, en sachant que la Californie était l'Etat le mieux doté, avec sept points de vente.

(A)	Baisser le rideau	Spécialisées
(B)	Arrêter leur activité	Pour enfants
(C)	Fermer leurs portes	« Physiques »
(D)	Rouvrir	« En dur »
(E)	S'agrandir	« Traditionnelles »

Question 73 (suite de la question 72). Sont également dans le viseur (...) ainsi que les boutiques Amazon 4-Star qui commercialisaient (...), tous bien notés par les clients. Amazon n'a pas précisé combien d'emplois seraient supprimés.

(A)	Les boutiques européennes du groupe	Une grande variété de produits
(B)	Certains « pop-up » stores	Une série de gadgets en tous genres
(C)	Certaines échoppes	Des déguisements
(D)	Un certain nombre de magasins spécialisés	Des accessoires de toutes sortes
(E)	Plusieurs magasins éphémères	Une sélection de produits éclectiques

Question 74 (suite de la question 73). Amazon, le plus important vendeur mondial de livres en ligne, avait ouvert, en 2015, sa première librairie physique, Amazon Books, à Seattle, où est implanté son siège social. Le groupe assurait alors que ce serait « une extension physique d'Amazon.com qui (...) ».

(A) Mixe l'expérience digitale et l'expérience physique.
(B) Associe les avantages de l'achat de livres en ligne et en magasin.
(C) Permet de rendre la culture accessible à tous.
(D) Renforcera le positionnement « premium » de la marque.
(E) Viendra compléter le panel d'expériences offert par la marque.

Question 75 (suite de la question 74). Piochant dans (...) pour sélectionner les ouvrages selon les notes des clients postées sur la plateforme, ces boutiques, qui avaient ensuite éclos un peu partout aux Etats-Unis, proposaient à la vente ce que les gens lisaient, donc essentiellement des (...).

(A)	La vertigineuse base de données dont dispose le groupe	Nouveautés
(B)	La presse spécialisée	Meilleures ventes
(C)	La presse nationale	N°1 des ventes
(D)	La gigantesque mine d'informations du groupe	*Best-sellers*
(E)	Le logiciel de comptabilité interne	Têtes d'affiche

TAGE MAGE N° 18

6 LOGIQUE

CONSIGNES

15 questions	20 minutes	Calculatrice interdite	Chronomètre recommandé

BARÈME

Bonne réponse : +4 points	Aucune réponse : 0 point	Mauvaise réponse : –1 point

Question 76.

		79		
		78		
68	24	??	57	46
		36		
		61		

(A) 73 (B) 25 (C) 45 (D) 13 (E) 35

Question 77.

		618		
		728		
843	216	???	632	427
		106		
		963		

(A) 945 (B) 214 (C) 841 (D) 420 (E) 315

Question 78.

		ACR		
WVU	EDR	???	DCR	JID
		FEG		
		KJO		
		MPR		

(A) RDV (B) EDQ (C) ODE (D) POQ (E) XWQ

Question 79.

		CDE		
		LEA		
		BFE		
CLA	DGF	???	FKB	GCJ
		TAC		

(A) RBK (B) ELA (C) CED (D) EDI (E) EDD

Question 80.

	ABC			
	ECG			
	FDD			
RSL	?	TFN	FSU	VPP
	IFS			

(A) EET (B) MAM (C) SEM (D) DAS (E) PES

Question 81.

			045	
			791	
343	793	390	???	345
			986	
			066	

(A) 374 (B) 723 (C) 333 (D) 371 (E) 993

Question 82.

			36	
			60	
315	735	525	???	840
			120	
			84	

(A) 840 (B) 540 (C) 24 (D) 960 (E) 72

Question 83.

			AB	
JH	EM	PB	??	AQ
			MZ	
			LX	
			EJ	

(A) IR (B) CE (C) DN (D) FL (E) GN

Question 84.

A	H	BG	?

(A)	(B)	(C)	(D)	(E)
BAF	S	FD	KO	J

Question 85.

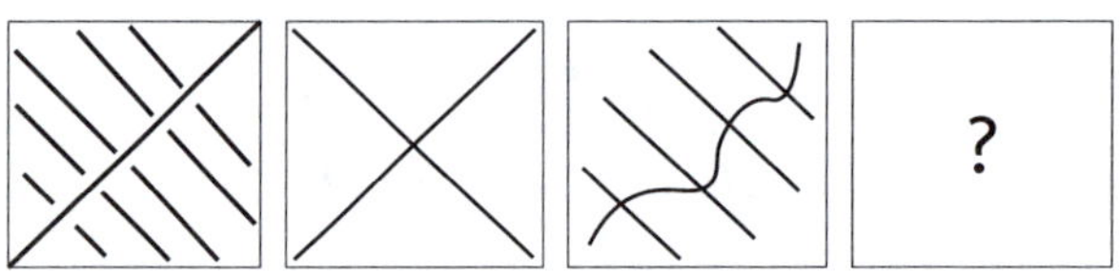

(A)

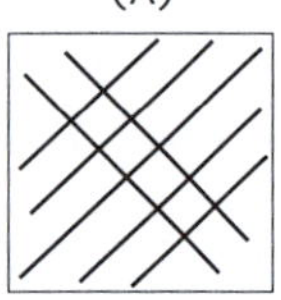

(B)

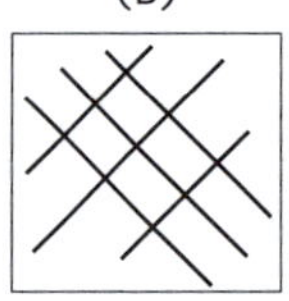

(C)

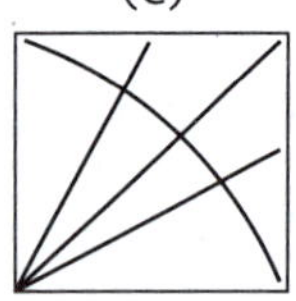

(D)

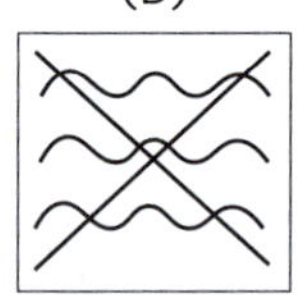

(E)

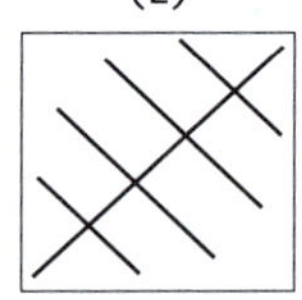

Question 86.

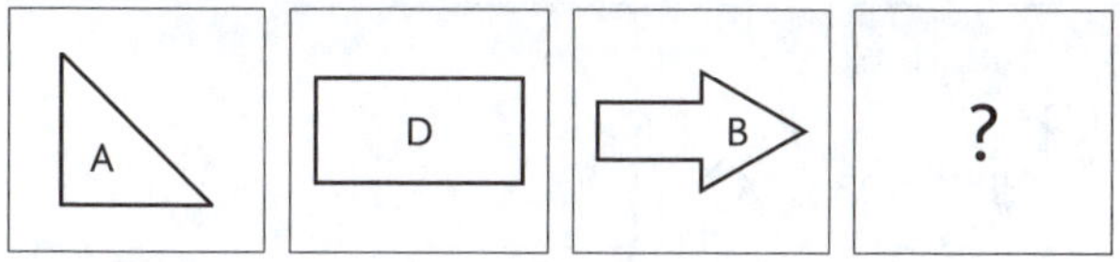

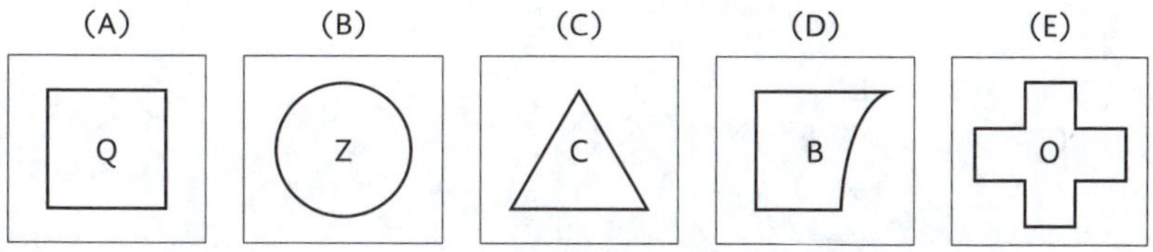

Question 87.

58	15	71	?

(A)	(B)	(C)	(D)	(E)
68	43	51	62	58

Question 88.

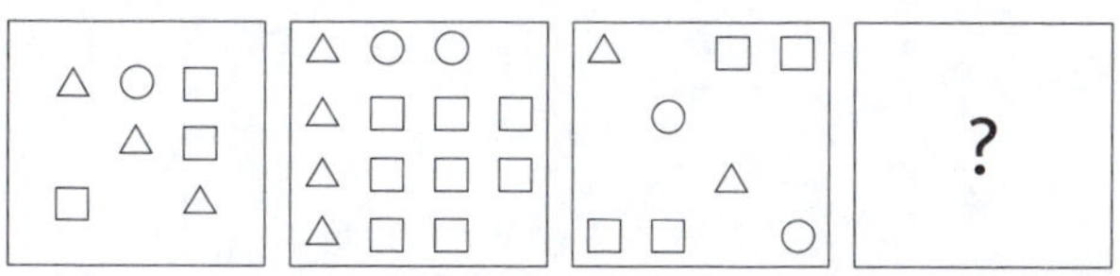

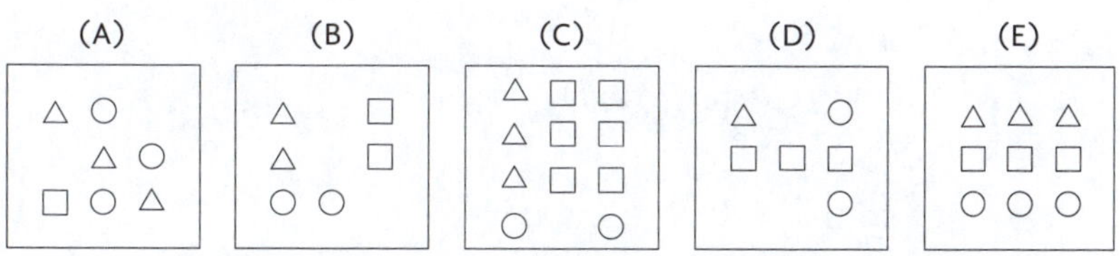

Question 89.

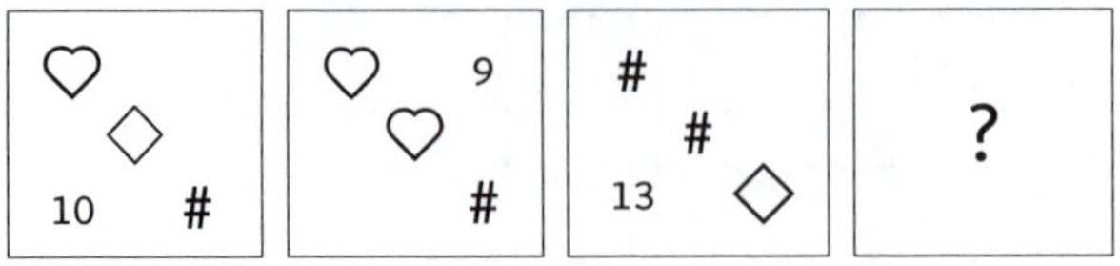

(A) (B) (C) (D) (E)

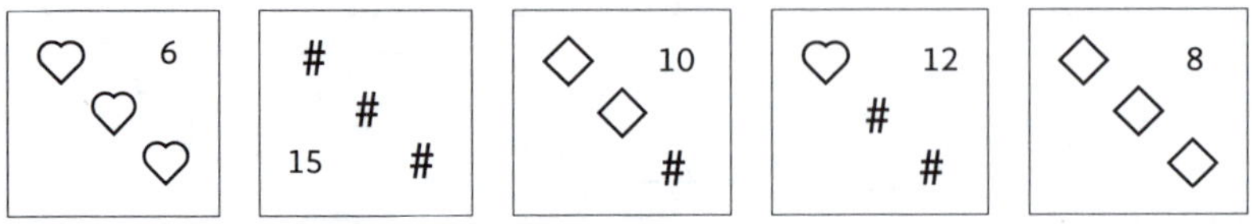

Question 90.

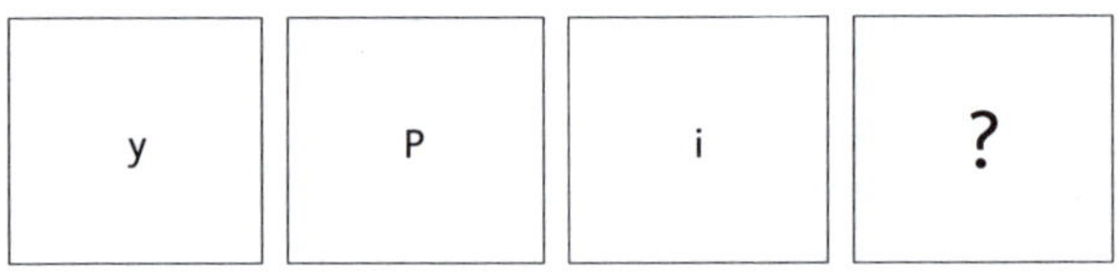

(A) (B) (C) (D) (E)

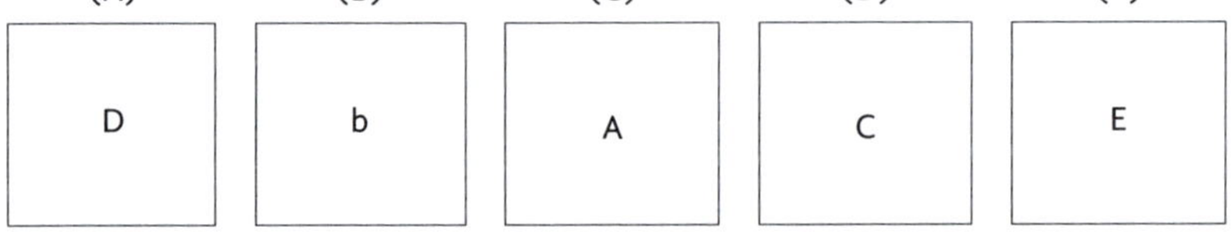

Corrigé TAGE MAGE®

N° 9/10/11/12/13/14/15/16/17/18

www.monsieur-tage-mage.com

Pour des **raisons techniques**, il est **impossible** à l'heure actuelle pour les éditeurs **d'imprimer un livre de plus de 1 400 pages – en couleur – à un prix abordable.**

Nous avons donc fait le choix de vous transmettre **les CORRIGÉS des TAGE MAGE® N° 9/10/11/12/13/14/15/16/17/18 par téléchargement** sur le site **www.monsieur-tage-mage.com.**

Les **CORRIGÉS des TAGE MAGE® N° 9/10/11/12/13/14/15/16/17/18**
sont téléchargeables sur : **www.monsieur-tage-mage.com**
→ Rubrique « Le Grand Manuel du TAGE MAGE »

Nous espérons sincèrement que vous comprenez et partagez notre décision.

Bonnes révisions !

Joachim Pinto (HEC Paris) & Arnaud Sévigné (HEC Paris)
Auteurs du Manuel du TAGE MAGE® – N° 1 des VENTES.
Fondateurs des communautés « Monsieur TAGE MAGE » et « Monsieur Ecoles de commerce » sur Facebook / Instagram / Twitter / Linkedin (+ de 30 000 membres).
Fondateurs du média étudiant Monsieur Ecoles de commerce.

NOTES

NOTES

NOTES

NOTES

NOTES

NOTES

NOTES

NOTES

NOTES

NOTES

NOTES

NOTES

NOTES

NOTES

NOTES

NOTES

NOTES

Imprimé en Italie par «La Tipografica Varese Srl» Varese